中国交通运输改革开放30年

企业卷

中华人民共和国交通运输部
《中国交通运输改革开放30年》丛书编委会 编

人民交通出版社
China Communications Press

图书在版编目(CIP)数据

中国交通运输改革开放30年. 企业卷/中华人民共和国交通运输部,《中国交通运输改革开放30年》丛书编委会编.
—北京:人民交通出版社,2008.12

ISBN 978-7-114-07518-6

Ⅰ. 中… Ⅱ. ①中…②中… Ⅲ. ①交通运输业—成就—中国—1978~2008②运输企业—企业管理—成就—中国—1978~2008 Ⅳ. F512.3

中国版本图书馆CIP数据核字(2008)第201334号

书　　名:**中国交通运输改革开放30年——企业卷**
著 作 者:中华人民共和国交通运输部　《中国交通运输改革开放30年》丛书编委会
责任编辑:张征宇　赵瑞琴
出版发行:人民交通出版社
地　　址:(100011)北京市朝阳区安定门外外馆斜街3号
网　　址:http://www.ccpress.com.cn
销售电话:(010)59757969,59757973
总 经 销:北京中交盛世书刊有限公司
经　　销:各地新华书店
印　　刷:北京市密东印刷有限公司
开　　本:787×1092　1/16
印　　张:53.25
字　　数:1323千
版　　次:2008年12月　第1版
印　　次:2008年12月　第1次印刷
书　　号:ISBN 978-7-114-07518-6
定　　价:120.00元

《中国交通运输改革开放30年》丛书

企　业　卷

我国公路水路交通改革发展30年的实践与经验

交通运输部部长　李盛霖

党的十一届三中全会开启了中国改革开放的历史新时期，启动了我国从高度集中和封闭、半封闭状态，到全面改革和全方位开放的伟大历史转折。30年来，在中国特色社会主义伟大旗帜指引下，在党中央、国务院的正确领导下，公路水路交通抓住机遇，深化改革，扩大开放，奋力拼搏，着力发展运输生产力，取得了举世瞩目的发展成就，为经济社会发展和提高人民生活水平提供了交通运输的有力保障。

一、30年交通改革开放的历史进程

在改革开放的春风吹拂下，以党的十一届三中全会到党的十四大召开、党的十四大到党的十六大以及党的十六大以来三个重要发展阶段为标志，全国交通行业勇立改革开放潮头，以思想大解放推动事业大发展，走出了一条中国特色的公路水路交通改革开放和创新发展之路。

——积极探索，放宽搞活（从1978年党的十一届三中全会到1992年党的十四大前）

这一时期，我国公路水路交通基础设施建设严重滞后、运输装备水平落后、运输保障能力不强，成为制约经济社会发展的瓶颈。为扭转被动局面，交通行业解放思想，开拓进取，在放开搞活交通运输市场、探索社会化筹融资机制、制定前瞻性交通发展规划等方面，作了一系列开创性、基础性的探索。

一是率先创办对外开放的“窗口”——蛇口工业区。中国的对外开放是从创办经济特区开始的。1979年2月，经国务院批准，由交通部驻港企业——招商局在深圳创办蛇口工业区，按照国际惯例招商引资，发展出口加工业。交通部门率先创办对外开放的工业区，使蛇口工业区在全国改革开放的棋盘上先行一步，成为全国改革开放浓墨重彩的起笔。从这里，中国向世界敞开了博大的胸怀，最终形成了全方位对外开放的新格局。

二是放宽搞活交通运输的市场。公路水路交通的市场化取向是贯穿交通改革开放30年的一条主线。改革开放初期的放宽搞活打开了市场化改革的大门，打破了所有制单一、封闭的交通运输经济格局。1983年，交通部提出“有河大家走船、有路大家走车”；1985年，又提出“各部门、各行业、各地区一起干，国营、集体、个人以及各种运输工具一起上”。自此，我国公路水路交通运输业突破所有制的束缚，掀起了社会办交通的热潮，集体、个体和中外合资运输业户纷纷涌入交通行业，对缓解交通运输紧张状况起到了重要作用。

三是探索推进交通筹融资的社会化。1984年12月，国务院作出对中国公路交通发展具有历史意义的三项重大决定，即：提高养路费征收标准；开征车辆购置附加费；允许贷款或集资修建的高等级公路和大型桥梁隧道收取车辆通行费（即“贷款修路、收费还贷”政策），使中国公路建设有了稳定的资金来源和加快发展的政策环境。国务院还决定动用粮棉布和低档工业品，用以工代赈方式帮助贫困地区修建公路、整治航道。同时，积极引进外资参与交通基础设施建设，逐步形成了“国家投资、地方筹资、社会融资、引进外资”的多元化交通投融资格局。

四是推进政府职能的转变。针对交通管理体制政企不分、重企轻政等问题，1984 年，交通部提出以“转、分、放”和“实现两个转变”为主要内容的改革思路。“转”就是交通部门要从生产业务型转到行政管理型，发挥政府职能部门的作用；“分”就是要实行政企分开，简政放权；“放”，就是把应该下放的企业放到中心城市，同时放权给企业，使企业有更多的活力，成为按经济规律运行的经济实体。“两个转变”就是各级交通管理部门从主要抓直属企业转变到面向整个交通运输行业，加强行业管理和指导；从直接抓企业的具体生产经营活动转变到抓好行政管理。根据交通部门履行职能的需要，全国建立了五级交通行政管理机构，并对沿海港口体制、海洋运输体制、内河航运体制、公路运输体制、航务航道体制、交通企业经营机制等进行了全面改革。

五是增强交通发展的前瞻性和系统性。把交通发展规划和战略研究放在谋划交通长远发展的重要位置，抓紧制定交通发展战略、发展规划，取得重大进展。1981 年划定国家干线公路网，1987 年制定了《2000 年水运、公路交通科技、经济和社会发展规划大纲》，1989、1990 年提出用几个五年计划的时间建设公路主骨架、水运主通道、港站主枢纽和交通支持保障系统（即“三主一支持”）的战略构想。这些规划和战略构想，为加快交通发展指明了目标和途径。

——求实奋进，深化改革（从 1992 年党的十四大到 2002 年党的十六大）

邓小平同志南方谈话回答了困扰和束缚人们思想的许多重大认识问题，掀起了新一轮思想解放运动；党的十四大明确提出我国经济体制改革的目标是建立社会主义市场经济体制。这一时期，我国公路水路交通行业提出了推进交通运输市场建设，加快国有企业改革，加大对外开放力度，加大交通基础设施建设等重大政策措施，并取得了突破性进展。

一是积极培育和发展适应社会主义市场经济体制的交通运输和建设市场。1992 年，交通部发布《关于深化改革、扩大开放、加快交通发展的若干意见》，进一步加大交通运输改革开放力度；1995 年，交通部制定实施了《关于加快培育和发展道路运输市场的若干意见》，健全运输法规，规范市场行为，鼓励经营者自主经营、平等竞争、协调发展，加快建立全国统一、开放、竞争、有序的道路运输市场体系。1996 年交通部发出《关于进一步加强水运市场管理的通知》，开展全国范围的水运市场调查，推进水运市场的培育和完善。

二是加大实施战略规划的力度。抓住难得的历史机遇，实现了我国公路水路基础设施的飞速发展。1993 年召开全国公路建设工作会议，提出了加快公路建设步伐的目标任务和政策措施。1995 年、1998 年两次召开全国内河航运建设会议，极大地推动了内河航运基础设施建设。1998 年，为应对亚洲金融危机，国家实施积极财政政策，交通行业乘势而上，通过组织实施公路建设“五纵七横”、“两纵两横三个重要路段”和水运建设“一纵两横两网”发展战略，全面推进公路网、航道网、港口群建设，高速公路快速发展，专业化深水码头泊位迅速增加，显著改变了我国交通基础设施的落后面貌。

三是深化交通行政管理体制改革。从战略上调整交通行业国有企业布局，推动国有交通大中型骨干企业建立现代企业制度，完成了交通国有企业改革攻坚战。1998 年，交通部与直属企业全面脱钩。积极推动全国水上安全监管体制改革，实行“一水一监、一港一监”

的管理体制。深化港口管理体制改革，将原由交通部管理的港口和双重领导港口全部交由地方管理；港口行政管理和装卸作业实行政企分开。积极探索市场经济条件下交通行政管理部门职能定位，建立和完善办事高效、运转协调、行为规范的交通行政管理体系，行业管理提高到一个新水平，有力指导推动了交通运输业的健康发展。

四是提出了交通现代化“三步走”的战略目标。根据十五大提出的到21世纪中叶实现新“三步走”战略，1998年交通部提出实现交通现代化的战略构想：第一阶段，从“瓶颈”制约、全面紧张走向“两个明显”（交通运输的紧张状况有明显缓解、对国民经济的制约状况有明显改善），这个目标到21世纪初实现；第二阶段，从“两个明显”到基本适应，即在总体上交通运输能够适应国民经济和社会发展的需要，这个目标到2020年实现；第三阶段，从基本适应到基本实现现代化，发展水平进入中等发达国家行列，这个目标到21世纪中叶即建国100周年时实现。从现在看，第一步战略已如期实现，第二步战略正付诸实施，我国公路水路交通发展掀开了新的一页。

——与时俱进，科学发展（2002年党的十六大以来）

党的十六大以来，我国公路水路交通围绕全面建设小康社会的战略部署，以科学发展观为指导，积极探索实践交通科学发展之路。

一是牢固树立交通科学发展的新理念。十六大以来，党中央提出了科学发展观、构建社会主义和谐社会、建设社会主义新农村、建设创新型国家等一系列重大战略思想，为交通在新的历史发展阶段实现科学发展指明了方向。交通系统坚持以科学发展观统领交通工作全局，推动交通转入科学发展轨道。从交通是国民经济基础产业和服务性行业的实际出发，明确提出要做好“三个服务”，即：服务国民经济和社会发展全局，服务社会主义新农村建设，服务人民群众安全便捷出行。保证“四个重点”，即从科学发展的理念出发，调整交通投资结构，重点保证纳入国家规划的公路水路重点项目建设、保证农村公路建设、保证交通安全保障工程建设、保证交通科技创新，同时向中西部地区特别是西部地区倾斜、向公益性强的基础项目倾斜。

二是着力推进交通全面协调可持续发展。注重公路水路交通发展的协调性和可持续性。处理好公路与水路的关系，公路、水路内部的关系。积极探索交通可持续发展之路，把资源节约、环境友好作为推进交通增长方式根本转变的重要抓手，落实到交通规划、设计、建设和管理的各个环节，建设资源节约、环境友好型交通行业。努力促进交通发展方式“三个转变”，即交通发展由主要依靠基础设施投资建设拉动向建设、养护、管理和运输服务协调拉动转变；由主要依靠增加物质资源消耗向科技进步、行业创新、从业人员素质提高和资源节约环境友好转变；由主要依靠单一运输方式的发展向综合运输体系发展转变。

三是切实建设服务型政府交通部门。明确提出要做一个负责任的政府部门，推动交通行业成为一个负责任的行业，着力解决交通建设、运输管理、安全监管中直接关系到人民群众切身利益的问题。进一步加快政府交通部门的职能转变，充分认识政府的经济调节、市场监管、社会管理、公共服务职能，强化社会管理和公共服务职能，在服务中实施管理，在管理中体现服务，增强政府交通部门的行政执行力和公信力。通过信息手段，推进政务公开，贯彻《行政许可法》，规范行政权力运行，创新交通公共服务体制，健全完善惠及全民的交通公共服务体系。

四是不断丰富和完善交通战略规划。把制定和完善战略规划摆在突出位置，先后制定并经国务院批准实施了《国家高速公路网规划》、《农村公路建设规划》、《全国沿海港口布局规划》、《全国内河航道与港口布局规划》、《国家水上安全监管和救助系统布局规划》，构成了覆盖国家高速公路、农村公路、沿海港口、内河航道与港口、水上安全监管和人命救助等较为完整的交通长远发展规划体系。先后研究21世纪头二十年公路水路交通发展目标，以及2010年、2020年发展现代交通业的奋斗目标。

二、公路水路交通改革开放取得的重大成就

30年的改革开放，大大地解放和发展了交通运输生产力，交通基础设施建设取得巨大成就，公路水路运输服务能力大大增强，基本适应了国民经济和社会发展的需要。

第一，公路基础设施发展突飞猛进

1978年我国公路通车总里程为89万公里，公路密度9.27公里/百平方公里。到2007年底，我国公路通车总里程达358万公里，公路密度达到37.3公里/百平方公里，均比1978年增长3倍多。总规模约3.5万公里的“五纵七横”国道主干线比原计划进度提前13年基本建成，公路运输大通道主骨架基本形成。

1988年12月我国第一条高速公路——沪嘉高速公路建成通车，结束了我国大陆没有高速公路的历史。20年来高速公路从无到有，快速发展，平均每年建成通车近2 800多公里，相当于韩国（2 968公里）高速公路总里程，2007年建成通车里程（8 574公里）超过日本现有高速公路总里程（7 400公里），创造了世界高速公路发展史上的奇迹。到2007年底，全国高速公路已达到5.39万公里，仅次于美国（7.5万公里），位居世界第二，第三位的澳大利亚为1.8万公里。高速公路在提高运输能力，降低运输成本，增强运输安全性，节约国土资源，改善投资环境，优化产业布局，提高国家经济的机动性，增强国家竞争力，保障国防安全等方面，发挥着越来越重要的作用，已成为我国经济社会发展不可或缺的重要基础设施。

农村公路建设成为社会主义新农村建设的开路先锋。30年来，新改建农村沥青（水泥）路255万公里，是改革开放前的4倍多。目前农村公路总里程达313万公里，全国乡镇、建制村通公路率分别达到99%和88.2%，不通公路的乡镇由1978年的5 018个减少到目前的404个，不通公路的建制村由1978年的213 138个减少到目前的77 334个；客车通达率分别达到98%和81%。农村公路和交通的发展，彻底改变了农村交通长期落后的局面，为统筹城乡协调发展提供了有力支撑。

桥梁隧道建设达到国际先进水平。到2007年底，我国共有公路桥梁57万座，2 319万延米，而1978年仅有12.8万座，328万延米；公路隧道4 673处，256万延米，而1979年仅有374处，5万延米。近年来，先后建成了润扬长江大桥、南京长江三桥、东海大桥、杭州湾跨海大桥、苏通长江大桥等一批施工难度大、科技含量高的世界级大跨度公路桥梁、长大隧道。其中杭州湾跨海大桥全长36公里，是世界上最长的跨海大桥；苏通长江大桥的主跨跨径、主塔高度、斜拉索长度和群桩基础规模创造了四项世界之最。

第二，道路运输能力大幅度提升

改革开放以来，道路运输装备的现代化水平迅速提高，运力向大型化、专业化方向发展。到2007年底，全国民用汽车发展到4 358.4万辆（1978年仅为135.8万辆）；其中公路营运汽车发展到849.2万辆，中高档客车比例已超过营运客车总量的40%。道路运输能力得到巨大增长。2007年全年公路完成客运量205亿人，旅客周转量11 507亿人公里，货运量164亿吨，货物周转量11 355亿吨公里，比1978年分别增长13倍、21倍、10倍和31倍。在综合运输体系中，公路客运量、旅客周转量、货运量、货物周转量所占比重，由1978年的58.8%、29.9%、47.5%、3.5%上升到2007年的92%、53.3%、72%和11.2%。公路运输在抗洪抢险、抗击“非典”和低温雨雪冰冻灾害、“5·12”四川汶川大地震救灾以及北京奥运交通运输保障等方面，都发挥了重要作用。

第三，港航基础设施长期落后局面明显改观

1978年，全国港口生产性泊位仅为735个，沿海万吨级及以上泊位133个，内河没有万吨级以上泊位，没有一个亿吨大港。1978年港口货物吞吐量仅为2.8亿吨，1979年集装箱吞吐量仅为2 521标准箱。改革开放以来，全面推进环渤海、长江三角洲、东南沿海、珠江三角洲、西南沿海港口群建设和内河航道建设，我国港口迅猛发展，现代化管理水平显著提高，成为对外开放的主要门户、综合交通运输体系的重要枢纽和现代物流系统的基础平台。2007年，全国港口生产性泊位达到3.59万个，其中万吨级及以上泊位1 337个，分别比1978年增长了48倍和19倍。港口货物吞吐量和集装箱吞吐量跃居世界第一，分别达到64亿吨和1.14亿标准箱，拥有14个亿吨大港。2006年港口货物吞吐量居世界前10位的港口，我国占了5个（不含香港），上海港成为世界第一大港。2007年集装箱吞吐量居世界前10位的港口，我国占了2个（不含香港、高雄）。上海、深圳集装箱吞吐量居世界第3、第4位。长江干线、京杭运河已成为世界上运量最大的通航河流和运河。2007年我国内河通航里程12.3万公里，其中50%以上为等级航道。

第四，水路运输能力长足发展

水路运输的大发展，有力地保障了我国能源、原材料等大宗货物运输，支撑了国民经济和对外贸易又好又快发展。我国水运承担了90%以上的外贸货物运输量，港口接卸了95%的进口原油和99%的进口铁矿石。国有大型骨干航运企业规模化、专业化、集约化水平不断提高。到2007年底我国民用运输轮驳船19.2万艘（1978年为10万艘），净载重量1.19亿吨（1978年0.16亿吨）。2007年全年水路完成货运量28亿吨，货物周转量64 285亿吨公里，比1978年分别增长5倍和16倍。

第五，水上安全监管和救助能力显著增强

健全完善水上安全管理架构和责任体系，初步建成了全方位覆盖、全天候运行的安全监管和救助体系，突发事件应对能力和人命救助能力明显提高。建立了海上搜救部际联席会议制度，制定了国家海上搜救应急预案。加强“四区一线”（渤海湾、舟山水域、琼州海峡、西南山区和长江干线）重点水域、“四客一危”（客船、客滚船、高速客船、旅游船及危化品船）重点船舶，以及重点时段的安全监管，实施动态值班待命救助制度，初步建立了海陆空立体搜救网络，救助快速反应能力和搜救成功率显著提高。在重点水域实施了船舶航行定线制，组织了一系列重大海难救助和油污染应对处置行动，保护了人命和国家财产安全，避免了重大环境污染。

第六，交通科技创新成果丰硕

坚持“科学技术是第一生产力”，贯彻落实中央建设创新型国家的战略部署，积极推进科技创新，形成了交通行业科技进步的体制机制，提高了科技成果转化率和科技进步贡献率。特殊地质成套筑路技术、高墩大跨径桥梁和公路长大隧道设计与施工技术、码头建设和航道治理技术等取得重大成果，自主研发了一系列成套技术装备。认真做好资源节约、环境保护和节能减排工作，启动了环保公路示范工程和内河水运建设示范工程，在全行业开展节能降耗活动，降低了车船单位运输能耗。

第七，交通法制建设成效明显

交通法制建设在改革开放后取得长足进步。30年来，贯彻落实依法治国基本方略，按照《国务院全面推进依法行政实施纲要》的要求，推进交通立法、执法和执法监督，提高交通依法行政能力。全国人大常委会颁布了《海上交通安全法》、《公路法》、《海商法》、《港口法》4部法律，国务院颁布了《水路运输管理条例》、《道路运输条例》、《船员条例》等31部行政法规，我部制定了327件规章，目前现行有效交通法律4部，行政法规30件，规章252件，初步建立起了公路水路交通法律法规体系，形成了规范的交通行政执法机制。

第八，交通对外开放与交流合作取得重大进展

适应改革开放的新形势、新需要，深化与周边国家多双边合作。建立了中国—东盟（10+1）和上海合作组织交通部长会议机制；签署了《亚洲公路网政府间协定》；积极参与亚洲公路网、欧亚公路运输通道连接、大湄公河次区域经济合作等多边合作。扩大与发达国家的交通合作。参与了中美经济战略对话，与美国、欧盟等国家签署了海运协定。密切与发展中国家的交通合作，组织和参与交通领域各种双边合作活动，注重多边国际合作，对外交流不断扩大，合作领域进一步拓宽。

三、公路水路改革发展的基本经验

改革开放30年来，我国公路水路交通在改革发展的实践中积累了十分宝贵的经验，概括起来，主要有以下几点：

第一，必须牢牢把握交通行业面临的基本国情和社会主要矛盾，把加快发展作为第一要务。交通为什么要发展、为谁发展、怎样发展，都是由基本国情和社会主要矛盾决定的。新中国成立以来，我国取得了举世瞩目的发展成就，从生产力到生产关系、从经济基础到上层建筑都发生了意义深远的重大变化，但我国仍处于并将长期处于社会主义初级阶段的基本国情没有变，人民日益增长的物质文化需要同落后的社会生产之间的矛盾这一社会主要矛盾没有变。就交通来说，经济社会发展和人民群众对交通运输的日益增长的新需求与交通运输还不能满足这种需求之间的矛盾始终是我们面临的主要矛盾。由此出发，交通行业紧紧抓住发展这个第一要务，聚精会神搞建设，一心一意谋发展，并努力加快发展、适当超前发展；坚持以人为本，努力提高服务能力、服务质量；坚持全面协调可持续发展，自觉地贯彻落实科学发展观，促进交通行业又好又快地发展。扭住发展不放松，这是交通行业改革开放30年来最根本的经验。

第二，必须贯彻中央的方针政策，以好机制、好政策推动交通发展。30年来，全国交通行业在中国特色社会主义理论体系指导下，认真贯彻党中央、国务院提出的关于交通运输是国民经济的战略重点，必须优先发展的方针；贯彻“发展以综合运输体系为主轴的交通业”的方针；贯彻“统筹规划、条块结合、分层负责、联合建设”的方针；贯彻“国家投资、地方筹资、社会融资、利用外资”的投融资方针；贯彻以科学发展观推进交通又好又快发展的方针。正是因为30年来始终贯彻执行这一系列正确的方针政策，使交通的发展具有好的机制，取得举世公认的重大成就，为国民经济、社会发展作出了应有的贡献。

第三，必须抓住发展机遇，加快交通发展步伐。邓小平同志指出：“抓住时机，发展自己，关键是发展经济。”改革开放30年来，我们在几个关键时期抓住了机遇，用好了机遇，使交通建设实现了跨越式发展。一是在十一届三中全会确立全党工作着重点转移到经济建设上来后，交通运输抓住了“优先发展”的机遇。交通部党组不失时机地向国务院领导提出了解决的思路。1984年12月，国务院作出了对中国公路交通发展具有重大历史意义的三项决定。二是在1992年邓小平同志“南巡”谈话后，交通部党组抓住加快发展的机遇，提出要下定决心，集中力量，加快步伐，抓好“两纵两横和三个重要路段”的国道主干线建设，使我国公路建设的等级和质量迈上了一个新的台阶。三是党的十四大提出要开发开放上海浦东，尽快把上海建成国际经济、金融、贸易中心之一的战略决策后，交通部抓住机遇，加大投入，推动了上海国际航运中心的建设，成功整治了长江口，上海港成为世界货物吞吐量第一大港和集装箱吞吐量第二大港。四是1998年亚洲发生金融危机，中央提出了扩大内需的方针，交通部抓住机遇，进一步加快高速公路和公路网的建设。五是在中央作出实施西部开发战略后，交通部适时召开了西部开发交通建设工作会议，使交通建设从东部推向更广袤的西北地区。六是在进入新时期，党中央、国务院作出建设社会主义新农村战略决策后，交通部启动建国以来规模最大的农村公路建设，使我国农村公路得到了快速发展，极大地改善了农村的交通条件。30年的实践证明，机不可失，时不再来，要抓住机遇、珍惜机遇、用好机遇，牢牢把握战略机遇期对交通发展尤为重要。

第四，必须注重科学规划，使交通发展战略、发展步骤、重大举措落到实处。根据国民经济和社会发展的总体目标，我们大力加强了交通发展战略、发展规划、发展政策的研究，80年代我们制定了建设“三主一支持”的战略构想。在实际工作中，我们又不断加以深化和充实，并认真做好交通建设项目的前期工作，坚持不懈地分步组织实施。1998年，我们又提出实现交通现代化三个发展阶段的目标。进入新世纪，交通部又陆续制定了高速公路、农村公路和沿海港口等中长期发展规划，并得到了国务院的批准。这样，我国交通发展的蓝图更加清晰，步骤更加明确。

第五，必须坚持调动各方面的积极性，营造交通发展的强大合力。30年来，我们坚持统筹规划、条块结合、分层负责、联合建设的方针，充分发挥中央、地方和人民群众的积极性，形成了加快交通基础设施建设的联动机制。各级地方党委和政府对交通发展倾注了心血，给予了坚定支持，在组织领导，征地拆迁、资金筹措等方面做了大量工作，并实行了一系列倾斜政策。广大人民群众充分认识到“要想富先修路”，积极支持并踊跃参加交通建设。交通发展离不开中央与地方的密切配合，离不开各级党委、政府和人民群众的关心支持。只有凝聚各方力量，形成共同推进交通事业的强大合力，才能克服前进道路上的各种困难，不断把交通改革发展事业推向前进。

第六，必须坚持改革开放，不断解放和发展运输生产力。30年来，交通行业的各级领导不断解放思想、转变观念，破除“一大二公”的所有制模式，形成了多形式、多成分的运输经济结构；破除了计划经济的僵化体制，建立了统一开放、竞争有序的公路水路建设市场和运输市场；破除了国家投资的单一渠道，形成了多元化的投融资格局。经过不断深化改革，完成了企业管理体制、港口管理体制、海事救捞体制等重大改革；引进了国外先进技术、资金和管理经验，使交通管理具有国际视野，交通行业拓展了发展空间。正是与时俱进的思想解放和不断深化的改革实践，推动交通运输业不断提高现代化、市场化、国际化水平。

第七，必须坚持“科教兴交”和“人才强交”战略，把科学技术作为交通发展的第一生产力。改革开放以来，交通科技工作紧密结合基础设施建设、运输生产中的关键问题，通过软科学研究、重大装备开发、行业联合科技攻关、引进先进技术、科学成果推广应用等多种形式，开发应用了一批先进适用的成套技术和装备，使公路、水运的技术水平和技术构成发生显著变化。交通行业科技进步的机制初步形成，促进了科技成果转化率和科技进步贡献率的提高。“交通人才工程”建设也取得很大进展。我们从交通的实际出发，以院校和科研院所为依托，以交通建设的广阔实践为舞台，为公路、水运发展培养造就了一批又一批的高素质人才。科技创新和人才成长，使我国在沙漠等特殊地质的公路建设技术，特大跨径的桥梁建设技术，特长大隧道的建设技术和深水航道的整治技术等方面都取得了重大突破和创新，达到了世界先进水平。

第八，必须坚持依法治交，加强交通法制建设。改革开放以来，我们坚持立法与执法并重、执法与执法监督并举，依法治交通的局面正在逐步形成。《海上交通安全法》、《海商法》、《公路法》、《港口法》、《水路运输管理条例》、《公路运输管理条例》和一批交通行政法规、规章相继出台，初步搭起了交通法规体系框架，为交通改革和发展提供了法制保障。交通法制工作是各项交通管理工作的基础，必须把法制建设提到更加突出的地位，坚持改革、发展与法制建设同步进行，实现各项交通工作的法制化，这是探索交通发展的必然要求。

第九，必须坚持以人为本，不断提高公共服务能力。改革开放以来，特别是进入新世纪以来，我们在科学发展观的指引下，努力坚持以人为本，加强服务型政府建设，推进政府职能、工作作风和工作方法转变，增强交通部门的行政执行力和公信力，着力提高适应经济社会发展能力、统筹规划和协调发展能力、公共服务和组织保障能力、运输和建设市场依法监管能力、安全管理和重大突发事件应急处置能力。只有坚持执政为民，依法执政，做负责任部门和负责任行业，才能使交通发展拥有深厚的群众基础，获得不竭的力量源泉。

第十，必须抓好行业文明和党风廉政建设，为交通发展提供强大精神动力和坚强政治保障。改革开放30年来，以交通建设为中心，以提高职工队伍素质为根本，以加强领导班子建设为基础，以具有行业特点的精神文明建设为重点，积极开展了“学先进、树新风、创一流”等群众性精神文明创建活动，大力宣传了杨怀远、严力宾、包起帆、陈德华、曹广辉、许振超、陈刚毅、孔祥瑞、“华铜海”轮、青岛港等在行业内外具有重大影响的一批先进典型。弘扬了各具特色的交通精神（“铺路石精神”、“筑港精神”、“灯塔精神”、“救捞精神”等），并注重加强交通行业文化建设。认真贯彻中央关于党风廉政建设的部署要求，建立健全了具有交通特色的教育、制度、监督并重的惩治和预防腐败体系，为交通运输不断取得新的成就提供可靠保证。

四、在新的历史起点上推进交通科学发展

在改革开放30年后的今天，我国公路水路交通发展站在了新的起点上。今后发展方向，必须紧紧抓住以下三条：

第一，我们要紧紧抓住我国经济发展战略转型的机遇，加快发展现代交通运输业。用现代科学技术、管理技术改造和提升交通运输，提高基础设施和技术装备的现代化水平和运营效能；适应现代服务业的发展要求，不断拓展交通运输服务领域；走资源节约、环境友好发展之路，加强行业节能减排和资源节约、环境保护。

第二，我们要紧紧抓住国务院机构改革的机遇，加快发展现代综合运输体系。党的十七大明确提出探索实行职能有机统一的大部门体制，十一届全国人大一次会议审议通过《国务院机构改革方案》。2008年3月，组建了交通运输部，在推进现代综合运输体系建设方面迈出了积极的步伐。发展现代综合运输体系，就是推进各种运输方式有机衔接，实现交通运输资源优化配置，发挥各种运输方式比较优势和组合效率。发展现代综合运输体系，符合世界交通发展的普遍规律，是我国交通运输业贯彻落实科学发展观的必然要求，也是发展现代交通运输业的必由之路。加快构建现代综合运输体系，一是加强公路水路民航交通运输规划的衔接，做到“宜路则路、宜水则水、宜空则空”，使各种运输方式有效衔接配合。二是加强中心城市综合交通运输枢纽规划建设中各种运输方式的衔接。按照“布局合理、能力充足、换乘便捷、服务优质”的要求综合考虑市内交通的方便和进出城区的快捷，使各种运输方式之间和某种运输方式内部有机衔接，实现客运“零距离换乘”和货运“无缝衔接”，“人便于行、货畅其流”。三是加强城市客运和农村交通的衔接，统筹规划，合理布局，消除分割，建设统一协调的区域和城乡交通运输网络，使交通运输发展成果惠及城乡，实现公共服务均等化。四是整合交通运输资源，加强公路水路民航运输方式的有效衔接，为邮政业发展搭建便捷、通畅、安全、高效的综合运输平台。

第三，我们要紧紧抓住全面建设小康社会的机遇，确保各项交通规划目标任务的全面实现，获得人民满意的成果。党的十七大在十六大时确定的全面建设小康社会目标的基础上，对我国到2020年的奋斗目标提出了新的更高要求。交通运输发展要按照党的十七大确定的全面建设小康社会奋斗目标的新要求，“十一五”后两年，要确保公路水路交通“十一五”规划目标任务的完成，为“十二五”、“十三五”时期交通运输发展创造良好条件，为逐步实现全国公路、港口、航道、水上安全监管与救助等各项规划而努力奋斗。为此，必须使基础设施网络化程度、信息化水平和运营管理水平得到提升；运输组织进一步优化，服务质量得到提高，公众交通服务领域得到拓展；资源利用水平明显提高，单位运输能耗和污染物排放量明显下降；安全监管、救助打捞和应急保障能力显著提高；行业创新能力不断增强；基本建立符合社会主义市场经济体制要求的交通管理体制机制，形成比较完善的政策法规体

系。到2020年，交通发展的质量和效率显著提高，运输服务和管理显著改善，行业创新实力显著提升，资源节约、环境保护显著增强，基本建成更安全、更通畅、更便捷、更经济、更可靠、更和谐的交通运输服务体系，实现交通运输科学发展、和谐发展、安全发展，使交通运输发展成果惠及城乡、人民共享，适应全面建成小康社会的需要，为本世纪中叶实现交通运输现代化打下坚实基础。

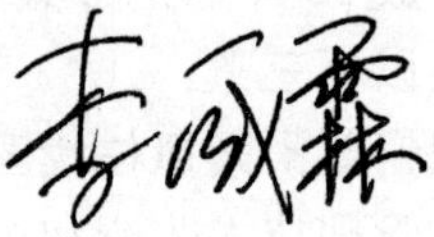

前 言

2008 年，我们迎来了改革开放 30 年。这 30 年，无论对我们国家、民族还是对我们交通来说都是很值得纪念、回忆和总结的 30 年。

30 年来，交通运输业实现了跨越式的发展，发生了历史性的深刻变化。实践告诉我们只有改革开放，才能发展中国的交通运输业，才能改变交通运输业在经济社会发展中的被动局面。编写《中国交通运输改革开放 30 年》，总结好这段历史，能够为今后交通运输事业的更好更快发展提供历史借鉴，对于实现交通运输现代化意义重大。

编写《中国交通运输改革开放 30 年》系列丛书《企业卷》，将交通运输企业改革发展历程纳入这套丛书框架内，是十分必要的。正是由于改革开放，实行社会主义市场经济体制，坚持和完善公有制为主体、多种所有制经济共同发展的基本经济制度，多种所有制形式的交通运输企业才能如雨后春笋般地萌发、成长，成为市场竞争中的一支强劲力量。企业是市场的主体，是社会生产力的实现形式，改革开放 30 年也是交通运输企业加快发展的辉煌时期，可以说正是改革开放使我们已经拥有了一批具有国际竞争力的一流企业。这是我们交通运输行业的骄傲，是我们中华民族的骄傲。因此，编写《中国交通运输改革开放 30 年》丛书，必须将交通运输企业中具有代表性的行业排头兵纳入丛书，才能全面反映交通运输改革开放 30 年的丰硕成果。

本书将交通运输企业按照其所属的协会划分为 11 大类，在全国范围内选择每一类型中具有代表性的企业入选。入选企业名单由行业协会推荐。本书特为国家经济建设做出突出贡献的 6 个国有特大型企业集团单独列章，以“中国交通运输大型企业”予以重点介绍。

本书的稿件全部由企业供稿，经专家审定后予以出版。

《企业卷》编辑工作委员会

目　录

航运企业

物流与道路运输企业

公路建设企业

水运建设企业

交通工业企业

疏浚企业

潜水打捞企业

交通勘察设计企业

汽车维修企业

交通建设监理企业

交通企业行业协会

大型交通企业集团

引　言

改革开放30年来，交通运输企业解放思想、深化改革、坚持创新、科学发展取得了巨大成就。中国远洋运输（集团）总公司（简称中远集团）、中国海运（集团）总公司（简称中海集团）、中国交通建设股份有限公司（简称中交股份）、招商局集团（简称招商局）、中国对外贸易运输（集团）总公司（简称中国外运集团）、中国长江航运（集团）总公司（简称中国长航集团）六家大型企业集团在改革开放的历史洪流中不断发展壮大，作为交通运输领域的骨干企业，其业务范围涉及航运、物流、码头运营、船舶工业、设备制造、交通基础设施设计与施工、交通基础设施投资与经营以及地产、金融等多个方面。这六家企业30年改革发展历程是交通运输企业改革和发展的缩影，其发展经验值得认真总结，大力推介。

中远集团前身是成立于1961年4月27日的中国远洋运输公司。改革开放30年中远集团经历了开拓发展、多元发展、全球发展3个阶段，确立了“从全球航运承运人向以航运为依托的全球物流经营人转变、从跨国经营向跨国公司转变”的发展战略。目前中远集团拥有和控制各类现代化船舶872艘、约5 482万载重吨，船队规模列全球第2位，航线遍及世界160多个国家和地区的1 500多个港口。中远物流业从中国第一走向国际知名，拥有各种物流车辆超过4 000台，为青藏铁路、天津空客、印度电站等国内外多个重大项目提供物流服务，创造多项业界纪录。中远集团船舶修造由全国前列迈向国际先进，在大连、舟山、南通、广东、上海、连云港等地的多家船舶修造基地，拥有30万吨级、50万吨级的各类型船坞16座。中远集团目前资产总额超过了1 500亿元，已经发展成为以航运、物流、船舶修造为主业的大型跨国企业集团，正在形成完整的航运、物流、码头、船舶修造的全球业务链。2008年，中远集团以208.4亿美元销售收入跻身世界500强企业。

中海集团于1997年7月1日成立，经过11年改革发展，集团船队由成立初的750万载重吨，发展到目前拥有经营船舶载重吨1 842.53万吨，11年间新增船舶1 100万吨。船队发展速度之快、船舶增加数量之多，为航运史上所罕见。2008年7月底，集团总资产1 163.79亿元，比1997年的251亿元净增912亿元。在航运主业带动下，码头业、物流业、制造修理业、船舶管理业、供贸业、信息业、金融业都得到了较快发展，已成为"依托主业优势、支持主业发展"的重要产业链，形成了集团新的经济增长点。

招商局创立于1872年，是中国民族工商业的先驱。1979年起招商局独资开发了在海内外产生广泛影响的中国第一个对外开放的工业区——蛇口工业区，并相继创办了中国第一家股份制商业银行——招商银行，中国第一家股份制保险公司——平安保险公司。从1978年~2007年，招商局总资产由1.3亿元增长到2 159亿元，规模增长约1 660倍。已由企业建港的先行者发展成为中国最大的公共码头运营商，也是中国最大的公路投资经营企业。1980年招商局牵头创立的中国国际海运集装箱股份公司已经发展成为世界最大的集装箱制造企业。目前招商局已成为一家综合性企业集团，形成了交通运输及相关基础设施建设、经营与服务、金融投资与管理、房地产开发与经营三大核心产业。

中交股份成立于2006年10月8日，是由中国交通建设集团有限公司整体重组改制并独家发起设立的股份有限公司。中交股份以交通基础设施设计、施工、设备制造为主业，成为中国最大的港口建设及设计企业，中国领先的公路、桥梁建设及设计企业，成为中国最大、世界领先的疏浚企业，全球最大的集装箱起重机制造商，中国铁路工程建设的排头兵，创造了我国乃至世界水工、桥梁建设史上诸多"第一"。从2004年~2007年，集团的资产总额由610亿元增长到1 760亿元，年均增长42.3%。2008年，中交股份以199.91亿美元的营业收入首次进入世界500强。

中国外运集团成立于1950年，现已发展成为以综合物流和航运为两大经营板块的国际化大型现代企业集团。以中国外运股份有限公司为主要经营平台的综合物流板块和以中外运航运有限公司为主要经营平台的航运板块在行业中具有重要的影响力。目前，中国外运集团是中国最大的国际货运代理公司、最大的航空货运和国际快件代理公司、第二大船务代理公司和第三大船公司。截至2007年末，中国外运集团资产总额529.24亿元。

中国长航集团前身可追溯到清朝末年官督商办的长江航运企业，至今已有130多年历史。中国长航以江海联运为核心能力，是集远洋、沿海、长江、运河全程物流服务的航运企业，也是我国内河最大的骨干航运企业集团。集团总资产由2000年末的140余亿元，增长至2007年末的450多亿元；现有全资子公司18家、控股子公司1家、境外子公司1家。

30年来，上述六大企业集团在改革发展过程中积累了丰富的经验。中远集团实施“走出去”和“两个转变”的企业发展战略、由传统航运企业向“资本中远”转变的策略；中海集团专业化改革和重组、跨越式发展的模式；招商局蛇口工业区开发模式、“规模做大、质量做实、效益做强”的理念及核心产业的培养；中交股份创新管理体制、加大科技投入，推动科技进步、提高自主创新能力；中国外运集团加强经营模式创新、探索国际化道路；中国长航集团做强主业、和谐发展的理念，都是可供借鉴的宝贵经验。

勇立潮头唱大风

中国远洋运输（集团）总公司

今年是改革开放30周年。30年来，伴随着我国经济社会的发展，中远集团坚持“解放思想、实事求是、与时俱进”，积极探索国有企业科学发展的规律，在日益激烈的国际竞争中奋发图强、不断壮大，企业发展实现了质的飞跃，迅速成长为一个具有较强国际竞争力的国际航运业领先企业，走出了一条独具特色的中国国有企业改革发展之路。

一、企业介绍

中国远洋运输（集团）总公司（简称中远集团）是以航运、物流、船舶修造为主业的大型跨国企业集团，是中央企业中的重要骨干企业，《财富》世界500强企业，资产总额超过1 500亿元，员工总数约8万人。经过近半个世纪的风雨历程，中远集团从小到大，由弱变强，船队规模世界第二，现代物流业由中国第一走向国际知名，船舶修造由全国前列迈向国际先进。进入21世纪，中远集团全球化进程加快，经营服务、资本运作、文化管理、合作竞争、社会责任、外交资源全球化成为重要特征。

二、改革历程

改革开放30年，伴随着中国经济社会发展的步伐，中远人按照“解放思想、实事求是、与时俱进”的要求，以改革创新为动力，不断求新求变求发展，走过了一段不平凡的历程。这一过程，大体经历了3个阶段。

1. 改革初期、开拓自主发展阶段（1978年～1993年）

这一阶段，中远对企业的功能和发展思路进行了深入思考和重新定位，针对计划经济下各直属航运公司“大而全、小而全”、一味追求地域扩张的传统做法，重新界定了旗下广州、上海、青岛、天津、大连五大远洋运输公司的市场定位。根据各公司船队特点和以往的、业务传统，将青岛远洋运输公司和大连远洋运输公司定为分别以经营散货船队和队为主，主要承运石油、粮食、矿砂、化肥、钢材等大宗货物的专业性公司；将广州运输公司、上海远洋运输公司、天津远洋运输公司定为拥有多种类型船舶，根据各自船特点和地理位置，分航线、港口经营的综合性公司。这一时期，中远已初步形成了以市场需求为导向的企业价值观。1978年9月26日，平乡城轮装载着162个国际标准箱驶离上海，标志着中国远洋集装箱运输的正式开始。同年10月25日，熊岳城轮从上海港开出去澳大利亚，单船往返60天，形成每月一班的班轮服务。从此，中国真正有了自己的国际集装箱班轮运输。1979年4月18日，柳林海轮抵达美国西雅图港，成为到达美国港口的第一艘悬挂五星红旗的中国船舶。1979年6月25日，中远总公司与日本饭野海运公司在北京签订船员劳务合作协议，首次派出由大副、大管轮等29名船员组成的外派船员班子到饭野海运公司所属的6万吨级“睦邦丸”油轮工作，从此中国船员劳务外派的序幕正式揭开。

2. 深化改革、多元发展阶段（1993年~1998年）

1993年2月16日，中运集团的成立开启了中远发展的新阶段。这一阶段，中远确立了“下海、登陆、上天”的多元化发展战略，经过短短几年的快速扩张，初步成为以航运为主业，业务范围涉及远洋运输、船舶和货运代理、海上燃物料供应、船舶修理、劳务输出、房地产、进出口贸易、旅游、金融等十多个行业的多元化发展企业。根据当时世界航运业由专业化分工向集约化经营发展的趋势，中远集团对船队体制进行了影响深远、意义重大的大规模改革，使其成为专业化船队。1994年1月1日组建“中远集装箱经营总部”，对广远、上远、天远的集装箱船进行“集中经营、分散管理”；1995年底组建中远散货运输有限公司，集中经营管理广远、天远的散货运输船队。广远成为以经营杂货船、特种船为主的专业化公司，天远成为经营油轮的专业化公司。这次改革，涉及船舶470艘，人员5万多人，从根本上改变了中远的船队经营格局，奠定了中远未来全球大发展的基础。1993年10月5日，中远投资（新加坡）有限公司在新加坡成功上市，吹响了中远全面进军资本市场的号角，同时也成为第一家进入海外资本市场的中国国有企业。随后数年间，中远集团所属中远太平洋、中远国际在香港先后上市。

3. 战略调整、全球发展阶段（1998年~2008年）

这一阶段，中远集团对“下海、登陆、上天”的多元发展战略进行了调整，确立了“从全球航运承运人向以国际航运为依托的全球物流经营人转变、从跨国经营向跨国公司转变”的发展战略，一方面，调整航运业结构，保持船队的合理规模，提高船队的盈利能力，巩固做强航运业；对航运相关业进行整合，大力发展现代物流业；同时优化发展陆上产业，由此形成了“一主两重五支柱”的产业发展格局，实现围绕航运、物流和修造船三个产业重点板块的“适度相关多元化经营”。另一方面，致力于更好地满足客户需求，以相关多元化的业务为平台和支撑，以信息技术为手段，全力打造“资本中远”，逐步深化三大主业板块的国际化经营程度，经营服务的全球化水平得以迅速提高。

三、发展成就

经过30年的不懈努力和快速发展，目前中远集团拥有和控制872艘、约5 482万载重吨各类现代化船舶，船队规模列全球第 2 位，航线遍及世界 160 多个国家和地区的 1 500 多个港口。其中集装箱船队规模中国第一、全球第六；干散货船队全球第一；专业杂货、多用途和特种运输船队综合实力居世界前列；油轮船队是当今世界超级油轮船队之一。中远拥有当今最先进的超过 10 000 标准箱的集装箱船、亚洲第一的“半潜船”、装载超大超重货物的重吊船、30 万吨级的 VLCC 以及专业化的汽车船。

中远物流业从中国第一走向国际知名，拥有各种物流车辆超过 4 000 台，包括具有 289 个轴线、最大承载能力达 8 000 吨的大件运输车，堆场 2 493 万平方米，仓库 287 万平方米，具有人才、技术和全球服务网络优势，在汽车、家电、化工、电力、会展、融资等领域为客户提供高附加值服务，为青藏铁路、天津空客、印度电站等国内外多个重大项目提供物流服务，创造多项业界纪录。

中远集团船舶修造由全国前列迈向国际先进，在大连、舟山、南通、广东、上海、连云港等地的多家船舶修造基地，拥有含 30 万吨级、50 万吨级的各类型船坞 16 座，业务涉及大型船舶和海洋工程建造、改装及修理，生产设备装配水平、生产管理水平国内领先，技术能力、生产效率及生产成本等指标居世界前列。年修理改造大型船舶 500 多艘，年造船能力 200 万吨，2007 年营业额超过 140 亿元。

现在，中远集团已形成以北京为中心，以香港、美洲、欧洲、新加坡、日本、澳洲、韩国、西亚、非洲九大区域公司为辐射点的全球架构，在 50 多个国家和地区拥有千余家企业和分支机构，驻外人员 400 多人，外籍员工 4 000 多人，海外资产和收入已超过总量的一半，正在形成完整的航运、物流、码头、船舶修造的全球业务链。中远集团在全球范围内投资经营着 30 个码头，总泊位达 140 个，总吞吐量超过 2 300 万箱，是全球第四大码头经营商。

经过 30 年的不懈努力和快速发展，特别是随着近年来“整体上市，分步实施”总体规划的稳步推进，以“中国远洋”为旗舰平台的“资本中远”初具规模。“中国远洋”继 2005 年在香港联交所上市创下了全球航运业有史以来最大资产规模的公开发行后，到 2008 年已名列英国《金融时报》全球 500 强企业排行榜第 242 位，并荣获 Marine Money2007 年度全球航运上市公司评比第 4 名。目前，中远集团在境内外控股或参股中国远洋、中远太平洋、中远国际、中远投资、中远航运、中集集团、招商银行、远洋地产 8 家上市公司。

中远集团信息化建设成绩卓著，先后投入数十亿开发应用的 IRIS-2、SAP、办公自动化、船岸电子信息通信、机务管理、航运管理、客户服务等信息系统，使“数字中远”逐步变为现实。2007 年，中远集团在“中国企业信息化 500 强”中名列第 2 位。

现在，中远已逐步成长为一个世界知名品牌。2006 年，中远集团获选“中国最具责任感企业”；2006 年，中远集团发布的 2005 可持续发展报告被联合国评为典范；2007 年，中远集团获颁“中华慈善奖”。在由世界品牌实验室最新发布的“中国品牌 500 强”评选中，中远集团以 397. 66 亿元的品牌价值排名中国品牌第 18 位，在中央企业中名列第 10 位。

经过 30 年的不懈努力和快速发展，中远精神文明建设成果丰硕。据不完全统计，近年来中远（集团）总公司两次获得“全国五一劳动奖状”，荣获“全国国有企业创建四好领导班子先进集体”、“全国社会治安综合治理优秀单位”、“全国厂务公开民主管理先进单位”、“全国学习型组织先进单位”、“最具责任感企业”等荣誉称号，连续多年荣获“中央国家机关文明单位”、“中央国家机关社会治安综合治理先进单位”、“中央国家机关计划生育先进单位”等荣誉称号。在中远全系统，中波公司等6个单位荣获“全国五一劳动奖状”，中远集运荣获“全国文明单位”称号，中远散运等5个单位荣获“全国精神文明建设工作先进单位”称号，广远公司荣获“全国模范劳动关系和谐企业”称号，中远香港集团等5个单位被评为“创建全国交通文明行业先进单位”，大远公司远明湖轮等3个班组被评为“全国交通行业文明示范窗口”。中远集运船长陈永康等4人获得“全国劳动模范”称号，南通中远船务车间主任张永立等8人获得全国五一劳动奖章，中远物流肖飞等5人荣获“中央企业劳动模范”称号，中远散运党委书记魏卿等2人获得“中央企业党建思想政治工作研究先进工作者”荣誉称号。此外，还有一大批单位和个人获得省部级、地市级文明单位、先进个人等荣誉称号，一大批先进青年集体个人被评为全国级、省市级青年文明号、青年岗位能手。

在美国《财富》杂志2008年最新公布的世界500强排名榜上，中国远洋运输（集团）总公司以208.4亿美元销售收入排名405位，比上年排名提高83名，成为第13位排名上升最快的企业。特别值得一提的是，在世界500强企业中，中远集团排名利润增长最快公司第15位，排名销售收入增长最快公司第46位，排名利润率最高公司第43位，排名资产回报率最高公司第31位。同时，中远集团已经成为净利润最高的航运企业，赢利能力居世界航运企业首位。另外，在入围世界500强的19户中央企业中，中远集团所有者权益位列第8位、总资产位列第10位、资产回报率第1、企业利润率位居前列。

四、基本经验

中远集团改革发展的30年，是一个不断探索、不断实践、不断解放思想、不断改革创新、不断自我完善的过程。总结30年的历程，有以下几个方面的基本经验。

1. 坚决贯彻“走出去”和实施“两个转变”的企业发展战略，依托国际市场，不断提升全球经营水平，促进企业持续稳定快速发展

实施“走出去”战略，开展国际化经营，是党中央在新的经济形势下做出的一项旨在促进经济长期可持续发展的重要战略决策，是我国企业提高国际竞争力、成长为具有较强实力的跨国公司的必由之路。30年来特别是近10年，中远集团积极贯彻党中央、国务院和国资委关于企业“走出去”的战略部署，坚决实施“从全球航运承运人向以国际航运为依托的全球物流经营人转变、从跨国经营向跨国公司转变”战略，艰苦创业，开拓发展，在国际化经营方面取得了显著的成效。

从20世纪80年代之前的设立海外代表处时期，到80年代在海外主要国家设立合资合营公司以及独资经营时期，再到90年代的业务全球化拓展和发展时期，最后进入21世纪从跨国经营向跨国公司转变，在广度和深度上进一步发展的全球化新时期，中远始终以围绕主业提升企业核心竞争力为目标。20世纪90年代之前，中远的业务主要是航运业，中远在海外设立的代表机构和合资合营公司，几乎全是为船队提供服务。1998年后，中远集团确定了“巩固做强航运业、大力发展现代物流业，调整优化陆上产业”的方针，海外业务也相应进行了调整，逐步退出了原涉足的陆上产业，工作重心从投资扩张向注重提升对航运主业的服务转移。2003年，国资委为中远集团确定了“航运、物流和修造船”3大主业板块。按照这一原则，中远集团的“走出去”开始重点向两个方向拓展：一是横向发展集装箱、干散货、油轮和特种运输船队的海外业务；如建设自有和合资的集装箱营销和服务网点，形成覆盖全球的航线服务网络；通过国内业务公司与国外地区公司合资，在澳洲、欧洲等地区成立散货运输公司，在香港设立特种船运输公司等。二是纵向发展航运业务价值链两端的现代物流、码头等业务。如中远物流公司通过合资形式，在香港地区、西亚等地区成立了物流公司；在香港上市的中远太平洋公司成功参与香港地区、新加坡、比利时安特卫普、意大利那波里、美国长滩等多个国际码头项目的投资、开发和直接经营管理。这些围绕核心业务开展的“适度相关多元化经营”，不仅保证了中远全球化战略的成功实施，也有效提升了集团主业的核心竞争力。

2. 持续推进“从拥有向控制转变”、“实体经营和资本经营‘两轮’驱动”策略，推动由传统航运企业向“资本中远”转变，不断提高自主创新和经营集约化程度

随着国际化经营的不断深入，中远集团逐步认识到资本运作的重要性。30年来，中远根据航运业资金密集、回报期长的特点，坚持“生产经营和资本经营两轮驱动”的策略，逐步改变了中远过去形成的“贷款买船、负债经营、赢利还贷、自我发展”的常规道路，在国际资本市场进行了许多积极大胆的探索，取得了显著成效。

中远投资（新加坡）有限公司，成功实现了修船业务与资本市场的结合，公司市值从2000年底的0.78亿新元提高到2007年4月底的62.7亿新元，增值近79倍。在香港，中远集团相继成立了中远太平洋、中远国际和中国远洋控股三家上市公司，将全球集装箱运输、物流、码头、船舶服务等核心产业引入资本市场。其中，2005年上市的中国远洋控股公司，使集团以集装箱运输产业链为主体的过半主营业务顺利进入资本市场，募集资金达95.37亿港元，不仅创造了国际航运企业首次发行规模的新纪录，也为中远打造了一个全新的航运主业综合概念上市平台，公司上市当年即被列为恒生国企指数成分股；中远太平洋2003年成为香港恒生指数成分股，市值从2001底的86.24亿港元增长到2007年4月底的428亿港元。当前，中远集团还按照国资委的要求，积极推进其他航运主业进入国际资本市场，最终实现整体上市。由此，中远的资本结构正在发生深刻变化，正在逐步实现5:4:1的合理资金来源结构（50%资金来自资本市场；40%的资金来自银行借贷；10%的资金来自自身积累）。

此外，通过进入国际资本市场，中远不仅筹集到了发展资金，而且促进了公司治理机构和机制的建设，实现了效益、价值和股东回报“三个最大化”，并以此有效地放大了国有资本、增强了国有经济控制力。2006年，中国远洋控股和中远太平洋公司同时获得香港上市公司“最佳董事会”大奖，充分显示了国际资本市场对中远企业治理的认可。

3. 始终坚持以人为本，努力建设高素质的领导班子，打造一支作风过硬的员工队伍，为中国远洋运输事业的发展奠定坚实的基础

作为从成立之日起就在国际竞争中不断发展的企业，中远始终以全球视野和国际眼光培养、选拔和使用人才。30年来，以人才选拔、使用为突破，从企业实际出发，充分调动和利用内外部人才资源，打破传统的思维和框框，按照“四好”标准建设强有力的各级领导班子，按照“不唯学历、不唯职称、不唯资历、不唯身份”的要求搞好“三个三百”人才工程，制订了切实可行的选拔、使用办法，努力培养一支高素质、国际化的人才队伍。为了让更多的企业领导人员和业务骨干树立市场竞争意识，掌握驾驭国际竞争的本领，中远坚持在全集团范围内选拔外派干部，选派到境外不同区域公司任职，或送到党校以及国内外名牌大学、著名跨国公司培训学习或任职锻炼。同时，坚持“一把椅子后面站三个人”，“赛马不相马”、“360 度考评”、双向选择、竞争上岗，形成“能者上、平者让、庸者下”的用人机制，把合适的人放到合适的位置上，不断把经过市场经济磨炼，通晓国际市场、懂经营、会管理的国际型人才推上主要领导岗位。

30 年来，经过改革开放大潮的摔打磨炼，中远集团不仅培育出了一支视野宽广、观念超前、业务精湛的员工队伍，而且锤炼出了一批德才兼备、有战略眼光、懂经营、会管理、有事业心的经营管理人才。正是因为中远集团拥有着一支具备远见卓识的底蕴、锐意准确的洞察力、高屋建瓴的商业眼光、锐意创新的理念和开拓竞争的胆识的经营管理者队伍，不仅中远自身业务得到了长足发展，还为国内同行业和地方建设输送了大量人才。

4. 以推行全面质量管理为突破口，不断推动管理创新，把行业优势转化成竞争优势，由行业规则的追随者上升为行业规则的制定者和引领者

2001 年 11 月，中国企业管理史上发生了一起重要事件。挪威船级社、中国船级社认证公司和国家卫生管理体系认证中心三家权威认证机构联合隆重举行了中远集团综合管理体系认证证书颁发仪式。三家机构共同宣布，经过严密的联合审核，中远集团顺利通过了 ISO9001:2000 质量管理体系、ISO14001:1996 环境管理体系和 OHSMS18001:1999 职业安全卫生管理体系的第三方认证，成为首家获得三大管理证书的中国企业，标志着中远集团的综合管理水平已经进入国际先进行列。

在此基础上，中远和所属成员企业根据经营业务和内部管理的需要和特点，按照相关国际管理统一标准建立和完善了独具特色的科学决策制度和精细管理制度管理体系，并学习运用美国通用电气公司六西格玛质量管理的理念和方法作为持续改进的重要手段，取得了良好的效果。据统计，中远集团是“全球有最多成员单位通过 ISO 9000 国际质量系列认证的跨国企业集团”。现在，中远集团的管理水平已经得到世界航运界的高度认可，并屡屡获得国际管理大奖。如：中远（香港）航运有限公司荣获香港管理专业协会颁发的“2001 年优质管理大奖”，成为香港首家获得该项荣誉的航运企业和中资企业；中远集装箱运输有限公司连年获得英国《劳氏日报》、美国《托运人杂志》等国外航运权威机构评出的“最佳班期奖”、“信得过奖”、“优质服务奖”等。

然而，在管理创新的道路上，中远并未止步。2004 年，中远集团在中国国有企业中率先加入联合国“全球契约”行动，将可持续发展和全面风险管理引入管理体系，以质量、环境和职业安全整合体系为基础，以可持续发展和风险管理为主线，运用精益六西格玛的方法，结合中远长期以来进行管理体系创新的经验，成功运用管理体系模式和手段，进行流程再造和管理创新，创造性提出中远集团实施全球契约和可持续发展管理体系十六步法，将可持续发展指标体系的指标逐项纳入相关生产经营管理决策过程和行动，落实到集团总公司和各下属公司的工作及岗位中，形成指标化可持续发展管理体系，全面提升传统管理体系，为中远集团规范地建立和运行管理体系提供了程序化的科学方法，成为先进管理体系的创造者。

5. 紧跟和谐发展主旋律，坚持“以诚待人、合作共赢”的发展理念，大力推进区域合作和强强联合，打造具有国际竞争力的世界品牌

经济全球化的发展和国际竞争的加剧，使中远人认识到，全球化经营必须走国际合作的道路，要用他人的资源弥补自己的不足，实现互利共赢。30 年来，中远始终以诚信为本，坚持“和谐共赢”的发展理念，先后在运输、物流、修造船及码头开发等领域加强了与同行和上下游企业的合作。在集装箱班轮运输领域，中远与日韩多家公司合作，互租舱位、协调派船，形成了世界上最大的集装箱运输服务联盟 CKYH，扩大了航线覆盖面，提高了舱位利用率，降低了经营成本，提高了经营效益。在码头开发领域，中远太平洋通过与国际港口企业、码头运营商合作，成功参与了多个境外码头的投资和经营，既获取了丰厚的利润回报，也使中远迅速发展为世界第 5 大码头运营商。此外，中远还和日本邮船合作开展汽车船运输业务，与荷兰 TNT 合作开展物流业务等。

与此同时，中远集团通过持续发挥系统集成的优势，不断拓展与客户、合作伙伴进行合作的深度和广度，先后与中国海南省、天津市等 10 多个地方政府以及中国宝钢、荷兰 TNT 等诸多世界 500 强企业签订了战略合作伙伴协议，为“全球发展、和谐共赢”增加了新的内涵。正是由于始终坚持“和谐共赢”的发展理念，中远集团在全球各地的迅猛发展也大大推动了当地经济的繁荣，中远集团一时声名鹊起，成为全球各地最受欢迎企业和投资人。2005 年，中远被比利时国王授予莱奥波德二世国王勋章；2006 年，中远先后荣获美国长滩港务局环保绿旗奖、“中国走向世界”企业成就奖、巴拿马杰出海运奖；2007 年，中远先后被授予“中韩国际交流贡献奖”、美国马萨诸塞州“创造就业机会奖”。

6. 以打造百年中远为目标，始终把履行社会责任放在重要位置，从优秀企业向卓越企业迈进，为构建社会主义和谐社会做出贡献

30 年来，中远集团始终积极响应国家以及国际社会的号召，大力参与各项公益事业和慈善事业。从 1995 年以来，中远集团连续多年承担云南省福贡县的扶贫工作；2002 年以来，中远集团每年对口支援西藏洛隆县 1 100 万元，支援河北盐山、海兴两县 600 万元，并先后派遣 20 余名优秀员工奔赴第一线开展工作，为当地经济社会发展做出了积极的贡献。多年来，中远集团主动进行了大量社会捐助：1998 年向遭受特大洪水的灾区捐款 1 000 多万元；2003 年投入 600 万元，为战斗在“非典”一线的中国医务工作者投保了人身意外保险；2005 年向南亚大海啸受难者捐助 1 000 万元。2005 年底，中远集团又投资 1 亿元，成立了国内首家由企业发起的慈善基金会，使中远集团回馈社会的工作更加规范化、制度化。2008 年，通过中远慈善基金会，中远集团向中国南方冰冻灾害地区捐款 1 000 万元，向中国汶川大地震受灾地区捐款 8 852 万元。

责任是中远发展道路上一个关键的主题词。30 年来，在海外华人华侨面临战火和灾难时，中远船舶是他们的避风港；国际友人在狂风巨浪中落水遇险时，中远船舶是他们的安全岛；美国波士顿港面临 9 000 名码头工人失业、经济陷入衰退时，中远集团的班轮航线是他们摆脱困境的救星。到了 21 世纪，当人权、环境等人类发展过程中的矛盾日益尖锐时，2004 年，中远集团在中国国有企业中率先加入联合国倡导的全球契约行动，2005 年、2006 年、2007 年连续三年对外发布了《中远集团年度可持续发展报告》，积极推动和履行企业在发展、人权、劳工、安全、环保等方面的行动准则，致力于成为一个“绿色服务”提供者。

7. 始终坚持“支部建在船上”，继承和发扬党建思想政治工作的优良传统，全面提升参与国际竞争的软实力，夯实企业文化的思想基础

中远的行业特点是点多线长，流动分散，远离祖国，独立作战，信息闭塞，工作环境有着多变性、复杂性、艰苦性、危险性和涉外性等特点。30年来，中远始终坚持“支部建在船上”，始终把党建思想政治工作作为中远改革发展的生命线，逐步形成了以爱国主义为核心的企业文化，企业软实力不断增强。

受到江泽民同志题词表彰的中远船员严力宾，他在船舶机舱失火的情况下，舍生忘死，用年轻的生命卫护国家财产；两伊战争期间，几十艘中外船舶被困在阿拉伯河上，所有外轮船员毫无例外地争相逃命，人去船空，唯独中远的4艘船舶的船员，在船舶中弹、起火燃烧、人员伤亡的情况下，坚守岗位、抢险护船，表现了中国船员的大无畏精神；所罗门发生政变，当地侨胞生命危在旦夕，中远“阳江河”轮奉命接侨，在一无海图、二无资料，风大浪急，航道狭窄的情况下，全体船员冲破重重困难，将被困的117名侨胞安全接送到目的港；索马里发生战乱，“永门”轮奔赴非洲之角摩加迪沙，冒着枪林弹雨，在大洋的惊涛骇浪中往返两个航次，营救生命危在旦夕的援外人员。30年来，中远的每一条船舶、每一位员工在国家需要的时候，都能毫不犹豫地投入其中。

被国际航运界誉为“海上中华名牌”的“华铜海”轮，从改革开放后的20世纪80年代中期开始的10多年间，创造了没有出过一次事故，没有误过一次船期，从未违反过外事纪律，先后55次由装煤装矿等改为装粮验舱均一次通过，为船舶创造了丰厚利润等重大业绩，先后50多次受到国家、原交通部、广东省、中远（集团）总公司和广远公司的表彰，被交通部授予“两个文明建设标兵船”荣誉称号，荣获全国“五一劳动奖状”，成为中远集团乃至中国远洋船舶的旗帜。至今，中远集团颁发给远洋船舶的最高荣誉称号仍以“华铜海”命名。

30年来，正是由于中远始终坚持“支部建在船上”，始终坚持党建思想政治工作在“浮动国土”上的生命线地位，不断发扬企业党建思想政治工作的优势作用，艰苦创业、爱国奉献，求是创新、图强报国，中远形成了具有浓郁远洋特色的以爱国主义为核心的企业文化，大大增强了中远参与国际竞争的软实力。

8. 探索企业健康成长规律，坚持激励与约束双管齐下、双轮驱动，不断致力于构建惩防腐败体系，保证企业沿着正确方向健康发展

改革开放以来，随着国有企业改制重组、主辅分离等改革措施的进一步深化，中远集团的企业规模、经营业务迅速发展。为了适应企业改革发展的需要，中远集团在实践中不断探索建立适应企业改革发展的内部监督机制，初步形成惩治和预防腐败体系的基本框架，形成了以纪检、监察、审计、监事会“四位一体”的“大监督”工作格局，同时，运用各种有效手段，不断加强廉洁文化建设，在企业中形成反腐倡廉的良好氛围。据统计，中远集团2007年与1997年相比，立案案件从112件下降到9件，经济案件从64件下降到9件，受处分人数从105人次下降到7人次。中远集团党组纪检组、监察室被中央纪委、人事部、监察部评为全国纪检监察系统先进集体，被国务院国资委评为中央企业纪检系统先进集体。30年来，通过不断加强监督力度，中远集团强化了监督，促进了管理，为企业的健康发展提供了有力的保障。

五、发展展望

未来3～5年，中远集团将按照国务院国资委关于中央企业实施股份制并进入资本市场的总体要求，深化体制改革，全面建立三级管理、治理结构清晰的现代企业制度。以中国远洋作为打造资本中远的旗舰，总体规划、分步实施，加快推进主业进入资本市场，实现资本结构“5:4:1”的目标；借助资本市场筹集资金，促进企业转机建制，规范经营管理，不断增强企业持续发展能力。拥有和控制并举，合理扩大船队规模，科学调整船队结构，大力发展集装箱船队、油轮船队和沿海散货运输船队，加快发展特种船队，科学控制散货船队规模，通过重组整合建立新的散货船经营体制和机制，提高航运企业持续创效能力。以中远物流为发展现代物流业务平台，坚持做大物流、做强货运、做精船代，以国内市场为基础，拓展海外物流业务，尽快形成中远全球物流经营竞争优势。实施从策略投资者向经营管理者、从单一集装箱码头向以集装箱码头为主的多元化码头、从区域性投资向以中国地区为主的全球化发展转变，形成以中远太平洋为主体、统一的产业管理体系，打造中远码头品牌。抓住机遇，乘势而上，合理扩大修船和造船产业规模，不断提高竞争优势和创利能力。优化发展金融和IT产业，使之成为主业发展的重要支撑。以主业为依托，推进产业优化重组，完善海外经营管理体制，拓展海外事业发展规模。推进企业文化和员工队伍建设，维护员工的根本利益和长远利益，完善企业与员工共同发展的协调机制，以发展促和谐、以改革谋和谐、以稳定保和谐、以创新求和谐、以公正创和谐、以文化塑和谐，创建和谐企业。企业船队经营规模保持世界前列，国际化经营指数达到联合国“全球跨国公司100强”指标，销售收入进入并稳居《财富》世界500强。初步实现从全球航运承运人向以航运为依托的全球物流经营人和国际航运物流业系统集成者转变，从跨国经营向跨国公司和全球公司转变，为建设和谐中远、打造百年中远奠定坚实的基础。

十年中海　百年基业

中国海运（集团）总公司

一、企业介绍

1997年7月1日，中国海运（集团）公司（以下简称中海）是在交通部党组的正确决策下，在上海海运（集团）公司、广州海运（集团）有限公司、大连海运（集团）公司、中国海员对外技术服务公司、中交船业公司5家公司的基础上组建成立，总部设在上海。其中，上海海运（集团）公司的前身是1872年成立的招商轮船公司，广州海运（集团）有限公司的前身是招商轮船公司广州分公司，两家公司在建国后都经历了军管、公私合营、现代企业制度改革，成为中国沿海的主力航运集团；大连海运（集团）公司的前身是1949年成立的大连轮船公司，在渤海湾航线具有较强的竞争力；中国海员对外技术服务公司成立于1984年，是中国第一家海员劳务外派公司；中交船业主业从事拆船业务。

中国海运集团组建后，在国家改革开放、国民经济快速发展的大潮中，坚持科学发展，牢牢抓住历史机遇，改革创新，与时俱进，按照专业化分工进行资产重组，先后组建了集装箱、散货、油轮、客轮、船舶修造、物流、码头等专业化公司。经过11年改革发展，集团总资产净增900多亿元，总资产和净资产分别增长4.63倍和6.65倍，总资产负债率控制在40%以下，总收入增长将近11倍，赢利总计超过300多亿元，从小到大，从弱到强，实现跨越式发展，写下了辉煌的篇章。

主业船队和相关产业不断发展壮大，活力和竞争力明显提升，布局和结构不断优化，在国内沿海煤电油运发挥的主导作用进一步增强，集装箱运输国际竞争力和市场影响力进一步加大。集团被中宣部、国资委评为国有企业改革发展重大典型之一。

回顾中海发展的成功实践，集团的发展已经深深地融入中国改革开放伟大实践中，融入每一个中海人的心中。“爱我中海”已成为中海人矢志不渝的信念，“世界一流”已成为中海人奋斗追求的目标，“百年中海”已成为中海人代代传承的伟业。我们已站在一个新起点上，开始第二个10年的奋斗历程，努力完成“十一五”发展规划，展望今后更长时期的发展，为“建设百年中海、争创世界一流”的伟业奠定坚实基础，这既是中央企业应该承担的历史责任和神圣使命，也是我们这一代中海人更高的理想境界和孜孜追求。

二、发展成就

在党中央、国务院正确领导下，中海紧紧依靠广大干部职工，坚持科学发展观，找到了一条符合中国国情的国有企业改革开放之路，走上了又好又快的科学发展之路。

11年的发展，中海已经基本建成符合现代企业制度的企业集团，成为事关国家安全、事关国民经济命脉的国家53家重要骨干企业之一，成为在航运界具有重要影响和领先地位的大型化综合性航运集团。

11年发展成果，主要有6个方面：

1. 基本建成了一支大型化、规模化、专业化船队

1997年，集团船队是总载重吨750万吨、平均载重吨1.8万吨；到2008年8月底，已拥有经营船舶445艘，总载重吨1 842.53万吨，11年间新增船舶1 100万吨。这是取得成功的重要基础，船队发展速度之快、船舶增加数量之多，在航运史上也是不多的。

集装箱船队从无到有，从小到大，现已位居世界班轮公司十强之列；油轮船队形成了由12艘VLCC为主力船型的规模，结构日趋合理、优势较为明显，已成为中国重要的油轮运输船队之一；干散货船队正在建造30万吨、23万吨大型化船舶，船队实力保持领先地位；客轮船队结构不断优化；汽车船队逐步形成规模化优势；LNG运输正在积极推进。

2. 运输能力稳步提高，支持保障能力不断增强

集团的货运量年均增长率在10%以上。1997年完成货运量1.44亿吨、1 918亿吨海里；2007年完成3.7亿吨、6 450亿吨海里；分别增加1.91倍和3.36倍。2008年集装箱将突破1 000万标准箱，煤炭运输将继续保持在1亿吨以上，原油进口运量不断增大，旅客运输的安全品牌和温馨服务始终名列前茅，沥青和化学品等特种运输不断完善提高。集团在国民经济中发挥了重要的支持保障作用，多次受到上级领导和社会有关方面的充分肯定。

3. 综合实力不断提升，回报国家贡献加大

2008年7月底，集团总资产1 163亿元，比1997年的251亿元净增912亿元；净资产669亿元，比1997年的101亿元净增568亿元。

总资产负债率42.53%，从1997年59.9%下降17.37个百分点；2008年总收入突破800亿元，比1997年的83亿元增长9倍多。

1997年组建时亏损1.84亿元，1998年实现扭亏为盈，10年赢利总计超过300亿元。

中海曾被中宣部、国资委评为国有企业改革发展重大典型之一。2007年10月被国资委授予"2004~2006年度中央企业业绩优秀企业奖"。

4. 相关产业结构优化，发展步伐逐渐加快

在航运主业带动下，码头业、物流业、制造修理业、船舶管理业、供贸业、信息业、金融业都得到了较好较快发展，已成为"依托主业优势、支持主业发展"的重要产业链；已成为集团新的经济增长点。

集团参控股码头投资项目达到13个，去年集装箱吞吐量达到1 100万标准箱，是集团重要的优质产业；船舶工业坚持"修造并举，以修为主"方针，船舶建造开始起步，江苏江都造船基地已签订60多艘造船合同，合同总额超过150亿元；上海长兴岛现代化、大型化修船基地正在加紧推进，年修船量位于国内前茅；集装箱制造已形成年产45万标准箱的造箱能力；船舶管理业加强一流船员队伍建设，发挥重要支持保障作用；物流业坚持改革，调整结构，实现稳步发展；供贸业坚持改革联营，已经跨上了新的发展平台；信息化建设已成为集团重要的"一号工程"，是主业发展的重要保证；金融业地位日益增强，为集团发展提供了强有力的保障支持。

5. 境外网络不断完善，全球经营能力增强

集团不断加大境外产业发展，建立和完善全球化经营网络，CHINA SHIPPING以其"诚信四海、追求卓越"的风采，为祖国和人民赢得了荣誉，受到世人瞩目；境外网络覆盖全球五大洲86个国家和地区，成立了中国香港、北美、欧洲、东南亚、西亚、韩国6个控股公司，下设90多家公司、代理、代表处，营销网点超过300多个；境外员工2 350名，其中外籍员工2 238名，实现利润已占集团总利润的40%左右，境外产业已成为集团全球化经营的重要基础和保证。

6. 员工队伍素质不断提高，个人成长与中海事业同步发展

10年来，集团新增大中专毕业生近万名，在岗总人数维持相对稳定，员工队伍知识化、专业化、年轻化程度不断优化，队伍结构明显改善。大专以上学历员工占38%，35岁以下青年员工占39%，中高级职称专业人员占45%。蓬勃发展的事业为员工提供了施展才华的机会和舞台，也吸引了海内外2 000多各类人才的加盟，聚集了12 000多名高级航海人才，2 300多名船长、轮机长。

通过树新风创一流、一流企业一流员工主题活动，激发了员工自我塑造、追求卓越的积极性，一大批爱中海、有思路、能干事的航海、金融、法律、经营、技术、物流人才成长起来。员工队伍素质的提升，促进了集团全员劳动生产率增加1.92倍，年均增长率为12.7%；效率和素质的提高，也明显改善了职工整体生活水平。特别是运输船员工资、奖金、伙食费和"四金"等综合水平每年都有不同程度的提高。集团同时也关心、关爱广大离、退休人员的生活，采取多种途径提高他们的生活水平，设立了"1 000"万元退休船员帮困基金，共享改革发展成果。

三、基本经验

中海11年发展的成功实践，首先得益于国家改革开放，得益于国民经济的强劲发展，这是十分重要的基本前提。

11年来，中海积极探索，勇于实践，努力把握企业发展的客观规律，积累了许多成功经验。主要有以下7点：

1. 坚持深化改革是取得成功的根本动力

改革使集团事业充满了生机和活力。通过改革，中海将原来属于计划经济体制、机制下的老企业，改革成适应市场经济的新企业；将原来以沿海运输市场为主的区域性企业，改革成以远洋、沿海市场兼营的国际化企业；将原来由行政方式组合起来的传统企业，改革成以资本为纽带、市场为导向、效益为中心，具有较为健全的法人治理结构的现代企业。

中海以较短的时间完成了专业化改革和重组，诞生了中海集运，使中海油运、中海货运等船公司，以专业化优势参加市场竞争；改革使一大批相关产业应运而生，跨上新的发展之路；改革使中海人的观念和精神面貌焕然一新。我们在经营机制、管理体制、资源配置、资金管理、激励机制等方面，进行了持续、深入、全面的改革，全员劳动生产率逐年提高。

2. 坚持创新是取得成功的制胜法宝

创新是一个民族进步的“灵魂”。中海10年发展，坚持创新是制胜法宝。

坚持发展战略的创新。集团成立之初，家底薄、资金少、实力不强，如何发展？向什么方向发展？中海正确判断全球经济发展趋势，及时抓住航运发展机遇，坚定不移地实施做强做大航运主业的战略，以发展集装箱运输为突破口，通过低成本租赁、自有船舶改造、市场反周期运作、与大货主联营合作等一系列实践创新，实现了持续跨越发展，中海从此登上了世界航运舞台，成为令世人瞩目的新军。集装箱运输的发展，增强了主业核心竞争力，带动了相关产业和境外产业的快速发展。同时，中海在油轮和干散货船队发展、资金运作、人才培养、精细化管理等方面都结合企业实际，坚持在发展中创新，在创新中发展。

坚持发展理念的创新。中海提出了“建设世界一流航运企业”的发展目标，激励着中海人努力拼搏、勇创一流；中海开展了“站在新起点，我们怎么办”的大讨论，激励着中海人胸怀大志，从我做起；中海开展了“树新风、创一流”的主题活动，激励着中海人昂扬斗志，争先创优；中海开展了“一流企业、一流员工”素质工程建设，激励着中海人赶超先进，永不停步。现在，中海提出了“百年中海”的发展理念，将会永远激励着中海人为之奋斗不已。中海始终运用邓小平同志的“两个大局”的思想，指导10年发展，确保了集团发展战略成功实施。在发展集装箱运输起步时，集团和各单位都倾全力给予有力支持；集装箱运输发展壮大后，又对其他产业给予有力反哺。

坚持发展机制的创新。中海坚持“抓住沿海、拓展远洋；一业为主、多元发展”的发展定位；坚持“以效益为中心、市场为导向”的经营方针；坚持生产经营与资本经营相结合，中海集运在香港H股上市，中海发展成功回归A股，中海海盛发展加快；中海还加大参与银行和大企业集团的联营合作和战略投资；强化资金集中结算和统一管理；坚持“六个统一”经营方针；通过内部改造和优化船舶资源的市场化配置，收购了两个船厂，增强船舶修造综合实力；建立主营船员人才库，加快一流船员队伍建设等，通过发展机制不断创新，推进中海事业向前发展。

3. 坚持一流队伍建设是取得成功的重要保证

集团成立时在职员工约有4.7万名，2008年约为4.5万名，10年间职工队伍的素质明显改善。中海坚持党管干部、党管人才，实施人才强企战略，贯彻落实集团“十五”、“十一五”人才发展规划，大力培养选拔年轻优秀人才，构筑人才队伍优势，基本形成了以“四化”为标准、符合“爱中海、有思路、能干事”工作要求的企业领导人才队伍；基本形成了具有国际化经营管理素质和能力、老中青结合、年轻化优势的高级经营管理人才队伍；基本形成了具有驾驶超大型船舶能力、适应国际航行需要的船舶高级技术干部的骨干队伍。

集团人才队伍建设呈现出专业化、复合型、高素质发展趋势。境外人才、工业、码头、船舶管理、物流、船务、空运、造箱、金融、供贸、信息等产业的人才队伍建设都取得了新的发展。一手抓企业发展，一手抓队伍建设，使之协调同步，相互支持，这是10年发展成功的重要保证。

4. 坚持合作共赢是取得成功的重要途径

10年发展实践使我们懂得，在有序竞争中，谋求合作共赢，是取得成功的重要途径。

航运是服务产业，只有在为大货主服务中，才能求得更好更快的发展。集团坚定不移地推进与大货主长期合作方针，先后与中石油、中石化、中海油、神华集团、华能集团等大型能源企业，与首钢集团、宝钢集团等大型钢铁企业；与中远集团、中外运、民生公司等航运企业，与上海、天津、大连、南沙等主要枢纽港，与江苏、福建、海南、天津、广州、深圳、大连、青岛、连云港、宁波等省市，与国内外各大船厂，与各大银行和其他金融机构，与世界各大班轮公司，与境外各大货主、港口等加大了联营合作，成效显著，为企业拓展了更大的市场空间，增强了抗风险综合能力，为可持续发展奠定了坚实基础。

5. 坚持强化管理是取得成功的重要基础

中海形成了一整套适应市场、符合企业发展规律的管理体制和机制。在发展战略、生产经营、安全监督、资金资产、成本控制、人才建设、风险防范、民主管理、海外管理、信息管理、绩效考核、廉政建设等方面，坚持责任化、制度化、标准化管理，具有以下鲜明特点：一是形成了以精细化为导向的管理理念，管理资源不断得到整合和优化，管理整体优势得到提高；二是形成了集团管理的执行力风格，坚持精干高效；三是形成了扁平化的管理体制，有效管理的幅度和控制力明显增强；四是形成了采用现代先进技术，以信息化、网络化、自动化为主要形式的管理手段；五是形成了以“对标”为载体，寻找差距，强化整改，以赶超先进为目标的管理体系。

6. 坚持强化企业的社会责任是大型国有航运集团赢得市场的品牌

自觉履行社会责任，对社会发展做出应有贡献是大型央企的使命，也是品牌的内涵。作为国际化航运企业，首先是严格履行有关国际公约，按国际惯例和行业通用标准运作，大力推行环保节能，逐年降低能耗，保护海洋，保护人命安全，建设安全企业；其次是确保煤电油运，以大局为重，坚决贯彻中央和国务院的战略部署，发挥大型国有航运企业的骨干作用，确保沿海重点用户不停机、不停电；其三是诚信服务，按市场规律办事，坚持确保重点、确保合同、确保电煤的运输方针，千方百计挖掘潜力，保障煤电油运。特别是在一些特殊时期，作为国有大型航运企业更是发挥了特殊作用；其四是热心公益事业，赢得广泛尊敬。先后在新疆、云南等地开展扶贫，捐建希望小学，派出志愿者参加国际援助，带动员工经常性开展扶贫帮困，在社会发生灾难时鼎力相助，如2003年“非典”捐款800万元，2008年汶川地震发生后捐款3000多万元抗震救灾等。中海在发展自身同时恪守社会责任，为抗击灾害和保障经济社会稳定做出应有贡献，构筑了良好的品牌，与企业又好又快发展形成良性互动。

7. 坚持全面加强党的建设，全心全意依靠广大职工，是集团取得成功的关键所在

集团党组（党委）坚持以邓小平理论、“三个代表”重要思想为指导，全面贯彻落实科学发展观，坚持融入经济工作中心抓党建，抓好党建促发展，充分发挥政治核心作用、战斗堡垒作用和党员的先锋模范作用，为中海的改革发展稳定提供强有力的政治保证、思想保证、组织保证。党中央、国务院对中国海运改革发展和党的建设工作高度重视，先后3次对集团主要领导做出重大调整，集团领导班子实现新老平稳交替，企业改革发展和党的建设各项工作在原有的基础上不断创新发展。通过“三讲”和保持共产党员先进性教育活动及开展科学发展观的学习贯彻，各级领导班子思想政治素质和党员队伍的整体素质进一步提高，党的基层组织建设进一步加强。通过开展“四好”领导班子创建活动，各级领导班子的政治意识、大局意识和责任意识进一步增强，在参与激烈的国内外航运市场竞争中，领导班子的战略决策、经营管理、市场竞争、推动创新、应对复杂局面五个方面的能力和水平有了新的提高。通过加强思想政治工作和企业文化建设，爱我中海、勇创一流的企业精神和诚信四海、追求卓越的核心价值观得到进一步弘扬。通过加强企业党风建设和反腐倡廉工作，建立健全惩防体系，为确保国有资产的保值增值做出了积极的贡献。

集团和中海集运先后被交通部授予全国交通系统文明行业；集团荣获省部级劳模、先进个人荣誉的有200余人次，荣获省部级以上先进集体荣誉的100多个；涌现出一大批具有时代特征、中海风貌的先进船舶、集体和个人。集团坚持全心全意依靠广大职工，强化厂务公开和职工民主管理，不断调动广大职工的积极性，召开集团首届团代会，建立健全工青妇等组织，充分发挥群众组织的作用，为企业发展创造良好氛围。

四、发展展望

面向未来，中海提出了“百年中海、世界一流”的奋斗目标。这是中海未来发展战略选择，也是中海应承担的历史责任。

“百年中海”，寓意着中海事业在漫漫的历史长河中，能够始终顺应历史发展潮流，永葆青春活力和盎然生机，犹如长江后浪推前浪滚滚向前，犹如浩瀚的大海生生不息。

站在当今看未来，跨过十年看百年，建设百年中海，首先要立足眼前，确保集团“十一五”发展规划的实现；还要规划未来，为今后发展打下扎实基础。

为了实现集团“十一五”发展规划，集团今后一段时期的主要任务是：“坚持一个目标、三个服务、四个着力于”：

“一个目标”，即：到2010年，集团基本建成更为完善的现代企业制度，成为国家30至50个重要骨干企业之一，努力成为具有较强国际竞争优势的世界一流水平的航运企业。

“三个服务”，即：按照国家对中央企业的总体要求，一是承担为国民经济建设、国家能源安全、重要物资运输服务，发挥在事关国家安全、国计民生运输中的支持、保障作用。二是为客户服务，在服务中求得自身更好更快的发展。三是为船舶、为基层、为群众服务，依靠广大干部职工构建和谐中海、百年中海。

“四个着力于”，即：一是着力于坚持科学发展完善现代企业制度建设；二是着力于经济结构调整，增强产业综合优势；三是着力于转变经济增长方式，把提高经济增长质量放在更加突出的位置；四是坚持以人为本，正确处理改革、发展、稳定三者关系。

为此，中海要坚持科学发展观，坚定不移地推进以下6项发展方针：

1. 继续积极实施增强航运主业优势的发展方针

航运属于周期性波动、高风险、高投入的产业，规避风险始终要放在第一位。中海在坚持做强做大集装箱运输核心船队的同时，要进一步加大油轮、干散货船队结构调整和发展步伐，加大和加快从“拥有船队”向“拥有和控制船队并举”的方针转变，加大和加快从“拥有控制企业资源配置”向“同时配置社会资源”的方针转变，逐步形成集运、油运、货运互为支持、优势明显、协同发展的格局，增强主业抗风险能力，实现从周期性波动发展向可持续稳定发展的转变，做到市场波动时下滑比其他企业慢，市场趋好时发展比其他企业更好更快。

2. 继续积极实施水上和陆岸、境内和境外产业协同发展方针

陆岸产业的规模实力、经济比重、投资回报、支持能力仍要进一步发展和增强。继续加大陆岸、境外产业结构的改革、调整和发展，坚持“一业为主、多元发展”的方针，实现主业和相关产业的系统集成、上下游支持的产业链综合优势，增强对社会资源的配置能力，形成若干个与主业发展相适应的支柱产业，提升陆岸和境外产业在集团经济结构中的比重，实现水上和岸上、境内和境外互为支持、可持续发展的产业格局。

3. 继续积极实施生产经营、资本运作“双轮驱动”的发展方针

集团以从生产经营获取收益为主，逐步向生产经营和资本经营并重获取收益转变，通过把生产经营做强，把资本经营做优，努力实现一加一大于二的整体效果和最佳效益。集团以一手抓生产经营，一手抓资本运作，实现双方交替、互补、优势融合，坚持“安全、规范、慎重、有效”的原则，严格执行国家政策和法规，严格资金管理，积极培育优质资产，通过各种资本运作的有效途径，实现集团生产经营和资本运作的“双轮驱动”和持续稳步发展。

4. 继续积极实施与大货主长期联营合作的发展方针

坚持与大货主长期联营合作，已是国际上大集团、大公司首选的发展方针，抓住了20%大客户，就能实现80%的利润，就能有效地规避市场波动风险，同时能够为企业拓展更大的市场空间和增强可持续发展能力。中海要巩固提高原有联营合作水平；坚持平等、互利、共赢和长远发展的原则，继续拓展新的联营合作领域和合作对象、合作项目；在联营合作中求得自身又好又快的发展。

5. 继续积极实施人才适度超前培养和储备的发展方针

集团主业船队的发展，需要一大批高技能人才。人才队伍的培养刻不容缓，要继续坚持人才超前培养和储备的方针。“人才”是企业最宝贵的资源，随着航运不断发展，需求持续增大，人才仍然十分紧缺。要坚定信心，采取措施，加快步伐，突出“四个尊重”和“三个留人”，创新人才工作思路，逐步打造出一支一流的人才团队，形成更加符合集团发展需要、符合市场需求的人才培养机制，为企业可持续发展提供更多的人才支持。

6. 继续积极实施建设四好班子、推进中海又好又快发展方针

中海是国家特大型航运企业，加强党的领导和建设是关键。我们将坚持不懈地加强班子建设，加强先进性建设，充分发挥企业党组织的政治核心作用、战斗堡垒作用和党员的先锋模范作用，为改革、发展、稳定提供强有力的政治保证、思想保证、组织保证。继续加强精神文明、企业文化和惩防体系建设，坚持以人为本，正确处理改革、发展、稳定三者的关系，关爱职工，关心离退休人员，不断增强凝聚力，紧紧依靠广大干部职工，为构建和谐中海、百年中海而努力奋斗。

上述六项发展方针，将贯穿于集团“十一五”发展全过程。同时，中海强调任何时候都要保持清醒，既要坚持开拓创新、勇往直前，又要坚持求真务实、居安思危；牢固树立科学发展观，充分认识和把握航运市场周期性变化规律，不断调整完善发展战略和营销策略；牢固树立“人才第一”的竞争意识，充分认识人才的特殊重要性，不断加快一流团队建设；牢固树立如履薄冰的忧患意识，恪尽职守，科学严谨，统筹兼顾，依法经营，坚持安全第一，严格资金管理、防范商务风险，实现健康、协调发展，确保“十一五”发展目标顺利实现。同时，要充分利用好历史契机，高举中国特色社会主义伟大旗帜，学习实践科学发展观，更加自觉地继续解放思想，坚持改革开放，推动科学发展，促进企业和谐，为建设百年中海、世界一流而努力奋斗。

交通建设铸辉煌　跻身世界500强

中国交通建设股份有限公司

一、企业介绍

中国交通建设股份有限公司（以下简称中交股份）成立于2006年10月8日，是经国务院批准，由中国交通建设集团有限公司（国务院国资委监管的中央企业）整体重组改制并独家发起设立的股份有限公司，并于2006年12月15日在香港联合交易所主板挂牌上市交易，成为中国第一家实现境外整体上市的特大型国有基建企业，股票代码为01800. HK。2008年7月，中交股份成功入选世界500强，名列426位。

公司以交通基础设施设计、施工、设备制造为主业，是中国最大的港口建设及设计企业；是中国领先的公路、桥梁建设及设计企业；是中国最大、世界领先的疏浚企业；是全球最大的集装箱起重机制造商；是中国铁路工程建设的排头兵；在航空、物流等基础设施建设领域也有骄人的业绩。

中交股份拥有全资、控股子公司41家、参股公司16家，分别成立于不同的历史时期，有诞生于清朝末年，见证了民族屈辱奋斗解放历程的百年老店，例如天津航道局有限公司；有与共和国一同成长壮大的国企骨干，如第一航务工程局有限公司；有在改革开放大潮中壮大的合资企业、上市公司，如上海振华港机（集团）公司。中交股份拥有10所大型设计院、2个国家级技术中心、2个省级技术中心、6个重点实验室（其中3个被认定为交通运输部行业重点实验室）；拥有众多具有自主知识产权、达到国际先进水平的科研成果。截至2007年12月31日，公司资产总额1 644亿元。

截至2007年末，集团在册员工84 540人，在岗员工72 827人。公司现有高级技术职称人员6 177人，其中工程院院士3人、国家级勘察设计大师13人、交通部科技英才14人、交通部十百千人才8人、享受国家政府特贴288人、入选国家百千万人才工程人选8人。在岗员工中，经营管理和专业技术人员41 948人，占57.6%；高级和普通技工30 879人，占42.4%。

近10年来，中交股份共荣获国家科学技术进步奖14项、中国建筑工程鲁班奖17项、詹天佑土木工程科学技术奖31项、国家优质工程奖35项、省部级优质工程奖243项。

中交股份设计和承建了众多国家重点项目，为中国交通建设事业做出了卓越贡献，创造了诸多国内乃至世界交通基础设施建设史上的“第一”，许多工程不仅代表了中国最高水平，也反映了世界最高水平。中国绝大部分沿海及内河的大中型港口和航道，均由中交股份参与设计承建；在目前全球跨度超千米的26座桥梁中，中交股份参与设计承建监理了其中的10座；公司拥有中国最大的疏浚船队，耙吸船总舱容量和绞吸船总装机功率均排名世界第二。

中交股份目前拥有78家境外机构，是中国最大的国际工程承包商，中国最大的国际设计公司，拥有CCCC（中国交通建设）、CHEC、CRBC、ZPMC 4个世界知名品牌。中交股份积极参与对外经援项目和国际承包工程的合作与竞争，承建了一批世界交通基础设施重点工程；港口机械拳头产品已经出口到世界上71个国家和地区，占世界市场份额的70%以上。

二、改革历程

（一）隶属交通部施工单位时期

改革开放初期，中交股份各单位隶属于交通部。十一届三中全会以后，各单位逐渐从严格的计划经济体制管理中走出来，随着国务院有关扩大企业自主权的政策的出台，交通部等主管部门对施工企业采取扩权让利、承包经营、逐步放开市场与价格等多种方式，调动了企业和职工的积极性。在这一背景下，公司各单位积极推进了扩大企业经营自主权、利润递增包干和承包经营责任制试点的展开，调整了国家与企业的责权利关系，进一步明确了企业的利益主体地位，调动了企业和职工的生产经营积极性，增强了企业活力，为企业进入市场奠定了初步基础。

进入20世纪90年代，中交股份各单位适应新形势，以转换经营机制为重点，加快企业改革，逐步成为自主经营、独立核算、自负盈亏的企业法人，逐步在加强企业管理、提高生产效率方面取得突破。在企业微观管理方面，各单位不断推进劳动人事制度、分配制度、企业内部承包经济责任制等方面的改革，陆续开始推行项目法施工，进一步完善项目施工总承包经济责任制，试行管理人员招聘制和合同制，建立岗位技能工资，逐步建立基本养老保险制度。1994年前后，公司多家单位被确定为“现代企业制度试点单位”，在制度创新和科学管理上展开了持续的改革发展。

这一阶段，公司逐步由计划经济迈入市场经济，遵守市场规则，成为参与市场竞争的企业法人。

（二）成立中国港湾和中国路桥两大集团时期

1993年11月召开的十四届三中全会提出了国企改革的方向：建立“产权清晰、权责明确、政企分开、管理科学”的现代企业制度。1997年9月召开的党的十五大提出，要把国有企业改革同改组、改造、加强管理结合起来。着眼于搞好整个国有经济，要抓大放小，对国有企业实施战略性改组。在这种情况下，公司各单位把建立现代企业制度作为改革目标，在微观层面上，开始提倡兼并、规范破产，实施下岗分流、减员增效和再就业工程，逐步形成了企业优胜劣汰的竞争机制。经济体制改革向纵深方面发展，交通部决定与所属企业脱钩。

随着国有企业改革进一步深化，为了适应市场经济体制、提高国有企业竞争力，国家鼓励国有企业成立大型企业集团。1996年12月、1997年10月，中国港湾建设（集团）总公司和中国路桥（集团）总公司分别成立，原来直属交通部的水运、公路设计、施工、装备制造等企业，分步骤交由两大集团经营管理。主管部门也逐步实现政企分开，两大集团生产经营进一步适应市场经济体制，实行以资本为纽带的母子公司体制，走上了集团化、专业化、国际化的道路。

中国港湾集团以水运交通建设为主业，主要从事港口设计与建设、疏浚及港机制造业务，在港航工程和港机制造领域实力强劲。中国港湾集团承建了中国绝大部分沿海及内河的大中型港口和航道，参与了国内全部13个吞吐量超过亿吨大港的设计和建设，承建的上海集装箱码头、深圳集装箱码头、青岛集装箱码头、宁波集装箱码头、天津集装箱码头及广州集装箱码头6个中国规模最大的集装箱码头，均位居全球25大集装箱码头之列。

中国路桥集团是路桥交通建设领域的“国家队”，主要从事道路与桥梁设计及建设业务，在路桥工程建设领域享誉国内外。中国路桥集团参与了中国几乎所有高速公路和交通大通道的设计建造，公路工程业务占国内国道、省道市场份额的20%～25%，在主跨径逾千米的世界级桥梁中，中国路桥集团参与设计承建了其中的8座，代表着中国当代公路、桥梁建设的最高水平，在我国由桥梁大国向桥梁强国的历史性跨越中，中国路桥集团做出了卓越贡献。

重组以后，两大集团采取多种形式放开搞活。特别是1998年～2000年，两大集团根据党中央、国务院国有企业3年攻坚改革脱困战略部署，通过一系列措施，抓大放小、精干主业、剥离改制、减轻企业负担，推动企业技术进步和产业升级，规范管理、促进了企业整体发展、加速了和国际接轨。

经过多年的改革发展，中国港湾集团和中国路桥集团在原交通部的领导下，均成长为我国交通建设领域的主力军，在国内外交通基础设施建设领域业绩卓著，蜚声中外。中国港湾集团CHEC和中国路桥集团CRBC都是国内外知名品牌，均连年入选美国《工程新闻纪录》

（ENR）杂志评选的世界最大 225 家国际承包商。2004 年，中国港湾集团和中国路桥集团在全球最大承包商排名中分列第 39 位和第 56 位。

这一阶段，公司逐步与政府管理部门脱钩，“政企分开”放开企业手脚，逐步实现企业自主经营、自负盈亏和自我发展。

（三）成立中国交通建设集团（股份）有限公司

党的十六大以来，国有企业改革进入以国有资产管理体制改革为重点的发展阶段。针对长期制约国有企业改革发展的体制性矛盾和问题，国家建立了不同层次的国有资产管理体制，进一步激发了国有企业的活力，国有企业改革取得了重大进展，进入了一个新的阶段。国资委在 2004 年明确提出，要用 5 ~ 10 年时间，培育 30 ~ 50 家具有国际竞争力的大企业集团。

中交集团贯彻落实科学发展观，勇于承担深化国有资产管理体制改革的重大任务，积极探索中央企业国有资产管理体制改革，逐步实施了企业负责人经营业绩考核，创新公司管理体制，激发国有企业活力，很好的实现国有资产保值增值。2005 年以来，中交股份进入了迅速发展的快车道，四年迈出四大步：2005 年完成战略重组，2006 年实现境外整体上市，2007 年实现再造一个中交，2008 年进入世界 500 强。

1. 强强联合战略重组

2005 年 12 月，交通建筑系统双雄中国港湾建设（集团）总公司与中国路桥（集团）总公司经过充分沟通与慎重研究，达成重组意愿。2005 年 12 月，中国港湾集团和中国路桥集团以强强联合、新设合并方式重组成立中国交通建设集团有限公司，旨在打造一家资金雄厚、人才密集，融科研、设计、施工、装备制造和投融资功能于一体的特大型交通建设集团。这次重组被视为国务院国资委监管的中央企业中实现强强联合的典型案例，是国家实施大公司大企业集团战略的一次有益实践。

当时，整合面临三方面问题：一是人员安置问题，两家集团总部合计超过 500 人，重组后势必很多人无法进入新的集团公司；二是融合问题，能否让两家公司在合并后迅速融合，发挥重组的协同、叠加效应；第三是品牌价值怎样保留的问题。

面对时间紧、任务重、要求高的现实，两大集团公司以高度的责任感和创新精神，经过慎重考虑和谋划，决定采取新设合并的方式。在合并过程中，通过制定和实施定机构、定职责、定编制、定岗位、定人员等“五定方案”，实现了人员优化配置，双向选择及合理分流，使两集团总部职能部门由 24 个减少到 18 个，人员从 500 多人减少到 200 人，两边合理穿插搭配，平稳地解决了人员难题，使一场重大的合并做到了工作不断，人心不乱，各项工作井然有序。在短短的 5 个月内实现了两个集团真正意义上的强强联合，两套班子合并为一套班子，两个总部机构整合为一个机构，成功组建了中交集团。“国企改革中成功采取新设合并的方式重组，中交集团是第一次。”这是国资委有关领导的评价。

中国港湾集团的“CHEC”和中国路桥集团的“CRBC”品牌在国际市场上具有很高的影响力和商誉价值，为保证合并后的企业在参与国际竞争时获得认可，必须加强对两个国际知名品牌的保护。中交集团剥离中国港湾集团和中国路桥集团的海外业务，成立中国路桥工程有限责任公司和中国港湾工程有限责任公司，分别继承“中国路桥（CRBC）”和“中国港湾（CHEC）”两个品牌，作为中交集团的子公司，经营定位于主要参与境外市场的竞争。

实现战略重组后，中交集团通过资源整合，整合中国港湾集团和中国路桥集团的各自优势，以全新的姿态参与国际和国内市场竞争，综合实力明显增强，生产经营稳步增长，经济效益大幅攀升，集团经营、管理、改革等各项工作驶入了跨越式发展的快车道。重组后的中交集团，其他主要经济指标较重组前实现跨越式增长，达到了“一加一大于二”的效果。

2. 整体上市

上市这并不是中央企业发展的最终目标。完成战略重组后，如何实现中交集团做强做大，从而产生强联强变更强的聚合效应，成为国民经济的骨干力量和参与国际竞争的主力军，是摆在新集团领导班子面前的重要课题。

在全面分析企业的内部外部环境、发展优势劣势的基础上，集团领导班子充分认识到：要实现中交集团做强做大，提升在国际市场的知名度，只有通过上市，借力资本市场融资平台；整体上市能够实现集团产权制度的全面转型，有利于建立规范的法人治理结构，能够保持集团产业链的完整，同时扩大融资规模。加快国有企业股份制改革步伐，有条件的要积极引入战略投资者，实现母公司整体改制和上市，是国资委对中央企业改革的战略部署和要求。同时，国内外资本市场形势为中交集团整体上市创造了条件。2006 年，香港资本市场出现了中国企业热，机构投资者及散户均看好中资背景的企业，为中交集团的整体重组境外上市提供了较好的资本市场窗口机会。为此，中交集团确定了“独家发起，整体上市，谋求企业又好又快发展”的改革思路，于 2006 年初果断做出启动整体境外上市的重大战略决策，并把推动集团整体上市作为 2006 年的重点工作。

作为第一家整体上市的中央企业和第一家在国际资本市场整体上市的交通基建企业，在没有先例可供借鉴的情况下，集团在不到 9 个月的时间里，以前所未有的力度，对 609 家下属机构进行了重组，对 117 家企业进行了改制；完成了 526 宗土地评估，2 255 宗物业评估；4 年 10 期、2 704 家报表单位审计，近 280 万张各类财务报表的填报，最终使 535 家法人单位和 54 家分支机构全部纳入上市范围。2006 年 10 月，通过改制和资产重组，在全面、严格审计和资产评估的基础上，中交集团以全部主营业务及相关资产作为投入，独家发起创立了中国交通建设股份有限公司。2006 年 12 月 15 日，中交股份在香港成功上市，共发行 40.25 亿 H 股，募集资金 24 亿美元。

当时，中交上市受到香港投资机构追捧：成为香港有史以来发行规模 10 亿美元以上超额认购倍数最高的香港公开发行。中交整体上市创造了多项发行纪录：2006 年全球十大 IPO 之一，全球基建公司最大的 IPO，中央企业第一家整体上市、不留存续的企业。

随后，中交股份在香港的表现没有让投资者失望，最直观的表现是，公司股价持续走高，在 2007 年第四季度成为全球市值最大的建筑公司。这固然和周边行情走高有关，但一家处在竞争激烈、利润很薄的建筑行业的中国央企能在国际市场有如此出色表现，充分说明公司有着良好的基本面和巨大的发展潜力。

不仅如此，由于规范的管理和优良的业绩，2007 年 1 月 3 日，中交股份被纳入摩根士丹利资本国际（MSCI）指数，3 月 12 日被纳入恒生中国企业指数，7 月份又在《财富》杂志发布的中国上市公司 100 强中跻身十强，被视为中国建筑业最具代表性的上市公司。在美国《福布斯》杂志公布的“2008 年全球上市企业 2000 强”中，中交股份位列中国大陆企业第14位、中国大陆建筑企业第1位。

3. 进入世界500强

作为中央企业的监管者，国资委对中交集团的发展也给予充分肯定：重组上市后的中交股份，已经不再是传统意义上的国企，而是已经脱胎换骨、逐步成为能够把握全球市场机会、应对国际市场挑战的国际化企业。这种战略重组、整体上市的路径也成为央企发展的一个成功模式。

与之同时，一家融科研、设计、施工、装备制造和投融资功能于一体的特大型交通建设国际化公司已经成形。目前，中交股份已经形成基建业务、设计业务、疏浚业务、装备制造、投资业务和海外业务六大主营业务板块，并在各个板块形成明显优势，这从其产品和服务就可见一斑。公司在水工和路桥施工业务保持国内市场优势地位，勘察设计业务保持主导地位，疏浚业务已成强势品牌，装备制造业务多年保持世界领先地位。

2007年以来，中交股份及时把握国家铁路建设市场进一步开放的机遇，实现了铁路建设市场开发和施工生产的重大突破。2007年8月公司中标哈大铁路客运专线合同，总金额超过208亿元，2008年1月中标京沪高速铁路土建工程137亿元，这标志着公司高等级铁路施工组织能力、技术水平和履约能力发生了质的飞跃，巩固了公司作为我国铁路建设的主力军地位。

2007年4月，中交成立了投资公司，通过资本运作，在BT等高端市场占据重要地位，进入高附加值的“上游”市场，从而实现传统产业的优化升级。投资公司组建以来，在交通基础设施投资成绩突出，2007年成功承揽并签署了多个项目BOT，共涉及投资额超过100亿元。公司和哈尔滨、大连、连云港、资阳等城市签订战略合作协议，已展开广泛的合作。

2007年，中交股份各项经济指标较重组前实现跨越式增长。从2004年~2007年，资产总额由610亿元增长到1 760亿元，年均增长42.3%；新签合同额由808亿元增长到2 343亿元，年均增长42.5%；完成营业收入由674亿元增长到1 520亿元，年均增长31.1%；实现利润由15.8亿元增长到82.5亿元，年均增长73.3%。达到了“一加一大于二”的效果，很好的实现了国有资本保值增值。中交人用3年的时间，再造了一个中交。

2008年，中交集团以199.91亿美元的营业收入首次亮相世界500强，排名第426位，标志着中交集团成功跨入世界大公司的行列，在入选的14家全球建筑工程类企业中排名第10位；在入选的29家中国内地和中国香港企业中排名第25位。中交集团跻身于世界500强，标志着中交股份成功跨入世界大公司的行列，是公司向具有国际竞争力的世界一流建筑企业转变的重要里程碑。

三、发展成就

1. 整体成就和影响力

在国内市场上，中交股份在与外资企业、民营企业的平等竞争中显示出很强的实力，成为有影响力的知名品牌和行业排头兵，充分发挥了央企骨干作用。在国际市场上，已经成长为与跨国公司竞争的重要力量，与国际同行展开同台竞技。公司企业形态发生了深刻变化，完成了股份制改制，在香港上市，公司企业法人治理结构逐步完善，股东会、董事会、监事会、经理层各负其责、协调运转、有效制衡的机制正在形成。公司运行机制发生了深刻变化，实行了全员劳动合同制、全员竞争上岗和以岗位工资为主的工资制度，初步建立起管理者能上能下、职工能进能出、工资能升能降的新机制，建立了比较完善有效的面向社会公开招聘和绩效考核机制。

30年来，中交股份设计和承建的众多国家交通基础设施重点工程项目，创造了我国乃至世界水工、桥梁建设史上诸多“第一”。目前中交股份已成为中国最大的港口建设及设计企业，中国领先的公路、桥梁设计和施工企业，中国最大、世界第三疏浚企业，全球最大的集装箱起重机制造商。

2. 重大工程项目

中交股份旗下的公路设计、施工单位完成了国内一万五千多公里高速公路的勘察设计施工任务，其中包括大量的技术含量高、施工难度大、工艺结构复杂的特、难、精、尖的全国重点工程。例如填补国家高速公路建设大粒径LSAM沥青混凝土新型路面结构和柔性基层试验段的空白的青岛—银川线高速公路、攻克了高墩施工技术难题的二连浩特—河口线禹阎高速公路标段、国内第一条进行改扩建的高速公路——沈大高速公路改扩建工程、全国环保高速公路典型——景婺黄（常）高速公路、我国首次大面积采用美国科氏公司技术进行旧水泥混凝土路面改造的典范——武（汉）黄（石）高速公路改建工程等项目。所承建的京津塘高速公路北京段自1990年交付使用后至今，没有出现任何质量问题，在2003年全线进行表面层修护时没做任何处理；沪宁高速公路A标交付使用8年后，维修面积不多，被业主认定为质量很好的标段，而且在2003年拓宽改造开挖时发现，该路段道路板体性好、层次分明、只开挖台阶就可以完全利用；济青高速公路青州至潍坊段被业主、监理评价为质量最好，自1993年交付使用至2000年养护费用为零。沪宁高速公路及扩建工程、沪蓉西高速公路、京珠高速公路湖南雪峰山隧道已经成为行业示范工程。

中交股份主导参与了国内绝大多数公路桥梁的设计和施工任务，其中包括南京长江三桥、润扬长江大桥、苏通长江大桥、杭州湾跨海大桥等世界顶级大桥。长江三桥为国内第一座钢塔斜拉桥，跨度在同类型桥中居国内第一、世界第三，也是世界首座弧线形钢塔斜拉桥，主塔施工水平已经赶上甚至超过国外先进水平。润扬长江公路大桥是我国第一座由斜拉桥和悬索桥组合而成的特大型桥梁，也是当时我国公路建桥史上建设规模最大、标准最高、技术最复杂的特大型桥梁工程，润扬大桥南汊桥为主跨1 490米的单跨双索面钢箱梁悬索桥，跨径为中国第一、世界第三，中交建设者取得了几十项技术创新成果，并在工程建设中得到广泛应用，部分研究成果在国内甚至国际上都处于领先地位。杭州湾大桥是目前世界上最长的跨海大桥，大桥建成通车，一举超过世界上建成和在建的所有桥梁，成为当之无愧的世界第一跨海大桥，国际桥梁界给予了非常高的评价，也引起了普通人的极大兴趣，美国探索频道以“中国建筑奇观”为名播出《杭州湾跨海大桥》节目，被160多个国家播放，中交股份承担了主要的勘察设计、施工、监理咨询和配套服务，在各个环节上达到了世界先进水平，设计理念、施工管理、科技攻关、综合服务都达到了世界一流企业的水平。苏通大桥创造了我国建桥史上四个第一：最大跨径、最高主塔、最长斜拉索、最大群桩基础，工程规模最大、建设标准最高、技术最为复杂的特大型桥梁，也是代表当今世界最高水平的桥梁，大桥建设遇到了数项前所未有的世界性桥梁建设难题，苏通大桥也是完全由中国人自行勘查、设计、施工、监理的世界级桥梁，中交股份承担了主要的勘察设计、施工、监理咨询和配套服务。

中交股份承建了中国绝大部分沿海及内河的大中型港口和航道，参与了国内全部吞吐量超过亿吨大港的设计和建设，包括上海港、青岛港、天津港、深圳港等大港。其中，上海国际航运中心洋山深水港区工程是我国第一座近海深水港，港区建设需解决水文泥沙、深海筑堤、地基加固和码头接岸结构选型等技术问题，工程施工是对传统筑港方式的挑战，工程设计施工进行了大量的模型试验研究，应用了多项新技术、开创了近海深水筑堤等新工艺。中交股份提供了设计、陆域形成、码头及配套施工、设备提供及安装等全面服务。中交股份承建的青岛港前湾港区是当时国内一次投资规模最大的专业集装箱码头，工程建设及其先期产生的良好效益，直接促成了青岛港与世界前两大航运企业丹麦马士基、英国铁行集团以及中国最大航运企业中远集团的合作，获得第五届詹天佑土木工程大奖、2005 年度中国建筑工程鲁班奖（国家优质工程）。

中交股份承担了我国几乎所有海港的航道疏浚和维护工程。其中，中交股份几十年来坚持对天津港航道的建设维护工作，今年刚刚完成 25 万吨航道建设，为天津的发展乃至于环渤海地区的发展提供了重要交通运输通道。长江口深水航道整治工程的规模和技术难度堪称世界之最，中交股份在深水航道治理一期、二期、三期工程中发挥了主导作用，有效地保障了我国黄金水道出海口的畅通。

中交股份是世界港口机械主导力量，公司旗下上海振华港机（集团）公司（ZPMC）是世界知名起重机和大型钢结构制造商，拳头产品 ZPMC 岸边集装箱起重机已出口到世界 71 个国家和地区，市场占有量超过 70%，双 40 英尺箱双小车岸边集装箱起重机是当代最完美最高效的起重机，理论上每小时可卸 80 ~ 100 个 40 英尺箱。公司今年研制的 7 500 吨全回转浮吊“蓝鲸”号 5 月试吊成功，是世界上最大的海上起重设备，这是百分之百中国制造、百分之百自主创新，打破了美欧日长期垄断巨型浮吊的局面。

3. 海外业绩

中交股份是改革开放后率先走出国门、迈入国际工程承包市场的大型国有企业典型，中国港湾集团品牌“CHEC”和原中国路桥集团“CRBC”品牌分别成为国际海事工程和路桥工程承包业界的知名品牌。自 20 世纪 80 年代以来，先后进入东南亚、中亚、中东、拉美、非洲的几十个国家和地区开展工程承包、设计咨询和劳务合作，共签订项目 1 500 多项，完成营业额 150 亿美元。众多项目已经成为中国人民与所在国家人民友谊的象征。

公司承建的埃塞俄比亚首都亚的斯亚贝巴环城公路工程项目是东非第一条规模最大、标准最高的环城公路项目，赢得了当地政府和民众的广泛赞扬，被埃塞政府誉为迈向现代化城市建设的标志性工程，在民间被誉为“埃塞第一路”，是发展的象征。毛里塔尼亚友谊港被非洲人民誉为“南南合作的典范”。

中交股份实现战略重组后，通过业务整合，打造出独特的竞争优势。通过对海外资源的重新布局，优化资源配置，实现优势互补，加强战略协作，发挥整体优势，海外市场进一步扩大。目前，集团在海外有 56 个驻外机构、分公司及合资公司，主要分布在东南亚、南亚、中亚、东非、西非、中南美洲等地区。

2007 年以来，通过制定海外战略、创新经营模式、推行属地经营、发挥协同效应、拓展高端市场，中交股份境外业务发展迅速，营业规模稳步提高，管理措施不断完善，经营指标持续攀升，承揽项目正逐步由施工承包向国际工程高端市场转变，完成营业收入37.6亿美元，占集团营业收入总额的19.3%。2008年1~4月，集团境外完成营业收入14.3亿美元，占集团营业收入总额的22.9%。

中交股份实现境外上市后，极大地提升了在国际市场的知名度和企业形象，国际竞争力得到显著增强，为积极贯彻“走出去”战略打下了坚实的基础。公司正继续统筹运用优势资源，利用CCCC（中国交通建设）、CHEC、CRBC、ZPMC四个国际品牌，分别在不同的专业方向和区域市场，组成多种形式的联合，以组合优势走向海外，提高获取和实施高端工程承包项目的能力，在更大范围、更广领域、更高层次参与国际工程合作和竞争，实现有序开发经营。

4. 科技进步

中交股份坚持把科技创新作为企业可持续发展的根本，建立起了比较完善的“结构合理、运转高效、三级管理、互为联动”的技术创新体系。即以公司技术中心为核心，公司所属局、院、厂为骨干，局属公司为支撑，以科研院所、重点实验室、工厂技术中心等科研机构为依托，以工程项目和新产品研发为载体，开展技术研发活动。公司组织开展高端技术、行业领先技术，具有全局性、前瞻性、战略性的国家、行业和中交股份的重大关键科研项目攻关；各局重点开展设计、施工新技术、新工艺、新材料、新结构“四新项目”研究，以及影响公路建设、港口建设的关键技术，并侧重于应用；各局属分公司及分院主要以工程为对象，以项目为载体，开展影响工程质量安全和提高效益的关键工艺的课题研究，短、快项目和技术革新项目研究。

目前，公司已培育形成了“4心6室12所”的技术研发支撑构架：拥有两个国家级技术中心和两个省级技术中心，拥有六个公司重点实验室，即岩土工程重点实验室、桥隧技术重点研究室、工程结构重点实验室、建筑材料重点实验室、寒区道路工程重点实验室、疏浚技术重点实验室。其中，岩土工程重点实验室、桥隧技术重点研究室和建筑材料重点实验室分别于2006年和2007年被交通部认定为交通行业重点实验室（省部级实验室）。

在不断壮大科技创新载体的同时，公司科技创新队伍不断壮大。目前，公司拥有国家级科技人才75人，其中3位工程院院士、13位国家级勘察设计大师，有突出贡献的中青年科学、技术专家4人，享受国务院政府特殊津贴人员54人，新世纪百千万人才3人。交通部十百千人才5人，交通青年科技英才8人。在他们周围，则汇聚了近4万名各类专业技术人员。

公司始终注重新技术的研发和储备，着重研发具有全局性、前瞻性、战略性的重大关键技术课题。特别是在道桥、港航和港机制造方面，开展前沿的、前瞻性、战略性的课题研究；在常规技术方面，进行系统化、集成化和规范化研究，并作为科技创新的主攻方向。同时，注重把技术创新与生产任务、工程项目、具体产品结合起来，围绕提高企业的经济效益这个中心，服务于行业大局，立足于国内国外的市场实际，瞄准世界前沿技术，科学立项，完善创新机制，注重成果的转化，培养公司的核心技术。全集团实际用于科技研发的资金投入，近几年每年都在10亿元左右。

公司承担的国家“十五”重大技术装备研制项目《疏浚智能化监控与计算机辅助决策

系统和高效耐用机具研发及推广》，是对我国传统疏浚技术的一次数字化、智能化革命。该成果在全国120多艘挖泥船上推广应用，疏浚效率提高18%～36%；创造了19项自主知识产权。2007年公司承担的“863”计划中，“台风浪耦合作用下跨海峡桥梁动力模拟及防灾减灾技术”等5个课题，目前均取得了阶段性重要成果。公司研发的“离岸深水港建设关键技术研究”已被列入2005年～2020年国家中长期科学技术发展纲要；“苏通大桥建设关键技术研究”和“西堠门大桥建设关键技术研究”被列入国家科技支撑计划。公司目前承担交通部75%以上的公路和水运行业标准的编制任务。在世界26座主跨径超千米桥梁中，中交股份参与设计建造的达到10座。一批重大自主技术创新成果，已达到国内或国际先进水平，是公司的核心技术，广泛应用于交通基础设施领域，取得了良好的经济和社会效益。

2005年～2007年，中交股份共获国家级科技进步奖7项，获省部级科技进步奖95项（合计获省部级以上科技进步奖102项）。此外，获詹天佑土木工程科技大奖13项，（合计获省部级以上科技类奖115项）。2007年荣获国务院国资委“科技创新特别奖”，连续3年列国资委央企A级企业。

四、基本经验

事实证明，改革开放是发展中国特色社会主义、实现中华民族伟大复兴的必由之路，符合党心民兴、顺应历史潮流，方向和道路完全正确，停顿和倒退没有出路。30年来，中交股份不断解放思想、坚持改革开放，走出了稳定发展的路子，摸索到了宝贵的经验。

1. 不断解放思想，勇于创新

改革开放30年，中交股份各单位不断解放思想，积极探索，努力解放和发展生产力。十一届三中全会以后，公司配合中央开始调整国家与企业的责权利关系，采取扩权让利、承包经营、逐步放开市场与价格等多种方式，调动了企业和职工的积极性。例如，中交四航局在蛇口开发之初，大胆尝试新的奖励办法，使得个人、企业、国家利益很好的实现了统一。随后，公司各单位在分配和激励机制方面不断调整、改革，从早期打破“大锅饭”的“超产奖励制度”、降低成本中提取奖金、百元产值工资含量包干制，到后来的岗位技能工资制、成本核算控制，到目前对战略激励的思考和尝试，展开了长期的探索和不断的改革，逐步理顺了国家、企业、个人的利益分配，调动了员工的积极性，促进了企业良性发展。30年来，公司根据国家政策和市场环境的变化，在综合配套改革方面进行了大胆的尝试。公司从早期的减员增效、下岗分流、实施再就业工程，到主辅分离辅业改制、分离办社会职能，再到建立和完善社会保障制度，逐步走向市场。经过新世纪以来的改革脱困、结构调整、技术改造、加强管理、完善国有资产管理体制等一系列积极探索，公司呈现出较强的活力、控制力和影响力，发挥了行业主导作用。

近几年来，公司进行战略重组、整体上市，成功的走出了一条可资借鉴的国有大型企业改革发展的道路。公司在由两家大型集团公司合并重组的过程中，开展了人员整合、资源整合、市场整合、文化整合，有效解决了国企重组的一些重大难题。中交股份作为第一家在香港整体上市的大型国有企业，为国企发展探索了新路子。战略重组、整体上市，都是以莫大勇气大胆突破、以创新思维指导行动，才换来各项工作超常规推进。因此，中交模式刷新了国企上市的效率和速度，开创了一整套国企快速整体上市的程序模式。

可以说，在国有企业改革发展的过程中，需要不断解放思想，在宏观和微观两个层面不断进行制度改革，有决心、有魄力、用战略思维解决一些重大难题，才能实现国有大型企业的脱胎换骨，这是公司发展的基本经验。

2. 坚持发展为第一要务

发展是硬道理，必须坚持发展为第一要务。我国现代化建设是以世界上少有的速度持续快速发展起来，中交股份也是持续快速发展起来，在这个过程中，我们不仅解决了困扰企业上下的一些老问题、新问题，实现了企业的脱胎换骨，也为国家交通基础建设创造了辉煌的成就，为国民经济发展做出了巨大的贡献。发展是企业一切活动的归宿，是各项工作的出发点和落脚点，是兴企富民的根本保证，发展必须贯彻科学发展观，做到协调、全面、整体、和谐、持续发展。因此，坚持发展公司才能生产经营为中心，集中各方力量，调动各方面积极性；才能抢抓机遇，善抓机遇，并通过工作创造机遇，把握重要战略机遇期；才能做到生产规模和经济效益协调发展，产值、质量和安全生产全面提高，企业管理、科技创新和体制改革全面进步，公司所属各单位整体发展，企业利益和职工利益协调共惠，物质文明和精神文明建设共同提高。这是我们的另一条基本经验。

目前，经过近4年的迅猛发展，公司取得了巨大的发展成就，也面临着继续改革发展的许多难题，这需要我们坚持解放思想、勇于改革创新，在发展中解决这些难题，谋求公司可持续发展。

3. 坚持改革开放，在国内外市场上谋求发展

30年间，公司勇于走向市场，在激烈的市场竞争中发展壮大。公司各单位由政府机关事业单位，逐步发展成为自主经营、自负盈亏、自我发展、自我约束的经营者，并在国内国际市场的激烈竞争中发展壮大，呈现出较强活力和竞争力，关键在于始终坚持了市场化的改革方向，按照市场经济规律进行自主经营，通过市场竞争，逐步发展成为具有独立法人地位的市场主体。改革开放30年，通过建立现代企业制度，完善公司治理结构，更是从体制和机制上增强了公司市场化运作的适应力和自觉性。实践证明，遵循企业发展规律，坚持市场化改革方向，在市场经济条件下国有企业是完全能够搞好的。

当国家毅然决然的打开对外开放的大门时，国有企业才能在技术、管理方面不断的引进消化吸收再创新，才能发挥比较优势、后发优势，由传统的国有企业发展成为跨国企业。坚持改革开放，使得中交股份的发展彻底地从封闭和半封闭的状态中走出来，以全方位的开放，很好了利用了国内外两个市场，把走出去和引进来有效结合起来，实现走出去和引进来的相辅相成、螺旋上升，实现了企业的持续发展。开放发展，是我们的另一条基本经验。

4. 确保科技投入推动科技进步

坚持把科技创新作为企业可持续发展的根本，努力提高自主创新能力，是中交股份不断发展的另一条基本经验。公司加大科技投入，以“科技领先战略”作为企业科技创新的指导方针，建立起了比较完善的技术创新体系。科技创新体系的不断完善，为公司技术创新工作奠定了坚实基础，确保企业在行业技术创新工作中总体处于领先地位。公司始终注重新技术的研发、储备和应用，不仅促进了行业技术进步，同时也为企业创造了良好的经济效益。这是中交改革开放以来改革发展中认识、坚持的一条基本经验，中交股份将继续坚持依靠科技发展推动企业发展。

五、发展展望

2007年以来，公司深入分析宏观经济形势和行业发展状况，收集国内外主要竞争对手信息进行对标，研究谋划发展方向和业务定位，组织编制了《中交股份2007年~2010年发展规划》。规划提出了“让世界更畅通”的企业愿景；确定了“成为世界一流建筑企业”的中长期（至2020年）战略定位；明晰了“以主营业务为基础、以资本经营为支撑、以技术为先导、以人才为关键，积极开拓市场领域，实现协调持续发展”的企业总体发展思路；明确了2007年~2010年规划总体目标，确定2010年的生产经营目标：合同额2 800亿元、营业收入2 037亿元、毛利230亿元、利润总额110亿元。

公司对业务布局进行全面梳理，清晰划分业务板块，确定基建设计、基建建设、疏浚、装备制造、投资和海外六大业务板块，明确了各板块的战略定位和未来发展方向。公司制定了资本经营战略、海外发展战略、业务拓展战略、内部整合战略、科技领先战略、人才强企战略、品牌经营战略和风险管理战略八大战略重点，以及相应的十条保障措施。规划量化了公司未来3年各相关业务的指标，展望了企业发展蓝图。到2010年，公司经营规模将位居全球建筑企业前10名，赢利能力处于国内外行业优良水平，技术领先、设备精湛、实力强大，不断巩固在世界500强中的地位。

中交股份将发挥央企的骨干作用：水工、路桥业务继续巩固国内市场优势地位，勘察设计业务强化在国内交通领域的主导地位，疏浚业务要打造中交疏浚强势品牌，装备制造业务继续保持世界领先地位，同时将建投资大型疏浚旗舰船舶，争取在海洋工程、海洋矿藏开发、绿色能源领域实现突破，积极开拓大型钢构、钻井平台、巨型浮吊和盾构等市场，寻找新的利润增长点。在海外开发方面，公司还将积极谋求通过资金购买、品牌特许、以股换资、合资合作、联合收购等多种方式，有选择地与世界一流建筑、咨询公司建立战略伙伴关系；继续加大对海外人力、物力、资金和设备的投入，全力提升海外经营的综合实力与业绩；发挥集团一体化优势，创新海外经营管理模式，积极拓展高端市场，不断提升集团国际化水平。

开拓者的足迹

招商局集团

一、企业介绍

招商局集团（简称招商局）是中央直接管理的国有重要骨干企业和中国交通行业龙头企业，经营总部设于香港，亦被列为香港四大中资企业之一。

招商局创立于1872年，是中国民族工商业的先驱，曾组建了中国近代第一支商船队，开创了中国近代民族航运业，一定程度上挽回了当时丧失殆尽的民族航权，并创办了中国第一家保险公司、第一家银行、第一家现代开采冶炼企业，修建了中国第一条铁路，作为洋务运动仅存的硕果在中国近现代经济史、社会发展史上具有重要的影响和地位。朱镕基总理曾在招商局创立130周年时（2002年）专门为招商局题词："百年民族企业，喜看硕果仅存"。

招商局引领改革开放风气之先，1979年起独资开发了在海内外产生广泛影响的中国第一个对外开放的工业区——蛇口工业区，并相继创办了中国第一家股份制商业银行——招商银行，中国第一家股份制保险公司——平安保险公司，为中国改革开放事业探索提供了有益的经验，也创造了历史上的第二次辉煌。

改革开放30年来，招商局已发展成为一家综合性企业集团，三大核心产业为：交通运输及相关基础设施建设、经营与服务（港口、公路、能源运输、物流、修船与海洋工程及交通科研等）；金融投资与管理（银行、证券、基金及基金管理、保险及保险经纪）；房地产开发与经营（房地产开发及成片开发综合服务）。业务主要集中于香港、内地、东南亚等亚洲新兴市场，在欧洲、北美、澳洲等成熟市场也有长期的经营经验。2007年底，招商局集团拥有总资产2 159亿元，管理总资产15 020亿元，合并账面净资产775亿元。2007年，招商局集团实现利润总额196. 09亿元，净利润110. 09亿元。

招商局集团下属10家一级公司，香港及内地各5家，分别为：招商局国际有限公司、招商局能源运输股份有限公司、招商局工业集团有限公司、招商局金融集团有限公司、香港海通有限公司；招商局蛇口工业区有限公司、招商局物流集团有限公司、华建交通经济开发中心、重庆交通科研设计院、招商局漳州开发区有限公司。在这些一级公司下投资、经营的全资和控股及重要参资企业共233家。其中内地185家，香港32家，海外16家。截至2007年底，招商局集团及所属企业在岗职工总数为2. 66万人。

招商局集团在内地、香港及新加坡资本市场具有重要影响，是20家上市公司的主要股东，这些上市公司被资本市场誉为"招商系"。其中，招商局集团为第一大股东的上市公司有9家，分别为：招商局国际有限公司（0144，HK）、招商局能源运输股份有限公司（601872，SH）、中国国际海运集装箱（集团）股份有限公司（000039，SZ）、深圳赤湾港航股份有限公司（000022，SZ）；招商局亚太有限公司（CMPacific，SG）、华北高速公路股份有限公司（000916，SZ）；招商银行股份有限公司（600036，SH；3968，HK）、招商局中国基金有限公司（0133，HK）；招商局地产控股股份有限公司（000024，SZ）。招商局集团为第二大股东的上市公司有9家，为第三大股东的有2家。

招商局以其悠久的历史和雄厚的实力，在海内外工商界有着广泛的影响，是中国民族企业参与国际竞争的重要力量。

二、改革历程

（一）改革开放前夕的招商局

招商局是中国近代最早的民族航运企业。1872年12月26日，由李鸿章上奏清同治皇帝批准成立。1873年1月17日在上海正式开局，定名为轮船招商公局，第二年改为轮船招商总局。从1873年起，招商局以上海为中心，相继开辟了中国商轮第一条近海商业航线、第一条长江商业航线，开航日本、东南亚、英国、美国等国际航线，成为中国近代民族航运业的开拓者，亦被视为近现代中国航运业的代表。1912 年，改官督商办为完全商办，更名为商办招商局轮船公司，后又称商办招商局轮船有限公司；1932 年收归国营，改称国营招商局；1948 年又改组为招商局轮船股份有限公司。此时，招商局拥有一支全国最大的商船队（大小船舶 466 艘，40 余万总吨，占全国船队运力的 40% 以上）和大量港航设施（各地码头 68 座，仓库 233 座），资产总额达到 1.5 亿美元，它在国内外的分支机构多达 43 个，拥有员工 1.5 万余人，是中国最大的港航企业。

招商局不仅是中国近代民族航运业的开拓者，也是新中国港航事业的奠基者。1949 年 5 月 27 日，上海解放，招商局为上海市军事管制委员会接管，从此回到人民手中。1951 年，为配合新中国水运体制进行社会主义改造，招商局内地机构解体。新中国以招商局的人员和资产为基础全面形成了一个由全国统一管理的水运运输体系。沿长江的招商局机构与长江航务管理局合并，其资产和人员流向长江沿岸 11 个城市的港航单位。沿海的招商局机构资产和人员基本流向沿海 12 个城市的海运局和港务局。可以说，新中国各地港航机构与招商局渊源深厚。

香港招商局原来只是招商局的香港分公司，于 1949 年 2 月 10 日以招商局轮船股份有限公司的名义向港英政府办理了注册手续。1950 年 1 月 15 日，香港招商局率留港的 13 艘海轮和 600 余员工响应中华人民共和国中央人民政府的号召，起义回归祖国。在招商局内地机构全面参与社会主义改造而更名的同时，由于特殊的历史原因，香港招商局得以保留原名。招商局也从此开始了以香港为中心的发展历程。1950 年，香港招商局 13 艘海轮回归祖国后，在港资产总值只有 340 多万港元，资产少，业务量小，在香港一隅艰难经营，商业地位微不足道，解放后很长一段时间的主要任务是守摊子、保局产，为恢复航运业务做准备。随着新中国外贸运输业务的迅速发展，特别是中国远洋事业的崛起，香港招商局的航运业务从 20 世纪 50 年代末起重新发展，成为中国航运机构在香港贷款买船的总代理，其地位也日益提高。特别是 1970 年～1977 年，招商局凭借地处香港的特殊优势，承担了大量的贷款买船任务，共代理国家购买二手船 306 艘，520 万载重吨，总船价达 10.39 亿美元，对建设中国的远洋船队，从而为基本上结束我国在外贸运输方面主要依靠租用外轮的局面做出了重要的贡献。这也是招商局解放后至改革开放前近 30 年间的业务亮点。1979 年，招商局的管理体制由原来的中国远洋运输总公司直接领导改为由交通部领导，交通部委托远洋运输局代管。于是招商局的财政独立并与中远总公司“脱钩”，香港原有的远洋船队全部划归中远总公司。此时，招商局固定总资产仅有 1.3 亿港元，员工不过千名，在资产、规模、人员、经营上都难与昔日庞大的招商局相比，经济实力较为单薄，被人戏称为一家“没有船的航运公司”。

（二）1978 年以来招商局的改革历程

20 世纪 70 年代末，经过一场“文革”浩劫，中国的国民经济濒临崩溃的边缘。1978 年，中共十一届三中全会做出了把工作重点转移到社会主义现代化建设上来的战略决策，开启了改革开放历史新时期。

1978 年 10 月 9 日，交通部向中央提出《关于充分利用香港招商局问题的请示》。在这份请示中，提出了招商局新的工作方针，并提出“争取五至八年时间（把招商局）发展成为综合性大企业”，给予招商局利润留用、对外贷款、就地独立处理问题等的权利，扩大经营自主权。这份报告得到了当时中央主席、副主席、总理、副总理的圈阅。可以说，这是一份关系招商局发展的纲领性文件。招商局从此进入了新的历史发展时期。

改革开放30年来，招商局的发展大致经历了3个阶段：

1. 改革开放的辉煌年代

这一阶段，招商局解放思想，敢为人先，奋力开拓，创造了招商局历史上的第二次辉煌。

1979年7月，招商局开始在蛇口建立中国第一个对外开放的工业区，这是新中国成立30年来第一次允许外商投资办企业的地方。招商局在蛇口工业区推动了许多改革，并以蛇口工业区为基础，相继开辟了港口业务、地产业务、金融业务、工业业务等，创立了招商银行和平安保险等著名品牌，组建了今天已成为全球最大集装箱生产企业的中集集团等。特别是提出了“时间就是金钱、效率就是生命”的著名口号，得到了邓小平同志的充分肯定。招商局在香港也开始恢复建立船队，投资码头，扩建修船厂，大力发展港航业务等。

1985年11月12日，鉴于招商局在改革开放中实力得到快速增长，从一个单一的航运企业发展成了一家综合性企业，国务院正式批准成立招商局集团。这是招商局发展为多元化大型企业的需要和成果，标志着招商局进入集团化发展的新时期。同时，招商局集团升格为交通部直属一级企业，由交通部直接领导；并作为交通部派驻香港的代表机构，统管交通部所属驻港企业，统一对外交往，起着内外交流的窗口作用和航运支柱作用。

1992年年底，招商局集团举行了盛大的庆祝招商局成立120周年活动，对改革开放14年以来招商局取得的辉煌成就进行了全面总结，截至1991年年底，招商局集团总资产达170多亿港元，是1978年的130多倍；利润5.56亿元；直接投资的合资企业共215家，已投入资金20亿港元，已承诺后续投资金额为30亿港元。员工总数逾3万人。业务发展方面的成就表现为：

一是完整配套的航运体系已经形成：拥有远洋船队390多万载重吨和一支香港最大的驳船队，码头泊位30多个，岸线长6 000多米，仓库堆场544万平方米。招商局的航运业务在香港已位居第2，占有举足轻重的地位。招商局的船舶航行于世界各国，代理业务网点遍布全球。

二是多元化的业务格局已经形成：成片开发的蛇口工业区，年工业产值已达近40亿元，70%的产品出口海外；所属的招商银行及友联银行和平安保险等四家保险公司，仅两家银行就拥有总资产130多亿元，存、贷款业务迅速发展，四家保险公司的信誉良好；工程房地产业务方兴未艾，已经营了蛇口近10平方公里的土地；修船业的规模和修船能力位居香港首位；电子工业、轻纺工业、建材工业、机械工业、食品工业门类齐全；商业贸易的营业额每年可达近70亿港元，尤其是船舶贸易、免税品贸易以及一些大宗贸易颇具成效；旅游酒店业务已跃居全国同行前列。

招商局在改革开放中取得的成就获得了社会的广泛认可，党和国家领导人江泽民、李鹏、李先念、杨尚昆、乔石、谷牧等先后为招商局成立120周年题词。

2. 加快发展与化解危机

20世纪90年代初，特别是1992年初邓小平同志南巡讲话及随后于1992年10月召开的中共十四大作出了关于建立社会主义市场经济体制的决议以后，全国各地兴起了新一轮的投资热潮。

为抓住改革开放的历史机遇迅速进一步发展壮大，招商局与当时中国不少的企业一样，也全面参与了这一轮投资热，加快和扩大了回内地其他地区投资的步伐。

在此期间，招商局进一步加快了蛇口工业区的发展，投资了漳州开发区，发展壮大了港口、船队与招商银行，开始涉足高速公路的投资，在全国一些主要城市进行商业地产的开发等，综合性业务体系进一步形成、巩固，企业规模得到快速提升。

与此同时，在这一轮投资中，也积累形成了一些问题，主要是横向上采取过度多元化扩张，纵向上实行松散的多级法人制。具体表现为：涉及领域过宽，战线拉得过长，核心产业不突出，赢利能力不强。当时招商局总投资规模约250亿元，为净资产的1.5倍。投资涉及17个业务领域，每家公司都从事着多种业务，形不成专业化经营，达不到规模经济。总体资本回报率较低，不良资产严重。债务结构不合理，负债比高，现金流缺口大。在组织架构和内部管理上，管理链条超过七级，内部管理有些失控。

招商局在发展中积累的这些素质性、结构性问题在亚洲金融危机的冲击下显露出来。1997年发生的亚洲金融危机，沉重地打击了东南亚经济，香港的企业也受到了极大的冲击。"广信事件"（广东信托投资公司破产案）后，一批国有企业陆续陷入债务危机，引发了国有企业在国际金融市场的信用危机，一时间外国银行纷纷要求收回其贷款。招商局面临同样压力和危险，承受了严峻的考验。

1998年~2000年：三年挽救了一个招商局

面对危机，招商局集团一方面实行以收缩为主的战略，通过适当的收缩来调整结构、化解风险；另一方面采取多种措施，努力筹措资金，调整债务结构和币种结构，密切关注和确保财务安全。

与此同时，政府有关部门也在危机时候伸出了"救援之手"，在人民币收益换汇汇出方面予以协助，并将原属交通部的管理中央高速公路投资权益的华建交通经济开发中心（总资产66.07亿元，净资产63.2亿元）无偿划拨给招商局集团，这在很大程度上帮助招商局脱离了困境。

通过采取以上各方面的措施，招商局集团经受住了金融危机的考验，走出了流动性危机。但招商局发展的深层次问题尚待根本解决。

3. 重整、再造招商局

2001年~2003年：三年重整了一个招商局

2001年2月，招商局在漳州召开工作会议，确定了以调整、重组为主要内容的发展战略。

根据漳州会议确定的战略方案，招商局推行了一系列重组，包括产业重组、资产重组、财务重组、架构重组、队伍重组等，并以强化总部、推行过程管理为主线加强了内部管理。经过这一系列的重组、调整，到2003年年底，招商局的历史包袱和遗留问题基本解决，并且建立起了新的产业结构、资产结构、管理体系、队伍结构等，为步入一个新的发展期奠定了基础。可以讲，用三年时间重整了一个招商局。

从数据上看，三年的变化主要体现在：

赢利水平逐年提升。经常性利润从2000年的15.63亿元，增长到2003年的34.63亿元。

财务状况大幅改善。集团总债务由2000年年底的236亿元，降至2003年年底的147.6亿元，减债近90亿元，债务率降低近18个百分点。债务结构也明显改善。

资产质量明显提高。不良资产中预计形成损失的46亿元消化了36亿元，并根据重组上市的需要对一些资产提取了21亿元的降值准备。集团的不良资产率由2000年年底的12.12%下降到5.22%。

现金创造能力显著增强。集团总部经常性现金流于2002年实现收支平衡。2003年融资前合并现金净流入在偿还了近30亿元的债务本金后尚有能力进行部分新的投资。

以上这些目标都是招商局在2001年提出的5年目标，只用了3年时间，提前2年实现。

2004年~2006年：三年再造了一个招商局

经过重组调整后，企业具备了新的发展的基础，同时又适逢外部经济总体环境的转好，招商局管理层果断地抓住机遇，于2004年提出了“再造一个招商局”的目标，即：用五年时间，使招商局到2008年，资产、收入、利润等主要指标都较2003年底的数据翻一番。这一五年目标，又只用三年，在2006年底就实现了。

以下几组数据充分地展现了“三年再造一个招商局”的成果：

——总资产稳步增长。从2003年底（下同）的529.3亿元增加到1 143.3亿元，增幅116%。

——净资产从172.5亿元增加到352.2亿元，增幅104.2%。因招商局国际、招商银行、招商地产等公司股价上涨及招商轮船上市，净资产市值从419.6亿元增加到1 290.8亿元，增幅达207.6%。

——营业收入从140.7亿元增加到221.7亿元，增幅57.6%。

——经常性利润从34.6亿元增加到86.2亿元，增幅达149.1%。

——利润总额从34亿元增加到91.4亿元，增幅达168.8%。

——净利润从20.6亿元增加到59亿元（中国旧会计准则），增幅达186.4%。

——债务率在投资推动下有所反复，最高在2005年达到41.3%，2006年末控制在35.4%，属安全可控范围。

以上数据反映出，到2006年年底，招商局集团总资产、净资产、各项利润、市值等综合指标都较2003年增长超过一倍。

2007年：启动新的再造工程

在提前两年实现了“再造一个招商局”目标的基础上，招商局人并不满足，在2007年初又启动了“新的再造工程”，提出要把招商局建设成为具有国际竞争力的和谐企业，在今后的5年间再实现资产、收入、利润等主要财务经营指标的翻番增长。经过2007年一年的努力，招商局“新的再造工程”取得了开门红，总资产、营业收入、利润总额、净利润均实现了大幅度增长。

三、发展成就

改革开放30年来，招商局与时俱进，全程参与了改革开放的整个过程，抓住了改革开放所创造的难得历史机遇，取得了丰硕的成果，主要表现在以下一些方面：

（一）优秀业绩及获得的重大奖项

1. 优秀业绩

1978 年～2007 年，招商局集团总资产由 1.3 亿元增长到 2 159 亿元，规模增长约 1 660 倍。2007 年，招商局集团实现利润总额 196.09 亿元。以利润总额排序，招商局集团在 150 家中央企业中位列第 11 位，在港澳中资企业中排名第 1。

2. 获得的重大奖项

2004 年～2007 年，招商局集团连续四年被国务院国资委考核为 A 级央企。2008 年，招商局集团被中宣部、国务院国资委树为“2008 年国企典型”。

同时，招商局近年来被有关方面授予了“中国理财名企”、“全国交通企业文化建设优秀单位（第一名）”等称号。招商局下属的蛇口工业区被誉为“中国改革开放的排头兵”，招商局创办的招商银行多次被评为“中国本土最佳商业银行”等。

（二）交通运输业务发展成就

1. 港口：从企业建港的先行者到中国最大的公共码头运营商

1979 年，招商局投资建设深圳蛇口港，1982 年，蛇口港开港，成为深圳第一港，也是国内第一个由企业自筹资金兴建的码头。1991 年，蛇口集装箱码头的建成，又成为深圳第一个集装箱码头。蛇口港由企业投资、管理的做法，在新中国港口建设史上开创了成功的先例，该港由原来的浅水港发展为深水港，也是港口建设上一个很大的突破，蛇口港开创了一条全新的发展道路，实现了中国港口建设和经营的三大突破：突破了国家财政投资的原有体制；突破了划分港口腹地范围的习惯做法；突破了计划固定货源等传统概念，为我国港口管理体制的改革提供了宝贵的经验。经过多年扩建，到 2007 年，深圳西部港区（含蛇口港区、赤湾港区、妈湾港区）集装箱总吞吐量达 1 103 万标准箱，占深圳港总吞吐量的 52%。深圳西部港区的崛起，为深圳港自 2003 年起跃居全球第四大集装箱港口并多年稳居中国第二大集装箱港口做出了突出贡献。通过持续整合，招商局已确立了对深圳西部港口强有力的控制地位。今天，深圳西部港区已成为招商局全国性港口网络布局的母港，为招商局在海内外投资、经营港口提供了经验、人才及客户网络等。

招商局从建设深圳西部港区开始，踏上了港口业的发展之路：

1992 年，招商局入股香港第二大码头公司香港现代货柜码头，以后经过多次增持，2005 年，招商局的持股升至 27.14%，稳居第二大股东，进一步巩固了招商局在香港港口业的地位。

1992 年 12 月，在交通部大力支持下，招商局在福建厦门湾南岸创办了规划建设用地 55 平方公里的漳州开发区。漳州开发区建港条件优越，拥有深水岸线 13 公里，可规划建设万吨级以上泊位 13 个。2002 年～2006 年，招商局对厦门湾的漳州码头进行了扩建，共投资 8.7 亿元，新建设了 4 个泊位。目前，漳州码头共建成 7 个泊位，吞吐能力达 50 万标准箱。2007 年港口吞吐量超过 1 000 万吨，实现历史性突破。

2001年，招商局将港口业定位为核心产业，并确定了成为“中国领先的公共码头服务商”的战略目标。围绕这一战略目标，近年来招商局实施了一系列的重大举措，取得了重大成就，包括：

2003年，招商局与青岛市政府正式签约投资青岛前湾现代国际港口物流园项目（总投资40亿元，招商局占股90.1%），项目建成后每年集装箱吞吐能力将可达到250万标准箱。目前，已建成两个10万吨级泊位。

2003年，招商局签约投资宁波大榭岛码头项目（总投资24亿元，招商局占股45%）。全部建成后，每年集装箱吞吐能力可达200万标准箱。2008年，招商局又投资8.4亿元，入股宁波港集团（占股5.4%），为第二大股东。

2003年，招商局签约投资天津港东突堤集装箱码头项目（总投资约21亿港元，招商局占股14%）。2007年，招商局又与天津港集团共同投资建设天津港东疆港区。该项目包括30平方公里人工岛，17个10万吨级集装箱深水泊位及10平方公里的物流加工区、港口综合配套区。

2004年12月，招商局以55.7亿元的价格成功入股上海国际港务集团（以下简称“上港集团”），占股30%，成为上港集团的第二大股东。通过这项收购，招商局集团基本完成了中国集装箱枢纽港网络的战略布局工作。

2007年，招商局投资16.2亿元，入股湛江港集团，占股45%。湛江港是我国西南港口群的枢纽港。

经过以上投资布局，招商局成为中国唯一在珠三角、长三角、环渤海三大活跃经济圈拥有并管理港口的公共码头经营者。到2007年，招商局集团旗下的港口泊位数达233个，年集装箱吞吐量达4 712万标准箱，国内集装箱码头市场占有率达36%，成为中国第1、世界第3的公共码头运营商。散杂货吞吐量达1.58亿吨。主营招商局集团港口业务、在香港上市的招商局国际（0144，HK），也因为业务的快速发展，于2004年9月成功晋升为恒生指数成分股（即蓝筹股）。

在积极投资国内码头的同时，招商局开始尝试将码头业的拓展步伐迈向国际。2007年4月，招商局与越南航海总公司签署全面合作备案录。2008年9月8日，招商局国际与越南航海总公司签署成立头顿国际集装箱港合营公司协议，双方各持股49%和51%，共同投资建设越南大胡志明市的边亭金星深水港，由招商局国际主控项目管理权。该港口项目将兴建6~7个5~10万吨级的集装箱泊位，一期工程岸线1 400米，年集装箱吞吐量设计能力100万标准箱，计划2011年第一个泊位投入运营。项目建成后将成为越南集装箱枢纽港口。

2. 航运：中国最大的超级油轮船队

从1979年起，招商局重新组建自己的远洋运输船队。20世纪80年代末，通过在国际市场收购成熟的油轮船队，招商局率先进入了超级油轮（VLCC）运输领域。

2003年，招商局集团将能源运输业定位为核心业务。从2003年至今，招商局共订造了20艘超级油轮或大型油轮及7艘散货轮。目前，招商局的航运业以远洋能源运输为特色，拥有30艘共346万载重吨的以超级油轮为主的商船队，是大中华地区最大的超级油轮船队。到2011年，招商局船队的运力将达到706万载重吨以上，将进一步巩固在国内乃至远东地区油轮船东中的领先地位。

同时，招商局从2003年以来，与中远合资组建了中国第一支LNG运输船队。2008年4月和7月，有2艘大型LNG运输专用船已建成投产，另有3艘在造，并计划到2010年共投资20亿美元，建设10艘LNG船，这些船舶将承担起我国广东、福建等地区进口LNG的运输任务。同时，招商局集团还积极跟进上海、浙江等地的进口LNG运输项目。

2003年开始起，招商局就开始推动了能源运输业务的重组上市工作。经过努力，2006年12月1日，招商局能源运输股份有限公司（招商轮船，601872. SH）在上海证券交易所成功上市，融资约43.6亿元，招商局集团占股摊薄为54.07%。招商轮船成功上市为油轮船队规模扩张奠定了基础。2003年以来招商局新购的13艘油轮中，有8艘是在上市后购置的。

3. 公路

(1)中国最大的公路投资经营企业。

1996年以来，招商局收购了国内多条收费公路，进入收费公路经营领域。经过多次重组，招商局集团持股78%的招商局亚太是新加坡最大的收费公路上市公司，经营四条总长为310公里的收费公路。2007年，招商局亚太签订了投资河南郑少、巩登高速公路的框架协议，两条公路分别长约53.6公里和42.33公里，两个项目预计总投资分别为24.6亿元和23.1亿元，我方将分别持股70%及60%。

1999年，在交通部大力支持下，华建中心整建制划拨进入招商局集团。经过近十年的发展，到2007年，华建总资产达155.6亿元，比1999年增长135.4%，净资产达130.1亿元，比1999年增长105.9%。

2007年以来，招商局集团与厦门市、漳州市共同投资近50亿元（招商局占股40%），建设长12.3公里，主跨740米的厦漳跨海大桥。大桥建成后，将把厦门市区和招商局漳州开发区紧紧地连在一起，使漳州开发区成为厦门湾经济区有机的组成部分，对厦门湾经济区的港口经济发展发挥重要的影响。

受交通部和财政部委托，招商局正在充分利用自身丰富的资本运作经验，研究推动我国农村公路发债融资工作，力争为我国新农村建设贡献力量。

(2)公路勘察设计——国家级交通科技创新基地。

重庆交通科研设计院原为交通部重庆公路科学研究所，成立于1965年5月，1984年和1996年分别作为交通部和国家科委的改革试点单位，进行了科技体制改革的探索工作。2000年根据国务院的决定，该院转为科技企业，整建制进入招商局集团，同时更为现名。目前，重庆院拥有工程勘察设计等六项甲级资质证书。

改制七年来，该院坚持改革创新，以科研为立院之本，以生成经营为富院之路，以科研与经营相结合为强院之策，实现从科研事业单位向科研型企业转型，致力于建设国家级交通科技创新基地，取得了突出成就：

1990年，该院经国家质量技术监督局批准建设国家客车质量监督检验中心。2004年，该院经国家质检总局授权建设国家摩托车质量监督检验中心（重庆）。

1999年，该院通过了ISO 9001国际标准质量体系认证。

2002年，该院经国家人事部批准正式设立了博士后科研工作站。

2007年，该院隧道实验室被交通部认定为“隧道建设与养护技术交通行业重点实验室”，桥梁结构动力实验室被科技部认定为“桥梁工程结构动力学国家重点实验室”，又被交通部认定为“桥梁结构抗震技术交通行业重点实验室”，成为全国交通行业唯一的一个国家重点实验室。同年，重庆院“国家山区公路工程技术研究中心”获得了科技部的认定和批准，该“中心”是我国交通行业公路工程领域第一个综合类国家工程技术研究中心。

2008年7月，该院被科技部、国资委、全国总工会认定为首批国家“创新型企业”。

4. 交通工业

(1)华南最大的修船厂

1965年，招商局成立香港友联船厂，承担香港船公司的船舶及来港国轮的修理任务。从1979年起，香港友联船厂开始扩建青衣岛新厂，总投资2.89亿港元。1981年底，新厂建成投产，拥有3万吨级浮船坞2座。1988年，投资1.326亿港元购置15万吨级浮船坞1座，该厂年岁修及坞修能力均达到250艘次，成为香港最大的修船厂。

1989年，招商局在深圳西部港区投资建设蛇口友联船厂，开拓珠三角地区的修船业务。由于发展迅速，该厂很快发展成为中国十大修船厂之一。

2004年，招商局将修船业定位为与集团港口和能源运输业等核心产业发展有机相关的产业。同年，招商局开始在深圳建设一个新的修船基地——孖洲岛修船基地。新的修船基地项目总投资27.65亿元，现已建成一个陆域63万平方米、岸线3 400米、拥有两座30万吨干船坞的大型修船基地，也是中国华南地区最大、国际一流的船舶及海洋工程修理基地。

2007年起，招商局投资6.3亿元，扩建漳州友联船厂（1995年设立）。根据规划，新厂预计于2009年建成投产。

经过近年的投资扩张，招商局修船资源得以大幅扩容，现有两座干坞和五座浮坞，坞容合计达88万吨，修船码头达3 085米。

(2)世界最大的集装箱制造企业

1980年，招商局牵头创立中国国际海运集装箱股份公司（简称中集）。到1996年，中集已成长为全球最大的集装箱制造商，此后，中集在世界集装箱制造业占有一半以上的市场份额。目前，中集是集装箱、道路运输车辆、海洋工程等交通运输装备的全球主要供应商。

5. 第三方物流业务

20世纪90年代，招商局在我国率先进入第三方物流领域。鉴于物流业的市场潜力巨大，招商局集团从2001年起将其定位为培育中的核心产业。近年来，对其的发展重点集中于网络布局的建设上。经过几年来的快速发展，目前招商局物流在深圳、上海、北京等53个城市建立起了物流网络运作节点，物流配送可及时送达全国700多个城市，全国性网络布局基本形成。目前公司拥有可支配仓库超过50万平方米（其中自建分发中心近19.38万平方米），集装箱堆场10万平方米，各类运输车辆1200余辆（其中深港两地运输车百余辆）。招商局物流已经成为许多跨国公司在中国的物流服务商，目前招商局物流主要客户群中有80%为世界500强。

2007年，为进一步加快物流业的发展，招商局集团将招商局物流集团升格为集团一级企业，并且决定在今后5年中进一步投资19亿元用于物流业的发展。

6. 海事贸易

1972 年，招商局设立了香港海通公司，其宗旨是为中国远洋及沿海船队及中国各港口提供配套贸易服务。

1997 年，交通部将中国交通进出口总公司整建制划拨给招商局集团。

2007 年，招商局集团整合旗下海事贸易业务，由香港海通公司统一经营管理海事贸易。改革开放 30 年来，香港海通公司已发展成为我国最主要的海事贸易商。

（三）其他业务发展成就

1. 金融

1987 年 4 月 8 日，招商局创办了第一家企业股份制商业银行——招商银行，推动了我国金融体制的改革。为了加快招商银行的发展步伐，在招商局集团的积极支持和推动下，招商银行于 2002 年 3 月和 2006 年 9 月，分别在上海 A 股和香港 H 股市场成功上市。2008 年 6 月，招商银行又投资 172 亿元，收购香港永隆银行 53.1% 的股权，在境外的发展又迈出坚实的一步。招商银行为我国第六大商业银行，目前，招商局集团持有招商银行 17.63% 的股份，仍为单一最大股东。

招商证券股份有限公司前身是 1991 年 7 月创立的招商银行证券业务部，后独立为公司，曾名为招银证券、国通证券，2002 年更名为招商证券。2006 年，招商局集团投资 10.55 亿元，收购招商证券 16.17% 的股权，持股比例上升为 51.65% 。目前，招商证券已成为我国十大券商之一，并重点关注交通企业改革，帮助交通企业改制上市，在资本市场获取发展动力。招商证券 IPO 上市申请已获中国证监会发行审核委员会通过。

2. 土地经营及房地产开发

1979 年，招商局创办蛇口工业区，奠定了招商局房地产业的基石。改革开放 30 年来，招商局开发和建设了整个蛇口社区的 11 平方公里土地。2001 年以来，招商局又进一步加强了蛇口的土地经营工作。2005 年起，蛇口工业区开始进行新一轮的规划调整工作，此次规划涵盖的面积由过去 11 平方公里，扩大到 37 平方公里。按照新的规划，蛇口工业区将升级改造成为一个集高级商务、高科技创业、高尚居住及综合物流服务业为一体的环境优美、充满活力的滨海城区。

2001 年，招商局将旗下分由几家公司从事的地产业务整合为一家专业的地产公司——招商地产，并在此基础上开始走出蛇口，走向深圳，走向全国。在中国房地产上市公司综合实力排名中，招商地产 2002 年 ~2007 年连续 5 年跻身前 10 名，并荣登 2005 年中国房地产品牌价值第 4。招商地产坚持“绿色地产”理念，引领地产发展潮流，成为一家具有市场品牌和综合实力的国企地产商，被国资委列为重点扶持的 5 家房地产企业之一，被誉为央企五大地产商之一。

1992 年 12 月，招商局创办规划面积 55 平方公里的漳州开发区，其宝贵的岸线和土地资源，已成为招商局集团重要的战略资产。2003 年以来，漳州开发区进入了一个提速发展期。2004 年，招商局与厦门市签订了战略合作框架协议，启动了漳州开发区四区的开发。目前，招商局漳州开发区积极融入厦门湾港口经济，正成为厦门湾西岸的新天地和福建省海峡西岸经济区的新亮点。

四、基本经验

改革开放使百年招商局获得了新生。顺应时代潮流，招商局勇立改革前沿，成为中国改革开放的先锋。其成就是巨大的，经验是丰富的，其基本经验包括：

（一）坚持改革创新

从1979年开发蛇口工业区起，招商局再次呈现出巨大的创新力，创造了诸多的新的"中国第一"，为"与祖国共命运，同时代共发展"的招商局独特的历史文化注入了许多新的内涵，在中国改革开放事业中发挥了"试管"的作用。

一是观念的更新。蛇口工业区在开创初期，于1980年即提出"时间就是金钱，效率就是生命"这个具有鲜明时代色彩的口号，后来又提出"空谈误国、实干兴邦"，更新了人们的时间观念、竞争观念、市场观念、契约观念、信息观念和职业道德观念，逐步转变了人们由于长期端铁饭碗、吃大锅饭及闭关自守所形成的惰性，从而奠定了推进各项改革的思想基础。这些观念后来也在全国造成广泛影响，特别是"时间就是金钱、效率就是生命"这句口号，被评为20世纪80年代全国最具影响力的十大口号之一，被写入《邓小平文选》第三卷，并且在1984年国庆35周年游行中，被专门安排写在了一辆彩车上驶过天安门广场。

二是制度的创新。蛇口工业区的开发中，试行了招标制的基建改革、聘任制的干部制度改革、合同制的用工制度改革、与效率挂钩的奖金制度改革、货币化分配的住房制度改革、社会保险制的退休保障制度改革等。这些改革后来基本都在全国得到推广。1981年11月，时任国家进出口委副主任的江泽民受托在向全国人大的汇报中，就明确提出："蛇口的管理方式，为改革现行管理体制提供了有益的经验"。当时主管改革工作的副总理谷牧也曾多次强调"蛇口经验应当在特区普遍推广"。另外，在股份制的改革上，招商局也走在了前面，安达股份是深圳最早上市的5家公司之一，招商局国际则是中资企业在香港上市的第一家。

三是商业的创新。招商局从一家传统的航运企业发展成为综合性的企业集团，在产业创新方面也做了大量工作。如创办的招商银行、平安保险，都是国内第一家企业股份制商业银行与保险公司；物流业率先在中国引入了第三方物流服务模式；港口业在全国第一家企业投资港口试验的基础上，目前又在积极参与"区港联动"等新的服务模式的探索。

这些敢为天下先的创新之举，是推动招商局不断发展、老干新枝的源源动力。

（二）坚持均衡发展

招商局坚持落实科学发展观，走"规模、质量、效益"均衡发展之路；强调科学把握发展节奏，既要在"做实"基础上"做强"、"做大"，又要"做好"、"做长"，保持基业常青。

招商局的"规模、质量、效益"观：

"规模"就是要做大。而"规模"不仅表现为总资产的数额，更重要地表现为资产的构成，这包括：合理的资产负债比例；融资能力和融资条件；同业中的市场份额和市场地位；资产的可控性（是否参与管理）；资产的流动性；资产的市场价值等。

“质量”就是要做实。其核心的是控制不良率，包括不良资产的数额和占总资产的份额；投资项下的资产减值准备；流动资产项目的不良库存和不良应收款；以及产品的先进性、技术含量、品牌价值等。

“效益”就是要做强。不仅看自身的利润水平，还要和国内、国际同业比；不仅看绝对的利润水平，还要看利润的构成，包括是否以经常性利润为主，是否以主营业务的贡献为主，是否有可持续性，是否具有稳定性（抗风险和抗市场周期波动的能力）。

（三）坚持培育核心产业

招商局集团通过产业重组，将原来涉足的17个行业的业务，整合归并为三大核心产业，并战略性地退出了旅游、石化等非核心产业。集团过去四年500多亿元的新增投资中90%以上都投在了三大核心产业上，促使这些核心产业竞争力快速提升。

在培育核心产业的过程中，一是坚持走专业化经营之路。通过架构、资产等重组，每项主业都交由一家子公司经营，并且每家子公司都作为专业化的公司只负责一项主要业务的经营。各核心产业经营主体充分利用国内外资本市场，推进了港口、航运、公路、银行、基金、地产等核心业务分别在香港、新加坡和内地上市，增强了其自我滚动发展能力，并适应资本市场的要求，强化了上市公司治理，形成了广受资本市场认可的“招商系”品牌。二是坚持不懈提高经常性赢利能力，持续降低成本，加强风险管理，保持良好的资产和财务状况，稳健经营。

（四）坚持规范管理

招商局多年在成熟的市场经济体系中运行，且从事的多为竞争性业务，有着较坚实的规范管理基础。特别是2001年以来，招商局在重组、调整、发展中，也对管理体系进行了一系

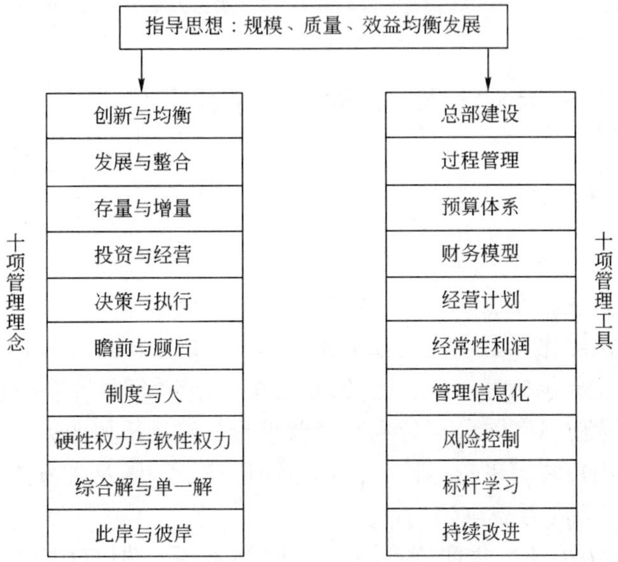

列创新，形成了一套广为大家所认同的、具有招商局特色的管理工具、管理思想体系，可以概括为“一个一，两个十”体系。即：一个指导思想、十项管理工具、十项管理理念。

五、发展展望

招商局集团总体发展战略：实施“新的再造工程”，在2006年的基础上，用五年时间“再造一个招商局”，将招商局构建成为具有国际竞争力的和谐企业，实现招商局的“第三次辉煌”。

“新的再造工程”这一战略目标，既包括财务指标和业务发展目标，也包括竞争力指标及和谐企业的目标。财务指标主要指招商局集团要在2011年，净资产、经常性利润、利润总额、净利润等主要财务指标较2006年翻一番，其中净利润要超过150亿元，利润总额接近300亿元。业务发展目标主要指集团的港口、公路、能源运输业务应在规模和效益上成为行业的领先者；集团的金融、地产、物流业务应成为有特色、有品牌、有良好效益的经营者；其他业务应该迈上一个新的台阶，达到一定规模，有良好的效益。竞争力指标包括规模、效益、质量、劳动生产率、科技水平等一些传统上的指标，也包括招商局产业特有的一些指标，如：资源控制及主导力、影响力（包括品牌、企业形象、政府关系等）、企业转型程度、网络与协同协应等。和谐企业首次列为招商局集团追求的核心目标，与竞争力目标并列。

实现招商局“第三次辉煌”的过程性目标包括：保持集团均衡发展的势头；形成集团自我发展、自主调节的机制；不断优化集团资源，全面提升管理，提高竞争力；集团全体员工充分发挥聪明才智，并在精神上、物质上分享企业成绩和效益。

实现“招商局第三次辉煌”，对于招商局而言将在百年发展基础上迈上一个新的高度，开辟新的历史航程，为改革开放的伟大事业注入新的生机和活力。

踏平五洲千重浪

中国对外贸易运输（集团）总公司

一、企业介绍

中国对外贸易运输（集团）总公司（简称中国外运集团）成立于1950年，是国务院国资委直属管理的中央企业。在近60年时间里，中国外运集团已经发展成为以综合物流和航运为两大经营板块的国际化大型现代企业集团。其中，以中国外运股份有限公司为主要经营平台的综合物流板块业务包括海、陆、空货运代理，船务代理，供应链物流，快递，仓码，零担运输等；以中外运航运有限公司为主要经营平台的航运板块业务包括船舶管理、海运干散货运输、国际及国内集装箱班轮运输、国际原油运输、国际及沿海汽车船运输等，拥有和控制各类船舶运力达1 200万载重吨。

截至2007年末，中国外运集团资产总额529.24亿元，拥有职工41 199人；集团设有

97家二级子公司，一家在上海证券交易所上市的公司、两家在香港联合交易所上市的公司，下属境内企业1 154家，境外企业107家，网络范围覆盖了全国29个省、自治区、直辖市，以及中国香港、韩国、日本、加拿大、美国、德国等国家和地区，与400多家知名的境外运输与物流服务商建立了业务代理和战略合作伙伴关系。

二、改革历程

中国外运集团是中国物流市场的先驱者，伴随着共和国的发展而发展。改革开放以来，随着我国对外开放和经济体制改革的不断深化，外贸运输市场逐步放开，中国外运顺应时代发展要求，在20世纪80年代初期就率先走出国门，在国际货运市场竞争中谋生存求发展。30年改革开放的锻造磨炼，大大提升了中国外运集团广大干部员工的职业素质，培育出大批最早接触国际先进经营理念、精通国际运输知识与规则、了解国际法律法规的专业人才。在提供门到门运输、多式联运、集装箱运输服务以及引进外资等方面开行业之先河，企业改革创新走在时代前列。

1997年，中国外运集团被国务院批准为国家第二批大型试点企业集团，完成了省市公司的人事管理从地方外贸体系的上收工作，成为一家人财物统一经营管理的大型国有企业集团。

1998年，中国外运集团聘请北京君创咨询公司共同开展集团发展战略的研究，制定了集团发展战略纲要，确定了中国外运集团新世纪发展的总目标、总定位、总方向，即：把中国外运集团从一个传统的外贸运输企业建成由多个物流主体组成的，按照统一的服务标准和规范体系运作的、国际化、综合性的大型物流企业集团。集团上下认真贯彻2000年制定的《发展战略纲要》，以结构调整为主线，积极推进流程再造和组织再造，促进了操作标准化和主业升级；以新兴物流业务为龙头带动传统业务，实现了新老业务的共同发展；大力推进资产重组、规范改制，冗员分流，使集团资源得到进一步的优化配置；同时积极推进人事制度改革、信息化建设等工作，集团的各项盈利指标均有了大幅增长。

进入21世纪，中国外运集团的改革与发展走上了快车道。2000年，中国外运集团空运业务在国内A股成功上市，迈出了集团资本运营的第一步。2002年，集团将沿海沿江11家省市子公司的主营业务和优良资产剥离出来，和4家专业子公司一起，共同组建了中国外运股份有限公司，并于2003年2月13日在香港成功上市，成为在海外资本市场上市的“中国物流概念第一股”。

中国外运集团与时俱进，结合自身情况和外部环境的变化，不断调整发展战略。2005年，聘请国际知名的麦肯锡公司做咨询，研究制定了新的发展战略。发展战略确定了集团愿景与宗旨、发展目标、业务组合、组织结构、核心竞争力，立志将中国外运集团打造成为国内外客户首选的具有国际竞争力的综合物流服务供应商。按照发展战略，2007年中国外运集团完成了第一批综合物流资源整合项目，将63家企业纳入中国外运股份有限公司，进一步做强做大了上市公司；同时，中国外运集团抓住航运和资本市场比较好的历史机遇，将中外运航运有限公司在香港联交所成功上市，募集资金114亿港币，创造了全球航运类公司新股发售IPO融资规模最大的纪录，搭建起了航运板块上市的资本平台，增强了集团实力。2006年10月，中国外运集团有限公司董事会试点工作正式启动，建立了规范的董事会，形成了“董事会决策、经理层执行、监事会监督”的完善的法人治理结构，中国外运集团向制度化、规范化、科学化的现代企业治理结构迈出了坚实的一步。

三、发展成就

作为中国历史悠久的物流企业，60年来，中国外运集团凭借着永不知足、锐意进取的精神，一直奔跑在中国物流业的最前端，在中国物流市场上创造了一个又一个辉煌业绩，已经成为我国交通运输和物流行业的一支重要力量，多项核心业务居于市场领先地位。

在中国外运集团成立之初，中国外运集团就承担了156项国家重点工程的运输任务，为新中国国民经济的恢复和发展做出了重大贡献。在计划经济时期，中国外运集团作为我国唯一的外贸运输总代理，肩负着我国外贸运输行政管理和企业经营双重任务。为完成国家外贸运输任务，中国外运集团坚定地贯彻执行国家外贸运输方针，运用灵活的办法，打开了国际海运租船的局面，加上铁路、汽车运输等多种方式，及时组织运输国家需要的各种重要物资，保证了我国对外贸易和国民经济的健康发展。在此期间，中国外运集团在全国各地的重要城市与口岸相继建立起了分支机构，与国际贸易界、运输界建立了广泛的业务联系，初步形成了连接国内外的外贸运输网络，在外贸运输领域创出了中国外运/SINOTRANS这一知名品牌，为中国外运集团以后的发展打下了坚实的基础。

中国外运集团顺应时代发展要求，坚持“以客户为中心”的经营理念，在激烈的市场竞争中求生存、谋发展。

1973年，中国外运集团与日本班轮公司合作，开辟了中国第一条国际集装箱航线——中日集装箱航线，开创了对外贸易运输集装箱化的先河。1977年，中国外运集团与铁道部和香港华夏公司合作，在中国首次推出海铁联运业务。1979年，中国外运集团首先试运行了中伊之间的大陆桥运输，获得了成功。1980年，中国外运集团正式开通了经过西伯利亚大陆桥运送货物的运输方式，填补了我国大陆桥运输空白。同年，中国外运集团与日本OCS合作，率先引入航空快件服务，将国际速递的概念引入中国。1986年，中国外运集团与国际著名的快递公司DHL成立合资企业，成为首家在中国提供快件服务的中外合资企业。1990年，中国外运集团被第十一届亚运会组委会指定为亚运会的运输总代理。1999年，中国外运集团成为中国1999昆明世界园艺博览会独家全程货运及报关、报检总代理。2001年，中国外运集团成为北京世界大学生运动会运输代理。2008年，凭借完备的物流服务能力和广泛的业务网络，中国外运集团为北京奥运会提供了优质高效的物流服务，受到北京奥组委的表彰。中国外运集团与上海世博局签订了赞助协议，成为中国2010上海世博会指定物流服务商，为世博会提供全面物流服务。

近年来，中国外运集团大力发展工程项目物流、供应链物流、化工物流、快运、物流金融等业务，取得了良好业绩。

中国外运集团陆续承担了二滩水电站、黄河小浪底水利枢纽工程的运输总承包；江苏田湾核电站项目的一期部分重大设备全程运输；齐鲁乙烯、南海壳牌、扬子巴斯夫等石化项目的内陆运输，并在扬子巴斯夫项目海陆联运中创下了最重和最长件的纪录；承运了马钢、邯钢等多家钢铁厂技改项目；承揽了沙特项目、新马钢项目、丽东项目、古巴机车、印度电厂、安哥拉社会住房项目、巴西UTE BARCARENA燃煤电站项目等重大项目。目前，中国外运集团在水泥生产线运输领域业务达到了80%的市场占有率，在建材、电力、冶金、石油等国民经济关键行业的物流业务中具有重要影响力。

中国外运集团的供应链物流业务凭借其“以客户为中心的一站式服务、物流解决方案的能力、执行能力、高效的项目实施能力、持续改进的能力”，赢得了各行业客户的广泛信赖，包括摩托罗拉（Motorola）、明基（BenQ）、联想、Vision、米其林、达能饼干、可口可乐、麦德龙等国际国内知名品牌，分布在高科技、消费电子、快速消费品、汽车、石化、冷链物流等行业。

经过多年努力和实践，中国外运集团形成了集国际国内海运、危险品道路运输、集装罐（Tank 箱）运输、化工物流中心、国内配送于一体的较为齐备的化工物流服务体系，积累了丰富的专业经验，具备了较强的综合服务优势。拜尔、中海壳牌、巴斯夫、卡博特等国内外知名化工企业相继成为大客户。

中国外运在物流金融领域取得了长足发展，开展了仓单质押业务。质押产品涉及钢材、矿产品、棉花、纸浆、化工品、家电、手机等，通过对质押货物进行在库、在途的全程监管，运用强大的信息管理系统，实现了物流、资金流、信息流的有机结合。中国外运集团通过与中国工商银行、法国巴黎银行等20多家著名银行的合作，搭建了新型的“银行—物流”业务平台，促进了银企的共同发展，为中小企业和银行之间搭建起安全的融资渠道。

2004年，中国外运集团推出了国内速递产品——中外运速递和陆上物流服务产品——中外运快运。中外运速递在推向市场过程中发展迅速，目前，自营城市网点达140个，代理覆盖网点262个城市，初步建立了覆盖国内大中城市的服务网络。中外运快运自推出以来取得了巨大发展，凭借辐射全国的七大区域配送中心、4 000多辆的运输车辆资源、专业化的线路设计能力、可视化的全程监控，搭建了覆盖全国的公路干线运输网络。

2005年、2006年、2007年，中国外运集团蝉联中国国际货代百强之首，综合实力雄踞第一。在中国企业联合会和中国企业家协会发布的“2008中国企业500强”中，中国外运集团位列第75名，“中国服务企业500强”中，中国外运集团位列第31名。2006年，中国外运集团被中国物流标准委员会评为5A级（我国最高级）的综合服务型物流企业。目前，中国外运集团是中国最大的国际货运代理公司、最大的航空货运和国际快件代理公司、第二大船务代理公司和第三大船公司。

中国外运集团不仅为我国外经贸事业和国民经济发展做出了重要贡献，还关注我国社会的发展。中国外运集团在新疆、四川等地开展扶贫支援活动，向中华健康快车基金会捐款为1 000名贫困白内障患者实施复明手术，赞助中国奥委会，支持我国申办北京奥运会、2010年上海世博会等方面成绩斐然，受到了社会各界的广泛赞誉。2008年我国遭遇百年罕见的雨雪冰冻灾害和汶川特大地震灾害，中国外运集团广大员工捐钱捐物，企业充分利用物流设施资源，积极投入到抗震救灾中，被民政部评选为“最具爱心的内资企业”，集团总公司荣获中华慈善奖。

四、基本经验

1. 推进机制改革，增强企业活力

改革开放以来，中国外运集团加快股份制改革步伐，积极引入战略投资者，推进产权多

元化，成功实现综合物流、航运业务上市，并加强内部资源整合，通过收购资产等方式，把优良主营业务资产逐步注入上市公司，进一步提高资源配置效率，增强核心竞争力，做强做大上市公司。

2. 坚持发展主业，提高核心竞争力

突出主业是中国外运集团一直强调和重视的企业发展战略。改革开放以来，特别是近几年，中国外运集团之所以能够取得快速发展的成就，一个十分重要的原因就是坚持突出主业，集中力量发展主业，不仅注重扩大主业规模，更注重提升主业赢利能力，下大工夫做强做大主业，提高集团核心竞争力。

3. 创新经营模式，转变发展方式

思路决定出路，发展源于创新。无论是观念，还是经营模式，都需要创新。没有创新，就没有突破，就没有中国外运集团跨越式发展。中国外运集团积极顺应市场规律，加快自主创新，转变发展方式，拓展新的发展空间。一是延伸物流主业的领域，将传统的国际货运代理功能延伸到国内水运、公路、铁路和航空运输货运代理服务的领域。二是拓宽物流主业的内涵，即从以往主要与中小货代拼抢货主的低层次的竞争关系，转向以市场化、信息化手段积极搭建国内“大货代”的公共服务平台上来。三是推动绿色物流和企业节能减排等，创新发展循环经济、建设符合生态文明的物流企业。

4. 与时俱进，制定实施正确的发展战略

正确的战略目标是企业发展的前提。中国外运集团一直重视长期发展战略与规划，并将之作为企业持续稳定健康发展的蓝图和行动纲领。2000 年，中国外运集团开始了对发展战略的探索并制定了《发展战略纲要》，确立了以物流主营业务的发展方向，并取得了较好的发展。中国外运集团坚持与时俱进，根据外部环境变化，结合自身发展情况，适时调整发展战略，于 2006 年又制定了旨在整合资源、建立现代经营理念、发挥比较优势、提高核心竞争力的新一轮发展战略，明确了集团的发展愿景、理念和发展目标。并在战略实施中，加强战略流程控制，通过战略制定、实施和调整三个环节，相互衔接，密切配合，形成滚动式的调整，而且定期检讨战略实施的成败得失，总结经验教训，进行战略回顾和调整，保证战略的顺利实施。

5. 加强风险控制，提高管控能力

中国外运集团建立了适合自身情况的风控体系，制定了《中国外运集团全面风险管理建设规划》，并付诸实施，将风险管理日常化、制度化和习惯化，同时着重加强了对信用风险、投资风险、行业风险、业务风险的管控。

6. 夯实基础管理，提升企业效益

管理是企业永恒的话题，也是企业发展的基础，强化管理永无止境。中国外运集团不断健全各项规章制度，加强战略管理、财务资金管理、成本管理和投资管理，查找差距，狠抓薄弱环节，夯实发展基础，提高了管控能力。

7. 积极探索国际化道路

中国外运集团是我国较早“走出去”的中央企业之一。早在 1980 年初，中国外运集团就在香港成立第一家合营公司。近年来，中国外运集团积极贯彻党中央、国务院和国资委关于“走出去”的战略部署，开拓发展，不断加快国际化经营的步伐，在欧美、中东、南美积极加强海外网络建设，同时积极探索在越南、印度等周边国家的国际化经营。

五、发展展望

现代物流概念自1978年引入中国以来，已有30年的历史。中国的现代物流业在经过近20年的准备与起步后，已进入快速发展时期。据预测，中国物流市场的总体规模将从2004年的约2 900亿美元增长到2010年的约5 000亿美元，市场规模将比肩世界第二大物流市场日本。而且随着中国成为“世界工厂”，跨国公司在中国的采购和销售规模大幅度提高，开始把他们的供应链向中国延伸，需要更多、更全面的物流服务。《国民经济和社会发展第十一个五年规划纲要》把现代物流列入国民经济发展的重要产业，提出要大力发展我国的现代物流业，这必将促进我国物流业的快速发展。

立足现在，展望未来，中国外运在发展战略的指引下，坚持“贯彻落实科学发展观，立足于企业可持续发展，在确保国有资产保值增值基础上，以市场需求为导向，以经济效益为中心，以战略规划为动力，实行企业一体化运作、扁平化管理、集约化经营、专业化发展，通过自主创新、技术进步、提升效率、整合资源，打造企业的核心竞争力，增强企业的国际竞争力，为国内外客户提供一流的现代综合物流服务。为客户提供安全、迅速、准确、节省、方便的物流服务”的经营宗旨，致力于“将中国外运集团打造成为国内外客户首选的具有国际竞争力的物流服务供应商”。

中国外运集团将坚定地肩负起历史的使命，迎接充满机遇与挑战的明天。展望未来，中国外运集团不仅要成为中国物流业的成功引领者，也必将成为国际一流的物流服务供应商。

万里长江万里天

中国长江航运（集团）总公司

中国长江航运（集团）总公司（简称中国长航），是我国内河最大的骨干航运企业集团。中国长航以江海联运为核心能力，是我国航运企业中唯一能实现远洋、沿海、长江、运河全程物流服务的航运企业，也是国家首批57家试点企业集团和计划单列企业集团之一，现为国务院国有资产监督管理委员会管理的大型企业集团。

中国长航前身可追溯到清朝末年官督商办的长江航运企业，至今已有130多年历史。1950年，成立长江区航运局，始称“长航”。1984年，长江航运实行管理体制改革，成立了交通部长江轮船总公司，1991年更名为中国长江轮船总公司。1993年3月，以该公司为核心组建了中国长江航运集团，1996年核心企业更名为中国长江航运（集团）总公司。

集团总资产由2000年末的140多亿元，增长至2007年年底的450多亿元；营业收入由60多亿元，增长至近300亿元，翻了近两番多；利润总额由亏损4.8亿元，增长至赢利11.4亿元，企业实现了扭亏为盈，逐步摆脱困境，开始步入良性循环。现有全资子公司18

家、控股子公司1家、境外子公司1家，分布在长江沿线江苏、安徽、江西、湖北、湖南、四川与上海、重庆6省2市和深圳、珠海2个经济特区，并在沿江沿海各大港口，在美国、德国、新加坡等国家和香港地区设有子公司、合资公司和驻外机构。

中国长航主要经营水上运输、船舶制造及修理、物流及相关配套服务，其中以水上运输为核心主业。中国长航还经营房地产开发、汽车服务、酒店餐饮、对外经济技术合作及进出口贸易、计算机网络开发等相关多元业务。截至2007年底，中国长航从业人员近5万人。

改革开放带来了国有企业经营管理理念和方式的变革，促进了企业体制机制发生重大变革，也促进了广大职工思想观念和精神面貌发生更为深刻的变化。

一、适应形势，加快结构调整，全面推进企业改革

改革开放以来，长江流域沿江各省工农业生产迅猛发展，物资交流日趋频繁，货物的非计划托运量大幅度上升，特别是小批量的轻纺产品和农副产品的运输量更是急剧增长，给水运事业的发展提出了新的要求。但是，建国后所实行的长江航运集中统一管理体制已不适应经济大发展的需要。无论是长航局还是地方航运企业，都是为了完成各自的运输计划在各区域范围内组织运输生产，干支人为分割，限制了船舶的跨区段航行，货物运输难以实现干支直达、江海直达，被迫实行分段运输，增加了中转换载，延长了运输时间，加大了运输成本。从1980年8月开始，历时4余年，国务院正式批准了《交通部关于长江航运体制改革的方案》，方案规定：打破行政区划，达到干支畅通，江海直达；实行政企分开，港口、航政和航运分管；在国家计划指导下，企业实行多家经营，港口对所有船舶开放，鼓励各种形式的竞争与联合，推行经济责任制。

1984年1月1日，长江轮船总公司正式成立，直属交通部，改革后的业务范围是：经营长江干线客货运输和船舶修造业务，并承担干支直达、江海直达的物资运输及外贸运输业务。可以说，发生于1984年的这一次长江航运体制深度改革，直接决定了20年后，即2003年长航集团明确的“一主三支”工作路线：以水上运输为核心主业，包括长江干线、江海直达、干支直达及沿海、远洋运输，同时经营修造船工业、长江水上旅游业、长江水上燃油供应贸易等支柱产业。但20多年来，这“一主三支”产业的发展却是一路蹒跚坎坷，直到“十五”期才快速向前。

1. 核心主业：水上运输

按货物种类分，中国长航的运输主业包括干散货运输、石油运输、化工品运输、液化气运输、滚装运输、集装箱运输。长江客运曾经是我国交通旅客运输的主力军，500多条大中型客船游弋长江，文革时统称为“东方红”系列，年均客运量均保持在3 000万人次左右，可谓一票难求。但到了20世纪90年代，长航客运迅速跌落。90年代中期，已滑落到每年1 300万人次，90年代末，每年只能维持400万人次，而且只有到了春运期间，才能略见昔日的辉煌。长江客运的繁荣场景是现代中国人难以忘怀的记忆，为挽救长江客运，长航职工不断改善服务质量、强化营销手段、壮大营销队伍，1997年5月，将中国长航原上海公司、芜湖公司和武汉公司剥离出来的47艘大型客轮集中于一体的长航武汉客运有限公司成立，统管宜昌以下的客运经营；并发出了“下大决心，花大力气，再打一场改变长江客运服务质量翻身仗”的动员令。“九五”期以来，随着沿江铁路、高速公路的相继修通，大大分流

了长航客流，中国长航面临巨大挑战，加之企业在经营管理上的不适应，“九五”期长航连续亏损、陷于困境。长江水路客运量每年仍以25%的速度下滑，出现了船越跑越亏的窘境，“九五”期长江客运累计亏损3.7亿元。2001年，中国长航顶住各方面压力，果断退出客运经营。同时大力做好客运6 000多名下岗职工分流安置再就业工作，遏制了客运的巨额亏损。客运实现平稳退出，每年减亏1亿元以上。

干散货运输一直是长航集团赖以生存的生命线。交通运输同国民经济的发展休戚相关，改革开放初期，1979年全国工农业总产值比1976年增长34.95%，长航干散货运输产业曾得到长足发展。自交通部1983年宣布“有河大家走船”以来，长江航运更是打破了只由国有、集体航运企业经营的旧体制，出现了各部门、各行业、各地区一起干，国有、集体、个体一起上的局面。进入90年代中期，长航干散货运输体制依然带有浓厚的计划经济色彩。

长航干散货运输由四家地区性公司分开经营，四家公司面对相同市场、相同货主，内部杀价，发展无主体，船舶效率低下，无法满足货主全程服务的物流需求。随着市场化进程的加快，长航干散货运输受到严峻挑战，企业经营极度困难，亏损严重。再也不能“等靠要”了，自1998年开始，中国长航对干散货运输产业结构进行了三次大的改革调整：

1998年5月，将武汉、芜湖两个轮船公司的干散货运输业务进行整合，组建了长航货运总公司。因为客运体制改革之后，芜湖长江轮船公司已无特色可言，上不及武汉，下不及上海，调整起来难度不大，但是，这一次调整只能算是中国长航干散货结构的局部调整，其真正的意义在于：首次提出了变坐商为行商的经营理念，有了市场意识。进入20世纪，在世界经济一体化和贸易自由化的利好推动下，航运业迎来了快速发展的黄金时期，为了抢抓机遇，2002年3月，中国长航对干散货结构调整进行了深化和完善，在原武汉长江轮船公司所属长航货运总公司的基础上，将原重庆、上海长江轮船公司管理的川江、沿海干散货运输经营业务进行整合，集中到新的长航货运总公司统一经营，实现了中国长航长江、沿海、远洋、运河干散货运输的一体化经营。随着中国长航“东出”战略的实施，长航干散货海运快速发展，江海联运，江海直达，江河海互为补充的格局初步形成。但是，由于战线长，流动分散的水运业务特性，这一次调整没有解决管人与管船、经营与生产分离的矛盾，加大了管理成本，增加了协调难度。2003年3月，中国长航又实施了干散货运输“管用一体化”的调整。经过调整，干散货运输由每年累计亏损一个多亿，变为当年实现赢利一个多亿。2006年7月，中国长航干散货整体重组上市，长航凤凰揭牌，这为企业整合优势资源，借力资本运作，加快发展提供了机遇和平台。

南京长江油运公司自1975年成立以来，一直是长航的效益支柱，1998年以前，南京长江油运公司在南京长江以上原油运输市场上处于垄断地位。1998年，中国石化决定建设江苏仪征至南京栖霞过江原油输送管道、甬沪宁海进江原油管道和江苏仪征至湖南长岭沿江原油管道（俗称“三江管道”），这三条管道，特别是沿江管道的建成，将全面替代公司的长江沿线的原油运输。长航集团决策层迅速地进行了油运战略调整，把经营的重心从长江转移到海上，从国内转向国际。

同时，长航油运近15年来，一直在资本市场谋求新的发展空间。1992年12月18日，南京长江油运公司与中石化销售公司及沿江各石化企业及其他战略投资者联合发起成立南京水运，总股本为“22446.5万股”。1993年9月18日公司完成工商注册登记，中国长江航运集团南京油运股份有限公司成立。1997年6月12日，南京水运成功登陆中国A股市场（即南京水运，现更名为“长航油运”），在上海证券交易所挂牌上市，成为中国长航旗下第一家上市公司。长航油运自1997年上市以来，先后实施了4次直接融资和4次资产重组，通过证券市场融资和自有资金逐步加大海上石油运输投入力度，使公司运力规模不断扩大。长航油运的规模扩张历经稳步推进和超常发展两个阶段：

2000年以来，在继续保持长江原油运输市场稳定的同时，长航油运先后与中船重工渤海船厂、大连船厂签订建造多艘4万吨级、7万吨级原油/成品油轮合同。并于2002年6月陆续出厂，为公司实现业务转型和战略转移奠定了坚实基础。在稳步推进实施“由江至海”战略的同时，公司以与中石化签订的长期运输协议为依托，抓住中国石油消费增长和“国油国运”重大历史性机遇，从2005年开始，长航油运加快走向海洋的战略转型步伐。2005年~2007年，长航油运共签订了16艘VLCC、近30艘MR型油轮和多艘特种运输品等船舶的建造合同，使中国长航在建的油轮运力规模达到600万载重吨以上。

2. 支柱产业之一：修造船工业

改革开放初期，长江干线水运工业很小：金陵船厂、江东船厂、青山船厂、宜昌船厂能力最大的也仅仅能够修理、建造5 000吨级以下的船舶，各厂工业总产值之和也只有几千万元。直到确立市场经济的改革目标，又经历了转型的阵痛，“十五”期以后才步入了发展的快车道。

1978年，当时的长航局提出“江船江造”的目标，各大船厂逐步转为以造为主。江汉57号、江汉19号等客轮试制成功后批量生产，1 000~5 000吨无人分节驳大批量建造，推轮、旅游船等成为当时工业建造的主要船舶。1981年，青山船厂为新加坡建造的“银星”、“银光”轮，经国家船舶检验社和英国劳氏船级社检验合格，“银星”轮被载入《劳氏年鉴》，成为中国第一艘由劳氏船级社认可的船舶，开拓了船舶出口业务新领域。

至“七五”计划期，中国长航（时称“中国长江轮船总公司”）系统新增运力中71%的客货轮，62%的拖轮和驳船均为中国长航船厂所建造。但是，随着经济改革的深入发展，随着国家计划任务的逐步减少，迫使厂家“丢掉拐棍”向生产经营型发展。

20世纪80年代末期，金陵船厂凭借以往和外商洽谈造船业务的经验，勇敢地走出了长江，发展外向型生产，批量承接了17艘港驳业务。江东船厂和宜昌船厂为外商建造的船舶也受到船东的好评。1990年，尽管我国国民经济处于调整时期，但世界行运市场出现回升势头，这为我国造船业发展提供了良好的发展机遇。青山船厂首次建造的5 000吨级江海直达货轮“长展”号，标志着长江水运工业发展到了“海船江造”的新阶段，它的成功建造为长航工业建造大型江海直达货轮积累了经验。

与许多国内船厂一样，在“九五”期中国长航集团船舶工业整体出现严重亏损，全线工业仅有金陵船厂“一花独放”，保持赢利。中国长航号召旗下各厂与金陵船厂“照着学、比着做”，至2006年，中国长航船舶重工总公司所属的金陵船厂、江东船厂、青山船厂、宜昌船厂、长航电机厂、红光港机厂以及外经公司全部实现了赢利，实现了历史性的突破。

21世纪之初的时候，中国长航的工业呈现在人们面前的还是一幅破败不堪的画面：设备老旧、订单不足、资金短缺、亏损严重。在2003年以前，当时的船舶工业公司还是长航集团亏损大户，年总产值仅15亿元，账面亏损近亿元，部分工厂资不抵债、濒临破产。近几年来，中国长航迅速抓住国际造船市场回暖的机遇，对各厂进行内涵挖潜式的扩能技术改造。很快扭转了工业的颓势，一跃成为集团的赢利大户。

中国长航船舶重工的高速发展，一方面得益于好的外部市场环境，另一方面得益于及时整合了内部资源。2001 年，中国长航为了加强对工业的管理，成立了船舶工业部，负责协调各厂的管理和市场营销，提出了“四统一”管理目标，后来又发展为“五统一”管理，即：统一经营、统一资金、统一采购、统一协调、统一技术。2003 年外经公司的重组，2006 年长航重工的组建为“五统一”管理提供了体制性的保障，“五统一”逐步到位并不断强化，促进了集团工业的快速发展。

3. 支柱产业之二：长江水上旅游业

普通客运虽已退出，但长江旅游业务却日渐兴盛。长江对外开放以前，只有少量的华侨和港澳同胞乘船游览长江，且大都为我国政府邀请的代表团体，自费旅游者甚少。

旅游业是长江水域对外开放后迅速崛起的新型行业。1978 年 6 月，经国家三部一局报请中央批准，正式对外开放重庆至上海的长江水域。这年到长江来游览观光的外宾、华侨、港澳台同胞达 184 批、2 883 人次。根据实际需要，经国家旅游局和交通部 1978 年 10 月 18 日下文批准，于 1979 年 3 月 14 日，在长航成立了“中国国际旅行社长江分社”也即中国长航长江海外旅游总公司（简称“长江海外”）的前身，正式承担国旅、中旅、青旅三总社及其他分社组团游览长江的接待工作，这标志着旅游作为一个产业正式登上了长江的历史舞台。

随后，为适应长江游客接待要求，经报交通部批准，将原用于任务接待的昆仑号轮改造成为旅游船，在国旅总社的帮助下，包租给瑞典林德布雷德旅行社，合作经营长江旅游。然而，面对蓬勃发展的长江旅游，一艘游轮远远满足不了游客接待要求，中国长航随即采取紧急措施，将计划内立项建造的两艘客班轮报交通报批准，改建成旅游船，取名为“神女”号和“三峡”号，分别包租给美国的太平洋旅行社和澳大利亚的特拉乌曼旅行社。这两艘游船投入营运，仍未完全解决长江旅游发展之初游船客位供不应求的问题，在随后的几年中，中国长航又先后投资建造了峨嵋号、巴山号、长江之星号、隆中号、西陵号、长城号、长江公主号、长江明珠号等近 10 艘游船。1989 年，长江旅游出现下滑，为重新恢复长江旅游强劲的发展势头，中国长航对集团内旅游产业进行了重新整合，将长江分社、重庆支社、武汉支社等机构组合到一起，成立了长江轮船海外旅游总公司，统一经营长航旅游产业。1990 年 ~ 1993 年，长江海外累计接待海内外游客 21 万余人次，总收入 3.36 亿元，创汇 6 000万美元，实现利润 1.1 亿元。

长江游客流量的逐年递增，特别是三峡大坝工程的上马修建，再一次刺激了长江旅游的发展，地方上一些旅游企业，也从中看到巨大的商机，或独资、或合资，纷纷造船跻身于长江旅游，长江海外独家经营长江旅游的局面被打破，到 1997 年年底，长江上经营旅游船的公司达 28 家，游船增加到 60 多艘，总接待能力达 50 多万人次，形成多家竞争的局面。

三峡大坝一、二期工程建成后，大坝以上江段变成为一代伟人毛泽东所描绘的“高峡平湖”景区，许多原来藏在深山人未知的新景观纷纷展现在游人面前，长江旅游由观光旅游逐步向休闲度假旅游转变，游客市场由中低端占多数逐步向高中低成均衡比例转变，为适应这种变化，长江海外自 2005 年以来，先后对所属长江之星轮、维多利亚 1、2、3 号轮、蓝鲸轮、神州轮、长江天使轮等游轮进行了升档改造，使游轮硬件设施均达到五星级游轮要求，形成了长江国际旅游三至五星级游轮20余艘、国内旅游游船20余艘，共计50余艘游船，成为长江上最大的旅游船队。2002年旅游游船接待量共计31万多人次，其中，国际旅游超过20万人次，旅游收入近3亿元，树立了长江旅游品牌。

4. 支柱产业之三：长江水上燃油贸易

在长江航运事业欣欣向荣的背后，有着一支默默奉献的燃油供应团队，这就是站点遍布长江沿线直至沿海地区、利税连年上台阶的中石化长江燃料有限公司（简称中长燃公司）。改革开放以来，特别是公司联营重组后的7年来，中长燃公司发生了脱胎换骨的巨变。

2001年以前，正值我国专项油资源逐渐紧缩，国内成品油市场整顿步伐加快，我国加入世贸组织，批发和零售市场即将开放。作为中国长航内部专项油供应企业的长江燃料供应总站，在新的发展时期企业面临着“资源、资格、资金”三大难题。为此，中国长航领导层果断决策：利用所属的长江燃料供应总站拥有储量达10万立方米的4座油库和具备成品油运输能力的船舶设备等资产优势及从事水上成品油供应的成熟经验，与中国石化的资源优势进行合作。

2001年11月12日，中国长航与中国石化联合对等持股，共同投资1.9亿元进行资产重组，实行优势互补，组建了中国内河最大的水上石油企业——中石化长江燃料有限公司。

7年来，在长江2 400多公里的航线上，中长燃公司平均每30公里就建有一座水上加油站，通过加油站的和谐布局，形成了横贯长江，通江达海的经营格局。2006年8月，中长燃公司获得“国际航行船舶保税油供应”资质。目前，中长燃保税油客户已经遍布亚洲、欧洲、大洋洲及美洲等地，累计销售量已超过10万吨。

二、突出重点，做大做强主业，不断提高集团综合实力

中国长航航运主业以长江为基础，以江海直达、江海联运为特色，辐射沿海、远洋运输，形成了跨地区、跨国经营的外向型发展格局。几十年来，中国长航主要承担着沿江、沿海的大型钢铁、石化、电力、建材、汽车企业的原材料、产品运输。主要客户有宝山钢铁集团、江苏沙钢集团、南京钢铁集团、安徽马鞍山钢铁集团、武汉钢铁集团、重庆钢铁集团等十几个大型钢铁企业，上海电厂、华能集团、谏壁电厂、岳阳电厂等电力企业，中石化沿江所属各石化企业，安徽海螺集团、江西亚东水泥有限公司、湖北华新水泥股份有限公司等建材企业，中国一汽、天津丰田、广州丰田、武汉神龙、广州本田、海南马自达、上海大众、重庆长安等沿江沿海汽车企业。同时在军事交通战备保障、抗洪抢险以及国家重要接待任务中，发挥了国有企业“主力军”作用，被誉为“长江航运国家队”、“国宾船队”。先后多次荣获国家有关部委、中央军委总后军交部以及沿江地方政府颁发的抢险救灾先进单位、军事运输先进单位和春运先进单位等荣誉称号。

作为一个跨地区、多层次、运输为主、多元经营的企业集团，中国长航是长江干线和全国内河航运企业的龙头企业，长江货运量和运力分别约占长江水系总量的20%、8%左右。目前中国长航承运长江航运货运总量中约31%的金属矿石、40%左右的石油及制品、21%的煤炭以及40%左右的商品车滚装运量。此外，在远洋油运、干散货江海直达运输、沿海商品车滚装运输等业务中，中国长航的市场保有量不断提高，行业影响力越来越大。

由于中国长航经济效益连创新高，企业规模不断扩大，赢利能力显著增强，向海转型步伐加快，核心主业更加突出，经营机制得以优化，管理水平全面提升，企业基本步入良性循环，2007 年，中国长航被国务院国资委授予“绩效进步特别奖”。

从新中国成立到 1977 年的 28 年里，长航运输主业年货运量一直徘徊在 3 000 万吨，1978 年，也就是改革开放的第一年，长航货运量终于突破 4 000 万吨大关，达到 4 273 万吨。

从 1978 年至今，经过 30 年发展，长航运输主业取得了长足进步，实现了与长江航运的互动式发展。长江航运的主力军——中国长航分别在 1983 年、1988 年、1993 年、1999 年，货运量依次闯过 5 000 万吨、6 000 万吨、7 000 万吨和 8 000 万吨关口，基本上是每 5 年上一个台阶。

从 2000 年开始，中国长航运输业务进入加速发展阶段。2001 年，中国长航货运量突破 9 000 万吨。在长江原油水量大幅萎缩的不利情况下，2004 年、2005 年货运量依然先后突破 1. 1 亿吨和 1. 2 亿吨，每千万吨增量所需时间大大缩短。

2007 年，中国长航完成货运量 12 766 万吨、货物周转量 1 833 亿吨公里，分别是 1978 年的 2. 98 倍和 8. 1 倍。其中，金属矿石完成运量 5 196 万吨，完成石油运量 2 985 万吨，煤炭运量完成 1 968 万吨，分别是 1978 年的 10. 5 倍、2. 9 倍和 1. 67 倍。另外，长航集装箱和商品车滚装运输从无到有，也取得较快发展，2007 年完成箱运量 51. 74 万标准箱，完成商品车运量 24. 76 万辆。

2008 年，预计中国长航货运量突破 1. 3 亿吨，货物周转量突破 2 000 亿吨公里，运输主业将再次跃升至一个新的发展起点。

在运输总量提高的同时，中国长航运输主业结构也发生了巨大变化。改革开放初期到 20 世纪 80 年代，中国长航经营领域一直局限于长江，海运几乎一片空白，从 20 世纪 90 年代开始，中国长航正式实施“东出西进”运输战略，油运、干散货、件杂货、集装箱和商品车滚装运输，相继开始向海运发展，并取得显著成效。到 2003 年，集团海运周转量首次超过江运周转量，2004 年海运收入首次超过江运收入，2006 年海运运量首次超过江运运量，至此，中国长航海运业务已全面占到整个运输业务的 1/2 以上。

2007 年，中国长航实现海上运输收入 53. 28 亿元，完成海上货物运输量 7 775 万吨，完成海上运输周转量 1 426 亿吨公里，分别占到集团运输业务总体的 75%、78% 和 61%，比重呈进一步上升趋势。

水上运输业务中，长航油运成绩尤为出色。15 年来，长航油运通过 4 次融资和 4 次资产重组，融资总额达 43 亿元，总资产增长了 43. 3 倍；主营业务收入增长了 68. 53 倍；船舶货运量和货物周转量分别增长了 22. 76 倍和 122 倍；利润总额增长了 40. 64 倍；累计向股东分配股利 8. 465 亿元；实现国有资本大幅增值。2007 年，公司通过实施资产重组和定向增发，成功实现由长江油运向海上油运的战略转型，总运力目前已达到 200 万载重吨，年运量 3 000 万吨，航线遍布全球。未来两三年内，长航油运将通过落实在建船舶建造计划、购买和长期期租船舶，使总运力达到 700 万吨，成为保障国家石油运输战略安全的主力军、远东清洁油运输市场的最大船东、国内特种化学品运输行业的领先者，跻身于国际油运先进企业行列。

按照发展规划，到 2011 年，长航油运将发展 16 艘 30 万吨级 VLCC 船队，抢占长期被国外航运公司承运的中国进口原油运输市场，保障中国能源安全，力争在中国进口原油海运中占据15%～20%的市场份额；MR船舶将形成33艘左右的船队规模，确立公司在远东清洁油运输市场的优势地位，抢占国际清洁油运输市场；海上特种船运力（化学品船、液化气船、沥青船），继续保持在国内特种运输领域的市场领先地位。

中国长航似乎与油有着特别的缘分，南京公司运油，运营船舶要用油，中石化长燃卖油，正逐步形成一个大的良性循环圈。与中石化联营后，中长燃公司取得了八个突破性增长：公司资产规模由联营初期的3.8亿元增长到2007年末的9.6亿元；销售总量由联营前一年的50多万吨，而2008年有望达到180万吨；年销售收入联营前17亿元，2008年1～7月就实现销售收入53亿元；劳动生产率由联营前人均200多吨增长到2007年底人均近600吨；加油站数量由联营前38座增长到2007年的86座，且先后有7座加油站被评为中石化五星级加油站；长江水上市场占有率由联营前的不足30%增长到以长江水上18%的加油站数量占有该区域51%的市场份额；经营网点由联营前的沿长江六省二市，增长到如今的覆盖长江干流，辐射支流及沿海的八省二市；实现利税由联营前的每年不足2 000万元增长到年均过亿元。

作为中国长航赢利大户的修造船工业，领头羊金陵船厂于2001年收购重组了仪征真江船厂，成立了江苏金陵船舶有限公司。江苏金陵按照现代化总装造船厂的要求进行规划布局，是中国长航在陆地上最大的投资项目。经过两年多的紧张施工，10万吨级船坞已投入使用。国内最大的分段建造车间正式投产，20万吨级船坞即将在2008年投产，集团工业的单船建造能力将实现从5万吨到20万吨的历史性跨越。

青山船厂的运河蓄水坝于2005年年底正式开工，2007年全部完工。该工程的投入使用，彻底扭转了一年有一半时间船舶不能下水的被动局面，实现船舶常年下水，破除了生产瓶颈。同时下水滑道在原有18股的基础上，增加6股，该下水设施已能充分满足该厂批量承接的华中地区最大吨位船舶——57 000吨散货船的下水条件。下水滑道的后期工程完工后，将可满足10万吨级散货船的下水条件。

青山船厂长江舾装码头现在也已动工兴建。该工程也成为落实省市政府关于发展湖北制造业、打造百亿产值企业和中国长航关于青山船厂“2111”发展目标的标志性工程。

宜昌船厂以前三年建造一艘船，现在可达到“一年造七艘万吨轮”。红光港机厂为抢占国内起重运输机械市场份额，正在实施建设3条大型港机生产线的项目。该厂通过30年的不断创新，已由改革初期只能生产单一的轮胎起重机产品、产值不足千万元的小厂发展到目前企业主导产品已形成港口轮胎式、门座式、轨道龙门式、浮式起重机以及散货装卸机械等五大系列国内港口市场的知名品牌。

2006年年底，长航电机厂顺利实现从关山老厂到藏龙岛新厂的搬迁，经过30年的发展壮大，长航电机厂由一个学校实习工厂逐步发展成为一个现代化的行业知名企业。2006年，在国家统计局考核评比中位列全国第13名，成为一个拥有数控加工、信息化建设的新型现代化生产基地。成为湖北省唯一生产冶金起重电机的专业厂家。

目前，金陵船厂建造的A380空中客车专用滚装船、特种运输船，青山船厂建造的18 500吨双相不锈钢化学品船、3 750吨电力推进成品油轮，已成为长航重工的品牌产品。出口船舶已成为长航重工所属4个船厂的最主要产品，占到了造船业务的90%以上。

如今，长航重工大多数船厂的订单，都已经排到了2011年以后，金陵船厂、青山船厂连续两年跻身世界造船企业手持船舶订单50强排行榜。2008年上半年，长航重工共完成工业总产值55亿多元，为年奋斗目标的50.05%，完工交船20艘，利润4亿元以上。2008年长航重工预计完成工业总产值110亿元以上，造船开工61艘，下水55艘，交船52艘，95.05万载重吨。

三、积极探索，求真务实创新，构建和谐中国长航

作为历史久、摊子大、包袱重的国有企业，中国长航何以能够逐步摆脱困境，步入发展的快车道？其基本经验与启示主要是：

——正确的战略思想，是指导企业发展的方向和灵魂。1993年，当时的中国长航对“效益”的概念开始有了超乎以往的重视：当年5月底，长航召开党委扩大会议，会议针对企业燃料涨价、港口拖欠、利率上调、资金紧张等困难，作出加强管理，降低成本，齐心协力共渡难关的工作部署，号召全线各单位开始“第二次创业”活动。同年9月，在总公司召开的“九五”计划及2010年规划会议上，首次明确了“计划项目要突出效益”的观念。如果说“十五”期以前，中国长航依然没有完全脱离计划经济时的经营模式和观念的话，那么“十五”期以后，集团确定的“十五”期先调整再发展、边调整边发展的战略思路，以及“十一五”快速、跨越发展目标，是在实践中不断总结和完善的战略方向，并逐步提炼和形成企业经营发展的规律性经验，包括“航运及其相关产业”的产业构架理念、“三有一可”（“有市场、有效益、有条件、可持续发展”的发展理念）“五个一批”、“借力发展”等发展理念及差异化经营理念。这些战略思想和经营理念，已成为中国长航“十一五”改革发展和经营管理的指导思想。

——有效的改革调整，是企业寻求发展的重要前提。“十五”初期，集团针对内部存在的资源分散、结构不合理、重复竞争等状况，对主要产业进行了五类以“专业化”为重点的调整，一是客运退出性调整，二是散货集中性调整，三是油运转移性调整，四是工业专业化调整，五是燃油贸易机制性调整。这些改革调整的有效实施，进一步优化内部资源配置，理顺经营管理机制，挖掘内部潜力，提高了市场竞争力，为“十五”中后期航运市场机遇的到来，创造了平台和有利条件。

——做强做大主业，是企业提高核心竞争力的重要保障。企业只有明确发展重点和“主攻”方向，集中优势兵力，重点突破，才能增强核心竞争力；如果“贪大求全”、各条战线同步发展，就会使企业有限的资源分散、浪费，难以发挥最佳效益。集团过去产业过多、层次过多、资源分散，主业发展缓慢。通过深入分析研究，逐步探索明确了中长远发展战略和产业定位，产业选择由“九五”期六大主业齐头并进，收缩为以航运相关产业为主业，并在投资决策、资源配置、运力发展、经营管理等方面，向核心主业倾斜。“十五”期以来，集团累计投资182.4亿元，其中核心主业投资比重，由“九五”期的不足60%，上升至85%以上，形成了以江海洋联运为特色的核心竞争力。

——对外借力发展，是企业实现跨越发展的有效手段。开放式的市场经济，需要企业善于乘风借浪，善于利用和调动社会各种有效资源。集团借国家政策之力，争取债转股、主辅分离辅业改制、国轮国造、出口退税、合并纳税、财政贴息等一系列政策；借沿江省市政府

之力，打造工业造船出口创汇基地；2005年，借资本市场之力，中国长航实施与中国工商银行近50亿元的债务重组，债务重组的成功实施从根本上减轻了企业历史包袱。2007年年底，中国长航又与工商银行签订提前回购债转股股权的相关协议，计划分三期全额回购工行在债转股公司的18.9亿元股权。近2年来，中国长航重点推进了干散货和油运的整体上市，成功发行了10亿元10年期“04长航债”、8亿元短期融资券及南京水运3.2亿元可转换债券；探索了航运经营与资本经营的有机结合，高卖低买适航适价船舶运力；强化银企合作，与国内外多家银行签订综合授信额度超过500亿元，为主业发展提供了资金保障。借三峡成库、上海大小洋山建设等重点项目之力，加快推进主业发展；借国际知名企业之力，加快与台湾远东、荷兰达门、德国曼恩等合资合作，目前集团涉外经济占主营收入的比重已由“九五”期末的不到20%，上升至近50%，其中出口造船产值占总产值的90%以上。如果没有这些借力，集团可能还是在原地踏步或缓慢向前。正是有了这些借力，集团主要指标才能实现四年翻一番，才能创造多项历史纪录。

——防范风险，是企业确保稳健发展的关键。几年来，中国长航始终把防范风险、稳健发展放在重要位置，通过对投资决策程序、制度的掌控，防止投资决策风险；通过对客户、市场的监控，防止市场风险；通过对生产经营过程的调控，防止经营风险；通过探索财务资金的集控，防止资金安全风险；通过对套期保值、锁定汇率等金融工具的掌握和运用，防止汇率利率风险。以长航修造船业为例，按常规，造船合同的计价全部使用美元，而造船合同价款的约50%，要用于进口设备，主要是到欧元区购买，这就存在汇率风险。为规避金融风险，长航外经在国内首先提出“一半欧元一半美元”组合船价的办法。这样在购买国外设备时，就可以用收取的欧元支付欧元，这种结算方式大大规避了汇率的风险。几年来，中国长航没有因重大投资决策失误，造成重大经济损失和影响企业生产经营。

——深化企业文化建设，是企业持久发展的根本。为了外树形象、内聚人心、增强实力，使百年长航焕发出蓬勃生机，2004年10月，中国长航特制定了《中国长航企业文化建设纲要》。中国长航的企业文化分为内层文化（十大理念），中层文化（规章制度和行为规范），表层文化（形象识别系统），至今为止，长航各下属单位的办公场所及运输船舶均已陆续统一了形象标识。中长燃公司、长航凤凰、南京油运、长航滚装等公司的品牌文化、安全文化、人力资源文化工作各具特色。以中长燃公司为例，2006年10月30日，该公司正式启用由表现江海水域，输油管道，能源动力等形象元素组合成的服务专用标识，并正式向国家主管部门申请注册保护。提炼出以诚信（Honesty）、责任（Obligation）、爱心（Moral）、环境（Environment）为主要内容的家园（HOME）品牌文化，并以诚信油文化、责任船文化、爱心水文化、环保江文化为载体，形成了既与中国石化、中国长航母体文化一脉相承，又具有中长燃公司鲜明特色的品牌内涵。

——创新技术，是企业科学快速发展的原动力。30年来，中国长航以降低生产成本和提高企业竞争力为目标，通过走产、学、研相结合的道路，大力开展自主创新和科技成果的推广应用，有力地促进了企业的发展。中国长航先后研发和引进消化具有当代先进水平的系列船型十余种，以“分节驳顶推船队运输成套技术试验研究”为代表的50多项科技成果分别获得了国家科技部、交通部等国家和省部级科技进步奖。我国“十一五”规划提出了节能降耗和污染减排目标，并作为约束性指标，为建立资源节约型国民经济体系和资源节约型社会，近几年，中国长航提出了“建设节约型企业，营造绿色长航”的奋斗目标，着力开展了技术节能、管理节能和运营节能的创新工作，使集团能源利用效率达到了新的水平，仅“十五”以来运输船舶综合燃油单耗降低了30%，年使用重质燃料油比例由期初的32%提高到当前的72%，两项合计折算节约燃料费用近14亿元。集团自主研发的“适应库区变化，建立川江流域航运新模式”等三项节能新技术2008年被评为“交通行业首批节能示范项目”并在全行业推广，为促进水运行业节能减排发挥了示范和引领作用，为企业的降本增效和可持续发展做出了重要贡献。

——确保稳定，是企业改革发展的重要基础。“十五”期以来，中国长航的一系列重大改革调整能够顺利推进，得益于集团始终把稳定放在首位，实施方案上总体谋划，分步操作，坚持“转大弯”，避免转“急弯”、“陡弯”。改革措施上做到方案细化、配套措施到位、规范操作、公开透明。矛盾处理上坚持以人为本、广泛沟通、事前疏导、及时解决。近几年减员分流2万多人，没有因重大稳定问题而使改革调整工作中断、延误或半途而废，保证了生产经营不断不乱。

“十一五”期，中国长航深入贯彻党的十六大、十七大精神，以邓小平理论、“三个代表”重要思想和“科学发展观”为指导，结合企业实际及外部形势的变化，提出一大愿景目标、三大转型目标和“158”奋斗目标的发展框架思路。一大愿景目标：到“十一五”期末，集团运输主业实现“世界内河第一，江海物流领先”的目标，成为主业核心竞争力突出、自主研发优势明显、品牌形象优良的国际知名企业。三大转型目标：即由内河航运企业向以江海联运为核心优势的外向型航运企业转变；由单一水上运输企业向综合物流企业转变；由传统国有独资企业向产权主体多元化的现代新型企业转变。“158”奋斗目标：即运力规模达到1 000万吨，营业收入接近500亿元，资产规模达到800亿元，实现又好又快的发展。

港口企业

引　　言

自1978年党的十一届三中全会以来，我国经济社会发生了深刻的变革，我国港口事业也实现了跨越式发展，一举扭转了在计划经济体制下码头能力长期严重不足的状态，曾经长期困扰国民经济发展的“压船、压港、压货”的瓶颈问题得到了根本性解决。改革开放30年来，我国港口行业的面貌发生了翻天覆地的变化：

一、港口生产日益繁荣，吞吐量连年创新高

30年来，伴随着国民经济与对外贸易的振兴与持续高速增长，港口生产也逐年提升。尤其是进入21世纪以来，全国港口货物吞吐量更以年均16.5%的速度快速增长，2007年迈上了64.1亿吨的新台阶，是30年前的20倍以上。我国港口货物吞吐量、集装箱吞吐量已经连续五年保持世界首位，港口行业在保障国民经济和促进对外贸易快速发展方面发挥了重要作用。

截止到2007年，我国沿海共有14个亿吨大港，其中上海港货物吞吐量为5.6亿吨，连续3年位居世界首位。内河主要港口运行良好，苏州、南通、南京3个港口的货物吞吐量突破了亿吨，另有13个内河港口的货物吞吐量超过了千万吨。

港口集装箱产业的发展更是突飞猛进。改革开放30年间，我国的集装箱运输产业经历了从无到有，从落后到繁荣的发展历程。据统计，20世纪80年代初，全国港口集装箱吞吐量只有10万标准箱，1989年突破1百万标准箱，1997年突破1千万标准箱，而2007年全国港口集装箱吞吐量突破了1亿标准箱，达到1.127亿标准箱。

我国主要集装箱港口的国际地位显著提高。据统计，在1982年的世界港口集装箱吞吐量前100位排名中，中国内地无一港口入围；而在2007年的世界集装箱港口排名中，上海、深圳、青岛港入围前10位，宁波—舟山、广州、天津、厦门和大连港分别入围前30位，连云港、苏州、营口、中山、烟台、福州、南京、泉州等港口入围前100位，并且这一纪录不断在刷新。上海港集装箱吞吐量已跃居世界第二位。

二、港口建设步伐不断加快，港口供需矛盾得到极大缓解

改革开放以来，尤其是进入21世纪以来，我国港口建设进入了高速发展期。据统计，“十五”期间全国沿海港口建设共完成投资1 407亿元，是“九五”期间的2.7倍。全国内河水运建设共完成投资327亿元，是“九五”期间的1.3倍。

“十一五”以来，港口建设投资依旧旺盛。煤油矿箱等大型深水专业化码头和港口深水航道建设加快推进，港口产能结构日益改善。到2007年底，全国港口共拥有生产性泊位35 947个，其中万吨级深水泊位1 337个；内河通航里程12.3万公里，其中50%为等级航道。

三、港口管理体制改革成效显著

我国的港口管理体制先后经历了两次较大幅度的改革。第一次是在上世纪八十年代，改革的要点是，除沿海的秦皇岛港为交通部直属港口外，其他均改为“交通部与地方政府双重领导，以地方管理为主”的港口管理体制；长江港航管理体制从原来的港航合一转变为港航分管。

我国现行的港口管理体制是2003年建立的，是新中国成立以来第二次改革幅度较大的港口管理体制改革。其主要内容是改变了港口“双重领导”的管理体制，实行属地化管理，港口的行政管理职能交地方政府，同时实行政企分开，港口企业成为自主经营、自负盈亏的法人实体。在此次改革中，中央直属和双重领导的38个港口全部下放到地方，从而极大地调动了地方政府“以港兴市”的积极性，全国掀起了新一轮港口建设和发展热潮。

四、港口企业勇于涉足资本市场，资本运营模式不断创新

20世纪90年代以来，我国港口企业充分利用资本市场的融资功能，借助资本市场将企业做大做强。截至目前，全国已有13家港口企业在国内A股市场上市，厦门、大连和天津港口集团另在香港上市，在资本市场上形成了为中外投资者关注的港口板块。

随着港口管理体制改革的不断深入，港口建设投资呈多元化发展。许多港口企业通过资本运作，实现横向或纵向的联盟、合作，进一步整合资源，增强市场竞争力。例如上海国际港务（集团）股份有限公司的长江战略取得了显著成果，通过并购与投资入股等方式与长江沿线的重庆、九江、武汉、南京等地港口企业进行联合，港口企业资本运营模式不断创新。

五、区域港口间合作加强

近年来，各区域港口间整合意愿日趋强烈。2006年，宁波港与舟山港合并成立宁波—舟山港，烟台港与龙口、蓬莱港口合为一体；2007年2月，广西北部湾国际港务集团有限公司在南宁成立，标志着广西沿海三大港口防城港、钦州和北海港口的发展走向一体化；同年，青岛与日照、威海港分别完成了港口集装箱业务的整合；而厦门港则与漳州港进行了整合，为福建省整合大港口群迈出坚实的一步。由互相竞争到合作共赢，区域港口整合已经成为国内港口发展的一大趋势，标志着区域内以及区域之间港口竞争合作进入到一个崭新的阶段。

六、港口科技创新取得重大进展

改革开放30年来，港口行业始终坚持以科技创新为动力，促进港口建设的持续发展，港口科技创新取得了丰硕成果。进入21世纪，我国已完成水运工程技术开发和科研项目共1 200余项，数百项技术成果达到或处于国际先进水平。

围绕煤炭、原油、集装箱、矿石等为代表的大型现代专业化码头的建设，在地基处理、水工结构、水工施工及疏浚技术、装卸工艺等方面均取得了重大技术创新。基本掌握了大型、高效港口机械装备核心技术，以振华港机为代表的港口机械装备工业已进入拥有自主知识产权和掌握世界领先核心技术的新阶段。

七、沿海、内河港口布局规划先后出台，保税港区战略布局初步完成

为贯彻落实科学发展观，充分发挥水路运输占地少、运能大、能耗低、污染小的优势，完善综合运输体系，《全国沿海港口布局规划》与《全国内河航道与港口布局规划》已获国务院审批实施。该两部规划共同构成了我国港口较为完整的长远发展规划体系，有利于促进沿海及内河水运跨越式发展。

保税港区是具有口岸、物流、加工等功能的海关特殊监管区域，已成为带动区域发展的新"引擎"。自2005年以来，国务院先后批准设立了上海洋山保税港区、天津东疆保税港区、大连大窑湾保税港区、海南洋浦保税港区、宁波梅山保税港区、厦门海沧保税港区以及钦州保税港区。至此，国内保税港区布局初步完成。

大吞大吐大连港

大连港集团有限公司

一、企业介绍

大连港集团有限公司是在承继具有百年历史的原大连港务局港口业务的基础上，于2003年实施公司化改制设立的港口物流企业，是大连市港口企业的主体和核心，中国规模

最大的港口综合物流经营人之一。注册资金40亿元，现有总资产236亿元，在全国沿海港口位居第三。集团核心港区陆域面积约18平方公里，主要分布在大港、黑嘴子、甘井子、大连湾、鲇鱼湾、大窑湾等港区。现有集装箱、原油、成品油、粮食、煤炭、散矿、化工产品、客货滚装等84个现代化专业泊位，其中万吨级以上泊位54个。拥有各类装卸设备1 351台（套），港作船舶40艘，机车15台。现有在册员工11 754人，在岗员工9 620人。2007年，大连港集团完成吞吐量1.65亿吨，比上年增长20.1%，完成集装箱吞吐量321万标准箱比上年增长21.2%。

大连港是中国北方集装箱枢纽港之一，集装箱业务全部集中在大连港集团。拥有包括可靠泊10 000标准箱以上集装箱船的集装箱泊位11个，开辟了至世界主要港口的70多条国际集装箱班轮航线和国内沿海港口的10多条内贸集装箱班轮航线，东北地区集装箱总量约70%、外贸集装箱90%以上通过大连港转运，是全国第二大集装箱中转基地，全国铁路集装箱转运量最大、增速最快的港口。

油品和液体化工品是大连港集团的支柱性货种，吞吐量一直保持稳定增长。大连港集团拥有国内最大最先进的30万吨级原油码头，以及近20个不同等级的油品、液化气、液体化工品泊位，正在规划建设的新的大型原油码头，水深将超过26米，可以停靠50万吨级超大型油轮。港区原油储罐总容积达到710万立方米，成品油储罐37万立方米，液体化工品储罐12万立方米，是国内储罐储量最大的港口。年通过能力为5 400万吨。

大连港集团新建成的30万吨级和15万吨级两个散矿专用泊位，是国内水深条件最好、装备水平最高、效率最快的矿石专用码头之一。堆场堆存能力600万吨，卸船效率每小时7 500吨，装车效率每小时4 500吨，年通过能力为3 300万吨，具备保税中转和分拨功能。

大连是国家确定的4个海运整车进口口岸之一。大连港集团、日本邮船株式会社和中远太平洋有限公司按40%、30%、30%持股比例共同投资兴建了现代化的专业化汽车滚装码头，拥有一个5万吨级、2个1万吨级汽车滚装泊位，年设计通过能力78万辆，是目前国内最大的专业化汽车滚装码头之一。2006年，成功开通了中国汽车南北物流通道和经欧亚大陆桥的国际汽车中转业务，具有广阔的发展前景。

2006年8月31日，国务院正式批准大连设立大窑湾保税港区。保税港区具备港口、物流、加工、展示4大功能，规划面积6.88平方公里，启动建设面积2.8平方公里，已于2007年正式封关运作，经营运作主要由大连港集团负责。

二、改革历程

1. 体制改革

改革开放以来，大连港不断深化体制改革。1980年1月，交通部扩大企业自主权试点工作在大连港施行。1981年7月，大连港向国务院上报港口管理体制改革方案，获国务院批复后，1982年1月，大连港实行政企分开，原大连港务管理局分设为大连港口管理局、大连港装卸联合公司。1984年4月，大连港全面实行经理负责制，建立联合分权式的经营管理结构，扩大基层单位经营自主权，使基层单位开始向责权利相结合的相对独立的专业公司方向发展。1986年1月，港口局与装卸公司重组为大连港务局，实行中央和地方双重领导，以地方管理为主的管理体制。并实行以收抵支、财务包干的财政管理体制和以内部利改税为主的多种形式的经济责任制。1996年8月开始，大连港务局按照“四化六体系”（四化：生产组织专业化、港口功能多元化、生产经营规模化、管理现代化。六体系：通过调整经营结构、合理配置资源，在全局形成机械设备、劳动用工、工程建设、物资供应、多种经营、生活服务六个打破局内横向界限，纵贯全局的经营管理体系）的改革总体思路，全面推进内部改革。

2003年4月，大连港管理体制再次发生“政企分开、下放地方、组建企业集团”的重大变化，分别组建了大连市港口管理局和大连港集团有限公司。大连港集团以加快建立现代企业制度为目标，以“港口经营国际化、港口服务物流化、港口管理数字化”的发展战略为指导，按照“核心业务专业化、辅助业务市场化、后勤服务社会化”的总体改革思路，至2007年底，基本完成了企业内部体制改革任务。

(1)组建大连港股份有限公司，并在香港成功上市。大连港集团重组油品、液体化工品、集装箱、拖轮、引航、理货和信息科技等业务，成立了大连港股份有限公司，2006年4月在香港联合交易所上市。发行价创下15年来亚洲港口概念股发行的最高纪录，体现了国际投资者对东北经济振兴前景的看好和对大连港品牌的认同，标志着大连港集团在实施港口体制机制创新方面实现了重大突破，是大连港发展史上具有开创性和里程碑意义的重大事件。

(2)核心业务专业化整合。大连港集团打破沿袭百年的按地域划分港务公司的传统，在全国沿海港口率先实行了专业化整合，相继组建了集装箱、矿石、散粮、杂货、油品以及客货滚装等具有市场开发主体地位的专业化公司，建立了“集团化管理、专业化经营”的运营模式，提升了核心业务的市场竞争力。

(3)主辅分离、辅业改制。大连港集团积极推进集团主辅分离、辅业改制工作。先后有14家直属单位、65家多种经营企业、24家集体企业完成了改制，基本实现了“精干主业、主辅分离”和“优势资源向核心业务集中”的目标。

2. 劳动用工制度改革

大连港不断探索建立适应市场经济和现代企业制度要求的新型劳动用工管理体制。1992年7月，实行劳动制度改革，国营固定工身份转为合同工。1997年10月，实行定员、定编、定岗，压缩定员10%，剥离富余人员2 000人，清退外用工2 000人，初步建立起竞争上岗和待岗机制。

集团组建以来，用工制度改革不断深化，制定了三年减员指标和富余人员分流安置优惠政策，结合生产经营结构调整和企业改制，稳妥实施。几年来共分流富余人员7 825人。企业的劳动用工模式得以改善，劳动用工结构更趋合理，市场配置人力资源的机制初步形成。

3. 分配制度改革

改革开放以来，大连港工资分配制度经历了单元工资制、双标工资制、岗位组合工资制三个发展阶段。产生于计划经济年代的单元工资制由国家统一定级，职工劳动报酬相对平均。1988年，作为大连市工资改革试点单位，大连港务局开始实行双标工资制，第一次将岗位所要求的技术因素考虑到工资分配中来。1992年，大连港务局实行岗位组合工资制，突出向苦脏累险、生产一线和关键岗位倾斜的分配理念，使职工的劳动报酬与劳动技能、劳动责任、劳动强度和劳动贡献紧密结合起来。2002 年 10 月，大连港集团开始实行由补贴工资、工龄工资和岗效工资三个单元构成的岗位效益工资制度，体现出岗位贡献、个人绩效和企业效益的综合统一，具体薪酬分配方案由各基层单位结合经营实际自行制定，分配上更加具有灵活性，调动了员工的积极性，充分发挥了分配的激励与约束作用。

4. 干部人事制度改革

1984 年政企分开后，干部制度改革开始运行，取消干部终身制，实行企业经营者队伍管理模式。2004 年，结合集团投资企业组建和下属企业改制，建立起以处级管理人员为核心、以委派高管、派出董监事、改制企业经营者为分支的集团高级管理人员管理模式。

建立竞争择优的干部选任机制。1997 年面向全港组织了公开招聘 10 名副处级干部工作。以后又多次组织集团机关科以上管理岗位竞聘上岗工作。千名科级以上干部通过竞聘走上领导岗位。

以业绩考核为基础，建立健全干部激励机制。2002 年开始，实行干部任期管理。2005 年开始，对处级人员根据年度目标责任制完成情况确定年度收入。建立了组织考评与业绩考核、素质评估相结合的综合考评干部机制，初步将年度考核结果和干部收入等挂钩。

加强干部培训工作。加大干部培训力度。2005 年开始与高校合作，每年投入 100 多万元，培训处级干部 600 多人次。

三、发展成就

改革开放 30 年来，大连港集团经历了经济恢复性增长带来的较快发展，度过了腹地经济转型期出现的低迷难关，紧紧抓住了 2000 年以后东北老工业基地振兴和建设大连东北亚重要国际航运中心的战略机遇，锐意进取，开拓创新，港口发展取得了显著成就。30 年沧海桑田，大连港集团以浓墨重彩书写了绚丽的历史篇章，走出了辉煌的发展历程。

1. 港口生产持续快速增长

改革开放起步的 1978 年，大连港集团完成货物吞吐量 2 629. 3 万吨。拨乱反正、打开国门，国民经济的复苏促进了港口生产的发展，1980 年，港口吞吐量突破 3 000 万吨，3 年吞吐量平均增速达到了 10. 3%，较 1966 年 ~1976 年 7. 6% 的增速，有了明显提高。1981 年 ~1990 年（“六五”和“七五”期），港口生产稳步推进，1990 年港口吞吐量达到 4 533. 5 万吨，10 年增长了 1 400 多万吨，其中“六五”期平均增速为 6. 1%，“七五”期为 5. 1%，增速虽然不是很高，但总体平稳。1991 年 ~2000 年（“八五”和“九五”期），随着市场经济的逐步确立，集团吞吐量从 4 958. 7 万吨增长到 7 373. 6 万吨，10 年增长 2 400 多万吨，发展明显提速。进入 21 世纪，经济全球化、区域一体化以及新一轮全球性产业结构调整和生产要素重组不断深入，中国经济出现了持续快速发展的势头，经济总量的高速增长，外向型经济的快速发展，带来生产要素在国际、国内大规模双向流动，港口货运需求十分旺盛，港口生产步入黄金发展期。2001 年 ~2005 年（“十五”期），集团吞吐量从 7 694. 4 万吨增长到 12 090. 7 万吨，5 年增长近 4 400 万吨，年均增速达到 10. 4%。期间，大连口岸于 2001 年、大连港集团于 2004 年吞吐量突破了亿吨大关。2005 年 ~2007 年，大连港集团连续 3 年吞吐量净增超过 2 000 万吨，2007 年，集团货物吞吐量达到 1. 65 亿吨，比上年增长 13. 9%；

全港完成2.2亿吨，位居世界前十五位。

在港口生产稳步发展的同时，集装箱运输作为一种现代运输方式，呈现出了更加蓬勃的发展势头。2007年，大连港集团集装箱吞吐量381万标准箱，比上年增长18.7%，居全国沿海主要港口第八位，世界第26位。大连港集装箱运输起步于1980年，2000年突破100万标准箱，2004年突破200万标准箱，2006年突破300万标准箱，今年预计可以达到450万标准箱以上。世界排名前10位的船公司全部在大连港开线，其中7家开辟了远洋干线，月航班数达到400余艘次。东北地区集装箱总量约70%、外贸集装箱90%以上通过大连港转运。以大连港为转运中心的环渤海公共内支线，架起了环渤海湾通向世界各地的桥梁。大连港成为仅次于上海港的全国第二大集装箱中转港，2007年中转箱量30万标准箱。大连港对区域经济的辐射作用，日益增强。

2. 港口基础设施建设全面加快

改革开放以来，大连港集团建设改造的步伐不断加快。1981年~1990年（即“六五”和“七五”期），完成固定资产投资12.3亿元。先后扩建了香炉礁新码头、建成了大连湾煤炭进口专业码头和大窑湾集装箱一期工程前4个泊位。1991年~2000年（即“八五”和“九五”期），完成固定资产投资45.6亿元。相继进行了大窑湾集装箱一期工程后6个泊位建设、大港区6个滚装泊位改造、寺儿沟港区液体储运码头改造、黑嘴子码头总体改造、鲇鱼湾成品油码头4个泊位建设、大连湾港区改造、大窑湾散粮码头建设等项目。成为拥有集装箱、原油、成品油、煤炭、散粮、散矿、化肥、滚装等70余个泊位，集疏运条件优良，设备设施配套齐全，服务功能完善的大型现代化综合性港口。

进入21世纪后，特别是2003年中央提出建设大连东北亚重要国际航运中心后，以“港口发展必须满足腹地经济发展的要求，满足世界港航业发展趋势的要求，满足航运中心建设的要求，满足企业自身发展的要求”为指导，大连港集团建设步伐进一步加快。2001年~2005年（即“十五”期），完成固定资产投资123亿元，是“九五”期的4.6倍，是建国直至2000年投资总和的2倍；2006年完成固定资产投资40.7亿元；2007年完成27.1亿元。期间完成了一批具有国际水准的基础项目：30万吨矿石码头、30万吨级进口原油码头、大窑湾港区11~14号集装箱泊位、港改扩建二期13~16号泊位、新港11×10万立方米油库、新南海原油罐区一期、大连湾铁路专用线、金窑铁路复线电气化等。至2007年底，共新增泊位28个（同时核减9个），港口实际通过能力达到1.85亿吨，集装箱通过能力达到455万标准箱。初步搭建起以“一岛三湾”（大孤山半岛、大窑湾、大连湾、鲇鱼湾）港区为核心，以老港区和长兴岛公共港区为两翼，以庄河等地方港口为补充，以大窑湾北岸为储备的港口发展格局，基本形成了适应国际航运中心发展要求的港口保障体系，实现了“世界上有多大的船，我们就有多大的码头；客户有什么需求，我们就提供什么服务”的发展要求。建设国际航运中心所需的基础设施初具规模。

在关注核心港区建设的同时，大连港集团积极推进和参与集疏运体系建设。加快临港公路、铁路的建设改造，解决泊位通过能力大幅提升后的集疏运能力配套问题。直通大窑湾、大连湾、长兴岛港区的疏港高速公路都在加快建设，连接核心港区的金窑铁路复线已正式运营。同时，以港口为节点，加紧构建各种运输方式有效连接、一体化运作的物流服务网络。钢材、散粮、矿石、油品等散杂货物，基本实现了从大连港到内陆重要站点的班列运输，开辟了大连港至国内沿海主要港口的班轮航线，可以按照客户个性需求提供全程物流服务；陆续建成了包含哈尔滨、沈阳、通辽在内的大型集装箱场站，开通了至哈尔滨、沈阳、长春等国内班列和经满洲里至俄罗斯的国际过境班列，初步形成了辐射内陆腹地的集装箱海铁联运网络。这些项目的建设，使大连港的口岸综合集疏运体系和服务功能进一步完善。

3. 国际化、区域化经营战略积极推进

自20世纪90年代初开始，大连港集团就积极与客户、船公司等进行业务、资本等方面的合作。2003年集团公司组建后，更加不遗余力地积极推进港口经营国际化、区域化战略，成效显著。

积极实施引进来战略，加大港口建设经营的开放力度，与国内外著名的船公司、大客户、大物流商合资合作，寻求共同发展。在集装箱领域，从1996年开始，先后与新加坡港务集团、马士基集团、中远太平洋、中海集团、日本邮船组建了三个集装箱码头公司，从事集装箱码头业务。在码头配套及集疏运领域，与大连保税区、美国普洛斯集团共同投资开发并经营了大窑湾保税物流园区；与中铁集装箱运输有限公司共同组建了合资公司，投资建设大连铁路集装箱中心站；与中外运签署了全面战略合作协议，在口岸物流基地建设、内陆物流通道、海上中转等领域实现全面合作。在油品领域，与中石油集团进行了全方位的合作。1999年，与中石油销售有限公司组建了合资公司，经营成品油转运业务；2005年，与大连中石油国际事业有限公司组建了合资公司，共同建设、经营新港原油保税油库项目；2007年，与大连中石油国际事业有限公司签署了合作意向书，共同投资大连港新30万吨原油码头项目。此外，在汽车滚装领域、粮食物流领域，也分别与日本邮船、中远太平洋和松源集团、吉粮集团进行了成功的合作，建立了有利于港航和大客户共同发展的长效机制，实现了业务关联领域的强强联合。截至2007年底，主要合资合作企业34家，其中内资合作企业18家，外商投资企业16家。实际使用外资约28亿元，实际使用内资约9.5亿元。其中，“十五”期至今，实际使用外资约19.5亿元，实际使用内资约5.8亿元。

大力实施走出去战略，在有利于发挥自身优势的港航项目上，积极进行资本输出、管理输出。与万邦集团、长兴岛投资公司合资组建了“大连长兴岛港口有限公司”，建设经营长兴岛公共港区项目；投资入股锦州港，成为锦州港第二大股东；与挪威奥德菲尔集团一起，参与河北曹妃甸港区成品油及化工品码头的开发建设；与秦皇岛港、中海码头合资组建码头公司，共同经营秦皇岛港集装箱业务；与中海客运、烟台港共同组建客轮公司，经营海上客滚运输业务。同时，积极推进与葫芦岛、丹东等辽宁省内港口的合作进程，促进区域港口和谐发展、有序发展；加大对国内其他地区以及国外港口项目的关注力度，不断完善集团投资、战略布局。目前，集团对外投资已超过20亿元。

4. 港口管理不断创新

适应经济体制变化及市场发展需要，30年来，大连港管理模式发生了深刻变化。1980年，从传统管理模式向专业管理和质量管理转变，建立起了全面质量管理体系。1985年，对原有的“质量保证体系”进行了调整，形成了新的“港口运输质量保证体系”。1986年，提出了质量、效率、服务三位一体的质量方针，集团公司组建后，质量方针发展为“货主需求是我们的责任，货主满意是我们的标准”。1988年，初步确立了建设“多功能、全方位、现代化”的国际大港的战略目标。1996年开始，全面实施“三四三”工程（分三个阶段实现战略目标，经营思想上实现四个转变，建设发展上抓住三个重点），港口管理开始从战术管理为主向战略管理为主转变，逐步建立起适应现代企业制度要求的经营管理机制。集团先后两次获得国家质量管理奖，1988年获得了国家企业管理的最高荣誉——金马奖，1998年，客货运输服务通过了ISO 9002国际质量体系认证，港口服务质量达到了新的水平。

2003年集团公司组建后，按照建设全方位、多功能、现代化国际大港的发展目标，确定了成为具有区域化发展空间、国际化竞争能力的港口综合物流经营人和港口资源开发运营商的发展定位，制定了“港口经营国际化、港口服务物流化、港口管理数字化”的发展战略，形成了“六大中心”、“三大基地”和“四大系统”的发展规划。提出了集团由直接管理向间接管理、由生产经营型向资本运营型转变的指导思想，明确了“集团化管理、专业化经营”的运营模式，全力推进了“核心业务专业化、辅助业务市场化、后勤服务社会化”的体制改革，为集团实现快速、可持续发展提供了战略保证。按照现代企业制度，完善了上下两级法人治理结构和基本制度安排；健全了以战略管理、规划管理、预算管理、制度管理、过程管理和绩效管理为重点的运营机制；实施了管理数字化战略，初步搭建起适应专业化发展的生产业务管理系统，适应集团化管理的决策支持系统，以及统一对外的客户服务门户。管理体制、管理模式的深刻变化，促进了港口又好又快发展。

5. 与时俱进的企业文化

作为百年老港，大连港集团有着悠久的传统文化，老码头精神在港口的发展中发挥了重要的作用，得到社会广泛认可。改革开放以来，先后多次获得全国思想政治工作优秀企业、先进基层党组织、职业道德建设十佳单位、五一劳动奖状、用户满意服务单位、模范职工之家、国家卫生港等国家级荣誉称号，涌现出了以全国劳动模范司胜战、袁福秀、杨维弟等为代表的一大批先进模范人物。老码头精神成为大连港宝贵的精神财富。

近年来，大连港集团坚持承优创新，在继承和发扬“老码头精神”的同时，按照第四代港口和港区一体化发展趋势以及东北亚国际航运中心建设的要求，对企业的价值观、经营理念、经营模式、思维方式和精神风貌进行全新的设计和创新，充实了具有鲜明时代特征的新内涵。确定了“努力实现客户利益、股东利益、员工利益和社会利益均衡和谐”的价值取向和“以人为本、以德兴港”的发展理念，以世界性的眼光和战略思维，变封闭的思想为开放的意识，逐步形成了以价值理念、行为规范和视觉识别系统为主要内容的具有国际化、开放性、市场化特点的企业文化，和谐港口建设不断深化。

与企业发展同步，员工的福利待遇也得到了极大提高。2007年，集团在岗人员人均收入超过4万元。自2005年起，集团每年投入职工住房补贴资金超过8 000万元，预备5年内解决职工住房补贴问题。此外，在职工健康疗养、扶贫帮困、医疗救助及子女就学补助等方面也投入巨额资金，体现了发展成果为职工所享。

四、基本经验

在30年改革开放过程中，大连港集团积累了丰富的经验。主要有以下几个方面：

(1)必须坚持发展是第一要务，按照“协调同步，适度超前”原则搞好港口建设，实现港口可持续发展。企业发展如逆水行舟，不发展要落后，发展慢了也要落后，发展后劲不足终究还将落后。大连港30多年来的发展实践，就是在这条经验指引下，不断求实创新、开拓进取的过程。改革开放以来，尤其是进入“十五”期以来，大连港集团本着为港口长远发展负责、为职工负责、为后人负责的态度，按照港口发展必须适应腹地经济与运输发展的要求，必须适应航运中心建设的要求，必须适应港口自身竞争力不断提升的要求的发展方针，坚持适度超前原则，全面加快了发展步伐，一大批事关港口长远发展的项目开工建设，可持续发展的能力进一步得到提高。今后我们在全力推进国际航运中心建设过程中，各种可预料和不可预料的困难会层出不穷，影响发展的各种矛盾更加纷繁复杂，而发展中的问题终归还要靠发展来解决。因此，坚持发展是第一要务、牢固树立科学发展观是我们做好各项工作的思想保证和行动纲领。

(2)必须坚持“以市场为导向、以客户为中心”的服务宗旨，不断延伸港口服务功能，提高港口的服务水平。在市场经济条件下，客户就是上帝，港口必须一切以市场为导向，以客户为中心，适应市场发展，满足客户需求，才能在激烈的市场竞争中赢得主动，从而获得更大的发展。近些年来，面对激烈的市场竞争，大连港集团解放思想，转变观念，提出了“货主需求是我们的责任，货主满意是我们的标准”的质量方针。通过设立办事处、建设内陆场站，建立和完善货运体系和网络，完善物流服务系统，不断增强物流延伸服务能力，满足客户多样化个性需求，为客户提供全方位增值服务，提高综合竞争力；强化现场管理和生产作业组织，不断提高服务、质量和效率。不仅做到了“世界上有多大的船，我们就有多大的码头”，而且基本实现了“客户有什么样的需求，我们就能提供什么样的服务”。由此吸引了客户和货源，推动了港口的不断发展。

(3)必须坚持港口发展战略先行的方针，加强战略管理及实施体系建设。根据行业发展趋势及自身面临的形势，制订正确的战略并建立行之有效、系统科学的战略实施体系，是港口实现可持续发展的根本保证。在计划经济向社会主义市场经济转轨过程中，大连港集团始终高度重视整体战略的引导作用，不断审时度势、把握机遇，科学地确定和及时调整发展战略、发展思路、发展目标、发展模式和发展重点，并且通过制定各分系统、各子公司的纵横向分战略以及严格的考核评价体系，确保战略能够得到有效实施，形成了“战略指导规划，规划指引预算，预算管控经营”的良性运作机制，使集团各方面的工作在任何时候、任何情况下，都能保持总体上的方向一致、相互呼应、协调同步，极大地推动了集团的健康发展。事实已经并将继续证明：只有解决了做正确的事情这一前提，才能正确的把事情做好。

(4)必须坚持引进与走出并重的全方位开放经营方式，不断提高外部资源获取能力，广泛拓展发展空间，进一步增强竞争实力。市场经济的突出特征是开放。港口的发展也就是在开放过程中不断利用外部资源并与内部资源有机结合的动态过程。港口的外部资源从主体看，包括政府、货主、铁路、船公司等，从构成看，包括资金、岸线、货源、集疏运网络等。改革开放以来，尤其是大连港集团组建后，我们一是加大了对政府资源的争取力度，利用建设东北亚航运中心的契机，取得有利于港口发展的政策环境。通过积极工作，目前，省、市两级政府高度重视大连港的发展，确定了大连港集团在航运中心建设中的核心和旗舰地位，在港口资源整合、资金投放、港口规划布局、项目审批、征海征地、清理海上养殖物、集疏运体系建设、税收政策等方面实施了支持集团发展的一系列积极措施。二是积极进军国际资本市场，在A股上市受阻之后，仅用半年时间转由香港成功上市，在国内港口内尚属首次。三是与航运、港口、货主、铁路、物流等企业形成了广泛战略联盟，就集装箱码头、矿石码头、油品及液体化工品码头、散粮物流、汽车码头、内陆干港等港口核心业务和延伸服务项目进行了全面合资合作，国际化经营、区域化发展能力不断增强。因此，调动一切有利于港口发展的外部资源为我所用，是我们提升核心竞争力的必由之路。

(5)必须坚持"以人为本"理念，正确把握物质文明建设与精神文明建设的关系，创造具有大连港特色的企业文化，不断实现港口和谐发展。客户导向的质量方针、市场导向的绩效目标、价值导向的管理机制与和谐导向的文化建设，是我们事业发展、有所作为的重要软实力。历经世纪风雨、有着光荣传统的百年大连港，有着厚重的历史传承和文化积淀，"爱岗敬业、吃苦耐劳"的老码头精神，"有困难找我"的服务意识，"诚实守信、求真务实"的经营操守和"以人为本、以德兴港"的发展理念构成了集团的核心价值观和文化底蕴，影响和培育着一代又一代的大连港人。实践证明，持续打造既具有大连港特色又富有时代特征的核心价值观和企业文化，是我们提升综合竞争力的重要保障。

五、发展展望

今后一段时期，是港口发展全面转入科学发展轨道的关键时期。大连港集团将按照航运中心建设的总体要求，在航运中心建设中发挥主导作用，成为政府政策承接主体、港区开发运营主体、港口资源整合发展主体以及对各所属企业投资管理主体，全力为东北老工业基地振兴和大连国际航运中心建设国家战略的实施提供支撑，逐步发展为具有区域化发展空间、国际化竞争能力的港口综合物流经营者和港口资源开发运营商。

要继续加快大连港核心港区建设，充分发挥比较优势，重点发展石油及制品、集装箱、矿石、钢材、粮食、汽车及滚装等大型专业化码头及仓储物流港区，强化油品、集装箱、矿石的区域性中转港地位，建设具有第四代港口特征的区域性核心枢纽港。继续推进港口资源整合，按照差异化协同发展模式，对港口功能格局进行统筹规划，对码头营运分工进行总体协调，发挥大连港的规模优势、管理优势、资本优势和功能优势，以资本为纽带，构筑以大连港为龙头的辽宁组合港，实现区域港口错位发展，夯实大连国际航运中心地位。继续实施服务物流化战略，加快内陆和海上物流体系及港区一体化功能区建设，拓展全程物流服务能力，打造物流成本洼地，形成物流集聚效应，充分发挥港口作为社会基础性设施对资源的集聚、配置作用，承担起港口发展拉动区域经济发展的社会作用。不断完善集团化管理、专业化经营的组织架构、治理结构和管控模式，继续发挥战略和文化引领作用，在企业内部构建起一种目标趋同、规则明确、权益平衡、兼容并蓄的战略管理和文化管理体系，通过战略、制度、价值和文化来引领不同主体之间达到利益均衡，实现员工与港口、港口与社会的和谐发展。预计到2010年，集团总货物吞吐量将达到2.3亿吨，到2015年，将基本搭建国际航运中心组合港构架，成为环渤海湾主枢纽港和中转港，到2020年，将发展成为东北亚区域的主枢纽港，基本建成实现国际航运中心组合港。

鲅鱼圈的春天

营口港务集团有限公司

一、企业介绍

营口港务集团有限公司是营口的国有独资企业，现有全民合同制员工7 000人。主营业务为港口装卸、仓储、物流、船舶供应等。

位于辽宁省沈阳和大连之间的营口港，地理坐标为东经122°06′00″，北纬40°17′42″。是东北及内蒙古东部地区最近的出海港。现辖营口、鲅鱼圈和仙人岛三个港区，共有54个泊位。其中专业化码头7个（即集装箱、汽车、煤炭、粮食、矿石、成品油及液体化工品和原油码头），最大泊位为20万吨级矿石码头（30万吨级原油码头正在建设之中）。

2007年，营口港吞吐量达到1.22亿吨，成为中国沿海第10个亿吨港口；2008年吞吐量将完成1.5亿吨，2010年吞吐量计划完成2亿吨。

营口港的集装箱航线已覆盖沿海主要港口，并开通了日本、韩国和东南亚等国家及地区的数条国际班轮航线和多条可中转世界各地的内支线。2007年营口港集装箱吞吐量超过了135万标准箱；2008年将达到200万标准箱；2010年计划实现300万标准箱。

目前，营口港已同50多个国家和地区的140多个港口建立了航运业务关系。装卸的主要货种有：集装箱、汽车、粮食、钢材、矿石、煤炭、成品油、液体化工品、化肥、木材、非金属矿产品、机械设备、水果、蔬菜等。其中，内贸集装箱、进口矿石、进口化肥、出口钢材、出口非矿的装卸量分别为东北各港之首。

每周两班往返于营口港和韩国仁川港之间的豪华邮轮“紫丁香”号，开辟了营口港第一条国际客运航线。

营口港400万平方米的集装箱堆场和200万平方米的物流园区设施先进、功能齐全，配有保税库及恒温库、钢材库和玉米期货交割库。

营口港交通便捷，沈大高速、哈大公路沿港区而行，长大铁路直通码头前沿。现已开通营口港至长春、德惠、哈尔滨、公主岭、四平、松原等地集装箱班列和经满洲里直达欧洲的国际集装箱专列。

为更好地为腹地区域经济建设和对外开放服务，降低客户的综合物流成本，营口港将港口功能前移，先后在沈阳、长春、哈尔滨等地建立了陆港。

电子商务、电子口岸、电子港务3大信息化平台和24小时的客户呼叫中心将给每一位到港的客户提供一个方便全程的信息化服务。

集团公司2002年上市后，管理更加规范，已通过ISO 9001质量管理体系认证；已建成投产的码头均被评为交通部优秀工程；企业发展年年迈上新台阶，实现了全面科学可持续发展。

二、改革历程

改革开放30年，营口港一路走来，有艰难曲折的跋涉，有风雨兼程的前行，也有急流险阻之中的迷茫和徘徊；但更多的是劈波斩浪的奋进和充满生机与活力的跨越。

改革开放之前，营口港只有一个营口港区，年吞吐量始终在二、三十万吨左右徘徊。伴随着改革开放，国家决定在鲅鱼圈为营口港建设新港区。1978年7月29日，国家计委批准了《营口港鲅鱼圈港区建设设计任务书》。同年12月13日，根据交通部指示精神，鲅鱼圈港区建设筹备处成立。

1979年11月，经交通部、沈阳军区批准，营口港（营口港区）于1979年11月起开始国轮对外贸易运输。

1984年9月26日，经国务院、中央军委批准，营口港（营口港区）对外籍船舶开放。同年10月28日，开放后第一艘外轮日本的“鹤荣丸”驶靠营口港区码头。

对外开放，给百年老港带来了一片生机，吞吐量从徘徊多年的二、三十万吨到1988年一跃达到100万吨。

此后，营口港区生产一路攀升，特别是进入新世纪之后，连开九条国内集装箱班轮航线，结束了百年老港一直没有集装箱运输的历史。

2005年营口港区吞吐量达到500万吨，2007年突破900万吨，2008年将实现1 000万吨。

与此同时，鲅鱼圈新港区的筹备和建设工作也是紧锣密鼓。1984年3月26日，国家计委批复“关于营口港鲅鱼圈港区一期工程煤码头开工报告”之后，6月20日，一期工程正式开工仪式在鲅鱼圈隆重举行。

经过两年的施工建设，一期工程煤码头于1986年10月27日竣工投产，时任国务院副总理李鹏出席投产仪式，并为煤码头投产剪彩。

煤码头的投产标志着鲅鱼圈港区正式开埠，营口港从此又有了一个新港区。

1988年2月4日，交通部营口港务管理局下放营口市，实行营口市、交通部双重领导，以营口市为主。完成了港口管理体制的一次重大改革。

同年6月8日，经国务院、中央军委批准，营口港（鲅鱼圈港区）正式对外开放。

1990年10月27日，中共中央总书记江泽民视察了营口港鲅鱼圈港区，听取了新港区建设情况的汇报。

1991年底，鲅鱼圈港区一期工程9个万吨级泊位全部建成投产。

1994年4月，鲅鱼圈港区二期工程开工建设，至1998年工程结束，共建成投产了5个万吨级泊位，其中2个5万吨级深水泊位。

1995年11月17日，营口港当年吞吐量完成1千万吨，实现了吞吐量从3位数到4位数的升位。

2000年3月30日，营口港务股份有限公司正式成立；2001年1月31日，以1亿A股在上海证券交易所成功上市，融资5.9亿人民币。成功地迈出了资本运营的第一步；同时，三期工程建设全面启动。

2002年2月28日，第一艘驶进东北口岸的15万吨级散货船“育康”号破雾靠泊营口港，首开东北各港接卸15万吨级散货船之先河。

2002年底，港口成功改制。营口港务局实行政企分开的现代企业制度，更名为营口港务集团有限公司；2003年5月16日正式挂牌。2003年5月，营口港务集团有限公司通过ISO 9001国际质量体系认证。

2003年，三期工程3个集装箱泊位、配有40万吨仓容量装置的粮食码头、20万吨级矿石码头相继建成投产。四期工程建设拉开序幕。

2005年6月11日，一个8万吨级、两个3万吨级成品油码头建成投产，至此“十五”建设项目全部告捷。

2006年7月1日，四期工程第一个泊位54号集装箱泊位建成投产，A港池工程开工建设。

2007年2月4日，中共中央政治局常委、全国人大常委会委员长吴邦国视察营口港，听取了港口发展建设工作的汇报。

2007年2月26日，营口港与盘锦港合作正式签字。

2007年10月8日，营口港当年吞吐量累计完成1亿吨，成为中国沿海第10个亿吨大港。

2008年7月28日，国家发改委对仙人岛30万吨级原油码头建设项目作了批复；营口港第三个港区—仙人岛港区的建设正式开始。

2008年9月，四期工程最后一个泊位、码头机械起重吨为350吨的大件泊位竣工投产，营口港拥有了全国沿海港口起重吨最大的码头。至此，四期工程10个泊位（其中5个集装箱泊位、5个钢材杂货泊位）全部投产。

2008年营口港吞吐量将实现1.5亿吨；集装箱量将达到200万标准箱，同比增长超过40%以上。

三、发展成就

改革开放30年来，营口港的发展取得了巨大的成就，主要有以下几个方面。

1. 港口生产突飞猛进

改革开放之前，营口港的吞吐量一直在二、三十万吨上下徘徊，没有万吨级泊位，没有集装箱运输，没有专业化码头，没有外贸货种，没有客运班轮。虽然是百年老港，但生产日渐萎缩，几乎被人们遗忘。

从零起步的集装箱运输近几年来发展迅猛。内贸航线覆盖沿海主要港口，并开通了日本、韩国、东南亚等国家和地区数条国际班轮航线和多条可中转世界各地的内支线。2000年营口港集装箱吞吐量只有十几万标准箱，2006年一举突破了100万标准箱，2007年超过了135万标准箱，2008年将达到200万标准箱。

目前，内贸集装箱、进口矿石、出口钢材、出口非矿等货种的装卸量，营口港位居东北各港之首。

1988年，港口吞吐量完成100万吨，1995年达到1 000万吨，进入新世纪之后，港口生产从提速发展到跨越式发展，2004年跨越5 000万吨，2007年实现超亿吨。从一个被人们遗忘的小港，一跃成为中国港口第一梯队的一员——亿吨大港。对于中国港口第一梯队，它可能只是一个量的递增，但是对于营口港它却是一个质的飞跃，经过30年的改革开放从几十万吨的末等小港发展为亿吨大港，这是改革开放的辉煌成果，也是港口发展史上的奇迹，更是营口港开埠史上的丰碑。

2. 港口建设日新月异

改革开放之前，全港只有一个营口港区几个千吨级泊位，港口没有建设项目，没有比较完善的港口功能。随着改革开放的深入，鲅鱼圈港区被国家列为重点建设项目，一期工程、二期工程、三期工程、四期工程相继开工建设，特别是进入新世纪之后，“十五”和“十一五”期间共投入建设资金200多亿元。全港泊位已达到54个，建设了集装箱、粮食、矿石、成品油及液体化工品、原油等专业化码头，加上“八五”和“九五”期间建设的煤炭和汽车滚装专用码头，营口港的专业化码头已达到7个，其中集装箱码头全部采用了目前国内最先进的TOPS管理系统。现代化的管理系统、400万平方米的集装箱堆场、先进的集装箱处理能力，使营口港集装箱增量势头不减。

20万吨级矿石码头配之以改造后的深水航道，可乘潮满载进港靠泊作业。

成品油及液体化工品码头建成后，已接卸了目前国内最大吨位的成品油船。

粮食码头40万吨散粮筒仓装置的配备、年通过能力19万辆商品汽车滚装码头的建设，使营口港具备了散粮集散港和南北汽车集散地的功能。

最早建成的煤炭专用码头，是第一座由我国自行设计、施工、建设的自卸船专用码头。同时，经过局部改造，还具备了接卸散杂货的功能。

改革开放之前，营口港各种装卸机械不足50台，今天仅装卸桥、门机等大型装卸机械就达到1 000多台。30年前港口陆域面积小，仓储条件差，今天在18平方公里的港区陆域上，还建设启用了200万平方米的现代化物流园区，配有钢材库、恒温库和30万平方米的保税库。玉米期货交割库也已于2005年开始交易业务。

改革开放前只有一个港区，现在包括正在建设的仙人岛港区，营口港已发展成为拥有3个港区的国家主枢纽港。

改革开放给营口港以千载难逢的发展机遇，营口港抓住了机遇并不是盲目地扩建，特别是21世纪以来，港口领导班子坚持科学发展观不动摇，以腹地经济发展、对外开放需要和市场需求建设港口、发展港口。有了鞍钢鲅鱼圈新厂的项目，就有了营口港的矿石码头，有了辽宁装备制造业大批的大件水运，就有了四期工程中350吨起重吨的大件码头，有了华锦集团每年500万吨进口原油上岸的需求，就有了30万吨级原油码头的开工建设……

在科学发展观的指导下，营口港的发展以环保生态化港口为目标，为将污染性货物与非污染性货物的作业与堆存严格区分开来，营口港开发建设了A港池工程，至2008年已有4个泊位投产。而仙人岛港区的开发建设，更是做到坚决不毁一棵树，保持绿化的原生态。

30年前，营口港在全国排名最后，在营口市这个著名的轻纺工业城市也数不上数。而今天，营口港的发展建设，已经和正在改变这个城市的产业结构，当地政府正举全市之力，实施“以港兴市”的发展战略，营口港已成为家乡的骄傲。

近年来，营口港务集团有限公司获得的省部级以上奖项主要有：

全国交通系统先进集体

全国交通系统两个文明建设先进单位

全国城市计划生育工作先进单位

全国模范职工之家
全国群众体育先进单位
全国职工体育先进单位
全国思想政治工作优秀企业
辽宁省文明单位标兵
全国五四红旗团委
全国守合同重信用单位
全国精神文明建设工作先进单位
全国五一劳动奖状
全国再就业先进企业
全国军交运输正规化建设先进单位
全国物流行业先进集体
全国军民共建社会主义精神文明先进单位

四、基本经验

1. 牢固树立发展意识，坚持科学发展不动摇

从改革开放之初到以后相当长的一段时间内，由于传统的市场经济体制的影响，广大员工的发展意识还很淡薄。世纪之交的2000年，还有员工提出“营口港应当休养生息一段时间再发展。”而此时，国际海运船舶大型化、专业化、集装箱化的趋势，国内港口激烈竞争的态势，我国加入WTO之后全球经济一体化的形势，都在表明发展的紧迫和改革的必要。

要发展，光靠领导不行，必须依靠全员的共识和团队的力量。于是营口港务集团从2001年开始到2004年，先后组织了三次全体员工参加的大讨论。通过三次大讨论，集团上下在要不要发展、怎样发展的问题上统一了思想，达成了共识，牢固树立了发展意识。

有了全员统一的思想基础和上下广泛一致的群众基础，集团坚持科学发展观不动摇，腹地经济发展和对外开放需要什么码头就建什么码头，需要多大的码头，就建多大的码头。建完三期建四期，南北港区同步开发同时建设，竣工一个项目，就投产一个项目，投产一个项目就创效一个项目，随着改革开放的深入，新世纪之后的营口港步入了全面科学可持续发展的快车道。

2. 抢抓发展机遇，扩大市场份额

有了科学发展观的指导，要实现全面科学可持续发展，充分发挥港口在区域经济发展和对外开放中的海上通道和枢纽作用，坐等发展不行，必须抢抓机遇，扩大市场份额。营口港改革开放以来，特别是最近几年的快速发展，如果说是因为有了千载难逢的发展机遇，那更是因为营口港人抓住了发展的每一个机遇。

世纪之交，营口港集团抓住海运船舶大型化的趋势，疏浚航道，改造深水泊位，迎来了驶进东北口岸的第一艘15万吨级散货船“育康号”。同时，抓住了国企上市融资的机遇，规范运作，2002年初成功上市，成为我国入世之后上市的第一家港口企业。之后，集团抓

住了鞍钢欲将新厂建在港口的机遇，建设了20万吨级矿石码头；抓住了与华锦集团合作的契机，建设30万吨级原油码头；还抓住了东北老工业基地振兴和沈阳经济区崛起的机遇，将港口功能前移，先后在沈阳、长春、哈尔滨等腹地中心城市建立了陆港；在相继开通陆港城市集装箱班列的基础上，将港口服务延伸，开通了经满洲里直达欧洲的国际集装箱专列。抓住了发展的机遇，才能扩大市场份额。目前，集团各主要货种的市场占有率分别为：粮食30%，煤炭50%，成品油50%，矿石55%，钢材55%，非矿85%。

3. 加强企业文化建设　助推企业发展

百年的港口沉淀了百年的企业文化，进入新世纪以来，营口港集团与时俱进，总结提炼了既反映港口光荣传统，又表现企业时代特征的文化理念；还将“建设企业文化”与“管好亿吨港口，扩大市场份额”一起列为港口当前和今后一个时期的工作纲领之中；专门举行了企业文化建设启动仪式；请来专家讲授企业文化知识等等，一系列的工作举措，使企业文化氛围充满了港口的各项工作之中，形成了“冬暖”文化、讨论文化、技能文化、突击队文化、节日文化、亲情文化、廉政文化等独具营口港特色的企业文化。

如“冬暖”文化。每到冬季，全体管理干部捐款为一线工人买红糖、鲜姜，做成姜糖水，24小时轮流值班为一线工人送“冬暖水”；买猪肉、白菜、豆腐，为一线工人的午夜餐增加一道免费的“冬暖汤”。这样的活动已经开展了5个冬天。

再如突击队文化。形成于2004年5月4日，集团领导号召青年组建青年突击队，于是几天之内全港成立了54支青年突击队。当年6月，3支突击队倡议开展“为新港建设填一把土”活动，全港青年纷纷响应。现在，每当有急难险重的生产工作任务，各级青年突击队总是一马当先，迅速拿下。

再如讨论文化。营口港集团新世纪之初的3次大讨论，不仅统一了全港的思想，而且培育了讨论文化。现在各基层单位每遇重大发展问题或员工思想认识不一致之时，就组织大讨论，不仅端正了思想认识，而且促进了港口的和谐。

总之，企业文化融入了管理，提升了企业核心竞争力，增强了团队的凝聚力、战斗力，助推了港口发展。亿吨大港的实现，企业文化的含量已经很重，今后港口的发展，企业文化将是重要支撑。这是集团领导者的总结和展望，也是集团发展的基本经验。

五、发展展望

经交通部和辽宁省人民政府审批的《营口港总体规划》中指出：营口港在未来的发展中，它将是一个兼备水运、公路、铁路、管道等多种运输方式，集多种服务功能为一体，由港口企业、物流企业和临海产业有机结合的服务整体，具备装卸仓储、中转换装、运输组织、现代物流、临港工业、通信信息、综合服务及保税、加工、商贸、旅游等多种功能，并逐步发展成为设施先进、功能完善、管理高效、效益显著、文明环保的现代化综合型港口。

根据这一规划，2010年营口港的吞吐量将达到2亿吨，集装箱量将达到300万标准箱，一个百年老港正向着“高效区域化的物流中心，环保现代化的综合港口”迈进。

崛起在长城脚下

秦皇岛港务集团有限公司

一、企业介绍

秦皇岛港是以能源运输为主的综合性国际贸易口岸，国家级主枢纽港，目前世界上最大的煤炭输出港和散货港。港口始建于1898年，是我国清代光绪皇帝御批的自开口岸。港口自然条件优良，港阔水深，不冻不淤，共有12.2公里码头岸线，陆域面积11.3平方公里，水域面积226.9平方公里。

秦皇岛港原为交通部直属港口，1999年初秦皇岛港务局列为中央直属管理的大型国有企业。2002年，根据国务院关于港口管理体制改革的要求，下放河北省管理。2002年9月9日，秦皇岛港务集团有限公司正式挂牌成立，成为全国沿海大港中第一个改制的港口企业。2004年1月，改制为产权多元化的有限责任公司，现有职工17 800人，港口拥有总资产180亿元。

秦皇岛港务集团分为东、西两大港区。东港区以能源运输为主，拥有世界一流的现代化煤码头；西港区以集装箱、散杂货进出口为主，拥有装备先进的杂货和集装箱码头。秦皇岛港务集团拥有生产泊位45个，其中万吨级以上泊位42个，最大可接卸15万吨级船舶，港口年设计通过能力2.23亿吨，具有完善的集疏运条件，疏港路与京沈高速路、国道及秦承公路相接，自营铁路与国铁联网，拥有国内港口最先进的机车和编组站，形成了铁路、公路、管道、船载、空运等循环合理的港口集疏运网络。

近年来，秦皇岛港生产迅猛发展，吞吐量以年均2 000万吨的速度快速增长。2006年港口吞吐量跃上2亿吨台阶；2007年完成吞吐量2.45亿吨，居全国沿海港口第4位。

1. 煤炭运输

拥有煤炭专业泊位21个，煤炭年设计通过能力1.93亿吨；港口拥有世界最先进的煤炭装卸设备，可接卸2万吨超长列车，泊位吨级已达到15万吨；港口拥有世界最大的煤炭专用堆场，面积达249.8万平方米。作为“北煤南运”大通道中的主枢纽港，秦皇岛港担负着东南沿海电煤运输以及国家外贸煤炭出口的主要任务，年输出煤炭占全国沿海港口下水煤炭总量的近50%。

2. 杂货运输

秦皇岛港务集团现有杂货泊位17个，其中万吨级以上泊位15个，年设计通过能力1 480万吨，最大可停靠10万吨级船舶。随着钢材、进口大豆、玻璃、硫黄、玉米、活牲畜等货源大量进港，秦皇岛港的杂货运输进入了发展的快车道。2007年，港口杂货运输吞吐量完成2 388万吨，实现了历史性新突破。

3. 集装箱运输

秦皇岛港务集团现有集装箱泊位3个，年设计通过能力65万标准箱，堆场面积达36万平方米。2007年，秦皇岛港务集团与中国海运、大连港集团共同组建了新港湾集装箱码头有限公司，为集装箱业务的快速发展奠定了良好基础。目前，集装箱航线总数达到8条，并成为内贸运输航线上的干线港。2007年，完成集装箱吞吐量30万标准箱，比上年增长50%。

4. 石油运输

秦皇岛港拥有中国第一座管道运输油码头，共4个泊位，其中2万吨级泊位2个，5万吨级泊位1个，3 000吨级成品油泊位1个，年设计通过能力1 540万吨，拥有油罐27座，容量28.1万立方米。2007年，集团顺利取得铁路卸车台资质，成为中国石化公司进口原油中转港。

二、改革历程

1978年12月，党的十一届三中全会作出了把工作重点转移到社会主义现代化建设上来的战略决策，秦皇岛港从此走上深化企业改革、推进现代化建设的发展之路。

1. 深化企业内部改革、推进现代化建设进程

1978年~1988年，秦皇岛港务管理局改革的重点是整顿和建设领导班子，精简组织机构，推行和完善经济承包责任制。

为使企业逐步由单纯生产型向生产经营型转变，以适应改革开放的新形势，1978年~1988年，秦皇岛港务管理局先后3次调整和整顿领导班子，精简机构，与此同时，不断推进领导体制改革，完善局长（经理）负责制的领导体制。一是党政分开、政企分开，实行党委领导下的局长负责制。单独成立秦皇岛海上安全监督局，秦皇岛港务管理局改为港务局。二是下放领导权限，精简机构。1982年起，局内实行两级管理，首批确定在11个基层单位实行两级管理，划分了管理权限。三是1988年，经交通部批准，全面实行局长（经理）负责制和任期目标责任制，健全了以局长（经理）为中心的领导体制。

1988年，秦皇岛港务管理局对交通部承包后，实行了企业内部承包，并紧紧围绕搞活经济、提高经济效益这个根本问题，从指标体系、挂钩形式和配套措施等方面进行了深入探索，形成了以“工效挂钩”为核心的“多元挂钩”内部承包经营责任制。

2. 实施企业内部结构调整与改革，转换经营机制

1997年以来，根据企业发展需求，逐步对港口内部结构进行调整与改革，以适应日益激烈的市场竞争，有力地促进了港口生产经营不断发展。

(1)实施机关机构改革，理顺工作关系，强化管理职能。1997年底，对机关组织机构进行了较大幅度的调整，精简分流了全部非管理职能和人员，重新确定了机关各职能部门的管理职责和权限，核定了编制定员。机关职能处室由原来的22个，减少为20个，机关总定员人数由原来的690人减少为347人。通过机构改革与调整分流，压缩了机关编制定员，精简了管理人员，明确了各职能部门的职责权限，理顺了工作关系，提高了工作效率。机关的改革与调整推动了各单位机构改革、竞聘上岗工作的全面开展，为全面实施减员增效起到了带头和示范作用。

(2)实施专业化管理与集约化经营，降低内耗，增强企业整体优势：

一是实施了大宗物资采购与供应的集中统一管理，研究制定了“大宗物资统管实施方案”，对各类大宗物资实行招标采购、集中管理，以降低物资采购成本为重点，先后制定了多项物资管理与采购供应制度，对各单位实行物资配送制，提高物资供应和服务质量。

二是实施了流动机械统管，新组建了流动机械公司，统一管理和经营各类生产用流动机械。各单位的流动机械按照局确定的方案如期实现了设备、人员、资产的调配划拨，流动机械公司投入运营以来，运行情况良好，发挥了流机统管的优势，提高了机械设备的使用效率，保证了港口装卸生产的正常进行。

三是实施劳务用工的集中统一管理。新组建了劳务公司，对部分装卸工和其他零散劳务用工实行归口管理，降低劳务成本，提高了工时利用率。

四是将原第四、第五两个同类型的杂货公司合并，组建了新的杂货港务公司，充分发挥全港杂货码头、场地库房、机械设备等资产资源和人力资源的优势，提高生产效率，增强了市场竞争力。

(3)实施主辅分立、减员增效。以第三、第七港务公司为试点单位，实行主辅分立和减员增效。结合两个单位的不同情况，分别制订了试点实施方案，将试点单位的辅助后勤服务职能和人员实行分离或分立，使主业得到精干，经营成本降低。同时，集团公司还结合减员增效试点工作，开展了对基层单位组织机构和编制定员的调整工作，制订了基层单位编制定员和机构调整的指导意见，组织各基层单位对其机构和编制定员重新进行调整和核定，对各级管理人员实行竞聘上岗，收到较好效果。

3. 根据中央和地方政府统一部署，实施港口管理体制改革和企业改制

政企分开是港口建立现代企业制度的焦点和难点，1997 年以来，秦皇岛始终将港口管理体制改革和港口企业改制问题作为重点课题，不断进行深入的研究和探讨。

1999 年 6 月，根据国务院关于企业脱钩工作的统一部署，原交通部秦皇岛港务局正式更名为“秦皇岛港务局”，作为中央直属企业由中央企业工委直接管理。

2002 年 1 月，根据国务院关于港口管理体制改革的统一部署，秦皇岛港务局由原中央直管企业下放到河北省管理，同时实行政企分开、企业改制。

按照国务院、交通部和河北省政府有关港口管理体制改革和企业改制的文件精神，港务局成立了港口管理体制改革工作领导小组，在省政府有关厅委的帮助指导下，研究制订了《秦皇岛港务局改制为秦皇岛港务集团有限公司的实施方案》和《秦皇岛港务集团组建方案》等配套改制方案，通过省政府有关厅委的审核论证。2002 年 7 月 25 日，省政府正式批复秦皇岛港务局改制为秦皇岛港务集团有限公司。同时成立河北省港航管理局，秦皇岛港的港口行政管理工作由省港航局直接管理。秦皇岛港务集团有限公司和秦皇岛港务集团于 2002 年 9 月 9 日正式挂牌成立。

2004 年 1 月，省政府决定对秦皇岛港管理体制和产权结构进行调整重组，将秦皇岛港务集团有限公司由原省属国有独资公司，改制为国有有限责任公司，分别由河北省建设投资公司、河北省燕山发展有限公司、秦皇岛市政府按 30%、20% 和 50% 的比例持有秦皇岛港国有产权，其中，秦皇岛市居控股地位。在此之后，因河北省燕山发展有限公司并入河北省建设投资公司，集团公司产权结构调整为河北省建设投资公司与秦皇岛市政府各持有 50% 股权。

2006年，经省政府批准，集团公司产权结构再次调整为河北省国有资产控股公司持股5%、河北省建设投资公司持股45%、秦皇岛市政府持股50%。

集团公司为充分发挥企业在资产、品牌、管理和人才方面的优势，依托资本市场重组改制，通过上市募集资金，为促进企业做大做强创造有利条件，加快了企业上市工作步伐。2008年4月9日，正式挂牌成立秦皇岛港股份有限公司。

4. 分离企业办社会职能

2003年9月起至年底，根据中央和省政府关于分离企业办社会工作的统一部署，开展了企业自办普通中小学和自办医院的分离移交工作。在省政府指导和协调下，集团公司制订上报了“分离企业自办中小学和自办医院工作方案”，通过了省政府组织的专题审查论证。经过深入摸底调查、宣传发动、统计填报人员及资产报表、办理移交手续等各项程序性工作，到同年12月份，按期完成了省政府下达的分离办社会工作，顺利通过了省国资委组织的检查验收。经省政府批准，集团公司将原港一中和子弟小学两所学校移交秦皇岛市海港区管理，两所学校共移交人员169人，其中在职人员94人，退休人员75人。两所学校共划转实际占用的资产总额861.67万元。对原港口医院以实行产业化经营的方式与主体分离。

三、发展成就

1978年，党的十一届三中全会召开。改革开放的浩然春风吹遍大江南北，也为秦皇岛港带来了发展的新机遇。

1. 适应国民经济发展要求，确立国家能源运输主枢纽港地位

秦皇岛港以其优越的自然条件，发达的交通、辽阔的经济腹地，在“六五”、“七五”两个五年计划期间，被列为国家重点建设的港口。

30年间，秦皇岛港务集团投资82.67亿元，从3个泊位、年设计通过能力仅有765万吨的半机械化煤码头起步，相继建成煤码头一、二、三、四（及扩容）、五期5座码头、18个泊位，新增煤炭年通过能力1.8亿吨，使煤炭设计通过能力达到1.93亿吨，成为迄今为止世界上最大的现代化生态型煤炭码头群，见图1所示。

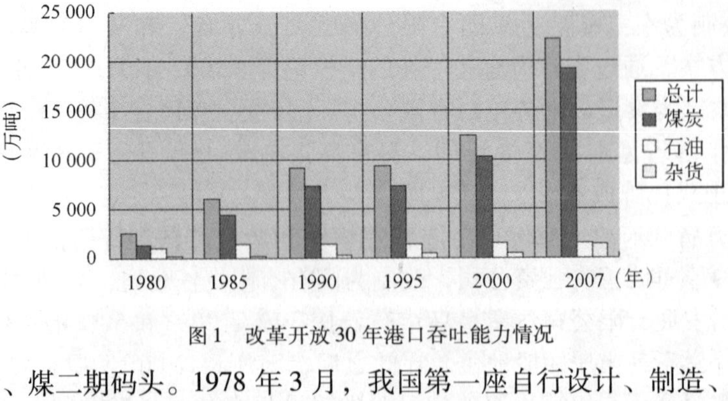

图1　改革开放30年港口吞吐能力情况

(1)煤一期、煤二期码头。1978年3月，我国第一座自行设计、制造、施工的机械化大型煤炭输出专用码头在秦皇岛港破土动工，这座被称为“煤一期”的码头年设计通过能力

1 000万吨。随后，设计能力2 000 万吨、拥有2 个泊位的煤二期工程也紧随开工。1985 年，两项工程相继建成投产，新增5 万吨级泊位3 个、2 万吨级泊位1 个，年煤炭通过能力增加了3 000 万吨。与此同时，京秦复线电气化铁路开通，“北煤南运”大通道形成，将“三西”地区丰富的煤炭资源源源不断输送至工业发达、基础能源欠缺的东南沿海八省一市，充当了促进当地经济发展的能源助推器。而秦皇岛港至上海的海上运输航线亦被上海市市长朱镕基称为“上海经济的生命线”。

(2)煤三期码头。随着改革开放的进一步深化，为缓解能源与交通的紧张状况，扩大晋煤外运北路通过能力，秦皇岛港务集团煤炭码头三期工程与我国第一条复线电气化铁路——大秦线同步建设。作为国家“七五”期间重点建设项目，1984 年7 月开工的煤三期工程总投资5. 1 亿元（其中日元贷款折合人民币1. 95 亿元），建设3. 5 万吨级泊位2 个，5 万吨级泊位1 个，年设计通过能力已达当时的煤码头建设之最——3 000 万吨。

煤一、二、三期三座现代煤码头为集团的腾飞构筑了坚实的基础，煤炭吞吐量连续11 年以年均500 万吨的速度递增，下水量超过北方港口下水总量的50%。

(3)煤四期码头。1993 年4 月，与大秦铁路二期相配套的煤四期工程开工建设，并得到了国务院总理李鹏的高度关注。1993 年7 月26 日，李鹏同志在交通部部长黄镇东陪同下，第三次视察秦皇岛港，亲临港口一线指导煤四期工程建设，并欣然题词“北方能源大港”。1997 年12 月18 日，总投资15. 79 亿元（其中日元贷款103 亿日元）的煤四期工程正式通过国家验收，建成10 万吨级深水泊位1 个，3. 5 万和5 万吨级泊位各一个，新增通过能力3 000万吨。煤四期的顺利投产，令煤炭设计通过能力达到亿吨，居国内之首。据此平台，集团抓住国民经济快速持续增长的发展机遇，强化内部管理，科学组织生产，打造装卸名牌，港口吞吐量稳步攀升。2001 年煤炭吞吐量首次突破1 亿吨，成为世界唯一煤炭输出亿吨大港。

2004 年7 月，秦皇岛港务集团煤码头四期预留工程投产，新增年通过能力1 000 万吨；2005 年10 月，煤码头四期扩容工程投产，建成1 个5 万吨级泊位，1 个3. 5 万吨级泊位。

(4)煤五期码头

2004 年，秦皇岛港务集团自筹资金，分别投资44. 89 亿元和8. 49 亿元建设煤五期工程和煤四期扩容工程。作为当年国家唯一港口码头类重点工程，煤五期在国内首创自身担任工程总包的工作机制，从项目核准到2006 年4 月建成投产，这座世界港口建设史上最大规模的煤炭专业码头实际建设工期只用了18 个月，比预计工期整整缩短了一半。采用突堤式码头的煤五期拥有4 个煤炭专用泊位（15 万吨级1 个，10 万吨级1 个，3. 5 万吨级2 个），煤炭设计通过能力达5 000 万吨。煤五期是目前国内最先进的输煤码头。投产当年，秦皇岛港煤炭年吞吐量即达到了创纪录的1. 77 亿吨。同时，设计年通过能力800 万吨的煤一期扩容工程也如期开工。

30 年间，秦皇岛港煤炭吞吐量从1978 年的1 047 万吨发展到2007 年的2. 14 亿吨，成长为世界大港，自2004 年被评为世界最大散货港以来蝉联至今，累计将总量超过19 亿吨的煤炭源源不断地输往南方各省市，长期以来一直占据我国北煤南运下水量的半壁江山，成为北煤南运、西煤东运大通道上的主枢纽港，对缓解南方地区煤炭供应紧张，推进区域间战略资源平衡，促进国民经济健康协调发展起到了重要作用。

2. 向综合性、国际化大港迈进，发挥对区域经济的拉动作用

30年来，秦皇岛港不断推进从单一的以煤炭经营为主的港口向综合性大港的转变，在保持煤炭运输市场占有份额的基础上，把杂货、集装箱、油品做大做强，带动区域经济发展。

(1)杂货运输的发展。改革开放后，秦皇岛港杂货运输得到较快发展。1978年末，秦皇岛港有6个散杂货泊位，通过能力190万吨，最大泊位吨级为3.5万吨。港口从1984年起兴建丙、丁深水码头，共6个泊位码头分别于1987年~1989年先后竣工，使杂货泊位增加到10个，核定年通过能力350万吨。港口仓库、货场配套设施不断完善，京秦、大秦铁路的开通，外部集疏运条件大为改善。改革开放和外向型经济的发展，为港口提供了丰富的货源，山西、内蒙古等10多个省区先后在秦皇岛设立外贸办事机构。

1978年，港口杂货吞吐量实际完成176万吨。2000年以来，秦皇岛港的杂货运输进入了发展的快车道。2000年，港口杂货年设计通过能力为540万吨，到2007年，港口拥有杂货泊位17个，其中万吨级以上泊位16个，最大可停靠10万吨级船舶，年设计通过能力为1 480万吨。港口生产用库场面积220余万平方米，杂货用库场90万平方米。港口拥有国际一流的散粮、散化肥灌包设备，形成了集散（件）杂货、散粮、散水泥运输、灌包、仓储为一体的综合物流体系。航线连通世界多个国家和地区，率先开通了秦皇岛至非洲等地的多条杂货班轮航线。钢材、进口大豆、玻璃、硫黄、玉米、活牲畜等货源大量进港，2007年，港口完成杂货吞吐量2 388万吨。

(2)集装箱运输的发展。秦皇岛港从1984年起发展集装箱运输，最初仅有一个集装箱泊位，秦皇岛至香港航班试开。1986年完成670标准箱，1987年上升到1 562标准箱。1988年开通了秦皇岛至日本的集装箱航线，1990年完成4 031标准箱。

进入21世纪，秦皇岛港集装箱运输步入发展的快车道。目前，港务集团拥有集装箱泊位3个，年设计通过能力65万标准箱，堆场面积36万平方米，可装卸第五代集装箱船舶。拥有集装箱专用拆装箱场地、专用的铁路仓库和公路仓库，库边有港口铁路专用线与国家铁路网相连接，具备接卸专列条件。方便、快捷的集疏运条件与完善、清洁的仓储条件，吸引了越来越多的货源，大宗货物持续快速增长。2007年，秦皇岛港务集团与中海集团、大连港共同组建了新港湾集装箱码头有限公司，为集装箱业务的快速发展奠定了良好的基础，开通集装箱航线共8条，成为内贸运输航线上的干线港。2007年港口完成集装箱吞吐量30万标准箱，为2000年集装箱吞吐量的22.3倍，并制定了力争2010年突破100万标准箱的目标。

(3)石油运输的发展。1978年，秦皇岛港有原油泊位2个，靠泊能力2万吨，泊位前沿输油管与油轮上的接油管采用150毫米的胶管连接，年通过能力1 000万吨。目前，港务集团拥有中国第一座管道运输油码头，共4个泊位，其中2万吨级泊位2个，5万吨级泊位1个，3 000吨成品油泊位1个，年设计通过能力1 540万吨，拥有油罐27座，容量28.1万立方米。

3. 强化港口竞争力，成为全省港口行业的领军港

1978年，港口年设计通过能力为2 555万吨，经过30年的建设，港口设计通过能力已经发展到2.23亿吨；主要装卸设备从绞龙卸车机、铁锹、大筐、杠棒发展到自动化的翻车机、装船机；装卸工艺从人抬肩扛、半机械化、机械化发展到自动化、信息化。今天，港口已经与世界上120多个国家和地区建立了贸易关系。

秦皇岛港务集团认真贯彻落实科学发展观，坚持可持续发展，不断加快港口建设步伐，港口按照多功能、全方位、综合性、现代化的发展战略加速发展，吞吐量以年均2 000万吨的速度快速增长，2001年港口跨入了亿吨大港行列，2006年港口吞吐量跃上2亿吨台阶。

港口吞吐量从改革开放前的2 219万吨，发展到今天的2.45亿吨，30年间增长了10多倍；今天，秦皇岛港已成为以能源运输为主的综合性国际贸易口岸，目前世界上最大的煤炭输出港和散货港。

改革开放30年秦皇岛港吞吐量完成情况，见图2。

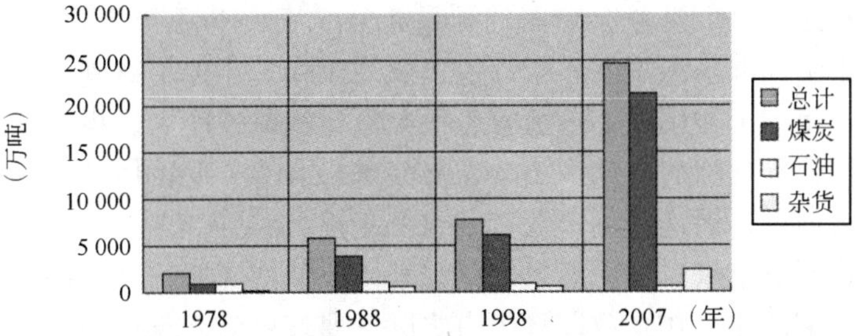

图2　改革开放30年港口吞吐量完成情况

秦皇岛港的快速发展，构筑了其国家级主枢纽港的地位。多年来，港务集团获得了多项荣誉：1988年，被评为国家二级企业；此后又获得中国企业500强，河北省百强企业，中国交通百强企业。2003年~2008年，被评为中国企业500强。2004年以来连续3年蝉联世界最大散货港称号。

近年来，秦皇岛港务集团充分发挥全省港口龙头作用，着眼提升全省港口的整体竞争能力，进一步明确在本港做强做优基础上，加快跨港口、跨地域发展的战略步伐，拓展港口发展空间，立足河北省487公里海岸线谋划港口发展。2007年，积极实施跨港发展战略，与秦皇岛市开发区合作开发的山海关港区开始全面建设；与中海集团、大连港共同组建了新港湾集装箱码头有限公司，为集装箱业务的快速发展奠定了良好基础。由秦皇岛港务集团控股建设的曹妃甸矿石码头今年完成2 000万吨；曹妃甸矿石码头二期工程现在已经开始前期工作。秦皇岛港务集团参股的年通过能力为5 000万吨的曹妃甸煤码头一期工程预计2008年底投产；积极参与河北省沧州渤海新区综合港区的开发建设，已组建了沧州渤海港务公司。

4. 积极提高企业经济效益，打造具有强烈社会责任感的企业

积极履行社会责任，参与和谐社会建设，争做回馈社会的先锋企业。积极筹集资金，主动完成文明生态村和扶贫济困任务。参与对外捐助、文明帮建、扶贫济困、绿化造林等社会公益事业。据不完全统计，仅2006年以来，秦皇岛港务集团先后投入费用达950万元。

坚持"构筑绿色枢纽、共享碧海蓝天"的环保理念，追求绿色增长模式，与港城人民共享碧海蓝天。改革开放30年中，用于环境保护的投入达到近5亿元。大量投资"构筑"的污染防治体系，成为港口控制各类污染的坚实基础。

集团投资3 600万元实施中水回用工程，日供水能力为3万吨；实施“西港区煤尘、矿尘综合整治”项目，仅用两个多月的时间就完成了日处理2 000吨河水的汤河水引用工程；投资数百万元购置了大容量、大功率吸尘车和新型洒水车，做到了每块场地至少配备一台；投资6 500万元，在龙源大道动工建设防风网工程。2006年~2007年，大气环境质量达到国家二级标准天数分别为296天和334天，实现了增产减污目标。

四、基本经验

1. 改革开放是企业发展的必由之路

改革开放，使国有企业总体走出了困境，国有资产大幅度增值，劳动、知识、技术、管理和资本的活力竞相迸发，创造社会财富的源泉充分涌流。1983年7月31日，十分关心港口生产和建设的邓小平同志来港视察，指导港口发展工作。当他了解到秦皇岛港主要担负着我国东南沿海六省一市的工业用煤，伴随着京秦电气化铁路投产后，煤炭的运输效率将大幅度提升的情况时，显得异常高兴。之后不久，秦皇岛就位列14个沿海开放城市之一，这一举措使对外贸易显著增长，促进了港口业务的进一步扩大。

改革预示进取，开放带来机遇。秦皇岛港只有以改革的勇气，破除制约发展的因素，才能走上特色鲜明的强港之路，在企业即将上市之际，要按照建立现代企业制度的要求，形成高效、规范运行的上市公司运行体制，突出深化企业改革，创新管理体制，形成高效运行体制；秦皇岛港只有以开放的胸怀，迎接新的考验，才能永葆基业长青，要放眼960万平方公里土地，千里跃进，布点做眼，加快内陆港建设步伐，为企业跨地域发展综合物流提供战略据点。

2. 与国家、省、市发展战略融为一体是企业发展的前提

秦皇岛港从诞生到发展与国家的命运休戚与共，与民族的兴盛血脉相通。1898年，是清代光绪皇帝的御批，使秦皇岛港正式开埠建港，成为当时我国唯一自开口岸；而今，改革开放的推动，大秦线的建设、扩容，成就了秦皇岛港位于世界干散货运输港之首的傲人业绩。

秦皇岛港的发展是民族复兴的缩影，是国民经济大发展的重要成果，也只有将自身命运与国家紧密相连，才能生存，才能发展。秦皇岛港只有胸怀国家整体战备布局，放眼交通和能源行业的发展走势，才能实现“争一流、做强港”的战略预期；只有坚定不移地贯彻落实省委、省政府建设沿海经济社会发展强省的战略部署，把港口战略融入全省发展的大战略中去，才能确立秦皇岛港在省域经济发展中的战略地位，获取战略发展所需的政策支持；只有将服务城市、造福桑梓作为战略基点，积极推进港城一体化发展，实现从两个主体到一个主体的转变，才能依托城市实现港口的做大做强。

3. 坚持思想大解放是港口发展的动力

解放思想是党的思想路线的本质要求，是应对前进道路上各种新情况、新问题的一大法宝；港务集团经营发展实践已证明，没有思想上的新突破、新境界，就不可能有港口的新发展，思想解放是推动港口一切工作的“总阀门”。

思想启迪实践，创新才有出路。只有创新发展理念，牢固树立科学发展观，打开发

展思想瓶颈，才能为企业赢得大发展的局面。只有创新发展思路，把工作的着眼点放到转变发展方式上来，才能开拓出一条健康、协调、可持续发展之路。只有创新发展举措，积极探索，大胆尝试，才能实现港口科技创新、管理创新、服务创新，为港口发展注入新的活力。

4. 不断强化核心竞争力是港口跨越式发展的重要定位

现代企业间的竞争是整体实力之间的博弈，但其实质是企业核心能力的竞争。明确核心竞争力可以使企业对发展的边界和实施多元化战略的广度与深度进行界定，为企业多元化扩张指引方向，提供模式、结构，选择目标市场。

能力决定实力，战略引领未来。凭借多年总结积累的企业运营经验，在现代管理理论的指导下，我们逐步明晰干散货码头运营能力是秦皇岛港务集团的核心竞争力。干散货码头运营能力支持秦皇岛港务集团在码头运营及相关领域保持长期稳定竞争优势，百年来支撑港口发展；它衍生出通用杂货码头、集装箱码头运营能力等一系列能力，催生出一系列产品与服务，推动集团多元化发展；它为国家、客户、货主等关联方提供关键价值，保证国家东南沿海能源供应和经济健康运行，带动区域经济快速发展与社会和谐稳定，实现企业效益大幅提升和职工收入稳步提高，使港口各利益关联方获得利益。

5. 全心全意依靠职工是港口发展基础

企业只有实施人本化的管理，持续满足职工的物质、文化需求，不断完善职工实现价值、全面发展的体制机制，职工才会勤奋敬业，努力工作，企业也才拥有了兴旺发达的源泉。

职工是兴港之本，港口是职工的依靠。没有秦港人勇挑重担、为国分忧的高尚品格，发挥连续作战的精神，就没有秦皇岛港务集团在抢运电煤中立下的赫赫战功；没有秦皇岛港人高超的技术业务水平，驾驭港口先进的现代化设施，就没有秦皇岛港务集团在建港史上创造的多个历史记录，秦皇岛港务集团今天所取得的一切成绩、所获得的一切荣誉都离不开几代秦皇岛港人的辛勤努力，也只有坚持依靠职工的原则不变，秦皇岛港务集团才有更加美好的未来。

6. 坚持两手抓、两手都要硬是港口健康发展的保证

物质文明建设可以为精神文明建设提供坚实的物质基础，而精神文明建设则通过充分调动和重新配置人的精神力量和物质力量，把精神生产力转化为蓬勃的巨大的物质生产力。20世纪90年代末期，随着计划经济向市场经济转轨，港口运输生产曾一度出现滑坡，集团公司党委通过有效形式进行宣传引导，在全港职工中开展“秦港有困难、我们怎么办”大讨论，使广大职工树立起适应市场经济发展的新观念、新意识，同时广泛开展增产节约等活动，为港口走出困境、实现亿吨大港目标奠定了坚实的思想基础。

物质文明为中心，精神文明为动力。港口发展无数实践证明，只有始终坚持“两手抓，两手都要硬”的方针，把精神文明建设摆在非常重要位置，港口才能承负起发展社会生产力、满足人民物质需要的重要任务；只有不断发展凝练、创新企业文化，才能基奠集团跨越式发展的深厚底蕴，开辟出集团与时俱进的金光大道。

五、发展展望

在今后的发展中，秦皇岛港务集团公司将继续坚持以港兴市、以市促港的方针，努力实施港城一体化战略，港城互动，共同发展。持续完善港口功能，在保持煤炭大港优势基础上，大力发展杂货、集装箱业务，建设综合性国际贸易口岸，打造“东出西联”桥头堡，义无反顾地承担起拉动区域经济发展的重要责任。

坚持以本港为重点，形成集团控制的资本意义上的码头群落；构建通向港口城市背向区域的交通干线，形成与战略腹地密切沟通的集疏运体系和物流服务体系；依托主业开发煤炭交易、散货物流、港口承包建设和港口设备修造等相关多元化业务。立足于区域经济发展、能源需求和物流的需要，充分利用宝贵的岸线资源，建成分区合理、功能齐全的综合性港口。

集团的发展目标是：继续保持煤炭业务优势，树立世界港口干散货业务的领先地位；集装箱业务跨越式增长，跟上环渤海领先港口的发展步伐；建成区域性油品集散中心。延伸物流服务体系，开拓优势临港产业，跨地域经营港口，实现国际化发展。将集团打造成为公司制度完善、竞争优势强劲、经济效益领先的码头运营商和综合物流服务提供商。

北方第一大港

天津港（集团）有限公司

一、企业介绍

30年的改革开放，为我国的经济社会发展带来了深刻的变化，使国家的综合国力快速提高，国际地位空前提升。天津港作为国民经济的重要交通基础设施和我国北方对外开放的门户，其30年来的快速发展是改革开放伟大进程的一个缩影。在改革开放进程中，天津港的飞速发展，始终以经济建设加快发展为中心，以建港立业报效国家为己任，以港兴城兴服务区域为目标。积极开发市场，服务顾客，完善功能，增强能力，超前规划，加快建设，扩大开放，对外合作，扩张规模，提升等级，改革创新，完善机制，科学管理，和谐发展。全面参与国际竞争，建设成了现代化世界级人工深水大港。本文系统回顾了天津港30年来的发展历程，客观分析了在改革开放过程中取得的成功经验，集中描绘了在新形势下天津港进一步解放思想、改革创新的宏伟蓝图。

30年的改革开放，极大地调动了亿万人民的积极性，使我国成功实现了从高度集中的计划经济体制到充满活力的社会主义市场经济体制、从封闭半封闭到全方位融入世界经济的伟大转折，中国从此进入全球化、现代化的快车道。中国的经济结构、社会结构、制度结构发生了深刻的变化，综合国力快速提高，国际地位空前提升。2007年，中国国内生产总值高达24.66万亿元，是1978年的67倍，人均GDP则由381元升为18 665元，是1978年的

49倍；中国国内生产总值占全球的比重由1978年的1%上升到2007年的5%以上。今天，一个面向现代化、面向世界、面向未来的社会主义中国巍然屹立在世界东方。

天津港作为国民经济的重要交通基础设施和我国北方对外开放的门户，其30年来的快速发展是改革开放伟大进程的一个缩影。天津港位于海河入海口，处于京津城市带和环渤海经济圈的交叉点上，是我国北方最大的综合性港口和重要的对外贸易口岸。天津港现有港区的规划陆域面积100平方公里（不包括规划建设中的临港产业区），已投入运营的面积57平方公里，航道水深-19.5米，30万吨级船舶可乘潮进出港。天津港主要分为北疆、南疆、东疆、海河四大港区，共拥有各类泊位140余个，岸线长度近30公里。北疆港区以集装箱和件杂货作业为主；南疆港区以干散货和液体散货作业为主；海河港区以5 000吨级以下小型船舶作业为主；东疆港区为天津港正在建设的以集装箱及物流配送、加工贸易为主的保税港区。

东疆港区位于天津港东北部，为浅海滩涂人工造陆形成的三面环海半岛式港区。港区总面积约30平方公里。它是天津市建设中国北方国际航运中心和国际物流中心、推进天津滨海新区开发开放和改革试验的重点区域。正在建设中的东疆保税港区包括东疆港区物流加工区和码头作业区的一部分，面积10平方公里，其中占地4平方公里的保税港区一期已于2007年12月11日正式开港运作。

天津港是中国最大的人工港，是我国北方重要的对外贸易口岸，是环渤海地区规模最大的综合性港口，腹地广阔，服务辐射范围包括京津冀及中西部地区的14个省、市、自治区，总面积近500万平方公里。按照市委市政府的部署，天津港正在积极推进内陆“无水港”建设。

天津港处在欧亚大陆桥的桥头堡最佳位置，通向中西亚的陆上出口最多（阿拉山口，二连浩特，满洲里），过境陆桥运输的箱量最多（2007年完成8.8万标准箱）。天津港距中亚、西亚的陆地距离最短，是蒙古及哈萨克斯坦等中亚五国的最佳出海口，是连接东北亚与中西亚的纽带。

天津港是一个功能齐全的综合性港口。形成了以集装箱、原油及制品、矿石、煤炭为“四大支柱”、以钢材、粮食、汽车、大型设备等为“一批重点”的货源结构，是环渤海地区规模最大的综合性港口，对腹地经济发展的适应性和服务贡献度较高。

目前天津港集团公司拥有总资产430亿元，实现营运收入100亿元，各类员工3万多人，在上海和香港各有一家上市公司，控股和参股企业共计65家。在2008年全国500强企业评选中，位居第384位，港口企业第二位。先后获得全国思想政治工作先进企业、全国文明单位、全国“五一”劳动奖状、全国和谐劳动关系优秀企业、全国质量效益型先进企业、全国质量效益型先进企业特别奖、全国推行全面质量管理先进企业、全国质量管理小组活动先进企业、全国用户服务满意工程先进单位、中国企业文化十大最具影响力企业、中国企业文化建设工作先进单位、中国企业文化建设特殊贡献奖、2006年全国企业文化示范基地、全国国有企业创建“四好”领导班子先进集体、天津市优秀企业、天津企业100强和全国交通百强企业等多项国家、市部级荣誉。

自1952年天津新港重新开港以来，历经56年的发展建设，已成为世界上等级最高的人工深水港，可接待世界上最先进的集装箱船舶和主流干散货船舶。回首天津港的发展，我们可以深刻体会到改革开放给天津港带来的翻天覆地的变化，是改革开放为天津港注入了加快发展的动力，是改革开放给天津港插上了腾飞的翅膀。

二、“三次跨越”铸就中国北方第一大港

“发展是执政兴国的第一要务”。纵观天津港发展历程，特别是改革开放以来的30年间，三次连续性的跨越，形成了一条“超常规发展”的清晰主线：

第一次跨越（1978年~1992年）：敢于尝试、率先破题，港口体制改革开辟天津港探索发展之路。党的十一届三中全会，推开了一扇尘封已久的大门，掀开了中国历史发展的新篇章。摸着石头过河，探索富民强国之路成为举国上下的共同行动。作为我国首批对外开放的港口，1984年6月10日，经党中央、国务院批准，天津港在沿海港口中率先实行了“双重领导、地方为主”的行政管理体制和“以港养港、以收抵支”的财政政策，成为我国港口改革破冰的“第一人”，掀开了新中国港口史上的崭新一页。又经过6年的拼搏奋斗，天津港人凭借着改革的信心与勇气，将27公里长的单航道拓宽为双向深水航道，有效缓解了港口压船问题，并相继实现了煤炭等大宗货类的进出口装卸作业，使这座历经沧桑的百年老港重新焕发出了青春。

在这一时期，天津港务局先后创造了沿海港口中的数个“第一”。建成了全国第一个集装箱专用码头、第一个达到国际最先进标准的自动化散粮专用码头和第一座从海底建起的固定式灯塔，率先开展了集装箱大陆桥运输，与荷兰渣华集团合资兴建了我国第一家商业保税仓库，第一个聘请外国人担任港口规划建设的最高顾问。1991年的天津港，货物吞吐量已由改革开放初期的1千多万吨猛增至近3千万吨，港口的综合实力显著增强。

实践证明，港口体制改革扩大了港口自主权，增强了港口活力，发展了港口生产，提高了港口经济效益。1986年8月21日，当邓小平同志视察天津港，了解到天津港所发生的巨大变化时，兴奋地说：“天津港下放两年来，经济效益显著提高。人还是这些人，地还是这块地，一改革效益就上来了，无非是给了你们权，其中最重要的是人权。”一席话，不仅充分肯定了天津港务局的工作成绩，对天津港人起到了巨大鼓舞作用，而且深刻地揭示出改革开放是天津港发生巨变的根本原因。

第二次跨越（1992年~2002）：科学谋划、调整布局，以市场为导向奠定天津港快速发展之路。伴随着改革开放进程的不断深化，党的十四大明确了建立社会主义市场经济体制的奋斗目标，邓小平同志“南巡”讲话使人们从市场经济“姓资姓社”的争论中解放出来，新一轮改革开放的大幕就此展开。天津港如沐春风，迎来了改革开放的第二个春天。进入90年代，为了适应建立社会主义市场经济体系的新形势，天津港务局确立了以市场为导向的发展思路。为了增强对市场需求变化的适应性，面对国际航运业呈现出的船舶大型化和专业化发展趋势，果断破除了“深水深用、浅水浅用”的思想桎梏，在大量科学研究的基础上，提出了建设国际化深水大港的发展思路。将航道水深由5万吨级推向10万吨级，在全国沿海港口率先完成了对老码头的改造，在北疆港区新建了大型专业化煤码头和集装箱码头，吸引了当时国际上最先进的第四代集装箱船在天津港首航。

与此同时，提出了“南散北集”的战略布局调整，拉开了开发建设南疆港区的序幕，兴建了南疆散货物流中心，把南疆港区打造成发展大宗散货接卸和交易的专业化基地，创造

出了在淤泥滩涂上辟建新港区的发展奇迹。通过一手抓基础设施建设，一手抓货源市场开发，自1993年起，天津港吞吐量每年以千万吨级递增，2001年货物吞吐量突破亿吨，成为我国北方第一个亿吨大港，跻身世界港口20强。

在不断扩大规模、实现吞吐量较快增长的基础上，我们坚持解放思想、拓宽思路，深化体制改革，建立符合社会主义市场经济要求的现代企业制度。在90年代，天津港务局在体制改革上走出了具有重大意义的两步棋：一是1992年对下属的储运公司进行了股份制改造，成立了内部职工持股的股份公司，并于1996年实现了在上交所挂牌上市，成为全国港口企业中第一家上市公司，其后天津港务局的下属企业不断地进入A股上市公司；二是天津港务局下属的二公司和集装箱公司于1997年随天津发展在香港联交所上市，成为我国沿海港口第一家在境内外同时拥有上市公司的企业。天津港务局成功进入资本市场以来，经营规模不断扩大，经济效益显著提高，为我国的港口企业体制改革进行了有益尝试。

第三次跨越（2002年至今）：深化改革、扩大开放，创建世界一流大港战略铺就科学发展之路。党的十六大以来，随着我国正式加入世界贸易组织，我国全面参与经济全球化和区域经济一体化的进程进一步加快，对外开放向着更大范围、更深程度、更高层次发展，形成了以开放促改革、促发展的局面。天津港集团紧紧把握这一历史性机遇，把自身的发展置于提高区域经济的国际竞争力大格局中考虑，以前瞻性的战略眼光，提出了“创建世界一流大港”的战略构想。创建世界一流大港既有发展速度的要求，也有发展质量的要求。我们认为，世界一流大港的内涵体现为“三化”，①规模化，吞吐量要始终居于世界港口前列、能力适度超前、适应船舶大型化要求，成为深水大港；②国际化，国际集装箱班轮密度高、外贸吞吐量规模大、与国际上大的航运企业、物流企业结成战略联盟，按国际通行标准运营港口，实现投资来源的国际化；③现代化，包括技术装备、港口功能现代化、企业员工的知识化、港口环境的生态化。

在创建世界一流大港战略的指引下，天津港集团实施了一系列重大的发展举措，①坚定不移地实施规模化战略，加快大型专业化泊位建设及新港区围海造陆速度，进一步提升港口吞吐能力，扩大空间规模；②坚定不移地实施深水化战略，加快航道建设速度，以适应世界航运市场对船舶大型化的需求；③坚定不移地实施功能领先战略，加快北疆集装箱物流中心及南疆散货物流中心建设速度，辟建东疆保税港区，进一步完善港口功能，提高港口的开发开放层次与水平；④坚定不移地实施主要经营性项目投融资“多元化、国际化”战略，加快重点项目合资建设速度，进一步壮大企业的经济总量，实现了主要经营性资产进入上市公司，使企业的融资能力进一步增强，为持续发展奠定了坚实基础。

2002年至今，是发展速度最快、发展质量最好的一段时期。天津港航道等级由10万吨级迅速提升至25万吨级，吞吐量用两个3年时间连续跨越了两个亿吨台阶，年度主营业务收入和基本建设投资双双超过百亿元，进一步巩固了我国北方第一大港的地位。2007年底，全国最大的保税港区——东疆保税港区首期4平方公里成功实现开港和封关运作，不仅对天津港的发展意义重大，更向世界展示了滨海新区开发开放的勃勃生机，展示了天津作为国际港口城市的风采。天津港集团再次在先行先试中走出了一条独具特色的科学发展之路，向世人展示了“打造北方国际航运中心和国际物流中心、建设世界一流大港”的决心与勇气。

三、"七大转变"实现又好又快发展

天津港改革开放的30年，是实事求是、勇于创新、不断超越的30年。天津港人用辛勤汗水和聪明智慧演绎了排山倒海般的"七大转变"，谱写了一篇壮丽辉煌的发展史诗。

1. 天津港货物吞吐量跻身世界港口10强

货物吞吐量是衡量一个港口发展规模和地位的重要指标。回首既往，实现亿吨大港曾经是天津港几代人的梦想。从1952年天津新港重新开港时的74万吨，到2001年实现亿吨，整整用了49年。而从2001年~2007年的6年间，突然加速用了两个3年的时间连续跨越了两个亿吨的台阶。2007年，天津港货物吞吐量在中国北方沿海港口中率先突破3亿吨，居世界港口第六位；集装箱吞吐量突破710万标准箱，稳居世界集装箱港口前20强。

2. 天津港市场辐射带动作用与日俱增

1984年，天津港务局在全国沿海港口中率先进行了体制改革，由于"以港养港、以收抵支"政策的实施，天津港务局必须直面市场，以提升自身经济效益来增加养港建港的资金来源，在激烈的市场竞争中谋求自身的发展空间。因此，在全国沿海口中，天津港较早提出了市场开发的理念，并逐渐形成了以集装箱、煤炭、原油、矿石为"四大支柱"的货源结构。近年来，天津港集团又提出了以"建设国际资源配置枢纽"为目标的新理念，以增强对腹地区域经济的辐射力、影响力和带动力为己任，通过不断完善港口功能，拓展经营领域，走出了一条以功能开发带动市场开发的新路。①建设了12平方公里南疆散货物流中心和7平方公里北疆集装箱物流中心以及多个货类的分拨中心，拓展了港口物流、配送、交易等功能；②建设了天津国际贸易与航运服务中心，在全国沿海港口率先实现口岸各部门的联合办公，为客户提供了"一站式"服务；③大力辟建内陆"无水港"，开辟亚欧大陆桥的集装箱过境运输业务，努力适应腹地客户对货类快捷通关运输的需求。天津港与广大腹地的联系与合作日益密切，目前天津港70%以上的货物吞吐量和50%以上的口岸进出口货值来自天津以外的各省区，港口对城市地位的提升作用和对区域经济的辐射作用得到了明显增强。经国际权威市场调研公司AC尼尔森调查后显示，天津港集团客户满意度高于全球与亚太地区同行业的平均水平。

3. 天津港集团资本规模不断壮大

回首30年改革开放的历程，天津港每一次的跨越，都同破除思想禁锢，积极探索融资新渠道密不可分。港口建设项目投资大、周期长、回报慢，"以收抵支、以港养港"的扶持政策曾在天津港发展历史上发挥了巨大作用，并且目前天津市政府对天津港的政策支持，还在为天津港的发展发挥着不可替代的作用。然而，我国外贸事业空前发展的大背景，对港口提出了超常规发展的新要求，仅靠"以收抵支、以港养港"的政策性资金难以满足急速增长的港口建设需求。因此，在天津市政府的大力支持下，从20世纪80年代末期，天津港务局就开始从世界银行贷款搞建设。在资本市场融资方面，一方面从1992年开始发行内部股票到1996年在上交所挂牌上市，再到2007年将主要经营性资产注入A股上市公司，不断做大做强股份公司，提高融资能力。另一方面，从下属两个公司1997年随天津发展在香港联交所上市，到2006年在香港成功分拆上市，打通通向海外资本市场的道路，从而形成了国内国外两个资本市场同时融资的新平台。期间又于2006年挂牌成立了国内港口首家拥有法人金融机构的财务公司。通过打通多种融资渠道，为港口的基础设施建设注入了大量新鲜的血液。基本建设投资由“九五”时期的年均7亿元，到“十五”时期的年均26亿元，再到目前的年均超过百亿元。

4. 天津港循环发展模式世界瞩目

历史上，天津港也曾经受到了“深水深用、浅水浅用”观念的束缚。在实施深水化方面，天津港务局内部也曾经有过不同的意见。直到上世纪末期，我们在大量的科学研究以及对国际航运业走势分析论证的基础上，果断地实施了深水化战略。通过近年来持续开展的深水化建设，天津港的航道等级已经达到25万吨级，成为世界上等级最高的人工深水港，实现了进入渤海湾的船舶天津港都能够接待，从而巩固了在北方港口中的竞争地位。同时，我们用疏浚航道的淤泥开展大规模的吹填造陆，既避免了淤泥对海洋的污染，又为港口的可持续发展创造了新的空间，探索出了一条发展循环经济的有效途径。目前，天津港陆域面积已由改革开放初期的13平方公里增加到60平方公里，到2010年，港口陆域面积可达100平方公里，这样的发展空间和岸线资源在世界港口中都是不多见的。

5. 天津港规划和现代产业布局行业闻名

30年来，天津港坚持“国内领先，世界一流”，高起点规划、高水平建设，根据国民经济的需要不断调整港口产业结构和布局，在规划中做到布局上均衡，功能上协调，资源上节约，经营上集约，逐步形成了“四大港区比翼齐飞”的全新发展格局。在北疆港区重点发展集装箱和件杂货运输，建设北疆集装箱物流中心，形成与集装箱干线港相配套的基础设施，成为中国北方最大的港口集装箱物流区；在南疆建设大型深水化散货码头群，重点发展原油、煤炭、铁矿石等大宗散货，建设南疆散货物流中心，为大宗散货运输提供配套的仓储加工交易区；在东疆港区将重点发展集装箱业务，规划建设码头作业区、物流加工区、港口综合配套服务区“三大区域”，发展集装箱码头装卸、集装箱物流加工、商务贸易、生活居住、休闲旅游“五大功能”，打造滨海新区开放度最高、经济最活跃、环境最宜人的新港城；临港产业区作为天津港的后续发展区，将成为以港口为核心、重装备产业聚集、配套服务完善、生态文明的天津港新的发展空间和经济增长点，成为滨海新区重要的功能区及我国北方重要的装备制造业基地。

天津港除了在发展空间上逐步形成四大港区之外，还在产业发展方面作出了积极探索。根据现代服务业发展和滨海新区开发开放的新形势，天津港集团提出要形成以港口装卸业、国际物流业、港口地产业、港口综合服务业为四大产业的产业布局。这将使天津港集团形成多增长点支撑、多区域发展的总体格局，同时也将为滨海新区及环渤海区域经济的大开发大开放大发展起到积极的推动作用。

6. 天津港企业文化建设全国叫响

回首改革开放的30年，天津港“老码头”文化的积淀与升华，给世人留下了深刻记忆。从1952年到改革开放初期，天津港人凭借“手钩、垫肩、破棉袄”三宗宝，靠人拉肩扛建设起了新港区，形成了“艰苦创业、一往无前”的创业精神。20世纪80年代中期至90年代末期，天津港务局在生产建设快速发展的过程中，逐步形成了以“团结奋斗、开拓创新、务实进取”精神和“优质服务是生存和发展生命线”的主流文化。2002年，在整合提炼传统文化基础上，率先在全国港口行业中全面系统地开展企业文化建设，并将“文化制胜”战略纳入港口整体发展战略。通过不断的探索实践，形成了以学校观、军队观、家庭观为“三大目标”，以发展、人本、卓越、和谐为“企业哲学”和以“发展港口、成就个人”为核心理念的三足两耳鼎文化体系；通过实施“人才强港”战略，建立以市场为导向的用人用工机制，涌现出了以知识型产业工人“蓝领专家”孔祥瑞、农民劳务工苏现凯等一大批先进典型个人和集体，在实践中完成了文化力向生产力的转化，实现了对企业发展的提升和推动。几年来，天津港集团先后获得了“全国企业文化优秀成果”、“全国企业文化示范基地”等多项荣誉，其企业文化建设的典型经验，还被收录至北大管理案例研究中心案例库和《中国品牌实践案例》等多部专著。

7. 天津港集团对外品牌形象有口皆碑

在谋求企业快速发展的同时，天津港集团始终没有忘记自己的社会责任，而是通过企业的不断发展来回报全社会的支持。一方面，在履行公共责任上，集团宁可自己加大投入增加成本也决不破坏生态环境。用时10年、投资100亿完成了“北煤南移”工程，全方位有效治理了煤尘污染；大力推进“节能减排”工作，坚决淘汰能耗高、低效率、污染大的老旧设备设施，使每万吨吞吐量综合能源单耗由20世纪90年代初期的18.3吨标准煤缩减到2007年的6.8吨标准煤；持续加大对港口综合治理力度，积极宣贯认证OHSAS 18001职业健康安全标准，并依照SOLAS公约履约的内容要求建立安保体系，使天津港集团的安全度大幅提升；着力强化现代企业制度创新，解决了员工住房、绩效考核、薪酬分配、个人职业发展等改革重点难点问题，不仅做到了“无过失不下岗”，而且还使员工待遇始终保持全国同行业领先水平。另外，港口及港口相关产业的发展直接或间接创造了大量的就业岗位，也为城市经济的快速发展创造了和谐稳定的氛围，注入了新的活力。

另一方面，在支持公益活动上，以向灾区和SOS儿童村捐款、举办答谢音乐会、成立困难职工帮扶基金会等实际行动主动回馈社会、奉献社会。据不完全统计，近年来天津港集团及全体员工向社会捐款捐物已累计达数千万元之多。特别是今年的“5.12四川特大地震”发生后，集团先后向受灾民众捐款1 460万元，支持灾区重建工作，充分展现了一名“社会企业公民”所应具备的高度责任感。

四、“六个坚持”诠释港口科学发展观

回顾天津港改革开放30年来的发展历程，我们可以得到许多深刻的启示和经验，这是天津港人智慧的结晶，是今后发展的宝贵的精神财富。

1. 始终坚持以党的路线、方针、政策为指导，用科学的态度谋划发展

天津港的发展从根本上得益于国民经济发展，得益于改革开放。30年来，坚持以党的路线、方针、政策为指导，特别是把建设中国特色社会主义理论及科学发展观的要求与港口实际紧密结合，紧紧把握发展这个主题，不断增强综合实力及核心竞争力；切实转变发展方式，着力推动结构调整，促进产业升级；着力完善港口功能，提高服务水平；着力推进改革创新，增强企业活力；着力科技自主创新，推动节能减排，实现集约型、节约型发展，不断

提高天津港发展的质量和效益，使港口经济切实步入全面协调可持续的发展轨道。

2. 始终坚持以解放思想为先导，用创新的思维指导发展

解放思想是发展中国特色社会主义的一大法宝，是党的基本思想路线。经过多年的实践，我们深深感到思想解放的程度决定发展的速度，观念创新的强度决定改革创新的力度。多年来，我们连续开展了解放思想大讨论活动，在认清形势任务中解放思想，在比学先进、查找差距中解放思想，在更新观念、改革创新、干事创业中解放思想。通过不断引导广大员工冲破思想藩篱，把大家的认识统一到改革发展上来，为企业生产建设发展和各项事业进步提供有力的思想保证和强大的精神动力。

3. 始终坚持以战略思维为引导，用前瞻的思路统领发展

凡事预则立、不预则废。多年来，天津港注重形势和战略的超前研究，紧紧把握行业、国家乃至世界经济发展的趋势，由此明确不同阶段的工作目标、思路及重点，提高工作的前瞻性和系统性，保持发展思路上的与时俱进。2003 年明确了建设世界一流大港的发展战略，以此来统领企业的发展，通过不断的丰富和完善这一发展战略，来统一思想、凝聚力量，为企业保持快速稳定发展奠定了坚实基础。

4. 始终坚持以改革开放为动力，用国际化的视野深化发展

大开放促进大开发，大开发促进大发展，大发展促进综合实力的大增强。多年来，天津港始终坚持高度开放，通过以资本为纽带广结战略联盟，进一步开拓货源市场，完善资本结构，引进先进管理理念，加快与国际接轨。坚持以开放促改革，按照市场经济规律和建立现代企业制度的要求，不断推进体制和机制创新，最大限度地激发企业的生机和活力。同时注意处理好改革、发展、稳定的关系，为建设世界一流大港提供源源不竭的动力。

5. 始终坚持以追求卓越为目标，用务实的作风推动发展

在天津港务局下放地方之后，我们坚决贯彻天津市委市政府的决策部署，牢固树立责任意识、大局意识，肩负使命、勇挑重担，切实把各项工作要求不折不扣地落到实处。我们在准确把握国内外经济形势和国际航运发展动态的基础上，不断加快港口发展，大胆实施超前建设，努力提高自身实力，做到领先一步、高人一筹。我们坚持拼搏进取、勇创一流的精神状态，雷厉风行、令行禁止，自觉提高工作标准和水平，不断追求卓越，努力使各项工作在全市叫响，在港口行业叫响，在全国叫响，进一步巩固和提高天津港的领先地位。

6. 始终坚持以企业和谐为保障，用先进的文化促进发展

以人为本是科学发展观的核心，是天津港企业管理哲学的核心。企业是所有者、经营者、员工和客户的价值共同体。多年来，我们通过加强特色企业文化建设，努力构建和谐企业，把天津港集团建设成为和谐融洽、充满友爱、精诚团结、蓬勃向上的集体，处理好与各方面的关系，让每一名员工都能感受到企业的和谐温暖，让利益相关者得到价值回报，实现和谐共融，为企业的发展营造有利的氛围。

五、建成世界一流大港

党的十七大明确提出要全面认识工业化、信息化、城镇化、市场化、国际化深入发展的新形势新任务，深入贯彻落实科学发展观，继续解放思想，坚持改革开放，推动科学发展，促进社会和谐，这为发展中国特色社会主义指明了方向。十七大报告中特别提出要遵循市场经济规律，突破行政区划界限，形成若干带动力强、联系紧密的经济圈和经济带。要更好发挥经济特区、上海浦东新区、天津滨海新区在改革开放和自主创新中的重要作用。这充分体现了党中央对天津发展和滨海新区开发开放的高度重视和殷切希望。滨海新区的开发开放作为国家战略，意义重大。

天津港是滨海新区重要的功能区及组成部分，因此，企业的发展，绝不是天津港集团自己的事，而是关系到滨海新区的开发开放，关系到天津城市定位的实现，关系到国家战略的顺利实施。天津港集团在新的形势和要求面前，必须深入学习和贯彻党的十七大精神，落实科学发展观，把握历史机遇，承担历史使命，站在新高度、新起点，进一步解放思想、改革创新，继续大力推进世界一流大港建设，向更高水平、更高目标迈进，在促进天津城市定位实现、服务区域经济发展中作出更大的贡献。

天津港集团改革与发展的工作思路有以下几个方面：

1. 明确发展定位，调整发展目标

抓住滨海新区开发开放的机遇，积极应对来自各方面的挑战，努力把天津港建设成为设施先进、功能完善、管理科学、运行高效、人文和谐、生态环保的现代化国际深水港，成为面向东北亚、辐射中西亚的集装箱枢纽港，中国北方最大的散货主干港，规模最大开放度最高的自由贸易港，成为世界一流大港。为滨海新区的建设和区域经济发展提供最优良的服务和强有力的支撑，为建设北方国际航运中心和国际物流中心、实现天津城市定位作出贡献。

天津港集团的发展目标是到2010年，确保货物吞吐量超过4亿吨，集装箱吞吐量达到1 200万标准箱，企业资产规模达到500亿元。到2012年，集装箱吞吐量达到1 500万标准箱，力争10平方公里东疆保税港区提前一两年基本建成。临港产业区一期陆域开始成陆，具备开发建设条件。全面建成覆盖内陆地区的物流网络，港口功能进一步完善，对腹地的辐射力、影响力和带动力明显增强。不仅如此，我们还把集装箱吞吐量跻身世界港口集装箱10强，作为建设世界一流大港的标志性指标，力争早日实现。

2. 扩大对外开放，进一步加快国际化步伐

要加快国际化步伐，就必须努力把天津港集团打造成为跨地区、跨行业经营的企业集团，并逐步建设成为跨国经营的港口运营商。实现天津港集团的国际化投融资，通过国际、国内两个资本市场，进行资本运作，扩大企业的经营规模和盈利能力。

要加快国际步伐，就必须努力加强与国际上大的跨国航运企业、港口企业和物流企业的资源共享和优势互补，打造覆盖区域和全球港口的合作网络，提升在国际物流供应链中的整体竞争力和话语权。在人才、技术、管理等方面要加快与世界接轨的步伐，实现港口经营要素的市场化、港口运行的高效化、港口管理的科学化、港口投资来源的国际化。

要加快国际化步伐，就必须在建设好东疆保税港区、做好海关特殊监管区域政策叠加和功能发挥的基础上，努力把天津港全域逐步发展成为自由贸易港区。发展自由贸易，是我国社会主义市场经济发展到一定阶段，进一步提升国民经济整体的国际竞争力的国家战略需要，也是滨海新区破解综合改革配套试验难题、为国内其他区域改革发展作出示范的客观需要。天津港作为滨海新区开发开放的前沿阵地和我国北方对外开放的门户，肩负着探索发展自由贸易的光荣历史责任。因此，天津港集团要努力按照国际惯例做好东疆保税港区的建设、开发和运营，特别是做好功能上与国际的对接，同时积极配合政府主管部门，努力创造一个完善的投资运营环境，在我国法律和政策的范围内，从各方面提供优惠和方便条件，把东疆保税港区逐步建设成为同国际市场紧密联系，按照国际惯例作法，具有自由贸易性质的特定区域，为东疆保税港区乃至天津港全域发展成为自由贸易港区奠定良好基础。

3. 不断深化改革，增强自主创新自我发展能力

要进一步解放思想，弘扬敢为人先的创新精神，把改革创新贯彻到港口发展的全过程和各个环节。建立适应集团化经营的体制机制以及与主要经营性资产注入上市公司相适应的管理架构。发挥境内、境外两个上市公司的作用，加大资本运作力度，提高资本的运营水平，利用战略投资、收购兼并等方式，拓宽盈利渠道和发展空间。

随着滨海新区产业结构的整体升级，天津港集团在完成由劳动密集型向资本密集型港口的转变之后，将进一步加快推进企业的产业升级，实现从资本密集型向技术密集型的战略转变。要加大引进高端人才和专业化人才的力度，构筑人才高地。要加大科技创新力度，提高自主创新能力，加快信息化数字化港口的建设步伐。同时要引进和利用世界上最先进的装备及工艺，进一步提高作业效率及现代化水平，保持在世界港口行业的领先地位。

改革不息，创新不息，奔跑不息。中央对天津的城市定位以及关于加快滨海新区开发开放的重大战略部署为天津港的发展带来了难得的历史性机遇，天津市委市政府也对天津港的发展速度、发展水平和综合实力提出了更高的要求，指明了发展的方向。集团将认真落实中央和天津市的工作要求，把握历史机遇，承担历史使命，在新的发展阶段，在改革开放新的历史征程上实现新跨越，为滨海新区的开发开放，为天津建设成为国际港口城市和北方经济中心，为区域经济发展作出新的更大的贡献！

转变观念天地宽

烟台港集团有限公司

一、企业介绍

烟台港是我国沿海 25 个重要港口之一，自 1861 年开埠至今已有 147 年的历史。1984 年，成立烟台港务局。2002 年，随着港口管理体制改革的逐步完成，烟台港下放到烟台市管理，并实现政企分离。2004 年，烟台港由原烟台港务局整体改制成立烟台港集团有限公司。

烟台港集团拥有芝罘湾港区、西港区、蓬莱港区和龙口港区四大港区，下设 20 余个分公司、全资及控股子公司，主营散杂货、集装箱和客滚运输三大主业，承担装卸仓储、旅客运输、滚装运输、加工分拨、中转换装、船代货代、理货服务、港务工程、机械制修等港口型业务。全港共有各类泊位76个，万吨级以上深水泊位37个，码头岸线总长约14 000米，货场总面积277万平方米，仓库总面积14.6万平方米，铁路专用线总长度26公里，船舶34艘，港口作业机械800余台套，资产总值近百亿元，职工10 000余人。

作为对外贸易的窗口，烟台港集团现已开通至丹东、大连、营口、锦州、秦皇岛、京唐、天津、上海、温州、泉州、深圳、广州黄埔等港口的内贸航线18条，航班月均183班；开通至日本、韩国、美国和中东等国家和地区的外贸航线22条，航班月均100班；开通至大连、青岛、上海的外贸内支线3条，航班月均20班；已与鹿特丹、迪拜、开普敦、洛杉矶、里约热内卢、新加坡、横滨、仁川、釜山、香港等世界100多个国家和地区的150多个港口直接通航，并分别与新西兰陶朗加港，美国的坦帕港、圣迭戈港、奥林匹亚港、布雷默顿港以及韩国的仁川港等6个港口缔结为友好港。

2007年烟台港集团完成货物吞吐量10 086.8万吨，比上年增长24.7%，成为全国沿海第11个亿吨大港；完成集装箱吞吐量125万标准箱，比上年增长6.8%；完成旅客运量439万人次，滚装车运量49.9万辆，分别较上年增长10.9%、13.4%。烟台港集团荣获了由中国企业联合会、中国企业家协会、中国企业十大新闻评选委员会联合评选的“2007年度最具成长性企业”称号。2008年被评为中国服务业企业500强，名列第389位。

在建设发展过程中，烟台港集团按照现代综合物流的发展要求，在强化货物装卸、存储等港口功能的基础上，不断发展货物增值加工、中转、配送、门到门运输等现代综合物流服务功能，完善综合物流服务体系，延伸港口产业链条，已成为带动烟台市现代综合物流发展的龙头企业。特别是在烟台出口加工区被国务院批准拓展保税物流功能后，烟台港集团正着手与烟台出口加工区A区加快区港联动的发展步伐，扩大港口物流功能区域，提升港口保税物流功能，向保税港区的目标迈进。

二、改革历程

1. 全面整顿企业和探索内部改革道路

自20世纪80年代起，烟台港下大气力改善企业管理和深化内部改革，快速提升港口竞争能力和适应能力。1983年，烟台港务局成为全国交通系统首批企业整顿合格单位，并被授予全国企业整顿先进单位称号；1986年，喜获国家质量管理奖；1988年，被批准为国家二级企业。同时，烟台港务局努力探索企业改革道路，在内部实行厂长（经理）负责制，推行承包经营责任制，改革劳动分配制度，转换经营机制，加强、改进党的建设和思想政治工作。

烟台港企业管理和内部改革的完善深化，强力推进以质量为核心的港口质量管理，加强港口生产经营，优化服务质量，受到中外客户的广泛赞誉，提高了港口和国家的声誉。烟台港务局成为当时交通系统企业管理方面的一张“名牌”。

2. 实行双重领导、以地方管理为主的领导体制

按照中央关于对沿海港口实行管理体制改革的要求，自1987年1月1日起，烟台港务局实行双重领导、以烟台市领导为主的管理体制，实行以港养港、以收抵支、财务包干的财

务管理制度。并将港务监督划出，成立烟台海上安全监督局。1994 年 10 月，山东省政府确认烟台港为大型企业。

这次改革是建国后烟台港管理体制的重大改革，他对于进一步发挥中央和地方两个积极性，扩大港口的自主权，增强企业活力，加快港口的改造和建设，扩大港口通过能力，促进所在地区的改革开放和国民经济发展产生了积极的作用。港口下放后 4 年，烟台港共实现利润1.7亿元，为管理体制改革前 26 年实现利润的 15 倍。

3. 率先开拓新的运输货种和运输方式

烟台港穷则思变，精心运作，以灵敏的经营嗅觉不断开拓新的运输货种和运输方式，逐步形成基础性和支柱性货源，从而推动港口快速发展。

化肥和氧化铝是两个具有开风气之先意义的货种。20 世纪 70 年代末 80 年代初，我国每年要从国外进口大量化肥，其中大部分散化肥先由美国运到新加坡、韩国、台湾等地灌包后再运至我国大陆有关口岸，为此花去大量外汇。1978 年，国家经委决定在大陆港口灌包。烟台港抓住机会，主动承担来料加工业务，成为全国最早开辟散化肥灌包的港口之一。通过从国外引进和自己制作，烟台港拥有散化肥灌装生产线 24 条，昼夜灌装能力超过 1.5 万吨，为国内沿海港口之最。从此这项业务在烟台港持续了 30 余年，也曾连续多年保持散化肥接卸灌包数量全国第一。1986 年，烟台港成为国内第一个散氧化铝接卸灌装基地，成功实现国外包装向国内包装的转移。至 1995 年，烟台港共接卸灌装散氧化铝 350 余万吨。

4. 大胆改革货源经营体制

随着改革开放不断深入，运输市场对货源的竞争日趋激烈，这给港口的生存发展带来严峻的考验。烟台港较早认识到货源经营在港口发展中的重要性，从 20 世纪 80 年代中期开始进行港口货源经营机构、制度及配套措施的建设，在沿海港口中率先组建专业揽货队伍和经营公司，主动走出去开展货源经营工作。1985 年 12 月，建立货源保证体系，以“综合治理”的办法开发货源。1993 年 4 月，进一步提出改造与完善货源保证体系的意见。重新明确货源经营的方针是“疏运、价格、服务、质量”、“以疏运保生产，以生产保货源”。

到 90 年代前半期，烟台港散杂货运输保持较高水平，外贸货物比重不断增加，吞吐量吨货收入明显高于周边港口，在一些主要货类上占有不凡优势。这些，都与货源经营工作抓得早、整个货源组织工作措施有力密切相关。建立完善的、强有力的揽货组织和机制，对于烟台港来说，是一次从货源经营理念到具体组织的新的变化和尝试。

5. 一跃成为我国北方客运滚装运输主枢纽港

1989 年 1 月 17 日，随着天鹅轮首航烟台—大连航线成功，渤海湾第一条客/车滚装船运输线投入运营，标志着我国海上运输新工艺的成功实现。

烟台港充分发挥烟台至大连黄金水道的客运优势，完善硬件设施，提高服务质量，旅客和滚装车运量稳步增长，规模逐步巩固，成为我国北方客运滚装运输的主枢纽港，为促进我国海上客运交通事业发挥了重要作用。

从“六五”至“八五”间，烟台港旅客进出口量平均每年递增 5.7%，1995 年较 1980

年代初期增长1.4倍。1995年滚装车进出口量突破10万辆，年均增长66.7%。期间，烟台港旅客运量在全国沿海港口中基本保持在第6位，成为全国沿海港口中的客运大港。

6. 精心编制总体布局规划，启动西港池开发建设

改革开放后，烟台港根据生产快速发展的需要，加快了西港池的规划和开发。为了使港口建设规模和布局更加科学合理，烟台港于1989年~1991年编制了《烟台港总体布局规划》。1991年，交通部将这部《规划》作为全国第一部港口规划的范本发至部属各双重领导港口。它为烟台港对此后的西港池二期工程、三期工程、顺岸码头工程、三突堤工程和西港区工程等港口建设奠定了基础。

“六五”期间（1981年~1985年），烟台港争取国家投资完成了西港池起步工程，拉开了西港池开发序幕。1985年~1990年完成了西港池一期工程，该工程的投产标志着烟台港由运行了120多年的东港池向西港池挺进，向以外贸为主、中转为主、多功能、综合型的主枢纽港挺进。1992年~1997年完成了西港池二期工程。至此，烟台港码头年通过能力达到1 221万吨，从硬件上保障了港口生产持续发展。

7. 加强党的建设，注重思想政治工作

在改革开放的新形势下，烟台港紧紧围绕港口生产经营实际，从政治、思想、组织、作风上全面加强党的建设，使党组织的政治核心作用、战斗堡垒作用和党员的先锋模范作用得到较好发挥。同时，始终把思想政治工作作为重要工作来抓，组织各方面力量齐抓共管，把思想教育和解决实际问题结合起来，真心真意地尊重职工、关心职工，使思想政治工作具有说服力、感召力，促进企业各项工作顺利进行。1986年，烟台港被命名为全国思想政治工作优秀企业。1987年4月，中共烟台市委做出推广烟台港务局思想政治工作经验的决定。

8. “5.23”英雄群体和抗非典英雄王德生事迹

1995年5月23日晚，烟台港公安局客运站派出所班长王德利在客运站售票大厅发现一名可疑男子，遂将男子带到值班室里屋进行盘查，遭其枪击。正在外屋审查案犯的治安民警牟彦峰与随后赶来的客运所所长顾正泽、民警孙国明等人展开了对持枪歹徒的接力追击。在公安干警的包围和攻势下，歹徒走投无路，自毙身亡。顾正泽、王德利、孙国明、牟彦峰均因伤势过重，经抢救无效壮烈牺牲。中共中央政法委等部门发来慰问信（电）对四位烈士表示沉痛哀悼。交通部、公安部、山东省政府和烟台市委、市政府联合召开“5.23”英雄群体命名表彰大会，并号召全国交通、公安系统广大干部职工和全省全市人民掀起向“5.23”英雄群体学习的活动。“5.23”英雄群体的壮烈业绩在交通行业乃至全国竖起一座不朽的丰碑。

2003年春，我国部分地区发生“非典”疫情。5月，根据上级安排，烟台港卫生防疫站党支部书记王德生作为烟台市协查组成员被派往大连港工作，他与同事们一道在港口筑起防治“非典”的坚固防线。12日20时，由于连日工作过度疲劳，王德生不幸牺牲在工作岗位上。山东省委、省政府授予其“全省防治非典型肺炎工作先进个人”称号，记个人一等功。烟台市委做出追授王德生“烟台市优秀共产党员”荣誉称号和开展向王德生学习活动的决定；王德生是继“5.23”英雄群体之后的又一个英模典范。

9. 进一步深化改革，迎来跨越式发展新时期

根据中央、省关于深化港口管理体制改革的要求，2004 年 9 月，烟台港实施管理体制转变。烟台港集团有限公司作为独立的法人实体，实行国有资产授权管理。

2006 年，烟台港完成货物吞吐量 8 088 万吨，芝罘湾港区完成集装箱吞吐量 105 万标准箱。2007 年，烟台港完成货物吞吐量 10 086. 8 万吨，一举跻身全国亿吨大港行列。2008 年，站在新的起点上，开始了实现又快又好发展、打造一流强港的征程。集团成功对环球码头公司、港通货柜码头公司、港务工程公司等实行投资主体多元化改造，加快了企业市场化进程，形成新的投资主体多元化和投融资机制。2005 年 9 月，烟台港西港区建设正式启动，为烟台港的西移大发展拉开帷幕。烟台港正在向建设现代化大型港口迈进，为促进区域经济腾飞发挥更大的作用。烟台港的跨越式发展，使烟台港人深刻认识到：小发展大困难，大发展小困难，不发展最困难。发展是解决当前一切困难的金钥匙。

三、发展成就

根据中央、省关于深化港口管理体制改革的要求，2003 年 4 月烟台市政府出台关于港航体制管理和改革的意见。2004 年 9 月，烟台港集团有限公司成立。在国家交通部门指导下，在当地政府的支持下，从此烟台港步入跨越发展的快车道。

1. 整合港口资源

为整合港口资源，加快港航企业发展，2005 年 1 月，烟台市政府确定从 2004 年 12 月 31 日起将烟台地方港管理局划转给烟台港经营管理。2005 年 8 月，市政府将蓬莱港东港区整合到烟台港集团；9 月 1 日，烟台港集团决定将蓬莱港改建为烟台港集团蓬莱港有限公司。2006 年 4 月，市委、市政府从全市经济社会发展的战略高度，决定对烟台港、龙口港实行重组整合。重组整合后，龙口港由市管国有独资公司变为烟台港管理的法人独资公司。这是烟台市历史上资产数量最大的一次重组整合。

2. 以集装箱运输为突破口壮大港埠业

改制后，烟台港迅速制定突出发展集装箱运输、做大做强港埠业的战略举措。外贸集装箱运输：以增线增班为手段，重点发展近洋航线，同时兼顾远洋航线建设，扩大港口辐射力。烟台港逐步发展成为对日、韩、东南亚地区的近洋集装箱航线的干线港，对欧、美、澳地区的远洋集装箱航线的基本港。内贸集装箱运输：充分发挥地处渤海湾入海口和黄渤海海上运输要道之利，提出“汇渤海湾箱量向南中转，聚北上货物在烟台港分拨，变地缘劣势为优势，立足胶东，辐射西部，视东北、华北为经济腹地”的经营理念和资源共享、合力同荣的共赢理念，实现内贸集装箱运输密度、地位、效率的全面突破。烟台港成为环渤海湾地区连接长三角、珠三角、厦门湾三大经济圈的内贸集装箱运输枢纽港，也是国内内贸集装箱运输网络最为完善的港口之一。2006 年，港通货柜公司以完善的运营网络、快速的箱量增幅及一流的管理水平被中国港口协会集装箱分会评为全国内贸集装箱码头五强之一。2006 年，烟台港集装箱吞吐量在全国沿海港口中的位次由上年的第 14 位上升到第 10 位，增幅在全国主枢纽港中位列第一位，烟台港成为山东省第二家集装箱年吞吐量过百万标准箱的港口。

在散杂货运输方面，烟台港主动分析市场形势，采取得力措施，积极应对市场竞争，继续扩大矿石、化肥、粮食等大宗货源，千方百计改善货类结构和进出口结构，开发培育新货源。

在旅客滚装运输方面，烟台港充分发挥港口整合优势，加强运力组织和市场营销，稳定运力规模，努力开拓客滚运输市场，“烟台港客运”被认定为山东省服务名牌。

2006年，烟台港获得全国交通行业百强企业称号位列第35位（2005年第68位）、中国服务业企业500强称号位列第415位。在中国国际海运网和大连海事大学世界经济研究所共同推出的《2006年中国港口综合竞争力指数排行榜报告》中，烟台港综合竞争力名列排行榜第11位，被评为“爆发式增长的港口”。2007年，烟台港被中国最具竞争力企业500强组委会授予“中国最具竞争力十大港口”称号。

3. 优化调整资本结构，积蓄临港产业优势

烟台港集团坚持资本运营、和商共赢理念，把港口发展与资本运作、招商引资紧密结合起来。在招商引资过程中，紧紧抓住各港区的不同功能定位，通过进行多层次、大范围的与有潜在投资意向的战略投资者进行接触，吸引各方面资金参与港口建设与经营。特别注重与国内外著名航运公司、港口集团和大货主的联合，直接带来具备大货运量和经济效益的临港工业落户港口后方。

烟台港在与美国CSX集团合资1年后，烟台环球码头有限公司外方持股人发生变化——由迪拜港口国际（DPI）有限公司代替美国CSX集团。烟台环球码头有限公司董事会决定将中、外方股东各持有的17.5%股权转让给中海码头发展有限公司。此举开启了烟台港与国字号海运集团实行战略合作的先河。近年来，与新加坡威尔玛集团合资的益海粮油二期扩建项目已正式开工建设，投产后每年新增吞吐量70万吨；与菲律宾国际集装箱码头服务公司合资成立的烟台东龙国际集装箱码头公司已投入运营；与中交集团合资成立中交航务工程有限公司，使港口水工施工能力迈上新台阶；与香港嘉鑫钢铁集团合资成立烟台港鑫物流有限公司，为扩大公路疏运打破港口集疏运瓶颈提供了可能；龙口港区与新加坡康基集团合资成立龙口阳鸿海达物流公司，构建起海铁联运格局向内陆输送石油化工等货物，将物流触角伸向了鲁中地区。这些项目直接或间接促进了港口建设，培育了大宗货源，形成的吞吐量突破千万吨。

4. 以西港区建设为重点，加快港口建设步伐

进入“十一五”时期，烟台市委、市政府审时度势，做出举全市之力发展建设烟台港、在更高层次上打造城市核心竞争力的战略决策。西港区建设成为“十一五”期间全市重大基础设施建设的头号工程。2005年9月6日，烟台港西港区建设正式启动，为烟台港的大发展拉开帷幕。

同时，加紧推进芝罘湾港区、龙口港区、蓬莱港区等基础设施的建设。截止到2007年年底，西港区液体化工码头项目中的第一个液化码头水工工程已经完工；构件预制厂项目已初步具备沉箱预制条件；芝罘湾港区三突堤集装箱码头项目前期工作顺利进行；投资1.57亿元的龙口港区通港铁路建成通车，5万吨级航道工程竣工；10万吨级通用码头年内完成主体工程；蓬莱港区5万吨级通用码头及5万吨级航道工程项目即将开工。目前，烟台港集团在建项目总投资规模达到100多亿元。

5. 完善内部管理，实施主辅分离

烟台港围绕建立现代企业制度，继续推进管理创新、制度创新、科技创新，增强综合竞争能力。在强化安全管理、财务管理、技术设备管理、法制环境建设、信息化建设、绩效与薪酬管理、职工教育培训、建设和谐的劳动关系等方面做了大量工作，并取得丰硕成果。烟台港集团曾荣获山东省“劳动关系和谐企业”称号。

2006年，烟台港集团以海湾公司为试点，已完成烟台海湾环保餐具有限公司等3个公司的国有股（产）权转让。烟台中燃船舶燃料供应有限公司等5个公司的国有股权转让工作也在按程序进行。经过3年时间，集团基本上完成各类辅业企业的分离和改制，实现产权多元化。

6. 开创企业文化建设新局面

为进一步重塑和提升企业文化，增强港口核心竞争力，烟台港在更高层次上加强企业文化建设，构筑港口企业文化体系。2005年7月起，聘请有关专家共同对企业文化进行分析、研究和策划，努力创新烟台港的企业文化体系。企业文化理念整合提炼取得阶段性成果，即：企业愿景—开放的枢纽港、自豪的大家园；企业使命—建设基地港口、推动城市经济；核心价值—秉诚兴港、求是立业；企业精神—开拓创新、干则必成；人才理念—德能勤绩、以业成才；管理理念—科学规范 、简明高效；安全理念—以人为本、安全至上；发展理念—持续发展、共筑和谐；经营理念—成就客户、发展自我；竞争理念—守正出奇、领先制胜。

随后，烟台港加大企业文化理念落地流程的推进工作，通过全体员工的认知和认同，进而贯彻到员工的行为中。随着企业文化建设系统工程的有序推进，烟台港努力建立起优秀的企业文化体系，使之成为推动港口发展的不懈动力。2006年12月，山东省委宣传部、组织部，省经贸委、国资委、总工会授予烟台港“第二批山东省企业文化建设示范单位”荣誉称号。

四、基本经验

改革开放30年来，烟台港发生了翻天覆地的变化，从地区性港口跻身中国水运枢纽港行列，进而成为我国沿海港口第11个亿吨大港。其基本经验是：

1. 突破思维定式，确立烟台港发展观

从建国后到20世纪80年代，由于国家计划经济的束缚，港口货源组织工作也一直处于计划分配、坐等货源阶段，而经济形势的发展要求港口作为一个经济组织和市场主体尽快进入不断培育新市场阶段。

烟台港集团较早认识到货源经营在港口发展中的重要性，认为：开拓货源是港口生存发展的生命线，运输生产货当先；整个运输生产过程中，无货就不成其为运输，货是第一位的，货是港口生产经营的关键。

从20世纪80年代后半期当时的烟台港务局就开始进行港口市场经营机构及其制度和配

套措施的建设，率先在沿海港口组建专业揽货队伍和经营公司，取得可喜的成果。因此，建立完善的、强有力的市场经营机构——对于烟台港乃至对整个沿海港口来说，是一次从市场经营理念到具体生产组织的新的变化和尝试。

2004年烟台港集团成立后，面对严峻的形势，新的集团公司领导班子摒弃了“地理位置决定发展规模”的传统观念，确立了“大烟台港”战略。尤其是在集装箱发展上，集团公司领导变换视角重新审视烟台港的地理位置：恰在扼守渤海湾门户的要害处，是不可取代的天然中转良港。因此，烟台港一举突破发展瓶颈，变地缘劣势为优势，提出了“立足胶东，辐射西部，视东北、华北为经济腹地”的经营理念，实现了港口集装箱航线密度和经济效益的全面突破。2006年烟台港集装箱吞吐量突破100万标准箱，使集装箱吞吐量在全国沿海港口中的位次由2004年的第14位上升到2006年的第10位。从连续几年徘徊在十几万标准箱，再到发展为不足30万标准箱，烟台港走了9年的时间。05年、06年在短短的不到两年时间里，集装箱一举突破百万标准箱，这是一个令业内震撼的跨越。大发展，要有大视野，烟台港的跨越发展，得益于他们砸碎了“地理位置决定论”的桎梏，坚信发展的决定因素是人，而不是客观地理位置。

2. 港口重组整合，发挥资源最大效能

烟台港下放到烟台市管理后，先后完成了与烟台地方港、蓬莱东港、龙口港等港口的重组整合，一个“大烟台港”的雏形已经显现出来。港口实行重组整合的意义有两点：①符合烟台市经济和社会发展的总体战略。烟台对城市的定位为现代化国际性港口城市，其落脚点就是港口城市。港口是烟台最核心的战略资源；②符合原来各个港口的长远利益和根本利益。重组整合之后，可以有效地利用各种有形和无形的资源，合理分工，优势互补，形成一个拳头，站在新的起点上参与更大范围的竞争。

重组整合之后的烟台港集团，控制着烟台市北部近200公里的岸线资源，直接经济腹地是山东省和烟台市经济实力最强、最具活力的区域。具有把港口做大做强、全面拉动城市经济社会发展的前提条件。生存空间的拓展，为港口企业可持续、跨越式发展提供了广阔的前景。

3. 港口基本建设是港口腾飞的基石

烟台港每一轮大规模港口建设，势必带动港口生产快速发展。

1973年～1979年是烟台港“大建港”时期，这期间在基本建设方面的投资额是建国23年（1949年～1972年）投资总额的5.7倍，由此带来了建国以来烟台港生产发展最快的时期。1972年完成货物吞吐量141万吨，列沿海港口第11位；大建港后的1981年，完成货物吞吐量540万吨，列沿海港口第八位；旅客吞吐量保持在120万人次，列沿海港口第4位。

同样，亿吨大港的诞生也是依靠从20世纪90年代到21世纪头几年，矢志不渝的长期加大港口建设投资力度而换来的。1990年西港池一期工程竣工后，相继进行了二期工程、三期工程一阶段和二阶段、顺岸码头工程、三突堤工程建设、直至2005年，新的集团领导班子勇于开拓，力主开发西港区、建设西港区，在烟台市大力支持下，启动了具有划时代意义的西港区建设工程。目前已竣工的烟台港西港区5万吨级液化码头，向世人展示着烟台港发展建设全新时速。这些质量优良的码头基础设施设备共同见证了亿吨大港的诞生。烟台港要成为现代化一流强港的宏伟目标，更多的需要依靠西港区来实现，因此，加快西港区建设是烟台港发展的必然路径。

实践再一次证明，向港口建设要能力、要发展空间，这是烟台港在新一轮港口发展热潮中，打造一流强港的发力点。正如烟台港集团董事长周波说得那样：“烟台港要实现又好又快的飞速发展，必须摒弃‘地理位置决定发展规模’的传统理念，重新审视放大区位优势和地缘潜质，举全港之力打造烟台港的核心竞争力，科学、快速、有序地控制烟台北部岸线，从根本上改变区位劣势，积极融入城市经济和区域经济大格局。”

4. 加强企业文化建设与和谐企业建设，打造核心竞争力

烟台港具有优良的企业文化建设传统。2006 年，烟台港企业文化理念体系已经提炼完成，企业精神以及设计制定包括港旗、港徽和港歌等在内的一系列企业标志，获得了全体干部职工的认同。特别是在历次内外部条件艰苦、面对巨大竞争压力的情况下，烟台港优良的企业文化极大地激发了干部职工的主动性和创造性，使他们不屈不挠、创新前行，克服了许多困难。

近年来，烟台港的发展进入了重大转折期。烟台港集团领导班子将构建和谐企业作为重要工作来抓，长期加强和完善职代会制度建设、推进企务公开制度、完善集体合同制度、建立健全安全生产责任制等。把职工最关心、最现实的工资、健康问题进行了保护性约定。同时，围绕职工关注的难点、热点问题，加强信息反馈，强化内部劳动管理。加强劳动争议预警协调机制建设，加大劳动用工、劳资关系预控，超前化解矛盾，维护和谐稳定。关心职工生活，积极帮助困难职工排忧解难。由于长年重视企业文化建设与和谐企业建设，如今，烟台港集团员工的荣誉感、凝聚力进一步增强，企业的执行力也大大提高。

五、发展展望

1. 发展定位

结合烟台港的发展现状、发展趋势及自身条件，在对国内、国际经济形势发展趋势分析的基础上，对烟台港的主营业务定位如下：

——集装箱发展定位：环渤海湾内贸集装箱中转枢纽港；外贸集装箱近洋干线港；近期，发展远洋支线运输，远期争取成为远洋干线港。

——散杂货发展定位：原油、成品油战略储备及中转分拨基地；矿石中转分拨基地；“三西”煤炭外运的主要下水口岸；化肥、水泥、粮食、钢铁、木材等通用散杂货的集散地。

——客货滚装运输发展定位：中国北方港口客滚运输中心；中国北方对日韩国际旅客运输的枢纽港。

2. 发展目标

通过环渤海湾内贸集装箱中转枢纽港、中国北方港口客滚运输中心、石油中转储备基地、北煤外运下水港和临港工业基地建设，将烟台港打造成为以西港区为核心，以芝罘湾港区、龙口港区和蓬莱港区为重点，其他港区为补充的综合性主枢纽港。

成为东北亚地区功能齐全，影响广泛，引导、带动烟台市、山东省经济发展，充分满足腹地经济和社会发展要求，并以综合物流服务为其主要功能特征的第三代港口（国际商贸物流中心）。

加快区港联动步伐，通过保税港区和集装箱枢纽港建设，最终发展成为现代化自由贸易港。烟台港货物、旅客、集装箱、滚装车吞吐量统计，见表1。

烟台港货物、旅客、集装箱、滚装车吞吐量统计表 表1

年度	货物吞吐量（万吨）		旅客吞吐量（万人次）		集装箱（标准箱）	滚装车（辆）	
		外贸		发送量			发送量
1978	457.7	34.4	95.7	47.0			
1979	460.3	64.9	120.2	59.8			
1980	506.0	75.2	120.7	59.5			
1981	540.4	74.1	113.9	55.8			
1982	616.3	110.8	122.1	61.3			
1983	650.3	106.3	124.7	61.5			
1984	673.9	163.0	133.7	64.3			
1985	688.7	248.3	169.9	84.2			
1986	690.7	193.5	195.0	96.3			
1987	695.6	261.3	226.9	113.8			
1988	780.4	334.3	234.8	120.2	368		
1989	703.4	342.7	215.3	107.6	3 803		
1990	650.4 ▲668.0	462.9 ▲464.0	191.2	95.6	11 922	8 122	4 067
1991	810.6 ▲833.4	620.2 ▲626.6	215.7	107.4	14 132	27 447	13 711
1992	1 060.5 ▲1 114.8	579.5 ▲602.2	270.3	135.2	16 584	60 304	30 786
1993	1 106.1 ▲1 190.8	427.7 ▲444.4	271.8 ▲295.0	133.2 ▲149.4	25 071	65 308 ▲106 357	33 930 ▲54 464
1994	1 130.5 ▲1 266.0	532.3 ▲543.8	259.3 ▲299.9	123.6 ▲149.4	35 511	62 457 ▲157 754	32 170 ▲81 488
1995	1 210.4 ▲1 361.1	716.8 ▲723.2	277.1 ▲316.6	135.3 ▲161.5	60 018	104 611 ▲207 541	55 489 ▲112 502
1996	1 251.6 ▲1 430.1	726.9 ▲748.5	293.1 ▲361.9	140.0 ▲182.2	90 016	142 395 ▲283 122	74 577 ▲148 237
1997	1 350.1 ▲1 559.5	794.0 ▲805.5	301.7 ▲390.1	143.0 ▲194.6	100 123	161 644 ▲342 140	89 952 ▲182 193

续上表

年度	货物吞吐量（万吨）		旅客吞吐量（万人次）		集装箱（标准箱）	滚装车（辆）	
		外贸		发送量			发送量
1998	1 260. 6 ▲1 510. 6	635. 3 ▲641. 9	291. 8 ▲409. 4	140. 0 ▲206. 6	100 326	180 991 ▲469 813	96 808 ▲245 955
1999	1 310. 9 ▲1 646. 3	616. 5 ▲623. 4	310. 4 ▲459. 1	147. 6 ▲227. 2	112 361	216 631 ▲606 628	115 387 ▲316 737
2000	1 566. 8 ▲1 773. 6	794. 0 ▲805. 8	290. 7 ▲397. 9	142. 2 ▲197. 5	130 015	222 765 ▲450 858	123 100 ▲239 204
2001	1 923. 4 ▲2 190. 2	1 088. 3 ▲1 105. 2	287. 5 ▲401. 1	142. 4 ▲199. 1	120 016	239 385 ▲486 324	131 065 ▲256 761
2002	2 288. 8 ▲2 689. 4	1 325. 9 ▲1 352. 8	301. 3 ▲420. 1	149. 2 ▲204. 6	160 126	284 634 ▲552 116	162 991 ▲293 109
2003	2 593. 0 ▲2 936. 0	1 434. 7 ▲1 454. 3	258. 1 ▲393. 0	125. 5 ▲192. 7	265 661	213 965 ▲533 462	106 222 ▲263 117
2004	3 050. 3 ▲3 431. 1	1 523. 9 ▲1 544. 3	300. 2 ▲469. 4	150. 4 ▲234. 4	290 972	200 794 ▲544 622	100 613 ▲269 873
2005	4 506. 0	1 790. 7	365. 1	183. 1	601 575	380 690	190 947
2006	8 088. 2	2 387. 2	396. 0	200. 2	1 168 900	442 570	225 626
2007	10 086. 8	3 404. 3	438. 8	217. 3	1 250 102	499 011	253 002

注；▲为芝罘湾港区数据。2005 年后为烟台港集团公司数据。

从“青岛港模式”到“振超效率”

青岛港（集团）有限公司

一、企业介绍

青岛港集团始建于 1892 年，是具有 116 年历史的国有特大型企业。现有员工 16 000 多人，农民工 8 500 多人。主要从事集装箱、原油、铁矿石、煤炭、粮食等各类进出口货物的装卸、储存、中转、分拨等物流服务和国际国内客运服务，与世界上 130 多个国家和地区的 450 多个港口有贸易往来。拥有世界最大的可停靠 12 000 ~ 15 000 标准箱船舶的集装箱码头，可停靠 30 万吨级超级巨轮的矿石码头、原油码头，10 万吨级煤炭码头。

改革开放特别是上个世纪 80 年代以来，青岛港集团领导班子带领全体职工，依靠党和国家改革开放的政策，始终不渝地走科学发展之路，以“精忠报国、服务社会、造福职工”

三大使命为己任，大力弘扬“一代人要有一代人的作为，一代人要有一代人的贡献，一代人要有一代人的牺牲”的企业精神，励精图治，自强不息，使一个名不见经传的普通港口一举跨入世界强港之林，走出了一条振兴国企的成功之路。

改革开放30年，青岛港改造了一个百年老港，建设了两个现代化新港（油港区、前湾港区），在一片荒沙滩上建成一座崭新的亿吨大港，港口吞吐量由1978年的2 000多万吨，增长为2007年的2.65亿吨，挺进世界前七强。集装箱从无到有，2007年吞吐量达到946万标准箱，挺进世界集装箱大港前十强。外贸吞吐量多年保持全国沿海港口第二位。进口铁矿石吞吐量居世界港口第一位。进口原油吞吐量居全国沿海港口第一位。全国每5吨进口原油和进口铁矿石中就有1吨是从青岛港上岸的。

1978年青岛港务局总资产仅为1.8亿元，到2007年底，青岛港口集团总资产已经达到184亿元，是1978年的100倍，这100倍的增长基本上全部是自我积累形成，为国家创造了180亿元的优良资产。管理体制和增长方式实现根本性变革。对内对外开放迈上更高层次，七家世界500强企业落户青岛港。以人为本活力迸发，培养造就了以许振超为代表的高素质员工队伍。职工成为改革开放最大受益者，小康生活由愿景变成现实。青岛港集团对国家，是顶天立地的共和国的长子，是当之无愧的祖国母亲的孝子；对社会，是坚不可摧的中流砥柱，是以港兴市的开路先锋！在党的领导下，创出一条强港富民的幸福之路！

二、青岛港的改革历程

胡锦涛总书记指出：要“着力把握发展规律、创新发展理念、转变发展方式、破解发展难题，提高发展质量和效益，实现又好又快发展”。青岛港集团在改革发展的30年中，面对老国企的旧体制、老设施、窄腹地、低效能；面对社会主义市场经济的新环境、港航市场发展的新趋势；面对老港口冗员多、素质低、包袱重的严峻挑战，勇立潮头，敢于破解“人往哪里去？钱从哪里来？路往哪里走？”的重大难题。先后实施了“四大发展战略”，实现了企业跨越式发展。

(1)1990年~1995年，实施夯基战略，创建名牌港口，做好青岛港。“夯基”就是夯实基础。适应市场经济发展的需要，在中国港口中率先通过了ISO 9001-2000质量管理体系、OHSAS 18001职业安全健康管理体系、ISO 14001-1996环境管理体系三大体系认证，并在全国率先将三大体系整合，整体通过了中质协认证机构审核。推行国际管理标准，规范港口管理，加强队伍建设，改造老港，建设新港，实施专业化管理，名牌化服务，培育“诚纳四海”青岛港服务品牌。1995年，交通部、山东省政府联合在青岛港召开现场会，把青岛港树为“苦练内功的典型”和全国港口行业唯一的示范“窗口”，并一直保持到现在。“诚纳四海”被评为中华第一港口服务品牌。

(2)1996年~2000年，实施超前战略，建设亿吨大港，做大青岛港。适应国际航运市场变化，在全国港口中率先建成投产了一批大型化、深水化、专业化、信息化的大码头。大规模调整生产布局，改变生产结构，不断提升服务质量和技术等级，打造核心竞争力，使青岛港集团成为实力雄厚、功能完善、用户满意的现代化大型港口企业。

(3)2001年~2005年，实施中心战略，建设区域性国际航运中心，做强青岛港集团。

面对中国加入 WTO 和经济全球化不断发展的新形势，加强与大船公司、大货主联盟。2003 年 7 月 21 日，青岛港集团与世界第一大航运公司丹麦马士基集团、当时世界第二大航运公司英国铁行集团、中国最大航运公司中远集团，三国四方在人民大会堂隆重签约，共同出资 8.87 亿美元，打造了世界级集装箱码头公司，温家宝总理、当时英国首相布莱尔率两国多位部长亲自出席了签约仪式，在国际航运界引起很大的反响。2004 年青岛港集装箱吞吐量达到 514 万标准箱。同时，与世界 500 强中石化联合经营青岛港的油码头，与世界 500 强日本三菱集团合资建设了散装水泥分拨基地，与世界 500 强瑞典 ABB 公司合作建立了 ABB 低压产品青岛物流中心等等。实现了与客户的联合共赢发展。

(4)2006 年 ~2010 年，实施创新战略，建设创新型港口，做久青岛港。面向 2010 年，站在新起点上，打造平安福港、效率快港、实力强港，建设创新型港口企业，为货主和船东创造更加优越的条件，提供更加快捷高效的服务，加快青岛港由以运输枢纽及工业发展基地为特征的第二代港口，向以现代物流中心、信息中心和区域经济发展的重要基地为特征的第三代港口升级转变。

在实施四大战略的同时，青岛港集团还大力实施港口结构调整，实现了率先发展。

(1)调整主业结构，培育核心业务。改革开放初期，青岛港没有自己的优势货种。20 世纪 80 年代末，青岛港务局对所经营的货种逐一进行市场预测，选准市场定位，将集装箱、煤炭、原油、铁矿石、粮食作为 5 大核心货种，集中全集团的力量优先发展。目前，5 大货种的吞吐量已占到港口总吞吐量的 85%。

(2)调整市场结构，扩大港口辐射深度。计划经济时期，青岛港的市场主要是山东省及周边省份的一部分，狭小的市场极大地制约了青岛港的发展。随着中国经济体制由计划经济向市场经济转变，青岛港务局树立大市场观念，积极开拓陆向、海向两大市场，构筑起服务于中部崛起、西部开发，联通世界，适应港口大发展需要的广阔市场。

(3)调整能力结构，打造企业核心竞争力。青岛港是一座百年老港，原有泊位基本上都是 1 万吨级的小型泊位，适应不了国际航运市场船舶大型化、深水化、专业化的发展要求。为紧跟国际航运业的发展步伐，青岛港集团坚持建设新港区与改造老港区相结合，全力打造核心竞争力，并围绕五大核心业务，瞄准世界港口前沿水平，实施超前发展竞争策略，在全国沿海港口中率先建成了一批世界级的原油、铁矿石、集装箱等大码头。目前，10 万吨级、20 万吨级、30 万吨级巨轮频频进出青岛港。

(4)调整生产结构，构建现代化生产格局。在进行大规模建设改造、实施能力结构调整的同时，青岛港集团积极顺应国际航运业专业化发展的趋势，大力实施码头专业化重组，调整生产结构，将铁矿石、煤炭、外贸集装箱全部由老港区转移到新港区，构建新的生产格局，实现了专业化管理、集约化经营、规模化生产。

三、发展成就

(1)对国家的贡献越来越大。改革开放以来，青岛港集团上缴国家各种税费 100 多亿元，相当于为国家贡献了 20 多个改革开放初期的青岛港。仅“十五”以来，上缴国家各种税费就达 85.4 亿元，其中上缴青岛市地税连续四年保持全市第一。完成吞吐量 10.7 亿吨，根据省核定，为国家创造了 1 070 多亿元的 GDP，45 万个工作岗位。同时，通过青岛港进出口的外贸货物为国家创造了1 314.88亿元的海关入库税收来源。

近年来青岛港集团向贫困地区和社会捐款2 150多万元，捐衣物20多万件，捐书籍10万多册。其中2003年捐款600万元支援抗击非典斗争，被民政部授予全国爱心捐助奖。特别是2008年以来，青岛港集团捐款644.988 1万元支援抗击雨雪冰冻灾害，捐款1 825.468 1万元支援抗震救灾。此外，青岛港集团还向2008年残奥会中国代表团捐款150万元。

(2)企业发展后劲和竞争实力越来越强。企业生产效率不断提高。2007年青岛港集团平均每天完成吞吐量72.6万吨，是改革开放初期的13倍多，20天的吞吐量相当于改革开放初期一年的吞吐量。集装箱装卸"振超效率"7次打破世界纪录，铁矿石装卸"孙波效率"8次打破世界纪录。2007年在通过能力分别只有1亿吨和225万标准箱的条件下，干出了2.65亿吨吞吐量和946万标准箱。用仅占全国港口1.8%的码头干出了6.9%的吞吐量。净资产收益率和总资产报酬率分别达到18.5%和14.1%，处于全国领先水平。

改革开放初期，青岛港码头失修，库场紧张，路域狭窄，最大的泊位只能停靠2、3万吨的船舶。30年来，筹资上百亿元，先后建成投资了六大工程、八大码头，完成了70多项重大科技改造项目，港口通过能力由2 000多万吨扩大到1亿多吨。世界上有多大的船舶，青岛港就有多大的码头。

改革开放初期，青岛港仍没有打破计划经济的禁锢，管理体制、组织体制陈旧，干部职工思想观念落后，港口发展速度迟缓。多年来，不断探索和创新管理模式，逐步完善教育、分配、用人三大机制，创造了集团为决策层、公司为经营层、队为管理层、班组为操作层的四级管理新格局。同时，还不断加强港港联盟、港航联盟、港货联盟等，大力发展港口外向型经济和加强横向经济联系，增强扩大服务功能。

(1)员工生活质量越来越高。改革开放初期，港口职工的收入低，社会地位低。特别是装卸工人劳动强度大、危险性大，装卸工作没人干，新工人不好招，招进来也留不住。多年来，特别是1988年实行局长负责制以后，青岛港务局坚持"职工的事再小也是大事，再难也要办好"、"一心为民，造福职工"。年年为职工长工资，把岗位视为职工的命根子，积极为职工创造工作岗位，先后转岗分流上万人次，没有一名职工下岗回家。为解决员工住房问题，先后购建了近7 000套房子，在住房改革以前实现了"八个全部解决"（解决了129名住房"特困户"、240名离休老干部住房不达标问题、440户港内临时住户的住房问题、280户"团结户"问题、1 600多名职工结婚无房问题、岗位工龄满20年人均居住面积不满6平方米的装卸一线职工的住房问题、单身职工宿舍改善问题、棚户区改造问题)，圆了几代海港人居者有其屋的梦想。现在又采取措施，解决新进港职工暂时买不起住房的问题。年年为近3万名员工和离退休老同志办实事，提高收入、健康查体、跟踪治疗、带薪休养等。始终视离退休老同志为宝贵财富，"冬送温暖，夏送清凉"。坚持利益同得，离退休老同志、农民工共享企业发展成果。广大职工摆脱了贫困、摆脱了落后、摆脱了愚昧，过上了幸福美满的新小康生活。

(2)政治文明、精神文明建设越搞越好。改革开放初期，码头工人依旧是"野蛮"、"粗俗"的代名词，在生产中违章违纪、野蛮装卸，在社会上打架斗殴、违法犯罪时有发生。党的十一届三中全会以来，特别是1984年青岛港务局党委领导班子进行调整后，新上任的党委一班人十分重视职工的思想文化教育。先后集中开展了“学习贯彻十七大精神”、“三个代表”、“两个务必”、“科学发展观”、“学振超精神、创振超效率”等主题思想教育，组织了三百人、三千人等规模宏大的报告团，请有理想的人讲理想，有道德的人讲道德，身边人讲身边事，身边事教育身边人。年年都举办一次职工海港文化艺术节，举办职工体育运动会，不断丰富职工的业余文化生活。在中央省市和交通部及社会各界的长期关心教育培养下，青岛港集团集装箱桥吊队队长许振超，被树为新时期产业工人的杰出代表、十七大主席团成员、十一届全国人大代表。

2005年7月5日，吴邦国委员长来青岛港视察时指出：“青岛港是中国特色的现代化管理。”2008年全国人代会期间，胡锦涛总书记参加山东省代表团审议时，不仅听取了许振超等代表的发言，而且会后第四次亲切接见了许振超，高兴地说：“你的发言很好，青岛港发展得又好又快，许振超同志，我们要向工人同志学习，尊重工人同志的创造。希望你们永不停步，不断创新。”2004年6月21日，温家宝总理专程看望许振超、视察青岛港，并发表了重要讲话，指出：“振超精神、振超效率成为了我们这个时代的强音，成为了社会主义现代化建设的精神财富，成为了全面建设小康社会的巨大动力。”“全体干部职工都要向振超同志学习，我也要向振超同志学习。”贾庆林、李长春、贺国强等中央政治局常委，也都专程看望许振超、视察青岛港，对学习宣传许振超做出重要指示。2008年5月8日，中共中央政治局常委、书记处书记、国家副主席习近平同志视察了青岛港，听取了青岛港集团的工作汇报，接见了许振超，高度评价：“青岛港有着举足轻重的地位，在这方面要给全国港口建设发展创造新的经验。”“当前全国都在深入贯彻落实科学发展观，希望你们在这方面做好排头兵。相信你们一定能够做出新的贡献。”

在中央领导的亲切关怀下，2007年7月15日，中宣部、交通部、全国总工会、山东省委、青岛市委联合在人民大会堂隆重举行了“青岛港科学发展模式高层研讨会”，中宣部欧阳坚副部长亲自主持会议并讲话。原中顾委委员，中国企业联合会、中国企业家协会名誉会长，中国企业管理界元老90多岁高龄的袁宝华同志亲自出席研讨会，并发表了重要讲话，指出“青岛港成功地创造了具有中国特色的社会主义企业管理模式——青岛港模式”。交通部李盛霖部长代表五家主办方作了长篇主题报告，总结了青岛港集团科学发展八个方面的主要经验。山东省委常委、宣传部李群部长代表山东省委、省政府作了重要讲话。青岛市委王文华副书记代表山东省委常委、青岛市委阎启俊书记作了重要讲话。来自中央机关、高等院校、中央主流媒体等有关部门的领导和专家，对青岛港集团的科学发展模式进行了研讨。2007年4月25日、12月14日，中央政策研究室两次在中南海召开由山东省委、青岛市委和交通部、中宣部、中组部、中央政策研究室、国务院研究室等国家部委及有关部门领导参加的青岛港集团贯彻落实科学发展观座谈会，一致认为：青岛港集团是贯彻落实科学发展观的成功典范，是实现又好又快发展的榜样，是实现社会主义核心价值体系的典型代表。

自1995年以来，青岛港集团一直是全国交通系统学习的典型和全国港口行业唯一的示范“窗口”。并先后荣获全国文明单位、首届全国质量管理奖、首批全国学习型组织标兵单位等100多项国家级荣誉称号。连续三次被国务院确定为国有企业重大典型，连续三次被中宣部、中组部等六部委选为振兴国有企业报告团成员在全国巡回报告。经吴邦国、李长春等多位中央首长批示，2006年青岛港集团再次被确定为全国重大宣传典型。中宣部、交通部领导亲自组成“青岛港经验”采访团，率中央省市32家主流媒体，对青岛港集团进行全方位深入采访，集中宣传。

四、基本经验

1. 四种力量锻造四好班子，坚定发展信念

青岛港集团始终坚持用真理的力量启迪人心，用人格的力量激励人心，用情感的力量温暖人心，用民主的力量凝聚人心，大力加强集团各级领导班子建设，建钢班子带铁队伍，带领职工艰苦创业。

(1)用真理的力量启迪人心。青岛港集团始终坚信国有企业一定能搞好，始终坚持青岛港集团是国企，就要当好共和国的长子，祖国母亲的孝子，始终与党中央保持高度一致，完成国家赋予的使命。国企领导就是要当国家的忠臣良将，做社会的中流砥柱。坚持在企业经营中发挥党组织的政治核心作用，及时贯彻落实中央省市部重要会议精神，长年开展领导干部理想使命教育，持续深化社会主义核心价值体系教育，培育各级领导的共产党人之德和市场经济之才。

(2)用人格的力量激励人心。青岛港集团各级领导公开向职工承诺“向我学习，向我看齐”。对上让组织放心，对下让员工满意，自己终生无悔。“让职工踩着自己的脚印上班，自己踩着职工的脚印下班”。每年大年三十晚上与一线职工一起度除夕迎新年，元旦、春节、五一、国庆节，下基层慰问职工和走访先进模范人物、离退休老同志。面对生与死的考验，从来都是以国家利益为重，不顾个人安危，挺身而出，舍生忘死。先后组织指挥十几次海上、陆上、港外灭火抢险，次次成功，为保护人民生命和国家财产安全做出了重大贡献。

(3)用民主的力量凝聚人心。开辟了职工代表大会、职工满意度调查、民主恳谈问答会等二十条民主管理渠道，创造条件让职工参与企业民主管理、民主决策和民主监督。在每年夏天的三伏天、冬天的三九天，领导班子带领全体机关人员深入一线，开展为期一周的劳动调研，边参加生产劳动，边听取职工呼声，发现问题，解决问题。

(4)用情感的力量温暖人心。始终带领各级领导班子把“一心为民，造福职工”作为不懈的追求，把“职工的事再小也是大事，再难也要办好”作为行为的准则，在岗员工、农民工、离退休老同志、海港后代共建共享亲情和谐港口，使青岛港集团成为一个充满亲情、和谐幸福的大家庭。

青岛港集团的领导班子建设多次得到中央省市部领导的鼓励。1995年中央政治局委员、国务院副总理邹家华同志批示：“一个好的领导班子，一支过硬的职工队伍，切实的政治思想工作，从精神文明建设方面来说，对一个企业确实是十分重要。”1997年，中央政治局委员、国务院副总理吴邦国同志批示：“从青岛港的情况看，国有企业是可以搞好的。关键还是要有一个好的班子。”经中央批准，2006年12月4日，中共中央组织部、国务院国资委党委联合授予青岛港集团“全国国有企业创建‘四好’领导班子先进集体”荣誉称号。

2. 以人为本共建共享和谐，培育塑造金牌团队

企业的工作归根到底是人的工作。青岛港集团坚持走以人为本、人才强港之路，把社会主义核心价值体系教育融合于经营管理中，使全港员工在共同建设和发展海港的同时，共同成长、共同成才，培育和锻造了具有高素质的金牌团队。

青岛港集团始终坚持“在青岛港集团只要肯学肯干，人人都可以成才”的人才观，“德才兼备”的育人观，持续开展职工“五学”活动（学政治、学业务、学技术、学文化、学实践），每年都投入上千万元实施“个十百千”工程（即：发展好1个人才培训中心、建好10个科技创新基地、办好100个职工图书室和学习之家、用好1 000个职工学习园地），形成集团有中心、公司有基地、队里有阵地、班组有园地的全员学习格局。连续20年开展技术工人考工晋级，技师、高级技师培训考评，操作技术大比武，科技难题招标攻关，全员脱产大培训，用员工的名字命名员工练出的绝活儿、创出的纪录，仅集团和公司两级就先后命名了30名“行业专家”和290多个“员工品牌”。通过多年的大培训、大比武，集团76%的技术工人都成为了高级工、技师和高级技师，远远高于发达国家30%的平均水平。员工队伍结构由过去77%的员工、12 000多人只有初中以下学历，变为以5 000多名拥有各类专业技术职务职称的专业技术人员、6 000多名高级技术工人为主体的高素质员工队伍。一大批优秀党员、工人、知识分子走上了各级领导岗位。凡在青岛港集团工作的，无论原来是种地的、扛包的，还是院校的、军营的，人人都大有作为。“扛大包”出身的许振超成为新时期产业工人的杰出代表；农民工皮进军成为十大全国杰出进城务工青年、十大“中国青年五四奖章标兵”；院校毕业的邵泽山被评为20位全国优秀青年技师之一；青岛港港口公安局长隋振坤被评为全国29位任长霞式公安局长之一。

8 500多名农民工在青岛港集团受关心、受重用，目前已有1 667名优秀农民工被特别录用为合同制工人，享受与城市工基本相同的待遇，其中有541人担任了班长、副班长，21人担任了副队长、队长、副经理，208人入了党，1 629人入了团。2007年青岛港集团专门出台了加强农民工队伍建设和管理的两个《决定》40条长效机制，进一步推动了农民工加快实现“三个根本性转变”（由短期务工向扎根海港转变、由挣钱吃饭向爱岗敬业转变、由普通打工者向产业工人转变）。

3. 自强不息推进改革创新，成就世界强港

20世纪90年代初，青岛港务局瞄准世界港口发展的前沿水平，准确把握国际航运业的发展趋势，先后实施了“夯基”战略、超前战略、中心战略、创新战略“四大发展战略”，使百年老港焕发出前所未有的活力。同时，始终创新管理机制，建立现代企业制度。并在“十五”期间没有新建大码头，港口通过能力严重不足的情况下坚持走资源节约型、环境友好型、质量效益型发展道路。创新经营模式，用一个青岛港集团的能力相当于依靠挖潜再造了一个亿吨大港，创出了“1大于2”的奇迹。充分印证了胡总书记指出的：要“着力把握发展规律、创新发展理念、转变发展方式、破解发展难题，提高发展质量和效益，实现又好又快发展”。

(1)坚持大力开展“学振超精神，创振超效率”活动，开启生产效率“秒的时代”。多年来，特别是“十五”以来，港口通过能力严重不足，青岛港集团转变发展方式，向“五大创新”（科技、管理、技改、信息化、大练兵）要能力，开启了生产效率“秒时代”。据世界最大航运公司马士基集团2007年的统计，青岛港集团两个集装箱泊位干出了日本神户港3个泊位的箱量，一个20万吨级矿石码头干出了5个码头的吞吐量。

(2)坚持以信息技术“改造”传统码头工艺，以技术改造“解放”码头能力，以设备更新引进“再造”高效节能码头，走内涵式、集约化发展的新路子。青岛港集团开发出的中央调度系统，实现了生产、引航、拖轮调度“三位一体”；青岛港集团开发建设的世界一流的物流信息中心，可以对7.8平方公里前湾港区的集团所有码头、机械、船舶、货物等进行全方位监控，实现了物流作业的高效组织和管理。此外，青岛港集团的集装箱、铁矿石、原油、煤炭、粮食五大货种，全部实现了中央控制室调度指挥、系统化、流程化作业。信息技术在企业各个领域得到广泛应用，极大地提高了作业效率和现代化管理水平。近五年来，青岛港集团取得国家专利209项，自行奖励职工开发的科技成果326项，科技成果在企业各项工作中的应用相当于为青岛港创造了3 000多万吨的能力。

(3)坚持大力实施工艺流程再造，创新管理工作法，如“四无”工作法（泊位利用无空闲、争分夺秒无待时、货物疏运无堵塞、市提市入无压车），“零极限”工作法（抓观念实现思想零障碍，抓衔接实现环环零缝隙，抓攻关实现流程零缺陷，抓人本实现岗岗零制约），“522”工作法（装卸车每列节省5分钟、每钩多抓2吨货、每钩缩短2秒钟），以内部挖潜提高能力。

(4)坚持节能降耗、防污减排。始终以“节能减排是国企重大责任”、“节能减排是全员全过程全部门的共同责任”为己任，积极推进港口发展“由主要依靠物质能源消耗向主要依靠科技进步、劳动者素质提高、管理创新转变”。吞吐量从“九五”末的8 635万吨增长到2007年的2.65亿吨，增长了两倍多，综合能源单耗却下降了28.34%。电力、柴油、煤炭能源单耗年年负增长，其中，清洁能源电力消耗占总能源的比重逐年增加，能源结构日益优化。2007年企业生产同比增长18.2%，综合能源单耗同比下降4.3%。走出一条节约型、内涵式发展之路。

(5)坚持实施蓝天、碧水、绿地“三大工程”。港口空中不见黑烟尘，地上不见沙尘土，水中不见漂浮物，打造了绿色生态港口，实现了装卸生产全过程无污染作业，做到了节能、防污、减排、增效，被评为全国首批国家环境友好企业。

五、发展展望

面向未来，在党的十七大精神的指引下，青岛港集团将继续坚持科学发展观，走自主创新型、资源节约型、环境友好型、质量效益型、亲情和谐型发展之路，加快推进“五个转变（转变发展方式、转变管理理念、转变工作重点、转变管理模式、转变工作作风），为货主和船东创造更加优越的港口条件，提供更加快捷高效的服务，实现向以现代物流中心、信息中心和区域经济发展的重要基地为特征的第三代港口升级转变。在用109年创造了一个亿吨大港、5年创造了一个2亿吨大港的基础上，2007年、2008年两年再创造一个3亿吨的大港。到2015年，力争吞吐量超越5亿吨，为夺取全面建设小康社会新胜利做出更大的贡献！

扩能上量　搏击双亿

日照港（集团）有限公司

一、企业介绍

日照港是国家“六五”期间重点开发建设的新兴港口，国家重点规划建设的沿海主枢纽港之一，国家确立的新亚欧大陆桥东方桥头堡。1982 年开工建设，1986 年开港开放，2003 年 5 月，原日照港务局与岚山港务局企业部分联合重组，成立日照港（集团）有限公司，为国有独资公司。集团拥有 24 个控股子公司，7 个分公司，5 个直属单位，13 个职能部门，员工 8 000 多人。集团业务覆盖货物装卸、运输、仓储、代理、港湾建设、建筑安装、工程监理、机械修造、宾馆旅游、物业管理、船舶燃料供应、铁路工程、通信工程、房地产开发等行业。

日照港位于中国海岸线中部、山东半岛南翼，地理位置优越，自然条件得天独厚，经济腹地纵深广阔，集疏运高效便捷。这种独特的区位、大腹地和大交通优势，使得日照港特别适合建设大型深水化码头，特别适合大进大出的临港工业布局，是我国难得的天然深水港。

目前，日照港拥有石臼、岚山两大港区，36 个生产性泊位，港口核定通过能力 10 321 万吨，总资产 205 亿元。拥有目前世界上最大的 30 万吨级、20 万吨级矿石专用泊位各 1 个，我国最大的散粮、水泥、木材专用泊位。港口装卸以煤炭、铁矿石、集装箱、粮食、液体化工及油品等 10 大主导货种为主，并开通了至韩国平泽的客货班轮航线。

日照港于 2006 年 11 月 25 日迈入亿吨大港行列，成为中国沿海最年轻的亿吨大港。2008 年，日照港集团吞吐量预计将突破 1.5 亿吨。日照港集团股票于 2006 年 10 月成功上市交易，2007 年 11 月成功发行分离交易可转债，成为中国资本市场同时拥有正股、债券和权证的 6 家公司之一。日照港已经成为现代化、综合性的主枢纽港，成为鲁南经济带、中西部地区的主要出海口。作为新亚欧大陆桥东方桥头堡，日照港已与世界上 100 多个国家和地区通航，正日益成为国际海陆运输的重要枢纽。

“十一五”期间，日照港确立了“扩能上量、强化管理、做强做大、搏击双亿”的发展思路和战略重点。计划 5 年内投资 100 多亿元，力争到 2010 年，使港口通过能力和吞吐量双双达到 2 亿吨，集装箱吞吐量 200 万标准箱，把日照港建设成为“能力大、功能全、管理好、服务优、影响广”最具活力的国际一流强港。

二、改革历程

为了适应北煤南运和煤炭出口的需要，适应国际远洋散货船舶大型化趋势，国家决定建设石臼港深水专业码头。1980 年 3 月，国家计委批复山东省编报的石臼港设计任务书。设计年吞吐能力 1 500 万吨，投资 7 亿元人民币，工期 5 年，并列入“六五”计划国家重点建设项目，部分利用第一批日元贷款。1980 年 6 月 15 日，石臼港建设指挥部成立。

石臼港的建设经过了一场科学的论证。1978年3月，山东省组织600多人的专业勘测队伍，对日照县70公里的海岸线进行了全面勘测和资料整理，汇编了《鲁南选港规划资料汇编》，为石臼港选址选定打下了科学的基础。1979年4月6日到20日，交通部会同国家7部委组织邀请了80多位专家对日照的石臼所、岚山头和连云港港址进行论证。会议认为，石臼是我国难得的深水港址，有条件发展10~20万吨级深水泊位，在日照的石臼建港，具有工程量小，工期短，投资省，港址水深条件好，不冻不淤，维护费用低，陆域平坦，沙石料丰富等优点。

1982年2月17日，石臼港主体工程正式开工。港口建设者经过3年的拼搏，1985年10月3日，石臼港煤码头一期工程开始重载联动试车。10月20日，广州海运局红旗121轮首航石臼港。1986年5月，石臼港煤码头工程通过国家正式验收。

1984年12月，交通部批复成立石臼港务管理局。1985年1月1日，交通部石臼港务管理局成立并挂牌。1986年5月20日，国家批准石臼港为国家一类对外开放港口，石臼港正式开港开放。

1988年1月16日，石臼港务管理局作为交通部第五批进行管理体制改革的单位，由交通部管理改为交通部、山东省双重领导，以山东省管理为主，“交通部石臼港务管理局”改名为“石臼港务局”。4月4日，山东省政府决定，石臼港务局暂按省计划单列企业管理。

为了保持港口发展后劲，打破单一煤炭输出格局，石臼港务局利用煤码头一期工程结余资金，于1986年10月建成1个万吨级杂货泊位，随后投资1.7亿元于1990年8月建成木材码头1.5万吨级和2.5万吨级泊位各1个，初步改变了港口只吐不吞的不利局面。

1989年，石臼港务局晋升为国家二级企业，1990年晋升为大型一类企业。

“八五”期间面对优胜劣汰的市场环境，石臼港人解放思想，转变观念，在企业经营管理上进行一系列的探索。积极推行“三项制度”改革，实行了全员劳动合同制和竞争上岗；加强内部管理，坚持走管理效益型发展之路，开展了“转机制、抓管理、练内功、增效益”活动，完善了内部经济承包责任制，加强了现场管理和班组建设；建立市场营销网络，提升市场信誉，主动走向市场，参与竞争；一业为主，多种经营，依托港口优势大力开展多元产业，培养新的产业支柱，分散经营风险。在探索和拼搏中，经受住了由计划经济向市场经济转变的考验，形成了“团结、奋进、求实、竞争”的企业精神。

1991年7月21日，山东省交通厅所属的石臼所港务办事处并入石臼港务局。1992年5月1日，石臼港务局更名为日照港务局。

“九五”期间，我国社会主义市场经济体制不断完善，沐浴着市场竞争的洗礼，日照港务局逐步走向成熟。调整精简了两级机关，进一步完善了内部用工机制。通过强化管理，提高企业整体素质。通过加强市场营销、提高装卸效率和服务质量，实现了吞吐量的连年增长。2002年突破3 000万吨。通过组建港口实业集团总公司，壮大了多元产业规模和实力。

2002年8月，国家港口管理体制改革，日照港务局由原来山东省和交通部双重领导移交日照市管理。2003年5月18日，日照港（集团）有限公司成立暨揭牌仪式举行。按照日照市委、市政府的部署，日照、岚山两港联合，实行政企分开，组建日照港（集团）有限公司。

现代企业制度的建立，给港口注入了新的活力。集团公司组建以来，按照“高起点规划、综合性建设、现代化管理、跨越式发展”的总体思路，外抓市场，内抓管理，加大投入，超常推进港口建设，港口生产建设、改革发展等各项事业都取得了可喜的成绩。先后开工建设了矿石、集装箱、原油、散粮、木片专用码头，一批20万吨级、30万吨级大型、专业化、深水泊位建成投产，港口通过能力达到1亿吨，港口等级、功能全面提升。坚持“一强化三统筹”的原则，强化调度指挥，统筹货源开发、生产组织和生产要素，生产呈现出持续高速发展态势，2006年货物吞吐量实现1.1亿吨，成为全国沿海第九个、山东省第二个亿吨大港，实现了日照港发展史上的历史性跨越。2008年货物吞吐量将实现1.5亿吨以上。日照港集团股票于2006年10月成功上市交易，募集资金10.81亿元，成为股权分置改革后山东登陆主板市场第一股，日照港股份公司成为全国新证券发行与承销管理办法实施后的首家试点企业、山东省首家上市的港口企业，开启了日照港生产经营与资本运营双轮驱动的新时期。2007年11月，日照港股份有限公司成功发行分离交易可转债，募集资金8.8亿元。随着分离交易可转债的成功发行，日照港股份公司成为中国资本市场同时拥有正股、债券和权证的6家公司之一。同时，积极与关联企业合资合作，目前已有60多家国内外大型企业，以合资合作、参股经营等多种形式直接参与集团建设经营。加强企业管理，不断推动管理创新，提高了港口管理水平和整体素质。注重企业文化建设，建立了内涵丰富、独具特色、个性鲜明的“阳光文化”体系，为企业长远发展奠定了良好的思想文化基础。

三、发展成就

1. 企业生产

日照港从1986年正式开港运营，到2006年一跃成为亿吨大港，2008年仅用237天吞吐量已突破一亿吨，港口生产实现了跨越式发展。港口也从原来单一的煤炭输出港，发展成以煤炭、矿石、水泥、粮食、集装箱等十大主导货种中转运输为主，兼有客箱班轮运输的多功能、综合性的沿海主枢纽港。

秉承“市场第一、客户至上”的理念，日照港集团全力打造“效率最高、质量最优、服务最好”的品牌，实现了港口吞吐量的高速增长。通过大力实施“一强化三统筹”，狠抓市场开拓和运输组织，确保了装卸生产的高效运行，企业生产效率屡创新高。2003年10月25日，以9 486吨/小时的装船效率创造了我国沿海港口煤炭装船效率最高纪录，被公布为中国企业新纪录。2005年4月18日，以671吨/小时的木片卸船效率创造了我国沿海港口木片卸船效率最高纪录，被公布为中国企业新纪录。2006年10月24日，以7 359吨/小时创造了矿石单船卸船效率世界纪录，2007年6月30日，以8 016吨/小时的矿石卸率，再次刷新矿石卸船效率世界纪录。

2. 港口建设

改革开放30年来，日照港不断投入资金进行港口建设，一批国家、省重点工程相继开工建设并投入运营。特别是2003年以来，在山东省委省政府、省交通厅和日照市委市政府的正确领导下，日照港集团抢抓新一轮港口大建设、大发展的历史机遇，按照超常规建设、跨越式发展的思路，牢牢把握发展主动权，全力推进港口建设发展步伐，高起点、大投入，先后开工建设了矿石、集装箱、粮食、木片、钢材等专用码头，相继建成投产了世界上最大的30万吨级、20万吨级矿石专用泊位各1个，前沿水深-16米至-17米的集装箱泊位2个,以及我国最大的散粮、水泥、木材专用泊位。新增通过能力6 936万吨，生产性泊位达36个，使通过能力达到10 321万吨，集疏运能力获得长足发展。

日照港集团共有国家重点工程项目2项：“六五”期间的一期煤炭码头工程、“八五”期间的二期杂货码头工程。省重点工程项目11项：“七五”期间的木材码头工程，“九五”期间的煤码头技术改造工程，“十五”期间的煤炭出口系统改扩建工程，东西港区航道改扩建工程，西港区二期工程，东港区三期工程变更大型矿石码头工程，西港区集装箱码头一期工程，矿石码头二期工程，“十一五”期间的石臼港区西区三期工程，10万吨级油码头和石臼港区防波堤工程。这些不同阶段的国家、省重点工程项目建设，奠定了日照港集团发展的坚强基石。

3. 企业管理

建港后，企业注重加强基础管理和专业化管理，建立健全各项规章制度，大力推行计划管理、目标责任制管理、全面质量管理、四级管理模式、精细化管理工程，创新理念，完善机制，构建起充满活力、富有效率的管理体系和运行机制，企业的规范化和科学化管理水平逐步提高。

近年来，日照港集团全面推行全员绩效管理，通过目标激励、压力传导和严格考核，激励广大员工自我加压，拼搏实干，合力奋进，推动港口快速发展。注重信息化建设，以信息化提升管理现代化。集团全程闭路、实施监控的信息化管理，完全满足SOLARS公约的规范要求，确保了港口作业的优质高效，有效保障了港口安全、国际船舶及人身安全。以培育单项管理样板为切入点，大力推行精细化管理工程，集团综合管理水平逐步由粗放型向集约型转变。强化管理，不断创新，日照港集团荣获山东省管理创新优秀企业等荣誉称号。树立“市场无处不有，服务无处不在”的全新服务理念，全面推行以客户为中心的工作方式，着力打造在同等条件下，日照港集团装卸质量最好，装卸效率最高、服务环境最优的港口服务体系，2006年2月，日照港集团“装卸真诚”服务品牌获得“山东省服务名牌”。

4. 合资合作

本着“合作凝聚力量，携手创造价值”的理念，围绕港口物流链、产业链的上下游延伸，加强了与相关企业、与其他港口、铁路、航运等多方面的联盟合作。目前，已有国内外钢铁、煤炭以及石化等产业的巨头，包括澳大利亚力拓集团、法国路易达孚、中石化、中石油、中远集团、中国建材集团等60多家国内外大型企业，以合资合作、参股经营等多种形式直接参与港口经营建设。通过资本运营、合资合作，不仅有效解决了建设资金来源，而且通过港口发展与货源市场的紧密结合，拓展了服务腹地，带来充沛稳定的货源，开创了凭势借力、共赢发展的可喜局面。

2004年11月19日，中国石油化工集团与日照港集团签订合资建设30万吨级进口原油接卸业主码头协议。11月20日，中国石油国际事业有限公司、东明石化与日照港集团三方联合出资设立中石油日照东明储运有限公司在日照签约。2005年5月17日，日照港集团与中石化签署《日照实华原油码头有限公司合资合同》和《日照实华原油码头有限公司章程》。双方决定设立日照实华原油码头有限公司，共同建设和经营岚山北港区30万吨级原油码头。2006 年 5 月 20 日，日照日青集装箱码头有限公司正式投入运营，日照、青岛两个集团的战略合作，成为山东省沿海港口资源整合的重大举措。

日照港集团把港口发展与资本市场优势紧密结合，成功实现上市融资。2002 年 7 月 15 日，日照港集团联合兖矿集团、中煤能源集团、淄博矿业集团、潞安矿业集团、晋城无烟煤矿业集团等 5 家煤炭企业共同发起设立日照港股份有限公司。2004 年 5 月 31 日通过中国证监会发审委的发行审核。2006 年 10 月 17 日，日照港股份有限公司 A 股在上海证券交易所成功上市，成为全国新证券发行与承销管理办法实施后的首家试点企业，股权分置改革后山东登陆主板市场第一股，山东省首家上市的港口企业。

日照港集团注重加强与银行业合作，通过获得信贷额度、发行企业债券等多种方式、多渠道筹集建设发展资金。2004 年 6 月 24 日，日照港集团与中国工商银行举行全面合作协议签字仪式。2005 年 11 月 25 日，日照港集团申请的一年期 11 亿元短期融资券在全国银行间债券市场正式发行。日照港集团成为全国沿海港口第一家在国家银行间债券市场发行短期融资券的企业。2006 年 4 月 7 日，中国农业银行为日照港集团授信 30 亿额度举行签字仪式。2007 年 12 月 12 日，日照港股份有限公司债券、权证在上海证券交易所顺利挂牌上市交易。

5. 精神文明

日照港集团始终高度重视加强党的建设、思想政治工作和精神文明建设。近年来按照“围绕中心、强化核心、凝聚人心”的指导思想和“提高能力、激发活力、增添动力”的总体要求，不断加强集团各级党组织建设、党风廉政建设和行风建设，党组织的政治核心作用、战斗堡垒作用和先锋模范作用得到充分发挥。注重发挥好职代会和职工代表巡视制度的作用，有力地调动了全体员工干事创业的积极性。加强职工队伍建设，着力打造了一支爱岗敬业、团结协作、敢打善拼的员工队伍。坚持以人为本，培育“装卸真诚”品牌文化，打造“文明港口”、“诚信港口”、“平安港口”、“和谐港口”，企业上下呈现出物质文明、政治文明、精神文明协调发展的良好局面。

20 年来，党建工作的突出成绩获得了中央和省委的高度肯定和诸多殊荣。2004 年，被山东省委授予“山东省先进基层党组织”，2006 年被中共中央组织部授予“全国先进基层党组织”荣誉称号，被山东省委授予“山东省先进基层党组织”荣誉称号。日照港集团充分发挥职工代表大会作用，实行民主参与、民主管理、民主监督。注重加强组织建设和青年工作。在加快港口发展的同时，力所能及，奉献社会。2006 年 8 月 5 日，日照港集团举行西港区一、二期工程“人工放流、生态补偿”活动。多年来，日照港集团注重加强职工队伍建设，培养出大批立足岗位、刻苦钻研、敬业奉献的劳动模范和先进标兵。

2006 年 8 月，日照港集团启动“希望之帆”企业文化系统设计工程，标志着企业文化进入了文化升华阶段。在对自身企业文化优劣势进行精心梳理，特别是对日照港人 20 年奋斗历程的文化积淀进行提炼升华的基础上，以社会主义核心价值体系为统领，汲取中华传统文化和海港文化的精髓，整合提炼形成了一套系统的企业文化体系——“阳光文化”，以阐明集团在新时期发展的文化主张和价值取向，突出以文化力提升核心竞争力，指导企业实现“科学发展、和谐发展、率先发展”。

6. 重大奖项

日照港集团公司先后获得“全国五一劳动奖状”、“全国思想政治工作优秀企业”、“中国企业文化建设先进单位”、“全国品牌建设先进单位”、“全国AAA级诚信企业”、“全国模范劳动关系和谐企业”、“山东省管理创新优秀企业”和“山东省创建学习型组织示范企业”等荣誉称号，连续15年保持了“省级文明单位”称号。日照港集团党委2004年被省委、2006年被中央和省委授予“先进基层党组织”荣誉称号，并被省委组织部、省国资委表彰为“国有企业四好领导班子先进集体”。

7. 基本经验

(1)只有解放思想才能推动发展。日照港改革发展的历程就是思想不断解放的过程。每当面临改革发展的重要机遇，每当遇到改革发展的重大问题，日照港人总是首先拿起解放思想这个强大武器，向解放思想要发展思路，要发展信心。从2003年起，针对港口发展和员工思想实际，选定主题，日照港集团连续开展了5次全员大讨论活动。从“革除障碍，跨越发展”、“增加收入靠什么”、“假如我是客户”、“跨越发展靠什么，我为跨越发展做什么”到今年的“实现亿吨港，我们做什么”，每一次大讨论活动，都带来新一轮的思想大解放、观念大更新、事业大发展，革除了影响改革发展的思想障碍，为港口跨越发展奠定了坚实的思想基础。日照港集团紧紧抓住新一轮港口大建设、大发展的机遇，果断做出了“高起点规划、综合性建设、现代化管理、跨越式发展”的战略决策，走上了跨越发展、科学发展之路。实践证明，只有坚持不懈地解放思想，才能牢牢把握发展的主动权，推动企业持续稳定健康发展。

(2)只有抢抓机遇才能跨越发展。抢抓机遇是赢得主动、赢得优势、加快发展的关键所在。回顾企业的发展历程，从利用煤码头一期工程节余资金建成第一个杂货泊位，到二期工程的开工建设，从矿石码头的建成到东西港区的打通，从岚北港区的开辟到B型保税物流园区的设立，从股份公司的成功上市到快速实现再融资，从1993年顶着各种压力向韩国大宇水泥出租码头到集团成立后全方位多层次对外合资合作，正是牢牢把握住了发展进程中的几次重大、关键机遇，才有了今天良好的发展局面。实践证明，必须要牢固树立机遇意识，敏锐地捕捉机遇，牢牢地抓住机遇，才能实现跨越式发展。

(3)只有改革创新才能加快发展。改革创新是实现港口又好又快发展的活力源泉。从建港时期率先推行工程投资包干责任制，到现在全面实施项目法人责任制，从“八五”期间改革“三项制度”、完善内部经济承包责任制，到“九五”期间调整、精简两级机关、开展“下岗培训、转岗分流、减员增效”活动，再到集团成立后转换经营机制，完善法人治理结构，建立现代企业制度，改革创新的主动性和目的性更强，深度和力度更大，企业活力不断增强。事实证明，只有不断改革创新，用改革的眼光谋发展，用创新的手段干事业，才能激发发展的活力。

(4)只有科学发展才能持续发展。科学发展要求必须把握客观规律，抓住主要矛盾，制定有效措施，推动事物发展。从科学论证选划港址体现出的“尊重科学、尊重专家”的科学精神，到1991年的《石臼港总体布局规划》第一次提出“综合性发展、多功能建设、全方位服务、集团化经营”的发展战略，再到集团公司提出着力构建“创新学习型、质量效益型、诚信责任型、阳光和谐型”港口，努力打造“能力大、功能全、管理好、服务优、影响广”的最具活力国际一流强港这一宏伟愿景，在改革发展进程中，日照港人不断增强科学发展意识，把握港口发展规律和引领港口科学发展的能力明显提高。事实证明，坚持科学发展进一步提升了企业的发展质量，推动了企业不断向前发展。科学发展观为企业今后的发展指明了方向，只有牢固树立和贯彻落实科学发展观，才能实现企业全面协调可持续发展。

(5)只有加强党组织建设才能和谐发展。注重加强党组织建设是日照港集团的一大优势。日照港集团各级党组织始终坚持把促进港口更快更好地发展，作为党建工作的出发点和落脚点，保证了党和国家方针政策在企业中的贯彻落实，促进了企业的跨越发展。创业初期，在建港指挥部党组织的坚强领导下，全体建港人员舍小家、顾大家，艰苦奋斗，拼搏奉献，在一片荒滩上建成了一个现代化的深水大港。开港开放后，历任党委班子不断加强党组织建设和思想政治工作，团结带领全体职工，开拓进取，扎实工作，保持了港口平稳健康发展。集团公司成立以来，集团党委坚持以人为本，明确了“围绕中心、强化核心、凝聚人心”和“提高能力、激发活力、增添动力”的总体工作思路和具体要求，积极探索保持先进性的长效机制，不断创新基层党组织工作方式方法，党组织建设更加符合科学发展观的要求，企业与社会、企业与环境、企业与员工的关系更加和谐，企业整体发展水平不断提高。

8. 发展展望

着眼于国际港航业船舶大型化、经营联盟化、业务物流化加快发展的态势，按照鲁南经济带和“港口立市”战略的发展要求，日照港集团突破原来单一煤炭输出港的局限，确立了建设现代化、国际化亿吨强港的战略定位。按照2006年9月国务院发布的《全国沿海港口布局规划》，日照港的发展定位是：“国家专业化的煤炭装船港，大型、专业化石油（特别是原油及其储备）、天然气、铁矿石和粮食等大宗散货中转储运设施，集装箱运输支线港”。

按照最新修订的《日照港总体规划》，日照港集团将逐步发展成为拥有石臼、岚山两大港区、28.8公里岸线、253个深水泊位、远景吞吐能力可达6亿吨的现代化、国际化骨干枢纽港和国际物流中心。

目前，日照港集团积极贯彻交通运输部“三个服务”和省交通厅“围绕港口抓交通”的理念，按照日照市委市政府“港城、港带、港桥、陆海”四个一体化发展要求，解放思想、创新思路，进一步明确了港口发展的定位和目标。

(1)战略定位：突出“大宗干散货、集装箱、原油和现代物流”四项重点，建设现代化、综合性主枢纽港，努力把日照港建设成为“我国重要的大宗散货进出口中转基地、华东地区重要的杂货进出口中转基地，亚欧大陆桥东端区域性集装箱转运中心”。

(2)发展目标：力争到2010年实现通过能力和吞吐量双双超过2亿吨，集装箱运量200万标准箱；到2015年，港口通过能力和吞吐量达到3亿吨，集装箱运量300万标准箱；到2020年，通过能力和吞吐量达到3.5~4亿吨，集装箱运量500万标准箱。

2008年~2010年，计划投资75亿元，新增泊位17个，力争2010年年核定通过能力达到2亿吨。重点建设矿石二期、石臼港区西区三期、石臼港区焦炭码头、石臼港区木片码头续建、石臼港区防波堤、石臼港区南区航道工程、岚北10万吨级油码头、岚北30万吨级油码头、岚山港区西突堤通用泊位、岚北深水航道等十项工程。

“十二五”期间，计划投资120亿元，新增泊位19个，至2015年，使年通过能力达到近3亿吨，重点建设石臼港区西区四期、五期、石臼港区南区煤炭接卸泊位、岚北矿石码头、岚山港区东区液化泊位、岚山港区东区散货泊位等十二项工程。

“十三五”期间，计划投资120亿元，新增泊位20个，重点建设石臼港区西区六期、石臼港区南区二期、三期、岚北通用泊位二期、岚山港区大型原油码头等工程。

百年老港的新画卷

上海国际港务（集团）股份有限公司

一、企业介绍

上海港位于我国海岸线与长江“黄金水道”交叉点，服务腹地主要是长江三角洲和长江流域。上海港作为近代中国最早对外开放的国际贸易口岸之一，距今已有160多年的历史。新中国成立后，特别是我国实行改革开放30年来，在党中央、国务院、交通运输部、上海市委和市政府的高度重视、正确领导和关心指导下，在中央建设上海国际航运中心国家战略的指引下，上海港的面貌发生了翻天覆地的变化，成为全球货物吞吐量第一、集装箱吞吐量第二的综合性港口。上海国际港务（集团）股份有限公司（简称上港集团）是目前我国最大的港口股份制企业之一，主业生产领域包括港口集装箱、大宗散货和件杂货的装卸生产，以及与港口生产有关的引航、船舶拖带、理货、驳运、仓储、船货代理、集卡运输、国际邮轮停泊等港口服务以及港口物流和保税业务。上港集团总资产约670亿元，员工在册人数25 083人。集团总市值达到1 000多亿元，名列沪深股市前20位。

二、改革历程

自1978年党的十一届三中全会以来，我国经济社会发生了深刻的变革，上海港也实现了跨越式发展，一举扭转了在计划经济体制下码头能力长期严重不足的状态，曾经长期困扰国民经济发展的“压船、压港、压货”瓶颈问题得到了根本性的解决，上海港进入了历史上最好的发展时期。

回顾过去的30年，是我国国民经济和对外贸易快速发展，综合国力不断增强的30年，是上海港顺应时代潮流，抓住历史机遇，深化改革、扩大开放、加快发展的30年，是上海港从一个比较落后的百年老港走向世界大港、世界强港的30年。

回顾过去的30年，上海港发展的历程始终伴随着改革步步深入的脚印。党的十一届三中全会以后，上海港在全港干部职工中组织开展了大学习大讨论活动，提高了广大干部职工贯彻执行党的十一届三中全会路线方针政策的自觉性，为全港实现工作重点的转移打下了良好的基础。上海港经历了恢复性整顿到全面整顿，开展了改革的探索试点工作。1978年上海港务管理局打胜安全质量翻身仗，总结推广了搞好安全质量的“三句话”，扭转了“文革”以来现场生产管理的混乱局面。1979年上海港务管理局开始探索分配制度改革，实行了两级考核、比例分配、基数封闭、单价浮动“四句话”的分配制度改革。20世纪80年代中期，在港务管理局七区进行了以“进出吨煤工资总额含量包干”为主要内容的综合配套改革试点，在修建公司（现港务工程公司）试行了“百元产值工资含量包干”，在客运总站试行了“利润全额分成承包”，这些改革举措都取得了一定的进展。围绕提高经济效益这个中心，有计划、有步骤地开展了企业全面整顿工作，调整充实领导班，按照干部“四化”的要求，一大批年轻干部走上了各级领导岗位，成为上海港改革发展的中坚力量。1986 年 1 月，国务院实行港口体制重大改革，决定上海港下放上海市，实行交通部和上海市双重领导，以上海市为主的管理体制，同时实行“以港养港”的财务体制，调动了地方政府支持港口发展的积极性，并在当时的历史条件下给予港务管理局较大的经营自主权。1986 年 6 月 23 日，交通部上海港务管理局正式改名为上海港务局。上海港务局充分运用国家给予的政策，加快港口更新改造；推进港口企业内部改革，全面推行经理（厂长）负责制和任期目标责任制；在各装卸企业实行单船经济责任制的基础上，推行了单船承包制；积极推进生产一线用工制度改革，稳定了生产一线装卸工人队伍，并在龙吴公司率先实行一线承包法人化，标志着以装卸一线承包制为主要形式的用工制度改革迈入了新阶段。1991 年，邓小平同志视察上海，要求上海思想更解放一点，胆子更大一点，步子更快一点。1992 年邓小平同志南方谈话发表后，改革开放迈开了更大步伐。随着社会主义市场经济的发展，港口企业逐步走向市场，参与竞争。1993 年 3 月 3 日，国务院批准上海港务局与香港和记黄埔集团合资经营上海集装箱码头有限公司，这是国内第一家中外合资的港口企业。为了配合浦东开发开放的战略部署，上海港务局加快建设外高桥港区，外一期码头实行合资经营。其间，内部分配制度实施进一步改革，沿袭了几十年的“一、二、三，齐步走”的企业内部分配制度被彻底打破，将内部分配权进一步放给全港各基层单位，使职工的实际工资水平能进一步与劳动实绩挂钩，增强了分配制度上的激励机制和约束机制。为了落实中央建设上海国际航运中心的战略决策，1999 年，上海港务局提出了“围绕一个中心，做好两篇文章”的总体发展思路。一个中心，就是把上海港建成国际集装箱枢纽港。两篇文章，一篇是集装箱码头建设的文章，一篇是黄浦江内老港区功能调整、综合开发的文章。做好这两篇文章，就是把握集装箱发展的机遇，实现结构调整，发挥潜在优势，提高上海港的竞争能力。

进入 21 世纪，随着上海国际航运中心建设步伐加快，上海港务局以建立现代企业制度为方向，以投资主体多元化和股份制改制为主要内容全面推进改革。

2000 年 7 月 19 日，上港集箱在上证所挂牌交易，作为港口的优质资产，上港集箱的上市取得了良好的经济效益和社会效益。

2003 年 4 月 11 日，上海国际港务（集团）有限公司举行揭牌仪式，标志着长期来港口政企合一管理模式的结束；2005 年 6 月 28 日，上海国际港务（集团）股份有限公司成立，市政府在批复中明确，新的集团将以建成世界性跨国码头经营公司为发展目标，谋求参与国内外港口的投资建设，并通过港口资源整合、老港区功能转换和港口市场开发，逐步形成以码头和集装箱经营为主体、辐射国内国际两个市场的跨地区和跨国经营的格局。

2006 年，集团按照“吸收合并，整体上市”的目标，通过发行换股吸收合并上港集箱，于 2006 年 10 月 26 日在上海证券交易所正式挂牌上市。在此期间，集团对外合资合作也取得了重要成果，成立了中外合资沪东、明东码头公司，洋山一期、二期港区签订了重要的合资协议，实行了合并运行。集团制定了战略发展规划，推进“长江、东北亚和国际化”为主的三大战略取得重要进展；发展集装箱、散杂货、港口服务和港口物流为主的四大支柱产业取得显著成效。这一时期，是上海港30年来改革力度最大、发展速度最快、经济效益最好、职工收入增加最多的时期。

三、发展成就

改革开放以来，经过几代海港人的不懈努力，上海港取得了世人瞩目的发展成就：

1. 港口生产日益繁荣，经济效益不断攀升

在旺盛的运输需求带动下，港口生产长期保持了快速增长。1978年上海港货物吞吐量为7 955万吨，30年来，伴随着国民经济与对外贸易的振兴与持续高速增长，港口生产也逐年提升。进入21世纪以来，上海港货物吞吐量以年均增加近500万吨的速度快速增长，2007年迈上了5.6亿吨的新台阶，2008年将达到6亿吨，是30年前的7.5倍以上。上海港货物吞吐量从2005年起保持世界首位，在保障国民经济和对外贸易快速发展方面发挥了重要作用。上海港集装箱产业的发展更是突飞猛进，改革开放30年间，上海港集装箱运输产业经历了从无到有，从落后到繁荣的发展历程。上海港集装箱吞吐量1978年不到1万标准箱，1994年~1998年从100万标准箱发展到300万标准箱，1999年突破400万标准箱，2000年突破500万标准箱，2002年突破800万标准箱，2003年突破1 000万标准箱，2006年突破2 000万标准箱，2007年达到2 615万标准箱，2008年预计达到2 850万标准箱。2000年以来，上海港集装箱吞吐量年均增加272万标准箱。上海港正是以这个发展速度被业内认为是最具效率竞争力和活力的港口。上海港枢纽港效应已基本显现。据统计，在1982年世界港口集装箱吞吐量前100位排名中，中国内地无一港口入围，而2007年上海港集装箱吞吐量已跃居世界第二位。目前上海港集装箱吞吐量约占我国大陆规模以上沿海港口集装箱吞吐总量的四分之一，水水中转和国际中转比例已达到38%以上，成为中国内地集装箱航线最多、航班密度最高、覆盖面最广的港口。上海港的经济效益不断提高，特别是近10年呈现大幅度增长的态势。1978年港务管理局利润总额为0.96亿元，1988年利润总额升至3.2亿元，尽管1998年港务局利润总额曾一度有所回落，但到2003年利润总额已经增至29.6亿元，2008年港务集团预计将实现利润总额56亿元，较30年前增长超过了50余倍。

2. 港口建设步伐不断加快，港口能力显著增强

改革开放以来，特别是上海港务局下放到上海市管理，极大地调动了地方政府“以港兴市”的积极性，掀起了新一轮港口建设和发展热潮。尤其是进入新世纪以来，上海港建设更是进入了高速发展期。上海港务局和国际港务集团公司先后共投资建设了102个生产泊位，增加港口生产能力15 603万吨，其中集装箱泊位42个，增加集装箱能力1 826万标准箱。先后建设了宝山港区、龙吴港区、朱家门码头，改造了军工路、张华浜港区。新建了外高桥一至六期集装箱港区，洋山深水港区一期、二期和三期A、B标码头，罗泾一、二期散杂货港区和国客中心邮轮码头，形成了上海港现代化新港区的主体。上海国际航运中心的核心港区——恢宏壮观的洋山深水港区已经形成规模效应。洋山一期、二期和三期A、B标码头已连成一片，共拥有5 600米岸线、16个深水泊位、60台桥吊（其中包括目前世界先进的双40英尺双起升桥吊28台），增加集装箱能力约930万标准箱，该港区的硬件设施、软件管理水平和整体作业效率达到了国际一流水平。洋山深水港区的建成投产，突破了上海港长江航道水深不足的发展瓶颈，不仅终结了上海港没有深水泊位的历史，更标志着上海国际航运中心建设取得重要进展。百年上海港超越梦想，实现了跨河入江、奔向海洋的历史性跨越。

3. 建立完善的现代企业制度实现整体上市

上海港务管理局下放上海市以后，围绕上海国际航运中心建设的战略目标，深化港口体制的改革，取得重要突破。2003 年～2006 年，集团经历了 3 次重大的体制改革。①确立“政企分开”，通过剥离原上海港务局的部分行政职能，改制成立了以企业化运作为主体的有限责任公司；②实施“股份制改制”，通过整合非主营资产和引进战略投资者，发起设立了股份有限公司；③实现“吸收合并，整体上市”，通过发行换股吸收合并上港集箱，成为上市公司，2006 年 10 月 26 日在上海证券交易所正式挂牌上市。集团上市后按照上市公司要求进一步建立和完善了现代企业制度，在股东大会、董事会和监事会的基础上，又设立了董事会战略委员会、审计委员会、预算委员会和薪酬与考核委员会。公司治理结构的进一步完善，对增强集团核心竞争力，提高集团重大决策的科学性和权威性，规范企业运作，提高管控水平等方面都起到积极作用。集团进行了总部机关的改革，积极推进第二、第三层面改革，精简管理层次，缩小投资跨度，突出主营业务，注重管理创新，强化企业管理工作，按照上市公司的要求，构建股份制公司规章制度的框架体系，提升整个集团的管理水平。集团将所属的 14 家子公司转制为分公司，构建了人员安置、物业管理和多种经营管理等三个平台，对 167 家多种经营企业进行了清理整顿，完成了歇业或转让。“吸收合并，整体上市”是集团改革中极其重要和关键的一步，整体上市不仅是国资改革的要求，也是集团自身发展的需要。成为上市公司后，集团构建起全方位的资本平台，为集团进一步做强做大提供坚实的资金保证，有利于集团更好地投身于上海国际航运中心的建设。

4. 战略发展稳健推进，四大产业协调发展

正是由于改革开放，突破了传统的所有制实现形式和自我封闭的发展模式，为集团实施资产整合和资本运作，逐步向跨地区、跨国经营方向发展开辟了广阔的前景。近年来，集团坚持以战略目标为导向，以“稳固母港，走向世界”为发展模式，积极推进长江、东北亚、国际化三大战略，加快发展集装箱、散杂货、港口服务和港口物流等四大支柱产业，总体规划，分步实施，统一思想，统一行动。集团“三大战略”稳健推进。①推进长江战略取得重要进展。集团适时与重庆、武汉、九江、南京、江阴等长江沿岸港口进行战略合资合作，投资参与有关港务集团的整体改制，集团加强与长三角宁波等港口的合作，已基本完成了在长江上、中、下游重要港口城市的战略投资，集团的“长江战略”串起了千里“黄金水道”，初步形成了点、线、面结合的港口、船舶、物流网络，在区域联动中谋求合作、发展与共赢，在服务长三角、服务长江流域、服务全国经济中发挥着积极的作用。②以洋山深水港区作为推进东北亚战略的基地，取得初步成效。洋山一期、二期、三期码头的生产能力得到进一步释放，洋山深水港区的枢纽功能初步显现，国际竞争力显著增强。2008 年，洋山深水港区集装箱吞吐量预计达到近 890 标准箱，水水中转比例达到 50% 以上，其中国际中转比例达到 10% 以上。2008 年 1 月 3 日，盛东集装箱公司在对马士基航运公司集装箱班轮“伊迪丝马士基”装卸过程中，仅用 4.75 小时就完成了 4 040 自然箱的装卸作业，船时量达到850.53自然箱/小时，桥吊单机最高效率达到123.16自然箱/小时。装卸效率再次刷新了世界纪录。③推进国际化战略迈出新的步伐。与A·P·穆勒·马士基集团签订了关于比利时泽布吕赫集装箱码头项目的合作框架协议，实施国际化战略迈出了可喜的一步。“四大产业”呈现出协调发展的良好趋势。按照集团的战略发展规划，以集装箱产业为核心加快发展四大产业，优化了集装箱产业布局，提升了集装箱优势产业的规模效应；有序推进散杂货产业的升级，实现了矿石码头与钢铁生产基地“前店后厂”式的装卸和物流配送流程，加快汽车滚装码头等项目的建设合资合作；依托主业，拓展了港口服务市场，提升了港口服务能级；整合物流资源，理顺管控关系，成立了上港集团物流有限公司，优化了集团港口物流资源配置，实现了统一品牌下的整体化运作，放大了物流产业的经济效益，提高了集团的核心竞争力。

5. 产业结构调整取得胜利，科技创新取得硕果

30年来，上海港的传统产业和传统港区向现代化逐步迈进，特别是进入新世纪，根据上海城市总体规划和世博会场馆建设的要求，集团按照有进有退、有所为有所不为的原则，以新港区建设和老港区功能转换、大力发展优势产业和推进科技创新为主要内容，积极稳妥地推进上海港的产业结构调整工作，打胜了这场“攻坚战”。经过不懈的努力，上海港已形成了以洋山、外高桥、吴淞港区为主的集装箱产业区域，以罗泾、张华浜、军工路、宝山、龙吴港区为主的散杂货产业区域和以北外滩地区为主的国际邮轮和航运服务产业区域以及保税物流产业园区等。到2008年末，曾经在上海港历史上做出过积极贡献的黄浦江两桥之间10多个老港区码头将全部陆续退出装卸生产，转移搬迁至新港区，实现了产业结构调整的既定目标，如今的上海港已是“旧貌变新颜”！集团的资产总量快速增加，内在质量明显提高，产业结构更趋合理。

1978年上海港务管理局固定资产总额仅为6.9亿元，2008年年底集团的固定资产规模预计将达到360.7亿元，比30年前增长了超过50余倍，其中近5年增长了1倍多。总资产规模1998年为116亿元，2003年升至264亿元，增长127%，2008年末预计将达到670亿元，较10年前增长4倍多。其中，集装箱优势产业的资产占到45%，其创造的利润占集团利润总额的64%；散杂货产业的资产状况也已大大改善，成为现代化的散杂货码头。物流产业、港口服务产业也已成为新的潜在的经济增长点。集团资产规模、资产质量进入全国沿海港口的前列。在产业结构调整中，集团积极稳妥地推进职工分流安置工作。坚持“以人为本、善待职工、有情操作”的原则，制定了相关的政策，以轮驳分公司为分流安置平台，不断拓展再就业渠道，组织再就业培训，腾出岗位安置分流职工，妥善分流安置了一万多名老港区职工，保持了大局的稳定。科技创新取得丰硕成果。随着双40英尺双起升集装箱桥吊等一系列具有世界先进水平的港机设备和信息技术的应用，以及一批重点科技项目的推广，上海港迈出了信息化、数字化、智能化的坚实步伐，港口码头的服务效率和现代化管理水平显著提高，大大缩减了船、货在港时间，受到了船方、货主的好评。2003年以来，集团下达科技和技术改造项目461项，科技投入40.38亿元，承担国家、交通部和上海市重点科研项目16项，申报国家专利178项，获得国家、交通部和上海市等科技进步奖多达31项，在历年巴黎国际博览会上，集团的科技团队以出色成果多次获得了金牌。

6. 党的建设和职工队伍建设迈出新步伐

在先后经历了整党、“三讲”、“三个代表”、先进性教育等党内重大活动后，集团党建工作在承优创新中不断得到加强，“为强港作贡献，为党旗添光彩”成为广大党员的自觉行动，形成了“诚信至上，清风扬港”的良好氛围。随着港口现代化生产和管理方式的变革，新一代海港员工成长为知识密集型和技术密集型为主的服务产业大军。集团 2007 年高技能人才占技术工人的比例达到 14.07%，获得了“国家技能人才培育突出贡献奖”。集团坚持加强和完善职工代表大会制度，开展企业民主管理，实行厂务公开，保障了职工的合法权益和主人翁地位，调动职工群众的积极性和创造性。在改革开放的实践中，涌现出了一大批劳模先进人物，不仅是集团广大职工学习的榜样，也成为集团宝贵的精神财富。集团坚持开展“职工满意工程”，实施了职工企业年金、补充住房公积金、补充医疗保险和疗休养的“3 + 1”福利计划，坚持 11 年开展爱心捐献和帮困送温暖活动；集团保障 1 万多外来务工人员的合法权益，被评为全国工会维护农民工合法权益工作先进集体。集团坚持以“发展自身，回报社会”为企业宗旨，2008 年 5 月 12 日，四川汶川特大地震发生后，集团上下立即行动，广大员工慷慨解囊，短短一周时间内，集团共计捐款 1 122.61 万元。上海港充分重视职工的安全生产，全员意识和管理意识不断增强，效能监察渗透到现场管理之中，并按照有关国际公约，加强港口安保工作，建立了制度化、规范化、科学化的预防体系，构筑了港口“大安全”的格局，保障了港口生产的安全运行。集团先后获得了全国五一劳动奖状、全国思想政治工作优秀企业、上海市文明单位等荣誉称号。广大职工共尽发展之力，共享发展之利，职工收入逐年稳步增长，从 2003 年 ~ 2008 年增长 1.4 倍，和谐企业建设结出丰硕成果。

上海港改革开放 30 年所取得的成就，从根本上来说，得益于党的十一届三中全会以来实行的改革开放政策，得益于我国经济发展和对外贸易快速增长的推动，得益于全港干部职工团结奋战，努力拼搏，这才取得了上海港百年发展史上辉煌的业绩。

上海港改革开放 30 年所取得的成就，充分印证了胡锦涛总书记在十七大报告上的重要论断：“改革开放符合党心民心、顺应时代潮流，方向和道路是完全正确的，成效和功绩不容否定，停顿和倒退没有出路”。

四、基本经验

上海港 30 年改革开放的历程，为我们留下了许多宝贵的经验，给我们以深刻的启示，概括起来，主要体现在以下 5 个方面：

(1) 以中国特色社会主义理论为指导，解放思想，与时俱进，增强使命意识和责任意识，坚定不移地推进上海国际航运中心和世界强港建设。建设现代化的强港，是几代上海港人为之奋斗的梦想。上海港始终以经济建设为中心，按照“三个有利于”的标准，推进港口现代化建设，特别是近 10 年来，立足国家战略，瞄准世界强港的目标，以强烈的使命意识和责任意识，以当好上海国际航运中心建设的主力军为己任，坚持解放思想、改革开放、与时俱进，认真落实科学发展观，围绕一个中心，做好两篇文章，推进三大战略，发展四大产业，积极转变经济发展方式，努力实现科学发展和持续发展，取得了历史性的突破，几代海港人的强港梦想正在变为现实。实践证明，中国特色社会主义是引领我们发展进步的伟大旗帜，是建设强港的必由之路。

(2)抓住机遇，应对挑战，坚定不移地深化改革、调整结构

强化管理，促进港口生产力的快速发展。改革开放把上海港推向百舸争流、各显身手的竞争舞台，市场经济的发展使港口企业面临前所未有的机遇和挑战。紧紧抓住稍纵即逝的发展机遇，加快自身的发展，是永恒的主题也是唯一正确的抉择。改革开放30年来，正是由于抓住了历次重要的机遇，赢得了发展的先机，拓展了港航市场，加快了自身的发展，推进了结构的调整，强化了集团的管理，集聚了发展优势，增强了企业的经济实力和国际竞争力，促进了生产力的快速发展，在东北亚地区集装箱枢纽港的激烈竞争中，走在了世界集装箱大港、强港的前列。

(3)坚定不移地扩大港口对外开放，按照经济社会和国际航运市场发展的要求，增强港口服务功能，完善港口服务环境。上海港集团以国际视野、战略眼光和开放的胸怀，积极应对全球经济一体化和船舶大型化发展趋势，坚定不移地扩大港口对外开放，在引进外资的同时，吸收国外先进的技术和管理方式，为我所用，并加以创新发展。上海港集团以服务作为自身发展的本质要求，以创造一流效率、一流服务和一流管理水平为目标，不断提升服务理念，开展优质服务和个性化服务，与中外船公司和客户建立良好的合作关系，进一步做大了市场，做响了品牌。上海港集团不断完善口岸软环境，充分利用海关“大通关”以及洋山保税港区和外高桥保税物流园区的有关政策，在对外开放中不断增强港口服务功能，在市场竞争中不断提高港口服务水平。上海港集团还成功举办了24届世界港口大会和“海上贸易”亚洲邮轮大会，与国外11个港口建立了伙伴港关系，上海港的国际地位和行业影响力不断提高。

(4)坚定不移地实施科技兴港和人才强港战略，适应现代化港口发展的需要。确立科学技术是第一生产力的观念，加强对科技工作的领导，加大科技资金投入，提高集团在基本建设、技术改造、设备更新、节能减排和安全生产等方面的科技含量，为集团发展主业生产、增强市场竞争力提供了强有力的技术支撑。确立人才是第一资源的观念，通过校企合作办学、境外见习培训、对口专业培训、重大项目实践等多种渠道，着力实施悉心选才、真心惜才、精心育才、鼓励成才的人才培养和激励举措，进而形成人才培养、使用、引进、激励和约束相结合的机制，增强了集团人才队伍的活力，既筑牢了科技兴港、人才强港的基石，又为集团战略发展提供了有力保证。

(5)坚定不移地坚持“两手抓”，以改革创新的时代精神，抓好党的建设、职工队伍建设和企业文化建设，为建设世界一流强港提供有力的组织保障和不竭的精神动力。集团坚持两个文明建设一起抓，不断深化“四好”领导班子建设，进一步加强党员队伍建设，完善党员先进性教育的长效机制。加强党风廉政建设工作，三级预控网络建设深入推进，效能监察活动融入生产经营中心工作。党员干部树立了“立党为公、掌权为民”的思想，增强了战略思维能力和破解难题的能力，始终注意把握好改革发展稳定的关系，有序推进集团的各项工作。以实施集团《人才队伍建设5年实施纲要》为契机，切实加强高级管理人员、专业技术人员、集装箱管理人员、适应多元组合的经营人才和高等级技术工人等五支队伍的培养和建设，不断提高了职工队伍的政治、业务和技术素质。集团注重建设具有港口特色的企业文化，努力培育集团精神和核心价值观，开展创建“文明单位”和“文明口岸”活动，

打造一流品牌，提升服务水平，开展各项积极向上的企业文化活动，发挥企业文化凝聚人、激励人、培育人的独特作用。集团不断提高党员干部和职工队伍的能力素质，“固本强身”，为建设世界一流强港提供有力的组织保障和不竭的精神动力。

五、发展展望

回顾改革开放30年来上海港取得的成就，总结我们的经验，是为了激励我们坚定信心，鼓舞斗志，站在历史新起点，瞄准集团进入世界一流强港行列的发展方向，乘风破浪，奋勇前进。

当前，面对国际金融危机蔓延、世界经济危机显现，面对全球航港业发展放缓、集装箱发展增速下降，面对港口发展前所未有的挑战和压力，我们要倍加珍视改革成果，倍加珍惜发展机遇，在党的十七大精神和科学发展观的指引下，加倍勤奋努力地工作，按照集团战略发展规划，咬定战略发展目标不放松，争取到2010年基本建成强港，并经过较长时间的努力，实现“全球卓越的码头经营商”的远景目标。承接百年历史，承载发展使命，是新一代海港人义不容辞的职责；为改革建功，为发展立业，是新一代海港人光荣的义务。展望未来，我们要进一步解放思想，锐意进取，更加自觉地融入上海加快推进“四个中心”，加快实现“四个率先”的工作大局，认真贯彻中央关于长三角一体化发展的战略决策，推进航运服务体系和集疏运体系的建设，坚持三个服务，努力当好上海国际航运建设的主力军；我们要进一步推进三大战略，发展四大产业，在更高层面、更大范围实施整合资源，培育市场，促成集装箱箱源的生成和集聚，做大做强集团的优势产业；我们要进一步转变经济发展方式，提高经济运行质量和经济效益，充分发挥上市公司的整体优势，优化资本运作，更好地推动区域经济的发展；我们要进一步加快科技兴港、人才强港的步伐，加强企业文化建设，不断提升集团发展的软实力；我们要深入开展实践科学发展观的活动，以改革创新的时代精神，进一步加强党的建设和职工队伍建设，努力建设和谐集团，为建设上海国际航运中心和世界强港而努力奋斗！

以港兴市，促进港城和谐发展

宁波港股份有限公司

一、企业概况

宁波港地处我国大陆海岸线中部，南北和长江“T”型结构的交汇点上，地理位置适中，是中国内地著名、世界少有的深水良港。宁波港自然条件得天独厚，北面有舟山群岛为天然屏障，“水深流顺风浪小，不冻不淤陆域大”。进港航道水深在18.2米以上，25万吨至30万吨船舶可自由进出港，是中国内地进出10万吨级以上超大型巨轮最多的港口，可开发的深水岸线达120千米以上。内外辐射便捷，向外直接面向东亚及整个环太平洋地区，海上至香港、高雄、釜山、大阪、神户均在1 000海里之内；向内不仅可连接沿海各港口，而且通过江海联运，可沟通长江、京杭大运河，直接覆盖整个华东地区及经济发达的长江流域，是中国沿海向美洲、大洋洲和南美洲等港口远洋运输辐射的理想集散地。

宁波港目前已发展成为由北仑港区、镇海港区、宁波港区、大榭港区、穿山港区、梅山保税港区组成，集内河港、河口港和海港于一体，大、中、小泊位配套的多功能、综合性的现代化深水大港。集团现有生产性泊位311座，其中万吨级以上深水泊位64座。在万吨级以上的泊位中，5万吨级至25万吨级特大型深水泊位有33座。最大的有25万吨级原油码头，20万吨级（可兼靠30万吨船）的卸矿码头，5~10万吨级国际集装箱专用泊位以及5万吨级液体化工专用泊位。

宁波港股份有限公司主要经营进口铁矿砂、内外贸集装箱、原油成品油、液体化工产品、煤炭以及其他散杂货装卸、储存、中转业务。2007年末在册职工人数7 500名，资产总值206亿元，净资产105亿元，资产负债率为37%，营运收入53亿元，利润25亿元。资产总值和利润分别是1978年的150多倍和1 600多倍。2007年完成货物吞吐量3.45亿吨，位居全国大陆港口第2位，世界第4位；集装箱吞吐量935万标准箱，跃居世界第11位；旅客吞吐量108.3万人次。改革开放30年，宁波港从一个名不见经传的区域内河小港发展成为了世界级大港，创造了世界港口发展史上的奇迹。

目前，宁波港股份有限公司下辖宁波港北仑第二集装箱公司、北仑第二港埠有限公司、镇海港埠有限公司、油港轮驳有限公司、宁波港铁路有限公司、信息通信有限公司、船务货运代理公司、宁波港建设总公司、宁波港工程监理有限公司、港强实业有限公司、教育培训中心、宁波港公安局、宁波港国际集装箱综合发展总公司、宁波大榭众联股份有限公司；控股宁波港北仑股份有限公司、宁波北仑国际集装箱码头有限公司、宁波港吉码头经营有限公司、宁波远东码头经营有限公司、宁波外轮理货有限公司、宁波大港引航有限公司、舟山甬舟集装箱码头有限公司、太仓武港码头有限公司；参股宁波大榭招商国际码头有限公司、宁波青峙化工码头有限公司、舟山市衢黄港口开发建设有限公司、南京江海码头有限公司等。

二、港口实现又好又快的科学发展

“千年古港，三十年辉煌”。改革开放30年来，宁波港人坚持解放思想，与时俱进，抢抓机遇，艰苦创业，改革创新，挑战自我，特别是2003年以来，宁波港集团大力实施“二次创业”发展战略，瞄准“全面建成国际一流深水枢纽港和国际集装箱远洋干线港”的目标，着力营造深水码头优势、服务优势、机制优势、港口物流优势、人才优势，做大、做强宁波港，实现了又好又快的科学发展，在中国内地沿海港口中迅速崛起。

1. 体制机制改革充满生机活力

1979年1月1日，宁波港管理体制发生重大改革，宁波港航分设，宁波老港、镇海煤码头、北仑10万吨级矿石中转码头“三港合一”，成立宁波港务管理局，直属交通部领导，为宁波港务管理局统一使用港口资源奠定了扎实的基础。1987年10月10日，宁波港务管理局改为由宁波市和交通部双重领导，以市为主的管理体制，管理体制又一次发生重大改革，其后，宁波港务管理局始终坚持贯彻落实宁波市委、市府提出的“以港兴市，以市促港”的重大发展战略，港口的发展速度明显加快。2004年4月8日，宁波港务局实行政企分开，宁波港集团有限公司正式挂牌成立，标志着宁波港向建设现代企业制度迈出了实质性的步伐。2008 年 3 月 31 日，以宁波港集团有限公司为主，联合招商国际等七家公司发起的宁波港股份有限公司创立，在建立现代企业制度，实施国际化经营发展战略上迈出了关键的一步，企业发展进入了一个新的历史时期。

改革是港口发展的不懈动力。30 年来，宁波港始终坚持以改革促进发展，以发展推动改革。20 世纪 80 年代，开展了企业整顿升级，90 年代，进行了各项制度改革，促进了港口企业的不断发展。进入 21 世纪以后，按照国际化、市场化的要求，从 2002 年开始，宁波港集团按照现代企业制度要求，根据“决策指挥和资本运作中心”、“利润中心”和“成本控制中心”三级管理划分的基本思路设置内部管理机构，大刀阔斧推进人事制度、劳动用工制度、分配制度改革以及成本管理、绩效管理等内部体制、机制改革，初步实现了“人员能进能出，干部能上能下，收入能增能减”的新机制，大大增强了企业活力，提升了工作和作业效率。同时，坚持“引进来”和“走出去”相结合、内资和外资相结合、国有资本和民营资本相结合的开放经营策略，2002 年以来，分别与和记黄埔集团、地中海航运有限公司、长荣集团、东方海外、中远、招商局等国际知名企业合资建设经营国际集装箱码头，合作共赢，成效明显，综合实力显著增强，国际影响力显著提升。

2. 港口建设“世界一流”

在改革开放的 30 年中，宁波港的发展得到了国家、部、省、市各级领导巨大的关心和支持。党和国家领导人胡锦涛、江泽民、温家宝、李鹏、朱镕基等都曾亲临宁波港视察，对宁波港在大陆沿海港口中的重要地位给予了充分的肯定，对加快宁波港的发展作出了重要指示。

在各级领导的关心支持下，1979 年 6 月 1 日，国务院批准宁波港对外开放，为宁波港拥抱世界开启了绿灯。1989 年 9 月，宁波港北仑港区被交通部列为我国大陆沿海重点开发建设的四大国际深水中转港之一。1996 年 1 月，国务院作出关于建设上海国际航运中心的重大决策，明确提出以上海为中心，以江苏、浙江为两翼，进行港口组合，充分发挥北仑港区的深水优势。2005 年年底，浙江省委、省政府作出重大决策，打破行政区划限制，整合港口资源，成立了“宁波——舟山港”管理委员会，提升了港口的国际竞争力。在浙江省第十二次党代会上，省委又提出了“大力发展海洋经济，加快建设港航强省”的战略决策，宁波港的发展迎来了新世纪的重大机遇。

改革开放 30 年来，利用得天独厚的港口资源，宁波港集团在推进深水化、大型化、专业化、现代化的码头建设上，书写了太多的国内第一和国际先进水平。1978 年，镇海港区万吨级煤炭专用码头建成投产；1982 年 12 月国内首座北仑 10 万吨级矿石码头建成投产，1994 年 11 月国内首座 20 万吨级矿石码头建成投产，从此结束了我国港口没有 20 万吨级以上特大型散货泊位的历史；1991 年北仑集装箱公司 3 座 5 万吨级集装箱专用码头建成投产，2003 年北仑第二集装箱有限公司 4 座 5 ~ 10 万吨级集装箱专用码头建成投产，2005 年穿山港区 3 座 10 万吨级集装箱专用码头建成投产，目前，宁波港集团形成了拥有岸线 4 900 多米长的集装箱泊位群，能够满足 8 000 标准箱以上超大型集装箱船的作业需求；1985 年我国第一座 22 万吨级的海上驳油平台“北仑”号在北仑港区投产，2001 年大榭实华 25 万吨级原油码头建成投产，是全国最大的海上原油中转港；1987 年国内首座万吨级液体化工专用码头在镇海港区建成投产，1997 年镇海港区首座 5 万吨级液体化工专用码头建成投产，至今已成为全国乃至远东地区最大的液体化工产品中转基地。目前，宁波港集团已建成了以北仑四期、五期国际集装箱码头、大榭岛25万吨级原油码头、镇海5万吨级液化码头为代表的具有国际国内领先水平的深水泊位群。近5年来，宁波港集团瞄准“国际一流”，累计投入77亿元人民币打造码头及配套设施，超过了前50年的投资总和。卸船机、集装箱桥吊、龙门吊等主要港口生产设备随着港口建设发展同步增长，已分别拥有11台、65台、191台，港口生产作业能力大幅度提升。截止2007年年底，已全面建成中国内地主要的集装箱、矿石、原油、液体化工中转存储基地，华东地区主要的煤炭、粮食等散杂货中转和储存基地。宁波港核定通过能力达到24 658万吨，是1978年的254倍。

宁波港集团坚持“科技兴港”战略，不断加大对新技术、新工艺、新装备、新材料的引进和应用力度，加强技术改造，提高港口发展的科技含量，不断提升科技对港口发展的贡献率，努力开创管理技术信息化、控制技术智能化、位移技术高度化和环保技术绿色化的新局面，走出了一条“科技强港”之路。近年来，港口信息化建设大大加快，财务预算管理、企业资产管理、办公自动化、人力资源管理等信息系统；生产业务实时管理系统；港口EDI应用系统；海上GPS和AIS监控系统；国际中转集装箱信息管理系统；集装箱码头计算机生产管理系统；港区铁路车站信息管理系统；以及CBOS系统、800兆数字集群系统等相继建立和应用，港口信息化管理水平迅速提升。抗大风浪集装箱船和超级油轮引航技术的形成和不断完善、超大型油轮在航过驳作业工艺的不断改进、助泊抗季风作业课题的攻克、国际先进的“双40英尺”集装箱桥吊的装备、港口装卸机械及配套设备的更新换代、港口生产环保设施的改进、桥吊司机的操作培训“模拟化”的推广，有力地保障了宁波港集团生产能力的快速增强和服务水平的迅速提升。

3. 港口生产突飞猛进

改革开放30年来，宁波港集团一心一意谋发展，生产突飞猛进，港口货物吞吐量呈现出跨越式的发展态势。1985年宁波港货物吞吐量首次突破1 000万吨，进入大港行列。之后，每隔3年上一个千万吨级台阶，1991年突破3 000万吨。进入九十年代，“三年三大步”，每年上一个千万吨级台阶，1993年宁波港年货物吞吐量突破5 000万吨。1995年完成货物吞吐量6 852.8万吨，首次位列中国大陆沿海主要港口第4，1996年完成7 638.8万吨，首次位列中国内地沿海主要港口第3，1997年完成货物吞吐量8 220万吨，首次位列中国内地沿海主要港口第2，连续3年国内沿海港口货物吞吐量排序上升1位。2000年宁波港全年累计货物吞吐量首次跨上亿吨台阶，成为世界上为数不多的亿吨级大港，实现历史性突破。2003年，宁波港集团提出了至2010年的“二次创业”“建成国际一流深水枢纽港和国际集装箱远洋干线港”的奋斗目标，集团上下坚持“强港报国，服务世界”的企业宗旨，发扬“爱港敬业，顽强拼搏，追求卓越”的企业精神，秉持“以人为本，科学发展”的核心价值观，通过大力实施“六大战略”（拓展战略、品牌战略、科技兴港战略、开放战略、区港联动战略、可持续发展战略），着力构建“五大体系”（集装箱、矿石、原油、煤炭、液化品运输），使港口货物吞吐量保持了持续快速增长的势头，2004年宁波港年货物吞吐量突破2亿吨;2006年宁波港货物吞吐量突破3亿吨；2007年宁波港完成货物吞吐量3.44亿吨，是1978年的160多倍，其中宁波港集团完成2.24亿吨。从1997年~2007年，宁波港货物吞吐量稳居大陆沿海主要港口第2位。2002年、2003年，宁波港集团连续入围中国企业

500强。2004年，宁波港集团入围中国服务企业500强。2005年1月，宁波港入选“中国十大最让人满意的港口”。2008年1月，宁波港集团荣获“2007年度中国优秀诚信企业”称号。善于“挑战自我，追求卓越”的宁波港人把自己作为最大的竞争对手，锐意创新，开拓进取，“二次创业”的既定目标一次次被提前突破，见图1所示。

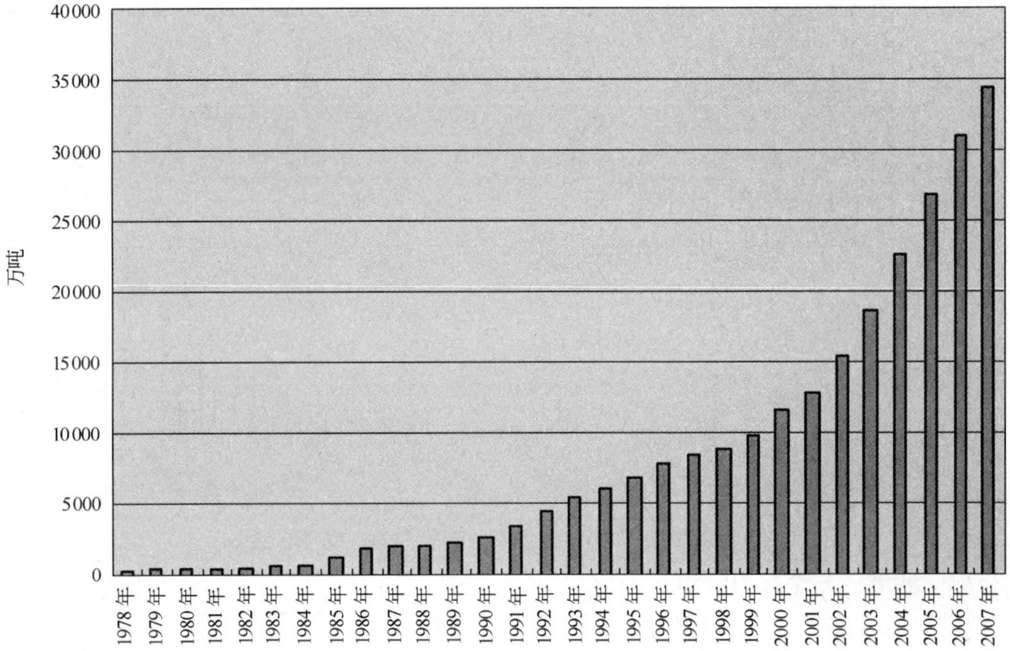

图1 宁波港货物吞吐量增长一览表（1978年~2007年）

国际集装箱运输厚积薄发、异军突起。1984年8月，宁波港开始了国际集装箱运输。1990年，完成年度集装箱吞吐量2.2万标准箱。20世纪90年代，随着北仑港区集装箱专用深水泊位的建成，以及现代化的集装箱装卸桥吊和轮胎式龙门吊等先进设备投入生产，集装箱吞吐量有了较快的发展，至2000年年底，年度集装箱吞吐量达到90.2万标准箱。进入21世纪，在激烈的市场竞争中，宁波港人积极实施拓展战略，拓展南北通道、开发东西走廊，水陆并进拓市场。随着宁波港一批集装箱专用深水泊位的建成投产，最先进的集装箱装卸机具的应用，货源腹地的开拓，全球排名前20位的班轮公司的登陆和加盟，远洋干线的开辟，集装箱运输创造了被国内外航运界称为“宁波港速度”的迅猛发展，2001年，集装箱吞吐量首次突破100万标准箱；2004年，宁波港集装箱吞吐量突破400万标准箱，首次进入世界港口前20强，位列第17；2007年集装箱吞吐量达935万标准箱，居中国内地沿海港口第4位，国际排位第11位。年均复合增长率达40%以上，成为世界前三十大集装箱港口的增幅冠军。2007年宁波港集装箱远洋干线突破100条；2008年6月宁波港集装箱总航线已突破200条；集装箱月航班已突破900班，干线箱量占外贸箱量的比例接近90%，大大高于国内同类港口的指标。宁波港集团通过大力实施品牌战略，内强素质，外树形象，打响了“宁波港”品牌。2006年3月27日，在对“中海日照”轮作业中，船时效率达到409.53自然箱，集装箱装卸效率达到了国际先进水平。2002年以来，宁波港“无水港”工程进展顺利，已成功完成义乌、金华、绍兴、萧山、嘉兴、衢州、慈溪、余姚、上饶等地无水港或转运堆场的布局。2006年，宁波港入围世界集装箱"五佳港口"，是中国内地港口中唯一入围的港口，跻身国际一流大港行列，见图2。

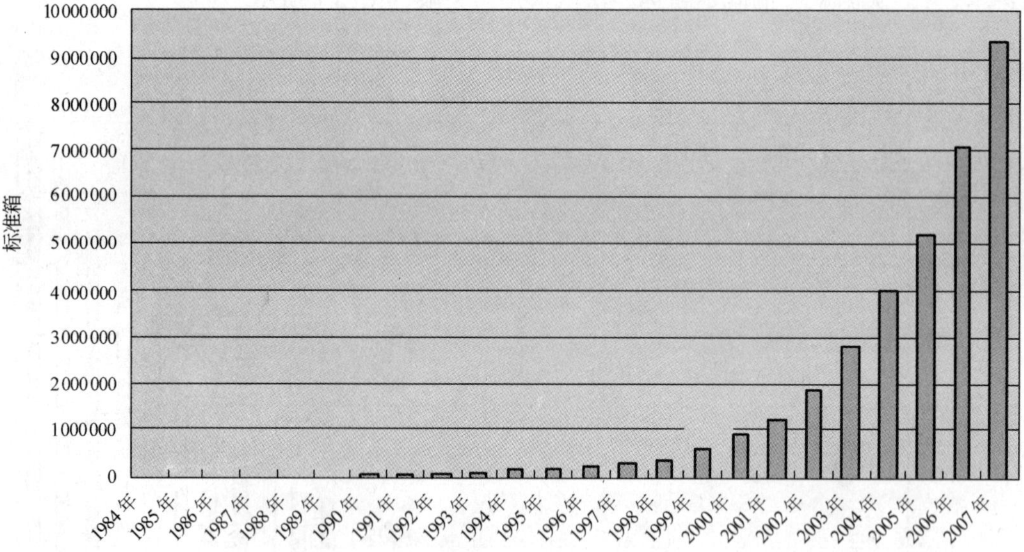

图2　宁波港集装箱吞吐量增长一览表（1984年~2007年）

目前宁波港已与全球100多个国家和地区的600多个港口有贸易往来，形成了覆盖全球的集疏运网络，众多世界级的超大型船舶靠泊宁波港，成为中国超大型船舶最大集散港和全球为数不多的远洋运输节点港。仅2007年，就有300多艘次8000标准箱以上超大型集装箱轮靠泊宁波港。2004年、2006年，当时世界最大的集装箱班轮"东方宁波"号和"中远宁波"号先后在宁波港命名并首航。1995年12月6日，世界最大吨级的散货矿船巴拿马籍30万吨级"大凤凰"轮首次靠泊宁波港。1995年12月6日，挪威籍30万吨级大型油轮"别克伯爵"号实载15.7万吨进口原油靠泊北仑港区。2003年10月31日，宁波港北仑港区20万吨级矿石中转码头顺利靠泊装载28余万吨进口铁矿的挪威籍30万吨级巨轮"凤凰·伯爵"号轮，是中国港口靠泊接卸的单船装载量最大的船舶。2005年3月，宁波港集团两次成功装卸比利时籍排水量44万吨级的超大型油轮"泰欧"轮，成为中国内地乃至亚洲第一个靠泊40万吨级巨轮的港口。2007年5月，宁波港又成功靠泊了目前世界最大、载箱量为1.1万标准箱的"伊夫林·马士基"轮。宁波港牢牢锁定了中国超大型船舶最大集散港的地位，向世界展示了深水大港的迷人风采，见表1。

1978年~2007年各项指标对比表　　　　表1

项目年份	货物吞吐量（万吨）	万吨级码头泊位数（个）	核定通过能力（万吨）	资产总额（亿）	利润总额（万元）
1978	214.4	1	97	1.3	154.87
2007	34518.7	64	24658	206	250000

4. 实施"人才战略"硕果累累

人才资源是第一资源，人才强企是企业长盛不衰的根本。宁波港集团着眼于长远，在发展中始终把培养高素质职工队伍与企业发展战略总体目标紧密结合起来，以加强教育培训作为人力资源开发的主要手段，建立起一套适应港口人力资源发展需要的教育培训体系。

宁波港集团十分重视对员工的教育培训，长期坚持组织集团、部、科级干部分别到大专院校、国外港口及省、市、集团党校参加理论培训，举办中青年干部培训班。同时，牵手武汉理工大学、上海海事大学等高等学校开办在职硕士研究生班。一批年富力强、素质高、观念新的人才走上了集团中层以上领导岗位。

2003 年以来，大力实施“121”工程（100 名研究生、200 名高级专业技术人员、100 名技师），构筑起经营、管理、科技等高层次的人才库。采取“走出去，请进来”的方法，通过请专家到集团进行授课、举办专题研讨会、专题学术会等提高专业人员的知识面；选派港口管理技术骨干进行专修，每年都有上百人次的管理技术人员出国考察或接受短期培训。2007 年，宁波港集团已有 135 名职工具有研究生学历或硕士学位，高级专业技术人员、工人技师分别增至 141 名、104 名，集团人才结构进一步优化。工人技师呈现数量增加、年轻化的新特点，技师平均年龄由 2002 年时的 50 岁以上下降到 40 多岁。对在职职工进行职业资格培训和适应性培训，举办港口五大工种技术工人培训班，实施有关专业人员职业资格培训制度，对关键岗位实施“先培训后上岗”的制度，数以万计人次的职工得到了培训。宁波港集团实施的自学成才奖励机制进一步激发了广大职工业余学习的积极性和主动性，职工业余时间参加高等学历学习蔚然成风。不少高等学历的职工选择在业余时间攻读第二甚至第三专业。同时，不断创新培训方式和手段，使培训与企业发展战略相适应、与技能要求相接轨。

5. 精神文明建设成效卓著

作为全国文明单位的宁波港集团坚持以中国特色社会主义理论体系为指导，围绕港口发展目标，深入开展精神文明建设，内聚人心，外树形象，充分调动了职工的积极性、主动性和创造性，有效激发了企业的创新活力，推动港口实现又好又快发展。

宁波港集团持续深入地开展“四好”领导班子创建活动，在完善工作程序、建立科学制度、提升干部队伍素质等方面迈出了新的步伐，打造了一支善经营、会管理、讲廉洁的领导班子；坚持干部队伍“四化”方针和德才兼备的原则，积极打造复合型干部队伍；坚持 16 年持续开展以促进发展为目标的主题教育活动，统一思想，凝聚力量，形成了干事创业的良好氛围。

宁波港集团精心打造具有行业特色的企业文化，逐步形成了科学规范的理念系统、行为规范系统和视觉、听觉识别系统，并在广大干部职工中广泛推行企业文化的认同和推广工作。精心培育赋予时代特征的创新文化和时代精神的先进典型，多年来先后涌现出 20 多名全国、省部级、市级劳动模范和各类先进标兵，并在港口主要工种中以职工名字命名先进操作法，产生重要影响。

宁波港集团紧紧围绕“专、精、特、优”四字方针，在价格、质量、效率、服务功能延伸上大力推进宁波港品牌建设活动，宁波港以原油装卸、液化装卸、集装箱装卸等方面形成了一批个性化品牌，得到了船公司、客户单位的普遍认同，近年来客户对港口服务满意率始终保持在 98% 以上。宁波港荣获“2004 中国港口行业十大影响力品牌”称号。集团总裁李令红荣获“2004 中国品牌建设十大杰出企业家”称号。

深入持久的精神文明建设为企业发展提供了强大的动力，改革开放以来，宁波港集团精神文明建设取得了卓越成绩。1989年起，宁波港集团连续9批次获“浙江省文明单位”称号；2002年以来，先后荣获“浙江省思想政治工作优秀企业”、“全国精神文明建设工作先进单位”、“全国交通系统创建文明行业先进单位”、“中国优秀诚信企业”、“浙江省模范集体”等荣誉称号。2005年10月，荣获“全国文明单位”称号。2006年5月，获全国五一劳动奖状。2008年3月，获“浙江省国有企业创建‘四好’领导班子先进集体”称号。

三、基本经验

1. 坚持与时俱进抓发展

面对全球化的航运竞争市场，宁波港集团不失时机抓机遇，坚定不移抓发展，与时俱进抓提高，超前谋划，奋力开拓，积极实施发展战略，寻求最佳发展途径，精心设计发展方案，脚踏实地抓好落实。尤其是面对近几年周边港口群起、货源分流的新挑战，咬定“国际一流深水枢纽港和集装箱远洋干线港”的目标，主动出击，敢于竞争，自我加压，实施“二次创业”，推进“六大战略”（拓展战略、品牌战略、科技兴港战略、开放战略、区港联动战略、可持续发展战略），构建“五大体系”（集装箱、矿石、原油、煤炭、液化品运输），通过建立灵活机制，引入先进的管理理念和手段，从而集聚了港口发展所必需的资金流、技术流、信息流，使宁波港实现了超常规和跨越式发展。

2. 坚持把集装箱作为港口发展的重中之重

宁波港集团认准世界航运集装箱化的发展趋势，始终把集装箱发展作为港口发展的重中之重，创出了一条适合宁波港集装箱运输发展之路。坚持以远洋干线为重点，大力发展航线；以市场为导向，全面拓展港口腹地；以提高服务质量为着眼点，不断吸引货源，形成了航线航班良性互动、开发开拓齐头并进、建设服务协调配套、效益规模同步递增的集装箱发展新格局。呈现出“航线拉动箱量，箱量促进航线”的良性循环。近10年，宁波港以年均复合增长率居世界前三十大集装箱港口第一位的骄人业绩，创造了港口发展史上集装箱运输的奇迹。

3. 坚持适度超前建设港口基础设施

宁波港集团坚持站高一层看形势，放大一圈看世界，适度超前，加快港口基础设施的建设步伐，按照国际一流的标准，建成了一大批深水化、大型化、专业化、现代化的码头和相应设施，同时每年投入巨资进行技术改造，以适应不断发展的港口生产需要。同时，超前谋划企业发展格局，跳出区域，“港外建港”，积极推进“无水港”、“卫星港”建设，通过投资或收购太仓、嘉兴、温州、台州等港口股权，扩展集装箱、矿石接卸点，打造领先运输格局；组建运输船队和集卡车队，进一步提高、扩大港口物流服务水平和覆盖面，提升了企业综合竞争力。

4. 坚持抓改革促发展

改革是企业发展的动力。进入新世纪后，港口体制、机制改革不断深化。几年来重点在人事制度、分配制度、用工制度等方面进行了积极探索，特别是2002年以后，围绕建立现代企业制度，按照资本运作和决策、利润、成本中心三级管理和运作思路，进一步加大了内部体制、机制的改革力度，基本实现了人员能进能出，干部能上能下，收入能增能减的新机制。近年来，努力谋求体制机制新的发展，通过股份制改制上市，进一步接轨国际市场，企业发展跃上新平台。

5. 坚持以人为本，全心全意依靠职工办企业

在企业改革发展过程中，宁波港集团始终坚持全心全意依靠职工办企业，最大限度地调动一切积极因素，把职工的积极性引导好、保护好、发挥好。港口学习氛围浓，职工凝聚力强，精神面貌好。企业上下心齐、气顺、劲足，从而极大地促进了港口生产建设。在抓好港口生产、经营、建设的同时，积极开展富有特色的思想政治工作、主题教育、文明创建、文明服务、企业文化建设、保持共产党员先进性教育等活动，营造了和谐向上、开拓创新、奋发进取的企业氛围，实现了企业的科学发展、和谐发展。

四、发展展望

展望未来，宁波港集团将坚持以人为本，全面落实科学发展观，全方位实施发展战略，全力加快港口现代化、国际化建设步伐，使宁波港的规模更大、实力更强、效益更好、品牌更优，国际、国内地位进一步跃升，实现从“大港”到“强港”的历史性新跨越。

1. 坚持科学发展，争创一流业绩

瞄准“五个一流”（建设一流的码头、实行一流的管理、提供一流的服务、追求一流的效益、打造一流的团队），进一步营造“五大优势”（深水码头优势、服务优势、机制优势、区域物流优势和人才优势），深入实施“六大战略”（拓展战略、品牌战略、科技兴港战略、开放战略、区港联动战略和可持续发展战略），深化“五个创新”（观念创新、制度创新、管理创新、科技创新、服务创新），加快港口建设步伐，到2010年全面建成国际一流的深水枢纽港和国际集装箱远洋干线港，构筑上海国际航运中心深水外港，成为浙江省、宁波市的物流龙头，全面建成集装箱、矿石、原油、煤炭、液体化工5大中转基地和港口物流信息平台。2008年，预计宁波港集团完成货物吞吐量2.34亿吨，集装箱吞吐量完成1 100万标准箱。到2010年，全港货物吞吐量达到3.6亿吨，力争进入世界5大港口；全港集装箱的吞吐量将达到1 300万标准箱以上，争取进入世界港口前10位，国内港口前3位。

2. 发展港口物流，服务国民经济

坚持“以港兴市，以市促港”的经济社会发展战略，紧贴保税港区、开发区、出口贸易加工区，整体推进区港联动，发挥好港口的先导和带动作用，积极促成涵盖整个城市的临港产业的形成；依托产业集聚的临港产业和广阔纵深的腹地经济以及与国际经贸管理接轨的保税港区贸易政策，有效提高国际中转比重；建设一批港口物流项目，拓展无水港，建成一批配送和分拨中心，开展保税物流服务。发展海铁联运及河海联动，完成第二代港口向第三代港口转型，使港口不仅是物资交汇的连接点，更是综合运输物流源形成的基地；推进港口由“后勤服务”向“前方调度总站”转变，促进港城和谐发展。

3. 加快宁波——舟山港一体化步伐，推进浙江港口联盟建设

按照省委省政府推出的“规划、品牌、开发建设、管理”四统一要求，加快宁波—舟山港一体化步伐。加大投入力度，到2015年，计划投入400亿元，增加集装箱处理能力

1 200万标准箱，货物吞吐能力2亿吨以上。预计2015年，宁波—舟山港货物吞吐量达7亿吨，集装箱吞吐量达2 000万标准箱以上。同时会同温州、台州、嘉兴等市共同推进浙江港口联盟建设。按照政府引导、市场化运作方式，以资产为纽带组建新的港口企业，带动各地港口发展，在合作中求得共赢。

引领海西发展的坐标

厦门港务控股集团有限公司

一、企业介绍

厦门港务控股集团有限公司成立于1998年6月18日，是厦门市十大国有企业之一，现有成员企业29家，其中有两家上市公司，目前集团总资产160多亿元，员工总数8 000多人。

厦门港务控股集团是厦门港、也是海峡西岸港口群的龙头企业，以“引领海西发展，建设百年强港”为己任，致力于东南沿海枢纽港和区域航运中心的建设，致力于“世界邮轮母港”与和谐口岸的打造。集团及各控股企业拥有停靠全球最大集装箱船舶、全球最大邮轮和15万吨级散货巨轮的码头，其中生产性码头泊位40个，码头岸线总长8 917米，万吨级以上泊位23个，10万吨级以上集装箱泊位12个；开辟了24条远洋干线和16条近洋班轮，远洋干线辐射全球50多个国家的130余座港口。

集团的主业是投资建设和经营厦门东渡、海沧、嵩屿、中银漳州、刘五店港区，主要涉及港口装卸仓储、码头建设及其货物中转驳运、港口物流、客运旅游、船舶代理、电子信息、港口工程、金融服务、物业、贸易和房地产开发等诸多领域。

秉承“追求完美服务，谋求更大发展”的理念，厦门港务控股集团致力于构建企业文化，使之成为企业和谐发展的一个重要支撑。近年来，集团及集团下属企业先后被评为“全国十佳交通文明窗口”、“厦门经济特区建设25周年突出贡献企业”、“中国最佳集装箱港口（码头）公司”、“福建省企业文化建设示范单位”、“全国群众体育先进单位”等。

二、改革历程

今年是改革开放30周年，也是厦门港务控股集团改革发展10周年。10年来，厦门港务控股集团在厦门市委、市政府的领导下，企业改革不断深化，基本实现了与市场经济的有效结合，企业经济不断发展壮大，活力和竞争力明显提升，布局和结构不断优化，在厦门港中的主导作用进一步增强。现在，集团上下团结创新，励精图治，显现了快速发展的良好势头。

1. 政企分开，为企业发展注入新鲜血液

厦门港务集团有限公司是在原厦门港务局所属企业的基础上组建成立的一家大型国有港口企业。为实施厦门市委、市政府提出的“以港立市”、“以港兴市”的发展战略，原厦门港务局在全国同行业中，率先按照“产权清晰、权责明确、政企分开、管理科学”的精神

实行政企分设，于1998年6月18日正式成立厦门港务集团有限公司。这是我国沿海港口中对原有政企合一的港务局管理体制进行改革的首次尝试。

政企分开使厦门港务集团有了自由成长的空间，随后的4年时间，厦门港务集团经历了稳定发展和深化内部改革两个阶段。第一阶段，1998年6月~2000年年底，是稳定发展阶段。这一阶段集团实行集权管理，下面的国有独资企业都作为分公司。第二阶段，2001年初~2002年，是深化内部改革阶段。这一阶段集团认真研究了我国加入WTO后所面临的新形势，研究和借鉴了国内外先进港口企业集团的模式，针对自身的薄弱环节，采取了一系列重大改革措施，如将集权改为分权，集团公司成为决策中心、资本运营中心、利润中心和成本监管中心，承担国有资产保值增值责任，生产经营权下放给下属企业。集团初步建立起现代企业制度，完善了法人治理结构，独立走上了市场，不断地开拓创新，提高企业的核心竞争力，增强企业的发展后劲，并确立了战略指导思想：市场导向、服务领先、管理严格、集约经营、快速发展。

2. 资产重组，以不断增强企业的竞争力

以提高集团的整体竞争力，促进集团的整体发展为最终目的进行资产重组。通过资产重组，整合集团分散的资源，实现资源的优化组合，解决集团存在的摊子过大、重复建设、业务雷同、资源配置分散、内耗过多等诸多问题，将有限的资源配置到集团的核心产业中，培育和形成集团的核心竞争力。

2001年，集团开始进行大规模的资产重组工作。

(1)通过资产重组及规范设置，成立了海天集装箱有限公司、和平旅游客运有限公司、东渡码头有限公司和石湖山码头有限公司，使原属集团的各分公司成为自主经营、自负盈亏、自我发展的法人经济实体。

(2)按照“集团多元化，子公司专业化”的产业发展战略，以专业化分工和规模经营为原则，重点对装卸业、仓储运输业、代理业务等进行整合，发展成为若干个专业公司或专业子集团公司，集团公司对其授权经营，使其成为在授权范围内自主经营、自负盈亏的法人实体；分离社会职能，逐步退出非主营业务领域，对从事社会一般竞争性领域、具有一定市场和竞争能力的企业，根据政府有关改制政策，以“三个有利于”为标准，通过企业产权制度的深化改革，退出部分乃至全部国有资本。

这期间主要的资产重组有：按集装箱、散件杂货、综合物流、客运和旅游、后勤保障等组建了专业的子公司，取消了全集团的上下班班车服务，将班车由政府划拨给特运集团，员工乘公交车上下班，实现了部分后勤服务社会化；逐步退出与集团装卸运输主业缺乏关联度或关联度甚低或属于社会一般竞争性领域的行业；根据政府有关国企改制政策，完成厦门外代租箱有限公司、港湾监理公司等集团改制试点企业的改制工作，厦门外代租箱代理有限公司为厦门市首家完成改制的企业；对集团成员中存在与母公司经营主业关联度低、或经营效益差、或产权不明晰、或资源条件差、或成长性差、或经营前景暗淡等原因的企业，实行“关、停、并、转”；对新兼并的水产集团、海德拆船有限公司及其下设企业，在充分调研的基础上，对亏损、成长性差等企业进行了合理的清理，而对其资源具有优势和盈利能力的业务，集团给予积极的扶持，促使这些企业走出困境，基本实现扭亏等。

(3)继2002年上半年前完成了集团内一系列的资产重组方案后，还于2004年7月底完成了原厦门路桥股份有限公司重大资产置换。

3. 资本整合，进一步提高企业实力

在完成“两桥”资产置换后，2004年6月21日，中国证监会发文通知，厦门市上市公司厦门路桥与厦门港务集团进行资产置换的方案获通过。9月29日，厦门路桥股份有限公司正式变更为厦门港务发展股份有限公司，公司证券简称即日起变更为“厦门港务”。自此，港务集团成功实现资产在深圳的上市，拥有了第一家上市企业——厦门港务发展股份有限公司，从而为迈入国内资本市场，为企业的后续融资和发展创造了条件。这一举措为筹资建设包括海沧港区1号、4号、5号泊位在内的工程，扩展业务，提高货物和集装箱装卸、搬运、仓储、中转运输的处理能力，巩固厦门港作为服务福建、江西及粤北等地区经济发展的最重要港口发挥了重要作用。同年年底，厦门港务集团有限公司与厦门市交通国有资产管理有限公司重组合并，组建而成现在的厦门港务控股集团有限公司，成为市政府授权经营的产权经营一体化单位。

在完成功能定位调整、管理模式调整和一系列的企业机构改革与资产重组后，为提升企业的国际形象与影响力，吸引更多的航商和货源，争取国际集装箱中转业务，将厦门港打造成我国东南沿海的区域性枢纽港，厦门港开始剑指国际资本市场。2005年3月3日，原厦门港务集团有限公司在剥离了非核心业务及相关资产后，整体改制变更为厦门国际港务股份有限公司（以下简称国际港务），厦门港务控股有限公司为唯一发起人，注册资本为人民币17.56亿元。2005年6月，国际港务股份公司增资扩股，增加了厦门国际航空集团有限公司、厦门市路桥建设投资总公司、厦门商业集团有限公司、厦门国有资产投资有限公司等四家公司，注册资本增至18.292亿元，厦门港务控股有限公司持有96%股权，其余各股东分别持有1%股权。国际港务股份公司于2005年12月19日在香港联交所成功上市，募集资金13.61亿港元，成为厦门市和福建省在香港上市的首家国有企业，也是中国内地第一只在境外上市的、完整的港口概念股。

从2006年以来，厦门市国资委成立并开始运作，国有资产管理制度改革推动国有企业改革。这个阶段集团主要贯彻落实十六大精神和《企业国有资产监督管理执行条例》，逐步实施企业负责人经营业绩考核，确保了国有资产保值增值。企业管理制度的创新，进一步激活了企业的活力，企业改革发展进入了一个新的阶段。

三、发展成就

经过10多年的改革，厦门港务控股集团的管理模式和运行机制发生了深刻的变化，企业生产经营的运行质量和发展速度有了显著提高，企业的经济实力和影响力大大增强。

1. 生产经营实现了新跨越

早在1980年，厦门港务控股集团的年货物吞吐量仅为167万吨，2007年跃升为4 251万吨，增长了25倍多；集装箱量1983年为0.33万标准箱，2007年跃升为353.89万标准箱，增长逾1 072倍。从1998年政企分开到2007年的这10年时间里，厦门港以及厦门港务控股集团（以下简称港务集团）的主要生产经营完成情况如货物吞吐量、集装箱量以及旅客吞吐量都发生了巨大变化，如表1所示。

1998 年～2007 年厦门港、港务集团生产经营完成情况表 表 1

年 度	货物吞吐量（万吨）			集装箱量（万标准箱）		
	厦 门 港	集 团	比例（%）	厦 门 港	集 团	比例（%）
1998	1 639.5	1 004.2	61	65.38	55	84
1999	1 773.4	1 085.1	61	84.9	72.02	85
2000	1 965.3	1 282.4	65	108.5	92.11	85
2001	2 089.9	1 406.7	67	129	102.94	80
2002	2 734.5	1 785.1	65	175.4	137.35	78
2003	3 403.9	2 209.5	65	233.1	176.99	76
2004	4 261.4	2 679.6	63	287.2	224.28	78
2005	4 770.8	3 187.8	67	334.3	264.97	79
2006	7 792.1	3 710.81	48	401.34	304.97	76
2007	8 117.2	4 251.14	52	462.71	353.89	76

表中的“比例”为厦门港务控股集团的各项生产经营完成情况在整个厦门港中所占的比例。

从表 1 我们可以看到，港务集团的各项生产经营情况都保持了良好的增长势头，并且在整个厦门港中占有非常重要的地位。其中，港务集团的货物吞吐量从 1998 年的 1 004.2 万吨增长到了 2007 年的 4 251.14 万吨，其市场份额几乎每年都超过整个厦门港货物吞吐量的一半；集装箱量从 1998 年的 55 万标准箱增长到了 2007 年的 353.89 万标准箱，市场份额一直保持在 75% 以上，为厦门港集装箱量在全国沿海港口继续保持第 7 位、跻身全球 22 强发挥了重要作用。图 1、图 2 直观地展示了厦门港务控股集团在厦门港的地位以及稳步上升的发展态势。

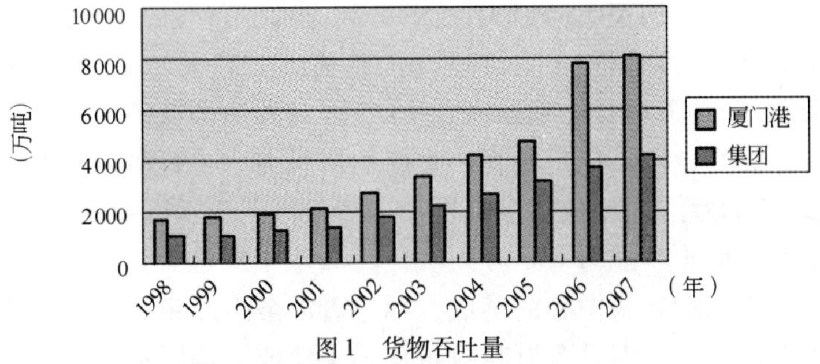

图 1 货物吞吐量

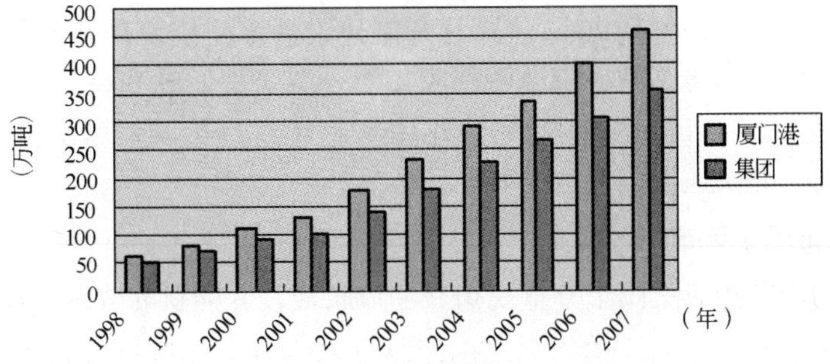

图 2 集装箱量

与此同时，港务控股集团经营的旅客吞吐量也从1998年的28.6万人次增长到了2007年的71.1万人次。2001年1月，厦门市与金门县“厦金通航参访团”一行180人搭乘“太武号”和“浯江号”客轮直航厦门港和平码头，拉开厦金两岸“小三通”序幕后，旅客量从该年的31.9万人次攀升到了2002年的47.6万人次。党的十七大报告首次明确指出“要支持海峡西岸经济发展”。福建省委提出了“海西大平台，厦门最前沿；海西要发展，厦门当龙头；海西要先行，厦门要领先”。海峡两岸友好往来的利好形势，加上2008年6月27日，厦门国际邮轮中心暨厦金客运中心的正式启用，更是带来了厦门港航运旅客量攀升的春天。

2. 投资建设扩大了新规模

随着厦门港改革发展的深入，厦门港务控股集团的港口建设规模也不断有新的突破。1998年底，东渡港区三期码头工程开工，包括3个2万吨级通用泊位、4个千吨以上散杂货泊位；2007年9月，嵩屿集装箱码头一期工程完工投产，拥有3个深水集装箱船舶专用泊位，具备停靠第6代超大型集装箱船舶的能力。厦门市委、市政府提出“以港立市”、“以港兴市”、“以港强市”的发展战略，要求厦门港2010年要力争实现“货物吞吐量1亿吨、集装箱吞吐量完成1 000万标准箱、旅客进出达1 000万人（次）”的目标。为实现这一战略目标，近几年来，集团不遗余力地加大港口投资建设力度，在巩固和完善东渡老港区的同时，积极开发建设海沧、翔安等新港区。

目前，已基本建成厦门嵩屿港区一期工程1~3号泊位，海沧港区1号、4号、5号、6号、7号、9号等一批深水泊位。仅2007年一年，厦门港务控股集团在码头设施建设方面就取得了五项重要突破：一是10万吨级的集装箱码头嵩屿一期1~3号泊位投产，能够靠泊全球最大的集装箱船舶——“艾玛·马士基”号。9月6日，中共中央政治局委员、国务院副总理吴仪亲临厦门，为嵩屿集装箱码头投产剪彩，这在厦门港是史无前例的。该项目被福建省人民政府授予2007年度省重点项目建设优胜奖。二是海沧7号泊位建成投产，并于2008年7月顺利靠泊了18万吨级、实际载重13.5万吨的澳洲铁矿石巨轮，标志着厦门港第一个好望角型泊位的诞生，这不仅是集团一个新的增长点，也是厦门港的一个新亮点。三是可靠泊15万总吨邮轮的厦门国际邮轮中心投入运营，该码头长度463米，水深12.4米。邮轮中心客运大楼年吞吐量旅客能力150万人次，高峰集中旅客到达量3 000人，按国际一级国际客运站标准设计。国际邮轮中心的落成，标志着港务控股集团助推厦门融入世界邮轮经济发展大潮书写了新的一页。四是5万吨级石化码头建成，集团进入了液体化工码头经营领域，拓展了新的发展空间。五是2007年9月开工建设的漳州招商局开发区四区大型散杂货码头，这个项目由招商局集团与厦门港务控股集团合资建设，计划投资总额超过100亿元，其中首期投资30亿元，预计到2011年初步建成3个10~25万吨级深水泊位，形成约1 000米的深水码头岸线，码头通过能力达3 000万吨。

3. 港口腹地拓展了新市场

这些年，厦门港务控股集团十分重视拓展港口腹地，开辟新的货源市场，取得了较好的效果。

为了扩展经营空间和港口腹地，港务控股集团制定并实施“四地一市”战略，即：西部内陆腹地、沿海腹地、海上腹地、本港腹地及临港专业市场。

(1)以海铁联运业务为主线，拓展西部腹地。厦门港海铁联运从2004年7月起步，目前已逐步发展成为厦门港拓量经营的新亮点。集团与南昌、赣州、三明/永安保持了稳定的业务增长量，新开拓了邵武、鹰潭、新余、湖南醴陵、永州的网点及业务，业务区域覆盖福建内陆和江西省南部，并逐步向湖南及我国广大中西部地区延伸。同时积极推进无水港建设，与三明的无水港合作也进入了实质性阶段。

(2)以沿海内支线集装箱业务为主轴，拓展沿海腹地。扩大出口集装箱货物向厦门港集聚的速度，重点扶持福州、汕头往厦门的内支线集装箱业务，2007年两条内支线的集装箱载运量已经达到5万标准箱，争取将内支线延伸至温州，做大内贸箱业务，积极探索伺机以合作、合资或收购方式投资支线码头，培育企业新的经济增长点。

(3)以国际中转集装箱业务为重点，拓展海上腹地。加大与国际大、中型航运商建立紧密协作关系，加强客户总部营销和境外市场营销能力，建立港航战略联盟。四是以现有码头资源为节点，拓展本港腹地及临港专业市场。以现有物流运作为基础，逐步建立储存配送战略体系。拓展保税物流园区业务，引入国际大物流商，推动物流配送、保税加工、港口贸易等业务，注重把港口、园区、贸易等业务有机结合，并以园区、贸易等服务为主线，扶持码头主业发展。培育临港专业市场，培育大宗货源，形成有影响和规模的资源集散地，巩固码头的货源基地。

4. 管理机制发生了新变化

按照社会主义市场经济的要求，完善领导港口发展的体制机制和方式，是提高驾驭港口发展能力的关键所在。厦门港务控股集团结合厦门港的实际情况和改革发展面临的任务，总结改革开放以来港口发展的经验，改变不适应企业发展的传统管理方法，促进管理创新和机制转变。

(1)明确了领导港口发展的主要任务。加强对港口发展的领导，主要是把握方向，谋划全局，制定政策，依法治港，营造良好环境。把握方向，就是要引导和把握港口发展的方向、改革开放的方向，保证港口建设事业始终沿着中国特色社会主义的道路前进。谋划全局，就是从“以港立市”、“以港兴市”、依托港口优势促进海峡西岸经济区更快发展、打造集装箱国际中转港的全局上谋划港口发展，发挥独特优势，解决影响港口发展的重大问题。制定政策，就是从加快港口发展、实施区港联动、做好物流配套、拓展港口腹地、优化通关环境等方面制定出切实可行的政策措施。依法治港，就是按《港口法》来进行港口规划、建设、维护、经营、管理及其相关活动，从制度上、法律上保证党和政府的大政方针在港口的贯彻落实。营造良好环境，就是通过正确处理各种内部矛盾，构建和谐港口、和谐企业。

(2)加强了党委和行政领导关系的处理。按照“集体领导、民主集中、个别酝酿、会议决定”的原则，坚持和健全民主集中制。企业重大决策坚持集体研究，分工负责。企业党组织要发挥政治核心作用，积极参与企业改革发展的重大决策，支持董事会、经营班子依法充分履行职责。要理顺党政关系，严格按照各自分管企业发展的范围、任务和职责，形成党政合力，各负其责，从整体上提高驾驭企业发展的水平。

(3)企业法人治理结构逐步完善。股东会、董事会、监事会和经理层各负其责、协调运转、有效制衡的机制正在形成。集团企业的运行机制发生了深刻变化，集团企业普遍实行了全员劳动合同制、全员竞争上岗和以岗位工资为主的工资制度，还探索了收入分配与业绩挂钩、企业经营者年薪制等激励机制，初步建立起管理者能上能下，职工能进能出、工资能升能降的新机制。

5. 企业文化注入了新活力

厦门港务控股集团在改革与发展的过程中形成了独特的港口文化，这种文化凝结成一股巨大的推动力，成为催生企业持续发展的引擎，成为企业通向成功的一把“金钥匙”。港口是厦门的一张重要名片，集团非常注重打造港口特色文化，以先进的文化感召带动企业的生产经营活力。积极开展树典型、争先锋活动，在广大干部职工中形成劳动光荣、知识崇高、人才宝贵、创造伟大的时代新风，如集团海天集装箱有限公司工程部维修工冯鸿昌在组织培养和自身刻苦努力下，从一名学徒工逐渐成长为“全国五一劳动奖章”、“感动厦门十大人物”、“全国知识型职工先进个人”等荣誉称号的获得者。2008 年集团成立 10 周年时，成功举办了“迎奥运、庆 10 年”的大型职工运动会和“庆 10 年、迎国庆”的文艺晚会，丰富了职工文化生活，进一步促进了企业的精神文明建设，体现了“以人为本”，关心职工生活，关心外来员工，与职工群众共享企业发展成果的理念。集团还充分发挥各级党组织、工会以及共青团等组织的作用，加强政治理论学习和科学实践活动，进一步加强企业民主管理制度，推进厂务公开，努力创建劳动关系和谐企业。努力开展内容丰富、形式多样、生动活泼的精神文明创建活动和文体活动，倡导民主、科学、文明、健康的生活方式，弘扬积极、主动、团结、奋进的精神风貌，培育厦门港务控股集团特有的企业文化内涵，逐渐形成幸福生活在港务，快乐工作在港务的新局面，让大家感到做港务人的光荣与自豪。

四、基本经验

厦门港务控股集团改革发展的 10 年是一个不断探索、不断实践、不断深化改革、不断自我完善的过程。总结 10 年的进程，以下经验是需要认真记取的。

1. 必须制定和坚持实施发展战略

为配合厦门市政府和有关部门“以港立市、以港兴市”的宏观战略决策，面对新的形势和任务，集团积极组织发展战略研究，以建立和维护持久的竞争优势，保持企业旺盛的生命力，实现企业的长远发展为目标。以“夯实基础，立足港口，多元发展”这一战略指导思想为指引，深入探索集团管理模式，加快机构改革和职能调整，抓大放小，优化管理体制，简化工作流程，完善薪酬、人事、业绩考核等各项配套制度，提升管理效能，逐渐形成“集团发展多元化，子公司经营专业化”的战略管控型的管理模式。厦门港口市场化的进程一直走在全国前列，港内出现多家竞争主体争抢货源的情况，福建省港口业的竞争也是相当激烈，这就要求生产经营管理机构必须适应激烈竞争的市场要求，必须对市场信号能够做出迅速的反馈，不能实行运营管控型的管理。集团由运营管控型向战略管控型转型期间，重新划分了总部与子集团之间在人事、财务、计划管理等方面的权利和责任，调整了内部组织机构、审批权限和管理系统，使集团进一步朝市场化方向改革迈出了坚实一步。通过制定和坚持实施发展战略，有效加快了集团的运作速度，提升了集团的运作效率。

2. 必须坚持以发展为第一要务

发展是解决港口所有问题的关键。离开发展，建立和谐企业、提高港口竞争力和实现民富港强都无从谈起。提高驾驭港口发展的能力，必须始终把推动发展作为中心任务。改革开放以来，厦门港之所以比较和谐稳定，之所以能经受住国际国内两个市场的竞争和考验，港口的地位和影响力之所以不断提高，归根到底是由于港口生产力的持续快速发展。

(1)厦门市建设海湾型城市的战略定位，提出把厦门港建成国家重点货运主枢纽港、集装箱运输国际干线港和中转港、海峡两岸区域航运中心。为加快港口建设，港务控股集团首先决定投资30亿元用于建设海沧港区、嵩屿港区等多个万吨级以上深水泊位，确保厦门港区靠泊第五代、第六代集装箱船舶和博坦10万吨油船、LNG项目大型船舶进出港的畅通。

(2)在加快国际集装箱发展的同时加快内贸集装箱发展。厦门内贸箱的起步比较晚，意识到内贸箱的发展潜力巨大，市场广阔，未来内贸箱很可能要超过外贸箱时，集团及时调整了思路和方式方法，通过努力使得厦门港的内贸箱有了很猛的发展势头，2008年上半年集团内贸集装箱完成21.63万标准箱，比增16.29%，随着内需的高速增长，内贸集装箱市场还在急剧扩大，仍有巨大的发展潜力。

(3)现代港口也是繁荣发达的物流港，现代港口经济应以现代服务业尤其是现代物流业为龙头。在全球经济加快一体化的进程中，厦门把以港口为基础的现代物流业列为第三产业中的支柱行业，扶持、培育和引进一批知名物流企业，使厦门港向现代物流港迈进，把厦门打造成为海峡西岸经济区的物流中心。集团大力开拓陆域、海域腹地，扩大转运性货源，积聚港口资源，积极准备实施“区港联动”，实行“境内关外”的自由贸易港区政策，发挥国际中转、国际配送、国际采购、国际转口贸易四大功能，大力促进集装箱国际中转业务的增长。

3. 必须坚持市场化的改革方向

改革开放后，企业成为市场的主体，一切发展都必须以市场为准则，遵循市场的规律。

(1)集团从1998年政企分开到2004年筹备融资上市，实现了与境内境外资本市场的对接，拓宽了融资渠道，引进了境外资金，满足了港口发展投资需要。

(2)有效改善港口企业股权结构，引进境外先进的管理人才、管理理念，完善法人治理结构，提高企业规范管理水平。

(3)境外上市引进国际资本和战略投资者，有利于促进港口的改革和开放，推动业务持续增长。

(4)境外上市能有效整合港口资源，提升港口企业核心竞争力，有利于厦门港务控股集团巩固海西龙头港龙头企业的地位。

集团通过扩大合资合作来提高集团竞争力，加强与马士基、香港和黄、中石油集团、新加坡叶水福集团等的合作，取得了较好的成果。实践证明，扩大合资合作的好处是显而易见的。一是港口业的发展趋势是向大型化、深水化、专业化和集装箱化发展，港口建设要达到一定规模所需资金量大，国有港口企业原始资本积累远远不能满足需要，而外资的介入可以缓解资金紧张的状况；二是与国际知名的大型航运公司联盟，能凭借其全球性航运及代理网络，有效地承担跨国公司的全球物流，从而有利于稳定和增加本港的航线与箱源；三是利用外资还可以带来先进设备和管理模式，进一步提高效率，创造更多的经济效益。四是吸引内资合作建设经营码头和仓储，对扩大航线和箱源具有重要作用，尤其在拓展内贸集装箱方面的作用更大。

4. 必须坚持以人为本和谐发展

坚持以人为本，是科学发展观的本质和核心。以人为本，就是要把干部职工的利益作为一切工作的出发点和落脚点，不断满足人们的多方面需求和促进人的全面发展。这就要求在企业发展中，必须深入体察群众的意愿，切实把维护和实现广大干部职工的根本利益体现在企业发展的政策和措施中，落实到企业建设各个方面，促进企业全面发展和人的全面发展。坚持统筹兼顾，和谐发展，注重加强企业发展的薄弱环节，特别要重视解决好困难企业和困难职工问题；重视扩大就业、再就业，让职工有事做，有饭吃；重视节约资源、保护环境和安全生产，大力发展循环经济，建立节约型企业。实现企业全面协调和可持续发展是一个动态的历史过程，在改革发展中，把积极进取精神同科学求实态度很好地结合起来，既有紧迫感和责任感，又能看到解决企业深层次矛盾的艰巨性、复杂性和长期性，因港制宜、因企制宜，分类指导，积极稳妥地推进企业发展。

五、发展展望

目前，厦门港务控股集团拥有停靠全球最大集装箱船舶、全球最大邮轮和15万吨级散货巨轮的码头。2008年6月28日，厦门国际邮轮中心暨厦金客运码头正式启用，开启了厦门市邮轮经济的新篇章，开辟了厦门对台“三通”口岸建设的新天地，也标志着厦门拥有了接纳全球最大邮轮的靠泊能力，为两岸人民往来提供了更加快速便捷的海上通道；7月6日，海沧港区7号泊位迎来了厦门港开港以来第一艘“好望角”型散货船“勇士号”轮，填补了我国东南沿海没有大型散货船的空白。

今后，集团将继续发挥厦门港的区位优势，利用两岸三通、和谐发展的契机，秉承厦门市委、市政府“以港立市、以港兴市”的战略重任，以“发挥主导作用，建设百年强港”为使命，保持在厦门港口行业中的主导地位，在更高层次和更大规模上发展港口产业和综合物流产业，充分利用优势发展建设、信息、贸易、金融、旅游等产业，实现国有资产的保值增值和企业的跨越式发展，为厦门地区港口行业和海峡西岸经济区的发展做出应有的贡献。“十一五”期末时，一座货物吞吐能力超亿吨、集装箱吞吐能力超千万标准箱的太平洋西岸区域性海运大港、全球集装箱干线港将呈现在世人面前，厦门港务控股集团也将在新一轮发展中为港口业的繁荣作出新的更大的贡献。

“海上丝路”的新征程

广州港集团有限公司

一、企业介绍

广州港具有2 000多年历史，与历史文化名城广州相伴而生，是中国古代“海上丝绸之路”始发港之一，国际海运通达世界80多个国家和地区的350多个港口，是我国与东南亚、中印半岛、中东、非洲、澳洲和欧洲各国运距最近的大型贸易口岸。

广州港位于珠江入海口，地处珠江三角洲几何中心，腹地广阔、交通便捷、经济发达，是华南地区综合性主枢纽港和集装箱干线港。在腹地经济持续快速发展的推动下，广州港货物吞吐量持续增长。1999 年全港货物吞吐量突破 1 亿吨，成为中国内地第二个跨入世界亿吨大港行列的港口。之后，港口发展一年一大步，2007 年全港完成货物吞吐量 3.43 亿吨，比上年增长 13.4%，港口货物吞吐量保持全国沿海港口第 3 位，世界第 5 位；集装箱吞吐量达到 926 万标准箱，比上年增长 39.1%，集装箱量在全国沿海港口位居第 5，世界第 12 位。广州港近 5 年的货物吞吐量比"九五"期增长 1.8 倍，集装箱吞吐量增长 2.1 倍。广州港走上了发展的快车道，实现了跨越式的发展。

广州港集团有限公司是广州港的主体，主要从事集装箱、石油、煤炭、粮食、化肥、钢材、矿石、汽车等货物装卸（包括码头、锚地过驳）和仓储、货物保税业务以及国内外货物代理、船舶代理和理货业务，代办中转、代理客运，国内外船舶进出港拖轮服务、水路货物和旅客运输、物流服务，同时兼营港口相关业务。具有完善的物流产业链。

广州港集团公司下辖内港港区、黄埔港区、新沙港区和南沙港区 4 个港区。现有万吨级以上泊位 50 个，万吨级以上装卸作业浮筒 13 个，万吨级装卸锚地 23 个（其中最大锚泊能力 30 万吨）；港口货物年通过能力 4 500 万吨，集装箱年通过能力 737 万标准箱，汽车年通过能力 33 万辆，总资产超 100 亿元，下属公司 57 家，员工 1.6 万人。

广州港集团公司成立以来，是广州港发展史上建设强度较大、港口综合实力提升较快、经济效益较好的一个时期。广州港集团货物吞吐量从 2004 年集团成立时的 1.19 亿吨增长到 2007 年 2.3 亿吨，集装箱吞吐量从 180 万标准箱增长到 712.6 万标准箱，增幅位居沿海港口的前列。广州港集团先后荣获"全国五一劳动奖状"、交通部"2006 年 ~ 2007 年度交通行业文明单位"、广东省"先进集体"和广州市"抗震救灾先进单位"称号，集团党委被授予广东省委"先进基层党组织"等荣誉称号。

二、改革历程

广州港远在公元前 200 年秦、汉时代就已成为我国南方对外贸易的门户。中华人民共和国成立后，广州、黄埔两港曾几度分开和合并。1978 年 ~ 1987 年是两港分开时期。这一时期黄埔港务管理局实行直属交通部的管理体制，1980 年局机关科室编制改为处级编制。广州港务（管理）局直属广东省航运管理局领导，1973 年 1 月撤销广东省航运管理局后归广东省海运局领导。1984 年 7 月，广州港务局下放给广州市管理，改称广州港务管理局，同年 9 月广州港务管理局机关科室编制改为处级编制。

1987 年 1 月国务院办公厅转发《关于港口管理体制改革的会议纪要》精神，黄埔港务管理局从 1987 年 1 月起实行以广州市为主、交通部为辅的双重领导管理体制。同年 12 月，黄埔港务管理局和广州港务管理局合并组建成新的广州港务局。为政企合一单位。

1996 年，广州港务局正式实行集团化经营，根据各下属单位、公司与港务局的关系紧密程度分为核心层、紧密层、半紧密层、松散层。通过集团化经营模式，既发挥企业集团规模性的优势，又体现组织结构上的优势。

2001 年，按照《关于深化中央直属和双重领导港口管理体制改革意见的通知》精神，同年 11 月，国务院对中央直属和双重领导港口管理体制启动有史以来最大的一次改革，港口下放地方管理，实行政企分开。而广州港口的体制改革从同年11月正式启动，2002年12月广州港整体下放到广州市。

2004年2月26日，随着沿海港口管理体制改革的不断深化，广州港务局根据中央、省关于深化港口管理体制改革的精神，按照广州市人民政府《印发广州港务管理局组建方案和广州港集团有限公司组建方案的通知》（穗府〔2003〕59号）要求，对港口管理体制进行了重大改革，按照“政企分开，一港一政”的原则，分别成立新的广州港务局和广州港集团有限公司。广州港集团有限公司按照现代企业制度的要求进行改制，由市政府授权经营广州港的国有资产，依法从事港口生产经营业务。

近年来，广州港集团根据中央《关于进一步推进国有企业分离办社会职能工作的意见》精神，加快“主辅分离、辅业改制”改革的步伐，按照“成熟一个、操作一个”的原则，先后对集团公司的一些社会职能进行逐步分离：2004年完成中、小学移交教育系统工作；2006年完成港湾医院移交广州医学院管理工作；2007年完成集团所属两所幼儿园改革工作等。对企业办社会功能的剥离，是集团公司深化内部改革，优化资源配置，实现主业做精、做强的重要举措，对促进企业产业结构的优化、调整，提升核心竞争力具有重要意义。

港口股份制上市是港口发展的必然趋势。集团公司为加快推进股份制改造上市工作，根据港口发展形势和广州市政府的要求，成立改制上市工作小组，在广泛开展调研的基础上，集团公司改制上市方案正在不断完善，争取在2008年底正式启动，力争在一、两年内完成改制上市工作。通过加快改制上市步伐，并以组建股份公司、改制上市、引进战略投资者、专业化调整为突破口，系统地推进集团内部各项改革、调整工作，迅速提升港口综合竞争力，促进港口企业又好又快发展。

1978年底党的十一届三中全会召开，中国实行改革开放政策，大力解放生产力，广州港在腹地经济持续快速发展的推动下，货物吞吐量持续增长。广州港地处改革开放的前沿，社会经济的快速发展为广州港带来了生机。广州港集团公司一方面采用多种渠道、多种形式筹集资金建港，不断扩大港口规模和能力，另一方面整合港口资源，优化港口布局，拓展港口功能，使港口通过能力得到快速提升，综合竞争力得到增强。

广州港在20世纪50年代的归类改造和60年代的改造扩建的基础上，进一步加大码头建设改造力度。尤其是改革开放后，广州港抓住我国经济发展出现前所未有的良好势头和发展机遇，加快港口基础设施建设，1978年~2000年的20多年间，共投入资金30.8亿元。在主要改造老港区的同时，先后建成黄埔新港7、8泊位、西基煤炭码头、新沙一期工程、洪圣沙水转水码头、汾水头码头、海心沙码头、员村码头和淡水河危险品码头。共建码头泊位38个，新增通过能力2 282万吨，新增库场面积77.8万平方米，总容量161.2万吨，实现了集装箱、煤炭、散粮、散化肥货类码头专业化。此后，广州港通过多种渠道、采取多种形式筹集资金建港，港口建设和改造的步伐明显加快。20世纪80年代新建并投入使用3千吨级以上码头泊位19个，新增通过能力近千万吨，并相应增加了仓库、堆场、机械设备和公路、铁路等设施，无论建港规模和投资规模，都远远超过了1949年~1979年的30年。

其中建成当时华南地区规模最大、现代化程度最高的西基煤炭专业码头和黄埔集装箱专业码头。这两个专业码头的建成投产，标志着广州港从半机械化向专业化、现代化转变。

新沙港区是改革开放后新建的一个港区。新沙一期10个3.5万吨级泊位工程于20世纪

80年代后期开始建设，前5个泊位1995年8月建成投产，后5个泊位2000年全面竣工并投入使用。新沙港区10个泊位的建成投产，不仅为广州港增加1 000多万吨的通过能力，同时使广州港的装卸专业化、现代化程度迈上了一个新台阶。

进入21世纪，随着广州港的快速发展和能力的不断提高，港口成为带动广州、珠三角乃至华南地区经济发展的重要动力，尤其对广州城市发展作用，已提升至推动广州和区域经济发展的战略地位。2000年，广州市作出了拓展和提升港口功能，大力发展临港产业，实现从河口港向海港转型、港口经济向临港经济转型的战略决策，实施“南拓”发展战略，优化港口布局，从根本上提升广州港口的档次和战略功能，着力发挥“城以港兴、港倚城旺”的重要作用。

2004年港口体制改革以来，在港口经营市场进一步放开和港口生产持续增长的带动下，广州港集团的基础设施建设得到长足发展。为适应广州市城市“南拓”战略和运输船舶大型化发展趋势，根据《广州港总体规划》，广州港集团将港口发展重心由黄埔、新沙港区逐步转移到南沙港区，依托南沙港区良好的地理区位和自然条件，重点开发深水岸线资源，大力建设集装箱、液体石化、汽车滚装和散货等深水专用泊位，加快了港口结构的优化调整。

三、发展成就

广州港集团在改革开放中紧紧抓住建设现代化国际一流强港目标，按照社会运输和物流市场的发展需要，不断解放思想，拓展发展思路，加快港口发展，取得了良好的经营成效，见表1和图1所示。

1978年～2007年广州港港口货物吞吐量统计表　　表1

年　　份	1978	1980	1982	1984	1986	1988	1990	1992	1994	1996
吞吐量（万吨）	1 686	1 823	2 122	2 254	3 695	4 736	4 163	5 463	7 158	7 450
集装箱（万标准箱）			2. 3	5. 3	8	12. 4	10. 9	18. 2	35. 6	55. 8
年　　份	1998	1999	2000	2001	2002	2003	2004	2005	2006	2007
吞吐量（万吨）	7 863	10 156	11 128	12 823	15 324	17 187	21 520	25 000	30 280	34 325
集装箱（万标准箱）	84. 1	117. 9	143. 1	173. 8	217. 3	276. 9	330. 4	468. 3	666	926

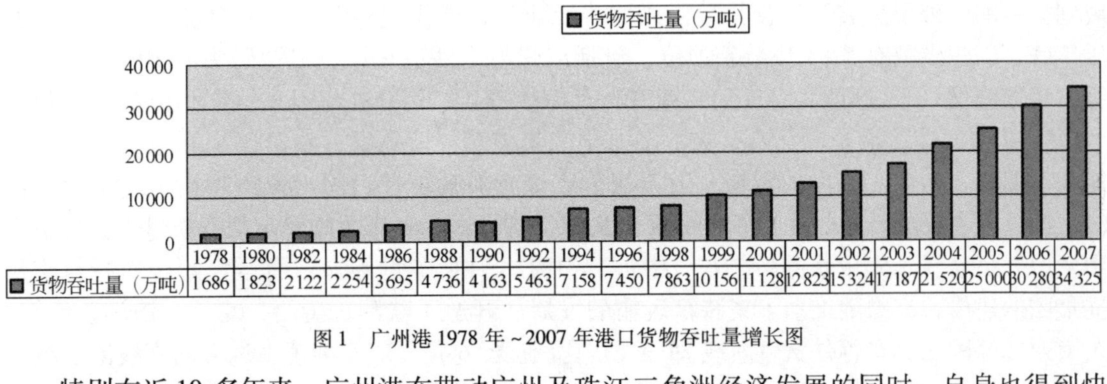

图1　广州港1978年～2007年港口货物吞吐量增长图

特别在近10多年来，广州港在带动广州及珠江三角洲经济发展的同时，自身也得到快速发展。“十五”期间，广州港共完成货物吞吐量9. 189亿吨，年均增长17. 6%，高于GDP

年均增长率近4个百分点；集装箱吞吐量完成1 466.3万标准箱，年均增长26.8%。1999年成为我国大陆第二个港口吞吐量突破亿吨的大港，这是广州港发展史上一个新的里程碑。2002年港口货物吞吐量突破1.5亿吨，跻身世界十大港口行列，集装箱吞吐量突破200万标准箱；2004年港口体制改革的第一年，港口货物吞吐量突破2亿吨，达到2.15亿吨，集装箱完成吞吐量312万标准箱；2005年又攀升到2.5亿吨，在全国沿海港口位居第3，世界第5。2006年突破3亿吨大关，达到3.02亿吨，集装箱吞吐量突破666万标准箱，居全国第5位，世界第15位；2007年，完成港口货物吞吐量3.43亿吨，同比增长13.4%，连续3年港口货物吞吐量保持全国沿海港口第3，世界第5；集装箱吞吐量再次实现大跨越，突破900万标准箱大关，达到926万标准箱，同比增长39.1%，增长速度领先全国其他主要港口，连续3年居全国沿海港口前6位、世界排名跃居第12位。广州港近5年的港口货物吞吐量，比"九五"期增长1.8倍，集装箱吞吐量增长2.1倍。广州港走上了跨越式发展的快车道。

随着广州港的不断发展壮大，广州港集团品牌效应日益彰显，国内外知名度和影响力不断提高，得到了社会的认同。近年来，广州港集团先后荣获"全国五一劳动奖状"、"全国创建文明行业先进单位"、交通部"2006年~2007年度交通行业文明单位"、广东省"先进集体"、广东省"优秀企业"、集团党委被评为广东省委"先进基层党组织"、"全国国有企业500强"、"全国服务企业500强"、"全国交通百强企业"、"中国港口综合竞争力指数排行榜第3位"、"广东省诚信示范企业"、"广东省企业100强"、"广州市文明单位标兵"、"广州市抗震救灾先进集体"等称号。集团公司董事长、党委书记陈洪先当选第十一届全国人大代表，广东省第十次党代会代表，广州市第八次、第九次党代会代表，广州市第十二届、十三届人大代表。

为做大做强广州港，从1999年~2007年的9年间，共投资135亿元进行大规模的港口基础设施建设。凭着"实干创新、强港奉献"和"南沙建港"精神，至2007年，港区两期10个大型深水集装箱码头泊位、南沙汽车码头、小虎石化码头、港发石化码头等全部建成投入使用，并创造了"南沙建港速度"的新奇迹。目前广州港集团已拥有一批设施先进的散货码头，大型的集装箱、煤炭、油品和化工等专业化深水码头，以及华南最大的滚装船码头。

与此同时，港口集装箱生产的快速发展以及外贸业务比例的逐步增长，成为近年广州港生产发展的亮点。广州港从20多年前仅有的两个专业集装箱泊位经营内贸集装箱业务，发展到如今的内外贸集装箱经营并举，并朝着专业化、现代化、大型化方向发展。截止2007年年底，广州港拥有51个集装箱泊位，包括广州港南沙港区一、二期码头的10个10万吨级集装箱泊位（仅2007年完成集装箱385万标准箱）。从2000年以来，广州港的集装箱生产以年40%的速度增长。全港形成了多元化的集装箱经营体系，喂给码头和主干线码头功能基本明确，初步完成内外贸箱、港澳箱分类经营布局。在巩固内贸集装箱枢纽港地位同时，通过改善设施设备、完善管理、强化集疏运能力、提高作业效率与服务质量，大力引进和发展外贸航线，先后获得马士基、中远、中海、NYK等世界知名航运集团合作参与广州港集团的建设，有力地推动了集装箱运输的发展。开通了欧洲、美西、北美、澳洲、红海、东南亚、韩国、日本等外贸直航线24条，内贸航线66条。广州港正由过去的支线港、喂给港向集装箱干线港目标迈进。

改革开放以来，随着华南地区特别是广东经济的腾飞，广州港已发展成为国家综合运输体系的重要枢纽和华南地区对外贸易的重要口岸。“城以港兴、港为城用”，广州港的发展推动了商贸、临港工业及相关现代产业的发展，增强了城市对内外源经济的辐射力和竞争力，奠定了广州区域性经济中心地位。广州和珠江三角洲乃至华南地区的经济发展与广州港的发展密不可分，特别是与广州市的政治、经济、文化发展更是互为促进。实践证明，广州港改革开放以来的持续发展，对于广州市现代化国际大都市的建设，特别在珠三角经济快速发展与建设和谐社会发展战略中发挥着日益重要的作用。

广州港是华南地区最大的综合性主枢纽港，大、中、小码头泊位有机结合，装卸货物种类齐全，海河转运功能配套完善，是广东省能源、原材料运输的中转港，是珠三角地区油品、煤炭、粮食等重点物资的集散中心。目前，已形成了“三个中心、一个平台”即：“广州石油产品交易中心”、“广州煤炭交易中心”、“广州粮食交易中心”和“广州金属材料交易平台”，其中“广州石油产品交易中心”的“黄埔价格”已经成为我国南方燃料油的基准价格及国际期货交易参考价。“广州煤炭交易中心”的“黄埔价格”也对全国煤炭交易价格具有重要的影响力。广州港为这些商品贸易交易平台的建立，促进广州及广东经济的发展作出重要支撑。

广州港集团在发展中不断解决供求矛盾，特别是逐步解决出海通航能力不足的矛盾，确保广州港的快速发展。实施出海航道一期工程后，1999 年广州港货物吞吐量比上年增长 2 293万吨，一举突破亿吨大关。有效改变了广州港 20 世纪 90 年代初期港口货物吞吐量低速徘徊的局面。实施出海航道二期工程后，广州港又进入一个更加快速增长的发展时期，每年以5 000万吨幅度增长，2006 年攀升突破 3 亿吨。同时，广州及广东经济也取得飞跃发展，“十五”期广东省 GDP 由 1 万亿元发展到 2 万亿元。

四、基本经验

中国改革开放 30 年来的实践证明，没有改革开放政策，就不可能使港口实现快速发展。广州港取得快速发展，一方面得益于中国经济的持续快速增长，得益于中国经济贸易的强劲发展，尤其是广州、广东经济社会持续快速发展和港口发展政策的强有力支持；另一方面得益于国家、广东省和广州市政府投入大量资金建设广州港基础设施，特别是广州市高度重视对广州港的建设和发展，提出打造广州信息港、海港、空港“三大港”并驾齐驱，这给广州港快速发展提供了良好的机遇和有力的支撑，广州港集团正是抓住这一良好机遇发展自己，并取得成效。

改革开放以来，广州港集团在抓住外部良好发展机遇的同时，切实加强内部管理和深化改革调整工作，谋划科学发展。

1. 抓好企业管理

为满足港口企业肩负的历史使命及社会、政治、经济责任，实现企业生存与发展，制定了《广州港 1995 年～2005 年经营发展战略》，明确企业发展战略目标为“进一步发挥主枢纽港的作用，把广州港建成布局合理，实力雄厚，管理科学，技术先进，服务优良，效益高，信誉好的现代化、多功能、国际性的世界亿吨大港。”2006 年，广州港集团根据发展需要，制定《广州港集团有限公司发展战略（2006 年～2015 年）》，明确集团战略愿景为“成为世界级综合性港口经营人”。同时抓住广州市发展大南沙的历史机遇，开拓南沙港区，为广州港向海港跨越、为广州市发展海港经济、为集团公司实现愿景奠定了重要基础。另外，与世界著名码头营运商及航运龙头企业合作，引进先进管理经验，逐步实现新建码头向产权多元化经营。

1999年，为发挥集团化经营的资金优势，加快资金周转，防范资金风险，降低资金成本，集团公司成立结算中心，通过结算中心对资金进行集中控制和管理，有效体现集团化经营的优势。同时，加强内部控制管理，实行对下属公司委派财务主管制度。通过运行证明，这一举措是集团公司现阶段有效的监督制度。

由于历史原因，集团下属一些作业公司仍然只有一些通用性、小吨位、浅航道的码头泊位，随着国际航运业的发展，显然已无法满足大型化、专业化、集装箱化的需求。为此，集团公司一方面抓住广州发展大南沙的机遇，在南沙投资新建专业化的深水码头，逐步将广州港从内河港、河口港向海港转变；另一方面，对属下公司码头资源进行内部整合、分工，初步达到通用码头、专业化使用的效果。通过几年来的资源整合，基本形成了集装箱板块、能源板块、港口物流板块等专业化板块管理，以适应市场需求。

近年来，广州港集团在广州市政府大力推进广州物流中心建设以及五大物流交易中心建设的良好政策环境下，抓住契机，利用港口独特优势，于2006年10月正式挂牌成立广州华南煤炭交易中心。此外，位于广州市区内珠江边黄金地段的内港区，其码头装卸、仓储功能由于受到城市发展的诸多限制，集团公司适时成立了商贸发展有限公司，专职负责内港开发建设。到目前为止，已对大沙头、如意坊、洲头嘴、太古仓等原码头区进行了商业开发，使集团公司在港口多元化经营上拓展了新的空间。

2. 抓好技术进步工作

坚持实施“科技兴港”战略，促进港口技术进步。为规范制度，加强管理，促进科技工作有效开展，集团公司相继制、修订了《广州港集团科技项目管理办法》、《广州港集团科技成果管理办法》等，使科技工作走上制度化、规范化轨道。

在港口建设、改造和技术创新方面：南沙港区建设是集团近年港口建设的重中之重，为使其达到具有国际一流水平的现代化码头，在选址、规划、勘察、设计及工程建设管理中进行全面的技术创新，通过系统的科学研究论证，突破了珠江口西岸不能建设深水港口的传统观念，为港口建设提供了技术上支持。同时，在陆域形成和地基处理、码头水工结构建设等方面进行多项的技术创新，有效缩短工程工期和造价。

在应用“四新”技术和科技成果转化方面：大胆应用《珠江口航道整治研究成果》成套技术对本港出海航道进行浚深，有效缓解船舶大型化航道通航和回淤的制约问题。在各码头应用较先进的变频调速技术对大型装卸机械主要机构调速系统进行改造，减少装卸设备在使用过程中的冲击和振动，降低能耗。同时，挖掘港口资源潜力，全程参与新沙8号~10号集装箱泊位、黄埔公司集装箱系统、港口供电系统等改造工程的大型技术改进项目，对引进技术进行消化吸收，对不适应生产需要的重要技术设备依靠先进技术进行改造，为生产的需求提供技术支持和保障。

与此同时，大力推进广州港费收管理系统、会计核算系统、固定资产管理系统、办公自动化系统等的开发应用，企业管理水平和服务质量得到全面的提高。

3. 抓好企业文化建设

广州港的快速发展，除得益于不断解放思想和落实科学发展观，得益于企业卓有成效的经营管理外，同时也得益于集团对企业文化建设的高度重视和大力推进。事实上，企业文化成为推动企业生产发展的软实力在港口发展中已得到充分的证明。

广州港集团作为一个有着悠久历史的企业，如何更好地传承并创新企业文化，培育新时期现代企业的核心价值观，塑造更具港口特色的企业文化，引导和激励全港员工朝着建设世界强港目标迈进，实现又好又快发展成为首先考虑的重要任务。为此，集团公司成立伊始更把企业文化建设摆在重要的位置，写进了集团第一次党代会的报告中，并纳入2006年~2015年《广州港集团有限公司发展战略》中。在制定《集团公司企业文化建设实施意见》，对今后5年企业文化建设进行规划和部署的基础上，确立以“G”为主体特征的企业标志，并相继制定《企业形象识别系统手册》和编印《企业文化手册（员工读本）》；结合港口发展需要提炼出集团公司“世界大港，服务世界”的企业理念和“实干创新，强港奉献”的企业精神等。通过推广和导入，产生良好的效果，员工的凝聚力和向心力得到增强。

在推进企业文化建设过程中，注意抓好“三个结合”。

(1)与生产建设相结合。重视对港口各条战线上的先进人物进行挖掘、培养和宣传推广，用真实可信、可学可比的先进典型引导和激励广大员工立足本职，扎实工作，在不同的工作岗位上创造非凡业绩。如2004年9月，南沙港区一期工程如期建成投产，广大南沙港区建设者以“脱几层皮，掉几斤肉”的大无畏精神，夜以继日地超常规工作，用2年零9个月的时间创造了我国建港史上工期最短、同类工程费用最省的奇迹，使集团实现从河口港向海港的新跨越，涌现了全国劳动模范吴裕昆等一批先进典型。集团党委及时组织对南沙港区建设者的先进事迹进行挖掘、归纳，提炼出“只争朝夕、团结拼搏、科学创新、勇创一流”的南沙建港精神。此外还结合生产实际大力开展“十佳优秀青年”、“十佳技术能手”、“十佳劳务工”等选树活动，形成良好的“实干兴港，艰苦创业”的创业文化氛围。

(2)与文明创建相结合。深入广泛开展“创建文明城市，建设文明港区”、“文明服务示范单位（窗口)”、“创学习型组织，争当知识型员工”、“青年文明号”、“青年岗位能手”等创建活动，培养广大员工爱国守法、诚信知礼的现代公民意识，培养员工爱岗敬业、实干创新、自强不息、奉献社会的情操和对企业的忠诚度，为培育企业昂扬向上的核心价值观奠定坚实的基础。

(3)与文体活动相结合。为增强员工文化意识，提高文化品味，集团公司于2006年成功举办了贯穿全年的企业文化节，对集团成立3年多来企业文化建设成果进行集中展示，此外，还成功举办了集团首届职工运动会。通过全员参与、文化塑造，让广大员工在潜移默化中深受企业文化的教育和熏陶，“用文化引导管理，在管理中体现文化”，产生了很好的效果。

五、发展与展望

做大做强“海港经济”，实现“又好又快”发展。广州港集团将按照《广州港总体规划》和《企业发展战略》，抓住广东省和广州市大力发展现代服务业、打造亚洲现代物流中心、做大做强海港经济的重大战略机遇，以增强港口集聚辐射能力和综合服务功能、建设国际一流港口企业为目标，以管理创新、机制创新、服务创新为动力，以国际化、现代化、专业化、多元化为导向，以完善优化企业软硬件为支撑，在不断发展壮大企业主业的同时，加快推进服务功能向港口物流链上下游延伸，加强宽领域、多层次战略合作，增强港口集聚辐射能力和综合服务功能，培育和建设大宗物资的交易市场和交割配送中心、保税区和物流基地，合建"无水港"，把广州港发展成为集运输、物流、商贸、临港产业为一体的综合性服务平台，做大做强海港经济。

与此同时，"十一五"期，广州计划投资200多亿元，加快港口发展，重点建设南沙港区，加强进口油气中转运输系统、煤炭卸船运输系统和粮食、集装箱运输系统的建设。实施出海航道三期工程，计划建设15万吨级出海航道和39个深水泊位，新增吞吐能力6 924万吨和604万标准箱。到2010年，预计广州港货物吞吐量达到4亿吨、集装箱超过1 200万标准箱。通过新建南沙港区集装箱、粮食和散货等专业化深水泊位，以及对黄埔港区和新沙港区现有的煤炭、粮食泊位实施升级改造，大幅提升港口设施通过能力和靠泊能力，在科学轨道上实现"又好又快"发展。

风生水起北部湾

广西北部湾国际港务集团有限公司

一、企业介绍

广西是我国唯一与东盟国家既有陆地接壤又有海上通道的省份。为提高广西沿海港口的竞争力，充分发挥连接多区域重要通道、交流桥梁和合作平台的"桥头堡"作用，广西区党委、政府一举打破行政区划限制，整合北部湾三港资源，于2007年2月组建广西北部湾国际港务集团有限公司，广西北部湾港口从此步入了一体化发展的新征程。

目前，广西北部湾港务集团全资子公司有防城港务集团有限公司和钦州市港口（集团）有限责任公司。2008年7月，集团公司分别与上市公司北海港股份有限公司的第一、第二大股东——北海机场公司、北海高昂公司签署了股权划转协议，此次划转已获得北海市人民政府的批准，广西区国资委已上报国务院国资委，如该次划转成功，集团公司将持有北海港公司40.79%股份，成为北海港股份有限公司最大控股股东。

三港整合前，因为位置相隔不远，经济腹地和集疏运通道重叠，存在重复建设和无序竞争的现象，大大削弱了广西沿海港口的整体竞争力。三港整合后，将明确分工，协调发展。防城港作为综合运输体系的重要枢纽，将以大宗散货运输为主，加快发展集装箱运输，逐步成为具有运输组织、装卸储运、中转换装、临港工业、现代物流、信息服务及保税、加工、配送等多功能、现代化的综合性港口。钦州港定位为服务临港工业为主的地区性港口，近期主要依托临港工业开发，形成以能源、原材料等大宗物资运输为主的规模化、集约化港区；远期发展成以服务临港工业为主，兼顾为港口腹地利用国际国内两个市场、两种资源服务的多功能现代化港口；方圆10平方公里的钦州保税港区已于2008年5月获国务院批准，一期将于2009年12月底封关运行。北海港则成为将以商贸和旅游服务、临港工业为主的地区性港口。其中，石步岭港区以商贸和旅游服务为主，重点发展现代物流和旅游业，形成以商贸旅游和清洁型物资运输为主的综合性港口；铁山港区发展成为以服务临港工业为主，兼顾大宗散货中转运输及物流、保税、加工等多功能的现代化港口。

2008 年 1 月，国家批准实施《广西北部湾经济区发展规划》；5 月，国务院批准设立广西钦州保税港区；10 月，温总理亲自到广西沿海钦州、防城港、北海三市考察。党和国家领导人密切关注北部湾经济区，战略决策重点倾斜北部湾经济区，在广西历史上绝无仅有，广西北部湾经济区将迎来新的发展机遇。

广西北部湾港务集团主营：港口建设经营管理、铁路运输、道路运输等。本着“立足北部湾，面向东南亚，沟通东中西，服务三南（西南、华南、中南）和东盟自由贸易区”的宗旨，以打造面向东盟和世界的现代化国际区域性航运枢纽港为目标，全力搭建临港工业平台和港口物流平台，为西部大开发和中国—东盟自由贸易区经济发展提供安全、高效、便捷的港口服务。

目前，集团拥有生产性泊位 51 个，其中万吨级以上泊位 30 个，5 万吨级以上泊位 12 个，最大设计靠泊能力 20 万吨级。年通过能力超过 6 000 万吨，初步形成了以集装箱、铁矿石、有色金属矿石、硫磷、非金属矿石、煤炭、液体化工、粮食、油气等码头为主的港口生产结构布局和港口物流体系布局。“十一五”期间，集团将新建万吨级以上泊位 39 个，新增吞吐能力 6 700 万吨，到 2010 年，广西北部湾港务集团货物吞吐能力将达到 1 亿吨，2020 年达到 3 亿吨。

二、北部湾三港情况介绍

（一）防城港

1. 港口概况

防城港位于广西南部北部湾北岸，是中国大陆海岸线最西南的深水良港，目前为广西北部湾最大港，是全国沿海 24 个主要港口之一。

防城港地理位置和港口条件得天独厚，港湾水深、避风，三面环山犹如内陆湖泊，航道短且不淤积，水域、陆域宽阔，可利用岸线长。防城港北靠云、贵、川，东邻粤、琼、港、澳，西接越南，南濒北部湾，地处华南经济圈、西南经济圈与东盟经济圈的结合部，是我国内陆腹地进入中南半岛东盟国家最便捷的出海门户。港口交通便利，陆路交通有高速公路和铁路与全国干线连网，海路与 100 多个国家和地区的 250 个港口通航。

防城港现拥有泊位 35 个，其中生产性泊位 31 个，万吨级以上深水泊位 21 个，泊位最大靠泊能力为 20 万吨级。港口现有码头岸线总长 6 376 米，库场面积达 300 万平方米，年实际吞吐能力超过 4 000 万吨，其中集装箱通过能力 55 万标准箱。建有一批大型的铁矿石、硫黄、粮食、水泥、化肥、木片、油气、磷酸、沥青、植物油等货种的专用仓储和装卸船系统，具备了装卸各种件杂货、散货、集装箱、石油化工产品诸货种能力及其仓储中转联运等功能，是国家重要的建材出口基地和粮油走廊之一。

2. 改革历程

1968 年 3 月 22 日，中共中央、国务院批准建设防城港，定名为广西 322 工程，为开辟援越抗美海上隐蔽运输航线的主要起运港口，属战备港口，防城港初期建设由此拉开序幕。

1970年初，防城港建成包括2 000吨级浮码头一座、500吨级浮码头2座以及3座石头仓在内的一批港口设施。1972年8月，防城港正式担负转运援越物资任务，在援越抗美斗争中发挥了重要作用，被称为“海上胡志明小道”。1973年3月5日，越南交通部受越南国家主席孙德胜委托，授予防城港“一级抗战勋章”。

1972年，周总理批示“不论越南停战与否，防城港应即隐蔽扩建，限期完成。”随后，防城港开始了第一期扩建工程。1975年3月，广西第一个万吨级泊位—防城港1号泊位胜利建成，结束了广西海岸线没有万吨级泊位的历史。1975年，交通部在北京召开全国第二次港口建设会议传达周恩来总理“港口建设要继续大干快上”的重要批示，防城港开始了3~7号万吨级深水泊位的建设。

1983年7月13日，国务院批准防城港为对外国籍船舶开放的口岸。

1983年10月1日，防城港举行盛大的开港典礼。

1984年4月，国务院批准防城港为全国14个对外开放城市之一。

1987年，连接南宁与防城港的南防铁路线全线铺通投入运营。当年，防城港全面投入运营，完成吞吐量84.84万吨。

1993年5月，国务院批准成立以港口命名的地级防城港市，防城港的发展有了城市依托。

20世纪90年代初，随着中越关系正常化，防城港一度出现了边贸热，对港口生产管理形成了一定的冲击，加上长期计划经济管理模式的影响，一些职工做边贸尽心尽力、干工作三心二意。劳动纪律松懈、市场观念淡薄、服务意识不强，防城港服务质量低劣，效率低下，客户对此意见颇多。1995年9月，防城港港务局领导班子调整，如今的广西北部湾国际港务集团董事长叶时湘出任当时防城港务局局长兼党委书记。领导班子认真贯彻落实党的十四届五中全会提出的“两个根本性转变”：即经济体制从传统的计划经济体制向社会主义市场经济转变，经济增长方式从粗放型向集约型转变的要求，从狠抓劳动纪律、增强服务观念入手，进行了一系列的改革整顿：积极推进企业经营机制转换，加快与市场经济接轨步伐。全面推行内部独立核算、自负盈亏的模拟法人承包经营责任制，并引入内部竞争机制，考核指标实行“三包一挂”，即包吞吐量、包营运收入、包设备完好率，工资与实现利润总额挂钩；建立内部银行，实行内部资金有偿使用“借贷”制度，模拟社会银行结算方式，盘活企业资金；建立物资统一购置、归口管理模式，提高了物资综合利用效益。通过一系列的改革整顿，防城港港务局的面貌焕然一新。

与此同时防城港务集团有限公司充分发挥自身优势，通过内引外联、合资合作，冶炼、粮油、饲料、石油化工、拖船服务、码头建设等一批临港加工、仓储、港口服务建设项目相继落户防城港，形成“前港后区、前港后厂、堆场+市场”的临港工业格局。

1998年，港务局又大刀阔斧地实行“人事、劳动、分配”三项制度改革：

改革人事制度，在企业实行公平竞争、优胜劣汰、能上能下的新型用工机制。首先精减机构、裁减管理人员。在精简机构的同时，按照“公开、公平、公正”原则，面向全局公开招聘、选拔包括副局级在内的管理人员。局领导全体副职全部解职重新聘任上岗，而且职位由原来的7个减为4个，原局领导副职仅一人被重新聘用。领导带头打破“铁交椅”的举动，在全体职工中引起强烈反响，全员竞争上岗、双向选择的动态人事管理工作全面铺开，全局所有管理岗位一律在全局范围招聘，竞争上岗、择优聘用。“公平、公正、公开”的竞争上岗机制，“能者上、平者让、庸者下”的用人制度，激发了全体职工的竞争上岗热情，自觉加强学习，努力提高自身素质的风气在港口蔚然成风。

改革分配制度，彻底打破分配“小差距大平均”的格局，大刀阔斧地摆脱档案工资，实行定岗定薪、易岗易薪。通过建立和完善量化指标考核体系，把职工的劳动报酬与岗位劳动责任、劳动强度、劳动技能和劳动贡献紧密结合起来，合理拉开距离，实行一岗一薪、岗变薪动。以岗位工资为主的分配制度，打破“铁工资”的分配形式，极大地促进了职工观念的转变，在全局形成了岗位靠竞争，收入凭贡献的良好氛围。

改革劳动制度，进一步完善以劳动合同形式确立劳动关系的现代企业劳动用工制度，不断完善《职工岗位考核办法》、《职工岗位聘约管理办法》、《职工培训暂行规定》等规章，优化岗位设置，实行定岗定员，有效地破除了职工的“铁饭碗”思想观念，激发全体职工爱岗敬业的积极性，促使全体职工不断自我加压，努力提高自身的业务素质、劳动技能和劳动质量。

三项制度改革，充分调动了职工的积极性、能动性、创造性，“岗位靠竞争、收入凭贡献”、提高自身素质以适应不断发展的岗位需要，已成为职工的共识。职工的竞争意识、危机意识普遍增强，快装快卸、优质服务成为职工的自觉行动，港口货物吞吐量继续稳步快速攀升。

2004 年 7 月 15 日，依据《港口法》，按照政企分开的原则，防城港市政府同意防城港港务局改制设立为防城港务集团有限公司，公司在建立“产权清晰、权责明确、政企分开、管理科学”的现代企业制度上迈出坚实的一步，公司改革发展步入新的里程。

防城港改制后，不断深化企业内部改革，推进了企业用工、工资分配与市场的接轨，不断完善企业内部约束机制和长效激励机制，极大促进了企业生产经营的快速发展。一方面加大人才引进，加强人才储备，为企业发展储备后劲。实施“人才小高地”工程，加强两高人才培养。通过培养技术技能型、复合技能型和知识技能型高技能人才，以此带动各类高、中、初级技工队伍梯次发展。并先后引进一批高级专业人才以及应届大中院校毕业生充实到相关的管理岗位，使人才储备逐步呈梯级、合理分布。另一方面在企业运营上全面推行目标管理，细化成本管理，向管理要效率和效益。目标管理方式的推行，促使内部管理工作逐步向精细管理的方向转变，员工的服务意识、成本意识、效率意识得到了显著提高。

3. 发展成就

防城港 1983 年对外开放，1987 年全面开港。1983 年 10 月 1 日正式开港，当年完成吞吐量仅 1.4 万吨；1987 年全面开港的第一年，完成吞吐量 84.84 万吨；次年完成吞吐量超过 100 万吨；年吞吐量继 1996 年突破 500 万吨后，以年均 20% 以上的速度增长，2001 年，港口吞吐量突破 1 000 万吨；2005 年吞吐量突破 2 000 万吨；2007 年吞吐量突破 3 000 万吨，发展的步伐越来越快。

经过 40 年的发展，防城港已拥有泊位 35 个，其中生产性泊位 31 个，万吨级以上深水泊位 21 个，泊位最大靠泊能力为 20 万吨级。靠泊的最大船舶是 2008 年 2 月到港的“基德尔”号货轮，载重吨位为 21.1 万吨，装铁矿 20.7 万吨。防城港现有码头岸线总长 6 376

米，库场面积达300万平方米，年实际吞吐能力超过4 000万吨，其中集装箱通过能力55万标准箱，每年的吞吐量占北部湾港口吞吐量的70%以上。

防城港现已与100多个国家和地区的250多个港口有业务往来。目前，防城港是全国沿海港口货种最多的港口，还拥有广西唯一的集装箱专业码头。初步形成集装箱、进口铁矿、其他有色金属矿、硫黄、粮食、液体化工产品、出口磷肥、非金属、煤炭等九大专业化物流系统。铁矿石、硫磷、氧化铝等大宗散货的装卸效率、质量，已跻身全国同行前列。

经过40年的发展，防城港现已发展成为具有货物装卸、仓储、货运代理、客运、引领航、理货、远程公路运输、货物配送、港机出租和修造、船舶供油供水、港口基础建设、房地产开发等功能完善，总资产达45亿元，在册职工2 901人的现代化大型国有港口企业。先后荣获全国先进基层党组织、首批全国文明单位、全国五一劳动奖状、全国职工道德建设十佳单位、全国交通百强企业、全国先进劳动争议调解组织、自治区先进基层党组织、广西十佳企业等称号。

（二）钦州港

1. 港口概况

钦州港位于北部湾湾顶的钦州湾内，三面环陆，南面向海，经纬度：21°89′N，108°55′E，是我国西南出海通道中陆路运输距离最短的出海口，交通便捷发达，后方陆域广阔，建港条件优越，建港成本低，港口区位优势突出，是孙中山先生在《建国方略》中规划的中国南方第二大港。

钦州港注册资本1.2亿元，目前总资产17亿元（未含土地资产），主要经营散杂货和集装箱及重大件等多种货物的装卸、储存、中转及代理业务，目前已开通铁路集装箱运输业务，并成功启动集装箱国际班轮航线。

钦州港目前投入使用的生产性泊位6个，其中万吨级以上泊位4个（1万吨级2个，5万吨级2个），年设计通过能力约500万吨，仓库堆场约15万平方米，装卸机械设备100多台（套），2 600马力和3 400马力拖轮各一艘，铁路专用线7.5公里。2007年完成货物吞吐量516.3万吨，集装箱吞吐量5.387 9万标准箱。

钦州港目前在建的自治区重点项目工程有钦州港10万吨级航道扩建工程、钦州港保税港区1号、2号10万吨级集装箱泊位工程等。

2. 改革历程

1991年4月，钦州港建港的前期准备工作正式启动。钦州市当时的经济条件非常差，作为一个传统农业地区，可动用的财政资金不到1 000万元。钦州党政决策层认为应该尽自己的能力先把港口建起来，不能再等了，否则钦州没有出路。钦州港的建设资金由于没有进入当年自治区的建设预算，自治区只给了50万元的前期“开张费”，其余资金全部自筹。钦州的建港决策感动了所有钦州人，几乎所有钦州人都作出了捐献，上至八旬老人，下至幼儿园小朋友都积极参与，有的捐钱，有的捐物，有的用平价土地支持建设项目。如此穷的一个地区，干部群众的捐献折合2 000多万元，为钦州开创建港历史篇章奠定了基础。

1994年1月，钦州港两个万吨级码头建成，进港一级公路通车，1月16日，钦州港隆重举行了开港典礼，首期码头泊位投入试运营，钦州终于结束了有海无港的历史，加入到建设和经营港口的沿海城市行列。

钦州港开港后，继续迸发出建设大港口的激情，供水、供电、堆场、仓库、装卸、引航等配套工程一个个逐项实施；集疏港运输铁路相继竣工，一级公路等高级公路先后建成，构成了钦州立体交汇的交通网络，带动了大批工业项目落户钦州港。1997 年钦州港获准为国家一类口岸，掀开对外开放新篇章。

2004 年 9 月，钦州市人民政府根据《港口法》以及国家关于港口体制改革的要求，按政企分开的原则，成立钦州市港口集团，由钦州市港口集团承担原钦州港务局的相关企业职能。改制后的钦州港，紧紧抓住市场机遇，实行机构改革，精简了职能部门设置，同时进行了定岗、定员、定编，减少了管理环节，企业活力得到了明显的提升。改革薪酬制度，2005 年在一线生产员工中试行风险产量奖制度，2007 年改为工效挂钩，以绩效考核定收入标准，极大地调动了广大员工的生产积极性。打破铁饭碗，改革人事管理制度，打破国家干部身份，同工同酬。在员工培训方面，引入培训效果评价，对外出培训的员工进行培训效果检查。以效益为目标，大胆改革创新，全港职工团结奋进，各项工作均取得了较大成绩。

2. 发展成就

(1)生产经营实现快速发展。钦州港为广西开港最晚的港口，吞吐量从 1994 年开港当年的 12. 2 万吨到 2004 年的 152 万吨，再到 2007 年的 516 万吨，码头货物吞吐量翻了几番，生产经营一年上一个新台阶。

(2)在基础设施建设方面做出了巨大贡献。钦州港起步码头工程、二期工程、三期工程、钦州保税港区吹填工程、保税港区集装箱泊位工程、钦州港 10 万吨级航道扩建工程等重点工程的相继投资建设，带动了钦州临海工业的快速发展，东油沥青、新天德能源、大洋粮油等一批企业建成投产，燃煤电厂、金桂林浆纸一体化等重大项目开工建设，中石油 1 000万吨炼油项目通过国家环评和安全预评价，临海工业得到了长足的发展。目前已基本形成了与大港口相配套的石化、能源、粮油加工、磷化工、生物制药、有色金属、沥青加工等产业群，成为环北部湾及大西南地区的石化、能源、粮油加工基地，推动了当地经济的快速发展。

钦州保税港区第一期将于 2009 年底前封关运作，预计将推动新一波的发展势头。

(三) 北海港

1. 港口概况

北海港股份有限公司为国有控股、北海市第一家、广西第二家上市公司，1995 年 11 月在深圳证券交易所上市。公司注册资本 1. 421 2 亿元人民币，截至 2008 年 6 月底总资产为 6. 665 亿元人民币，在职员工 1 124 人。

北海港是中国地区性重要港口，目前有海角和石步岭作业区，现有生产性泊位 9 个，年设计吞吐能力 215 万吨，主要从事港口码头建设、国际国内集装箱、内外贸件杂散货装卸、货物仓储中转、交通运输及船舶修理、机械加工及修理、外轮代理、外轮理货、商业贸易、房地产开发等多种经营，于 2005 年底通过 ISO 9001-2000 国际标准质量管理体系认证。北海港集疏运货种繁多，主要大宗货源为金属矿和非金属矿、高岭土、油品、木片、化肥等，现已与世界98个国家和地区的218个港口有贸易来往。

2. 改革历程

1950年1月，中央人民政府交通部广州区港务管理局北海办事处成立。1954年8月，北海港务处动工兴建了外沙西港口；1985年5月，北海港石步岭港区一期工程万吨级码头开工建设。

北海港（原名北海新力）于1988年2月由北海市风机厂、印刷厂、造纸厂、烟花爆竹总厂和技术交流站联合发起设立。1989年底，北海市港务管理局以全部生产经营性资产进入北海新力实业股份有限公司。1993年底，北海新力实业股份有限公司经国家体改委批准为规范化股份制试点企业，1995年11月，北海新力2 000万公众股在深圳证券交易所挂牌上市。

1972年外沙老港区（海角作业区）码头泊位建成投产，年设计吞吐能力为35万吨。1986年石步岭港区一期工程建成投产，石步岭港区4个万吨级深水泊位年设计吞吐能力为180万吨。

1998年6月4日，由北海港务局与广东深圳长江现代交通设施有限公司于1996年8月开始合作兴建的“北海港散装进口沥青灌装线”正式投入使用，是当时我国西南地区最大的散装沥青灌装储运中转线。同年8月6日，香港特别行政区货轮“达雅”号靠泊北海港石步岭港区卸货。该轮长225米，载重吨7.3万吨，是北海港自开港以来靠泊码头载重吨位最大的一艘货轮。

2000年5月上旬，石步岭港区航道、港池疏浚工程完工。工程浚长33.84公里，浚宽第一、二、三航道分别为100米、100米、130米；调头底标为8米；码头前沿50米内，1号、2号泊位疏浚底高程为9.5米，3号泊位疏浚底高程为10.8米，4号泊位疏浚底高程为12米。

2001年5月28日，北海港集装箱深水泊位正式投产，泊位岸线长232米，水深-10.8米，年设计吞吐能力5万标准箱，具备接纳第3代集装箱船的能力。7月，北海港石步岭港区三期工程经国家发展和改革委员会批复立项。三期工程建设1万吨级泊位1个，2万吨级集装箱泊位1个，3.5万吨级散杂泊位1个，年设计吞吐能力为230万吨。同期，北海港港口铁路集装箱办理站成立。

2006年11月，北海港通过澳大利亚国家商检认证，获该国化肥协调商会授予出口澳肥低风险港口证书，成为全国第一条散装化肥的卸、储、运、装一体化专用作业线。

2007年4月18日，北海至福泉的集装箱快运班列在北海港拉响了首发的笛声，这标志着北海市港口物流业进入了快速轨道，北海作为西南地区最重要出海大通道的地位得到进一步提升，对北部湾组合港的发展格局将起到经济的推动作用。在水路运输方面，已开通了北海港——香港（中转）世界各地外贸集装箱航线、北海港——广州黄埔港（中转）中国北方各港的内贸集装箱航线、北海港——蛇口港/赤湾港公共驳船快线等多条国际集装箱航线，近期还将开通北海——东南亚直达航线。在铁路集装箱运输方面，已开通了北海（防城港）至贵州福泉、防城港（北海）至云南读书铺干散货集装箱硫、磷班列，班列运行较正常。

2007年6月下旬，北海港股份有限公司按上市公司要求规范公司治理，强化企业管理，保证了国有股东真正履行实际控制人的职责，并进行了机构改革。

3. 发展成就

北海港近5年来的业绩，见表1。

2003年～2007年吞吐量完成情况 表1

年度	港口吞吐量（万吨）			集装箱吞吐量（万标准箱）	旅客吞吐量（万人）
	总计	外贸	内贸		
2003	330.75	205.27	125.48	3.13	17.7
2004	371.46	296.54	74.92	2.79	11.07
2005	350	228.43	121.57	2.38	4.8
2006	403	249	154	3.39	28.38
2007	502	435	66.5	4.72	31.1

2007年货物吞吐量比2003年增长了151.78%，12月22日，北海港提前实现年吞吐量突破500万吨。全面刷新2006年港口作业量记录，创北海港历史最高水平，同比增长24.6%；其中集装箱吞吐量为4.72万标准箱，同比增长39.2%；进出境旅客超过31万人次，同比增长了9.6%。公司营业收入同比增加4 209万元，增长近30%，实现扭亏为盈。

三、基本经验

1. 牢固树立以客户为中心的服务理念，大力塑造北部湾港优质服务品牌

(1)以现场管理为重点，建立健全各种货物的装卸、堆存、发运等规章制度，实施标准化、规范化、制度化管理。根据各种货物的不同特性，先后制定了袋装水泥、桶装沥青、矿石、豆粕、化肥等20多种主要货种的装卸、堆存、运输标准，在分堆分装上满足客户要求。针对某些货种易烂包及污包的特性，制定预防措施，细化作业规程，严防污包、烂包、货损现象发生。

(2)狠抓服务和质量。整合管理机构，形成“三个一”，即一个指挥体系，一个对外窗口，一个服务链环。建立起直接高效的调度指挥系统，形成一个窗口对外，“一站式”服务。货主、船东只要跟北部湾集团各港口作业区业务中心一个部门打交道，就可以办妥在防城港靠泊、装卸、储运、结算等业务，避免船东、货主的多头奔波；全力推行ISO 9001-2000质量标准，结合质量体系的换版工作，高标准、严要求，进一步健全货物装卸、储运系列规章制度，推动服务质量再上新的台阶。

(3)大力开展服务创新，建立起适应市场需求的服务机制。推出“堆场+市场”的服务体系，以堆场为“商场”，为客户提供各种咨询、中介服务，既减少了货主转运、转储的费用，又使服务实现了增值。大力拓展如装卸、储运、报关、报检“一条龙”服务，集装箱、散货“门到门”、“水转水”运输，货物从港到厂到库直装直运个性化服务以及延伸物流服务，先后投资成立“防港物流”公司、“南宁港物流配送中心”、泛湾物流公司，扩大物流配送功能，努力为客户提供高效、便捷、个性、增值的服务。

2. 不断加快港口建设步伐，全面提升核心竞争力

广西北部湾集团领导班子始终以跨越式思维来谋求实现港口的跨越式发展，超越过去、超越自我、超越竞争对手。北部湾没有先进港口的先发优势，这就要求北部湾集团必须站在更高的起点上，超越某些发展阶段，用相对短的时间缩小与先进港口的差距，尽快在更多领域实现赶超。面对港口码头向大型化、专业化、现代化发展的要求，集团公司贯彻落实“大港口、大通道、大工业、大开放、大发展”的发展战略，抢抓机遇、创新发展，改变过去稳妥推进、逐个建造码头泊位的发展模式，筹集巨资加快港口建设，“十五”以来，先后开工建设了多个深水泊位，并加速技术升级，按大型化、专业化、现代化要求完善各项服务功能，全面提升港口核心竞争力。“十五”以来，北部湾港建成了一批集装箱、液体化工码头等工程项目，其中防城港20万吨级码头设计为两边均能靠船，开创国内可直接“船到船”直装直卸作业的先河，码头配置卸率每小时1 500吨的桥式卸船机3台、卸率每小时600吨的门座式起重机4台，卸船效率每天13.8万吨，高居华南沿海港口榜首。装火车效率每天7.2万吨。是华南地区岸线最长、前沿水深最深、自动化控制程度最高、堆存能力最大的矿石专用码头；防城港14号硫磷专业泊位码头卸船效率2 000吨/小时，装船效率1 000吨/小时，年通过能力可达600万吨。是目前全国唯一的硫磷专业码头，并创下自动化程度最高、卸船效率最快、配套设施最好等多项全国纪录；5万吨级液体化工码头结束了广西沿海没有液体化工公共码头的历史，与之配套的3 000亩仓储加工区用地，正在形成石化加工、仓储、分销配送一体化的工业、物流园区；防城港集装箱码头是目前西南沿海港口功能最齐、配套最好、效率最高的集装箱码头。大型化、专业化、现代化码头设施成为拉动港口吞吐量快速增长的强劲引擎。

3. 把握机遇，积极谋划，主动融入北部湾经济区建设新格局

积极融入北部湾经济区建设新格局，打造物流新平台，在加强合作中求得更优更快发展。

(1)以自治区建设南宁“无水港”为契机，积极开展与物流园区的合作，在优势互补、功能结合中寻找商机，拓展业务，培育新的增长点。

(2)组建与铁路、专业物流企业合作的物流体系——港铁直通运输为主的第三方物流建设。充分利用港铁货物集疏的班列化、直达化、对流化和相关编组站之间铁路运输货物的直达往返、快进快出、整进整出的优势，提升港口物流服务功能和水平，打造全国首个集港口、铁路、公路资源一体化并实现铁路包线运输的综合物流平台。2008年3月1日，北部湾港－昆明物流中心海铁联运五定班列在防城港首发。

(3)充分利用中国——东盟自由贸易区等多区域合作的机遇。进一步加强与中远、中海、马士基等国内国际知名航运企业的合作，全力抓好内外贸航线拓展工作，拓展辐射东盟国家港口的国际航线和国内东部沿海的内贸航线。

4. 坚持“以港引工、以工促港、港工互动”

在现代大工业发展进程中，物流系统的优化已成为建立企业核心竞争优势最重要的环节之一，这正是港口的优势所在。因此，围绕“以港引工、以工促港、港工互动”的发展思路，大力支持临港工业的发展，为引进的企业提供全方位、低成本、高保障性的物流服务，促进更多大进大出的企业落户北部湾港。临港工业的发展也为北部湾拓展本地货源和发展第三方物流业务提供了更强有力的保障。港口建设的迅猛发展，还带动了进出口贸易、交通运输、货船代理等相关行业发展，有力地拉动了城市物流业的发展。

5. 坚持以人为本，不断深化企业内部改革，努力推进体制机制创新

在改革和发展过程中，港务集团始终把人力资源开发当作提高企业核心竞争力，促进生产力发展的一个重要手段，重视人的因素，通过建立行之有效的激励与约束机制，充分挖掘人的潜能，全面提高企业的竞争力。通过建立“公平、公正、公开”的竞争上岗机制和“能者上、平者让、庸者下”的用人机制，形成“岗位靠竞争、收入凭贡献”的竞争激励格局，充分调动起了广大员工的积极性、主动性、创造性。积极探索市场化用工和分配制度的改革，适时调整员工的岗位工资、计件单价和劳动定额，通过加大活工资比重和二次分配把工资分配与工效直接挂钩，使工资制度更加贴近市场；加强绩效考核，完善激励机制，在有条件的生产经营单位实行年薪制，使责任人的薪酬与效益挂钩。由此进一步激发了各级管理人员和职工的危机意识和竞争意识，调动工作积极性和创造性。

6. 坚持以企业文化建设为载体，大力营造和谐企业环境

企业文化是企业的灵魂，是凝聚职工思想和精神的一面旗帜。拥有文化优势，才拥有竞争优势。多年来，北部湾港务集团坚持深入开展企业文化建设，在继承中发扬，在创新中发展，构筑与时俱进的企业文化。坚持倡导“爱港敬业、诚实守信、优质服务、乐于奉献”的北部湾精神，不断提高职工的思想政治素质和科学文化素质，大力营造企业关爱职工、职工关心企业的和谐氛围。同时，在发展生产过程中，注重生产、生活环境建设，投入资金、技术改造环境。坚持不断地开展文明健康的群众性文化体育娱乐活动，陶冶情操，激励职工奋发向上，争做“四有”职工，形成了“以港为家、勤俭节约；创新思维、超常发展；团结奋发、勇闯市场；清简务本、廉洁从企”的企业文化。

四、发展展望

1. 推进西部大开发战略要求北部湾港口强化西南大通道出海口的作用

“十一五”期间，我国将继续推进西部大开发战略，南（宁）、贵（阳）、昆（明）经济区是我国西部大开发的三大重点区域之一，西南地区的能源、矿产资源将得到进一步开发，与东、中部地区的产业联系将更加密切，并将更广泛地参与到全球经济交流中。北部湾港口是西南出海大通道的重要组成部分，是西南地区通往国内外市场的重要出海口，是西南地区对外开放的重要窗口，不仅吸引工业向沿海集聚，还承担大量的能源、原材料及工业制成品的对外运输任务。

2. 中国—东盟自由贸易区建设要求港口发挥重要的纽带作用

我国与东盟将努力建设高质量的中国—东盟自由贸易区，双方将进一步扩大贸易规模、积极深化投资合作、不断提高经济技术合作水平。广西是我国与东盟合作的重要门户和前沿，海运是我国对东盟贸易的主导运输方式，2001 年 ~ 2007 年北部湾港口对东盟货物吞吐量年均递增 45% 左右，未来广西沿海港口将成为我国对东盟国家海上贸易、人员往来的重要枢纽。

3. 泛珠江三角洲区域合作要求完善港口综合运输枢纽功能

广西是泛珠江三角洲区域主要的劳务输出基地，农副产品和能源、原材料生产基地。未来广西将积极参与泛珠江三角洲区域合作，加强与贵州、云南在交通、电力、煤炭、矿产资源开发、旅游等方面的合作，承接东部沿海及世界各地的产业转移，通过优化布局和整合资源，北部湾港口将在泛珠江三角洲区域的铁矿石接卸、原油接卸及成品油运输、琼州海峡滚装运输等系统中发挥重要作用，成为泛珠江三角洲区域综合运输网络的重要枢纽、现代物流的重要结点。

4. 广西经济飞跃需要北部湾港口提供强有力的支撑

“十一五”期间，广西规划在沿海地区布局钢铁、石化、电力等大工业，形成沿海工业基地、高新技术产业基地、出口加工基地及中国—东盟自由贸易区区域性物流中心。北部湾港口凭借良好的岸线、土地和淡水资源及不断完善的公路铁路等集疏运通道，南宁、北海、钦州及防城港等城市群将加快发展临海产业，成为广西对外开放的龙头和新的经济增长极。为此，港务集团将新建万吨级以上泊位39个，新增吞吐能力6 700万吨，预计到2010年，广西北部湾集团港口货物吞吐能力将达到1亿吨，2020年达到3亿吨。

总之，广西将把学习贯彻温总理10月5日在广西考察工作时的重要讲话精神作为工作动力，认真贯彻落实自治区关于实施科学发展3年计划的决策部署，积极实施国家《广西北部湾经济区发展规划》，努力实现北部湾港口科学发展、和谐发展、跨越发展。

改革春风遍南通

南通港口集团有限公司

一、企业介绍

南通港口集团有限公司前身为南通港务局，2002年实行政企分开而组建。2005年，香港保华集团有限公司、南通国有资产投资控股有限公司、国投交通分公司对企业实施资产重组，成立中外合资企业——南通港口集团有限公司。企业投资总额28.9亿元，注册资本9.66亿元。集团公司拥有分公司6家，全资、控股、参股公司15家，现有员工3 700多人。拥有长江岸线4 150米，千吨级以上公用泊位23座，其中万吨级以上生产性泊位13座，最大靠泊能力为15万吨级；堆场面积57万平方米，仓库面积4.5万平方米；各类大中型机械设备951台（套），港作船舶26艘。主要从事港口建设与经营，货物装卸、堆存，货运代理，理货，港内船舶拖带服务，船舶航修等业务。公司的主要作业货种为矿石、铜精矿、硫黄、建筑材料、钢材、油籽、油料、煤炭、化肥、非金属矿石、集装箱等，是长江沿线最大的矿石、硫黄等集散地之一。

2006年南通港口集团有限公司被列入江苏省重点物流企业。2007年，全年完成货物吞吐量5 782万吨，列长江沿线港口企业第一位；完成集装箱吞吐量37万标准箱。

二、改革历程

1978年，我们党召开了具有重要历史意义的十一届三中全会，它开启了我国改革开放的新时代。在党的十一届三中全会路线指引下，历经30年的艰苦探索和拼搏奋斗，南通港口集团实现了快速发展。

在我国实行对外开放政策后，我国外贸进出口呈现快速发展的态势，大量进出口物资涌向沿海港口，沿海港口出现了严重的压船压货压港现象。为解决沿海港口压船压港现象严重的问题，特别是减轻上海港的压力，充分发挥长江水运的作用，加快长江沿线地区进出口物资的发运，促进对外贸易的发展，1980年3月，国务院批准南通港为长江对外贸易运输港。3月31日，江苏远洋公司“雨花”轮首次靠泊南通港港区三号码头，装载运至香港地区的棉花399吨。从此，南通港开始了外贸运输，从一个为地方物资进出口服务的内河港发展成为外贸运输港口。

为进一步发挥长江港口的作用，1982年11月19日第五届全国人大常委会第二十五次会议批准南通港为首批长江对外籍船舶开放的港口之一。1983年5月24日，巴拿马籍“格林兰海”号轮装载朝鲜磁铁矿粉11 019吨，在南通港狼山港区一号码头靠泊卸载，从而叩开了南通港通向世界的大门。南通港对外籍船舶的开放，不仅使南通港发展成为江、海、河联运的枢纽港，而且为南通市在1984年成为我国沿海第一批14个对外开放城市创造了条件。

1983年南通港对外籍船舶开放后，为加强对港口的管理，5月1日起南通港直属交通部领导。随着形势的发展，根据国务院关于《港口体制改革座谈会纪要》以及1986年12月国务院在青岛召开的港口下放会议精神，自1987年1月1日起，南通港实行由南通市和交通部双重领导，以南通市为主的管理体制。南通港务局作为南通市直属机构，行使市政府领导港口的职责。交通部对南通港实行行业宏观管理，主要是负责统一制定港口建设和管理的方针、政策、法规、制度，审定港口总体布局规划和港口长期计划，搞好港口生产的“两级平衡、集中管理”和调度指挥等三方面的工作。这次港口管理体制改革是交通体制改革的重大步骤，是在新的历史时期建立适应国情并有利于发展港口生产力的管理体制。调动了地方的积极性，扩大了港口自主权，增强了港口活力，使港口更好地适应对外开放政策，达到发展生产的目的。

随着我国经济体制改革不断深入和社会主义市场经济发展，2002年8月，港口管理体制又进行了重大改革。按照深化国有资产管理体制改革的要求，南通港务局率先在全国沿海、沿江37个交通部和地方双重领导的港口中完成了港口管理体制改革，实行政企分开，属地管理，以南通港务局全部经营性资产为基础组建了南通港口集团有限公司，标志着南通港口事业进入了一个具有里程碑意义的新时期，同时也标志着落实南通市委、市政府“以港兴城”发展战略、促进南通港口经济发展有了更加坚实的基础，集团公司也获得了新的发展活力和生机，为建立现代企业制度迈出了第一步。

2003年，伴随着政企分开所迸发出的活力，南通港口集团内部改革实现了重大突破。集团按照全市实施市场化改革的总体要求，围绕国企改革“两退一大”的目标，在港口体制完成政企分开的基础上，强力推进集团公司下属单位的改制，先后对下属客运总公司、港口实业发展总公司、生活服务公司、外轮服务公司、港口物资公司等15家亏损和非生产性单位进行改革、改制，实现主辅企业分离，通过国有资本退出一般性竞争领域、劣势企业退出市场等多种形式，对非装卸主业单位进行改制，盘活存量资产，加速建立集团公司规范的法人治理结构，用“清晰的产权结构”、“灵活的分配机制”、“科学的管理手段”、“强有力的创新和竞争能力”突出和壮大了集团公司主营业务，实现集团公司经济结构的调整和产业的升级优化。同时，承担政府社会职能的港口公安局、港口医院和卫生防疫、环境监测站等也相继与集团公司脱钩，企业的整体素质和综合竞争力显著提高，港口生产经营得到了较快发展，2004 年完成货物吞吐量 3 329.7 万吨；集装箱吞吐量 25.1 万标准箱。

南通港口集团作为一个具有百年历史的老的国有企业，历史包袱重，经营成本高，法人治理结构不完善，经营机制不活，生产设备老化，资本有机构成低，资本利润率低，加之自我积累甚少，在亟待大量投入的情况下，发展资金严重不足。如何抓住机遇、加快发展，是港口集团的头等大事。因此，深化港口集团产权制度改革，推进战略重组，建立健全法人治理结构，迅速增加企业投入，既是企业自身生存发展的需要，也是区域经济发展的客观要求。

为进一步做优做强企业，推动港口的可持续发展，2004 年开始，集团公司积极引入战略投资者推进企业资产重组，深化产权制度改革。在南通市委、市政府的主持下，2005 年 12 月，香港保华集团、南通国有资产控股有限公司、国投交通分公司共同出资 9.6 亿元进行资产重组，成立中外合资企业——南通港口集团有限公司。随着集团公司法人治理结构的建立完善和保华集团 4.3 亿元投资资金的到位，港口的资产结构得到了改善和优化，实现了投资主体多元化和企业资源的合理配置，解决了港口建设资金短缺、发展能力严重不足的问题；集团公司建立起了规范的现代企业制度，制定出台了经营计划与预算管理等几十项管理制度。同时，建立了一整套企业业务标准、员工业绩评估及薪酬体系等制度模式，企业管理逐步从粗放型向集约化、精细化转变。先进的管理理念，激活了经营机制，“诚信、务实、高效、卓越”的企业精神，增强了企业的凝聚力和向心力，激发了全体员工的工作积极性和创造力。集团公司抓住了资产重组这一历史性机遇，极大地增强了港口发展后劲和核心竞争力，促进了省市“沿江开发、江海联动”发展战略的实施，推动了区域经济的发展。

三、发展成就

改革开放的春风，给南通港口建设和发展带来活力和生机。

1980 年以后，在旺盛的运输需求带动下，南通港货物运输生产出现了突飞猛进的局面，南通港海、江、河中转运输优势得到进一步的发挥，货物运输由原来的长江驳船运输为主体，发展为以海进江中转为主体。港口货源充足，生产效率不断提高，吞吐量连续翻番，经济效益成倍上升。1981 年港口吞吐量为 386.4 万吨，1983 年上升到 625.3 万吨。为适应对外贸易迅速发展的需要，1984 年 11 月，南通港开辟了至日本神户国际集装箱航线。1985 年 9 月，又开辟了至香港定期集装箱运输航线。1985 年港口吞吐量首次突破 1 000 万吨，达到 1 019.2 万吨，创造了建港以来的最好成绩，南通港跨入全国大港行列。这以后，港口生产进入稳步发展阶段。1990 年港口吞吐量为 1 042.7 万吨，1993 年随着姚港三个海轮深水泊位全面投产，矿石中转货源得到发展，全年货物吞吐量上升到 1 326.7 万吨。1995 年 8 月，南通港第三条国际班轮航线南通至韩国釜山集装箱航线通航。1998 年南通港货物吞吐量突破了 2 000 万吨大关，达到 2 017.1 万吨，集装箱进出口完成 130 325 标准箱，首次跃居长江港口第一。进入 21 世纪以后，南通港口发展速度迅猛，特别是在港口实行政企分开，建立南通港口集团有限公司以来的5年，是集团公司发展速度最快、质量最高、成效最好的5年。集团公司从一个拥有百年历史的老国有企业转变为崭新的中外合资企业，发展为省重点物流企业，实现吞吐能力、货物吞吐量、营运总收入、职工人均收入和企业总资产翻一番的目标，基本建设、技改等累计投资超过15亿元，集团公司步入了快速发展的轨道。得港口体制改革先发优势，“十五”期间，在国家宏观经济形势趋好的情况下，集团公司认真贯彻落实省、市“沿江开发、江海联动”和“以港兴城”发展战略，紧紧抓住水运市场良好的发展机遇，以打造优质高效服务品牌为着力点，切实增强港口竞争优势，港口生产一直保持良好的发展态势，主要经济指标增幅均呈跨越发展势头，吞吐量、营运总收入、完成利润等均实现了历史性突破。2002年集团公司年吞吐能力为1 380万吨，2006年达到2 890万吨，实现了翻番；2002年完成货物吞吐量2 227.5万吨，2006年达到了4 453万吨，翻了一番，年均增幅为18.9%；2002年集装箱完成17.8万标准箱，2006年达到32.05万标准箱，也翻了近一番；2002年完成营运总收入2.68亿元，2006年达到5.41亿元，为2002年的2倍多；2002年实现利润仅为55万元，2006年达到5 317万元，净增5 000多万元，港口经营生产效率、效益和运行质量显著提升。2006年，南通港全港货物吞吐量突破1亿吨大关，一举成为全国第十二个亿吨大港和长江上第二个吞吐量超亿吨的港口。南通港口集团作为南通港的核心企业，为南通港实现亿吨大港目标发挥了主力军作用。2007年，集团公司完成货物吞吐量5 782万吨，列长江沿线港口企业第一位；完成集装箱吞吐量37万标准箱。全年完成营运总收入6.93亿元，其中装卸收入完成5.91亿元；实现主营业务利润7 500万元。

目前，南通港已发展成为国家主枢纽港，国家一类开放口岸，上海国际航运中心重要成员，长江流域及华东地区重要的物资集散中转基地，全国集装箱运输最佳集疏运港口之一，铜精矿最佳接卸港，长江港口中靠泊能力最强、装卸效率最高、吞吐及仓储能力最大的铁矿石中转港，全国进口硫黄第一大集散地和长江流域最大的硫黄中转港。

改革开放以来，南通港口建设也进入了高速发展期，掀起了一轮又一轮港口建设热潮。30年来，南通港狼山港区一、二、三期工程的建设，构建了港口跨越发展的新平台，进一步培育了企业规模优势，实现了港口吞吐能力的大提升。

20世纪70年代后期，为充分利用长江下游深水航道，发展长江航运，长江下游开始了兴建深水海轮泊位。南通港利用得天独厚的航道条件和良好的深水岸线，开始了大规模码头建设。1980年狼山港区一期工程建成2座1万吨级深水码头及1座总建筑面积达6 579平方米的晴雨货棚等设施，一号码头为散货泊位，二号码头为件杂货泊位，码头年通过能力为80万吨。1983年又建成1座2.5万吨级深水码头，泊位的年通过能力为60万吨。狼山港区的开辟，使南通港成为长江上第一个深水大港，形成江海河中转运输的优势，结束了南通港仅仅作为苏北地区门户港的历史，南通港成为一个开放型、多功能、综合性的江海大港。

1989年作为国家“七五”大中型重点项目之一的狼山港区二期工程全面展开，1993年10月工程竣工投产，总投资2.75亿元，建成3座万吨级散杂货泊位、6座6 000吨级长江泊位，设计年吞吐能力为840万吨。该工程获得了1994年度中国建筑行业工程质量的最高荣誉——鲁班奖，这是南通港建设史上的第一次。1994年为适应集装箱运输的不断发展，狼山港区二期集装箱和多用途泊位工程开工，1997年工程全面竣工，总投资3.2亿元，建成两座万吨级集装箱专用深水泊位，可停靠第三代集装箱船舶作业。集装箱泊位的建成，结束了南通港无集装箱专用码头的历史。

2003年，国家“十五”发展建设项目，江苏省南通市“沿江开发、江海联动”重点工程，南通开港以来最大的码头建设工程——狼山港三期工程通用散货泊位建设整体启动，总投资达9.7亿元。2004年9月两座15万吨级通用散货泊位码头和一座5 000吨级长江驳船泊位水工工程竣工，码头总长710米。该工程配备两台长江生产能力最大的卸船机和装船机、两台国内最大回转半径的斗轮机和总长达4 335米输送机。该工程于2006年6月试运行，作业效率达到行业先进水平。

2007年9月通过了交通部组织的竣工验收，并正式投入生产。狼山港三期工程是目前长江沿线码头等级最高、现代化程度最高、通过能力最大的散货中转码头，该码头正式投产后为南通港新增通过能力1 500万吨，远期将达到3 000万吨，进一步增强了作为上海国际航运中心北翼的南通港的地位，南通港也将实现由亿吨大港向亿吨强港的跨越。

创树服务品牌是南通港口集团多年来在生产经营装卸服务活动中，着力抓住的一个有效载体，是服务中心工作、融入生产经营的最佳结合点，以促进集团公司跨越发展为目标，以市场需求为导向，以改革和创新为动力，以安全生产为基础，大力实施名牌战略，培育和树立一批与时代要求相适应，与生产经营实践相符合，与客户需求相一致的强势品牌，全力打造出港口的核心竞争力。

1. 大船作业品牌

进入21世纪，随着经济全球化的迅速发展，船舶大型化已成为国际航运业的发展趋势，世界铁矿石海运逐步由过去的3至5万吨级海轮发展为如今10至20万吨级海轮为主的新格局。集团公司紧紧抓住长江口航道整治带来的机遇，及时调整生产格局，全面启动“大码头、大港口、大船舶、大吞吐”战略，全力打造集团公司核心竞争力。

(1)加快配套硬件设施建设，集团公司在加快建设狼山港三期工程两座15万吨深水泊位的同时，先后对姚港港务分公司等单位的6个泊位进行升级改造。为安全高效接卸大型矿船，又投入1 000多万增加一条皮带机输送系统，使卸船效率达2.5万吨/天。为确保靠离泊和作业过程的安全，从大连、深圳租用3条拖轮，并出资4 000多万元，购置了2艘4 000匹马力全回转消拖两用船投入大船接卸作业。同时，添置了现场电视监控系统，实现对大船安全作业全过程电视监控。

(2)不断完善制度，严格规范操作。先后制定了《接卸十万吨减载矿船操作预案》、《“超大型船舶”安全作业应急处理预案》、《10万吨级以上船舶散装货物卸载工艺规程及安全规范》等，建立了一套科学合理的管理方法、工艺流程、作业手段和安全保障体系，为大船的顺利接卸奠定坚实的基础。

(3)对每一艘到港大船都进行精心准备，全面掌握船期、船型、载重量以及天气、风力、潮水等信息，同时，配合海事部门，对每一艘大船都召开专家论证会，做到“安全第一，注重质量，兼顾效率”，从思想认识、生产准备、调度指挥、人机资源配置、分工与协作、设备保障、内外协调、后勤保障等各个环节做最充分的准备和科学的安排。多年来，集团公司把大船接卸作为发展南通港口经济的重要亮点来打造，把每艘大船作业都当作塑造品牌的过程来抓，取得了较好的经济效益和社会效益。到2002年已接卸超大型船舶10艘次，2003年为19艘次，2004年为42艘次，2005年为39艘次，2006年为61艘次，2007年达到

119 艘次。南通港口集团接卸 15 万吨级以上超大型船舶数量居全国内河港口之首。2007 年 2 月，集团公司首次接卸 20 万吨级巨轮“钻石武士”号，创下了长江港口接卸最大船舶的纪录。南通港口集团的大船品牌效应在激烈的港口运输市场竞争中越来越凸现出明显的优越性，大船品牌不仅为货主、船东减少大量成本，也成为集团公司参与市场竞争十分有力的手段，成为南通港独特优势的一张王牌。

2. 铜精砂接卸品牌

2005 年，南通港第一品牌货源——铜精砂，在南通港中转运输达到 20 年，累计中转总量达到 596 万吨，没有发生一起质量事故，损耗几近为零，为企业增加收入 1.2 亿元，海关税收和创汇逐年递增，创造了丰硕的经济效益和社会效益。1984 年 6 月，安徽铜陵和湖北大冶两家有色金属冶炼企业把一直由水陆联运的进口铜精砂运输改由海轮进江过驳中转。南通港凭借长江锚地中转速度快、成本低、货运质量高的优势，1984 年 11 月，第一船 11 578 吨铜精砂在南通港接卸。为顺利接卸铜精砂，承担接卸任务的通州港务分公司自行研制了八角斗装卸工艺和“单索多瓣抓斗”，解决了大型船舶吊机与抓斗不配套的矛盾，这项技术获得了国家实用新型技术专利。先进实用的工艺技术保证了铜精砂接卸的效率和质量，从此，南通港成为接卸铜精砂的定点港，铜精砂也成为南通港的成长性支柱货源。品牌效应带给货主巨大的效益，也为港口赢得市场竞争的先机。20 多年来，南通港以诚心感动客户，以恒心打造品牌，以爱心呵护品牌，竭诚为铜陵有色金属集团、金隆铜业公司等客户开展铜精砂中转运输服务，切实把铜精砂品牌做强、做优，铜精砂中转量从 1984 年的几万吨，逐年递增到 2003 年的 72 万吨，2006 年完成 100 万吨，2007 年达到 120 万吨。铜精砂服务品牌已成为南通口岸的精品，在中国口岸位居前列，而且在世界范围内也赢得了良好的声誉，并得到了保险公司的奖励。

3. 硫黄接卸品牌

近年来，南通港口集团还结合实际，审时度势，准确定位，提出“打造长江硫黄集散中心”的商务理念，加大硫黄揽货力度，想方设法增加硫黄接卸量，拓展硫黄装卸市场中的份额。集团公司组织商务人员到连云港、嘉兴、宜昌等地接洽拜访新老货主，积极争取货源到港，并为货主和代理商提供求购信息，介绍信誉好、服务优的船公司，解决货主的后顾之忧。同时，进一步优化硫黄装卸流程，完善装卸作业手段，改进灌包方式，配置硫黄专用抓斗，自行设计制作了硫黄升高机、硫黄漏斗等。针对硫黄易燃特性，制订了《关于防止硫黄燃烧的措施》。集团公司还加强对硫黄作业货损的考核力度，减少货损。合理安排到港硫黄船舶接卸，确保硫黄接卸安全、优质、高效。卸船速度基本保持每天 1 万吨，场地灌包速度基本保证每天 2 千吨，工班效率创下 6 800 吨。在 2006 年卸载“富运”轮 4 万吨硫黄作业中，创造了日卸货量 1.76 万吨的纪录。2007 年，集团公司抓住硫黄市场需求量大幅上升的有利契机，主动与客户沟通联系，开发了硫黄集装箱内贸装箱及进口业务，保证了硫黄的装卸质量。集团公司用先进的服务理念和高效的服务质量，拓展在硫黄装卸市场中的份额。自 1999 年南通港作业第一艘硫黄船“明海”轮以来，硫黄中转量逐年攀升，当年作业硫黄 1.9 万吨，2000 年完成 10.4 万吨，2005 年突破 100 万吨，完成 123 万吨，2007 年共接卸硫黄 213 万吨，南通港已成为全国硫黄第一大集散地。

四、基本经验

1. 创新体制机制，激发生机活力

改革开放初期，为适应港口对外开放和企业从生产型向生产经营型转变的需要，南通港务局在改革的形势下，也进行了一系列改革，全面推行了经济责任制，制定了经济责任制指标考核及奖励实施办法，层层实行“包保方案”，形成一个纵横连锁、上下协调的经济责任制体系。各装卸公司还根据生产特点和需要，对重点船舶实行单船包干制。这一改革，极大地调动了职工的工作积极性，港口生产效率和经济效益得到较大提升，企业充满了生机和活力。进入21世纪，随着市场经济的深入发展，港口面临着越来越激烈的竞争压力。2003年，南通港口集团以政企分开为契机，大力实施内部改革改制，通过国有资本退出一般性竞争领域、劣势企业退出市场等形式，对非装卸主业单位进行改制，实现主辅企业分离。这一重大改革举措的实施，突出和壮大了集团公司主营业务，企业整体素质和综合竞争力显著提高。2005年，集团公司通过进一步深化企业产权制度改革，引入战略投资者推进企业资产重组，建立了中外合资企业，实现了体制的大变革，激活了企业经营机制，企业核心竞争力增强，集团公司得到了可持续发展。

2. 抢抓机遇，推进跨越发展

改革开放30年来，南通港的快速发展，得益于三次大规模的港口基本建设。集团公司正是紧紧抓住了这一发展机遇，加快实施码头建设，港口综合通过能力迅速提高。20世纪70年代后期，为解决我国沿海港口压船压货现象，交通部调查组到长江下游进行调研、考察，拟在长江下游兴建深水海轮泊位。当时，长江下游还没有一座万吨级码头。在南通兴建深水泊位，不仅有良好的航道条件，而且在经济上也是合理可行的，南通港具备为沿海港口分流海进江物资，发展中转运输的良好条件。为尽快争取到建港项目，南通市成立了由原市长担任组长的建港领导小组，邀请专家编制建港工程设计计划，实地勘察选择建港岸线，积极主动向上申报建港项目。市政府在人、财、物各方面给予大力支持，确保建港工程顺利进行。由于前期工作及时充分，南通港务局争取到了建港项目。成功地在长江上建造了第一座岸壁式万吨码头，使南通港成为长江上第一个深水大港，开辟了南通港发展史上的新篇章。此后，南通港集团公司又成功地抓住了发展中的新机遇，顺利实施了狼山港二、三期工程，港口吞吐能力极大提升，企业规模优势凸现，大港口、大物流、大吞吐集疏运体系业已形成。

3. 实行差异化服务，增强竞争优势

多年来，面对多变和竞争激烈的港口运输市场，集团公司始终坚持“以市场为导向，以客户为中心”的市场营销策略，树立满足客户需求、培育客户需求、发展客户需求的理念，不断创新揽货工作机制，建立健全客户信息管理系统，加强货源调查评估，为重点客户度身定做更多个性化、差异化服务，把揽货与培育市场、建立战略合作伙伴关系、建立区域物流中心结合起来，力争拉长增粗港口物流链。集团公司先后与武钢、宝钢、南钢、金隆铜业等重要客户签订了战略合作协议，积极谋求港工、港贸合作，稳定基础货源。集团公司还以打造大船作业、铜精砂、硫黄等服务品牌来开拓市场。同时，注重发挥集团整体优势，生产组织突出科学流程，立足现有生产资源，加强科学组织和内部生产流程调控，充分发挥南通港航 EDI 数据交换和企业 ERP 资源管理系统的作用，以信息化手段建立清晰流畅的生产流程，不断强化作业现场监管，进一步规范安全质量管理，用生产效率和服务质量的提高不断满足客户要求。

4. 强化制度建设，提升管理水平

近年来，集团公司结合实际，立足创新，率先提出效能、效率、效益的企业"三效管理"理念，大力推行精细化管理、量化管理和流程化管理，通过突出效能优先，提升运转效率，进而提高企业整体效益。为建立规范高效的内部运行机制，集团公司以资产重组为契机，聘请国际知名的企划机构——普华永道等专业顾问公司为企业科学设置内控流程和管理制度，建立更规范、更合理、更具竞争力的内部管理机制，进一步规范经营行为，打造诚信企业。集团公司在实施 9 个一级管理制度的基础上，又制定了对外投资管理制度、生产调度管理办法、安全生产管理规定、环境保护管理办法、信息化工作管理办法等二级管理制度 24 个。涉及港口生产经营的各个方面。集团公司还按照现代企业管理的要求，设计了企业业务和管理标准化流程，涉及营销管理、生产管理、财务报告、成本管理、在建工程等九个流程，实现控制有序、张弛有度的流程化管理，努力打造科学合理的运行机制。

5. 加强质量管理，提升企业素质

多年来，南通港一直秉持了"质量是企业生命"的经营理念，在推行全面质量管理、企业标准化、ISO 9000 标准、卓越绩效模式、流程再造等方面做了大量卓有成效的工作。特别是在 QC 小组活动方面，南通港口集团始终坚持了"规范管理，常态运作，讲求实效，不断提高"的工作方针，积极引导 QC 小组从实际出发，分析查找日常工作中的薄弱环节和领导、员工最关心的问题，分步实施 PDCA 循环，为企业降本增效、稳定质量、提高效率、增加效益。截止 2008 年 6 月，集团公司累计注册 QC 小组 1 487 个，获得市级以上荣誉 491 项，其中省部级奖 99 项，国家级 10 项，28 个班组被授予全国、交通部、江苏省"优秀质量信得过班组"荣誉称号。10 年来，集团公司 7 次被授予"全国交通行业质量管理小组活动优秀企业"称号。还多次获得"南通市质量管理先进企业"、"江苏省服务质量奖"称号。

五、发展与展望

"十一五"期间，南通港新建、改扩建新增装卸生产泊位约 45 座，其中 10 万吨级 1 座，5 万吨级 16 座，1 ~ 5 万吨级 17 座，万吨级以下 11 座，新增综合通过能力约 6 600 万吨。至 2010 年，南通港共建成生产性泊位 100 座以上，其中万吨级以上 58 座，5 万吨级以上 35 座，10 万吨级以上 3 座，货物吞吐量力争突破 2 亿吨。南通港口集团有限公司作为南通港的核心企业，为适应南通地方经济和港口腹地经济发展需要及自身发展需要，将继续扩大公用码头投入。未来 10 年，集团公司将投资 30 多亿元建造狼山三期集装箱工程和扩建散货码头，开辟通海港区，增强发展后劲。通过参与相关配套设施投资，促进南通港综合物流园区建设，形成集装箱中转中心、散货配送中心、油脂类货物交易中心，为港口生产和货主提供良好的外部环境，使之成为港口经济效益新增长点。通过企业产权多元化改造，完善法人治理结构，对属下公司业务、资产进行合理整合，增强集团整体抵御风险能力。生产经营仍坚持"散货优先"战略，利用两个 15 万吨通用散货泊位新增能力，将南通港建设发展为大型散货中转基地，着力培育矿石、粮油、饲料、硫黄、煤炭等市场，形成专业物流中心，将南通港建成江苏省及长江中上游大中型冶金企业矿石等原材料和钢材等制成品的重要中转港、长江三角洲及长江中上游粮油等农副产品进出口的重要集散中心。集装箱运输将成为长三角地区远洋集装箱运输内支线中转基地，近洋集装箱运输基本挂靠港，内贸集装箱运输枢纽港。进一步推动港口物流专业设施的整合与配套，充分利用南通港航EDI信息平台，实现港口智能系统、现代物流系统、多式联运系统、港口资源和安全环境系统等方面的新突破，推动港口传统物流逐步向社会化的现代物流转变。

令人惊叹的飞跃

张家港港务集团有限公司

一、企业介绍

张家港港务集团有限公司是2003年7月经过改制，按照现代企业制度和产权多元化模式运行的港口企业，由苏州港口发展有限公司、国家开发投资公司交通实业公司和张家港港务集团有限公司职工持股会共同出资组建，集团现有资产28亿元，成员企业18家，从业人员4 000多人。

张家港港位于江苏长江下游黄金水道之南岸、长江三角洲经济圈内，为经济实力雄厚的苏、锡、常三个经济发达城市所环抱，交通便捷，水路通江达海，连京杭运河，接太湖水系；陆路南有沪宁高速和沿江高速，西有京沪高速及锡澄高速，距上海150公里，苏州80公里，无锡60公里，常州60公里，距锡澄高速10公里，地理位置得天独厚。港口自然条件优越，岸线顺直，河床稳定，水域开阔，水深流稳，不冻不淤。码头东邻4.1平方公里的张家港保税区、紧靠张家港沿江开发区。货源腹地广大，交通条件良好，陆地、水路运输均十分便利，使张家港港具有得天独厚的地理位置。

港口现有万吨级泊位17个，江心浮筒12个，内河港池泊位26个；起重、输送、航运搬运等大型专用装卸设备430余台；库场面积130万平方米，化工储罐49个计10.6万立方米，港作船舶25艘。可同时停靠万吨级船舶25艘，年吞吐能力逾5 000万吨。港口拥有集装箱、件杂货、散货、化工专业化码头，与世界40多个国家和地区的140多个港口有货运往来，从事货物的装卸、仓储、中转、理货、贸易、代理、船舶拖带，港口工程建设监理，机械设备修造等业务。目前已形成了集装箱、木材、钢材、煤炭、矿石（粉）、化工六大支柱货种。公司注重运用现代化信息技术，建立了完善的电子商务系统、生产管理监控系统、网络信息系统和办公自动化系统。

张家港港务集团有限公司按照投资主体多元化、经营方式多样化、港口生产专业化、资本运营最大化发展战略，确立立足港口装卸基础、拓展港口货运市场、发挥港口物流功能、提升港口核心竞争能力的经营方针，倡导以市场为导向，以客户满意为中心的服务理念，瞄准综合性发展，多功能建设，全方位服务，集团化经营的长江一流港口的目标，全面推进港口各项事业的发展，吸引大货主，搞活大流通，建设大市场，谋求大联合，做强大集团。

二、企业改革发展历程

1. 港口建设的序幕

20 世纪 60 年代末，为适应战备需要，分流上海港运输任务，经多次考察，选中了具有优越建港条件的地方——张家港，兴建“以战为主，平战结合”的港口。1968 年 2 月 19 日，建港工程正式开工。

经过开拓者一年多的艰苦奋战至 1969 年，张家港港一期工程初步建成。1970 年 11 月，上海海运局满载 2500 吨磷矿的“战斗 25 号”轮驶靠张家港码头，标志着昔日一片水鸟栖息、野鸭出没的芦苇荡变成了一座初具规模的新港。

2. 10 年徘徊的终结

1971 年 3 月，上海港务局张家港装卸区成立。1972 年，交通部决定将新建的张家港港一分为二，将东部两个泊位划给上海船厂张家港分厂，西部两个泊位为港口使用。给新生的港口在发展上带来了巨大的压力。十年浩劫，使得张家港港再次经历种种磨难，是改厂还是改港，是上还是下，是社会主义的战备港还是修正主义的战备港，争论不休，几起几落，张家港人艰难地推动着港口发展的历史车轮，步履是那么的沉重，发展又是那么的缓慢，港口建设由此走入低谷，港口生产基本上处于停滞状态，年吞吐量在 100 万吨左右徘徊，最高的 1977 年港口年吞吐量为 170 万吨，最低的是 1973 年，年吞吐量仅为 91 万吨。党的十一届三中全会使港口获得了新生，1972 年由交通部划给上海船厂张家港分厂的两个泊位及所有后方设施重新回归张家港港务局，结束了 8 年之久的“一分为二”的状态。张家港人也经历了“上马与下马”的考验，终结了港口生产将近 10 年徘徊的局面。

3. 对外开放的春风

1980 年 7 月，张家港装卸区改名为张家港港务管理局。1982 年 11 月 19 日，全国人大常委会批准张家港港为对外开放一类口岸。1983 年 4 月，交通部决定将张家港港务管理局更名为交通部张家港港务管理局，1983 年 5 月 7 日，第一艘外国籍船舶——巴拿马籍“日本商人号”首次靠上港口。1992 年，张家港港与香港“永嘉”合资成立张家港永嘉集装箱码头有限公司，这是自改革开放以来长江港口的首家合资单位，张家港港就此掀开了对外开放的篇章。1995 年，建立了由职工持股的兴港合作会社。1998 年，由兴港合作会社下属化工公司与日本三菱株式会社合资成立兴菱化工储运有限公司，张家港港的建设也从此走上了自主发展，自主创业的道路。

4. 令人惊叹的飞跃

《张家港港口总体规划》于 1986 年经江苏省人民政府和交通部联合批准，规划岸线 5 500 米，可安排 26 个江海轮泊位，规划陆域纵深 600 米，港区总面积 330 000 平方米。由此，张家港港口建设走上了快车道。1986 年港口二期工程全面展开，1993 年，港口二期工程完工，总投资 40 131 万元，建成五个万吨级泊位，一座内河港池以及多个辅助配套设施，张家港港的吞吐能力从 1987 年的 377 万吨提高到 1997 年的 1 128 万吨，跃入了全国大港的行列。二期工程结束以后，为进一步提高港口的综合能力，企业先后自主出资新建改造 7 个泊位，使张家港港的吞吐能力在 2006 年首次超过 4 000 万吨，实实在在地完成了港口发展的一次令人惊叹的飞跃。

5. 企业改制的活力

2003年7月30日，张家港港务集团有限公司在原张家港港务局体制基础上宣告成立，并正式挂牌。从这一天起，有着35年历史的张家港港务局告别了政企合一的时代，改制后的张家港港务集团有限公司正式开始运作，这标志着张家港港进入一个全新的发展阶段。

新成立的港务集团由苏州港口发展（集团）有限公司、国投交通实业公司和职工持股会分别按38%、36%和26%的股比共同组建，职工以安置费投资入股，真正成为企业的主人。企业改制后的2003年，港口生产经营取得了辉煌成就。年内，港口生产形势保持持续发展的良好态势，到港船舶云集，货源充足，全港吞吐量、集团吞吐量、集装箱吞吐量均创下历史同期最高水平。

三、企业发展成就

在回顾历史中总结经验，在改革发展中思考未来。30年改革开放的历史是张家港人用心、用血凝成的不同寻常的历史，改革开放30年来，张家港人创造的辉煌已镌刻于历史的长卷 。今天，当我们伴着不息的涛声一字一句在吟诵张家港港这部辉煌的发展历史时，我们会流泪、沉思和激动。30年改革开放的丰硕成果是张家港人凝神静气，创业、奋斗史，值得自豪和骄傲。

1. 30年改革开放造就了一个现代化的港口

张家港港改革开放30年，是风风雨雨的30年，是不平凡的30年，是从无到有，从小到大不断向前发展的30年，也是张家港人励精图治、艰苦奋斗、顽强拼搏的30年。整整两代张家港人，以一片滩涂为发祥之地，使张家港港从一个名不见经传的小港一跃变成一流的现代化的国际商港。集团沿着前方建港、后方建厂、中间建市场的经营思路，形成了集装箱、木材、钢材、煤炭、矿石（粉）、PTA六大支柱型货种，其中木材年进口量达400万立方米，成为全国最大的水运进口木材市场。集团建立了完善的电子商务系统、生产管理监控系统、网络信息系统和办公自动化系统，企业管理更加科学、高效、优质、便捷。功能完善的口岸环境是张家港港务集团得以发展的强大后盾。

2. 30年改革开放造就了生产历史性的跨越

十一届三中全会的春风吹拂神州大地，以经济建设为中心的号角响彻全国上下，中国社会进入了举世瞩目的时期。张家港人紧握前辈的接力棒，在党的改革开放政策的指引下，发扬敢想敢说、艰苦奋斗的精神，开拓创新，继承发展，锐意进取，有条件上，没有条件创造条件也要上。从第一艘外轮“日本商人”号进港，张家港港走上了阔步前进的大道。凭着敢为天下先的精神，在长江港口中创造了第一家在浮码头装卸集装箱，第一家接卸滚装船，第一家进行水上木材扎排作业，第一家引进外资控股建造集装箱码头，第一家承接散装化肥包装业务，第一家合资经营液体硫黄储运业务，第一家实行职工住房分配商品化，第一家成立股份合作制企业。改革开放30年来，张家港人本着支援国家建设，服务地方经济，创建一流国际商港的目标，企业的生产能力逐年提升，港口年吞吐量从1978年的170万吨跃升到2007年的5 000万吨，提高了将近30倍。港口集装箱吞吐量从1978年的3 000标准箱跃升到2007年的62万标准箱，提高了205倍，见图1所示。

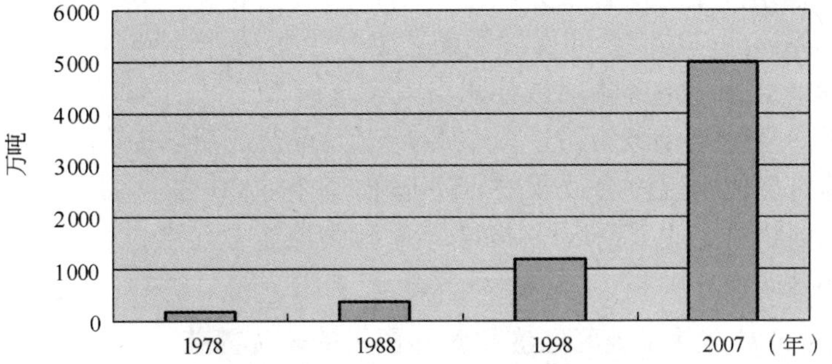

图1　张家港港改革开放30年吞吐量一览表

3. 30年改革开放造就的发展成果

改革开放以来特别是企业改制以来，张家港港务集团按照“为企业谋效益、为员工谋利益、为股东谋收益”的经营理念，注重员工的利益保障，每年坚持为员工办实事。形成“和谐、稳定、发展”的企业环境，实现“成果共享、互利共赢”的和谐企业目标成为企业领导与员工共识。职工工资随着企业效益的增长不断提高。1978年，企业职工年平均收入为700多元，2007年职工年平均收入超过5万元，提高70倍。

为从制度上保证职工利益，集团公司还根据国家的有关政策法规，及时出台有关规定，从制度上最大限度地保障和维护职工的切身利益。

2004年，集团公司依据劳动和保障部出台的《企业年金试行办法》，了解到企业年金将是广大员工第二养老保障的支柱，在当年职代会上就通过了《张家港港务集团有限公司企业年金方案》。

2004年，集团公司依据国家有关部委提出的“有条件的企业在按国家规定为职工缴纳基本医疗保险的基础上，可以为员工办理补充医疗保险”的政策指导，经职代会通过后，制定了《张家港港务集团企业内部的补充医疗保险制度》。

2005年，集团公司结合企业制度建设，制定了《张家港港务集团有限公司员工福利实施办法》，并经当年职代会高票通过后实施，赢得广大员工一致称赞。

集团还依据上级有关文件规定和企业的实际情况，制定了《张家港港务集团有限公司扶贫济困基金管理办法》。基金资金由行政拨款、工会资助和每年一次的职工募捐三部分组成。对家庭人均月收入在本市城镇低保标准两倍以内、医疗负担较重和低保标准两倍以内、子女就读困难员工，以及突发意外灾难造成生活困难的员工和子女残疾、智障上特教学校发生困难的四类员工，可以给予2 000～20 000元的特困补助。体现了企业以人为本，建立和谐企业环境的理念。自1995年，张家港港务集团连续六次被评为江苏省文明单位，2007年又被评为江苏省和谐劳动关系模范企业。

4. 30年改革开放造就了“中国物流示范基地”

先进的物流理念是物流企业乃至物流行业向前发展的动力，张家港港务集团作为物流发展的前沿，特别重视学习运用与创新这些先进的物流理论。集团公司从从业人员的素质着手，强化服务理念。把港口服务分为3个层次：①以货物装卸为主的核心服务；②完成货物转运、堆码、储存的辅助服务；③向货主提供优质、便捷的货物交接的延伸服务。以客户需求为中心，规范服务，提高核心服务质量，增强服务的特色，树立品牌形象，赢得客户信任，建立竞争优势，港口功能延伸发展顺畅。

2007年4月，张家港港务集团被苏州市人民政府授予“苏州市重点物流企业”光荣称号；2007年5月，张家港港务集团进入“苏州市大企业成员名录”；2007年12月，张家港港务集团被江苏省现代物流协会授予“江苏省物流企业50强”荣誉称号。2007年12月7日，在第五届中国物流企业家论坛暨2007年中国物流企业年会上，集团公司喜获“中国物流示范基地”的殊荣。

5. 30年改革开放造就了地区经济和对外贸易的一片繁荣

改革开放促进了港口的发展，而港口的发展又带动了地区经济发展和对外贸易的一片繁荣。据不完全统计，改革开放30年来，依托张家港港进出的货物吞吐总量达23亿多吨，其中煤炭矿石等散货吞吐总量达1.2亿吨，木材吞吐总量达4 000万多方，集装箱吞吐总量达300多万标准箱。这些货物的运转除了服务于苏锡常地区外，港口功能还辐射到苏北地区、山东半岛以及长江中上游等地区。有力地促进了地方经济乃至省外地区的经济建设。张家港市大力实施以港兴市和以市促港的开发战略，在1986年撤县建市时，地方政府以发展的眼光，果断地将当时的沙洲县更名为张家港市，迈出了跳跃性向前发展的步伐。2005年，对外贸易进出口总额达108亿美元。全市完成地区生产总值705亿元，工业产品销售收入1 896亿元，财政收入108亿元，分别比1986年增长了48倍、74倍和56倍。2005年，全市城镇居民人均可支配收入达到17 078元，农民人均纯收入达到8 750元，就业保障体系全面覆盖城乡居民。张家港市实现了从一个名不见经传的县级市成为全国先进典型的历史性跨越。2005年，张家港市成为全国唯一获得首批“全国文明城市”殊荣的县级市，文明形象名扬全国，综合实力一直位居全国百强县（市）前列，2006年名列全国百强县第三。

四、基本经验

1. 始终坚持以经济建设为中心，把发展作为第一要务，牢固树立加快发展、科学发展、和谐发展的争先意识

改革开放30年来，张家港港务集团始终坚持深化理论学习，用科学理论武装一班人思想，牢固树立以人为本、全面协调可持续的科学发展观，把加快发展、科学发展、和谐发展作为最重要、最紧迫、最根本的任务，以发展的观点统一集团上下思想，用发展的办法化解各种矛盾，为发展的环境注入强劲支撑。30年来，抓住机遇，利用改革开放政策吸引外资，进行职工持股，以加快港口基础设施建设。集团结合自身特点，构造特色市场，形成企业“六大支柱”货源，以科学发展观创造了长江港口8个“第一”，为企业的发展奠定了竞争优势。实践证明，加快发展是企业生存之根本，科学发展是做大做强的必由之路。

2. 坚持解放思想、树立科技创新意识

改革开放30年来，张家港港务集团始终坚持学习应用现代企业管理理念，不断加大思想解放、观念创新的力度，不断加大项目投资、设备更新的力度，不断加大码头改造、技术革新的力度，着力消除制约发展的各种瓶颈障碍，以一往无前的勇气，以革故鼎新的锐气，以敢为人先的志气，努力营造勇于探索、大胆开拓的创新环境，积极培育善于创造、追求卓越的创新人才，不断提高自主创新、务实创优的创新能力。实践证明，只有不断地根据形势的要求解放思想、更新观念，不断地根据现实的需要加大投入、改造更新，不断地根据企业的发展推动技术革新、科技创新，才能积极清除影响发展的思想障碍，努力摆脱困扰发展的各种束缚，紧紧抓住促进发展的难得机遇，全面夺取持续发展的新胜利。

3. 坚持优质高效树立精益求精的品牌意识

改革开放30年来，张家港港务集团始终坚持“一切为了客户、为了一切客户”的服务宗旨和“细节就是文化，小事成就风范”的服务理念，以方便客户、繁荣市场为目标，以安全生产、高效优质为前提，精益求精，推陈出新，积极探索改进装卸工艺，科学合理指挥生产作业，着力提高工班作业效率；切实加强安全生产管理，既要保证货物、设备的操作安全，又要保证员工的人身安全；不断深化服务内容，拓展服务功能，不断创新满足差异化需求的服务举措，形成自己特有的服务品牌。实践证明，服务没有止境，服务没有最好只有更好，只有持之以恒地创新服务，树立品牌，提升信誉，才能形成优质服务和市场竞争的比较优势，扩大港口对外影响力，才能在激烈的市场竞争中抢占一席之地，多争一块份额。

4. 坚持素质建设树立尊重劳动、尊重知识、尊重创造的人本意识

改革开放30年来，张家港港务集团始终坚持把“为企业谋效益、为员工谋利益、为股东谋收益”作为一切工作的共同目标，作为思考问题、作出决策和评判得失的根本标准，在深化改革中注重把改革的力度与员工的承受能力结合起来，在加快发展中注重把发展的成果与员工的切身利益统一起来。同时，坚持以人为本，以提高员工思想道德素质和职业技能素质为己任，坚持一切从转变员工的思想观念入手，一切从增强员工的工作技能着眼，一切从提高员工的综合素质出发，充分尊重员工的创造精神，充分发挥员工的聪明才智，充分激发员工的工作热情，汇聚企业加快发展的强大合力。实践证明，只有坚持党的群众路线，把团结、引导、依靠员工作为应对挑战、解决困难的制胜法宝，作为加快发展、保持和谐的工作方法，努力实现好、维护好、发展好员工的根本利益，企业的各项决策部署才能成为广大员工的自觉行动。

5. 坚持以文明创建为载体，树立协调发展的共赢意识

改革开放30年来，张家港港务集团始终坚持以提高港口文明程度、增强企业核心竞争力为目标，以继续保持苏州市文明单位、继续争创江苏省文明单位为动力，切实加强创建工作的组织领导，努力在“创”字上出新招、求实效，在“建”字上打基础、树形象，不断深化文明创建活动，努力推进企业文化建设，扎实开展群众性的精神文明创建活动，不断提升创建工作水平。实践证明，只有以正确思想教育广大员工，以优秀文化引导广大员工，以先进典型激励广大员工，营造全员行动、全力创建、全过程参与的创建氛围，才能为企业改革发展汇集起更多的智慧，凝聚起不竭的动力，形成“同心协力谋发展，政通人和兴大业”的生动局面。

6. 坚持从严治党树立党要管党、制度建党、从严治党的强基意识

改革开放30年来，张家港港务集团始终坚持把党的建设摆在突出位置，进一步强化管党意识，加强各级党组织和党员队伍的先进性建设，努力促进各级领导班子和广大党员特别是党员领导人员勤勉敬业、清正廉洁，使党委的政治核心作用、基层党组织的战斗堡垒作用和党员的先锋模范作用得到了较好的发挥。加强党组织建设关键是要把领导班子建设好，尤其要把领导班子团结好。有一个精诚团结的领导集体，才能使大家同心协力，带领员工完成好各项任务；有一个精诚团结的工作氛围，融洽的人际关系，才能使大家心情愉快，放手大胆地去开展工作；有一个精诚团结的协作精神，才能形成统一决策、分工负责、协调配合、政令畅通的落实机制，提高各项工作的效能。同时，各级党员领导人员要树立正确的权力观、地位观和利益观，正确对待自己、正确对待他人、正确对待组织、正确对待权力，耐得住寂寞、管得住小节、挡得住诱惑、经得住考验、守得住纪律，永葆共产党人蓬勃朝气、昂扬锐气、浩然正气的政治本色。实践证明，只有从严治党，不断加强和改进党的自身建设，落实加强基层党组织建设和党员教育管理的长效机制，才能始终保持和发展党的先进性。

五、发展与展望

未来的战略构想是：专业化、市场化、集团化、区域化。

1. 专业化

通过技术改造和布局调整，实现码头装备专业化、货种结构专业化、工艺流程专业化、服务水平专业化，打造企业生产经营的品牌形象和市场竞争的独特优势。

2. 市场化

树立市场观念，遵循市场规律，规范市场秩序，抢占市场份额，从内部管理到外部经营全面建立健全适应市场需求的工作机制，增强企业的市场竞争力。

3. 集团化

发挥集团公司的核心地位和社会影响，加强大集团建设，充分盘活集团公司和参股、关联企业的存量资源，形成市场大潮中“航母舰队”的整体优势。

4. 区域化

融入区域经济，服务区域发展，强化区域辐射，创造有利的外部经营环境，争取有形的区域经济腹地，确立集团在区域港口企业中的领航地位，发挥公共码头在区域经济发展中特殊功能和应有作用。

未来的奋斗目标是：

(1)通过能力大幅攀升，确保集团公司年均更新改造投资规模超过6 000万元，到“十一五”期末集团年货物吞吐量超过6 000万吨，集装箱吞吐量超过100万标准箱，保持木材、煤炭、矿石、钢铁、水泥、集装箱六大货种的支柱地位。

(2)经济效益稳步增长，到“十一五”期末集团公司年营运总收入超过6亿元，年均利润总额超过6 000万元，年净资产收益率保持在10%以上。

(3)发展空间力求突破。发挥品牌、人才、管理、资源优势，积极拓展新的发展空间，寻求新的合作项目，力争未来3年和“十一五”期间内集团公司发展的新项目超过6个。

(4)和谐程度明显提高。集团公司员工人均年收入增幅超过6%；以思想道德修养、科学教育水平、民主法制观念为主要内容的素质基准，积极健康、丰富多彩、设施齐备为主要需求的工作环境，行业风气、公共秩序、环境卫生为主要标志的文明程度都有明显的提高；

继续保持苏州市思想政治工作优秀企业和文明单位，努力再创江苏省思想政治工作优秀企业和文明单位。

用产业集群推动港口发展

南京港口集团公司

一、企业介绍

南京港位于长江下游，依江通海，3.5万吨级海轮可常年通航，是长江三角洲及长江流域货物集散、江海换装、水陆中转的运输功能齐全的江海型港口，是国家的主枢纽港之一和对外开放一类口岸。2005年港口货物吞吐量首次突破亿吨大关，成为全国第十个亿吨港口。

港口依托华东重镇——南京市，地理位置优越，经济腹地广阔，交通条件发达，货物集疏运便捷。受南京长江大桥净空的限制，南京港成为万吨级以上海轮进江的终点，是集长江、沿海及内河运输于一体，干线铁路、公路、管道相汇集的我国内陆最大的综合运输枢纽。水路距长江入海口437公里，内联长江及众多支流和京杭大运河；铁路通过津浦、沪宁、宁芜铁路与全国铁路网沟通；公路有沪宁、宁芜、宁连、宁通等高速公路和104、205、312、328四条国道及九条省级公路与全国公路网相连；鲁宁输油管线、甬沪宁管线在南京交汇。独特的地理位置，使南京港同时具备江海换装、铁水联运、管水联运的功能。

南京港口集团公司前身系南京港务管理局，是南京港的主体和最大的公用码头经营企业，承担南京市及长江沿线内外贸集装箱、钢铁、粮食、金属矿石、煤炭、石油化工进出口物资的中转运输任务，是国际港口协会会员。集团公司现有码头泊位78座，其中万吨级泊位30座；生产性锚地7处，水域面积26.57万平方米，待泊锚地7处，水域面积386万平方米；使用岸线近14公里，占南京已利用港口岸线的19%；铁路专用线18公里，库场面积110万平方米；储罐容积40万立方米。集装箱航线近120班/周。2007年集团货物吞吐量5 568.8万吨，集装箱吞吐量105.4万标准箱，集团公司在南京港辖区范围内沿江南北布点，跨市经营，有八大港区。依次为浦口件杂货港区、浦口煤炭港区、下关客运港区、上元门港区、新生圩外贸港区、栖霞港区、仪征港区、龙潭港区。

浦口件杂货港区（南京港第二港务公司）位于长江北岸，地处津浦铁路的末端，是长江下游地区从事散货、件杂货、集装箱装卸的专业港区。港区未来发展将以集装箱、钢材和重大件货种为主。

浦口煤炭港区（南京港第三港务公司）是集煤炭中转、配煤、检测及物流配送于一体的长江流域最大的机械化煤炭专业港区，铁路专用生产线连接津浦铁路，码头年设计通过能力为1 200万吨，是国内重要的煤炭陆水换装枢纽之一，是陕西、安徽、山西等地区煤炭辐射华东地区三省一市及华南地区的主要通道之一。

下关客运港区位于南京市下关江边，共有客运码头3座，货运码头1座，目前水上旅客运输主要是旅游观光游客包船和上海—重庆每月2个航班4个航次的旅游客班轮，普通旅客水运已全面停航。

上元门港区（南京港华物流有限公司）位于长江大桥下游7公里处，主要为南京市地方物资进出口服务的港区。

新生圩外贸港区位于长江大桥下游22公里，是长江下游重要的外贸港区。

栖霞港区和仪征港区（南京港股份有限公司，股票简称“南京港”，股票代码“002040”），是我国内河最大的石油、液体化工产品中转储存的港口企业。

龙潭港区是规划建设的新的外贸深水港区，位于南京市的最东部，地处宁、镇、扬三市的中心区域，有8.39公里宜港深水岸线，从上至下依次规划为三大功能区：散货功能区、集装箱功能区、件杂货功能区，计划分七期工程开发建设，总投资大约70亿元，全部建成后将形成3 000万吨、500万标准箱的吞吐能力，是南京市最大的综合性外贸深水港区。

龙潭港区后方，规划建设有南京龙潭物流基地，面积10.5平方公里，已陆续分期开工建设。目前已经开发1.28平方公里。

截止2007年底，南京港口集团公司在职职工10 279人，离退休职工4 838人。集团总资产59亿元（含控股企业股本金）。

二、改革历程

1. 南京港口管理体制的三次重大改革

南京港由于港口管理体制上的原因，形成了部属港口和地方港口两部分。部属港口主要为长江航运局船舶服务，地方港口主要为地方船舶服务。部属港口和地方港口分别由南京港务管理局和南京市港务管理处管理。

1979年中央确定国民经济实行“调整、改革、整顿、提高”的方针后，改革经济体制被作为一件十分重要的大事，港口体制改革由此进入一个新的阶段。

1983年3月，长江航运体制改革迈出了改革开放后的第一步。长江航运管理局实行政企分家，组成了长江航务管理局和长江轮船总公司，港航合一也改为港航分管。长江轮船运输业务由新组建的长江轮船总公司经营，港口由长江航务管理局管理。从此，南京港不是轮船公司的附属机构，由原来主要为长航船舶服务扩大到为水系所有船舶服务，港口经营管理开始转到以经济效益为中心的轨道上来，并从生产型改变为生产经营型。

1988年1月，南京港口管理体制改革又迈出新的一步。根据国务院关于长江港口管理体制改革的指示精神，南京港务管理局成建制下放，实行南京市人民政府和交通部双重领导，以南京市为主的管理体制。交通部履行对南京港实行行业管理，制订统一的港口建设和管理的方针政策，会同南京市人民政府按规定程序审定港口总体布局规划，监督实施国家下达的指令性运输任务等项职责，上述职责分别由交通部或由交通部指定派出机构长江航务管理局执行，如遇重大问题，南京市人民政府直接与交通部联系办理，并告知长江航务管理局。南京市人民政府根据国家颁布的有关港口的方针、政策和统一的法令、法规，制定地区性章程、办法及实施细则，领导南京港务管理局各项工作，监督港口确保完成国家下达的指令性任务，协同交通部按规定程序审定港口总体布局规划等。港口实行政企职责分开，组建港口行政管理机构，成为市政府的直属机构，行使市政府管理港口的职责。港口实行独立核算，自负盈亏，具有法人资格。港口公安机构随港口下放。港口交通战备工作实行以市交通战备领导小组为主领导。

2003 年 10 月，南京港口管理体制改革迈出了第三步。第二次改革并没有解决港口的政企不分。第三次改革实行了真正意义上的港口从中央下放地方，从根本上解决了长期以来的港口政企不分的痼疾。根据国办（2001）91 号文精神和省政府专题会议精神，中共南京市委决定，改革南京港口管理体制，将南京港务管理局更名为南京港口集团公司，享有国有资产投资主体同等权利。同时组建与市交通局合署的市港口管理局。市港口管理局履行管理港口的行政职能。延续了 51 年的南京港口政企合一已成历史。

2. 大力推进企业内部改革

在港口管理体制改革的同时，企业内部的改革也得到了推进。30 年来，企业内部主要有以下几项改革措施：

(1)组建相对独立的经济实体

1985 年元月开始，港务管理局在整顿和实行经济责任制的基础上，将 6 个装卸作业区改组成 6 个港务公司，船舶管理处和工程处分别改组成为轮驳公司和港务工程开发公司。专业公司实行经理负责制，在港务管理局内部实行独立核算、自负盈亏，对生产经营、劳动组织、分配奖励、人事安排、设备管理等有自主权，成为相对独立的经济实体。港务管理局只对各公司进行组织协调和监督检查等项管理工作。在组建专业公司的同时，港务管理局也逐步向各公司下放权力。

(2)实行承包经营责任制

公司与港务管理局实行承包经营。1988 年 2 月 15 日，首家承包经营单位与港务局负责人正式签署承包经营协议。内部承包经营实行“两包一挂”，即：包定额减亏，包技术改造，职工收入与经济效益挂钩。协议一定三年不变。承包后，公司具有相对的独立性。

(3)实行全员劳动合同制

市政府选择部分企业进行全员劳动合同制等 3 项综合改革的试点，港务管理局是试点单位之一。南京港务局是全国万人以上的国有大型企业中实施这项改革为数不多的企业之一，在全国交通系统是第一家。1992 年 1 月 28 日，南京港务管理局实行全员劳动合同制合同首签仪式隆重举行，13 000 名职工从此告别了“铁饭碗”。

(4)引进投资主体，进行股份制改造

1987 年 12 月 5 日，由南京港务管理局与美国英塞纳码头公司合资组建的南京国际集装箱装卸有限公司正式开业，这是我国港口第一家中外合资企业。1994 年 11 月，由香港惠扬港口投资有限公司和南京港务管理局合资经营的南京惠宁码头有限公司又正式开业。2001 年着手组建南京港股份有限公司，同年 10 月 19 日，南京港股份有限公司正式揭牌，并成功上市。这个公司是南京港务局对所属五、六公司优质资产进行重组，并作为主发起人联合南京长江油运公司、中国外运江苏公司、中国石化集团九江石化总厂、中国石化集团武汉石化厂、中国南京外轮代理公司等 5 家法人单位共同出资发起设立的股份公司。2005 年 2 月 22 日，公司获中国证监会首发批准文件。同年 3 月 25 日，股份公司（股票代码 002040）在深圳证券交易所上市。此次上市，公开发行了 3 850 万 A 股，募集资金 2.74 亿元。同年 10 月 27 日，股权分置方案获通过，成为江苏第一家完成股改的国有控股上市公司。股份公司的成功上市，使得港口有了资本运作的新平台。2002 年 4 月 28 日南京港务管理局和上海巴士悦信、中远物流南京外轮代理公司合资成立南京通海集装箱航运有限公司，主要从事长江集装箱内支线运输。2005年8月26日，南京港龙潭集装箱有限公司正式开业。这个公司由南京港口集团公司、上海港集装箱股份有限公司、中远码头（南京）有限公司、上港集箱（澳门）有限公司、南京港股份有限公司共同组建。上海港、中远集团投入资金3.8亿元。南京港、上海港、中远集团是港航界3大巨子，共同牵手经营这个公司，为打造龙潭这个长江集装箱枢纽港区创造了条件。2007年12月18日，由南京港口集团和南京华能南方实业开发股份有限公司合资的南京港华物流有限公司正式成立。公司取得了原南京港一公司的港区资源，主要从事散杂货运输。从1987年12月至2006年12月，港口集团（原南京港务管理局）先后引进多家投资主体，进行股份制改造，组建（重组、新建）了南京国际集装箱装卸有限公司、南京惠宁码头有限公司、南京港股份有限公司、南京通海集装箱航运有限公司、南京港龙潭集装箱有限公司、南京港华物流有限公司等6家公司，为搞活主业，做大做强主业，从体制、机制上创造了条件。

(5)六家辅体单位实行了改革改制或重组

2005年底，原客运总站、广告公司、物资公司、港口医院成功完成了改革改制。2007年6月，宣传培训中心与通信中心成功重组。辅体单位的改革改制重组，实现了主辅分离，使集团轻装上阵更好地从事主业经营。

集团两级机关实现了精干高效。与2003年港口政企分开相配套，集团率先进行了集团机关的改革。机关管理部门和人员编制各精简50%左右，部门长由43人减少到25人，部门由21个减少到11个。2003年12月上旬，集团机关完成了改革精简。紧接着，集团所属的二级公司也推行了机关改革。

三、发展成就

1. 主要成就

南京港是国家重要的主枢纽港和对外开放一类口岸，兼具江海港口功能，被列为我国25个沿海主要港口之一。

改革开放以来，南京港获得了突飞猛进的发展：1978年仪征油港开业，南京港成为我国内河最大油港；1984年10月，新生圩外贸港区一期工程建成并投产使用，南京港成为我国内河最大的外贸港口；1986年南京港正式对外国籍船舶开放。1987年中美合资的南京国际集装箱装卸有限公司成立，南京港成为我国内河专业化程度最高的集装箱港口；1990年南京港惠宁码头有限公司成立，南京港成为我国内河最先进的专业化散货装卸港口；1992年6月，南京港务管理局加入国际港口协会，成为我国大陆首批正式会员港之一；2001年，通过整合仪征、栖霞作业区原油业务，以南京港务管理局作为主发起人成立南京港股份有限公司，并于2005年初在深交所成功上市；2002年底新生圩商品汽车滚装泊位正式投入使用，南京港又成为长江上唯一拥有专业化滚装泊位的港口；2005年南京港货物吞吐量突破1亿吨，成为我国第10个亿吨港口；2007年南京港集装箱吞吐量突破100万标准箱，达105.4万标准箱。

进入21世纪，随着港口业务的不断发展，港口集团开始重点建设龙潭大型外贸综合性深水港区，“十一五”期间，集团计划投资50多亿元建设龙潭港区，目前已先后建成并投产龙潭一期集装箱泊位工程、龙潭二期通用泊位工程和龙潭三期散货泊位工程，新增集装箱吞吐能力 52 万标准箱、散杂货通过能力 1 210 万吨，未来仍将建设集装箱二期、三期和多用途泊位工程，届时，龙潭港区将形成集装箱 322 万标准箱 、散杂货 2 630 万吨吞吐能力，基本满足港口发展需求。

为进一步促进港口发展，发挥龙潭港区岸线、水深和吞吐能力的优势，集团在龙潭港区后方建设龙潭物流基地，总规划面积 10. 5 平方公里，目前已吸引 90 多家工业、物流企业入驻，引进外资 1 亿多美元；为更好地强化物流中心特色，拓展物流基地功能，做好区港联动工作，2005 年 7 月，经中国海关总署批准，在龙潭物流基地规划范围内设立南京龙潭港海关保税物流中心，依托龙潭国际集装箱码头，通过保税中心与港口联动，对货物进出口的保税、监管及加工增值等业务实行一站式直通服务，更具有“境内关外”的政策优势。

经过多年的发展和建设，南京港口集团公司已初步成为以能源化工、外贸、集装箱为主，功能比较齐全的大型综合性的港口经营企业。

2. 主要业务

南京港是长江三角洲及长江流域货物集散、江海换装、水陆中转的多功能江海型枢纽港口，是南京市建设南京长江国际航运物流中心的主要载体和建设国际先进制造业中心的重要支撑，在南京区域经济和南京市经济的发展中发挥重要作用。

南京港口集团公司是南京港的主体和最大的公用码头经营企业，目前主营集装箱、原油、金属矿石、煤炭和钢铁等 5 项业务：

(1)集装箱业务。南京港经营集装箱业务始于 20 世纪 80 年代，是国内最早与国外合资经营集装箱码头的港口，拥有长江上最大的、专业化程度最高的集装箱港区。

南京港作为上海国际航运中心的一翼，其良好的地理及水域环境为我港的集装箱运输构造了一个四通八达，幅员广阔的经济腹地，是上游地区理想的中转港；其便捷、完善的运输服务不仅确保了南京及周边地区货物的及时出运，而且其优越的集疏运条件更吸引了安徽、江西、湖北、湖南、重庆及四川等长江中上游地区的大批货物到南京中转。

经过多年的发展，集装箱业务软硬件设施日臻完善，箱量稳步上升，航班密度日益加大。集团现辟有多条集装箱航线：国际航线包括南京—日本、韩国的定期国际航班；南京至上海中转的宁沪内支线共 150 余班/月，可及时将南京港出运货柜送达世界各地；40 余班/月南京—广州、海口、蛇口、湛江、天津、大连、青岛航线的国内集装箱定期航班。2007 年南京港口集团公司集装箱吞吐量突破 100 万标准箱，达到 105. 4 万标准箱。

(2)原油化工业务。集团所属仪征、栖霞港区是中国内河最大的石油、液体化工产品中转港，岸线全长 5 000 多米，现有码头 16 座，其中生产性码头 13 座，江中过驳锚位 6 座，码头最大靠泊能力达 8 万吨级，主要为中石化沿江炼厂、加工厂及地方化工、化纤企业服务，从事内外贸海轮进江原油、液体化工产品的储存、转运、分销业务。2007 年完成货物吞吐量 1 689 万吨。

港区总占地面积 50 万平方米，建有种类齐全的储罐群，适应原油、成品油、乙二醇、对二甲苯、环己酮、液碱、磷酸、沥青、糖蜜等货物的储运，总容积达 40 万立方米；水、电、气、通信、消防、环保等生产辅助设施齐全，口岸联检方便快捷，外籍船舶可以直接靠泊公司码头装卸作业。

(3)金属矿石业务。新生圩港区位于南京长江大桥下游 22 公里处，是集团公司专业外贸港区，共分为内外贸件杂、内外贸散货和汽车滚装三大功能区，主要为南京及南京周边地区、长江中上游地区外贸进出口物资水水中转、水铁、水陆中转联运服务。港区自然条件优越，水域宽阔、航道顺畅，可常年停靠4万吨级以上海轮；集疏运系统完善，港内铁路专线与华东最大的列车编组站—尧化门编组站连接，疏港公路四通八达，与312国道、沪宁高速公路、芜新公路、南京长江二桥相连接。

目前集团金属矿石业务主要由位于新生圩散货功能区的惠宁公司经营。公司拥有我国内河港口最先进的专业化散货装卸系统，凭借软、硬件的优势和优良服务赢得了金属矿石等传统货种的增长，同时煤炭等货种也有很大的拓展，客户遍布长江流域、华南、华北沿海和海外数十个国家地区。2007年惠宁公司完成货物吞吐量1 591万吨，其中金属矿石吞吐量980万吨。

(4)煤炭业务。南京港口集团公司煤炭业务主要由浦口煤炭港区和新生圩散货港区经营。2007年集团完成煤炭吞吐量791万吨、自然吨974万吨。

浦口煤炭港区地处南京长江北岸的浦口，从事专业煤炭水铁联运业务，专线铁路连接津浦线，到港煤炭经港内驳运供应南京本地企业或经水路运输辐射华东地区三省一市及华南沿海地区，是国内重要的煤炭运输枢纽之一，年通过能力达860万吨，堆存能力达30万吨。2007年完成煤炭吞吐量188万吨，自然吨563万吨；新生圩散货港区由集团所属惠宁公司经营，主营金属矿石和海进江煤炭运输业务。海进江煤炭主要由北方沿海港口下水，经新生圩惠宁公司中转供应江苏本地和长江中上游企业，2007年完成煤炭吞吐量539万吨。

(5)钢铁业务。集团钢铁运输业务主要为江苏省及长江中上游省、市、地区钢厂、企业内外贸进出口钢材服务，作业品种包括各种型材、板材、卷钢、废钢。目前，集团钢铁业务主要由新生圩件杂货港区和浦口件杂货港区经营。2007年集团完成钢材吞吐量586万吨。

与此同时，南京港口集团还十分重视发展与港口共生的港机制造业、港口工程业、水上运输业、外轮理货业等相关产业。尤其是南京港口机械厂近年来以“以质量创品牌，以诚信求发展”，走科技兴厂、质量兴厂之路，以产品开发来带动市场开发，把顾客的需要作为南京港机的追求，产品以高质量、短周期、公道的价格赢得用户的认可，成为年生产产值超10亿元、年产近百台大型港机产品的国内港机主流厂，国内门座式起重机市场占有率第一。

3. 经营业绩

30年来，南京港不断深化改革，扩大开放，强化管理，进一步加速了发展步伐。

港口货物吞吐量持续攀升。1978年，南京港货物吞吐量为2 803.6万吨；1980年突破了3 000万吨；1987年突破4 000万吨；1995年突破5 000万吨；2000年突破6 000万吨；2004年突破9 000万吨；2005年突破亿吨，达1.06亿吨，成为全国第十个亿吨大港，其中港口集团为6 798万吨，见表1和图1所示。

南京港历年吞吐量完成情况表 表1

年　度	货　物			集 装 箱		
	吞吐量（万吨）	比上年度增长率（%）	5年期增长率（%）	吞吐量（万标准箱）	比上年度增长率（%）	5年期增长率（%）
1970	765					
1975	1 547		102			

续上表

年　　度	货　　物			集　装　箱		
	吞吐量（万吨）	比上年度增长率（%）	5年期增长率（%）	吞吐量（万标准箱）	比上年度增长率（%）	5年期增长率（%）
1980	3 291		113			
1985	3 663		11			
1990	4 212		15	4		
1995	5 040		20	15		275
2000	6 679		33	20		33
2001	4 522	－32		22	10	
2002	4 909	9		30	36	
2003	8 746	78		40	33	
2004	9 589	10		49	23	
2005	10 686	11	60	61	24	205
2006	10 089	－6		80	31	
2007	11 612	15		106	33	

注：数据来源：南京市港口管理局网站

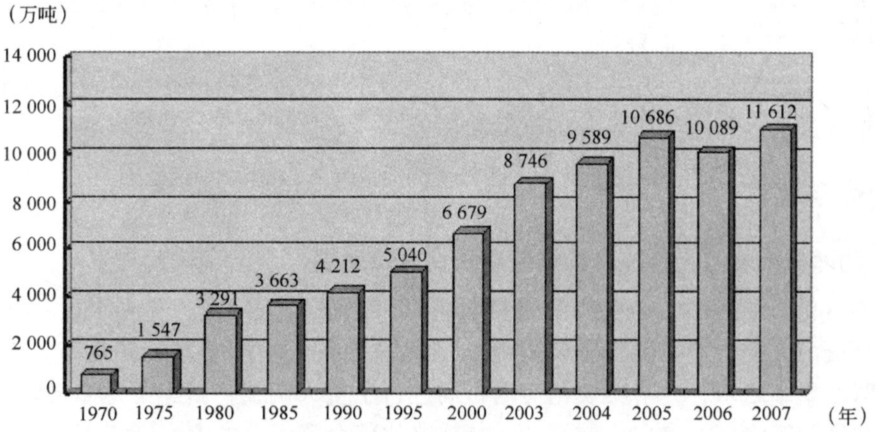

图1　南京港历年货物吞吐量一览图

集装箱运输跻入百万标准箱大港行列。南京港的集装箱运输起步于1987年底，2001年突破20万标准箱，2003年突破40万标准箱，2005年突破60万标准箱，2006年突破80万标准箱，2007年突破100万标准箱，成为全国第十四个集装箱超百万标准箱的港口。连续6年，南京港集装箱运输年均递增26.5%。见图2所示。

4. 企业荣誉

1988年6月26日，集团顺利通过了国家二级企业评审，同年7月15日交通部批准南京港务管理局为国家二级企业，并成为全国内河港口第一个国家二级企业。

1988年，江苏省委、省政府授予南京港务管理局文明单位称号。同年，交通部授予南京港务管理局双文明建设先进单位称号。在此后的历次文明单位评比中，集团一直保持了江苏省和南京市文明单位称号。

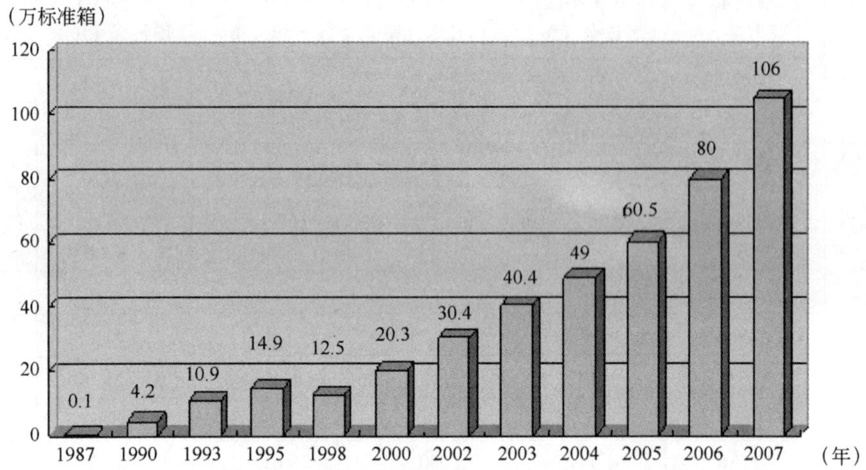

图2　南京港历年集装箱吞吐量一览图

南京港公安局客运派出所第一警组、三公司装卸分公司斗轮机组、轮驳公司1 008轮，分别于1995年、1996年、1999年荣膺“全国青年文明号”。

1997年，南京港务管理局荣膺全国“五一劳动奖状”。1995年以来，集团工会一直保持“全国模范职工之家”称号。

近年来，南京港口集团及其所属企业先后获得江苏省重点物流企业、江苏省重点物流基地、长江航运最佳水运建设奖等各种称号和奖项。

四、基本经验

1. 主动适应市场变化，在结构调整中加快港口发展

面对中石化原油运输结构重大调整将对港口带来的巨大冲击，企业及时提出了“调整结构，整合资源，提升竞争能力”的思路。多年来，我们始终把集装箱运输的发展作为全港生产经营的重中之重，并对集装箱运输布局进行了重大调整，新建了龙潭集装箱港区，重金打造江北集装箱港区；拿出优质资产，与战略伙伴合资经营龙潭一期工程，使我港集装箱板块取得骄人业绩且呈现出可喜的发展势头。件杂货板块也得益于适时地应对市场变化，抓住机遇，调整结构。新生圩外贸港区在码头能力趋于饱和状态的情况下，实施联动调整，优化了货源结构；在预见到国家进出口货物关税政策调整将会给企业经营带来重大影响时，一方面采取措施保障货主利益，另一方面着力调整货源结构，有效地防范了经营风险。能源化工板块、相关产业板块的结构调整都有许多值得我们思考的经验和教训。事实证明，主动适应市场变化，加快结构调整，就能取得良好的经营业绩，具有较强的竞争力和发展后劲。

2. 大力发展临港产业，培育临港产业集群带动港口发展

临港产业是与港口发展最为密切的产业，集群化是现代临港产业的特点，临港产业园区是扩大开放的窗口、对外招商的主阵地、项目投入的集中区。目前，在南京港口集团新生圩

外贸港区后方有南京经济技术开发区，在龙潭集装箱港区后方有栖霞经济开发区，在仪征港区的后方有仪征化学工业园区，初步形成了园区向港口集中，产业向园区集中，“港口—园区—大项目—产业链—产业集群”的格局，通过进一步整合资源，大力推进园区向规模化、特色化发展，提高产业集聚度和投资强度，促进临港产业的集群与集聚，提高临港产业的带动力和辐射力，同时也为港口的稳定发展提供了基础性货源，促进了港口持续健康地发展。

3. 着眼港口能力提升，超前投入保障企业可持续发展

港口企业是资金密集型企业，没有大的资金投入，就很难有大的发展。多年前，集团在预见到港口市场的变化趋势和将面临巨大经营压力、资金压力、成本压力的情况下，着眼于未来发展，在科学论证的基础上，超前规划、统筹协调，不断加大投入力度，加快港口建设和更新改造步伐，为港口持续发展打下了坚实的物质技术基础。三公司翻车机系统的上马，确立了浦口煤炭港区在华东地区煤炭中转地位；新生圩外贸港区的新建，使南京港成为国内最大的内河外贸港区，实现了对外籍船舶的正式开放；龙潭一期工程的建成投产，带来集装箱业务的大发展，同时为释放新生圩港区件杂货装卸能力提供了空间。龙潭二期和龙潭三期工程的建成投产，大幅度提升了港口件杂货和散货装卸能力，同时进一步为新生圩港区货源结构优化提供了条件。改造仪征港区，为原油港区的结构调整打下了基础。实践证明，没有针对市场变化适度超前的投入，就没有今天结构调整的成效，也将失去今后发展机会。

4. 坚持以人为本，为企业和谐发展提供重要保证

港口企业竞争力的提升需要一个内部和谐和外部和谐的良好环境。多年来，集团坚持以人为本，通过制度建设，保障职工参政议政的民主权益，通过建立机制，既惠及全体职工又兼顾不同群体职工的利益，通过日常帮扶工作，解决困难职工、重病职工和发生特殊情况的职工生活困难问题，通过信访工作，建立职工诉求表达渠道，在多层面上，着力构建和谐的内部环境，逐步形成政通人和和稳定团结的大好局面，为企业持续稳定发展提供了重要保证。实践证明，企业深化改革和经营发展，需要职工的理解和支持，要统筹兼顾处理好职工长远利益和眼前利益关系，在岗职工与退养、退休职工利益关系，干部和一般职工利益关系，才能赢得广大职工的信任和支持，才能增强内部凝聚力、提升外部竞争力。

五、发展与展望

2003 年江苏省委省政府、南京市委市政府提出了沿江开发战略，把南京港推向了在沿江开发中加速发展的最前沿。2005 年 8 月 22 日，江苏省委常委到南京集体调研时，对南京的发展提出了新的要求，时任省委书记的李源潮强调，南京要进一步确立建设“五个中心”的城市定位，建设南京长江国际航运物流中心，加快形成国际性、多功能、综合型江海转运主枢纽港，抢占长江航运物流第一枢纽的地位。据此，港口集团确立了全新的发展理念，这就是：把南京港放在大的产业链中来思考，放在国际国内大市场中来研究，放在南京都市圈中来定位，放在流域经济中来把握，放在 21 世纪前 20 年的战略机遇中来发展。按照这个理念，南京港口集团的发展战略定位为，一个主枢纽，两个中心，三大物流基地（一个主枢纽就是国际性、多功能、综合型江海转运主枢纽港；两个中心就是港口经济中心，上海国际航运中心；三大物流基地就是，以龙潭港区为依托的集装箱物流基地，以江北一线为依托的能源化工物流基地，以新生圩港区为依托的外贸散杂货物流基地）。

为建设一个主枢纽、两个中心、三大物流基地，实现向南京长江国际航运物流中心的成功跨越，港口集团的未来发展目标是，到2020年，货物吞吐量达1.5亿吨，集装箱吞吐量达600万标准箱，为此，在“十一五”期内跨“十二五”，集团将投资70亿元，用于新港区开发，重点建设龙潭港区，再造一个南京港。

大鹏湾里满目春

深圳港务有限公司

一、港口介绍

1979年7月8日，蛇口南山脚下轰然响起中国改革开放的第一声炮响，拉开了深圳港口建设的序幕。深圳港口的建设发展伴随着我国改革开放和深圳经济特区建设的历史步伐，经历了从无到有，从小到大的辉煌历程，取得了举世瞩目的巨大成就。

深圳港位于深圳市东、西两翼，东片濒临大鹏湾，西片靠珠江口伶仃洋矾石水道，水陆均与亚太航运中心香港相连。深圳港是以其无比优越的地理位置和良好的深水港湾，用经济特区建港的特殊模式，与深圳市的经济同步发展起来的。深圳港建港29年来，先后建成了蛇口、赤湾、妈湾、盐田、大铲湾、东角头、沙鱼涌、下洞、福永、内河10个港区。至2007年底共建成码头岸线29 222.3米，500吨级以上各类泊位159个，其中万吨级以上泊位69个，形成集散杂货、集装箱、油气化学品、客运等功能于一身的门类齐全的港口，港口累计投资近300亿元。目前，深圳港集装箱码头主要有蛇口、赤湾、盐田和大铲湾4个码头。

从2003年起，深圳港已连续5年荣居世界集装箱港口第四，为全球最繁忙的集装箱港口之一。深圳港还是中国内地的第二大集装箱港口。2007年，深圳港货物吞吐量达1.99亿吨，集装箱吞吐量更是突破历史，达2 110万标准箱，旅客吞吐量达426.01万人次。截至2008年6月，挂靠深圳港的国际集装箱定期班轮航线达210条，其中美洲航线58条、欧洲航线（含地中海航线）63条、澳洲航线5条、亚洲航线（含中东航线）72条，非洲航线12条，国际航线覆盖了世界12大航区的主要港口。

从1979年招商局蛇口工业区有限公司投资建设蛇口港区开始，深圳港各港区开发建设完全是由企业投资建设完成，创造了不花费国家投资而高速发展的建港模式。深圳港也是中国最早进行改革试验和引进外资投资的港口，拥有多家港口上市公司和中外合资港口企业，如招商港务（深圳）有限公司、深圳赤湾港航股份有限公司、深圳市盐田港股份有限公司、盐田国际集装箱码头、蛇口集装箱码头等。世界知名的码头运营商招商局国际、香港和记黄埔、香港现代货柜和深圳市市属国有企业盐田港集团等公司都参与了深圳港各港区的投资建设和经营。目前，深圳港现有大型港口企业30余家。

二、改革历程

深圳港是在我国改革开放后才迅速崛起的港口。改革开放前，深圳市（原宝安县）只有几个百吨级的内河码头，年吞吐量10多万吨，海上运输几乎是空白。改革开放后，深圳港的发展大致经历了以下几个阶段：

第一阶段：1980年~1984年，深圳港主要为蛇口工业区装卸建设用物资和少量产成品，发挥工业港功能。

第二阶段：1985年~1990年，自赤湾港区与挪威、丹麦等国开展散装化肥等货物中转业务后，深圳港相继建成大型散粮码头、液体化工中转码头，使深圳港成为华南地区沿海重要港口。

第三阶段：1991年~2007年，以1991年蛇口集装箱码头建成、赤湾港区开辟深圳至欧洲定期集装箱班轮、1993年盐田港区集装箱码头建成为标志，深圳港进入快速发展阶段，成为国际集装箱第四大港。

第四阶段：2007年至今，大铲湾港区的一期码头开始投入运营，深圳港形成三足鼎立的新格局，港口建设进入了新的发展阶段。

1. 招商港务（深圳）有限公司的改革历程

1980年，蛇口港建成投入运营。当时，蛇口港码头建设长度为600米，港区规划面积8万平方米。1981年初，蛇口港正式开港，并经国务院批准为一类口岸，对外开放港口。

开港之初，蛇口港码头的管理、运营实体为蛇口工业区港务公司，即现在的招商港务（深圳）有限公司的前身。1986年9月15日，蛇口港率先在深圳开展远洋班轮码头业务。1988年7月，蛇口工业区港务公司成立集装箱部，率先在深圳开始集装箱码头业务。1993年，蛇口工业区港务公司率先改制为股份公司，更名为“蛇口招商港务股份有限公司”，A、B股在深圳证券交易所挂牌上市，成为全国第一家上市的港口企业，简称“深招港”。1995年，招商港务公司B股于新加坡证券交易所挂牌上市。

2000年，招商港务公司资产重组，更名为招商局蛇口控股股份有限公司，简称改为“招商局A”；2001年，招商局集团整合业务，将招商港务公司从招商局蛇口控股股份有限公司资产中剥离，并将招商港务公司的水上客运业务部分划入招商局蛇口工业区，而公司主体部分为香港上市公司招商局国际有限公司（目前为香港蓝筹股收购）更名为现在的招商港务（深圳）有限公司。

在改革开放初期，超过80%的深圳地区建设物资由蛇口港进入，蛇口港客运码头还为深圳提供了至香港、澳门的全部水上客运服务。

如果从1981年初国务院批准为一类口岸、对外开放港口算起，蛇口港及招商港务公司到今天已走过28年的风雨历程。28年来，招商港务公司共装卸货物2.5亿吨、集装箱近1 000万标准箱，并且为超过4 000万人次提供了水上客运服务，为深圳乃至华南地区的建设和发展做出了应有的贡献。

截至目前，招商港务旗下的码头资源拥有陆域面积80万平方米，岸线总长3 026米，有14个货运泊位，可同时靠泊10条万吨以上货轮，最大靠泊10万吨级散货船。另有锚地浮筒泊位2个，水深 −16.8米，可靠泊15万吨级货轮。散粮筒仓、方仓容量15万吨，水泥筒仓容量6万吨，卷钢专用仓库1.1万平方米（10万吨），集装箱堆场面积23.6万平方米，各类码头专业设备500多台套。目前的港口通过能力为年货物吞吐量3 000万吨、集装箱160万标准箱以上，成为珠江三角洲及华南地区重要的海上门户。近年，按照国家“一城一港”的规定，曾经的蛇口港、盐田港、妈湾港现已成为深圳港蛇口港区的一部分。

2. 深圳赤湾港航股份有限公司的改革历程

1982年，深圳赤湾港区开始建设，赤湾港区的经营主体为深圳赤湾港航股份有限公司。1983年，赤湾港区首个万吨级泊位建成投产。同年，深圳港区开始从事进口散装化肥灌包业务。1984年，国家批准赤湾港区对外开放。赤湾港区是深圳港重要的深水中转港区和条件优越的南海石油后勤服务基地，也是中国主要的散装化肥进出口中转基地之一。

1987年，深圳赤湾港航股份有限公司下属企业深圳赤湾港集装箱公司注册成立，赤湾港区开始集装箱码头装卸业务。1988年，美国总统轮船公司（APL）的集装箱支线班轮挂靠赤湾港区，这是深圳港历史上第一条国际集装箱航线。1990年12月7日，由深圳赤湾港航股份有限公司控股的深圳凯丰码头有限公司成立，这是赤湾集装箱码头有限公司（CCT）的前身。1993年，深圳赤湾港航股份有限公司在深交所挂牌上市（000022 深赤湾 A/200022 深赤湾 B），成为中国知名上市公司。1996年，深圳赤湾港航股份有限公司通过ISO 9002国际、国内的联合认证，成为国内首家获此认证的港口企业，并跻身于“20家绩优上市公司”之列。

2000年，赤湾港区港口吞吐量超1 000万吨，2003年吞吐量达2 452万吨，集装箱吞吐量达223.6万标准箱。2004年，赤湾港区港口吞吐量达3 475万吨，集装箱吞吐量达342.8万标准箱。同年，“深赤湾”被评为中国上市公司百强第60名，并首次入选深圳成分指数样本股，从而进入资本市场蓝筹股行列。2005年，赤湾港区港口吞吐量达4 218万吨，集装箱吞吐量达417万标准箱。2006年，“深赤湾”荣登“2006中国上市公司竞争力排行榜”港口行业第一名，货物吞吐量5 319万吨，集装箱吞吐量526万标准箱，化肥接卸量突破195万吨，荣获“2006中国服务业企业500强”和“2006年最佳成长上市公司50强”称号。2007年，赤湾港区全年货物吞吐量5 894万吨，集装箱吞吐量突破600万标准箱，散杂货吞吐量706万吨，荣获“2007年度广东省外经先进企业奖一等奖”。

经过20多年的发展，深圳赤湾港航股份有限公司总资产达到54.57亿元，员工2 000余人，下辖赤湾集装箱码头（CCT）等17家全资、控股及参资企业。20年来，赤湾港区建设成了今天雄踞珠江口东岸的大型集装箱码头和散杂货码头，赤湾集装箱码头更是名列华南区大型集装箱码头前三强。目前，赤湾港区集装箱运量占深圳港集装箱码头业务28.5%的市场份额，散杂货吞吐量占深圳港约五分之一的市场份额。

3. 盐田国际集装箱码头有限公司（YICT）的改革历程

1985年1月24日，深圳市人民政府批准成立了“深圳东鹏实业有限公司”（深圳市盐田港集团有限公司的前身），负责统一规划，统一建设，统一经营，统一管理盐田港区及后方陆域。1993年10月5日，深圳市东鹏实业有限公司与香港和记黄埔有限公司合资成立了盐田国际集装箱码头有限公司，共同合作开发和经营管理盐田港区一、二期工程，注册资本为12亿港元。盐田国际码头是当时中国首个由外资控股的港口企业。

1994年7月20日，盐田国际码头正式开港投入营运，交通部将其规划为我国四大国际中转深水港之一。1995年，美国总统轮船、东方海外、环球货柜航运联盟先后与盐田国际签订了码头服务协议，正式在码头开辟远洋航线。

1997年之后，深圳市及珠江三角洲地区外向型经济发展提速，外贸适箱货物大幅增长，盐田国际码头也正式进入快速增长阶段。1998年，码头首次集装箱年吞吐量突破100万标准箱。2002年，码头处理了开港以来的第一千万个标准箱。

1995年12月8日，盐田国际二期工程奠基建设，总投资47亿元。2000年10月，和记黄埔与深圳盐田港集团签订《盐田港三期集装箱码头工程的原则协议》，开始建设码头三期工程。2005年，为顺应船舶大型化的发展趋势，和记黄埔集团与盐田港集团正式签订合资合同，共同建设盐田国际扩建工程。该项目总投资超过100亿元，建设6个集装箱专用泊位，可处理载量超过12 000标准箱的超大型船舶。

2007年6月，盐田国际码头与美国加州长滩港签订《关于环境保护倡议协议的备忘录》，这是深圳港在借鉴国际经验保护港口环境方面迈出的重要一步。

2007年，盐田国际年吞吐量首次突破1 000万标准箱，成为全球吞吐量最大的单体码头之一。截至目前，盐田国际现有16个深水泊位（注：含扩建工程在建泊位），岸线总长达到7 989米，泊位水深达到－14～－16米，航道水深为16米，可以停靠全球最大的集装箱船舶，码头挂靠的国际航线已达到85条。

4. 蛇口集装箱码头（SCT）的改革历程

1989年3月，香港招商局集团和中国远洋运输总公司合资成立了蛇口集装箱码头（SCT）。1991年，蛇口集装箱码头投入运营，码头首期建成两个5万吨级全集装箱泊位，是深圳市最早的一家专业化集装箱码头。1993年11月，英资英国铁行集团和太古洋行有限公司加盟蛇口集装箱码头有限公司，出资收购了合资公司5%的股权。

1998年，蛇口集装箱码头首先采用集装箱码头业务全球领先的NAVIS操作系统，为码头快捷操作打下了基础。2000年9月，SCT作为深圳EDI中心的首批用户，开通了联接EDI中心的快线，实现数据对接。2006年6月，随着新闸口的落成投产，全新闸口操作坊式也同时启用。TV SHOW、ATM、电子闸口以及流水化闸口作业进一步提升了码头服务水平。2007年，蛇口集装箱码头引进ISO 14001环境保护管理体系认证，启动“绿色港口”的计划。2008年6月，作为业界首创，码头与OOCL合作推出了无纸化提柜服务。

在过去的10多年时间里，蛇口集装箱码头不断发展壮大，集装箱泊位由2个增加到了当前的8个，集装箱吞吐量也由1992年开港之初的5万标准箱增长到2007年的逾330多万标准箱，年平均增长率超过40%，真正体现了“深圳速度”。码头吞吐量连续4年保持中国集装箱码头前10强。目前经蛇口集装箱码头开出的国际班轮航线已通达美洲、欧洲、地中海、东南亚、北亚、中东、澳洲、非洲等全球各地主要港口，形成了以美欧远洋干线为核心，远东及东南亚近洋支线为重点，通达全球的定期班轮运输网络。

自2000年以来，蛇口集装箱码头与赤湾集装箱码头还共同开发建立了穿梭黄埔、中山、顺德、江门、佛山、南海、珠海、湛江、茂名等多个主要华南内河及沿海港口的定期公共驳船快线—“华南公共驳船快线”（原名“珠三角快线”），方便周边腹地货物通过内河水路运抵SCT中转，为当地货主及班轮公司提供了更为经济、便捷的水路中转及喂给服务。此外，蛇口集装箱码头与赤湾集装箱码头利用平南铁路对接华南地区、西南地区的优势，大力推动海铁联运业务，使整个泛珠三角地区的进出口业务和集装箱运输直达码头前沿成为现实。

5. 深圳亿升液体仓储有限公司的改革历程

1987年，南海石油深圳开发服务总公司和新加坡乐意集团合作，共同在妈湾港筹建石油化工液体原料产品的储存、中转站并建立为其配套的栈桥式专用码头，合资成立了深圳乐意液体仓储有限公司。1989年4月，妈湾港开始填海兴建石油化工液体专用码头和专用储罐。1993年10月，深圳乐意液体仓储有限公司正式开业。2005年，深圳乐意液体仓储有限公司正式更名为深圳亿升液体仓储有限公司。经过10多年的发展，深圳亿升液体仓储有限公司作为中国第一家液体化工产品的公共保税型仓库，率先将保税贸易的概念引入化工仓储行业，开创了液体化工产品专业仓储公司的先河。目前，深圳亿升液体仓储有限公司共建成的储罐有74个，总仓储容量达115 780立方米。

6. 大铲湾现代港口发展有限公司（DCB）的改革历程

2003年7月25日，深圳市市属国有企业——深圳市大铲湾港口投资发展有限公司成立，负责开发建设、管理和经营大铲湾港区。2007年12月21日，大铲湾码头（一期）两个泊位建设完成并开始投入运营。一期码头由深圳市大铲湾港口投资发展有限公司和香港现代货箱码头有限公司合资建设，一期共建设5个泊位，岸线长1 830米，纵深600米，到2008年底全部建设完成。

三、发展成就

深圳经济特区成立以来，特别是20世纪90年代以来，深圳积极实施“以港强市”战略，深圳港从小到大，从弱到强，实现了大跨越的发展，取得了举世瞩目的巨大成就，创造了世界港口发展史上的奇迹，不仅促进了港航业本身的繁荣，还极大地推动了深圳经济社会的全面发展，成为城市经济的重要支柱，为和谐深圳、效益深圳和国际化城市建设作出了巨大的贡献。

1. 建成了较为完善的现代化港口基础设施

28年来，深圳港从无到有，基本建成了较为完善的现代化的港口基础设施。深圳港共投资300亿元建成码头岸线29 222.3米，500吨级以上各类泊位159个，其中万吨级以上泊位69个，形成集散杂货、集装箱、油气化学品、客运等功能于一身的门类齐全的港口。2007年，深圳港口的建设赢得了国内外的普遍认同，深圳港集装箱吞吐量首次突破2 000万标准箱，在2004年~2005年度中国港口集装箱码头评选中，深圳港获得全国七项大奖，其中盐田国际集装箱码头有限公司在中国港口10强集装箱码头评比中蝉联第一。

2. 初步确立了主枢纽港地位和世界集装箱大港地位

经过28年的发展，深圳港基本确立了国家综合运输体系中的主枢纽港地位和世界集装箱大港地位。2005年，港口集装箱吞吐量超过1 600万标准箱，货物吞吐量达1.53亿吨。其中外贸货物年吞吐量首破亿吨，取得了集装箱吞吐量连续创造辉煌的业绩。到2008年，马士基海陆、现代商船、中国远洋、东方海外等50家中外著名船公司在深圳港共开通远近洋国际集装箱班轮航线210条，每月平均靠泊800多艘次。深圳港的远近洋国际班轮航线覆盖了世界12大航区主要港口，形成了庞大的航线网络，是我国国际集装箱班轮航线最多、覆盖范围最广的港口之一。

3. 以港口为龙头的现代物流业成为城市支柱产业

以港口运输为龙头的现代物流业成为深圳的支柱产业之一。经过28年的发展，深圳港已经实现了从单纯的港口向全方位的港航业扩展，各类航运企业蓬勃发展，围绕港口开展业务的物流、货运代理、船舶代理、报关、拖车等行业欣欣向荣，相关从业人员已达到10多万人。港口产业的发展直接推动了物流业的整体繁荣和快速发展，使现代物流业成为深圳的四大支柱产业之一。2005年，物流业实现增加值640亿元，占GDP的比重达到13%，成为仅次于高新技术产业的深圳第二大支柱产业。

4. 促进了区域经济发展，增强了城市对外辐射及服务功能

深圳港从点到面，促进了区域经济发展，增强了城市的对外辐射和服务功能。经过28年的发展，深圳港已经成为珠三角、泛珠三角地区的重要出海口，为对外贸易和区域经济发展作出了重要贡献。2005年，深圳港承担了广东省集装箱生成量35%左右的运输份额。深圳港八成以上的集装箱货物来自珠三角，九成以上的集装箱货物来自广东省。近年来，深圳港口企业盐田国际集装箱码头、蛇口集装箱码头、赤湾集装箱码头、招商港务（深圳）有限公司大力发展海铁联运和内贸集装箱运输以及“华南公共驳船快线”，先后开通了成都、南昌、长沙、昆明等地的“五定班列”，建立了深圳与中南、西部等内陆地区间快速、便捷、高效的物流大通道，促进了铁路沿线及纵深地区经济的快速发展，为内陆地区进出口货物运输、改善投资环境、促进外向型经济发展提供了重要的基础条件，为推动珠三角区域经济合作和发展区域物流做出了重要贡献。深圳港的迅速发展极大地增强了深圳的对外辐射力，更加巩固了深圳区域性中心城市的地位，加快了国际化城市的建设步伐，从1994年~2007年深圳港货物吞吐量情况，见图1所示。

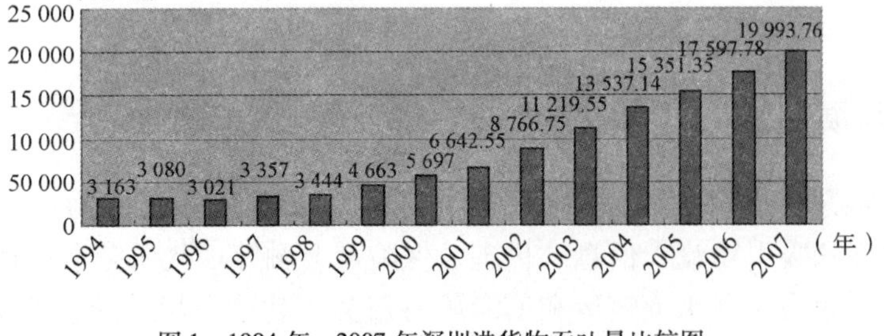

图1　1994年~2007年深圳港货物吞吐量比较图

1994年~2007年深圳港集装箱吞吐量情况，见图2所示。

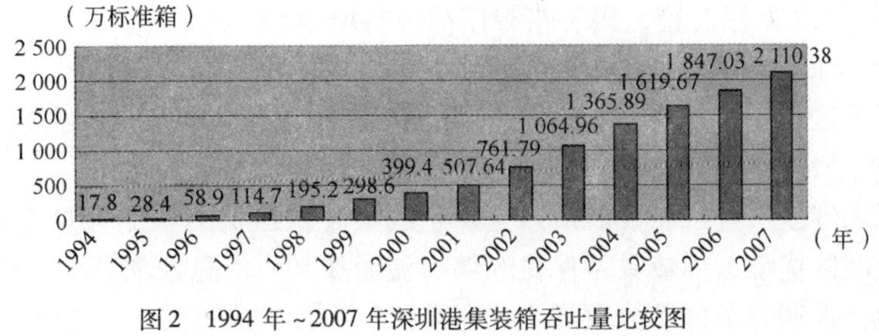

图2　1994年~2007年深圳港集装箱吞吐量比较图

四、基本经验

深圳港口建设在短短20多年取得如此骄人的成绩，主要有以下几点经验：

1. 得益于深圳市大力实施的“以港兴市”、“以港强市”战略支持

自建港以来，深圳市历届市委市政府高度重视港口的发展，持续推进“以港强市”战略，形成了全市上下全力支持港口发展的良好氛围，为深圳港建设发展提供强大的产业政策支持和制度环境，并将以港口为龙头的现代物流产业列为深圳优先发展的“四大支柱”产业之一。深圳市政府成立了港口发展领导小组，市长任组长，对于涉及港口发展的重大事项，领导小组将随时召开会议研究部署，协调解决港口发展过程中遇到的问题。

2. 全新的码头运营模式为港口不断创新发展提供广阔空间

众所周知，深圳港的建设与发展，与它在全国率先引进外资参与港口的建设和经营密不可分。目前，深圳的大型港口企业，如盐田国际、蛇口集装箱、赤湾集装箱、大铲湾码头(一期)、招商港务等，均为中外合资企业。深圳港口已呈现独资、合资、股份制等多种形式并存、协调发展的良性循环局面。各大港区，特别是盐田港区的成功实践证明，中外合资建设经营码头，不仅能引进大量资金，而且能引进先进的管理技术、经验和人才，使企业能够按照国际惯例运作。可以说，向国际化、规范化、现代化的目标看齐，是深圳港口迅速发展的重要成功经验。

3. 深化改革，严格把关，优质服务的口岸单位为深圳港的快速发展作出重大贡献

1994年，深圳率先进行口岸改革试点工作，经过20多年的深化改革，驻深口岸各单位不断进行各项改革，坚持“把关”与服务并举，转变观念，简化通关手续，创新手段，运用现代信息技术，极大地提高了海港口岸的通关效率，优化了口岸通关环境，降低了企业的通关成本，提高了深圳港口的竞争力。

五、未来与展望

根据《深圳港总体规划》，未来的深圳港的发展将以集装箱运输为主，兼顾能源和散杂货运输，积极发展和吸引物流、信息、代理、保险及金融等现代服务业，适度发展具有深圳特点的临港产业，大力拓展水上客运和滨海旅游服务等功能，尽快建设成为“具有竞争力、推动力、环境友好、安全可靠、可持续发展”的现代化港口。到2010年，深圳港集装箱年吞吐量将达到2 600万标准箱，集装箱专用泊位将增至48个；到2020年，深圳港集装箱年吞吐量将达到3 800万标准箱，集装箱专用泊位将增至67个。

未来几年，深圳港将投资232亿元建设五大港区泊位，即盐田港区、蛇口港区、前海湾港区、大铲湾港区和宝安综合港区。新增集装箱专用泊位11个，新增能力630万标准箱，散杂货泊位36个，其中万吨级以上泊位5个，客运泊位13个。

未来的深圳港盐田港区将发展成以远洋干线集装箱运输为主的大型专业化集装箱港区。依托保税物流园区优势，形成具备保税仓储、流通加工、信息处理、综合服务等现代化功能综合物流基地，远期有条件部分发展为保税港区。

南山港区将建成为以规模化集装箱运输为主，兼顾客运和通用散杂货运输及修造船基地等多功能综合性港区。主要由蛇口、赤湾、妈湾、前海湾四个作业区和孖州修船基地组成。

大铲湾港区建设共分4期建设大型集装箱泊位15个，中型泊位7个以及1 000吨驳船岸线2 621.3米的大型专业化集装箱港区。以集装箱远洋干线运输为主，兼顾近洋、内支航线和少量内贸运输。结合后方物流园区大力发展综合物流，远期有条件部分发展为保税港区。

宝安港区的东宝河港区规划建设500吨级泊位20个，形成年综合吞吐能力700万吨。综合港区规划建设1 000～5 000吨级泊位25个，500～1 000吨级泊位17个，形成年综合吞吐能力2 060万吨。

福永港区规划建设5 000吨级航油泊位2个，10 00吨级多用途货运泊位3个，500吨级客运泊位8个。前海湾港区共规划建设9个泊位，其中15万吨散货泊位3个，4万吨级杂货泊位4个，年接卸5万辆汽车滚装泊位1个，2万吨级散货泊位1个，政府码头岸线200米及工作船、驳船等配套码头岸线339米。

2008年10月18日，国务院正式批复同意设立深圳前海湾保税港区。前海湾保税港区的设立为未来深圳港的发展注入了活力，将极大提高深圳港的综合竞争实力。

从地方小港到主枢纽的跨越

福州港务集团有限公司

一、企业介绍

福州港务集团有限公司是福建省交通运输（控股）有限责任公司所属全资子公司，主要依托于全国沿海20个主枢纽港之一和交通部指定对台客货运试点直航的福州港。集团于2001年1月1日随着福州港政企分设改革，由原福州港务局企业部分重组而成，从事码头和其他港口设施经营、港口工程建设、港口服务以及两马客运服务等业务，是福州港的龙头企业。是海峡西岸经济区对外贸易、交流的重要窗口。

2007年，集团年完成年货物吞吐量3 041.08万吨，较2001年的1 567.92万吨翻了一番，占福州全港总量的50%；完成集装箱进出口量120.20万标准箱，是成立初期38.95万标准箱的3倍多，是福州全港总量的100%。

集团拥有包括福州港马尾港务公司、福州港台江港务公司、福建省砂石出口有限公司等在内的6个全资子公司，以及与新加坡PSA等内外资企业共同投资的福州青州集装箱码头有限公司、福州新港国际集装箱码头有限公司等5家控股公司。此外，集团还参股包括福建八方物流股份有限公司、福建东方海运有限公司、福建华电储运有限公司以及福建可门港物流有限责任公司等在内的10家企业。

集团拥有码头泊位49个，其中，万吨级（含万吨级）以上泊位共22个，主要分布在闽江口内港区和江阴、罗源湾港区。集团在江阴港区主要发展集装箱运输，并为临港工业提供综合物流服务，在罗源湾港区主要以大宗散货运输为主。

位于江阴港区的福州新港集装箱码头地处福建省海岸线中心，位于台湾海峡的交通要冲，是国际航线的必经之地，船舶全年365天全天候24小时进出港，不受航道及潮汐限制，可接纳第六代集装箱船舶进出港靠泊装卸，该码头是目前福建省自然条件最佳、地理位置最中心、陆域纵深最长的深水集装箱码头，具有良好的集疏运条件。独特的区位优势和行业特点，使江阴港区集装箱码头在我省建设科学发展的先行区和两岸人民交流合作的先行区中发挥着积极的作用，为谋求我省对台海上直航运输打好了对接基础。

位于罗源湾港区的可门作业区4号、5号以及今年9月建成投产的10号、11号工程，是我国沿海北仑港以南唯一的深水中转港，是集储存、中转、混配加工为一体的大型现代化散货集散中心。该港与温福铁路线连接后，江西、湖南的进口煤炭、铁矿石可从可门上岸，为内陆地区散货进出提供一条新的更为快捷的出海通道。

集团所属的福州港客运站是马尾—马祖客运直航的定点港，自2001年1月2日首次通航以来，每天客运航班两地往返，直航7年已累计进出旅客逾18万人次，集团以优质、便捷、舒适的服务，发挥闽台之间地缘相近、血缘相亲、文缘相承、商缘相连、法缘相循优势，拉近了海峡两岸血浓于水的同胞情谊。

集团企业多次受到中央、省、市政府及有关部门的表彰。集团于2004年、2005年、2006年连续三年获评全球集装箱百强港口企业；2002年、2005年、2006年连续三年获全国交通百强企业称号；2004年至2008年集团连续五年获评福建省第三产业300强企业；被评为首届“福建省最佳信用企业”、“福建省用户满意单位”。同时，集团还先后获评第八、九届省级文明单位、“省思想政治工作优秀企业”，通过了中央文明委“全国创建文明行业先进单位”的复查。2005年12月，集团顺利通过ISO 9001-2000质量管理体系和GB/T 28001-2001职业健康安全管理体系的第三方审核认证，并顺利实施运行。2008年集团开展了环境管理体系认证的试运行工作，推行质量、安全、环保三个管理体系“一体化”工作。

近年来，福建省制定了“十一五”在厦门港和福州港江阴港区形成两个主要集装箱干线港口，在湄洲湾、罗源湾形成两个散货转动中心港口发展规划，集中力量推进厦门港和福州港江阴港区为主的两个集装箱运输中心，湄洲湾和福州港罗源湾散货转运中心的发展。“十一五”后半期，福建重点构建“大港口、大通道、大物流”，由于福州港务集团在海西经济区建设中的特殊地位，集团积极响应着我省“大港口、大通道、大物流”建设战略，奏响大发展序曲。2008年，集团通过加快江阴港区集装箱泊位的建设、可门大型散货泊位的建设及两港区铁路支线的建设，为临港重工业、制造业等产业链的发展起到了集聚作用，为台湾货物进出大陆，打造大陆面对亚太、面对海峡东岸的门户港，以充分发挥福州省会中心城市的示范作用和辐射效应。

在港口和通道建设同时，集团积极探讨建立内陆物流基地建的可行性。集团完成了江西向塘物流基地建设的可行性研究。通过研究，该物流基地将定位为：构建“三个平台”、打造“三个功能”。福建“三个平台”：即构建成支持全球供应链双向一体化的物流服务平台；构建成支持区域经济发展的综合性服务平台；构建成支持行业供应链一体化的物流服务平台。打造“三个功能”，即区域货物集散中心、功能完备的物流节点和高效便捷的内陆口岸。

二、企业经验

1. 以项目推进为先行加快发展不动摇

2007年底，国家发改委下发《国家发展改革委关于福州港江阴港区4号和5号泊位工程项目核准的批复》（发改交〔2007〕3154号），正式核准了江阴港区4号、5号泊位工程项目。

2008年3月17日，福州港罗源湾港区可门作业区10号、11号2个煤炭专用泊位项目获得国家发改委的核准。

2008年5月，福州港江阴港区2、3号泊位完成所有工程，进入工程收尾阶段。

2008年7月9日～10日，福州港江阴港区4、5号泊位工程与罗源湾港区可门作业区10、11号泊位工程初步设计通过国家交通运输部水运司组织的专家审查。

福州港江阴港区2、3号泊位工程是省、市重点建设项目，位于福清市江阴半岛南端，福建省深水港湾兴化湾的北岸，在2002年建成投产的1号集装箱泊位的西侧。建设规模为5万吨级集装箱泊位二个，并可靠泊10万吨级（第五代、第六代）集装箱船，如图1所示。设计年吞吐能力为80万标准箱。水工建筑采用大型沉箱重力式结构，堆场面积34万平方米（含1号泊位预留堆场），如图2所示，配备现代化集装箱装卸设备。

图1　靠泊10万吨级集装箱船

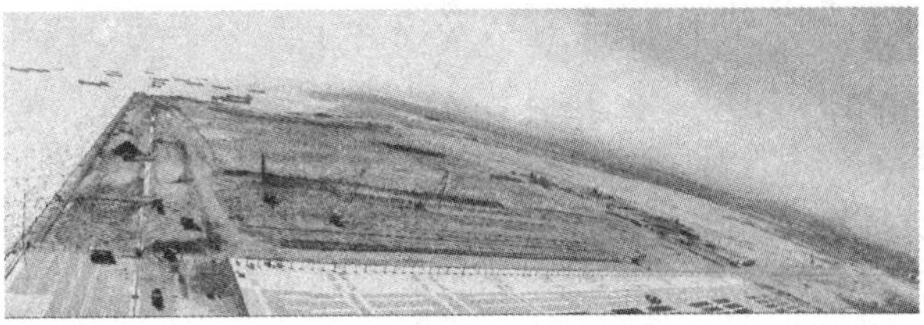

图2　34万平方米的堆场

福州港江阴港区4号、5号泊位工程是福建省、福州市预备重点建设项目，建设规模为10万吨级集装箱泊位（可兼靠第六代集装箱船），设计年通过能力为70万标准箱。水工建筑采用重力式大沉箱结构形式，如图3所示。

福州港罗源湾港区可门作业区10号、11号泊位是福建省“十一五”物流建设规划重点工程中唯一的煤炭专用码头和能源物流基础设施建设项目，规划建设10万吨级兼靠15万吨卸船泊位和5万吨级泊位各一个，计划2009年可全部建成投运。此外，可门作业区4号泊位为20万吨级（结构设计兼靠30万吨）卸船码头，5号泊位为5万吨级装船码头；码头设计年吞吐量2 000万吨，并留有发展余地；后方陆域面积约90公顷。该项目将于2010年投入使用。

图3　水工建筑形式

上述工程项目的建设对我省沿海在厦门港和福州港江阴港区形成两个主要集装箱干线港

口，在湄州湾、罗源湾形成两个散货转运中心和福州市“南集北散”的港口发展规划中具有十分重要的意义。

2. 加强软硬件建设，不断提升码头最大靠泊和通过能力

本着为船东和货主提供优质高效服务的目的，集团一直致力于不断加强泊位、堆场、设备和装卸工艺等方面的建设和研究，以不断提升码头的最大靠泊和通过能力，满足船舶日益大型化的需要。

2008年7月5日，福州新港迎来福州港史上最大的集装箱船舶“达飞雨果”号。该船舶效力于世界第三大海运集团法国达飞海运集团（CMA CGM），这艘总载重量达101 030吨的巨轮长334米、宽42.8米，最大吃水14.5米，满载箱量达8 478标箱。“达飞雨果”号的顺利靠泊，体现出福州新港的天然深水码头优势及在超大型集装箱船舶操作方面的卓越能力。达飞海运表示：达飞看好福州及周边地区良好的市场前景和发展潜力，同时也相信福州新港高水平的操作及服务能够为达飞海运的发展推波助力。

福州新港的卓越服务能力同样得到了中海集运的赞赏和肯定。2008年3月18日，福州新港在接卸中海集运的内贸干线船“新洋山”时，仅用9小时40分便接卸了1 707个自然箱，创下了179.9箱/小时作业效率新纪录。为此，中海集运特别寄来感谢信对新港的高水平服务表示衷心感谢。

集团的高标准硬件设施和服务能力也体现在散杂货业务上。7月6日，三台生产能力为2 100吨/小时的卸船机以及一台生产能力为3 000吨/小时的装船机运抵该福州港罗源湾港区可门作业区10号、11号煤炭专用泊位，这是福建省特种设备滚装有史以来最大的一次整机滚装上岸。不久的将来，广大中西部地区的货物便可以通过正在建设中的可门疏港铁路和向莆铁路从福州港进出口，为中西部企业提供了一条便捷的出海通道。江西已有3家大型钢厂有意选择可门港进行原材料的进出口。

3. 积极稳妥推进福州港外贸集装箱向江阴港区转移

从2008年2月底开始，世界航运旗舰——马士基航运（MSK）将其在福州马尾港区青州码头的外贸集装箱业务全部迁至江阴港区的福州新港国际集装箱码头运作，预计马士基2008年全年将有超过10万标准箱转移至福州新港。此举拉开了福州港外贸集装箱大转移的序幕。

为使福州港集装箱业务能跟上全球的发展趋势并得以持续健康地发展，将福州港闽江口内的外贸集装箱业务迁至江阴港区是福州港由河口港迈向深水港，实现“以港兴市”战略目标的必然选择。集团牢记国有企业所承担的引领带动作用的重任，根据福建交通控股建设海西现代物流体系以港口为龙头的要求，在福州市政府各级领导、部门和相关口岸单位的大力协助下，经过多方协调，集团最终推动福州港外贸集装箱进行战略性大转移。此举将促进江阴港区货源聚集，进而吸引更多的航运公司开辟新航线，降低货物的物流成本，为开拓福州港外贸集装箱业务发展空间提供了有利的条件。同时外向型产业在港口的集聚再次促进了箱量的增长，形成良性的可持续发展的局面。

4. 创新管理模式，发展内贸集装箱业务

受全球金融形势影响，今年以来全国各港口集装箱吞吐量增幅放缓，在此大环境下，集团的内贸集装箱业务取得了相对较好的成绩，特别是福州港马尾港务公司的内贸集装箱成为今年集团生产的一大亮点。

集团所属马尾港务公司的内贸集装箱占据了集团内贸集装箱的半壁江山。为做大做强内贸集装箱业务，公司在内部管理、堆场、设备等软硬件方面都采取了积极有效的措施。①在管理上有很大创新，实行按船名航次堆放箱柜的“单航次进出管理办法”，减少了翻箱量，提高了作业效率；②在服务上更加完善，对外实行24小时服务，以方便货主和提高堆场箱柜周转率；③充实装卸、机械司机等关键岗位人员并实行班制改革，增加每日工班班次，降低每班工人劳动强度，提高了装卸作业安全操作系数和效率。与此同时，公司还承租了6 000多平方米的堆场，扩大了堆场使用面积。通过采取有力的措施，2008年1月~10月，马尾港务公司共完成内贸集装箱吞吐量118 928标准箱，同期比增27.78%。

5. 发挥港铁优势，拓展散杂货的海铁联运业务

2008年，集团的海铁联运业务发展迅速，取得了可喜的成绩，截至10月底火车疏运完成109万吨，同比增长58.8%。海铁联运的货源种类也更加多样化，包括煤、焦炭、矿、叶腊石、萤石粉、镁球、白云石、沥青、纸、氧化铁皮、木片等。

集团长期致力于福建内陆地区以及江西等中西部腹地的货源拓展工作。集团连续两年在江西南昌参加及举办了福州港业务推介会。推介会上，福州港与江西省多家企业及相关政府口岸部门进行了充分交流，增进了了解，促进了合作并签订了业务合作意向书。推介活动旨在利用我港优势资源，发挥港铁优势，与江西相关行业建立共赢的业务合作关系，使中西部货源拓展工作有了实质性的进展。2008年，集团也多次组织业务人员深入到江西企业进行市场开拓，并定于11月29日再次参加闽赣两省对接会。南昌铁路局已经明确表态，鼓励三钢及江西大型工矿企业把福州港作为原材料与产品进出的口岸，在车皮的调度和安排上优先予以满足，保证港口货物的流动和畅通。南昌路局的大力支持使得福建内陆地区以及江西腹地的货源拓展工作更上一层楼。

6. 加快改革创新，推进集团体制机制变革进程

我们坚持以科学发展观为统领，遵循中国特色社会主义市场经济发展规律，努力转变思想观念、发展模式、领导方法、工作作风。

“十一五”以来，集团积极贯彻从传统运输业向现代物流业转型的战略思路，以体制改革为根本，加快港口基础设施建设，以信息化建设为支撑，积极推进集团的可持续发展。按照省国资委关于加快国有企业改制步伐的要求，制定了集团和下属单位的股份制改造和产权制度改革的三年实施方案。积极引入了中远等战略合作伙伴，开始了整体改制并推进上市工作。通过开展资源整合，进而以优质资产构建融资、发展平台。集团根据建设海西现代物流体系以港口为龙头的战略，积极吸引国内大型中央企业及国际大型企业，共同投资港口建设。集团以少量的资金吸引了国外、国内、央企、民企的资金达30亿投入了福州港的码头建设。目前，集团正在积极开展引进战略投资者，进行整体改制的各项前期工作。同时，集团也将持续不断进行其他配套改革，为集团体制机制改革做好铺垫。通过上下两个层面的改革改制，为集团全面均衡持续发展打好基础。

7. 深化管理，提升集团的品牌

敢于解放思想，不断开拓创新，是集团保持核心竞争优势的基础和前提。面临改制上市，集团更加需要进行管理创新，进一步优化原有的管理模式，坚持品牌带动，实现集团又好又快地发展。今年以来，集团继续按照国资委开展“管理年”的要求，扎实推进管理科学化。以信息化为支撑，坚持科技创新不动摇，增强核心竞争力，在福建交通控股海西现代物流体系的发展进程中，推进管理创新，实现可持续发展。

集团以“坚持安全发展”的指导方针，统揽安全生产工作，继续推进集团规范化、科学化管理进程，在现有质量、安全和职业健康的管理体系基础上，今年进一步建立环境保护质量认证体系，形成集团三位一体的管理模式，以适应现代化企业发展的要求，使集团的管理水平迈上新的台阶。

2007年底，集团本部及所属的福州港马尾港务公司、福建省砂石出口有限公司、福州外轮理货有限公司、福州迅腾网络科技有限公司5家企业顺利通过中国船级社质量认证公司年度监审。福州港台江港务公司、福州港务集团有限公司琯头分公司两家单位也在年底顺利取得质量和职业健康管理两位一体体系证书。2008年初，集团完成了管理体系内审专家库的建立工作，为全年顺利开展管理体系互审工作，确保体系整体正常运行提供保障。与此同时，为贯彻落实国家“环境保护”和“节能减排”战略，充分提高集团资源利用率，减少污物排放，实现节能降耗和清洁生产，降低或减少环境污染，履行环境保护社会责任，集团在质量、安全二位一体管理体系基础上，增加第三体系环境管理体系的导入工作，此举将有助于进一步提升集团综合竞争实力，树立行业环保形象，确保集团环境与经济的协调、持续和健康发展。

8. 发展港口物流业务，提高港区综合服务能力

随着现代物流业的快速发展，港口作为整个物流链的节点正发挥着越来越重要的作用。集团也在物流链上大做文章，加大区域和对外合作力度，建设港口物流信息平台，进一步推进总承揽、仓储堆存、集装箱延伸服务和货物监管质押等服务，为客户排忧解难，提高营运收入。集团重点从以下几方面开展物流业务：

(1)建设港口物流信息平台。福州市港口物流信息平台于2006年6月正式开通，它整合了福州港各涉港企业和相关航运物流企业的信息，成为目前福州港对外的唯一综合物流信息服务平台。平台是运用先进的信息技术和现代物流技术，充分整合、挖掘、利用福州港口的信息资源，以福州港务集团为主体，自主设计与开发了综合信息平台。福州市港口物流信息平台的推出，提高了福州口岸通关效率、区域物流运作效率和福州口岸物流数字化水平，推进了福州口岸现代物流发展，增强了福州港综合竞争实力。

(2)开展货物监管质押服务。集团所属的台江港务公司从2004年上半年就开始开展钢材货物监管业务，并在接下来几年中不断创新监管模式，由原来的客户向银行融资变为现在的向厂家融资，存货质押给厂家，由厂家与客户共同委托台司对存货进行监管，这样就进一步简化了客户办理此项业务的手续，更加有利于货物监管业务的开展。

(3)承揽全程物流业务。集团所属马尾港务公司改变传统经营理念，积极从多方面拓展港口物流业务。以海铁联运为切入点，运用现代物流理念，通过与泉州港口的港港合作，吸引大型干散货船靠泊泉州的港口后将货物分拨至马尾港，然后通过铁路运输的方式积极拓展大客户的散货业务。此项业务开展以来进展顺利，得到了客户的充分肯定。

9. 先行先试，福州港全方位打造对台服务品牌

福州港务集团认真贯彻落实海峡西岸科学发展的先行区和两岸人民交流合作的先行区的建设要求，从货运、客运两个方面，积极构建对台湾的高雄、澎湖、马祖三地的服务平台，树立文明窗口，打造省会城市对台服务品牌形象，取得良好效果。

福州港对台集装箱试点直航“福州—高雄”航线已经正式开通11年，累计往返船舶逾8 000航次，运载集装箱超过200万标准箱，承运中转箱年平均增长率达20%，成为两岸经贸交流日益密切的见证。2007年5月，“福州—澎湖”货运直航航线在福州港务集团琯头码头开通，对台服务面进一步得到拓展，琯头对台码头成为服务两岸的又一个重要窗口。在服务两岸试点直航过程中，福州港务集团始终坚持“三优先”：对台货物优先保证，直航船舶优先安排，对台工作优先部署，使福州港的对台服务水平不断提高。

福州港客运站是交通部指定的对台客运直航的定点港。2001年1月2日开通“马尾—马祖”小三通客运航线，七年多来，进出客轮3 000多艘次，运送台胞累计超过20万人次。福州港客运站长期坚持“六心”服务宗旨，即服务做到热心、细心、贴心，保证台胞来去安心、放心、省心，受到台胞的欢迎，也得到中央、省、市领导的肯定。近几年，中央、省、市等10多位高层领导莅临福州港客运站检察指导工作。近年来福州港客运站先后3次被交通部授予“全国文明客运站”称号，并获得“全国巾帼文明岗”、“福建省工人先锋号”等荣誉称号，2007年被福建省文明委确定为“创文明行业，建和谐海西”活动的示范点。2008年，“两马”航线投入新增运力，1～10月共完成1 047航次，同比增长59.6%，运送旅客58 387人次，同比增长24.20%。随着两岸“三通”形势进一步明朗，“两马”航线客流量明显回升，预计年客流量在5.5万人次以上，集团将投入资金改造福州港客运站，使其满足进出旅客需要。

福州港务集团通过一个个对台工作的特殊窗口，展示了福州省会城市形象和企业的品牌影响力，为增进两岸经济文化交流、方便台胞台商往来，为推动祖国统一大业，为建设海峡西岸“两个先行区”起到积极作用。

三、发展与展望

2008年，集团按照“好”字当头谋发展；改革创新谋发展；以人为本谋发展；统筹协调谋发展实践主题、重在持续、重在提升、重在运作、重在实效的实践要领、关键在“活”、关键在“和”、关键在“实”、关键在“人”的实践要求以及解放思想求先行、以人为本求先行、好字当头求先行、持续运作求先行的实践方向，坚持科学发展观，以“十七大”精神为指导，落实卢展工书记在省属国有企业专题调研重要讲话精神，按照福建交通控股“十一五”发展现代物流业、“打造以港口为龙头，江西湖南等内陆中部地区和台湾地区、长三角和珠三角、服务两岸的海峡西岸现代综合物流体系”发展战略，以项目带动和品牌带动为抓手，继续深化管理，不断改革创新，加快现代企业制度建设，加强节能减排和环境保护，促进了企业内外和谐和持续发展。经过持续拓展，福州港务集团已经走上了一条由河口港迈向深水海港的发展之路、走向中西部内陆无水港延伸之路，下一步还将牵手海峡对岸的港口走向共荣共赢之路。

2010年，集团计划完成货物吞吐量6 000万吨，集装箱240万标准箱，完成营业收入12

亿元，净利润1.2亿元，资产总额要达到68亿元，净资产总额达30亿元。

2020年，集团所属的福州南翼江阴港区集装箱码头、北翼罗源可门散货转运中心及他们对应的物流配送中心将成为海峡西岸经济区繁荣的经济带，集团将充分利用在中国沿海港口骨干企业的地位、在海峡西岸经济区中占有领先地位、在福州港内占有主体地位的优势，逐步建成现代股份制大型港口集团企业。

我们要把思想统一到“加快建设、争创效益、构建和谐”的中心任务上来，突出转型和创新，在贯彻落实科学发展观的实践中不断有新的作为，在海西建设实践中有新的成绩，在福建交通控股的领导下，通过福州港人的不断努力，形成海西经济区一道亮丽的风景线。

为中部崛起开辟黄金水道

武汉港务集团有限公司

一、企业介绍

武汉港是国家一类开放口岸，长江航运的主枢纽港。港口水陆运输条件优越，具有承东启西、联通南北、直达海洋的地理优势。武汉至上海长江干线常年可通航5 000吨级船舶，三条主要铁路干线（京广线、武大线、汉丹线）与港区铁路专用线连接，公路疏运及空运航线四通八达，构成铁、水、公、空立体交叉的运输网，历来是华中内贸物资运输、外贸转口的集散中心，是我国最大的内河港口之一，在国家中部崛起战略、黄金水道和武汉新港中地位极为重要。

经过30年改革开放和建设发展，武汉港是华中地区通江达海、干支相通的大宗散货、钢铁、件杂货、国际集装箱装卸、储存、中转及水陆旅客集散的枢纽港口。武汉港已经成长为布局完整、业务涵盖全面的现代化港口企业。属单位21个（分公司7个、全资子公司3个、控股企业7个、参股企业4个）。2008年共有员工4 507人。辖汉阳、汉口、阳逻、沌口、青山、左岭等港区，港区现有面积122.45平方公里，生产泊位43个，岸线长4 646米；库场总面积43.4万平方米；铁路专用线20公里；锚地3处、基地16个；各类大型装卸机械215台（套）；港作拖轮、驳船139艘。最大靠泊能力5 000吨级，一次系泊能力70万吨，设备最大起重能力50吨，集装箱吞吐能力50万标准箱，货物吞吐能力3 000万吨。主要从事集装箱、煤炭、钢铁、石油、化工、矿石、建材、粮食、化肥、件杂货等各种货物的港口装卸、仓储、运输、修理及清洗服务；水陆旅客中转运输、旅游及驳船水上编解队作业服务；经济信息咨询服务；油品贸易；港口发展和关联项目的投资；房地产行业建筑装饰；餐饮娱乐、机械加工和旅游广告等业务。

武汉港前身是武汉港务管理局，成立于1952年。1984年以前，武汉港一直是由交通部直管，是政企合一的港航单位，1984年，港口实行了港航分管。1988年，武汉港下放到武汉市，实行双重领导、以地方为主的管理体制。2002年4月，按国务院进一步深化双重领导港口管理体制改革的精神，政企分开，并进行了行政职能移交，组建了武汉港口集团有限责任公司，武汉港口集团有限责任公司是经武汉市国资委授权，从事国有资本运作和产权经营的企业法人。2005 年 4 月 29 日，武汉市国资委与上海国际港务集团、上海港物流有限公司签订了合资组建武汉港务集团有限公司的正式合同，注册资本 9.4 亿元，企业总资产 16.6 亿元，其中，武汉市国资委占股份 45%，上海国际港务集团占股份 30%，上港物流公司占股份 25%，6 月 18 日，武汉港务集团有限公司正式对外挂牌成立。

武汉港辖区范围（长江）上自水洪口，下至大埠，全长 145.5 公里，港区总面积 122.45 平方公里，其中陆域面积 1.75 平方公里，水域面积 120.745 平方公里。

二、改革历程

在改革开放 30 年的历程中，武汉港经历了由中央在汉企业到武汉市地方企业的转折，由计划经济到市场经济的转变，由传统传统企业到现代企业的涅槃。

1978 年党的十一届三中全会以后，武汉港进入新的历史发展时期。港口逐步对外开放，港口基础设施建设取得一系列成就，内部改革和企业管理不断加强，港口生产运输稳步发展。

20 世纪 80 年代以后，在“有河大家走船”方针的指引下，长江航运打破了封闭的格局。武汉港开始了由辉煌到阵痛到恢复到发展的艰难历程。

1980 年 4 月，经国务院批准武汉港成为对外贸易口岸；1984 年港辖区货物吞吐量于首次超过 1 400 万吨，1991 年 10 月 30 日，经第七届全国人大常委会第 22 次会议批准，对外籍船舶开放；1992 年 5 月，被正式批准为国家一类口岸。同年，7 月第一艘外籍船舶“日佳丸”号驶抵武汉港青山外贸码头，掀开了武汉港直接对外开放的序幕。

改革开放以来，港口新建了一批大型基础设施。1980 年～1984 年，兴建了汉阳 9～12 号框架直立式新型码头；投资 7 000 万元，建筑面积 4.3 万平方米，设计年运旅客 600 万人次，有“亚洲第一船”美誉的武汉客运港大楼，该楼是武汉市 10 大重点工程和第三景观工程。1992 年 1 月 10 日正式投入营运，成为武汉市这座滨江城市的标志性建筑。1987 年 7 月开工建设，1991 年 12 月竣工的青山外贸港区，是长江中上游最大的外贸港区。

1993 年港口装卸达到 1 840.8 万吨，在 1980 年～1993 年期间，武汉港经济效益良好，平均每年上交国家利税金额达到 1 052 万元，为国民经济建设作出了积极贡献。

1993 年以后，由于体制、机制、观念、管理和历史包袱等弊病逐步显现，港口发展明显的滞后，1998 年特大洪水后，武汉港吞吐量降至 1 377.7 万吨，陷入历史最低谷，这时武汉港已经连续亏损了 5 年亏损近亿元。在困难面前，武汉港人没有畏缩不前，而是提出了卧薪尝胆“三年扭亏”的目标。2000 年实行结构调整、减员增效，解决冗员过多等问题，经过努力，终于在 2001 年实现扭亏持平。2002 年，港口下放、政企分开，武汉港利用这次机会，实现了由原来政企合一的武汉港务管理局到纯企业武汉港口集团有限责任公司的转变，并于 2003 年实现武汉港集箱与上港集箱的合资，迈出合资改制的第一步。武汉港集装箱公司成立于 1996 年，到 2002 年集装箱量达 7.8 万标准箱。2003 年合资当年即达 11 万标准箱。货物吞吐量超过 2 000 万吨大关。2005 年，武汉港抓住国有大中型企业改革改制实现“两个置换”的历史性机遇，与上海港整体合资组建了武汉港务集团有限公司，从一个有半个多世纪历史的传统企业转变为一个充满活力的现代企业，从此掀开了武汉港发展的新篇章。

三、发展成就

回眸武汉的发展，是改革改制让武汉港浴火重生，凤凰涅槃。

经历了20世纪80年代港口的辉煌之后，整个90年代武汉港都处在艰难的徘徊之中，思想观念滞后，生产经营困难，历史包袱沉重，建设发展乏力。正是在这样的困难条件下，武汉港人经过了解放思想、转变观念、结构调整、内部改革等一系列探索，终于走出了一条合资改制，强企兴港的发展之路。

1. 生产经营连创新高

2001年~2008年集团生产经营已经连续8年持续增长。2007年，武汉港货物吞吐量占武汉地区的54%，而且承担了全市70%的集装箱进出口货运，成为目前武汉进出口货运主通道和主口岸。武汉港现有生产泊位50个，最大靠泊能力5 000吨，水域岸线6 184米，每年仅为武钢提供的矿石进口和钢材出港服务就达1 000多万吨，同时还承担着武汉石化、神龙汽车及我市核心增长极“两区一园”的物流服务的重任。

2001年完成431. 4万吨，2007年完成877. 34万吨，7年翻了一番，2008年1~11月份完成996. 4万吨，是去年同期的24. 74%；

吞吐量2001年完成1653. 7万吨，2007年完成2 633. 37万吨，上涨了60%，2008年1~11月份完成2 868. 8万吨，是去年同期的20. 49%。

集装箱量2001年4 7045标准箱，2007年为256 998. 75标准箱，增长了5. 5倍，2008年1~11月份为290 209. 5标准箱，比去年同期增长25. 33%。

2. 建设发展日新月异

投资1亿元兴建的沌口商品汽车滚装码头，已形成年13万辆商品汽车的滚装能力。与河南蓝天集团共同投资1. 14亿，兴建左岭危险品码头，建成3 000吨级的化学品码头泊位2个，年吞吐能力为50万吨。目前，武汉原有的危化品运量饱和，扩建左岭危险品码头二期工程将投资2亿元，建设3 000吨级兼顾5 000吨级化学品泊位1个和8万立方米液态化工储罐群，提升危化品运输能力。投资3. 35亿，建设集装箱年运输50万标准箱的二期改扩建工程。武汉阳逻集装箱建设项目正在积极筹措，项目总投资近11亿元，武汉港是主要投资建设单位。金口港区重件多用途码头，投资3. 1亿元，建设3 000吨级兼顾5 000吨级重件泊位和多用途泊位各1个，设计年吞吐能力96万吨，瞄准阿尔斯通武汉工厂生产的4 000吨级以上大件运输，阿尔斯通武汉工厂距离金口码头不过42公里，目前，武汉1 000吨以上重件没有正规的码头能够接卸，新建5 000吨重件码头可以填补这一空白。龙口危险品锚泊基地建设，一、二期工程总投资5 600万元，设置4艘趸船和1艘生活趸船，江轮锚地建设12个单船锚位，海轮锚地建设6个锚位，目的是为武汉80万吨乙烯裂解项目提供水上服务平台。目前，该项目正式通过海事局审批，具备建设条件。位于武汉港最西端的金口港区重件多用途码头即将于2008年下半年开工建设。该工程建设3 000载重吨重件泊位和3 000载重吨多用途泊位各1个，设计年吞吐量76万吨。工程投资估算27 318万元，建设期2年，2010年完工投产。

3. 合资合作取得突破

武汉港按照现代企业制度与规范公司治理的基本要求，加大二级单位改制力度，并取得明显成效。①2005 年 8 月，集团与河南蓝天集团有限公司合资组建了武汉港蓝天化学品码头储运有限责任公司，填补了华中地区无社会性公用危险品码头的空白；②2005 年 11 月，港务集团投资 3 100 万元，与荆州港合资组建盐卡集装箱有限公司，迈出了整合湖北省内港口资源做强集装箱产业的第一步；③2006 年 6 月，利用沌口油码头闲置资产，与湖北宏信石化实业有限公司合资组建了湖北宏港石化储运有限公司，2007 年，宏港公司通过增资扩股，为推动武汉市沌口经济开发区的加油服务、拓展区域油品贸易、创新增收模式奠定了基础；④2006 年 7 月，武汉港设计事务所与中交第二航务勘察设计院合资组建了武汉中交二航港务规划设计有限公司；⑤2007 年 2 月，为使武汉港客运站长途汽车站在场站硬件设施、线路业务范围、经营管理模式上实现根本性的突破，满足武汉市长途运输的需要，武汉港以现金出资与民营企业缘野公司合资组建了武汉港捷汽车客运有限公司；⑥2007 年 11 月，武汉港与中外运合资组建的武汉中港物流有限公司在解决武汉港原物流公司运行机制的同时，通过合资伙伴的市场资源做强做大区域物流产业；⑦2007 年 12 月，武汉港建安公司按照联大联强的思路与上海港工战略联手，组建了武汉港工建筑工程有限公司。

4. 精神文明硕果累累

集团获市级文明单位称号，集团被全总授予模范职工之家称号，被全总、湖北省总、长航工会分别授予“安康杯”竞赛优胜单位称号，被授予 2007 年度市“五一劳动奖章”单位，被市总工会授予和谐劳动关系企业等。

武汉港已进入了快速发展的黄金时期，正努力向“1365”战略目标迈进。“1365”即：呼应一个中心，“武汉航运中心”。确立三主地位，确立武汉港在武汉市港口企业群中的主骨架地位，在华中地区物流的主通道地位、在长江航运中的主枢纽地位。建设六大港区，以集装箱、散货装卸中转为主的汉阳港区，以水陆联运、旅游客运休闲娱乐为主的汉口港区，以汽车滚装为主兼顾件杂货运输服务的沌口港区，以集装箱、综合物流服务为主的阳逻（新）港区，以化工、危险品装卸为主的左岭港区，以钢材、件杂货装卸为主的青山港区。形成五大产业，集装箱装卸运输产业、散杂货装卸运输产业、港口物流产业、旅游客运产业、房地产产业。

目前，武汉港正抓住国家中部崛起战略、振兴黄金水道、建设武汉航运中心和建设武汉新港的历史性机遇，以改革开放的精神，乘势而上，做强做大港口企业，努力为湖北武汉地区的经济和社会发展多作贡献。

打造长江上游航运中心

重庆港务物流集团有限公司

一、集团基本情况

为加快重庆现代物流业的发展，建设长江上游航运中心，构建“枢纽重庆”，2006 年，重庆市委、市政府将重庆港务集团有限公司（原重庆港口管理局改制组建）、重庆物资集团有限公司（原重庆市物资局改制组建）、重庆市万州港口集团有限公司（原重庆市万州港务管理局改制组建）、涪陵港务管理局的国有资产进行战略重组，组建重庆港务物流集团有限公司。重庆港务物流集团作为一家市属重点大型的国有港口物流企业，承担着重庆市辖区内重要港口项目投资、建设、经营、对外招商和管理等职能职责，是重庆打造长江上游航运中心、商贸中心、物流中心最重要的支撑企业。

重庆港务物流集团主要以港口、航运、综合物流及其延伸服务为主，主要从事市政府授权范围内的国有资产经营、管理。码头和其他港口设施经营、港口旅客运输服务经营、在港区内从事货物装卸、驳运、仓储经营、港口拖轮经营、船舶港口服务业务经营，长江干线重庆至南京省际普通客船运输，长江上中下游及其支流省际油船、普通货船运输，无船承运业务经营。销售金属材料、电器机械及器材、普通机械、电子产品、化工产品及建筑材料、橡胶制品、木材及其制品及仓储服务等。

截至2007年底，重庆港务物流集团资产总额为58.7亿，拥有下属分、子公司36个，其中分公司6个，独资公司11个（其中，重庆港盛船务有限公司是目前长江上游综合运能最大的航运企业），国有控股公司9个（其中，重庆港九股份有限公司是我国长江内河首家公开发行股票的港口企业），参股公司7个，国有事业单位3个，分布在重庆市16个区县和三峡库区600多公里岸线范围之内。在册职工9 300余人。现拥有集装箱、重件、化工、散货、滚装等各种码头泊位181个（其中，寸滩港区是我国首家内陆保税港区的港区），港口综合货运通过能力为2 200万吨。其中集装箱110万标准箱，商品车30万辆，重滚10万辆。加上在建、拟建项目（“十一五”项目），码头泊位数可达到205个，综合货运通过能力可达到6 600万吨，其中集装箱211万标准箱，商品车55万辆，重滚40万辆。

2007年，重庆港务物流集团完成港口货物吞吐量2 373万吨，占全市港口货物吞吐量的37.3%，在长江内河30个主要港口中排第9位。完成港口装卸重庆港1 897万吨，集装箱吞吐量41万标准箱，占全市集装箱吞吐量的94.4%，在长江内河30个主要港口中排第4位。在重庆100强企业中排名第23位。是我国西部地区最大的内河主枢纽港，集装箱吞吐港。重庆港务物流集团是重庆市唯一的5A级现代综合物流企业。

二、改革30年历程

从解放初期到改革开放的30年中，重庆港和长江其他干线港口一样，归交通部管辖。

1978年7月，撤销重庆港务局革命委员会，恢复“重庆港务管理局”名称。

1980年8月经国家批准，重庆港正式开放为外贸口岸。重庆港成立外轮代理公司。

1983年8月，国务院正式批准交通部关于长江航运体制改革方案（《国务院批转交通部关于长江航运体制改革方案》国务院［1983］）50号文件）。在1983年春天，重庆市进行城市经济体制改革试点的同时，重庆市港口体制改革与重庆市经济体制改革同步进行。将重庆港务管理局升格为地市级单位，从长江航运管理局重庆分局划出，组建具有行政管理职能的港政管理机构，实行以交通部和重庆市双重领导，以交通部为主的管理体制。9月，经国务院批准，长江航运体制实行重大改革，实行港航分管，重庆港务管理局组建为“交通部重庆港口管理局”。

1984年2月，重庆市交通局所属“重庆市码头管理站”按原建制移交重庆港口管理局，成立码头管理处。3 月，交通部决定，重庆港口管理局隶属新组建的长江航务管理局，与重庆市人民政府实行地双重领导，计划单列，重庆港口局下属各作业区，先后组建为港埠公司。

1988 年，根据国务院批准国家经委、交通部《关于“长江港口管理体制改革的请示》（［1987］交河字 795 号）精神，重庆港口管理局下放重庆市，实行部市双重领导以市为主的管理体制，更名为“重庆港口管理局”。

1996 年 12 月，时任交通部部长黄镇东视察重庆港区后，在与重庆港领导班子座谈中，对新一轮港口体制改革试点提出了新的要求。

1997 年 5 月，交通部决定在内河选定重庆港进行新一轮体改工作的试点，并派出工作组对方案进行调研。7 月，重庆市人民政府和交通部向国务院报送了《关于实施（重庆市港口体制改革试点方案）的请示》，确定了按照政企分开、产权明晰、科学管理、理顺关系的原则，重庆市港口实行水陆分治，政出一门，归口管理，政令统一的管理体制。新的机构将目前政企合一的重庆港口管理局中的行政职能从重庆市交通局的港航行政管理职能中分离出来，组建新的重庆市港务管理局行使本行政区域内港航事业归口管理职能，原属港航经济实体，将按照现代企业制度的要求，分别改组为依法自主经营、自负盈亏、自我约束、自我发展的港埠企业。

2000 年，重庆市根据中共中央、国务院批准的《重庆市党政机构改革方案》（中委［2000］88 号文件）和重庆市委、市政府《关于重庆市党政机构改革方案的实施意见》（渝委发［2000］18 号文）精神，将重庆港口管理局承担的行政职能划入市交委，市委同时决定组建重庆港务（集团）有限责任公司。

2001 年 6 月，根据中共重庆市委企业工委《关于成立重庆港务（集团）有限责任公司委员会的通知》（渝委企（2001）128 号文件），设立重庆港务（集团）有限责任公司第一届党委会和董事会，并派驻监事会。

2002 年 10 月，重庆市人民政府正式批复同意重庆港口管理局改制为重庆港务（集团）有限责任公司（渝府［2000］177 号文），为市政府出资组建的国有独资企业。至此，重庆市正式按政企分开，建立“一港一政”的行政体制和多家经营的港口运行机制。

2006 年 6 月，重庆市人民政府决定将重庆港务（集团）有限责任公司与重庆市物资（集团）有限责任公司合并，组建为重庆港务物流集团。

2006 年 7 月，重庆市人民政府决定将涪陵港口管理局、万州港口（集团）有限公司成建制划入重庆港务物流集团。

三、改革中的重大事件——内河港口第一股“重庆港九”上市

1997 年 10 月，为积极推进经济体制改革和经济增长方式的转变，按照现代企业制度的要求，探索股份制在港口领域的实施，提高资本运作效率。重庆港口管理局通过了《关于成立重庆港九股份有限公司的决议》。拟由重庆港口管理局独家发起，采取募集设立方式，组建重庆港九股份有限公司。

1997 年 12 月完成重庆港九股份有限公司（筹）A 股发行的预选材料，上报重庆市人民政府和交通部。1998 年 1 月成立了重庆港九股份公司筹委会，具体负责重庆港九上市的前期工作。

1998年2月，重庆市人民政府和交通部同意重庆港公开发行股票，重庆市政府正式向国家经贸委、财政部和中国证监会行文，推荐重庆港九和主承销商所作的上市预选材料，上报中国证监会。

1998年10月中国证监会通过重庆港九包括收购客运总站方案在内的上市预选材料的批文。

1999年1月，经重庆市人民政府［1998］165号文批准，以重庆港口管理局为主要发起人，联合成都铁路局、重庆铁路分局、重庆长江轮船公司、张家港港务局共同发起的设立重庆港九股份有限公司，公司注册资金228 390 960元。

2000年7月10日，根据重庆市人民政府报送的重庆港九股份有限公司公开发行股票申请和申报材料，中国证监会以证监发行字［2000］101号文正式下发核准：重庆港九股份有限公司向社会公开发行人民币普通股股票8 600万股。

2000年7月14日，“重庆港九”股票每股以6.18元溢价上网发行，“重庆港九”募集资金达5.4亿。2000年7月31日，公司股票在上海证券交易所上市流通，公司股票简称：重庆港九；公司股票代码：600279。

重庆港九的成功上市，是重庆港务物流集团一次成功的转机，它使重庆港告别了只靠国家贷款建设的局限，开辟了向资本市场直接融资的新途径，解决了港口建设资金不足的矛盾，推动着港口企业由传统经营向资本经营相结合的经营方式的根本性转变，从而促进港口企业沿着市场经济的轨迹不断前进。

2005年7月底，重庆港务物流集团成立了重庆港九股权分置改革领导小组，制定出合理的股改方案，积极推进了股权分置改革。11月30日，在重庆港九股权分置改革相关股东会议上，审议通过了重庆港九股权分置改革方案。2月9日重庆港九股票正式复牌交易，对价股也正式上市流通，成为重庆市顺利完成股改工作的第四家上市公司。

目前，重庆港九股份有限公司是重庆市集水路、铁路、公路于一体，主要从事水上客货运输、货物装卸、内河货运、水陆中转、集装箱、物资、商品存储、物流配送等业务的港口企业。公司拥有集装箱、特重大件、散货、滚装、化工等4大专业化作业港区（其中，投资的寸滩港区是我国首家内河保税港区的港区），下属5家分公司、5家子公司、2家参股公司等。公司集装箱年通过能力为90万标准箱，拥有长江内河一次起重能力达180吨和400吨的两条特大重件装卸作业线，14座现代化码头，货物年吞吐能力为1 000万吨，仓储能力45万立方米。并且拥有功能齐全、设施先进的我国内河港口旅客通过量最大的水上旅游客运站，年通过能力为1 000万人次，是重庆长江三峡旅游的门户和主要通道。

四、主要成就

1. 港口主要经济指标快速增长

(1)货物吞吐量（万吨）的增长，如图1所示。

(2)集装箱吞吐量（万标准箱）增长，如图2所示。

(3)企业总收入（万元）的增长，如图3所示。

2. 港口码头装卸工艺实现了五个“率先”

(1)率先建造了长江上游第一座集装箱专用码头（九龙坡集装箱码头）。

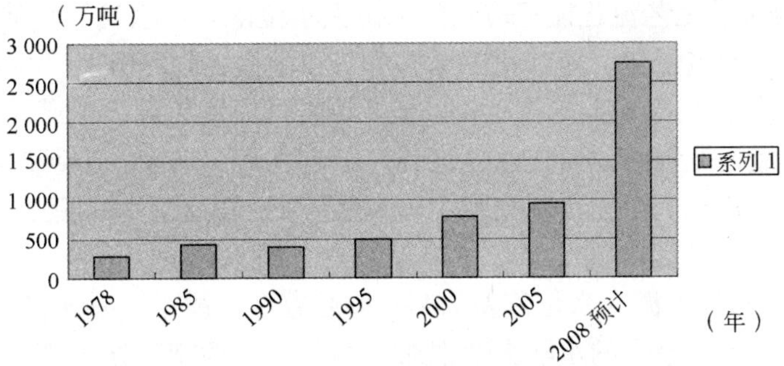

图 1　货物吞吐量示意图

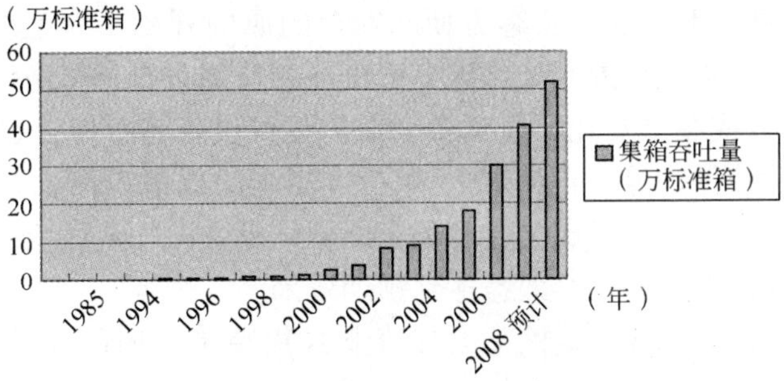

图 2　集装箱吞吐量示意图

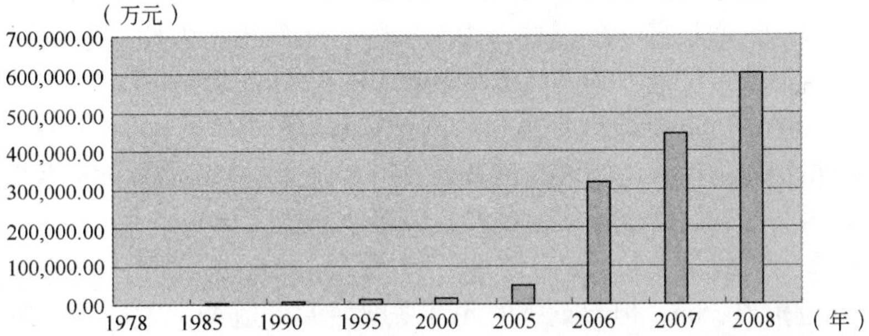

图 3　企业总收入增长示意图

自 1980 年重庆港正式对外开放，成为一类外贸口岸后，为满足内外贸适箱货运量的迅速增长，在九龙坡港区建造了长江上游第一座集装箱专用码头。其主要工艺流程如图 4 所示。

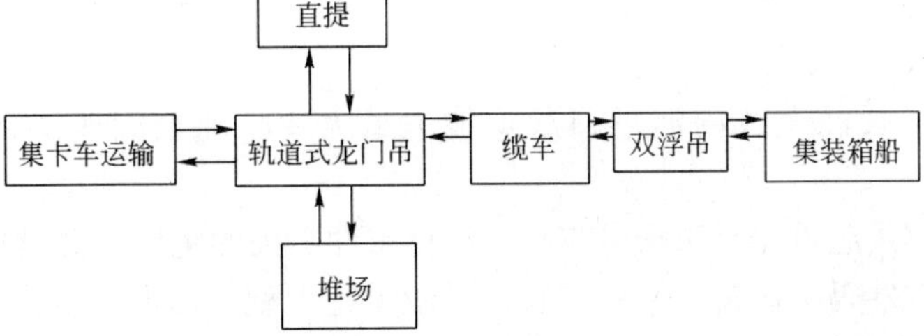

图 4　工艺流程示意图

集装箱专用码头的工艺流程能适应长江上游大水位落差的水流、水势、码头地形特征。全部作业流程基本实现电子化、无纸化的单据流转和远程、全程监控，并首次在集装箱码头采用横向单点牵引缆车方案，解决了大水位落差斜坡码头集装箱因偏载而可能产生的啃轨、脱轨等技术难题。经过七年的运营作业，该装卸工艺实用、先进，达到并超过年5万标准箱的设计能力，结束了长江上游无专用集装箱码头的历史。其工艺性流程在长江上游得到广泛采用。

(2)率先建造了长江上游大水位落差的第一座载客客运缆车（重庆港朝天门客运设施)。

由于重庆是长江上游最大的水陆交通枢纽，朝天门是西南地区最大的客运港区。过去，由于重庆江段水位落差大，客运设施落后，远远不能适应日益增长的客运交通要求。自1986年起，重庆港按照技术可靠、旅客方便、安全的原则开始了客运缆车方案设计工作。该缆车工艺是解决长江高水位落差码头旅客上下难题的首创，客车车箱采用4m×9m横向单点牵引，每次载客60人或载重6吨。缆车安全保护装置设有超载保护、钢绳断缆保护、防倾装置、坡顶保护、偏载保护等。自从1995年9月经交通部组织竣工验收合格投入运营以来，不仅方便了旅客的出行，而且成为党和国家主要领导及国外重要贵宾的水上进出重庆和两江游的主要窗口，经济效益和社会效益达到预期效果。

(3)率先建造了长江上游第一座桩基梁板直立式集装箱专用码头港区（重庆港寸滩港区)。

随着重庆市及西南地区经济的发展，内、外贸易的不断扩大，九龙坡港区集装箱码头已经不能满足集装箱运量增长迅猛的需要，根据实际，在参照国内外（海港）码头主要装卸工艺的基础上，建设了重庆港寸滩港区集装箱码头。码头排架结构采用挖孔桩基梁板直立式码头，码头前沿采用岸边集装箱起重机，水平运输采用集装箱卡车，堆场作业采用轨道式龙门起重机和集装箱正面吊车，空箱堆高机及拆装箱专用叉车等。直立式码头配置岸边集装箱起重机较斜坡式码头配置旋转式浮吊，装卸集装箱效率提高60%。

寸滩港区码头对传统集装箱装卸工艺的“率先”表现在：①寸滩码头最大水位落差达33.44m，常年水位落差25m，但起重机的起升高度最大可达43m左右，是对川江传统装卸工艺“禁区”的突破；②直接采用目前海港普遍使用的高效、大起重量的岸边集装箱起重机；③结合川江的大水位落差，加装配置了“船边遥控集装箱的对位、操作程序”；④采用了PLC编程控制和变频高效节能新技术；⑤为保证机械的供电和正常运转，首次使用10千伏高压电直接上机技术；⑥采用一次起吊两个集装箱（标准箱）吊具。

寸滩港区（一期）码头已运营两年，2008年预计可完成集装箱28万标准箱。目前，寸滩港区二期和三期工程、万州港江南沱口集装箱码头、涪陵黄旗码头等港区集装箱码头均采用上述方案。

(4)率先建造了长江全线内河港口起重能力最大400吨全旋转式浮式起重船及其重件码头 。

400吨全旋转浮式起重船是重庆港400吨级特重件码头的主要配套设施，于2002年2月投入使用。400吨重件码头运营，结束了长江上游无特大型浮吊船的历史，解决了长江上游沿岸的特大重件的装卸和吊运作业，为建设重庆长江上游航运中心提供了有力支撑，具有重要的经济和社会效益，为促进西部大开发和促进重庆市经济的发展发挥积极作用。

(5)率先建造了重庆市第一座专业化工码头——重庆港主城港区朱家坝作业区冯家湾化工码头。

为了满足重庆市调整产业结构布局的需要，有力推进重庆（长寿）化工园区建设成为长江上游规模最大、产品最全、技术最先进的国内一流的综合化工基地。于2007年初，开工建设了重庆港主城港区朱家坝作业区冯家湾化工码头（一期）工程，主要承接重庆（长寿）化工园区和晏家工业园区大宗化工材料和成品运输。该码头是重庆市第一座专业化工码头，采用长江中下游和沿海化工码头作用模式，工程建设3个3 000吨级泊位及相应的配套设施，其中1个散货、1个多用途和1个液体化工泊位，工程已完工，2008年底投产运行，年设计通过能力196万吨。

3. 加大基础设施建设力度，港口吞吐能力飞跃提升

在30年发展过程中，总投资41亿元，主要对老港区进行改扩建和新建一批重要港口基础设施项目，使企业港口整体通过能力飞跃提升。

(1)先后对九龙坡港区（总体技术改造一期和二期工程、滩脑壳大件码头工程、集装箱码头改扩建工程，使九龙坡港区年设计吞吐能力达300万吨、年集装箱运量吞吐能力22万标准箱，具有承担一次性装卸400吨大件货物的能力）、猫儿沱港区（一期改扩建工程，使猫儿沱港区年吞吐能力达180万吨，新增一次性储备50万吨电煤的堆存能力）进行改造。

(2)建设了寸滩港区（一、二期工程，一期于2005年底完工并投产，二期将2009年完工，港区集装箱年吞吐能力达70万标准箱，汽车滚装设计年吞吐能力30万辆，系重庆目前集装箱年吞吐能力最大的港区）和万州港江南沱口集装箱码头（一期工程，即将试投产，港区集装箱年吞吐能力达14.8万标准箱、件杂年吞吐能力达58万吨）以及重庆市第一座专业化工码头——重庆港主城港区朱家坝作业区冯家湾化工码头（一期工程，港区年吞吐能力达196万吨）。

(3)正在建设果园港区物流枢纽项目（一期工程于2008年开工，建成后将达到年通过能力199万吨）。

五、发展展望

1. 发展定位

建成长江上游最大的水运枢纽港和集装箱集疏港；建成西部地区最大、最有带动力、控制力和影响力、有实力的现代港口物流企业集团；成为重庆商贸中心、物流中心、航运中心、保税港区和临港工业发展的重要支撑。

2. 发展思路

紧紧围绕集团集装箱、航运、商贸物流核心产业定位，提升产业品牌影响力。进一步突出以集装箱、大件货物中转运输为重点，以散货中转、滚装运输等为补充的港口产业，力争3年内集团港埠类资产质量实现质的飞跃。稳步推进航运、商贸流通企业的投入，着力推进航运、商贸流通企业尽快实现由外延式扩大再生产向内涵式扩大再生产的方向转变，提高经济运行质量。拓展延伸物流链，提高物流业务附加值，探索并形成适合集团发展的独具特色的“第三方物流”。到2010年，实现资产总额、经营规模“双百亿”；货物吞吐量达到6 000

万吨；集装箱吞吐量150万标准箱，占全市93.75%；控制全市至少90%的集装箱通过能力和30%以上散货码头吞吐量。

重点开发建设以下项目：

(1)寸滩港区物流枢纽。总投资53亿元，总占地3.5平方公里，港口作业区及堆场2.5平方公里，保税仓储区1平方公里。建设规模：港口作业区集装箱通过能力200万标准箱。主要功能：保税港区的主要载体，承接西部外贸集装箱物流。

(2)黄谦港区物流枢纽。总投资70亿元，规划控制用地15平方公里（黄谦港区11平方公里、白市驿散货及市场群4平方公里），其中港口作业区及集装箱堆场1.5平方公里，件杂、散货和商品车堆场用地2平方公里，后方物流区8平方公里，市场群用地3.5平方公里。建设规模：港口作业区集装箱通过能力130万标箱、商品车滚装50万辆、汽车重载滚装10万辆、件杂散货300万吨。主要功能：集装箱铁水联运，集聚辐射西部、渝西内贸物流。

(3)果园港区物流枢纽。总投资45亿元，规划控制用地9平方公里，其中港口作业区及集装箱堆场2.5平方公里，件杂散货和商品车堆场用地2平方公里，后方物流区4.5平方公里。建设规模：港口作业区集装箱通过能力140万标准箱、商品车滚装100万辆、汽车重载滚装20万辆、件杂散货300万吨。主要功能：集装箱铁水联运，集聚辐射西部的内贸物流。

(4)万州红溪沟作业区三期工程。万州红溪沟作业区三期工程为市重点建设项目。项目计划总投资约5亿元。建设3 000吨级件杂货泊位8个，年通过能力600万吨；重滚码头1个，年通过能力30万辆。项目规划拟在2009年开工，2010年完工。

(5)朝天门旅游客运码头。朝天门旅游客运码头为市重点建设项目。项目计划总投资约4.5亿元。拟以朝天门嘉陵江沿岸现有一、二、三、四码头为基础，拆除嘉凌江水域岸线周边房屋，在原址修建标志性的朝天门旅游客运综合码头，提升重庆主城港区朝天门中心旅游客运码头形象。

航运企业

引　言

改革开放30年来，我国航运业发展迅猛，全国船舶总数由102 824艘增至191 800艘，净载重吨由1 593万吨增至11 881万吨。船队结构不断优化，大型化、专业化趋势明显。集装箱船队从无到有，从小到大，班轮航线遍布全世界。部分企业的经营、管理已达到世界先进水平。中远集团跨入世界500强。至2007年底，经营国内沿海跨省运输的企业约1 600家，经营内河跨省运输的企业约2 800家。从事国际海上运输企业约300家，远洋运输船舶达2 284艘。

一、国有航运企业

改革开放30年来，国有航运企业始终占据中国航运的主导地位。围绕增强企业活力和效率，理顺国家与企业之间的正确关系，先后采取了一系列改革措施。大体经历了三个阶段。

(1)扩大经营自主权阶段（1978年~1993年）。改革开放以前，国家对国有航运企业的人、财、物实行统一计划管理，盈亏都由国家负责，国有航运企业没有经营自主权。党的十一届三中全会以后，搞活国有航运企业基本上是沿着一条放权、减税、让利、改革企业外部经营环境的道路进行的。政府交通部门与国有航运企业签订承包经营合同，明确国家与企业，企业与职工的责、权、利关系，调动了企业和职工的生产经营积极性，增强了航运企业的活力，为航运企业进入市场奠定了初步基础。

(2)建立现代企业制度阶段（1993年~2003年）。国有航运企业改革向建立“产权清晰、权责明确、政企分开、管理科学”的现代企业制度迈进。国家实行“抓大放小”的方针，10年间，对国有大中型航运企业进行了建立现代企业制度改革，对国有中小型航运企业采取改组、联合、兼并、租赁、承包经营和股份合作制、出售等形式的放开搞活。特别是经过1998年~2000年三年的脱困攻坚，实现了国有航运企业的整体扭亏为盈，改革使国有航运企业充满了生机和活力，为国有航运企业持续快速健康发展打下了良好基础。

(3)国有资产管理体制改革阶段（2003年~至今）。中央政府和地方政府分别建立代表国家履行出资人职责，享有所有者权益、权利、义务和责任相统一，管资产和管人、管事相结合的国有资产管理机构。国有航运企业分别划归中央、省、市（地）三级国有资产监管机构管理。随着《企业国有资产监督管理暂行条例》等法规相继出台，国有航运企业逐步实施了企业负责人经营业绩考核、国有资产保值增值责任制，国有资产监管进一步加强。国有航运企业走上了又好又快的科学发展之路，进入了一个新的大发展阶段。

二、民营航运企业

改革开放前，中国没有民营航运企业。长期以来，只有交通部门专业运输企业才能进行营业性水上运输。改革开放以来，国家出台了鼓励集体和个人从事船舶运输的政策。民营航运企业迅速发展壮大，目前，全国民营航运企业（含个体经营者）已达10万余家。

1983年，交通部在全国交通工作会议上提出“有水大家走船、有路大家行车”的鼓励政策。1984年2月27日，国务院发布《关于农民个人或联户购置机动车船和拖拉机经营运输业的若干规定》。同年，交通部提出实行“各部门、各行业、各地区一起干，国营、集体、个人和各种运输工具一起上”和“多家经营、鼓励竞争”的方针。这极大地调动了个人和集体从事营业性水上运输的积极性，个体联户和水上运输集体企业如雨后春笋般破土而出，从而打破了营业性水上运输长期由交通部门专业运输企业经营的局面，极大地解放了运输生产力。

虽然有了国家和交通部政策的支持，但当时还处于计划经济时期，个体联户和集体企业起步维艰，在船舶购造资金、钢材、燃油、货源等方面困难重重。一是缺少买船资金；二是没有计划钢材；三是没有计划燃油；四是没有计划货源（因为货物都是纳入计划分配的）。除此之外，增加运力和开辟航线要层层审批，且难以得到批准。但个体联户和集体企业在夹缝中生存，利用国有大公司、大船经营的盲区，将船小的劣势转化为优势，以灵活的服务，不断开拓市场。

20世纪90年代中期以来，按照市场经济的要求和运作规则，中国鼓励航运投资和经营主体的多元化，逐步建立了航运市场的公平准入和竞争秩序，促进了民营航运企业的发展。国有中小型航运企业实行改组、联合、兼并、租赁、承包经营和股份合作制、出售等形式的放开搞活，大多数国有航运企业随着国有股份的退出，改制为民营航运企业。集体航运企业也相应进行了股份制改造，一些个体经营者实行了规范的公司化改革。一些民营航运企业充分利用决策的灵活性和快速性等优势，抓住水路运输大发展的机遇期，开始逐步走规模化、专业化经营道路，不断发展壮大。截至2007年底，已有3家民营航运企业跻身中国航运企业船队规模前10名，有1家进入前3名。

三、中外合资、合作和外商独资航运企业

中华人民共和国建国以后，航运市场国有航运企业一统天下。改革开放前，我国除建立了中波、中捷两家中外合资轮船公司外，严禁外商投资我国航运业，不允许其他所有制形式的航运企业存在。改革开放后，航运业对外开放的程度和领域不断扩大。交通部《关于从事国际海运船舶公司的暂行管理办法》于改革开放初期出台，国家鼓励强强联合，组建跨地区、跨行业、跨所有制和跨国经营的航运企业，允许多种所有制成分参股、合资、合作、合营（中外合资、合作、合营和外资独资航运企业暂除外），国有、集体、个体混合参股的航运企业开始大量出现。

从1985年4月11日开始，经批准允许外商以合资形式在华设立国际船舶运输企业，从事相关国际航运业务。1992年7月25日，交通部颁布实施了《关于深化改革、扩大开放、加快交通发展的若干意见》，提出按照对等原则，经批准允许外国船公司开办独资或合资船务企业。1995年，外经贸部、交通部联合发布了《关于外国船公司在华设立独资船务公司有关问题的通知》，明确了外国航运公司在华设立独资船务公司资格条件、审批手续和经营范围。2001年12月11日，《中华人民共和国国际海运条例》出台，以法规的形式对外商投资我国航运业作出了明确规定。截至2007年底，中国批准的国外航运公司在国内设立的独资船公司已达36家，独资集运公司7家，其中分公司71家。

改革开放的30年，中国航运事业实现了跨越式发展，中国正在从航运大国向航运强国转变。新世纪以来，"中国因素"对世界航运业的发展正产生愈益强大的影响。伴随着中国经济和对外贸易的持续快速发展，中国航运业一定会在全球范围内发挥更大作用。

外面的世界很精彩

河北远洋运输集团股份有限公司

一、企业介绍

1980年，河北远洋集团股份有限公司（以下简称河北远洋集团）在改革开放的春风中应运而生。从组建到成长，得到了河北省政府和交通部门的大力支持，历届公司领导和全体

河北远洋集团员工用智慧和勇气，用创新和无畏谱写了河北远洋集团的改革篇章。目前，河北远洋集团在国内沿海主要港口及香港地区设立了20余家子公司，员工总数达1 800多人，拥有和控制的运力达到150多艘船舶、1 500多万载重吨，居全国航运企业第三位，民营航运企业第一位。除经营海上货物运输和船舶管理业务外，河北远洋集团还积极从事国际贸易、船舶代理、船员劳务外派及货运代理等业务。10年来，河北远洋集团从实践中得出经验：唯有改革开放，才能重获生机。

二、改革历程

1. 制度改革，解放和发展了企业生产力

1998年初，为了挽救河北远洋集团，上级主管部门聘任高彦明接掌河北远洋集团，制定了三年扭亏目标，明确了责、权、利。针对计划经济时代遗留的诸多弊端，企业首先从改革内部管理机制入手，顶着压力，大刀阔斧地进行机构改革，撤并部门，精简机关人员，建立了机构合理、人员精干、各负其责、运转高效的企业管理制度。

2000年，在走出困境之时，企业不失时机地提出在全省交通企业中率先进行股份制改造。2001年1月，河北远洋集团正式注册为由国家、员工、管理者参股的股份制企业，从而大大调动了管理者和员工的积极性，生产力得到进一步解放。改制后，企业拥有了更大的自主经营和决策权，在瞬息万变的航运市场掌握了主动权，抢占先机，及时调整战略，实现了快速发展。

2006年初，河北远洋集团进行了第二次改制，国有资本全部退出，最终完成了由国有股份制企业改制为民营航运企业的进程。从1998年到2005年，企业资产大幅度增值，确保了改制工作顺利进行。第二次改制后，河北远洋集团的活力更加强劲，机制更加灵活，决策更加及时，运转更加高效。

2. 经营战略的转移构筑了企业腾飞的基础

1998年，河北远洋集团的经营中心转移到香港，实施“走出去”的发展战略。香港是世界航运中心和金融中心，是国际航运市场的前沿阵地。10年来，河北远洋集团利用香港这块阵地，积极开拓新货源和新航线，与国内外大型贸易公司、货主、经纪人建立了长期合作关系。同时，由经营小型杂货船向经营大型散货船和超大型油轮方向转变。1999年，船舶航线即覆盖了美国、加拿大，之后迅速扩大至全球，成为名副其实的远洋运输企业。承运的货物也从单一的杂货，发展到大宗散货、原油等，年货运量从41万吨上升到1 400多万吨。河北远洋集团还利用香港商家云集、信息灵的特点，在船舶买卖、租船等方面实现了新的突破。值得一提的是，河北远洋集团在利用国际资本的道路上迈出了坚实的步伐，通过香港的银行、外资银行和企业财团获得了企业发展的所需资金，既锻炼了公司运作国际资本的能力，也为高速发展提供了强有力的支持。

3. 企业规模迅速扩大

1998年，国际航运市场形势十分严峻，河北远洋集团面临着经营、资金筹措等诸多困难。企业低价购入了4艘船舶，首次购入巴拿马型散货船，成功进入了市场前景广阔的散货运输市场。1999年，河北远洋集团船队规模达到10艘、34万载重吨，跃居全国地方远洋运

输船队首位。2003 年引进了单位成本低、载货量大的好望角型散货船，成功进入大型散货船运输市场，实现了质的飞跃。2004 年购买船舶 13 艘，净增运力 260 多万载重吨，成为当年世界上最大的船舶买家之一，实现了历史性的跨越，并成功进入国际原油运输市场。2005 年购入了 10 艘船舶，运力总规模达到 42 艘、512 万载重吨，跃升为全国航运企业第三位。2006 年底，为了改善船队结构，加快向年轻化、现代化方向发展，河北远洋先后签订了 28 艘船舶建造合同，合计 524.3 万载重吨。其中，18 万吨好望角型散货船 16 艘，9.3 万吨超巴拿马型散货船 4 艘，30 万吨超大型油轮 5 艘，15.6 万吨苏伊士型油轮 3 艘。此外，还买入 7 艘船舶，增加运力 139 万载重吨，成为当年世界上最大的船舶买家之一。10 年间，河北远洋集团的超常发展，引起了世界航运界的瞩目。目前，河北远洋集团控制 150 多艘船舶、1 500 多万载重吨。

在发展船队的基础上，河北远洋集团还十分重视产业链的延伸，积极发展与远洋运输相关的国际贸易和船舶代理业务。一是在秦皇岛成立了太行贸易有限公司，主要从事铁矿石进口业务，将贸易与运输相结合。目前，在全国具有铁矿石进口资质的贸易公司排名中列第 18 位。二是在中国沿海港口城市大连、秦皇岛、天津、日照、上海等地设立了船代公司，初步形成了船舶代理业务网络。三是在秦皇岛和苏州建立了船员管理公司和培训基地，开展船员的培训和外派业务。现在，河北远洋集团已发展成为集远洋运输、租船、国际贸易、船舶代理、船员劳务外派等业务于一体的集团化企业。

三、发展成就

1. 经济效益大幅度提高

1998 年以来，河北远洋集团以经济效益为中心，强化经营管理，一方面积极开拓货源，努力增收；另一方面狠抓船舶营运，积极引导全体职工树立“船期就是钱，码头出效益，每等一天都是损失”的经营思想，各船舶在确保安全的前提下多装快运，快装快卸。河北远洋集团十分重视船舶疏港，千方百计地使船舶及时靠泊，加快装卸货速度，船舶效能得到充分发挥。经营管理的改善大大提高了企业的经济效益。1998 年受亚洲金融危机的影响，国际航运市场处于最低点，但就在这一年河北远洋集团一举扭亏为盈，实现了利润 66 万元。自此以后，企业经济效益连年大幅攀升，屡创新的纪录。

2. 员工队伍建设得到全面加强

1998 年以来，河北远洋集团贯彻以人为本的方针，把员工队伍建设提高到关系企业兴衰成败的战略高度，把培养和造就一支思想和技术业务素质过硬的员工队伍作为企业生存和发展的基础。集团提出：“企业最宝贵的财富是人才。企业的竞争说到底是人才的竞争，是整体素质的较量。”只有建设一支“铁军”式的员工队伍，即作风过硬、纪律严明、精诚团结、有能力、有水平、有责任感、能吃苦、能打硬仗，并有良好的服从性和服务意识，才能把企业办好。

1998 年以来，河北远洋集团员工队伍由 600 名发展到 1 800 多名。累计招收大中专毕业生 820 名、招聘各类专业人才 130 名。大中专以上学历员工比例由 47% 提高到 67%。船员职务晋升 500 人次，提升大副、大管轮以上干部船员 180 多名。船舶班子从当初只能配备杂货船的8套发展到可配备散货船的24套。累计投入教育经费达3 000多万元，轮训员工4 000多人次，举办船员安全培训班、英语培训班、电气焊培训班、机工和水手培训班、船长和大副培训班等各类培训班200多期。

10年来，员工思想观念发生了根本性变化，职业道德、职业技能、服从性、纪律性显著增强，涌现出一批优秀员工和许多“铁军”式的员工。正是这支整体素质较高的员工队伍，担当起了企业经营管理和发展的重任。

3. 管理水平不断提高

1998年以来，河北远洋集团摒弃企业原有的弊端，引入国际上先进的管理方式，推行强化管理、严格管理和精细化管理，并逐步向制度化、规范化和国际管理标准迈进，形成了具有河北远洋集团鲜明特点的管理思想和管理模式，对于促进企业的发展起到了重要作用。

集团管理得到强化，管理更加严格，牢固树立了“个人服从整体、下级服从上级、全船服从船长、各船服从公司”的原则。坚持“安全是企业管理永恒的主题”的方针，以安全工作为核心，把安全工作作为集团和各船的首要任务，大力加强船舶安全工作。1998年3月24日，河北远洋集团举办了第一期船员安全培训班，并逐步形成了安全培训制度。为提高管理水平并与国际管理标准接轨，从1999年起开始实施ISM，2005年初又实施了ISO 9001国际管理标准，建立了科学完整的质量安全管理体系。船舶管理采用了先进的PMS系统，安装了C-MAP电子海图系统。为使质量安全管理体系得到有效的实施，集团专门成立了质量安全监督部，专门负责体系运行的监督工作。集团监督员、机务主管建立了登轮检查制度，对每艘回到国内的船舶进行登轮检查，对于长期不回国的船舶，集团也及时派人到国外或委托当地验船师进行登轮检查。广大船员按照体系要求做好船舶现场管理，加强船舶的维护保养，尤其是加强大型散货船的结构性检查和维护。1998年以来，河北远洋集团安全生产保持了良好的势头，PSC检查、船旗国检查、Rightship检查都保持了良好的记录。作为一个管理着相当规模的老龄船队的航运企业，做到这一点是相当不容易的。

10年来，河北远洋集团管理水平和能力稳步提高，管理的船队规模逐步扩大，船舶种类逐步升级。1998年以前，集团管理单一的杂货船。而今，集团管理着一支包括巴拿马型、好望角型、超好望角型、OBO型、VLCC等多种船型的船队，特别是在老旧船舶方面，河北远洋集团管理能力突出，有着成功的经验，受到了业界的广泛好评。

4. 员工待遇大幅度提高

河北远洋集团一贯坚持走企业与员工共同发展、共同富裕的道路。1998年以来，伴随着企业的发展，企业员工（包括退休人员）的待遇每一次都及时地、大幅度地得到了提高。船长、轮机长休假可以享受坐飞机、软卧、出租车的待遇。2005年春节，集团给所有退休员工发放了高额慰问金，最高达10万元，最少的1万元。2001年实行股份制改革以来，企业资产大幅度增值，持有股份的员工得到了很高的回报。现在，员工们分享着企业带来的利益，分享着企业带来的自豪，大部分员工购买或更新了住房，许多员工买了汽车，达到了“四有”，即有房子、有汽车、有存款、有一份好的工作。

5. 形成了河北远洋集团特色的企业文化

1998年以来，河北远洋集团引入了先进的企业经营管理思想、管理理念、管理经验和管理方式，结合企业的实际，不断加强管理，逐步形成了独具特色、自我激励的一整套企业文化理念。把“不甘人后”作为企业精神，积极进取，大胆创新。员工主人翁意识、大局意识和社会责任感大大增强，纪律严明，爱岗敬业，团结协作。企业对员工高度负责，关爱员工。1998年，集团克服各种困难，想方设法为所有船长、轮机长和部分大副、大管轮解决了住房问题。在机关精简中，妥善安置富余人员，或充实到船队，或安置在下属公司，做到裁员不下岗。

河北远洋集团的企业文化对于统一员工的思想、规范员工的行为、激励员工奋发向上的精神，具有十分重要的作用，是企业重要的精神财富和发展的动力，也是企业建成百年老店的根基。

6. 企业社会责任得到充分体现

河北远洋集团把发展远洋运输事业视为历史赋予的责任，同振兴我国航运业乃至国民经济的发展紧密联系在一起，致力发展成为国家主力国际海运船队之一。2004年，集团将新接管的100多万总吨船舶全部加入中国船东互保协会，使中国船东互保协会承保的船舶一举突破1 000万总吨大关，支持了我国船东互保协会的发展壮大。及时将新接管的船舶转为中国船级社（CCS）船级，并把“河北创新”改造工程委托CCS进行技术规范校核和监造，从而使CCS以此为平台，建立了超大型散货船的建造规范，支持了中国船级社的工作。集团将绝大多数管理的船舶都转挂香港旗，推动了香港航运业的发展，获得了香港海事处及香港船东协会颁发的“单一最大船队船舶注册奖”。把进口石油运输安全视为己任，企业于2004年开始加快发展超大型油轮船队，当年就接管了5艘超大型油轮，传奇般地成功进入了国际油轮运输市场。

河北远洋集团不忘回报社会，尽社会责任。截至2008年9月，已累计为我国社会公益事业捐款达4 700万元。在我国贫困地区修建了23所希望小学，每年出资数十万元长期资助1 600多名贫困中小学生完成九年义务教育。同时，在我国的六所海运大学（包括大连海事大学、上海海事大学、集美大学、武汉理工大学、香港理工大学和台湾海洋大学）设立“河北远洋集团奖助学金”，年出资额为135万元。

7. 在国际航运市场树立起HOSCO品牌

河北远洋集团致力于打造与我国航运大国地位相符合的世界一流航运企业，成为国家的主力船队之一。集团的跨越式发展，受到了国内外航运界及相关单位的广泛关注。中央电视台就集团的改革发展作了专题报道，为国企改革提供了可借鉴的宝贵经验。近几年，国内外多家媒体如中央电视台、香港凤凰卫视、《人民日报》、《Fairplay》、《Lloyd's List》等多次采访报道了河北远洋集团及其负责人，赞誉河北远洋集团是世界航运界升起的一颗新星。国际航运界著名企业和机构纷纷与河北远洋集团进行合作。河北远洋集团作为成功的象征，在国际航运界逐步树立了HOSCO品牌。

河北远洋集团的快速发展业绩，赢得了社会各界的普遍赞誉。河北远洋集团先后被评为“河北省优秀企业”、“河北省明星企业”、“全国交通系统先进集体”等。

四、基本经验

1. 优秀的领导班子是企业成功的关键

企业成功的关键因素是要有一个好的企业领导班子。企业家的作用和功能就是将知识、技术、人力、物力、财力结合起来转变成财富，转变成推动社会进步的生产力。企业领导班子具有全球化的视野和对国际海运市场敏锐的判断能力，面对复杂多变的国际海运市场和企业艰巨而繁重的改革发展任务，采取了诸如转变观念、精简机构、改善经营、严格管理、确保安全、低成本扩张、调整船队结构、加强人才队伍建设等一系列富有成效的措施，带领集团全体员工，战胜了各种困难和风险，开创了河北远洋集团的崭新局面，实现了超常规的发展。

2. 坚持科学发展是企业做大做强做久的根本保证

1998年以来，河北远洋集团把发展作为第一要务，坚持科学发展、协调发展和可持续发展。企业审时度势，采取灵活的策略，市场反应迅速。在航运市场处于低谷的时候，实施低成本扩张；在市场高潮时期，坚持有效益的发展，高投入高产出，并实施加速船舶折旧，为后续发展奠定基础；在船舶经营上，实行规模化经营、拥有与控制船并举发展。在发展中，注重企业整体素质的全面提高，在员工队伍、企业信誉、企业内部经营管理机制、企业文化等方面加强管理，做到全面协调发展。

3. 加强合作是实现快速发展的捷径

航运业是资金密集型行业。河北远洋集团与银行等金融机构加强合作，综合运用了拆借、银行贷款、融资、船舶光租和期租等方式，很好地解决了船舶融资这一难题。通过与国内外知名企业的合作，有效地解决了专业管理人员和高级船员缺乏的问题。将船舶管理、船员配备业务外包给国外著名的船舶管理公司，使河北远洋集团顺利进入了超大型油轮市场并得以快速发展。

4. 高素质的员工队伍是企业发展的有力保障

企业和企业之间的差距就是人与人的素质差距，人才是企业成功的首要因素。经过10年的培养和锻炼，河北远洋集团员工队伍素质大幅提升，成为公司最宝贵的财富，为公司跨越式发展提供了有力的智力支撑。

5. 安全是企业发展的根本保证

航运业是高风险的行业。1998年以来，河北远洋集团把安全作为企业的首要工作，强化安全管理，不断完善安全管理机制和制度，安全生产保持了良好的势头，为企业的持续发展提供了有力保证。

6. 严格管理、团结协作是治理企业之道

要想在激烈的市场竞争中立于不败之地，取得良好效益，实现可持续发展，就必须严格管理，强化管理，彻底改变员工工作松松垮垮、马马虎虎的现象。河北远洋集团要求每一个员工都把工作做得再细致一点、再认真一点、再深入一点、再扎实一点。河北远洋集团的领导班子讲团结，中层领导讲团结，各部门讲团结，各船舶讲团结，船岸讲团结。团结协作为

企业产生了强大的发展动力。全公司齐心协力，开拓奋进，战胜了一个又一个的困难，取得了一次又一次的胜利。

7. 创新是企业发展不竭的动力

河北远洋集团特色企业文化是创新。在航运市场处于最低谷的时候，反守为攻，创新思路进行低成本扩张。在船舶经营上实行“拥有与控制并举”，走规模化经营道路。在船舶的技术改造方面上，河北远洋集团大胆创新，在世界上首次改装超大型油轮。根据国际海事组织的规定，2010 年后大多数单壳油轮将被禁止营运。河北远洋集团于 2003 年大胆提出将单壳超大型油轮改装成矿砂专用船，当时国际上没有先例，这一设想得到了中国船级社以及船舶设计、研发机构和专家的重视与肯定。2004 年 6 月，河北远洋集团将一艘新接入的 25 万吨超大型单壳油轮改装成超大型矿砂专用船工程在山海关船厂正式开工，将该改装轮命名为“河北创新”。“河北创新”轮投入营运近 3 年来，船舶的安全性和各项技术指标完全达到了改造方案的要求，经济效益显著。此后，一些航运公司也开始将超大型油轮改造为超大型矿石专用船。2007 年 9 月，河北远洋集团又成功完成国内首艘 30 万吨的超大型油轮——“河北伟岸”轮的双船壳改装工程。河北远洋集团参与设计出 18 万吨好望角型散货船主要规范，其主要技术参数优于日本和韩国的同类型船舶，具有当代国际先进水平，与传统的 17.4 万载重吨好望角型散货船相比，具有载重量大、船速快、耗油低的优越性。目前，船厂接获了 50 多艘该类船型的订单，为我国造船业创造了世界品牌。

五、发展展望

河北远洋集团正朝着成为一流国际航运企业的目标迈进。为实现这一目标，集团将努力适应国际航运市场的新变化，把握市场的发展趋势和规律，坚持成功的经验，不断完善自我，由成功迈向卓越。经济全球化进程的加快，我国经济平稳较快发展，国际航运市场发展空间广阔，为河北远洋向更高水平发展提供了舞台。集团拥有好的带头人、团结的领导班子，员工队伍日渐成熟，管理日臻完善，对未来更加充满信心。河北远洋集团必将继续发扬“不甘人后”的企业精神，努力成为国家的主力船队之一，扎扎实实把河北远洋做大做强做久。

抓住机遇　做强做优

浙江远洋运输股份有限公司

一、企业介绍

浙江远洋运输股份有限公司是浙江省交通投资集团有限公司的控股子公司，是浙江省成立最早、规模最大的国际航运企业。公司注册资本 4.5 亿元。经过近 30 年的发展特别是近年来的快速发展，公司已拥有一支以海峡型和巴拿马型散货船为主、总运力达 110 万载重吨的现代化远洋船队，公司在建 12 艘、212.8 万总载重吨的海峡型散货船将于 2009 年开始陆续交付使用。通过不断开拓，公司船队航区已覆盖全球，并在国际航运界逐步建立起良好声誉。

公司组织机构健全，依法设立了股东大会、董事会、监事会和经营管理机构。经营管理机构下设：董事会秘书室、证券部、综合事务部、财务部、内部审计部、人力资源部、市场发展部、党群工作部、航运部、安监部、船技部、ISM办公室等12个职能部门。截至2008年8月底，员工总数共800余人。

公司现有9家全资和控股子公司，主营国际海上货物运输，同时经营国际船舶代理、国际货运代理、船员劳务服务和船舶修理、供应等业务，致力于为客户提供全方位的优质服务。

二、改革历程

1. 改制前公司情况

浙江远洋运输股份有限公司的前身是中国远洋运输总公司浙江省公司，创建于1980年，是浙江省交通厅和中国远洋运输总公司各持50%股份的合营公司。从20世纪80年代到90年代末的10多年间，公司发展比较缓慢，仅拥有船舶运力6.7万载重吨，主要经营宁波至香港及宁波至日本的集装箱支线班轮运输。1989年，在公司原有三个货运部的基础上，成立了浙江远洋杭州、宁波、温州三个国际货运公司，并由经贸部批准为“一级货代”。1995年后，公司淘汰了高能耗的多用途船，购置了一批小型散杂货船，1999年起，公司购置了巴拿马型散货船，开始进入大型散货船运输市场。

20世纪90年代后期，无论外部环境还是内部环境，公司都遇到了前所未有的困难。主要表现在：

(1)国外班轮公司纷纷进入中国市场开辟集装箱干线班轮运输，凭借强大的规模优势取得了竞争优势，国内船公司集装箱支线运输难以为继。

(2)1997年发生的东南亚经济危机导致世界经济衰退，严重影响了国际航运市场。公司较长时间处于微利甚至亏损的状态。2000年，代表国际干散货市场的波罗的海巴拿马型船指数徘徊在700多点。当年公司利润只有18.43万元。

(3)合营公司在决策机制等方面的体制机制劣势严重束缚了公司的进一步发展。随着市场经济的发展，对外开放程度的进一步深化，国有企业运行机制的不适应性逐渐凸现出来。虽然由于船队结构的调整及经营范围的扩大使公司经营出现一定的转机，但由于企业的运行机制没有发生根本性的改变，尤其是产权制度没有发生改变，公司无论是规模还是市场竞争能力，都没有得到有效提高，也难以形成新的利润增长点。

2. 改制后公司情况

2000年，公司按照浙江省政府关于加快省属国有企业改制的精神，正式着手企业改制工作。经浙江省交通厅批准，公司自2000年12月31日开始改制，至2002年4月改制更名为浙江远洋运输有限公司。2008年1月，经浙江省国资委和浙江省交通投资集团有限公司批准，通过增资变更为浙江远洋运输股份有限公司。2007年，由公司控股的宁波船代、宁波货代、宁波船供、温州货代等控股子公司，通过改制后真正成为独立的经济实体。

改制时，公司经历了不少困难。由于当时航运业长期处于低谷，很多职工对改制后公司的前景忧心忡忡，对入股并不积极。为吸引广大员工认购公司股份，公司采取各种形式大力开展思想工作，宣传改制对国家、企业和个人的好处，只有改制才是公司唯一的出路。同时，公司派出改制工作小组，到每艘船上进行宣传动员，公司主要领导还亲自到公休的船长家中宣传改制对公司生存和发展的重要性和必要性。尽管公司作出了最大的努力，但仍有200多名员工最后放弃认购公司股份，占当时员工总数的30%以上，其中100多人选择离开公司。公司虽然在改制过程中遇到了困难，但始终把改制作为公司再创业的起点，始终坚信只有改制才是公司的根本出路，才能给公司带来生机和活力，才有可能使公司在激烈的市场竞争中立于不败之地。凭此信念，公司最终完成了改制。

改制后，公司成为产权清晰、权责明确、法人治理的有限责任公司。公司经营者和全体员工的思想观念起了根本性的变化，公司真正成为市场经济中自主经营、自负盈亏的经济实体，得到了前所未有的快速发展，公司的竞争能力大大增强，盈利能力和经济效益也大大提高。所有这些，都是改制前无法想象的。

为规避航运市场风险，增强抗风险能力，公司于1999年确立了“海陆并举，走向世界”的战略方针。1996年6月，成立了远洋房地产开发公司，先后在杭州、龙游、临安、常山、千岛湖等地开发房地产项目，相继成功开发了“远洋大厦”、“远洋现代城”、“远洋山水”及“远洋新天地”等房地产项目。公司各房地产项目的成功开发，大大提升了公司的知名度。其中位于杭州市金融街上的22层远洋大厦，除公司总部自用3层外，其余全部出租，近几年来，该大厦始终保持着100%的出租率，每年为公司带来近2 000万元的租金收入。公司抓住了房地产市场大发展的有利机遇，不仅创造了可观的经济效益，还有效化解了国际航运市场的风险。

三、发展成就

自2000年改制以来，公司立足市场，抢抓机遇，开拓创新，团结拼搏，不断探索发展的新思路。通过努力，公司发生了巨大的变化，船队规模和市场竞争能力不断增强，现已成为浙江省船队规模最大的国际航运企业，公司逐渐步入了持续、健康、快速发展的轨道。

1. 船队规模不断扩大

公司通过改革产权制度、完善治理结构，抓住机遇，立足市场，取得了长足的发展，船队规模不断扩大。1980年，公司首艘杂货船“姚江”轮自宁波首航香港，标志着浙江远洋船队正式起航，结束了浙江外贸货物主要通过上海口岸海运进出口的历史。1984年，公司多用途船“浙鹂”轮开辟了宁波至香港集装箱班轮航线，首创了浙江口岸的集装箱班轮航线。1998年，公司船队达到6.7万载重吨的运力。自1999年以来，公司作出了航运主业向大型散货船方向发展的重大战略决策，船队迅速扩张，公司相继购置了“大浙江”、“丽浙江”等10艘载重吨为6.5万吨级至8万吨级的巴拿马型散货船，成功进入了大型散货船运输市场，实现了全球经营，成为真正意义上的远洋运输企业。2005年起，公司相继购入“浙远杭州”、“浙远宁波”、“浙远温州”和“浙远舟山”四艘海峡型散货船，成功进入海峡型散货船经营领域。到2007年，公司船队规模发展到了110万载重吨，航线遍布全球，公司规模不断扩大，抗风险能力和可持续发展能力均得到了很大的提高，在国际航运界逐步建立起良好的声誉。经济效益持续增长，2007年创利达历史新高。

2. 企业效益大幅提升

近年来，公司在不断提升市场占有率的前提下，经济效益也得到稳步提高。2002 年完成利润总额 2 149 万元，是上一年的 116.6 倍。2007 年，公司完成利润总额 8.42 亿元，创利润达历史新高。

四、基本经验

1. 加强政治思想工作，充分发挥党员的先锋模范作用

随着国家改革发展的不断深入，公司 28 年的发展历程，经历了由计划经济到市场经济的转变，完成了由国有独资企业到股份制企业的转变。回顾改革改制发展时面对的诸多复杂的问题，面对员工的思想观念、人生观、价值观的深刻变化，靠的是公司党委在思想上、行动上的正确领导。公司党委不但重视公司机关党员队伍的建设，同时坚持把党支部建在公司的每一艘船舶上，充分发挥了党支部的战斗堡垒作用和党员的先锋模范作用，牢牢把握了公司的政治航向不偏航，确保了改革改制的成功，确保了船舶安全生产的稳定。

2. 抓住机遇，做强做优航运主业

公司经过这些年的发展，在国内外业界有了一定的知名度，企业规模在浙江省同行业中稳居第一，在国内名列前茅。从改制初期至 2004 年，公司购置了 6 艘 6.5 万至 8 万吨级的巴拿马型散货船、2005 年至 2006 年，又增添了 4 艘 15 万吨级的海峡型散货船，通过这些年的努力，公司拥有了一支以巴拿马型散货船和海峡型散货船为主的 110 万载重吨的船队，总运力在浙江省位居第一，在全国航运企业中位居第五。公司所经营的航线，除 1 艘小型木材船经营东南亚航线外，其余 11 艘大型散货船均从事环球大宗散货运输。2007 年初以来，公司订造了 12 艘海峡型散货船，订造新船的总载重吨为 212.8 万吨，将于 2009 年起陆续交付。这些新船的交付，将实现公司船队向大型化年轻化方向发展的目标。为进一步突出航运主业，避免与公司控股股东浙江省交通投资集团公司旗下的浙江金基置业有限公司（房地产企业）同业竞争，以更加符合上市要求，公司于 2007 年 11 月 15 日在浙江省产权交易所将 5 个房地产开发项目公开拍卖，获利 5 个多亿，回笼资金近 10 亿，进一步增强了航运业务的发展后劲。

3. 坚持和深化制度改革，焕发了企业活力

通过产权制度的改革，企业与员工的利益紧紧地结合在一起，形成了合力，极大地调动了广大员工的积极性和主观能动性，使员工视企业为家、以企业为荣，给企业带来了生机和活力。

（1）改制提高了员工的凝聚力，充分调动了员工的工作积极性。公司改制后，员工以企业发展为己任，主人翁责任感更强了，生产工作积极性更高了，企业经济效益屡创历史新高。改制 6 年来，公司实现了“国家增收、企业增效、员工增利”的目标。正是由于实行了产权制度改革，从而增强了员工的凝聚力，激发了员工的工作积极性和创造力，企业呈现出一片勃勃生机。

（2）改制使决策机制发生了根本性的变化。公司建立健全了法人治理结构，用公司章程和基本规章明确了董事会、股东会、职代会和经营管理机构之间的关系，形成层级分明、制衡有效、运转协调的决策体系，实现了决策机制的规范化、科学化。

(3)改制提升了公司驾驭市场的能力，为抓住发展机遇，做强做大企业奠定了基础。发展是硬道理，能否保持企业长期稳定发展是改制成败的根本标志。企业为改制而改制，不求发展，满足现状，肯定没有前途，企业必须有自己的发展目标。为此，公司在改制后制定了“海陆并举，走向世界”的发展战略。在航运主业方面，努力扩大船队，发展全球航线；同时在房地产市场较为低迷时进军房地产行业，抓住了房地产行业发展的大好机会。

4. 坚持安全发展，不断完善安全管理体系

公司认真贯彻落实“安全第一、预防为主、综合治理”的安全生产方针，树立“生产必须安全，安全促进生产”的思想，使安全工作实现全员化、全方位的管理，确保生命和财产安全。根据国家有关法律法规的规定，结合本公司现状，制定出符合本公司实际的安全生产工作制度。

根据国际安全管理规则，公司于1998年建立了安全管理体系，并通过了国家主管机关及授权机构审核组的审核，获发公司DOC及船舶SMC证书。自从建立安全管理体系以来，公司船舶及岸基部门严格按照体系文件的要求进行操作，定期通过内审及有效性评价，查找体系运行中存在的问题和缺陷，并及时地开展管理复查，以确保体系文件的不断完善，确保公司安全管理体系符合国际、国内公约和法规，真正实现ISM规则中所要求的保证海上安全、防止人员伤亡、避免对环境特别是海洋环境造成危害及对财产造成损失的目标。

5. 建立健全现代化企业管理制度，增强可持续发展能力

治理能力，是企业生存的第一要素。数年来，面对竞争日益激烈的国际航运市场，公司通过优化船舶资产结构，抓住机遇，船队规模不断扩大，引进了先进现代航运企业的管理理念。公司逐步建立了以现代企业制度为标准，以制度创新为重点，结合本企业实际的新的法人治理结构，形成了制度化、规范化、科学化的企业管理模式，使得船舶技术管理、航运经营、安全质量管理、船员管理等职能有效结合。公司真正成为了自主经营、自负盈亏的法人实体和市场竞争主体。

五、发展展望

公司虽然取得了快速的发展和良好的经营业绩，但国际航运市场的环境是瞬息万变的，要保持企业可持续发展，就必须进一步深化改革，提高公司的核心竞争能力和抵御市场风险的能力，保持企业可持续发展。

1. 制定船队发展规划

公司规划经过5年的时间，逐步淘汰现有船队中的老龄船舶，并视市场情况继续从新造船市场和二手船市场增添运力，力争使公司成为拥有一支由大型散货船组成、平均船龄控制在10年以内、规模达500万载重吨左右船队的现代化航运企业。

航运业是一个高风险的行业，国际航运市场受世界政治、经济的影响而起伏很大、变化莫测。以波罗的海交易所发布的海峡型船指数为例：2000年年底指数仅为700多点，到2008年6月初创历史最高点近20 000点，但在两个月后的8月，却又下跌到10 000多点。加上原油价格的高企，未来国际航运业面临诸多不确定的因素，形势严峻。公司努力扩大船队规模，降低船龄，以规模效应来抵御和安全度过可能出现的市场低谷，并以全新的面貌来迎接下一个市场高峰的到来。

2. 努力实现企业IPO上市

要实现公司船队发展规划，保持企业健康、快速、可持续发展，提高核心竞争能力和抵御市场风险的能力，除了依靠传统的银行融资外，必须加大在资本市场中直接融资的比例。公司前几年的快速发展使负债率居高不下，且新船的订造继续考验较高的负债率。必须寻找其他合适的融资手段，特别是要增加直接融资的比重。为此，公司提出了IPO上市计划，期望通过资本市场这个平台，吸收低成本资金，从根本上改变公司的融资方式，从而优化船队结构，扩充船队规模，巩固和提高船队的盈利能力，全面提升公司的价值和市场竞争能力。目前，上市工作正在有序地推进中。

3. 加快人才队伍建设

船队的快速发展使公司对航运人才尤其是高素质船员的需求增大，并且对人才的数量和质量都提出了新的要求。目前，公司的高级管理人才相对匮乏。因此，要根据公司船队的发展规划，制订出与公司船队规模相匹配的船员培养与引进规划，在加强水上专业学生招聘力度的同时，努力发现和引进优秀的船员，造就一支技术、思想过硬的船员队伍，以适应公司发展的需要。同时，要以上市企业和现代企业规范的要求，合理调整及设置管理部门，积极培养和引进各类管理人才。

4. 加强服务于公司总体发展战略的企业文化建设

多年来，公司始终奉行“海纳百川、大道致远”的核心价值观，将企业打造成为在浙江省首屈一指的国际航运企业。今后将更加努力培育企业文化，为把公司建设成为具有国际竞争力的一流航运企业提供文化支撑，以促进公司持续、协调、快速发展。

5. 勾画公司愿景

公司在2008年提出了“555”目标，即通过全体员工的不断努力，使公司船舶总载重吨达500万吨，每日利润达500万元，并通过上市融资使公司市值达500亿元。公司将继续力争上游，以成为国际一流航运企业为目标。相信通过不断的努力，公司的战略目标一定能够平稳、健康、快速的实现。

龙跃沧海冠群芳

福建冠海海运有限公司

一、改革开放，龙跃沧海

28年前，它仅仅是福建连江县上一支并不为人所熟悉的海上运输队，一艘载重近百吨价值仅10多万元木机船就是它全部的家当。28年后的今天，成为福建省自有运力规模最大的海运企业。它就是与改革开放同起步、共繁荣的民营航运企业——福建冠海海运有限公司（原名：福建省琯头海运总公司）。

目前，福建冠海海运有限公司（以下简称冠海海运）拥有固定资产近20亿元，拥有包括好望角型、巴拿马型、灵便型散货船以及支线集装箱船舶在内的各类船舶17艘，总载重吨超过96.6万吨。从2004年至今，公司的总运力规模和自有船队在全国航运企业运力规模排名表中均列前十位，已成为全国知名的从事国际、国内沿海、港澳台航线运输的专业化航运企业。

冠海海运以“经营国际化、业务多样化、管理现代化”为发展目标，坚持“忠诚守信、开拓奋进”的企业文化，坚持信誉为本、忠诚为先的宗旨，实施“立足国内、面向国际”的战略经营和资本经营，为国内外客户提供“安全快捷、优质高效、合理周到”的国际和国内海上运输服务。公司实行董事会领导下的总经理负责制，公司1999年开始按照ISO 9000国际标准和ISM规则的要求全面贯彻运行安全管理体系，通过了国际安全管理体系认证，取得了航行国际航线的（DOC）证书。公司拥有训练有素、能操纵大型和超大型船舶的优秀船员、水运管理和船舶修造等专业人员800多名，其中拥有大专学历和中等技术职称的各类专业技术人员436名，高学历、高素质、经验丰富的高级管理人员和拥有高级职称的技术人员60多名。公司在内部建立了航运管理系统的内部局域网络，实现日常管理工作的科技化和电脑化，极大地提高了工作效率。公司坚持实施“船货结合，双方共赢”的诚信经营方针，为国内外客户提供海上矿石、煤炭、河沙、化工品、钢材、轻工品等散杂货运输和集装箱支线运输服务。赢得了宝钢、漳州后石电厂、国电可门电厂等一批大客户的信任，为公司未来发展赢得了空间。

发展中的冠海海运不满足于单一的航运业，把自己的触须伸向了更加广阔的市场，在造船工业、旅游业、房地产等领域都出现了冠海的身影。公司自2005年12月开始，筹建福建冠海造船工业有限公司，采用一次规划、分区分期建设；以规划带动项目，以项目推动规划，以造船为主、多种经营、滚动发展的模式投产，到2006年9月便实现开工，2007年2月冠海造船企业的生产条件，已通过福建省经贸委的专家评估，达到国防科工委《船舶生产企业生产条件基本要求及评价方法》要求，并被正式授予“一级Ⅱ类钢质一般船舶生产能力企业”。2007年12月实现了第一艘自主设计、建造的世界水平的高智能70米大功率海洋多用途工作船下水。首制船于2008年4月完工出厂，实现了零的突破。福建冠海造船工业公司2008年交船预计可达8艘，产值可突破10亿。冠海造船工业不仅接受客户的订单，也为自己的航运业造船。工程全部完成，将形成年造船能力25万~35万吨，年工业产值20亿~30亿元，创汇2.5亿~3.8亿美元的生产规模。

由冠海海运全资开发的宝龙房地产开发公司，在福州的连江琯头镇福温高速公路琯头出口侧面，国道路旁，上风上水的地域，高起点开发“冠海城”楼盘，开发三期，15万平方米，以高销售率，成为当地最为畅销的楼盘。为了推动公司所在地域经济发展，2008年9月公司与福州市连江县人民政府签订新的造船项目，决定在福建省连江可门经济开发区投资冠海造船项目。项目总投资5亿美元，拟建设30万吨、20万吨修船坞各一座及海洋钻井平台建造坞一座，配套码头5个泊位。年修船144艘，修船产值约1.5亿美元；年造船量90万载重吨，年造船产值约11亿美元，这将带动冠海公司新的一轮创业高潮。

目前，冠海海运形成了以海运业为主，包括造船、商贸、旅游、房地产业在内的多元化、集团化经营格局。

二、起步艰难 开拓发展

公司抓住改革开放的良好机遇，坚持不屈不挠、不甘贫穷、不畏艰难的创业精神和忠诚守信的理念，运用智慧和毅力抓住了几次关键的发展机遇，成功实现了几次重大战略转型，成就了今天的业绩。

1981年，福建闽江口渔业资源濒于枯竭，迫使连江县琯头镇壶江渔村的渔民们必须作出抉择：离开大海、另谋出路，还是利用大海，寻找能够发挥优势的生存突破口。林财龙同志毅然选择了后者，放弃镇经委主任的职务，带领亲朋好友，多方筹集资金办海运。当初，镇里援办海上运输队的资金只有1.5万元，而买一条木船也要10多万元。为买船，经营者几乎卖掉了全部家当，乡亲们也纷纷倾其所有，有的人甚至把作为婚嫁信物的金首饰也变卖了，终于凑足13万元买下一条载重近百吨的木机船，办起了海上运输队。运输队头回出外海跑运输，因销售了1吨自产的虾皮，在当地竟被当成“投机倒把”，人被扣，又遭罚款，经多方疏通才得以放人了事。就是在如此窘迫与艰难中走出了海运的第一步，但也就此拉开了发展的帷幕。

改革开放初期，国家仍然实行严格的计划经济管理，水运市场开放程度不高。作为一家非国有企业，当时在实际运营中受到不少制约，存在很多困难。要购买的运输船，必须由交通部门一层一层地审核或审批，手续烦琐，而且有时还很难得到批准。要跑的航线，也得逐级审核或审批。当时，上海、天津等重要港口长期以来一直不让民营小船直靠，如运货到上海，必须通过南通中转。在货源方面，与老牌的国有大企业相比，小民企很难寻找到大宗稳定的货源。此外，当时民营企业没有融资的渠道，没有政府的补助。冠海海运起步十分艰难，走的是资金自筹、货源自找、船舶自购、船员自训、盈亏自负的路子。公司迎难而上，把不利的市场环境和竞争的压力化作企业变革发展的动力，在对市场进行深入研究的基础上，选择了对自身最有吸引力、竞争者最少的、货源相对稳定的市场作为经营目标，给公司的发展作了准确的定位。寻找、发现市场空隙，开辟大量以散杂货为主的内贸及港澳航线，将船小的劣势转化为优势。以良好的服务，采取“船货结合”、“借鸡下蛋”经营方式，一个小小的海上运输队站稳了市场，开辟了属于自己的市场领地。运输队收运费合理，又不误船期，渐渐地在业内有了良好的口碑，所以生意越做越火，有了进一步发展的机会。第二年，为了扩大运力，运输队从香港买了一艘低价处理的被罚的走私船。这是艘近50载重吨的旧木机渔船，搁置了一年多，罗经也偏了，他们驾着它穿过风险浪多的台湾海峡，走了两天三夜，一路走需一路往船外淘水。由于罗经有毛病，船几次擦着暗礁而过，听得到船体碰在暗礁上的“咔咔声”，他们的起步是充满如此的艰险。

1983年，刚刚起步三年的冠海海运就面临着巨大的挑战。全球航运市场急剧衰退，两年后更是跌入了低谷，航运业的灾难，使得许多航运公司纷纷遭受重创，而航运小企业更是举步维艰，冠海海运也未能幸免。在逆境中，冠海海运却看到了这波涛背后所蕴涵的时不我待的机遇，将琯海海上运输队的牌子换成了琯海海运公司，憋足劲为扩大生产做准备。公司了解到上海沪东船厂有9艘船体完工的快艇，是当初用来援越的，已搁置了几年。公司对运输队进行了全方位的资产重组，一方面全部转让原先拥有的小船，将这一笔资金全部作为购船款投入，并大胆举债，一次全部购进9艘快艇，改装成300吨的货轮。尽管每艘造价仅

62 万元，但这购船资金一时还难落实，公司却为每条船先付了 10 多万元的定金。新船是一艘一艘陆续造好的，接第一艘新船时，公司用卖掉旧船的资金付款。正好赶上航运业景气度回升，新船跑一趟就能挣 10 多万元，公司一一如约买下了新船。借助这次艰难的重组，公司业务范围扩大到香港，开始与国企合作。

1986 年，改革开放已历时 8 年，国内运输船队慢慢发展起来，竞争趋于激烈。公司的运力结构已经难以适应市场的需要。在这个关键时刻，公司再次展现出决不在困难面前退缩，迎难而上的巨大气魄，决定再次全部转让原有小船，以回笼的部分资金和在民间及员工中的筹资，又一次购进 13 艘 500 吨级新货船。

1992 年，邓小平"南巡"讲话将改革再次推向高潮，国民经济进入了新一轮的快速增长期，交通运输瓶颈状况显现。公司再次抓住市场机遇，从提升市场竞争力入手，探索企业可持续发展道路，对船队规模、运力结构、海陆资源配置等进行了战略调整，决定购买两条 2 万吨级的船舶。对一个规模较小的民营企业而言，这是一个大胆的、机遇和风险并存的决策。公司认定了船舶大型化是冠海海运大规模发展的必经之路，万吨级船舶的规模经济效益，远远超过曾经经营过的小船。冠海海运乘着这改革开放的春风，开始了第二次创业的历程，市场竞争力不断提升，为今后的大规模扩张奠定了基础。

2001 年，中国加入 WTO，标志着进一步融入国际贸易和广泛参与国际分工。当时，冠海海运拥有了 6 万吨级、3 万吨级等各类船舶总计约 23 万吨的国内运力，占据了一定的市场份额，在国内航运企业中处于前列。冠海海运以敏锐的眼光和准确把握时机的能力，寻找企业新的发展机会。在经过仔细的市场分析和可行性论证后，公司购买了 1 艘 14 万吨级好望角型散货船投入国际铁矿石运输，开始进军国际航运市场。

为了更好地适应风云变幻的国际和国内航运市场，冠海海运不断开拓市场，立足主业，大力发展航运相关产业，逐步形成了以干散货、集装箱运输为主，以船舶服务、船货代理、信息科技、房地产等为辅的生产经营格局。造船业与海上运输业息息相关，属于资金密集型行业。世界经济的不断发展和海运量稳定增长，为我国船舶工业提供了难得的发展机遇，造船业市场前景看好，公司决定进入造船业市场。2005 年 12 月，总投资将达 6 个亿的福建冠海造船工业公司（以下简称冠海造船公司）正式动工兴建。船厂从滩地上快速起步，建设规划及生产设施、设备布局、生产流程按现代化造船模式精心设计，于 2006 年 9 月 6 日实现开工投产。2008 年 3 月 28 日，实现了冠海造船公司开业后首制船高科技 70 米工作船的成功交船，随后又实现了 70mAHTS（B）船、60mAHTS（A）等多艘工作船的下水和第一艘 8 万吨散货轮的开工点火。冠海造船公司规划建成建造 1 000 ~ 3 500 标准箱集装箱货船和 20 000 ~ 80 000吨散货船（油船）的中型现代造船基地。目前，公司经营状况良好，不计公司计划自制的 3 艘 80 000 吨级散货船，手持造船订单 25 艘，合同金额 36. 1 亿元。2010 年造船订单已落实，有些船位订单已安排到 2011 年。

20 多年来，冠海海运始终依靠诚信经营、优质服务来赢得竞争优势。公司坚持"船货结合，双方共赢"的发展道路，与宝钢集团、扬子石化、中海集团、华能集团等大型企业保持了良好的运输合作关系。从 1995 年至今，冠海海运每年承担的宝钢集团的煤炭运输总量及矿石运输总量都分别保持在 200 万吨及 650 万吨左右。除参与华能福州电厂的电煤运输外，每年承担漳州后石华阳电业煤矿运输 150 万吨、华电集团可门电厂电煤运输 150 万吨，成为福建省重点能源运输的骨干力量。目前，公司经营航线已由最初局限在国内沿海的中小港口，发展到内地、港澳台和全世界各地。冠海海运发展中的每一个重大转折都与改革开放的步伐紧密关联，见证了改革开放的重要变革历程。

三、把握机遇　诚信经营

1. 狠抓机遇，铺设成功“海道”

快速决策，抓住良好的机遇，确保了冠海海运在成长中紧紧跟上全国水运体制改革的步伐。回顾公司发展历程，面对机遇，如何作出正确决策，有三个重要体会。一是要有稳妥发展的指导思想；二是要有先进快速的决策机制；三是要有灵魂人物的果断决策。在决策指导思想方面，冠海海运一直坚持以市场需求决定运力发展规模的方针，坚持先落实货源再考虑增加运力，实践证明是正确可行的。在决策机制上，公司最高管理机构是董事会，以总经理为核心的董事会，直面市场，直接参与管理和扁平化管理，为快速决策提供了保证。这是管理体制上的优势，保证了企业决策层在机遇到来之时，能发现机遇，抓住机遇，并进行有效的快速决策。在最困难的时候、公司发展的关键时刻，公司董事会以敏锐的眼光，审时度势，寻找企业的发展机会，进行快速决策，实现重大战略转型，成功地引领公司在激烈的市场竞争中脱颖而出，从一个小型民营航运企业，发展成为一个以海运业为主，集科研、造船工业、商贸、旅游业、房地产开发为一体的综合性企业集团公司，开启了一条民营企业创新发展的道路，实现了跨越式发展。

——1981 年，在渔业资源濒于枯竭时，抓住开放海运市场的契机，福建闽江口的连江县琯头镇的林财龙，带领一批世代以捕鱼为生的渔民，筹集资金 13 万元买下一条载重近百吨的木机船，办起了海上运输队。

——抓住运输需求快速增长的机遇，适应船舶大型化的需要，于 1983 年一次购进 13 艘 500 吨级新货船；1992 年，大胆购买两艘 2 万吨级船舶；2001 年，购买 1 艘 14 万吨级好望角型船投入国际铁矿石运输。

——抓住造船工业迅猛发展的机遇，进入造船业并实现快速扩张。近年来，造船业市场前景看好，通过两年的努力，冠海造船工业从滩地上快速起步，走规范造船之路，企业生产和建设齐头并进，进入了快速发展轨道。

——抓住福建海西建设加快，华能福州电厂、漳州后石华阳电业、福州可门电厂等扩能、运输需求增长的大好时机，乘势发展壮大船舶运力。2008 年，公司新购 3 艘散货船，期租 1 艘投入国内沿海及东南亚航线运输，共计新增运力 23.6 万吨，使公司自有运力突破了 90 万吨。

2. 忠诚守信，不断巩固和开拓市场

冠海海运始终以诚信经营为核心，打造“忠诚守信”的企业文化，以开拓发展为动力，以诚信打造公司发展的平台，以开拓发展为诚信经营营造机遇，诚信、发展、机遇相辅相成。

冠海海运从创业之初就十分重视企业文化在经济建设中的重要作用。作为乡镇企业，公司起步的初期从人员构成、观念、利益关系上的特性，管理文化观念蕴涵着“至忠至义”

的传统文化伦理，“忠诚”在股东们的凝聚力上表现得更明显些，创业者以“诚信”人格力量去带动乡亲们，去感动社会各方面的人。“忠诚守信，开拓奋进”吸收了我国传统文化和现代管理文化的要素，对打开市场，站稳市场起到了很好的保证作用。企业家自身的诚信自律、人格化魅力和公信力在人才竞争中也发挥着重要的作用，吸引了有为之才加盟冠海海运。

“忠诚守信”作为冠海海运企业文化的核心组成部分，促使决策层思维方法、领导方式和工作方法上更讲科学，企业管理更规范，船舶管理更严格，船舶管理水平不断提高，从而实现了民营、家族企业向现代企业的转型。“忠诚守信”在海运业务经营中突出表现为：不管市场如何动荡，坚持合同价格，确保完成合同确定的货运任务。公司不断开拓市场，拓展新的航线，合同货运量不断增加。1995 年，已经小有规模的冠海海运开始承担宝钢集团从马迹山和北仑港到宝钢矿石码头的铁矿石二程中转运输任务。10 多年来，冠海海运严格执行合同价，每年都圆满完成确定的货运任务，赢得了宝钢集团这个大客户的信任。2004 年，国内航运市场出现船舶运力紧张的局面，运价节节攀升，福建省电煤运输运力严重缺乏，漳州后石、厦门嵩屿、福州华能等主要电厂的电煤库存量均处于安全警戒线以下，面临停机停电的风险，福建省人民政府还专门发函要求冠海海运抽调运力救急。在运力非常紧张的情况下，冠海海运以大局为重，组织了两条船以远低于市场价的运价承运电煤，树立了良好的企业形象，赢得了客户的支持和回报。此后，漳州后石电厂与冠海海运签订了中长期电煤运输合同。

冠海海运每年被评为福建省的“重合同、守信用单位”，获得了工商银行授予的“AAA级企业信誉”。2006 年，公司被中共福建省委评为先进基层党组织；2007 年，获全国交通行业企业文化优秀成果卓越绩效奖。

3. 展望未来

冠海海运 20 多年的快速发展，为今后的发展打下了坚实的基础。冠海海运将坚持以海运业为主，走多元化经营、稳健发展的路子，朝着做优、做强、做大的方向不断努力。全球经济发展的诸多不确定性、国家宏观政策调整，给航运市场变化带来了不确定和不稳定的因素。面对动荡的航运市场，公司将稳定现有市场份额，继续为客户提供最优质的服务，坚持“船货结合，双方共赢”的发展思路，与宝钢集团、中海集团、漳州后石电厂等大型企业保持良好的运输合作关系，进一步提升竞争优势和抵御市场风险的实力。

冠海海运这艘巨轮将乘风破浪，扬帆奋进，从成功走向成功。

直挂云帆济沧海

江苏远洋运输有限公司

一、企业介绍

江苏远洋运输有限公司是江苏省属远洋运输企业。公司主要从事国际船舶货物运输、国际货运代理、国际船舶代理、海员劳务输出、船舶管理、外轮供应、船舶租赁（买卖）等远洋运输相关业务。截至 2007 年底，公司总资产 12.8 亿元人民币，在册职工总数 1 320 人，拥有包括散杂货船、集装箱船等在内的远洋船19艘、40万载重吨，平均船龄12年。

公司在南京、张家港、南通、常州、无锡、苏州、昆山、太仓、连云港、江阴、盐城、镇江、宜兴、泰州、上海、香港等地设立了货运代理公司和船舶代理公司。为中外客户提供江苏、上海等口岸至世界各地的全程货物运输服务及远洋船舶代理服务。

1980年2月，由中国远洋运输总公司和江苏省交通厅合资成立了全国第一家部省合营地方远洋运输企业——江苏远洋运输公司。1980年至1995年期间，公司接受中国远洋运输总公司和江苏省交通厅的双重领导。1996年，江苏省交通厅收购了中远总公司的股份，江苏远洋运输公司成为江苏省交通厅的全资企业。2001年，实行政企分开，公司划归江苏交通控股有限公司管理。2004年，公司增资扩股后改制为江苏远洋运输有限公司，隶属于江苏交通控股有限公司。

二、发展成就

近30年来，在党的改革开放政策的指引下，在上级领导、各级组织的指导和帮助下，江苏远洋始终坚持解放思想，开拓创新，艰苦创业，诚信经营，取得了不平凡的业绩。公司从成立之初的1艘船舶、3 000余载重吨的单一航运企业，发展成为目前拥有并经营着19艘现代化商船、40万载重吨的综合型远洋运输企业；船队航区由1980年的仅长江至香港一条航线，发展成为现在的覆盖世界100多个国家和地区的全球航区；船舶年货运量由起初的4万吨，增长到2007年底的600多万吨；企业年营业收入总额从几十万元提高到2007年的8.20亿元；主要业务技术骨干由成立之初的全部依赖外借，到现在能够配备并胜任全球航线需要的近50套优秀远洋船员班子；船岸员工年均收入从不足2万元提高到超过7.5万元。通过多年的拼搏和进取，江苏远洋逐步发展成为全国地方远洋运输企业中的一支重要力量，在国内乃至东南亚地区享有良好的声誉。

公司经营面貌发生了很大的变化，公司经济效益大幅增长，综合实力有了显著提升。进入21世纪以来，公司发展步入了快速发展新阶段。船队规模从2001年的9艘、12万载重吨，增长到2007年底19艘、40万载重吨；总资产从3亿元增长到近13亿元；经济效益从世纪初的几十万元猛增到2007年的数亿元，实现了净利润年年迈大步，年年创造江苏远洋的历史最好成绩。

近年来，公司获得了多项部省的表彰和奖励，获得了全国交通系统先进集体、全国先进基层党组织等荣誉称号，公司“吉友”轮被中华全国总工会授予“全国五一劳动奖状”，涌现了一批省级和全国劳动模范。

三、基本经验

公司从无到有，从小到初具规模，体会最深的就是，要坚决贯彻执行党的方针政策，始终和党中央及上级党组织保持一致，要始终坚持解放思想，开拓创新，始终把发展作为企业第一要务；不管在什么时候，都要克服“等、靠、要”的思想，始终发扬创业时的那股工作激情和作风；经营领导班子要团结协作，带领全体船岸职工，勤勤恳恳，踏踏实实地做好各项工作；要始终坚持以人为本理念，把提高广大员工的幸福指数作为我们一切工作的出发点和归宿。

1. 开拓创新，抢抓机遇，把发展作为企业的第一要务

随着我国加入WTO和一系列国际公约的强制实施，公司敏锐地意识到，不积极改善船队结构，不提升船队抗风险能力，企业发展的道路将越走越窄。公司坚持“积极进取，稳健经营，务实创新，持续发展”的经营理念，坚持开拓创新，抢抓机遇。在充分调研及科学论证的基础上，打破传统经营模式，实施了以经营老旧船向船队年轻化的结构调整战略。在国内融资无法满足企业发展需要的情况下，不等不靠，打破常规，通过境外银行贷款以解决发展资金问题。21世纪初以来，先后购进7艘90年代建造、1万载重吨左右的低龄散杂货船，投资建造了4艘大灵便型散货船和3艘1 043箱位的集装箱船。“十五”期间投资总额是公司前20年投资总额的3.6倍。公司实现了由原来经营小船、旧船、近洋航线向现在的经营大船、新船、远洋航线的战略转变。公司的竞争力有了新的提高，抗风险能力得到了新的增强。为企业健康持续发展奠定了良好的基础。

2. 加强制度建设，规范企业经营管理行为

近30年来，公司始终把制度建设作为企业管理的一项重要工作来抓，不断完善企业的各项制度。通过制度建设，达到了进一步规范和约束每个员工行为的目的，通过制度的落实和执行，达到了科学有效地规避企业风险，不断提高企业管理水平和管理效率的目标。一是坚持科学、民主决策。严格按照“集体领导、民主集中、个别酝酿、会议决定”的原则，凡公司重大投资、经营活动，人员进出、人事变动等，均按程序做好先期的可行性调研论证。在此基础上，提交公司党、政、工联席会议集体研究，从而保证了企业各项决策的民主、科学、公正。二是加强资金管理。成立内部资金结算中心，对资金实行集中统一管理，做到了收支两条线。三是严格合同管理。把加强合同管理作为企业经济活动中一项重要工作来抓，加强签约前对客户资信的了解把关，规范合同文本和操作程序，增强经营业务活动的透明度，加强监督制约，从源头上遏制、预防不正之风和腐败现象，将风险管理和控制贯穿于企业经营管理的全过程。四是加强招投标管理。凡是公司基本建设、固定资产的购置、船舶的买卖、大修和船舶备件、物料、燃润料的采购等，均严格按国家及控股公司的有关规定实行招投标管理，防止了“跑冒滴漏”现象。

3. 把解决职工就业和提高职工收入等民生问题，作为企业改革发展工作的出发点和立足点

改革是企业发展的动力。一是稳妥推进三项制度改革。在全公司推行全员劳动合同制，加强劳动用工考核，员工能进能出。打破平均主义，实行以岗定薪，业绩驱动，绩效挂钩。在干部使用上，做到公平竞争，优胜劣汰，能上能下。通过改革，很好地调动了人的积极因素，推进了企业和谐建设。二是把解决职工就业和提高职工收入作为公司决策的出发点和落脚点。将富余员工组织起来进行有针对性的专业培训，提高其技能和整体素质，切实把就业压力转化为企业新的发展资源和企业财富。近年来，做到了企业每前进一步，广大员工就富裕一步，将企业改革发展的成果惠及广大员工。“十五”期间，公司员工收入年均增长15.8%，船岸员工的生活水平普遍得到了提高。

4. 精心做好安全管理工作

安全是企业的生命。始终牢固树立“安全第一、预防为主、综合治理”的方针，通过加强人员培训、完善体系建设、加大投入、加强文化建设等措施和手段，不断提高安全管理水平。一是把提高船岸职工的综合素质和劳动技能作为安全管理工作的重中之重。二是不断完善安全管理体系。根据国际公约的新要求，根据船舶、航线及船员队伍的实际，加强岸基指导，确保体系有效运行。三是不断加大安全管理投入，确保船舶各项设备完好，使其始终处于适航状态。四是加强安全文化建设。坚持“以人为本”，将安全管理的要求有机地融入船舶生产全过程。

5. 实施人才强企战略，坚持两手抓

一是注重人才的培养和引进工作。近6年来，公司每年从大专院校引进大学生130余人，每年人员培训费用超过300万元。目前，公司骨干船员超过480人。人才的培养和引进，为公司快速发展创造了条件。二是坚持“支部建在船上”的企业党建优良传统，扎实推进强基工程，充分发挥基层党支部的战斗堡垒作用和共产党员的先锋模范作用，使“浮动的国土”船舶上有了坚强的政治核心。三是针对远洋船舶长期远离祖国、亲人，长期受西方意识形态影响的特点，重视企业文化建设工作。在员工中广泛开展读书及业务技术竞赛活动。开展爱国主义、集体主义、爱企业和职业道德教育活动。用积极健康向上的文化引领、熏陶远洋船员的思想。近30年来，公司没有发生一起重大违纪违规事件，没有发生一起涉外政治事件。

四、发展展望

展望未来，公司将以科学发展观为指导，着力发展航运主业，发展相关副业，不断优化船队结构，逐步提高企业核心竞争力。坚持物质文明、精神文明和政治文明协调发展，积极构建和谐企业。努力把企业发展成为资产质量优良、船队结构合理、抗风险能力显著提高、管理科学规范、经营效益良好，在全国地方远洋运输企业中具有一定影响力的国际航运企业。

在抓好现有船队经营的基础上，坚持创新与拓展。着力发展大灵便型散货船，适时优化1万吨左右的杂货船，不断壮大船队规模和实力。根据国际航运市场的变化，适时处置维护成本高、盈利能力差、竞争力相对较弱的老旧船舶。计划到“十一五”期末，公司拥有各类远洋船22艘，总运力达到50万吨左右，平均船龄在15年以内。进一步加强安全生产管理工作，切实落实安全生产责任制，力争重特大安全事故为零，船舶滞留率为零。进一步加强企业内部管理，优化业务流程；不断完善各项管理制度，狠抓落实；严控风险，提高经营管理效率。要努力通过信息化建设，带动企业管理的现代化，实现经营过程的程序化，管理方式的系统化，办公管理网络化，商务运营电子化。

借鉴国内外优秀航运企业的经验，结合企业实际发展船队。加强揽货，重点要发展大客户，实现共赢。坚持自营、租赁等方式，实现企业效益最大化。积极发展与公司主业相关的副业。大力发展海员外派业务，着力发展货运代理、船舶代理业务，开拓船舶管理业务，继续做好外轮供应等业务。

继续贯彻“企业发展依靠职工，企业发展为了职工”的指导思想，把提高全体员工收入水平作为一切工作的出发点和归宿点。在做优做强企业的同时，努力使广大船岸员工过上更加富裕的生活。

利用区位优势　为直航提供优质服务

福建省厦门轮船总公司

一、企业介绍

福建省厦门轮船总公司（以下简称厦门轮总）组建于1950年，是福建省交通运输（控股）有限责任公司下属全资国有公司，交通部、国台办批准的大陆对台试点直航的船公司、福建省对金门客货运直航的船公司。公司总资产7.59亿元（不含合资企业），现有2家分公司、13家全资子公司及参股公司，职工4 348人。

公司坚持“以海运为主业、相关联多元化发展”的经营战略，以海上货物运输、海上旅客运输和海员劳务外派为三大主营业务。集装箱船队承担着厦门至高雄试点直航、厦门至香港支线运输及福建省至台湾运输任务，“盛达”轮是交通部指定的台湾海峡两岸试点直航第一船；散货船队长期承担着厦门嵩屿电厂及国内部分电厂的电煤运输任务；客运船队是福建省规模最大的客运船队，承担着厦门至金门、厦门湾水域、漳州九龙江水系的旅客运输以及海上旅游运输任务；海上旅游业务立足厦门海湾型城市特点并充分发挥与台湾的地缘优势，开辟了海上看金门、环厦门岛、环鼓浪屿、鹭江夜游等旅游项目，吸引了众多国内外旅客。海员劳务外派业务在全国海员外派机构中名列前茅，至今已向境外20多家船东派出15 000余人，在台湾、香港、欧美和东南亚地区享有良好的声誉。公司还积极拓展国际货运代理、国际船舶代理、船舶维修、码头装卸仓储、船舶物资供应等与船舶运输相关的业务。

改革开放30年来，公司打造了一支富有经验的经营管理队伍和航海专业人才队伍，建立了安全管理体系（SMS和NSM）及ISPS规则要求的船舶保安体系。公司规模和经营取得了长足的发展，尤其是对台试点直航和厦金客货直航业务在福建省乃至全国都走在前列。面向未来，公司倡导“爱国、诚信、创业、实干”的企业精神，与时俱进，锐意进取，以提供优质的运输服务为己任，为海峡两岸经济区建设和两岸航运合作与往来做出更大的贡献。

二、改革历程

30年来，厦门轮总的企业改革始终伴随着国家经济体制改革而进行，实现了从政企合一的公司向市场主体的转变，大体经历了三个阶段：

1. 第一阶段：扩大经营权自主权阶段

这个阶段从改革开放初期到党的十四届三中全会。改革开放初期，厦门轮总是厦门市唯一的国有水运单位，隶属福建省航运管理局，有职工1 707人，河海客货船65艘（钢质船7艘，其余为木质船）共7 216载重吨，2 023客位，960匹拖轮马力，固定资产原值1 060.35

万元。公司下设外海船队、内河船队和船舶修造厂三个单位。公司虽然处于航运自然条件优越的厦门市，但厦门当时是海防前线，国家对水上运输投入少，公司作为行政机关的生产单位，没有经营自主权。1978年，党的十一届三中全会胜利召开，1979年海峡两岸形势缓和，1980年厦门成为经济特区，水运需求日益增加。在上级领导下，厦门轮总先后开展了企业整顿，推进企业经营自主权扩大，实行利润递增包干和厂长负责制以及承包经营责任制，进一步落实了企业的利益主体地位和职工领取奖金的政策，并按照国家"拨款改贷款，以船养船，自借自还"的政策来增加运力，调动了企业的生产积极性。特别是1984年实施了"一业为主，多种经营，立足特区，致力服务，多渠道多形式发展横向经济联合"的发展战略后，公司充分发挥老企业在人才、技术、管理等方面的优势，外引内联，全面发展。20世纪90年代初期，木质船全部淘汰，公司发展成为能够为社会提供杂货、集装箱、沿海旅客、内河旅客、液化石油气、成品油等运输和码头装卸、工程以及船员外派、船员培训的多功能服务的水运企业，下设21个科室，3个自营单位，6个全资子公司，11个合资合作参股公司，全部由厦门轮总派人经营管理，共有职工1 885人。

经过这个阶段的改革，公司实现了从行政部门下属的生产型企业向经营型企业的转变。

2. 第二阶段：建立市场化经营制度和主体阶段

这个阶段从党的十四届三中全会到党的十六大之前。十四届三中全会明确了国有企业改革的方向是建立"产权清晰、权责明确、政企分开、管理科学"的现代企业制度。1993年1月，厦门轮总从福建省轮船总公司划出，直接归福建省交通厅管理。此时，厦门轮总面临底子薄、摊子大、人浮于事、竞争乏力的困难。根据上级文件精神，厦门轮总从1995年起开展了为期两年的"转机制、抓管理、练内功、增效益"活动。在转机制方面，采取"集团化管理、分级经营、分权管理、分灶吃饭，自负盈亏"的管理模式，按"企业专业部门化、合理规模化、指令统一化、层次简化、权力委托"的原则，合并了职能与业务相近的部门，提高了工作效率；将原有的21个科室重新组合，在总公司本部仅设8部1室，总公司所属的三个基层单位分别改组为海运分公司、客运分公司、船舶修造厂。出台了《公司全员劳动合同制订实施方案》，全员签订了劳动合同，对职工实行了合同管理。

1997年，厦门轮总被福建省政府确定为省第二批建立现代企业制度试点企业。公司从1998年起根据《公司法》，以内部纵向参股、横向持股的形式先后完成四家全资子公司的规范化改造，组建了董事会；改革厦门市海员培训中心经营管理体制，从总公司脱离成为"自主经营、独立核算、自负盈亏"的法人经营实体；重新修订《厦门轮总下岗职工分流安置暂行规定》，成立了下岗职工再就业服务中心，分流了富余职工；制定《关于推行企务公开制度，加强职工民主管理的决定》，全面实行企务公开制度；根据福建省公安厅文件精神，撤销了公司东风客运站派出所；改革职工住房制度，将可售住房598套出售给职工，结束了福利分房的历史；实施职工医疗社会保险制度，结束了职工医疗费用全部由企业负担的历史；改革退休职工管理制度，将700多名退休职工移交社区，实现了退休职工社会化管理。

通过这个阶段的改革，公司已经完成了向"产权清晰、权责明确、政企分开、管理科学"市场化经营主体的过渡。

3. 第三阶段：深化国有资产管理体制改革阶段

这个阶段以贯彻落实党的十六大精神为开端，深化国有资产管理体制改革，中央和地方相继组建了国有资产管理机构。2001 年底，厦门轮总与福建省交通厅脱钩，划转由福建省人民政府出资企业——福建省交通运输（控股）有限责任公司管理，成为其下属全资公司。福建交通控股对厦门轮总从 2002 年起逐步实施了企业负责人经营业绩考核，落实国有资产保值增值，国有资产监管进一步加强。

根据 2002 年福建交通控股关于下属企业改革的指导意见和厦门轮总走在前列的要求，厦门轮总出台了《关于深化企业内部人事、劳动、分配制度改革纲要》等 7 个配套文件，开始了新一轮的企业内部改革。在人事改革方面，凡中层干部以下（含中层）的岗位出现空缺，一律采用内部竞聘方式产生，并试行外聘专家和公司自行测评相结合的方式选人；对于公司内部产生不了的人才，就向社会招聘。对于干部能下和流动的问题，公司实行“机构定员，一年一定；双向选择，一年一聘”的制度来实现，即所有岗位人员（不包括控股公司管理的领导班子成员）全部条件公开、自愿报名、择优录用、一级聘用一级，聘用后签订岗位协议书，标明职责和工资待遇。在劳动用工方面，公司在以产定员和部分企业改制后，针对原固定职工富余人员多、社会就业难的特点，采取解除劳动合同、内部待岗和内部退养的三种形式让富余职工自愿选择，全公司的富余职工从 2002 年前占职工总数的 25% 下降到 5%。在工资分配改革方面，实行薪随岗变的制度，并对关键岗位人员的工资给予适当倾斜；下属企业领导班子成员按照其企业资产规模、经营业绩、安全生产及精神文明建设状况给予核定工资和绩效考核；船员工资由公司根据船员市场的供需变化情况确定，并适时调整职务船员的工资标准，以接近市场水平。公司还成立了企业改制办公室，制定了改制框架方案，实施主辅分离的改制，注销了两家下属企业、合并了两家下属企业。对全资子公司的产权结构多元化改革进行了积极探讨。

在这个阶段的改革中，公司的组织结构和运力结构不断完善，综合实力不断增强，为企业持续稳定发展奠定了坚实的基础。

经过以上三个阶段的内部改革，厦门轮总经营机制不断转变，主动拓展市场的意识不断增强，企业面貌发生了可喜的变化。

1979 年，公司航行厦门至香港的杂货运输得到迅速发展，成为该航线杂货进出口运输的排头兵和主力军。

1980 年 1 月 1 日，公司经营的“鼓浪屿号”客轮正式开通厦门至香港航线。

1984 年合资创办的厦门华航石油有限公司填补了厦门港内海上燃油补给的空白。

1988 年成立的厦门同益码头公司是全省首家中外合资经营的码头公司。

1988 年成立的厦门鹭航油气有限公司是福建省第一个拥有液化石油气船的公司。该公司自己培训的液化气船船员是经交通部港务监督局批准的全国第一期培训班（含全国第一部培训教材）。

1996 年 4 月 1 日，公司散货船“蓝宝石”轮正式投入厦门嵩屿电厂首次使用的电煤运输。

1997 年 4 月 19 日，公司集装箱轮“盛达号”从厦门直航高雄，成为 48 年来中国内地穿越台湾海峡的第一艘船舶。

2001年2月6日，公司“鼓浪屿号”客轮从厦门直航金门，成为半个多世纪以来，祖国大陆航行金门的第一艘客船。

2001年5月1日，公司投资3 000万元建设的一级客运旅游码头和客运大楼投入使用，以亮丽的外观和完善的功能进一步满足厦门特区海上客运旅游的需要。

2001年8月27日，公司“鼓浪屿号”客轮从泉州直航金门，实现了泉州到金门的客运首航。

2002年2月27日，公司“中洲”轮运载河沙从厦门直航金门，开创了53年来厦门至金门货运直航的先河。

2002年11月23日，公司“拖驳船组”从漳州直航金门，实现了漳州到金门的货运首航。

2004年4月10日，公司“鼓浪屿”客轮从漳州直航金门，实现了漳州到金门的客运首航。

2005年12月，公司从国外购置一艘豪华高速客轮“捷安号”投入厦门金门客运航线，这是福建省第一艘沿海高速客船。

2006年公司投资4 000多万元在黄金地段建成了公司历史上最为壮观和实用的12层海运大厦（本部办公楼）。

2007年，公司投资3 000多万元新建造一艘豪华双体高速客轮，改善了厦金航线运力结构，提高了该航线的服务水平。

三、发展成就

改革开放30年来，厦门轮总的管理体制和运行机制发生了深刻变化，取得了显著的成就，国有企业的影响力和带动力大大增强。

1. 水路运输生产增长迅猛

船舶运力从1978年的7 216总吨增长到2007年的22.3万吨，增加了约30倍。1978年前，船舶航线以厦门以南的短距离航线为主，目前，航线已延伸至国内沿海、长江中下游、港澳台、东北亚、东南亚的主要港口。1978年～2007年，公司共完成货运量6 149.13万吨，货运周转量7 979 215.25万吨公里；集装箱运量135.59万标准箱；客运量5 578.97万人，客运周转量183 922.04万人公里；换算周转量8 102 601.37万吨公里，年均增长16.45%。

2. 主要业务经营状况良好

(1)大宗散货运输。该项业务是公司最重要的主营业务，主要满足厦门嵩屿电厂和漳州石后电厂煤炭运输需求。从1993年起，先后购建“宝石”号系列散货船8艘，其中“紫宝石”轮是福建省最大的散货船，公司于2008年在国内新造了1艘5.7万吨散货船，是目前福建省新造的最大散货船。2008年，“蓝宝石”轮被福建省交通厅评为抗灾保通暨春运工作先进集体，该船船长吴振宇被评为“全国交通行业抗灾保通先进个人”。

(2)内河客运。改革开放初期，厦门湾水域周边地区的大量农副产品、水产品通过内河客运进入厦门，在厦门市“菜篮子工程”建设中发挥了举足轻重的作用。公司内河客运量连年增长，2007年达到最高纪录的408万人次，占福建省水上客运总量的30%。作为厦门市内河客运枢纽的厦门旅游码头客运站是福建省交通文明行业创建工作示范点，2007年获得全国交通行业“巾帼文明岗”荣誉称号。

(3)对外劳务合作。公司于1988年创办的厦门海隆对外劳务合作有限公司，于1999年取得ISO 9001船员外派服务质量体系认证，接收航海院校毕业生，加强船员队伍培养。近5年平均每年招收200人以上，是厦门市招收应届航海院校毕业生最多的公司；每年还从贫困地区招收经过培训的水手和技工100多人，解决了100多个家庭贫困问题。2007年底，公司已和境外20多家船东建立了长期稳定的合作关系，现有2 200多名船员分布在境外船东经营的200余艘各类船舶上，外派规模位居全国同行前5名，获得中国对外承包工程商会颁发的唯一“2006年中国对外劳务合作企业市场开拓奖”和首批全国对外劳务合作企业“AAA信用”称号。

(4)台湾海峡两岸直航。在20世纪90年代初期，公司设立了通航办公室，专门负责筹备对台运输事务。公司开创了福建省乃至国内的数个对台首航，即厦门至高雄货运首航、厦门至金门客运首航、泉州至金门客运首航、漳州至金门客运首航、厦门至金门货运首航。其中，1997年4月19日公司“盛达”轮首航台湾高雄港，成为48年来中国内地穿越台湾海峡的第一艘船舶，拉开了海峡两岸试点直航的序幕。截至2007年12月，公司累计完成两岸试点直航2 051航次，运载522 971标准箱，分别占海峡两岸试点直航总航次和总运量的10.9%和10.4%；完成厦门至金门货物运量37万吨。在厦门至金门“小三通”未正式开通之前，公司还接受厦门市红十字会委托，承担医疗救助、人员遣返等任务，为大陆与台湾地区民间交流架起了方便之桥。截至2007年12月31日，公司自2001年2月6日正式开通厦门至金门客运航线以来，共完成6 579航次，运送台胞736 958人，占该航线运量的50%。公司控股的厦门同益码头是厦门市对金门、澎湖货物运输的唯一指定码头，也是台湾船舶靠泊的指定码头。截至2007年12月31日，累计完成对台“小三通”进出口货物吞吐量119万吨。除了对台直航运输外，公司还积极拓展对台海员劳务派遣业务，公司下属海隆对外劳务合作公司每年向台湾船东派出船员数超过1 000人，占大陆外派台湾船员数的50%以上。公司下属厦门鹭江国际船舶代理有限公司是对台直航外轮的代理公司。

3. 经济效益长期保持良好

在扩大企业自主权阶段，企业经济效益连续保持两位数的增长，于1985年、1986年、1990年被评为全国交通系统经济效益先进单位，公司在1991年被国务院企业管理指导委员会批准为国家二级企业，成为福建省交通系统首家国家二级企业。

20世纪90年代中后期，全国航运企业经济效益普遍滑坡，而厦门轮总克服了1995年的低迷，经济效益逐年上涨。1996年~2001年，公司实现总利润2 836.60万元，是福建省唯一没有出现年度亏损的国有船公司。公司被评为福建省“加强现场管理、提高经济效益先进集体”，百家重点企业和1997年纳税三百强企业。

2002年~2007年，国有资产实现了保值增值。厦门轮总的资产总额从3.38亿元增长到5.70亿元；年营业收入从2.87亿元增加到5.53亿元；年上缴税金从763.44万元增长到2 838.28万元；年利润从369万元增长到3 975万元；总资产回报率从3.9%提高到10.6%；净资产回报率总2.9%提高到18.4%；国有资产保值增值率从102.9%提高到120.9%；大部分经济指标每年以两位数的速度增长，居全国同行业先进水平。公司连续6年被评为厦门市重合同守信用单位，2004 年~2007 年被厦门市思明区评为纳税特大户，2005 年再次入选福建省第三产业 300 强企业。

四、基本经验

厦门轮总改革发展的 30 年，是一个不断探索、不断实践、不断深化改革和不断自我完善的过程，主要有以下基本经验：

1. 必须始终坚持解放思想，大胆实践，与时俱进

厦门轮总清醒地认识到自身的先天不足，坚持市场化的改革方向，抓住厦门经济特区改革开放先行先试的时机，发挥对台区位优势，不等不靠，用足用好政策，先后在境内外创办了 10 家合资、合作和参股公司。积极地进行公司制改革、市场化和国际化运作，选调优秀管理人才治理企业，派出大批高级船员服务境外船东并学习其先进的船舶管理经验，大胆探索，开拓创新，在行业内创造出全省乃至全国的多个"率先"，并且不断地调整公司投资结构、运力结构和组织结构，探索出适合自身实际的发展之路。

2. 必须始终坚持推进机制创新和管理创新相协调

在改革中，厦门轮总深深地体会到，如果传统体制下僵化的机制不破除，无论企业改制成什么形式，无论企业的历史包袱卸了多少，从长远看，在市场竞争中都是站不住脚的。因此，公司把企业内部三项管理制度的改革作为切入点，并作为一种长期机制确定下来，解决了管理人员的竞争上岗问题，从而不断地优化内部人力资源的配置，使人力资源管理向战略性人力资源管理转变。同时，公司紧抓企业管理不放松。安全管理朝着行为规范化、操作程序化、制度文件化方向转变，管理过程从对物的管理为主转变为对人的管理为主，从事后管理为主转变为事前管理为主，从封闭的自身管理转变为开放的社会力量参与管理，使安全生产保持了良好稳定的局面。在财务管理方面，定期开展财务计划执行分析，发现异动则及时采取措施，特别是制定和实施船舶油耗定额管理和节能奖惩规定；物资采购均采用招投标方式进行，公司各项成本长期得到较好控制，近几年合并管理费用均比上年下降 5% 左右。在投资管理方面，严格履行上级对固定资产购置、处置的审批手续，并加强专项审计和年度审计，提高了公司国有资产的投资回报水平。在民主管理上，积极推进企务公开，凡涉及职工利益的大事全部公开、透明，由职代会表决通过，特别是对下岗职工采取"和风细雨"的有情操作，已经分流安置的 500 多位职工，从未出现上访和劳动争议；公司还建立了职工帮困基金 90 多万元，及时解决职工的大病、贫困等现实问题。公司还建立了领导班子成员直接与船舶联系制度、各相关职能部门上船检查调研制度、岸基人员随船工作制度，更好地倾听船员意见，有针对性地解决生产和生活的实际问题。公司在 2007 年和 2008 年分别被厦门市和福建省评为和谐劳动关系优秀企业。

3. 必须始终坚持优化结构，提升运输服务水平

30 年来，厦门轮总以运输市场需求为导向，以专业化、散货运输大型化和水上客运舒适化、高档化为原则，以运力更新和企业信息化为主要内容推进企业结构调整，投入资金优化运力结构，更新改造和合理配置岸基、场站等基础设施，增强了公司的市场竞争力，改善了服务，为福建省能源战略物资运输和旅客出行提供了有力的运输保障。

4. 必须坚持物质文明和精神文明两手抓

厦门轮总的实践表明，企业改革发展是一个物质文明和精神文明互为基础、相互推动、交替提升的过程。30年来，公司加强党的组织、思想、作风、制度和廉政建设，围绕企业的各项中心工作，加强“四好班子”建设，推动职工的思想政治工作，开展文明窗口服务活动，严抓组织纪律、涉外纪律、运输纪律和廉政纪律，大力推进企业文化建设，为企业的改革发展稳定提供了坚强的组织保障和思想保障。30年来，公司20多次被评为福建省、厦门市的先进基层党组织和思想政治工作优秀单位。

五、发展展望

“创知名品牌，建百年企业”是厦门轮总的战略目标。厦门轮总将立足海峡两岸经济区建设和福建省交通运输（控股）有限责任公司“三核心四线五创新”的发展战略，坚持海运为主业、相关产业多元化和组织管理生态化，实现做精、做强、做大。

海上散货运输要在闽南地区电煤运输市场占有主要份额，并延伸至国内沿海主要港口运输市场，抓住有利时机及时参与海峡两岸及国际市场的散货运输。海上旅客运输要巩固和发展在福建省市场的竞争优势，加大海峡两岸海上直航运输的运力投入，开通大陆到台湾本岛的航线。海员劳务外派要朝着全球化、高端化方向发展。运力规模规划至“十一五”末期，货船达到50万载重吨，客船达到4 000客位。

加快企业产权结构多元化改革步伐，依据垂直整合和关联性多元化原则，构建资产营运的多元化。培养高素质人才队伍，造就优秀的管理人才、营销人才、市场开发人才和航海人才，构建人力资源品牌。公司安全管理按质量管理的国际标准全面推行质量管理体系的规范化、标准化。企业文化建设要以塑造运输服务品牌为重点，不断增强企业的凝聚力和竞争力。

书写更多的“第一”

中波轮船股份公司

一、企业介绍

1951年6月15日成立的中波轮船股份公司（以下简称中波公司），作为新中国第一家中外合资企业和第一家远洋运输企业而载入中国航海史册。57年来，中波公司经受了政治风波和市场兴衰的考验，得到了持续健康的发展。改革开放为中波公司带来新的活力，特别是进入21世纪以来，中波公司致力于打造世界一流的重大件设备货专业化运输公司，核心竞争能力大为提高，创造了良好的经济效益，积累了办好合资企业的丰富经验，被我国政府领导人誉为“对外开放的示范窗口”。

中波公司是在20世纪50年代初美国操纵对我国封锁禁运的背景下成立的。新中国刚刚建立，百废待兴，经济建设迫切需要远洋船队来承担运输任务。为了打破封锁，国家决定与当时远洋运输业比较发达的波兰合资建立远洋运输企业。1951年1月29日，中波两国政府全权代表在北京签署了《关于组织中波轮船股份公司协定》。1951年6月15日，中波公司正式在天津宣布成立（1962年迁至上海）。公司的建立得到了中、波两国国家领导人的支持和关怀。毛泽东主席指示“好好办”，周恩来总理批准创建并视察了中波公司，陈云副总理亲自签发了营业执照。李鹏总理、朱镕基总理在中波公司成立40周年和50周年时，分别发来贺信，波兰政府领导人也数度访问过中波公司。中波公司的成立，打破了帝国主义国家对新中国的封锁禁运，为开创新中国远洋运输事业迈开了历史性的第一步，创造了当年组建、当年营运、当年获利的奇迹。由于良好的经济效益，中波双方先后三次签约延长了合作协定，1976年，两国政府决定中波公司的合作协定无限期地延长下去。

中波公司总公司设在上海延安东路外滩，分公司设在波兰格丁尼亚。公司以平权合股原则建立，由中波两国政府各出资50%组建。公司股东分别为两国政府的代表：中国交通部和波兰基础设施部。股东会议是公司的最高权力机构，由两国政府各自指派股东代表组成，现任股东代表是中国交通运输部副部长徐祖远和波兰基础设施部部长采扎礼·格拉巴尔赤克。股东会下设管理委员会，中波双方股东各任命三名管理委员会成员，并各自推选一名主任委员。公司日常工作由中波双方各指派一名总经理主持，现任总经理为孙敏和扬努什·扬尼舍夫斯基。公司的重大问题都在“平等互利，协商一致”的合作原则下协商解决。

中波公司现有中方员工1 000余人，总资产达5亿多美元，拥有一支重大件设备货远洋运输船队，船舶20艘，其中11艘船舶为重吊船，可以自行起吊640吨重的货物，经营全球航线，主要经营远东（中国、日本、韩国）到欧洲、远东—美湾—欧洲—南亚—远东等环球航线，专业运输各类超长、超高、超重的重大件设备货物。另有6艘重吊新船正在建造之中，计划2009年至2010年全部交付使用，届时将成为全球重大件设备货专业运输领域的优势企业。

二、改革历程

党的十一届三中全会，吹响了我国改革开放的号角。在波澜壮阔的市场经济大潮中，中波公司经受了改革开放的考验，抓住改革开放带来的大好机遇，实现了脱胎换骨式的转变，以崭新的面貌彰显了公司的活力，努力为国家的经济建设服务，为我国的对外经济合作起到了示范作用。改革开放的30年中，中波公司经受了三次重大考验，始终坚持改革开放，使经营战略、服务方向、管理模式适应了市场需要，在激烈的市场竞争中站稳了脚跟，发展了自己。

第一次是1989年发生的苏联解体和东欧剧变导致的运输需求剧减。当年8月，中波两国政府代表团在北京签订了两国贸易协定，改变了两国之间实行了几十年的易货贸易形式。这使中国与波兰、东欧各国以及俄罗斯的贸易额骤然剧减，贸易量只有往年的1/30。中波公司传统的亚欧航线一下子失去了充足的货源，利润急剧下降，陷入了成立以来最严峻的局面。

第二次是在20世纪90年代初，由计划经济向市场经济的转变过程中。随着改革开放的深入，外国船公司进入中国，地方船公司、民营船公司如雨后春笋般发展起来，投资海运积极性高涨，海运运力大增，运价陡降，竞争异常激烈。原先依靠国家优惠政策，由国家提供货源的中波公司，不得不转向市场寻求生存，明显感到市场的压力。

第三次是20世纪90年代末，国际船舶运输重大变化带来的不利影响。随着科学技术的进步，集装箱运输发展迅速，原先由杂货船装载的货物，大部分改为集装箱运输，既实现了快速、便捷的门到门服务，又减少了货损，还降低了运价。中波公司几十年来赖以生存的杂货，大部分逐渐被集装箱运输所替代，杂货货源减少，行业竞争激烈，且剩下的多数是低价值货物，一度主要运输石材、矿砂等主要货种，利润急剧下降，只能保持总体微利，处于在夹缝中生存的不利局面。

发展中的问题要靠发展来解决，中波公司在严峻的形势面前，坚持改革的大方向不动摇，使改革由浅入深，由小到大，由表层到深层，适应社会主义市场经济体制的要求，适应航运市场变化的环境，逐步走出困境，步入了快速发展的轨道，各项经济指标均创造历史新高，保持了公司发展的活力。

第一，是进行思想观念的更新。在计划经济年代，中波公司存在着管理粗放、不计成本和忽视客户等问题。困难局面使掩盖的问题像退潮的礁石，暴露在员工的面前。中波公司开展了解放思想、改革开放的大学习和大讨论，领导层和员工都认识到，改革就是打破旧的意识，树立新的观念，用创新的思路来开展工作。领导班子和员工的思想观念逐步从背靠“大树”转为面向市场，从墨守成规转为着力创新，从消极等待转为主动突破。领导班子以科学发展观为指导，提出了经营思路的大转变，使中波公司从长期经营杂货运输转变为专攻重大件设备货运输，实现了经营上质的飞跃。员工经受了改革开放的洗礼，思想观念发生了巨大变化，营造了企业和职工的生命共同体。例如，珍惜船期就是员工观念更新的重大收获。过去船员不重视船期，每年因此而造成的隐性损失巨大。在改革中，公司倡导船员树立主人翁意识，把公司的发展与个人的前途紧密联系在一起，引导船员算好船期账，在港口抓好速遣，在海上利用风、流，进出港过运河把握节点，用辛苦努力换来了效益，欧亚航线每航次能抓出四五天的船期。船舶开展了学习“华铜海”轮活动，船员普遍实行自修保养，过去依靠厂修的工作，现在大部分由船员自行解决，由港口从事的扫舱、绑扎等业务，许多也由船员承担。仅船员开展自修，节省的修理费用就是一笔可观的数字。改革开放以来，中波公司船舶增收节支，有效地降低了成本。20世纪80年代，中波公司船舶一度疏于保养，船貌较差，20世纪90年代中期之后，船舶的保养上了新的台阶，一艘艘带有“C-P”标记的船舶出入各个国家的港口，展示了中波公司的良好形象和精神风貌。2006年，中波公司企业标志“C-P”被评为上海市著名商标。

第二，公司实施了“两个转变”的正确发展战略。中波公司几十年来一直以运输杂货见长，但杂货运输日渐衰竭，而重大件货物运输因世界制造业转移而异军突起，不仅欧美等国家和地区有大量的机器设备向第三世界国家转移，且中国制造业的崛起，使出口重大件运输前景日益看好。2001年，中波公司果断决策，要实现运输方式和市场定位“两个转变”，即运输方式由传统件杂货运输向重大件、设备货专业化运输转变，市场定位由亚欧航线区域性运输向全球运输转变。这既有利于发挥中波公司50多年来积累的运输超长、超高、超重以及成套设备的丰富经验，又适应了航运市场的新变化。为此，中波公司以打造世界一流重大件设备货专业化运输船队为目标，从2002年开始，抓住造船市场有利时机，斥巨资建造了“中波太阳”、“中波明月”、“弗·奥尔坎”、“莱·斯塔夫”4艘3万吨级重吊船，并将原有的7艘船加装大吊，使重吊船达到11艘，还有6艘重吊船在建造中。由于中波公司的重大件设备货运输起步较早，抢得了市场先机，取得了十分可观的经济效益，也为公司船队更新积累了资金，积蓄了发展的后劲。中波公司在巩固传统的欧亚航线的同时，于2004年开辟了远东—美湾—欧洲—远东的全球航线，进入美国重大件运输市场，开辟了中波公司又一新的利润增长点，开辟该航线当年，中波公司以20%的运力，创造了40%的利润。在美湾航线的基础上，中波公司又扩展了欧洲至波斯湾、印度航线，不断扩大市场占有率，形成了以中、美、欧市场为经营重点，同时大力开拓波斯湾、印度市场的战略格局，成为真正意义上的全球承运人。

第三，公司成功地实施了“三高”揽货策略。“三高”即高端客户、高价货物、高质量服务。杂货运输的特点是大宗货物少，运输收益少，发货收货人多，靠泊港口多。中波公司在完成“两个转变”之后，使揽货实行“三高”策略具有了可行性。实行“三高”策略，能够稳定国际知名大客户，优先得到高运价货物，从而提高利润率。高端客户和高价货物是以高质量的服务为基础的，高端客户以良好服务为首选，不太在意运价高一点，而特别关注船舶班期、运输质量及工作的效率和态度。中波公司凭借适合运输重大件的远洋船队、50多年形成的知名品牌、具有较高素质的远洋船员队伍、运输重大件的丰富经验，得到制造业高端客户的青睐。改革开放以前，中波公司的货物指标基本上是国家分配，自身在市场揽货的能力较弱。改革开放后，中波公司不断加强揽货网络建设，不仅在国内联系了众多客户，而且走出去，在鹿特丹、新加坡建立了合营公司，又于2004年在美国独资成立了中波美洲公司，形成了以总公司和分公司为骨干，以各代理、合营、独资企业为网点的全球揽货网络，为揽取高质量货物提供了保证。近年来，中波公司瞄准高端客户，特别是世界500强企业，提供优质服务。公司与世界制造业巨头三菱重工、通用电器、日立重工、现代重工、西门子、ABB等公司，以及国内知名的钢铁、发电、石化企业建立了长期良好的合作关系，成功地揽取了大量的高端货物，使中波公司运输重大件货物的比例逐年上升，2007年占到全部承运货物的55%以上，经济效益大为提高。

第四，公司成功地进行了机构改革和人员分流安置。改革开放以来，为了适应社会主义市场经济的要求，也为了更好地适应航运市场的变化，提高工作效率，公司先后三次循序渐进地进行了机构改革。中方机关从30年前的210余人减少到现在的80余人，船舶定员从30年前的每船56人减少到现在的23人。人员减少了，但效率更高，更加适应市场竞争的需要。公司开展了船员外派业务，成立了几家陆上企业，使绝大多数富余职工得到了妥善安置，并在新的岗位上有所作为。但是在开始的数年里，由于船员外派和陆上企业都属安置型，发展较为缓慢。21世纪以来，公司领导班子以科学发展观为指导，提出了中波公司发展的“拳头”战略，以航运主业为中心，发展船舶、船员经营管理、物流服务、船舶供应贸易业务以及后勤保障四大配套辅业。各陆上企业围绕中心开展经营，形成了一个拳头，扬长避短，收缩战线，提升企业的层次，使陆上企业的发展从安置型转为增长型，与航运主业相得益彰，形成了中波公司两轮驱动的大好局面。船员外派创造了中波公司品牌，使得外派船员和自用船员达到了相同的比例，多年来，中波公司船员先后在美国海湾轮船公司、挪威DV公司、中远香港远洋公司等船公司服务，不仅取得了优厚的劳务收入，还锻炼了队伍，开阔了眼界，学习了先进的管理和技术，提升了中波公司船员队伍的素质。陆上企业的发展和船员劳务的拓展，使中波公司机构改革实现了平稳过渡，公司本部形成了精干高效的经营机构，船员通过装备改善技术创新适应了精简要求，富余人员得到妥善安置。

三、发展成就

改革开放的30年，是中波公司发生翻天覆地变化的30年。中波公司坚持“发展是硬道理”，不懈地进行改革和探索，寻找一条适合自己的发展道路，求强求精，打造了一个崭新的中波公司。30年来，中波公司不仅取得了良好的经济效益，还多次获得“全国五一劳动奖状”、“全国对外经济贸易行业先进集体”、“全国交通行业文明单位”、“上海市文明单位”、“上海市五一劳动奖状”等荣誉称号。

1. 成为我国对外经济合作的示范窗口

改革开放之初，许多人对对外开放的新鲜事物不理解，怀疑甚至产生抵触情绪。中波公司以中外合资20余年的成就和经验，为国家的对外开放起到了借鉴和示范作用。在改革开放中，中波公司打响了“新中国第一家中外合资企业”的品牌，大力宣传中外合资的经验，让社会认识到对外开放的光明前景。《人民日报》记者专程到中波公司采访，报道了新中国首家中外合资企业，在社会上引起很大反响。中波公司入编国家编著的《新中国的一百个第一》等书籍，德国、英国、比利时、波兰等国家报刊也撰文介绍中波公司。中波公司在国际航运界享有很高的知名度，在国内，更是以对外开放的成功典范为国人所知，在我国的对外开放中成为具有说服力的示范样板。

中波公司领导班子和全体员工以中波公司为荣，更感到肩上的责任重大，充分认识到：中波公司的兴衰，不仅关系到员工的前途，更关系到国家对外开放的形象。改革开放的30年中，中波公司数度遇到前所未有的困难，中波员工在“把新中国第一家中外合资企业办得更好”的激励下，艰苦奋斗，开拓创新，在最困难的年头，也保持了赢利，维护了中波公司的良好形象。进入新世纪以来，中波公司坚持改革，提升核心竞争能力，夯实发展的基础，成为世界一流的重大件设备货专业化运输公司，被我国党和国家领导人誉为“中波两国友好合作的典范”、“对外经济合作的示范窗口”。

2. 有力地支援了国家经济建设

中波公司以运输设备见长，成立之初，就为国家抢运了急需进口的大量机器设备，支援了新中国的经济建设。改革开放以来，我国对外经济交往和对外贸易迅速发展，中波公司为我国的重点建设工程运输了大量的设备和物资。其中不少是超高、超长、超重和贵重设备，具有装卸难度高、运输风险高、技术含量高等特点，有些甚至被国际航运界普遍认为是难啃的“骨头”，中波公司以自己的核心技术，船岸同心，精心呵护，运输了无数的庞然大物，屡次破解难题，成功率达100%，创造了远洋运输的奇迹。比如，1988年，葛洲坝电站从德国进口直流变压器，外国船公司运输5台坏了3台，改由中波公司运输，无一损坏，国家能源部为此发来了贺电。20世纪90年代，中波公司历时10年为上海运输规格特殊、造价昂贵、设备精密、外表裸露的进口地铁列车，运回的53列地铁列车共318节车厢，全部达标，为上海市重大工程建设作出了贡献。中波公司还承运了三峡电站、上海宝钢、金山石化、山西神头电站、华能电厂等工程的重大进口核心设备。公司为江苏沙钢运输了整个德国克虏伯公司卷板轧钢厂，为南京汽车集团从英国整厂搬迁了罗孚汽车生产线，为山东兖州煤矿运回德国现代化炼焦厂，为内蒙古、新疆等地运输了多套风力发电机组；运输了重达七百余吨的驳船，长达70余米的化工设备，高达近20米的门吊；创造了优质承运重大件设备货的中波品牌，蜚声航运界。

3. 打造了一支重大件设备货专业化运输船队

中波公司以前瞻的眼光，抢占市场制高点，做到人无我有，人有我优，不搞恶性竞争，另辟蹊径开创新天地。面对国际上超大、超重、超长件等“巨无霸”设备的跨国运输需求日益增长，大批老船型杂货船舶已难以承担“重、高、大”货物的运输的现状，中波公司将此作为契机，大胆运用新思路、新装备、新技术来提升竞争能力，打造世界一流的重大件设备货专业化运输船队。2001年，中波公司果断决策，在订造船价相对较低时，斥资10多亿人民币订造了一批3万吨级、自有640吨重吊的新船，加快更新船队结构。这批新船荟萃了当今世界造船技术精华，在同类型船舶中，拥有主机最先进、航速最快、技术最新、起重吊最大等4项世界最先进水平，被国家经贸委列为“国家重大装备创新研制项目”。投入营运后，由于配套设备先进，具有靠港自行装卸重大件货物的优势，货运服务质量得到有效提升，赢得了中外货主广泛认同，抢占了杂货运输市场的制高点。此后，中波公司又在3艘船上改装了重吊，使重吊船达到11艘。

4. 奠定了可持续发展的坚实基础

中波公司领导班子以科学发展观为指导，以对国家负责，对历史负责，对员工负责的高度责任感，以正确的政绩观处理当前和长远的关系，不仅关注眼前的进步，更着眼于长远的发展，扎扎实实打好基础，保持企业发展的后劲。公司注重“三个能力”（即核心竞争能力、企业盈利能力、持续发展能力）的建设。前瞻性地打造重大件设备货专业化运输船队、开辟全球航线，为中波拓展了发展的空间。新船航次盈利超过同类型老船一倍以上，单船航次运费收入屡次刷新纪录，成为中波公司新的利润增长点。船队的年轻化和结构优化，显著增强了市场竞争能力，经济效益也大幅攀升。2001年，公司的利润仅有348万美元。自2002年以来，利润以每年近50%的速度增长，2007年达到5 000万美元，2008年上半年，又实现了利润3 940万美元。在经营形势好时，居安思危，未雨绸缪地做好应对航运市场低谷的准备，及时提前进行船舶折旧，使一部分船舶进入无折旧成本营运状态，提前还清建造新船的贷款，降低新船营运成本，由于新船良好的经济效益，通过边营运边还贷，在最后一艘新船投入营运后，也还清了全部造船贷款，使中波公司又进入无负债经营，无任何中长期债务和借款，资产十分优质。今后若干年，中波将能够保持重大件设备货运输的强势地位。在发展航运主业的同时，加快陆上产业发展，形成“两轮驱动”、互相促进的格局，有利于规避风险。

5. 建设了以人为本的“和谐中波”

改革开放以来，中波公司坚持以人为本，致力于打造一支高素质的员工队伍，把公司的发展与国家的发展和社会的进步结合在一起，营造了良好的内外环境，建设了一个和谐的中波，实现了“合资双方的和谐、公司内部的和谐、公司与客户的和谐、公司与社会的和谐、船舶与海洋的和谐”。

中波公司长期坚持培育以“精诚合作”为核心的合资企业文化，与合作方互相尊重、深入交流、协商一致，双方长期保持了愉快的合作关系。在上海的总公司和在波兰的分公司之间，既明确分工，又密切协作，双方员工在为中波事业的奋斗中结下了深厚的友谊。

中波公司大力开展了“凝聚力工程”建设，调动了船岸员工的积极性，增强了公司的凝聚力和向心力。公司坚持“以事业留人、以感情留人、以待遇留人”的机制，为职工的自我实现搭建平台，培养了一支高素质的员工队伍，为中波事业的发展提供了人才保证。30年来，员工的待遇得到大幅度的提高，公司还建立了职工关心保障机制，设立了各种基金，解除了他们的后顾之忧。

中波公司建立起了与客户和社会的和谐关系，不仅提供优质的运输服务，更重要的是承担起企业的社会责任，为构建社会主义和谐社会贡献力量。中波以设备精良的船队见长，更以优质的服务闻名，船岸协力为客户排忧解难，屡屡传出佳话。2002年，山西神头电站为了提前发电，要求在合同规定的时间之前运输一批关键设备，中波公司重新调整了运输计划，以多付20多万美元的代价，将这批货物提前运达。中波公司还以捐助中远慈善基金会、援建希望小学、助老帮困等形式，回报社会，造福人民。

四、基本经验

中波公司抓住我国改革开放的大好机遇，取得了骄人的业绩，用事实说明了改革开放的政策是完全正确的，改革开放的道路是一条光明大道。中波公司成功的基本经验是：

1. 精诚合作，共同发展

合资企业成功的基础，是合资双方的合作意愿、合作力度。中波公司创办之初，周恩来总理亲自制订了“平等互利，协商一致”的合作方针，为中波公司的发展奠定了坚实的基础。改革开放以来，公司一如既往地坚定地执行这一方针，求同存异，超越政治和意识形态的不同，融合东西方文化的差异，妥善地处理了双方合作中出现的矛盾和分歧，形成了密切合作的良好氛围。几十年中，中波两国虽然都发生了一些重大变革，但并没有影响中波公司双方的友好合作。比如1989年发生的东欧剧变，波兰执政的共产党下台，中波两国由原来的同为社会主义国家变成了两个不同社会制度的国家，波兰新的国家领导人如克瓦希涅夫斯基总统等，在访问中国时，都一如既往地亲临中波公司视察。两国政府及政府部门领导人多次表示，支持和鼓励把中波公司办好，加强两国政府和两国人民之间的友好交往。政府的支持，为中波公司的发展注入了强大的动力。同时，作为企业，要有良好的效益和强劲的发展，才能体现中外合资企业的强大生命力，才能在合资双方中增强自己的地位。中波公司正是在这种良性互动中，一步一步创造新的辉煌，使改革开放的示范窗口更加明亮和引人注目。

2. 解放思想，主导发展

中波公司是平权合股的企业，双方均有同等的股份，也有对等的否决权，在市场经济激烈竞争的环境中，容易出现决策缓慢、创新艰难的弱点，也是中波公司合作中的难点。孙敏总经理到任后，努力破解这个难题。中波公司的主要市场在中国，中方可以作出更大的贡献，从而在公司的发展中拥有更多的话语权。一是将中方对于公司发展的重大决策的构想，通过中方股东代表，提交两国股东会议审议或双方经理会议审议，从而实现中方的意图。其次是发挥中方的聪明才智，以前瞻的思路、可行的措施、明显的效果，让合作方信服，从而发挥中方的主导作用。例如提出“两个转变”的战略，打造重大件设备货专业化运输船队、开辟全球航线，均是中方率先提出。三是以中方的努力，促进中波双方共同前进。20世纪90年代，中波公司效益较差，船舶一度管理弱化，中波双方因对船舶保养的费用投入有分歧而导致船貌较差。中方努力开展学习“华铜海”轮活动，调动了船员积极性，使中方管理的船舶保持了较好的船貌，而且管理费用下降，整个船队的管理水平得到提升。

3. 抓住机遇，科学发展

良好的经济效益是企业生存的基本条件，而科学发展才是长盛不衰的保证。中波公司在改革开放中走过的路，证明了科学发展观指导企业的强大力量。科学发展，就是依据客观规律办事，就是开拓创新，使企业的成长合理、和谐、可持续。中波公司在经过多年的探索之后，经于找准了自己的发展道路，就是适应世界航运市场的发展趋势，扬长避短，发挥自身优势，专攻重大件设备货物的运输，扩大全球市场，提高服务的附加值，从而显著地提高经济效益。中波公司在推进企业战略转型的同时，苦练“内功”，坚持走内涵式发展道路，加强科学管理，提高服务能力。从2002年开始，针对公司各阶段面临的突出困难和存在的突出问题，每年围绕一个生产经营重点，开展一个主题活动，从抓揽货到抓效益、抓管理、抓队伍、抓质量、抓创新，一步一个脚印，一年一个台阶，企业发展水平稳步提升，服务客户能力不断增强。

4. 以人为本，和谐发展

人是生产力的第一要素，也是企业最为宝贵的资源。中波公司曾经为中国远洋运输事业的发展培养输送了大批人才。在改革开放中，中波的人才战略又上升到了新的高度。中波公司重视依靠职工发展企业，使企业的发展与员工的自我实现相结合，达到了双赢。打造世界一流的重大件设备货专业化运输企业，除了要建造先进的重吊船，更重要的是要有高素质的职工队伍。中波公司关心和凝聚职工，做了大量工作，收到了很好的成效。中波公司员工热爱远洋，艰苦奋斗，能够破解难题，优质地服务客户，创出了中波的名牌。通过创建和谐中波、和谐船舶，实现了人与人的和谐、人与设备的和谐、人与客户的和谐、人与自然的和谐。和谐产生力量，也产生效益，这是中波公司发展的一条重要经验。

五、发展展望

改革开放使中波公司这家中国最老的中外合资企业焕发了青春。展望前程更壮丽，中波公司决心在新的起点上再上新的台阶。根据企业的“十一五”发展规划，中波公司继续实施“两个转变”的发展战略，巩固和拓展全球航线，占领国际重大件设备货运输高地，进一步提高重大件设备货承揽比例，进一步提高经济效益。公司正在建造6艘三万吨级的重吊船，2009年起将陆续投入营运，同时，将陆续淘汰老旧杂货船，推进现有船舶的重吊改造。预计到2010年，中波公司的重吊船将达到17艘，进一步提升公司全球性重大件设备货承运人的市场优势，更加确立中波公司的专业品牌。坚持“两轮驱动”方针，办好服务航运主业的陆上企业，规避航运风险，形成主业辅业联动，推动陆上企业快速发展。继续重视船员队伍建设，扩大船员劳务输出步伐。新建的中波国际海运研发中心将于今年正式启用，依托这个培养国际海员的基地，加大船员培训力度，适应现代化船舶需要。增强海外揽货能力，巩固和发展海外代表处，开拓业务。在发展生产提高效益的基础上，提高职工收入水平，留住和引进高素质人才。

中波公司将继续发挥“对外经济合作的示范窗口”的作用，加强双方的合作，巩固改革开放的成果，以更加优异的成绩，回报国家和社会，在中外合资的事业中，再创新的辉煌。

通江达海谋发展

民生轮船有限公司

一、企业介绍

民生轮船有限公司（以下简称民生公司）由著名爱国实业家、中国航运业的先驱卢作孚先生于1925年在重庆创办。

公司以“服务社会、便利人群、开发产业、富强国家”为宗旨，以先进的服务理念和经营方式，从航行于长江支流嘉陵江的一艘70吨的“民生”小客轮开始，在与众多西方列强航运企业的激烈竞争中，至1936年，收复了内河航行权，统一了长江上游航运。在抗日战争中，民生公司全力以赴抢运撤往四川的工厂、政府机关、科研机构、学校、人员，运送军队、武器、物资到前线，为抗日战争付出了巨大的牺牲和作出了巨大贡献。1938年，卢作孚先生亲临宜昌，组织并指挥了被誉为“中国实业上的敦刻尔克”的著名的宜昌大撤退。到1949年，拥有江、海船舶148艘，航线从长江延伸到中国沿海、台湾、东南亚各国、日本和印度，分支机构遍及长江沿线、中国内地沿海各主要港口、台湾、香港和东南亚、美国、加拿大；还拥有造船厂、发电厂和各港口的许多码头、仓库；投资银行、保险、钢铁、机械、纺织、煤矿、水泥等60余项实业，是当时中国最大和最有影响的民营企业集团。

公司以其先进的管理和优良的服务及以爱国主义为核心的民生精神享誉中国，蜚声海外。20世纪50年代初，毛泽东在谈到中国民族工业发展过程有四个不能忘记的人士时说，搞交通运输不能忘记卢作孚。

1984年，在改革开放的大潮中，卢作孚先生之子卢国纪在重庆重建了民生公司。经过24年的发展，民生公司在中国沿海、长江沿线各主要城市和海外有40多个子公司和分支机构，主要为客户提供以长江、珠江、沿海、近洋江海陆运输及其海内外代理为支撑的一体化的现代物流网络服务。民生公司现以经营江海航运为主业，从事国际货代、国际船代、公路运输、现代物流等运输相关业务。海运主要经营中国沿海和国际近洋集装箱班轮航线，长江航运主要经营长江干线货物运输，公路运输主要经营公路集装箱运输、商品车运输、大型设备运输。同时，与长安集团合资组建了香港上市公司——重庆长安民生物流股份有限公司；与长虹集团合资组建了四川长虹民生物流有限责任公司；并投资了重庆银行等其他行业，已发展成为中国大型民营航运企业集团，集装箱船队运力国内排名第7位，跻身中国服务业企业500强、中国民营企业500强、中国物流企业100强和重庆企业100强。

目前，民生公司是中国船东协会和长江船东协会副会长单位，中国报关协会常务理事单位，中国国际货代协会、中国船舶代理协会（CASA）理事单位，重庆物流协会副会长单位。同时，还是中华职教社、中国扶贫开发协会、重庆市慈善总会、重庆市交通运输协会、重庆市企业联合会、重庆市企业家协会、重庆市工业经济联合会、重庆市工商联合会、重庆市总商会、重庆市水路行业协会、重庆市经济技术合作促进会、重庆市商标协会等协会的会员。

二、改革历程

1. 在改革开放中重建，从长江艰难起步

在改革开放后城市经济体制改革刚开始时，1983年底，中共中央总书记胡耀邦同志到第一个试点城市——重庆考察，提出要发展长江航运，充分利用横贯祖国东西的长江黄金水道，打破国有企业一统天下的局面，允许集体、民营企业一齐上，不要再让长江的水白白向东流。在讲话中，他特别提到了对中国经济建设和航运事业作出过重要贡献的卢作孚先生和民生公司。1984年2月，卢作孚先生之子卢国纪约请在渝的部分老民生公司员工商议后，向重庆市委上报了重建民生公司、发展长江航运的报告和方案，得到了重庆市委的批准。从此，民生公司的历史又在新的历史时期重新延续。

1984年民生公司重建时，国家实行的还是计划经济。民生公司要起步，各方面都遇到了重重困难，在船舶购造资金、钢材、燃油、货源等方面困难重重，一是缺少买船资金；二是没有计划钢材；三是没有计划燃油；四是没有计划货源（因为货物都是纳入计划分配的）。1984年2月20日，民生轮船公司筹备处在向重庆市工商联借的一间20平方米的房子内成立。筹备处成立后，从租船组织长江合营船队开始，很快迈出了第一步。当年3月31日，民生公司的第一支合营船队从重庆开出，所运的1 400吨煤炭，是公司筹备处负责人卢国纪到重庆煤炭工业公司要来的。合营船队开航时，重庆市市长于汉卿亲自到码头为船队送行。4月1日，人民日报第一版报道了民生公司重建的消息，标题是“民办重庆民生轮船公司开航”，大陆各大报纸和香港、澳门、台湾地区和国外报纸也作了报道，称“民生公司复活了”，并将此视为中国改革开放的象征之一。

民生公司合营船队的开航，为民生公司后来的发展打下了坚实的基础。在国家有关方面的大力支持和帮助下，全体民生职工团结一致，顽强拼搏，克服了多个艰巨的困难，使公司从无到有，建立了自有的船队。民生公司筹备处首先解决造船的资金和钢材问题，银行帮助贷款，国家支持调拨钢材指标造船，有关航运公司支持给民生公司调配船员。通过紧张的工作，1984年10月1日，民生轮船公司正式成立，交通部、四川省人民政府、重庆市委、市人大、市政府、市政协领导都到会祝贺。当天，民生公司自己的船队满载钢材在重庆首航。

2. 立足长江，从内河走向海洋

1985年11月，民生公司的“生哲”轮和民生1201驳投入广州至香港航线。1986年10月，民生公司第一艘海轮“乌江”从天津首航日本，当月，民生公司的第二艘海轮“沱江”

从上海首航日本。1988 年，民生公司的“怒江”海轮从香港首航台湾。1998 年 11 月，民生公司开辟了上海至台湾集装箱班轮航线。

3. 以航运为主业，构建多元化服务平台

在发展航运的同时，民生公司不断开拓，向其他领域延伸。1990 年 11 月，经对外经济贸易部批准，民生国际货物运输代理有限公司成立，主要经营国际货物运输代理业务。1993 年 2 月，经交通部批准，民生国际集装箱运输有限公司成立，主要经营公路运输。1993 年 9 月，经交通部批准，上海民生国际船务代理有限公司成立，主要经营国际船舶代理业务。2003 年，民生物流有限公司成立，主要经营现代物流业务。

4. 首创长江上游内支线，开辟长江上游集装箱班轮服务

20 世纪 90 年代以前，长江航运的运输物资主要是干散杂货，集装箱运输十分稀少，尤其是长江上游，经长江运输的集装箱更是微乎其微。为了把先进的运输方式引入长江上游，更好地为重庆和西部地区的经济发展和外贸经济服务，民生公司于 1993 年 10 月 5 日率先开辟了重庆到上海的国际集装箱班轮航线。这一航线的开通，标志着川江水道没有集装箱班轮运输历史的结束，被评为 1993 年长江流域十大经济新闻之一。内地各主要报纸、电视台、广播电台及香港报纸作了广泛报道，称为“划时代的壮举”。民生公司这一创举，不仅加快了长江航运发展的步伐，而且为西部地区的外贸进出口货物提供了新型的国际化运输方式，帮助西部地区生产企业大幅降低了成本，对促进重庆及西南地区的对外开放，强化重庆的口岸作用具有十分重要的意义。

在发展过程中，民生公司从最初采用集装箱驳船运输，逐步发展成集装箱自航船运输，班轮航线也从最初的重庆至上海向上游延伸到四川泸州。2000 年初，民生公司开辟了重庆至上海集装箱自航船快班服务，开始为长江集装箱运输提速；2003 年，民生公司又率先开辟了重庆至上海长江集装箱直达快班，使运输时间进一步缩短；2007 年，民生公司又开通了渝申“五定”集装箱直达快班，严格按照“定港口、定航线、定船期、定运时、定船舶”的运作模式，从重庆直达上海，中途不挂靠、不装卸，为重庆外贸企业的发展提供了更加优质、快捷的服务。现在，民生公司从重庆开上海的集装箱班轮，从 1993 年的每月 2 班，增加到了现在的每周 12 班，月运输量也从当时不超过 30 标准箱增长到现在的 1.5 万标准箱以上。重庆港的集装箱年吞吐量也从 1993 年的不足 100 标准箱，增长到了 2007 年的 35 万多标准箱。

5. 以水陆联运为基础，发展现代物流

为了帮助西部地区生产企业降低成本，20 世纪 90 年代，民生公司就开始着手研究和发展现代物流。民生公司以航运为基础，通过江海联运和水陆联运，长期为大型汽车制造企业提供汽车 CKD 件物流服务、商品车物流服务等，包括为长安汽车、长安福特马自达、长安铃木和庆铃汽车提供成套散件入厂物流和整车出厂物流服务。

1999 年 9 月，民生公司第一艘商品汽车滚装驳满载商品车离开重庆，这是民生公司在现代物流领域开展商品汽车滚装运输的标志和开端。经过近十年的发展，民生公司从最初的滚装驳运输，发展到了专用商品汽车滚装船运输船队，形成了以重庆、岳阳、武汉、南京、上海港为中转基地，辐射全国的商品车水陆运输网络，年运输量近 20 万辆，占长江中上游商品车运输量的75%以上。2007年，民生公司成为四川一汽丰田的物流供应商，承担了四川省最大的进口CKD项目的物流任务。

除汽车物流外，民生公司还长期为大型石化企业和其他大型企业提供大型项目物流服务等。从2005年开始，民生公司以信息系统支持和海江陆联运的方式，为韩国SK集团下属的大型石化企业四川汇维仕化纤有限公司提供包括原料进口、产成品全国发运和仓储配送在内的一体化综合物流服务。2007年11月，民生公司通过海江陆联运的方式，承担了长虹PDP大型精密设备的物流任务，从而跻身于大规模组织精密设备运输的现代物流行列。

6. 以研发为重点，发展长江船队

从2000年起，民生公司开始进行船舶运力结构调整，淘汰原来的拖轮驳船，建造自航船，着力推进船舶朝大型化、专业化、系列化、标准化方向发展。目前，民生公司长江运输船队以集装箱船和商品车滚装船为主，航速快、周期短，船舶运行成本明显降低，单船效益显著提高。

1999年，为了支持重庆及沿江汽车工业的发展，在市场有大量商品车需要运输时，民生公司决定率先设计建造长江商品车滚装船。在当时，长江上还没有商品车滚装船，《内河船舶建造规范》中也没有商品车滚装船具体的建造标准和技术规范要求。民生公司借鉴国内外先进经验和技术，经过大量调研，科学论证，精密计算，设计建造出了新型长江商品车滚装船，填补了内河商品车滚装船舶建造的空白。经过实践检验，这种新型船舶的实用性、经济性、环保性均达到了高标准。自主率先设计建造的330车位长江商品车滚装船，被2000年版《内河船舶建造规范》所引用。2000年，民生公司突破内河集装箱船舶传统的设计，决定建造144标准箱新型集装箱船。经船模试验和实践证明，这种设计比常规船型阻力减少13%，钢料消耗减少12%，每千吨公里油耗降低38%，且船体强度高，载质量大，经济性好。新船型设计的成功，是长江集装箱船船型研发一个很大的突破，得到了航运界的高度评价。自主开发设计的144标准箱长江集装箱船被交通部作为川江及三峡库区150标准箱集装箱船标准船型，被2004年版《内河船舶法定检验技术规则》所引用。民生公司自主设计研发的新船型，为川江及三峡库区集装箱船和长江上游商品汽车滚装船标准船型的诞生奠定了基础，获得了长江航务管理局长江标准化船型推进奖。

三、发展成就

1. 提升品牌，优质服务

在江海航运方面，民生公司现有江海船舶80余艘，其中有各类集装箱船60余艘、2.4万个标准箱，集装箱船舶运力规模排名全国第7位；拥有200车位、320车位、580车位等各种类型的商品汽车专用滚装船9艘、3 300个标准车位，月运输能力2万辆，是目前长江最大的商品汽车滚装船队。公司海运通过了国际安全管理体系（ISM）认证；长江航运通过了国内安全管理体系（NSM）认证；船舶均配备了GPS和GPRS。

在国际货代方面，民生国际货代由重庆、四川、上海、大连、天津、青岛、宁波、广州、江苏、武汉等公司形成覆盖全国的国际货代网络，拥有商务部批准的一级货代资格证书和交通部批准的无船承运人资格证书。在2007年中国国际货代协会主办的货代企业排名评比中，民生国际货代列中国国际货代物流百强第18名、海运50强第11名、中国国际货运代理民营企业50强第3名、中西部排名第一。

在现代物流方面，公司目前主要从事大型汽车制造企业、大型家用电器制造企业、大型石化企业和其他大型企业的现代综合物流服务。在重庆北部新区及寸滩国际集装箱港区投资兴建了7万余平方米的物流园区，为长江流域客户提供仓储配送和商品中转等服务。公司是中国物流与采购联合会AAA级物流企业。

在公路运输方面，拥有沃尔沃、三菱、欧曼等大型集装箱拖车和商品车专用运输车近200余辆，是西南地区最大的公路集装箱运输车队，具有交通部颁发的道路运输二级企业资质。

在国际船代方面，民生国际船代在上海、重庆、广州、大连、天津、青岛、宁波等地设有公司或分公司，形成了船代网络。

2. 勇于创新，促进了西部地区航运业乃至经济社会的发展

重建的民生公司把充分利用长江的运输能力、如何发展长江航运和努力为西部大开发服务，作为企业承担的一项重要任务。民生公司利用长江航运运量大、运价低这一得天独厚的优势，努力通过自身的开拓创新，改变了长江航运运输时间长、速度慢的局限性，取得了很好的效果，发挥了示范和带动作用，有力地促进了长江航运的发展。民生公司重建后，长江上的集体、民营航运企业像雨后春笋一样蓬勃兴起，打破了长江航运的冷清局面。

民生公司积极探索，勇于创新，在长江上创造了一个又一个奇迹。1985年，民生公司率先开辟了江海联运，实现了航运界多年的梦想。1986年12月，重庆钢铁公司从日本进口的技改设备急需从日本运到重庆，由于数量少，在日本要挂靠两个港口，运费还不足以支付码头费用，在其他海船公司都不愿承运的情况下，民生公司决定承运这批设备，利用自己的海船和江船实行江海联运，创造了从日本到重庆19天的中国航运史上的最快纪录，被交通部列为大事记，被重庆市列为1986年经济工作10件大事之一而载入历史史册。1986年，公司率先开辟了江海陆联运和一票到底的门到门运输。1990年，民生公司为赶运重庆出口日本的钢材，又创造了从重庆到日本16天的最快纪录。1993年10月5日，民生公司第一个开辟了重庆至上海的长江集装箱班轮航线，结束了长江上游没有集装箱班轮的历史。1994年，民生公司运输重庆长安公司从日本进口的汽车散件，采取江海联运的方式，创造了从日本到重庆15天的最快纪录。1999年，为促进重庆汽车工业的发展，民生公司率先开辟了长江航线商品车滚装运输和公路商品车运输。2002年，民生公司集装箱船运输长虹出口彩电，创造了重庆至上海96小时的最快纪录。2003年，民生公司组织了集装箱和商品车翻坝运输，创造了三峡断流不断航的奇迹。2003年，民生公司第一个开辟了重庆至上海长江集装箱快班航线。2005年，民生公司承运汇维仕从韩国光阳到四川自贡的进口原料，创造了全程10天的最快纪录。2007年，民生公司第一个开辟了重庆至上海长江集装箱“五定”直达快班航线，承运四川一汽丰田的进口设备，创造了上海到泸州全程8天的最快纪录。民生公司创造的这些业绩，不仅在海内外引起了很大的反响，有力地促进了长江航运事业的发展。

从1988年开始，民生公司先后承运了重庆钢铁公司、重庆八一六厂、重庆市珞璜电厂、四川省江油电厂、江苏省利港电厂、湖北省鄂州电厂、广东岭澳核电站、四川省氮肥厂等一大批国家重点建设工程项目进口成套设备，承运了重庆长安汽车、重庆庆铃汽车、重庆长安福特马自达、重庆力帆集团、重庆国际复合材料厂、四川维尼纶厂、重庆ABB公司、四川长虹电器集团、四川汇维仕、长春一汽集团、四川五粮液集团、四川眉山车辆厂、四川攀钢、四川丰田汽车、四川东方电机、成都神钢等一大批大型企业进出口和国内货物运输，实现了优质、安全、快速运输，保证了国家重点建设工程的建设。

民生公司进出口集装箱重箱量约占重庆口岸的40%，商车汽车运输量约占70%。民生公司的水陆联运服务网络已经覆盖了包括重庆、四川和贵州在内的整个西部地区，为西部地区的经济发展提供了优质、高效、廉价的水路运输服务，为重庆、西部地区乃至国家的经济发展作出了应有的贡献。

民生公司在发展过程中，坚持把国家利益和社会效益放在第一位，在支持国家经济建设的同时，努力回报社会。从1984年到2007年，公司减价运输国家重点建设工程设备，免费运输社会福利事业物资，长期捐助教育、慈善和文化事业，累计达1 500余万元。

四、基本经验

1. 必须坚持抓思想教育工作，培养德才兼备的职工队伍

老民生公司之所以能够取得辉煌成就，之所以能够为国家作出巨大的贡献和牺牲，关键是卢作孚先生把民生公司这个实业当作教育来办，培育了一支能为国家无私奉献和勇于牺牲的职工队伍。新民生公司继承和发扬了老民生公司遗留下来的宝贵精神财富——“爱国主义、集体主义、艰苦创业、拼搏献身”的民生精神，把民生精神作为公司的精神支柱，把思想教育工作放在第一位，把民生公司办成不仅是一个企业，也是一所培育人的大学校，一个团结友爱的大家庭。同时，确立了公司的宗旨是“服务社会，富民强国，振兴中华”；确立了公司的核心价值观是“民生公司最后的意义绝不是帮助本身，而是帮助社会”；确立了公司的理念是“以最优质的工作服务社会，以最优良的作风帮助社会，以最优异的成绩奉献社会”。

公司坚持抓思想教育工作，坚持不懈地对职工进行党的路线、方针、政策和时事政治理论教育、以爱国主义为核心的民生精神教育、革命传统教育、民生传统和民生宗旨教育、科学文化素质等教育。通过教育，广大职工树立了爱国奉献精神，增强了使命感和责任感，艰苦奋斗，纪律严明，勇于开拓，顽强拼搏。广大职工不怕困难，不计较个人得失，兢兢业业地工作，默默无闻地奉献，成为一支有理想、有道德、有文化、有纪律的具有民生精神的德才兼备的职工队伍。公司涌现出“生江”轮船员在三峡冒着船毁人亡的危险，英勇救助“东方之珠”旅游船等一批舍己救船、舍己救人、保护国家财产的英雄。民生公司这支优秀的职工队伍，开拓创新，奋力拼搏，为服务水平的显著提升、企业持续快速健康发展提供了有力的人才保障。

2. 必须建立先进的管理制度，确保企业健康发展

重建后的民生公司继承了老民生公司的优良传统，在借鉴老民生公司行之有效的管理制度的基础上，吸取现代企业的管理经验。新民生公司一开始就制定了一系列管理制度，实行了“独立经营、独立核算、自负盈亏”的经营形式，成为第一个带有鲜明民办形式的企业；在人事制度上，坚持“任人唯贤，严禁任人唯亲”的原则；在船上，民生公司一开始就实行船长负责制，民生公司于1988年又率先在船舶推行单船承包经营责任

制，有效地激发了船员工作的积极性和主动性，还创造性地在船舶设立驻船代表制度，有效地加强了船员的管理和教育，建立了船岸更为畅通的沟通渠道。这些制度有力地保证了民生公司的健康发展。

3. 必须加强国际合作，促进企业快速发展

民生公司重建后，积极开展国际合作，增强了自身竞争实力。

一是建立了国际业务网络，促进了公司江海航运主业的发展。1990 年，民生国际货物运输代理有限公司成立后，民生公司依靠自己拥有的海运、江运和陆运优势，广泛开展海陆联运、海空联运和国际多式联运，很快成为世界排名前 20 位的各家海运公司在西南地区的货运代理，业务范围覆盖北美、南美、非洲、欧洲、亚洲、澳洲等全球各地区。2005 年，民生公司与南美轮船、汉堡南美、万海、长荣等公司签订海船协议，并成为汉堡南美在重庆地区的独家总代理。2006 年，民生公司又成功开展了 DDU（未完税交货）、DDP（完税交货）业务，使国际代理客户的比重达到了 16%。2007 年，民生公司又加大了对美加航线的市场开拓力度，并同泰国、德国、毛里求斯代理建立了合作关系。2007 年 1 月，民生公司加入全球最大的独立性货运代理人网络——世界货运联盟物流网络（WCAF），为其扩建海外可靠、有效代理网络搭建了国际化的平台。

二是开辟国际融资渠道，加快了企业发展。2005 年 6 月 19 日，国际金融公司（IFC）正式向民生公司发放 1 575 万美元的贷款，主要用于民生公司建造 11 艘新型集装箱船和 4 艘滚装船。这是 IFC 在重庆的第一个贷款项目，民生公司向 IFC 申请贷款的成功，为民营企业开辟国际融资渠道提供了宝贵的经验。

五、发展展望

长江流域经济的发展，国家对长江黄金水道建设越来越重视，重庆、成都成为城乡统筹综合配套改革实验区，重庆保税港区的申报成功和国家西部大开发战略的进一步实施，长江航运业面临着非常有利的发展机遇。重庆将建成长江上游航运中心，未来重庆的集装箱运输、商品汽车运输必定有更大的发展。民生公司将进一步发挥自身具有江海陆运输和货代、现代物流、船代为一体的综合优势、海内外分支机构和代理的服务网络优势以及现代化的管理和信息网络优势，大力发展长江集装箱运输、商品车滚装运输、现代物流，实现全面协调可持续发展，以最优质的工作服务社会，以最优良的作风帮助社会，以最优异的成绩奉献社会，努力为推动我国航运事业的发展，为把重庆建设成为长江上游的航运中心而努力奋斗。

打造锦江航运品牌

上海市锦江航运有限公司

一、企业介绍

上海市锦江航运有限公司（以下简称锦江航运）成立于 1983 年，是伴随着我国改革开放应运而生的一家地方国有控股企业。公司成立 25 年来，始终以国际航运为主，服务于现代物流业，目前隶属上海市国资委，注册资金为1亿元人民币，资产规模达到6.8亿元，员工总数为559人，经营的船队规模为9艘集装箱船舶。

锦江航运的核心主业为集装箱运输和相关运输服务，开辟了以上海港为中心，辐射日本东京、大阪、神户、横滨、名古屋、清水等港口和台湾基隆、台中、高雄港的集装箱班轮航线，提供上海——日本每周七班和上海——台湾每周二班的集装箱运输服务，同时在长江流域开辟了内支线物流服务。

目前，集装箱运输业务由锦江航运总部直接经营，推出“锦江阪神穿梭快航”、“锦江四季快航”、“锦江东海穿梭快航”3条往返于上海——日本的品牌班轮航线以及往返于上海——台湾的准点快航，共投入“春锦”、“夏锦”、“秋锦”、“冬锦”、“恒裕”、“隆裕”、“华裕”、“锦安”、“锦意”九艘集装箱船舶，总舱位量达到6 416标准箱，年运输能力逾35万标准箱。相关运输服务业务由锦江航运下属的各级境内外控股投资企业经营，主要包括运输代理服务、集装箱堆存、仓储服务等在内的物流配套服务。

锦江航运还相继在境内外拓展和完善市场营销体系，分别在香港、东京、大阪、名古屋、太仓、南通等地设立分支及代理机构；内地营销网络遍布上海、江苏、浙江、重庆、湖北、湖南、安徽、江西等省市的长江沿线港口；境外营销和客户服务网络也在不断拓展，日本的主要港口覆盖率达到100%，台湾地区布点到高雄、台中、基隆三大港口。

锦江航运把“以人为本、依法管理，建立荣誉、利益、命运共同体”作为企业经营理念，严格奉行“客户利益之上”的服务原则和“安全、可靠、定时、快捷”的服务宗旨。公司于2000年率先推出了航运业的品牌战略，以精品航线为载体，以服务创优为抓手，整合船舶、码头、代理的组合优势，充分发挥全流程协作优势，向客户提供“精确到小时”的集装箱运输服务，塑造了安全诚信的品牌形象。

二、改革历程

锦江航运正是沐浴着改革开放的春风逐步成长起来的，经历了市场经济大潮的考验，饱受了困难的磨难，经受了低谷的阵痛，在曲折中前进，呈螺旋式上升。

1983年，由上海锦江饭店、上海海运局、上海市爱国建设公司和上海投资信托公司合资组建的上海市锦江航运有限公司成立，是上海第一家上海市人民政府直属的地方远洋航运企业，后加入中外运上海（集团）有限公司为5家股东，注册资金300万元。公司于1999年增资，注册资金为10 000万元。2003年，公司调整股东，变更为由上海兰生（集团）有限公司、上海海运（集团）公司、中外运上海（集团）有限公司三家股东组成。2005年底，为优化国有资产整体布局，公司在上海市国资委的主持下，再次对大股东进行调整。公司目前的股东为上海久事公司、上海海运（集团）公司、中外运上海（集团）有限公司，三家股东均为国有企业。

1. 改革开放，孕育发展机遇

1983年，锦江航运以一艘豪华客货轮——“锦江轮”从事上海—香港的旅客运输起步。随着“锦江”轮成功首航上海至香港，公司开始了一条崭新的航程。1984年10月20日，党的十二届三中全会通过的《中共中央关于经济体制改革的决定》明确提出进一步贯彻执行“对内搞活经济、对外实行开放”的方针。自1985年起，公司逐步转变经营战略和策略，采用“利用外资、负债经营、借鸡生蛋”和“以货运养客运”的策略，从散件杂货运输起步，逐步转向国际集装箱班轮运输。公司积极利用外资，通过境外融资平台，购买二手船舶，建立了一支初具规模的市属远洋船队；针对当时国内船、货分家的现状，一手揽货、一手揽船，开辟了香港、台湾、日本、泰国、韩国等航线，并在长江流域开辟了支线物流服务，从而在航运市场上初步站稳脚跟，走上了一条快捷、健康的发展之路。

锦江航运前10年的发展，正是在改革开放政策的指引下，积极利用外资，借鸡生蛋，从无到有，从小到大，开创性地开展工作，使锦江航运在夹缝中闯出了一片新天地，在国际航运市场有了立足之地。公司的成长与历届市委、市政府领导的关心和帮助密不可分，他们对公司的发展给予扶持、寄予厚望。汪道涵同志亲自关心公司的组建，江泽民同志于1988年任上海市委书记期间专门为公司题词“积极发展地方航运事业，适应外向型经济发展需要”，朱镕基、黄菊同志也先后到公司及船舶视察工作。

2. 大胆创新，二次创业走出困境

由于航运市场的开放力度加大、市场不景气，加上企业自身经营思路不明、经营管理不善等多种原因，自1996年起，锦江航运的生产经营一度陷入窘境，资金链紧张，生存岌岌可危。上级党组织及时调整了公司领导班子，新班子上任后，与时俱进，大胆改革创新，努力打造企业的核心竞争力，走出了困境。

公司于2000年及时提出了品牌建设的思路，把“以人为本、依法管理，建立荣誉、利益、命运共同体”作为企业理念，以“诚信、创新、共赢”作为锦江航运品牌的基本内涵，积极探索为航运这一古老的传统服务业注入新活力。公司以上海—日本关西的精品航线——“锦江阪神穿梭快航”作为公司实施品牌战略的起步，之后又陆续推出上海—日本关东的“锦江四季快航”、上海—日本关中的“锦江东海穿梭快航”两条精品航线，向客户提供“两定一快”和HDS（快速交货）服务，并充分发挥全流程协作优势，将交货时间精确到小时，成功在海运业实现空运服务标准。目前，精品航线已经成为打响锦江航运品牌的拳头产品，公司经营的中日航线名列上海港箱运量前茅，品牌知名度大幅提升。公司成功实施了品牌战略，实现了跨越式的发展，经济效益稳步增长。锦江航运采取多项措施，以精品航线打造航运业品牌，正逐步以差异化服务征服客户和占领市场，从而创出了一条生存发展之道。

三次运力调整，奠定精品航线基础。船舶老化问题不仅会制约公司的业务经营和市场拓展，更存在安全隐患，将导致维修成本增加、各港口国的PSC检查易滞留、市场占有率下滑等一系列问题。锦江航运针对自身客观条件不足（资本金小）的实际状况，巧妙地采用了“借船入海”的应对方式，以租船经营为手段，在7年里实现了三次较大规模的运力结构调整，为推出精品航线奠定了基础。第一次于2001年，公司先租了“恒裕”、“隆裕”两艘姐妹船投入关西航线，推出了“锦江阪神穿梭快航”，公开承诺两个100%，取得了当年投放当年赢利的良好收效，“锦江航运”品牌也在中日航线上一炮打响。在继首次成功调整运力后，2004年锦江航运再一次进行了较大规模的运力调整，启用“春锦”、“夏锦”、“秋锦”、“冬锦”四艘姐妹船投入关东航线的运营，并于2005年推出了第二条精品航线——“锦江四季快航”，提供一周三班的品牌服务。此次运力调整，整体改善了公司的运力结构，总舱位增加了37.66%，船舶平均船龄下降了近7年，船舶的船型、航速、箱位等方面更符合航线对于投放船舶的要求。前两次运力调整使锦江航运在快速适应不同船型和不同船龄的船舶管理上积累了一定的经验，在此基础上，自2007年下半年开始，锦江航运进行了第三次运力调整，先后租“锦安”、“锦意”、“华裕”三艘船舶，分别投入关西和关中航线，不仅推出第三条品牌航线——“锦江东海穿梭快航”，一周两班往返于上海—名古屋、清水；同时，“锦江阪神穿梭快航”也增开周日班，航线密度达到每周三班。至此，锦江航运所经营的日本航线全部成为精品航线。

完善营销网络，实现经营重心东移。锦江航运为了更好地实现差异化竞争，本着“走出去才有出路”的理念，以跨国经营为突破，确立了经营重心东移到日本的营销策略。2001年，公司与日本著名企业住友仓库株式会社在东京合资成立了锦江航运（日本）株式会社。2003年，又成立了锦江航运（日本）株式会社大阪支店。2006年，锦江航运名古屋事务所正式设立。迄今为止，锦江航运的海外营销和客户服务网络已经覆盖整个日本，主要港口覆盖率达到100%。公司还坚持每年赴日开展推广宣传，深入走访东京、横滨和大阪等七大港口，与日本知名的大商社、大公司进行直面交流，不断增强海外营销力度，增进与海内外代理的交流与沟通。这已经成为锦江航运的年度工作惯例。竞争差异度和客户信誉度逐步建立，日本回程货量逐年攀升，以“做精做强，打造精品”为共同目标的营销战略初步告捷。

创新服务模式，提升海运服务标准。锦江航运在三条精品航线上秉承“安全、可靠、定时、快捷”的服务宗旨，充分发挥船舶、码头、代理的组合优势，向客户提供精确到小时的差异化服务，取得了良好的市场收效。这种在海运业前所未有的创新服务模式得益于锦江航运始终坚持的“三个强调”，即强调“以客户为中心”的服务原则，坚持客户至上、换位思考，建立了一系列客户联络制度，以走出去、请进来等方式加强与货主沟通；强调“二定一快”的服务模式，做到船舶准班定港、交货定时、船舶单证货物信息传输快速准确，船期精确到以小时计算；强调“两个100%”（船期准确率100%，订舱的货100%上船）的服务承诺，坚持客户服务信誉。公司还建立了严格的内部控制和责任追究制度，明确规定，凡未实现品牌航线服务承诺的，经查核可向客户全额退回运费，从而确保企业的经营诚信。公司在为客户提供差异化和个性化服务的同时，还积极推动在锦江航运全系统普及品牌创建的基本理念，在服务模式和服务标准上不断推陈出新，合力打造集团品牌。经过近8年的不懈努力，锦江航运以准班准点和优质服务享誉东瀛，上海—日本航线的集装箱承运量名列各船公司前茅，公司也已成为上海地区知名的集装箱承运人。良好的品牌信誉为公司走上“以日本为圆心向中国辐射”之路，开拓我国东部沿海各口岸市场奠定了坚实基础。

三、发展成就

锦江航运在不断深化品牌服务与理念的过程中，以品牌建设为核心，不断提升品牌价值，在公司业绩和市场占有率逐步上升的同时，也不负众望，得到了社会和市场的广泛认可，社会知名度不断提升，赢得了诸多荣誉。锦江航运在2008年获得了“上海市著名商标”称号，公司精品航线先后荣获“上海市五一劳动奖状”、“上海市红旗文明岗”、“上海市文明班组”、“上海市用户满意服务明星班组”等多项荣誉，投入品牌航线运营的船舶被评为“上海市文明单位”。在上海航运交易所和上海资信有限公司对近百家国际航运企业联合开展的航运业资信评估中，锦江航运跻身为数不多的“国际班轮运输资质优良企业”之列。在中国交通运输协会主办、由客户投票评选的被誉为“中国货运行业的奥斯卡奖”的中国货运业大奖中，连续三年荣膺“最佳船公司”称号。锦江航运“以精品航线带动航运企业品牌建设”的做法分别获得上海市和全国管理现代化创新成果奖。中国的《第一财经》、《解放日报》、《文汇报》、《上海国资》、《航运交易公报》、《航务周刊》、《中国航运发展报告》以及日本的《海事新闻报》等主流媒体和专业媒体，纷纷对锦江航运进行了宣传报道，对其品牌战略予以褒奖。

1. 以特色服务为依托，稳步提升经营业绩

随着品牌战略的稳步推进，锦江航运主业的规模和市场占有率不断扩大，盈利能力也实现同步增长，在经营上海—日本航线的所有船公司中连续多年排名第二，并获选为“中国交通企业100强”。至2007年底，公司的资产总额达到6.8亿元，净资产3.85亿元，较2000年底翻了两番。公司年均净资产收益率达到21.9%，年均国有资产保值增值率超过123%，在上海市国资委系统名列前茅。2000年至今，公司重箱运量年均增幅达13.5%，在上海—日本和上海—台湾航线所占有的出口市场份额分别达到14.9%和10.2%。

锦江航运的HDS（快速交货）服务以“两定一快”为模式，向客户提供精确到小时的优质服务。在保持个性化服务和特色服务的基础上，通过规范化和精细化HDS服务标准，做到HDS的“限时、限量”。在特种箱分类管理上，公司为客户提供配套的特种箱全程跟踪特色服务，通过完善挂衣箱的创意设计，解决挂衣箱内货物因高温变形的难题，满足客户的特殊需求。在HDS服务和特种箱服务不断调整和完善的过程中，进一步发挥了锦江航运的品牌服务优势，高附加值箱量增幅明显，短短八年时间，HDS箱量从开始的几十个箱子，上升到占总箱量的3%，特种箱量增幅则高达505%，占总箱量的5.3%。

2. 以高准班率为抓手，建立客户美誉度

船舶准班既是维护品牌信誉的关键，也是提升品牌服务的基础。公司精品航线的船舶准班情况要远远高于同航线的其他船公司，全年进出口准班率平均达到80.5%以上，抵日本港口的准班率也达到87.5%，成为该航线所有船公司之首。尤其在受到台风、雾季等恶劣天气影响时，公司船舶、岸基、协作单位都以维护锦江航运品牌为第一责任，千方百计保准班，使公司船舶在恶劣天气过后总是能第一批靠泊、最早到港向客户交货，这为公司HDS等特色服务在客户中建立良好信誉奠定了扎实的基础。2005年9月，在精品航线上运营的船舶“恒裕轮”、“隆裕轮”曾顺利避过当月所有的台风侵袭，确保了船舶准班和HDS货物交货，成为客户追捧的明星船舶。2008年上半年，“恒裕轮”0802航次和“夏锦轮”0801航次，虽然面临浓雾天气，但船岸共同早谋划、巧安排，使得船舶避开天气影响，成为当时该航线唯一准班的船舶，完成了HDS交货，获得了日本客户的一致好评。日本大阪港湾局长奥田刚章曾这样盛赞锦江航运：“每次台风过后，进港的第一班船总是锦江航运的。”

锦江航运不仅在国内具有一定的知名度，在日本主要城市和台湾地区也享有较高的美誉度，得到了大金空调、伊藤忠商社、索尼电子等一批知名大企业客户的青睐，品牌服务赢得了以严谨著称的日本客户和合作者的信赖。日本一些对物流运输要求十分苛刻的知名大企业，纷纷转到锦江航运，从初步尝试到长期合作。锦江航运有力践行了“两定一快”的服务承诺，公司在上海—日本航线的市场占有率稳步上升，直接客户从实施品牌建设之前的空白发展到目前的35家，日本回程货量达到出口货量的70%，远远超出该航线的其他船公司。

3. 以船舶创建为促手，保持良好安全记录

锦江航运始终坚持“安全第一”的理念，将安全管理体系贯穿于船舶管理全过程，抓安全管理源头、抓安全教育、抓质量监控、抓管理机制，确保在恶劣天气下的安全航行。公司也坚持开展船舶星级创建活动，鼓励船舶自管、自律、自查、自纠，激发了广大船员的主人翁精神，提高船舶自我管理和自我完善的能力，带动船舶管理再上台阶。近八年来，公司主管领导坚持亲自带队，每季度都对各条船舶进行例行循环检查，共进行专项检查400余次，不定期抽查的次数更是不计其数。通过严格管理，船容船况有了很大改观，船舶设备得到了充分的保养和维护，船舶管理日益规范，船员自我管理、自我约束的能力不断增强，公司全部船舶均达到三星级标准以上。锦江航运的船舶双文明创建工作已经逐步建立起长效机制，全方位带动了公司的船队建设、人才建设、文化建设等各项工作，增强了公司的凝聚力和战斗力，进一步推动了品牌战略的实施。

锦江航运公司的安全生产形势保持稳定，船舶在各项国际安全检查中均取得了优异的成绩。从2000年至今，公司的船舶在接受日本港口国检查中未发生过一起滞留，无缺陷通过率为33.9%，在业内名列前茅。2005年7月29日，在交通部召开的全国交通企业安全工作会议上，锦江航运得到了交通部的表扬。

四、基本经验

回顾25年的发展历程，锦江航运所取得的成就证明，只有坚持在经营管理中不断改革创新，推行锦江航运品牌战略不动摇，坚持全心全意依靠职工办企业不动摇，才能不断发展壮大。

1. 树立品牌理念，凝聚“锦江航运品牌”之魂

作为传统的服务性行业，锦江航运提供的最终产品是“货物的位移”，是服务。提升现代服务业发展的水平，必须依靠具有知名度和号召力的品牌。锦江航运制订并实施了品牌战略，着手营造“心齐、气顺、风正、劲足”的企业氛围，培育企业“诚信、创新、共赢”的品牌理念。

诚信是锦江航运品牌的基础。公司提出“以人为本，依法管理”的管理准则，以“树立信心，塑造正气，扎实工作，创响品牌”作为企业精神，不断培育员工扎实敬业的工作作风和精诚合作的团队精神，提高企业的管理力度和服务水平，逐步建立起诚实守信的企业形象。创新是锦江航运品牌的源泉。作为差异化竞争的手段，公司不仅首创并实施了航运业的标准化服务模式，而且还设计推出了HDS（快速交货）服务，将船期和交货时间精确到小时。公司还注重在服务、管理上不断推陈出新，借助信息系统等现代化的辅助管理手段，凸显差异化，不断保持成为行业带领者的优势。共赢是锦江航运品牌的目标。公司注重建立与客户、上海港、合作伙伴之间的“荣誉、利益、命运共同体”，以“同创共建”等形式作为实践共同体理念的载体，使锦江航运品牌得以延伸，精品航线在成为代表公司品牌的同时，也成为代表上海港特色的品牌。这是公司可持续发展的有力保证。

依靠实施品牌战略，锦江航运提供了标准化、高质量的服务，摆脱了航运业的价格战和非理性的低层次竞争，不仅解决了眼前生存问题，且提升了综合竞争实力，增强了可持续发展的能力。作为品牌的推崇者和受益者，品牌战略已经成为带动锦江航运发展和培育企业核心价值的基石。

2. 开辟精品航线，承载“锦江航运品牌”之舟

锦江航运以精品航线为载体，以标准化服务模式为品牌建设的支撑，使客户在集装箱运输服务的过程中感受到空运服务的品质。公司以服务创优为抓手，塑造安全诚信的品牌形象，较早地实施了航运业的标准化服务模式，把缩短交货周期和定时到港交货作为最基本的服务特征，精化货物运输全过程的服务质量，并不断加以提炼和完善，力争做到“人无我有，人有我优”，得到客户的广泛认可。

在地面服务方面，推行首问责任制和客户联系走访制，并全面推广信息化管理方式；在航线服务方面，既有 HDS（快速交货）和“两定一快”等标准化服务模式，同时又积极为客户提供差异化和个性化服务，更把对直接客户的个性化服务延伸到境内外代理，使全流程的服务水准都能保持一致性。经过多年的辛勤耕耘，锦江航运的精品航线以准班准点和优质服务享誉东瀛，锦江航运也已成为上海地区知名的集装箱承运人。

3. 加强船队建设，高扬“锦江航运品牌”之帆

航运业是一个安全生产高风险的行业，航行安全是企业的生命线，也是塑造品牌的基本保证。在船舶安全管理上，锦江航运执行自上而下的严格的责任制和问责制，上至总经理下至普通一线船员，都无一例外。公司建立和实施了国际通用的 SMS 安全管理体系。在船队建设上，公司引入了船舶星级考核和双文明创建机制。“安全管理体系”与“船舶双文明创建”的紧密结合，使公司船舶在安全生产上始终保持高度警惕和精益求精，这为公司的品牌建设提供了最基本的保证。

4. 全流程协作，荡起“锦江航运品牌”之桨

锦江航运以“同创共建”为抓手，加强与上海国际港务（集团）股份有限公司等企业的行业横向协作，使船公司与码头、理货、引航、拖轮、堆场、代理等全流程资源得以有效整合，形成相互配套的综合物流服务模式。上海集装箱码头有限公司为锦江航运的精品航线开启了“特别通道”，提出“三优先”、“三快速”、“三保障”的质量承诺。“同创共建”已成为公司创建品牌航线、深化品牌战略的长效机制。

锦江航运还积极发展陆上与航运相关的产业，目前形成了比较完备、具有一定规模的船代、货代及仓储等高附加值的配套辅助服务产业，辅助业务领域与航运服务主业相辅相成，充分发挥了规模效应和集约优势。通过全流程协作，公司可为客户提供定制的个性化全流程物流解决方案，为创建精品航线和品牌战略打下了坚实的基础。

五、发展展望

改革永无止境，创新永无止境。锦江航运将坚持与时俱进，勇于变革，勇于创新，永不停滞，以更高昂的斗志，接受更高、更新的挑战。公司将抓住上海建设国际航运中心和大力发展现代服务业的契机，不断借鉴同行先进的管理理念和管理方式，做精做强，逐步做大，将锦江航运的品牌影响力辐射到更为广阔的市场，为实现企业发展成为亚洲区域知名承运人的战略目标而奋进！

物流与道路运输企业

引　言

我国的物流与道路运输企业是伴随着改革开放的大潮逐步发展壮大的。

30年前，党的十一届三中全会做出了全党中心工作转移到经济建设的重大决定，拉开了我国经济体制由社会主义计划经济向社会主义市场经济转变的序幕。改革开放之初，为了迅速缓解道路运输对国民经济发展的制约，交通部提出了“有路大家行车，有水大家行船”和“国家、集体、民营一起上”的发展方针。国有专业运输企业面临着运输生产由计划专营向各种所有制经营业户全面开放的冲击。经过短短几年，便形成了各种经济成分的运输业户纷纷涌现、全民办运输的态势，道路运输经营主体多元化的格局渐渐形成，初步扭转了“乘车难，运输难”的紧张局面，为繁荣社会主义市场经济发挥了积极作用。

自20世纪80年代初，国家的经济体制改革逐步深化。道路运输企业不断解放思想，更新观念，溶入改革发展的时代洪流；先后经历了单车核算、承包经营、产权制度改革等一系列革新。随之，道路运输的运量和服务质量都有了质的提高，企业的经营理念、人员素质、规范化经营和规模实力都达到了前所未有的水平。

20世纪90年代，国家的高速公路和高等级公路建设突飞猛进，运输基础设施日益完善，为道路运输的发展创造了难得的机遇。以高速公路和高等级公路为依托，联结城市和城乡的客、货运输迅速发展，一批经营高速公路运输的企业应运而生，道路运输的效率和质量也更加适应国家经济发展的步伐。

进入21世纪以来，道路运输企业同国民经济各个行业一样，在运输市场进一步对外开放、不断与国际接轨的过程中，在引进吸收先进技术和理念的同时，根据国家大力发展现代服务业、全面建设小康社会的重大战略部署，贯彻落实科学发展观，积极应对国际经济环境变化和能源压力对我国道路运输业的挑战，深化结构调整，发挥比较优势，在改革发展的道路上健步腾飞。如今的道路运输业，在客货运输总量已经占据全社会的第一位，在综合运输体系中发挥了基础和主导作用。一批经营管理较规范、可持续发展能力较强、能够影响市场发展方向的大型综合性道路运输企业集团，已经初步培育成型。道路运输企业在改革开放30年的过程中，为人民群众顺畅出行、为社会主义新农村建设、为国民经济和社会发展、为建设社会主义和谐社会提供了无可替代的服务保障，尽到了应有职责，做出了积极贡献。

30年光景，弹指一挥间。无数道路运输企业干部职工，在改革开放、振兴中华的伟大历史使命的感召下，为我国道路运输业的发展、为国家的繁荣富强付出了辛勤汗水，贡献了青春年华，在祖国现代化建设的史册上谱写了光辉的一页。

今天，我们纪念改革开放30周年，就是要永葆创新之志，长存进取之心，为我国道路运输业的科学发展，为社会主义现代化建设做出新的贡献。

让中远物流走得更远

中国远洋物流有限公司

一、企业介绍

中国远洋物流有限公司（以下简称中远物流）的成立是中远集团推进“由全球承运人向全球物流经营人转变”战略目标的关键性举措之一。公司是在有效整合中国外轮代理公司和中远国际货运有限公司的物流资源基础上成立的。

中国外轮代理公司成立于1953年，有着55年的光辉历史，PENAVICO早已成为国际航运界的知名品牌。尤其是改革开放以来，公司进入深化改革、飞速发展。为搞活经济，实施深化改革的整体部署，国务院于1984年11月颁发了152号文件，1989年又颁发了18号文件，明确规定了海运体制改革的具体措施，从此外轮代理从独家经营逐步放开，走向市场。为适应改革的需要，力争在竞争中取胜，中国外轮代理公司积极推进企业整顿：改革劳动工资、用人制度；全面推行和完善经理负责制；建立企业质量保障体系；开辟和建立新的港口代理及揽货网点，牢固树立起全方位为客户服务的思想意识。代理工作贯彻“管理抓全国、效益抓直属、关键抓服务、方法抓协调”的经营方针，进一步明确了“提高服务、抓好船代、积极开拓、加强货代”的工作重点，使代理工作有了新的进展。

1993年以后，公司进入开拓进取时期。全国各行各业深入贯彻邓小平同志南巡讲话和十四大会议精神，以邓小平理论为指针，建设有中国特色的社会主义。为适应社会主义市场经济的发展，经国务院批准，1993年2月16日中国远洋运输（集团）总公司成立。中国外轮代理公司系统成为中远集团的岸上企业之一。至此中国外轮代理公司跨入一个全新的发展阶段。为加强企业管理，理顺内部体制，中远集团批准其成立党委，建立本系统的体制运行机制，这为公司的发展注入了新的生机。这个时期，市场经济全面启动，竞争与发展机遇并存，总公司审时度势，制定了“确保船代，加强揽货，巩固主业；增强意识，提高质量，强化服务；规避风险，利用优势，实现经营多元化；拓宽思路，扩大合作，实现市场国际化；高起点，严要求，实现管理科学化”的经营发展战略。实施这一经营发展战略，企业效益不断提高，实力明显增强。1995年11月30日至12月6日，中国外轮代理总公司以及大连、天津、青岛、上海、广州公司一举通过ISO9002质量体系认证，取得了企业管理和经济效益的双丰收，成为中远集团岸上产业的支柱企业，受到交通部的肯定和表扬。

2002年1月8日，为了适应中远集团“由全球航运承运人向以航运为依托的全球物流经营人转变”的发展战略，中国远洋物流公司重组设立。2003年12月31日，中远物流进一步对资产进行重组和剥离，将剥离资产注入存续公司——中国汽车运输国际货运代理公司（简称“中汽货代”），同时中远集团旗下企业中远太平洋出资受让中远集团所持中远物流部分股权，中远物流改制为中外合资有限责任公司，其中远（集团）总公司占股51%，中远太平洋占股49%。2004年1月1日，中国远洋物流有限公司成立，由中国远洋控股股份有限公司（1919HK，SH601919）和中远太平洋公司（1199HK）合资组建，是居中国市场领先地位的国际化第三方物流企业。

中国远洋物流有限公司定位于“整合的物流服务提供商”，以做“最强的物流服务商、最好的船舶代理人”为目标，秉承“服务客户最优，回报股东最大”的经营理念，在电子、化工、航空、电力、汽车、会展、融资物流领域为国内外客户提供全程物流解决方案，提升供应链管理品质；为全球国际贸易商提供海运和空运货代服务，为海内外船东提供中国港口的船务代理服务，实现客户价值最大化。

中远物流以发展现代物流事业为已任，凭借国际化网络优势，在细分市场的基础上，开拓了家电物流、汽车物流、电力物流、化工物流、会展物流、零售业物流，为客户提供高附加值服务，相继中标并成功操作了天津空客、长虹、TCL海外、北京吉普、哈飞汽车、奔驰-戴姆勒·克莱斯勒、长江三峡右岸、中石化煤代油、中海壳牌南海石化、印度巴库电厂、巴基斯坦恰希玛核电、东电印度电厂、“神舟五号”“神舟六号”“神舟七号”返回舱首展、青藏铁路建设等重大物流项目，并安全有效地实施了国家重要战略物资818项目的物流运输任务，在汽车物流、家电物流、核能物流领域居国内行业龙头地位。

公司以现代科技化管理为手段，以高素质人才队伍为基石，以国际化物流服务体系和领先服务为优势，以传统运输代理业务为基础，以建设现代科技为物流操作平台，建立客户满意的有效运行机制，有效整合物流资源，培育核心竞争力，做大做强综合性的运输服务体系，为广大客户实现价值最大化架设安全、便捷通道，为国内外广大船东和货主策划科学、经济的物流解决方案，提供全过程的高效、优质的服务。

中国远洋物流有限公司总部在北京，下设大连、北京、青岛、上海、宁波、厦门、广州、武汉8家区域公司；在美洲、欧洲，韩国、日本、新加坡、希腊和香港设有8家子公司和代表处，与国外40多家货运代理企业签订了长期合作协议；在国内29个省、自治区、直辖市建立了300多个业务网点，形成了功能齐全的物流网络系统。中远物流拥有4 000多辆物流车辆，其中100多辆配备了GPS系统，拥有大件运输车30多组，拥有国内最先进的载重2 200吨自行式平板车、仓库和堆场150多万平方米，并在上海建立了自己的化工园区。

中远物流凭借自身雄厚实力以及不断改进的优质服务，确立了在中国物流市场上的行业领先地位，获得了很高的社会声望。在历届“中国物流百强企业”评比中，中远物流连续四年荣登榜首；在历次中国货运业大奖评比中，囊括了各个物流奖项的第一。2005年成为国家质检总局、国家标准委制定的我国《物流企业分类与评估指标》国家标准评定的首批5A级企业，并名列首批9家5A级物流企业榜首。

2006年1月，由中国物流行业协会主办，中国工商委员会、中国口岸协会以及香港《大公报》、香港理工大学等协办的第二届中国物流行业发展年会暨中国物流年度风云榜颁奖盛典在香港理工大学隆重举行。中远物流荣获2005年度中国物流综合实力百强企业和中国物流最佳品牌的荣誉称号，上述奖项均在每单项中分列第一位。

2006年6月，由Lloyd′s FTB Asia与中国物流与采购联合会、IBC亚洲有限公司联合举办的“亚洲航运物流中国物流峰会及颁奖”在京举行，中远物流荣获“2006年度最佳第三方物流公司”奖。此次评奖由《劳氏亚洲航运物流》中英文两个版本，全球3万名读者参与评选出3家入围企业，再由中外7位物流专家作为独立评委投票最终选定获奖者。

2007年9月，在由中国经济时报、中国航务周刊等30余家媒体组成的中国物流媒体联盟举办的行业评选中，中远物流获得“2006～2007年度中国物流最具影响力企业”榜首荣誉。

2008年1月，国家人事部、中国物流与采购联合会在北京举行全国物流行业劳动模范表彰大会。中远物流被授予“全国物流行业先进集体”荣誉称号。

近年来，中远物流操作了一系列重大项目，在业内颇具反响。青藏铁路——世界上海拔最高的铁路：中远物流运输车队历时两年，运载铺装设备与机车272次安全翻越海拔5 072米的唐古拉山口，在雪域高原的“天路”上创造了汽车拉火车的奇迹；连续为神舟五号、神舟六号、神舟七号返回舱中国巡回展提供物流服务；为中国规模最大境外展——俄罗斯“中国国家展”1.5万件展品、近千幅图片和模型提供门到门服务；为中国首个洲际干线飞机总装线——天津空客项目284架320飞机全部零部件提供跨国综合物流服务，创造中国物流业界迄今为止合同金额之最；为秦山核电站、大亚湾核电站、田湾核电站、红沿河核电站等中国特大型核电站提供物流服务，成为我国核能物流领域唯一具备核原料运输、成套核电设备运输、核乏料运输全过程物流操作能力的专业物流公司；中远物流为印度巴库、撒伽迪、督伽坡、纳佳遒纳、沃尔塔、腾达、安巴拉七个大型电站设备提供跨国物流服务，在南亚物流市场上树立了优异的品牌形象；在大连石化物流服务项目中创造了中国最重件（1 703吨）滚装、滚卸和道路运输的最新纪录。这是中远物流继2007年完成单件重达1 466吨的大型加氢反应器滚装、滚卸、道路运输操作，创下全国最重件道路运输纪录后，再次刷新全国最重单件道路运输纪录。

二、基本经验

中远物流之所以能够实现又好又快发展，关键在于坚持落实科学发展观，结合中国物流业的实际探索出了一条“科学规划引领发展、技术创新支撑发展、依托航运协同发展、精益管理集约发展、转型高端深化发展、跨国经营开拓发展、以人为本和谐发展、履行责任持续发展”的新路。

1. 科学规划

在成立的第一年，中远物流聘请国际著名的物流战略咨询公司，采用“内外脑”密切结合的方法，对中国的物流市场进行了广泛深入调查和细致缜密分析，并在此基础上，确定了中远物流成立以来的第一个意义重大的五年发展规划。根据该规划，中远物流确立了现代物流、货运代理、船务代理三大主业，以及“做大物流、做强货运、做精船代”的主业发展思路；在着力开拓的现代物流领域，成立了产品物流和工程物流两个事业部，并筛选确定了家电、汽车、电力、石化、会展、医药六个物流细分市场和服务品牌。

中远物流成立之初，现代物流业务仅有家电物流领域的安泰达物流项目和工程物流领域的田湾核电项目等少数几个有影响的项目。同时，在传统的船代和货运业务领域，也面临着国内船货代市场全面开放的竞争压力。面对压力和挑战，以科学的战略规划作指导，通过全体员工的奋力拼搏，六年来，中远物流在三大主业领域都取得了良好的经营业绩，圆满实现了第一个五年规划的奋斗目标：在现代物流领域，中远物流按照品牌化发展思路，在确立的六大领域中取得了长足发展。作为公司开拓并主攻的业务方向，几年来中远物流现代物流业务增势强劲，目前已经成为推动中远物流事业发展的核心业务。在货运领域，中远物流确立了“两个转变”即“由订舱代理人向无船承运人转变、由传统货运代理人向综合货运管理服务商转变”的货运业务发展思路，取得了快速发展。在船代领域，中远物流成立后，提出“专家型代理、人性化服务”的业务发展思路，通过不断提高服务质量和创新业务模式，几年来在已超过1 000家船务代理企业竞争的国内公共船代市场中仍保持了50%的市场份额。

2. 技术创新

2007年10月，由中远物流自主研发设计的“大件货物滚装上下船计算机模拟系统”顺利通过国家鉴定并获部级科技成果三等奖。这是中远物流继“公路大件运输决策系统”之后第二个拥有完全自主知识产权并获部级科技成果奖的核心物流技术。正是靠着这些“人无我有、人有我精”的技术，中远物流推进着从激情创业向技术领先转变，实现了快速而又坚实的发展。

在中海壳牌南海石化物流项目中，凭借多年的大件运输经验，中远物流人自主创新，开发出了国内独一无二、国际领先的“潮汐滚卸技术”（“大件货物滚装上下船计算机模拟系统”就是以该技术为基础开发而成）。2004年5月，中远物流运用这一自主开发的技术，高效组织了中海壳牌南海石化两个最核心设备（单件重量1 284吨）的运输，4天之内两次创造了国内船车滚卸和道路运输新纪录。中央电视台新闻节目为此破例连续8次报道了共10分钟的新闻和消息，在业内引起强烈反响。

2006年7月1日，举世瞩目的青藏铁路正式开通。历史不会忘记“背”着火车上高原的中远物流人。中远物流青藏铁路项目部综合考虑运载火车机车的承受能力、青藏公路和沿途桥梁的承受能力、弯道拐弯技术处理、生态环境影响等因素，自主研发改装高原大件运输的特种车辆，在青藏铁路项目中发挥了核心作用。2007年中远物流成功运作的“神六”返回舱成都航天科技展项目，是中国航天史上返回舱陆运路途最长、路况最复杂的运输任务。

在该项目中，中远物流依靠技术创新，改变并成功创新了返回舱长途运输高成本空运的运输模式。

为提升客户服务水平，中远物流近年来还成功开发了集业务操作、管理和客户服务为一体、业界领先的大集中货运信息系统“FOCUS”系统以及物流管理信息系统“LMIS”系统。完全客户满意度系统（“Total Customer Satisfy System”简称“TCSS”），则是中远物流与中国人民大学合作开发、以顾客满意为核心、通过建立专业化的客户档案系统和数据库管理软件，对客户满意度进行考评的一种先进管理工具。中远物流通过该系统客观地对服务质量进行全面评估，为近年来不断提升服务水平提供了重要保障。

3. 转型高端

随着中国物流市场的迅速开放和发展，传统、低附加值的船代、货代和物流业务已经陷入同质化、低价的恶性竞争，发展空间越来越狭小。只有加快转型、致力于提供高附加值服务，才能在众多物流企业的激烈竞争中脱颖而出并做大做强。正是深刻认识到这一点，几年来，中远物流在转型高端发展方面进行了不懈探索，取得了明显成效。

在船代领域，近年来，中远物流以“经营型船代”为目标，持续创新服务模式，在继续深化船代在线服务和港航信息服务的基础上，推进为班轮公司提供船舶积载配图、为重点船公司提供现场双外勤、为重点客户设立客户代表等特色服务，积极尝试使费包干和船期包干的创新代理模式，努力开发船东保护代理、修船代理和旅游船总代理等新兴业务，不断增加新的利润增长点，确保了继续占据国内船代市场的“半壁江山”。

在货代领域，中远物流近年来坚持推进“两个转变”，大力发展综合货运业务，完善以海运订舱业务为主，以报关、仓储、集拼、保税仓储、多式联运、代运等业务为延伸的服务体系，系统货运业务得以不断拓展。

在现代物流领域，在工程物流方面，中远物流通过适度延伸产业链，开始向工程设备安装以及大型设备监造领域进军。在产品物流方向，中远物流则不断扩大供应链管理范围，在巩固传统仓储和运输服务的基础上，向高端产品和高附加值服务转变，积极发展库存管理、跨国物流管理、浅加工以及融资物流等物流服务，特别是充分发挥融资物流的杠杆和拉动作用，既提升了赢利能力，又开拓了业务发展空间，还通过对航运客户销售的带动促进了集团航运业的发展。

同时，中远物流在融资物流领域取得了明显突破，成功中标祥光铜业融资物流项目。在该项目中，中远物流为客户提供了融国外船港监管、海陆仓、现货仓、输出监管、运输、报关、保险兼业代理等业务于一体的整体融资物流服务，开创了融资物流的全新模式，受到客户高度评价。到目前为止，中远物流已与工商银行、中国银行、建设银行、中信银行、民生银行等多家国内商业银行全面签署了战略协议，为全系统融资物流业务的进一步发展奠定了坚实基础。

4. 跨国经营

随着全球经济一体化的发展，要在激烈的物流市场竞争立于不败，一方面要在国内保持自身的竞争优势，另一方面要融入全球，走出国门，争取在国际物流市场上占据更大的份额。随着国外客户进入中国市场和中国企业走出国门，双向需求推动中远物流参与国际物流市场竞争的步伐日益加快。2007年，中远物流（香港）公司、中远物流（西亚）公司、中远物流（美洲）公司相继成立并正式开展业务，中远物流（日本）株式会社、中远物流（欧洲）公司、中远物流（韩国）公司正在加紧筹建之中，初步形成了覆盖亚、欧、美的国际网络构架。

同时，为了加快海外业务发展，中远物流海内外公司适应“客户业务全球化”趋势，集成本土和国际经营两大优势，加强海内外业务联动，建立业务对接机制，强化区域协调，合作开拓市场，通过积极发挥各业务板块、各区域公司、海内海外公司之间的业务联动作用，进一步增强了中远物流的海外服务能力，有力推动了海外公司的发展。

中远物流在稳固国内物流行业优势地位的基础上，积极参与国际竞标，相继在一系列物流业界的标志性项目中成功夺标，扩大了在国际物流市场上的品牌影响力和美誉度。空客320系列飞机天津总装线是空客在欧洲之外的首个总装生产线。2007年1月，欧洲空中客车有限公司、天津市保税区就空客A320项目的物流服务举行了全球公开招标，全球最大的12家国际物流公司参与了此次投标。中远物流凭借出色的供应链方案策划和实施能力成功中标。

从2008年5月起，中远物流为空客A320项目284架飞机零部件提供跨国全程物流服务，物流服务范围包括欧洲驳船运输、内陆运输、远洋集装箱运输、天津内陆运输、航空运输等，同时包含运输工装夹具的组装、拆卸及维修等增值服务。该项目是中远物流在高端物流领域的一次成功突破，合同金额超过15亿元人民币，是中国物流业界迄今为止合同金额最大的全程物流服务项目。无论从技术要求、国际影响还是合同金额方面来看，天津空客物流项目都是中国物流企业参与国际竞争的标志性项目。

空客物流项目是典型的跨国全程物流服务。2008年6月24日，空客项目首批大部件在空客厂区成功启运，并经汉堡码头驳船装载、内河运输、卸载驳船。6月26日，装载着首批空客320飞机大部件的“中远西雅图”在汉堡码头顺利起航。7月24日，“中远西雅图”安全抵达天津港，并由中远物流专用大件运输车辆按时运抵天津空客总装线。

5. 以人为本

市场竞争归根结底是高素质人才的竞争。中远物流围绕企业的战略目标，不断完善、创新中远物流发现人才，选拔人才，培养人才，使用人才的体制和机制，形成了有利于人才健康成长、充分发挥聪明才智的人文环境和氛围，为企业形成强劲的核心竞争力奠定了坚实的智力基础。

为适应国际化发展需要，中远物流积极培养高素质、高技能、国际化的精英人才队伍，确立了由经营管理人才、专业技术人才和高技能人才为主体的综合性人才体系。形成了专家技术委员会、“专家池”和“国际化人才库”三级梯形人才结构。中远物流连续多年与英国CRANFIELD大学合作，培养供应链管理专家，目前共有13名员工学成归国，在多个重大项目开发和运作过程中发挥了关键性作用。目前，全系统共有海外留学供应链高端管理人才42名。

中远物流还与国内知名高校联手，实行物流人才的定制化培养。每年，从物流专业大学二年级的优秀学生中进行甄选，然后在三、四年级进行定向培养，并在毕业后吸收其中最优秀的学生加入中远物流，从而保证了中远物流专业人才队伍能够不断获得新鲜血液。此外，中远物流还与国内知名院校联合创办物流技术研究院，充分利用学院与企业自身的专家力量，常年跟踪和研究世界最一流的物流技术，把握先进技术的发展方向，争取把每一项研究成果都应用到项目的实际操作中，不断提高中远物流的技术研发能力和应用能力。在印度、日本和西亚，中远物流还设立了国际化人才培训基地，常年选派员工到基地进行实习和工作。先进的人才培养和使用机制，使中远物流拥有着一支高素质、数量充沛的专家队伍。

6. 履行责任

作为国内最大的第三方物流企业，中远物流不仅致力于做最强的物流服务商，在技术、管理、服务等方面持续创新、领先一步，而且在承担社会责任方面也一样当仁不让，始终践行着绿色物流理念，以此来推动企业和社会的持续发展。

中远物流非常关注自身在公路运输等物流运作过程中对于环境的影响，尽最大可能对环境做出“友好行为”。比如在青藏铁路工程建设物流项目中，中远物流运输车辆所经过的地区都是我国目前生态环境保护的重点地区。为此，中远物流对运输车辆进行了投资改造，以保证车辆在运营过程当中能够做到不破坏、不影响当地的环境。对于每年都要承担的大量危险化学品及一些放射性危险品运输业务，中远物流也进行了大量投入。公司一直在不断更新物流设备，包括从国外进口一些设备，来满足环境对车辆所提出的特殊要求，以确保运输安全和保护环境。同时，受集团委托，自 2002 年至 2007 年五年的时间里，中远物流担负起帮扶国家扶贫开发重点县河北省盐山县的重任。作为集团首期扶贫的具体执行单位，中远物流成立了扶贫领导机构，5 年间，中远物流公司领导先后 15 人次到盐山考察、指导扶贫项目的实施，并选派了 5 位干部先后到盐山担任挂职扶贫副县长，深入基层，紧密结合盐山县委、县政府的中心工作，制订切实可行的帮扶规划，在农业、农村、教育、卫生、劳务输出等领域实施了 50 多个扶贫项目，投入扶贫资金 1 220 万元，为构建和谐社会、建设社会主义新农村贡献了力量。

除了承担环境责任，作为大型国有企业，中远物流还时刻不忘履行自己承担的政治责任。2007 年 1 月，中远物流正式承接俄罗斯“中国国家展”物流项目，该项目是迄今中国规模最大、涉及领域最广的一次境外展，特别是对成功举办俄罗斯“中国文化年”活动具有重大意义。中远物流所属北京物流、上海物流和广州物流通力合作，经过两个多月的艰辛努力，圆满完成了 200 余家参展商共计 15 000 件展品、上千件图片和模型的物流服务任务。同年 7 月至 9 月，中远物流还相继为胡锦涛主席访港、香港回归十周年庆祝活动及世界特奥会等提供了全机位、点到点的优质全程物流服务。

作为中远集团全球契约责任的首批履约成员单位，中远物流积极承担社会责任，始终把“服务社会，报效祖国”作为自己的光荣使命，在特殊的历史时刻以实际行动诠释企业的使命感和责任感。

“5·12”汶川大地震发生后，中远物流迅速做出反应，立即启动应急管理预案，在第一时间联系武汉中远物流四川分公司和重庆分公司，详细了解受灾情况，并发去慰问信。同时通过电话布置全系统各区域公司进行全面排查，了解地震灾害中所遭受的损失。要求各单位积极参与抗震救灾工作，全力投入相关工作，为国家抗震救灾工作做贡献。

中远物流响应国家和集团号召，制订《四川地震灾区集装箱（空箱）运输预案》，在全系统进口标准车型中选配 60 台专用集装箱卡车，并抽调精干驾驶人员，随时准备投入抗震救灾行动中。同时，组织全系统共向四川地震灾区捐款 4 742 505. 8 元。其中，职工个人自发捐款2 959 105.8元，交纳特殊党费683 400元。

5月25日，中远物流联手新浪网共同开辟了由北京到灾区的赈灾物资陆路运输绿色通道，义务承担来自地新浪网友捐赠的赈灾物资的接收、存储、包装、分拣及运输工作，中远物流在京仓储中心24小时运营接收来自各地新浪网友的赈灾物资捐赠。中远物流赈灾物资绿色通道运输车队先后于5月28日、6月4日分两次运送救灾物资到什邡和广元，把中远人对灾区人民的爱心和祝福送到了抗震救灾第一线。中远物流赈灾物资绿色通道运输车队往返行程8 000多公里，沿途克服重重困难，冒着随时可能发生的余震和山体滑坡的危险，圆满完成了运送赈灾物资的光荣任务，展现了中远人艰苦奋斗、不畏艰险、爱国奉献的良好精神风貌和优秀品质。

三、发展展望

面对全新的经济形势和竞争环境，中远物流完成了“二五”战略规划的编写工作。此次规划是中远物流实现“一五”阶段战略规划后，重新全面谋划发展战略、审视资源要素，创新业务模式，增强竞争能力的一次长远展望。“二五”战略规划对中远物流的发展战略、发展目标、发展路径、发展措施以及分阶段的实施计划进行了全面部署和展望。

在“一五”战略规划期间，中远物流在生产经营、效益增长等方面取得了显著的成果，成功树立了物流品牌、初步建立了服务网络、培养引进了专业人才、自主研发了核心技术。在“二五”战略规划期间，中远物流将从建立差异化的竞争能力、争取获得最大客户价值和提升供应链管控水平等方面全面提升企业的综合竞争实力，以应对国际国内两个市场的竞争，在竞争中发展壮大。并在电子产品、化工、航空、电力、汽车、融资等领域建立和巩固竞争优势，推动中远物流事业实现又好又快发展。

展望未来，中远物流定位于中国最具赢利能力的整合物流服务提供商，侧重于提供供应链的高增值及与海运业和跨国运输相关的物流服务。中远物流人将继续秉承“服务客户最优，回报股东最大 ”的经营理念，在做大做强自身业务的同时，伴随中国物流业的发展阔步向前！

找准发展定位 拓展发展空间

中海集团物流有限公司

中海集团物流有限公司（简称中海物流）作为中国海运旗下的一支专业从事综合物流的团队，在改革、稳定、发展中不断探索自身定位，初步摸索出一条具有中海特色的物流发展道路。

一、探索改革发展道路，找准新定位

中海物流是中国海运（集团）总公司直属的专业从事综合物流的国有大型企业，是我国大型综合物流企业之一。

中海物流前身是中海国际货运代理有限公司，成立于1998年3月，总部位于上海。2000年8月、2002年3月经过两次改制，先后更名为中海物流有限公司和中海集团物流有限公司。公司在全国设有北方、华北、山东、华东、福建、华南、海南和中西部八大区域公司，76个服务网点覆盖国内主要大中城市，自有和整合的各类营运车辆2 000多辆，拥有和租赁经营集装箱堆场和各类仓库，总堆存能力达6万标准箱，总面积约60万平方米，形成从南到北、从沿海到内陆纵横交叉的服务网络体系。

体制的变迁带来了公司整体战略的变化。

1998年以国际、国内集装箱货物运输代理为主营业务的货代公司，2000年转变为“依托中海集团航运主业，以沿海各口岸仓储、堆场、集卡、驳船等业务项目为基础，以良好的服务和完善的信息网络作支撑，逐步形成完整的物流供应链，为客户提供全方位的综合物流服务”。

2004年，中国海运货运体制改革，将中海物流的揽货业务及相关骨干人员划归中海集运，公司重组员工队伍，调整经营业务方向，开展第三方物流，运作了以健力宝为代表的涉及全国大部分地区的项目物流。

2005年~2006年上半年，在中国海运主导下，开始了新一轮的改革。根据预案，中海集团下属专业从事物流、船务、空运业务的三家公司为合并成立新公司做前期准备。改革以清理资产、调整经营结构、精减人员为重点。

2006年8月，集团领导对中海物流班子成员进行了调整，业务定位“依托集运、市场运作”，走航运物流的发展道路。

找准定位是企业发展的重要一步，依托航运主业这个得天独厚的优势，中海物流得到了快速发展。通过两年多的实践，公司围绕“依托集运，市场运作”的发展定位，不断优化资源配置，资产从拥有向控制、整合、共享转变，公司在改革稳定发展过程中，经营业绩显著提升，行业和客户都对公司给予了高度评价，被国家各部委授予各类荣誉称号：

国内首批通过ISO9001:2000质量管理体系认证的全方位专业物流企业。

交通部指定“全国八家现代物流试点企业”之一。

被交通部评为“全国道路货运一级企业”。

全国首批5A级物流企业。

中国物流与采购联合会授予“中国物流示范基地”。

上海市首批重点物流企业。

中国国际货运代理协会推荐企业。

中国国际货代陆路运输十强。

中国第三方物流十大新锐企业之一。

国家经贸委确立的国家34家重点扶持国有大型物流企业之一。

中国最大的专业化物流公司之一。

国家外经贸部批准的一级国际货运代理企业。

二、通过改革、稳定、发展，不断提升公司价值链

2006年，公司针对“点多线长面广”，应收账款数额大、质量差，各类运输车辆多安全隐患大、人员结构不合理、人员数量大等问题确立了“一纲二目”的改革发展思路，逐步

提升公司价值链。

一纲：依托集运，市场运作。

二目：①资产从拥有向控制、整合、共享转变；

②边改革、边稳定、边建设。

公司形象：责任、合作、专业。

客户关系：快速、灵活、方便、亲和力。

在改革、发展过程中，公司始终把“加快资产清理、加大管控能力、加强安全管理、提高人才素质”作为提升价值链的切入点，为公司实现又好又快发展目标奠定了基础。

资产结构：从拥有资产向控制资产转变

按照从“拥有资产”向“控制、整合资源”转变的发展方向，从2006年起，在集团的大力支持下，公司分期分批地处置了一批车龄长、油耗高的集卡等不良资产，资产结构得到进一步优化。

对经营不善的网点采取“关、停、并、转”措施。2006年至今相继关闭了30家经营亏损网点，长期以来亏损的网点公司得到全面清理，有效提升了中海物流赢利能力。

内部管理：加强总部对所属单位的管控模式

借鉴国内外一流物流公司的管理模式，不断开展企业内部改革，按照“精兵简政”的原则，整合华东区域资源，调整机构和人员编制。一是将长期亏损的华浦陆运改制为以海铁联运、自租箱、中小船东合作等业务为主的腾润物流，使其从亏损走向盈利，并成为公司重要的利润增长点；二是整合上海仓储和苏州储运经营体制，将原来的联合运作分为三大块独立运作的业务，即上海仓储世界路堆场定位PTI（冷藏集装箱交付使用及冷箱预检）及修理；航津路堆场与上海立昌集装箱储运有限公司合资成立万淳物流，定位CY（办理集装箱装卸转运保管交接的场所）业务和海外业务延伸服务；苏州储运业务定位国内外集装箱技术服务。

理顺区域公司股权结构，完善“一人制公司”管理体制，加强对所属全资企业的监管，完成所属29家公司的改制工作；区域公司财务总监进入董事会，参与区域公司资金管理使用、对外投资、经营业务招投标、产权转让、资产重组等重大事项的决策。明确董事会成员构成、所负职责和会议次数，进一步完善公司治理结构。

财商管理：建立商务信用体系

根据公司现状不断完善财商一体化管理模式，实现商务、财务、业务有效融合互动；通过“集中管理，分户核算”的原则，实施公司资金统一管理调拨模式，两年来清还了2个多亿全部借款，大幅降低了公司财务费用；加大审计监督力度，成立“中海物流审计委员会”，并建立了专门的审计队伍，对下属公司开展全面审计；加强在法律、规章制度基础上的内部控制体系建设，不断规范优化业务流程，建立预防为主、防抗结合的风险防范制度，有效防止公司在关、停、并、转等体制改革过程中产生的国有资产流失等问题。

业务结构：梳理业务模块，提升中海物流的价值链

依托中国海运的资源优势，中海物流以优质的服务和完善的信息、运输网络作支撑，构建了立足沿海、辐射全国、连接全球的物流供应链，可为客户提供全套物流解决方案和一体化的物流服务。经过不断优化，公司目前形成了七大业务模块，即项目物流（包括航运项目物流、散货、工程、汽车物流）、仓储（继续向控制、整合、共享发展）、多式联运（包括海铁联运、长江深度开发，公路运输）、海外业务、国内外集装箱技术服务、中短程航线合作、货运代理。并重点拓展以下业务模块。

发展仓储业务模块。通过与港口、码头公司的合作合资，公司先后与相关港务局等单位合作成立一系列合资公司，将“资产从拥有向控制，整合共享转变”的经营理念落到实处。目前，中海物流共有7家合资公司，主要开展堆场、仓储、海铁、分拨等方面的业务，已经成为公司重要的赢利增长点。

开拓项目物流业务模块。凭借中海物流和中海集团、中海集运搭建的全球供应链服务网络，基于对项目物流供应链物流服务的全程管理的关注，中海物流在该领域取得了较大的成绩。目前正在运作巴基斯坦安格鲁电站物流项目，迪拜停车场、国华电厂、海南风力发电等工程项目。

拓展海外物流业务模块。根据把中海物流建设成为“集团重要陆岸产业之一和在国内外具有重要影响力的综合航运物流商”的发展规划，中海物流在发展壮大国内业务的同时，积极拓展海外物流市场。海外业务部作为海外市场开拓的一个重要窗口，通过近年来的运作，积累了如何作为无船承运人的工作经验，通过点到点的两头延伸，面到面的集中管理和统筹，以海外代理订舱平台的角色参与整个集装箱运输供应链运作，为客户提供快速、灵活、便捷、有亲和力的全程物流服务。

拓展多式联运业务模块。通过海铁联运、长江和珠江两江流域、环渤海业务开拓，由沿海向内陆发展，搭建多式联运业务平台。

安全管理：构建和谐安全文化

打造一流的物流企业，企业安全文化是有力的支撑。中海物流在改革过程中，一度涉足集卡等安全隐患较多的产业，因此，安全工作显得更加至关重要。公司针对集卡车辆多，驾驶员素质偏低的现实，将安全文化建设作为企业文化建设的重中之重进行培育，建立了“以人为本、珍惜生命、保障职工安全与健康”的安全文化。今年开始，随着公司物流业务和经营范围的调整，安全工作的重点已转向堆场设备安全、操作人员的工伤防范等工作。实践证明，企业职工的安全素质是企业安全生产的决定性因素，而提高员工的安全素质，依赖于企业的文化建设。近两年，面对严峻的安全生产形势，公司制定了《中海物流职业健康安全管理体系》，确立了企业安全文化的指导思想，提炼出了“以人为本，科学规范”的安全管理理念，以及安全文化建设导向功能、凝聚功能、激励功能和约束功能，明确了安全文化管理的流程、安全文化建设的基本任务，使企业安全管理转移到以“人”为中心，突出了“人的行为”在安全管理中的地位和作用，随着安全理念培育、规范安全行为、提高安全素质和营造安全氛围等工作的逐步开展，企业安全生产的自我约束机制和激励机制进一步完善，企业的凝聚力和竞争力得到进一步增强。

人才管理：培塑高素质的企业文化人

中海物流一贯高度重视人力资源开发和高素质人才的培养，始终把“一流企业、一流员工”素质工程建设作为抓人才队伍建设的重要抓手，并结合实际开展素质工程教育，提出了“建设认真、负责、廉政的中层干部队伍，逐步完善销售、信用、服务一体化的员工队伍”的口号。针对员工年轻化的特点，把员工的理想、信念、个人价值与敬业、勤业、乐业、精业和奉献有机地统一起来，较好地激发和调动了员工的工作热情和创新能力，达到上下一致，个人价值观与企业价值观协调统一，形成学习型、进取型的企业团队。

首先我们在员工中树立“爱中海、有思路、能干事”的思想，并结合中海物流的实际对以上九个字做了新的诠释：爱中海，就是要重视考察一个人的企业忠诚度，公司利益与个人利益是紧密相连的，公司有前途，员工才能安居乐业；有思路，就是谋定而后动，找准赢利点，拿出解决难点的策略、手段，思路决定出路；能干事，就是工作要进入状态，提高执行力，要有能经得起群众检验的实实在在的业绩，让员工都以做个优秀的中海人为荣。

其次，重点加强了“一流企业、一流员工”培训工作，制定了多种形式的岗位培训计划。通过对员工岗位、技术、业务及企业文化的全方位培训，既提高了员工的知识水平，又培养了现代企业员工应有的情操。新员工入职后，公司一般给予半个月的入职培训，将其分到各个部室轮流工作，使其对公司各环节的工作都有所了解。对在职职工的培训主要分三种途径，一是积极鼓励与支持职工外培；二是根据实际需要开展多种多样的内部培训，安全生产培训、外语培训、法律、业务等，提高企业的整体竞争能力；三是精心培养，对表现突出的中层管理人员、优秀职工根据其工作需要和发展，公司出资送外研修。几年来共有近百人参加了此类研修，公司还配合海外业务的拓展工作，加大了对外交流的培训，选送业务骨干参加物流业务交流活动，吸收国外先进的经营理念和管理手段、技术及经验。公司还提供相关的培训信息，让员工有选择性地参加培训，达到提高自我的目的，对人才的重视，使领导干部的知识化、专业化、年轻化步伐明显加快，许多优秀人才在一线的锻炼和实践中脱颖而出，极大地促进了公司管理水平的提高。

通过中海物流内部改革，管理成本不断降低，经营效益明显提升，员工精神面貌发生了重大变化，对未来充满信心，中海物流已站到新的发展起点。

目前，全系统职工总数1 200人，大专以上学历占员工总数75% ，公司总资产6.74亿元，净资产3.32亿元，资产负债率51%，净资产回报率18.5%，近3年年均复合增长率达到30%。

三、投入“百年中海”建设，再创新辉煌

从业务定位、品牌拓展等多方面，中海物流已初步摸索出一条适合自身的发展道路。未来我们将立足建设“百年中海”和世界一流航运企业的发展使命，坚持“依托集运、市场运作”的业务定位，以精细化管理为指导原则和管理理论，拓展业务关联，拓宽业务空间，加大控制风险，缩短管理链，培育以提升公司整体价值链为核心竞争力的企业能力，在稳定发展的基础上做大做强物流产业。

回顾分析中海物流近几年的业务发展历程和项目物流实践，遵循中国海运在“十一五”规划中提出的“大物流”发展格局和中国海运关于物流、码头等产业注入中海集运上市公司的战略决策，灵活运用“跑道”、“价值飘移”、“界面”、“系统”等市场环境理论，中海物流的总体目标定位是：依托中海集运的内外贸航线，挖掘以货代为基础的海运物流业务，开拓航运背景的项目物流市场，构建完善的陆上物流服务网络和管理模式，努力打造现代化、标准化、规模化和多元化的关联互补型主业，全面树立“专业、责任、合作”的公司品牌形象和“快速、灵活、方便、亲和力”的客户关系，成为具有重要影响力的基于集装箱供应链一体化的海运综合物流服务企业。

中海物流未来发展奋斗目标：

1. 供应链一体化战略

以内外贸集装箱运输为切入口和发展重点，全面整合现有各类海运服务功能，积极发展全方位的国内、国际企业合作，以客户需求为基点，为内外贸集装箱航线的上下游布局配置相关物流资源节点，以此提升和强化海运物流业务和利润在企业内的主导地位，并逐步实现物流供应链的服务功能。在此前提和基础上，构筑以高素质物流服务网络为主体、电子商务为主要内容的物流信息技术平台，向高附加值、高服务要求的项目物流领域拓展，开展功能建设，扩大经营模式，提升服务内涵。

以大力发展海运物流业务为主体，相关的集疏运、堆场、物流中心资源的配置和功能建设全力配合，根据服务链的延伸拓展多层次的个性化服务。

在海运物流及相关业务充分发展、各项服务功能都得到全面提升的基础上，再对目标市场进行细分，集中优势资源专注于所选择的特定市场，按照市场趋势，选择适当的客户群体进行专项营销，拓展项目物流高端业务，逐步实现物流环节的系统化和标准化，最终形成以增值性高的综合物流服务为主的核心竞争力，并以此成为新的利润增长点。

2. 网络战略

服务网络是物流服务的基础和前提，其整体素质的高低直接关系到物流业务发展的成败。

中海物流服务网络的优化和布局将按照“先国内后国外，先减法后加法”的原则实行，充分利用两个市场、两种资源，优化资源配置，拓展发展空间，以高素质、低成本、多功能为标准，以业务发展的需求为先导，在现有网点的基础上，分阶段按步骤科学合理地完成。

其次，对国内网络重新优化和布局，向沿海、沿江、沿线（铁路干线）的大中型城市和货源丰富的内陆地区集约化发展，形成一个主要以“长三角”、“珠三角”、“环渤海湾”等沿江、沿海经济发达地区为主体，布局合理、定位准确、功能齐备的物流网点分布态势。

最后，在国内网络成熟发展的基础上，逐步拓展国外网络，形成初步的跨国经营模式。中海物流要充分利用中国海运在全球已有的经营代理网点，利用中海品牌，通过与国外物流公司的合资、合作等方式，利用对方的管理技术和经验，熟悉的市场和较强的融资能力，在合作中实现优势互补，发展物流业务的海外网络拓展能力。

3. 信息化战略

信息系统是构建现代物流的关键。通过信息在物流系统中快速、准确和实时传递，使企业主动对市场做出积极的反应，并指导企业调整和优化生产经营活动。中海物流将分阶段实施信息网络战略。

通过信息系统统一公司规范，用一体化的思维方式健全一个信息共享的集中式平台，实时采集业务和财务数据，加强对网络的监控力度，实现透明化管理。该实时信息采集系统功能涵盖公司的各项核心业务，包括第三方物流、多式联运、货代、仓储、配送、堆场等业务，以及市场拓展管理、服务管理、报价管理、绩效管理、市场活动管理、客户协议管理等。

通过建设电子商务网站或利用信息系统建立虚拟客户服务中心。通过自动发送电子邮件、传真、短信等通知模式，实现公司统一规范的客户服务要求，为客户提供快速的、准确的、主动的服务。

在拥有客户服务平台的基础上，通过EDI平台满足各种类型的客户对公司信息的需求，其中包括船公司、海关、拖车、堆场、仓库、代理等各方面合作伙伴。

在上述信息平台的基础上，建立更深层次的效益分析系统，利用系统中的历史数据和正在发生的数据寻找真正的利润来源，提供有针对性的、更有价值的服务，发现可能的利润增长点。

4. 人才战略

以人为本，坚持科学的发展观、人才观和正确的政绩观，大力实施人才强企战略，不断创新人才工作机制，积极探索适应企业发展要求的人才队伍建设新途径，使企业中高层形成认真、负责、廉政的团队，中低层形成销售、信用、服务一体化的熟练队伍，为公司参与未来的全球竞争奠定基础。

深化选人用人制度改革，优化队伍年龄、专业和知识结构。通过内部交流、外部引进、锻炼培养，汇聚优秀人才。倡导“个人与企业共同发展”，为每位员工提供公平的机会和条件。承认和尊重员工的个人利益，与员工共享企业发展和改革成果；进一步完善激励机制，努力营造激励人才成长的文化环境。

弹指一挥间，中海物流已走过十年发展道路，未来我们将继续按照公司发展战略，瞄准世界一流企业的发展目标，坚持科学发展观，为物流事业的发展壮大做出应有的贡献。

祥云之端腾祥龙

北京祥龙物流有限公司

一、企业介绍

北京祥龙物流有限公司是国有专业物流企业，2002年在整合了北京市交通局所属的北京市大型物资运输公司、北京市运输公司、北京市联运公司及北京华通企业经济发展总公司等企业的基础上，于2003年9月完成重组改制成立的。

北京祥龙物流有限公司是北京市唯一一家交通部认定的道路货物运输一级资质企业，并有一级国际国内空运海运货物运输代理资质和电力大件运输总承包甲级资质，通过了ISO 9000质量认证。企业经营业务涉及国内公路普货、集装箱运输，公路、铁路、水路、航空多式联运，超大件货物运输、国际货运代理及报关通关等。

公司资产总额6.4亿元，注册资金5.4亿，员工1 074人。

公司拥有四个货运枢纽，仓储设施7万多平方米，以及单车载重1～625吨运输车辆150余部和配套的装卸机械。

公司所属的四个货运枢纽（均为交通部一级、二级主枢纽）分布在北京的东、西、南三个方向。其中祥龙物流园（马驹桥一级公路货运主枢纽）是交通部、北京市政府批准的《北京公路主枢纽总体布局规划》中确立的公路货运一级枢纽，位于通州区马驹桥镇。祥龙物流园1992年开始规划，占地面积28万平方米。1998年建设一期工程，投资总额为4.3亿人民币。到2002年完成大市政基础设施投资达1.5亿元，包括道路、市政上水、下水及通信电缆，容量2万门电话的电话局等。物流园1号中转仓库2002年11月竣工，建筑面积21 624平方米，附属建筑3 769.09平方米（办公楼、配电室、直燃机房、泵房、电话局等），投资金额4 980.13万元。2004年2月开始建设2号、3号中转仓库，共投资4 995万元，总建筑面积30 385平方米，2007年11月全部竣工投入使用，2008年初开始筹建4号中转仓库及业务用房，预计2009年底竣工，仓库建筑面积45 073平方米，业务用房2 260平方米，计划投资6 830万元。

在仓储设施建设上，公司本着高起点、高标准的原则，现已建成的5万平方米仓库设施在国内外均达到一流水平。在经营思路上，根据北京市的经济建设实际，瞄准当前先进的产业，以汽车服务、电子产品等行业作为自己的目标市场，目前，物流园内客户多为国际国内知名的企业。

在公路运输方面，2008年公司组建了奥运运输的绿色车队，拥有从城市配送到超限设备运输等全方位的运输车辆和设备，其中包括重型全挂、半挂奔驰牵引车7台，大型欧曼半挂牵引车60台，全部为绿色环保车辆；并拥有500吨桥式承载梁、尼古拉鹅颈、170吨凹型板等一大批先进的运输设备，承担了多项国家重点工程项目设备运输任务。

北京祥龙物流有限公司是与新中国一同成长起来的国有物流企业，在过去的50多年中，无论是在计划经济体制下还是在改革开放的今天都发挥了国有企业为政府分忧、服务社会的作用，特别在国家及北京市重点工程、抢险救灾和保障人民生活必须物资的运输上更是担负了义不容辞的责任。20世纪50年代北京的十大建筑，六七十年代河北邢台、唐山地震救灾，80年代昆明湖清淤、天坛搬土山，90年代的抗洪救灾和2003年的抗击“非典”、2008年抗击南方冰雪灾害和四川大地震中发挥了国有专业运输企业不可替代的作用；同时，在冶金、化工、航天、电力、城市建设等领域的数以千计的国家重点项目中，也凝结着公司员工的辛勤劳动和汗水。在举世瞩目的北京2008奥运会上，公司幸运地成为开闭幕运营中心运输服务商并圆满地完成了转场运输任务，展现了首都物流企业的风采。

二、改革历程

1978年是中国改革开放之年，也是北京祥龙物流有限公司的前身北京市大型物资运输公司的成立之年，30年来，公司经历了从兴旺到低谷又到逐步向上发展的历程。改革开放初期，运输市场处于计划经济管理时期，也是北京市大型物资运输公司辉煌的时期。随着运输市场的放开，市场竞争日趋激烈，企业生产经营处于逐步萎缩的状态。2003年公司改制重组后，通过外抓市场、内抓管理，企业经营逐步走上健康发展的轨道。30年来企业发展大概分为这样几个阶段：

前两个5年，即1978年到1988年，这一时期国家基本处于计划经济体制，运输市场开放程度不是很高，企业发展基本比较平稳。

第三个5年时期，即1989年到1993年。这一时期国家经济建设发展较快，企业面临一个较好的经济环境，特别是公司的主要客户首钢的迅猛发展，钢材运输业务的大量上升带动了企业经济效益的提高，企业发展较快。

第四、第五个5年，即1994年到2003年。这一时期国家开始限制基本建设投资，运输市场也逐步放开，竞争日趋激烈。由于企业没能做到随市场的变化而发展，经营日趋困难。虽然在设备更新等方面做了一些工作，但作为主业的货物运输其创收创利能力越来越低，先进的设备没有发挥出应有的作用，企业经营基本上依靠土地开发资金来维持。到2002年企业改制重组前，企业发展陷入了最低谷。

第六个5年时期，即2003到2007年。这5年是祥龙物流公司深化调整走向市场的五年，也是企业逐步摆脱困境走向良性循环的5年。公司改制重组后，特别是2004年以来，公司领导班子认真分析运输市场和企业实际，提出了发展现代物流和特色运输，逐步淡出普货运输的经营思路，通过几年的努力，公司的经营状况发生了根本好转，目前正在从一个单纯从事传统运输的企业逐步向特色运输和仓储经营等项目的现代物流企业转变。

三、发展成就

改革开放以来，企业在发展上经历了不同的时期，创造过辉煌，也陷入过低谷，特别是在改制重组前，企业发展到了历史最低点。改制重组后，公司领导果断调整经营思路，坚持抓好两个调整，即经营结构调整和管理结构调整，在经营结构调整上，积极发挥超限件运输和物流经营这两个优势项目，扬长避短。在公路运输上逐步淡出普货，向超限件和特色运输方向发展。同时抓祥龙物流园的基础设施建设和市场开发力度。

超限件运输是公司的优势项目，从技术力量到生产设备都具备一定的基础，在业内有很好的信誉，从北京市大型物资运输公司成立后到重组后的北京祥龙物流有限公司，一直在北京的超限运输市场发挥着重要作用。进入20世纪90年代后期，由于受多方因素影响，企业在市场开发上处于落后的状态，先进的机械设备没有发挥出应有的作用。2004年以来，公司全体员工克服畏难思想，勇于走上市场，坚持干一手活，做总包。通过努力，企业的市场竞争力大大提高，运输收入从2003年的300万元提高到了2007年的3 000万元，在业务上创造了多个业内第一。

1986年首钢二炼钢项目引进比利时转炉，直径11.5米，由天津港安全运到首钢工地，开创了国内运输最宽件纪录。

1995年至1996年，采用滚装上下船的方式，完成了台州电厂二期2台214吨锅炉汽包的运输，创造了当时国内滚动装卸船单件最重的纪录。

1997年完成了铁道部西（西安）康（安康）铁路建设引进隧道掘进机的运输。20台大型掘进机部件翻越秦岭运到秦岭隧道施工现场，开创了国内超限运输车翻越秦岭的先河。

2000年完成了秦沈客运专线六股河大桥箱梁运输任务，梁长32米、宽6米、单片梁重420吨，是当时国内最重的箱梁。此后公司的运梁技术又被用到上海磁悬浮轨道梁和其他项目中。

2006年9月完成辽化EO反应器运输，反应器单件重475吨，直径5.8米、长22.3米。创造了公路长途运输最重、尺寸最大的纪录。

2006年至2007年，完成了北京太阳宫电厂燃机运输，燃机单件重288吨、高4.98米。创造了北京城内超限件运输重量、高度两项纪录，为2008北京奥运会做出了贡献。

2007年为配合北京“0811”电网改造工程，共运输500千伏变压器12台，单台重204

吨，车货总高 5.4 米，从单件重量到总数量都创下同类货物运输规模的第一。

2007 年 12 月 18 日，经过 700 余公里、7 天的长途跋涉，国内最大的盾构机运达北京天宁寺工地。此次运输的盾构机是北京铁路地下直径线施工的关键设备，整机直径 11.97 米、全长 60 米，是目前北京地区直径最大、也是国内同类卵石地层条件下直径最大的盾构机。中央电视台、中央人民广播电台、北京电视台、辽宁电视台、北京青年报等多家知名的媒体继续进行了大量的宣传报道，北京交通台还做了 20 分钟的专访，提高了企业的知名度。

在物流经营上公司做到坚持高标准、创出高收益，将发展目标定位于建设北京地区物流业界具有带动性和标志性的企业上，并结合实际对原有规划进行适当调整，加大经营性资源（库房）的投入，更好地发挥其功能。

在仓储设施建设上，现已建成的仓库全部采用门式钢架结构、维护结构为双层板夹细玻璃丝棉的高架库房，立体货架，冬季库内可保持零度以上，在国内外均达到一流水平。在物流园经营上本着创新的原则，自 2001 年一期工程完工投入使用以来，公司利用主枢纽这一得天独厚的条件，与上汽大众合作，建立了上汽大众华北销售中心北京备件库，此项经营业务公司引入物流经营的理念，如在取得上汽北京地区备件的经营权，成功地融入了商流，使过去与用户简单的运输、仓储关系上升为更为紧密的新型合作伙伴关系，年仓储吞吐货值 3 亿元；主要客户有上汽大众、丰田汽车（中国）投资有限公司、日本邮船、德国威能家用锅炉等知名企业。目前已竣工的 51 400 平方米仓库全部投入使用，创收能力在本地区属较高水平。

作为国有专业物流企业，北京祥龙物流有限公司在抓好企业经营发展的同时，还肩负着“北京市交通应急运输保障大队”、“北京市国防交通运输专业保障大队”、“北京市防汛抢险物流运输保障大队”、“北京市人民防空运输专业大队”的职能，每年的防汛抗旱、应急抢险、国防运输等是必保的任务。

2008 年初在南方遭遇雨雪和冰冻灾害时，公司紧急调车连夜拉运蜡烛、棉衣被、睡袋等物资。腊月二十九晚接到向灾区运输发电设备的任务后，公司主要领导连夜赶到单位指挥抢险物资运输工作，并组成了由劳动模范带领的救灾物资运输车队，大年三十出发，风餐露宿，昼夜兼程，连续行驶 50 多个小时，以最快的速度将发电设备安全运到指定地点，得到了国家电网及北京电力公司领导的好评。

面对突如其来的“5.12”汶川大地震，公司紧急调车，将北京市支援灾区的 30 万套棉衣被运到指定地点，同时直接向灾区运输了净水机及轻体房屋等。

举世瞩目的北京奥运会，公司担负了物流保障中最为关键的开闭幕式转场运输任务。在北京市交通委员会的领导下，通过精心组织、周密计划和全体员工的共同努力，圆满完成了全部奥运会转场运输任务。特别是在奥运会开幕式转场运输项目中，物流公司共出动运输车辆 138 部，参与运输 365 人，共运输货物 502 车次，总行程 5 万公里，运输货物 10 000 吨。在不到 50 个小时的时间里就完成了历届奥运会开幕式转场需要 90 多个小时才能实现的任务，成功地将一个演出场地转换成竞赛场地，完成了一个被某些专家称为“不可能完成”的任务。在这次转场运输中，公司的组织协调能力和热情周到服务得到了上级领导、奥运会开闭幕式运营中心和各演出单位的一致好评，在大型的国际赛事中展现了北京国有专业物流企业的风采，在企业的发展史上增添了光辉的一页。

改革开放以来特别是最近的5年，公司通过树立和落实科学发展观，以市场为导向，以客户为中心，坚持改革发展为主题，以调整为主线，以三个有利于为标准，努力提高企业的核心竞争力，努力实现传统货运向现代物流的转变，并取得了一定的成就，主要表现在以下几个方面：

1. 企业实力不断增强

2003年营业收入14 000万元，利润102.5万元；经过近5年的努力，到2007主营业务收入达到17 000万元（部分经营项目调整），增长了21.4%，利润实现400万元，增长了290.2%，预计2008年利润将达到800万元。

2. 资产质量有了明显提高

几年来，企业边发展边解决老问题，还通过多种渠道进行技术更新改造，目前，公司的财务状况比2003年有了很大的改善，有能力进行扩大再生产。

3. 企业结构更加合理

在经营结构上，公司建立了两级市场营销系统，在以市场为导向，以客户为中心经营理念的指导下，客户结构发生了质的变化，一批资信好、质量高，有规模、有信誉的企业成为公司的合作伙伴。确立了以超限运输等工程物流和仓储现代物流为主，以物业及其他创收项目为辅的三大经营格局。在管理结构上，完成了对主营以外企业的合并改造，理顺了非主营业务单位的管理，员工的年龄结构、知识结构、专业结构都有了改善，广大员工的专业技术水平也有了很大提高，为企业的发展打下了坚实的基础。

四、基本经验

更新观念，创新思路，发展特色运输。创新是企业生存发展的关键，观念的更新在企业成功的诸多因素中处于先行地位。公司是在传统运输企业的基础上组建的，普货运输一直是公司的主要经营项目。随着运输市场的发展变化，企业发展面临很大困难，表现在：普货运输准入门槛低，市场竞争激烈且不规则；汽油、柴油价格不断攀升，运输的价格没有相应增长；养路费征缴办法的调整，加大了运输成本。通过两年来的实践公司认识到：公司要发展，主业运输不能丢，但在经营项目上应有进有退，经营方式上要有创新。逐步减少普货运输的比重，发挥公司在资源、技术上的优势，开发新的服务项目，向高端市场要效益。重点发展大件运输、巡展物流、多式联运等运输项目。根据首都经济的特点，在市场开发中突出大客户、高端客户的原则，积极寻求与国际国内知名企业的合作，走出一条以特色运输为主的企业发展之路。在观念、思路转变的基础上，明确了工作重点，以市场为导向，以客户为中心，建立两级营销体系，市场细分中找到适合于公司发展的份额。

打造特色品牌，提高企业的核心竞争力。特色运输是相对普货运输而言的，同样存在着激烈的市场竞争，企业要发展并不是一“特”就灵的。大件运输是公司的传统经营项目，经营收入长期在300万元的低水平徘徊。同样的人员设备，同样的经营项目，要创出特色打出品牌，占领更大的运输市场，不踏踏实实做一番努力是不行的。

作为一个由传统货运向现代物流转变的企业来说，只有搞好特色运输，才能提高企业核心的竞争力。在这几年的工作实践中，公司员工深深地体会到，必须打破原有的经营方式，争一手活，当总承包商，才能打响企业的品牌，提高知名度。在确定发展思路后，公司要求全体员工要克服畏难思想和懒惰心理，充分利用企业的各种资源，发扬锲而不舍和敢于拼搏的精神，积极捕捉市场信息，大胆参与市场竞争；要求变创新，学会整合社会资源为我所用，提高全方位的服务的能力；要放开眼界，跳出单纯货物运输这个圈子，努力拓展服务领域。

如北京太阳宫燃气热电冷联供超大型设备的中标和运输成功是公司在市场开发中打一个翻身仗，确立了公司在北京大件运输市场的地位，标志着公司重新回到国内一流大件运输企业的队伍之中，目前大件运输已成为物流公司特色运输的龙头。

体制创新，技术创新，为特色经营提供保障。公司成立了工程物流部、现代物流部和货运代理部，在实际运作中，针对不同的情况制订不同的市场开发策略，手段和手法都不断创新。坚持了公司与分公司两级市场营销体制，调动各方面的积极性，确保做精、做强主业。随着机械设备的尺寸越来越大，原有的运输设备不能满足市场需求，设备的技术更新成为占领市场的重要手段。

培养创新人才是企业创新经营的动力。企业要想在激烈的市场竞争中获得创新优势，就必须培养创新人才，所谓“人才兴企业”。对于企业而言，所有具有一定知识和技能，能够进行创造性劳动，为企业发展做贡献的劳动者都是企业需要的人才。

五、发展展望

指导思想：以邓小平理论、“三个代表”和科学发展观为指导，坚持“三个有利于”的原则，以公司“三大格局六大支柱”的市场定位为发展方向，通过努力实现企业经营规模和市场占有率持续稳定发展和员工的生活质量的不断提高。

基本原则：符合北京市及公司“十一五”整体发展的要求；体现科学的发展观，实事求是，不盲目冒进也不留太大余地；整体规划，通盘考虑企业各种经营资源的利用发展。

总体思路：把握行业发展趋势，做精做强优势项目，实现向现代物流的转变，树立“祥龙”品牌，实现经营网络化和管理信息化，增强企业总体竞争实力。

发展目标：以建设现代物流企业为目标，强化现有项目的经营与管理，在各自的领域达到区域最优，国内一流；进行探索与尝试，通过机制的调整实现现代物流经营的突破，逐步实现由单纯的货运仓储型企业向现代物流企业的迈进。

核心业务：以超限货物为主的特色运输业务；以供应链管理为主的现代物流业务；以物流地产为主的枢纽场站服务业务。

经营定位：建设适应首都经济发展特点、以服务城市经济生活为主的现代物流企业。超限运输立足北京地区市政、电力、机械、化工等运输市场，适度发展外埠市场；普货运输继续向专项运输、特色运输等高技术含量的运输方式（演出、展览等）转变；仓库租赁利用资源优势吸引高端客户，逐步探索自主物流经营（汽车零部件、电子、机械设备等）的方式方法。到“十一五”末，大型、超大型货物运输占到北京市同类市场的30%。

主要措施：

(1)通过多种方式加快现代物流项目的发展。一是继续加强与先进物流公司的合作，采取多种合作方式引进先进的管理技术，以高起点为开端，实现企业在现代物流方面跨越式的发展。二是提高自主开发市场的能力，2010底前自主开发一至两家合同物流客户或项目，成为企业经营的支柱。

(2)做精做强超限件运输。超限件运输要坚持主导北京及周边市场的经营思路，发挥公司在技术、品牌、地域等方面的优势，为用户提供超限件运输全程物流服务。首先要加大开发市场的力度，有针对性地选准目标市场，在国家基础建设工程中争取更多的市场份额；第二是努力打造一支精干的超限件运输的员工队伍；第三是增加对运输装备的投入，提高超限件运输装备的技术水平，提高市场竞争能力。超限运输项目保持现有规模水平，稳中有升，超限件运输年收入在“十一五”末达到4 000万元。

(3)挖掘传统经营项目的潜力。“十一五”期间以抓市场带动货源结构和车辆结构和调整，采取有退有进的方式，不断优化车辆和货源结构，预计到“十一五”末，车辆保持在100部左右，总车吨位保持4 000吨；增加专业运输车辆的投入力度，货运收入将达到8 000万元,比“十一五”初期提高近一倍。

(4)提升员工整体素质。要根据企业的发展方向确定人力资源管理的目标，把培养引进人才作为一件大事来抓。对现有员工要加大岗位培训的力度，同时，针对不同的岗位需要，继续有计划地引进大中专毕业生和各类专业人才，重点是物流管理、市场营销人才。

(5)提高企业管理水平。第一，完善技术管理工作。建立健全企业技术工作的管理制度，强化技术管理的基础工作，落实技术管理工作责任制，特别是车辆设备的保养、检查、维修制度和台账制度，加大设备维护的资金投入，提高技术水平，消除设备的事故隐患。第二，做好安全管理工作。安全工作要从宣传教育、制度落实上入手，常抓不懈，防患于未然。树立“安全无小事”的观念，落实安全工作责任制和基础管理工作。第三，在完成ISO 9000版升级的基础上，通过ISO 14000和ISO 18000的认证工作。开展全员质量管理体系的培训，提高员工的质量意识。完善企业各项工作的目标和考核办法，建立和完善具有自我约束和评价功能的管理控制体系，加强企业的基础管理，增强市场竞争力。

新国线的新征程

新国线运输集团有限公司

一、企业介绍

新国线运输集团有限公司（以下简称新国线）是由深圳市兆通投资股份有限公司控股，由交通部批准成立的跨省市、跨区域的新型高速公路快运企业。公司于2001年4月20日在北京人民大会堂正式宣告成立，注册资本为1.1亿元人民币，经营范围有班车客运（包括高速公路客运）、旅游客运、集装箱运输、物流服务、货运代办、汽车维修、汽车租赁等业务。

作为国家产业政策调整的产物，新国线在艰难中起步，在奋斗中前进，在创新中开拓，在发展中壮大。短短的七年时间，企业总资产达到18.85亿元，从业人员1.48万人，客运班线1 000余条，营运车辆6 188辆，成为交通部最早公告的13家具有一级经营资质的道路旅客运输企业之一，连续两年位列中国道路运输企业100强的第12名，是交通运输部道路运输重点联系企业。2006年，新国线集团正式成为国际道路联盟（IRU）中国事务组成员。

几年来，新国线坚持以打造中国道路客运第一品牌、构筑面向全国的道路运输网络为目标，按照“先布点、后连线”的原则，通过东部结网、中部布点、西部辐射，先后在北京至上海至福州至深圳、成都至北海、北京至珠海、上海至成都等国道主干线上进行市场开发和经营，延伸了在东中部及西部主要地区的战略布点，初步形成了以国家高速公路和国道主干线为基础，以中心城市客运枢纽和新国线驿站为节点，以城市间和省区间客运线路为连线，覆盖我国东部沿海和中部地区的现代化道路客运网络。目前，新国线的运输网络遍及华北、华东、华南、华中以及西南营运区域的14个省、自治区、直辖市，先后成立了64家控股或参股公司和14个新国线驿站。

新国线把战略创新、品牌创新和文化创新作为企业的核心竞争力。几年来，先后与同济大学、长安大学等多所高等院校联手，深入进行新国线不同发展阶段的战略研究，为新国线事业的发展制定了一幅幅宏伟蓝图，并对我国高速公路超长距离客货快运的组织方式，特别是规模化、集约化经营和节点运输进行了有力度的理论探索，在提高运输组织化水平和运输效率方面，取得了卓有成效的实践成果。与灰狗加拿大运输有限公司签订合作协议，开创了中国道路运输企业与国际道路运输著名企业联手共建道路运输知名品牌的先河。成功举办或参与组织了2002年及2006年中国道路运输发展论坛、2003年第53届世界小姐总决赛、2005年第三届欧亚道路运输大会、北京第29届奥运会等有重大影响的活动，在全国范围内扩大了新国线的影响，提高了新国线品牌的知名度和影响力。

随着企业经营规模的不断扩大和经营实力的显著增强，新国线的社会影响力和在行业内的地位迅速攀升。在海南博鳌举行的“第二届博鳌中国企业文化领袖峰会”上，新国线集团荣获“中国企业文化十大最具影响力企业”称号；集团董事局主席王永立荣获多项荣誉并兼任多项社会职务，当选为“中国企业文化十大风云人物”、中国交通运输协会副会长、中国道路运输协会副会长兼旅客运输工作委员会主任，并被聘为教育部全国工程教育专业认证专家委员会成员、行业内知名高等学府交通运输规划与管理专业的兼职教授。

二、改革历程

七年来，新国线集团从无到有，由小变大，转弱为强，高起点创业，走过了思想解放、战略先导、艰苦创业、跨越发展的艰辛历程，在打造中国道路运输第一品牌，发展民族道路运输业的征途上，留下了披荆斩棘、艰难跋涉而又坚定扎实的足迹。

2001年4月20日，经交通部正式批准的新国线运输有限公司正式宣告成立。伴随着京沪高速公路的开通，新国线承担起了经营京沪高速客运的任务。原交通部副部长胡希捷等在视察新国线投资公司——深圳市兆通投资股份有限公司时，提出了要把新国线办成“中国的灰狗”，打造中国道路运输第一品牌的要求。这是新国线的目标，也是新国线的使命。

2001年9月26日，新国线（上海）运输有限公司成立，新国线在向规模化、网络化经营上迈出了重要的一步。新国线同时提出了组建新国线集团的近期目标和决策一体化、经营一体化、品牌一体化、资金一体化的集团经营发展思路。

2001年10月14日，时任交通部部长黄镇东、副部长胡希捷、张春贤和纪检组长刘锷等四位领导率四十多位司、局、院长，从北京乘新国线快车到南京，沿途考察了京沪高速公路的运输情况。这是交通部全体对新国线的了解，也是新国线正式登上行业竞争舞台的前奏。新国线的运输组织和运输服务得到交通部主要领导的首肯。随后在武汉召开的全国道路运输工作会议上，新国线在大会上作了题为《创建集约化经营模式，打造中国道路运输知名品牌》的发言，介绍了新国线打造中国道路运输第一品牌的战略构想。

2001年11月11日，新国线第一个驿（e）站——天津驿站成立，新国线节点运输方案在京沪沿线进入推广实施阶段。

2002年4月19日，在快速发展、资产整合的基础上，新国线运输集团有限公司正式注册成立。

2002年4月29日，交通部办公厅下发了《关于在京沪高速公路上开展结点接驳运输试点工作的通知》，决定由新国线在京沪高速公路上开展结点接驳运输试点，为新国线的发展提供了重要的政策支持。

2002年10月21日，经交通部批准，新国线集团与中国道路运输协会、交通部科学研究院、交通部公路科学研究所、中国交通报社和中国公路学会汽车运输学会共同主办，各省市交通厅局等单位协办的本行业层次最高、规模最大的“2002年中国道路运输发展论坛”在北京胜利召开。交通部和各省、市、自治区交通主管部门和运输管理机构的领导，中国著名的经济学家，省市道路运输协会的高层人士、全国首批获得一二级经营资质的道路运输企业代表，北美灰狗公司代表和著名专家等共460多名人出席了此次盛会。新国线在为道路运输发展做出贡献的同时，显著提高了在本行业内外的知名度和影响力。在论坛会议上，新国线运输集团有限公司与世界著名道路运输企业——灰狗加拿大运输有限公司签署了合作协议，双方确定在管理技术、小件快运、国际旅游等方面进行合作，开创了国内大型道路运输企业与北美灰狗公司合作的先河。

2003年4月，人民交通出版社出版了《新国线典章》（2002年版）。《新国线典章》是新国线的一项创举，它确立了新国线事业创立和发展的基本理念和指导方针，展示了新国线事业发展的战略思想和宏伟蓝图，制定了新国线企业运行的基本规则和打造中国道路运输第一品牌的基本标准，明确了新国线与战略伙伴发展合作的基本原则和要求，为提高我国道路运输市场的集中度，发展规范化、集约化、网络化经营，以及促进道路运输企业集团的良性发展提供了借鉴；之后，又出版了《新国线典章》（2004版）。

2003年8月5日，经过三级交通主管部门组织专家评审和公开公示，交通部正式公告，新国线获得了中国道路旅客运输企业一级经营资质。这是新国线发展征途中的一座重要的里程碑，是新国线跨越发展一次重大的“质”的飞跃，向世人展示了新国线知名品牌的实力与光彩。

2003年8月9日，新国线集团2003年半年经济工作会议在北京召开。会议确立了新国线由“量的扩张阶段”向“量的扩张与质的提高并举，以质的提高为主阶段”转折的战略思想，把全部精力转到经营上来，想尽一切办法夯实基础，由创业初期的单纯投入发展型转向效益增长型。

2003年9月17日，中国道路运输协会第三届理事会第一次全体会议在北京召开，新国线集团当选为中国道路运输协会副会长单位。在2004年10月15日召开的中国道路运输协会旅客运输工作委员会换届会议上，新国线集团董事长被推选为第三届旅客运输工作委员会主任，这是自客工委成立以来第一次由会员企业领导人担任主任。

2003年11月9日，新国线集团被确定为第53届世界小姐总决赛指定接待用车单位。伴随“美丽的眼睛看中国”活动，106个国家的佳丽乘坐新国线快车巡游了北京、上海、西安、海口、三亚五城市。此次活动突出展示了新国线的网络优势和非凡的组织能力，向世人展示了“新国线”的服务追求、品牌理念和企业形象，扩大了“新国线”品牌的影响力和美誉度。

2004年3月1日，新国线集团（宁波）运输有限公司成立，这是中国两个具有国家道路旅客运输一级经营资质企业之间的第一次重大合作。宁波公司的成立，不仅体现了中国道路运输行业中两家一级经营资质企业的强强联合，而且从一开始就确立了坚持诚信为基础的战略合作和效益合作，为新国线发展合作关系树立了典范，谱写了新国线合作发展的新篇章。之后，新国线集团又陆续与温州、苏州、无锡等一级企业合作成立了公司。

2004年4月18日，新国线管理学院在北京挂牌成立。新国线管理学院是以新国线运输集团为主，联合高等院校和有关方面的力量，以培养和提高新国线职业经理人和管理人员为主要目标，并面向行业和社会组织开展培训工作的继续教育机构，其办院宗旨是“依托新国线的实践，探索道路运输真谛，创新现代企业理论，培育忠诚敬业英才”。管理学院启动远程培训项目，利用新国线办公网开展远程网上专题性电化教育。2005年7月23日，集团与长安大学合作，联合举办的在职硕士研究生课程进修班举行开学典礼。这是新国线最高层次的人才培训，它不仅是新国线品牌建设的重要组成部分，更为重要的是，它着眼于新国线百年发展大计，着眼于加强企业人才梯队建设，着眼于培养企业未来的职业经理人，为新国线事业的发展不断注入新鲜血液、积蓄力量。

2004年5月，新国线黄山风景区游客集散中心项目启动。该项目是安徽省“861”工程规划项目和黄山市重点项目。项目的全面实施，标志着新国线已经由过去单纯项目型发展逐步向深度区域型系统规划性发展的转变，是新国线在结点建设和旅游交通发展中的一个飞跃。

2004年6月18日，新国线运输集团广西分公司在广西南宁市正式注册成立。广西分公司的成立是集团开拓广西市场的重大举措，是顺应“泛珠江三角洲9+2”区域合作需要、加强两广经济交流的产物。

2005年3月，新国线集团与长安大学共同研究的《新国线运输集团有限公司发展战略规划》课题完成了《纲要》、《总报告》及《专题报告》。《新国线运输集团有限公司发展战略规划纲要》凝聚了新国线集团对发展战略的构想和长安大学专家学者的心血和智慧。它是新国线集团面向全国、立志打造中国道路客运第一品牌的纲领性文件，内容包括了网络化发展目标及发展思路、道路快速客运、道路快速货运及物流服务、道路旅游客运、汽车租赁等诸多方面的近期、中期、远期战略规划目标。

同期，新国线集团提出了“打造中国道路运输第一品牌”目标的内涵包括“四个第一、八大要素”，即网络和规模第一，安全和服务第一，管理和技术第一，效益和业绩第一。

2005 年 4 月 13 日，国家认证委员会所辖认证机构对新国线运输集团有限公司进行了正式认证审核，新国线集团一次顺利通过方圆标志认证中心认证，取得了方圆标志认证中心和国际认证质量管理体系认证证书，标志着新国线的质量管理开始走上规范化轨道。

2005 年 4 月 24 日，世界上最高的海上观音圣像在海南三亚隆重举行开光大典仪式。国家政协、国务院港澳事务办公室、国家宗教局、中国佛教协会、海南省委省政府等单位主要领导，港澳台特邀嘉宾近 300 人，来自世界各地的大德高僧和信众 2 万余人参加了开光仪式。根据组委会安排，本次活动的运输组织工作由新国线集团三亚公司独家承担。

2005 年 4 月 26 日，新国线开通广西南宁、北海至越南下龙国际班线，开创了“新国线网络，纵横国际”的新时刻。中越国际道路运输线路的开通，是在“两廊一圈”经济一体化、大湄公河次区域加快建设的大背景下，新国线积极关注并参与中国-东盟自由贸易区交通运输战略的具体体现，对新国线纵横全国的网络布局及“打造中国道路客运第一品牌”的发展目标亦带来新契机。

2005 年 9 月，新国线管理学院系列教材之一的《公司政治》一书出版。该书坚持以最前沿的科学理念为指导，以打造一支高素质、高效率和高度团结的队伍为目标，以创建一种自我激励、自我约束和促进优秀人才脱颖而出的物质文化、行为文化、制度文化和精神文化为保障，以振兴民族道路运输和新国线事业的发展为已任，是新国线人不断探索、勇于创新和大胆实践的产物，是现阶段新国线企业文化的精髓，也是现阶段指导新国线实践活动的文化大纲和政治大纲。

三、发展成就

1. 主要经济指标显著增长

截至 2008 年 6 月底，集团总资产达 18.85 亿元，是 2001 年成立之初 1.45 亿元的 13 倍；其中营运车辆由成立之初的 873 辆增加到 6 188 辆，是原来的 7 倍，企业资产规模已居全行业前列。

2007 年，集团完成客运量 1.25 亿人，旅客周转量 86.8 亿人公里，分别是 2001 年成立之初的 4 997 万人、29.5 亿人公里的 2.5 倍和 2.9 倍。

2007 年，集团完成营业收入 10.9 亿元，是 2001 年成立之初 1.9 亿元的 5.7 倍。

2007 年，集团实现利润 9 239 万元，是 2001 年成立之初 576 万元的 16 倍。

截至 2008 年 6 月，集团拥有员工 1.48 万人，是 2001 年成立之初 2 600 人的 5.7 倍。

新国线把安全作为企业的生命线，要求责任事故零死亡。自公司成立以来，安全生产指标均控制在国家规定的范围之内，安全生产形势持续保持稳定。

2. 战略规划引领企业发展

2003 年，新国线在初步完成第一阶段的运输网络布局之后，开始实施由“量的扩张阶段”向“量的扩张与质的提高并举，以质的提高为主阶段”的战略转折，并与长安大学共同组成课题组对新国线未来发展战略进行专门研究。课题组针对新国线实现跨越式发展、构建全国道路旅客运输网络、发展中遇到的问题，深入开展调查研究，大量走访有关部门、科研机构，广泛搜集参考资料，认真组织不同地域、不同层次的人员座谈，分析集团公司经营现状，研究不同企业的先进经验，保证了发展战略规划的科学性、前瞻性和适用性。这一战略规划提出了“客运成网、同网经营、资源共享、多元发展”的思路，勾画了新国线“一弓两箭、两弓成环”的主骨架网络经营框架，制定了新国线至2010年网络化发展的目标，明确了此期间每个阶段的工作重点和具体任务。科学的战略规划为新国线明确了前进的方向。新国线的战略蓝图转化为了新国线的生产力，指导新国线在整合网络、优化资源、改善经营和提高效益方面不断取得新的成果。

2008年，面对不断变化的运输市场环境，新国线又对原有规划进行了补充和完善，由原来的“一弓两箭，两弓成环”调整为“构筑以四个营运区域为核心的扇状辐射的菱形运输网络”，以进一步整合资源，优化资源配置，提高网络化水平，扩大集团经营规模，实现新国线的可持续发展。

3. 网络化经营日渐形成规模

新国线成立之初，交通部领导就殷切希望通过新国线的实践，探索出我国道路运输生产专业化、管理科学化、经营集约化、运营网络化、企业规模化的新模式。这既是部领导的重托，也是新国线人矢志不渝的奋斗目标。新国线先后向加拿大灰狗运输公司、国内多家知名运输企业以及长安大学和同济大学等高校取经，在博采众长的基础上逐渐形成了网络化经营的思路和框架。在网络布局上，按照“先布点、后连线”，“东部结网、中部布点、西部辐射，构建面向全国的道路运输网络”的原则，紧紧围绕资源、资本、品牌三大战略要素，通过资产重组、增资扩股、收购兼并、合资合作、品牌加盟等方式，拓展运输经营网络，先后在北京至上海至福州至深圳、成都至北海、北京至珠海、上海至成都等国道主干线上进行市场开发和经营，有效延伸了东中部及西部主要地区的战略布点，初步形成了以国家高速公路和国道主干线为基础，以中心城市客运枢纽和新国线驿站为结点，以城市间和省区间客运线路为连线，覆盖我国东南沿海和中部地区的现代化快速道路客运网络；新国线建立了网络运营规则，网络内各企业按照“决策一体化、经营一体化、品牌一体化、资金一体化”原则，从“点”到“线”再延伸到“面”，全面加强业务协作，使线状网络客运逐步与环状网络客运衔接，主骨架网络客运逐步与区域性网络客运衔接，最大限度地提高了网络运营的质量和效率，为实现点点相连、网网相通奠定了基础。截至2008年6月，新国线运输网络遍布我国华南、华北、华东、西南地区的14个省、自治区、直辖市，拥有64家控股和参股子公司以及14个新国线驿站。

值得一提的是，黄山风景区游客集散中心项目，比较典型地发挥了新国线网络优势。根据黄山风景区旅游淡旺季和企业运能的实际情况，在华东区域企业中进行跨省区的运力调配，并使之和客运网络上的旅客运输衔接，从而借助密集的经营网络，从集散中心开辟了多条省际班线和旅游专线，实现了异地客源组织。在主要线路的沿途，他们还开设新国线驿站，增加网络入口，扩大班线车辆对旅客的吸引能力，既保证了游客顺利实施换乘，又确保了企业的经济效益，为游客集散中心的快速扩容和保持发展后劲提供了有力的保障。

4. 品牌建设提升了新国线核心竞争力

新国线成立伊始，就按照交通部领导的要求，提出了打造中国道路客运第一品牌的目标，明确了第一品牌的内涵，即“四个第一、八大要素”（网络和规模第一，安全和服务第一，管理和技术第一，效益和业绩第一）。并把结点运输、科技应用和星级服务作为新国线品牌构成的三大特色：

（1）制定了统一的VI标志

从公司形象、驿站形象、车身形象、服装形象、办公用品等方面都做到标识一致，形象统一；建立了统一的服务质量规范，推出了星级服务标准，按照服务的质量、功能、标准及规范等要素，在进站、上车、途中、到站等服务过程的每一个环节，都为顾客提供全方位、个性化和人性化的服务，让顾客出行更安全、更舒适、更快捷、更温馨。在此基础上，新国线在人民交通出版社出版了行业内第一本《汽车客运乘务员职业技能培训教材》，不仅提高了公司内部乘务员的服务技能，也为提高行业整体服务素质提供了比较规范的教材。

（2）坚持科学的运输组织模式

新国线在超长途班线上开展了结点运输，运用科学的组织与管理手段，最大限度地提高运输组织化程度和运输效率。交通部为此专门下发文件，支持新国线在京沪线上开展试点，并取得了成功。随后，相继在沪蓉线、沪深线上进行了推广。积极推进科技应用也是一项不容忽视的工作，新国线建立了营运调度中心，在长途豪华快车上安装使用了GPS和联网通信技术。采用ITS、GIS和GPS系统，以GSM网作为通信平台，利用卫星定位手段，实施和发挥实时控制、双向通信、动态调度、目标跟踪、区域设定、防窃防盗和轨迹重现等七大功能，实现了对生产全过程的有效监控。

（3）积极参与并赞助重大活动

在交通部的领导和支持下，新国线和有关单位一道成功地举办了2002年第一届和2006年第二届中国道路运输发展论坛；与中远、中海、中外运等知名大型企业一道以实际行动支持举办第三届欧亚道路运输大会；参与组织了2003年第53届世界小姐总决赛和第6届中国国际民间艺术节；还多次承担了交通部领导视察和会议用车的任务。2008年，承担了北京奥运会志愿者接送工作，新国线奥运服务车队以清新靓丽的车容车貌和驾驶员整齐划一的行动、周到温馨的服务，受到北京奥组委交通部和志愿者的好评。诸多活动的参与，在全国范围内扩大了新国线的影响，提高了新国线品牌的知名度。

（4）顺利通过了ISO 9001国际质量体系认证，使新国线的质量管理逐步走上了规范化轨道，为新国线品牌形象的提升增加了丰富的内涵。

5. 成功塑造了新国线企业文化

新国线突破传统的思维模式，把塑造具有自身特色的企业文化，打造优秀企业团队作为新国线持续发展的动力之源。一是构筑了包括企业核心价值观、企业信仰、企业使命、企业精神、经营理念、服务理念、行为准则、人才观、资源观等九个部分的新国线企业文化体系，成为新国线人共同遵守的纲领和行动指南。通过企业文化的宣传和渗透，把员工个人的追求和企业目标紧紧联系在一起，聚合成了团队的整体力量。新国线先后两次出版了集企业理念、治理和制度于一身的《新国线典章》，总结、提炼了新国线创建与发展的理念和指导思想，引入了流程管理的新概念和新方法，使之成为新国线企业经理人的管理工具用书；新国线编写的《公司政治》已经列为新国线管理学院各类培训形式的培训教材，成为广大员工的必修课。二是努力培养高素质的员工队伍，着眼于新国线百年发展大计，着眼于加强企业人才梯队建设。2004 年 4 月，新国线管理学院成立，确立了“依托新国线实践，探索道路运输真谛，创新现代企业理论，培育忠诚敬业英才”的办学宗旨。在办学过程中，新国线既与长安大学合作举办在职硕士研究生课程进修班培养高层次人才，也组织各种形式的业务培训，对各企业负责人和业务骨干进行轮训，对管理骨干进行岗前培训，全面提高员工整体素质。管理学院不仅为新国线事业的不断发展注入了新鲜血液，而且已经成为新国线企业文化建设的重要组成部分。

四、基本经验

1. 抢抓历史机遇，是新国线创建与发展的重要基础

1997 年，党的十五大做出了经济结构调整的战略决策，我国的交通运输结构随之调整，市场环境瞬息万变。新国线的创始人——深圳兆通投资股份有限公司（原深圳中南实业股份有限公司）在冷静地分析市场并对自身实力进行充分评估之后，创造性地制定了跨出深圳、面向全国的“东部沿海高速公路运输发展战略”，提出了以构建国内首家“同江至三亚”国道主干线为市场、以跨省市跨区域线路资源的网络化经营为主线的客运经营网络的初步构想，奠定了新国线创建和发展的重要基础。2001 年 4 月，以京沪高速公路全线贯通为契机，经交通部批准成立了新国线运输有限公司。经过短短几年的不懈努力，新国线迅速发展成为具有一级客运经营资质的集团公司。

2. 加强诚信合作，是新国线创建与发展的可靠保障

坚持诚信是新国线的企业核心价值观和基本理念。诚信铸就了新国线品牌，促进了新国线发展。新国线面向全国发展网络运输，十分注重与当地运输企业密切合作，联手做大做强。几年来，在合作中，始终坚持互惠互利、合作共赢，通过合理分工，共同开发当地市场，促进规范经营，构筑运输经营网络，努力实现交通部提出的提高运输市场集中度的要求。所有与新国线组成企业和利益共同体的战略伙伴，都给予新国线真诚的理解和支持。既有成立之初与北京华通、上海长运的真诚合作，也有成长过程中，与业内同行的广泛结盟，不仅与一级企业、二级企业联合，也注意联合其他企业；不仅组建分支机构、设立控股子公司，还发展非控股企业、加盟企业、代理企业和协作企业。通过努力，逐渐使新国线构筑起覆盖十几个省市、下辖 60 多家公司的庞大经营网络。特别是与宁波公运、苏州客运等一级客运企业的牵手，更是谱写了新国线合作发展的新篇章。而争取黄山市政府支持兴建黄山风景区游客集散中心，推动新国线知名品牌与黄山世界级优质资源的密切结合成为一段佳话。而新国线与高等院校、科研机构的真诚合作，则为企业科学制定战略规划、加快人才引进提供了有力支持。能与这么多合作伙伴并肩走下去，达到互相真诚的理解和支持，真诚、友好竞合态度是新国线的成功战略之一。

3. 坚持持续创新，是新国线创建与发展的根本要诀

创新是企业进步的源泉，是新国线事业的核心竞争力之一。新国线的成立是创新的产物，新国线的发展是一部永不休止的创新史。新国线从无到有，由小变大，转弱为强，从固守深圳到走向全国，从成立之初仅有四五家子公司到现在坐拥全国 60 多家子公司的企业集团，向前迈进的每一步，都渗透着新国线人超前的创新精神。新国线以一种创新的态度，不

断提高经营管理水平，保持企业的领先地位。创新包括观念创新、制度创新、技术创新、管理创新、战略创新和品牌创新等等。其中，战略创新和品牌创新是新国线的核心竞争力的重点所在。

因为观念创新，才有了新国线一次又一次超越传统思维的果断决策，创造了道路运输行业史上的发展奇迹；因为战略创新，才有了新国线走出地域，构筑面向全国的道路运输网络的初步形成；因为品牌创新，才有了新国线短短几年内在行业内影响力的提升和社会公众对服务质量的认可，一步步向打造中国道路客运第一品牌的目标迈进；因为体制创新，才有了新国线“决策一体化、经营一体化、品牌一体化、资金一体化”的运作模式的实施，成为保证集团一体化运作的非常重要的政策保障；因为管理创新，才有了新国线管理基础的不断夯实，管理更加适应经营，经营更加适应市场，使新国线在激烈的市场竞争中保持了持续稳定地发展。

4. 塑造企业文化，是新国线创建与发展的不竭动力

新国线在创建和发展的实践中，提炼和升华了“坚持诚信、渴望创新、科学经营、注重业绩”的核心价值观，塑造了道路运输业全新的、具有新国线特色的现代企业文化。新国线一直在不断证明：新国线不是一般的道路运输企业，而是传统产业里创造出的现代运输企业。新国线的企业文化是能为新国线的基业长青、持续发展所不断创新、不断完善的企业文化。新国线的可持续成长，从根本上是源于具有新国线特色的组织建设和文化建设。它坚持以最前沿的科学理念为指导，以建立一支高素质、高效率和高度团结的队伍为目标，以创造一种自我激励、自我约束和促进优秀人才脱颖而出的管理机制为保障，培养和发扬为民族道路运输和新国线事业的发展执著奋斗的奉献精神，并有效地使这种素质、机制和精神转化为战斗力。

五、发展展望

1. 发展方针

在国家经济产业结构和交通运输结构调整政策指引下，以建设全国综合道路运输体系为目标，以打造中国道路运输第一品牌为追求，紧紧围绕资源、资本、品牌三大战略要素，通过资产重组、投资加盟、增资扩股、谋求上市实现资本扩张；通过结点运输、收购兼并、合资合作、连锁经营获取经营资源，扩大业务范围，尽快将新国线做大做强；通过东部结网、中部辐射、西部布点，以及视情增强密度，形成全国性运输网络；通过网络化、品牌化，专业化、集约化、规模化、智能化、标准化、精细化、集团化经营形成品牌个性；通过引进国际国内先进企业的管理、技术和资金，增强企业的实力；力争以一流的管理水平、一流的服务质量、一流的设施设备，创造一流的工作业绩，获得企业效益的最大化和社会效益的最大化。

2. 发展目标

(1)网络建设目标：高度重视网络建设，切实形成网络优势，尽快实现网络运营，在已有的网络资源基础上，经过发展和整合，构成以珠三角、长三角、环渤海、北部湾四个营运区域为核心的扇状辐射的菱形运输网络。与此同时，依托网络优势，按照“同网经营、多元发展”的思路，努力发展客运、快速货运，拓展旅游、租赁、物流等服务项目，使新国线在新的历史时期呈现多业互动、良性循环的局面。

(2)经济指标

2008 年～2010 年新国线经济指标：营运车辆在 2007 年基础上，平均每年增长 10%～15%；营业收入在2007 年基础上，平均每年增长 15%左右；税前利润在2007 年基础上，平均每年增长 30%左右。

2011 年～2015 年新国线经济指标。各项指标在 2010 年基础上，平均每年增长10%～15%。

(3)规范化运作目标

未来5 年，建立符合上市公司规范或者符合国际惯例的现代企业法人治理结构，并作为一个基本的组织模式确定下来。

3. 保障措施

(1)完善法人治理结构。在界定产权的基础上，理顺产权关系，建立出资人制度，保证出资人对公司拥有最终控制权，形成以资本为纽带的公司管理体制。按照公司法要求，建立规范的法人治理结构，从体制和机制上保证公司健康有序地发展。

(2)强化企业经营管理。企业管理工作是组织企业现代化生产和经营活动的基础，是企业改革中一项带有战略意义的建设性工作。新国线成立时间不长，夯实管理基础、加强企业管理尤显重要。

(3)拓宽企业经营范围。充分发挥新国线网络的运输延伸、服务延伸、系统延伸功能，按照“同网经营、多元发展”的思路，在搞好道路客运主营业务的前提下，有计划地适时发展快件货运和现代物流、旅游客运、汽车租赁等业务；逐步提供安全检查、车辆维护、信息反馈、营收结算等服务；积极开展“内联外协”，努力实现“门到门”运输。

(4)不断培育创新能力。创新是新国线在今后激烈竞争中能否得以生存和发展的根本出路，也是企业获得竞争优势的主要方法和手段。在追求新国线事业宏伟目标的进程中，必须以创新的理念、思想、行为、技术和管理来开展企业的经营管理工作。只有这样才能努力做好网络构建、网络管理和网络经营，最终实现新国线的规划目标。

(5)有效加强品牌建设。立志构建中国道路运输知名品牌，努力构筑面向全国的道路运输网络是新国线创建伊始即树立的坚定目标。因此，进一步加强品牌建设，不断丰富品牌内涵，有效实施品牌竞争策略，不断提升企业的知名度、美誉度和可信度，是实施新国线规划目标不可缺少的重要手段。

(6)持续升华企业文化。企业文化是一个企业在长期的生存和发展过程中所形成的，为企业成员所共同遵守的基本信念、价值取向和行为规范。新国线的成长历程离不开新国线文化理论的指导，新国线未来发展，同样需要通过升华新国线企业文化予以保障。

新国线事业是充满激情的事业，是充满希望的事业。站在历史的新起点，为了中国道路运输事业的美好明天，新国线人正努力描绘着一幅幅感人的宏伟画卷。在波涛汹涌的市场浪潮中，历尽艰辛与坎坷的新国线人将稳立诚信之柱，高举创新之旗，勇敢面对一切机遇与挑战，去赢取一片骄人的发展空间，谱写新的历史篇章！

塑造品牌形象　提升品牌影响力

北京首汽（集团）股份有限公司

一、企业介绍

北京首汽（集团）股份有限公司（简称首汽）的前身为1951年由周恩来总理亲自命名成立的首都汽车公司。经过半个多世纪的发展，如今的首汽集团已经集汽车客运、汽车销售与维修、汽车租赁、汽车成品油销售四大业态为一体，目前集团拥有员工万余人，营运车辆万余部，总资产达到近20亿元，十余家专业汽车销售服务店、国内各类租赁营业网点近50家、4家直营租赁分公司、连锁加油站近20座。

首汽把汽车客运业作为集团经营发展的基础，分为高档商务车、大中型客车、城市出租车三大板块，拥有多种品牌、不同规格的运营车辆6 000余辆。建国以来承接了历次全国两会和党代会等重要会议的交通服务任务；2006年在中非论坛期间圆满完成同时接待50余位总统的交通服务任务。上至外国元首、贵宾访华，下至百姓打的，首汽集团可以满足市场上不同乘客的需求，让消费者体验至尊至美的服务。

首汽客运队伍中拥有声名显赫并富有传奇色彩的首汽国宾队，被称为“中国第一车队”，50余年来曾六千余次以高规格、超一流的服务水准接待了国际政要和各界名流，不仅成为首都的窗口，更是中国的骄傲。

在有着光荣传统和辉煌业绩的首汽客运队伍中，还涌现出了全国劳动模范、出租汽车驾驶员的楷模——于凯，以其名字命名的“首汽于凯车队”是全国第一支以劳模名字命名的出租汽车车队。2005年首汽于凯车队被中宣部、中组部、北京市委市政府等五部委推选为全国先进典型。

首汽的汽车销售与维修业不断加速自身发展，积极引入奥迪、丰田、大众、马自达、雪铁龙、现代等国际汽车品牌，构建以汽车销售为前端市场开发、以维修维护为汽车后市场经营主体的产业格局，逐步构建集汽车销售、维修及其他售后服务为一体的经营体系。

首汽租赁公司是京城最早从事专业性汽车租赁服务的公司，在广大客户心目中已形成“要租车，找首汽”的良好声誉，如今无论从车辆规模还是从网点设置，首汽租赁都已走在国内同行业前列。

2003年，中国石油天然气公司参股首汽油料公司，更名为中油首汽石油销售有限公司，使首汽的汽车油品供应业经改制后成为市场运作的新型企业。

二、改革历程

当年，首都汽车公司成立的目的是为了执行接待外宾、中央大型会议及国际会议的交通任务。因此，公司成立之初确定的宗旨是：“为中央服务，为外宾服务”，文革期间又加入了“为政治服务”，统称“三为方针”。首汽以优质安全的服务为国家的各项政治及外交活动作出了巨大贡献。

1957 年，首汽从事业单位转为自负盈亏的企业，标志着首汽正式转型为出租汽车企业，成为北京市第一家也是以后十余年间北京市唯一一家出租汽车公司。

1978 年，党的十一届三中全会胜利召开，确定了全党工作重点转移到社会主义现代化建设上来。首汽的发展从此进入了一个新阶段，开始“用经济的办法管理经济”。

1984 年，首汽在同行业中率先改革，推出了奖金制度、超公里提成、工时定额、利润提成、经济责任制、考核制度、干部聘任制等一系列新规章、新制度，使得企业各项经济指标不断上升。车数达到 2 000 余辆，职工 4 000 余人。同年 10 月，首汽与香港光大公司合资成立了首都光大汽车公司，先后购入尼桑 V30 运营车 500 辆。合资经营使首汽获得了新的经营经验和良好的经济效益。随后，首汽又出资成立了首都华侨汽车公司和大众汽车公司。

1985 年，为了解决租车难的问题，首汽在同行业中首先实施了“明码标价”，设立了“监督电话”，鼓励乘客投诉，并率先安装了计价器，又贷款购车 1 200 辆，增强了活力和竞争力，企业规模迅速扩大。车辆总数达 3 510 辆，职工 6 100 人。

1986 年，由于美元升值，我国进口税费大增，车价暴涨，出租车的租价与成本失调，为保护国有资产、延长车辆使用时间，首汽进入了“适度经营，养车育人”的阶段。同年，在公司成立 35 周年之际，首汽在“三为方针”的基础上明确提出了新的服务宗旨：“真心为宾客”；率先在全国同行业中推行服务《十项工作标准化》；做到了明码标价，设立监督电话，方便群众。

这个时期，由于出租汽车行业处于低潮期，首汽领导班子一方面通过各种渠道，呼吁政府帮助解困，一方面提出了“一业为主、多种经营”的思想，使企业立于不败之地。首汽租赁和首汽油料的成立标志着首汽综合性汽车服务产业链初具雏形，开始具备了提供综合性汽车服务的能力。首汽供销公司与后来成立的首汽方兴公司曾一度成为华北、华东地区最大的两家汽车配件公司。1987 年 6 月，首汽与丰田汽车合作，由丰田汽车输出现代培训设备和车辆，在原首汽沙河培训中心的基础上建设了首汽丰田汽车驾驶员培训中心，面向社会培训驾驶员。首汽神州旅行社从二分公司分立出来，直属首汽公司领导，后发展为神州国际旅游公司（即现神舟国旅前身）。此外首汽还开办了醉翁亭饭庄、兴建了凯威大厦、兼并了燕翔饭店等，经营范围涵盖了十余个行业。

为了进一步转换国有企业经营机制，调整企业产业结构，吸收社会资金，开拓多种经营渠道，首汽积极推进股份制改造。1993 年，首汽实业股份公司正式挂牌成立。此后，首汽实业股份在向社会提供多层次服务、体制改革、证券融资领域进行了诸多有益的探索。

1994 年 5 月 18 日，首汽集团宣告成立，确定了“一业为主、多种经营、以主带副、协调发展”的战略方针，目标是发展成为一家综合性多元化的企业集团。

北京的出租汽车市场在经历了短暂的低迷后，于 20 世纪 90 年代初进入了飞速发展时期。首汽实业股份首次尝试承包经营 100 辆低档夏利车，此举在当时习惯了开好车、吃大锅饭的首汽内部引起巨大反响。而全部由夏利车组成的第六分公司却悄然无声地以融资方式在短期内发展了起来。首汽实业股份有限公司在市场调查的基础上组建了AA汽车服务俱乐部，打出了“有呼即到，流动抢修”的旗帜，成为北京市第一家开展汽车救援业务的企业。由首汽实业股份公司投资兴建的“城市之光”大厦屹立于城南，标志着首汽开始涉足房地产开发。首汽在原三修厂的基础上建立了大众汽车特约维修站，这是京城首家具有现代化维修和管理手段的立体汽车维修站。

1996年，首汽实行了全员劳动合同制，在打破职工“铁饭碗”、进行劳动人事改革上迈出了第一步。1999年7月，首汽出租车推出统一标志专用色“碧海蓝”，并向社会推出六项承诺，提出运营司机要遵循“车净、人和、不违章、不砍价、不拒载”这一朴素而实用的服务哲理，以真心的服务换取乘客的舒心，于同年获“96中国城市市场品牌竞争力调查评选活动”第一名。

当新千年来临之际，首汽的发展也步入了新的历史时期。在首旅集团的“功能、网络、品牌”战略的指引下，首汽集团和首汽实业股份有限公司在经营结构上作了巨大调整，从多条战线、跨多个行业、多元化经营的思路转向集中精力做好汽车服务主业。2000年10月，首汽和北京旅游汽车公司经过资产重组，成立了北京首汽股份有限公司。2004年，随着控股股东首旅集团与新燕莎等集团重组新首旅集团，原新燕莎集团所属北京友联汽车服务有限公司正式并入首汽。经过一系列改革、调整、创新之后，新的首汽以出租运营主业为依托，调整投资方向，积极开拓新兴的汽车服务领域，使首汽发展成为集汽车客运、汽车销售与维修、汽车租赁、汽车成品油销售四大业态为一体的大型综合性汽车服务企业。

三、发展成就

经过半个多世纪的风雨历程，首汽从小到大，由弱到强，特别是经过改革开放30年，首汽得到了飞速的发展，由改革开放前车辆1 000余辆，职工2 000多人，发展到如今所属企业十二家，拥有车辆万余部、员工万余名，市场占有率达到10%，利税贡献进入北京市500强。集团于2001年率先在业内通过ISO 9000：2000国际质量认证；2002年获得IQNET证书；2003年被北京市消协评为“消费者满意单位”；连续被评为首都旅游紫禁杯先进集体、被北京市工商行政管理局评为“守信企业”，先后荣获多项行业荣誉。在“2006年中国道路运输企业100强”评选中位居第24位，2006年度被公众评为“北京十大影响力企业”，荣获“企业社会责任建设贡献奖”、“中非合作论坛北京峰会交通服务保障突出贡献单位”等殊荣。现为中国旅游协会副会长单位、中国道路运输协会副会长单位、中国旅游车船协会的会长单位。

近年来，首汽坚持“改革、创新、发展”的思路，走品牌化经营、集团化运作、规模化发展之路，持续深化改革，积极扩大规模，强化专业经营能力和资本赢利能力，使公司在资本运作、人才开发、企业管理等方面更加科学和规范，实现了由传统的运营业向汽车服务贸易领域的成功转型，呈现出汽车客运、汽车租赁、汽车销售与维修、成品油销售协调发展的多业态格局。通过实行专业化、市场化的经营，首汽取得了跨越式的发展，经营业绩持续攀升。2005年以后，首汽采取了稳健型的发展策略，在保持经济效益较高增长的同时，更加注重通过提高经营质量来促进企业内外的和谐发展。从2001年以来，实现了营业收入每年递增20%的持续快速增长。

首汽始终秉承“真心为宾客”的企业宗旨，以顾客为关注焦点，以“安全、优质、诚信、高效”为质量方针，对服务的每一个细节精益求精。公司始终追求标准化服务和个性化、特色化、差异化服务的有机结合，实施“树品牌、创名牌”的品牌战略。率先在北京市推出品牌车的概念。在细化服务上，首汽率先向社会做出6项承诺：车容不整不上路，先上后问不拒载，行为规范不违纪，服务忌语不出口，计费合理不多收，退还车费请监督。为切实提高服务质量，维护乘客权益，公司在建立完善内外监督机制上采取了积极的方式，建立了内外监督员队伍。2003年8月，公司推出了800服务热线，更大范围地与广大乘客沟通交流，方便乘客与公司形成互动。“诚实待客、守信经营”一直是首汽工作的基本准则，首汽驾驶员秉承了首汽人的传统作风，严谨、细致、认真，服务周到亲切、行车安全平稳，不断涌现出像于凯、汪其华一样的行业模范。

首汽汽车修理公司具有50多年专业维修进口、国产汽车的历史，是中央国家机关政府采购、维修定点单位，北京市汽车维修一类企业。已逐步形成从整车销售、维修到保险、检测、救援及快修连锁、清洗美容、二手车等综合项目于一体的完整产业链，不仅拥有一支过硬的专业技术队伍，而且配备国际先进的汽车检测、维修设备，始终为客户的爱车提供最为细心的呵护。

首汽租赁公司是国内最早从事专业性汽车租赁服务的公司，随着国内汽车租赁业日新月异的发展，首汽租赁确立了网络化经营的发展战略，在上海、青岛、深圳等中心城市设立分公司，在国内三十余个省会或旅游城市设立加盟机构，与国内汽车租赁企业共同创建“中国旅游汽车租赁网”，开设网上预订商务平台。无论从车辆规模还是从网点分布，首汽租赁公司都已走在同行业前列，成为国内网络经营潮头的弄潮儿。多年来，首汽租赁公司在广大客户心目中已树立起“要租车，找首汽”的良好口碑。他们先后推出24小时市区抢修救援、长期租用产权奉送、大用户上门接送车、异地还车等一系列服务。2007年首汽租赁公司又率先推出国内首家汽车租赁电子商务系统，使客户足不出户就可成功租到车，尽兴体验“省心、放心、舒心”。

以“推行无铅汽油、讲求诚信”而闻名京城的首汽油料公司，2003年进行改制重组，成立了与中国石油天然气公司合作、由首汽集团控股的中油首汽石油销售有限公司。两大企业强强联合，优势互补，进一步开拓市场，发展连锁加油站近20家。改制后的中油首汽秉承原首汽油料公司在油品质量上的金牌品质，尊崇质量第一，还创造了单座油站、单支油枪的加油量名列同业前茅的突出业绩。

首汽众智公司是一家专业性劳务派遣机构，能够承接国内外各类劳务派遣合作项目。他们坚持以客户利益为重，积极为用人单位提供各种劳务人员选拔、招聘、外派等配套服务。凭借丰富的服务管理经验和劳务人员纯熟的职业技能，首汽众智公司博得了众多客户的广泛认可，并已日渐发展成为京城一流的劳务司机派遣公司。

首汽集团与中国民生银行合力打造推出的民生首汽卡，是向北京市广大消费者推出的一张方便、实惠、安心的多功能消费服务卡。它既可以实现民生银行提供的丰富、便捷的金融服务功能，还能使客户享受到首汽集团真情送出的项目完备、品质上乘、优惠丰厚的综合汽车服务项目。

四、基本经验

1. 资产重组提升了企业的经营管理水平，促进企业发展跃上新台阶

集团制定了战略发展蓝图，将发展目标定位于北京市大型综合汽车服务企业，确立了“以改革为动力，以发展为目的，以创新为手段，以市场为导向，协调兼顾各项资源，以汽车客运、汽车贸易与维修、汽车租赁、油品供应为基础，实现在汽车服务业的全方位发展”的发展方向。多年来，集团以投资主体多元化为核心，突破单一融资渠道的束缚，在改革、改制、改组方面不断取得进展。

2003年，以出让股权的方式实现了与中石油的战略合作，中油首汽公司成立后，得到了中石油在行业政策审批、油站改造、油源供应、扩大批发与零售销量等诸多方面的大力支持，不但保证了现有的油站资源不流失，还通过参股或租赁方式拓展新的油站网点，经营效益稳步上升，中油首汽在资源整合、管理提升、市场开发、抵御市场风险等诸多方面均取得了明显进展，为今后的改制发展取得了突破。

2005年，与北京友联汽车服务有限公司的重组工作全面展开。友联公司所经营的汽修业务、租赁业务、汽车运营业务并入集团相应业态，通过相同业务的整合，提高了资产质量与使用效率，避免了同业竞争，提高了首汽集团的整体运营能力与市场竞争力。

2006年及2007年分别对首汽修理公司控股的两家公司实施经营骨干受让股权的改制试点，通过引入个人资本转换经营机制，真正形成市场化的竞争主体。通过此次改制，建立起了全新机制，助推各子公司全面与市场接轨，促进了经营水平与经济效益的提升，为首汽修理公司吸引外部投资者，实施整体改制提供了充分的条件。

2007年与北京汽车控股有限责任公司合作，实现对首汽租赁公司的增资重组。募集资金的投向主要为建立租赁汽车网络控制和调配中心以及在国内部分城市建立和收购租赁经营网点的投入，为首汽租赁公司打造成为全国性汽车租赁企业奠定了基础。

2007年，集团启动了内部控制体系建设工作，通过内部控制制度建设，进一步明确了集团及所属企业在公司治理、授权管理等方面的管理责任和管理权限，通过内控体系的建设与实施，以往经营管理中存在的薄弱环节将得到全面加强，风险将得到有效控制。

2007年6月首汽租赁电子商务平台开通，这是目前国内汽车租赁行业中最为领先的一个电子商务平台，是集合了行业车辆信息管理、客户资信认证、行业信息发布、客户租车预定等服务的一个服务管理平台。它还包括电子商务网站、银行在线支付等模块，形成了一个完整的汽车租赁全程电子商务信息服务系统。在全国42个城市拥有加盟公司、合作公司，使“一卡在手，全国租车”成为现实。

首汽集团经过几年的发展，完成了向蓬勃发展的汽车销售、维修、服务产业的转型，汽车销售与维修业务得到显著发展，汽车运营业在经历了专业化重组后得到了更快更好的发展，汽车租赁业稳步扩大规模，油品销售业市场份额进一步巩固。四大业态呈现出协调加速发展的良好态势，构成了比较完整的汽车综合服务产业链，并在不断延伸、壮大，致力于成为满足顾客一切有关于汽车服务的专业顶级服务商。

2. 企业管理创新，保障了企业整体素质的提高

在安全管理上，首汽始终坚实三严一细的工作方针，即严肃认真的工作态度、严谨有效

的管理制度、严格的处罚措施和细致耐心的思想工作。公司一直在探索建立切实可行的安全服务管理的长效机制，切记“安全第一”的原则。定期组织驾驶员和员工学习安全生产法和新道路交通安全法，落实市委、市政府关于安全生产工作的重要指示精神。每年对零分驾驶员和在全年安全管理工作上有突出表现的先进单位予以大力表彰。

在企业内部，首汽坚持以人为本，推行人本管理，实施“凝聚工程”，提倡忠诚企业、奉献社会，建立积极有效的激励机制。设立了“总经理特别奖”，对贡献较大、效益突出的员工给予重奖，从2001年起先后有十多人荣膺此奖。日常管理中主要体现在坚持“五到家”和“三慰问”，即“职工生活有困难解决到家”、“职工群众有病探望到家”、“职工本人结婚祝贺到家”、“家中白事慰问到家”、“新驾驶员调入后走访到家”。“三慰问”即在元旦、春节“两节”期间，开展慰问特困职工的送温暖慰问活动；在全国两会召开期间，慰问执行交通任务的上会驾驶员；在盛夏高温季节做好防暑降温工作，慰问一线职工。此外，关心员工生活，为员工办理意外保险，为女员工办理“安康保险”，为员工子女办理“医疗保险”和“平安保险”，建立了高考考生家长带薪休假制等。

首汽注重坚持抓好队伍建设，尤其是对员工队伍的培养，为企业员工搭建舞台，让员工在本职岗位中实现人生价值。在这样氛围下，从普通员工队伍中成长出来全国劳动模范、全国“五一”劳动奖章获得者、北京市劳动模范、北京市党代表于凯同志，北京市人大代表汪其华同志，北京市劳动模范王京滨同志等优秀员工代表。2002年2月，首汽以于凯同志的名字命名其所在车队为“首汽于凯车队”，在劳模的带领下，全队驾驶员以优质的服务成为首都出租汽车行业的一面旗帜，尤其在服务行业树立了集体模范。

首汽还将员工个人的成长融入企业的发展之中，实现两者的共同进步、协调发展，主要体现在企业内部营造尊重知识、尊重人才、鼓励创新、鼓励创造的氛围，实施“素质工程”，组织“首汽形象大使”和“星级员工”评选活动，开展“文明礼仪在首汽”等系列活动。重视培训工作，引导员工不断提高自身素质，努力建设学习型企业。分别组织公司中高层管理人员、后备管理人员、一线管理人员的定期培训；在全体驾驶员中开展素质教育，编写了驾驶员手册，进行系统的英语、服务等培训。

五、发展展望

未来首汽集团将坚持以汽车服务为核心的相关多元化发展战略，强化集团战略管控和协同作用，以品牌营销和资本运营为支撑，提升企业核心竞争力。通过集中营销和资源共享，提高“首汽”品牌的影响力。以商业模式创新推动汽车客运、汽车销售与服务、汽车租赁、成品油销售等业务的协调发展。

充分发挥不同业态的协同作用，以战略的视角不断优化资源配置。汽车客运业务的发展定位为继续以本地业务为主，保持稳定、适度增长，并作为宣传“首汽”品牌形象的重要载体。汽车租赁业务将在全国范围内以较高的速度发展经营网络，并作为集团未来5年的发展重点。汽车销售与服务业务的发展定位为在以北京为中心的华北地区开展业务，重点加强维修类业务，并作为集团培育重点。成品油销售业务的发展定位为继续以北京及周边地区业务为主，保持持续稳定的发展。

实施集团整合营销，建立“高品质汽车综合服务商”的“首汽”品牌定位，通过持续的推广和维护，提升品牌影响力，利用品牌价值传递效应，推进新产品和异地市场业务的发展，将首汽品牌从运营行业推广到汽车服务的综合概念层面。建立集团客户资源、业务资源的综合信息平台，对信息进行整理、分析并开展有针对性的营销。在继承与创新的基础上，深入挖掘、提炼与总结首汽真诚、稳重、高效的文化元素，以此作为品牌的精神力量和价值核心，指导企业品牌形象的塑造，从而提升品牌的知名度、美誉度和忠诚度，将“真心为宾客”的文化宗旨渗透到各个服务业态，强调首汽细致全面的服务能力。在发挥原有品牌价值的同时，以有侧重的集团性宣传推广实现品牌的增值扩大化，塑造行业内的旗舰品质。

在大力提升品牌价值的基础上，加强对资本市场的研究与跟踪，积极探索上市、战略合作、经营者持股等多种融资手段，有效解决战略发展重点中汽车租赁、汽车销售与服务业务的迫切资金需求，实现集团跨越式发展。未来要实现收入、利润较高增长的财务目标，必须采取直接融资方式增加资本金。在直接融资方式中，无论是从融资效率、搭建资本运营平台的角度，还是从创造品牌效应、促进企业发展的角度，上市融资都是较好的选择，而且将是首汽集团在未来战略规划中重点实施的融资渠道。除上市融资以外，还将积极探索以增资形式吸引战略投资者，寻求多层级的战略合作途径。此外，合理的股权激励方案也是保障企业健康发展的重要手段，同时也是投资者选择投资项目时关注的重点。

结合市场环境和经营实际，首汽集团未来的发展将以全面强化核心竞争力为宗旨，以实施品牌和资本战略为手段，促进企业整体经营跨入到高层次、新阶段。首汽的发展目标是打造北京市大型综合汽车服务企业，在汽车服务产业链上不断延伸。首汽将在汽车服务市场上继续做强、做精、做出特色，以满足客户关于汽车服务的一切合理需求为导向，以创新、改革为动力，推进业务、管理和服务创新，走效益、质量、速度、规模并重之路，努力成为汽车服务领域的最优秀、最专业、最具特色的顶级供应商。

开创快客新时代

杭州长运运输集团有限公司

一、企业介绍

杭州长运运输集团有限公司（以下简称杭州长运）始创于1949年，前身为浙江省公路联营运输处杭州分处。1988年因浙江省交通管理体制改革，原省属企业浙江省汽车运输公司杭州分公司下放到杭州市，成立杭州长途汽车运输公司。1997年以债权债务承担方式兼并了杭州第三运输总公司，成立杭州长运集团公司。2001年5月28日完成企业改制，成立杭州长运运输集团有限公司并正式挂牌。历经60年的变革发展和几代“长运人”的艰苦创业，杭州长运现已发展成为一家具有国家一级客运资质、物流4A级资质的大型道路运输企业，名列“中国服务业企业500强”第442位、“中国道路运输企业100强”和“中国道路运输百强诚信企业”第6位，是交通部重点联系企业，曾荣获“全国交通系统先进集体”、“浙江省五一劳动奖状”、“浙江省信用/信誉AAA级道路客运企业”、“杭州生活品质·便利生活年度人物”等荣誉。

作为浙江省规模最大的道路运输企业，杭州长运现有总资产17.71亿元，员工3 200余名，各类营运客、货运车辆2 844辆，集团下属11家分公司，27家控股子公司，13家参股子公司，企业年营业收入达13亿元。客运拥有杭州市区东、南、西、北4家客运汽车站和5家客运车公司。四大车站日发班次2 700余班，辐射全省各地和全国20个省、市的300余个大中城市，日均发送旅客6.3万余人。浙江快客、浙江快旅、浙江快线、高速客运等中高档客运产品深受旅客欢迎。近年来，通过对传统货运资源的整合，积极发展集货物运输、仓储、装卸搬运、包装、配送及流通加工、货代、物流金融等服务为一体的现代物流产业，拥有大型国际标准化现代物流仓储基地和集装箱堆场，形成遍布全省各地和长三角地区的快件、零担运输网络。企业还具有一类甲级汽车维修资质，维修网点分布杭城东南西北。杭州长运现已形成以道路客运、现代物流为主，汽车检测与维修、旅游、餐饮、宾馆、房地产、广告、培训等为辅的多元化产业发展结构。

面对日趋激烈的全球化竞争，杭州长运确立了“打造道路运输第一品牌”的远景目标，秉承“不断满足顾客需求”的服务理念，不断通过经营创新、服务创新、管理创新和科技创新，加快市场开拓的步伐，积极推进企业规范化、现代化、国际化进程，努力在发展中实现新的跨越，为促进我国道路运输业的发展做出更大的贡献！

二、改革历程

1. 推行承包经营，客运实现扭亏为盈

在改革开放初期，国有运输企业在客运上普遍处于经营亏损状态，杭州长运面对困局，正视窘境，开始以承包经营为主的变革。1989年，企业果断实施“增客调货”战略，企业的优势资源开始逐步由货运向客运转移，并先后在企业内推行经济责任制、承包责任制、客车全额承包经营、货运业务双挂承包和全民集体融合经营等经营模式，改革客运经营机制，打破了原来“干多干少、干好干坏一个样”的大锅饭局面，一定程度上调动了广大干部职工的积极性，扭转了企业亏损局面，企业开始步入稳定的经营环境。

2. 实施快客战略，开启客运新时代

随着国民经济的发展和人民生活的提高，旅客的消费观念发生了深刻的变化，旅客的出行需求不仅要求“走得了”，还要求“走得安全、走得快捷、走得舒适、走得温馨”，原来的承包经营模式已逐渐成为客运发展的桎梏。杭州长运敏锐地捕捉到了市场需求正发生的变化，审时度势，在全国率先推出了“车辆高档次、班次高密度、服务高质量、管理高标准”的快客发展战略，对条件成熟的承包班线进行改造，开始尝试一条从来没有走过的新路。经过认真细致的市场调查，将开通杭衢快客班线作为突破口，1998年11月，开通全省首条“不搞承包经营、不售中途票、不上途中客”的杭州至衢州快客。然而开通之初，杭衢快客实载率低得惊人，很多班次只有1~2人，但企业仍坚守承诺，继续准点发车，途中不上一个客，开通仅两个月，实载率就达到60%。在向浙西突破首战告捷的基础上，又相继开通

了杭州至金华的快客班线，以速度为优势与铁路争夺客源；然后向北开通“杭嘉湖”快客班线，以密度为优势与铁路争夺客源；继而向南开通“杭台温”快客班线，以一流设施与民航铁路竞争。到2000年，企业已全面完成了通往省内11个地市县级以上及周边省际城市的班线快客化改造，一个以杭州为枢纽、辐射整个浙江省及华东地区主要城市的高速快客运输网络已经基本形成。

3. 实现“四大率先”，开创客运新境界

1998年，率先与中国建设银行杭州分行合作联网售票，开创票务与新技术融合的先河，开辟了票务营销新渠道，对外拓展的售票代理网点极大地方便了旅客购票。

2001年，率先在全国道路运输行业中推出了高速、快客班车“十大服务承诺”和车站“十大服务承诺”，实行违诺赔偿制，凡车辆未准时发班或抛锚，延误旅客时间30分钟以上（不可抗力除外），赔偿票价的50%，自觉接受广大旅客的监督，展示企业诚实守信的良好形象。

2002年，率先在全国同行中建立旅客服务中心，推出服务纯金号86046666，24小时为旅客提供咨询、受理投诉、订票等一揽子亲情服务，至今该热线已累计接受旅客来电咨询552万余次，受理求助近万次。

2002年，率先开通了杭州城站火车站至东南西北四大汽车站的站际免费接送车，首创旅客免费公铁换乘先河。在火车站出口处设立售票点，配置了11辆豪华中巴，极大地方便了旅客铁转公和公转公，日均接送旅客达1 500余人次。免除了旅客转车、购票、寻路等一系列后顾之忧，被市委书记王国平誉为“杭州的金名片”。

4. 实施横向并购，企业综合实力不断增强

为推动客运的规模化发展，杭州长运并不满足于已经取得的成绩，而是结合企业“十五”发展规划，加快实施了横向一体化并购战略。2003年～2006年4年间，杭州长运利用自身品牌与经营管理优势，先后对浙江省内外的浙江友谊汽车客运公司、杭州交通客运旅游处、黄山捷安达汽运公司等9家客运企业进行收购兼并，并对这些企业进行技术改造和重组，全面提升其经营管理和服务水平。同时，企业又以控股或参股的方式向旅游客运和公交客运渗透。2007年，与杭州公交集团联手组建“杭州公交城际客运有限公司”，经营杭州至周边城市乡镇的城际公交线路，开拓公交客运。并购战略的成功实施使杭州长运的企业规模得以不断扩大，综合实力进一步增强。

5. 组建线路公司，探索集约经营新模式

随着经济体制改革的不断深化，在快客经营模式正焕发勃勃生机时，杭州长运清醒地意识到道路客运粗放型的经营模式已逐渐成为制约企业竞争力的瓶颈所在。在国家倡导运输节能减排的发展要求下，企业开始尝试通过对运行线路优化整合、股份制改造组建线路经营公司的模式，加快客运发展方式向集约化经营方向的转变。2006年，通过采取经营者按在原线路上经营权所占比重确定股权出资比例的方式，对客源争夺最为激烈的杭州至南京方向班线的8家客运企业进行整合，成立了我省首条省际专线经营公司——浙江杭宁快速客运有限公司，并被交通部列入“交通行业首批节能示范项目”。之后，又以车辆、线路经营权转让的方式对杭衢客运班线实行整线改造和整合，组建了浙江衢州通杭直达客运有限公司。组建线路公司后“统一经营品牌、统一线路车型、统一班线票价、统一服务标准、统一管理规范”的“五统一”经营模式，不仅有效提高了班车实载率，增加了班线经济效益，还对道路运输业构建高效节能的客运组织方式进行了有益的尝试，提供了宝贵的实践经验。

6. 发展现代物流，客货并举

2003 年，杭州长运抓住被交通部列为全国汽车快件货运试点企业，被省厅运管局列为物流试点企业的契机，依靠站场优势及四通八达的快客网络、高档豪华大巴大容量的行李仓，提出了“依客带货，比翼齐飞”的战略目标，大力发展快件行包受理业务。“长运快件”品牌迅速在杭城快速货运市场打响，初步形成了以杭州为中心，辐射全省各地及长三角各大城市四小时物流圈，基本做到“朝发午至，午发夕至”。每月进出快件运量达 25 ~ 30 万件，每月快件营收达 230 余万元，“长运快件”成为了企业新的利润增长点。2007 年，又联合全省 11 家地市运输企业，成立了浙江省快运小件网络管委会，全力打造长三角地区小件运输“当天件、当天达”的“门到门”快递网络。

自 2003 年开始，企业就全面加快了由传统货运向现代物流企业转型的步伐，出资 6 700 万元收购了位于杭州绕城出口乔司东部的一家颇具规模的中西合资浙江喜德国际储运公司 150 亩土地和实物资产，下大力度对企业旗下原有传统货运资源进行全面整合，加快了对物流人才的引进和培养，并选派骨干到德国考察学习先进的物流技术。在 2006 年正式成立了“浙江长运物流股份有限公司”，全面进军现代物流产业。以打造综合物流服务企业为目标，确立了“做强做专”的经营战略，积极拓展全省各地及长三角地区的快速运输网络，发展城市配送、公铁联运、仓储服务、运输代理、物流信息处理、物流方案整体策划等多种物流服务项目。2007 年，企业再次投资 8 000 万元新建和改建了物流基地 3 万平方米恒温仓库和 3 万平方米普通仓库，以一流的现代化仓储资源来吸引高端物流项目的进驻。发展至今，浙江长运股份有限公司已具有快运、储运、上海、宁波 4 家分公司及 3 家子公司，从业人员近 1 000 人的企业规模，成为了浙江省内规模最大的物流企业之一。

7. 借助主业优势，实现同心多元化发展

为进一步发挥客运对相关产业的辐射和拉动力，杭州长运借鉴发达国家道路运输业的发展经验，通过并购、组建合资合营企业等形式，进入旅游、修理、广告、快餐、茶饮、宾馆、房地产等相关行业，孵化成长性产业，形成企业新的赢利支柱。依托班线客运发展旅游客运，2003 年来，企业已先后成立了杭州长运旅游有限公司、杭州长三角旅游客运有限公司、杭州长运西进旅行社，其中杭州长运旅游有限公司已经达到“中国旅游五十强”；对原实行分立式改制的杭州长运修理有限公司实行整体收购，提高车辆的机务保障能力；依托快客、高速班车优势，组建杭州长运广告公司，拓展车载广告业务；成立杭州长运餐饮公司和茶饮公司，发展连锁餐饮业；合作开发车站宾馆，盘活站场资源；2006 年以来，成功参与了多次异地土地竞买活动，开始涉足房地产开发领域，拓展企业新的利润增长点。在做大做强主业的同时，通过资本运作和多元化发展战略，杭州长运核心竞争力和综合实力迅速增强。

三、发展成就

沐浴着改革开放的春风，杭州长运不断发展壮大。经济实力、产业规模、品牌效应均实现了大幅度的提升；企业的精神面貌和员工队伍素质有了质的飞跃；客货运站场、车辆设施以及服务水平等都发生了脱胎换骨的改变，30 年风雨洗礼绘就杭州长运跨越式发展六大篇章。

1. 规模实力篇

多年来，杭州长运围绕“客运做精、货运做大、多经做实”的产业发展目标，大力发展快客运输及加快传统货运向现代物流转型，公司的核心竞争力不断提高，企业规模逐步扩大，综合实力日益增强，取得了引人注目的发展成绩。

经过杭州长运全体员工的不懈努力，企业取得了全国道路旅客运输一级企业和国家 4A 综合服务型物流企业资质，名列“中国服务业企业 500 强”第 442 位、“中国道路运输企业 100 强”和“中国道路运输百强诚信企业”第 6 位、“浙江省百强服务业”第 55 位、“杭州市百强企业”第 73 位。目前，杭州长运拥有 11 家分公司、27 家控股子公司和 13 家参股子公司，经营涉及客运、物流、汽车维修、旅游、餐饮、宾馆、房地产、广告、培训等诸多领域，企业总资产达17.71亿元，是全省道路运输的龙头企业。自 2001 年以来，公司累计完成营业收入 52.9 亿元，平均每年增长 22.25%；实现利润 10.43 亿元，平均每年增长 27.31%，共上缴各类税金 5.19 亿元。企业的创利水平、纳税总额、营业收入利润率、人均劳动生产率等经济指标均处于全国同行业领先地位。

发展至今，企业已拥有客运经营线路 181 条，其中高速、快客班线 84 条，高级以上客车1 021辆。2007 年实现客运量 6 148.829 万人，旅客周转量 427 416.529 万人公里；货运量 109.869万吨，货运周转量 8 218.4073 万吨公里。东、南、西、北四大车站目前日均发送旅客 6.3 万余人次，“春运”、“五一”、“十一”假日运输的旅客发送量更是连年刷新历史纪录。仅以 2007 年为例，春运期间，四大车站共安全运送旅客达 320.7 万余人次，远远超过铁路和民航，高峰日运送旅客人数均在铁路的一倍以上；10 月 1 日当天四站共发送了 17.3 万人次，创下历年“黄金周”单日旅客发送总量的新高。杭州长运已成为了浙江省旅客运输的主力军。

2. 品牌形象篇

面对激烈的市场竞争，杭州长运提出了“打造道路运输第一品牌”的远景目标，将企业品牌这一战略性资产与建设具有长运特色的文化体系相融合，成就了杭州长运在业内的领军地位，“杭州长运”品牌在杭州市、浙江省乃至全国都享有较高的知名度。

杭州长运在品牌建设上走了四步棋：第一步，从建立企业理念识别系统入手，使企业文化的核心内容在新时期有了鲜明、统一的表述，为推进企业品牌建设打下基础；第二步组织品牌宣贯培训，让企业的精神、价值观、服务理念、经营理念等首先得到员工的认知、认同和维护，从而逐渐转化为自觉的行为和习惯，在工作中自然的传达到每一位顾客身上，赢得良好口碑；第三步强化品牌营销宣传，采用多种形式的营销策略，发挥多种传播媒介和渠道作用，加大对产品开发、服务项目、管理创新、文化活动、企业形象等方面的多角度宣传，促进品牌知名度的提高；第四步以服务创新不断保持品牌优势，通过“软”、“硬”件的投入，不断提升站场功能和车辆档次，培育和推出具有行业领先水平的服务产品和服务举措，努力向顾客提供富有魅力和吸引力的核心价值。当然，在保持品牌优势的背后更是先进技术的支撑，“杭州长运”的品牌含金量以及在顾客心目中的满意度和忠诚度逐年得以快速提升。

3. 服务创新篇

道路运输企业提供的产品即服务，为更好地满足旅客需求，近年来，杭州长运开创的“售票网络化、班车公交化、途中航空化、候车宾馆化”服务标准，为提升新时期道路客运的服务档次和整体形象、提高浙江省和长三角地区人民的出行品质做出了积极的贡献。

(1)售票网络化：杭州长运先后与建设银行、光大银行、中国邮政等牵手，在杭州市区增设100余个售票网点。2000年开始拓展电子商务，推出网上订票和网上售票服务，在各大车站设立自助购票机，建立短信查询、上网查询、电话订票、网络售票、银联卡自助购票、自助取票、送票上门等全方位的查、售票系统，网点数量和售票方式远远超过铁路、民航，最大限度地方便旅客购票。

(2)班车公交化：为开展与铁路、民航的竞争，充分发挥快客、高速班车的密度优势，使旅客有较大的选择权，不少班线每10分钟一班，像杭州到宁波等热线班车做到五六分钟一班，旅客可随到随走，较好地满足了旅客惜时如金的心理需求。

(3)乘车航空化：为保证快客车辆的舒适性，采取对车辆加速折旧、滚动更新的办法确保高速、快客等公营车辆新度率始终保持在80%左右。近五年，先后购置了500余辆高档车，在杭州至温州、杭州至宁波等班线投放的价值200万元以上的全承载式豪华大巴，安全性、舒适度可与民航相媲美。

(4)候车宾馆化：企业先后投资2.5亿余元，在杭州市的东南西北四个方向新建汽车北站、汽车西站和汽车南站，扩建汽车东站。四个车站都拥有大屏幕引导屏，实时售票公告屏、自动化语音广播系统，候车室内全部使用航空座椅，配置绿色植物和视听设备，并设有商务中心、服务台，旅客乘车环境得到彻底改善。

4. 队伍建设篇

人才是企业的第一资源。杭州长运通过实施“人才强企”战略，逐步形成了一支高素质的管理人才、高水平的技术人才、高技能的操作人才相协调的企业骨干队伍，人才总量大幅增加，队伍结构日趋合理。随着企业的不断发展，杭州长运相当注重对各类人才的引进，2001年至今已招聘大专以上学历员工271名，驾驶员864名，各类专业技术人员已占员工总数的12%。

不断创新企业用人机制。采取了竞争上岗、向社会公开招聘、建立企业后备人才库等形式，形成了有利于人才辈出的良性运行机制和人才成长的生态环境，一大批优秀的年轻骨干和技术人才逐步走上了企业关键岗位。

构筑多通道职业发展空间。实行站务员、驾驶员、修理工技术等级（服务星级）评审，为每位员工提供适合自己的晋升通道，并结合各类技术比武、先进评比等活动激发各级员工钻研技术、岗位成材的热情，企业拥有了一支由135名安全行驶100万公里以上行车标兵组成的技术过硬的驾驶员队伍。

注重干部队伍建设。企业形成了一套“育、选、用、评”相结合的干部考核与使用机制以及按贡献分配为核心的薪酬体系，干部队伍得以不断优化，各级领导班子干事创业的激情被极大的调动。

大力开展职业培训。通过加大教育经费的投入，着力构建学习型企业。尤其对一线服务人员的理念、素养、技能的再培训、再提高工作更是列入每年度的教育重点，企业员工整体素质较之以前有了大幅度的提升，确保企业的人力资源始终紧跟时代发展的步伐，为企业长远可持续发展提供了强有力的智力支持和队伍保证。

5. 和谐发展篇

杭州长运一直以来致力于“和谐长运”建设，坚持以人为本，积极发挥党、工、团组织作用，不断深化企业精神文明建设，采取多种举措实施员工关爱工程，努力构建和谐人际关系，员工的精神面貌和企业团队素质有了全新的改观。

通过企务公开、总经理信箱、职代会制度、走访座谈等形式畅通各种民主渠道，不断增进与员工的交流、共识与互信，在企业内逐步形成了良好的和谐发展氛围。

大力开展窗口岗位精神文明创建活动，企业已拥有一大批部省级“文明站、队”和省市级“劳模集体”、“三八红旗集体”、“青年文明号”、“文明示范窗口”、“文明服务示范点”、“文明班线”等先进集体，涌现出了“全国劳动模范”李学光、“全国汽车客运系统服务标兵”叶鸣青等诸多先进个人。各级党组织带领576名党员在企业改革发展稳定工作中充分发挥先锋模范带头作用，员工队伍中创优争先、要求政治进步氛围浓厚，企业分别被全国总工会、中共浙江省委授予“模范职工之家”、“先进基层党组织”等荣誉称号，企业党建和精神文明建设成果显著。

开展各类劳动竞赛和员工喜闻乐见的群众性活动，推进企业文化建设。已连续成功举办了17届企业职工田径运动会和6届企业文化周活动，组建的企业歌舞队、合唱团在省、市级各类比赛中屡获佳绩，举办的“长运之夜”迎新晚会、广播操比赛等多姿多彩的文体活动为员工搭建了展示才华的平台。

着力为员工办好事、办实事，组织员工体检，为员工购买商业补充养老保险，并根据企业的发展情况不断提高员工的福利待遇，如每年安排先进工作者到国外旅行，员工4年一次带薪疗养，本企业工龄满30年的老员工退休前自助旅游一次等，极大地激发了广大员工的工作热情。

建立困难员工帮扶机制，企业已连续7年累计投入1 200万元资金用于困难员工家庭的慰问及困难员工子女的求学帮扶，“春风行动”、“阳光助学”、“医疗互助”工作已成为企业帮助困难员工的品牌项目，企业凝聚力和向心力得到了前所未有的增强。

6. 回报社会篇

随着企业的发展壮大，杭州长运始终不忘“服务大众、回报社会”的企业使命，积极承担社会责任，反哺社会，向社会展示了交通企业的良好形象。

2003年开始参与杭州市“49100”帮扶工程，投身欠发达地区的结对共建，至今先后共出资210万元帮助贫困乡镇淳安威坪镇建设敬老院、中学校舍及镇村交通，发展农业生产等社会、经济、文化各领域建设，被市政府授予“杭州市帮扶工作先进集体”。

2007年春节前夕，企业从紧俏的票源中拿出100张长途车票免费赠送在杭打工的困难民工，表达企业对社会弱势群体的关爱，受到社会良好赞誉。

2008年抗雪救灾保春运工作中，企业不惜投入大量的人力物力财力，全面落实滞留旅客的服务保障工作，面对节前严重告急的疏运任务，责任至上，大局为重，毫不犹豫的放弃追求企业经济利益，抽调有效运力全力投入省际急、难班线的民工运输，有力保证了节前旅客的顺利疏运。被省交通厅、市委市政府分别授予“全省交通行业抗雪救灾先进集体”、“杭州市抗雪救灾工作先进集体”等荣誉称号。

在困难和灾难面前，杭州长运总是以捐钱捐物等实际行动帮助灾区，爱心奉献的力度一次次加大。尤其在2008年的“5·12”四川大地震后，累计捐款超过120万元，并以积极的行动支援灾区，通过开展赈灾义送活动，免费将152名在杭打工的川籍务工人员平安送达成都；主动请缨承担了浙江省价值200万元抗震救灾物资的赴川义送任务；还专门抽调车辆爱心接送217名来浙就读的灾区孩子，为灾区重建献上绵薄之力。

在奥运会火炬传递活动中，公司选派了8辆大客车承担了奥运火炬在浙江境内的运输保障工作，并新购置17辆豪华大巴，配备19名高素质驾驶人员组成运输服务保障车队，服务北京奥运会，在全国乃至全世界人民面前展示了杭州长运良好社会形象，进一步扩大了企业影响力。

四、基本经验

正如杭州长运董事长、总经理王德润所说的：“市场竞争无时不在，要想企业能始终比别人‘领先一步’、‘快半拍’，持续创新是企业在竞争中赢得主动、获得发展的制胜法宝。”的确，在杭州长运三十年的发展变革中，正是坚持持续创新这一主线，通过不断的理念创新、经营创新、管理创新和科技创新，老企业焕发出了更新更强的活力，企业在和谐稳定的环境中驶上了高速发展的快车道。

1. 坚持理念创新，国有老企业焕发勃勃生机

理念创新是一切创新的先导和灵魂。从多年的经营实践中，我们深深体会到，作为一家从国有老企业改制过来的企业，要在激烈的市场竞争中求生存、求发展，必须突破原有的思维模式，不断转变员工思想观念，才能牢牢保持市场的领先地位。为此，企业提出了“一切为了顾客”的价值理念，其深刻内涵在于以顾客的需求为一切工作的立足点和出发点，转变被动思想，认识自我不足，不断创新服务举措，培育新的服务亮点。企业先后开展了以“我是公司、我是长运”的主题教育活动，通过全员大讨论将价值理念向员工全面宣贯；还推出了花钱买建议和批评的举措，不惜投入数万元资金在省市媒体公开刊登征询服务质量意见和建议的广告，在全省引起强烈反响；开展全员轮训，由集团总经理亲自主讲企业文化，以各种形式将理念创新变成了每个员工的自觉行动，使国有老企业在体制转换的过渡时期，焕发出了勃勃生机，使杭州长运在市民心目中的地位不断攀升。

2. 坚持经营创新，企业发展空间不断拓展

在“不断满足顾客需求”这一经营理念的指导下，企业及时捕捉市场需求的变化，抢

抓机遇，顺势而上，通过战略转移和服务创新，以超前的经营意识、敏锐的商业眼光，不断发现和创造需求，引导顾客消费，企业经营空间不断拓展。在短短的两年多时间里，企业率先在全省完成了快客网络布局和承包车改造，并在浙江省交通厅道路运输管理局组织的"杭温线"、"上三线"和旅游专线的三次大规模招投标中一举夺得"三连冠"，发展至今，企业的客运班线公营化比例已达到了70%。创新推出的"四大率先"服务举措和"四化"服务标准，很好地满足了顾客对高品质运输服务的需求。2003年，诞生的以倡导"真心、爱心、诚心"的家园式温馨服务为核心理念的汽车东站"心馨岗"服务班组，标志着杭州长运的客运服务开始踏上品牌化经营管理之路。为应对铁路提速竞争，通过创新班线经营模式，不断优化运力结构，使道路客运的市场主导地位进一步得以发挥和巩固。

3. 坚持管理创新，为企业快速发展提供支撑

按照"科学化、规范化、人性化"的企业管理理念，杭州长运通过不断的管理创新，为企业的快速发展提供了强有力的支撑。企业已建立了一套简洁规范、科学有效的制度体系。2002年，顺利通过了ISO 9000质量管理体系认证；通过实施战略管理，企业的产业结构、产品结构、组织结构和运行机制始终能适应不断变化的内外部环境；通过强化资本管理，加大对外投资的监管，构建起规范化的资本运行体系；通过深化人力资源管理，确立了"尊重知识、注重实绩、激励创新"的企业人力资源开发管理的新理念。安全作为道路运输企业的生命线，安全管理创新工作始终是企业的重中之重。围绕"安全宣教培训系统化、安全管理手段智能化、安全生产检查日常化、安全责任考核科学化"的要求，历年来，企业不断加大对安全培训教育的投入，建立了"新人、新路、新车"的"三新"教育体系，形成了对驾驶员"早送晚迎"和"夜访"制度；不惜投入资金500余万元，在所有运营车辆上都安装了GPS、行车记录仪，为确保安全行车提供技术保障；不断创新检查手段，利用明查、暗查、抽查相结合，模拟突发事件等检查方式，经常性开展安全专项检查、跟车暗查和上路测速；2007年通过对承包车公司的体制调整，新成立了两家承包车子公司，全面强化对承包车的安全规范管理；企业还建立了一整套严格的安全考核机制，安全责任分解到每一个岗位和每一个人，如今，"人人关注安全、人人重视安全、人人维护安全"已成为杭州长运每位员工的自觉意识和行动。

4. 坚持科技创新，构筑企业发展新的竞争优势

一直以来，现代科技在生产经营中的广泛开发和应用是杭州长运在运输行业中保持领先地位和长盛不衰的重要保证。在客运信息化建设上，20世纪90年代末，企业不惜花巨资在全省率先开发了集售票、检票、调度、统计、查询等一体的计算机站务管理系统；2003年，企业又投资400余万元对售票联网系统进行改造，完成了国家863攻关课题的网上售票系统的开发，推出了尚属全国首创的自助售票机，极大地方便了旅客购票。在货运信息化建设上，自主开发了货物快运系统，实现了行包托运和到货的信息化操作管理；2007年又成功开发第三方物流运输信息系统，实现了沪杭甬三地业务的货物、车辆、资金、单证、信息的"五流合一"；公司还被列为浙江省货运信息化发展试点企业，开发设计的浙江省快运小件信息系统已上线运行，为下一步全省物流信息化平台建设奠定基础，以科技创新为企业的持续发展不断构筑新的竞争优势。

五、发展展望

结合交通部和杭州市的“十一五”规划，杭州长运对未来的发展有了新的思考和定位，即以科学发展观为指导，以发展为企业第一要务，坚持以人为本、安全第一、和谐发展、持续创新的基本理念，坚持市场开拓、科技开发、管理创新、品牌创建的基本思路，整合内外资源，培育核心竞争力，建设新型长运，实现长运事业新跨越。

未来几年，杭州长运将围绕“努力实现管理规范化、设施现代化、经营国际化，建设实力长运、活力长运、魅力长运、平安长运和和谐长运，打造道路运输第一品牌”的总体目标，抓住机遇，自我加压，争取在较短的时间内努力实现以下6个方面的新发展。

1. 设施装备现代

着眼于发展需求，全力打造现代化的运输站场，营造现代化的候车和物流服务环境，使站场设施建设始终处于全国领先位置。将加大对车辆技改投入和现代化运输承载工具的应用，力求为顾客提供安全、便捷、温馨、优质的现代化运输服务。加快对现代化办公设施设备的投入和运用，以高科技为支撑，不断提高服务和管理的科技化、智能化含量。

2. 公司管理科学

树立管理就是服务的理念，将继续抓好管理的持续创新，探索建立以资本经营和战略管理为主的经营管理体制。完善人力资源管理、安全质量管理、财务投资管理等三大制度体系。确立以效率、业绩、知识、技能、创新为导向的激励机制，按照结构优化、配置合理、综合素质高的要求，建设一支适应企业发展要求的优秀员工队伍，实现管理现代化、科学化、系统化、标准化和规范化。

3. 服务水平一流

进一步完善站务、运务服务举措和服务流程，积极拓展客运和物流服务网点，不断开发新的服务产品，让顾客充分享受到全过程、个性化的服务。优化客运服务信息系统，建立物流综合服务平台，使广大顾客尽享高科技带来的便捷运输服务。完善客货运服务承诺，进一步规范服务标准。运用机制体制的创新，争取早日实现传统运输业向现代服务业的转型。

4. 经营环境优良

对外，注重企业社会诚信度的培育和建设，以成为一家安全有保障、服务质量好、管理规范、诚信守法，受社会欢迎，让群众放心的运输企业为目标，不断实现企业美誉度、信用度、知名度在政府、客户、社会公众中的认可和提升，为企业发展创造良好的社会环境。对内，通过推行人尽其用、奖罚分明的用人机制，在员工队伍中塑造起积极向上、公平公正的良好工作氛围；正确处理上下左右各方关系，关心职工，关注弱势群体，为企业与员工的共同发展创造和谐创业环境。

5. 企业文化独特

进一步完善企业的形象识别系统建设，树立杭州长运优秀的对外企业形象；积极开展各类教育培训和丰富多彩的员工文化活动；通过长运文化的培育，逐步形成一个团结协作、相互关爱、敬业诚信、敢为人先、尊重知识、创新创优的企业文化氛围，实现企业与个人共同发展，勇担社会责任，树立企业崭新的品牌形象。

6. 综合效益领先

通过结构调整和市场开拓，继续保持企业各项技术经济指标在全国同行业中的领先地位；形成“五三二”的梯度产业结构，即客运成为占公司总产值和利润50%的引领发展的“金牛”产品，现代物流成为占公司总产值和利润30%的新兴“明星”产品，维修、旅游、餐饮、宾馆、广告、房地产等多经产业成为占公司总产值和利润20%的多元化候选“种子”产品，使公司逐步发展成为一家在行业中有领先规模和一流效益的企业；确保员工的待遇和生活质量达到同行业领先水平；创造行业领先、政府满意、社会认同的税收、就业环境，为浙江省乃至全国运输业的发展和经济的进步作出更大的贡献。

结构调整带来竞争优势

苏州汽车客运集团有限公司

苏州汽车客运集团有限公司（以下简称苏汽集团）是由国有全资企业整体改制后，由职工持股会控股、国有参股的有限责任公司。企业成立于1949年8月1日，最初名称为公营苏南汽车运输公司，于2001年3月26日由苏州汽车客运总公司整体改制为苏州汽车客运有限公司，掀开了建立现代企业制度的新篇章。2004年4月更名为苏州汽车客运集团有限公司，同时组建苏州汽车客运集团，企业规模上了一个新的台阶。现注册资本14 380万元，其中职工股11 344.382股，占78.89%，国有股3035.618股，占21.11%。至2008年6月末，苏州汽车客运集团在苏州市范围设有9个分公司、27个子公司和8个参股企业；拥有总资产23.09亿元；拥有营运客车3 176辆，其中中高级客车2584辆，占81.36%；日均运行100万公里；658条客运班线通达省内及北京、湖北、广东等17个省市；11个一、二级客运站共发班车4 000班次、日均发送旅客85 000人次，是苏州市公路客运的主导型企业。改制以来，苏汽集团坚持改革促发展的方针，确立了“集约化经营、市场化运行、规范化管理”的基本思路，贯彻“区域联合重组、运输全面拓展、商贸规模经营、地块综合开发”的发展方针；以打造主导产品为重点，着力增强核心竞争能力；以发展多元经济为战略，努力提高企业规模效益；以客运重组联合为举措，明显提升集约经营水平；以弘扬企业精神为动力，全面实现两个文明协调发展。初步建立起了道路客运为主，带动旅游客运、城市公交、厂租厂包、汽车出租、货物快运、集装箱运输、车辆修理、车辆检测、汽车商贸以及驾驶员培训、宾馆、餐饮、广告服务等多元经济发展的新格局，呈现出奋发向上，持续发展的良好态势。2007年实现营业收入14.4亿元，完成客运量1.4亿人，旅客周转量46亿人公里，实现利润2.2亿元，上交税费2.2亿元。公司先后荣获全国节能先进企业、全国模范职工之家、江苏省先进集体、江苏省文明单位、江苏省思想政治工作优秀企业、江苏省明星企业、江苏省服务质量奖、江苏省质量管理优秀企业和“江苏省服务名牌”称号，2005荣列中国服务业500强，道路运输、城市公交及辅助服务业100强第22名，晋升为国家道路旅客运输一级企业。2008年荣列中国道路运输百强诚信企业排名第8位，客运企业排名第3位，集团公司被交通部确定为节能示范单位和重点联系企业。苏汽集团在创业进程上的主要做法如下。

一、注重结构调整，增强发展的空间

加大调整和优化经济结构是企业生存和发展的两个支柱，也是企业开拓市场、健康发展的一剂良药。因此，我们紧紧抓住结构调整的主线，在发展中推进调整，在调整中保持又好又快地发展。

1. 做好联合经营，营造发展合力

公路运输联合经营是发展大交通的必然趋势，是企业谋求发展的一种措施。在政府推动、企业决策和市场运作下，我公司与张家港、常熟、吴江、昆山、太仓、吴中各市县的交通运输企业以资产为纽带，走联合经营之路，形成协商一致的运作机制。在重组中，我们坚持线路分类、经营分工，平等互利、优势互补，平稳实施、规范运作，联合经营、共同发展。在股权结构上，长途客运（省、市、县际班线）由苏汽客运集团控股，（县）市客运企业和其他客运经营主体参股；短途客运（县内班线）由（县）市客运企业控股，苏汽客运集团参股。经过班线的整合，双方资源得到有效融合、企业内耗和恶性竞争得到有效避免，双方企业规模化、集约化程度明显提高，苏州全市“大交通客运”的格局已经形成。

2. 做精公司化经营，营造发展优势

公司化经营是我公司实现跨越式发展的希望所在。我公司根据市场发展的需求，按照“有所为有所不为”的原则，加大了经营方式的调整力度。一是加大了公司化改造力度。随着公路基础设施的改造，高等级公路连线成网，这为公路快速客运创造了极为有利的条件。我公司以改革的精神，在全省率先实施公司化改造，集约化经营。通过对线路资源、运输市场进行科学的调研、分析、论证，利用承包转换契机，强力把租赁承包经营向公司化经营方式转换，实施了品牌经营。目前，以公车公营为特征的快客运输和便捷化城际班车已初具规模和取得明显成效。二是加大了中巴车收购力度。在市交通局和行业管理部门的全力支持下，我公司超前谋划、精心组织，先后成功收购了吴中、相城、吴江、昆山、太仓、常熟和无锡等39条线路的533辆中巴车，并投入318辆新客车，从而完成了苏州全市范围内的中巴车收购工作，实施了公司化经营。其中新辟了14条公交线，投放了181辆公交车；开行便捷化班线13条，新增109辆城际便捷化班车，新增直达车18辆，新增大站车10辆。目前苏州至省内及浙江境内的地级市、苏州市区至各县市均实施了公车公营，从而形成高档次、高密度、高质量、高水平的经营特色，营造了新的发展优势。

3. 做活旅游客运，营造发展空间

旅游客运是公路客运加速发展的助推器。我们围绕“培育亮点，形成特色”的要求，按照市府关于交通旅游树立一体化的思想，以资产为纽带，我公司与苏州旅游局下属的三个单位组建了苏州旅游交通集散中心，并由我公司控股经营。为构筑好发展新平台，着重做到四个依托：一是依托车站客流的优势和旅游景点门票折率的优势，设计合理营销方案，将旅客和游客的需求融为一体，切实把有利的条件变成便民的举措；二是依托苏州丰富的旅游资源和企业发达的客运网络，将分散的资源、运力、旅客凝聚于一个平台上，把集散中心打造成集商贸、旅游、休闲、消费于一体的多功能区域；三是依托线路资源，开发一批特色旅游项目和精品旅游线路，对旅游专线进行改造和提升，切实把客运线路资源转化为发展旅游客运的重要载体；四是依托客运网络，加强集团内部市县单位间的合作沟通，实施县市旅游客运互动，进一步完善车型结构，以满足商务、会务、租赁、旅游客运运力补充等各种用车需求，进一步放大辐射效应。

4. 做大快货运输，营造发展潜能

快货运输是公司积蓄发展后劲的增长点。为此，苏汽集团精心打造苏汽快货运输品牌，使之成为强势，产生裂变效应。关键实施四个突破。一是突破了经营理念，改变了站到站的简单运输方式，演变为门到门、桌到桌的运输方式。二是突破了市场定位，密切洞悉市场需求，注重发现商机，把握商机，拓展服务范围，大到客运班车行李厢能装下的东西，小到一封信等均能托运。三是突破了经营网络，依托好“三张网”：在公司内部我们依托总站快件行包中心为龙头联结成网，完善集团内部网络的中转；省内依托好省中联公司网络；华东地区依托好苏、浙、沪长三角快货运输合作网，从而实现了业务的规模化、信息的网络化、运营的集约化。四是突破经营品牌，进一步完善了服务标准，进一步增强质量意识，根据客户需求，开展上门接送业务，减少中间环节，为客户提供更方便、更优质和更符合客户需求的服务模式，使快货运输的雪球越滚越大。2007年苏汽集团实现了快货营业收入3千多万元。

5. 做优公交客运，营造发展环境

随着苏州经济的发展、人口的激增、人员流动的频繁和城市化的建设，特别是“公交优先”政策的实施及“城乡公交一体化”步伐的加快，公交客运成为我公司构筑“大客运”产业经营结构的“新板块”。我们按照“立足区域、突出重点、构网布线、优化提升”的总体思路，超前谋划、精心实施，着力做好三个注重。一是注重开发，按照“区域分工、适度交叉”的原则，高度重视新线开发、老线优化。特别是抓住了各级政府对“公交优先”战略的高度重视以及加快发展社会主义新农村建设的契机，加快发展城乡、城镇、镇村公交。二是注重优化，加强了对现有公交班线的研究，进一步调整优化了线路运营方案，合理安排人员和车辆，对新开线路实行运营跟踪管理。三是注重创新，加强公交智能化建设，通过GPS技术在公交车上的运用，获得对车辆定位、无线通信电子调度、营运数据的采集、分析流程等技术，提高了公交信息化管理水平。四是注重合作，加强与合作伙伴及竞争对手的沟通和合作，做到在竞争中争先，在合作中创优。经过三年的努力，到2007年末，苏汽集团三个子公司共有公交线107条，公交车927辆，占整个苏州市区公交车的1/4市场份额，而且以空调中高车型为主，有效提高了苏州城市公交的经营层次和服务水平。

6. 做响汽车修理，营造发展后劲

汽车修理为汽车客运持续快速发展提供了后勤保证。因此，我们整合好人才、技术优势，以适应市场、满足用户需求为宗旨，以“丰富内涵、提高标准、讲究实效”为总体思路，通过持续细化、量化管理目标，使维修板块的发展更具增长动力，走企业长久发展之路。一是造势发展“苏汽维修”核心板块，对内打造企业后勤保障基地，对外积极谋求各种形式与其他维修企业的联营、合作、并购。二是顺势发展“苏汽钢构”重心板块，积极发展与汽车制造厂的合作关系，努力开发弯管市场、钢构件产品和各种延伸服务。三是借势发展“苏汽配件”潜力板块，营造内外两个供应圈，以服务换市场，做大集团内部服务圈；以渠道换市场，与优质供应商合作，利用我方已有的优质进货渠道，巧借对方已有的经营渠道和网络，借船出海，扩大品种和市场份额。四是不断提升管理内涵，以精细化管理为基础，重视供应商管理及客户档案的建立和完善，建立客户回访与反馈制度，完善服务体系，提高服务标准。五是不断提升队伍素质，抓好员工培训，采用多种形式，易懂易学的教育方式，努力打造一支技术精湛、作风硬朗、服务至优的员工队伍。

7. 做强多元经济，营造发展体系

坚持“主业精、副业兴、整体强”的方针，我们积极拓宽经营领域，实施多元化发展策略。一是积极发展厂租厂包。利用苏汽集团场站、客运规模优势，以良好的信誉、完善的网络、高效的服务，做大做强厂包租赁业务。至2007年末，我公司在市区拥有厂包车218辆，目前已成为苏州市厂包市场的“领头羊”。二是积极发展出租业务。由我公司经营管理的交运出租公司，紧紧抓住了苏州市出租车扩容的机遇，通过质量招投标，以绝对的优势赢得了扩容200辆出租车经营资质，全部实行公司化经营。成为苏州市区经营规模最大、发展速度最快、服务水准最高、品牌效应最佳、经营业绩最好的出租客运企业。三是积极发展综合经营。依托车站的人流优势，进一步整合商贸资源，选择名优特企业进驻车站，提升经营档次和服务档次。

公司在实施扩张式发展过程中，还把发展的“触角”伸向了更加广阔的社会层面。如投资建设了狮山机动车综合性能检测有限公司，并通过租赁南环检测站，实行了市区车辆检测统一经营，抢滩了绩效突出的车辆检测市场；以前瞻的思维、超前的姿态，成立了苏州亚飞汽车销售公司，积极开展汽车销售，拓宽销售渠道，使汽车销售成为公司发展中的一个新亮点；通过动脑筋、想办法，逐步建立面向社会的其他生产、生活培训中心，根据社会驾驶员需求量的不断增多，组建了交运汽车驾驶员培训有限公司，切下了驾驶员培训的一块新“蛋糕”；成立了公司的多层次培训基地，这些都成为了公司最大限度扩张经济空间的有效载体。

二、注重深化改革，增强发展的活力

企业不竞争就没有市场，不发展就难以生存，同样，不改革就没有出路。企业发展到一定的阶段，深深地认识到只有加大改革的力度，进一步深化体制、机制改革，才能营造一种能够促进生产力提高的新体制、一种能最大限度调动干部员工生产积极性的新机制。因此，我们按照“自上而下、稳步推进”的原则，着力推进了五项配套改革。一是完善了法人治理结构。按照《中华人民共和国公司法》和“框架合理，各负其责，有效制衡”的原则，明确了各自的决策、监督、执行职能，做到机构改革框架合理规范，机构的职责明确规范，机构的运作规范有效。二是推进了机构改革。按照精干、高效的原则，公司在机关和二级单位两个层面精简机构，公司机关从原来24块牌子、18个单独处室减少到9块牌子、8个处室，各二级单位精简为4科1室或2科1室，减少了管理层次，强化了管理职能，使机构得到了“减肥”。三是推进了人事制度改革。强化竞争机制，实行了干部选聘制和管理人员双向择岗。调整中，一批懂经营、善管理的中青年优秀人才充实到各级领导岗位，实现了两级班子梯形年龄结构；进一步完善了会计委派制度，对部分干部实行了异地交流，使人才得到了合理的配置。四是推进了用工制度改革。严把进人、考核、使用三个“关”。按照“必需、精简、适用”的原则，除少数管理、技术等关键岗位、大学本科以上学历的人才外，对于一些一般性岗位实行了中介代理招聘的用工形式，目前，公司有1/3员工来自中介；按照激励约束并重原则，进一步完善绩效考核和淘汰制度；按照“大稳定、小调整”的原则，通过中介招进来的员工在公司工作3年后，对特别优秀的员工，经考核，通过一定的程序每年按一定的比例将劳动关系转移进公司，使公司内外两个市场的用工渠道更畅通。正是这些改革措施，极大地转变了员工的思想观念，调动了员工的生产积极性，提高了员工的工作责任感。五是推进了分配制度改革。制订和建立了体现刚性指导、条块特点的薪酬分配体系，进一步完善了二级单位和部门经营责任制，对管理岗位实行了绩效考核办法的结构工资，对部分岗位实行了岗位标价工资，对车站站务员全面实行了《星级服务制》考核办法，制订了大学本科以上人才的薪酬分配体系，顺应了劳动力价格市场化。分配制度改革激发了职工生产积极性，取得了明显的成效。

三、注重管理创新，增强发展的潜力

在公司规模和范围不断扩大的情况下，管理的要求、管理的难度、管理的标准也随之提高。如何使企业的管理适应企业的发展，是摆在全体苏汽人面前的一大课题。为此，近几年，我们不断构建科学的管理链，狠抓管理的执行力，增强管理的运营力。

1. 切实加强质量管理

加强质量管理，是企业生产发展再“提速”、服务工作再“提质”、管理工作再“提效”的重要保障。为此，我们在集团范围内开展了ISO 9001-2000质量管理标准的认证工作，力求探索适应企业实际的具有较强操作性、针对性、符合现代企业管理要求的管理手段、管理方法，实现企业管理的创新。一是坚持贯彻“安全、优质、高效、有序”的质量方针，全面推行目标管理。坚持实行主要经济质量指标与经济责任制挂钩考核办法，实施了以质量手册、程序文件、作业指导书以及企业规章制度为主要考核内容的企业规范化管理创星级单位活动，进行星级考评，有效促进了基层单位和机关处室管理工作的规范化、程序化、标准化。二是把贯标认证工作作为企业管理的主要抓手，以旅客为关注焦点，以加强过程管理作为主要切入点，把“质量第一”的方针贯穿在客运服务的全过程，加强对承包经营行为的全过程管理，把各种问题处置在萌芽状态，使公司走上了质量型、效益型的发展道路。公司被评为江苏省质量管理优秀企业，连续两次荣获江苏省服务质量奖。

2. 切实加强安全管理

安全问题是影响企业经济、形象、稳定、和谐、兴衰的主要因素。因此，我们坚持警钟长鸣、常抓不懈。

一是坚持防微杜渐，构建好“四大机制”。近年来，集团公司从完善驾驶员准入机制、退出机制、教育培训机制、奖罚机制入手，将提高驾驶员队伍素质作为一项重中之重的基础工作来抓，作为一项减少违章、控制事故，确保行车安全的主要措施来抓，作为提升企业形象，提高企业信誉的必然途径来抓，使安全工作有力地保障了企业的经济发展。

二是坚持依靠“五强”管理，落实好安全措施。强组织，公司在健全完善安全组织网络的同时，通过机构优先、位置优先、经费优先来提高安全管理的组织化程度；强制度，健全完善了《行车安全管理制度》等一系列规章制度；强队伍，注重加强了安管干部和驾驶员两支队伍的建设；强台账，按照及时性、原始性、真实性、规范性的要求做好台账，使安全工作有证可查、有据可考、有“史”可鉴；强教育，在教育对象、教育形式上、教育范围、教育内容上，一切从实际出发，做好全体员工的安全思想教育工作。

三是培育安全文化，努力做到齐抓共管。企业安全工作需要有坚强刚性的制度作保证，同时也需要有柔性而普及的安全文化作依靠。首先，汇集各方力量，建立了从上到下的群防体系，在全公司形成了主要领导全局抓、分管领导和职能部门具体抓、党群组织协同抓、全体员工参与抓的齐抓共管的工作格局，各级各条线都从各自工作特点出发，开展多种形式的安全主题活动。如安管部门根据安全工作各阶段重点，每年都在春运、黄金周、夏季、冬季开展“安全生产月”、“安全百日赛”活动。并实施“10 人包干制”，签订安全行车责任状，形成一级对一级负责的保障体系。党务宣传部门配合安全形势，经常开展突出行车安全的征文、演讲比赛；工会积极发挥擅长做群众工作的优势，与驾驶员家属签订“贤内助责任书”，动员驾驶员家属与企业一起管好驾驶员八小时外的生活，开展了“晚 10 点查岗制”，把企业安全管理工作延伸到了员工家庭。正是依靠了这样的群防体系，使安全工作做得更深、更细、更实。同时，注重安全意识引导，公司对驾驶员的操作制订了详细的规范，公司在“23233”教育工程规划中单列出了每年培训3 000名驾驶员的计划，还定期或不定期组织驾驶员对兄弟公司事故案例进行分析，把他事当作已事，举一反三，从中吸取经验教训。聘请公安、交通行家对驾驶员进行心理辅导等，以此优化驾驶员心理素质，提高应对突发事件的处事能力。其次，完善动态考核激励机制，公司每年在全体驾驶员中开展“行车安全季度流动杯”竞赛活动，对安全行车百万公里的驾驶员进行表彰和授牌，并要求百万公里驾驶员亮牌服务，既让旅客乘车时有一种安全感和满意感，又时刻提醒驾驶员做好行车安全工作，而且也提升了企业的美誉度。公司还对安全行车达 150 万公里的驾驶员及家属组织免费旅游休养。最近，公司又制定了以安全行车 10 万公里为计奖单元的奖励办法，使激励机制更加完善。企业荣获 2007 年苏州市安全生产先进集体。

四、注重加大投入，增强发展的后劲

企业发展到了一定的规模，苏汽人深深地感到加大科技和资金的投入既是生产力的“加速器”，又是生产关系“调谐器”，是企业再创辉煌的重要保证。因此，我们注重加大了站场建设的投入、车辆的投入和科技的投入。

1. 创造了站场建设的增值效应

近年来，我们按照“总体规划、分步实施”的要求，科学规划和建设好六大工程，全面打破制约企业发展的“瓶颈”。一是根据市政府的总体规划和部署，按照“形象标准化、环境人本化、管理智能化、服务规范化”的要求，公司实施了苏州南门汽车站的搬迁重建，建成了具有 3 层停车、2 层候车、2 层发车、设施一流的省内第一个标准化汽车客运站。目前，苏州南门汽车客运站空港式的管理和服务，已成为苏州一道亮丽的风景线和苏州的标志性建筑。二是加大了汽车北站的改造投入，使汽车北站的内外环境得到有效改善。汽车北站的枢纽功能日益凸现。三是实施了汽车修理厂的搬迁重建，使汽车修理厂重新焕发生机。四是完成了狮山机动车检测中心、旅游集散中心、张家港旅游服务中心的建设。五是加快了车站标准化改造工程，吴中汽车站、汽车西站标准化改造已基本完成。六是实施常熟汽车站的改造和昆山汽车站、张家港汽车站、太仓汽车站的迁建。在车站搬迁选址中，我们以人为本，充分考虑市民出行乘车的便捷性。近六年，苏汽集团用于车站改建、新建、扩建的费用达4.8亿元，使整个集团的客运站面貌发生了根本性变化，为企业的发展形成了增值效应。

2. 创造了车辆更新的提档效应

运力发展水平是衡量道路运输发展水平的重要标志。因此，公司始终把车辆更新改造放在重要位置加以落实，加快车辆更新改造步伐。公司通过制定合格供方准则和合格供方名录，采用集中统一采购办法，有效控制了车辆品牌、型号，改变了多年来车型杂、型号多、备件难、维修不便等问题，解决了车辆运行的管、用、养、修问题，使车辆采购成本、维修成本都有不同程度下降。从2001年至2007年，公司用于车辆更新改造所投入的资金达10.04亿元。到2007年底，公司拥有各类营运车辆3 134辆中，高中档客车2 521辆，占车辆总数的80.44%，形成了车辆档次提升、工具结构合理和新度系数提高的特点，基本适应了市场的需求。

3. 创造了科技投入的带动效应

伴随科学技术的日新月异，苏汽人已清醒地认识到交通运输业已逐步转向利用高新技术改善运输服务，尤其是交通运输管理的信息化。因此，我们注重加大科技的投入、重视成果的应用。一是改进了站场技术装备，集团11个一、二级客运站全部建立了计算机售检票系统，在车站安装了X光安检系统、大型电子显示屏，在“十五”期间新建的车站全部安装了闭路电视监控系统设备，在车站安装了触摸屏等设备。二是建立了客运信息系统，实现了市区售检票联网和全省地级车站的售票联网，与农业银行、邮政局、公共信息亭等合作开发异地代售车票业务，使古城区的居民不出新村大门就能买到市区所有车站的车票。积极运用现代网络通讯技术，加快网站建设，实现互联网信息传递，利用“苏汽热线”实行365天从早到晚（5:30—21:30）为市民提供集团公司所属长途客运班次的查询业务。三是加快管理信息化步伐，对于客运班车、公交车场应用GPS卫星定位系统实行车辆动态管理和监控，实施了无纸化办公。四是增加了企业科技投入，成功实施了“FCEM503”车用燃油管理系统的开发和应用，为节能工作提供了现代化管理手段，解决了传统节能统计的缺陷。

五、注重以人为本，增强发展的和谐性

1. 坚持加大培育，打造时代型干部员工队伍

员工是企业改革、发展的力量源泉，近年来，公司加快了优化干部员工队伍建设的步伐，制订了“23233”人才培养工程计划。一是健全了引进机制，2007年公司从长安大学等高校引进了36名本科生，从南京交校等引进了30名专科生以缓解专业人才紧缺的状况。二是健全了培育机制，坚持多渠道、多方位、多形式培训。近两年，全公司共有135名中层干部参加了全国高级职业经理人培训，并全部获得资格证书；安排了4 119名员工、其中干部和管理人员1 107人参加了更新基础知识和提高专业技能的岗位培训；600多名党员接受了

政治、思想、业务学习培训，有效地解决了干部员工队伍中存在的“知识透支”现象。三是健全了激励机制，结合三项制度改革，进一步完善了奖惩考核制度。四是健全了管理机制，制订了《员工培训和教育管理办法》等管理制度，从而为造就人才，打造时代型干部员工队伍搭建起了舞台。

2. 坚持塑造精神，不断丰富企业文化建设内涵

企业发展需要充满凝聚力的团队精神。公司对塑造具有苏汽特点团队精神的做法是，以培育先进的企业文化为抓手，在全公司形成以思想政治工作、党员职工教育培训、文明创建活动以及企业文体活动为载体，以优化经营理念，提高技能水平，增强企业政治、经济、思想、文化建设素质为核心的精神内涵。在实际工作中，健全了各级思想政治工作网络，积极开展企业内部文明系列争创活动及其他各类省市、交通系统创建活动；外聘专家教授来公司进行形势教育和专业培训，每年举办“飞轮杯”职工文体系列活动，寓教于乐，把职工兴趣与企业深化改革、发展结合起来。去年，适逢“飞轮杯”文体活动开展第 20 周年，我们抓住这一契机，组织了一台以弘扬企业精神、企业文化的文艺晚会，把近年来企业改革发展的变化和员工热情奉献的精神以文艺表演的形式搬上舞台，以独特的笔触，在演绎时代真善美的同时，推介企业精神、企业文化。此外，公司还经常性开展各类技术练兵、技能操作比赛等，提高员工对企业文化的实践能力，进一步丰富企业文化的内涵。目前，公司已完成了企业精神、企业标志和企业歌的提炼和完善，形成了以企业报、企业网站和各单位内部刊物为主的文化宣传阵地；以集团公司党校、培训中心、各单位分党校为主的教育培训阵地；以职工俱乐部、图书室、“飞轮艺术团”和“飞轮杯”文体系列活动为主的文化娱乐阵地，使企业文化从多层面、多形式上得到了丰富、充实、巩固。公司荣获全国模范职工之家的光荣称号。

3. 坚持优质服务，提升社会公众认可的形象

在苏州“两个率先”发展形势的大环境下，我们清醒地意识到，企业在全面走向市场过程中，首先要树立效益导向向顾客导向转变、结果导向向过程导向转变的观念，确立“车票是请柬，旅客是亲友”的服务理念，围绕“旅客的需求，就是我们的追求”优化我们的服务过程，才能得到社会和旅客的认可，更加夯实企业发展的基础，进而打造企业品牌。为此，近年来，公司积极建立和推行了提高服务质量的首问负责制、承诺制、公示制和各类服务标准、工作规范等，并不断加以完善、规范、提升、创新，用制度的约束性来促进员工积极创优的自觉性。目前，全公司根据“规范经营行为，提高服务质量”这两大需求，全面实行了星级车站、星级车队、星级班组、星级车辆、星级员工的评选制度，做到了窗口建设与企业管理相结合，优质服务与企业发展相结合，员工素质与文明创建相结合，使服务质量与企业管理同步得到了提高。

在建立健全各类制度的同时，公司还十分注重培育和挖掘在服务旅客中的先进典型，以榜样的示范来激励带动广大员工。进一步深化了“苏杭天堂文明线”活动，在苏州区内和部分跨省市班线上开展了文明交通“点—线—网”创建活动，进一步规范了文明车站、文明车队的争创工作，坚持推行党员示范车、示范岗、青年文明号、巾帼示范岗活动，每年组织“十佳标兵”、“十件好事”的评选等等，多层面、多形式地树立先进典型，并对这些先进典型通过社会媒体、内部企业报进行大力宣传，充分弘扬优质、文明、诚信服务的精神。如汽车北站八年如一日风雨无阻义务接送太仓盲童龚思辉，得到了社会的广泛关注和旅客的热情赞扬。目前尽管龚思辉毕业后离开了苏州，但这一活动还在延伸发展。在汽车北站提出了“进站有亲切感、候车有舒适感、离站有留恋感”的带动下，全公司各车站纷纷为提高服务质量、改善服务措施，不断推出便民措施等多种延伸服务，如节假日到大中专院校、大型企业上门售票、送票上门、送车上门等服务；又如为了扩大影响力和提高知名度、美誉度，苏汽集团整合了服务资源，开通了“苏汽热线”，使企业的整体素质和窗口的服务水平得到了全面的促进和提高。近两年来，集团公司先后被评为省、市两级文明单位，“苏杭天堂文明线”跻身江苏省交通系统“十大服务品牌”；汽车北站被评为部级文明车站；411 车队被评为交通部文明示范单位和市级文明车队；汽车南站开业仅两年，就获得市文明单位称号；陈月妹、王正荣等一批先进个人被授予部级、省级劳动模范荣誉。这些成绩和荣誉，是企业在前进发展中的品牌，也是社会、旅客对我们服务质量改善提高的直接的认可。

“十五”期间，苏汽集团实现了跨越式发展。展望辉煌的明天，公司将加快发展，实施大客运、大集团战略，实现富员优先、建立和谐企业的关键时期，是实现做大、做强、做优，提升综合实力的发展黄金期。因此，苏汽人将紧紧抓住重要战略机遇期，制订更高的目标定位。在结构调整上进一步巩固市县联合重组，拓展与其运输企业、相关企业，以及跨地区企业间的联合重组，提高经济运行质量，实行更大范围内的集团化、集约化经营，积极发展多元经济、重点发展物流运输，这也是近两年公司结构调整的一个重大突破口，依托“借势”发展现代物流，“借壳”发展货运代理，“借力”发展集卡运输，“借网”发展快件运输，使公司经营布局更趋合理、结构更加优化，通过 5 ~ 6 年努力再造一个新苏汽；在资本运营上按照“有所为”与“有所不为”的原则，高质量实施资本运营策略，保证企业资本具有良好的盈利性、流动性和安全性，通过 3 年的努力，实现企业上市；在品牌建设上通过内强素质，外塑形象，提高企业知名度和荣誉度，提升企业整体形象，实现“打造华东道路运输第一品牌目标”，成为全国知名道路运输品牌，从而使苏汽集团经济更加发展、改革更加深入、管理更加夯实、员工更加富裕、企业更加和谐、文化更加繁荣，踏上更具可持续发展的康庄大道。

诚信经营　争创一流

宁波公运集团股份有限公司

一、企业介绍

宁波公运集团股份有限公司（以下简称宁波公运）原先是浙江省直属国有交通运输企业。公司始建于 1952 年 6 月，历经几十年的艰苦创业，目前已形成以道路客运为主业，高速客运、快速客运、旅游（出租）客运为特色，依托场站开发经营，涉足跨行投资经营，货运物流业、车辆服务业并举的多层次、全方位的经营格局，成为交通部重点联系企业、浙江省道路运输骨干企业、宁波市最大的道路运输企业（宁波市场占有率在85%以上）。公司于2000年建立ISO 9000质量管理体系；2002年通过交通部全国道路旅客（货物）运输经营资质评审，获得一级客运经营资质和二级货运经营资质；2008年列中国道路运输企业100强第9位，中国服务业企业500强第455位，浙江省服务业百强企业第56位。

公司始终坚持“诚信经营、持续发展、永不满足、争创一流”的经营方针，秉承“真诚待客、服务社会”的经营理念，经过全体员工的不懈努力，公司的发展取得了长足的进步，经济效益和社会地位得到显著提高。目前公司资产总额14余亿元，从业人员4 100余人，各类营运车辆1 300余辆，经营线路300余条，班线辐射全国15个省和4个直辖市，拥有分（子）公司39家。

近年来，公司获得市级、省级、部级以上荣誉百余项，先后被评为市文明单位、省先进基层党组织、省治安安全单位、省道路运输诚信企业，所属宁波南站先后被评为全国道路运输系统文明汽车客运站、全国交通系统文明示范窗口单位、全国文明单位，宁波南站3561服务班荣获“全国五一劳动奖状”、“全国三八红旗集体”等荣誉。

二、改革历程

20世纪70年代，浙江省汽车运输公司和浙江省交通局运输管理局成立。隶属各地区的汽车运输公司归属浙江省汽车运输公司，公司名为浙江省汽车运输公司宁波分公司。通过全省交通管理体制的调整，更好地挖掘了运输潜力，提高了运输效率，适应了当时国民经济的发展需要。

20世纪80年代，浙江省汽车运输公司宁波分公司和省汽车驾驶学校宁波分校下放归宁波市。为了使企业真正成为自主经营、自负盈亏的经济实体，改善经营机制，增强企业活力。1987年浙江省政府决定将浙江省汽车运输公司宁波分公司下放给宁波市。当年11月21日，浙江省交通厅和宁波市人民政府达成下放协议，公司正式更名为宁波市长途汽车运输公司，企业经济性质为全民所有制。

1988年，宁波市长途汽车运输公司所属7家县（市、区）分公司下放给当地政府管理。宁波市长途汽车运输公司当时拥有9个分公司、4个汽车修理厂，共有全民固定、合同制职工5 444人，其中6个分公司遍布各县（市、区），经营站点近千个。1989年初起陆续将所属单位进行体制调整，至年底全市七个县（市、区）长运公司下放完毕。下放后，各县（市、区）实行自主经营、独立核算，具有法人资格，现行客车线路、班次不变。同时，为确保运输秩序，充分发挥联合运输的优越性，各县（市、区）分公司（站）下放后，仍与市长途汽车运输公司以及县际、区际、省际保持“网络不破、关系协调、平等互利、有偿服务”的关系。1997年10月，为进一步深化企业改革，发展宁波市公路运输事业，推进交通运输科学技术进步，宁波市交通委、计划委联合发文批准组建宁波公路运输（集团）总公司。

2001年12月28日，宁波公路运输（集团）总公司整体改建，设立宁波公运集团股份有限公司。随着经济的全球化趋势，矛盾日益凸现。因此，要增强企业活力，建立符合市场经济要求、适应社会化大生产发展的企业制度，彻底解决企业存在的深层次的问题，对国有道路运输企业进行改制是历史的趋势，是经济发展的必然。

1995年，公司被列入宁波市30家现代企业制度试点企业之一，但由于当时用工制度改革和产权制度改革两大难点未能彻底解决，企业的改制没有取得实质性的进展。1999年下半年，党的十五届四中全会做出了《中共中央关于国有企业改革和发展若干重大问题的决定》，宁波市政府出台了促进企业深化改革的方案以及产权改革和理顺劳动关系的四个配套政策，宁波市交通委根据市委市政府贯彻四中全会精神的实施意见，制订交通国有企业改革和发展实施方案。企业改制的外部环境大为改善，企业内部员工改革意识不断增长，改制的条件基本具备。公司抓住时机，按照上级政府有关部门的要求，结合企业实际，按照“产权清晰，权责明确，政企分开，管理科学”的要求，适时地推进企业改制工作。

为确保企业顺利改制，在公司党政主要领导为组长的企业改制领导小组的统筹安排下，明确改制工作的时间进度和内部责任分工，组织人员深入各所属单位进行排摸调查，走访省内外已改制的单位吸取成功经验，对改制形式、股本结构、法人治理结构、经济效益、发展前景等进行反复研究和论证，形成了适合自身实际的《企业改革与发展方案》。同时，公司对流动资产、车辆、设备、房屋及建筑物等固定资产、无形资产、及递延资产进行清查，对债权、债务、所有者权益进行核对、核实，并逐一进行登记，建立了适合本企业特点的资产处置内部控制程序，以确保改制过程中资产处置的有序进行，做到程序到位，操作规范。经市国资局核准同意，以2000年9月30日为公司评估基准日，企业资产经评估确认后，改建设立宁波公运集团股份有限公司设置股本总额为5 500万元。

企业的部分富余职工通过办理离岗退养手续实行“三家抬”制度，并与宁波市交通再就业中心签订了托管协议，为企业减员增效、全员理顺劳动关系奠定了基础。2001年5月，根据企业改制后公司与职工之间劳动关系实际发生的变化，按照“转变身份、适当补偿、承认工龄、续接社保”的精神，对不同年龄对象采用不同的政策措施，妥善处理了企业职工劳动关系，使职工的身份从“企业人”转变为“社会人”，为企业注入新的活力。宁波公运集团由宁波市交通委员会和公司内部员工以发起设立方式改建设立，并保留一定比例国有资产股，同时建立公司的法人治理结构框架。

2001年12月28，宁波公运集团股份有限公司正式成立。公司兼顾传统国企的历史沿革、社会对道路运输业的发展需求、改制后发展需求、公司员工对改制利益和自身工作岗位的追求等，提出“整体改制、不丢包袱；原有员工、尽量吸纳；国家大股、员工持股；把握定位、用足政策；形成合力、力争做强”的原则，在改制后企业得以快速发展。中国道协2003年5月专门在公司召开改制现场会议，我们汇报介绍的方案和实施效果受到了交通部、行业管理部门和运输业同行的一致肯定。

三、发展成就

1. 场站建设

宁波市绕城高速公路、杭州湾大桥等项目的实施建设以及城市主干道的日益完善，深刻改变着城乡交通组织形态和人们的出行需求及方式的选择，对传统意义上的公路客运“场站”概念、功能与运营方式提出新的要求。公司作为宁波市道路客运的龙头企业，对公路客运场站的投资、建设、管理、营运等体制和机制作了大量的探索与实践，积累了一定的经验。目前，宁波南站、宁波东站、宁波中心站均已建成投入使用，城东客运站正处于建设前期，城北客运站正在规划中。上述四站和市旅游集散服务中心构成我市公路客运场站的主体，其全面建成和投入使用，将使我市的城市基础功能跃上新的台阶。

(1)宁波南站是宁波市的城市名片之一，是面向国有、集体、个体开放的公用型汽车客运站。车站始建于1929年5月，1960年5月迁入现址，一度名为宁波汽车总站。1989年1月新客运站大楼建成。1997年10月被交通部核定为“一级汽车客运站”。车站目前占地面积16 665平方米，候车区建筑面积5 440平方米，停车场面积8 000平方米。站内装有中央空调、电脑售票系统、电视监控、电子检票班线动态显示屏、大型班车运行时刻及票价显示屏、X射线行李危险物品检测仪等高科技现代化设施。目前，已有进站客运线路60条，进站营运车辆总数达330多辆，日发客运班车500多个班次，日均发送旅客1.5万人次，节日高峰客流高达3万多人次，主要承担中短途快速旅客运输。中远期在城东客运站建成后主要承担市内及附近市的中短途旅客运输，为旅客提供安全、便捷、优质的公路客运服务。其沪杭甬沿线高速客班的“公交化运营、航空式服务、宾馆化管理”代表了国内公路客运运营管理的先进水平。

(2)宁波东站于1972年征地建站，1979年再次征地扩展场地，当时车站总面积8 320平方米，其中停车场及回车道3 600平方米，候车室面积只有420平方米。进站车辆35辆，日发20辆班次，日均发送旅客1 000人次左右。到20世纪末，在东站地区经营客运的各种经济成分的客车达到190辆，公路客运迅猛发展，当时的运力和运量已明显超过设计能力的3~5倍，每天处于严重超负荷状态下运转，给站务作业和旅客的组织带来极大困难，安全隐患较大。1997年，宁波东站移至距原址1 000米左右的宁穿路与中兴路交叉口的西北侧，共投资3 200万元，占地33亩，可容纳近7 500人次旅客候车，15 000平方米的停车场可容纳400辆车停放迂回。该项目的迅速建成不但有效解决了东站当时运行的紧张状况，满足了广大旅客旅行需要，还对提高运输服务质量、加强运输市场管理、发展运输事业有其重要意义。

(3)宁波中心站是第一轮主枢纽规划确定建设的全国45个枢纽之一，宁波市重点工程项目。宁波中心站位于机场公路与杭甬高速公路的交汇处，2002年12月26日，正式建成对外运营，总投资1.4亿元，占地10.6公顷，建筑面积32 024平方米，设计能力日发旅客2.8万人次。目前承担宁波跨省、市中长途旅客运输，兼顾浙江省内中短途旅客运输。中远期在城东客运站建成后主要承担江苏、安徽、湖北等西北方向的跨省长途旅客运输及省内中短途旅客运输。历经5年筹备建设，它的建成对于完善宁波城市整体功能、发展综合运输、提高企业知名度、合理场站布局、缓解客运站场及市内道路拥挤、提供城市良好的交通条件、加强公路运输的行业管理等具有极为重要的作用。该站建成后，其相关的车站功能、管理水平在国内公路车站建设中处于从理念到技术的全面领先地位，有力地推动了国内汽车站建设的重大变革和水平的显著提升。国内2000年后建设的公路车站几乎都学习和参考该站的理念和做法，是交通部的建设样板车站。

此外，宁波城东客运站、宁波城北客运站两个主枢纽规划确定的主要场站即将投入建设，其建设与投入使用，将从根本上改变我市的公路客运车站的布局、功能和服务水平，并与城市发展相协调。建成后将成为我市东部、北部的交通综合换乘枢纽中心。

2. 高速快客班线发展

宁波市大力建设交通枢纽型城市和加快建设高速干线公路、农村公路及康庄工程等交通基础设施，为公路客运的发展提供了大好机遇。公司紧紧依靠客运主业不动摇，把巩固和提升客运经营水平作为公司目前和将来的主要任务，优先把主业做强做大，以此带动相关产业发展，不断提升企业核心竞争力。公司各客运单位将在稳固、优化现有班线的基础上，积极改造和发展各省市快客班线，不断提高高速客运的比例，实现公路客运的快速化、舒适化、便捷化。

自杭甬高速公路通车以来，公司在交通委和行业管理部门的大力支持和关心下，高速、快速、直达客运班线的发展得到了长足的进步。2000 年 2 月 1 日，浙江省第一条以质量招投标形式经营的客运班线宁波至路桥班线开通，该班线实行严格的"准时发车、直达运输、规范服务、违诺赔偿"服务承诺；2000 年 4 月 28 日，宁波市内首条快速客运班线宁波至宁海快客开通；至 2007 年，公司已拥有高速快客班线 66 条，282.5 个班次。同时，通过加快车型结构调整步伐，提升车型档次，提高营运效率，较好地满足了客运市场需求。

宁波市交通枢纽地位已在逐步形成，道路运输业正经历结构调整和产业升级的关键时期，这对传统运输企业而言既是压力也是机遇，不进则退、不变则衰。2007 年公司快客班车的资源拓展与运行质量提升取得了较大进展，并对即将开通的杭甬高速铁路、甬台温铁路进行提早分析研究，建立应对预案，积极探索铁路冲击下干线快客班车运行方式变革的可行办法，研究公路运输经营主体之间以资产为纽带的合作方式，进一步优化公司结构和资源布局，以继续发挥传统运输企业的固有优势。

3. 旅游发展

随着我国社会经济的快速发展和人们生活水平的不断提高，人们对旅游消费的需求进一步增强。加上带薪假期的普遍实行，旅游产业日渐繁荣的大好前景将给整个旅游客运业的发展带来难得机遇。

2002 年公司贯彻市委、市政府"旅游兴市"的发展战略，投资组建宁波市旅游集散服务中心，开通首条宁波至天下玉苑旅游专线，后又相继推出宁波至乌镇、天河景区、丹山赤水等旅游专线，运营情况良好。

2005 年 3 月投资组建外事旅游汽车有限公司，主要承担我市党政机关、社会团体对外事务接待等高端客户的用车服务任务，满足我市外事接待、大型会议、国际服装节、浙洽会、消博会等大型商贸活动的用车需求。通过系列优质服务受到社会各界的好评，取得了良好的社会效益。

2005 年底，公司向市政府提出《宁波市旅游集散服务中心迁建方案》，主要考虑到宁波市近年来借助日益发达的高速公路网，旅游客运业虽然取得了长足的进步，实现了"量"上的不断扩张，车辆档次逐步提高、品牌企业不断涌现、法律法规也得以日臻完善，但因结构体制和经营方式方面存在的一些问题已致使整个行业发展后劲不足、活力不够。因此，公司提出借鉴上海旅游集散中心的成功经验，按照"一流设施、一流形象、一流功能"的定位，整合宁波市旅游客运资源，实现集约化、规模化、专业化的经营，着力构建我市旅游服务体系。迁建方案得到政府的认可和支持，目前旅游中心项目已进入地块拆迁阶段。

4. 公交发展

改革开放以来，宁波城市化进程进一步加快，大市范围内农村大量劳动力转移到城市或非农领域，城乡之间、乡镇之间的联系日益紧密，人员流动的规模和范围不断扩大。以一体化的公交来加快城市化的进程和经济的发展，对促进宁波中心城市的形成和经济的发展显得十分必要。

2002 年 7 月 10 日，公司组建宁波公运公共交通有限公司，将莫枝中巴线进行收购、改造，第一条公交线路正式开通。该条公交线路通车后，为东钱湖居民的日常出行提供了极大的便利，加快促进了东钱湖新区的发展。同时，也打破了宁波公共交通由宁波公共交通公司独家垄断的局面，更好地促进了城乡短途客运市场的健康稳定发展，满足了人民群众日益提高的乘车需求。经过六年多的艰苦努力，公司成为了宁波市一家颇具规模的公交经营主体。

在此基础上，公运公交公司在 2004 年 7 月与宁波市公交总公司、宁波市城乡公交公司联合组建宁波市东方巴士服务有限公司，对鄞州区 400 多辆短途客运中巴车以及山区客运班线实施公交化改造，进一步增强了城市服务功能，促进了城乡一体化进程，改善了人民群众乘车条件。

5. 货运发展

公司从事货运业已经有 50 多年的历史。作为宁波市最大的道路运输企业，从早期的普通货运到现在的现代物流，不断坚持开拓发展。20 世纪 90 年代末期，由于交通系统内部的结构调整，传统的零担等普通货运方式从公司脱钩，但公司仍旧保留了集装箱运输、仓储等现代货运方式，并将集装箱运输和物流业作为公司货运发展的重点。2003 年，公司提出了发展“大货运”的战略目标。根据这一经营指导思想和发展目标，以集装箱运输为重点、以仓储场地为依托、以现代物流为方向、以快速货运为突破，近年来公司货运发展有了长足的进步。

目前拥有各类集装箱运输车辆 220 多辆，专用集装箱场站二个，年货物周转量 29 500 多万吨公里。2004 年，公司快速货运项目开始运作，依托道路客运场站和道路客车开展小件快运，发展势头良好，并参与组建由全省 11 个地市 11 家主要道路运输企业共同发起的全省快件货运协作网络，构建全省性的快件货运网络。2007 年，响应宁波市政府“一通百通”号召，大力推进货运发展，浙江快运小件网络推出一票到底、全程负责的“站到门”服务模式。

6. 客运经营调整优化

近年来，公路、铁路、民航之间的竞争日益加剧，铁路多次提速、增班，民航班次、航线不断增加和采取的低价竞争手段使得道路客运原本并不突出的竞争优势逐渐丧失，城市公交线路的延伸，私家车的普及和各县市区商业网点的发展，导致公路客源大量流失。针对目前的困境，公司积极研究对策，探索新的运营模式。如在杭甬高速线投入大容量班车，以高档次的车辆、高质量的服务，吸引旅客乘坐，同时降低单位车辆运行成本；在宁波至温州快客班线投入国内顶级商务客车，提高了车辆的安全性和舒适度，更好地满足了旅客出行的不同需求。此外，公司紧紧抓住杭州湾跨海大桥开通的有利契机，不断挖掘大桥效应。

杭州湾大桥的建成对长三角区域经济的发展具有深远而重大意义，对沪浙苏三地的道路客运业也将产生巨大的影响。上海和宁波的陆路距离拉近120公里，从根本上改变宁波“交通末梢”的地位，使宁波成为继杭州之后长三角南翼又一交通枢纽城市。

公司从全面、协调和可持续发展角度出发，在政府统筹规划和宏观调控下，紧紧抓住杭州湾大桥开通的有利时机，紧锣密鼓地开展快客改造、线路开发和班线优化等工作，认真研究杭州湾大桥开通后的客流变化情况，积极实施苏南、上海等大桥辐射区域高快客的整体优化发展方案。

四、基本经验

1. 安全管理

公司历来注重完善安全管理制度。为适应《中华人民共和国道路交通安全法》、《中华人民共和国道路运输条例》等法律法规出台后对企业安全管理提出的新要求，着手对现有的安全生产管理制度重新进行梳理和完善，并对公司范围内从事道路客、货运输车辆和非营运车辆驾驶员以及相关配套服务的从业人员的安全责任行为进行详细的规定，初步建立起行车安全管理规章制度体系。

对行车安全管理中的制度保障、资源配置、源头把关等多项内容通过开展虚拟行车事故进行责任倒查。对检查过程中反映出的执行不到位、力度不够的现象在全公司范围内进行通报，通过倒查使各级安全管理人员对安全管理工作的重要性及安全管理细节引起高度重视，着力构建企业安全工作的自我约束机制和长效管理机制，加强安全生产的有效管理。

以安全活动月为契机，做好隐患排查工作。在公司范围内开展以“遵纪守法重落实，狠刹‘三违’保安全”为主题的安全竞赛月活动，以安全生产隐患自查自改和完善安全管理制度为核心内容，狠抓安全生产管理制度、责任制和“四个管理”措施落实，取得了良好的效果。同时，认真组织开展以“企业生产经营全过程，安全管理全方位，全员安全生产行为”为主体的系统性隐患排查，重点突出安全生产的基础性管理，及时消除存在于安全生产和安全管理中的隐患因素，强化企业安全生产理念，提升安全生产管理水平。

2. 节能管理

燃料消耗是运输企业的成本主项之一，降低消耗、提高效能一直是企业管理的基本内容并得到高度重视。公司坚持“投入与节约并重，效率与效益结合”的节能工作方针，节能管理工作制度和要求得到有效贯彻，各项考核指标列入公司经营计划一并下达。公司将节能工作分为在管理上推进节能和从技术上加强节能两个方面，在汽车技术快速进步的背景下更注重在管理上推进节能工作的力度，坚持高效利用与合理节约并重。

2005年，公司提出实行公营制车辆轮胎、油品集中采购的管理模式，在探索总结并妥善解决集中采购过程中的各种问题后，进入实质性运作阶段。2006年，提出以增收节支、节人增效和强化管理为重点，以“大集团战略（即以资源共享为核心的整体经营管理）”、“小核算体系（指各分、子公司内部各部门直至每条班线的经营以及每个岗位的人工成本，都要进行经济核算）”为核心内容的经营管理思路，大力开展节支增效工作。

公车公营方面，继续加大公营车辆单车成本考核力度，有计划有步骤地淘汰高能耗的车型。在购置车辆时，把节能指标放在重要位置，作为车辆准入的前提条件之一，不断优化车型结构。同时，积极发挥 GPS 系统对车辆的行驶状况进行实时监控作用，通过控制车速，达到降低油耗、确保行车安全的目的。

2007 年公司公营车辆平均百公里油耗 23.98 升。千车公里材料消耗 143.5 元，平均胎公里为 20.01 万公里。目前公司的燃料、材料、轮胎的定额管理和实绩处于比较稳定水平。

3. GPS 应用

GPS 问世以来，已充分显示了其在导航、定位领域的重要地位。正如人们所说："GPS 的应用，仅受人们的想象力制约。"许多领域也由于 GPS 的出现而产生革命性变化，GPS 系统对于行车安全管理工作同样具有积极的促进作用。

2001 年 5 月，公司首次在所属 10 辆高速客运班车上安装"GPS"系统，对行车安全的人、机系统进行全过程安全跟踪管理。通过一段时间的使用，入网车辆的行驶速度得到较好的控制，同时也使车辆的油耗和轮胎等材料损耗不同程度地有所下降。次年起，公司在全公司范围内所有 28 座以上（含 28 座）的高速、快客车辆上安装 GPS 系统，并着手筹建 GPS 监控中心，充分发挥"GPS"实时监控功能，加大对行车安全的管理力度。同时，利用 GPS 的信息发布功能，及时收集气象信息、道路安全状况等信息，即时通过短信形式及时地传达到每辆客运班车上，起到时时提醒驾驶员注意行车安全的目的。

4. 运务管理

公司历来重视科技创新，在实际营运过程中不断提高企业科技含量。1993 年开始使用计算机售票系统。2002 年 1 月 4 日，运务管理指挥网络系统正式投入运用，公司下属汽车南站、东站、北站与交通银行实现联网售票。该系统涉及计算机网络系统、运务管理指挥系统软件、综合布线系统、LED 电子显示屏系统、GPS 公路客运车辆卫星定位系统等十个方面主要功能模块。以系列业务子系统为基础，综合先进的设计技术和网络技术，提供一个开放的应用环境管理平台。在这个平台上不仅提供售票、检票、报班、调度、财务等子系统，而且支持任何开放式应用系统的无缝衔接。系统开发时要求开发人员以提高管理部门运用现代化管理手段为基础，以规范管理、快速反应和高速决策指挥为目标，依靠科技进步，采用先进的计算机网络技术对传统的公路运输行业管理手段、公路客运业务管理手段进行改造，从而形成覆盖整个宁波市的公路旅客运输业务的网络系统。同时可通过车辆 GPS 系统，实现对营运车辆自动跟踪调度管理和实时跟踪监控，提供移动通信、防盗、车辆寻找、车辆调度、报警、移动监控、紧急监听等功能，确保行车安全；还可开展网上订票、网上售票、异地售票，实现网上查询客运信息等多种便民服务。

5. 品牌创建

品牌好比战场上的旗帜，代表着企业的形象，是企业的宝贵财富，也是企业营销的必要手段和消费者选择的重要依据。当道路客运需求从"走得了"向"走得好"转变之时，人们对客运服务品牌的关注度也在日趋增强，品牌实际上成了道路客运服务输出的重要标志。

近年来，公司大力实施客运服务品牌发展战略，以线路为依托、以品牌经营为手段，精心培育和发展一批国内道路客运知名企业和服务品牌，通过在区域内大力推行客运品牌集约化经营，来进一步提升道路客运在综合运输体系中的整体效应和竞争优势。同时，明确各经营主体的品牌建设定位，把品牌建设理念渗透到生产经营服务的各个环节，转化为全体员工的自觉行动。

宁波南站坚持实践“把亲情融于服务，用诚信赢得市场”的服务理念，使车站渐渐走到全国前列，成为浙江省举足轻重的服务窗口。1996年被交通部评为首批“示范窗口单位”到2005年10月获得“全国文明单位”殊荣，在全国首屈一指。其3561服务班先后获得“全国五一劳动奖状”、“全国三八红旗集体”、“全国巾帼文明岗”、“全国青年文明号”、“浙江省职工职业道德建设先进班组”、“宁波市模范集体”等荣誉称号。2006年9月20日~27日，3561服务班事迹作为宁波市的重大典型，受到浙江日报、宁波日报、东南商报、宁波晚报、现代金报、宁波广播电台、中国宁波网等新闻媒体的重点宣传，在全市引起了强烈的反响。

此外，宁波中心站以“四个一流”打造航空式车站，得到了交通部等各级领导的高度评价。宁波北站将创建理念与企业文化相结合，“道德银行”建设日趋完善；宁东出租车公司围绕“展宁东的士风采、树甬城绿色窗口”的工作目标，打响了“宁东出租”品牌，公运品牌的整体合力逐步增强。同时，公司注重让服务“活”起来，让文化“动”起来，通过开展各种社会活动，向社会延伸文明，实现品牌延伸；利用新闻报道、活动策划、媒体宣传等，吸引社会关注，提升企业的美誉度。

五、发展展望

宁波公运改制以来七年的发展实践，贯穿了科学发展观的理论指导，体现了解放思想、与时俱进的拼搏精神。短短七年，集团从低谷崛起，在困境中奋进，取得了经济、社会效益的双丰收。

今后五年，是公司把握机遇以实现跨越式发展的重要时期。同时我们面临的形势更加严峻。特别是来自铁路、民航立体交通的激烈竞争，使企业的经营环境更为困难，也是公司进行经营结构战略性调整的重要阶段。

在战略机遇与严峻挑战并存的关键时期，我们必须要有高度的历史责任感、强烈的忧患意识和开阔的发展视野，正确定位企业的发展战略：坚持实业兴司与资本运作并重，坚持物质文明和精神文明协调发展，以场站和服务网络为依托，以发展道路运输专业化、集约化、规模化为主，加快发展跨行业、科技含量高、创利能力强的新兴产业，使公司经营结构、资产结构发生根本性转变。

改制以来公司打下的扎实基础为宁波公运美好的明天插上了腾飞的翅膀。根据党的十七大的战略部署，公运集团决策层定位了今后五年公司发展的主要目标是：公司经济保持稳步持续发展；经营结构调整取得新的突破；经济增长方式有实质性的转变；自主创新能力显著提高；管理制度更加健全；员工素质和企业凝聚力进一步提升；企业文化和企业品牌建设取得明显进展，形成主业突出，核心竞争力强的大型企业集团，争取成为上市公司。

对此，我们必须统一思想，凝聚合力，统筹规划，迎接挑战，努力实现公司新的奋斗目标。

扎根山城　走向未来

重庆交通运输控股（集团）有限公司

一、企业介绍

重庆交通运输控股（集团）有限公司（以下简称重庆交运），是2004年底经重庆市人民政府批准成立的市属重点国有独资企业。从事旅客运输和货运物流两大主业，其业务涵盖道路客货运输、城市公交客运、出租汽车运输、水陆旅游客运、国际货运代理、国际近洋运输、长江内支线运输、集装箱水陆运输、大件运输、危化品运输、滚装船运输，以及道路散装沥青的加工、仓储、运输等产业，是中国西部地区最具实力和影响力的水、陆运输企业。通过短短的四年，在交运人不断努力下，在市国资委和市交委的领导和大力支持下，截至2008年5月，集团公司下设全资子公司13家，控股子公司1家，分公司9家，直接参股公司6家，从业人员超过3万人，总资产达84.2亿元，净资产达22.7亿元，分别较2006年5月末增加80.3%和22.7%；较集团成立之初增加95.36%、41.49%。2007年，集团全年完成总收入34.5亿元，实现利税3.3亿元，分别较2005年增加38%、47.98%；全年完成公路客运、货运周转量、水路货运周转量和集装箱吞吐量分别占到全市总量的40.19%、9.15%、9.84%、31.5%。

重庆交运拥有道路旅客运输企业6家和水上旅客运输企业1家，班线客运覆盖重庆40个区市县和全国近20余个省市，在客运网络、资源网络、管理技术上具有绝对控制力。拥有客运车辆8 388辆，客船23艘。其中，班线客运车辆6 346辆（含主城区班线客运车辆437辆，班线客运线路1 116条），占全市道路班线客运车辆总量的36.20%；出租汽车1 869辆，占全市出租汽车总量的14.49%（主城出租汽车1 217辆，约占主城区总量的20%，并于2006底，在全市主城出租汽车行业中率先全面实现了公司化经营）；旅游客运车辆173辆，占全市旅游客运车辆总量的33%。拥有两江游船3艘，占全市两江游船总数的60%。拥有汽车客运站58个，分布在重庆30余个区县。其中，一级汽车站9个，占全市一级汽车站总量的75%，二级汽车站24个，占全市二级汽车站总量的53%。重庆主城7个主要汽车站全部隶属重庆交运，在整合主城七大汽车站的基础上，于2007年6月组建了集团公司站务中心，实行了统一经营，统一管理，统一结算，统一调度，进一步规范了服务行为，巩固了全市客运市场。

重庆交运根据现代物流发展规划，通过招标拍卖等方式逐年在主城区交通枢纽结点、工业园区实施物流建设用地布局，并连续多年保持每年上亿元资金用于物流建设用地的基建投入，加快从传统的货运企业向现代第三方物流企业转变。目前，拥有各类货运车辆6 117辆，吊车60台，货运船舶168艘（其中含海船6艘）。现拥有货运中心、物流配送中心等物流场站26个，合计物流用地1 000余亩，仓储面积达40万平方米；拥有大型专用散装沥青储油库和轻油库3个，具有年组织和供应散装沥青40万吨的能力。经营范围涉及公路运输、城市物流配送、快件运输、码头作业、货运场站经营、仓储（含保税仓库）、公水铁货运代理、国际货运代理、国际近洋运输、长江内支线运输、集装箱水陆联运、集装箱租赁、大件运输、化危品运输、滚装船运输，以及公路和桥梁工程的道路散装沥青的加工、仓储、配送、运输等。公路方面，已基本建成覆盖重庆主城区和各区县的物流配送网络以及通达全国主要省市的公路干线运输网络，一大一小两张网络相互连接，互为补充。大件运输各系列吊装设备、运输车辆齐全，拥有单台最高400吨的全路面起重机、单台最高600吨的重型牵引车、具备500吨级排障抢险能力，综合实力居重庆第一，在西南地区处于领先地位。水路方面，集团已经构建起了从宜宾、乐山到上海的长江干散货和集装箱综合运输网络体系和拥有沿江36个业务网点的货运代理网络体系。集装箱业务遍布全国及世界主要港口城市，与多家全球性的海船公司及物流企业建立了在世界范围内的互为代理的网络和合作伙伴关系，其市场份额占重庆市水路运输市场的1/3强，处于领先地位。积极打造重庆市最大的危化品运输船队，先期投入的3艘3500吨级危化品船已投入运行。铁路方面，依托自身作为大型国有企业的良好信誉和拥有全国联运物流网络的优势，以联盟形式，形成了直达全国的铁路货代网络。

重庆交运相关产业主要包括汽车销售、维修、检测，油料供销，驾校及对外劳务合作、信息技术、宾馆、房地产开发等与主业经营相关的产业。截至目前，拥有2家房地产开发公司，年开发能力12万平方米，成功开发了新城明珠、大众御湖苑、永川亨通家园等项目。拥有6家汽车销售公司，多家汽车4S、3S店，汽车修理厂13家，其中公运大型汽车修理厂在重庆市汽车维修行业排名第一，下设3家汽车检测站。拥有38个加油加气站及油库，储油能力达1.5万吨，年销售成品油13万吨，实现收入3亿元。拥有多家从业人员专业技能培训机构，所属4家驾校，具备A、B、C级及特种车辆培训资质，招生网络覆盖主城及各区县，训练场地达7万平方米，教练车300余辆；所属经国家商务部批准的对外劳务合作公司，主要从事海船船员、内河船员、外国语言及其他技能培训和对外劳务输出，累计对外劳务输出2 766人次。拥有2家四星级、3家三星级宾馆酒店，驾乘人员公寓遍布各区县、各车站。

2007年，交运集团已跨入“中国交通企业100强”、“重庆企业100强”、“中国服务企业500强”行列，分别荣获重庆市“抗洪救灾”、“抗震救灾”先进集体称号。

二、改革历程

2006年6月，重庆交运新的领导班子到位后，在继续做大的基础上开始致力于做实、做强。根据市政府及市国资委、市交委“十一五”规划和产业政策导向，结合集团公司国有资本布局、结构及营运现状，聘请有关专家在深入调研和充分论证的基础上，共同研究制订了集团公司“十一五”发展战略规划，明确了集团的发展方向，重新确立了交运集团“战略管理、资本运营、网络布局、投融资、内外协调”五大功能定位，通过“十一五”发展，建设成为西部最大的道路客货运输企业，西南最大的水陆综合运输企业，重庆市最有实力和影响力的第三方物流企业，能够主导所在行业发展、代表政府意志的龙头企业，为重庆市建成长江上游经济中心发挥可靠运输支撑作用。在新的领导班子带领下及全体员工的共同努力下，取得了良好的成绩。

1. 进入角色，围绕集团战略展开资本经营

资本扩张方面，2006年，在市国资委和万州区政府大力支持下，将覆盖原万州八个县区的重庆市万州汽车运输总公司整体并入交运集团，从人、财、物等方面进行全面管理，集团公司总资产增长了3.5亿元，进一步完善了库区产业布局，扩大了集团公司客运经营的覆盖面，使集团公司客运经营遍布全市42个区市县，也为万州汽车运输总公司下一步的发展创造了有利条件。集团在先期以1 000万元购买三峡轮船公司部分资产的基础上，2007年5月又以1 750万元成功收购了该公司整体资产，并在涪陵注册组建了专业化危险化学品航运公司——重庆凯美特船运有限公司，着力发展危险化学品运输，并作为核心产业强势发展。集团集装箱、危险化学品、干散货、滚装“四大水路运输集群”基本形成。同时，做好长江沿线码头、分支机构布点工作，完成了长江黄金水道运输网络的战略布局。同时，集团主动出击，收购了涪陵运输集团、潼南运输公司、云阳客运公司、城口运输公司、城口汽车站、万州双盛车站等一批和主业布局相关的公司，上马了长江危险化学品运输、大型修造船厂、黑石子物流、永南物流、宜宾阳春坝码头、宜宾盐坪坝码头、泸州香炉石码头等一批重点投资项目，开展了与韩国锦湖高速客运公司、东源硕润石化等一批国内外大企业的合资合作。通过系列投资，总资产接近翻番。

国有资产管理方面，我们围绕国资管理建立了集团新的经济管理秩序，对存在的问题及时予以了纠正和处理，完善和强化了相关管理制度和工作流程。同时，我们对内部资产进行梳理，启动了客运、物流、航运、站场等多层次的整合重组，对各子公司雷同经营性资产逐步归并，理顺了内部产权、股权的管理，调整建立三级管理层级，退出或关闭了一批非主业、空壳、挂靠和三级以下企业。

通过积极的资本扩张、内部挖潜治理，集团的产业布局更加合理，贯穿着资本经营理念，核心竞争力日益增强。

2. 统筹全局，促进集团产业良性发展

在物流产业方面，我们努力将自身打造成我市最优秀的第三方物流企业，现初见雏形。在发展初期，我们认真分析和把握形势，集中力量率先在全市范围内布局建立功能完善的物流中心、站场、港口码头，完善物流产业链条，成功打入高端物流市场；着力发展集装箱运输、快件配送、大件运输、危险化学品运输、滚装船运输；以科学发展观，强化电子信息技术应用，建立物流信息平台。

在客运产业方面，按照市国资委“把国有资产向能够体现控制力、影响力和带动力的领域集中；推动国有资本向优势企业集中；把国有资金资源向核心主业集中”的“三集中”思路，2007年整合了主城原三大公司的七大车站站务资源，组建站务中心，实行统一经营，统一管理，统一结算，统一调度，实现了集团对主城区客运站场的绝对控制，正朝着实现对我市道路客运的绝对话语权，增强集团资金控制力度，有效搭建投融资平台的目标靠近。同时，发展了一批区县、乡镇汽车站场，汽车站网建设取得了实质性突破；经营上，我们立足长远发展，顶住压力，坚决推行公司化自营。两年来，已完成自营改造的客运线路达43条，车辆总数335辆，实现利润3 312.08万元，取得了良好的经济效益和社会效益。另外，重庆交运对主城二环以内班线客车实行了“短途班线公司化公交化”经营模式改造，重点打造了解北线等一批精品星级线路，旨在为城市增添一道亮丽风景。重庆交运还对主城出租车实施了公司化经营并创新管理，营运体系实现了通过计算机程序处理和控制的改造，大幅提升了管理水平和应用效果，为集团客运全面推行公司化提供了很好的管理经验，并准备作为企业管理现代化创新成果申报；同时，紧紧抓住新农村建设和城乡统筹机遇，开展了在重点区县的重点乡镇投资建站、发展农村客运车辆等举措，为全面建设农村运输服务网打好基础。

3. 清理子公司历史遗留问题，为发展扫清障碍

重庆交运清醒地认识到，解决好遗留问题，才能为集团公司今后的快速发展扫清障碍。经过两年来的努力，拖欠多年的重大历史遗留问题得以妥善解决：通过与政府和相关部门协调，解决了轮船公司“4 亿元德国政府贷款外债转内债减少汇率损失”的问题；解决了轮船公司因海运公司长期亏损挂账 1.25 亿元的问题；解决了渝通公司 4 亿元的担保责任问题；解决了渝通工程公司修建海尔路注册资本金 1.28 亿元和赶工措施费 3 300 万元及利息 4 000 余万元的问题等等。同时，对遗留的法律纠纷也牵头组织，逐步进行了解决；对历史遗留的部分子公司欠缴社保金的问题，集团公司还采取了专门的渠道协调加以解决。至 2007 年底，已全额缴清 1 407.8 万元的历史欠款。

4. 树立文化品牌战略，强化管理体系

重庆交运集团各子公司均是传统的交通运输企业，集团要发展成为能走向国内国际市场的新型企业、现代企业，重新打造适应新形势的良好企业文化，逐步建立交运品牌，显得尤为重要。集团公司领导班子高度重视，通过深入基层调研、走访学习先进单位经验，确定了“诚信、务实、高效、团结、进取、和谐”的企业精神，并已初步拟定出集团企业文化建设“十一五”规划。面向全社会公开征集了“重庆交运”企业标志，确定了简捷、大方、寓意深刻、易于识别和记忆的企业标志，目前已进入运用阶段。两年来，集团在管理体系的强化和再造上，主要从人力资源、安全监管、资本运营、信息网络等方面下工夫，真正体现了“管理做实”的目标。

三、发展展望

重庆交运集团面临着前所未有的历史发展机遇和挑战。贯彻胡锦涛总书记关于重庆发展的“3.14”重要讲话精神，重庆交运的使命就是要把握时机，围绕物流、客运和交通建设，努力打造成为一家扎根重庆、带动西部、辐射长江经济带、延伸全国、走向国际的创新型特大交通运输企业航母。为此，我们以科学发展观为指导，加大改革力度，完善治理结构，以资本为纽带，以产业发展为基础，以体制创新、科技进步为动力，谋划集团未来发展目标，增强交运集团在西部地区交通运输、物流业的控制力、带动力和影响力。经集团公司领导班子认真准备和思考，决定抓住机遇，集中力量，快速发展客运、物流两大核心战略板块，发展与主业相关的产业，将交运集团做成“公益客运、便捷物流”的品牌企业集团。集团“十一·五”规划，我们明确了以下具体目标和要求：“至‘十一·五’期末，集团要实现总资产 100 亿元，翻一番；年营业收入 100 亿元，翻两番；利润 1 亿元，翻四番；其他经济规模指标不低于地区经济增长速度；职工平均收入增幅高于社会平均增幅；安全指标在控制线以下。创新机制，加快发展，切实推进目标的实现。”未来几年集团公司的重点工作如下。

1. 是资本快速扩张促进产业快速发展

集团公司将紧紧围绕国有资产管理法律法规，不断强化资产管理机制，并更加致力于资本经营：一方面要充分盘活用好目前集团公司实业资本、无形资本、产权资本、金融资本，建立高效投融资渠道，实现资本扩张；另一方面是不留余力地利用自身优势和政策优势获取更多资源资本。

2. 科学规划，引领子公司实施产业战略

确立集团宏观产业布局，科学规划，优化集团组织结构，周密指导子公司围绕集团战略又好又快地发展产业。

3. 人才资源战略确保集团快速发展

一要建立健全引进高素质人才机制；二要建立科学培养深造人才机制；三要建立发挥人才作用的有效平台。

4. 创新管理，建立适合集团发展新秩序

一方面要引进采用先进的管理手段，建立高效集约机制，优化产权结构，促进集团经济发展；另一方面要建立良好企业文化，建立和谐交运，推动集团实施品牌战略。

立足长三角　服务全中国

上海锦江商旅汽车服务股份有限公司

上海锦江商旅汽车服务股份有限公司，（以下简称锦江商旅），成立于2002年1月，隶属于锦江国际集团有限公司，是由集团下属的上海锦江汽车服务有限公司与上海汽车工业集团总公司、上海锦江国际旅游股份有限公司、北京昆仑饭店有限公司等共同发起设立的股份制企业。其中，上海锦江汽车服务有限公司持股50%。公司注册资本7 000万元，总资产2.5亿元，净资产1.2亿元。公司现有凯斯鲍尔、沃尔沃、尼奥普兰、日野、考斯特、金龙等高等级大客车1 100余辆，从业人员1 400余名。公司经营范围包括：大客车出租、跨省市长途客运、汽车修理等。

锦江商旅是一家具有悠久历史的年轻企业，其主体是由上海锦江汽车服务有限公司旅游客运和省际客运两大板块整体转制而成。

上海锦江汽车服务有限公司是上海客运行业的骨干企业，是一家拥有30亿资产，9 000余辆车的综合性车辆服务企业。该公司是由原上海三大汽车公司即上海友谊汽车服务公司、上海市旅游汽车公司、上海振华汽车服务有限公司2000年资产重组后建立的大型国有企业。

上海友谊汽车服务有限公司成立于1958年，主要承担国家与政府间的高层次接待用车服务。以承接国宾接待、商社、旅游、大型会务等综合性业务为特色，“国宾车队”享誉上海；上海市旅游汽车公司成立于1980年，是上海旅游客运行业及省际客运行业的骨干企业之一，主要从事涉外旅游接待、省际客运和省际旅游业务，“上海旅汽、巴士雄风”名扬上海，遍及华东；上海振华汽车服务有限公司成立于1987年，是集出租汽车、公交专线、长途客运、汽修汽配、油品供应等多种经营的客运行业骨干企业。历史上这三家企业均有着骄人的业绩和荣誉，多次获得“上海市文明单位”、“上海市用户满意企业”、“全国旅游系统先进企业”、“全国学雷锋活动先进集体”、“全国五一劳动奖章单位”等荣誉称号。

2000年，锦江国际集团资产重组后，为了优化资产，扩大经营规模，将旗下的上述三家公司资产合并重组，建立了上海锦江汽车服务有限公司。锦江汽车成立后，将三家公司原有的车辆、业务归并，在车辆经营业务上主要形成了高档小客车出租经营的外事公司、大客车出租经营的客运公司，社会出租经营的出租公司。

2002年1月，为了加快现代企业制度建设，锦江汽车将客运公司资产从母体中分离出来，以437辆经营性大客车作为实物出资，与上海汽车工业集团总公司等合伙投资组建了上海锦江商旅汽车服务股份有限公司。

锦江商旅横空出世，按照现代企业制度框架构建，其管理理念、营运方式、车辆设备、业务开发、人员组成等延续了锦江汽车的历史，是锦江汽车在新体制、新机制条件下，营运、管理、品牌优势的延伸和发展。锦江商旅集结了锦江汽车在旅游客运、省际客运板块的精华和优势。锦江商旅具有优良的人力资源优势，拥有一支成熟稳定的驾驶员队伍和富有经验的管理队伍，员工经过长期熏陶和锤炼，拥有良好的职业技能和职业素养。企业在资产规模、内部管理等方面，都具有较大的市场影响力和竞争力。锦江商旅以“优质的服务、优惠的价格、优良的设备”为经营宗旨，追求“高效益、高效率”的经营管理理念，致力于管理科学化、制度化、国际化，努力将企业“做优、做强、做大”。

一、业务结构完善，形成企业可持续发展能力

由于锦江商旅是锦江汽车客运服务产业链中的一环，地位和作用十分明确，专业经营大客车出租。因此锦江商旅成立6年多来专注于大客车营运，顺应时势，正确进行市场定位，不断调整和完善业务结构，形成企业可持续发展能力。

1. 高规格接待展现企业风貌

锦江商旅的驾驶员技术精湛，服务优良，行车安全舒适，车辆整齐划一，被社会广为称道。自2002年成立以来，公司一直是市政府、市人大等外事接待的首选单位，已成功接待了APEC会议、亚行年会、福布斯年会、联合国亚太经社会理事会、上海合作组织峰会、世界夏季特奥会等重要任务。平均每年的总统、总理、部长级国宾任务在150批以上。

2008年3月，经上海市城市交通管理局批准，锦江商旅正式受命独家组建上海赴京奥运保障车队。公司紧急购置50辆高等级车辆，抽调精兵强将组建了65人的奥运保障车队。奥运车队充分发扬锦江商旅“国宾接待、一流服务”的特色，通过“站立服务”、“一差两清”、“四净一亮”等高效措施，在京执行奥运会交通保障任务的40余天时间里，安全正点营运近1 700车次，行驶30余万公里，受到交通运输部、奥运会交通保障工作和有关单位的高度评价。

2. 旅游客运形成品牌特色

锦江商旅前身为一家旅游服务企业，伴随着改革开放以来旅游行业的发展而发展。公司与多家旅行社建立业务联系，在国内旅游及涉外旅游接待上占有较高的市场份额，最高时曾占有上海入境有组织旅游团体70%的接待量。近几年随着旅游市场格局变化，旅游团队呈现小型化、散客化、商务化趋势，加上旅游车辆的准入门槛低，大批社会车辆涌入旅游接待，造成供大于求，市场竞争加剧。锦江商旅不是简单地打价格战，而是充分利用公司车型全、规格高、人员素质好等优势，开发海外游轮等大型旅游集成业务，树立了锦江商旅做大型业务、高规格业务的第一品牌形象。

3. 会展商务接待持续发展壮大

随着上海近年三个中心的建设，在上海召开的国际性体育赛事、文化活动、商业会展、学术会议增加，公司抓住机遇，积极开拓会展会务业务，连续多年成功接待了华交会、旅交会、上海电影电视节、F1大奖赛等系列活动，也成功接待了麦肯锡全球咨询年会、戴尔全球会议等高端会务，会展商务的接待比重从成立时的5%提高到15%。

4. 固定包车彰显企业品牌实力

公司积极作好经营策略调整，抓住上海在产业发展中外资企业、外资学校增加的良好机遇，全方位开展企业固定包车的销售。在上海发展的几大工业园区，公司从园区尚在规划阶段就着手进行跟踪、培育。随着市场的变化和公司车辆规模的发展，企业固定包车比重逐年上升，目前已占营收的60%，高端客户不断增加，公司为40多家世界500强企业提供服务。企业固定包车稳定的业务和收入确保企业赢得能力不断增强，显示了企业的品牌和实力。

5. 长途客运形成规模优势

大客车的市场资源并不多，无论是旅游用车还是固定包车都有其脆弱性，而唯一的有效资源就是省际长途客运的经营权，这是一块相对规范且市场化程度较高的市场，而随着中国的高等级公路的建设和发展，这一市场有着良好的远景。大力发展长途客运是企业新的经济增长点。锦江商旅公司成立后，连续收购了两家客运公司（上海锦江太平洋客运有限公司和上海锦江高速客运有限公司），参股上海新世纪长途客运公司、上海南站长途客运有限公司。锦江商旅是全国首批，上海第一家全国道路旅客运输一级资质企业。公司积极开拓长途客运，经营线路目前已发展到50余条，100余班，线路遍及华东、华南、华中等十多个省市地区。在长途线路的经营方式上，锦江商旅根据每条线路的经营特点，采取了独立自营、联营及部分联营等方式，以更好地强化管理，安全和效益相结合，在线路相对集中的四川省还独创性地成立了渝中片区管理部，以探索最佳的管理模式。

6. 大客车修理形成拳头产品

锦江商旅的汽车修理厂在大客车修理方面有着丰富的经验和基础，包揽了公司1 400余辆大客车的全部修理项目。除了内部保障任务外，对外积极开拓社会市场，目前拥有尼奥普兰、凯斯鲍尔、日野、金龙、合客、沈飞、玉柴等十多个特约维修站。锦江商旅修理厂是汽车维修一级资质单位，规范运作，在大客车修理上是行业内的一流品牌。

二、追求卓越，创建企业品牌形象

1. 科学管理，精简高效

作为拥有1 100余辆大客车的锦江商旅公司，为了打响品牌，体现规模化经营优势，采取集约化经营，公司共分为四个营运分公司，其中一个专营长途客运。平均每个营运分公司管理着250以上辆车，人车比1∶25。，公司强调科学管理，统一调度，从降低成本，提高车辆利用率来提高车辆效益。为了提高管理水平，公司实施科技管理战略，建立了信息化、网络化、数字化的综合管理平台，全部车辆纳入GPS车辆智能调度，形成商务、车辆、安全、服务、调度、维修等信息资源集成共享的一体化管理系统，对车辆进行实时动态跟踪，实时调度，增加了车辆套用数，车辆利用率提高20%以上。创新的车辆运营管理模式，有力地增强了企业的竞争能力。

2. 服务创新，提升价值

近年来锦江商旅逐步走国际化、高端路线。公司强调个性化服务，提高产品附加值，以服务抢占市场。在公司为40余家世界500强企业提供固定租车服务的过程中，公司感受到这些企业在服务上严格甚至苛克的要求，公司将此作为提升企业服务层次的外在动力，逐一加以落实并逐步推广到所有的服务中。针对一些企业信息化的需求，公司建立了与客户实时沟通的网络平台，客户能随时调看租用车辆的运营情况，出现突发问题能够及时解决；车辆上配备当日主要报刊及杂志，播放无线电视，车上装有无线上网系统和电源接口；加强应急预案管理，对固定业务车辆的客人都进行紧急逃生演练，每条固定线路都设有沿途最近距离医院的信息以备不时之需。

3. 班组建设，卓有成效

公司从成立之时的400多辆车，发展到目前的1 100余辆，驾驶员队伍大幅增长。为加强驾驶员队伍建设，公司形成了以老带新，以班组建设为抓手，将班组建设与服务质量管理、安全行车管理、企业文化建设相结合的管理模式。公司以业务集聚点为单位组建班组，实施了班组标准化建设，在班组的硬件设施，学习制度，安全服务，营运规范，生活秩序等方面都建立了统一的标准，班组中老同志传帮带，新老同志一对一结对子，将好的传统和理念一代代传承下来。通过不断地强化班组建设，各班组间形成积极创建，比学赶超的良好氛围。公司45个一线营运班组中已有30个成为达标班组，涌现了全国五一劳动奖章获得者1名，市劳动模范2名，全国模范职工小家1个，市级服务明星班组3个，推动了企业建设的全面发展。

锦江商旅自成立以来，已连续6年成为上海市文明单位，被上海城市交通管理局评为上海交通行业“规范服务新风窗口”，被上海市质量协会评定为“上海市用户满意企业”，被上海市交通安全协会评定为交通安全二星级企业（目前为最高级）。

锦江商旅按照上海市委市政府对锦江国际集团确定的“扬帆远航，走向世界”的要求和集团要做全国客运第一的目标，坚持以品牌、网络、管理、人才为中心，坚持以高规格、人性化服务树品牌形象，努力抓住机缘打造网络，立足长三角，辐射全中国，从细节入手，抓管理促效益，加强人才培养，打造一支职业化的驾驶员队伍，以及对企业忠诚，富有创新意识的管理队伍，使企业不断获得前进动力。

今后锦江商旅将继续发扬“团结、务实、创新、亲民”的企业精神，向管理水平国际化、体制机制科学化、文化建设系统化的目标不断努力，稳步发展，争取到2010年车辆规模达到1 500辆，长途客运班线达到150条，年创营业收入40 000万元，创利4 000万元，进一步提升锦江商旅大客车经营的品牌形象，成为全国最具影响力和竞争力的客运企业之一。

中原交通“航母”

郑州交通运输集团有限责任公司

一、企业介绍

郑州交通运输集团有限责任公司（以下简称郑州交运）是由原郑州汽车客运总公司、郑州联开运输总公司、郑州市交通运输总公司三家骨干运输企业顺势而为、强强联合组建而成的集团有限责任公司。

郑州交运是河南省规模最大的道路运输企业，员工16 000多人，企业总资产15亿元。是一家集公路客货运输、现代物流、出租车运输、汽车贸易、汽车维修、房地产开发、旅游餐饮、燃润料和汽车配件销售、商品批发、计算机软件开发、印刷、广告、驾驶员培训、投资建设、物业管理等多元化经营为一体的大型企业集团。

郑州交运的支柱产业是客运业。其规模和实力均居河南省同行业之首。现拥有欧洲之星、凯斯鲍尔、尼奥普兰等世界名牌客车在内的各类客车2 000余台；拥有全国一级汽车站、省部级文明汽车站各类客运站14个。其中，市内拥有长途汽车中心站、二马路长途汽车站、汽车客运南站、汽车客运东站、汽车客运北站、汽车客运西站、汽车客运总站、京广汽车站等8个汽车客运站；省际省内营运线路500余条，覆盖全省、通达全国25个省市自治区；日发班次4 000多个，日运送旅客能力15万人次以上。随着集团公司的不断发展，它将能够最大限度地满足不同层次旅客的出行要求，让旅客真正享受到及时、快捷、舒适、安全的高质量服务。以“金象”为标志的“河南快客”客运品牌，严格履行对社会的服务承诺，得到社会各界的广泛认可，备受省内外同行业的关注，已成为我省客运优质服务的象征。

货运业和积极发展的物流业已具备相当规模。郑州交运拥有各类货运车辆4 000多台，总载质量达30 000多个吨位；拥有包括全国公路货运主枢纽之一在内的货运场站6个。长途运输、公铁联运、高速快运、特殊大件运输、危险品运输、大宗合同运输、异地配载等传统的货物运输方式已实现规模经营并日趋成熟。目前，以“金象”为品牌，以货运场站为支点，以科技为先导，以信息网络为平台的集信息、仓储、运输为一体的现代物流业正在积极发展之中。现代物流以其丰富的外延注定了它具有广阔的发展前景，是集团公司致力发展的重要支柱产业。

旅游餐饮业颇具影响。集团公司现拥有荣获郑州市优秀星级宾馆的欧亚大酒店、二星级旅游饭店中原大厦等7家宾馆企业和一个旅游公司。汽车贸易、汽车维修、燃润料和汽车配件销售等产业，当前都具有一定规模、良好的基础和显著的优势，立足于搞活内部市场，大力开发拓展外部市场，其发展前景十分广阔。

"以人为本、优质服务"是企业生存发展的根本保证。集团公司不仅拥有想事、谋事、干事、精诚合作、作风优良的干部队伍，而且拥有以全国劳模辛东良为代表的艰苦奋斗、乐于奉献、勇于创新的职工群体。高素质的职工队伍为社会提供高质量的服务。广大干部职工自发捐款建立"特殊旅客困难救助金"，帮助困难旅客完成旅行，受到社会各界的交口称誉，被新闻媒体誉为"爱心链"，中央电视台录制成专题节目进行宣传，是集团公司优质服务的典范。

郑州交通运输集团有限责任公司将以"内强素质、外树形象"，以科学、规范、高效的管理打造中原交通运输"航母"，将为中原城市群经济隆起带的腾飞，为实现全面建设和谐社会的宏伟目标做出新的更大贡献。

二、发展历程

十一届三中全会以后，郑州的交通运输业呈现蓬勃发展的新气象。自20世纪80年代初开辟跨省长途客运线路，基本形成了一个以郑州为中心的城乡客运网络。同时郑州的货运运输也迈出了新步伐，取得了较快的发展。党的十一届三中全会后，郑州的交通运输业得到了较大的发展，出现了多渠道、多层次、多成分和各地区、各部门及个体办客运的热潮，形成了以国营客运为主，集体及个体为辅的格局，改变了以往独家经营的模式。运输经济结构改变，参与长途运输的车辆大量增加，缓解了长期困扰人们的"行路难""货运难"问题。自1980年起，郑州交通运输企业以经营客、货运输为主转向增加客车、发展客运为主。陆续淘汰老旧车辆，购进新型车辆，客运力量得到较大的发展。开辟了多条跨省客运线路，从一定程度上缓解了铁路旅客运输的紧张状况，极大地方便了人民群众的生活和贸易交流。

1. 组建情况

2003年，在河南省交通厅和郑州市委、市政府的关心支持下，在郑州市交通局的领导下，郑州市原三家道路运输企业郑州汽车客运总公司、郑州联合运输总公司、郑州市交通运输总公司按照党和国家方针、政策以及改革开放的要求，适应形势发展需要，根据"平等、自愿、互利"的原则，进行战略重组，组建了郑州交通运输集团公司（以下简称集团公司），实现了资源的有效整合，经过一段时间的运转，组合后的规模效应已初步显现，把企业"做大"的阶段性目标已初步实现，为企业的发展打下了基础。

为了贯彻落实党的十五届四中全会和党的十六大报告精神及国家产业政策，抓住机遇，发展生产力，对郑州市原三家运输企业重组，优化郑州道路运输企业的资产结构、组织结构、人员结构，提高企业资质，增强市场竞争力和抗御风险的能力，为建立现代企业制度打好基础。逐步实行股份制改造，规范公司化运作，把企业做大做强，促进郑州市道路运输市场有序发展，提高经济效益和社会效益，改善提高职工生活水平，为郑州道路交通运输事业快速发展作出更大贡献。

组建集团公司，实现战略重组，整合优化资源，发挥规模效应，是郑州市原三家道路运输企业深化改革，做大做强，实现专业化、集约化经营的必由之路。一是党和国家路线、方针、政策的要求；二是适应国内外运输市场发展趋势的要求；三是加快企业自身发展，解决广大干部职工关心的热点、难点问题，维护职工群众根本利益的要求。

党的十六大后，河南省委提出了“解决河南所有问题的关键是发展，要通过发展实现河南在中部的崛起和全面振兴”。郑州市委、市政府决定在全市组建若干个有实力的大型企业集团，组建郑州交通运输集团公司就是其目标之一。郑州市交通局抓住时机，积极引导企业实施资源组合，帮助支持三家道路运输企业实现了战略重组，组建了郑州交通运输集团公司。

2. 组建以来改革发展回顾

自2003年组建以来的4年，是集团公司发生深刻变革的4年，是取得大发展的四年。4年多来，在上级有关部门的正确领导下，在广大干部职工的共同努力下，我们以科学发展观为统领，以生产经营为中心、发展为主题，以改革为动力，以“企业做大做强、职工生活好上加好”为奋斗目标，理清了发展思路，顺利实现了资源的优化整合，取得了规模效益。圆满完成了改制任务，新公司正式注册成立，为下一步发展提供了新的机遇，实现了改革发展双跨越，取得了社会效益和经济效益双丰收。

(1)理清了发展思路

集团公司组建后，根据国家政策和集团公司实际，经过反复研究、论证，逐步确立了“三步走”的发展战略：第一步，组建集团公司，实现规模效益，把企业做大；第二步，以产权制度改革为突破口，利用国家关于国有企业改革的政策，解决传统国有企业历史包袱沉重、机制不活、观念陈旧的问题，逐步建立适应市场经济的现代企业制度，把企业做活；第三步，使集团公司在现代企业制度框架下、良性循环的基础上，在更高层次上进行跨越式发展，从而实现企业做强做久的目标。“三步走”战略目标的形成，对于有针对性地做好不同阶段的重点工作，对于保证可持续健康发展都具有重要意义。

第一步“做大”的工作从2003年6月份开始，到2005年年底基本实现。组建用了三个月，规范、发展、巩固、提高用了两年时间。通过组建，综合实力发生了明显变化，规模效益明显显现，收入成倍增长，使我们有能力应对发展中不断出现的新情况、新问题、新困难。几年中我们在有效消化油价持续攀升、人力成本增加等新增成本近1亿元的情况下，保证了“发展思路不被打乱，发展势头不被打断”。

第二步“做活”的工作从2005年年底开始启动，2006年年底基本完成改制任务，2007年8月20日完成新公司注册。通过改制，集团公司的性质发生了变化，产权关系已经理清，新的法人治理结构已经建立，各级组织关系基本理顺，改制的政策效应明显显现，各种资源得到优化，使企业的赢利能力有了大的提升，为改制后集团公司第二步战略目标的确定找到了方向，使我们能够利用国家大力发展资本市场的政策，为把集团公司打造成上市公司提供了条件。

(2)以改革为动力，以确保稳定为基础，圆满地完成了企业改制工作

郑州交运高度重视企业改制工作。组建成立后不久，于2003年11月就成立了集团公司企业改制工作领导小组，开始了历时3年的企业改制工作。企业改制工作是集团公司组建后3年的时间里召开各种会议讨论研究最多、投放精力最大的一项工作。集团公司的企业改制工作在党的路线方针政策的指导下，在上级政府的指导下，在上级政府和主管部门的领导下

规范地进行，经历了三起二落的曲折过程。几经变化调整，做了大量的艰难的工作。

2006年，在经郑州市人民政府郑政函［2006］69号文批准后，郑交集团选择了国有控股、职工参股，职工身份不置换的改制模式。改制采用在国有控股的前提下，以协议增资扩股的方式引入由职工以现金出资组建的郑州交运投资管理有限责任公司，对郑交集团进行公司化改造。通过改制，增资扩股为国有持股55.2%、郑州交运投资管理有限公司持股44.8%的郑州交通运输集团有限责任公司，新公司注册资本22 826万元。其中国有股本12 600.23万元，郑州交运投资管理有限责任公司股本为10 225.77万元。

在册职工不进行身份置换，愿意进入新公司的职工，签订劳动合同，自愿离开企业的职工按市有关规定支付解除劳动合同经济补偿金，符合内退条件的职工自愿选择内部退养。先后共办理解除劳动合同人员手续1 122人，办理转移手续1 118人，支付解除劳动合同经济补偿金4 087万元。

三、发展成就

通过改革，郑州交运取得了经济效益和社会效益双丰收。

1. 主要经济指标一年一个新台阶

从2003年的收入7.3亿元到2007年收入15.28亿元，平均每年增长27.33%。可以说，集团组建以来，四年四大步，一年一个新台阶。

2. 社会贡献率逐年增长

2003年实现利税3 181万元，上缴各种规费5 960万元；2004年实现利税5 554.78万元，上缴各种规费7 480万元；2005年实现利税6 043.2万元，上缴各种规费8 748万元；2006年实现利税4 680万元，上缴各种规费7 250万元。2007年上交利税8 090万元，上缴各种规费9 340万元，实现利润4 823万元。

3. 社会形象逐年提升

郑州交运是交通运输部和河南省交通厅重点联系企业，集团公司改革发展模式被业内普遍看好，誉为“郑州模式”。

四年来，集团公司先后被评为全国服务业500强企业，中国交通运输百强企业，客、货运全国50强企业，客、货运一级企业，中西部首家4A级物流企业，全国物流先进单位、全国模范职工之家等荣誉称号。2007年被河南省交通厅评为道路运输企业管理先进单位。被评为郑州市最具魅力十大企业、市国资委年度目标管理先进单位。

先后被评为我省诚信纳税百强企业、纳税贡献大户，被评为郑州市纳税50强企业。

先后被评为河南省思想政治工作先进单位、思想政治工作优秀企业、先进基层党委，郑州市思想政治工作先进单位等荣誉称号。

4. 职工生活明显改善

2004年，在职职工人均月增加工资62.55元；统一了集团公司住房公积金标准，人均月增加14.7元；退休人员生活费人均月增加29.5元；解决了原联开公司和交运公司7 497人医疗保险问题。2006年，在改制的攻坚阶段，均保障了干部职工的收入水平不下降。2007年，在职职工工资平均增长10%，内退职工生活费平均提高8%。调整职工住房公积金缴存比例和缴存基数，人均增长 110%。

四、基本经验

集团公司组建以来积累了丰富的经验，但其中最基本经验就是坚持深化改革，加快发展不动摇。在具体工作中就是坚持以生产经营为中心，以科学管理为基础，以加强班子建设和人才队伍建设作保证，以营造良好的内外部发展环境作支撑，以共享发展成果为目的，紧紧依靠广大干部职工，调动方方面面的积极因素，立足于自身努力，保证健康可持续跨越式发展。

1. 要通过创新，扫清发展道路上的障碍

纵观集团公司组建以来的发展历程，就是一个不断深化改革的过程。正是通过组建、改制等不断深化改革，才保证、促进了集团公司的不断发展。改革是发展的持久动力，只有深化改革，才能加快发展，要想取得大发展，改革必须有大动作。

2. 要紧紧抓住生产经营主线不放松

在各种复杂的形势面前，各级领导班子都集中主要精力，集中主要时间抓生产经营，保证足够的人力、物力、财力放到生产经营上来，各项工作都必须为生产经营服务，为生产经营提供思想和组织保证，创造良好的生产经营环境。正是紧紧抓住生产经营主线不放松，一切围绕生产经营，一切为生产经营提供保证，才保证了各项工作任务的顺利完成。

3. 要强化安全管理，提高管理的科技含量

集团投资 1 000 多万元打造的 GPS 安全生产管理监控系统，能够对运营车辆和车站进行安全适时监控。该系统是利用现代科技手段强化安全管理，解除目前困扰和制约运输企业发展的难题，保障行车安全和旅客乘车安全，实现安全源头管理的有效途径。使用以来效果显著，受到各界好评。

4. 要不断提高干部职工的素质

加强后备人才队伍建设，积极引进人才，用好人才，才取得了今天的发展成果。企业要发展，人才是关键，加强班子建设和人才队伍建设是企业发展的保证。马克思主义理论告诉我们："外因是变化发展的条件，内因才是变化发展的根据。"郑州交运要发展，要实现"做大做强"的目标，只有靠我们自己，靠我们的干部职工队伍，靠各级领导充分发挥责任主体意识，靠发挥广大干部职工每一个人的积极性，集团公司组建以来的实践充分证明了这一点。

5. 要让广大干部职工共享发展成果

郑州交运始终强调发展，全力以赴致力于发展，其最终目的就是通过发展，为国家、社会做贡献，为职工群众解决实际问题，生活好上加好，共享发展成果，这是一切工作的出发点和落脚点。

五、发展展望

（一）指导思想

郑州交运未来三年工作的指导思想是：深入贯彻落实党的十七大精神，以交通部《关于促进道路运输业又好又快发展的若干意见》为导向，以推进整体上市为目标，坚持企业发展主线，不断深化改革、扩大开放，力争通过三年的努力，全面提升道路运输服务质量、运输效率，充分发挥比较优势，提高企业综合实力和核心竞争力，使集团公司在现代企业制度框架下进入良性循环。

（二）发展目标

郑州交运未来三年发展的总体目标是：建立现代企业制度，力争实现整体上市，达到主业优势明显，新的经济增长点基础扎实，发展潜力大，可持续发展势头良好，成为在河南乃至周边省区公路客运、物流和汽车服务领域具有较大影响力的、拥有较高品牌价值的现代企业集团。

1. 效益目标

营业收入2008年达到15.8亿元，比上年增长6%；2009年达到17亿元，比上年增长8%；2010年达到18.7亿元，比上年增长10%。

利润总额2008年达到5 400万元，比上年增长12%；2009年达到6 260万元，比上年增长16%；2010年达到7 500万元，比上年增长20%。

2010年职工收入比2007年增长30%以上；国有及职工资本投资回报率达到15%以上。

2. 产业结构调整目标

场站建设布局合理，土地实现盘活盘盈；客运主业快速发展，扩大客运市场份额在全国的领先地位；物流业成为支柱产业，实现传统货运向现代物流的转变；完成汽车服务资源的整合，实现连锁经营，构建、完善汽车服务与销售平台。

3. 管理目标

企业运营效率得到大幅提升，企业竞争力显著增强。管理骨干队伍结构合理、素质优良；建立高素质高能力的职业经理与员工团队；通过培养和引进投资购并人才，显著提升企业产业运作能力；有较强的专业和管理人才的储备。形成高效的组织结构和管理模式。初步形成充满活力的企业文化，发展环境和谐稳定。

（三）保障措施

1. 不断完善郑州交运组织架构，健全管理制度体系

规范郑州交运的法人治理结构，按照精干、高效的原则，完善组织架构，为经营和发展提供组织保障。完善各项管理制度，强化郑州交运的资本运营、投资决策、协调管理和融资的功能；进一步完善各项管理制度，确保实现管理规范化、制度标准化。

2. 加强发展战略研究

研究全球化及相关行业的技术发展趋势，切实把握国家宏观经济政策、本行业关键技术的发展方向，企业主导产品在国内外市场的地位和变化趋势，全面分析、掌握自身及竞争对手的优势和劣势。

做好重大决策的可行性研究，建立重大决策的责任制度。投资项目必须进行科学、慎重的可行性研究、论证。重大投资项目的可行性研究聘请有相应资质的科研机构、中介机构或有关专家进行咨询或参与评估、论证。

3. 强化质量与安全管理

大力开展对员工的质量与安全意识教育，学习和借鉴国内外先进的质量与安全管理方法，进一步建全公司质量与安全责任制。

要牢固树立服务业向社会提供的产品就是服务的理念，强化产品质量意识，明确质量发展目标。坚持质量第一、用户至上的方针，树立最大限度满足用户需要的质量观念，把技术进步和加强管理紧密结合起来，制定积极可行的质量发展目标，实施质量兴企战略。

要深刻认识到我们从事的行业是“高危行业”的特点，切实落实好“以人为本，安全第一”的安全管理方针，坚持查处安全生产隐患，加强安全管理源头治理力度。提高安全管理水平，强化安全生产的主体责任，加强对车辆、驾驶员的管理，继续坚持用 GPS 等现代科技确保安全。强化汽车客运站安全源头管理，严格落实“三不进站五不出站”制度。加大车辆技术管理力度，加强车辆管理档案和车辆技术档案管理。按照“四不放过”和“惩治并举”的原则，落实安全生产责任追究制度。

4. 加强营销管理

面向客户与市场制定营销战略。认真进行市场调查和市场预测，进行市场细分，选准目标市场，明确市场定位，了解用户需求，制订切实可行的营销策略。加强营销队伍的建设，培养高素质营销人才。强化研究市场、开拓市场的职能，建立健全营销网络，积极采取新的营销组组织形式，开拓销售渠道。加强客户信息管理。及时了解和掌握用户资信状况，建立用户信息档案。

5. 实施人才战略，健全人力资源管理体系

加快各类人才特别是高层次人才的培养开发，全面提高人才队伍的整体实力。用好现有人才，引进紧缺人才，储备和培养专业人才、着力提高人才的整体素质，推进人才结构调整，加速高层次人才资源开发，不断创新人才资源管理体制和机制，努力营造人才资源开发的良好环境。提高专业技术人才创新能力，建设高素质的专业技术队伍。

6. 拓展融资渠道，提升资本运作与产业整合能力

注重资信体系建设，建立良好的银企关系；积极探索融资方式的创新，有效开展资本运作。不断提升融资能力、价值创造能力、产业兼并和整合能力、企业经营能力以及公司整体的价值管理能力。通过资本运作和产业重组整合内部资源，获得高额的经营收益。

7. 建立有效的监控体系，对发展战略的执行实施监控与调整

科学安排、统筹规划是公司战略正确实施和推进的基本保障。建立一整套良好的决策、监督、控制机制，保证战略分步骤实施，并按照客观、适度、快速、稳健的原则，及时调整和修订规划指标，实施梯度和滚动发展。

8. 营造良好的内外部发展环境，做好经常性思想政治工作，为企业的改革发展提供强有力的思想和组织保证

良好的发展环境是加快发展的重要条件，要想发展，没有和谐稳定的发展环境是不行的。因此，我们一定要高度重视并致力于打造良好的发展环境。首先要下大力气不断加强和改进经常性的思想政治工作，增强思想政治工作的预见性、针对性、战斗性，营造内部团结和谐的良好气氛，培养爱岗敬业、热爱企业的集团主义思想，增强企业的凝聚力；其次，要加强干部队伍建设，着力营造特别能战斗、特别能奉献的干部环境；第三，要加强作风建设，着力营造风清气顺的人和环境；第四，要坚持社会效益第一，着力营造良好的外部发展环境。

郑州交运已经站在了一个新的历史起点上，跨入了新一轮加快发展的新时期，面临着难得的发展机遇，我们要充分认识当前面临的形势和肩负的历史使命，贯彻落实科学发展观，进一步增强责任感、使命感和紧迫感，抢抓机遇，开拓创新，坚定信心、大胆改革，通过2008年及未来三年的努力工作，为确保郑州交运整体上市目标的早日实现，确保郑州市交运在新的历史起点上实现可持续跨越式发展，在实现郑州交运可持续发展过程中，确保广大干部职工更好地共享改革发展成果而努力奋斗。

以改革为统领　以创新促发展

江西长运股份有限公司

一、企业介绍

江西长运股份有限公司（以下简称江西长运）历史悠久，其前身可追溯至20世纪80年代末。1988年5月起名为“江西长途汽车运输公司”，由江西省交通厅下放南昌市管理。1993年4月3日，江西长运以定向募集方式设立，成为当时全国公路运输业第二家股份制企业。2002年7月16日，江西长运在上海证券交易所成功挂牌上市，股票代码：600561，成为全国以公路客运为主业的第一家上市公司，被誉为“中国公路客运第一股”，引起了中国公路运输行业的瞩目和社会各界的关注。

江西长运是道路旅客运输一级企业，以公路客运为主业，经营范围还包括物流、旅游、出租车、车辆修理、车辆检测、小件快运、物业、石油销售等业务。截至2008年6月底，江西长运总资产15.64亿元，净资产5.47亿元，在编在岗员工3 885人，拥有客运站场50个，经营线路1 091条，营运建制车辆3 239辆，基本形成了以江西南昌、景德镇、吉安、新余、抚州、婺源、安徽马鞍山、黄山为中心，覆盖江西及相关营运区域并迅速向周边延伸的公路运输服务网络。

江西长运以改革领先著称业内。从1985年改革正式起步，江西长运就没有停止过。1992年改革开放的春风吹遍神州，江西长运迎来了改革发展的好时机。1994年江西长运在全国同行业率先推行“现代公路运输企业资产价值型管理”，该成果获得1998年第五届国家级企业管理现代化创新成果二等奖。1996年，江西长运再次在全国同行业率先摸索出一套以高密度、定时定站、流水发车、快速直达为特点的“公路旅客快客营运管理”模式，成为企业新的利润增长点，获得2001年第七届国家级企业管理现代化创新成果二等奖。此外，江西长运还非常注重科技创新，广泛应用信息技术，通过现代科学技术改造传统运输行业。

江西长运利用国有资产从一般性竞争行业退出的发展机遇，坚持“有所为，有所不为”的发展思路，立足南昌市，整合公路客运相关资源。同时，对外进行跨地区的兼并，形成公路运输的网络化。自1991年到2002年上市之前，主要以划拨式兼并为主，对南昌市内的客运及相关资源进行整合。先后在南昌市兼并了7户国有企业，涉及资产1.29亿元，职工2620人。自2002年上市后，江西长运主要以股权投资的方式，充分发挥上市公司融资能力、经营管理等优势，以市场需求为基础、以优势企业为主体、以资产为纽带谋求道路运输企业的联合集约化发展，成功实现了与江西省景德镇汽运公司、吉安汽运总公司、新余市汽运总公司、婺源胜达汽运公司、抚州汽运总公司，安徽马鞍山汽运公司、黄山市汽运总公司的跨区域合作，扩大了主营业务的市场份额，提高了公司的市场竞争力，发展了道路运输生产力，促进了区域内公路运输业的结构调整，提高了运输效率和服务水平，公司实现了快速、健康、可持续发展。

二、改革历程

（一）股份制改造

公司通过几十年的发展，到1992年时，每年的创利始终在100万元左右徘徊，公司缺乏自主经营、自我发展、自负盈亏、自我约束的机制，只能维持生存，难以有大的发展，如何在市场竞争中做大做强，解决公司的发展问题，提高公司的市场竞争能力和盈利水平，是领导者们不得不面对的实际问题。

1988年初，公司总经理张平从企业内部集资建房和合作建房改革的成功中获得启示，提出了要对公司进行股份制改造，运用国家、集体、个人三者一起投资发展公司的新思路。因当时外部原因，组建的一家股份制公司停止了经营。

在邓小平南巡讲话的鼓舞下，根据国务院的《股份有限公司规范意见》，公司成立了江西长运股份有限公司的筹备小组，起草了《关于组建江西长运股份有限公司可行性研究报告》，职工代表大会审议通过后，决定对公司进行股份制改造。

1993年3月2日，江西长运股份有限公司召开创立大会，成功组建了江西省公路运输行业第一家规范化的、以国有资产为主体的股份有限公司。公司注册资本为4 555.2万元，其中公司生产经营性资产1 655.2万元，占总资本的36%，向其他法人企业募集2 000万元，占总资本的44%，向企业内部职工募集900万元，占总资本的20%。按照公司章程，组建了股东代表大会为最高权力机构，董事会、总经理、监事会三权分立，形成完善的公司法人治理结构。公司章程中对各自的权力、职责和义务作了详细的规定。定期召开股东代表大会和董事会，研究决定重大事项，董事会、总经理按照各自的工作制度履行职责。经过多年的实践证明，公司的股份制改造使公司取得了显著的经济效益，也增强了企业的活力和市场竞争能力。1992年，公司的税前利润是115万元，资产总额4 629万元，资产负债率为64%；到2002年公司上市时，公司的税前利润达到4 339万元，资产总额为4.7亿元，资产负责率降低为42%。

（二）成功上市

江西长运为了更好的促进公司的发展，健全公司的各项制度规章，做好公司的基础管理工作。在1997年，公司就想争取成为上市公司，向全社会公开发行江西长运A股股票，进一步拓展融资渠道，形成合理的资本结构和产权结构。希望通过上市的规范、引导作用，通过社会媒介，投资者，监管机构、中介机构共同的监督，规范公司的管理，使江西长运保持基业常青，成为中国道路运输行业的百年老店，为江西长运长久发展打下坚实的基础。

2000年，江西长运开始运作上市。经过证监会批准，于2002年7月16日在上海证券交易所成功上市，成为全国第一家以公路客运为主业的上市公司。公司上市不仅为公司实现战略目标提供了比较充实的资金保障，对整个公路运输行业也产生了积极的影响。上市后，公司建立了更加规范的法人治理结构。建立健全了公司的财务会计制度、劳动人事制度、各项内部控制制度和符合证监会要求的信息披露制度；还聘请了三位独立董事，建立了公司的独立董事制度。独立董事制度的引入，是改善江西长运治理结构的一项重要措施，在公司战略决策及增强董事会的效率、公平、公正等方面起到了不可替代的作用。同时，在董事会设立了经营决策、审计、薪酬三个专门委员会（随着公司的发展，目前已经发展成为提名、预算、薪酬、战略、审计五个委员会），委员会负责公司经营计划的审批，公司发展战略的制定，内控制度的执行监督等。

（三）内部管理创新

1. 实行“资产价值型管理”

1994年，江西长运率先在全国同行业中实行资产经营责任制，公司改变以往年度高度统一的计划经济管理模式，不再具体下达各种经济技术指标，只制订资产经营的原则，把各基层单位划成相对独立的经营实体，并按各基层单位所占有的资产量（包括固定资产、流动资产、无形资产等）下达其上交利润计划和各项管理费用计划；实行资产保全制度，落实其自主经营和自负盈亏的责任。在资产经营责任制中，还进一步明确了各事业部的管理职能和管理内容，完善了奖罚制度，首次实行了各级领导干部交纳风险抵押金的制度。既调动了经营者的积极性，同时也加大了经营者的压力。

这一套改革后来被总结为“资产价值型管理”的机制，促使江西长运在较短时间内实现了由生产经营转变为资产经营，盘活了资产存量，加强了对无形资产及其收益的管理，促进了资产结构的合理调整。自实施资产价值型管理后，企业的经济效益实现了突飞猛进。在起步推行的当年，公司不仅止住了行业性的效益下滑，而且实现利润总额比1992年翻了一番，到1995年，企业资产总额升至1.18亿元，比1992年净增7 140万元。

这项被视作“长运活力激发点”的资产价值型管理，不久就在全国行业内不断被复制，成为江西长运领先改革的一招。同时，资产价值型管理获得了1998年第五届国家级企业管理现代化创新成果二等奖。

2. 首创“公路旅客快速营运管理”模式

1996年底，江西全省高速公路通车里程仅138公里，但纵贯省内南北的105国道、横跨东西的320国道及新改造的“南昌至抚州”等二级以上公路，通车里程达2 310公里，如何利用现有资源生存和发展，摆在了江西长运人的面前。此外，公司还面临京九铁路开通和火车“提速战略”的严峻挑战，面对各种“挤压”，江西长运通过科学论证，创造性地将仅在全封闭高等级汽车专用公路运营的高速豪华客运模式移植到二级以上公路，并投入多辆高级客运车辆，采取高密度流水发班，途中不上下旅客，走规模化投入、集约化经营的新型旅客运输方式。这个被称为“快客模式”的机制在江西长运铺开的1997年，“快客”以不足公司20%的运力，实现了50%的站务营业收入，实现利润534. 12万元，当年占整个客运部利润的57%。1998年这个比例上升至65%，成为一个主要赢利点。这种以满足市场需求而改变传统模式的大胆尝试，很快又成为全国同行学习的榜样，在中国公路运输业内迅速推广开来。2001年，公司的“快速营运管理”获得第七届国家级企业管理现代化创新成果二等奖。

3. 财务管理

(1)成立内部结算中心。资金是企业的血液，是企业正常运营和发展的保证。长期以来，公司大量的资金分散在厂、场、子（分）公司、站，从而使公司资金严重不足，周转困难也时有发生。针对这种情况，公司模拟银行运作方式成立了内部结算中心。

内部结算中心成立后，公司取消了各车队和科室在各银行开设的账户，改在内部结算中心开户。根据内部结算中心的规定，各单位之间不准互相拆借资金、不准公款私存，不准在外另开立账户等。内部结算中心按照银行受理业务的方式，在公司内部实行了资金统一结算，提高了资金的利用效率。在内部管理上，各厂、场、子（分）公司的沉淀资金，比照银行存款利息模拟核算；在外部营运上，按照资金审批权限，明确各级领导的资金审批程序、主体及权限。

通过内部结算中心，公司集中了内部的资金，部分解决了资金周转困难的问题，实现了对公司所有资金的统一管理和监督，使原来的财务控制制度从事后控制转变到事前、事中控制，提高了公司对资金的控制能力。

(2)实行全面预算管理。全面预算管理是将企业的决策目标及其资源配置以预算的方式加以量化，并使之实现的企业内部管理活动或过程的总称。全面预算管理是加强公司管理最为主要的工具和手段之一，它具有“全面、过程、全员”的特点。

公司为了加强企业财务管理，适应市场经济和企业发展的需要，在公司内部实行全面预算管理，公司一切经济活动必须按预算管理办法进行，受财务预算制约。

公司预算分为公司、基层单位或部门二级，公司财务预算由财务部负责管理，基层单位或部门财务预算由财务人员负责管理。公司总经理办公会议负责审订财务预算的编制、执行、分析、考核，财务部负责具体预算的拟定和编制，并对各单位的执行情况进行考核和监督。财务预算经公司董事会审批通过后，由公司批准下达执行。

4. 改革人事制度

多年来，公司不断深化人事制度改革，先后实行了人事代理制、从中层管理人员到一般员工的聘用制，以及关键管理岗位人员的选拔推行“三公开”（岗位公开、程序公开、竞选结果公开）竞聘制度等，逐步形成了竞聘制度化、规范化的人事制度运行机制。

2000年，公司在人事制度改革上，取得了重大突破，采取了公开竞聘、择优录取的方式公开招聘公司总经理。按照“四化”方针和德才兼备、公平、公开、公正的原则，应用市场化方法进行人才的选拔，使优秀人才能够脱颖而出。在招聘过程中，候选人通过党委、工会的资格预审，筛选合格后，参加公开答辩。由公司董事、监事和外部专家进行评比，按评比结果决定公司的总经理人选。利用《总经理聘用合同书》，明确总经理的责任、权力、利益。通过公开招聘总经理，形成了“股东会、董事会、经营层”相对独立、相互制衡的法人治理结构。

5. 进行技术创新

江西长运非常注重科技创新，在信息化应用方面，公司已组建完成了由公司网站、办公自动化系统、客运管理信息系统、人力资源管理系统、合同管理系统、财务金蝶系统、GPS监控系统所组成的信息化平台，实现了联网售票、网上订票、电话订票、快件电话托运、送票（货）上门等一系列服务措施；公司逐年加大对车辆更新、维护的投资，形成了以豪华客车为主导车型的全新运力，使整个公司中高档车辆的比重上升至70%，提高了车辆的舒适性、安全性、快捷性，并实现了节能降耗。在2004年底，公司又对南昌地区全部500多辆运营客车和其他地区的部分客车统一安装了行车记录仪等车辆管理系统，该系统对行车安全实行全过程监控，公司利用电视监控系统第一时间了解班车运行、行驶路面等重要情况，对驾乘人员直接进行监督。

6. 实行战略管理

战略决定了一个企业的发展方向，江西长运非常注重战略管理，是同行业中较早实行战略管理的企业。公司先后于2000年、2005年分别制定了公司的“十五”和“十一五”发展战略，确定了公司未来五年的发展目标，以及实现目标的措施和行动。在公司的第一个五年发展战略中，公司坚持“有所为，有所不为”的原则，确定了“以客运为主，加强资本运作，通过并购实现低成本扩张”这一总体战略。近几年。虽然外部环境发生了很大变化，但是公司始终坚持对外并购这一战略方向，实现了跨越式的大发展。在公司的“十一五”发展战略中，公司创新发展思维，由竞争策略转为竞合模式，通过与其他区域优势运输企业合作，实施蓝海战略，开创属于自己的蓝海市场。

为了有效实施公司战略目标，2008年，公司引入了平衡计分卡体系。通过构建战略地图和记分卡来描述战略，将公司的战略总目标转化为财务、顾客、内部运营和学习发展四个维度的指标，并将这些指标层层细化，由公司层面分解到各个部门，各个员工，建立从总经理到普通员工的明确的平衡计分卡指标体系，使公司的整体战略具体的落实到了每个员工的行动中，确保了公司战略目标的实现。

7. 实行“二二三”运营模式

2004年，江西长运开始在全公司推广低成本、高效率的“二二三”运营模式，即两个责任制（资产经营责任制和项目管理责任制），两个管理办法（全面预算管理办法和绩效考核管理办法），三个平台（企业文化平台、质量保证平台和信息化平台）。“二二三”运营模式是一个不可分割的整体，其中：全面预算管理是公司经营目标量化的手段，两个经营责任制和绩效考核管理办法是保证经营目标实现的保障措施，三个平台是公司整个管理工作的基础。“二二三”运营模式是对江西长运十多年来内部管理的总结和提升，是公司未来发展的内部核心动力。

8. 推行卓越绩效管理模式

2006 年，江西长运引入“卓越绩效管理模式”。卓越绩效管理模式是以系统思维的方式，在组织绩效管理中将多种管理系统（管理孤岛）整合为一体的一种综合管理体系，并可以作为一种知己知彼、科学评价的评价基准，是使企业的管理绩效和能力全面、均衡提升的一种管理模式。公司实行卓越绩效管理，每年都对自己进行一次评审，分别就领导，战略，顾客与市场，资源，过程管理，测量、分析与改进，经营结果 7 个类目对公司进行自我评价，运用系统分析的方法，发现公司在管理中存在的短板并加以改进，使公司在快速发展的过程中，能够全面提升管理能力，形成综合管理体系，均衡发展。2006、2007 年，江西长运两次荣获“全国交通企业实施卓越绩效模式先进企业”称号。

9. 开展企业文化建设

2007 年，公司在对现有企业文化彻底梳理、深入诊断的基础上，提炼成公司追求卓越的企业文化理念体系，确定了公司的使命、愿景、核心价值观、重要做事原则、基本行为规范，并依据这些理念重新审视现行的管理制度与流程，将价值理念融入公司的管理制度中，使得公司的文化理念能够在决策行为、经营行为、员工行为中得到贯彻执行，变成员工的思维方式、行为习惯与行为规范。最终通过企业文化建设提高管理能力和管理绩效，推动企业可持续发展。

10. 创新经营模式

2007 年，公司通过组织机构调整，使公司总部成为以资本运营、股权管理为主的控股公司，从而建立起以资本运营为纽带、以下属公司实体经营为支撑的资本运营型公司，为公司的战略发展提供了坚实的组织保障。控股公司专职于从事资本经营，注重战略、财务、风险等管理，子公司专职从事生产经营，构建一个完整的母子公司体系，完成从生产经营型向资本运营型转变。

（四）资本运作历程

资本运作是江西长运近年来实现企业迅速发展的根本手段，江西长运通过兼并、收购等方式，以实现“走出南昌，立足江西，面向全国”的跨越式发展。一是实施横向并购，减少同业竞争。通过建造和收购场站、并购其他公路运输企业、与相关企业实行横向联合等方式直接扩大了企业规模。二是实施纵向并购，进行结构调整。通过兼并、收购、租赁经营、参股、吸引外来资金，组建合资合营企业等形式，进入客运相关的产业链，以迅速调整产品结构，提高公司的综合竞争能力。三是着力资本重组，盘活现有资本。公司不断加大对现有资本的调整力度，通过出售、置换、拍卖、产权转让、合资（合股）联营、托管等形式，调整公司部分沉淀资本、回报率低的资本，实现了存量资产的优化组合。四是股权投资。公司上市后，以市场调节为基础，以股权投资为手段，进行跨地区并购，以实现公司规模化、网络化、集约化发展。

归纳起来，江西长运的兼并收购主要经历了两个阶段：划拨式兼并阶段和股权投资阶段。

1. 划拨式兼并阶段

第一阶段是自1991年到2002年上市之前，主要以划拨式兼并为主，低成本进行扩张，横向盘活区域内资源，夯实发展基础，对南昌市内的客运及相关资源。

2. 股权投资阶段

自2002年上市后，江西长运主要以股权投资的方式，成功实现了与景德镇汽运集团公司、吉安汽运总公司、马鞍山汽运公司、黄山市汽运总公司、新余汽运总公司、抚州汽运总公司、婺源汽运公司等公司的跨区域合作。积累了丰富的收购、整合并成功运营的经验及人才，也从一些失败的案例中认真吸取了教训。公司累计投入约3.26亿元，控制资产达6.2亿元，并取得了较好的效益。

(1)2002年通过市场化运作，投资2 000万元和景德镇汽运集团有限公司共同出资组建成立了江西景德镇长运有限公司，占新公司股权比例66.67%。

(2)2003年通过市场化运作，投资1 848万元和吉安汽运总公司共同组建成立了江西吉安长运有限公司，占新公司股权比例60%。

(3)2005年9月，公司投资1 530万元与马鞍山汽运公司合资成立马鞍山长运客运有限责任公司（占新公司股权比例51%），首次实现公司同行业跨省客运资源整合的有益尝试。

(4)2006年2月，公司投资4 000万元组建黄山长运有限公司，成功收购黄山市汽运总公司100%国有净资产，扩大了公司客运营运区域和营运网络。

(5)2007年7月，公司投资3 600万元组建新余长运有限公司，成功收购新余市汽运总公司100%国有净资产。

(6)2007年12月，公司投资1 741.36万元与婺源胜达汽运公司合资（控股）组建婺源长运胜达有限责任公司，占新公司51%股权。

(7)2007年12月，公司投资15 000万元收购抚州汽运总公司100%国有净资产。

三、发展成就

江西长运通过十多年的改革创新，在激烈的市场竞争中，得到了长足的发展。公司资产总额由1992年的3 991万元发展到2008年上半年的15.64亿元，是原来的39.18倍；实现利润总额由1992年的116万元增至2007年的9 383万元，增长到原来的80.89倍；2007年纳税总额为6 910万元，是1992年243万元的28.44倍；2007年工资总额7 755万元，是1992年742万元的10.45倍；自2002年上市以来，公司连续6年净资产收益率均超过10%，2008年上半年每股收益0.21元，每股净资产2.51元，公司以良好的业绩回报股东。

在江西省及全国的道路客运市场，公司2002年~2008年上半年占据的市场份额在逐年上升，具体情况见表1、表2。

2002～2008 年上半年江西长运道路旅客客运量情况 表 1

项目	序号	市场范围	2002 年	2003 年	2004 年	2005 年	2006 年	2007 年	2008 年上半年
道路旅客客运量（万人）	1	江西长运	662	1 025	1 186	1 444	1 686	1 724	1 056.84
	2	江西省	34 183	33 196	35 312	37 253	38 454	38 587	20 087
	3	江西长运占比	1.94%	3.09%	3.36%	3.88%	4.37%	4.47%	5.27%
	4	全国	1 475 257	1 464 335	1 624 526	1 697 381	1 844 526	2 060 714	1 079 555
	5	江西长运占比	0.05%	0.07%	0.08%	0.09%	0.10%	0.08%	0.10%

2002～2008 年上半年江西长运道路旅客周转量情况 表 2

项目	序号	市场范围	2002 年	2003 年	2004 年	2005 年	2006 年	2007 年	2008 年上半年
道路旅客周转量（亿人公里）	1	江西长运	8	12.3	15.7	20.6	25.6	26.1	16.58
	2	江西省	179.1	181.3	198	203.7	214.6	219.58	116.13
	3	江西长运占比	4.46%	6.79	7.93%	10.12%	11.93%	11.89%	14.28%
	4	全国	7 805.8	7 695.6	8 748.4	9 292.1	10 135.9	11 445.2	6 155.81
	5	江西长运占比	0.11%	0.16%	0.18%	0.23%	0.26%	0.23%	0.27%

江西长运的改革发展佳绩频频。1999 年获得中华全国总工会颁发的全国“五一劳动奖状”和“全国模范职工之家”称号以及人事部、交通部授予的“全国交通系统先进集体”称号；2002 年被中国企业联合会评为“中国企业信息工作先进集体”；2003 年被国家工商总局列入为全国第二批 1058 家“守合同重信用”企业；2005 年，荣列经济日报社评选的“中国制造行业内最具成长力的自主品牌企业”之一；2006、2007 年，江西长运两次荣获“全国交通企业实施卓越绩效模式先进企业”称号；2007 年 4 月，被中国交通企业管理协会评为全国交通系统“2006 年度创造交通新纪录企业”；2007 年 12 月，公司入选上海证券交易所上证公司治理板块，成为 199 家治理板块样本股之一。

四、基本经验

改革开放 30 年来，我国道路运输业与时俱进，取得了辉煌的成就。道路运输法规建设取得了突破性进展、运输市场秩序得到了有力规范，特别是高速公路等交通基础设施的日益完善，为道路运输业迎来了前所未有的发展春天。江西长运抓住发展机遇，以改革统揽全局，以创新促进发展，迅速壮大，实现了跨越式的大发展。

1. 完善公司法人治理结构是公司健康发展的基石

1993 年，公司进行了股份制改革，股份制改革不仅募集到了公司发展资金，更为重要的是使公司的产权结构发生了根本性变化，经营机制得到转换，公司从完善法人治理结构入手，初步建立起了现代企业制度。尤其是 2002 年上市后，公司的法人治理结构更加规范，股东大会、董事会、监事会、高级管理人员分工明确，各尽其职；公司聘请了 3 位独立董事，建立了公司的独立董事制度；建立健全了符合现代企业制度要求的各项内部控制制度和符合证监会要求的信息披露制度；同时，在董事会设立了提名、预算、薪酬、战略、审计五个专门委员会，并制订了规范的工作流程，以确保公司在复杂的内外部环境中能做出正确的决策。完善的法人治理结构为公司持续健康发展奠定了良好的基石。

2. 不断创新管理模式是企业快速发展的助推器

20世纪90年代，公司面对激烈的市场竞争，在经济效益一度滑坡的困境下，在企业管理上进行了大胆的创新，先后实行了“资产价值型”管理和“公路旅客快速营运”管理模式，激发了企业的活力，使企业迅速摆脱了困境。随后，公司又强化了财务管理，改革了人事制度，进行了技术创新，出台了一系列管理创新举措，为公司经济效益的提高做出了巨大的贡献。进入21世纪，面对错综复杂的国内外环境和日益激烈的市场竞争，公司实行了战略管理，通过走资本运营的道路，公司踏上了高速发展的快车道。近两年，公司又引入了“卓越绩效管理”模式，进行了企业文化建设，公司的管理能力和管理绩效得到进一步提高。多年来，正是通过不断的管理创新，公司才一步步成长、壮大，走向辉煌。

3. 成功的跨地区并购整合经验是公司做大做强的有效手段

公路运输是网络运输，只有网络化，集约化，才有规模经济。江西长运要做大做强客运企业，必须走一条跨区域兼并重组的道路。江西长运发挥上市公司筹融资、经营管理等方面的优势，近几年，先后成功组建了江西景德镇长运公司、吉安长运公司、新余长运公司、抚州长运公司、婺源长运公司以安徽省马鞍山长运公司、黄山长运公司，积累了丰富的收购、整合并成功运营的经验。

江西长运在并购重组中坚持三个基本点：一是坚持道路客运行业为主业。实现跨地区合作。二是坚持合作多赢原则。通过合作使相关利益各方（所有者、企业、管理层、员工、投资者、政府）都有收益，否则既无法得到合作企业的认同又无法获得政府的支持。三是明确合作的三条标准：江西长运控股、合作企业净资产收益率达到10%、具有丰富经验的管理团队。

在对合作公司的管理上，江西长运的做法是：不直接参与合作公司的日常经营管理，只是选派代表进入合作公司董事会，并将上市公司的融资平台和管理、技术输入到合作企业，以上市公司方式规范运作。2002年以来，公司与景德镇汽运集团公司合作开始就一直沿用这一管理模式。公司通过跨地区并购，实现了资本的“低成本，高效率”扩张，促进了公司的规模化、网络化、集约化发展，提高了公司的在市场中的竞争力。

春风荡漾的窗口

湖北公路客运（集团）有限公司

一、企业介绍

湖北公路客运（集团）有限公司是湖北省历史悠久、实力强大、管理规范、服务优良、湖北省唯一具有全国道路旅客运输一级资质的企业，主要经营道路旅客运输、货物运输和客运站，同时经营汽车配件、建筑装饰材料和仓储业务。

公司注册资金1.5亿元，总资产8.08亿元，员工3 000人，是中国交通企业100强、中国道路运输企业100强，通过了ISO 9001:2000国际质量管理体系认证。

公司在武汉三镇拥有汉口新华路长途汽车客运站、武昌傅家坡长途汽车客运站、武昌宏基长途汽车客运站、武汉汽车客运总站等4个国家一级客运站和汉阳长途汽车客运站，并实现了站站联网售票。

公司拥有各类营运车辆959台，其中长途营运车辆790辆，其他营运车辆169辆，其中欧洲之星、凯斯鲍尔、沃尔沃、奔驰等各种型号的高级客车363辆；客货运输网络覆盖全国17个省区；开通班线577条，日发班次3 500班，营运半径1 710公里；年运送旅客1 982万人次，日均运送旅客4万余人次，高峰时段日运送旅客12.52万人次；客票收入7.88亿元。

公司坚持“造福员工、造福企业、造福社会”的核心理念和“求实、诚信、创新、和谐”的文化理念，以追求卓越、旅客满意为目标，恪守“安全、舒适、方便、快捷”的服务宗旨，通过管理创新、制度创新、经营创新和善解人意、体贴入微的服务，不断提高服务质量和品牌知名度。

公司在全省同行业中首家推行“安全管理新机制”，并获得武汉市“安全生产先进单位”称号。公司还投巨资为每一台车安装了GPS全球卫星定位装置，完善了监控系统，运营班车的安全准点得到有效保证。

公司所属的傅家坡长途汽车客运站、宏基长途汽车客运站、新华路长途汽车客运站等3家客运站被评为“全国百强诚信客运站”；“小红帽”服务班获得“全国青年文明号”光荣称号；“客运天使”服务班获得交通部“巾帼文明岗”光荣称号。企业在广大旅客中具有良好的信誉和口碑，社会效益和经济效益不断提高。

二、改革历程

为壮大湖北省的道路运输企业，使之成为全国同行业领先地位的名牌客运企业，1998年4月，湖北汽车客运有限公司和武汉宏基运输发展股份公司将国有资产集中，联合组建了湖北公路客运（集团）有限公司。其前身企业的大致情况如下：

1. 湖北省汽车客运有限公司

湖北省汽车客运有限公司的前身为汉口汽车客运站，建成于1958年，曾经历两次改造，隶属湖北省汽车运输管理局；1984年9月，更名为湖北省汽车客运公司，同年下放武汉市，隶属武汉市交通管理局。

1995年3月，湖北省汽车客运公司作为武汉市30家建立现代企业制度试点企业，与其他5家公司联合组建了湖北省汽车客运有限公司。1998年，湖北省汽车客运有限公司与武汉宏基运输发展公司联合组建了湖北公路客运（集团）有限公司。

湖北省汽车客运公司1984年下放武汉市之时，正值经济体制转换时期，湖北省政府颁发了《关于进一步搞活公路运输的通知》，全省城乡出现了国家、集体、个人一起上、多家经营的局面。常年在计划经济体制指导下的湖北省汽车客运公司受到了巨大的冲击，省际、省内班线急剧萎缩，发车班次仅占武汉地区的五分之一。如何摆脱困境、寻找企业发展的出路、激发企业活力，是摆在公司面前的重大课题，为此，公司经历了由缓慢曲折到蓬勃兴旺发展的过程。

1986年~1990年，随着《全民所有制工业企业厂长工作条例》的推行，公司一是改善车况，积极筹措资金购买新车，车辆数每年以10%的速度增加，车辆档次也逐年提高；二是内包外引，企业内部推行租赁承包机制，把单车承包给驾驶员，实行“包死基数、确保上缴、歉收自补、超收自留”的承包方式，第二次实行“歉收自补、超收提税费、税费后自留”的承包方式，激发了驾驶员的积极性，对外积极引进班次，或单开或对开；三是在班线发展上，不断挖掘潜力，发挥自身优势，发展省际和长途，实行长短并举，以适应“早进城，晚归乡”的要求，增开夜班，夜宿农村；四是开辟多种经营，组建零担货运站；五是广设售票站点，在武汉三镇设立多个售票点，方便了旅客就近购票，深受市民称赞。实行了战略调整的湖北省汽车客运公司自此走出低谷，步入了良性发展的轨道，5年间，实现利润839.2万元，超计划15.1%。

1991年~1995年是湖北省汽车客运公司稳步发展壮大的时期。公司作为武汉市“自主经营、自负盈亏、自我约束、自我发展能力”试点企业，提出了“调结构、上班次、增效益、攻安全、抓质量、升等级”方针，经营效益在全省同行业中名列前茅，新车购买力大大增强，中级客车占有比例提高了74.3%，比“七五”期末增长了98.1%，日发班次700多个，比“七五”期末增长了20%，扩大了在武汉地区的占有份额，初步形成了以武汉为基础、辐射全国的运输网络；汉口汽车客运站是湖北省首家实行微机售票的车站，年利税比“七五”期末增长了47.4%，职工年均收入比“七五”期末增长了55.6%。

1996年~1997年，随着运输市场整顿的不断深入，有了一个较好的客运环境，公司抓住机遇，以市政府“稳中求进、紧中求活、好中求快”的方针为指导，提出了“以新一轮思想的大解放，促进企业改革的大突破，推动客运事业的大发展”口号，明确了“占领湖北、辐射全国”的营运战略目标。并响应武汉市交委抓好“两个工程”（即集团工程和转制工程）的号召，进行了联营和转制工作，提高了企业在市场的占有份额，企业整体实力变强。

1995年，公司与韩国锦湖集团等联合投资组建了湖北省道路运输第一家中外合资的武汉汉光公路运输有限公司；1997年8月组建了湖北金昌公路客运有限公司，共投资1 200万元，购置了10台大宇豪华大巴车，投入武汉—荆门一线旅客运输。

2. 武汉宏基运输发展股份公司

武汉宏基运输发展公司是由原武汉市第五汽车运输公司和第六汽车运输公司于1992年10月28日合并组建的新的法人企业，隶属武汉市交通委员会，后改制为股份公司。

该公司开始以公路货运为主，1993年，根据市场需求，适时调整经营结构，压缩货运，发展客运，拓展第三产业，并逐渐发展到以公路客运为主营业务。1998年4月，该公司与湖北省汽车客运公司联合组建了湖北公路客运（集团）有限公司。

三、发展成就

湖北公路客运（集团）有限公司成立以后，经历了由小到大、由慢到快、由弱到强、由维持基本生产到效益快速增长的历程。

企业利润1998年为42万元，1999年267万元，2000年318万元，2001年350万元，2002年593万元，2003年681万元，2004年1 088万元，2005年1 359万元，2006年2 127万元，2007年4 534万元，10年增长了100多倍。

公司营运车辆从1998年的485台，发展到2007年的959台；客座数从1988年的8 550个发展到2007年的30 521个；客运班线从1978年的75条，发展到2007年的577条，其中三分之一为省际班线；车辆等级从1978年全部是普通客车，每台车价值10万~30万元，发展到现在全部是配备空调、电视音响和卫生间的高级豪华客车，每台客车价值一般在100万~280万元之间。公司在武汉市的客运市场占有率从1998年的23%增长到2007年的68%以上。

2006年起，公司连续获得"中国交通企业100强"、"中国道路运输企业100强"称号；企业等级从二级上升为一级，是湖北省唯一具有一级道路旅客运输资质的企业。集团所属的3家客运站获得"全国百强诚信客运站"荣誉称号，全湖北省共有4家，湖北公路客运（集团）公司就占了3家。

公司在全湖北省同行业中占据领先地位，业内影响力不断扩大，是湖北省最大的道路运输企业。在2005年度的全省道路运输线路招标和武汉天河国际机场旅客运输班车的招标中，公司以无可争议的优势，一举中标，获得经营权。

四、基本经验

（一）关爱顾客，搞好服务，是企业发展的根本

顾客是公司的衣食父母，公司所做的一切必须以满足顾客需求为第一要务。

公司提倡的是"善解人意"的服务，即：当顾客需要的时候，服务人员就恰到好处地来到顾客的身边，并向顾客提供帮助。尤其是当顾客遇到困难时，服务人员及时送上的一句问候、一个小小的帮助，都让人感到温馨、关爱和满意。

公司先后创建的"小红帽"服务班、"宏基春天"服务班、"七彩"服务班、"服务天使"服务班和武汉—黄石精品班线、武汉—黄州精品班线、武汉—长沙精品班线、武汉至沪蓉东线沿线精品班线等8个服务质量标杆，以榜样的作用推动整体服务质量的提升。

其中，创建较早的"小红帽"服务班、"服务天使"服务班以其班组成员的飒爽英姿和青春活力，展示着特色服务、创新的风采，分别获得团中央"全国青年文明号"、"湖北省杰出青年文明号"、"武汉市青年文明号十年成就奖"等荣誉。

体贴、细微、善解人意的服务是这些标杆车队和班组的共同特点。汉口新华路长途汽车客运站本来已在候车厅内设置了开水饮用处，但为了让拖儿带女或行李多、不便走动的旅客安心候车，"小红帽"服务班的员工推着手推车，将开水送到旅客的座位上，比航空服务还周到、细致。另外，还专门设置了母婴候车室，备有宝宝摇篮、一次性奶瓶等；为残疾人提供专用通道和轮椅；总服务台有免费提供的防晕车药、针线包、手机充电器等。

公司设立了"委屈奖"，对那些行为不当的旅客同样报以宽容和微笑。例如，有一次一位旅客酒后失控，在候车厅无礼寻衅。服务人员打不还手、骂不还口，含泪为他服务，

清除其醉酒呕吐的秽物。这名旅客酒醒后，为其当初的行为悔恨不已，他最终成为公司的常客。

公司就是这样以顾客为中心，以真心、诚心、热心、细心关爱旅客，打动旅客，成为旅客的知心朋友。

为了满足顾客需求，更好地为旅客服务，公司通过市场调查，把顾客进行了细分，满足了不同阶层、不同经济水平、不同出行目的的顾客需求，公司的美誉度和知名度越来越高。

公司各车站每年运送旅客2.5亿人次，众口难调，要满足不同类型旅客的要求，的确不是一件容易的事，投诉的事件时有发生，但公司认为这是一个加强旅客沟通、不断改进工作的良好契机。

公司成立了接受旅客投诉的专班，安排专人解决旅客投诉，对旅客投诉进行分类分析，找出问题的原因，着令有关部门立即认真解决，并将解决结果告知集团总部和旅客，直到旅客满意为止。圆满解决一个投诉，就结交一位知心朋友，真诚沟通带来真诚合作。

承诺是金，优质服务不打折。2004年，公司董事长庄宝麟在提高服务质量、提升服务水平、增强服务意识、营造旅客至上、宾至如归的服务氛围等10个方面向社会作出承诺，其中“因车辆故障，班车晚点1小时以上，按旅客所持车票票面金额的20%补偿；因晚点当天不能发出须改乘次日班车的旅客，免费提供住宿和晚餐”一项，为全省首创。此10项承诺一出，即为全省客运行业所赞成，现已成为湖北省各客运单位对旅客的共同承诺。

诚信服务、真情服务、善解人意的服务，展示了企业文化的深刻内涵，有力地提升了企业乃至全省客运行业的总体服务水平，并与企业发展战略保持同步。

企业发展了，员工收入增加了，这与全社会的支持分不开。公司发展不忘回馈社会。从2003年起，公司与发行量很大的《楚天都市报》、《武汉晚报》等媒体合作，连续3年免费运送寒门学子约2 400人，免费运送革命老区民工约3 000人，并持之以恒地参加社会公益活动，受到社会广泛赞扬。

1998年，百年不遇的特大洪水袭击湖北，武汉市岌岌可危。中央派出抗洪部队参加抢险。公司派出车辆近千台，日夜待命，运输抗洪战士到一线参战。公司出动员工3 000余人，与抗洪官兵战斗在最危险的一线水域，付出了艰苦的努力，终于战胜了洪水，保住了武汉。

2003年“非典”时期，公司员工冒着自己被感染的危险，坚守岗位，接待、隔离疑似病人1 625人，并投资85万元，购买检查、消毒物品，为旅客检查身体，登记旅客信息，最终取得抗击“非典”的胜利。在抗洪救灾、运送转业军人以及其他紧急社会任务时，公司都义不容辞，以实际行动回报社会。

2008年春运期间发生在南方的大雪灾，造成道路中断，大量回乡旅客滞留。公司立即启动应急机制，一方面开放客运站的候车室，让旅客在有空调的候车厅内候车，并24小时提供开水和食品供应，一方面积极联络公路管理部门，一旦道路开通，就尽快将滞留旅客疏散，或想办法绕道将旅客转移出去，保证了旅客安全、平安回到家乡。

2008年四川汶川发生震惊世界的大地震后，公司和员工共捐款约160万元，并采用各种方式，积极、无私地支援灾区人民。

（二）管理创新是企业发展的动力

1. 站运分离，划小核算单位，调动积极性

传统经营方式一般把车站服务和运输服务统一归车站管理，即站运合一。这种方式虽然有便于协调的一面，但长期不变，弊端凸显：运输车队由于盲目发展班线，造成某些线路长期亏损，而车站和其他班线的盈利，掩盖了少数班线的长期亏损，导致集团整体效益一直在低水平徘徊，难以突破。

2002 年底，公司决定按照“资源共享、区域划分、公车为主、线路专营”的原则，划小核算单位，实行站运分离，即把原站运合一的客运分公司划分为站务分公司和运输分公司。

站运分离后，划小了核算单位，提高了员工积极性，“公车扭亏、颗粒归仓”，两个轮子一起转，成效明显，效益成倍增长。

2. 线路调整，充分利用有限资源

为了最大限度发掘运输分公司潜力，充分利用有限资源，确保公车经营的效益，公司采取收购、置换、清场、分时、限售、限价等办法，对挂靠车辆及其他单位车辆经营的班线进行总体协调、调整，体现了集中经营优势。由于事前调研分析工作充分，整个过程操作有序，公车收益明显增加。

3. 制度先行，实行精细化管理

推行 ISO 9001:2000 国际质量管理体系标准，以顾客为关注焦点，以精、准、细、严的管理制度开展精细化管理和规范化管理，以 PDCA 循环的方式，不断发现问题，持续改进，服务质量有较大提高。

近年来，各项质量管理制度逐步完善，从整体到局部、从宏观到微观、从管理部门到一线服务岗位，职责清楚，奖惩分明，绩效挂钩，尤其是各分公司制订的《员工手册》，经精心策划、严密实施、严格考核、持续改进，员工的质量意识不断增强。车站服务人员和汽车驾驶员实行星级考核制度，定期考核评分，拉开收入档次。

4. 关爱生命，安全第一不松懈

公司全年运送旅客 1 854.8 万人次，日平均运送旅客约 5 万人；春运等高峰期日发班次 4 026 班，日运送旅客 11.77 万人次。大量的运输任务，给安全工作带来极大的难度。“安全无小事，从细微处抓起”。公司从 1999 年开始，从对人的生命的关爱为出发点，在湖北省率先推行安全管理新机制。以建立安全管理系统工程为总目标，以完善强化规范企业自我安全为重点，以可行性和可操作性为基本要求，全部车辆加装了行车记录仪（俗称黑匣子），旅客财产有了保障，公司安全事故大为减少，每年事故发生率均低于国家规定水平。目前，公司安全管理已通过省市安全部门的严格验收，公司制定的三套安全管理文件，被作为样板，向全湖北省客运业推行。现在，公司已在全部客运车辆上加装了 GPS 全球卫星定位系统，进一步提升安全保障水平和科学调度水平。

（三）以人为本是企业发展的基础

公司企业文化的核心价值观是：造福员工，造福企业，造福社会。之所以把造福员工放在第一位，是因为人是企业中最宝贵的资源，一定要选好、用好、培养好、管理好。要想造就一支思想过硬、技术过硬、作风过硬的团队，就必须造福员工，让员工得实惠，有盼头，才能进而造福企业，造福社会。

人才选拔，不拘一格。在干部任用上，公司试行“竞聘上岗”和老、中、青三结合的干部任用原则，大胆提拔年轻干部，尤其要把他们放在基层领导班子中接受锻炼。这些年轻干部思想少有束缚，思路开阔，敢于创新，甘于吃苦，勇于奉献。企业后继有人。

绩效考核，注重能力培养。公司每年给二级单位下达经营目标责任书，从利润指标到安全指标、服务质量、经营款回收率等，都有明确规定，绩效与班子成员的年薪挂钩。对那些德才兼备、思路清晰，有远见卓识，能顾全大局，能力突出的年轻干部列入第三梯队的培养对象，并给他们提供学习、培训的机会。

公司注重高效执行力，而高效的执行力来源于严密的制度和员工的素质。集团公司下达的年度利润、安全、质量、技术等指标，均分解到所属的各职能部门和工作环节，并制定严格的考核制度予以保证。

加强培训，提高员工素质。培训分类开展。管理人员主要是培养其管理水平，了解市场趋势和规律。培养干部的战略眼光，尤其是干部的思考力、洞察力、守法经营意识和高效执行力。普通员工（含新上岗员工）的培训，包括员工守则、业务知识、操作规范和技能、法律法规等诸多方面的内容。集团每年对培训计划的完成情况进行检查，并对培训效果进行客观评价。

为了建立和谐企业，使企业具有更大的向心力和凝聚力，公司从精神和物质两方面激励员工，吸引人才。

精神方面，公司尊重员工的创造力，提供发展空间，开展“创新业绩、创高效益”活动，以丰富多彩的活动，引起员工的兴趣。如开展技术比武、安全知识竞赛、文艺演出、演讲、专业知识辩论会、企业管理论文发布会、篮球比赛、春季长跑等形式，让大批员工参与进来。不管员工有什么特长，总会有用武之地。

物质方面，在企业效益连年增长的情况下，从2002年起，公司连续几年为员工增加了工资和养老金、公积金上缴基数，解除员工的后顾之忧。

以人为本的人才观，精神和物质的双重激励，打造了无往不胜的团队精神，激发了员工的奉献精神和对企业的忠诚度，企业效益不断增长，呈现了良性、快速发展的良好势头。

（四）合资合作，引进先进管理理念，是企业发展的助推器

1995年，中国武汉汉光公路运输有限公司成立，这是由湖北公路客运（集团）有限公司和韩国锦湖集团等四家股东联合投资兴办的全国第一家中外合资企业。该合资公司的成立给我国道路运输行业吹来一股清新的改革之风。无论是其豪华型客运车辆的选择、行车全程配备乘务小姐的创举上，还是其严格的内部管理理念和崭新的营销模式上，都有许多值得国内企业借鉴的地方。正是由于国外先进管理理念的导入，公司经营理念发生重大变化。车辆等级的提高，服务质量的改进，营销策略的更新、内部管理的科学等方面都有了较大进步，有力地促进了客运业的发展。公司还于1997年组建了湖北金昌公路客运有限公司，以合作方式开拓客运新局面。

合资合作推动了设备更新，软硬件设施上档次。近年来，公司投入巨资1.2亿元，先后改造了公司所属几大客运站点。改造后的客运站，其硬件设施全部按当前国内最先进的国家一级客运站设置：拥有明亮、宽敞、装饰典雅的车站站房，全部实现电子售票、电子检票、电子监控功能；中央空调、大功率发电机、旅客行包安全检查仪、自动消防设施完备；小件寄存、货物托运、环境卫生等候车条件优越，旅客上车、下车十分方便。

近年来，公司还投资7 100万元，购买豪华大型客车72辆，其中欧洲之星车型每台价值280万元，车内设置豪华、气派，功能齐全、安全舒适，深得旅行者喜爱。

软硬件设施的改善，新技术手段的应用，体现的是技术进步，体现了现代客运业的新特点，适应了旅客的新要求，企业可持续发展能力以及市场竞争力不断增强。

五、发展展望

公司充分借助武汉市在湖北省的龙头地位和在我国中部地区的领先地位，紧紧抓住武汉市被批准为国家综合配套改革试验区的历史机遇，采取有效措施，争取在竞争中占据更大的优势，取得更大的效益。公司要在3年或较短的时间内完成武汉市主要站点的基本建设；同时按照企业中长期发展战略，致力于收购客运线路；投资收购、兼并一些客运企业，并以此为副中心，形成密布全省的公路客运网络，并逐步向周边省份辐射扩张，成为全省最大、全国知名的公路运输品牌企业。

1. 利用1+8城市圈经济改革实验区的契机，建立城市圈快速客运体系

努力编织一个能耗最低、排放最少、人行最便、效率最高、社会最和谐、资源利用最佳的武汉1+8城市圈道路客运交通网，建立起城市圈快速客运体系。

2. 积极扩张，收购兼并优良资产和运营线路

以创新的思维方式寻找客运业发展的新途径。要在对客运市场进行调研的基础上，发展前景好、能形成密集班线的线路，或采取收购或兼并的方式，或采取反包的方式，发展专线经营。对对开班线拟采取联合经营或模拟股份线路公司的经营方式，提高市场占有率。

3. 进行运力调整，增加公司运营车辆，大力发展公车运输

计划到2012年自有营运车辆总数达到1 100台，按照交通部2005年10号令的要求，逐步取消挂靠经营方式，收购个体经营者的运营班线，推行公车公营；同时要加强承包、挂靠车辆的管理，严格规费收取，确保颗粒归仓。

4. 发展运输配套产业，构筑互补发展的产业链

- 把货物快运作为公司的支柱产业予以扶持和发展。
- 把旅游业作为新的经济增长点予以支持。
- 支持机场大巴的资源开发和经营管理，争取与机场方面有更多的合作机会。
- 支持各客运站超市的科学经营。
- 支持广告业务的开发。利用车站的优良地理位置和人员流动量大的优势，发展广告业。
- 支持新项目开发。积极开展通勤车经营项目，进一步扩展公司的经营范围，提高盈

利水平。

• 支持城市中巴车的发展，争取转入正式的城市公交系统或的士系统，逐步取消挂靠经营，并取得较好效益。

5. 发展相关产业，增加新的经济增长点

• 支持货物运输由传统货车运输向特种运输和吊装业的过渡。

• 大力支持汽车修理业的发展。

• 发展汽车配件供应链，采取招投标的方法，优选质量好、价格低、信誉佳、供货及时的材料、配件供应商；

• 发掘青山建筑材料销售市场的潜力，提高市场的服务档次。

• 支持汽车驾驶员学校的发展，争取驾校的设备一流，规模一流，学员人数稳定增加。

6. 新站建设与车站收购并举，完成城郊的客运站点布局

• 新建古田路客运站。

• 配合武汉火车站（高速铁路客运站）的建设，拟在青山区杨春湖新建一座大型客运站，由集团公司控股经营。

• 参与新建新荣村车站。

• 收购汉阳客运中心站。

7. 老站改造，完成中心城区站点的改造和建设

• 宏基长途汽车客运站在扩建售票厅的同时，兴建高档酒店、写字楼和临街商业网点；拆迁站场周边的职工宿舍，扩大车站停车场。

• 扩大武汉汽车客运总站停车场。

• 完成新华路车站点的异地搬迁。

8. 积极推广新技术、新工艺，充分发挥微机管理的作用，开发新的商机

• 进一步完善GPS卫星定位系统的功能，对营运车辆实行全方位监控，确保营运安全，杜绝违规经营，降低事故率；实现快速接驳、快速救援和快速调度。

• 在现有公司站场联网售票的基础上，组建票务营销中心，开展1+8城市圈的车站联网售票、异地互售系统。

• 开发全省货物运输微机联网系统，将货物信息、车辆调配等信息综合利用，营造通达全国的货运信息网络。

• 进一步完善企业网站的功能，不断更新网站信息，把企业网站办成一个公共服务平台。

• 开发无纸化自动办公系统和信息电子交流、传递系统，使其达到既大幅度节约办公成本，又方便、快捷、保密的目的。

• 积极推广新技术、新工艺，大力引进、开发和采用先进的检测、维护、修理机具，全面提高维修人员的技术水平。

• 采购车辆和设备时，优先考虑低燃油消耗、少污染排放、高效率、高质量的车辆和设备，提升营运车辆节能水平，应对能源短缺的长期趋势。

八桂大地竞风流

广西超大运输集团有限责任公司

一、企业介绍

广西超大运输集团有限责任公司（以下简称广西超大集团公司）坐落于广西壮族自治区首府——“绿城”南宁，是一家由具有50多年历史的南宁市第二运输公司和南宁市中转联运公司于2000年10月合并组成的民营运输企业。

集团公司一直致力于发展客货运输主导产业的同时，积极发展多种经营，企业发展的空间不断拓宽，生产经营领域不断扩大。客运从普通旅客运输，发展到包含有快速客运、旅游客运、国际运输、公交、出租车客运等种类齐全的客运产业。货运也从单一的货物运输发展成为集货运服务、信息服务、国际货代、货物配载、零担快运、集装箱运输、危险品货物运输等为一体的物流运输产业；另外还有汽车销售、汽车维修、汽车租赁、机动车驾驶员培训、宾馆、旅游、广告、物业、房地产等兼营产业。构筑了以客、货运输站场为主，拓展与主业相关的多种经营项目，优势互补、相互配套，相得益彰的经营总格局。公司注册资本5 500万元，资产总额15亿元，生产占地面积555 618平方米，在岗员工1 622人，其中大、中专以上学历638人，具有专业技术高级职称3人，中级职称34人，初级职称95人。另有客运驾驶员5 083人，乘务员505人。拥有各类营运车辆5 321辆，其中客车2 547辆（高一级以上客车占客车总数70%），货车2 774辆，全年完成客运量为1 040万人次，客运周转量为171 332万人公里；货运量为545万吨，货运周转量为49 018万吨公里。从2006年起，企业每年上交各种税费超过2亿元。

近年来，集团公司改变了粗放型管理模式，成功地朝着集约化、规模化方向发展，通过合并、重组、兼并等方式，迅速发展壮大。目前，集团公司拥有60多个下属企业及运输站场，成立了超大吉通、恒通、元通和贵港超大、防城港超大等5个控股子公司，参股了广西宁海高速客运有限公司、东兴万通运输有限责任公司、广西运宁站场有限责任公司等6家公司，在广东、湖南、海南、福建、浙江、云南、贵州、四川、重庆等省市设立了15家驻外分支机构。在客运方面，拥有一级客运站3个，二级客运站7个，构建了南宁市、崇左市农村客运站7个，拥有459条区内外客运班线，覆盖桂、粤、湘、琼、闽、沪、浙、滇、川、渝、贵等20个省、市、自治区，经营范围从南宁市延伸到广西全区甚至周边省市。在货运方面，拥有一级货运站2个，二级货运站3个，分别为南宁市公路货运西站、五村岭综合货运站场、五一路货运配载中心、沙井香料物流市场、绍毅综合货运站，初步构成了集团公司在南宁市的物流网络。

集团公司遵循“科学就是第一生产力”的准则，以信息化发展为目标，成功建立了GPS营运车辆监控系统、视频终端系统、电脑联网售票系统、车辆调度系统、第三方物流信息系统、物流站场管理系统等，有效地提高了生产力和管理效能。

集团公司倡导“质量第一、顾客至上、开拓进取、争创一流”的企业质量方针，以顾客为关注焦点，培养了一支具有较好服务水平和服务技能的员工队伍，通过了 ISO 9001 国际质量认证。集团公司弘扬“团结、勤俭、敬业、忠诚”的企业精神，通过完善企业内部管理机制，建立健全了企业各项规章制度，实行了以制度管企业、以制度管人的全新管理模式。

集团公司以良好的社会经济效益和声誉取得了累累硕果。先后荣获“南宁市先进单位”、“南宁市文明单位”、“振兴南宁市经济效益杯金杯奖”、“南宁市春运先进单位”、“南宁市诚信私营企业”称号；荣获“自治区经济效益先进企业”、“自治区安全生产管理先进单位”、“自治区文明客车队”、“自治区文明客运服务”、“自治区文明货运服务站”、“自治区优秀 QC 服务小组”称号；荣获“全国诚信经营企业”、“中国管理创新示范单位”、“全国开展全面质量管理优秀企业”、“全国优秀 QC 服务小组”等称号；为中国交通百强企业、中国服务业企业 500 强、中国道路运输 100 强、中国物流民营企业 100 强。

二、改革历程

以党的十一届三中全会为开端，中国改革开放走过了 30 年波澜壮阔的历程。广西超大集团公司乘着改革开放的东风，锐意改革，抓住有利机遇，奋力拼搏，开拓进取，30 年取得了 3 次质的飞跃，使广西超大集团公司由一个名不见经传的民间运输小企业一跃成为广西唯一一家获得国家客运、货运双一级资质的道路运输企业。这 30 年凝聚了整整一代改革开放开拓者的心血和汗水。

第一次飞跃：从人拉肩扛搬运到初步实现汽车客货运输的转变（1978 年 ~ 1987 年）。

广西超大集团公司是在南宁市第二运输公司和南宁市中转联运公司合并的基础上发展起来的，而这两家公司的前身都是民间运输小企业，1978 年之前，主要以人力板车、马车为运输工具，从事人拉肩扛货物搬运业务。据历史记载，1978 年公司拥有板车、马车共 800 台，汽车 47 辆，159 个吨位；年运量：板车、马车为 66.57 万吨，汽车为 23.7 万吨；年周转量：板车、马车为 163.34 万吨公里，汽车为 174.4 万吨公里；营业收入为 251 万元。这组数字反映当时的生产力非常落后。

随着改革开放的推进，广西的经济建设加快了发展的步伐，原有的交通运输工具已远远不能适应发展的需要。如何打通制约公司发展的瓶颈，改变落后的局面，跟上改革开放的步伐，是公司主要研究的课题。根据当时的实际情况，公司作了多方尝试：

（一）实施运输工具和运力结构的改革

改革开放后，运输需求量不断增加，特别是长途货运业务量不断增加，为了适应市场的需要，南宁市第二运输公司和南宁市中转联运公司分别于 1979 年和 1983 年先后购进了近百辆东德产依发牌 5 吨大货车，淘汰了原有的部分老旧货车，大量的更替了板车和马车，为公司向汽车运输发展奠定了基础。到 1987 年南宁市第二运输公司和南宁市中转联运公司共有货车 210 辆，吨位 1 300 吨，年运量 100 万吨左右，年周转量 3 159 万吨公里，成为南宁市汽车货运的生力军。而板车、马车减到 150 台，落后的交通运输工具逐步得到淘汰，从而基本结束了人拉肩扛的局面。

（二）“大胆吃螃蟹”，尝试道路旅客运输

新中国成立以来广西的旅客运输一直都由国营运输企业承担，南宁市的旅客运输则由南宁汽车站独家经营。20 世纪 70 年代末是我国国民经济开始复苏的时期，城乡之间的人员物资交流日益频繁，原来唯一的国营客运汽车站的班线和运力已远远不能满足群众的需求。一些运输企业就利用货运车辆投入到旅客运输之中，南宁市第二运输公司就是在这种背景下开始了第一次吃螃蟹的尝试，介入旅客道路运输。

1980 年南宁市第二运输公司投入柳江牌、解放牌大货车 11 台经营南宁至隆安、马山古零、钦州小董、宾阳的短途旅客运输，俗称“大篷车”，服务的对象主要是圩日做买卖的生意人和当地的群众。班车不定期发车，不固定地点，根据旅客的要求出发，也没有站点发车和进站，利用公路边、圩场边就近停车，当天往返。票价很便宜，花几元钱就能往返。但在当时的条件下，“大篷车”是旅客既经济又无奈的选择。“大篷车”的出现，使当时一统客运市场的国营车站受到猛烈冲击，从此，南宁市第二运输公司进入了公路客运行列。

随着经济的发展，“大篷车”已不能适应公路客运的要求，在市场上竞争力弱，特别是长途旅客运输要求企业投入正式的营运客车。南宁市第二运输公司于 1983 年 8 月投入 3 台黄河牌大客车，同年 9 月 28 日成立客运站，正式经营长途旅客运输，营运的线路有防城、北海、百色、金城江等。至 1988 年客车发展到 13 台，客位 685 个。1985 年 6 月开通了南宁至广州间的跨省班线，全程 800 多公里，运行时间 20 多个小时，是南宁市第二运输公司开通最长的营运班线。当时客车拥有量最多时达 19 台。

改革开放第一个 10 年，公司经历了从无到有，从人力、畜力车到汽车，从“大篷车”到大客车的转变过程，实现了改革开放第一次质的飞跃，为公司的发展壮大奠定了基础。

第二次飞跃：从企业内部改革到实现公司化的转变（1988 年 ~ 1997 年）。

（三）推行单车承包责任制，巩固发展货运

20 世纪 80 年代末至 90 年代初，改革开放给客运业带来了极好的机遇和发展空间，致使许多运输企业把全部力量放到客运方面，放弃了货运的发展。是坚持还是放弃？这是摆在广西超大集团公司面前的两条路。

1992 年邓小平的“南巡”讲话对于中国的经济改革与社会进步起到了关键的推动作用。在此鼓舞下，广西超大集团公司认真分析改革开放后货运市场变化的情况，做出了客货共同发展的决定，并对原有的货运经营模式进行了改革，采取了承包经营、全额抵押经营、车辆融资经营等方法，改变原来单一的公车公营模式，使原来严重亏损的货运业得到了控制。到 1997 年公司拥有货车 950 辆，总吨位 4 275 吨，年运量 42.2 万吨，年周转量 1 967 万吨公里，成为南宁市主要的货运力量。

（四）抓住机遇大力发展道路旅客运输业

1. 开辟南宁市第二公路客运中心

随着经济的发展，南宁市人口流动量不断增加，为了适应市场的需要，公司抓住机遇大力发展客运站场。1988 年底将原货运站一部分场地改造开辟了南宁市第二公路客运中心，

并于1989年1月18日开业经营，从此结束了公司长期有车无站的历史。成立之初，南宁市第二公路客运中心的候车室只有100多平方米，停车场1 000多平方米，单一进出站口，进站车辆99台，班线主要发往北海、百色、广州等地。后来，经过多次改造，到1997年，达到一级站的规模，总面积达15 000平方米，共有进站车辆530台，日均发班420个，日均发送旅客8 000人，营运线路135条，其中跨省班线40条。2003年12月11日南宁市人民政府发了《关于逐步外迁市中心公路客运车站（中心）并实行营运车辆分流的通告》，南宁市第二公路客运中心于2003年12月31日关闭，完成了它的历史使命。

2. 改革运力结构，适应客运市场需求

20世纪90年代初期，国家大力发展公路运输，道路客运网络由中短途向中长途延伸，卧铺客车更适合中长途旅客运输的优势开始显现。南宁市第二运输公司的第一台卧铺客车1994年1月20日开始在南宁至海安班线上运营。1995年、1996年是发展卧铺车的高峰期，而且逐渐在经营上占了主导地位。到1996年，南宁市第二运输公司90%的客车都是卧铺客车。

1997年5月广西第一条高速公路开通后，公路客运进入了高速直达的时代，人们出行选择更趋向于安全、舒适、快速的高档豪华客车。

南宁市第二运输公司第一条直达客运班线是1997年9月1日开班的南宁至桂林班线，实行乘务小姐全程服务，采用的是桂林大宇厂生产的大客车，配备全封闭空调系统、大倾角航空座椅、双彩电视VCD系统和卫生间。同年底又开通了柳州、北海、防城（港）、东兴等班线共16个班次，共投入高档客车6台，投资600多万元。

纵观南宁市第二运输公司旅客运输发展的过程，从货车代客车到普通客车，经历了4年时间，从普通客车到卧铺车经历了11年的时间，而从卧铺车到豪华客车只用3年的时间，广西超大集团公司正是顺应市场发展的要求，不断地调整运力，从而促进了客运业的发展。到1997年的客运运力和站场已初具规模，全年完成客运量101.1万人，客运周转量41 360.2万人公里，成为南宁市的主要旅客运输单位之一。

（五）加快企业改革，建立现代企业制度

1997年是企业改革的攻坚阶段，是企业改革的关键时期。为了贯彻落实党的十五大精神，推进企业改革，增强企业市场竞争力，在南宁市交通局和南宁市体改委的指导下，南宁市第二运输公司和南宁市中转联运公司于1997年9月起筹备企业改制，到11月完成改制工作，建立了股份制企业，选举产生了董事会、监事会，建立了法人治理结构，实现了政企分开，开始了公司化的运作。在此基础上1998年又开展了工资分配制度、劳动用工制度、人事制度三项制度的改革，推行了按劳取酬、效率优先的分配制度，实行了全员劳动合同制，取消了企业干部的行政级别和称谓，从深层次解决了工资分配、劳动用工的问题。

改革开放的第二个10年，公司抓住机遇，大胆改革，不断创新，使经济建设实现了新的飞跃，而且对企业的体制实施了改革，从深层次解决了制约企业发展的问题，为企业注入了新的发展动力，是公司实践改革开放的第二次飞跃。

第三次飞跃：从粗放型经营到集约化、规模化经营的转变（1998年~2007年）。

（六）走联合之路，开创规模化经营的新里程

随着改革开放的进一步深化，2000年10月南宁市第二运输公司与南宁市中转联运公司又重新走到一起，真诚携手组建广西第一家自主合并的民营企业——广西超大运输有限责任公司，从而拉开了企业联合、规模化经营的序幕，开创了规模化经营的新里程。在此同时，公司进一步深化企业的体制改革，完善企业新的法人治理结构，为企业加速发展奠定了良好的体制和机制基础。2003年公司加大联合力度，通过资产重组，在广西防城港市组建了广西第一家跨地域的广西防城港超大运输有限责任公司，开创了广西运输企业第一家民营企业兼并国有企业的先河。随后相继通过资产重组、合并组成了广西超大南宁恒通、元通、吉通、贵港超大等子公司。2005年底成功收购了原吉通公司所属的13个县分公司。2007年广西超大运输有限责任公司组建广西超大运输集团有限责任公司。

（七）实施客货辅助共同发展相互联动的经济发展战略

广西超大集团公司成立之初，就确立了以客货运输为主业，做强做大企业的基础产业，拓展延伸与运输相关的产业，使之成为共同发展、相互联动的产业链的发展战略。

1. 做强做优客运，打造“超大”客运品牌

客运业是公司的经济支柱产业，在构建客运产业运行模式的过程中，广西超大集团公司以建设客运站场为基础，大力发展客运班线和营运车辆为主线，以提高服务质量为重点，全面打造“超大”客运品牌，形成了客运站场、客运班线和营运车辆相互配套的产业链，有效地促进了客运站场和旅客运输的互动和发展。

2001年10月20日南宁公路主枢纽一级客运站——南宁安吉客运站开业。

2002年12月18日南宁公路主枢纽一级客运站——南宁江南客运站开业。

2003年8月15日二级客运站南宁大沙田客运中心开业。

2004年12月26日公司参股的南宁公路主枢纽客运站——南宁金桥客运站开业。

2005年~2007年先后建成宾阳、横县、上林等县二级客运站以及渠黎、渠旧等6个农村客运站。

2007年公司营运客车达2 442辆，客位79 590个，一跃成为广西拥有建制营运客车最多的运输企业；客运量10年累计2 555万人次。拥有459条区内外客运班线，初步构筑起面向全国的道路运输网络基本框架。

为了进一步做强做优客运业，近年来，广西超大集团公司开发了“RC道路运输站务综合管理系统”，对调度、售票、结算等实现了计算机管理，大大地提高了工作效率和服务水准。开发应用车辆综合安全管理系统，通过计算机系统有效开展对驾驶员和车辆的日常监控管理，夯实安全管理基础，加强行车安全的源头管理。建立了GPS卫星定位系统，并在所有营运客车上安装使用，有效地实施了对车辆运行的实时监控，大大地降低了行车事故。同时，通过了ISO 9001质量体系认证，形成了各项工作的标准化。强化驾乘人员、站务人员服务意识和服务技能的培训，进一步提高了服务质量。近年来多次荣获“全国明星班组”、“中国诚信经营企业”等荣誉，使“超大”客运品牌逐步建立起来。

2. 做强做大货运，逐步向现代物流发展

公司货运车辆在20世纪90年代末不足1 000辆，2008年已发展到2 774辆，吨位超过4万吨，2002年11月获交通部道路货物运输一级资质，2007年货运量已占南宁市总量的12%。在发展运力的同时，广西超大集团公司走的另一步棋就是积极拓展货运站场。从2000年至2007年，广西超大集团公司分别建成了南宁市公路货运西站、五村岭综合货运站、沙井物流市场、五一路货运配载中心、绍毅停车场等大型的货运站场，其中公路货运西站、五村岭客运站年吞吐量超过60万吨。公司以现有货运站场为依托，形成市内的运输网络节点，在广西壮族自治区内各地设置13个分公司以及防城港、贵港等子公司，自治区外设置了15家省外分支机构。构成了以南宁为中心、辐射周边县市、连接西南内地、沟通出海通道的物流网络，为开拓华南沿海和大西南物流市场逐步向现代物流发展打下了坚实的基础。

3. 合理配套，优势互补，积极开拓和发展多种经营

改革开放以来集团公司始终坚持“积极发展、实事求是、因地制宜、主副互补、良性循环”的方针，使多种经营与主业同步发展并构成产业链。

(1)积极开拓酒店业。集团公司现有三星级运招大酒店、四星级东兴金滩大酒店，具备接待大型会议、旅游团队的能力，货运站场配套招待所6个，开展货运客运旅游配套服务。

(2)拓展和开发了汽车维修业务，拥有各类修理厂12个，进行各站场车辆的维修和对外开展修理业务，起到了驾修配套的效果。

(3)开辟了汽车销售业务。2003年至2008年，平均年销售总额近3亿元。

(4)创办了驾驶员培训公司。2004年创办了驾驶员培训学校，为集团公司的驾驶员提高驾驶技术提供了培训基地。

(八) 强化企业内部管理，创新管理方式，推进企业管理制度化、规范化

随着企业的发展和壮大，企业管理的水平能否与企业发展的速度相适应，关系到企业能否保持原有的业绩和持续发展的问题。公司针对性地提出了强化企业内部管理的措施，以创新的精神，每年都提出新的管理主题。2005年提出以完善基础管理为目的的“效益管理年”，2006年又提出以减负为目的的“四定”工作措施，2007年进一步将强化企业内部管理工作推向纵深，提出了产业单元细分的分配制度改革，实行成本控制预算计划，开展绩效考核三大措施。3年来所实行的管理措施和管理工作，每年一个台阶，使管理能力和管理水平得到了不断攀升。

1. 创新薪酬分配制度，提高企业效益

集团公司在2006年实行的“四定”工作的基础上，于2007年实行产业单元细分和新的薪酬分配制度。产业单元细分和薪酬分配方案的实施体现了多劳多得，改变了过去“吃大锅饭”的弊端，企业的效益与个人利益挂钩，调动了员工的积极性，大幅度提高了企业的收入，员工的薪酬也有了较大幅度的提高。

2. 创新成本管理方式，开源节流迈上新台阶

增收节支、挖潜降耗、开源节流、强化管理与监督一直是企业内部管理的重要内容。2007年，公司全面开展了成本控制管理，在强化成本费用管理中，严格执行超计划开支审

批制度，加强了资金的回笼，对应收款进行了及时清理，减少了企业的损失。据统计2007年单位成本比2006年下降5%，利润比2006年增长了38%。

3. 创新绩效考核方式，提高工作效能

2005年推行岗位工作量化月度考核后，2007年集团公司推行了更加细化的评估考核制度，实行每月、每周、每日的计划评估和考核工作，并根据评估考核的结果，实行奖罚。做到了开展工作有计划、有目标、有措施、有检查、有评估、有奖罚，增强了职工工作主动性，提高了工作效率，改变了以往员工做事拖拉、工作互相推诿的现象。

改革开放的第三个10年，是广西超大集团公司高速发展的10年，公司从粗放型向集约化、规模化经营方向迈进，是由量变到质变的飞跃。

三、基本经验

(1)正确把握国家方针、政策，抓住机遇，解放思想，不断创新工作思路。大胆开拓，大胆尝试自己没有从事过的经营项目，并从实践中吸取经验教训，不断调整工作方法和经营理念，着力克服企业发展中的制约因素，是公司取得快速发展的一个重要原因。

(2)重视发展，做好企业发展战略规划。公司从改革伊始就确定走集团化、规模化发展的道路，把主业和副业有机地结合起来，使主副业之间形成一种互为依存、互为促进的产业链战略发展格局。

(3)高度重视人才的培养和引进。公司是一个综合性的服务企业，要加快发展，首要解决的问题就是要有熟悉本行业的专业人才。公司建立了“公开竞争、双向选择”的用人机制，“追求员工能力的价值提升”的育人机制，“目标管人、制度管人”的评价考核机制和“以能效取酬”的分配激励机制，从而打造了一支善于经营的精英人才队伍，是促进企业发展的主要原因。

(4)以满足经济社会发展和人民群众出行需求为根本出发点，加快车辆更新速度和站场建设，构建运输网络，拓宽融资渠道，不断提高驾乘人员的素质和公司的信誉度，树立良好的企业形象。以实现跨越式发展为目标，以企业重组联合、兼并收购为手段，优化企业的产业结构，调整和整合现有资源，盘活存量资产，加快企业改革步伐。

(5)在企业管理中全面推进“科技兴运”战略，公司在围绕运输站场建设、运输生产和安全管理中的关键技术和难点、热点问题上，不断加大科技投入，自行研发与生产相配套、可操作性良好的信息系统，并在生产中不断推广和改进，使之更好地为生产服务。

(6)弘扬企业精神和企业文化。将企业精神、企业文化融入企业发展过程中，把企业文化直接聚集到基层、到岗位、到员工，迸发出员工的工作热情和工作积极性，为企业持续、稳定、快速发展注入了强劲的文化动力。

四、发展展望

（一）发展战略

公司坚定不移地贯彻党的十七大精神，坚持以科学发展观统领发展全局，坚持以人为本，更新发展观念，创新发展模式，提高发展质量；坚持以经济效益为中心，以转变经济增长方式，构建产业体系为主线；以改革创新和规范管理为动力，做强做优客货运输；以挖掘资源潜力、做大做强辅助产业为重点，以提高员工生活水平为根本出发点，全面推进公司物质文化和精神文化的发展，到“十一五”末期成为全自治区客运、货运、辅助产业等综合实力较强的企业。

（二）发展规模

(1)到2010年末实现总收入20亿元，净收入7亿元，分别比“十五”末期增长170%和133%。

(2)到2010年末，累计固定资产投资总额达8亿元。

（三）发展目标及目标实施的步骤

1. 投资目标

(1)投资2.8亿元，对现有的客车和货车进行更新，使客车的保有量、技术等级、舒适度均适应各条班线运行的要求；使货运车辆的拥有量在“十一五”期末达到5 000辆，并向大型化、特种化方向发展；加大公交车投入，至2010年拥有公交车200台以上。

(2)投资2 000万元对信息、技术、设备设施的建设、更新改造，使公司信息、技术、设备设施达到自治区内同行中的领先水平。

2. 管理目标

(1)依据企业“十一五”发展战略，在客运方面以适度发展、做强做优客运为主线，建成经营行为规范、服务质量优良、资源配置合理、各项管理制度健全、经营效益明显的现代企业。借助现有客运线路覆盖面广的优势，转变经济增长方式，打造优良班线和精品班线；利用各县分公司的资源，大力发展农村班线和旅游专线，发挥各县和乡镇客运站的最大效能，形成以城市为中心、连接城镇、辐射农村的客运网络，构成强大的客运经营网络。

(2)加快货运资源优势的开发和利用，运用物流系统化、专业化、信息化的管理手段，实现由传统货运向现代物流转变的目标，建成以南宁为中心，辐射沿海、沿边、西部、东南亚的物流网络体系，到2010年成为全自治区最强的物流企业。

(3)建立以制度管人、按制度办事、用制度管理企业的全新管理机制。到2008年底，建立健全具有超大特色的基础管理无纸化、岗位工作流程规范化、工作行为标准化、考核制度和监管制度完善的管理制度体系，进一步体现细化管理、监管到位的管理效能，使企业的管理符合国际标准。

(4)运用高科技的成果，进一步完成和升级客运、物流计算机管理系统，以及办公管理系统，提高管理的效能，到2010年，使公司的管理实现现代化、信息化。

3. 职工收入与福利目标

(1)以每年10%递增，到2010年，员工平均年收入超过2.6万元。

(2)按照政策的规定，保障职工的养老、医疗、工伤、失业等福利待遇的落实，并依据“十一五”企业发展的状况逐步提高。

4. 企业文化建设目标

(1)创新企业文化，把创新企业文化纳入企业的议事日程，建立利于本企业发展和提升企业竞争力的企业文化体系。

(2)进一步弘扬企业精神，在日常生产经营管理活动中引导广大员工实践企业精神和丰富企业精神。

经过30年的发展，广西超大集团公司的经济建设成就辉煌，员工的生活水平显著提高；继往开来，勤劳的超大人已经绘就了今后发展的美好蓝图，广西超大集团公司必将谱写更为壮丽的诗篇。

做行业发展的领跑者

山东省交通运输集团

一、企业介绍

山东省交通运输集团是国有大型专业运输企业，隶属山东省国资委，是全省重点管理的44户企业集团之一，也是国家发改委、省经贸委发展物流的重点扶持企业，荣列中国交通百强企业和物流百强企业，入选中国服务业500强。

集团总资产11亿元，拥有各类营运车辆1 800余辆，内河及远洋运输船舶8艘，内河浮桥3座，自营港口1个，在册员工5 000余人，拥有紧密层企业8个、半紧密层企业1个，经营范围涉及公路客货运输、客货运输场站经营、大型货物起重运输、物流仓储、城市客货出租运输、内河航运、浮桥经营、远洋运输、船舶代理、货物代理、港口经营、船员外派、车辆维修、旅游、房地产等。多年来，集团大力实施品牌战略，"山东交运"、"济宇高速"先后荣获山东省服务名牌，"中华第一站"、"山东交运物流"、"交运大件"、"兔兔快运"等已成为行业的知名品牌。

客运是集团的主导产业，车站是客运的龙头企业。集团下属7个客运站，其中济南长途汽车总站、东站是交通部重点规划建设的全国客运主枢纽，尤为突出的是济南长途汽车总站。该站日发班次2 812个，日均发送旅客3.85万人次，班车运营范围覆盖全国16个省市、88个地区，自1998年以来连续8年售票收入、发送班次、旅客发送量三项指标雄踞全国公路客运站之首，赢得了"中华第一站"的美誉。矗立在济南高速公路旁的刁镇汽车站，是全国第一家高速公路客运站，实现了高速公路与客运站的有机结合，极大地方便了周围旅客的出行，成为全国交通系统节能示范项目。

山东交通济宇高速运业有限公司是山东省第一家高速客运企业，率先在省内引进外资经营高速客运，推出的"航空式服务"、"全新服务"模式有力地推动了全省高速客运的发展，引领山东高速客运向更高、更强的方向迈进。山东交通济宇高速运业有限公司作为集团集约化经营的示范企业，运营线路辐射省内外，成为集团客运领域的一支生力军。旅游产业是集团近几年发展起来的产业板块，山东省交通旅行社是全国百强、全省十强旅行社，着力发展以大巴游为主的旅游班线。此外，集团公司还在线路公交化和集约化改造、夜班车市场等方面进行了积极探索并取得了良好的经营业绩。

物流作为集团的主导产业，目前主要有四大经营板块：一是服务于电力、化工等特种设备的大型货物运输，可以承运10～400吨的各类货物；二是为生产、商贸企业提供综合性物流服务，已与国内外多家企业建立了物流合作关系；三是由控股子公司山东省快速货运有限公司、全资子公司山东兔兔快速货运出租有限公司从事市内配送、城际运输等快速货运业务；四是由山东省黄河航运局、山东远东船舶代理有限公司、山东远东国际海运有限公司提供内河及远洋运输、船代货代业务。

山东省交通运输集团秉承“团结、奉献、创新、发展”的企业精神，以做大做强“山东交运”为目标，利用资本调控、资源整合等手段，调整优化产业布局，深化经营体制改革，大力实施人才战略、品牌战略和科技兴企战略，积极和国内外企业在更深领域内开展战略合作，争做中国最好的交通运输企业。

二、改革历程

1978年公司拥有5个汽车队、3个汽车站、1个保养厂、1个大修厂，职工1 877人。承担着由济南通往临沂、德州、聊城等省内九个地区和河北邯郸、河南安阳等干线运输任务。

经过几年的发展，到1985年，公司下设5个汽车队、6个汽车站及联运分公司、修理厂等，职工人数达到了2 753人，汽车481辆。客运方面改革了传统的作业方式，实行弹性发车、流水式专线发车。明水汽车站变大循环线路为定人、定车、定点、定线的“四定”专线班车。车站实行“一条龙”式服务。

1988年经省交通厅研究决定，公司实行承包经营，面向全省交通系统公开招标，选聘经营责任者。对基层单位，公司制订了以包收入、包利润并挂联经济指标为内容的承包责任制，实行公开招标。

1989年经公司九届一次职代会通过，全面实行全员风险抵押承包。首次进行职称评聘工作，381名专业技术人员获得了任职资格；首次实行技术工人考工晋级，1 075人获得技术等级证书，成为全省唯一一家为技术工人颁发技术等级证书的企业；公司实行了单车租赁承包经营。

1992年平阴汽车站正式启用，这是济南地区最大的县级客运站。12月8日，济南长途汽车总站正式开业，新站投资3 000万元，建筑面积14 000平方米，实行微机售票、条码检票是当时国内最先进的公路客运站。拥有各类客货车辆600余部，年综合周转量1.1亿吨公里。

1994年公司与韩国大宇公司就合资经营高速客运一事于12月7日正式签订了合资意向书和洽谈备忘录，合资经营迈出了实质性的一步。公司实行客运租赁承包，建立以市场为导向，以明晰产权、明确责任为核心的新型经营机制。

1995年公司按管理职能和生产经营范围成立了七大专业公司。济南汽车运输总公司企业徽标在济南市工商行政管理局商标事务所正式注册；国际集装箱公司正式运营，济运加油站正式运营；章丘长途汽车总站通过验收并投入使用。

1996年6月，公司与韩国大宇公司合资项目正式签字，经交通部、省外经贸委、省交通厅批准，省工商局注册，山东交通济宇高速运业有限公司正式成立，它是山东省第一家中外合资的高速客运企业，同年 11 月 28 日，10 部大宇豪华大巴投入运营。

1997 年山东省联运公司松下物流储运站正式揭牌。公司调整山东省联运公司体制，形成了以货运总站、货运公司、汽车东站、贸通国际货代为支柱的经营格局，公司货运系统沿着多式联运的发展方向，迈出了综合功能一体化经营的第一步。济南长途汽车总站月售票收入突破千万元大关，以全年售票收入超亿元的成绩位居全省第一。

1998 年济南长途汽车总站售票收入达 1.6 亿元，发送旅客 887 万人次，发送班次 633 571 个，创国内公路客运站售票收入、旅客发送量、发车班次三项全国第一，被中国企业家协会、中国企业联合会授予“中国企业新纪录”，赢得了“中华第一站”的美誉。

1999 年“济京快速经济自助旅游专线班车”开通，这是公司发展旅游客运的新尝试。同年济青高速公路刁镇汽车站正式启用。公司投资 45 万元的微机系统在集装箱公司物流基地启用，实行了物流操作初步现代化，这是全省物流信息网络化的第一家。公司综合经营管理信息网络初步建立。

2000 年大型起重公司为中国石油天然气管道局“西气东输”工程运输引进的压缩机设备，从天津港至新疆库尔勒，行程 4 500 公里，开创了全国大型货物单趟运距最长的新纪录。

2001 年成立了山东省交通物流有限公司，通过了道路客运经营资质二级企业的评定。济南长途汽车总站顺利通过了 ISO 9001:2000 认证，服务质量开始与国际标准接轨，成为全省首家通过认证的公路客运站。公司被山东省人民政府列为全省 136 户重点企业集团，成为山东省发展物流的三家重点扶持企业之一。

2002 年公司被中国质量协会授予“全国质量效益型先进企业”称号，被山东省经贸委、省统计局确认为山东省大型交通企业。经山东省交通厅厅长办公会研究，同意由公司与山东省黄河航运局、山东省小清河航运局、山东远东国际船舶代理有限公司、山东航运物资供销公司、山东港航运通工程有限公司、山东济宇高速公司等十家企业联合组建成立山东省交通运输集团。

2003 年因防治“非典”工作突出，被山东省委授予“全省防治非典工作先进基层党组织”。公司被省深化省属国有企业改革领导小组办公室确定为省属重点国有企业单位。9 月，山东省交通运输集团成立揭牌仪式暨济南长途汽车总站改扩建竣工典礼隆重举行，交通部、省、市及交通厅领导到会祝贺。中国交通企业管理协会公布的 2002 年度全国交通百强企业排序中，集团排名第 43 位。

2004 年集团划归山东省国有资产监督管理委员会管理。集团被中国交通运输协会授予“2004 年度中国物流百强企业”称号。

2005 年联网联售系统先后在汽车东站、总站南区、明水汽车站、平阴汽车站、汽车总站成功应用。

2006 年集团开展“创建学习型组织，构筑企业文化，建设和谐交运”活动。集团参加山东国际文化产业博览会，成为参展的唯一一家交通运输企业。集团注册 5 000 万元在日照成立了山东交运港口物流有限公司，增强对港口货物的暑运能力。“山东交运”品牌被山东省名牌战略推进委员会、山东省质量技术监督局等部门授予“山东省服务名牌”称号。

2007年集团位列中国道路运输百强第29位，被人事部、中国物流与采购联合会评为全国物流先进集体，被省国资委评为省管企业文明单位，被省政府评为全省平安建设先进单位，企业文化成果获全国交通企业文化实践创新奖，并入选《中国品牌实践案例》。山东交通济宇高速运业有限公司被评为山东省服务名牌、全国重合同守信用企业，济南长途汽车总站被评为中国文化管理示范单位、全国交通建设系统工人先锋号、山东省基层党建工作示范点。集团成功举办企业文化形象展示和专题演讲比赛，编辑出版了《企业文化手册》、《愿景导航——团队、个人愿景集萃》、《创造无限——员工使命故事集》、《制度汇编》、《VI实用手册》等五本企业文化系列丛书，并组织企业文化宣讲团深入到基层单位进行宣讲。在山东旅游局组织开展的全省旅游行业“诚信旅游示范单位”评选活动中，山东交通旅行社获得“诚信旅游示范单位”的荣誉称号。集团控股子公司山东远东国际海运公司根据海运市场发展形势，组建成立了山东远东国际海运集团。“高速公路客运接驳站”服务模式被交通部确认为全国20个重点节能示范项目。《济南市泺口黄河隧道建设研究》被省交通厅确定为山东省交通科技创新项目。集团公司努力开发和培育新的客运市场，逐步壮大了城市公交客运网络系统。继K301和济长巴士成功开通后，2007年集团公司又开通了K302公交客运班线，集团城乡公交网络系统初步显现。

2008年集团获得道路运输客运一级资质。集团凭借营业收入、企业利润等综合指标首次荣膺“中国服务业500强”，排名第391名，成为山东省排名最靠前的交通运输企业。同时在“中国服务业500强”的分项中国道路运输和城市公交服务业中位列第12名，开创了集团在此项工作中的最好成绩。受北京奥组委、交通运输部和省交通厅委托，组建成立了山东交通北京奥运服务车队，进京服务奥运会共安全发送班次4 800多个，运送志愿者12.8万人次，未发生任何安全责任事故，未延误任何一个班次，圆满完成了北京奥组委和交通运输部交办的奥运会运力保障任务。

三、发展成就

在党的十七大报告中，胡锦涛总书记对科学发展观作了深刻阐述，指出必须“坚持以人为本，树立全面、协调、可持续的发展观，促进经济社会和人的全面发展”。科学发展观，第一要义是发展，核心是以人为本，基本要求是全面协调可持续，根本方法是统筹兼顾。作为一家以交通运输服务业为主的省管企业，集团认真贯彻党的十七大和省九次党代会精神，坚持以科学发展观统揽全局，紧跟省委、省政府和省国资委的战略部署，不断转变发展理念，转变发展方式，深化改革，优化结构，推进产业升级改造，大力促进客运、物流、维修、旅游等现代服务业的发展，以更好地服务于百姓出行、物资流通和全省经济社会的发展。

（一）坚持把发展作为企业第一要务，紧抓发展不放松

一是突出抓好场站建设。在20世纪80年代，国有运输企业的汽车站只是用来服务本单位车辆，但在国家运输市场“有路大家走车”的放开搞活思想影响下，社会车辆增长很快。1992年12月8日，济南长途汽车总站建成启用，并在省内率先向社会车辆开放，成为公用型的社会化车站，实现旅客与车辆的相互吸引、相互推动。这几年，集团坚持把车站建设作

为带动企业发展的龙头来抓，以车站带动整个客运业的发展。在这方面集团舍得投入，舍得下大气力，全力以赴致力于车站的软硬件建设，通过购买济南四建集团、市大型公司、市链条厂土地，进行车站改扩建，增加班次，购置现代科技设备，提升员工素质等手段，使济南长途汽车总站、东站获得快速发展，还先后在交通主管部门的支持下，将天桥汽车站、制革街汽车站并入总站南区，将甸柳庄客运站迁入汽车东站。现在集团下辖济南长途汽车总站、东站两个市区枢纽站、3 个县区二级站和两个高速客运接驳站，共 7 个客运站。各车站的公路旅客发送量占济南市 70% 以上的市场份额。

二是大力推动客运产业升级改造。改革开放以来，客运产业经历了国有国营、租赁承包经营、融资承包经营、集约化经营等经营方式的变革，是一条典型的螺旋式上升之路。从 1989 年公司实行租赁承包经营，1994 年公司实行融资承包经营，到 1996 年引进韩国资金，与韩国大宇公司合资成立山东交通济宇高速运业有限公司，从事高速客运集约化经营，公司在客运产业变革方面都走在了全省乃至全国的前面。近几年山东省高速公路建设发展迅速，为运输企业的集约化、高档化发展提供了非常好的机遇。集团抓住这一机遇期，加速高档车及集约化经营车辆的发展，相继成立了济德、济泰、济滨、济邯、京沪等多家控股、参股客运子公司，2005 年济南通达全省 16 市及省外主要中心城市全部实现了高速客运经营，实现了集约经营改造和车辆更新改造的同步提升。目前集约化车辆占客车总数的 30%，高、中、普三种档次的车辆结构达到了 7: 2: 1。客运产业的升级改造，大大方便了旅客的出行，使集团的经济效益和社会效益有了很大提高。

三是大力发展现代物流业。目前主要有四大经营领域：一是服务于电力、化工等特种设备的大型货物运输，可以承运 10 ~ 400 吨的各类货物，先后承担了国家西气东输、三峡大坝建设等重大项目的大件运输任务，开创了全国大型货物单趟运距最长等多项全国新纪录；二是为生产、商贸企业提供综合性物流服务，目前各类仓储面积 30 000 平方米，已与国内外多家企业建立了物流合作关系；三是由控股子公司山东省快速货运有限公司、全资子公司山东兔兔快速货运有限公司从事市内配送、城际运输等快速货运业务，网络覆盖全国 20 余个省市；四是由山东远东船舶代理有限公司、山东远东国际海运有限公司、山东交运港口物流有限公司提供的远洋运输、疏港运输和船代货代业务。其中，山东远东海运控制经营船舶 16 艘，海上运力 15 万吨，经营航线覆盖韩、日、港台、东南亚、南美、非洲等国家和地区。山东交运港口物流公司注册1 000万元，主要在日照港从事矿砂疏港运输，为省内大型工矿企业提供配套物流服务。

四是大力发展维修业。在坚持服务好内部客货车辆的同时，紧紧抓住近年来社会车辆快速增长的有利机遇，在济南市的西郊、东郊和三孔桥等地均设有维修厂，在舜耕山庄北侧开办了山东交运快修店，在西郊建成了济南市最大的客货车辆维修基地，在东郊联合 18 家保险公司，开办了车辆保险综合理赔服务大厅，集团已在大型客货车辆、轿车维修以及汽车销售、汽车美容等方面具备了产业链优势，具备了对外开展品牌连锁经营的雄厚基础。

五是加快发展旅游业。旅游产业已涵盖旅行社、旅游客运、汽车租赁、宾馆、广告、票务代理等经营范围。在旅游产业的经营上积累了丰富经验并取得了良好的经济效益和社会效益。目前，集团旅游产业总资产 4 413 万元，年营业收入 4 049 万元，拥有各种车辆 138 辆，下属的山东交通旅行社是中国百强旅行社和山东省国内十强旅行社。为支持北京奥运会成功举办，集团在省交通厅的支持下，2008 年夏天专门购置了 70 辆崭新的豪华大巴进京为奥运会志愿者提供通勤服务，充分展示了省管企业的风采，这部分车辆回来后已全部投入旅游经营。

（二）深化改革，优化机制，企业发展活力明显增强

2003 年集团成立后，资产多了，规模大了，牌子响了，企业效益也大幅度提升，更重要的是为企业今后发展建立了更为广阔的发展平台。集团经营范围由道路客货运输延伸到港口、浮桥、船代货代、海运等产业领域。2004 年，根据全省国有企业管理体制改革要求，集团由山东省交通厅划归山东省国资委管理。为建立现代企业制度，建立科学的法人治理结构，目前集团公司已经在山东省国资委的指导下，制订了公司制改造方案，目前正积极推进各项工作。大力推动远东船代等集团下属单位的产权改革，上海远东船代公司经过二次改制，建立了自然人和职工占大股、国有股参股的产权结构，进一步完善了法人治理结构。青岛远东船代公司全部实现民营化，集团公司已将持有的 50% 国有产权全部转让。航运物资公司长期以来由于缺乏主营业务，经营状况不佳，集团公司在妥善安置在职职工的基础上，对其实施了改制，国有资本已全部退出。建立了严格的职称评聘和优秀人才选拔制度，定期选聘，全面加强了干部职工队伍建设，先后有 2 名企业高管人员到美国 500 强企业锻炼培训，有 8 名高级维修技能人才赴德国培训，有 10 余同志攻读工商管理硕士学位，大大优化了人力资源队伍。积极分离企业办社会职能，黄河航运局、小清河航运局子弟学校移交工作进展顺利。

（三）加强集团管控体系建设，不断提高企业管理水平

坚持把强化集团管控体系建设、创新企业管理作为关键措施，努力推动企业全面协调可持续发展。一是积极按照省国资委要求，积极做好全面预算管理、全面风险管理、总法律顾问制度等现代管理办法的推行工作。二是严细管理工作。集团公司建立了绩效考核制度，形成了比较科学的考评体系。三是大力应用现代科技管理手段。通过应用微机售票系统、快速货运系统、客运结算系统等生产系统，大大提高了生产服务效率；通过应用 GPS 监控系统、车辆行驶记录仪等科技手段，大大提高了安全管理水平。四是积极开展节能降耗工作。从驾驶员操作、车辆行驶等方面入手，对运营车辆制定了科学的燃油消耗定额，同时广泛开展了爱车节油、增收节支竞赛活动。

（四）企业党建和文化建设卓有成效，发展环境更为和谐

深入学习贯彻党的十七大和省第九次党代会精神，党建和企业文化建设进一步加强，为企业改革发展创造了良好环境，提供了有力保证。一是以创建“四好领导班子、五好党组织”活动为契机，突出抓好党员队伍建设和领导干部建设。二是广泛开展了“创建学习型组织，建设企业文化，构筑和谐交运”活动，成立了创建活动机构，举办了企业文化专题讲座和导师培训班，举行了创建学习型组织企业文化大赛，组织了愿景系统、学习系统和创新系统的创建工作，编写了企业文化系列丛书。三是充分发挥车站窗口效应，广泛开展社会主义荣辱观、迎奥运等宣传教育活动。四是积极组织抗震救灾、捐款捐物以及泉城“义工

关爱号”等活动，充分展示国有企业的良好社会形象。五是关心职工生活，为职工办理了补充医疗保险，对因病造成生活困难的职工积极提供补助，增加了离休老干部的生活补贴，大力开展各种劳动竞赛和文体活动，创造了良好的和谐发展环境。

山东交运集团的发展使命：为旅客提供最满意的服务，为物流客户提供最佳的服务和保障。

发展愿景：成为全国客运行业和区域物流行业的市场领先者。

征程今日是坦途

江苏金陵交运集团有限公司

江苏金陵交运集团有限公司始建于1949年，曾为中国交通运输事业的发展做出了历史性贡献。

改革开放30年来，公司锐意进取、开拓创新，从计划经济年代的举步维艰到现在业绩的稳步攀升，走过了一条曲折的发展之路，也实现了一次脱胎换骨的转变。公司目前已成为集公路客运、出租客运、旅游客运、短途客运、货运物流、城市货的、单双层客车制造、驾驶培训、职业教育、商贸物业为一体的综合型交通企业集团，总资产4.17亿元，年营业收入6亿元，员工2 080人，下设30余个全资、控股、参股子公司。

货运物流作为集团公司第一主业，按专业化分工从事化工危险品、集装箱、零担专线快运、城市配送、普货运输及水运船务代理、国际货代一体化的进出口物流业务。公司经营规模居全省行业前列，已成为本省及“长三角”地区产品生产和销售企业的首选物流配送服务供应商。公司是南京市唯一具备九类危险品运输资质企业，目前正规划建设60 000平方米集运输、仓储、集散、包装、配送为一体的化工物流基地。

公路客运及汉中门长途汽车站主要经营苏北、安徽、浙江和沪宁长途客运班线，日发班车600余次。公司出租车经营规模位于南京市行业前五名。

金陵牌双层客车作为交通工业的主打产品，已形成六大系列30多个品种，产品销往全国20多个省、市、自治区，产品覆盖70多个大中城市，并批量出口7个国家和地区，国内市场占有率始终保持80%以上。新型环保节能双层客车新产品荣获2008北京奥运会指定用车。

金陵教驾培中心具有30余年历史，是省内定点驾驶员培训、交通职业技能培训、技能鉴定基地。

迎宾集贸大市场经营面积8 800平方米，是南京市最大室内零售菜市场及小百货市场。

2008年，集团经营业绩创企业历史最高水平，年营业收入达6亿元，年纳税达3 000万元，比企业整体改制前的2003年分别增长152%和427%。企业社会品牌形象与经营发展同步得到提升，目前集团公司是国家道路运输货运一级经营资质企业、国家AAAA级综合物流企业、2006~2008年度中国道路运输百强诚信企业、2008年交通运输部首批节能示范企业、江苏省百强重点培育企业和重点物流企业、南京市重点物流企业、南京市和谐劳动关系先进企业。

一、历史足迹

江苏金陵交运集团有限公司坐落于江苏省南京市，它的前身是国民党交通部第一汽车运输处南京分处，随着南京的解放，1949 年 4 月 23 日被解放军交通接管委员会接管，同年 11 月 7日改称南京汽车运输公司。当时仅有职工 102 人，26 辆破烂不堪的“老爷车”和几间破旧站房。1954 年 1 月改称江苏省汽车公司南京分公司；1966 年 9 月改称为江苏省汽车运输公司南京营业处，后又改称为南京汽车运输处；1975 年 8 月改称为江苏省第一汽车运输处；1985 年 1 月下放到南京市，改称为江苏金陵汽车运输公司；2004 年 3 月企业整体改制后称为江苏金陵交运集团有限公司。

1959 年，企业迎来了变革发展史上“第一个高峰期”，其固定资产净值达到 4 223. 18 万元，职工人数达到 3 739 人，车辆为 541 辆，完成客运量 1 154 万人次，周转量 6 349 万人公里，货运量 184. 6 万吨，周转量 3 783 万吨公里，营业总收入 1 628 万元，利润 613. 7 万元。

20 世纪 60 年代，企业一分为三组建成立南京汽车运输公司、南京市公共交通公司和南京市汽车修理厂，随后 10 年受文化大革命的影响，企业生产停滞，大伤元气。

20 世纪 70 年代，粉碎“四人帮”后，特别是 1978 年党的十一届三中全会的召开，确立了改革开放的主旋律，企业经营逐渐恢复正常，公司拥有 16 个运输车队、5 个汽车修理厂、1 个职工医院，共有职工 3 900 人，营运车 679 辆，计 3 435 吨位，完成年运量 471 万吨，周转量 22 528 万吨公里，营业总收入 4 082 万元，利润 1 002 万元。

20 世纪 80 年代，企业迎来了变革发展史上的“第二个高峰期”，作为国家重点交通运输企业，承担全国重点物资、抗洪抢险和战备物资运输任务，形成了以南京为依托，港站为枢纽，长短结合，零整并运，公铁航紧密衔接的运输格局。公司拥有零担线路 97 条，月发班车 834 对，形成内联全省各市，外接京、津、沪、豫、闽、赣等 11 省 3 市的零担货运网，年吞吐量达 97 747 吨，营运里程达 4 万公里，南京货运站连续三年获得交通部颁发的“文明货运站”称号。

20 世纪 90 年代，企业又陷入新的困境，当时，市场经济改革不断推进，货运市场全面放开，市场竞争激烈，因为国企体制僵化、机制不活、观念落后、负担沉重，经营效益由盈转亏，由小亏到大亏，1998 年亏损 1 230 万元，累计亏损 3 123 万元，濒临破产的边缘。

二、扭亏脱困

1998 年，孔维成被南京市交通局党委任命为江苏金陵汽车运输总公司党委书记、总经理。面对当年亏损 1 230 万元，累计亏损 3 123 万元，人心涣散、资不抵债、濒临破产的艰难困境，公司领导审时度势，迎难而上，毅然决然以背水一战的勇气吹响了改革的冲锋号，大力实施“改革推动、调整优化、管理整顿、两个文明促动”的发展战略，以“劳动、分配、人事”三项制度改革为突破口，向“大锅饭”、“铁饭碗”和“铁交椅”发起猛烈冲击。历经 3 年改革治理整顿，于 2001 年实现全面扭亏为盈，打赢了改革攻坚、扭亏脱困第一仗。

三、企业改革

2004 年，在南京市政府统一部署下公司完成了企业整体产权制度改革，由国有企业改革为股份制民营企业，按现代企业制度构筑法人治理结构，孔维成出任集团公司董事长，兼任总裁、党委书记。

2007 年，集团大刀阔斧改革不适应市场的管理体制和运营机制，按照"构建母子公司体制、建立民营企业动态经营管理和用人机制、培育民营企业共赢文化"的思路全面推进基层单位股份制改革，通过体制改革，集团子公司建立了"自主开拓，自主发展、自主调整、自主管理、自主约束、自主激励"的经营机制，既有集团母公司品牌规模的资源经营优势，又有集团子公司活力四射、动力十足的特点，呈规模化、专业化发展的态势。

集团公司总部作为决策中心和资源中心，其管理范畴以战略管理、投资管理、预算管理、人力资源管理和企业文化管理为主，而子公司及三级企业则作为利润中心和成本中心，集团母子公司实行"六统一"：统一集团的核心思想和理念，保持员工行为规范和企业识别系统的一致性；统一企业标准和规章制度，保持集团管理理念的一体化；统一规划集团的产业布局和投资项目，保持发展战略和决策的一致性；统一财务及资金管理系统，保持控制体系的一体化；统一管理层人员的招聘任用规定和程序，保持人事制度的一致性；统一提供能发挥总体效益的服务，包括培训、信息、人员招聘、重要社会关系处理等服务。

四、二次创业

2004 年，企业完成了国企向民企的转变，但是机制创新是一个漫长而艰巨的过程。由于企业历史包袱沉重，结构性矛盾突出，新企业在岗职工 2 890 人，需负担托管各类离岗职工2 037人和离退休人员 4 728 人。改制后企业失去了国企原有的政府及行业部门的"呵护"，但融入市场竞争环境的民营企业灵活特性尚未形成，新的运行机制尚未建立，处于新旧两种体制的"磨合期"。为此，集团公司审时度势，提出了全面推进"五个创新"（体制机制创新、市场创新、管理创新、技术创新、企业文化创新），实现"六个明显转变"（民企理念作风明显转变，经营机制明显转变，经营结构明显优化，发展明显加快，科学管理水平明显提高，党建、企业文化建设和员工队伍建设明显进步）为主线，以调整结构、优化布局、整合资源、集约经营、提高效益为重点，突出货运物流主业经营，加快传统运输业向现代物流服务业转型，多种途径发展客运业，走开放型发展道路，做强、做专和做优"双层客车"产品，提升物业经营管理水平的总体思路，通过迅速抢占市场，扩大经营规模实现发展目标。

公司在货运物流领域积极开拓市场，加强与国际知名企业的战略合作，借鉴和引进先进经营理念、技术和管理方法，提升管理水平，生产经营实现了跨越式发展，2008 年物流营业收入完成 5. 4 亿元，是改制前 2003 年的 22 倍，货运市场占有率及服务收入居全省同行首位，各项经济指标列全国同行业前列，公司成为具备区域优势、集约化经营规模、运输服务功能齐全的地区龙头品牌物流企业。主要做法：

一是优化企业内部资源配置，发展专业化运输，提高集约化经营规模，集团按专业化经营组建集团控股独立法人子公司，形成化工危险品、厢式车、集装箱、普货、零担专线及城市“货的”配送的经营格局，在物流细分市场中具备了差异化竞争优势。目前集团拥有自有和可控车辆近1 000辆，年货运量约520万吨，成为南京及周边地区产品制造和销售企业的首选物流配送服务商，“金陵物流”品牌形象得到进一步提升。

二是大力发展化工物流及危险品专业化运输，从2005年初期投资600多万元购置20辆专业化大吨位车辆起，目前运力发展到145辆，专业化配套运力达到2 794个吨位，具备全部九大类化工危险品运输资质。2008年继续投资发展50辆专用液态罐车运力，为发展“长三角”区域化工产品配送提供运力保障。

三是拓展第三方物流服务，国际物流有限公司运作水、陆联运及国际货代一体化进出口物流业务有较大幅度增长。

四是发展化工危险品专线快速货运和城市物流配送，目前开通的“长三角”沪宁杭化工危险品零担专线和城市“货的”配送都得到进一步发展。

五是集装箱物流有限公司运作集装箱专业化运输，同时着手甩挂运输的前期调研和准备。

六是按专业化、集装化、特色化原则装备专用车辆，注重运力结构调整不是原有水平上的“填平补齐”，而是以科技进步为导向的“升级式”调整，发展符合欧III排放标准、能耗和排放指标先进的大型运输车辆，提高企业整体节能减排水平，构建资源节约型企业。集团道路货运集约化经营作为交通运输部2008年首批20个节能项目向全国示范推广。

七是加快货运物流信息化建设，已建成货运调度信息管理系统、GPS车辆监控系统及车辆短信群发系统等。

集团通过多种途径发展客运业取得长足进步。长途客运班线采取与兄弟公司合资合作、线路置换重组等完成了公司化改造，提高线路资源经营效益；通过收购社会出租车经营权和参与招投标等方法扩大出租客运经营，目前出租车规模已名列南京市前5名；发展农村公路客运，通过竞标获得农村公路客运班线和乡镇客运站经营权；通过整合社会旅游资源和发展自有旅游客运车辆等培育“都市旅游”客运品牌；拓展经济开发区客运市场，开通员工上下班的企业班车及包车业务；按南京公路客运枢纽站规划，在南京河西投资1亿多元征地108亩，规划建设南京中胜客运站。

“金陵双客”是南京名牌产品，为了加快双层客车发展，集团走开放型发展道路，引进香港上市公司中大国际汽车产业集团组建合资公司，几年来，按照“做精做专做强”的经营定位抢占双客产品制高点取得显著成效，双层敞篷车、天然气双层客车成为国内最前沿产品，荣获省、市优秀新产品奖，其中天然气双层客车获国家级重点新产品证书，新型环保节能双层客车新产品成为2008北京奥运会指定用车。双层客车产品已形成六大系列20多个品种，国内市场占有率始终保持80%以上，并远销土耳其、朝鲜等近10个国家，2002年以来累计出口近1 000辆。目前占地206亩总投资8 000多万元的双层客车生产新基地已投产。

五、诚信经营

企业的发展源于诚信，集团公司以诚信作为经营理念的核心，以诚信企业建设为目标不断创新企业管理。

1. 推进企业文化建设，持续培育诚信理念

集团秉承“诚信经营、客户至上、回报股东、造福社会”的宗旨，积极推进企业文化建设，持续培育员工诚信理念，用诚信铸就企业未来。

一是集团组织全体员工开展读书学习活动，开展“民企意识、危机意识、责任意识、利益共同体意识”学习讨论，树立“忠诚敬业、同舟共济”意识和“为自己幸福生活而工作”理念，人人动手撰写稿件谈体会，企业《金陵交运报》每月两期组织报道，员工的思想观念发生了可喜的变化。

二是组织全员进行现代物流、物业管理、计算机应用、市场营销等不同类型学习培训，进一步提高员工职业素养、专业知识和技术技能。

三是采用招聘引进、选拔培养、岗位承诺、绩效考核、公开竞争、轮岗交流等多种方式加大经营管理者队伍动态管理力度，提升经营管理者队伍的综合素质。

四是继承企业50多年来厚重的历史文化积淀和厚德载物的传统文化基础，大力弘扬三年扭亏脱困“攻坚克难、动真碰硬、负重拼搏、百折不挠”精神，大力弘扬出租公司开拓市场表现出的“敢于亮剑、不用扬鞭自奋蹄、会打仗、老黄牛”精神，大力弘扬抗震救灾“团结一心、共克时艰、不怕吃苦，善打硬仗，不畏艰险，连续作战，科学务实，优质高效”精神，全面加快推动企业文化建设，为诚信经营打下牢固思想基础。

2. 强化企业制度建设，建立完善诚信体系

诚信于员工、诚信于客户、诚信于合作伙伴，毋庸置疑是企业应有而必有之的行为，近年来集团公司从强化企业制度建设入手，推进管理创新，建立完善诚信体系和诚信机制。

一是不断深化和完善企业人力资源管理、薪酬管理、绩效考核、资金及票据管理、成本管理、运输管理、安全管理、车辆机务技术管理、合同管理、信访工作等基础管理，按照“全面、科学、统一、规范、效能”的基本原则全面梳理和完善各项管理制度、工作流程、实施细则、台账报表等，2006年、2007年企业管理制度分别汇编成册。

二是完成企业GB/T 19000—ISO 9001-2000质量体系认证和安全管理认证，并着手推进GB/T 24001—2004环境管理体系和GB/T 28001—2001职业健康安全管理体系认证。

三是推进企业信息化建设，已建成集团公司网站、集团电子邮箱系统、车辆GPS监控系统、车辆群呼通讯系统、运输调度系统、网上银行资金结算系统及内保电子监控系统等。

四是加强合同和客户信用管理，集团聘请专业律师作为企业法律顾问，对企业重大合同及法律事务提供援助。同时进一步完善合同管理制度，修订完善物业租赁合同、车辆管理服务合同等，通过合同电子台账动态掌控，并着手开发计算机网上合同信息管理系统。公司被南京市工商局评为重合同、守信用企业。集团对运输合作对象及运输业务分包客户实行资信审查，并根据日常履行合同能力建立客户信用档案。

五是加强资金、成本、票据和应收账款管理监控，集团依靠网上银行资金管理系统实施资金的动态监控和集中管理，有效保证资金安全并发挥资金的最大效能。同时加强应收账款管理，做到定期梳理，落实责任催收，防止形成呆坏账。

六是加强安全管理，一方面认真贯彻各项安全管理制度，同时修订完善《驾驶员操作手册》，加强驾驶员安全行为评估和防御性驾驶培训，应用GPS动态监控车辆运行，第一时间消除安全隐患。

七是加强薪酬管理、绩效考核和效能督察，集团全员实行基本工资、绩效工资、激励工资三段式分配模式，全员实行薪酬与绩效挂钩的月度绩效考核，同时加强专项工作及制度执行的效能督察，实行责任追究和经济赔偿。

3. 打造企业服务品牌，努力践行诚信实践

货运物流是企业的主营业务，每一位员工视诚信服务为企业生命，大力弘扬“诚信、守约、协调、高效”的团队精神、“质量是生命、安全是效益”的质量理念和“客户至上，诚信服务”的营销理念，以“六统一”标准（统一品牌建设、统一企业文化、统一基础管理、统一目标管理、统一资源优化配置、统一战略分工协作）加强运输安全和服务质量预控体系及运行机制建设，打造“金陵物流”品牌。国际物流公司按照世界500强“扬子巴斯夫”等大型跨国公司对货运物流服务专业化、个性化的要求，成立了独立的项目经营部，为客户提供与众不同的个性化、多样化服务。化工物流公司认真贯彻国际化学品制造商协会（AICM）制定的道路安全质量评估体系（RSQAS），加强车辆及驾驶员安全管理，被省交通厅推举为安全管理示范公司。2007年集团公司被评为“江苏省道路运输50佳质量信誉企业”、“南京市道路运输20佳质量信誉企业”。

南京汉中门长途汽车站员工以满腔的热情和优质服务维护车站品牌形象，在创建“全国文明城市”活动中与省武警总队结为精神文明共建单位，组织员工军训和旅客紧急救护应用培训，并通过学习和贯彻站务知识、服务行为规范、营运及安全管理制度等将服务标准融入每一个服务细节，“真情细无声，诚招天下客”成为工作准则。车站视旅客为亲人，营造温馨周到的服务环境，被南京媒体称为“南京市中心的站、南京市民心中的站”，多次荣获“全省道路客运站场20强”、“巾帼文明示范岗”、“模范职工小家”、“抗雪灾、保春运先进集体”、“农民工平安返乡先进集体”等荣誉称号。

出租车公司充分认识到树立企业良好品牌靠的是诚信服务，靠的是市场信誉。他们通过开展创建“青年文明服务车队”活动，不断提高服务质量，同时健全诚信服务体系，对顾客投诉及时处理，及时反馈，列入质量考核体系。公司荣获“南京市安全治安先进单位”、“城市客运行业管理先进单位”荣誉称号，一名驾驶员被评为“2007年度南京市10佳出租车驾驶员”。

迎宾集贸大市场是南京市最大的室内零售菜市场，总面积约8 800平方米，开业10年来集团累计投入1 000多万元，对大市场整体建筑和软件、硬件设施进行了大规模的升级改造，安装了闭路电视安全监控系统，以及室内超大屏幕LCD显示屏，及时公示有关信息。为了让市民吃上放心菜，市场成立了“放心工程”领导小组，建立“四放心”工作检测室，配置RP—410型农药残毒快速检测仪、GL—88B型旋涡混合器、DHP—781电热恒温培养箱、T系列电子天平、玻璃器皿及双门冰箱等设备，为“放心工程”提供技术和检测设备保障。市场管理人员统一着装佩戴工号上岗，接受市民监督，经营业主亮证经营、明码标价。市场会同工商、卫生防疫和技术质量部门定期检查经营业主卫生许可证、健康证、计量器具等，不定期抽查食物是否为“三无产品”或过期食品，引导经营业主守法经营，坚决杜绝过期或变质食品进场销售。市场的诚信规范管理服务受到市民好评，连续多年荣获省、市、区政府及行业管理部门授予的“江苏省文明市场”、“南京市文明市场”、“南京市农贸市场规范管理达标市场”、“南京市绿色市场”、“南京市菜篮子工程及三绿工程”、“南京市市容杯十佳单位”、“重质量、守信用消费者满意单位”、“ 南京市用户满意企业”、“南京市计量诚信集贸市场”、“南京市爱国卫生先进单位” 等23 项次荣誉称号，为南京市集贸市场建设和打造“迎宾菜市场”品牌做出了贡献。

六、构建和谐

集团公司由原国有企业改制成立，改革承诺托管原企业2 000 多名岗下职工、50 多名离休干部、80 多名军转干部及其他特困人员，企业千方百计克服各项政策性增支因素及资金困难，诚实守信履行历史责任和社会责任：一是多年来做到托管人员各项社会保险费上缴率、参保面100%，退休职工养老金和下岗职工生活费发放率100%；二是完善送温暖工作机制，建立特困职工档案，积极为困难职工办实事，每年走访慰问各类困难人员700 余人并开展捐助活动；三是对有就业需求的职工“送知识、送技能、送信息、送岗位”，定期组织保安、物业管理、市场营销、女职工插花等技能培训，并向社会推荐就业；四是做好信访工作，针对国有企业职工历史遗留问题多、矛盾尖锐、处理难度大等特点，建立了以集团领导、专职信访员、基层领导、基层责任人“四位一体”的信访工作机制，认真贯彻《信访条例》，及时化解各类矛盾及不稳定因素，促进了企业和谐稳定；五是定期组织离休干部活动和参加会议，定期组织老干部体检，进行家访和节日慰问，确保离休干部政治、生活待遇两到位；六是严格按照《劳动合同法》规定与员工签订劳动合同，统一组织在岗员工体检，发放职业服，建立员工食堂，关心员工身体健康。集团公司2004 年荣获市政府授予的“促进再就业先进私营企业”荣誉称号，2008 年荣获“南京市和谐劳动关系先进企业”称号。

七、履行责任

面对5.12 汶川大地震，集团公司认真履行企业社会责任，以高度的政治觉悟和强烈的社会责任感认真贯彻胡锦涛总书记“运输部门要扩大运力，特事特办，优先保证生产出来的救灾物资第一时间运往灾区”的重要指示，以“讲政治、讲大局、讲责任、讲善举”、“不讲条件、不讲困难、不讲价钱、不怕吃亏”作为最高准则和工作要求，全力以赴投入抗震救灾斗争。集团投入抗震救灾人员1 326 人次，执行各级政府下达的救灾物资长途抢运和灾区当地短驳运输任务共1 232 辆次11 197 吨，出色完成抗震救灾任务，受到省政府及交通厅高度赞扬。集团荣获全国总工会、江苏省总工会分别授予的“工人先锋号抗震救灾先进集体”荣誉称号，四川绵竹市委市政府授予的“抗震救灾先进集体”荣誉称号，孔维成荣获南京市工交系统“抗震救灾优秀共产党员” 称号。《人民代表报》（2008 年7 月24 日4 版）、江苏电视台及《南京日报》（2008 年6 月19 日A5 版）等新闻媒体做了专题报道。

八、与时俱进

一是加快传统货运向现代物流转型发展步伐，加大开发“长三角” 区域市场力度，遵循“资产一体化、产权多元化、市场区域化、经营专业化、信息网络化”原则，以市场为导向积极整合行业和社会物流资源，发展专业化运输，打造具有区域优势、物流服务功能齐全的地区龙头品牌化物流企业。

二是建设现代物流服务信息中心，以信息化推动整合和集聚现有物流业务资源，优化业务流程，建立新的物流电子商务运作模式。将来自制造企业、商贸企业、物流企业以及社会、政府、其他物流基地、结点的货源、运输及仓储等信息整合处理，为社会提供包括信息发布、托运管理、车辆管理、智能配车、在途查询、仓储管理、费用结算等电子商务服务，逐步形成“功能齐全、多赢互利”的现代物流社会化服务功能。

三是加快车辆技术更新，发展符合欧III排放标准、能耗和排放指标先进的大型运输车辆，提升集约化经营规模，保持集团运输装备在市场和行业的领先优势，构建资源节约型企业。

四是以优化服务为先导扩大服务功能，提高专业化服务水平，努力实现“被动服务向主动服务过渡、人工控制服务向信息化管理服务过渡、无标准服务向标准化服务过渡、单一环节服务向整体优化及增值服务过渡”，为客户提供“快速、便捷、安全、可信、周到”的海运、陆运、仓储、通关等一站式现代物流服务，进一步塑造“金陵物流”品牌。

五是建设城市区域“货的”信息服务调度中心，发展以南京一小时都市圈为中心、以市内大商场、综合超市、专业市场、企事业单位、市民为服务对象的短途货物配送业务，接受客户网上托运、电话托运，通过GPS及车辆运营调度系统实现客户与车辆的运输调度和运输服务质量管理。

30年改革发展历程，公司打赢了扭亏脱困、调整重组攻坚战，跨入了又好又快、科学发展新阶段，铸就了企业今天的阶段性成果。公司全体员工将继续以改革开放和创新发展为动力，继续发扬永不满足、积极进取的开拓精神，继续弘扬以人为本的企业文化，加快科学发展、创新发展、和谐发展步伐，努力打造“制度先进、管理科学、主业突出、结构合理、充满活力、和谐稳定、富有效率、具备较强核心竞争力和可持续发展能力”的国内先进交通企业集团。

情系旅客传万家

青岛交运集团有限责任公司

一、企业介绍

青岛交运集团是山东省最大的道路运输企业集团，在中国服务业500强企业中列第276位,中国物流百强企业中列第19位，中国道路运输企业中列第6位。集团主要经营范围是客运及旅游服务、现代物流及配套服务、汽车修理等。其服务品牌“情满旅途”是中国道路运输业第一个注册服务商标，“情满旅途”服务品牌被评为山东省著名商标和山东省服务名牌、全国质量品牌与企业文化经营论坛十大质量品牌。2006年“情满旅途”服务品牌经世界品牌实验室严格测评，获“2006中国品牌年度大奖”。青岛交运集团是全国质量效益型先进企业、国家级“守合同、重信用”企业、国家AAA级信誉企业。青岛交运集团确立了以“情”为核心的服务文化，以道德力增强凝聚力、以文化力推动经济力、以情感力提升竞争力，进行了一场以“情”为核心的服务革命，集团基本完成了从传统经营到品牌经营、从传统服务业到现代服务业的过渡。

二、品牌发展历程及取得的成效

从简单的扶老携幼到文化服务，从传统经营到品牌经营，从传统服务业到现代服务业，青岛交运集团以文化和品牌使服务增值。从顾客最需求的事情做起，这是“情满旅途”品牌服务的切入点。

“情满旅途”由一个精神文明建设的活动载体，逐步成长壮大为一个具有较高知名度和美誉度的服务品牌，经历了四个历史时期：培育期、成长期、发展期、创新期。

1. 培育期（1995 年 ~ 1996 年）

1995 年前后，青岛市客运长途车增势迅猛，市场竞争日益激烈，国有专业运输企业陷入重重包围之中，一时间，青岛交运集团客运业的发展步履维艰。面对激烈的市场竞争，集团意识到：随着人民生活水平的不断提高，老百姓对运输服务的要求标准也不断提高，不仅要求运输安全、及时、经济，还要求舒适、精神的愉悦感和文化享受。1995 年 7 月 11 日，青岛交运集团长途汽车站创意发起了“情满旅途联手大行动”，从车站到旅途服务全过程抓住了“情”字，抓住了传统文化与当代文化的交汇点，因此，“情满旅途联手大行动”一提出就由青岛一地扩展到全国 50 余家客运站点，成为全国公路客运行业的共同行动，并迅速成为社会关注的焦点。作为“情满旅途联手大行动”的倡议发起单位，青岛长途汽车站伴随着该行动的实施享誉全国。1996 年，青岛长途汽车站被交通部评为“全国交通行业文明示范窗口单位”，并被《人民日报》誉为“李素丽群体”。

1996 年 11 月，集团组织省、市知名专家学者对“情满旅途联手大行动”活动进行理论研讨，第一次单独使用“情满旅途”的品牌概念，明确提出了创建“情满旅途”服务品牌的发展方向。至此“情满旅途联手大行动”顺利完成了作为精神文明建设活动载体的历史使命，步入品牌的培育阶段。同时，在实施“情满旅途联手大行动”的短短一年中，企业发生了历史性的飞跃，带来了丰厚的经济效益和良好的企业声誉。集团从实践中认识到，企业要发展壮大，必须走品牌发展之路，创建“情满旅途”服务品牌的意识逐渐明晰。

2. 成长期（1997 年 ~ 1998 年）

1997 年到 1998 年是“情满旅途”挖掘品牌内涵、丰富品牌形象、不断向前发展的阶段。集团立足于“内强素质、外塑形象”，开始实施了“管理创新工程”、“星级服务工程”、“技术进步工程”、“凝聚力工程”和“形象塑造工程”，五大工程贯穿于“情满旅途”发展的全过程，成为塑造“情满旅途”服务品牌的主要内容。1997 年，青岛长途汽车站通过了 ISO 9002 质量体系认证，服务与国际接轨；同年 10 月，青岛长途汽车站被树为全国的典型，其先进经验在全国推广；1998 年，“情满旅途”作为全国第一个道路运输行业服务商标到国家商标局申请注册。

在集团内部，“情满旅途”服务品牌的成功塑造经验为集团客运板块的发展带来了深刻启示，并迅速拓展到出租客运、旅游客运和城市公交领域，“情满旅途”在多个客运品种中的实践，为她赢得了长久的生命力，使之具备了更为丰富的品牌内涵。在“情满旅途”服务品牌的示范和带动下，青岛交运集团各经营板块掀起了以“创服务名牌，树交运形象”为主题的服务品牌塑造热潮。“情满旅途”在集团各“窗口”单位生根、发芽，为集团实施名牌战略奠定了坚实基础。

3. 发展期（1999 年 ~2000 年）

1999 年，经国家商标局核准，“情满旅途”成为全国道路运输业第一个注册商标；同年，集团召开第二次“情满旅途”理论研讨会，市文明办、市总工会、市社科院、中国海洋大学、青岛大学、紫文策划公司 14 名专家学者，在“情满旅途”的发起地青岛长途汽车站，再一次对“情满旅途”的内涵、发展方向、客运管理体系、服务体系和营销体系的完善以及集团客运板块的市场定位等问题进行了深入地研讨。集团组织专人对专家研讨情况进行了系统的整理和提炼，在此基础上成立了“情满旅途”名牌战略课题小组，制订了集团的“情满旅途”名牌发展战略，统一了集团的文化理念、行为规范和视觉形象，形成了企业强大的市场号召力。2000 年，“情满旅途”以其优异的服务品质被评为青岛市四大优秀服务品牌之一；同年，被中国质量管理协会用户委员会评为“全国用户满意服务品牌”。这标志着“情满旅途”已经完成了品牌塑造的历程，已在进军服务名牌的道路上迈出了坚实的一步。

4. 创新期（2001 年至今）

2001 年新华社在青岛举办“情满旅途”品牌现象高级论坛，全国知名专家和学者云集青岛，共同探讨“情满旅途”品牌和青岛服务业的发展之路。“情满旅途”从长途汽车站的一花独秀迎来了青岛交运集团的春色满园，并从集团的客运业成功延伸到集团其他经营板块。集团各经营板块积极实施服务创新，相继在长途汽车站推出“苏学芬工作法”、长途客运推出“阳光快车”和“便民巴士”、城市公交推出“温馨巴士”、城市出租推出“敬老车”和“文明使者”、货运车队推出“连心货运”、物流场站推出“真情 24 小时”等十几个特色服务，同时配套推出了“到人、到位、到底”的三到管理法。“情满旅途”使青岛交运集团在同行业中脱颖而出，并在激烈的市场竞争中站稳了脚跟。

“情满旅途”品牌的塑造，使青岛交运集团经济效益逐年递增，市场领域不断拓宽。品牌的塑造不仅使集团内部经济结构和对外企业形象发生了深刻变化，同时也开创了青岛市服务创名牌的先河，引发了青岛市“创服务名牌、树青岛形象”思想大讨论活动。在国人的眼里，青岛是一个名牌之市，对青岛人而言，名牌是物质的，更是精神的。青岛市委、市政府敏锐地认识到：一个文明城市需要工业名牌，更需要服务名牌。在 1999 年 2 月 23 日，青岛市委、市政府做出了《关于深入开展创建文明城市活动的决定》，提出实施精神文明建设名牌战略，从此，“创服务名牌，树青岛形象”为主题的创建工作在青岛扎扎实实地开展起来。两个文明建设，一样的品牌意识，青岛市的服务品牌如雨后春笋。海滨食品店的“海滨小金”、电业局的“亮出精彩”、电信局的“情传万家”、热电集团的“暖到家”、航务二公司的“浇注明天”等一大批服务品牌相继破土而出。以 31 路“温馨巴士”为代表的青岛交运集团公交线路在全国城市公交业中注重品牌经营，处处从乘客需要出发，不断创新服务内容，具有浓厚文化氛围的交运巴士开岛城“文化巴士”之先河，初步显示了“情满旅途”的个性魅力。机关也要创品牌已成为政府部门的共识，一大批机关政务品牌涌现，使青岛市服务创名牌工作再掀新高潮。

三、创建培育品牌的主要做法

随着“情满旅途”服务品牌的成长，企业文化建设与品牌塑造如何有机结合成为摆在交运人面前的一个新课题。在创建品牌和服务实践中，交运人赋予了“情满旅途”的丰富的文化内涵：“情”是核心，使员工对企业倾注深情、对顾客满怀亲情、对社会奉献真情；“满”是标准，以顾客和员工满意度为评价标准，不断提高员工对岗位的忠诚度和顾客对企业的忠诚度；“旅途”是过程，做到全方位、全过程的优质服务，在奉献的过程中实现员工的人生价值和企业报效社会的职责。“情满旅途”品牌的广告语是“交的是朋友，运的是真情”。“情满旅途”的实质就是把服务和人与人之间的关系情感化了，使企业有了灵魂，员工有了归属感，使顾客从认同到共鸣到满意再到忠诚。

青岛交运集团创建培育品牌的主要做法：

1. 整合文化，提升品牌

青岛交运集团于1999年成立CIS企业形象策划小组，对交运文化进行系统的研究。一是发动职工总结提炼交运文化，突出交运文化建设的群众性；二是营造文化氛围，加强企业文化的渗透性；三是采取各种形式，加强培训考核，突出交运文化建设的系统性；四是把推进交运文化建设与强化管理融为一体，突出交运文化建设的规范性。通过一系列前期准备工作，交运集团于2000年成功全面导入CIS，统一了文化理念、行为规范和视觉识别，树立了崭新的企业形象。创新是一个企业进步的灵魂，是一个品牌发展的活力源泉。企业文化要随着企业的发展不断进行版本升级，2006年集团又进行了第二轮交运文化新理念征集活动，发动各企业、单位共征集理念用语2 000余条，确立了青岛交运集团“真心真情、专心专注”的现代企业新形象。

通过企业文化建设的探索实践，青岛交运集团逐步形成了以“情满旅途”品牌为主体的“123451”文化体系和“主+多+群”的品牌经营管理模式。“123451”文化体系即：一个品牌——“情满旅途”品牌是交运文化的主体；两个力——文化力推动经济力、情感力增强凝聚力是交运文化产生作用的效果；三情理念——情满家庭、情满企业、情满社会是交运文化领域的延伸；四种精神——诚信精神、创新精神、团队精神、奉献精神是交运文化的价值体现；五大工程——技术进步、管理创新、星级服务、形象塑造、精神凝聚是交运文化的保障规范；一个目标体系——不断提升发展的目标是交运文化追求的目的。“主+多+群”的品牌经营管理模式即：“主”就是一个主导品牌，“情满旅途”品牌是主导品牌，全集团共打一个品牌，一个品牌是交运文化的主体；“多”就是多种特色服务，在不同的经营领域上推出特色服务，多种特色服务是“情满旅途”的支撑；“群”就是群体品牌员工，在各企业、单位的不同工作岗位推出品牌员工示范典型，品牌员工是多种特色服务的基础。

2. 服务创新，品质保证

为了满足新需求，青岛交运集团在不同的经营板块推出新服务。长途汽车站推出“苏学芬工作法”、长途客运推出“阳光快车”和“便民巴士”、城市公交推出“温馨巴士”、城市出租推出“敬老车”和“文明使者”、货运车队推出“连心货运”、物流场站推出“真情24小时”等。“情满旅途”特色服务是根据市场细分的原理，针对不同的顾客需求提供个性化服务。特色服务的创建使“情满旅途”服务品牌增添了新的生机与活力。特别是2005年，集团将1 500余辆城市出租车全部统一了品牌色彩“交运绿”，并制订《交运品牌出租服务、管理标准》，使交运出租成为岛城亮丽的风景线。

“比顾客的需求做得更好”，这是交运人的服务理念。让顾客满意，就是要从关乎顾客的细微事做起。交运“情满旅途”服务，没有惊天动地的大事，细微之处见真情，交运人就是用这些平凡事创造着感动。

全国劳动模范、青岛长途汽车站迎门服务班班长苏学芬用20多年的服务实践总结了一套“苏学芬工作法”。“苏学芬工作法”的实质是“个性化的情感式服务”，特点是“五心”：主动迎宾，服务热心；体贴入微，服务细心；百问不烦，服务耐心；满腔真情，服务诚心；温馨周到，服务舒心。“苏学芬工作法”的基本功是“一分析、二交流、三听、六看”。一分析：分析旅客心理，掌握旅客乘车动机；二交流：通过语言交流，与旅客建立良好关系，以达到情感沟通，用外语（英语或日语）、哑语（肢体语言）交流，掌握特殊旅客的动态；三听：听口音、听问话、听对话，掌握普通旅客的需求；六看：看服装打扮、看年龄体态、看携带物品、看面目表情、看同行伴侣、看举止行动，进而从整体上明确旅客群体的服务需求和特点，为其提供相适应的服务，及时帮助他们排忧解难。苏学芬的这套岗位绝活，是经过二十几年服务工作的锤炼和自己用心揣摩练就的。她曾用她的工作法挽救过轻生少女，协助抓获过小偷，送迷路的老人回家，帮外地旅客找到亲人等。2004年7月29日下午，温家宝总理在北京接见作为全国数百万交通职工代表的11名交通系统劳动模范时对苏学芬说：“你们接待的很多客人，都是在一线劳动的工人、农民吧！所以你们的工作更辛苦，更需要职工们对旅客有一种感情，你们要带着感情搞好服务。”青岛交运集团长途汽车站在服务实践中推出了20多项满足旅客需求的特色服务，如：旅客代表制、“托运”老人、“邮寄”儿童、重点旅客服务、绿色通道、文化长廊、人车联检、外语导乘、钟点旅馆等，细致入微的服务使长途站形成了自己忠诚的顾客群体，连续多年营业额突破亿元大关。

青岛至济南快车公司的驾驶员宫瑛，在驾驶济青班线高级大客车的十几年时间里，他爱岗敬业，工作勤勉，以高度的责任心投入每一次运输任务，未发生任何行车事故和服务质量投诉，是交运品牌员工、交运劳模、省级和市级优秀共产党员、省级优秀驾驶员、全国用户满意服务明星。从事驾驶工作近30年，宫瑛师傅的行车安全里程累计139万公里。他结合多年的行车经验总结出的一套“遵守‘谨’、克服‘躁’、遇事‘忍’、得理‘让’”的工作方法，被集团作为安全行车范本在全体驾驶员中推广。宫瑛师傅在20世纪70年代开过老式解放牌大卡车，80年代当过机关小车驾驶员，如今开上了高级大客车。无论在哪里，无论身处怎样的岗位，他都是干一行、爱一行，钻一行、精一行。他说：“在别人眼中，我们驾驶工作可能平凡又渺小，不值得一提；可在我的心中，它却神圣而崇高。”每天和方向盘打交道，宫瑛与他的车辆结下了不解的情缘。每次出车前，宫瑛都主动与检修人员一起对车辆各部位进行仔细周全的检查，车辆的每一个零部件，驾驶室里的每一个操纵装置，都是与他朝夕相处的老伙计，它们每天的状态如何，都躲不过他的眼睛。为不断提高自己对车辆的了解程度和行车技术，他经常利用业余时间自学所驾车辆的构造和技术原理，不懂的地方就向专家虚心请教，一本技术人员专用的《车辆维护保养手册》他可以倒背如流，并且还在日常工作中摸索出了一套“看、听、闻、摸”的用车经验。一次他驾车行驶在高速路上，突然听到车前方有漏气声，凭借平日里对车辆的熟悉程度，他马上做出这不是减压阀正常工作的声音。为安全起见，他果断将车停靠在安全地带，就在这时，右前轮爆胎了。宫瑛以他高度的责任感，丰富的驾驶经验，避免了一场车毁人亡的惨剧。驾车行驶在高速公路上，正常车速为每秒36米，驾驶员只要精力不集中，操作稍有不慎就可能酿成险祸。宫瑛对此深有感触，每次指导新驾驶员时，他都告诫他们："我们的工作，维系着人民群众的宝贵生命和价值百万的国有财产，一刻也马虎不得，一秒钟也不能懈怠。"他在学习笔记的首页写着"马达一响，集中思想；车轮一转，牢记安全"。作为客运行业的驾驶员，随时都要听从单位调度，执行临时安排的出车任务。为此，宫瑛师傅多年来都保持着良好的生活习惯，即使是在节假日，只要接到24小时内可能出车的通知，他就坚决滴酒不沾，总是以最佳的工作状态，安全优质地完成每一次出车任务，保证了乘客能够走得及时、安全、满意。

交运一运公司经营的"温馨巴士"公交车，自2000年10月份营运以来，秉承"情满旅途"的文化理念，以"比顾客的需求做得更好"为服务标准，围绕精心设计的"温馨巴士"特色服务经营方案，不断进行服务创新，创建了20多项具有较高文化品位和情感诉求的文化服务项目。在"温馨巴士"的驾驶室旁边，摆放着一个"零币兑换盒"，随时可为旅客兑换零币；车门旁设有"自动雨伞套"，雨天可避免雨伞沾湿旅客衣服、弄湿车厢；车厢两旁张贴有青岛主要风光景点的精美图片和文化宣传语；夏天车座铺凉席、车窗挂白色纱窗帘；冬天扶手用绒布套包裹，暖手更暖心；更方便的是223路"温馨巴士"车上还设有邮箱，邮局每天按规定时间开启，目前已邮信万余封，无一差错。交运"温馨巴士"以文化服务赢得了市场，经营规模逐年递增。

服务不断创新，品质才有保证；细节创造感动，真情温暖人心。"情满旅途"感动了南来北往的旅客，也感动了青岛这座美丽的城市，体现在细微之处的真情为交运赢得了忠诚的客户群，也赢得了广大市民和社会各界的赞誉。

以"情"为核心的品牌经营和企业文化建设在青岛交运集团内部带来了一场服务革命，这场服务革命带来的结果是员工思想意识上的转变和服务方式的变革，从仅仅着眼于售票的简单劳动和开车的简单位移，发展到个性化、情感式的文化服务，在消费者眼中交运崭新的企业形象也树立起来了，交运文化赋予了交运服务更深层次的价值，并形成了稳固、忠诚的客户群体和员工群体。

3. 强化培训、规范管理

"服务是一种特殊的情感式劳动"（全国企业文化知名专家贾春峰语）。情感需要人去传递，这就要求有一支高素质的员工队伍。青岛交运集团制订了《青岛交运集团品牌员工管理办法》。交运集团品牌员工是指熟知交运文化，认同交运文化，具有强烈的品牌意识和团队精神，视交运品牌形象为生命，以交运事业发展为己任，敬业爱岗，勇于奉献，在工作岗位或重大活动中为交运事业作出突出性贡献，具有不可替代性的优秀员工。集团根据不同的业务经营特点在不同的岗位选树品牌员工标杆，交运集团现已选树100名品牌员工，其中长途汽车站迎门班班长、全国劳动模范苏学芬以独创的"苏学芬工作法"当选。集团服务员标杆苏学芬、驾驶员标杆宫瑛、修理工标杆杜立民被评为"全国用户满意服务明星"。2004年集团还专门投资建设了员工拓展培训基地，把学习交运文化、学习专业技术和室外拓展培训有机结合，为建设一支过硬的品牌员工队伍打下了坚实的思想和理论基础。

2004年交运集团对全体管理干部全部进行了拓展培训，2005年结合开展“强素质、练绝活、创品牌活动”重点进行专业技能培训。2006年集团实施“金蓝领工程”，大力培养技术工人。2008年集团启动了经营管理储备人才公开选拔工作，建立人才储备长效管理机制。通过品牌员工的选树、人才队伍的建设，为实施文化服务打下了坚实的基础。

青岛交运集团的管理理念是“严、细、实、恒”。根据这一理念，集团对各项工作实行标准化管理，并实施业务流程再造。目前集团对文化与品牌、特色服务、法务管理、财务管理、安全管理、客运管理、货运管理、汽车修理管理、人力资源、信息化管理、审计管理、基建物业管理、档案管理、党群工作等企业生产经营管理的方方面面制定管理标准和岗位工作标准400余个，同时建立月度动态督察制度。

青岛交运集团在企业管理工作中树立起科学的管理观：一是根据顾客的需求和企业发展战略，构架企业品牌管理体系；二是在管理革新中对业务流程进行再造，用业务流程来架构起管理链，科学的业务流程使每一道工序一环扣一环，使每一个员工在环环相扣的业务链中高效运转；三是强化培训、制定标准、监督考核、纠偏提升，通过观念和制度，把管理者的管理思想落到实处。针对不同的管理对象，品牌管理分三个层面：一是对决策层实行战略管理，通过政策研究、市场调研、客户分析，由集团决策层制订集团的品牌发展战略，即“找对的事做”。二是对各责任部门实行项目目标管理，对工作项目和目标进行过程控制和绩效考评，确保“把事情做对”。三是对各企业、单位实施业务流程再造，进行动态监督，确保“把事情做实”。

为了将“情满旅途”的文化理念在基层落实好，集团专门组织品牌管理办公室工作人员针对企业的品牌管理情况和行车情况，每个季度、每个月、每周都到基层单位去进行便衣督查，检查人员随身携带小型录像机，将各种违规的情况拍摄下来，进行暴光。目的就是不断警示大家：企业的危机有可能隐藏在一些我们看不见的地方，要防微杜渐，像爱护生命一样珍爱“情满旅途”品牌。集团还创办《交运人报》，专门在报纸上开辟了“啄木鸟”专栏，针对一些违反管理规定的行为定期暴光，并追踪改进情况。集团的品牌管理方法是由下而上的倒金字塔式管理，做到管理职责到人、贯彻落实到位、持续推进到底的“到人、到位、到底”的三到管理，并进行动态控制。围绕着“主+多+群”的品牌管理模式，集团建立了“以顾客满意度管理”为主线的品牌管理重心。

四、下一步品牌发展的目标举措

做优企业文化、做实“情满旅途”品牌是集团工作的主线。集团自组建以来，经济效益逐年递增，实现了“平安交运”、“和谐交运”的各项目标，品牌知名度和美誉度显著增强，集团的综合实力得到进一步提升。依托交运文化和“情满旅途”品牌优势，青岛交运集团正在构建以客运旅游、现代物流和汽车服务三大板块为主体的经营格局。

青岛交运集团“情满旅途”品牌发展的目标和愿景：

1. 更便捷的信息化运营网络

更便捷是目标，集团道路运输四通八达、快捷方便；信息化是手段，加快集团道路运输基础设施建设和车辆设备更新换代步伐，通过信息化等技术手段实现集团道路运输智能化，提高现代化运营水平；道路运输网络是载体，集团道路运输网络不断得到优化。

2. 更通畅的科学化管理体制

更通畅是宗旨，政令畅通、运输畅通、信息畅通；科学化是关键，牢固树立科学发展观，建立科学的集团道路运输管理体制和运营体制；运营体制是保障，企业经营管理和运营畅通无阻。

3. 更满意的人性化品牌服务

更满意是追求，服务永无止境，服务要想在顾客前面，挖掘潜在需求、引领市场方向，比顾客的需求做得更好；人性化是方式，尊重人、爱护人、帮助人，用真情全心为顾客做好服务；道路运输服务是纽带，用服务这个纽带传递关爱、传播文明。

4. 更安全的规范化运输秩序

更安全是主线，安全工作必须放在首位，“一点不差，不差一点”的安全生产的意识要渗透到运输管理和生产的各个环节；规范化是基础，不断完善安全管理的相关制度，健全安全生产管理体系，强化安全管理基础工作，严格执法、规范管理；运输秩序是平台，建立规范、有序、通畅、高效的道路运输秩序，促进集团又好又快发展。

“交的是朋友，运的是真情”，交运人将不断做优企业文化、做实“情满旅途”品牌，提升企业核心竞争力，为中国服务品牌建设和青岛服务业的发展做出积极贡献。

至诚无息　止于至善

辽宁省快速汽车客运站

一、企业介绍

辽宁省快速汽车客运站（以下简称快客站）成立于 1998 年 6 月，新站落成于 2000 年 9 月，位于沈阳北站金融商贸开发区内，是辽宁省交通厅为推动辽宁公路客运快速发展而建设的样板站。

快客站总投资 2.2 亿元，占地面积 3.8 万平方米，建筑面积 2.5 万平方米，日发送旅客能力25 000 人次，48 条运营线路全部为高等级客车运营的高速直达线路，班线覆盖全国 16 个省、直辖市。目前，快客站日发班次 261 个，日均客流 7 000 人次，日最高客流超过 14 000 人次，年旅客发送量近 260 万人次，年售票额 1.7 亿元。

快客站在建设项目实施上，坚持高起点、高标准定位，按国家一级客运站标准建造。客运站主楼外形独特优美，轮廓如大鹏展翅，内部设施高档齐全，三部自动扶梯使旅客可轻松穿梭于一、二楼间；双色 36 平方米大电子屏幕精显时间变化，并演播站内服务功能及广告；24 小时多方位防盗、防火、服务监控系统和先进的安检仪为车站及旅客提供最大限度的安全保障；微机售票、检票系统为旅客提供方便、快捷的服务；可视电话、IC 卡电话、ATM 自动提款机、自动售货机以及设于二楼的快餐厅、咖啡厅、1 000 平方米的休闲长廊、超市、广告部极大限度地满足了旅客多方面的需求；中央空调和地辐射采暖相结合的室温调节系统，保证了适宜的室内温度的同时，也保证了室内整体布局的简洁明快；布置细致、设施齐全的重点旅客候车室、吸烟室及采用现代全感应卫生洁具的卫生间更显对旅客细致入微的体贴和关怀。

快客站现有员工186名，全部具有中专（高中）及以上学历，其中大专及以上学历的占73%；管理人员全部为大专及以上学历，其中大学本科及以上学历的占66%。

二、改革历程

快客站从建站之初，即以一流企业为目标，重视企业管理，追求管理创新。快客站作为典型的服务企业，始终遵循“向社会提供最佳客运服务、提升人民生活品质、引领并推动行业发展”的企业宗旨和“发掘旅客需求，重视旅客需求，满足旅客需求，超越旅客需求”的服务理念，实践着“至诚无息，止于至善”的企业精神。

10年来，企业内部进行了大胆管理改革创新，建立并完善了管理组织系统、内部控制制度系统和绩效考核评价系统，坚持向管理要效率，要质量，要效益。

（一）总结经验，勇于创新，打造MSI（Month Summary with Increase，月升月高）管理模式

月升月高管理模式是快客站总结过去几年的管理工作，吸收国内外先进管理经验，融入市场经济科学的管理理念，精心打造出的适合企业特点并具有很强操作性的管理系统。它对企业内所有的岗位以全面细致的目标分解为基础，以及时严格的检查考核为保障，以公开透明的奖惩为手段，以每月的管理水平、管理实效提高为目标，促进员工的自我管理意识和能力的增长，追求管理的最高境界，最终达到员工的自主、自我管理。月升月高管理中，目标的分解是在企业、部门、室（班组）、岗位四个层次上依次进行的；考核从上至下为企业考核小组、部门负责人、室（班组）负责人三个层次；在每天考核的基础上，室（班组）每月进行总结奖惩纠偏，部门每季进行总结并按比例评出星级员工、合格员工及末位员工（即“三工”）并按规定进行奖惩，企业在每年底按全年四个季度每名员工的“三工”获评情况按规定评出年度的各层次先进及末位个人，按规定给予发放奖金、提高本人在企业的最高任职年龄或扣罚奖金、在（离）岗培训等正负激励。这种极具激励作用的管理模式极大地激发了员工的自律意识与自我管理能力，工作的积极性、主动性及有效性得到了较大的提高。

（二）充分利用科技进步，推动管理手段的创新

快客站利用现有的微机设备，在网络化售票的基础上，建立了覆盖企业各部门之间的办公局域网络系统，并针对办公流程及特点，请专业人员开发了企业办公门户系统，基本实现了无纸化办公。为适应信息社会的需要，快客站建立了企业网站，作为与社会各界沟通的桥梁和窗口。另外，在站内原有的消防自动监控报警系统、安全监控系统基础上，又设立了服务监控系统，除在主监控室可实时全面监控外，通过办公局域网，相关人员也可进行实时查看。系统覆盖了售票、检票、行包、寄存等各个岗位，录像可保存15日备查，而且每个售票窗口都能进行同期录音，以作为发生服务纠纷时的备查资料。检票口的安全监控录像系统

可作为在车上发生盗抢等事件时的备查资料，此功能得到省公安厅领导的充分肯定。这些科技手段的应用，极大地提高了办公效率，解决了服务状态实时监控、服务纠纷处理和发出班次路上发生人为盗抢等事件后追查的难题。另外，在安全工作上，快客站针对客运站客流和车流集中的特点建立了一整套的预防与应急体系，有严格的安全管理制度和出现紧急或突发事件的应急预案。坚持常年检查“三品”，10 年来，共检查行包 1 500 多万件，查获“三品”3 000 余件。

（三）打造 VIP 服务品牌，推行“四个一服务规范”

所谓 VIP 服务，即遵循“旅客至上、质量第一、追求完美、超越自我”的质量方针，以旅客和经营者的需求为中心，以旅客和经营者满意为核心，以真情真意服务为基础，以航空服务、五星级宾馆服务为榜样，以国际高标准服务为准则，视每一位旅客为贵宾。具体在工作中既按照标准化的服务程序和工作内容为旅客提供标准化的服务，也要满足旅客合理的个性化需求。打造 VIP 服务在检票、售票岗位上得到了突出的体现。最初，检票员单手接票、递票，检票过程太快，来不及对旅客说完“旅途愉快”，旅客已经走过去了。本着对服务要精雕细刻的指导思想，客运站几位站长多次在检票口亲自体验、观察，并在办公室里反复试验，最后得出结论：要想真正做到尊重旅客、让旅客感受到快客站的 VIP 服务，双手接票、双手递票更好。检票宣讲、鞠躬也是经过反复掐时间、试验，最后敲定最佳的速度是宣读 12 秒，鞠躬 3 秒。还有快客站售票员原是侧面对旅客售票的，对旅客即使说了规范用语，旅客也不以为然，这种非正面的交流，旅客感受不到贵宾式服务。经过设施改造，现在售票员是面对旅客服务，对旅客说“你好”、“旅途愉快”时目光必须与旅客交流，做到了与旅客良好沟通，让旅客感受到在这里受到了尊重。

快客站在打造 VIP 服务品牌过程中，重点推行了“四个一服务规范”和“首问负责制”。“四个一服务规范”即一米见微笑，一语送真诚，一举现规范，一心系亲情。服务人员要微笑服务暖旅客，真诚话语感人心，举止规范显素质，心系旅客如至亲。“首问负责制”是指企业内各岗位员工对外来办事人员或旅客（统称客人）提出的有关事项进行认真接待，负责到底，力争把问题解决在首位接待人员的接待过程中一种服务规范。适时开展了以微笑服务为主要内容的“微笑大使”和以“诚心、耐心、热心、细心、虚心”为主要内容的“五心站务员”及以综合考评为主要内容的“明星班组”评比活动，开展了售票、检票、行包无差错业务竞赛和面对旅客人员的“沈阳通”知识竞赛等活动。这些活动的开展，使“四个一服务规范”得到了很好地推行，使旅客的认同感和归属感增强，忠诚度进一步提高。VIP 服务赢得了旅客的普遍赞赏。

（四）高标准定位，管理标准与国际标准接轨

为加强站务管理，提高企业管理水平，早日与国际标准接轨，在 2001 年下半年，快客站开始着手以“旅客至上，质量第一，追求完美，超越自我”为质量方针，开展 ISO 9001 国际质量管理体系认证工作，并于 2002 年 6 月下旬通过了东北认证中心的现场审核，获得认证证书。质量体系覆盖了客运站服务的全过程，职责清晰，工作标准及程序明确，各种质量记录健全，使各项工作有据可查。认证之初快客站就确立了不为认证而认证的指导原则，

通过认证之后，不断在运行中完善。2004 年 1 月 1 日，快客站发布了经全面改版、更具适宜性、充分性与有效性的 B 版质量管理体系文件。经过 4 年多的运行统计结果显示，快客站年平均旅客满意率达 99%，远远高出旅客满意率 95% 的目标。质量管理体系成为快客站全面提升并保持高水平服务质量的有效手段。

（五）以人为本，注重人力资源管理

人是企业的主体。优秀的员工集合创造了优秀的企业，而优秀的企业又在不断地造就着优秀的人才。

快客站始终重视员工队伍建设，重视人力资源管理。通过耐心细致的思想政治工作，使员工的个人追求与企业的发展目标联系起来，使员工的远大理想与现实工作联系起来。多年来，企业坚持以人为本，对员工的管理强调突出道德教育，对员工行为约束强调突出礼仪规范，力求员工在建设企业的同时，个人素质也同时得到升华。

快客站实行全员合同制，各个岗位都有严格的用人标准，达不到岗位标准的，坚决不准上岗。分配制度上本着尊重知识、重视人才的原则，力求将知识、技术、技能等要素与按岗、按绩、按效分配原则有机地结合起来，拉开分配档次。同时注重员工的思想道德及技能知识培训，将人才储备、后备干部培养纳入企业发展战略之中，建立了行之有效的人力资源运行机制，为快客站的持续发展提供了有力保障。

（六）塑造优秀企业文化，全面提高企业竞争能力

快客站从成立之初，就着力进行企业文化建设，打造具有鲜明特色的企业文化体系，并以先进的企业文化推动企业的管理水平，提高企业的竞争能力。

“至诚无息，止于至善”是快客站的企业精神，出自中国古代儒家的经典著作《中庸》和《大学》。其核心思想就是倡明所谓不偏不倚，无过和不及，主张推行道德、维护人伦的道德观念，至今也有它的积极意义。

快客站把中国古代儒家哲学思想中对至诚持久的修养磨炼和追求学识、事业达到完美的最高境界的理念，作为企业精神。把快客站以诚为本、用心得众的经营理念和引领行业、反哺社会的经营目标精确提炼，高度概括，使之成为企业全体员工的共同信条。

基于这样的精神，快客站制订了企业的发展战略：服务和管理瞄向国际水准，综合实力国内一流，最终实现集约化经营。具体又分为三个阶段：起步阶段——夯实基础，着眼未来；发展阶段——全面提升，国内一流；成熟阶段——实现集约经营，从优秀到卓越。

快客站印发了以企业文化为主要内容的《员工手册》，编写出版了 32 万字的《高速公路客运站服务与管理》一书，建立了员工图书阅览室，设计印制了企业的专用稿纸、信封、笔记本等办公用品，出版了企业内部刊物《我爱我站》（双月刊），大力开展演讲、座谈、节日联欢、趣味竞赛等各类活动，积极参加地区性的文艺会演和系统内的体育比赛，每年组织全体员工分批旅游休假，企业党支部、团支部每年都组织讲座、参观等活动。

快客站成立 10 多年来，员工为旅客及经营者累计做好事万余件；捡到旅客遗失物品千余件，价值 50 余万元；收到旅客表扬信千余封，锦旗近百面。

良好的企业文化氛围极大地凝聚了员工、旅客及经营者，达成了站、车、客的三赢

局面。

三、发展成就

经过10年的不懈努力和发展，快客站从硬件到软件，从服务到管理，都取得了一定的成绩，形成了完善的企业规章制度，营造了优美的候车环境，实现了服务过程的程序化和服务质量的标准化，实现了站车共赢的局面，赢得了旅客和社会的高度认可。

（一）形成了完善的制度管理体系，坚持靠制度管理企业

科学的制度和严格的管理是促进生产力提高的基础和保障。快客站注重从规范化、系统化方面加强制度体系建设，强调突出制度的实用性与可操作性，使企业步入靠制度管理的良性轨道。2003年快客站根据实际需要，结合过去5年工作中积累的经验，对原有的规章制度进行了修改、补充和完善，形成了完整的企业制度体系。整个制度体系共包括《行政管理制度》、《人力资源管理制度》、《财务管理制度》、《站务管理制度》、《安全、保卫管理制度》、《设备动力管理制度》、《市场开发管理制度》7个子系统、60余项具体规章制度，加上新编写的《组织机构与职能》、《岗位与岗位规范》，全方位规范了快客站的各项工作。使企业的各项日常业务工作做到有章可循，有“法”可依。在制度落实上，坚决维护制度的严肃性，严格按章办事，做到制度面前人人平等。

（二）坚持实施“三优”，营造了优美环境，维护了优良秩序，提供了优质服务

大厅内没有一块广告牌，站内众多的绿色植物令人清新开朗。免费提供茶水、免费公厕、残疾人厕位、重点旅客候车室、吸烟室、超大屏幕的电子显示屏、大屏幕等离子电视、ATM提款机、手机充电站、自动擦鞋机、免费行李车、二楼长廊的休闲绿苑酒吧等，使旅客有宾至如归的感觉。安全生产工作上，快客站长年坚持行包安检，杜绝“三品”上车，严把超员关，严格始发班车的安全检查。利用安全、消防及服务三大监控系统最大限度地做好治安防盗、安全消防及纠纷处理工作。设立了下车旅客专用出站通道，实现了人车分流。每个服务岗位都制定了工作程序及标准，并通过ISO 9001质量管理体系与MSI管理体系对服务的全过程进行跟踪考核，设立了集咨询、引导、改乘于一体的服务台和集电话咨询、电话订票于一体的热线室，推行了首问负责制，极大地方便了旅客。对外公布了质量监督电话，设置了旅客意见本，并聘请专业的社会监督公司对快客站的服务质量进行监督，促进了全站服务水平的提高。

（三）坚持实施“三化”，做到了服务管理规范化、服务过程程序化和服务质量标准化

快客站高度重视服务工作，合理地配置服务岗位人员，严格进行岗位培训，拍摄制作了每个服务岗位的服务程序及标准示范光盘，建立并实施了规范的制度体系，保证了服务管理的规范化。针对快客站的每个服务岗位，制定了极具操作性的工作程序，并根据实际客观条件的变化，不断地进行修改完善。在服务质量上，服务设施标准按国家一级站标准建设，服

务环境标准居全国前列，每个岗位都有明确的服务工作标准。整个“三化”都有机的融入了快客站的ISO 9001质量管理体系之中，“三化”客观上也是快客站ISO 9001质量体系的精髓所在。快客站的主要质量目标旅客满意率一直稳定在98%以上。

（四）忠诚服务经营者，实现了站车共荣

站离不开车的运营，车也离不开站的服务。在与经营者的关系定位上，快客站认为，经营者与旅客一样，都是上帝，快客站与经营者之间是一种共生式的服务关系。在履行行业规定的站管车职能的同时，全力抓好对经营者的服务工作，而且把对经营者的服务内容也纳入了VIP服务范畴。在车辆调度上，体现公平、公正、公开；在票款结算问题上，实行结算承诺制，绝不拖欠经营者票款；对经营者在站内遇到或出现的问题，全力以赴地帮助协调处理；对经营者所提出的合理要求，最大限度的给以满足，从不刁难经营者，从未发生过吃、拿、卡、要的现象。这些做法，赢得了经营者的赞许。快客站与经营者之间真正形成了荣辱与共的兄弟关系，促成了站车共荣的局面。

（五）10年“至诚”，赢得了旅客和社会的高度认可

10年来，快客站以科学的管理和优质的服务赢得了旅客、经营者及社会各界的赞誉和认可。曾获“全国交通系统文明示范窗口”、“全国青年文明号”、“全国巾帼文明示范岗”“辽宁省精神文明建设先进单位”、“辽宁省交通系统文明示范窗口”、“辽宁省卫生模范单位”、“辽宁省用户满意单位”等荣誉称号；5人6次获“全国交通系统服务标兵”、“辽宁省三八红旗手”、“辽宁省巾帼建功标兵”等荣誉称号；连续4年被沈阳市授予“沈阳市春运工作先进单位”荣誉称号，连续4年获沈阳市表彰的“爱国卫生先进单位”。2003年被沈阳市授予“防控非典工作先进单位”荣誉称号，2004年获“沈阳市特等卫生模范单位”荣誉称号。被沈阳市政府列为展示城市风貌的窗口单位之一。

2005年6月，辽宁省交通厅在快客站召开了全省汽车客运站管理经验现场交流会，对快客站的管理服务经验在全省进行了推广，有力地带动了辽宁汽车客运站管理服务水平的整体提升。

2007年8月，快客站荣获“全国道路运输百强诚信客运站”荣誉称号。

2007年9月，交通部在兰州召开的全国道路运输工作会议上，作为唯一一家客运站企业的先进典型，快客站做了经验交流，其优质的服务和先进管理，得到与会代表的一致肯定和称赞。

四、基本经验

回顾快客站的改革和发展历程，回味快客站的旅客服务工作，主要经验体会有如下几点：

（一）厅党组的高度重视是快客站健康发展的原动力

省交通厅党组在快客站建设之初就提出了设计一流、质量一流、服务一流和效益一流的总体要求，对快客站的基础设施建设、服务、管理及效益水平定位在了较高的水准上。2003年初，厅党组又及时提出了把快客站建设成为全国道路运输系统的一面旗帜的要求，

把快客站的整体定位推向了新的高度。厅党组的高瞻远瞩，为快客站的发展提供了不竭的原动力。

（二）以人为本是快客站管理与服务的精髓

管理与服务的主体都是人，人的因素决定着管理与服务的水平，决定着管理与服务的方式、方法。快客站在管理与服务中始终坚持以人为本，换位思考，充分考虑旅客、经营者及员工三者的需求，本着管理人性化、服务人性化的原则来确定管理方法和服务项目的设立。最大限度的满足旅客、经营者及员工的需求，得到了三者的共同认可，有力地推动了站车客的三赢。

（三）优秀的企业文化是快客站不断进步的保障

良好的企业文化氛围使企业的发展思路不断拓宽、管理手段更加科学、员工素质日渐提升，前进中的困难与问题一一找到了解决的办法，并使措施得到快速有效地落实。快客站10年来之所以能够不断进步，正是得益于良好企业文化所孕育出的这种强大智力支持与坚强组织保证。

（四）优质服务在于优化每一个细节

快客站在10年的服务工作中，深切地感觉到企业服务水平的高低，恰恰在于一般人不容易想到的细枝末节上，细节服务是高水平服务的一种表现。仅仅贯彻“三优”、“三化”还远远不够，随着社会的发展，人们的需求层次与内容发生了较大的变化，要想满足旅客不断增长的出行需求，就必须对“三优”、“三化”延伸、拓展和细化，挖掘旅客需求，优化服务环节，把服务的每一个环节做精做细，服务水平甚至要超越旅客需求，并在顾客没有提出要求时就给予解决。这种精雕细刻的精心服务将快客站的整体服务水平推向了一个新的高度。

五、发展展望

随着高速铁路的快速发展，公路铁路客运之间的竞争越来越激烈。只有不断地加强自身的综合实力，不断改革、大胆创新、积极进取，提高企业的竞争力，才能在竞争中脱颖而出，立于不败之地。面临新的形势，快客站提出了新的目标。

（一）抓住机遇，提升快客站硬件设施和综合实力

根据沈阳市扩大开放和整体规划发展沈阳北站金融商贸开发区的需要，快客站需要异地置换和搬迁重建。根据省政府的要求，快客站要抓住异地置换和搬迁重建的有利契机，高起点规划，高水平建设，建设一座立足沈阳、服务辽宁、辐射东北、衔接华北乃至全国的现代化道路客运设施，使新建客运站成为有效衔接高速铁路、公共交通、地铁、出租汽车等多种运输方式的交通枢纽。

届时，快客站将本着“功能性、标志性、超前性”的建设原则，围绕“旅客换乘集散区、行包快递作业区、后勤保障服务区、管理办公区”等四大功能区的总体布局，按照

33 000 平方米建筑面积的规模，高标准地规划和建设好新客运站。整体布局建筑规模，总体提升快客站的硬件设施水平，提高快客站的综合竞争实力，以更好地为沈阳乃至全省经济社会发展服务。

（二）创新经营，打造全国道路运输系统旗舰站

按照省交通厅党组要把省快客站打造成为全国道路运输系统旗舰站的要求，快客站将在省交通厅的领导下大胆创新，苦心经营，积极开拓进取，完善自身的管理和服务水平，加快发展速度，提高自身的综合竞争实力，争创全国道路运输场站系统的排头兵，树立快客站在全国道路运输系统的旗舰形象。

（三）精雕细刻，全面提升快客站服务和管理水平

经过快客站全体员工的多年努力，快客站在全国已具有一定的知名度，服务与管理水平已进入全国先进行列。但是自强不息的快客站人没有在已有的成绩、鲜花和掌声中徘徊不前，没有在所获的荣誉之中沉醉自我，快客站将进一步发扬和落实“精雕细刻”的精神，进一步查找客运站场的服务及管理中的差距和不足，在细节上下工夫；分析原因，在思想上下工夫；制订措施，在创新上下工夫；狠抓落实，在实效上下工夫，全面提升快客站的服务和管理水平。

在交通部、辽宁省交通厅的正确领导下及兄弟单位的大力支持和帮助下，快客站 10 年的“至诚”历程，虽然取得了一些成绩，但距离“至善”的目标还有差距。快客站有决心和全国客运业同仁一道，深入研究公路客运市场的客观规律和发展趋势，不断探索客运站场管理与服务的新路子，为进一步提升道路运输服务水平和构建和谐交通而努力奋斗！

坚持以人为本　构建和谐客运

广州番禺汽车客运站有限公司

坐落于广州市南部的明珠——番禺区的番禺汽车客运站，是目前广州地区大型的国家一级客运站场。自 2004 年 12 月投入使用以来，勇于探索，锐意进取，用全新的理念实现现代化管理，短短的三年多，把车站的生产经营引入健康持续发展的轨道，各项生产指标逐年上升，2008 年上半年营业收入比 2005 年上半年增长 56. 11%。

广州番禺汽车客运站有限公司（下称番禺汽车客运站）由广州交通集团有限公司属下的广州市长途汽车运输公司控股。现有在册员工 190 人。番禺汽车客运站是根据番禺现代化城市发展的需要，改善中心城区客运交通状况而规划建设的，是目前广州地区规模最大的主枢纽站之一。

作为番禺区标志性建筑，番禺汽车客运站总投资 2 亿元，总占地面积 93 331 平方米，是一座现代化、多功能、集长短途公路客运服务与城区公共交通、轨道交通接驳服务及旅游服务于一体的规范性综合型站场，其设计能力为日发送旅客量 45 000 人次，日发班量 3 500

班，经营线路通达广东省内大部分地区、广西、湖南、湖北、重庆、四川、贵州、云南、江西、河南、福建、浙江、海南、陕西、江苏等各个省、直辖市的主要县市，与此同时，覆盖到番禺区各个镇的客运线路、多条配套公交班线为旅客的转乘提供更大的方便。

番禺汽车客运站按照国家一级汽车客运站的标准建设。各项基础设施、配套设施齐全：3 798 平方米的营运停车场、独特双拱形设计的发车区，为车辆发班提供了更大的方便；楼高 9 层的营运中心大楼，为各车方单位提供良好的办公环境；6 层高的公寓以及候车区内的驾乘人员休息室、茶水间、超市等配套功能场所，为广大公司员工的工作和生活提供更大的便利；开阔的 10 000 平方米的站前广场、3 000 平方米的售票大厅、4 000 平方米的候车大厅、2 000 平方米的地下停车场、公交车总站、配套建设的人防工程系统、商业服务设施等为旅客提供最大限度的方便。

番禺汽车客运站以“一流的设施、一流的服务、一流的管理”为旅客提供安全、舒适、方便、快捷的服务。

一、白手起家，迎难而上

2004 年 12 月 16 日，番禺汽车客运站正式开业，至此，广州地区的站场规模和理念又一次被刷新，一个全新面貌、全新服务理念、全新管理模式的站场诞生了。

开业后，车站的领导班子除了要面对巨额经营成本的压力，还要想办法在经营管理上打开局面，让这座设施一流的现代化车站尽快创造出良好的社会效益和经济效益。

番禺汽车客运站建站之初，面临着巨大的挑战，首先是地理位置，番禺汽车客运站远离繁华地带，人流受限，势必会影响到客源，而且又是新车站，旅客的认知度还很低，能否吸引到客源都还是未知数。

经过反复论证，番禺汽车客运站人最终选择了一条“以差异化服务赢得市场，以礼仪文化吸引客源”的全新道路。地理位置的不利，则用拓展潜能无限的网络来弥补，新员工缺少经验，则加强各类培训来充实，认知度不高就深入区内各乡镇、工业园作宣传，开通免费接驳车把旅客“请进门”等。并大胆启用无经验的、但有闯劲的年轻人，摸索了一套层级管理新模式，踏上创立全新的客运礼仪服务文化的征程。

二、以人为本，细节取胜

车站属于服务行业，公众的亲疏、客户的取舍，需要每个员工从基本做起，塑造自身良好的形象，练就沟通的亲和力。所以，在人员聘任上，番禺汽车客运站大胆革新，勇于聘请新人、年轻人。年轻人虽不比老员工经验丰富，但可塑性很高，且形象好，朝气蓬勃，更适合全新的车站、全新的管理模式。番禺汽车客运站在招聘环节上下硬工夫，精心挑选综合素质较好的人员。上岗前，先进行一个月的培训，通过组织观看客运礼仪服务规范电教片，帮助她们尽快熟悉工作。上岗后，继续进行业务、社交、谈吐、肢体语言等方面的礼仪培训，确保各个服务流程和环节的规范化和标准化。

开展多角度培训，严把人员素质关，是番禺汽车客运站人走向成功的一大要素。番禺汽车客运站从小处着手树立员工整体形象，启动专业化的礼仪培训体系，具体包含了四部分内容：

首先是着装方面。服务人员的着装醒目得体，是对旅客的尊重，也是对职业的尊重，是专业和礼仪服务的基本要求。在服装的选择上，以蓝色为主调，与站场装饰风格相协调，给人宁静、柔和、放松的感觉。为统一形象，服饰和化妆品都是由公司统一发放，服装的色调一致，并邀请专业的化妆师来站为员工教授化妆技巧，从细节上给每位顾客留下专业、敬业的良好印象。

第二是语言方面。要求员工常使用“欢迎乘坐广州番禺汽车客运站班车”、“您好”、“请”、“有什么可以帮您”、“谢谢”、“对不起”、“再见”等文明用语。在与顾客交谈时，善于倾听，表达流利、准确，注意结合微笑、以手掌指示方向等身体语言，达到良好沟通。

第三是态度方面。微笑、握手、注目礼及走、站、坐姿，番禺汽车客运站运用航空的礼仪模式，从人际关系最基本、最有效但又最容易疏忽的方面训练员工，并制订相应的应用规范和技巧。

微笑服务是世界服务业普遍提倡的，但是，仅仅是流于表面的微笑服务却是不够的，最佳的服务应发自服务员内心情感的微笑。对此，番禺汽车客运站制订了微笑细节的要求。比如，微笑的标准是唇部两端均匀地向上翘起，略呈弧形，但牙齿不多外露。为了让服务员笑得自然，公司要求她们利用业余时间对着镜子训练最好、最得体的一面，并让她们明白，微笑的魅力正在于可以利用笑容消除与旅客之间的陌生感，为更好地沟通创造有利的氛围，也是车站整体形象的再现。

第四是业务方面。旅客是上帝，番禺汽车客运站专注每一旅客，强调由被动提供服务为主动服务、流动服务。比如，当有旅客前来购票时，售票人员会主动向旅客说“您好”，并询问购票需求，避免让旅客等待。

除此之外，针对员工在企业中的自身发展，特别为员工引进《塑造“阳光心态”》课程，帮助员工拥有像阳光一样的知足、感恩、达观的心态，建立积极的价值观。该项培训课程引进后，成为员工在竞争激烈的工作环境下舒缓心态的一剂良药，让员工们带着阳光的心态，提供阳光服务，缔造阳光生活。

三、追求卓越，用心服务

品牌是质量、品位、服务的提炼，品牌建设是番禺汽车客运站客运服务文化的重要组成部分，番禺汽车客运站设计了“微笑的小鹿”作为公司服务品牌。她诠释了两个方面的含义：一方面，鹿是中国传统的吉祥物，它性情温和又善于奔跑，寓意乘车安全、方便快捷、服务亲切。另一方面，对于服务行业来说，至关重要的是微笑服务。微笑则象征着尊重和理解，象征着自信和力量。微笑是一种力量，而且是一种可以创造效益的力量。微笑可以缩短人与人之间的距离，化解令人尴尬的僵局，是沟通彼此心灵的渠道，使人产生一种安全感、亲切感、愉快感。当我们向旅客微笑时，实际上是以巧妙、含蓄的方式告诉他，我欢迎他，我尊重他，这样也就容易博得旅客的尊重和喜爱，赢得旅客的信任。旅途中多一些微笑，也就多了一些安详、融洽、和谐和快乐。

番禺汽车客运站提倡用微笑面对一切，“微笑的小鹿”既可以让旅客从“微笑服务”中识别出番禺汽车客运站特有的礼仪服务品牌标志，还自然联想到番禺汽车客运站特有的客运文化，番禺汽车客运站人以特有的美好方式达成了公司宣传、营销、服务、管理的一系列目标。

如何从旅客的实际需求出发，因地制宜，突出“微笑的小鹿”品牌服务形象，番禺汽车客运站首创在大厅中央设置360度全开放的咨询台，这里代表了番禺汽车客运站最优秀的服务，让旅客一进大厅便看见咨询员的笑脸，旅客进站就有宾至如归的感觉。“人没到家，心先到家”，很多旅客都由衷地这样说道。

为加强旅客对番禺汽车客运站服务的认同，番禺汽车客运站利用一年一度的周年庆典，设计了“公众开放日”活动，向公众展示管理和服务细节，被邀请人员来自各行各业，包括番禺区居民、外来工、学生代表、工矿企业、企事业单位的代表和各级领导、媒体等，针对性地扩大品牌宣传，同时也通过活动请消费者检阅番禺汽车客运站的服务水平。

“把每一件简单的事做好就不简单，把每一件平凡的事做好就不平凡”，这句话不仅挂在番禺汽车客运站会议室的墙上，更是镌刻在了番禺汽车客运站人的心上。车站为南来北往的旅客提供了一系列的优质便民服务：如为旅客提供免费送水到手的温馨服务、便民服务车免费为旅客运送大件行李、为旅客提供创可贴、晕车药、感冒药等免费服务项目；率先为老、弱、病、残、孕、婴等特殊困难旅客提供从进站购票、温馨候车、行李运送、提前上车等一条龙服务；发放“常回家看看”等知心卡，方便旅客随时提出意见或建议和享受帮助等；率先自筹资金设立“爱心救助基金”，帮助那些有困难和不能回家的旅客提供一张免费回家的车票、吃一顿免费的盒饭、打一个免费电话……

番禺汽车客运站在各个方面都追求完美，比如在卫生保洁方面，具体做法是：实行“滚动保洁、随脏随扫”，不兴师动众，也不刻意去做。在不影响旅客的前提下，“细雨润无声”地在不知不觉中16小时全天候保持站场整洁。卫生间内，派专人15小时全程负责保洁，并采用表格记录的方式对各项细节进行跟踪检查。检查员每隔一小时定时检查一次，包括卫生间的气味、地面卫生、洗手液、灯光、感应器等。让旅客从洗手间这个点就可以感到番禺汽车客运站是一个服务上档次的车站，以小见大，让他们联想到，番禺汽车客运站连卫生间都能管理到位，其他方面的服务更可以让人放心。

四、打破陈规，管出成效

创新内部管理，提出“服务员为旅客服务，管理层为服务员服务”的管理理念，提倡“微笑管理”，番禺汽车客运站人认为，微笑着管理，才能管出微笑的服务。这是管理人员应具有的基本素质之一。

本着“服务礼仪化、监控全程化、标准细节化、改进持续化”的管理方针，番禺汽车客运站摸索出一条与众不同的管理路线，建立了一套规范的“三化”管理制度：

服务管理的扁平化。番禺汽车客运站试行精简了班（组）长一级和主任一级的管理人员，即由部门助理直接管理一线服务员，取得了良好的效果。

加强对一线的“授权”，节省投诉要向上级汇报所形成的时间差，部门助理甚至是一般的服务员都可以马上处理，避免了心情不愉快的旅客因拖延时间对车站再产生新的不满；助理能直接了解到一线的情况，反应灵敏；下达的指令不易走样，上传的渠道通畅；因助理是由服务员中选拔出来的，与一线员工几乎没有什么隔阂，沟通顺畅，能及时了解到员工的想法、意见和思想动态等，便于做员工的思想工作。

服务值班动态化。实行“助理走动管理”，即每半小时助理不少于一次的巡场。在车站提供的服务环节中，可能会由于种种原因导致关键时刻的失控，引起旅客对车站服务的不满甚至投诉。实行值班助理“走动管理”，就是为了能在第一时间处理投诉或安抚客人，同时又能对各个岗位的服务员进行监督指导。

服务监管全程化。车辆服务质量信用档案是番禺汽车客运站为了维护旅客合法权益，保证承运方的承运质量，根据相关的协议和规定，利用文字、数字、表格来记录指定内容，对承运方实行量化考核的一种档案管理形式。目的是对承运车辆形成制约机制和实现量化管理，把服务延伸至旅客旅行的全过程，使车方单位认真负起承运人的责任，文明待客，安全驾驶，共同将旅客安全送到目的地。具体做法是：设立车辆服务信用档案，记录每台承运车辆和承运途中的信用表现、奖罚情况；重点对长线班车或旅客意见较大的班车进行随车跟踪。每台车委托一名旅客作为“旅客代表”，他可以途中在当事现场或事后，向车站反映情况。经车站核实后，记入档案，供车辆年度信用考核使用；每个月根据考核情况公布一次各车辆的信用情况，每年总评一次。根据考核结果，车站将运用包括重新配置优质客运资源的办法对承运方进行奖罚。

番禺汽车客运站实行车辆服务信用档案管理后，由于公平公正、奖罚分明，站场秩序大为改观，班次上升了三分之一。豪华班车的更新率也由30%左右陡升到65%。

在广州市创建国家卫生城市和文明城市的过程中，番禺汽车客运站作为窗口单位积极配合上级工作，同时也将国家的创建要求标准引入站场服务中来，利用这难得的机会全面审查3年多来的各项工作，使站场各方面得到系统化的提升。

五、内外兼修，凝聚人心

回顾投入营运的这3年多时间，站场文化也成了番禺汽车客运站成败的关键，番禺汽车客运站建立的是以人为核心的企业文化，强调人的创造性和创造价值，内在表现为员工的主人翁地位，外在则表现为旅客的认可程度。好的站场文化既可以凝聚员工亲如一家人，同时更可以让旅客感受到“到站如到家”的和谐氛围。

番禺汽车客运站的站场文化以满足员工和旅客的需要为工作出发点、落脚点，通过为员工缴纳社保、住房公积金，每年调升工资，节假日或繁忙时发放补贴等方式保证员工基本生活无忧；通过开展有奖知识竞赛、晚会、联欢会、联谊会等丰富员工业余生活；建立大型的员工阅览室和健身娱乐室，缓解压力的同时也增长了知识，愉悦身心。

与南方报业传媒集团联合创建了“南方文化驿站”，为旅客候车时提供免费的书籍、杂志借阅服务。在此基础上，还举办了“南方书画院作品展”、“汽车发展历史模型展”、“环保服装展”等，增添车站的文化氛围，同时提供高品位的精神食粮，丰富旅客的旅途文化生活，颇受旅客好评，再配合其礼仪服务文化，番禺汽车客运站文化站场、文明窗口的形象更加深入民心。

六、礼仪服务，领跑业界

设计先进、造型美观、设施完善的番禺汽车客运站是番禺区乃至广州市的一扇亮丽的窗口，番禺区的居民对她期望很高，希望在此可以享受到不一般的服务。

经过调查分析，站领导班子一致认为：旅客的满意，取决于车站所提供的服务、旅客所感知的服务与旅客所期望的服务这三者之间的平衡。在客运服务高度同质化的今天，最能够让旅客感知的服务，就是礼仪服务。

礼仪在人际关系中应用最普遍，沟通最有效，但又最容易被疏忽。番禺汽车客运站在把礼仪引入到汽车客运服务时，首先突破以往“服务好就等于态度好”的观念，把“关键时刻点”运用到礼仪服务里，提出了“服务是有技术的”的观点。在细节上，制订了礼仪的规范和技巧，通过训练，要求员工在各个岗位上坚持应用，并在实践中加以发挥。其目的是使礼仪服务的观念能够从企业倡导，发展为全体员工无意识的惯常行为，即从“有意为之”到“自然而然”，形成全新的番禺汽车客运站礼仪服务模式。

番禺汽车客运站将提炼出服务的“关键时刻点”分为“礼仪服务关键时刻点”和“专业（管理）关键时刻点”两种。

“礼仪服务关键时刻点”具体落实在服务员（及车站其他资源）和旅客之间发生的服务接触中。服务的提供和消费过程通常是同时发生的。服务员（及车站其他资源）和旅客之间发生的这种接触时刻就是车站服务过程的关键时刻。旅客在车站与服务人员见面的最初6～8秒就决定了旅客是否接受车站。这就是“礼仪服务关键时刻点”的一项基本内容。为此，番禺汽车客运站在每个服务环节上细分，找到了6个“礼仪服务关键时刻”的落脚点。

“礼仪服务关键时刻点”之一，是咨询岗的“点头示意”。车站首创在大厅中央设置开放的咨询台，方便旅客与工作人员面对面交流。点头示意的规范做法是，在旅客接近咨询台时，面对旅客，脸带笑容，头向下轻轻一点。可以配以一句“你好”。车站要求服务员认真聆听旅客的询问，回答必须准确、流利，不含糊其辞，不能使用“大概、也许、可能、好像”这类模棱两可的词语。

“礼仪服务关键时刻点”之二，是售票岗的“注目”。“注目”是要求眼神平视，目的在于通过行“注目”礼，集中精力听清楚旅客购票的具体要求。在售票高峰时，车站要求售票员语言简练、操作娴熟，各窗口还要准备专用纸笔，以备必要时书写沟通用。

“礼仪服务关键时刻点”之三，是小件行李保管收发的“仔细”和“快捷”。有的旅客在开车前才来提行李，由于时间比较紧，心里比较急，服务员这时的心态也会受旅客情绪的影响，双方最容易出错也都是在这个时候。所以这时最好的礼仪就是“仔细”和“快捷”。

“礼仪服务关键时刻点”之四，是“三品”检查岗的“专注”。“三品”检查与旅客安全息息相关。在检查行李过程中，要有高度的“专注”精神，“专注”是“三品”检查岗的最高要求。要让旅客从检查人员的“专注”上获得对乘车安全的放心。

“礼仪服务关键时刻点”之五，是检票岗的“递票到手”。车站要求检票员主动伸手接票，看票时不能敷衍了事（敷衍也是不礼貌的行为），检票完毕后，要将车票递回旅客手中，而不能被动等旅客伸手来取。

“礼仪服务关键时刻点”之六，是核查岗的“祝福语”。服务员上车清点人数时，要主动向旅客致祝福语，比如第一句是“欢迎乘坐番禺客运站的班车”，最后一句是“祝各位旅途愉快，谢谢”。向旅客呈现出服务的“全过程完美”。

“礼仪服务关键时刻点”并不是礼仪服务的全部，只是服务过程中能让旅客感觉到的“亮点”部分。把这些“亮点”串起来，可以让旅客过后有一种美好的“礼仪服务记忆”。

许多岗位除了明确“礼仪服务关键时刻点”之外，还有自己的“专业关键时刻点”。比如“三品”检查岗，“三品”检查岗的“专业关键时刻点”有六条专门的警示：（1）旅客不多，但过检的行李突然增多时；（2）行李不多，但过检的旅客突然增多时；（3）正在检查，队伍后面有人催促时；（4）正在检查，旁边有人为的事件发生时；（5）自己对过检机显示的目标的判断模棱两可时；（6）正在开包（箱、盒、瓶、罐）检查时。

车站各岗位的“服务关键时刻点”落实以后，当车站服务员提供的服务超过旅客的期望并使旅客愉悦时，旅客会记住他在这个站的服务体验，并乐于向他人谈起这种美好的服务体验，这就收到了一种广为传播的宣传效应，也正是这种宣传效应使番禺汽车客运站的社会美誉度节节高升。

七、成绩喜人，硕果累累

功夫不负有心人，年轻的番禺汽车客运站开业不久就凭借独特的经营管理，逐渐在激烈的客运竞争市场中凸显出来。

短短的3年，番禺汽车客运站已发送旅客达27 469 646人次，班线辐射范围从建站之初的6个省拓展到现在的15个省、直辖市的主要县市，经营班线从121条增加到211条；日均发送旅客人数也从13 520人增加到35 836人，增幅达165.06%；连续3年番禺汽车客运站的顾客满意度都超过95%，作为服务行业已经是非常之高；未发生任何服务质量、安全健康、环境保护事故；上级通报、处分、媒体暴光为0。这一串串数字证明了番禺汽车客运站的努力，也正因为不断在“服务”这个品牌上注入技术含量，才有了企业社会效益和经济效益同步增长。

番禺汽车客运站的管理体系和服务体系均以人性化为出发点，以服务大众为落脚点，番禺汽车客运站严格执行国家、行业、地方和各上级主管部门的法律法规、政策、标准等，并已经在客运服务行业率先通过ISO 9001质量管理体系、ISO 14001环境管理体系和OHSAS 18001职业健康安全管理体系三项认证。建立起质量、环境、职业健康安全三位一体的管理体系，开创客运站管理新局面。

番禺汽车客运站开业3年多来凭借着创新的礼仪文化和坚持不懈的努力经营，业绩和美誉度节节高升，服务品牌“微笑的小鹿”早已享誉业界。获得广大旅客的好评和上级各部门的认可，先后被各上级单位评为“全省十优客运站场”、“客运规范服务示范站场”、“诚信建设先进单位”、“广州市青年文明号”、“市级巾帼文明岗”、“广州市价格诚信单位”，“广州市安全文明样板工厂”、“广东省道路运输诚信20强”、“劳动关系诚信和谐企业AA级标准”、“广州市交通行业创建国家环境保护模范城市工作先进集体”、“广州市交通行业诚信建设先进单位”等，并连续3年被各上级单位评为“年度安全生产工作先进单位”、“春运工作优秀站场”、“春运工作先进单位”、“广州地区道路春运工作优秀单位”。

值得一提的是，2007年，番禺汽车客运站顺利当选“全国道路运输百强诚信客运站”，在辽宁沈阳召开的全国道路运输站场发展论坛上，荣幸作为全国5家介绍经验的客运站之一的单位发言。

番禺汽车客运站差异化策略的成功，更是吸引了许许多多全国各地的同行前来参观学习。据不完全统计，迄今为止参观单位已逾300家，番禺汽车客运站的创新理念和礼仪服务文化已经成为客运服务业内争相学习的典范，甚至番禺汽车客运站航空式的站场建筑风格和特色都成了各地新站场建筑设计的重点参照对象。

八、构建和谐，持续发展

任何一个实践，都要有正确理论作指导，通过实践再推动理论的发展。番禺汽车客运站的每一步成长，都源于注重“构建和谐社会”的观念创新和实践，这是品牌建设的重要内容。

番禺汽车客运站人提出了“和谐客运”的概念，即处理好人、站、车、路四个要素的关系。实现“人与站的和谐、站与车的和谐、车与路的和谐”。

“人与站的和谐”就是既要安定有序，又要不断创新、持续提升对旅客的服务，巩固发展车站与员工唇齿相依、生死与共的关系，树立员工与员工之间的诚信友爱精神。

“站与车的和谐”就是让车站和车方单位形成充满活力的共生关系，达成“站场好，车方才能好；车方好，站场会更好”的共识，实现互利双赢。

“车与路的和谐”就是要求车方单位在承运途中要尽到责任，做到文明待客，熟悉路况，安全驾驶，预防和处理好突发事件，理顺和交警、路政、监理人员的关系，为旅客营造舒适良好的旅途环境，将旅客安全送到目的地。

如今，可持续发展早已成为社会普遍关心的问题，人性化服务、绿色服务越来越得到旅客的认可，这即是番禺汽车客运站建立质量、环境、职业健康安全三位一体管理体系的出发点，并不断努力完善，最终实现经济效益、社会效益、环保效益三效合一的落脚点。据统计，自番禺汽车客运站建立三位一体管理体系之后，在节约能源、降低成本方面收益颇丰，仅水电费用这一项，每月减少支出 4 万余元。

同样，礼仪服务也需要可持续发展。从番禺汽车客运站的探索实践证明，提供优质服务并不难，难在坚持优质服务。提供优质服务，并不是一定要为旅客提供额外的服务，也不是对整体的服务流程做多大改动。有时只要在每一个服务环节中给旅客一点小惊喜小温馨，就可收到意想不到的效果。因为每一次服务质量的提升，多少都会导致旅客对服务预期的上升，而旅客服务预期的上升则会促使车站下一次服务标准的提高。既要为旅客提供超越他们期望的服务质量，同时又要适当控制旅客的期望值，使之维持在一个合理的范围，让旅客的预期与服务感知能够平衡。只有这样，优质服务才能持之以恒。

番禺汽车客运站的顾客满意度如此之高，秘诀就在于其礼仪服务对照行业的总体水平，略微高于旅客的预期值。为使礼仪服务可持续发展，管理好旅客的期望值，番禺汽车客运站采取了两项措施：一是把礼仪服务的实施有意识分成若干个阶段，要求每个岗位的服务人员不断摸索细节，找出更多有自己岗位特点的“礼仪服务关键时刻点”，保持数量上逐步增加；二是在各个岗位有意识逐步增加“专业服务关键时刻点”内容，进一步拓宽“关键时刻点”模式的作用范围。通过这些措施，实现礼仪服务的“可持续发展”。

九、点群建设，形成网络

番禺汽车客运站正在探索“站场（点）群”的经营模式，即以番禺汽车客运站为中心，把对旅客的服务范围半径扩充到30公里，形成中心枢纽站场、分站场、联网售票点共存互补的强大的客运服务网络。各站场（点）以服务资源共享，建设一个有班线互补、客流接驳的区域客运网络合作，使各站场（点）的业务边际效益最大化，形成番禺地区的道路客运站场（点）群战略新格局。

番禺汽车客运站人认为，由于中心枢纽站场是各站场（点）的业务主管单位，所以管理灵活，效率快，通过优化整合，番禺汽车客运站甚至整个番禺地区的运输资源可以在最短的时间内最大化。同时利用联网售票、换乘接驳等众多的潜在客运资源，达到极高的运营经济性价比。

番禺汽车客运站人认为，站与站之间互相配客，实载率高，有效避免无序恶性竞争，导致服务资源浪费；服务标准规范，利于品牌建设；更可以利用站场（点）群网络培育小件快运市场。经过实地考察和分析测验，站场（点）群的经营模式极具可行性，希望通过该项举措的实施和推广，可以为年轻的番禺汽车客运站开拓一片新的沃野。

回顾过去，倍加珍惜，展望未来，信心百倍。番禺汽车客运站能够创立并成就全新的客运礼仪服务文化，关键正在于对客运同行的发展有所借鉴，有所思考，有所修正，不断探索真正适合自己的服务模式，从细枝末节上下工夫，从而彰显了自己独有的魅力。

2010 年亚运会时番禺汽车客运站将满 5 岁，且度过了摸索和艰苦创业阶段，进入成熟快速发展阶段，恰逢天时；亚洲最大规模火车站——广州新火车站和 2010 年亚运会亚运村的建成、广州市中心区域朝番禺石基的转移、地铁网络番禺线的延伸、广州—佛山、广州—珠海轻轨的运行等使番禺汽车客运站原本的地理位置缺陷反转变成了优势，形成了无限的地利；再加上几年里培养出的一大批优秀员工是番禺汽车客运站最大的财富，占尽人和，所以番禺汽车客运站未来的发展壮大是可以预见的，前途风光将无限美好。

公路建设企业

引　言

改革开放30年，全国公路建设企业在交通主管部门的领导下，在改革开放的强大动力推动下，紧紧抓住了国家加快基础设施建设的历史机遇，为实现公路建设的大发展做出了卓著的贡献，同时，也实现了企业由小到大，由弱到强，跨行业、跨地区的转变，创造了无愧于时代的辉煌业绩。本章入编企业作为公路建设行业的代表，从不同角度展示了改革开放30年公路建设企业的变化，期许为当前和未来的公路建设企业发展提供借鉴。

30年来，企业的改革进程大体经历了3个阶段：

扩大经营自主权阶段。这个阶段从改革开放初期到十四届三中全会召开。十一届三中全会以后，交通部等主管部门对公路建设企业采取扩大企业经营自主权、利润递增包干和扩权让利、承包经营责任制等多种措施，调整了国家与企业的责权利关系，各企业逐渐从计划经济体制束缚中走出来，为进入市场经济奠定了基础。

制度创新和结构调整阶段。这个阶段从十四届三中全会到十六大召开。公路建设企业主动适应市场竞争格局的新变化，抢抓公路建设大发展的历史机遇，通过实施一系列融合国情企情的配套改革，以转换经营机制为重点，以推行项目法管理作为企业机制转换与市场接轨的突破口，推动企业与市场全面接轨。公路建设步入了大发展的新时期。

完善现代企业制度阶段。十六大以来，国有企业改革进入国有资产管理体制改革为重点的发展阶段。国家建立了不同层次的国有资产管理制度，国有企业改革取得了重大进展，进入了一个新的阶段。公路建设企业按照“产权清晰、权责明确、政企分开、管理科学”的要求，建立健全现代企业制度，以改革推动体制机制转换，创造并用管理优势、科技优势构建市场竞争强势。企业的综合竞争实力大幅跃升，公路建设取得了前所未有的大发展。

改革开放之初，公路建设行业只有数量有限的施工和养护企业，为了适应公路交通基础设施建设的需要，在国家扩大企业经营自主权，建立现代企业制度，坚持和完善公有制为主体、多种所有制经济成分共同发展的政策的引导下，公路施工和养护企业迅速发展壮大，在公路建设大发展中发挥了主力军的作用。2008年，中国交通建设股份有限公司进入世界500强，成为当之无愧的公路建设行业龙头企业。

经过30年的改革开放，公路建设企业投资主体实现了多元化，国有企业、股份制企业和民营企业遍布全国。施工总承包企业、专业承包企业和劳务分包企业门类齐全，具有全国公路工程施工一级和交通工程综合资质的企业已达到659家，国家公路工程专业注册一级建造师达到18 231名。公路养护企业不断发展壮大，成为公路建设行业发展的必不可少的生力军，为我国公路交通做出了突出的贡献。同时，公路施工企业生产能力迅速提高，据不完全统计，公路建设企业施工生产能力已经达到8 000亿元以上。

中国公路建设企业整体实力不断增强。企业经营始终坚持突出主业、做精主业，在做好主业的同时，延长产业链，拓展经营领域，提升了经营实力；资金上通过改制重组、上市融资和盘活存量资产等方式，增加现金流量，增强企业资金实力，保证了招标和生产经营的需要；设备上采取改造更新、购买大型专用设备和市场租赁等方式增强装备实力，显现了机械化和专业化的强大实力。

中国公路建设企业科技创新水平不断提高。为了适应公路建设发展的需要，认真贯彻落实科学发展观，始终坚持依靠科技创新开拓市场、提高工程质量、保障施工安全、节约资源、保护环境、增加效益，大力推广新技术、新材料、新工艺和新设备，充分调动广大工程技术人员的积极性和创造性，极大地提高了企业科技创新的能力。依靠增加科技投入，增强咨询、设计、检测业务能力，提升核心技术，加大高端市场的竞争，使施工设计总承包、建设-经营-转让（BOT）等经营模式在国内外市场取得了历史性突破。

中国公路建设企业行业自律不断加强。通过制定行业自律公约、开展行业诚实守信和评优评奖活动，公路建设企业诚信意识、品牌意识和自律意识不断提高，涌现出大批诚实守信、优质品牌的企业。

中国公路建设企业，在为我国高速公路、省市县重点干线公路以及农村公路建设做出巨大贡献的同时，相继完成了杭州湾跨海大桥、苏通大桥、秦岭隧道等一大批难度大、科技含量高的重点公路工程项目，标志着中国公路建设水平已经达到或超过国际公路建设先进水平。

中国公路建设企业从国内市场走向国际市场，从最初的单纯施工型到产业链逐步完善型再到未来投融资一体化型，向国际领先的工程承包商行列不断靠近，开拓了世界五大洲的六十多个国家和地区的公路建设市场，实现了“走出去”的发展战略目标。

总结改革开放以来中国公路建设行业的发展历程，深深体会到改革开放30年，是公路建设企业深化改革、管理和科技创新、建立现代企业制度、不断发展壮大的30年。30年的改革开放，公路建设投资屡创新高、公路通车总里程不断增长、高速公路快速发展、农村公路建设方兴未艾，中国公路建设实现了跨越式大发展，公路建设企业为其所作的贡献举世瞩目。实践证明，不断深化改革给企业注入了新的生机和活力，深化改革是企业生存和发展之本，深化改革是企业做大做强的动力，深化改革是公路建设行业持续健康发展的根本保证。中国公路建设企业通过不断深化改革，已经成为交通运输行业的重要组成部分，不仅为中国公路交通基础设施建设作出了重大贡献，也为建设创新型交通运输行业作出了应有的贡献。中国公路建设企业将认真总结经验，发扬成绩，继续解放思想，坚持改革创新，为建设现代交通运输行业再立新功。

扬名五大洲　享誉海内外

中国路桥工程有限责任公司

一、企业介绍

中国路桥工程有限责任公司（以下简称中国路桥，英文缩写CRBC）是经国务院国有资产监督管理委员会批准，承继原中国路桥（集团）总公司业绩和资质的国有大型外经企业。主要从事国内国际道路、桥梁、隧道以及港口等工程承包，兼营贸易、投资、租赁、实业、服务等业务，是中国交通建设集团公司海外业务板块的核心组成部分，也是中交集团实施“走出去”战略的重要载体、窗口和平台。目前，中国路桥在世界45个国家和地区设立了分支机构，在亚洲、非洲、欧洲搭建了高效快捷的经营开发管理网络，“CRBC”作为国际工程承包界知名品牌，享誉海内外。

中国路桥拥有国家建设部批准颁发的施工总承包资质、专业承包资质和公路工程施工总承包特级资质，资质种类覆盖目前所有公路建设行业项目类别。中国路桥始终秉承“筑路架桥，奉献社会；以人为本，追求卓越”的企业宗旨，在国内外承建了众多技术含量高、附加值大、极具影响力的“高、精、尖”公路、桥梁工程。许多工程不仅反映了中国最高水平，也反映了世界最高水平，为中国及世界路桥建设事业做出了重要贡献。

截至2008年6月底，中国路桥资产总额达到59亿元，注册资本11亿元，在册员工422人，其中管理、技术人员比例高达95%以上。中国路桥从20世纪50年代承建经援项目开始便进入国际工程承包市场。经过几十年打拼，具有丰富的海外工程项目承包经验、高超的技术、精良的装备，拥有一支设计、施工能力强、专业门类多、配套齐全的海外工程承包队伍。目前，公司经营规模、经济效益持续快速增长，经营质量不断提高，整体实力不断增强。对外承包工程发展前景光明、潜力巨大。

二、改革历程

中国路桥亲历了中国对外承包企业的起步、发展到壮大的跨越式发展历程，见证了改革开放30年来中国外包企业从弱小走向强大的辉煌岁月。

中国路桥前身为交通部援外办公室，1979年经国务院批准成立为中国公路桥梁工程公司，1989年更名为中国公路建设总公司，1997年组建为中国路桥（集团）总公司，2005年重组为中国路桥工程有限责任公司。

早在1958年，中国路桥（当时为交通部援外办公室）就承担了中国援也门荷台达—萨那公路项目施工任务，经过3年多的艰苦努力，硬是在崇山峻岭中开辟出一条公路，创造出美苏专家当时认为不可能的奇迹。受到了也门政府和人民的普遍赞誉，并在阿拉伯和非洲广大地区树立了良好声誉。

从1956年始到1978年止，中国路桥在蒙古、越南、尼泊尔、赤道几内亚、原北也门、老挝等国共援建项目86个，对巩固和发展中国和第三世界国家政治、外交和经济领域的合作起到了极其重要的作用。改革开放后，中国路桥经历了探索起步、稳步前进、整合发展、快速发展四个阶段。

1. 探索起步阶段（1978年~1987年）

党的十一届三中全会提出了实事求是、解放思想，对外开放、对内搞活经济的发展方针，为发展我国国民经济指明了方向，为我国企业打入国际承包市场打开了大门。1978年，当时的对外经济联络部分析了国内国际形势，联合国家基本建设委员会向国务院上报了《关于拟开展对外承包工程的报告》，提出应抓住国际承包工程市场的有利时机，利用我国通过对外援助与中东各国建立起来的友好合作关系，尽快组织我国建筑力量进入国际市场。基于中国路桥在承建经援项目中的突出成绩，1979年，经国务院批示，在原交通部援外办的基础上成立中国公路桥梁工程公司，注册资金人民币2亿元。同时，原外经部向各驻外使馆经参（代）处印发了《中国公路桥梁工程公司组建条例》。条例中明确中国路桥的主要任务是承包国外公路、桥梁工程。在承包任务不饱满的情况下，也可以承担双边贷款经援任务和国内工程。中国路桥率先走出国门，拉开了中国对外承包工程与劳务合作的序幕。

1979年，中国路桥派先遣组赴北也门开始开展业务。从1980年起，相继设立驻萨那、巴格达、基加利、突尼斯、科威特等代表处，实施承包工程和劳务合作合同，开启了中国路桥在国际承包工程市场的艰难征程。在国家和有关部门的关怀和指导下，中国路桥发扬了坚韧不拔、百折不挠的开拓精神，特别是克服了资金短缺、经验不足、人才缺乏的困难，业务发展初见成效。1978年~1987年，中国路桥累计签订对承包工程和劳务合作合同93项，合同额69 412万美元，完成营业额40 096.4万美元，外派承包、劳务11 911人次。期间，中国路桥承建并完成了伊拉克摩苏尔四桥、五桥，被非洲人民誉为“南南合作的典范”的毛里塔尼亚友谊港等著名工程，业务发展到13个国家和地区，其中西亚、中东和北非为重点市场。

2. 稳步前进阶段（1988 年～1997 年）

1989 年，经交通部、经贸部批准，中国路桥公司更名为中国公路建设总公司，第一、第二公路勘查设计院划归中国公路建设总公司管理。更名后的中国路桥以十三届四中全会精神为指导，不断调整经营思想，强化企业内部改革，增强企业活力和竞争力。中国路桥在加强自身建设、搞好对外工程承包和劳务合作业务的同时，注意结合自身的特点和优势，采取积极和灵活多样的措施，内联外引，举办实业，开展内外贸，从事设备进出口，举办国内外合资企业，搞活了经营，成效显著。

1990 年的海湾战争，给我国在中东市场的工程承包和劳务合作业务带来很大冲击。中国路桥在政府有关部门的引导下，及时调整市场格局，加大了对南亚、东南亚和非洲市场的开拓力度。1992 年邓小平同志南巡讲话和十四大召开后，在建立社会主义市场经济体制的方针指导下，我国改革开放步伐加快。中国路桥在各级政府主管部门指导下，在不断深化改革、转换经营机制和促进对外业务的迅速拓展等方面做了大量的工作，确定了“以经济效益为中心，继续扩大对内对外合作，增加合同额和营业额，提高公司知名度”的海外经营工作方针，对外工程承包和劳务合作业务步入了稳步增长时期。

1988 年～1997 年，中国路桥累计签订对承包工程和劳务合作合同 202 项，合同额 171 657 万美元，完成营业额 116 871 万美元，外派承包、劳务 8 957 人次。1988 年设立路桥（香港）有限公司，在香港地区开始开展业务，完全按照市场经济模式运作。公司市场竞争意识不断深化，市场运作手段不断加强。期间，中国路桥承建并完成了香港西九龙高速公路北段，肯尼亚 A109 国道、萨那市政项目等著名工程，市场进一步扩大，合作领域更加广泛。除中东、北非地区外，业务扩展到南亚、东南亚、非洲等 23 个国家和地区。其中亚洲地区的合同额占总合同额的 60% 左右，成为中国路桥最大的区域工程承包和劳务合作市场。对外工程承包项目中除以路桥、住房、排水等土建工程居多外，也开始涉足一些技术含量较高的项目如港口、化肥厂等。

3. 整合发展阶段（1997 年～2005 年）

1997 年，经济体制改革的重点转向国有企业改革，大型企业集团试点工作进一步深化。经交通部批复，在重组交通部第一公路工程总公司、交通部第二公路工程局、西安筑路机械厂、新津筑路机械厂、郴州筑路机械厂和北京中交建筑安装工程公司的基础上，以资产为纽带，成立了中国路桥（集团）总公司，总资产规模达 120 多亿元。以更好地深化国企改革，促进结构调整，形成规模经济，发挥集团优势，提高国有资产的营运效率和效益。自此，中国路桥充分发挥集团内集设计、施工、采购、咨询为一体的整体化优势，不断开创对外承包劳务业务发展新局面。当年，在外经贸部国外经济合作司按完成营业额排名的全国最大 50 家外经公司排名中，中国路桥名列第四位，在美国《工程新闻记录》（ENR）杂志评选的年度全球 225 家最大国家承包公司排名中列第 83 位，首次进入该排名前 100 位，取得了历史性突破。

进入 21 世纪，中国路桥按照国家“十五”发展规划要求，努力实现对外承包工程和劳务合作业务集约型和效益型增长，取得显著成效。在不断提高国际市场份额的同时，承包项目从初期的承包普通房建、建筑工程发展到技术性较强的港口、机场、码头等多种领域，规模和档次不断提高。工程承包方式亦由过去的分包、施工为主逐步发展为总承包或“交钥匙”项目为主，外派人员的数量和素质不断提高。期间，承建并完成了埃塞俄比亚首都亚的斯亚贝巴环城公路等大型工程。

2003年投资并兴建了刚果水泥厂。

2004年，中国路桥以EPC方式承建合同额为1.9亿美元的印度尼西亚马都拉大桥项目，为当年我国在海外建设的最大交通基础设施项目。

4. 快速发展阶段（2005年至今）

2005年12月，根据国务院国资委文件精神，原中国路桥（集团）总公司与原中国港湾建设（集团）总公司重组为中国交通建设集团有限公司，原中国路桥（集团）总公司海外工程公司、国际合作部、路桥（香港）公司三家单位新设成立了中国路桥工程有限责任公司，并承继原中国路桥（集团）总公司的资质和业绩。

重组后的中国路桥紧紧围绕国家“走出去”外交、能源战略，不断创新经营模式，转变经营理念，市场开发战略从“以现汇项目为主，政府间合作项目和经援项目为辅”模式向“以政府间合作项目为主，现汇项目和经援项目为辅”模式成功转型，海外优势不断彰显，实现了“两年重新打造一个新路桥”的历史性跨越。

重组后的中国路桥积极利用中交股份、中国路桥两个平台，充分发挥两个品牌作用，着力拓展政府框架、总承包、投资等业务新领域，努力涉足设计、勘察、采购、港口、实业、贸易等新市场，高端项目数量明显增多，经营领域明显拓宽，经营格局逐步实现了从低端单纯施工向高端总承包模式的历史转变。资源整合能力不断加强，产业链逐步完善。中国路桥充分发挥海外工程承包的比较优势，将推进战略转型与在各业务领域与集团内兄弟企业、社会资源协同合作结合起来，为产业链上下延伸，获取优势资源占领了制高点，协作分包项目利润在利润总额中所占比重增大、贡献突出，赢利模式也实现了由“自营为主”向“协作经营为主”的历史转变。此外，中国路桥不断调整开发布局，扩大市场份额。在继续保持非洲优质客户市场份额的基础上，有重点地开发亚洲市场，利用地缘优势，扩大在上合组织成员国、东盟成员国、中国周边国家市场份额，并积极进军乌克兰、俄罗斯、波兰等中欧国家，为打入西欧、北美市场奠定基础。目前，中国路桥公司业务开发遍布亚、非、欧45个国家和地区，成为国际工程承包市场非常有影响力的一支生力军。

2006年，中交集团公司在香港整体上市，作为上市公司的重要组成部分，中国路桥不断深化法人治理机构、不断提高管理水平、努力实现股东财富最大化。公司制度建设更加完善，业务流程更加清晰，决策更加科学透明，企业目标实现了从以追求规模为主向以追求利润、股东财富最大化为主的历史性转变。重组后短短的两年多时间，公司的经营规模从几千万美元迅速扩张到近20亿美元，企业利润也从几十万美元急剧增长到4千万美元。

2008年，中国路桥成立投资部筹备组，启动公司海外投融资业务。

2005年~2008年，公司以中国与安哥拉政府间签订的“工程换石油”框架协议为契机，先后签署了近18亿美元的工程项目。

2006年，公司以EPC方式承建合同额为2.96亿美元的塔乌公路项目，是塔吉克斯坦建国以来最大的公路建设项目，也是上海合作组织迄今最大的基础设施领域合作项目。同年，公司又与巴基斯坦国家公路局正式签署了公司迄今单单金额最大的喀喇昆仑公路改建项目，合同额达4.9亿美元。

2007年，公司与赤道几内亚政府签署了合同额为3.16亿欧元的巴塔港改扩建工程总承包项目。

2008年，公司与毛里塔尼亚政府签署了合同额为2.88亿美元的友谊港改扩建工程总承包项目。

伴随我国改革开放三十年，中国路桥紧跟时代发展步伐，坚定不移走改革之路，在日趋激烈的市场竞争中焕发出新的生机与活力。

三、发展成就

中国路桥于1979年进入国际承包市场，先后在亚洲、非洲和中东地区承包工程项目600多个，完成营业额100多亿美元；承建公路5 000余公里，修建大桥10 000余延米；承建了伊拉克摩苏尔四桥、五桥，毛里塔尼亚友谊港，马耳他30万吨干船坞，香港西九龙高速公路北段，肯尼亚A109国道，埃塞俄比亚首都亚的斯亚贝巴环城公路，中吉乌公路，印度尼西亚泗水马都拉大桥，塔乌公路等著名工程项目。1982年荣获“国际麦邱利金像奖”，1984年荣获“国际阿拉伯奖”，从1985年开始连年跻身国际承包商225强，1999年名列88位，并名列全球公路建设行业第四名。2004年在全球最大承包商排名中名列第56位；2005年名列第48位。2006年荣获中国对外承包商会颁发的“2006年中国对外承包企业市场开拓奖”。被商务部评为对外援助项目获奖企业，而且是7家获奖企业中唯一的国资委下属企业。在商务部合作司公布的2006年我国对外承包工程业务新签合同额、完成营业额前50名企业中分别名列第6位、第13位。2007年在我国对外承包工程业务新签合同额、完成营业额前50名的企业中分别名列第12位、第8位，为中交集团荣登2007年度美国《工程新闻记录》（ENR）全球最大225家国际承包商中资企业榜首做出了突出贡献。2008年，中国路桥公司在首批对外承包工程企业信用等级评价中荣获AAA级信用企业证书。2008年，公司党委作为中交集团内唯一入选的基层党组织，获得国资委党委授予的“中央企业先进基层党组织”称号。2007年、2008年公司连续两年荣获“中交优秀企业奖”。

1. 企业业绩

中国路桥企业业绩见表1。

中国路桥业绩　　单位：万美元　　表1

年　度	新签合同额	完成营业额	实现利润总额
2006年	102 240	42 680	858
2007年	187 100	65 300	4 638

2. 主要产品

中国路桥的主要产品见表2～表5。

公 路 工 程 表2

工 程 项 目	项 目 说 明
埃塞俄比亚亚的斯亚贝巴环城公路	埃塞俄比亚的斯亚贝巴环城公路工程项目，简称埃塞亚环路项目，是中国路桥（集团）总公司在埃塞俄比亚中标的首项工程。该工程于1998年2月25日中标，3月26日开工（正式签订合同的日期是1998年4月9日，实际开工日期是1998年9月3日），合同总金额4.59亿比尔（当时货币兑换价：1美元=8.111比尔），工期三年。合同双方后又于2000年3月20日和2002年7月5日分别增签了照明工程补充合同和新增高架桥合同，再加上后来补签的一些零星小合同，最终使该项目合同总金额达到约7.58亿比尔，工期延至2 026天。2004年6月28日，该项目如期竣工，并通过验收交付运营。该项目整个工程包括公路33.4公里，含高架桥4座、高架跨河桥1座、人行天桥18座、其他中小结构物11座，是施工难度较大的工程项目之一。
肯尼亚A109国道	A109国道工程已经成为肯尼亚国家标志性建筑。合同额4 382万美元，全长148公里，世行投资，南非公司监理，2000年10月竣工。此路由于质量很好，在使用数年后依然完好如初，已经作为肯尼亚境内的样板路，被肯尼亚工程部广泛宣传，为中国承包商在肯尼亚当地市场树立了良好的形象
塔乌公路项目	塔乌公路修复改造项目为塔吉克斯坦首都杜尚别至塔乌边境口岸洽奈克（北部经过该国第二大城市胡占德）的道路修复改造工程。采用EPC方式建设，合同总金额为2.96亿美元，工期为42个月。公路全长355公里，除全线改扩建以外，还包括新建4.8公里的沙赫里斯坦隧道，6.3公里明洞，60座大中小桥建设（约2 200米），以及沿线各种路害的整治工程。该项目于2006年7月11日开工，目前进展顺利，受到塔国政府的高度肯定
巴基斯坦喀喇昆仑公路项目	喀喇昆仑公路改建项目始于巴基斯坦雷克特桥，终点为中巴边境的红旗拉甫口岸，道路全长335公里，改扩建项目合同金额4.9亿美元，采用中国现行的公路工程技术标准，以设计、监理和施工总承包的方式实施，2008年开工
安哥拉211项目	安哥拉211项目全称Kifangondo-Negage道路改建项目，合同额达21 168.40万美元。该项目于2005年12月13日正式开工，设计工期为36个月，2008年9月1日竣工，提前5个月完工，赢得了当地社会各界的广泛好评。安哥拉211项目是路桥公司首个合同额过亿美元的大型项目，是安哥拉北部最重要的交通生命线，项目的建成给当地人民的生产生活带来了极大的便利，对促进安哥拉经济的恢复起到了积极作用

港 口 工 程 表3

工 程 项 目	项 目 说 明
毛里塔尼亚友谊港	该港位于努瓦克肖特大西洋码头岸线，全长585.1米，建有三个万吨级泊位。1979年4月开始施工建设，1986年7月竣工，10月正式移交使用。这是中国政府70年代援建非洲的第二大对外援助项目（第一大项目为坦赞铁路），工程总造价为37 300万元人民币。港口设计年吞吐量达到50万吨，可同时停靠3艘万吨级货轮。作为毛里塔尼亚唯一的货物进口港，“友谊港”有力地促进了毛里塔尼亚的经济发展，被当地人亲切地称为“中国港”。毛政府更是把友谊港看作是“南南合作的典范”
赤道几内亚巴塔港改扩建	该合同金额3.16亿欧元，工期36个月。以设计、采购、施工方式总承包。项目内容包括旧码头修复，新建2万吨至5万吨件杂货码头及防波堤、港机配备和安装，港区现代化规划等内容

桥梁工程　表4

工程项目	项目说明
塔乌公路锡尔河大桥	锡尔河大桥位于塔吉克斯坦共和国第二大城市胡占德市区，跨越中亚最长河流（塔吉克斯坦境内）锡尔河，是目前塔吉克斯坦共和国最长的公路桥梁。桥梁全长420米，跨径30米，共13跨，上部结构采用预应力钢筋混凝土“T”形梁，2006年开工
印度尼西亚泗水—马都拉海峡大桥	该桥位于印度尼西亚爪哇岛东部，跨越马都拉海峡，连接印尼第二大城市泗水市和马都拉岛。全长2.1公里，主桥为跨径434米斜拉桥，主塔高140米，2004年开工，是当年我国对外承建的最大交通基础设施工程，预计2009年3月竣工
科威特布比延桥	该桥位于波斯湾，是一座连接科威特本土和布比延岛的跨海大桥。全长2.5公里，主跨径53.84米。1981年6月开始施工，1983年2月建成

工业贸易　表5

工程项目	项目说明
刚果（布）水泥厂	2003年投资建厂，2004年3月建成，具备日产500吨水泥的生产能力，是公司积极创新投资方式、优化经营结构的成功典范。2007年水泥产量超过11万吨，完成营业额2 436万美元，实现利润1 136万美元

3. 履行社会责任

中国路桥积极履行中央企业的社会责任，积极支持驻在国当地经济社会发展，主动参与社会公益事业。刚果布二号路项目部和水泥厂为当地捐资、捐药，积极参与社会公益事业；赤道几内亚办事处义务帮助当地居民平整土地、修建小学、修葺教堂，捐赠各类物资，赞助当地品学兼优的学生到中国留学；肯尼亚办事处捐建位于内罗毕贫民区的 Mararui 小学新教室。2007 年，公司安排 31 名安哥拉留学生来中国学习，学制五年。此举受到我外交部、商务部、交通部等部委的表扬，受到了社会广泛好评。

四、基本经验

1. 深化企业经营机制改革，不断增强企业活力

中国路桥不断加大企业经营机制改革力度，随着外部环境的变化，适时进行战略调整，转变经营模式，实现了由被动适应市场向主动掌握市场经营理念的转变。首先，中国路桥的市场策略实现“中国政府的经援项目”、“国际金融组织投资的项目竞标”、“政府之间合作框架下项目的运作”的三步跨越，市场竞争的意识不断深化，市场运作的手段不断加强；其次，中国路桥的经营领域不断壮大，业务结构更加优化。从单一的公路施工为主，发展成以公路、桥梁为主，以港口、铁路、机场、房建为辅，具有规划、设计、施工、运营一体化，高端运作、不同专业相互融合的业务格局。再次，市场的地域更加广阔。中国路桥不仅在国内市场创造许多佳绩，其国际市场的开拓更是高歌猛进。从只有在亚洲、非洲的十几个国外办事处发展到目前遍布亚洲、非洲、欧洲和港澳地区的 45 个国外办事处，经营地域的不断拓展给企业的发展带来无限的空间。过去的 30 年是中国路桥在国内外建造一个个著名的项目，树立了一座座丰碑的 30 年。中国路桥以优质的产品不断增强了市场信誉度和市场

竞争力，始终坚持市场是企业发展的舞台，只有以市场为导向不断推进企业改革创新，企业才能具有发展的动力和活力。

2. 深化企业管理体制改革，不断提升企业素质

中国路桥管理体制改革始终走在时代的前列。一是积极深化分配制度的改革，实行年薪制、岗位制、承包制等多种分配形式并存的分配制度。通过引入科学评价体系，加大对海外一线管理人员的激励，极大地调动了那些管理能力强、利润贡献大的经理人员的积极性，实现了公司效益的连年上升；二是积极深化人事制度改革，形成以考核评价为基础、岗位责任与工作业绩挂钩、物质奖励与精神鼓励相结合的人才激励机制。公司始终把人才培养放在管理的重要位置。通过各种方式培养了一大批懂技术、会管理、了解国际项目运作程序、精通外语的复合型人才。“人才兴企”已成公司发展的重要方针；三是树立了以项目核算为中心的标后预算管理，实现成本管理的进一步优化；四是建立完善了以安全、质量、环保为一体的“三体系”管理体系，科学规范了国内外项目的实施；五是进一步加强了财务和资金管理，企业的资产结构明显改善；六是监察和审计工作日益常规化，促进了企业健康发展。中国路桥时刻把管理体制改革作为提升企业素质、参与国际竞争的基本方略，通过培育企业自身的核心竞争力，使其在国内外激烈的市场竞争中始终立于不败之地。

3. 坚持技术创新，不断增强企业核心竞争力

中国路桥十分注重培养技术创新能力。在国内外，尤其是国内大型桥梁的建设中，通过与兄弟单位的合作，大胆吸收与消化先进的科技成果，通过再创新能力的建立，将改良后的技术成功地运用到中国路桥的许多项目中。中国路桥还十分注重新工艺的开发，在国内外项目的施工工艺的优化和新工法的发明都取得可喜的成绩。与此同时，中国路桥还建立起以技术创新为主线，以新技术运用、新工艺开发为目标的技术创新体系，把技术创新作为企业生命力、竞争力的源泉。

4. 以创新精神做好党建工作，发挥党组织在企业发展中的核心作用

中国路桥党委始终围绕企业的发展来抓党建工作，不断探索企业党建与生产经营紧密结合的新思路。公司党委十分注重党的基层组织建设，针对公司人员高度流动、分散的特点，及时调整、健全海外党组织，开展党组织负责人培训，积极在管理骨干、技术骨干中发展党员。注重在生产经营、管理改革中发挥党员的先锋模范作用。公司领导班子十分注重加强自身学习，坚持党委中心组学习制度，并结合领导成员参加有关培训、自学等方式，不断提升驾驭领导企业的能力，努力建成一个勇于改革、敢于创新、锐意进取的领导集体。正是党建工作不断创新与深化，中国路桥赢得许多荣誉，先后获得国资委授予的“先进基层党组织”、中交集团授予的“先进四好班子”的光荣称号。不仅如此，中国路桥在改革中不断强化职工的主人翁地位，确保广大职工共享企业发展成果，始终把坚持党的领导作为企业改革发展的坚强支撑。

五、发展展望

中国路桥发展战略的指导思想是：以党的“十七大”精神为指导，深入贯彻落实科学发展观，积极贯彻国家“走出去”的方针，在中交股份发展战略的指引下，以满足客户需求为导向，以增强企业核心竞争力为重点，以提高企业经济效益为目标，以员工对企业高度满意为追求，扬长避短，充分调动全体员工的积极性，把公司建设成为有竞争力的国际建筑企业。

未来几年，中国路桥将在以下几个方面进一步深化改革：一是进一步进行战略调整，推进业务结构的不断优化，实现公司主业经营的整体布局，推动一批有影响力，有技术先进性的大型项目的开发与实施；二是全面实施机制、技术、企业文化创新，不断提高企业核心竞争力；三是自觉转变发展方式，通过提升企业的管理水平和新技术的运用水平以及创新企业的赢利模式，培育企业发展的基本功；四是进一步加强以信息化推动经营管理升级；五是进一步改革企业的用工制度、分配制度，完善企业的约束与激励机制；六是加强企业的节能、减排工作，营造企业和社会的和谐发展；七是继续发挥党组织在企业发展政治核心作用，不断加强党组织的凝聚力；八是加强企业文化的培育，构建积极向上的企业文化。

“第一”是这样炼成的

中交第一公路工程局有限公司

一、企业介绍

中交第一公路工程局有限公司（以下简称中交一公局）始建于1963年4月，前身为“交通部第一公路工程局”，现隶属于中国交通建设股份有限公司。公司本部位于北京市朝阳区，注册资本金9.8亿元。

中交一公局是一个以承建国内外高等级公路、特大型桥梁、长大隧道、铁路、港口、机场、场站、车场等土建工程施工，集施工、设计、科研、监理、检测、机械制造和多种经营为一体的国家级大型专业化公路施工企业，独立法人经营实体。下设13个全资子公司、5个控（参）股公司、3个分公司、2个内部核算单位。公司生产经营能力强，具有1个公路工程施工总承包特级资质，9个一级公路工程总承包资质，10个市政总承包一级资质，以及路基、路面、桥梁、隧道等44个专业承包一级资质。目前，公司年施工生产能力超过100亿元，在建项目250多个，遍布在除港、澳、台地区之外的全国各省、市、自治区和非洲5个国家，施工涉及路基、路面、斜拉桥、隧道、铁路、市政工程等领域，并承建了大型的厂房、综合楼、商业楼、住宅楼、别墅、办公大楼、立体停车场等项目，产品结构进一步完善。

中交一公局始终坚持诚实守信、依法经营。多年来，修建的工程质量合格率、单位工程交竣工优良品率、合同工期履约率长期保持100%，树立了良好的社会信誉。近20年来，共荣获鲁班奖、詹天佑大奖、国家优质工程银奖等省部级以上工程奖项数80多项，还获得2个全国五一劳动奖，并多次获得全国交通系统两个文明建设先进单位、中央国家机关文明单位标兵等光荣称号。

进入21世纪以来，中交一公局坚持“以人为本、科技兴企”的经营理念，以技术创新、管理创新作为支撑点，承接了大量技术含量高、施工难度大、工艺结构复杂的特、难、精、尖的全国重点工程，创建出一大批国家级精品工程，掌握了斜拉桥、长大隧道、深水基础、高墩等施工成套技术。目前，已建立国家、集团、局级施工工法108项，工艺标准和规范119项，站到了公路施工技术的制高点。同时，公司注重产品结构上的不断优化，积极向市政工程、铁路、BOT项目等相关领域进军，使企业的经营规模和质量都实现了新的突破和飞跃。近两年中交一公局营业额和新签合同额实现“双百亿”目标，利润超亿元。截至2007年年底，中交一公局已在国内外修建各种等级公路上万公里，其中高速公路占全国已建成高速公路总里程的10%左右；修建各类桥梁1 500多座，施工总产值650亿元。公司拥有核心员工5 682人，其中各类专业技术人员3 522人，各类工程机械设备1 919台套。

公司本部及下属各施工公司全部通过ISO 9001质量管理体系、ISO 14001环境管理体系和GB/T 28001职工健康安全管理体系的认证。

二、改革历程

改革开放30年的历程是中交一公局不畏艰辛再创业的过程，一公局人不畏艰险，敢于创新，争吃“螃蟹”，创造了公路施工行业里的“第一人”。

1. 率先进入高速公路建设市场

早在1985年通过投标方式中标秦皇岛港丙丁码头立交桥，成为公路建设施工市场开放的积极响应者。1987年，我国第一条利用世界银行贷款并严格执行国际通用的菲迪克条款的京津塘高速公路招标，在对手如林的情况下，中交一公局中标北京段第一合同和天津段第四合同，成为当时一大新闻。在三年多的施工中，克服了种种困难，通过组织职工学习国外先进技术、管理标准，圆满完成任务，并取得良好的经济效益。通过施工还培养了一大批掌握国际标准、规范要求，懂得高速公路技术要求的工程技术人才，为建设全国高速公路储备了大量人才。该项目获得交通部公路工程优质一等奖、科技进步奖，国家科技进步一等奖，鲁班奖，詹天佑大奖等荣誉，在中国建筑史上写下光辉的一页。

2. 突破改革瓶颈

中交一公局，不仅在生产技术上敢于创新，在企业管理上也多次实现突破。1982年修建包头黄河大桥，在大桥大梁预制、顶推施工中，推行以班组承包为核心的“百元产值工时承包”（实际是“百元产值工资含量包干”的前身），使每段大梁预制、顶推的时间从以前的30多天1段缩短到7天1段，大大提高了工作效率。1985年，在全局实行“百元产值工资含量包干”，劳动生产率大大提高。实行工资总额与经济效益挂钩，改变了过去企业吃国家“大锅饭”，职工吃企业“大锅饭”的局面。1990年推行与产值、利润双挂钩的新办法，把工资和奖金发放与产值、利润直接联系起来，既提高了效率和经济效益，又体现了多劳多得的原则，正确处理了国家、企业、个人三者利益关系。

3. 承包经营责任制走在公路行业的前列

中交一公局在1987年11月13日举行全面推行承包经营责任制签约大会，交通部部长钱永昌出席了大会并讲了话。钱部长说：“交通部内部搞签约大会还是前所未有的，这是我部加快和深化改革的新的起点。经营承包是企业改革的中心环节，深化改革就是要抓企业的经济效益，就是要认真贯彻经营承包责任制，使国家、集体、个人三者的利益相互挂钩，充分调动广大职工的社会主义积极性，增强企业的活力，增强企业在全社会的竞争力。”经营承包责任制成为中交一公局的重要管理制度。实施经营承包责任制，调动了经营者的积极性，促进了企业各项制度落实和经济责任的落实，企业管理规范，责任落实到人。

4. 第一批推行项目法施工

中交一公局1986年，学习卢布革水电站项目法施工，成立项目经理部，实现工程队向项目经理部机制转换，迈出内部管理机制改革的第一步。成立项目经理部首先坚持“精兵强将上一线”，精兵就是一专多能，强将就是精通技术、会管理的员工集中上项目。在推行“项目法施工”时，还着眼强化生产指挥系统，选好经理、配好班子、减少管理层次，提高了工作效率。1986年承包的北京市永定河大桥施工项目是按照“项目法施工”组建的第一个项目经理部，通过实践证明改革是成功的，以后在全局范围逐步推开。2001年，市场环境、企业内部资源配置发生很大变化，对项目管理也提出更高的要求。中交一公局对项目管理进行改革，规范项目管理，实行两层分离。规范项目管理从管理制度入手，重新拟定了项目经营责任制、物资管理、设备管理、技术管理、人力资源管理等23个创新管理办法。“两层分离”是指管理层与施工作业层分离，施工作业层员工可以自由组合成立“内部施工队”，购置项目小型机械设备，承包分项工程。实行“标后预算，切块包干”的项目经营责任制，要点是将中标工程按照市场基价计算出施工预算交由项目承包，项目通过优化施工方案、优化配合比挣取超额利润，并从中享受实现超额部分的大比例分红。这就极大地刺激了项目管理层领导的积极性。由于“切块”，公司上级管理费和赢利已经切了下来，保证了局和公司的权益。此外公司建立机械租赁市场、周转材租赁市场、资金调剂市场和劳务市场四大市场，将内部资源市场化管理，企业内部产生竞争机制，企业活力不断增长。这也是企业能在建筑业市场竞争激烈的状态下能保持旺盛增长的原因所在。

5. 体制改革一步一个跨越

中交一公局三次更名，都见证了企业改革的深化。改革开放前的“交通部第一公路工程局”（以下简称“一公局”），是交通部直属一级大型国有企业，主要承担国防公路工程和国家公路援外工程。随着改革开放进程，企业扩大自主权，1987年1月经北京市朝阳区工商行政管理局批准登记注册为“交通部第一公路工程总公司”，成为独立企业法人，完成了第一次更名。企业成为独立企业法人，企业有了更大经营自主权，施工地域、施工范围都有了更大变化，企业生产力水平有了很大发展。

1999年，经济体制改革向纵深发展，交通部决定让所属企业脱钩，中交一公局并入路桥集团总公司，企业名称改为路桥集团第一公路工程局，实现了第二次更名。2006年，中国路桥建设（集团）总公司与中国港湾建设（集团）总公司合并成立中国交通建设股份有限公司，并在香港联交所成功整体上市，中交一公局名称改为中交第一公路工程局有限公司，实现了第三次更名，完成了体制改革。第一次更名显示中交一公局由计划经济管理模式迈入市场经济，遵守市场规则，参与市场竞争，成为企业法人；第二次更名显示中交一公局与政府管理部门脱钩，实行“政企分开”，放开企业手脚，有利于企业自主经营、自负盈亏和自我发展；第三次更名，中国交通建设股份有限公司整体在香港成功上市，推动了现代化企业制度建设，成立董事会、监事会，促进了企业法人治理结构的建立和完善，建立了产权明晰的现代企业制度。

三、发展成就

1. 金色档案

中交一公局成立45年来，几代筑路人肩负着毛泽东主席“加强防卫、巩固海南”和朱德总司令“好好建设公路，为造福人民与巩固国防而努力”的重托，在各级领导的关怀下，遇山劈山、遇水架桥，从塞外到江南、从亚洲到非洲，铸就了一座座名垂青史的大地丰碑。

20世纪60年代，承建了海南岛海榆中线等公路；为架设中外友谊桥梁，承建了蒙古、原南也门等国外经援工程。70年代，响应周恩来总理“三年改变港口面貌”的号召，先后完成了山海关船坞、天津港扩建等港口工程。同时，为唐山人民在废墟上重建家园，承建了滦河新桥等公路抢修工程。从“六五”企业整顿、到“九五”现代企业制度建立，中交一公局适时改革，大大解放了生产力。经过“十五”深化改革、“十一五”改制上市，企业发展形势突飞猛进，一跃成为中国交通基础设施建设的主力军。

多年来，中交一公局经过努力，实现了两个文明相互促进、共同发展，完成的各项经营指标逐年递增。1987年营业额从过去几千万一跃跨上1亿元台阶，1995年、2003年分别闯过10亿、50亿元大关。2006年、2007年，新签合同额、营业额连续两年实现“双百亿”目标。2005年~2007年，全局年完成业务开发额、营业额、利润增长幅度分别为140.7%、89.2%、89.8%。近三年市场占有率分别为1.17%、1.68%、1.86%。主要经营指标和经营业绩在全国公路施工行业中一直保持领先地位。

2. 科技引领

凭借人才和技术优势，中交一公局始终坚持“诚信服务、优质回报、不断超越”的宗旨，时刻不忘承担“公路建设行业的建设者、引导者、提高者”的社会责任，不断取得技术新突破，站到了公路施工技术制高点。中交一公局不仅是国内较早开始探索软基处理技术的企业之一，还通过积极应用新技术、新工艺、新材料、新设备，使沥青和水泥混凝土路面施工技术水平始终处于国内领先地位。并依托沥青混凝土路面施工项目，先后成功应用了改性沥青、Superpave、排水、橡胶、拼接、彩色、阻燃等20多项沥青混凝土路面施工新技术，铸就了众多享誉业内的优质路面工程。在对公路隧道进行常规建设的同时，还致力于新技术开发和应用，建成一大批特殊结构形式的隧道，代表了我国公路隧道及地下工程施工的先进水平。在承建的大量国内外公路交通建设的重要工程中，创造了公路桥梁史上多项“第一”和“之最”，为社会提供了优质的交通基础设施。在优质高效完成的“五纵七横”上百个长达一千多公里的工程中，一座座技术含量高、施工难度大、工艺结构复杂的特、难、精、尖品牌工程，随着规划网的全线贯通，一起创造了中国公路建设史上的奇迹。

在加快技术创新步伐的同时，中交一公局更加注重技术成果和经验的总结，共应用科技成果162项，多次荣获各级科技进步奖，并在全国推广应用。其中，“改性沥青路面施工技术”科研成果评为建设部“建筑业十项新技术”之一。建立国家、集团、局级施工工法108

项、工艺标准119项，在全国公路施工领域广泛推广，其中“改性沥青混凝土路面施工工法”、“煤矸石填方路基施工工法”被录用为国家级工法。自行研制并获得了“悬吊钢套箱”、“墩柱抱箍装置”等十项国家实用新型专利。“公路工程质量检验评定标准”、“桥梁拉索（杆）的检测与修复技术研究”分获中国公路学会科学技术一、二等奖。自20世纪80年代以来，中交一公局负责组织编写我国《公路桥梁施工技术规范》、《公路路基施工技术规范》、《公路隧道施工技术规范》、《公路工程施工方法与实例》等技术规范和科技书籍，成为我国公路施工的理论工具。

3. 百舸千帆

“十一五”以来，中交一公局全面实施一体化战略，扩大市场份额，调整产品结构，完善产品链。通过横向一体化战略的实施，积极向非高速公路建设市场进军，持续开发市政、地下工程、铁路、港口、钢结构等新业务，现已成为第一批进入铁路建设市场的非铁路队伍之一。在承担的哈大、京广、京沪、太中银、南京城铁等六项共一百多公里的铁路工程战线上，以诚信和技术塑造了一个个观摩样板，被铁路建设业主称为是一支凭实力从“路外”跨入“路内”的铁路新军。随着钢结构产品由人行钢桥转向公路钢桥，开发形势和生产能力日新月异，中交一公局以质量和信誉占领了河北、河南、宁夏的大部分市场，单项中标价达上亿元。承建了顶推、转体安装及悬索吊装等多种形式的钢桥，最长跨度达450米。年加工量达5万吨，单桥加工量已达上万吨。通过纵向一体化战略的实施，增加科技投入，增强咨询、设计、检测业务能力，提升核心技术，加大高端市场的竞争，使施工设计总承包、建设-经营-转让（BOT）等经营模式在国内外市场取得历史性突破。通过放大比较优势，海外业务取得了迅猛的发展，实现了国内外业务优势互补。强化项目导向型企业管理模式，以开展“向节约1%要效益”的管理效益年活动为重要手段，提高了企业整体创效能力、在全局建立以科学化为基础、以标准化为平台、以信息化为手段的“三化一体”的管理体系，充分发挥规章制度的规范、引导和保障作用。建立“三三制”人才工程战略框架体系，培养了一支在市场中具有竞争优势的管理团队。充分利用一公局已有的技术、管理和文化的优势，加强对市场的整合能力，提高核心竞争力，使中交一公局品牌不断升值。

4. 累累硕果

中交一公局自1984年以来，共摘取了“全国五一劳动奖状”、“全国工人先锋号”、“全国优秀施工企业”、“全国先进施工单位”、“中央国家机关文明单位标兵”、“全国精神文明建设工作先进单位”等30多项桂冠。荣膺“全国公路工程优质工程奖”、“国家科技进步一等奖”等80多项省部级以上工程大奖和管理创新成果奖，其中荣获鲁班奖6项、詹天佑大奖6项、国家优质工程银质奖11项、中国企业新纪录奖5项、全国工程建设企业管理现代化创新成果奖8项。有三百多人次先后获得“全国劳动模范”，“全国五一劳动奖章”，全国党的十六大、十七大代表，全国政协委员，“全国优秀施工企业家”，“国际杰出项目经理”，“全国三八红旗手”，“全国优秀党务工作者”，“全国技术能手”，“中央企业劳动模范”，“中央企业巾帼建功标兵”等省部级以上荣誉。

具有影响力的部分国内重点工程见表1、具有影响力的部分国外重点工程见表2。

具有影响力的部分国内重点工程　　表1

序号	工程名称	特点
		桥梁工程
1	厦门海峡公路大桥	中国第一座规模最大、标准最高的海峡公路大桥
2	八达岭高速公路高架桥	成功解决了我国山区弯、坡、斜高架桥架设的难题
3	陕西禹阎太枣沟特大桥	实现了全国超百米高墩特大桥零的突破
4	武汉黄石长江公路大桥	当时世界同结构桥梁连续跨径最长
5	青岛女姑山大桥	当时国内最长的跨海湾大桥
6	青岛丹山斜拉桥	中国第一座双塔连体四索面预应力斜拉桥
7	宁波甬江大桥	世界联塔分幅结构斜拉桥跨径之最
8	江苏连盐灌河斜拉桥	桥面宽度、承台体积位居全国同类桥梁之首，科技研发成果达到国际先进水平
9	济南黄河特大独塔斜拉桥	主桥钢箱梁跨度号称亚洲第一、世界第二，百米超长桩位居全国同类工程深桩之首
10	郑州黄河公铁两用桥	世界最长的公铁两用桥，时速、技术、抗震安全、桥梁长度占据全国4个之最
11	湖南洛湛湘江特大桥	攻克了中国铁路航线的“桥头堡”
12	哈大客运专线	世界同纬度以北地区第一条无砟轨道客运专线，为当代铁路最高技术水平的快速专线
13	郑州斜拉景观桥	中国首座曲线景观桥，构成了郑州市一道靓丽的风景线
14	银川阅海特大桥	中国第一座三拱肋五孔中承式自平衡体系钢管拱混凝土拱桥
		道路工程
15	0401京原公路	为祖国公路建设创下了集设计、科研、施工、教学为一体的光辉典范，被誉为“山区公路教科书”
16	京津塘高速公路北京段	中国第一条执行菲迪克条款修建的高速公路，美国公路专家赞叹“混凝土质量达到国际一流水平”
17	济青高速青州至潍坊段	交付使用8年养护费用为零
18	沪宁高速公路江苏段	软基施工达到国际先进水平，在拓宽改造中只开挖台阶就可完全利用
19	沪宁扩建工程	中国第一条拼宽扩建高速公路
20	厦门环岛柔性彩色路面	中国彩色沥青路面的开山之作
21	河北石黄高速公路	首开国内高速公路应用大粒径、博尼维沥青混凝土新技术之先河
22	江苏盐通高速南通段排水性沥青混合料路面	完全消除轮胎溅水和水滑现象，促进了当前路面施工技术的新革命
23	湖北沪蓉西高速公路橡胶沥青混凝土路面	橡胶沥青和阻燃沥青在我国高速公路首次大面积使用
24	交通部公路交通试验场	亚洲最大的汽车试验场，目前国内设施最齐全的大型综合试验研究和新技术开发基地
		隧道工程
25	同三线浙江段岵岫岭双线连拱公路隧道	开创国内大跨度公路隧道开挖面积最大的新纪录
26	西安秦岭终南山公路隧道	堪称亚洲最长，世界建设规模第一、长度第二的高速公路隧道

具有影响力的部分国外重点工程 表2

序号	工程名称	特点
1	伊拉克摩苏尔四桥	中国第一个国外公路工程承包项目
2	伊拉克摩苏尔五桥	当时中国最大的国外公路桥梁承包项目，被世界桥梁专家赞誉为“一流工程”
3	埃塞俄比亚首都环城路	东非第一条规模最大、标准最高的大型综合性市政道路工程，堪称“埃塞第一路”
4	菲律宾“菲日友好路”	被该国建设部誉为“零缺陷工程”
5	喀麦隆杜阿拉二标工程	被喀麦隆城建与房建部长誉为“当地最好的工程”
6	布隆迪4号路项目	被布隆迪工程部长誉为“战后重建的象征”
7	刚果（金）（BUKAVU-KAVUMU）机场路	刚果（金）总统为开工典礼剪彩
8	埃塞俄比亚的斯市 Lebu-Lafto 市政道路项目	亚的斯市市长称：“推动当地该地区人民生活水平的提高及经济的发展起到良好的作用”

四、基本经验

1. 坚持“以人为本”

中交一公局改革发展的30年最重要的法宝是始终坚持“以人为本”的育人、用人理念；采取“事业留人、待遇留人、感情留人”的留人措施；建立让员工充分展现才能的平台和公平、公正的激励机制，使得大量人才脱颖而出，推动企业持续发展。从2002年起，实施了“三三制”人才战略工程，将员工分为经营管理类、科学技术类和实际操作类三类，每一类员工又分为高、中、初三层，高级类人才和经营管理类人才由局负责培养，其他类的人才由各单位负责培养。局建立了职工教育中心，培养了大量的科技管理人才。近几年进行了项目经理轮训，实行末位淘汰制，最后两名不能上岗。局管领导干部每人自己保存一个参加培训登记册，记录一年参加培训学时，年终考核时，参加培训时间不足规定学时的为不称职。中交一公局每年有63%的员工参加各类培训学习班。通过多年来努力，逐步培养造就出了一支懂经营、善管理、适应市场竞争的现代经营管理人才队伍，一支技术精、有学术专长、施工经验丰富的技术骨干队伍，一支技能突出、业务熟练的技术工人队伍。中交一公局在选拔人才上不唯学历、不唯身份是用，而是将那些有朝气、有事业心、愿意为中交一公局工作的人才选拔到重要工作岗位上来。

2. 民主管理企业

中交一公局虽已改制成为有限责任公司，但职工代表大会制度始终没有变。局、公司、项目三级每年的职工代表大会在年初照常进行，经营者要向代表陈述过去一年的工作成绩与不足，代表要讨论新一年的工作计划。大会上还要民主评议领导干部，职工意见大的、考核不足80分的领导干部，将被调离工作岗位、降低职务，收入按新岗位标准。由于中交一公局内部的民主制度，员工参与管理决策，员工地位提高了、气顺了，工作积极性就发挥出来了。在厂务公开方面，中交一公局在项目经理部推行“三个公开”，即工程分包公开、材料采购公开、机械租赁公开，建立了一套严密的管理制度和工作程序，员工参与监督三项与经济密切相关的工作，使工作透明化，实现员工参与管理决策。

3. 坚持科技发展

中交一公局利用科技创新、管理创新两个轮子共同运转推动着企业生产力的发展，成为企业持续发展的原动力。在科技方面取得累累硕果。

推广应用并取得了大型斜拉桥施工技术、高墩施工技术、半刚性基层沥青路面应用技术等二十余项科研成果，这些成果在生产中产生了很大作用。与多所大学、科研机构联合攻克了许多技术难关，如SAC、SLH多碎石沥青路面和SMA路面结构，使沥青路面结构由普通AC结构，发展到AK型低噪防水防滑路面；使用了SBS改性沥青、SBS和SBR双改沥青技术以及彩色沥青路面施工技术。在沥青混凝土配比试验中先后采用了国际先进的Superpave技术和GTM试验技术，改进了结构组成，增加了沥青混凝土的稳定性、防水性和耐久性，解决了预应力混凝土大跨度连续梁桥线形控制技术。中交一公局不仅有自己的施工工法，还参与了很多国家、集团级工法的制定，施工中项目按照“工法”进行技术交底、编制施工组织设计、组织施工和管理。同时还受交通部委托参与公路施工工程规范和标准的编写工作，认真履行主编单位和参编单位的义务，及时解决规范和标准执行过程中各地提出的种种疑问和咨询，共同探讨施工中存在的问题，为公路工程的施工建设作出了贡献，得到了交通部和有关部门的表扬和认同。

4. 国际化施工伴随企业成长

中交一公局在企业国际化方面可圈可点。1978年，在国家“以外促内、以内保外”的政策指引下，中交一公局承担了原南也门、布隆迪等国经援公路工程施工任务，承包经营了伊拉克摩苏尔四桥、五桥公路工程的施工任务。外派职工在海外工程中增长了知识，得到了锻炼，成为中交一公局持续发展的宝贵财富。改革开放后，经济发展带动公路建设快速发展，中交一公局储备了大量人才，特别是对菲迪克条款的熟悉，适应了市场经济的需要。原南也门、伊拉克工程完工后大量先进设备返回，有力武装了国内施工工地，促进了国内的生产发展。1998年投标中标的埃塞俄比亚亚的斯亚贝巴环城公路工程项目，工程造价5 000多万美元，是当时单项公路工程合同价最高的项目。中交一公局员工克服工程难度大、工期紧等困难，按时优质竣工，受到当地政府和老百姓的称誉，也牢牢地占领了埃塞俄比亚公路工程施工市场。为了响应中央“走出去”的号召，2002年，中交一公局将海外办公室提升为“海外分公司”，成为具有一定经济实体的独立公司，成立了东北非地区、西北非地区等办事处。经过几年的发展，2007年海外营业收入占营业总收入的10%，在4个国家中标21个项目，新签合同额比上一年增长171.3%；利润也有大幅度增长，而且进一步扩大了以埃塞俄比亚为中心的非洲公路工程施工市场，在埃塞俄比亚中标的AMH设计施工总承包的公路工程项目，标志着向海外高端市场迈出关键的一步。目前正在积极拓展海外市场，争取今后使海外成为企业发展的支柱组成部分。

五、发展战略

企业使命：为客户创造超值回报、为员工构建成长平台、为社会铸就百年工程、为股东赢取较好收益。

企业愿景：以路桥建设为基础，积极拓展相关业务领域，提升产业价值链，以技术和管理为核心驱动因素，以交通基础设施建设行业的引领者、提升者为目标，将一公局打造成集交通基础设施建设产业经营和资本运营于一身的大型国际工程公司。

中长期战略定位：巩固并提高中交一公局在交通基础设施领域的领先地位。

经营方针：经营规模和赢利水平处于中交股份基建施工业务板块前列；具有规范的公司治理结构和适应市场的经营机制；推行项目导向型企业管理模式，增强制度执行力；打造出以桥梁、隧道、路面为依托的三大高端专业技术品牌及以工程总承包为依托的管理品牌；放大海外比较优势，提高海外业务在公司业务中的比重。

企业核心价值观：诚信服务，精诚合作，以人为本，不断创新。

主要生产经营目标：到2010年，新签合同额、营业收入、毛利、实现利润的年均增长率均为8%～12%，营业规模维持在100亿元以上。

做大做强的奥秘

中交第二公路工程局有限公司

一、企业介绍

中交第二公路工程局有限公司（以下简称中交二公局）成立于1964年，是以路桥施工为主业，集铁路、隧道、机场、水工、市政、工程施工设计、咨询、监理等为一体的具有公路工程施工总承包特级资质的多元化经营的大型施工企业，是在香港成功上市的世界500强企业中国交通建设股份有限公司的全资子公司。企业拥有7个公路工程施工总承包一级资质和多项专业资质。注册资本8.57亿元，总资产超过百亿元，现有技术、管理骨干人员近8 000人。2007年完成营业额126亿元，中标合同额160亿元，全员劳动生产率176.8万元/人。

改革开放以来，在交通部和上级单位领导下，中交二公局以承接“高、新、特、难”路桥工程为主，并始终坚持“主业强势、纵向延伸、横向拓展、资本运营、适度外延扩张”的多元化发展战略，不断向铁路、市政、隧道、地铁、机场、旧路改造、旧桥加固、城市建设等新型专业领域拓展，并取得良好成效。现在二公局已成为主业卓著、多元发展，业内具有较强影响力的公司。

二、改革历程

在改革开放的历史新时期，中交二公局沐浴春霖甘露，与祖国共命运，与时代同奋进，矢志不渝抓改革，不断追求新境界，持续治理软环境，全神贯注谋发展，创造了无愧于时代的辉煌业绩，企业的整体面貌和综合实力发生了沧桑巨变。特别是“九五”以来，中交二公局人以与时俱进、开拓创新时代精神，把发展作为第一要务，大力解放和发展生产力，冲破重重艰难险阻，主动适应市场竞争格局的新变化，抢抓公路建设大发展的历史机遇，通过实施一系列融合国情企情的配套改革，使企业的管理体制、运行机制，特别是生产组织形式和资源配置模式发生了深刻的改变，在改革中化解各种深层次矛盾，在改革中迎接各种考验和挑战，在改革中实现企业的历史大跨越。注重把握好改革进程与管理效果的关系，不断进行管理创新，开辟管理的新境界。通过改革解放生产力，促进员工转换观念，推动企业管理不断上台阶，通过科学管理把改革释放的能量导入正轨并延伸改革的新成果，改革和管理良性互动。企业的综合竞争实力大幅跃升，企业生机盎然并蕴藏着无限的发展潜能。职工的生活水平显著提高，精神面貌焕然一新。

中交二公局真正意义上的改革始于1996年，沿着清晰的路径不断向纵深推进。以项目法管理为企业机制转换与市场接轨的突破口，带动企业与市场全面接轨。通过项目为载体首先导入市场机制，引入竞争机制，改革人事、劳动、用工和分配制度，进行项目制度管理创新；项目实行两层分离，标后预算、切块包干，使项目管理层与操作层变行政管理为契约化管理；企业内部建立各种生产要素市场，实现资源优化配置；培育操作层实体，整合社会力量，提高经营实力，带动企业全面转轨。局、处全面进行改革和管理、技术创新，整合三个国际管理标准，推出零缺陷、低成本管理和企业文化建设，开始进行工程处公司改制，建立新的全方位的制度体系。到2000年，企业运转全面实现了步入市场经济的轨道。当中国加入世贸组织后，我局提出以精细管理为途径，以企业文化为引领，以深化改革为动力，建立健全现代企业制度和科学的法人治理结构，全面与国际接轨。在中交股份的领导下，局、处已全面实现了公司制改革，走出了一条以改革推动体制机制转换、创造并用管理优势构建市场竞争强势的成功之路。

1. 历史背景

中交二公局在计划经济时期曾为祖国的国防重点公路建设、经援项目做出过重要贡献。进入改革的新时期后进行了艰辛探索，在企业全面整顿、达标升级、扩大二级企业经营自主权等方面取得了一定的进展，但企业的经营理念、管理体制、运行机制、思维模式等基本上还是计划经济的继续。

到1995年，企业面临“新开工项目启不动，再建项目推不动，企业运行转不动”的窘境。全局年中标6.088亿元，营业额5.95亿元，年利润500万元；技术装备水平低，所有者权益2.6亿元，固定资产原值3.9亿元，大都是陈旧的小型通用设备，全局只有1套与台商合资的进口路面拌和摊铺设备；全局正式员工近8 000人，有一半以上的职工待岗，有的靠摆地摊、当小贩、扫马路维系生计。

1995年底，新一届局领导班子接任后，选择本企业独特的改革发展路径，开始了艰难的破冰之旅，不断推进企业改革和机制创新，义无反顾地踏上了改革征程。

2. 选择改革突破口

经过深入调研、精心筹划，局领导班子认识到“二局的出路在于通过改革全面与市场接轨，不改革死路一条”，毅然选择了以推行项目法管理作为深化改革、强化管理，进行艰苦创业与市场全面接轨的突破口。

1996年10月21日至25日在安阳召开了具有中交二公局改革里程碑意义的项目管理座

谈会。会议探索了打破工程队一级行政建制，推行项目法管理。在项目首先引入市场竞争机制，用市场化的办法运作项目，明确项目的权、责、利，使项目各项目标明确，有权组织精干高效团队，优化资源配置，让员工竞争上岗、双向选择。改革了分配制度，创新了项目管理模式。

3. 全面推行项目法管理、实施两层分离

1996年以来，推行项目法管理实质性的飞跃和突破在于它是在不断实践的基础上，把机制转换和科学管理相融合，把项目法管理与企业改革、管理创新相结合，典型引路，不断总结，滚动提升。

主要举措是：

(1)打破了原有工程队建制，实现优化组合，原工程队富余人员一律离开工地，进入企业内部劳务市场。

(2)企业以市场为导向，以项目为工作中心，建立企业内部各种要素市场。通过企业内部市场配置资源，公平竞争，优胜劣汰。

(3)项目通过两层分离，使管理层与操作层实行契约化管理。管理层履行三个合同，即业主与企业的合同，企业与项目部的合同，项目部管理层与操作层的合同；操作层履行与项目部的合同。

(4)实行标后预算，切块包干。局、处通过经济责任制、经济责任合同，层层落实项目的经济责任，做到责权利相统一，保证国家、企业、职工三者利益。

(5)改革人事、劳动、用工和薪酬制度，废除了不适应市场化运作的用人、招工方式，实行全员劳动合同制，实现了双向选择，竞争上岗，以岗定薪。

(6)局、处进行一系列机制转换和配套改革，首先改革局、处机关组织机构。按照精简、高效、统一的原则，设置适应市场经济需要的职能部门。局机关由原来的26个部门精简到13个，人员由200多人减少到110人左右，处机关的职能部门减少了约1/3，人员由110人左右减少到50人以下。由于策划精细，各项工作到位，冗员被重新安排到合适的岗位就业。

4. 培育、引导项目操作层实体成长，放大企业经营能力和实效

实施工程项目两层分离，为了抓住机遇，扩大经营规模，中交二公局加大力度整合内外资源。企业设备手段陈旧老化，存量匮乏。1996年承接11亿元任务，社会租赁市场刚起步，容量很小，只能主要让外部队伍去干，企业职工仍不能上岗。有鉴于此，中交二公局在培育引导外部操作层、规范管理的同时，1997年提出让职工出资购买设备，给自己创造岗位。按照十五大报告提出的“劳动者的劳动联合和劳动者的资产联合”的精神，引导职工进行劳动和资产联合，组建实体充当项目操作层。与此同时，我们要求职工操作层实体依法注册，规范运行，做精做强，成为法人实体和市场竞争主体，将依法注册的职工操作层实体与外部队伍一并纳入企业内部市场体系内，统一评定资信，统一管理，在同一平台上选择，依法在企业内部市场承揽部分工程任务，优化内外资源配置。通过整合外部资源和培育职工操作层实体，用市场化手段及企业品牌、文化、技术、管理的影响力，控制和支配大量社会资本，迅速壮大了企业经营能力，实现了企业的低成本快速扩张。

5. 成功解决了国企改革初期“钱从哪里来，人往哪里去”的难题，保持了国有资产保值增值

在培育操作层实体的过程中，中交二公局敏锐地发现，它与企业改革之间存在着内在的逻辑关联。中交二公局采取培育操作层实体这种做法：一方面，可以通过培育职工操作层，员工自己出资购买小型机具和通用设备，为自己创造岗位，使不良资产充分发挥效能，员工有了工作岗位，企业自育了充满活力的生产经营单元；另一方面，引导一部分员工进入到外部操作层去工作。后来，有的员工成为外部操作层的领头人和实际控制者，这些员工直接在市场前沿磨炼，他们的市场观念转变快，适应市场的能力提高快。他们与企业靠市场纽带和企业文化情感纽带紧密联结在一起。无论是职工操作层还是外部操作层，其责、权、利到位，人的要素和资本要素有机结合，且与企业有多重纽带相连，都心系企业发展，更加爱护企业，形成了具有真正意义上的相互依存、互为支撑的利益共同体。这种软着陆的做法，成功破解了国企改革初期的主要难题“钱从哪里来，人往哪里去”，并为企业快速培养了人才，使国有资产作用得到充分发挥，并保值增值。

6. 选择了自上而下、机制转换带动体制转换、建立现代企业制度的途径

建立现代企业制度是国企改革的根本方向，也是国企出路所在。中交二公局根据行业和企业特点，选择了“自下而上”、“水到渠成”的策略，通过项目机制转换作为改革、管理创新的突破口，从产权制度入手，引进市场机制，建立内部要素市场，逐步改革企业运行机制，最终建立与市场经济相适应的现代企业体制。

中交集团组建后，对所属企业改制、建立现代企业制度做了整体部署和推进。2006 年，中交二公局率先完成了整体改制，成为中交股份独资的有限公司，并随中交股份在香港 H 股上市。

7. 战略统揽，企业文化引领，推进企业可持续发展

中交二公局的发展史，可分为 3 个具有显著特征的阶段，被局内称为“三次创业”。自成立到 1995 年为艰苦的第一次创业，是老一辈中交二公局人拓荒奠基并孕育“特别能吃苦，特别能战斗，特别能奉献”创业精神的时期；1995 年 ~ 2000 年为艰难的第二次创业，是中交二公局人以项目法管理为突破口，励精图治，大力实施系列配套改革，实现从计划经济向市场经济转型，迈入国内同行业前列的时期；2001 年至今为艰巨的第三次创业，是中交二公局人以融入开放的国际市场为特征，以迈入世界先进承包商行列为目标，全面与国际先进管理接轨的时期。

第二次创业以来，中交二公局在分析现状、预测未来的基础上，把握影响企业长远发展的重大问题和关键因素，超前策划，制定应对之策，制定了企业发展的战略框架及实施方案，用战略统揽企业全面发展，形成了以总体战略为统领，包括职能战略、实施战略在内的完整体系。诸如《低成本战略实施纲要》、《零缺陷战略实施纲要》、《精细管理实施纲要》、《第三次创业总思路策划》等。

在构建制度体系的过程中，中交二公局认识到如果在企业内部没有被大多数员工认同的经营理念、价值观、功利观、道德观和行为规范，制度的执行就会大打折扣，使职工的主动性、积极性、创造性得不到充分释放。早在 1996 年中交二公局就提出了构建企业文化的初步设想。1998 年正式提出了建立独具特色的企业文化，通过广泛的调研、策划，形成了中交二公局文化建设的基本框架，并不断加大建设、传播力度。进入新世纪后，又及时地把建设与之相适应的软环境作为第三次创业战略实施的重要内容。2006 年，适时出台了《企业文化建设实施纲要》，提出了新时期企业文化建设三步走战略，步入新的建设阶段。通过以企业文化建设为载体和关键环节，抓好各项制度的贯彻执行，实现软、硬环境治理的互动，正在建立一个发展的、开放的软环境治理格局，以期不断实现从“必然王国”向“自由王国”的飞跃。

中交二公局的企业文化建设已基本形成了自己鲜明的个性特色。一是始终坚持正确的价值追求，坚持诚信经营，注重建筑品质和完善服务，体现对自然、人性的关怀以及企业与社会、企业与人的和谐发展。二是坚持对创新的倡导和提升，基本形成了学习、竞争、创新、进取的创新型企业格局。三是坚持团队导向，培养团队精神，基本形成了全员关爱互助、和谐有序、合作向上的中交二公局群体文化。四是坚持协作共享，营造双赢文化，实现了企业对可持续发展和理性战略目标的具体要求。

8. 管理创新的坚实步履

中交二公局适应改革不断向深层次推进的要求，整个企业管理在面上不断拓展，在点上不断深入，管理空间日渐广阔，涉及了现代企业应开展的一切管理活动，管理的层级不断提升。从严格管理到科学管理，再到精细管理，不断开辟管理的新境界。在改革之初，中交二公局就着手构建适应市场经济运行的制度体系，从“人治”转向“法治”，把一切管理活动纳入制度、规章、标准之内，严格执行，使管理有规可依，有章可循，管理从随意型向规范型转变。在此基础上，导入科学的管理理念，以贯彻国际管理标准为依托，适应管理数据化，高标准、高质量等要求，推进科学管理。进入微利时代，细节决定成败，又在业内率先提出实施精细管理，注重细节，关注执行力，更加注重发展的质量。而在整个管理创新的过程中，始终坚持以人为本，以企业文化为引领，使人的潜能得到最大限度的发挥，为管理不断升级和跨越注入灵魂和活力，人本管理贯穿始终。

进入新世纪以后，特别是伴随我国加入世贸组织后国内市场国际化的形势，市场竞争格局发生了深刻的重构和巨变。公路施工企业在标价冷缩和材料热胀的双重挤压下，赢利机会和空间越来越少，建筑行业进入微利时代。

中交二公局在综合分析市场竞争态势、行业特点、产品特征和企业实际后，分别安排部署了三位一体贯标、零缺陷质量管理，实施精细管理。精细管理是不断追求的管理境界，是更高层次的管理思想、方法和手段。它的实施必须以贯标和规章制度为平台，以零缺陷为标准。涉及企业的全员、全方位、全过程是实现第三次创业目标的必经通道。通过不断强化全员、全过程按定额第一次把事情做对的理念和境界，着力增强员工的责任感，培育良好的工作习惯和作风。

通过推行管理标准化，为实施“精细”战略奠定基础；实施流程再造和模块化管理，使资源配置、管理职能优化和重组，形成滚动提升的良性循环；优化施工组织设计，从源头上保证施工质量和成本降低；加强动态策划和全程控制，合理配置资源；采用诸如作业成本法、集中运程计量结算、缺陷预防体系等。不断推动企业经营理念和科学管理水平的提升，保持企业市场竞争地位，构建市场竞争优势，实现了企业跨越式发展。

三、发展成就

企业实现了历史性跨越，企业核心竞争力和综合实力大为增强，品牌形象日益彰显。

中交二公局的改革发展成果是全方位的辉煌，在国内工程建筑市场及中交股份系统，其知名度和品牌形象具有很高的影响力。

(1)2007年实现了营业额、合同额“双过百亿”，分别为126亿、160亿元人民币，是1995年的21.3倍和26.2倍；营业额是1978年的676倍；2007年实现的利润额是1978年的266倍，是1995年的50倍。企业综合实力大幅攀升，尤其是1995年以后，企业所有者权益从1995年的2.6亿元增加到2007年的9.68亿元，企业总资产从1995年的9.33亿元增加到2007年的93.71亿元。企业员工物质文化生活得到显著改善，生活水平大幅度提高。

(2)管理创新能力和技术研发能力在公路建设行业处于国内领先、国际先进水平。以承接“高、新、特、难”路桥工程为主，承建各种类型的跨江跨海独立特大桥、独立大桥190座，总长超过20万延米。其中，以世界第一大跨径（主跨1 088米）斜拉桥——苏通长江公路大桥为代表的大跨径斜拉桥12座，以世界第二大跨径（主跨1 650米）的悬索桥——舟山西堠门大桥和世界第三大跨径（主跨1 490米）的悬索桥——润扬长江公路大桥为代表的大跨径悬索桥8座。在长江上已承建特大型、大型桥梁19座；在世界潮涌最高的钱塘江上连续成功修建钱塘江四桥、五桥、六桥、九桥；成功修建青岛海湾大桥、厦门杏林公铁大桥等为代表的跨海大桥。以中国高速公路样板路——沪宁高速公路及扩建工程为代表，修建各种等级道路总长7 090公里，其中高等级公路超过6 000公里。在新的技术领域均率先进行了研究和实施，诸如透水性路面、改扩建路面新技术运用、改性沥青、冷再生技术、高原冻土施工等多种路面和路基结构的施工技术，并获得多项技术创新成果，在国内业界引起了广泛关注。

在与国外先进建筑承包商、国内著名大学、科研设计单位、施工单位、供应商等进行全方位、多层次的合作中，成功解决了施工中存在的世界级技术难题，取得了众多关键科技创新成果，创造出了一批代表国际先进水平和具有自主知识产权的科技创新成果。在大跨径悬索桥、斜拉桥以及高速公路工程施工方面拥有国家实用型专利7项、国家级工法5项、省部级以上科技进步奖6项、全国交通行业科技进步奖特等奖1项。许多工程荣获鲁班奖、詹天佑奖、国家级优质工程奖及省部级优质工程奖，获得多项国家级管理创新成果奖；创造了37项中国企业新纪录。获得全国劳动模范及省部级以上劳动模范称号达40人次，获得“全国优秀施工企业”“全国质量效益型先进施工企业”、“全国质量管理先进单位”、“全国守合同重信用单位”、“全国精神文明创建工作先进单位”、“全国企业文化建设先进单位”等省部级以上各类荣誉奖励达110余项。

(3)改革使中交二公局的产业链不断延伸。施工领域不断向铁路、市政、隧道、地铁、机场、旧路改造、旧桥加固、城市建设等新型专业领域拓展。在太中银铁路、武黄铁路、哈大铁路和京沪高速铁路等国家大型铁路工程中，所承担的项目多次受到业主的奖励，屡次综合评比中中交二公局位列“路外”前茅。已经建成29个在国家公路网络中举足轻重的大型隧道，总长超过5万延米。完成了一批以嘉兴市中环南路为代表的市政工程和以珠海机场为代表的机场工程。中交二公局还承建了以也门市政工程、扎马尔给排水工程、安哥拉公路工程、巴基斯坦公路工程等一批海外工程，这些工程以施工质量优良赢得了所在国政府和当地人民的广泛赞誉。

(4)技术创新能力和科技进步水平进入同行业国内一流、世界领先行列。中交二公局始终把技术创新、技术先导作为构建比较竞争优势的核心。以抢占技术制高点、国际先进、国内领先为目标，构建技术创新体系，增强持续创新能力；加强技术研究和技术合作交流，加快技术创新成果的生成和应用，整合优势资源、合作博弈，打造标志性品牌工程，牢牢把握竞争主动权。通过引进技术、联合攻关、自主研发、专家论证等途径，成功地开发、掌握了一系列在国内路桥施工中处于领先的实用技术，提升了企业核心竞争力。

装备水平是企业技术水平、管理水平、整体实力的象征，是企业竞争力的表现。改革国有存量资产形态，将小型通用设备依法转让，置换资金集中购置大型国际一流技术水平设备。随着效益的增加，每年投入购置大型设备的资金大大增加。目前，中交二公局拥有各类施工机械设备 2 300 台（套），设备原值近 6.2 亿元，技术装备率约 57 000 元/人，动力装备率约 20 千瓦/人。引进德国、美国、日本和意大利等国高技术含量的特大型路面、桥梁施工机械设备达 240 余台（套）。全局拥有当今世界一流先进水平的大型路面设备比 1995 年翻了 6 倍多。

四、基本经验

1. 必须以市场为导向，以顾客为关注焦点，更新思路、理念

把近期目标和后进积累有机结合在一起，进行前瞻性谋划。用超前的战略思维去谋划，改变现状，在现实中孕育催生新思维。增强组织动态适应性和快速反应能力，提高处理复杂性、不确定性问题的速度和能力；坚持系统思考、协调发展。坚持科学发展观，注重诚信，不断适应国内、国际市场的新变化。

2. 企业发展的任何阶段都要使改革和管理的关系相协调

如果说制度和体制是企业改革所要实现的“硬件”的话，那么，管理则是改革所要实现的“软件”。与此同时，改革进程与规范管理的水平应是相辅相成的。改革促进管理、解放生产力，但改革的成果只有通过科学的管理才能实现并巩固。否则，如果管理不相适应，改革的成果就会前功尽弃，反而会产生混乱。如果管理水平跟不上改革步伐，改革就难以实现预期目标，新的矛盾还会增加。通过改革推动管理不断上台阶，通过管理巩固改革的新成果，改革和管理良性互动。

3. 必须不断拓展管理界域，理顺各种管理关系

企业改革是各种利益关系的调整与重构，管理也需要在企业内部各个层面，企业内部条件与外部环境各种相互关系中寻求动态平衡，使企业协调健康发展。除上述处理好改革与管理的关系外，还要理顺以下各种关系：

(1)经营规模和效益的关系。企业要追求效益最大化，必须确定科学合理的经营规模，杜绝盲目追求无效益的规模。

(2)“加快”和“创优”的关系。既要多承接任务又必须把工程做好，接多少为宜，必须以能管好、干好为前提。

(3)投入产出关系。要用科学的分析、论证，慎重决策企业投入。投入是为了更大的回报。防止盲目投入，盲目购置设备，加大企业风险。

(4)发挥内部潜力和借用外部力量的关系。企业要充分挖掘内部潜力，同时也要用好市场平台进行优势互补。借用外部力量，自身必须要有管理和技术强势，要有整合资源的能力、合作的能力，才能有主动权。只凭单打独斗发展速度和效果都是有限的。

(5)要办好企业，就要融合好“企业经济资源”和“企业文化资源”同时开发的关系。使其相互促动，协调发展。要坚持以人为本，构建企业内部的和谐氛围。只有团队的能动性得到充分释放，才能创造出可观的财富。

(6)市场变化与企业适应的关系。经济运行、市场运行有起有落，但企业发展不能被动的随市场潮起潮落，要预测分析市场，前瞻性规划企业的未来发展，不搞短期行为，在市场形势有利的时期，企业必须抓住机遇，为企业永续发展积累资本。在低潮时也应主动应对并为高潮到来积蓄力量。

(7)两个文明协调发展的关系。经过十几年来的管理创新实践，一个顺应现代管理发展趋势、适应市场经济要求、富有企业特色的、科学完善的现代企业管理体系是在两个文明协调发展基础上形成的。推动了双文明建设协调进步，保持企业的持续、健康、快速发展。

4. 必须注重培育自主创新能力

核心竞争力源于持续不断的自主创新能力，企业必须善于识别、培育，建立系统生成机制，保持、强化、发展核心竞争能力。加速企业技术、管理的升级，抢占竞争制高点，建立诚信，取得业界及社会的广泛认可，不断提升企业品牌。

五、发展展望

2000年制定了以融入开放的国际市场为特征，以迈入世界先进建筑承包商行列为宏伟目标的第三次创业（2001年~2010年）。其经营目标、主要经济技术指标和管理目标已提前实现，后三年的规划又作了调整和提升，正在付诸实施。

基本思路和任务是：深入贯彻党的十七大精神，全面落实科学发展观，在中交股份发展规划的指导下，抓住我国基础设施建设发展的历史机遇，立足公路施工主业市场，拓展铁路市场，寻求海外市场更大突破，延伸城市建设市场，做到产业链横向拓展，纵向延伸；实现一先、二升、三突破。

一先：在公路施工行业实现综合实力国内领先。

二升：企业经营方式和业务层次提升；企业核心竞争力和自主创新能力提升。

三突破：在总承包施工和BT、BOT领域取得实质性突破；在铁路高端施工领域取得突破；在城市地铁、轻轨等朝阳产业取得突破。

以零缺陷、低成本两位一体化战略实现管理精细化；以建立和完善现代企业制度实现企业运行机制国际市场化；以人才为支撑，以文化为引领，以战略为统揽，实现企业价值最大化。

为把中交二公局做强做大，其主要指标比照全球最大建筑承包商排序中列100名以内；最终成为管理密集和技术先导特征突出、品牌卓著的世界先进建筑承包商，以此为目标凝聚全员智慧，努力奋斗！

锐意改革　敢为人先

路桥集团国际建设股份有限公司

一、企业介绍

路桥集团国际建设股份有限公司（以下简称路桥建设）于1999年3月18日在北京设立，2000年7月25日在上海证券交易所正式挂牌上市，注册资本4.08亿元。截至2008年6月底，公司总资产62亿元，净资产20亿元，员工总人数3 469人。公司大股东现为中国交通建设股份有限公司。

作为原中国路桥集团的旗舰，公司在成立之初集中了集团的优质资产，由6家单位组成：原中国路桥集团也门萨那办事处、肯尼亚内罗毕办事处、原公路一局二公司（河北工程部）、四公司（北京工程部），原公路二局二处（华南工程部）和西安筑路机械有限公司。

路桥建设现有2家分公司，3家全资子公司，5家控股公司，2家参股公司。公司业务范围涵盖国内外高等级公路、特大型桥梁、市政工程、铁路、隧道、机场、港口等基础设施建设，以及BOT、投资、物业租赁、智能电子等领域，是国内公路施工行业首家上市公司，首家拥有海上施工成套设备的专业公司，第一批获得公路工程施工总承包特级资质的企业。

二、改革历程

在企业发展历程中，路桥建设锐意改革，不断探索资本经营和生产经营有效结合的经营模式，扩大公司产业链，培育新的业务增长点。在施工总承包、代建制、BOT、铁路施工、海外市场等领域不断实现新的突破，努力提升综合实力和品牌知名度。

2000年7月25日，路桥建设在上海证券交易所正式挂牌上市。由于上市成功，筹集资金8.147 1亿元，使总资产由上市前的16.5亿元升至上市后的24.6亿元。上市成功改变了公司的财务结构，改善了融资条件，使公司真正步入了资本市场，使资本经营和生产经营相结合的经营模式成为可能，使原中国路桥（集团）总公司的发展战略得以初步实现。路桥建设的上市，是路桥集团内部资产重组的成功典范，也是一个基础建设和高科技投资相结合的经典案例。

2001年4月，出资收购中国路桥集团（香港）有限公司持有的路桥集团基础建设投资有限公司100%的股权。2001年6月，出资4.5亿元收购中国路桥集团（香港）有限公司持有的中基建设投资有限公司25.6%的股权。2001年7月，出资624万元收购中国路桥（集团）总公司持有的北京瑞拓电子技术发展有限公司52%股权。2001年11月，以货币资产15 225万元和肯尼亚及萨那办事处的所有资产（含相关负债）作为代价置换中国路桥（香港）有限公司持有的中怡香港有限公司100%的股权。路桥建设凭借公司和其大股东中国路桥集团之间的天然纽带和良好关系，充分利用大股东所拥有的资源，在平等、互利、公开、公允的市场法则下，通过相互间的资产置换和运营实现“双赢”。北京黄金地段东直门东环广场2万平方米楼面（资产置换时购入）的租金收益，已成为公司一项稳定的利润来源。至此，公司基本完成了“维持传统业务现有的投资和规模，逐步调整资产、产业和收益结构”的发展战略，逐步形成工程施工、投资与物业管理、工业制造、智能电子等几大支柱产业。

2002年2月8日，由路桥建设和一家民营企业共同设立的路桥华南工程有限公司在广东中山市注册成立。这是路桥建设大力发展混合所有制经济、实现投资主体多元化、建立现代产权制度的一个重大突破。

2002年9月10日，路桥建设一举竞得上海东海大桥第Ⅳ合同。东海大桥工程被誉为国内第一座外海跨海大桥，全长32.5公里，全程按高速公路标准建设，总投资70多亿元。参与东海大桥的建设，对于公司提升品牌的市场号召力，扩大华东市场的占有份额，产生了深远的影响，对确立路桥建设在中国公路施工行业的强企地位具有里程碑式的标志意义。

2003年，公司参与建设了世界最长的跨海大桥——杭州湾跨海大桥，大桥全长36公里，设计时速100公里/小时，设计使用年限100年以上，总投资约140亿元，2008年5月建成通车。2008年奥运火炬传递穿越了该桥。参与这一举世瞩目工程的建设进一步提升了公司跨海大桥施工水平和社会声誉。

2006年4月18日，路桥建设凭借强大的综合实力和管理能力，在北京市怀柔区国道111改建工程代理单位公开招标中胜出。该工程全长37.1公里，中标金额9.4亿元。这是公司中标的第一个“代建制”项目，是公司在探索经济增长新模式方面的又一重要突破和有益尝试。此后，公司又相继承接了北京通州壁富路、北京大兴磁大路和海南三亚市政等“代建制”项目。“代建制”是国家为加强政府投资项目管理，改进建设实施方式的新举措。

2006年，路桥建设中标第一个设计施工总承包运作模式项目——北京八达岭过境线项目，实现经营模式上的又一次突破。

自2006年6月开始，路桥建设开始涉足铁路施工领域，先后参加了太中银铁路、哈大铁路客运专线、京沪高速铁路工程等著名项目的建设。因在建设中表现突出，路桥建设被中华全国铁路总工会授予2007年度铁路客运专线建设火车头奖杯。

2007年6月25日，以路桥建设为主办人，中交投资有限公司、中交第一公路工程局有限公司为成员的联合体在贵州省贵阳至都匀公路投资人及设计施工总承包的招标中一举中标。该项目是国家高速公路“7918”网中厦门至成都及兰州至海口两条高速公路的共用线，是连接我国西部地区和东南沿海地区的重要大通道，全长78.436公里，总投资估算额69.3亿元，联合体单位与贵州省交通厅签署了关于贵州省贵阳至都匀项目的投资协议。2007年9月19日，该项目建设法人——贵州中交贵都高速公路建设有限公司在贵州省注册成立。2007年12月27日，该项目特许经营协议签字仪式在贵阳举行。这是路桥建设中标的第一个BOT项目。

2008年，公司与重庆市相继签署了重庆涪陵至丰都高速公路、重庆丰都至石柱高速公路两个BOT项目合同，投资估算总额达106亿元。该项目是重庆“一圈两翼”中经济圈的重要交通纽带及沿江综合交通运输体系的重要组成部分。这是路桥建设调整经营战略，进军高端市场，全力打造业绩优良、可持续发展优质上市公司的一项重大举措。目前路桥建设已拥有3个在建BOT项目，成功实现了产业链由纯施工业务向“投资+施工总承包”的高端市场有效延伸。

作为一家国内A股上市公司，路桥建设生产经营近年来持续保持稳定增长的良好势头。2007年新签合同额、完成营业收入和实现利润总额，分别同比增长17.07%、20.58%和13.76%。

三、发展成就

1. 技术创新成果

路桥建设始终坚持把营造科技创新环境和提高科技创新能力作为实现企业可持续发展的头等大事来抓。以在建的各项国家重点工程为依托，加大科技投入，搭建科技创新平台，强化全员培训，建立和完善科研开发体系，充分发挥广大科技人员和员工的创新热情，大胆使用年轻科技人员。项目经理、总工程师的平均年龄只有 30 多岁，90% 以上具有本科以上专业学历，这批年轻人正成为公司科技创新的主力军。

路桥建设凭着敢为人先的创新精神，在上海东海大桥建设中异军突起，提前圆满完成了建设任务，取得一系列丰硕成果。直螺纹连接技术在大直径钢筋笼上的应用，解决了 100 余米长钢筋笼的安装困难；在打入桩施工中，通过改进“替打”，降低冲击能量消耗，大大提高了打桩效率；海上桥梁承台防撞设施一体化施工技术、固定式海上桥梁施工平台设计与施工技术、海上桥梁基础施工技术，经鉴定均达到国内先进水平。在东海大桥的建设中，除赢得鲁班奖之外，公司还获得省部级科学技术进步一等奖 3 项、二等奖 1 项，中国企业新纪录 3 项，专利 1 项，全国 QC 小组成果一等奖 4 项。

路桥建设承建的舟山连岛工程金塘大桥Ⅱ标，在非通航孔桥墩施工中采取的“护筒群导管架 + 钢围堰”施工方案，将半潜驳上制作的高 32 米、重达 1 100 吨的导管架，放置在水流湍急、深达 26 米、裸露且起伏变化较大的基岩上，并保证平面偏差 ±25 厘米，垂直度 1/100，是目前国内最大、技术最先进的导管架制作施工。

路桥建设承建的国内跨径最大的三拱肋结构拱桥——佛山东平大桥卧拼竖提转体施工获得圆满成功，其独创主拱、副拱、边拱组成自平衡组合体系，边跨采用钢箱拱与混凝土连续梁的组合体系，采用卧拼竖提转结合平转施工方法，桥面采用格子梁组合桥面、厚度仅为 12 厘米等 4 项关键技术为国内首创，对推动国内同类型桥梁建设起着重要的指导作用。其 14 000 吨的转体质量创世界钢拱桥平转最重纪录。

沪蓉西高速公路四渡河特大桥被誉为世界第一高桥，创下国内外多项第一。这座主跨 900 米的山区悬索桥，横跨一个“V”形深切峡谷，山谷底至主塔顶处的高差达 650 米，给悬索桥上部结构施工最先工序的先导索跨越带来很大难度，传统的施工方法均因风险较大而难于成型。项目部进行独创性研究后，提出了大跨度悬索桥先导索火箭抛送技术。2006 年 10 月 9 日，在四渡河特大桥施工现场，两枚重达 36. 5 千克的火箭在经过 3 秒多的飞行后，分别将两条长达 1 256 米的先导索从大桥恩施岸送达对面宜昌岸预定地点。

四渡河特大桥采用了锚碇预应力锚固系统，其采取单根可换索蜂窝管作为预应力管道，在国内外悬索桥设计施工中属于首创。

重庆忠县长江大桥的创新体现在：一是该桥的空心钢管桁架加劲梁为当时国内外还没有采用过的结构形式；二是加劲梁端头钢管对口连接采用扭剪型高强度螺栓工艺，创国内首例；三是锚碇采用“斜式隧道锚 + 岩锚”的形式，当时也属国内首创。

重庆万州长江二桥，其桥锚碇作为悬索桥的主要受力结构，是当时国内外 6 座半（国内 3 座半，国外 3 座）斜式隧道锚碇之中施工规模最大的一座，故被称为世界第一隧道锚。

2008 年 9 月 23 日，路桥建设承建的杭州钱塘江九桥（即江东大桥）萧山侧悬索桥顺利完成最后一对吊索张拉，标志着我国第一座空间缆自锚式悬索桥成功实现体系转换。该桥“变曲率五段连续曲线钢箱梁顶推施工技术”和“悬索桥上部空间缆索安装及体系转换技术”均为国内首创。

2. 一流先进装备

路桥建设投巨资从国内外购进的一批海上重型先进施工设备，在施工中发挥了重要作用。其中，路桥建设“桩8号”打桩船，起重能力达400吨，桩架高92米，抗风能力达6级，锤重35吨，可打桩长90米，这样技术先进、质量可靠的打桩船在国内屈指可数。该打桩船在之前的东海大桥第VII合同段中利用打桩船直接夯打钢护筒，在我国桥梁建设史上尚属首次。“桩8号”打桩船在上海长江隧桥和金塘大桥施工中也“如法炮制”，在钻孔时少用临时钢管桩，用钢护筒代替临时钢管桩作为工作平台支撑，既保证了工期，也节省了资金。公司在海上施工用的混凝土搅拌船，船长72米、宽22米，满载排水量近5 000吨。每上足一次生产原料，可连续生产混凝土1 000立方米，可在8级风、3级浪的工况下正常生产，采用的双混凝土搅拌泵送系统，处于国内领先水平。路桥建设拥有一支由打桩船、混凝土搅拌船、起重船、拖轮等海上成套精品设备装备起来的、实力雄厚的海上施工舰队。

路桥建设还拥有900吨轮胎式提梁机、900吨架桥机、900吨运梁车等一批铁路施工建设核心重型设备。

3. 业主社会褒奖

路桥建设坚持品牌发展战略，在业内外享有盛誉。在承建的工程建设项目中，创造了中国乃至世界桥梁建设史上的诸多“第一”，多次荣获国家科学技术进步一等奖、中国建筑工程鲁班奖、中国土木工程詹天佑大奖、国家优质工程银质奖、全国市政金杯示范工程及省部级优质工程奖等各类殊荣。

“业主满意”是企业核心竞争力的市场反映。“业主满意”意味着市场机会，意味着经济效益，意味着一个企业的发展前途。路桥建设承建的杭州湾跨海大桥IV合同，从工程开工到主体竣工，施工进度整整提前8个月，获得了业主和各界的高度评价。IV合同所有分项工程各项技术指标都满足设计和规范要求，创造了杭州湾跨海大桥承台混凝土施工无裂缝的纪录。为褒奖路桥建设的攻坚成绩，杭州湾大桥指挥部在2005年立功竞赛相关季度中，分别授予IV合同一、二、三等功。

四、基本经验

1. 坚持管理创新

路桥建设坚持管理创新，始终致力于建设一个高品质的客户服务体系。在总结试点单位成功经验的基础上，提出了“5+1”管理模式，即工程管理（工程分包和结算、材料采购、机械设备、标后预算、成本控制5个集中统一管理）加财务管理（资金统一管理）。经过多年的运行，“5+1”管理模式已深入人心。科学的管理大幅提升了企业内部整体效能，为更好地服务业主提供了坚强的保证。

2. 全力推进信息化建设

路桥建设全力推进信息化建设，提高了企业的决策管理水平和业务管理效率。2008年，公司首先启动并全力推进成本管理的信息化建设，并针对成本管理中的薄弱环节或管理盲点，进行了大量的调查研究。对合同管理流程、物资管理流程、现场管理费用等流程进行全面梳理优化。在项目管理模式上还进行了诸多有益的探索，内部网络集成管理即是其中一例。项目部先将物资材料台账等资料放在局域网中共享。通过信息共享，便于技术部、生产部根据工地现有材料，合理制定施工方案和安排施工生产，避免材料浪费；合约部可根据共享的材料消耗汇总表，进一步提高成本归集的效率和准确性。在此模式下，“项目部像一块电路板，各部门就像电路板上的一个个电子管，网络集成管理为项目各部门信息沟通与交流搭起了‘直通车’”。

3. 全面开展技术创新

路桥建设全面开展技术创新工作，不断巩固公司在跨海大桥、悬索桥、斜拉桥、大型钢管拱桥、大跨径刚构桥等建设领域的技术优势，提升企业的核心竞争力。目前，公司已拥有3项国家级工法，一批具有自主知识产权的核心技术。“火箭抛送先导索技术”、“强涌潮深水基础施工技术”、“加韧梁端钢管连接施工技术”、“悬索桥复合式隧道锚碇施工技术”、“提篮型系杆拱桥竖转技术”、“外海超长桥梁关键技术研究综合应用”等一大批新技术均处于国内外领先水平，具有显著的经济效益和推广应用价值。

4. 突出人力资源开发

企以才治，业以人兴。公司将人力资源的开发利用、年轻优秀人才的培养作为企业之本来抓，让一批年轻有为的员工成为开拓市场、振兴企业的骨干。正全力建立以岗位分析为基础，以个人职业生涯设计为契机，以培训和薪酬、激励制度的完善为保障的人力资源管理体系。将员工的个人进步融入企业的长期发展之中，让企业为员工的发展提供更大的空间和舞台。

5. 创建企业文化

独特的企业文化是公司的核心优势之一。公司积极推进文化强企战略，努力用先进的企业文化推动企业的改革发展，提高企业的创新力、形象力和核心竞争力，营造“企业有生气、品牌有名气、领导有正气、职工有士气”的发展环境。通过构建具有公司特色、朝气蓬勃的企业文化体系，为实现公司的跨越式发展提供强大的文化和精神驱动力。公司的企业文化建设，明确“管理者首位”思想，领导干部要率先垂范。各级领导干部在企业文化建设中，带头思考，带头实践，时时事事给员工做出榜样，并善于集中群众的智慧，调动起全体员工的积极性、创造性，依靠全员的力量投身到企业文化建设中去。

五、发展展望

2008年，在国内外复杂经济新形势下，如何战胜挑战、走出新路，成为路桥建设领导班子的重要议题。通过对现有业务架构、资源状况及企业优劣势的综合分析，提出要实施战略转型，实现跨越式发展，在五年内着力解决两个矛盾：公司发展加快与人力资源短缺的矛盾；低成本竞争与上市公司高回报的矛盾。实现五个提高：市场开发能力的提高；科技创新能力的提高；管理集约化水平的提高；产值利润率的提高；员工个人价值实现的提高。为此，路桥建设初步确定2008年——2012年发展战略方针为：以提高赢利能力为中心、培育核心竞争力为宗旨，资本运作为手段，投资业务为重点，施工业务为支撑，优化资源配置和产业结构，力争成为一家业绩优良而稳定的优质上市公司。

六十年风雨　三十年辉煌

山东省路桥集团有限公司

一、企业介绍

山东省路桥集团有限公司（以下简称山东路桥）是2002年国家建设部核定的全国首批19家公路工程施工总承包特级资质企业，具有桥梁工程专业承包一级、路面工程专业承包一级、路基工程专业承包一级以及交通工程专业承包交通安全设施资质，同时具有直接对外承包经营权。1998年以来先后通过ISO 9002国际质量体系认证、ISO 14001国际环境体系和OHSAS 18000职业健康安全体系认证。

山东路桥下辖20个专业公司及控股、参股公司，具有公路、桥梁、隧道、交通工程、港口、码头、船闸施工及勘测设计、机械设备制造等综合能力。资产总值18亿元，大型设备2 000台（套），多数具有国内国际领先水平。现有一线施工管理人员4 500人，年施工能力达到50亿元。

公司始建于1948年，经过60年的发展，已成为国内外知名施工企业，在国内同行业中处于领先水平。60年来，修建了国内外各级公路200余条，长达5 000多公里。先后参加了尼泊尔、巴基斯坦、东帝汶、阿尔及利亚、安哥拉、越南等国的公路建设项目，参加了国内山东省境内济青高速公路，京沪、京福高速公路山东段，同三、青银高速公路山东段，钤八、博莱、东青、潍莱、青威、曲菏、日竹、滨博、曲竹、济菏、济南绕城等高速公路的建设，成为山东省高速公路连续九年保持全国第一位的中坚施工力量；同时参加了江苏省沪宁、宁通、宁连、宁高、雍六、宁杭高速公路，广东省深圳机荷、广珠高速公路，浙江省同三线、上三、宁杭、杭千高速公路，江西省昌樟、梨温高速公路，福建省福宁高速公路，安徽省马芜、芜宣高速公路，河南省商开、许尉、叶信、阿深高速公路，内蒙古呼集高速公路，西藏江康公路，上海市莘奉金高速公路，重庆渝长高速公路以及天津海河大桥的建设；承建大中型桥梁160余座，其中山东省境内所有各种结构黄河大桥10座，长江大桥3座，所有工程都被评定为优良工程。同时，公司投资控股65%建设运营利津黄河公路大桥，投资参股30%建设运营济邹一级收费公路。

公司创下我国公路与桥梁建设史上的诸多“第一”和“之最”：济南黄河公路大桥居当时同类桥梁跨径亚洲第一位；东营黄河公路大桥为我国第一座钢斜拉桥；济南黄河第二公路大桥为当时黄河上设计标准最高、建设规模最大的公路桥梁；南京长江第二大桥跨度在同类桥梁中居国内第一世界第三；利津黄河公路大桥按“BOT”（建设—经营—转让）及股份制投资，为我国第一座融会社会力量投资建设的特大型桥梁；南京宁高高速公路、南京长江第二大桥、利津黄河公路大桥、滨州黄河公路大桥、南京长江第三大桥以其国内领先技术水平入选《中国企业新纪录》；南京长江第二大桥环氧沥青钢桥面攻克世界级工程难题。公司先后三获国家建筑工程鲁班奖，五获国家优质工程金质奖和银质奖，两获国家科技进步奖。

近几年来，公司先后被评为“中国500家最佳经济效益建筑一级企业第10名”、“全国交通系统最佳经济效益建筑一级企业第2名”、“山东省加快公路建设先进单位”、“南京长江第二大桥建设有功单位”、“省级文明单位”、“全省思想政治工作优秀企业”、“中国建设银行AAA信用等级企业”、“全国质量效益型先进企业”、“全国建筑业质量名牌企业”、“全国企业文化建设先进单位”“全国模范职工之家”称号。

二、改革历程

经历六十载春秋风风雨雨，半个多世纪峥嵘岁月，山东省路桥集团有限公司终于发展壮大成为具有全国公路工程总承包特级资质，在国内同行业处于领先水平的大型路桥施工企业。山东省路桥集团的发展历史，可以划分为四个阶段：

1. 第一阶段：（1948年成立~1983年）名称为山东省交通工程大队，事业编制，作为山东省交通厅的工程大队。1948年11月1日，诞生了山东省第一支路桥施工队伍——山东省公路运输总局工程处，以后又相继调整为交通部华东公路管理局第三工程总队、山东省交通工程大队、山东省革命委员会交通邮政局工程大队、山东省革委交通邮政局工程大队、山东省交通厅工程大队。

2. 第二阶段：（1983年~1991年）名称为山东省交通工程公司。1983年9月，经山东省编委批准，由事业编制改为企业编制。并于1984年8月7日在山东省工商局登记注册，公司名称为山东省交通工程公司。注册资金1 861万元，固定职工932人，下辖三个施工处及一个机械修理厂，同时又更名为中国路桥公司山东分公司，是在山东省交通厅领导下实行自主经营、独立核算、自负盈亏、照章纳税的处级企业生产单位。

1984年5月29日，中国公路桥梁工程公司山东分公司成立（即山东省交通工程公司）。

1985年，山东交通工程公司认真贯彻落实中共中央《关于经济体制改革的决定》，解放思想、实事求是，在经营方式、分配及劳动用工等方面进行改革改制，实行百元产值工资含量包干办法，采取经济承包责任制等多种灵活有效的经营方式，坚持按劳分配制度。

1986年10月31日，山东省建委批准公司为建筑施工一级企业，并颁发了建筑施工资质证书。

1987年7月10日，为进一步调动施工处经营承包工程的积极性，经省经济委员会批准，公司下属三个施工处改为第一、二、三分公司，实行自主经营，独立核算，自负盈亏，对外独立承担工程，具有法人资格。

1990年1月16日，被国家建设部审定为“国家公路工程一级资质”，在当时是山东省公路建设中唯一一支具有一级资质的专业化队伍。

3. 第三阶段：（1991年~2003年）名称为山东省交通工程总公司。1991年9月5日，经省经委批准，更名为山东省交通工程总公司。改制为公司制企业，适逢我国高速公路建设行业的兴起，公司把握机遇，上马路面施工业务，由原来以桥梁施工为主转为“路桥并举”，并于1993年中标沪宁高速公路南京段而开始大举进入外省市场。1995年开始公司以丰厚的利润为基础展开多元化经营，相继进入农业庄园、旅游、食品、印刷以及高速公路经营等行业。到2001年底，公司注册资金3亿元，净资产3.62亿元，设备2 285台套，国有企业职工1 624人，各类专业技术人员928人，其中有高级职称55人，中级职称177人，年施工能力已超过20亿元。

同时，为了增强公司施工能力，发挥企业整体优势，以公司现有的一级施工企业资质对外承揽施工任务，参与社会招标竞争，公司下属第一、二、三分公司取消法人资格，实行内部核算，自负盈亏。

1992年3月15日，山东省交通工程总公司实行经理负责制，干部聘任制，大大加快了公司转换经营机制的进程。

1993年1月3日，总公司公布《关于改革总公司内部管理体制的实施方案》，全面推行经理（厂长）负责制，在生产经营方面确定实行“路桥并举，多种经营”的方针，在管理方面引入竞争风险机制：新中标项目一律实行内部竞争招标承包，后方各经济实体实行风险抵押招标经营，充分调动了职工的积极主动性。

1996年3月6至7日，总公司审议通过了《关于公司“九五”发展规划要点及说明》。“九五”期间，公司要走“规模经营、集约化经营”的路子，进一步深化改革、搞活机制，实行“一司多制”，并明确提出了“科技兴司”的发展战略。

1998年1月22日，为了深化经营承包机制，搞好物资供应公司、大型设备公司、实业公司、机械厂等单位第二轮经营承包工作，总公司召开公开招投标会议，并与中标者签订内部承包合同。

1998年6月18日，总公司成立省交通勘察设计院，承担公路桥梁的设计任务。同年，经省建委批准为路桥工程丙级勘察设计资格。

1998年7月，经省交通厅批准，总公司与乳山市机械化施工集团总公司共同组建“山东昆仑工程有限公司”。8月，经省交通厅批准，总公司与肥城市岩土基础工程公司共同组建“山东鲁泰基础工程有限公司”。

1998年11月26日，总公司与山东省交通工程职工持股会共同出资成立了山东公路桥梁建设有限公司，由职工控股。结合国家允许鼓励企业采用BOT模式投融资经营管理公路工程项目的形势，该公司决定按BOT模式进行运作，即买断一块路权，在规定年限内自主经营，并于到期将路桥移交当地政府。同年，山东公路桥梁建设有限公司与山东胜坨集团公司等单位共同出资建设利津黄河大桥，并组建利津黄河公路大桥有限公司。10月18日，山东公路桥梁建设有限公司与省公路管理局、济宁公路管理局等单位共同出资组建“山东济邹公路有限公司”，自主建设经营济宁至邹城公路。

1999年5月，公司获得对外经营权，取得了海外施工的资格。

2001年4月，建设部颁布了新的资质管理规定及资质等级标准。2002年7月1日经国家建设部批准具备公路工程施工总承包特级资质。

4. 第四阶段：（2003年～今）公司改制为山东省路桥集团有限公司。关停农业庄园、旅游、食品等不相关业务，制订新的发展战略，实行相关多元化，扩大了路桥养护、路桥建材以及机械设备租赁等业务。

2003年9月28日，山东省路桥集团有限公司成功挂牌。

2006年9月18日，山东省路桥集团承建阿尔及利亚东西高速公路西标段W3、W4、W9三个标段，全长111公里，总造价30多亿元。

2008年5月18日，山东省路桥集团签订了越南河内—海防高速公路EX—9标段合同。越南河内—海防高速公路是越南第一条高速公路，是山东路桥第一个依靠自己资质进行国际竞标的菲迪克条款的工程。

2008年5月22日，山东路桥等多家合作单位与中信建设国华公司的安哥拉社会住房项目协议签字仪式在北京隆重举行。

三、发展成就

从1998年开始，山东省抓住国家实施积极财政政策的大好机遇，连续打响了“三大战役”，即1998年第一个“150战役”，1999年第二个“150战役”，2000年第三个“加快公路建设战役”，三年共投资公路建设434亿元。作为山东省公路建设主力军，山东省路桥集团有限公司建设者们不畏艰难，顽强奋战，谱写了20世纪末激昂的山东路桥战歌。

山东路桥先后参加了济青高速公路、京沪高速公路山东段，京福高速公路山东段，同三高速公路山东段，豫八、博莱、东青、潍莱、青威、曲菏、日竹、滨博、曲竹、济南绕城等高速公路建设，成为山东省高速公路2000年底率先在全国突破2 000公里和2002年率先在全国实现“市市通高速”的中坚施工力量。

驰骋在齐鲁大地的同时，山东省路桥集团有限公司还参加了江苏、浙江、广东、福建、江西、陕西、湖北、重庆、湖南、安徽、河南、内蒙古、西藏、上海、天津、广西、贵州、四川、海南、宁夏等二十多个省（自治区、直辖市）以沪宁高速公路、南京长江第二大桥为代表的重点工程建设，为全国的交通建设也做出了突出贡献。

山东路桥获得的主要荣誉见表1。

山东路桥及所施工的工程项目取得的主要奖励及各种荣誉情况列表 表1

序号	时间	内　容	颁发单位
1	1988	青岛市铁港立交桥获建筑工程鲁班奖	中国建筑业联合会
2	1989	东营胜利黄河大桥工程获鲁班奖	中国建筑业联合会
3	1989	青岛市铁港立交桥获国家质量奖（优质奖）	国家质量奖审定委员会
4	1993	中国最佳经济效益建筑业企业交通系统第2名	国务院发展研究中心
5	1995	建筑施工综合实力50强企业第21名	中国城乡建筑委员会
6	1995	中华之光名牌企业	中国质量检验协会
7	1996	全国交通系统学习华铜海先进集体	交通部
8	1997	山东建筑企业综合实力百强	山东省统计局
9	1998	AAA级企业	中国建设银行山东省分行
10	1998	建筑企业综合实力百强企业第14名	山东省统计局
11	1998	建设宁马、宁高高速公路立功创业竞赛优胜单位	南京市委
12	1998	济青路被评为1996和1997年度交通部公路工程优质工程一等奖	交通部
13	1999	国家级青年文明号	全国创建青年文明号活动组委会
14	1999	省直机关先进党组织	山东省委省直机关工作委员会

续上表

序号	时间	内　　容	颁发单位
15	1999	加快公路建设先进单位	山东省人民政府
16	2000	降低百米深桩质量事故率QC小组优秀质量管理小组	交通部
17	2000	建筑企业综合经济实力100强第16名	山东省社会经济评价中心
18	2001	青年文明号标兵单位	山东省创建文明号活动组织委员会
19	2001	省直机关先进党组织	山东省委省直机关工作委员会
20	2001	AAA级企业	中国建设银行山东分行
21	2001	南京长江二桥有功单位	江苏省委
22	2001	全省高速公路建设突破2 000公里先进单位	山东省政府
23	2001	全国质量效益型先进企业	中国质量管理协会
24	1998—2001	文明单位	山东省直机关精神文明建设委员会
25	1992—2001	连续五届省级重合同守信用企业	山东省工商局
25	2004	山东省思想政治工作优秀企业	省委宣传部、组织部
26	2004	全省高速公路建设先进单位	省政府
27	2004	山东省企业文化建设示范单位	省国资委
28	2007	国道205线滨州黄河公路大桥	国家优质工程银质奖
29	2007	中国交通企业百强前30名	中国交通企业协会
30	2007	首批全国建筑业诚信企业	中国建筑业协会
31	2007	公路建设行业优秀企业	中国公路建设行业协会
32	2008	全国模范职工之家	中华全国总工会

四、基本经验

回顾山东省路桥集团的发展历程，主要经验有以下二点。

1. 坚持改革开放，增强公司又好又快发展的活力

30年国有企业的改革发展历程，是一次次解放思想、理论创新、积极探索的过程。

山东省路桥经历了国有企业改革发展的主要历程，包括扩大经营自主权阶段、制度创新和结构调整阶段、以国有资产管理体制改革推动国有企业改革发展阶段。在扩大经营自主权阶段，山东路桥在1984年石臼港两座立交桥施工中首次实行承包责任制，1985年推行经济承包责任制和经理（厂长）负责制。在经营方式、分配及劳动用工等方面进行改革改制，实行百元产值工资含量包干办法，采取经济承包责任制等多种灵活有效的经营方式，坚持按劳分配制度。在制度创新和结构调整阶段，山东路桥严格按照《中华人民共和国公司法》的规定，初步建立了“产权清晰、权责明确、政企分开、管理科学”的现代企业制度，法人治理结构日趋完善，劳动、人事、分配三项制度改革措施落到实处，科学管理水平有所提高。在以国有资产管理体制改革推动国有企业改革发展阶段，山东省路桥集团按照山东省国资委的统一部署，积极与山东高速集团整合，朝着建立“归属清晰、权责明确、保护严格、流转顺畅”的现代产权制度迈出坚实的一步，将真正有助于走出一条公有制与市场经济兼容的新路来。

2. 坚持科学发展

山东路桥主营业务由单一桥梁施工到路桥并举，再到路面施工能力的强化；经营范围由山东到省外，再到国外；发展战略由专业化战略到多元化战略，再到相关多元化战略。山东路桥由最初的承担国家对尼泊尔、巴基斯坦的援建项目，到主动出击东帝汶的“牛刀小试”，再到承揽阿尔及利亚、安哥拉、越南项目的“厚积薄发”，无不遵循了科学发展的规律，在恰当的时机迈出了恰当的一步，将真正有助于加快培育成具有国际竞争力的大企业集团。

五、发展展望

山东路桥将以打造智力型施工企业为目标，以人为本，以利润管理为中心，以塑造公司核心竞争力为主题，以管理创新和科技创新为主要手段，以施工总承包、BT、BOT项目为主攻点，以提高集团公司设计资质为突破口，力争到2010年成为国内领先的智力型施工企业。生产规模按每年10%的速度递增，到2010年实现生产产值50亿元的目标；利润总额到2010年实现8 000万元，净资产达到6亿元，净资产收益率达到13%，产值利润率达到行业领先水平；职工人均年收入按每年11%～12%的速度递增，到2010年人均年收入5万元；人均技术装备率按每年9%的速度递增，到2010年实现人均技术装备率10万元的目标；在科技创新方面，每年争创1项省部级、国家级科技成果项目；加强专业培训，每年自行培养、引进20名左右精通技术、商务、管理的国家一级建造师或一级项目经理，到2010年国家一级建造师总数达到150人。

展望未来，山东省路桥集团将通过提高企业管理水平和工程技术含量，不断提升在交通建设领域的市场地位和竞争能力，建成组织体系科学化、市场结构多元化、生产经营系统化、企业管理现代化的一流企业集团，为共同促进我国以及世界交通事业的发展贡献力量。

白山黑水任驰骋

龙建路桥股份有限公司

一、企业介绍

龙建路桥股份有限公司（以下简称龙建路桥）主营业务为公路、桥梁施工，具有公路工程施工总承包特级资质、对外经营资质、援外成套项目A级资质，年施工生产能力为50亿元人民币。公司总资产为45.3亿元，净资产7.2亿元。现有员工6 458人，权属11个子公司，拥有各类专业技术人员3 161人，其中高、中级专业技术人员1 838人。拥有各类机械设备2 000多台套，其中80%以上为进口设备，黑、白色路面机械设备装备水平达到国际先进水平。在国内同行业中，率先通过ISO 9002质量管理体系认证、OSHMS职业安全健康管理体系认证和ISO 14000环境管理体系认证，形成了较为完善的管理体系。

二、改革历程

1. 历史沿革

龙建路桥股份有限公司前身为黑龙江省桥梁工程公司。1983年10月17日黑龙江省编委以黑编［83］172号文件批准成立黑龙江省桥梁工程公司，隶属于黑龙江省交通厅领导，准厅级建制。公司下辖一个公路施工处（原黑龙江省公路工程局第四工程处）、两个桥梁施工专业大队（原黑龙江省第一公路工程处分成的第一、第二工程大队）。1984年6月18日，省编委以黑编［84］85号文件批准，将黑龙江省桥梁工程公司改为黑龙江省公路桥梁公司，并将黑龙江省公路局所属的第二公路工程处、第三公路工程处划归省公路桥梁公司领导，将原第一、第二工程大队分别改为第五、第一公路工程处。1992年，成立黑龙江伊哈公路工程有限公司。1994年12月，经省体改委批准，省工商局注册，黑龙江省公路桥梁公司更名为黑龙江省公路桥梁建设总公司。1995年，经省交通厅批准，成立第六工程处。1996年，原设计公司与六处合并正式成立第六工程处。1999年，黑龙江省公路桥梁建设总公司更名为黑龙江省公路桥梁建设集团总公司。2000年，黑龙江省公路桥梁建设集团总公司更名为黑龙江省公路桥梁建设集团有限公司。同年，组建了黑龙江省大齐公路有限责任公司。2000年11月，公司划归省委企业工作委员会管辖。2002年3月16日，集团公司完成对上市公司ST北特钢的重大资产重组，所属一至六处全部经营性资产、伊哈公司、大齐公司部分股权对应资产置入上市公司。2004年2月，公司划归黑龙江省人民政府国有资产监督管理委员会管辖。

2. 企业发展重大事件及发展变迁

1986年，公司独立承建的第一座特大型桥梁哈尔滨松花江公路大桥交工通车。该桥全长1 656米，主桥为大跨径预应力箱型连续梁，以优美的造型、过硬的内外在施工质量荣获国家优质工程银质奖和首届建筑工程鲁班奖。

1998年，公司以BOT方式运作了哈尔滨至绥化高速公路，标志着公司在经营创新方面迈出坚实一步。此后，又相继以BOT方式成功运作了大庆至齐齐哈尔公路、七台河至密山公路、伊春至嘉荫公路汤旺河至嘉荫段工程项目。

2002年3月16日，黑龙江路桥集团与北钢集团签订《重大资产置换协议》。4月4日，经国家工商行政管理总局核准，公司名称变更为龙建路桥股份有限公司。

2002年7月17日，公司公路工程施工总承包特级资质申请得到建设部批复，公司成为国内路桥施工行业首批获得总承包特级资质企业。

2004年，公司独立承建的第一座斜拉桥四方台大桥交工通车。2006年12月，该桥被国家建设部、中国建设业协会授予中国建筑工程鲁班奖，标志着公司在斜拉桥施工领域已达到国内先进水平。

2005年8月25日，美国《工程新闻记录》（ENR）公布2004年全球最大225家国际承包商，49家中国内地企业入围排行榜，龙建路桥股份有限公司名列第221位，标志着公司国际市场开发获得突破性进展。截至目前，公司承建国际工程遍布国外8个国家。

2008年5月，公司在印度喜马偕尔邦州际公路项目两个标段中标，中标合同金额折合人民币6.7亿元。5月21日，公司在哈尔滨市道外区二十道街松花江大桥项目中标，中标合同金额6.69亿元人民币。

2008年，龙建路桥股份有限公司所属第一至第六工程处改制为具有独立法人地位的全资子公司，名称分别变更为黑龙江省龙建路桥第一至第六工程有限公司。

三、发展成就

历经20多年的不懈进取和开拓创新，企业获得长足发展并取得辉煌业绩，企业施工生产能力不断提高，市场领域不断扩大，市场核心竞争力不断增强，业内影响力和产品美誉度不断提升，“龙建路桥”已成为质量的保证、信誉的象征。

1. 工程业绩

龙建路桥先后承建了京哈、绥满、同三、长吉、沈大等多条国道主干线重要路段和哈尔滨松花江公路大桥、宁夏银川黄河公路大桥等国内十几个省份百余座大型、特大型桥梁，以及国外孟加拉、苏丹、肯尼亚、斯里兰卡、印度、埃塞俄比亚、苏里南等国家的公路桥梁工程，赢得了良好的质量信誉，其中哈尔滨松花江公路大桥、哈尔滨四方台大桥（斜拉桥）荣获建筑工程鲁班奖。截至2008年7月，公司共承建完成高等级公路5 120公里，其中，高速公路2 084公里，一级公路635公里；承建完成大型以上桥梁173座，其中特大型桥梁53座。

承建的代表性工程有：哈尔滨松花江公路大桥、四方台大桥、吉林九站松花江大桥、山东东明黄河公路大桥、银川黄河公路大桥、江阴长江公路大桥、南昌新八一大桥、河北唐山陡河公路大桥、福建琅岐大桥、福州营前大桥；哈尔滨至大庆高速公路、长春至吉林高速公路、沈阳至山海关高速公路、北京至唐山高速公路、广东阳茂高速公路、南宁至友谊关高速公路、蚌宁高速公路、黄帝陵至延安高速公路、连霍国道甘肃古浪至永昌高速公路、杭州至千岛湖高速公路、日喀则黑龙江路；苏丹新白尼罗河大桥、青尼罗河大桥、卡加钢桥、印度东西走廊项目、埃塞俄比亚中国路。

2. 获得的重大奖项

龙建路桥1992年被评为中国建筑施工企业百强；1993年被评为全国用户满意企业；1996年被评为全国优秀施工企业；1999年被评为全国最佳施工企业；2001年获得全国交通系统先进单位荣誉称号，成功申报并被批准为国家级高新技术企业；2002年获得全国“五一”劳动奖状；2004年，被评为全国优秀施工企业、全国用户满意施工企业；2005年，被评为全国优秀施工企业、中国信用等级AAA级企业、中国质量信誉AAA级企业、全国交通百强企业。

3. 市场占有率及主要产品

龙建路桥从最初的主要从事黑龙江省地方公路施工的“省字号”队伍，现已发展成为施工地域覆盖国内绝大多数省市、国外部分国家的国内知名路桥施工企业。企业市场占有率稳步提高，施工地域遍及国内黑龙江、吉林、辽宁、河南、河北、山东、山西、内蒙古、陕西、甘肃、新疆、宁夏、湖南、湖北、广东、广西、江苏、浙江、上海、安徽、福建、西藏

22个省（自治区、直辖市），国外孟加拉、苏丹、肯尼亚、斯里兰卡、印度、埃塞俄比亚、苏里南、赤道几内亚8个国家。施工领域覆盖公路工程新建工程、改扩建工程、路网改造工程、航电枢纽工程、机场跑道工程、城市道路工程、公路隧道工程等。

四、基本经验

1. 科学管理是企业发展的永恒主题

改革开放30年来，公司紧紧把握行业发展脉搏，坚持持续改进的管理理念，经受了从计划经济任务分配到市场经济下自主竞争的环境湍流的考验，从体制改革和机制转换入手，大胆创新，调整组织结构、重构组织层级；转机建制、责任承包，完善内部管理体系，整合资源，优化流程，不断探索和实践带有自身特点的项目管理模式；通过质量、环境、职业安全三位一体的国际标准认证，并适时通过借壳的方式进入资本市场；在激烈竞争的国内和国际市场上，以实力和信誉打造出龙建路桥的良好品牌，初步建立了份额相对稳定、结构较为合理的省内、省外与国际市场布局；公司已经形成了以技术创新、管理创新、组织创新为重点的创新体系，有计划实施相关多元化发展战略，进入了工程设计、施工监理、项目咨询、设备租赁、机械加工等相关领域，并以BOT、BT等方式开展路权经营，初步实现了以资本经营提升生产经营质量，提高了驾驭市场和资源管控能力，企业效益逐步提高，不断回报员工、股东与社会，实现了和谐发展。

2. 技术进步是企业发展的不竭动力

龙建路桥始终秉承“科学技术是第一生产力”的理念，致力于公路桥梁建设科技含量的提升，坚持以一流的技术、一流的质量打造精品工程，不断为客户提供可信赖的产品。大力实施科技兴企战略，坚持走科技创新之路，加大技术研发的资金投入，对攻克重大技术难关的科研项目人员给予重奖，充分激发调动科技人员投身科技创新的积极性、主动性和创造性。积极与国内知名的大专院校、科研单位开展合作，公司与黑龙江省交通科研所、哈尔滨工业大学3家合资成立了国家寒带重点实验室，先后攻克了多项技术难题，一些科研项目成果填补了国内空白或处于国内领先水平，哈尔滨四方台大桥钢梁厚板焊接技术研究与应用成果获国家冶金研究院二等奖，填补了寒冷地区焊接技术国内空白；大体积混凝土冬季施工裂缝控制技术成果获2003年度黑龙江省科学技术成果奖，聚酯纤维加强改性沥青桥面铺装施工技术解决了东北高寒地区大跨径桥面铺装裂缝、脱皮问题；高寒地区沼泽地带路基处理技术通过省级科研鉴定，认定为国内领先水平。目前，科研项目通过省级鉴定的30多项，省级工法7项，专利24项。

3. 提高核心竞争力是企业发展的根本所在

随着市场经济的建立与完善，企业间的竞争日益激烈，提高自身的核心竞争力成为企业重要而紧迫的任务。在提高竞争力方面，公司在加强技术进步、技术创新的同时，将企业文化建设、人才建设提高放到战略发展的高度对待。历经多年来的不懈努力，企业文化建设、人才建设取得大踏步发展，形成了具有鲜明自身特色的企业文化和雄厚的人才队伍，企业的市场竞争力不断提升，在业内的影响力不断增强。加强企业文化建设，围绕塑造和提升企业形象，弘扬企业精神和精神理念，构建企业价值观体系，增强企业凝聚力、吸引力和感召力，不断将企业文化建设引向深入。丰富文化创建活动载体，加强新闻宣传和舆论引导，在企业努力营造创优争先、积极向上的良好氛围。以建设和谐企业为载体，探索建立员工利益保障机制，维护员工根本权益，体现企业人文关怀。加强人才引进、培养和使用，坚持以更加开放的观念尊重人才，以更加开阔的视角引进人才，以更加超前的意识培养人才，以更加灵活的机制留住人才，为人才发展提供机会和平台，一大批年富力强、富有激情和才干的人才脱颖而出，成为企业的中坚力量，在企业管理、工程建设、市场开发、技术创新等各个领域发挥了不可替代的作用。

4. 国际化是企业发展的现实选择

在国内公路市场竞争日趋激烈，利润急剧摊薄，市场空间相对缩小的状况下，作为具有相当规模的路桥施工企业，必须审时度势，合理布局，积极贯彻实施“走出去”的战略方针，拓展企业生存发展空间。虽然国外发达国家的公路基础设施建设早已完成，但国外欠发达国家的公路建设市场前景看好，在一定的区域范围内，基础设施建设规模速度扩大，资金来源比较充分，当地技术水平不高，海外项目不断涌现。对国外目标区域进行了充分前期调研与分析之后，公司确立了以南亚、东南亚、非洲、中东等国家为主要目标市场区域，采取直接与间接相结合、自主与分解并举，依托现有项目实现流动发展，建立和形成一支适应国际化工程项目管理人才队伍，并向相关领域延伸。针对国外工程承包市场地域分布广、项目类型复杂、涉及环节多、竞争激烈、风险大等特点，组建区域市场开发与项目管理的国际工程专业部门，细化专业分工，及时准确把握国际市场状况和动态，为公司确定目标市场和经营策略、拟投标工程项目、工程投标报价以及进行项目前期运作提供依据，以专业化促进国际化。积极与国际知名的工程管理公司之间进行广泛合作，在人才培养、项目管理、市场信息、项目咨询、技术合作等方面相互学习促进，增强拓展国际工程承包市场的能力，进而提升公司的竞争力。积极与国内大型建筑施工企业进行协作，通过协作或分包的方式进入国际市场。加强国际化经营人才的培养，为实现“走出去”战略提供人力资源保证。加强对菲迪克条款及项目所在国法律法规和税收的学习和研究，进行合理索赔和合理避税或退税，保证项目利润及自身合理权益。加强出国人员的安全教育，给出国人员购买相应的保险，制定落实国际工程管理办法，利用现代化的信息手段对项目进行监控，确保公司资产和资金的安全。

五、发展展望

站在新世纪的历史起点上，龙建路桥将以推动企业整体持续发展为目标，进一步提升资源运作市场化、优势资源集成化能力，优化重组，调整公司组织构架，优化业务领域和资源结构，变规模导向为价值导向，变单一赢利为多元赢利，由单一施工环节向产业链上下游延伸，占领高端，走向多元，激聚规模经济和范围经济效应。预计在2010年左右，公司的管理创新能力、技术研发能力达到国内一流、国际先进水平。在冻土路基、软基处理、大跨径悬索桥、斜拉桥以及高速公路工程施工方面处于行业领先地位，年综合业务收入超过50亿元，公司将在拥有公路工程施工总承包特级资质的同时，拥有多个公路工程施工总承包一级资质及多项专业资质，成为以路桥施工为主业，集市政建设、工程施工设计、项目咨询监理、铁路、隧道、工民建为一体的大型综合施工企业。

攻坚克难　抢通保通

四川公路桥梁建设集团有限责任公司

一、企业介绍

四川公路桥梁建设集团有限责任公司（以下简称四川路桥）是经四川省人民政府批准成立的国有独资大型施工企业，其基本的施工单位大都组建于20世纪50年代人民解放第十八军进军西藏修建川藏公路时期，以及六七十年代遵照党中央“要准备打仗”的战略部署，实施“大三线”建设的年代。员工们以艰苦奋斗、英勇顽强的精神，转战西南边疆，完成了一批重要的国防交通工程建设项目。20世纪70年代经过调整，原有的10万筑路大军精简到1万余人。党的十一届三中全会后，施工队伍从政府的直属管理、计划分配下达施工任务，到政企分开、政事脱钩，组建公司建立现代企业制度，成为了自主经营、自负盈亏、自我约束、自我发展的法人实体和市场竞争主体。经过30年来的企业所有制体制、经营管理体制的不断创新，公司的经济实力、市场竞争实力、技术创新能力都出现了跨越式发展和跳跃式前进，四川路桥成为名副其实的国内、省内交通基础设施建设的生力军。公司既是30年改革开放的重要参与者、实践者，也是实实在在的受益者。

四川路桥是国家工程总承包特级资质企业，2002年获得ISO 2000国际质量认证体系认证。公司拥有全资控股公司16个，参股公司8个。截至2008年8月，公司在职职工7 000余人，临时用工、农民工5万余人，离退休员工5 000余人。拥有各类专业技术人员3 000余人（其中中高级技术人员1 500余人）。公司注册资本金5亿元，总资产80亿元，拥有现代大型施工机械设备4 000余台（套），年产值80亿元左右。公司50多年里共修建公路1万公里，其中高等级公路4 000多公里，大型桥梁500余座。

四川路桥以公路桥梁工程承包施工为主营业务，在高速公路路面和特大桥梁施工方面实力强劲，多项施工技术处于国内或世界先进水平，多次获得国家、部、省级科技进步奖、科技成果奖、鲁班奖和优质工程奖。公司在巩固路桥施工主业优势的同时，稳定推进基础设施投资和资产经营，先后在四川的宜宾、泸州投资建设了多个城市路桥BOT项目，在四川巴中、甘孜、阿坝开发投资建设多个水电项目，在达州投资经营房地产项目，并且在证券、医药行业进行了成功开拓。由公司作为主发起人成立的四川路桥建设股份有限公司于2003年在上海证券交易所上市，是四川交通系统首家A股上市公司。

四川路桥自1979年开展对外承包以来，先后承担工程项目110多个，合同总金额4亿多美元。1993年获外经贸部授予的对外经营权。目前在建工程主要颁布于厄立特里亚、坦桑尼亚、阿联酋等国，年产值2 000多万美元。多次获得“四川省外经合作工作一等奖”。

二、改革历程

1. 整顿阶段（1979年～1989年）

1982年1月2日党中央国务院发出《关于国营工业企业进行全面整顿的决定》。为贯彻中央决定，几支施工队伍先后迁出封闭的深山大沟，选择在成都平原建设基地，解决后顾之忧，并实施事业性单位企业化管理，编制经营管理方面的规章制度，调整健全组织机构，培训员工的应知应会，正本清源，恢复生产秩序。在施工方面实行建设费用包干使用，积极承担了四川境内几条干线公路的加宽改造建设任务，其中比较大的工程是：成（成都）灌（灌县，现都江堰）公路，全长80公里，由三级公路标准改建成一级公路；大件公路全长239公里，按一、二级技术标准，分段加宽扩建和新建，同时还承担了成（都）温（江）邛（崃）公路、成（都）乐（山）峨（眉）公路的加宽改建以及成都、乐山、内江、绵阳等大中城市的进出口公路的加宽改造。在桥梁建设方面，依靠自己的力量，建设了泸州长江公路大桥，实现了四川梁式桥单孔跨径历史性的实破，为国内深水、高墩、大跨径公路桥树立了规范，获得了国家科技进步奖。经过以上几项大型工程施工的历练，四川交通系统的几支施工队伍从完全依靠政府转向面对市场开拓，在管理上苦练内功，实现经营性企业雏形的转变。

2. 转型发展阶段（1989年~1997年）

四川省的几支公路施工队伍从事业性生产单位转型改制成为独立法人企业，从分散经营走向战略联合，企业自身实力有了快速发展。党的十四届三中全会召开后，认真学习贯彻要进一步转换国有企业经营机制，“建立适应市场经济要求，产权清晰，权责明确，政企分开，管理科学的现代企业制度”的精神，结合各施工单位的实际，对内部、外部环境，资源条件，历史机遇等进行了认真研究，加深了认识，明确了必须变革体制，走向实体联合，加强经营管理，大力开拓市场，才有出路，才能解决生存发展的问题。1990年12月组建了“四川公路桥梁工程总公司”，1993年5月又将四川交通厅公路局直属的一、二、三工程处和海外工程公司的资产、人员、建制划拨给四川公路桥梁工程总公司，一、二、三工程处改制为由四川公路桥梁工程总公司管理的一、二、三公司，保留法人地位，便于对外开拓市场和生产经营。总公司和下属公司开始由粗放型经营向集约化经营转变，不断探索提高生产经营效率的内容、方法和途径，认真学习当时正在推广的“鲁布革”项目管理经验。在公司内部努力实施项目法管理，百元工资含量包干分配制度，并在总公司、下属公司中建立两级法人制度，出台经营责任，考核办法，实施公司经理经营责任制度。总公司以提高经营效益为目标，简政放权，明确下属分公司作为基层企业享有相对的经营权责利义务，使其经济实力得到较快发展。

此阶段，公司承担了省内几项大型交通工程的建筑施工任务：一是以绝对主力军身份参加了有“西南第一路”之称的成渝高速公路的全过程施工。

胜利完成成渝高速公路建设之后，公司又投标进入四川的成绵纳、广渝、广北等几条高速公路的建设施工。此期间，公司还承建了万县长江公路大桥、涪陵长江公路大桥。两座大桥相继建成，为改善三峡库区建设环境，促进重庆地区的经济发展作出了重要贡献。

3. 快速发展阶段（1998年~2008年）

这10年是公司裂变式成长，跨越式发展的辉煌时期。这个时期分成两个阶段。

前五年为“第一次创业”阶段，通过创立集团公司，改革体制、战略重组，紧紧抓住市场机遇，实现了规模经营和主业扩张。1998 年 2 月四川省政府以川府函（1998）18 号文批准组建四川公路桥梁建设集团有限责任公司，原四川路桥总公司的部分公司改制成为集团的母公司，余下的公司和省交通厅划拨的部分公司改制成为集团公司全资控股的子公司，同时在母公司和控股子公司内又设立了若干专业化程度高的分公司。集团内部的母子公司及总分公司的经营管理框架初步形成。

其间，初步制定出集团公司的远景发展规划，初步形成了集团公司的法人治理结构，明确了集团母子公司、总分公司分权管理权限，较快地制定出了集团内部各项管理规章制度，明确了各级企业领导班子的经营目标责任，实现管理人员权、责、利的统一，激励与约束的统一，以科学的财务制度、劳动制度、技术质量安全生产等方面的规范，对所属公司、工程项目进行严格有序管理。在职工队伍内部实行了“员工能进能出，职务能升能降，工资能高能低”的三项制度改革，对中标工程实行了“项目承包、风险抵押”制度，对直管项目实施财务委派制度，对公司派出了财务总监。在努力构建内部强身健体的基础上，集团公司认真研究外部环境，确定了市场拓展目标及重点开发占领区域，以内部制度方式实施专业化分工、努力扩大经营规模，相继组建了多个专业化制度很高的高速、高等级公路路面施工的分公司、桥梁分公司和隧道分公司以及交通工程公司。并且按照《中华人民共和国公司法》和规范的公司制度要求于1999 年12 月完成四川路桥建设股份有限责任公司的组建，为 A 股上市做了大量的前期准备工作。

通过体制改革，经营机制转变和强化内部管理，集团公司的市场份额快速扩张，每年都保持了30 亿～60 亿元的份额；生产经营能力快速提高，由原来每年完成几千万、几个亿的产值到每年完成20 亿～30 多亿元的业务量；经营利润逐年上升，由原来的亏损局面到每年1 亿多元的经营利润。公司出现了快速发展的大好局面。圆满完成了集团公司“第一次创业”的目标任务。

最近五年，是集团公司“二次创业”的阶段。其最具里程碑意义的有以下三个方面：一是经过规范改制，集团所属的四川路桥建设股份有限公司的 A 股于 2003 年 3 月在上海证券交易所上市发行，获得了通往资本市场的通行证，所募集的资金用于扩大再生产和投资路桥收费经营项目，进一步拓宽了公司的发展道路；二是加速企业结构调整，对公司的产权结构、产业结构、组织结构、企业文化结构等进行了适时的调整重组，逐步建立起了产权清晰的企业混合所有制体制，在坚持做大做强路桥主营业务基础上，向产业相关多元化方向发展，以 BOT 方式介入多个城市交通投资收费经营项目，与地方资源性经济实体合作开发水电建设，介入了能源市场和房地产项目，做到优势互补，使公司的财务资本结构、经济布局结构更趋于合理性；三是努力打造“四川路桥”的品牌，在公司的识别形象、质量形象、诚信形象方面做了大量工作。在企业内部开展了多次大型教育活动，大力培育企业精神，讲求经营之道，建设文化氛围。同时积极参与社会保险、努力扩大职工社会保险覆盖面，尽量减轻公司和员工的后顾之忧。

在此期间，集团公司遭遇了国内外经济发展周期性变化带来的原材料调价、公路市场最低标价中标制度改革的巨大冲击，出现了中标项目大面积亏损，企业经营利润大幅滑坡的严重局面，经历了发展低谷和成长性痛苦的严峻考验。经过集团公司有针对性建立工程管理控制中心，开展精细化管理、实施财务联网的信息化管理、努力开源节流，挖掘潜力，教育员工艰苦奋斗，减少开支，努力降低财务成本实现减亏增盈。同时，在争取政府相关部门的关怀支持下，以经济补偿形式，将1 299名长期待岗人员分流出去，有效地实现了减员增效。经过上述措施，使公司的发展进入到一个全新阶段。

三、发展成就

1. 企业发展阶段性主要经济数据

改革开放30年，四川路桥经过政企分开，成立总公司，组建集团，与政府脱钩，实行集约化经营，努力把企业做大做强做久，在国内公路桥梁建筑业内成为市场竞争中的一支强劲力量。在30年中其阶段性的经营业绩用表1列出。

四川路桥阶段性经营业绩　　表1

类别＼时期	1980年（改革起步）	1993年 组建总公司	1998年 组建集团	2002年 A股上市
市场占有份额（亿元）	政府下达	8.3	30	60
主营业务收入（万元）	7 136	30 151	147 035	313 566
利润总额（万元）	实报实销	-5 720	4 191	8 556
净利润（万元）				7 581
成本总额（万元）				278 247
资产总额（万元）		35 117	161 725	265 112
总资产报酬率（%）				3.93
净资产（万元）				93 069
净资产收益率（%）				8.45
资产负债率（%）				61.80
所有者权益总额（万元）				93 069
国有资产总量（万元）				93 069
纳税总额（亿元）				1.2

从表中看出，改革过程中，每过几年企业的主要经济目标都实现了成倍增长。

2. 公司承建的主要公路、桥梁工程项目分布

(1)近年来，在四川省内承包施工的主干线公路有成都至重庆、成都至绵阳、成都至乐山、成都至南充、成南至灌县（现更名为都江堰）、南充至广安、达州至重庆、内江至宜宾、隆昌至泸州纳溪、绵阳至广元、广元至陕西、成都市外环线、雅安至西昌、西昌至攀枝花、南充至重庆、都江堰至汶川、遂宁至重庆、乐山至宜宾、宜宾至云南、水富川主寺至九寨沟等20条高速、高等级公路。

(2)在省外全国21个省（自治区、直辖市）中标承建工程，主要有浙江甬台温路，福建龙长路，湖南湘耒路、潭邵路、临长路，湖北武汉绕城路，安徽蚌明路、铜汤路，重庆云万路、渝合路，甘肃巉柳路，广西南友路，陕西榆林路、西汉路，重庆涪长路等17条高速公路，在其中承包工程项目。

(3)具有代表性的桥梁建筑。在长江上已建和在建的97座桥梁中，近四分之一，即其中的27座镶上了“四川路桥”的名字。其中承建的特大型长江公路大桥有：宜宾长江大桥、江安长江大桥、泸州长江大桥、泸州长江二桥、涪陵长江大桥、万县长江大桥、万州长江二桥、巫山长江大桥、巴东长江大桥、宜昌长江大桥、荆岳长江大桥、鄂黄长江大桥。同时还在四川省内的嘉陵江、金沙江、岷江、涪江、重庆乌江等江河上承建了多座桥梁。近年在浙江舟山中标承建的西堠门跨海大桥，其桥梁跨度国内第一、世界第二，把集团公司的建桥水平提高到一个全新阶段。

(4)海外工程。改革开放以来，公司在中东伊拉克、科威特、也门和非洲的南马里、乌干达等国家建设公路、桥梁、机场。近年来在厄立特里亚、坦桑尼亚、阿联酋等国家承建了多个国际工程项目。

(5)多项施工技术方法获得国家级工法和省级工法。

3. 所获重大奖项

产品及技术质量的奖项包括荣获“国家级科技进步奖”2项，获奖项目是泸州长江公路大桥、万县长江公路大桥；荣获鲁班奖3项，获奖项目是宜宾长江公路大桥、成都绕城路东段、陕西榆靖高速公路项目；荣获詹天佑土木工程大奖3项，获奖项目是万县长江公路大桥、宜宾长江公路大桥、四川川（主寺）九（寨沟）旅游公路项目；荣获“国家优质工程奖”3项。此外还有一大批工程项目获得了交通部、中国公路学会、四川省政府颁发的“科技进步奖”、“天府杯金奖”等荣誉称号。

在企业综合性管理获奖方面，2003年集团公司荣获“全国五一劳动奖状”，2002年、2003年连续两年跻身“中国企业500强”、2005年荣获“国家级企业管理现代化创新成果二等奖”。在四川省内，集团公司多次被评为“四川省国有建筑企业综合实力首强”、“最佳效益首强”、“四川省先进单位”、“四川省最佳文明单位”、“四川省重点建设AAA等级信誉企业”、“四川省大型企业集团经营规模10强”、“综合实力10强”、“四川省建筑企业先进企业”等荣誉称号。

4. 参加抗震救灾，尽显英雄本色

2008年5月12日14时28分，四川汶川发生里氏8.0级特大地震。灾情就是命令，时间就是生命。集团公司当即成立抗震救灾指挥部，组织抢险救灾设备人员，在第一时间奔赴都江堰、汶川映秀、绵竹汉旺、绵阳北川等重灾一线，不畏艰险、不惜一切代价，争分夺秒，夜以继日地挖掘抢救被埋群众和国家财产，抢通灾区道路，以大无畏精神，与地震灾害展开了一场生死时速的大决战，抢通保通了生命之路。特大地震发生后，及时投入抗震救灾抢险一线人员3 000余人，投入各种大中型抢险救灾设备450台（套），投入设备和资金共2亿多元；在废墟中抢救出群众100多人，帮助转移灾民10 000多人，挖掘遗体300多具；抢通灾区道路300多公里，加固大桥6座，隧道2座，尤其是以“开路先锋”的气魄，用最短的时间打通了国道213线都江堰至汶川等抢险救灾生命线，为全面取得抗震救灾阶段性重大胜利发挥了主力军作用，被灾区群众和社会各界称誉为“一支没有穿军装的交通铁军”。

在抗震救灾现场，四川路桥的抗震救灾人员受到先后前来视察灾情的党和国家领导人温家宝、习近平、回良玉、张德江，以及交通运输部部长李盛霖、四川省委书记刘奇葆等领导的亲切慰问、鼓励、表扬和感谢，评价四川路桥是抗震救灾的重要力量，勉励大家要继续努力、夺取抗震救灾的全面胜利。

大灾之中显大爱。四川路桥多次捐款捐物，帮助灾民重建家园。至2008年7月底，员工已自愿捐款300多万元，缴纳党员“特殊党费”50万元。此外还捐赠了价值10万余元的棉被、衣服和日用品。

地震震垮了山川道路，却震不垮经过30年改革开放的筑路建桥企业。在强烈的特大地震中，英勇顽强的路桥员工发扬“特别能吃苦、特别能战斗”的精神，用可歌可泣的抗震救灾英雄事迹，向党和人民交出一份满意的答卷，这也是交通建筑企业改革30年的一项丰硕成果！

四、基本经验

1. 企业改革，一定要抓住机遇，做到与时俱进

改革开放30年，党和国家每年都有不少改革改制的政策法规出台，推动促进企业尽快走入社会主义市场经济轨道。在政府强有力的推动下，几支施工队伍一步一步地联合起来，组织总公司、成立集团，与政府脱钩，勇敢地走进市场谋生产、谋发展，不失时机地进行体制机制改革，实施战略重组和结构调整，在集团内部组建起10多个专业化工程施工公司，在公路建筑市场上大力推进“专业分工、规模经营”，从而抓住了四川调整公路第一轮建设高潮的大好机遇，充分地积累了资金、技术、人才等发展要素，同时趁热打铁顺势组建了股份公司，成功地实现了A股上市发行。这些都为四川路桥的持续发展奠定了坚实基础。给人的经验教训是，改革开放年代一定要做到思想解放再解放，改革改制的步伐动作要快，行动迟缓、要想前进就困难重重，只有与日俱进，才能把“大机遇、大发展”变成现实。

2. 企业发展，一定要提高竞争力，要“科技兴企”

市场经济体制的最大特点是市场竞争、优胜劣汰。四川路桥最近10年来能够把市场做大，持续发展，能够挺过建筑市场最低价中标制、市场原材料大幅度调价等因素带来的工程利润大幅度下滑，资金严重紧张的困难时期，就是因为企业已经有一个较大的经营规模，有一个信誉良好的市场品牌，有一支用现代修路建桥技术经验和文化品质素养武装起来的职工队伍。这些就是竞争力。四川路桥高度重视市场竞争力的培育和提高，组建了科研技术机构，每年都要开展技术练兵，技术培训，选拔培育青年技术带头人，投入巨额资金开展公路桥梁关键技术的攻关课题试验研究。把攻关课题研究落实到每个新开工的项目上，解决了公路、桥梁建设中技术最复杂、施工难度最大的一个又一个难题，从而也积累了丰富的技术管理经验。公司一直坚持在每个项目开工前组织进场员工用足够时间熟悉工程合同文件、技术规范、操作程序，施工中努力推广应用新技术、新材料、新工艺、新规范。每个大的工程项目都有明确的创品牌的目标。每过几年集团公司就要召开一次路桥建筑技术和企业管理应用的学术交流大会，重奖有建树、有贡献的技术骨干，同时将学术文稿送出版社公开出版。这些活动用力地促进了一批技术骨干、管理人员学技术、学管理的热情，正因为在“科技兴企”上做了大量踏实工作、集团才形成了“人无我有、人有我精、人精我新”的技术优势，才取得了一项又一项的技术成果，获得了一个又一个大奖，依靠竞争实力在激烈竞争的路桥

建筑市场站稳脚跟。

3. 企业管理，一定要强化责任意识，做到激励与约束紧密结合

企业有效运行在于科学管理，而有经营成果的管理在于每个管理人员都有高度的事业心、责任心和荣辱感。企业要规范操作，就要依靠规章制度。四川路桥的做法是，在集团公司法人层坚持用《中华人民共和国公司法》规范自己的作为，把对股东负责、保证资本增值保值、能为股东创造更多的财富作为公司应尽的最高职责。在内部管理上，坚持每年对全资或控股公司签订《年度经营目标责任书》，对中标工程签订《项目经济目标责任书》，用这种形式明确相互之间的责任、权利、义务，明确专业公司、项目经理部的经营目标、管理责任、奖惩制度，鼓励员工艰苦劳动、合法致富，以此调动劳动者的积极性，增强目标责任意识。

管理就是企业动作的过程监控。要想企业出效益，就要把杜绝跑、冒、漏、滴和精细化贯彻落实到企业经营的整个过程中去，要针对性地出台新制度或补充新条款，尽快堵塞漏洞、完善约束机制。路桥施工、各种建筑材料和设备的采购供用占工程成本的大头，更需严格监控。公司采取公司召投竞标方式采购大宗材料，努力使材料费用控制在管理范围之内。对经营有效益有贡献的管理者，及时兑现奖励，对极少数违法乱纪、侵吞公司财产者，绝不心慈手软，给予应有制裁。

4. 企业做大、做强、做久，一定要勇于超越，始终抓紧发展这一主题

做大、做强是企业原始本性，是一切想要长命百岁企业的原动力。做企业完全靠机遇、靠运气，可能会辉煌一阵子，但不可能持久下去。要想把企业长久地做下去，就需要有永不停歇的攀登勇气，就要不断对国内外业界有深入的研究，对同行业前沿技术有深度的把握，就要大胆地参与到国际化的大环境中去。四川路桥每年都要派出一批技术精英、管理人员到省外、国外去学习参观。明确赶超，既需要勇气，更需要具有正确的市场预测能力，这是企业发展的基本功。企业发展的高峰低谷往往与国内外的大气候和经济景气周期密切相连。四川路桥前些年为了占领市场，低价中标了一批项目，中标之后往往要三、四年才能完成施工，而这三、四年就恰恰碰上了建筑原材料、燃油大幅度涨价，使成本大幅攀升、项目亏损、企业资金周转非常困难，使公司产生了一次阵痛。能够挺过来，就在于没有放弃攀登超越、持续发展的勇气，及时纠错，有效补救。市场竞争永远是一个优胜劣汰的过程，经营企业疏忽不得，永远要有如履薄冰、如临深渊的心态，需要不断跨越、不断发展。

五、发展展望

战略发展定位和长远发展规划。

路桥集团的战略定位为“一业为主、两翼并举、多元发展”。所谓“一业为主”就是把路桥施工的主营业务做大、做强，向国内最大经营规模的路桥施工企业发展。“两翼并举”就是同时实施生产经营和资本经营。生产经营是指通过生产经营扩大主业上下游的生产规模，巩固主业的市场地位。资本经营就是遵循资金积聚—资本投资—资本管理—资本合理退出的有序竞争原则，通过资本运作实现企业的迅速扩张，同时通过收购、兼并、培植新的经济增长点，实现企业超常发展。“多元发展”就是改变产业结构单一的状况，调整优化产业结构，降低经营风险，向水电、旅游、房地产、高科技产业发展。争取到2010年之前，实现年收入超100亿元、资产过100亿元的跨行业、跨所有制、跨地区、跨国经营的大型企业集团的“二次创业”目标，为实现“百年路桥”宏伟构想打下坚实的基础。

用竞争力提升发展力

浙江省交通工程建设集团有限公司

一、企业介绍

浙江省交通工程建设集团有限公司（以下简称浙江交工集团公司）是浙江省唯一一家具有国家公路工程施工总承包特级资质的专业公路施工企业，同时具有公路路基工程专业承包一级、公路路面工程专业承包一级、桥梁工程专业承包一级、市政公用工程施工总承包一级、隧道工程专业承包一级、公路交通工程专业承包交通安全设施资质，是浙江省内规模最大、实力最强的交通工程施工企业，2007年入围中国承包商60强，位列第43。

公司下设二分公司、市政分公司、外贸分公司、交通安全设施分公司；控股浙江交工路桥建设有限公司（公路工程总承包一级资质）、浙江省交通工程建设集团第三交通工程有限公司（公路工程总承包一级资质）、浙江省宏途交通建设有限公司（公路工程总承包一级资质）、浙江金筑交通建设有限公司（公路工程总承包二级资质）、浙江顺畅高等级公路养护有限公司和浙江交工高等级公路养护有限公司六家子公司；参股一家工程设计咨询公司，一家岩土工程施工公司和一家工程代建管理公司。

公司现有职工4 000余人，各类专业技术人员1 600余人，其中具有高、中级技术职称的达600余人；有各种先进施工机械及试验检测仪器3 000余台（套）。拥有全国第一批认定的建筑业企业省级技术中心。公司总资产超30亿元，年施工产值近60亿元。

二、改革历程

浙江省交通工程建设集团有限公司的历史可追溯至解放初期的华东交通纵队，后以省交通厅公路管理局下辖的数支工程队的形式，在解放初期至改革开放初期的30余年间，主要以执行交通行政管理部门的指令，完成一些计划性的道路工程，承担相应的修桥铺路的指令性任务，确保道路运输通畅。改革开放以来，处于东南沿海的浙江迎来了一轮交通基础设施建设的高潮。开放的眼光和开放胸怀首先迎来一条跨省公路的大改建。浙江省为加快杭州和上海的联系，加强地域和区域间合作，从1986年~1989年，历时三年，实施了320国道杭州至上海段的杭枫公路改建工程。杭枫公路的建设，标志着浙江省交通基础设施建设的大发展时期已经到来，为进一步适应时代需要，在建设管理一体化的基础上，交通厅下文于1991年正式成立了事业性质的浙江省路桥工程处，下辖一、二、三、四工程队，于1992年开始全力投入到浙江省第一条高速公路——杭甬高速的建设中，路桥处四个工程队参与了当时杭甬高速全部七部标段的建设，为浙江省第一条高速公路的建设立下了汗马功劳，同时企业自身也得到了长足发展，公司资产及施工总值实现了一次质的飞跃。

随着国家对政企体制的调整不断到位，按照省委省政府对有关企业实行改革发展的指导要求，同时根据企业自身的发展需求，路桥处在1996年开始，走上了“公司化”改造之路。1997年经省交通厅批复正式组建事业性质的省交通工程建设集团，体制扩充至五个工程处和一个测试中心及驻京办。同年为适应市场需求，旗下又成立了通途公司（时称六公司），一个紧密的以公路施工为主的企业集团正式成形。次年，为满足工商登记需要，按照公司法的要求，集团以二、五分公司为核心层注册了浙江省交通工程建设集团有限公司，同时进一步明确一、三、四、六公司为集团紧密层，初步构建以公司化运作为核心内容，以资产为纽带的紧密施工联合体。1999年开始，企业开始迈出改革改制的关键一步，旗下的四家紧密层公司分别进行股份制改造，职工参股，并以职工持股会的形式打破了国有一股独大的局面，自此迈入了一个发展的新纪元。

三、主要业绩

浙江交工集团公司50年发展，特别是近十多年来的发展，公路施工主业的地位得到不断强化。路桥处组建初的1992年，全处四个队的全部施工大多集中在杭甬高速公路上，全年完成总产值仅为6 918万元。到了1997年组建集团的当年，产值跃升到5.5亿元，五年间产值增长七倍多。集团组建之后的十年间，施工主业更是快速扩张，从1997年的5.5亿元到2002年的21亿元，再到2005年的50多亿元施工产值，10年实现了三个量的跃升，达到10倍的增长量。集团利润整体呈现攀升态势，从最初的将近1 000万元，到2005年的6 400多万元，2008年利润预计可达上亿元。

随着建设规模的不断扩大和市场的不断开放，集团的市场意识不断得到增强，施工区域和领域亦同步扩大。从组建之初四个队的施工全部集中在杭甬高速，到逐步参建沪杭甬、上三、甬台温、杭金衢、金丽温、杭宁、申苏浙皖、甬金、台金等省内几乎所有的高速公路，施工内容也涵盖了有关高速公路的路面、路基、桥梁、隧道等全部分类。十余年来，高速公路施工里程达1 200多公里，占全省已通车高速的1/2强，其中路基443公里，路面603公里，500米以上特大型桥梁完成62座共计53 916延米，被誉为浙江省高速公路建设行业的王牌军。目前，集团共有在建项目56个，其中省外项目8个，海外项目2个。

浙江交工集团公司确立“立足浙江，辐射全国”的发展思路。目前，施工项目遍布福建、安徽、江西、江苏、云南、青海、河南等地。集团一直坚持“一业为主，多元经营”的发展之路，在“固施工主业之基，强衍生产业之本”的理念指导下，在高速公路的养护、加固、检测等业务上进行了积极的探索和实践，特别是高速养护业务，经过短短三年的发展，已经成为省内高速养护的标杆队伍。养护里程已达1 600余公里，达到全省营运高速公路的70%。

在不断发展中，集团始终十分注重企业形象，不断推进文明建设，倾力打造和谐企业，突出集体荣誉，并努力为个体价值发挥搭建平台，集团各个层次屡获殊荣，极大地提升了全集团的社会美誉度。据不完全统计，集团参建或承建项目共有17项工程，获得省级或以上荣誉19项。其中京杭运河钱塘江沟通工程获建筑工程鲁班奖，宁海越溪桥和兰江大桥被评为全国科学大会奖，杭宁高速二期工程获国家优质工程银质奖。杭金衢高速、同三线、杭甬高速连接线最良江—姚江特大桥、三门健跳大桥、杭州萧山机场公路、温州大桥、曹娥江特大桥、衢窑高速公路、甬台温高速南白象至龙头段，台缙高速公路台州至仙居段，申苏浙皖高速公路湖州南浔至长兴姚家桥段，杭宁二期等15项工程被评为浙江省建筑工程钱江杯奖，占历年所有交通类钱江杯奖的绝大部分。龙游九里立交、金丽温高速公路温州段二期六合同、江西九景高速公路P3标被评为全国公路施工企业优质工程。此外，广泛的群众性质量活动QC小组也屡结硕果，近10年来，共有7项QC成果获得部级以上优秀质量管理称号，8项成果获得国家级行业QC成果，每年都有两项或以上成果获省级优秀。集团还屡次上榜浙江省建筑业、全国公路施工业的优秀施工企业，并被省政府命名为全省重点工程建设先进集体，被交通部命名为全国交通系统先进集体，被省建设厅命名为浙江省先进建筑业施工企业。因主营业务增长迅速，近两个年度均荣幸地登上交通施工企业百强榜。近8年来，集团有限公司连续被省级工商部门评为“重合同、守信用”AAA级企业。

与此同时，集团公司还勇于承担社会责任，以大企业的大胸怀，立足于社会的高度，积极参加各类抢险救灾及对口援建等工作，在希望小学建设，灾后募捐重建，重大突发事件善后等方面都发挥了积极而重要的作用。特别是在今年的抗击雨雪冰冻灾害和抗震救灾中，充分发挥了大型国有企业的战斗力，因行动快，投入大，组织有效，成效显著，集体及多个个人得到社会好评和各级政府的嘉奖。

四、基本经验

总结50年的发展经验，企业的发展主要得益于改革开放的政策，主要得益于时代进步和交通事业的整体发展。总结企业自身的经验，主要有以下几条。

1. 抓住一个根本，做好人才梯队建设，为事业的发展提供人力保障

浙江交工集团公司十分重视人才队伍建设。一是注重人才队伍的梯队建设，做好人才的储备和培养。从1992年开始，公司开始到各大院校“买人才”，用优厚的待遇、良好的事业平台，筑巢引凤，当年引进专业人才31人，并全部放到施工一线锻炼。目前，绝大部分已经成为技术骨干和管理人才，在公司的各大重要岗位发挥关键作用。15年间，新进大中专毕业生每年以10%的数量递增，最多的一年达到228人。一支庞大而又专业的专业化队伍，为企业注入了新鲜的血液和创新的智慧，没有人这个最主要最活跃的劳动因素，浙江交工集团公司不可能实现几次大的飞跃和发展。在加大力度引进人才的同时，集团公司还十分注重对人才结构的优化，从单纯地引进路桥施工专业人士，到逐步过渡到路桥、管理、财务、法律等多方面人才结构的搭建，使集团公司的生产管理更具综合化复合型的素质和能力，全面应对市场化挑战。近年来，更是倡导以人为本的人力资源管理理念，进一步加强人力资源规划、绩效考评、员工激励、人才培养和开发等方面的工作。把人才工作与集团各项工作同步考虑、同步规划、同步实施、同步发展，着力培养与集团战略发展相适应、与企业经营规模相匹配的高级管理人才队伍、经营管理人才队伍、技术人才队伍、高素质的技术工人队伍和思想政治工作队伍，为企业的持续发展提供内在动力。

2. 抓住一根主线，开拓市场经营，实现市场竞争能力不断提升

从事业制企业集团到改制后的市场经济条件下的经济联合体，从政府给饭碗到主动到市场找饭碗，浙江交工集团公司始终抓住一根市场经营的主线。从专注于杭甬高速公路的建设，到业务逐步扩展至全省各地，在省内建设市场占据主导权和绝大部分份额和之后的“走出浙江”战略，以及近年来提出的“立足浙江，辐射全国，放眼世界”，实现集团公司的几次经营范围的大扩展，主要得益于企业自身能够及早融入市场，端正经营思路，在市场的大海里完善机制、健全自我、扩大经营。近年来，明确了有利于“做强做大、可持续发展”的要求，创新经营模式、完善激励机制、科学规避风险、全力拓展市场、扎实稳妥地开展经营工作。实现了保住浙江排头、走入全国公路建设企业的前方阵以及海外市场的有益尝试等既定目标，还在高速养护等与主业关联度较高的业务上取得了较好的发展，在设计施工总承包、BT、BOT，加固维护，岩土工程，工程代建及矿产开发等方面做了积极的探索，取得了一定的进展。

3. 抓牢一个机制，坚持改革创新，不断激发企业内在活力和发展动力

近年来，因企制宜，下大力积极稳步推进各项深化改革工作，并在局部改制和内部机制创新上取得了一定成效。一是加快企业改革步伐，实施资源整合及战略重组，建立产权多元化的现代企业制度，实现企业体制机制的转换和创新。二是全面推进人事用工分配制度改革。以理顺企业劳资关系为切入点，建立了员工能进能出的劳动用工机制；以竞争上岗、绩效管理为重点，建立了能上能下的人事制度；以绩效考核为手段，建立了薪酬能高能低的收入分配制度。股权结构的变化体现了利益与责任的相关性，两项制度的改革进一步适应了企业当前的管理模式，通过不断完善和改进及创新，以有效激励激发个体及集体的活力，使企业较好地保持了发展的势头。

4. 抓住一个主题，紧扣生产管理流程，不断规范内部管理

浙江交工集团公司始终确立企业是以经济效益为中心的核心思想，勤练内功，狠抓管理，加强企业的效益提升能力，提升企业的综合素质。集团公司是国内省级施工企业较早引进ISO质量管理体系的公司之一，同时又于2004年率先实现了质量、安全、环保的三合一体系认证，通过国际化的标准，实现管理的标准化和规范化。在项目成本管理中，以完善管理的考核为保障，全面推行标后预算，促进项目管理不断迈上新水平。在规模日益扩大后，管理层又适时提出以标准化为抓手，以预算管理、流程管理、计划管理为手段，不断强化内部审计和合同管理，推行集约管理和精细管理，规范管理意识明显增强，风险控制能力逐步提高，经济效益稳步提升。

5. 抓牢一个方向，加大设备投入，加强科技创新，努力提升企业的核心能力

浙江交工集团公司十分注重合理的设备投入以及适当的科技投入，以设备加强劳动生产率，以科技推进劳动生产率，加强前瞻，巩固企业在相关业界的学术领头地位。目前，集团公司共拥有3 000台套大中型机械设备、专业技术人员1 600余人，占据行业前端。2007年以来，更是注重以企业技术中心为载体推进企业技术创新，以国家级工法、专利技术申报提升企业科技创新能力，进一步加强科技创新方面的领导和投入，积极推动新技术与新产品开发和应用，形成具有自有知识产权的科研成果，并加强科技成果转化和推广工作。公司为技术中心制订了中长期科技发展规划和技术中心的职能定位以及技术中心的各项工作流程，公司技术委员会每年根据公司科技发展规划结合年度工作目标，审定技术中心年度科技活动费用预算，把科技活动纳入预算管理。同时十分重视社会科技资源的利用，开展与国内外大专院校、科研院所、政府主管部门等单位的产学研合作。公司与交通部公路科学研究院、浙江大学、重庆交通大学、浙江工业大学、浙江交通职业技术学院、浙江省交通规划设计研究院、韩国 SK 公司等国内外十多所著名高校、科研机构、政府主管部门建立了人才培养、特色教材开发编写、信息交流、技术引进、课题攻关等为内容的长期友好合作关系。和重庆交通大学合作研究的《大跨度钢管拱桥无支架吊装技术研究》研究成果，获 2003 年度中国公路学会科学技术奖，2004 年获浙江省科学技术（二等）奖；和业主及浙江省交通规划设计研究院合作的《沪杭甬高速公路拓宽工程通车状态下新老桥梁板拼接研究》课题成果属国内领先，2008 年 1 月获得中国公路协会科学技术二等奖；和浙江大学合作的《高边坡稳定可靠性与支护结构优化及其工程应用》获得 2004 年浙江省科学技术奖，与交通部公路科学研究院合作的《浙江省山区高速公路长上坡路段抗车辙沥青路面应用技术研究》项目成果鉴定达到国际先进，此成果的应用创造了巨大的社会效益和良好的企业效益。

6. 抓好两个文明，努力构建良好平台，营造良好氛围，不断推进和谐企业建设

集团公司自成立以来，积淀了较为深厚的文化底蕴，逐步形成了以“打造百年交工，树立优质品牌”为主要内容，具有企业特点和时代特色的“交工文化”。一是积极开展以人本管理为核心，以求实发展为宗旨，以学习创新为动力，具有时代气息，健康向上、符合交工特色的企业文化建设工作。通过以活动宣传造势，党政工团齐抓共管，增加经济工作的“文化含量”，增强了企业的亲和力和凝聚力，使企业文化建设在“丰富文化生活”和“加大宣传力度”等平台中发展和创新，并以文化创新推动制度创新、管理创新和科技创新。二是以服从大局、有令必行、组织高效来体现国有企业的社会责任，出色地完成了各项艰巨任务，起到了鼓舞士气、凝聚人心的作用。在 2008 年抗雪救灾中，浙江交工集团共有 1 700 余人和 160 多台（套）大型机械设备，上万人工投入到全省各地，成为“保畅通、保春运、保安全”的主力军；在抗震抢险中，交工集团赴川抢险突击队 40 余人，情系灾区、无私奉献，争分夺秒抢进度，提前完成了宝罗公路的抢通任务。与此同时，交工集团党委组织全体员工向四川灾区捐款达 62. 8 万元，组织全体党员交纳特殊党费 21. 2 万元。三是以高尚的精神塑造人，精心培育了一大批先进典型。有以左建党、郑庆南等先进人物为代表的全国劳动模范、全国五一劳动奖章获得者、全国交通行业抗灾保通先进个人、全省抗震救灾优秀共产党员，以及一大批在各条战线上涌现出来的先进集体和个人。四是充分发挥载体作用，加强“形象”工程建设。紧紧围绕制度创新、文明创建、提升企业形象等方面进行全面规划，围绕“诚实守信”、“勤勉尽责”两个主题，实施典型示范工程。在内抓管理、外塑形象过程中，建立了良好的沟通机制，抓好员工队伍的作风建设，营造文明礼貌的良好风尚。同时，整体策划领导形象、员工形象、质量形象、安全形象、诚信形象，让企业的形象资本升值。

五、发展展望

浙江交工集团公司制订了中长期发展规划，明确了发展战略：立足省内，拓展省外，面向国际，以开拓国内外市场为核心，以科学管理、科技创新为手段，把集团公司打造成浙江省建筑强省的龙头企业，国内公路施工行业的领先企业。并提出了主要目标：不断深化产权制度改革，建立科学完善的现代企业制度，强化集团总部战略规划、投资融资、技术研发、人才培育四大中心的功能，形成优化高效的管理格局。企业经营结构和产业结构调整取得有效突破，生产经营与经济效益成效明显。优化集团产业布局，做强、做优公路工程施工和高等级公路养护主业，大力推进设计施工总承包、BT、BOT等高端业务开展，全力开拓城市轨道交通、内河港口与航道物流等新兴市场，形成相互带动发展的业务板块，充分发挥集团协同效应。

展望未来，公司将分三步走：第一步，奋斗1~2年，在适度扩大企业规模的同时，以管理创新为主要手段，科学管理、勤练内功、精干高效、成本领先、管理出效益、管理上台阶；第二步，奋斗3~5年，在管理高效的同时，注重向市场扩张要效益；第三步，奋斗5~10年，在科学管理、扩张规模的同时，注重向科技要效益，依靠技术进步构建集团独特优势，推进集团可持续发展。

峥嵘岁月铸就广东长大

广东省长大公路工程有限公司

一、企业介绍

广东省长大公路工程有限公司（以下简称广东长大），始建于20世纪50年代，伴随着中国交通事业的发展，历经50多年的练就，已发展成为总资产38.8亿元，净资产9.8亿元，年土建施工能力30亿元以上，具备国家公路工程总承包特级资质和拥有对外经营权的特大型路桥施工企业。主营业务也从公路、桥梁、隧道的施工逐渐拓展到公路项目投资、运营管理和高速公路养护管理等领域。现有员工2 104人，中专学历以上或有初级职称以上员工人数1 241人，中高级以上职称514人，教授级高工4人，享受国务院政府特殊津贴专家6人，获第八届广东省丁颖科技奖1人，获广东省突出贡献专家2人，公司形成了由路桥专家、高级工程师和各种技术管理人员组成的实力雄厚、经验丰富、结构合理、高素质、高效率的梯级专业队伍。公司正以科学管理能力、先进技术水平以及一支团结协作、拼搏创新、经验丰富、充满活力的能征善战的忠诚团队，成为南粤交通建设的排头兵和主力军。

二、改革历程

1952年，以中国人民解放军21兵团53军217师651团为基础，另从中南六省抽调公路测设、施工、业务人员组建成立华南公路工程修建总指挥部第三工程局，但原部队建制未撤销，1952年底荆江分洪时改为水利三师，1953年又改为公路一师。当时负责新建海南岛海榆中线、那大至八所线公路施工。该项工程是国家第一个五年计划中的重点工程之一，于1954年9月完成，此时，该部集体转业参加广海公路建设，公司雏形初成。

随着中国交通事业的发展，公司也紧跟时代步伐，不断适应社会的发展，公司名称几经更改，先后有中央交通部公路总局第二工程局三处、广东省公路局基建工程总队、广东省公路工程团、广东省公路运输局工程分局、广东省公路运输局第二工程局、广东省公路工程处。1992年6月18日，随着改革开放的进一步深入，经广东省人民政府批准，公司定为100家综合改革试点企业，并经广东省人民政府批复同意改名为“广东省公路工程公司”，为独立核算，自负盈亏的全民所有制企业，1993年9月改名为广东省公路工程总公司；1997年2月12日，为适应交通建设事业发展的需要，根据广东省政府批准的现代企业制度试点方案，公司实行政企分开，成立有限责任公司，同时更名为广东省长大公路工程有限公司并一直沿用至今。2000年，公司隶属于广东省交通集团。

改革开放以来，有几件事对公司发展产生重大影响，也成为了公司改革发展历程的重要里程碑。

1. 企业成功转制

1992年以前，公司只是广东省交通厅属下的一个处级事业单位，公司存在和发展依靠的是政府，基本没有参与市场的竞争。1992年6月18日，在改革开放不断深入的时代背景下，公司被省政府列为广东省百家改革试点企业，成为独立核算、自负盈亏的全民所有制企业，公司迈开了走向市场的第一步。直到1997年彻底实行政企分开，成立有限责任公司，标志着公司企业化管理基本形成并逐步壮大发展。

2. 探索总包模式

1992年10月，在邓小平同志南巡讲话精神鼓励下，广东虎门大桥正式开工建设，并全面推行建设管理改革。是时，公司获得工程项目的施工总承包。至此，公司总承包模式的探讨从理论进入到实践、实施阶段。1997年，在香港回归祖国之际，公司提前总工期8个月优质、高效地完成了虎门大桥工程的全部建设任务，取得了非常好的经济效益和社会效益。虎门大桥的施工技术、施工工艺水平也代表了中国20世纪80年代同类型桥梁施工的最高水平。此后，公司相继施工总承包了新台高速公路、京珠南高速公路、西部沿海高速镇海湾大桥、广惠高速等项目，施工总承包模式也从此进入一个成熟发展阶段。公司也从一个一级路桥施工资质的企业发展成为具备国家公路工程总承包特级资质并拥有对外经营权的特大型企业。

3. 以施工为主导产业，产业链的成功拓展

从20世纪90年代开始，公司就一直坚持不懈在经营机制、分配制度和人事制度等方面进行较大力度的改革，并取得了一定的突破进展，特别在围绕路桥施工主业，拓展产业链的投资经营方面颇为成功。公司走出了单一的路桥施工经营模式，理顺产业链的发展走向，先后参与投资建设了广惠高速公路、广梧高速公路，并以BT形式参与广西南宁永和大桥、都江堰岷江大桥等项目的建设，效益明显。产业链的逐步展开，使公司市场竞争能力和抵御市场风险能力进一步增强，公司的主营业务也从公路、桥梁、隧道施工扩展到公路项目投资、道路养护管理、高速公路运营管理等。

三、发展成就

半个世纪以来，广东长大足迹遍布祖国大江南北。特别是改革开放以来，建成特大型、大中型桥梁250多座，共计16.5万延米，高等级公路1 500多公里，缔造了广州洛溪大桥、广深高速虎门大桥、广东西部沿海高速崖门大桥、厦门海沧大桥、湛江海湾大桥、深圳湾大桥、杭州湾跨海大桥北航道、佛开高速、京珠高速粤境南段、广惠高速路基、路面等诸多“国家优质”、“国家银质”、“詹天佑大奖”、“鲁班奖”的精品工程。一座座时代的丰碑不仅记录了“广东长大”敢为人先，开拓创新、勇往直前的拼搏精神，也充分体现了“广东长大”先进的施工技术、科学严谨的管理水平。改革开放以来，公司还先后荣获“全国施工技术先进单位”、“AAA级中国质量信用企业”、“全国五一劳动奖状”、“全国交通系统文明单位”、“中国交通建设十大桥梁英雄团队”、“全国交通行业抗灾保通先进集体”等荣誉称号。公司获奖情况见表1、表2、表3。

广东长大获奖情况

表1

<table>
<tr><th>鲁 班 奖</th><th>詹天佑大奖</th><th>国家优质工程</th><th>交通部优质工程</th><th>国际西班牙建筑大奖</th></tr>
<tr><td rowspan="5">高明西江大桥（1996年）</td><td>广东洛溪大桥（第一届，2000年）</td><td>广深公路中堂大桥（银质奖，1984年）</td><td>105国道洛溪大桥（一等奖，1990年）</td><td>广东虎门大桥（1997年）</td></tr>
<tr><td>广东虎门大桥（第二届，2002年）</td><td>107国道清远北江大桥（银质奖，1986年）</td><td>广东虎门大桥（一等奖，2000年）</td><td></td></tr>
<tr><td>广东新会崖门大桥（第六届，2006年）</td><td>105国道洛溪大桥（一等奖，1990年）</td><td rowspan="3"></td><td rowspan="3"></td></tr>
<tr><td rowspan="2">厦门海沧大桥（第七届，2007年）</td><td>高明西江大桥（1996年）</td></tr>
<tr><td>许昌至漯河高速公路（三等奖，2003年）</td></tr>
</table>

广东长大改革开放以来获奖工程一览表

表2

工程项目名称	获 奖 情 况	获 奖 时 间
四会绥江大桥	省级科学技术进步三等奖	1984年
广深公路中堂大桥	国家优质工程银质奖	1984年
揭阳枫口大桥	厅级全优工程	1985年
广湛线三水韩村大桥	厅级全优工程	1985年
深圳松岗石岩湖公路	厅级全优工程	1985年
107国道清远北江大桥	国家优质工程银质奖	1986年
台山公益大桥	厅级全优工程	1986年
揭阳北河大桥	厅级全优工程	1986年
广深公路改造工程	省全优样板工程	1987年
广深公路改造工程	省优秀设计二等奖	1987年
CH—70通用公路架桥机	省科技进步二等奖	1987年
CH—70通用公路架桥机	厅级特等奖	1987年
水上施工浮钻平台	省级科技成果一等奖	1987年
揭阳南河大桥	厅级全优工程	1987年
深圳坪葵公路	厅级全优工程	1987年

续上表

工程项目名称	获 奖 情 况	获 奖 时 间
深圳龙华天堂围公路	厅级全优工程	1987 年
洛溪大桥爬升模板	厅级科技进步二等奖	1987 年
桥梁大跨径贝雷架拱	厅级科技进步二等奖	1987 年
桥梁大跨径贝雷架拱	省级科技成果三等奖	1988 年
107 国道清远北江大桥	厅级科技进步一等奖	1988 年
中山大道改造工程	省优良样板工程	1988 年
105 国道洛溪大桥	省优良样板工程	1988 年
洛溪大桥大型钢围堰设计与施工	省科技进步二等奖	1988 年
桥梁大跨径贝雷钢架拱	省科技进步三等奖	1988 年
T 构轻型施工托架	厅级科技成果二等奖	1988 年
活动支座传递制动力的优性墩设计的方法	厅级科学技术进步二等奖	1988 年
107 国道清远北江大桥	省级科技进步三等奖	1989 年
107 国道清远北江大桥	国家优质工程银质奖	1989 年
广湛公路九江大桥	厅级优良样板工程	1989 年
活动支座传递制动力的柔性墩设计的方法	省级科技进步三等奖	1989 年
预应力钢绞线群锚张拉锚固体系（QM 体系）	国家科技进步三等奖	1989 年
预应力钢绞线群锚张拉锚固体系（QM 体系）	部级科技进步二等奖	1989 年
广珠公路	省级优良样板工程	1989 年
广湛公路九江大桥	省科学技术进步一等奖	1989 年
107 国道广深线松岗高架桥	省优良样板工程	1990 年
105 国道洛溪大桥	国家质量银质奖	1990 年
洛溪大桥主桥 480 米连续钢构	厅级科学进步特等奖	1990 年
105 国道洛溪大桥	交通部优质工程一等奖	1990 年
105 国道洛溪大桥	全国施工新技术项目	1990 年
广佛高速公路工程	省优良样板工程	1990 年
广东九江大桥	国家科技进步二等奖	1990 年
洛溪大桥主桥 480 米连续钢构	省科技进步二等奖	1991 年
105 国道洛溪大桥	交通部优质工程一等奖	1991 年
部分预应力混凝土建桥技术与无黏结筋的应用研究	省重大科学技术研究成果	1993 年
105 国道洛溪大桥	全国改革开放十大桥梁	1993 年
高明西江大桥	厅优良样板工程	1994 年
高明西江大桥	中国建筑工程鲁班奖	1996 年
	国家优质工程	

续上表

工程项目名称	获奖情况	获奖时间
虎门大桥	国际西班牙建筑大奖	1997年
虎门大桥270米连续刚构悬臂施工轻型鹰式挂篮	省科学技术进步一等奖	1997年
虎门大桥CH—150型架桥机	省科学技术进步一等奖	1997年
自攀式拆转模板高塔施工技术	省科学技术进步二等奖	1997年
桥梁工程大体积混凝土温度控制技术及工艺研究	省科学技术进步二等奖	1997年
高塔提升翻模施工技术	省科学技术进步二等奖	1997年
大面积深基坑活动平台施工技术	省科学技术进步三等奖	1997年
虎门大桥东锚深开挖与防护技术	省科学技术进步二等奖	1997年
液压提升跨缆吊机	省科学技术进步一等奖	1997年
柔性路面结构非线性分析研究	省科学技术进步二等奖	1997年
特大型桥梁施工控制测量新技术	省科学技术进步一等奖	1998年
160米大跨度预应力混凝土连续梁桥悬拼施工技术应用研究	省科学技术进步一等奖	1998年
佛开高速公路九江大桥大直径深水嵌岩桩基础施工成套技术	省科学技术进步二等奖	1999年
网络计划技术在虎门大桥工程施工中应用	省科学技术进步二等奖	1999年
虎门大桥建设成套技术	交通部科学技术科技特等奖	1999年
虎门大桥	交通部优质工程一等奖	2000年
洛溪大桥	第一届詹天佑土木工程大奖	2000年
佛开高速公路九江大桥大跨度预应力混凝土连续梁桥工程技术研究	省科学技术进步二等奖	2001年
虎门大桥建设成套技术	国家科学技术进步二等奖	2001年
沿海地区大直径桩基海水造浆施工技术研究	省科学技术进步三等奖	2002年
虎门大桥	第二届詹天佑土木工程大奖	2002年
许昌至漯河高速公路	国家优质工程三等奖	2003年
崖门大桥主塔施工抗风减振措施研究	省科学技术进步三等奖	2003年
崖门大桥单索面牵索挂篮悬臂施工技术研究	省科学技术进步三等奖	2004年
洛溪大桥	中国十佳桥梁	2006年
崖门大桥建设成套技术	省科学技术进步一等奖	2006年
西部沿海高速公路崖门大桥	第六届詹天佑土木工程大奖	2006年
广东省高速公路建设科技创新及应用	省科学技术进步特等奖	2007年
厦门海沧大桥	第七届詹天佑土木工程大奖	2007年

广东长大改革开放以来获得的社会荣誉 表3

项目名称	获奖情况	获奖日期
中国500家最大建筑企业第142位	国务院发展研究中心、国家统计局	1991年
企业管理现代化成果二等奖（强化工序质量管理，确保箱梁工程质量）	广东省经济委员会	1992年
广东省实施法定计量单位验收合格单位	广东省技术监督局	1992年
中国500家最大建筑业企业第80名	国务院发展研究中心、建设部、国家统计局	1993年
全国交通系统QC小组活动先进单位称号	交通部	1993年
中国500家最大经营规模建筑业企业第46名	国务院发展研究中心、建设部建筑业司	1994年
中国行业100家最大经营规模建筑业企业第21位	国务院发展研究中心、建设部建筑业司	1994年
CAQI中华之光名牌企业	中国质量检验协会	1995年
广州地区80家最大建筑工程企业排第8名	广州市企业评价协会	1996年
先进单位一等奖	广东省交通厅	1997年
先进企事业五一劳动奖状	中华全国总工会	1997年
广东省优秀QC小组奖	广东省质量管理协会、总工会、共青团委员会、科学技术协会	1997年
中国企业新纪录（1997年6月9日建成通车的虎门大桥全长4.6公里主桥为悬索桥，跨度888米，通航净高60米，10万吨级货轮可通行无阻，跨度为我国同类桥型最高纪录。辅航道桥为270米的连续钢构桥属世界之最）	中国企业管理协会、企业家协会	1998年
全国婚育新风进万家活动先进单位	中共中央宣传部、国家计划生育委员会	2001年
中国建筑系统企业信誉AAA级单位	中国资信评价中心、中国调查统计事务所	2002年
十年全国青年文明号活动优秀组织奖	共青团中央、交通部	2004年
广东省交通系统创建文明行业先进集体	广东省交通厅	2004年
十年广东省青年文明号活动优秀组织奖	广东省青年文明号活动组委会	2004年
AAA^{+}级中国质量信用企业	中国质量信用评价中心	2005年
2005年度守合同重信用企业	广东省工商行政管理局	2006年
广东省抗洪救灾模范集体	中共广东省委广东省人民政府	2006年
广东省交通系统思想政治工作研究活动先进集体	广东省交通职工思想政治工作研究会	2007年
中国交通建设十大桥梁英雄团队荣誉称号	中国桥梁文化周组委会	2007年
党委先进党组织	广东省人民政府国有资产监督管理委员会	2008年
全国交通行业抗灾保通先进集体荣誉称号	中华人民共和国交通运输部	2008年

公司坚持市场营销理念，坚定“立足广东、致力全国、面向世界”战略方针，致力市场开拓，从项目的前期考察、跟踪到组织投标、中标，工作流程明确、清晰、明细。公司的

市场开拓目前仍是以广东为主战场，同时，积极开拓浙江、福建、广西、四川、重庆、甘肃等省市的建筑市场，近几年来，公司基本能保持中标额30亿元/年以上，具有一定的市场占有率，为公司的做强做大创造了基本的条件。

四、基本经验

1. 坚持以市场为导向，积极开拓市场

市场是企业生存的基础，更是企业发展的源头。特别是近年来，随着公路建设市场招投标办法的实施和政府、业务及监督部门对招投标的管理逐步趋于规范，政策鼓励推行合理低价中标和无标底招标，建筑市场的竞争越趋白热化。面对严峻的竞争形势，公司坚持市场营销理念，坚定“立足广东、致力全国、面向世界”战略方针，致力市场开拓，每年市场中标额30亿元以上，海外项目的开拓也已成功向越南、柬埔寨、刚果（金）等国家进军，取得一定的市场份额。

2. 突出主业，培育核心竞争优势，拓展经营领域，争取更大的发展空间

经营是企业生存之本。公司全力营造全员经营意识，广大员工大力支持并积极参与生产经营；在产业结构上扬长避短，发挥优势，突出大跨径桥梁、高等级公路和大型隧道工程，抢抓“通山区高速公路”、“打通出省高速公路通道”等发展机遇，把路桥施工主业做强做优，形成优势产业。在经营策略上，以更加灵活的方式应对市场和适应市场，并依托自身优势，采用伙伴合作等“借力”发展，拓展国内外（如柬埔寨、刚果（金）、越南等国家）建筑市场。在大力拓展外部市场的同时，认真研究内部市场，加强内控制度的建设，做活在建重点项目大型机械设备的租赁、材料供应等文章，用良好的经营成效支持公司的快速发展。

3. 加强和创新管理，坚持以效益为中心，努力挖潜增效，提升企业的发展实力

公司组织引导好对低成本的研讨和实施，总结推广低成本项目管理经验，把企业管理的重点放在项目上，把加强项目管理的重点放在成本管理上，建立完善对所属分公司以及施工项目部班子的激励约束机制，促进成本管理水平的提高，不断提升项目赢利能力。

4. 加强技术创新，提升企业的核心竞争力

公司始终把技术创新摆在企业发展的突出位置，立足技术创新，促进企业发展。特别是“九五”、“十五”期间，公司以承建的虎门大桥、崖门大桥等重大桥梁工程为依托，加强与国内科研院所、高等院校等机构合作，在加强经营管理干部队伍、技术专家队伍和技术工人队伍的建设，健全完善激励机制，推动学习型企业的建设的同时，加大科技投入，根据市场的需求，积极推进大跨径桥梁、长大隧道、大直径桩基施工等方面施工技术、工法的超前研究，加强传统技术的升级研究和适用技术的推广，积极推进先进施工技术和设备，推广新材料、新工艺，力争占领市场的制高点，努力提高竞争能力和效益水平（具体见表2）。

5. 围绕路桥施工主业，完善产业链投资经营

从1997年开始，公司逐渐走出了单一的路桥施工经营模式，走向产业链发展道路，并成功参与投资建设了广惠高速公路、广梧高速公路、广西南宁永和大桥（BT）、都江堰岷江

大桥（BT）等项目的建设，社会效益稳定增长。

五、发展展望

企业战略是：围绕创造经济效益为中心，以施工为依托，拓展投、融资领域，注重创新与新市场开发，保证可持续发展。

1. 全力组织认真做好特级总承包资质的重新评审

2. 以公路施工为主业，向上向下以及横向拓展产业链

目标市场不仅要占据路桥施工领域，而且要往与建筑相关的投融资（包括采用 BT、BOT 模式）、设计、咨询等上游产业链的方向拓展，维修加固、养护等下游产业也要合理兼顾；横向我们要主动出击、加快节奏、提升资质，参与市政工程、城际轨道交通发展、高速铁路建筑领域的竞争。

3. 认清形势，稳打稳扎，开拓市场

市场开拓要紧跟国家政策和社会发展节奏，继续立足广东，以广东为施工主战场，在稳打稳扎广东市场的基础上，加大国内其他省市公路建设市场的调研、考察和组织投标，不断扩大公司市场份额。

4. 加强企业信息化建设

信息技术与企业管理的发展与融合，使企业竞争战略管理不断创新，企业竞争力不断提高，企业信息化建设是企业实现规模经济的先决条件。

海以其博大，纳百川而成其浩瀚；山以其厚重，历沧桑而为之雄浑。半个世纪的“逢山劈路，遇水架桥”，峥嵘岁月铸就了“广东长大”辉煌的历史，改革开放 30 年以来“长大人”的智慧和汗水，沉淀了“广东长大”艰苦奋斗、顽强拼搏、诚信务实、开拓创新的精神。新时期，广东长大坚持科学发展观，本着“以市场为导向、以项目为龙头、以管理为核心、以团队建设为基础、以效益为目标”的经营理念，继续发扬“科技为先、诚信为上、开拓为志、以人为本”的企业精神，竭诚为顾客提供满意服务、为社会创造更大价值，全面实现公司和员工的共同发展。

金色品牌　宏伟蓝图

河北路桥集团有限公司

“开山劈水三千路，斗转星移六十秋”。河北路桥集团有限公司（以下简称河北路桥）经历近 60 年的风风雨雨，沐浴着改革开放的浩荡春风，在夺取全面建设小康社会新胜利的历史时刻，又掀开了崭新的一页。

一、金色的品牌

几乎与共和国同龄的河北路桥集团有限公司，其前身是河北省交通厅公路工程局，成立于1950年，为国有独资大型公路工程专业施工企业。主营业务为公路的路基、路面、桥涵、隧道以及房屋建筑、交通安全设施的施工。目前在册员工2 680名。公司注册资本金3.1亿元，总资产近19亿元，所有者权益5.5亿元。公司具有公路工程施工总承包特级、铁路土建工程施工总承包特级、市政公用工程总承包一级、房屋建筑工程总承包二级、公路桥梁工程专业一级、公路路面工程专业一级、公路路基工程专业一级、公路交通安全设施专业施工和公路养护工程施工一类、公路养护工程施工二类（甲级）共10项资质。

除河北路桥集团的核心公司——河北路桥集团有限公司外，集团下设五个控股子公司，即河北路桥技术开发有限公司、河北路桥高速公路养护有限公司、河北路桥机械租赁有限公司、河北路桥新桥工程有限公司、河北路桥第七工程有限公司。五个控股子公司中，河北路桥技术开发有限公司主营公路工程监理，其资质等级为甲级；河北路桥高速公路养护有限公司主营高速公路养护，其资质等级为公路养护工程施工一类、二类（甲级）；河北路桥机械租赁有限公司主营工程机械租赁、机械代理销售。其他两个主营业务为路基、路面、桥涵等主业施工。尤其是从事公路养护、工程监理、机械租赁业务的三个子公司成立几年来开始崭露头角，已经发展成为河北省内各自行业的骨干企业，成为国内发展迅速的新星企业。

河北路桥拥有包括正高级工程师、高级工程师、一级建造师等各类高级技术人员997人，初中级技术人员1 520人。公司的技术人员中，有研究生学历的占10%以上，有本科学历的占40%以上，大中专毕业生占40%以上。长期的施工经营实践和历练，涌现出众多驾驭市场、善于经营的优秀项目管理人员。公司有厅局、省部和国家级“劳动模范”以及其他先进个人40多名。高素质的员工队伍，保障了公司的技术实力和经营能力，为公司发展提供了持续的动力。

河北路桥拥有生产用固定资产4.1亿元，机械设备1 500多台（套），其中大型机械设备460台（套），原值在100万元以上的105台（套），进口的先进设备76台（套），处于同行业的领先水平。特别是用于路面工程的关键设备，如各类沥青混合料拌和站、各类沥青混合料摊铺机、沥青混合料转运车等多为进口设备和国产先进设备（其中包括中国第一台进口沥青转运车），使公司的路面施工装备水平与施工技术能力在同行业内处于顶尖水平。

近年来，公司业务范围已经遍布浙江、陕西、青海、湖北、山西、安徽、河南、内蒙古、江西、辽宁、广东等全国十几个省（自治区），同时公司积极走出国门，成功进入了菲律宾和孟加拉国等国际市场。年生产能力达到双幅四车道高速公路路面150公里以上，双幅大型桥梁7 000延米，房建工程2万平方米，公路交通安全设施100公里。

二、曲折的历程

河北路桥前身的“河北省交通厅公路工程局”，是完全国有产权的竞争性企业（当时为事业单位，企业化管理）。2001年，公司更名为“河北路桥集团有限公司”后，按照河北省国资委关于委管企业改制的要求，借鉴改制成功企业的经验，力图从改变企业的产权性质为切入点，着手企业整体改制。但这次公司尽管聘请了专业机构进行运作，并借助于“外脑”

直接参与，最终因与企业的实际相脱离，第二次改制基本上又前功尽弃。

此后公司一直围绕解决制约公司发展的瓶颈——产权体制问题，积极地进行探索。经过集思广益，反复征求广大员工的意见，最后确定了总的指导原则：根据行业特点和企业实际，在不影响施工生产的前提下，以最低的成本，平稳地完成这项工作。

根据这一思路，公司于2003年先后设立了三个新的控股子公司，分别为“河北路桥技术开发有限公司”、“河北路桥高速公路养护有限公司”、“河北路桥机械租赁有限公司”。三个子公司成立后，经营状况良好，年利润率也一直保持在10%以上，高的达到了20%以上，经济效益明显高于集团公司所属的分公司，公司的股权收益也分别达到了17%、16%和7%以上，保持了良好的发展态势。

2006年底，公司又召开了专题会议。通过比较和论证，同时借鉴先前设立三个子公司的经验，大家一致认为，依托新项目发起设立新的有限责任公司，是一条解决产权单一的可操作的好路子。具体操作办法就是以新承揽的、效益预期比较好的工程项目为依托，以某一项目经理部或某一分公司为主体，由公司发起设立控股或相对控股及员工参股的有限责任公司。新公司的股权分配，以项目主体公司为主，部分股权面向公司全体员工。通过广泛吸纳员工股份，达到增强员工责任、强化员工监督的目的。由公司和员工共同出资的国有控股子公司成立后，决策层和经营层成员由子公司员工选举产生，实行新的薪酬制度和新的经营管理模式。公司除通过国有股权代表人行使股东权利，参与决策和经营管理外，一般不干预子公司的生产经营和其他事务，确保新公司自主经营、自负盈亏、自我管理、自我完善。这一思路确定下来以后，2007年公司首先以陕西商漫项目为依托发起设立了“河北路桥新桥工程有限公司”，2008年公司又以京石、张石、青兰和平山项目（上述四个项目全是七分公司的）为依托发起设立了“河北路桥第七工程有限公司”。通过一段时间的实践，两个股份有限公司的优势已经凸显。其主要表现为管理机制活，员工积极性高，各种监督到位。目前，二、三分公司分别依托项目发起设立新公司的工作也正在紧锣密鼓地进行，计划今年年底全部完成。

公司今后将继续坚持改制工作由点到面，由小到大，由少到多，在不影响施工生产和公司稳定的情况下，逐步改变公司的产权结构，低成本、高质量和比较稳妥地实现公司的整体改制。

在探索和推进产权体制改革的同时，公司紧紧抓住生产经营中的要害问题，积极地进行着经营机制改革和管理创新。通过机制的作用，以达到“千斤重担大家挑，人人肩上有指标”的目的。根据这一指导思想，公司于2005年设计并于当年开始推行了“全奖全赔（项目经营收益与风险全责承包）、两层分离（工程项目管理层与作业层分离）”项目管理模式试点，并在近两年逐步完善，由点到面地逐步推开，并已显现出其活力。目前已经实行“全奖全赔”、“两层分离”的项目，最大限度地降低了工程成本，实现了利润最大化，使员工和项目责任人也都得到了实惠。工地上浪费近乎杜绝，物尽其用；责任近乎极致，人尽其才。新的经营机制和管理办法，不但从根本上理顺了企业内部的管理关系，而且摆正了集体、员工和经营层之间的利益关系，还极大地调动了全体员工的积极性。

三、辉煌的成就

河北路桥集团有限公司作为河北的骨干队伍，一直是河北公路建设的主力军，为河北省公路最初路网主骨架的建设、形成发挥了重要作用。建国以来至改革开放以前，公司作为河北省唯一的公路专业建设队伍，担负着全省公路技术设计、攻关、施工的主要职责，完成省内的国道、省道、各种战备道路的修建，为河北省当时的交通、国防、经济的发展做出了突出贡献，成功完成了历史赋予的重大使命。在完成省内公路建设任务的同时，公司还积极履行国际主义义务，承担了马达加斯加2号、4号公路和总统府路等对外援建项目。马达加斯加2号公路全长226公里，处于热带山岭重丘区，为我国援外大型重点项目。公司克服重重困难，用7年时间，优质、高效、圆满地完成了该项目的测量、设计、施工任务，并提前交付使用。该路被称为“马中友谊之路”。参加援建的全体人员，获得了该国公共工程部颁发的表功证书，并有8人荣获了以该国总统名义授予的“六级骑士勋章”。几条道路的修建，不但完成了特殊时期的外交历史使命，而且为增进我国与项目所在国之间的友谊和光大我国及河北形象，做出了突出的贡献。

20世纪80年代后期，中国进入高速公路高速发展时期，河北省作为首都北京外围的省份，高速公路发展走在全国前列。公司作为河北省主要专业施工队伍，承担了大部分北京向外辐射的高速公路河北段的建设任务。如京石高速公路、京沈高速公路和京张高速公路等。以此为契机，公司迅速发展成为中国高速公路建设队伍的重要力量。伴随着全国高速公路的迅猛发展，公司主动发挥自己的专业优势，积极参与国内许多重点高速公路建设，经历了许多我国公路建设里程碑式的重大事件，为河北乃至全国由低等级路面到高等级路面的转化做出了重大贡献。1987年，公司参与承建跨省高速公路——京津塘高速公路，其中河北段6.84公里全部由我公司承建。公司在施工过程中，为我国利用外资、应用“菲迪克”条款起到了示范作用。2000年承建杭州北绕城高速公路，公司把从美国进口的国内第一台沥青混合料转运车投入施工。公司修建的陕西榆林至靖边高速公路路面M—1合同段全长38公里，该项目为我国第一条沙漠高速公路，为我国高速公路开始横跨戈壁、征服沙漠提供了宝贵的经验。改革开放以来，公司相继参与了京石、杭甬、石太、太旧、唐津、石安、保津、石黄、京秦、宣大、京张、唐山西外环、京沪、衡德、邯长、杭金衢、连霍、杭州绕城、祁临、丹本、榆靖、延塞、马平、黄昱、安庆长江大桥引桥、襄十、泰井、申苏浙皖、邢临、呼集老、京承、靖安、阿通、撒下、呼和浩特绕城、西汉、青银、张石、沧黄、青兰、景鹰、赤大、大连疏港、杭长、沿海、武吉、保阜、承朝、六武、阿博、广州绕城等几十条高速公路的施工，见证了我国高速公路发展的历史，为中国高速公路的发展做出了巨大的贡献。

河北路桥被省领导誉为“建桥先锋，筑路尖兵”；连续八年被河北省委、省政府命名为省级“文明单位”；被交通部命名为全国交通系统“先进单位”，并获得多种各级各类奖项。其中包括：公司承建的京津塘高速公路河北段工程，1995年获交通部优质工程奖，1997年获国家科技进步一等奖，1999年获首届詹天佑奖；公司承建的山西省太旧高速公路A标段工程，被山西省修路指挥部授予“优质工程奖”，1998年获鲁班奖，同时获交通部优质工程一等奖；公司参建的陕西省榆靖高速公路获鲁班奖和交通部优质工程一等奖；湖北省襄十高速公路和山西省祁临高速公路获第七届詹天佑奖；马达加斯加工程获该国国家工程奖；京沈高速公路香河段和浙江省杭金衢高速公路三合同在全国公路施工企业优质工程劳动竞赛中分别获1999年和2000年度优质工程奖；公司1999年荣获“全国交通系统优秀在建项目施工单位”称号；2001年获交通部“质量年活动优秀施工单位”称号；2004年获内蒙古自治区“公路交通建设先进施工单位奖”和2004年度四川省建设工程“天府杯”金奖；2005年获江西省“十五重点建设项目优秀施工单位奖”、陕西省建设工程“长安杯”奖（省优质工程奖）；2006年多项工程获得河北省“安济杯”优质工程奖。2007年获得两项全国交通优质工程奖。截至2008年9月，公司获得的各种荣誉奖项共有七十多个。公司先进的路面设备和优秀的路面技术队伍，使公司的路面施工技术水平在全国同行业中一直处于前列，竣工和在建项目的质量、进度在业主组织的评比中均名列前茅，其中绝大部分项目被评为全线第一名。

在市场经济大潮中，效益始终是企业追求的最主要目标。公司在从计划经济向市场经济的转变过程中，不断完善自己，从而不断地增强公司的市场竞争能力，使公司的经济效益不断得到提高，成为市场上强有力的竞争者。公司先后被评为“河北省建筑施工企业综合实力第四强”、“全国交通系统最大规模建筑企业第十一位”、“全国500家最优经济效益建筑企业第十七位”、“全国铁路公路隧道建桥企业行业100家最佳效益企业第七位”。公司不但平均每年为社会提供直接就业岗位两万余个，而且为全省交通系统培养和输送了大批精英人才。

四、卓越的管理

改革开放30年来，公司走过的路也是艰难和曲折的。尤其是20世纪末遇到了前所未有的困难。公司从理顺体制、强化基础工作做起，多层次、多角度地完善内部管理，有效地促进了公司快速发展。

1. 理顺权限关系，进行机构重组

公司建立了法人治理结构，使公司的决策科学化，管理规范化，经营合法化。加大法人治理结构的功能建设，按照《中华人民共和国公司法》和公司章程规定，明确了董事会、监事会、经理层的职责，形成各负其责，协调运转，有效制衡的治理结构。根据市场化要求，科学调整和重组机关部室，形成有效的决策运营监督机制，真正建立起产权清晰、责权明确的现代企业管理制度。

2. 追求卓越管理，打造精品工程

公司恪守“科技先行，管理至上，守约重誉，质量兴企”的质量方针，坚持“建一项工程，树一座丰碑，创一方信誉，占一片市场”的经营宗旨，努力实践“不创优，死不休”、“向历史承诺，对子孙负责”的诺言。公司不但重新修订完善了一系列工程质量管理制度，同时还建立了严格的质量管理体系，使ISO 9001质量管理体系有效运行，确保了工程质量。

3. 加大成本管理，拓宽利润空间

公司以经营为载体，以效益为中心，对工程成本实行一票否决。在工程承包中，实行风险抵押制度；在材料采购中，实行对外招标制度；对施工人员上岗，实行择优选聘制度。为了将这些制度落到实处，公司制定了《工程项目成本管理与核算办法》，成立了各级成本管理组织，对中标项目实行标后预算和成本审批。通过内部交流和吸收消化外部经验等措施，加强了对成本管理的理论研究，使成本管理更加科学化。

4. 构筑人才高地，确立科技优势

公司大胆改革用人制度、引进用人机制，对科技含量高的关键部门，关键岗位，实行竞争上岗。制订了《十年人力资源规划》，以满足公司迅速发展的要求。干部任用坚持德才兼备、以德为先的原则，使任用干部的政治和业务素质不断得到提高。完善《绩效考评管理办法》，真正做到“能者上，平者让，庸者降”。

5. 加大财务管控，抵御企业风险

公司建立以财务管理为核心、资金管理为重点的控制体系，既加大了筹融资力度，又拓宽了筹融资渠道。加大资金统一调度和统一筹集力度，实现了资金有效整合，最大限度地为公司发展服务。积极实施《企业会计制度》、《企业财务通则》，对规范公司财务会计管理、提供与国际接轨的会计信息、规范管理程序起到了积极作用。制定相关文件和风险预警指标体系，对施工经营中出现的各种风险起到了很好的防范和化解作用。

6. 搞好群防群治，构建安全防线

公司把安全生产置于生产经营的首位，形成了浓厚的安全生产文化氛围。加大对员工的安全教育，使员工的安全意识和安全管理与操作水平不断加强。开展岗位练兵和应急预案演练，提高了广大员工的应急技能。对安全检查中发现的不合格项采取登录、消除、验收、考核全过程闭环管理，实现了安全检查的标准化。

7. 加大设备管理，充分发挥效用

公司制定详尽的机械设备管理制度，使采购、使用、租赁、维修、保养等各个环节都有章可循。通过货比三家和招投标形式购置机械设备，确保以较低价格采购性能先进并适用的合格产品。搞好经常性的机械设备大检查，使机械设备长期处于良好状态和保持最高利用率。评选“红旗设备”和表彰先进机手，调动了员工爱护机械设备和爱岗敬业的积极性。

8. 推进技术创新，提高竞争能力

近几年，公司承担了河北交通建设的大量科技攻关任务，主要研制成果有：ZYZ—I、ZYZ—II型沥青混凝土摊铺机浮动基准梁、DLT—4 型沥青脱桶设备、BLQ—A—20 型沥青摊铺机抱轮器、GFS1—150 型滚动式粉碎筛分机、京津塘高速公路工程建设成套技术、SMA 路面施工技术、成本管理软件、绩效考核软件等。正在从事的项目有：软基处理技术、超薄沥青技术、高速公路养护技术、水泥混凝土路面技术等。公司在桥梁施工中，采用了大型的水泥混凝土拌和设备，使混凝土的拌和质量更好，同时采用了先进的运输和浇注设备，保证了水泥混凝土的浇注质量和进度。在路面施工中，采用先进的进口水泥混凝土拌和站和摊铺设备，此设备在全国达到了先进水平。采用了泡沫沥青冷再生技术，充分利用沥青路面维修过程中产生的废旧沥青材料，既解决了大量废旧沥青材料的弃置堆放及其带来的环境污染问题，又实现了资源的循环利用。公司采用了改性沥青，不但提高了路面的热稳定性，同时在省内开辟了应用泡沫沥青再生技术施工的先河。采用 SMA 掺加材料，提高了沥青路面的稳定度和质量。

9. 拓宽发展空间，占领国际市场

公司在努力开拓国内市场的同时，充分发挥曾经对外援建的优势和经验，积极发展国际市场，成功地走出国门。公司先后参与建设了卢旺达基姆路，菲律宾卡瓦路、菲律宾巴亚湾—卡伦布杨支线道路，孟加拉国第三道路以及菲律宾卡瓦路。卢旺达基姆路全长 54 公里，是新建山区道路，为科威特阿拉伯经济发展基金会、阿拉伯非洲经济发展银行、国际石油输出国组织（欧佩克）等多家机构贷款项目。菲律宾卡瓦路全长 26.2 公里，为世行贷款项目。孟加拉国第三大道项目、菲律宾巴亚湾—卡伦布杨支线道路也均为国际组织贷款项目。这几条道路不但都以完美的质量和可靠的信誉获得所在国的一致好评，同时也展示了中国建筑业和中国路桥人的风采。

10. 坚持以人为本，锻造企业文化

公司坚持管理、法理、伦理三管齐下，使三个文明建设取得了双丰收；向员工灌输“在岗一分钟，尽责 60 秒”的思想，使“执著、进取、敬业、奉献”的企业精神发扬光大。公司率先引进国际先进的 ISO 9001 质量管理理念和方法，搭建了党建工作制度化、规范化管理的新平台。推进民主政治建设，最大限度地发挥了员工的主人翁作用。大力开展“十四讲”（即讲学习、讲政治、讲正气、讲廉正勤政、讲爱岗敬业、讲拼搏奉献、讲严谨求实、讲诚实守信、讲顾全大局、讲开拓创新、讲勤俭节约、讲对公司忠诚、讲维护公司声誉、讲质量是企业的生命等）活动，极大地增强了员工的凝聚力和战斗力。

五、宏伟的蓝图

2006 年，根据省国资委的要求和部署，公司制定了《河北路桥集团有限公司“十一五”改革发展规划》（以下简称《规划》）。在这个《规划》中，公司明确了“以三项改革为动力，全力打造河北公路建筑业航母”的总体战略。实现这个总体战略的具体措施和达到的目标是：在确保公司平稳经营的大前提下，继续推行以“全奖全赔”、“两层分离”为主要形式的经营机制改革、以吸收员工股份组建新的有限责任公司和引进战略投资者为主要形式的产权体制改革、以通过信息化建设和组织结构及其职能调整优化为主要形式的管理手段改革三项改革，彻底转变发展观念，全力创新发展模式，实现公司成为管理水平高、经营机制活、经营业绩优秀、市场竞争力强大的现代化交通建设大集团的目标。到 2010 年，公司资产总额达到 17 亿元，所有者权益不小于 5.5 亿元，主业经营收入大于 15 亿元，其他经营收入大于 3 亿元，利润总额实现翻一番，把公司建设成以土木工程施工为主，监理、设计、咨询培训一体化、多元化、多层次经营的优秀企业。

按照这个《规划》，公司在今后相当一段时期内除将继续推进三项改革和加强基础管理外，还要以资本运作、海外扩张、多元化发展等作为三条发展主线，继续推动公司的发展。一是将加强资本运作力度，积极吸收员工股份、积极引进战略投资者，通过吸收增量式改制模式，吸引外部资金，逐步减少国有资本在整个集团中的比重，同时进一步拓宽产权改革思路，实现投资主体多元化。近一两年完成整体或者分拆上市的可行性研究，做好上市必要条件的基础工作，做好公司“十二五”上市的准备和产权社会化，实现公司跨越式发展。二是将推行走出去战略，选择适当时机，在非洲和东南亚等公路建筑潜在市场巨大的地区建立长久分支机构，采用适当方式（例如与当地政府或企业建立合资公司），培养当地人才，向跨国公司的目标发展，成为海外市场的有力支撑点，扎实地开拓海外市场，实现海外战略目标。三是在把主业做强做大和把监理、养护、机械租赁等业务做好的同时，要力争进入水利工程、铁路工程以及公路经营等行业，开展多种经营，把公司建设成以土木工程施工为主的、多元化、多层次经营的超大工程建设集团。

水运建设企业

引　　言

改革开放30年来，我国的水运工程建设取得了举世瞩目的成就，我国的港口货物吞吐量和集装箱吞吐量已连续五年位居世界第一位，集装箱年吞吐量于2007年突破亿箱大关，建成亿吨大港14个，改善了内河航运条件，为我国的经济发展和外贸业务的发展奠定了坚实的基础。

改革开放初期，在计划经济条件下，我国水运工程施工企业生产效率低下，技术装备水平较低，人才严重缺乏，企业办社会现象非常普遍，没有社会保险统筹系统，施工企业负担沉重。企业等、靠、要的现象极其严重，缺乏竞争意识，在国际市场上更是没有竞争能力。

党的十一届三中全会以来，党的改革开放政策，为我国水运工程施工企业的发展带来了机遇。我国水运工程施工企业进行了公司化改造，由过去的工程局、工程处改为公司，扩大了自主权和经营权；在水运建设行业推行招投标制度，将企业逐步推向市场；在劳动分配制度上实行施工企业“百元产值工资含量承包”等分配模式，极大地调动了广大干部职工的生产积极性，为企业的发展注入了活力；建立了新的职称体系和职业资格制度，极大地调动了技术人员的积极性；在劳动用工制度和社会保险体系的建立上进行改革，减轻了公司的负担；交通部组建了中国港湾工程公司，开拓境外市场，使公司逐步适应了国际市场；推行现代企业制度，使公司逐步发展为适应市场环境的现代企业，实现了跨越式发展。水运工程施工企业多种所有制形式出现打破了国有企业一统天下的局面。

为保障水运建设行业的健康发展，确保水运工程施工质量，水运工程施工企业实行了资质管理，全国有资质的水运施工企业已发展到130余家，其中港口与航道施工总承包特级企业7家，港口与航道施工总承包一级企业

38家。

我国水运工程施工的龙头企业中国交通建设股份有限公司是改革开放后逐步组建起来的，经过30年的发展，于2006年12月15日在香港联合交易所主板挂牌上市交易，成为中国第一家实现境外整体上市的特大型国有基建企业，2008年跻身于世界500强行列，是国务院国有资产管理委员会监管的大型国有企业之一，在国际水运工程市场具有很强的竞争能力。

中国交通建设股份有限公司所属企业中交第一航务工程局有限公司、第二航务工程局有限公司、第三航务工程局有限公司、第四航务工程局有限公司和中交天津航道局有限公司、上海航道局有限公司、广州航道局有限公司，原是交通部直属企业，是我国水运建设的主力军，在改革开放中发展壮大，承担了我国水运工程建设主要项目的施工任务，为我国水运事业的发展做出了巨大的贡献。中国交通建设股份有限公司所属企业中国港湾工程有限公司，是改革开放初期由交通部为开拓国际市场组建的（中国港湾工程公司），近30年来，该公司积极开拓，在激烈的市场竞争中，已发展成为年营业额为上亿美元的大型国际公司，承建了澳门国际机场、巴基斯坦瓜德尔港等一大批境外工程，为我国水运工程施工企业跨出国门作出了巨大贡献。

地方水运施工企业也在市场竞争中发展壮大，从承接中小型工程到大中型工程。施工设备和技术水平大幅提高，工程结算收入超亿元的地方企业和民营企业日益增加。

随着国际贸易额的不断增长，船舶大型化和海岸自然资源不断利用，在水深、浪大、地质复杂的海域进行水运工程建设成为不可避免的趋势。为适应水运工程大型化的市场需要，水运施工企业在施工设备和技术方面不断加大投入和创新。

长江口深水航道治理工程是建国以来国家最大的航道整治工程，是世界上巨型河口航道治理的成功范例。一期、二期工程的建成，标志着我国河口整治的研究和技术水平已进入世界先进行列。

上海国际航运中心洋山深水港区工程、广州港南沙港区工程等一批无掩护和半掩护、水深30米以上开敞式深水泊位的建设，标志着我国港口工程建设综合技术已经达到了能够适应各种复杂条件的新水平。水运工程建设力量的技术素质和核心竞争力进一步提高，已具备很高的国际竞争力。

水运工程施工技术在实践和创新中得到了提高，“海工工程GPS远距离打桩定位施工方法”、“坐底式半潜驳出运沉箱施工方法”、“模袋固化土海上围埝堤心施工方法”、“箱筒形基础结构气浮拖运与负压下沉施工方法”、“水下多孔空心方块安装施工方法”、“护底软体排铺设施工方法”、“控制加载爆炸挤淤置换施工方法”、“压浆混凝土湿法施工方法”、“软基处理真空预压施工方法”等施工新技术已申请列为国家工法，在行业中推广应用。

在内河建设中，航道整治、航道渠化、运河建设等方面均处于国际先进水平。总水头高达113米的三峡枢纽五级船闸的建成，标志着我国的船闸建设规模和标准及建设技术已达到了国际先进水平。

我国的水运工程施工设备向大型化、现代化方面迈进了一大步，拥有一批装备先进、自动化程度高的工程船舶。水上打桩船架高最大达95米，起吊能力为2 000～4 000吨的超大起重船在水运建设工程中得到了应用，为我国大型水运建设工程施工发挥了很大作用。

水运工程施工技术人才队伍建设取得了很大成绩，自国家恢复高考以来，高等院校培养了大批专业人员，一些专业人员在高速发展的水运工程建设实践中锻炼成为具有较高水平的专家。

新世纪新阶段，水运工程施工企业面临前所新的发展机遇和挑战。水运工程施工企业将在机遇和挑战中不断发展壮大，在科学发展观的指引下，为我国水运工程建设事业的又好又快发展做出新的贡献。

走出国门　走向世界

中国港湾工程有限责任公司

一、企业介绍

中国港湾工程有限责任公司（简称中国港湾）是中国交通建设股份有限公司旗下的全资子公司，前身是成立于1980年的中国港湾工程公司，1997年组建为中国港湾建设（集团）总公司，2005年12月转制为中国港湾工程有限责任公司，是国有大型外经工程企业之一。中国港湾立足于为全球客户提供海事工程及相关建筑领域的一体化优质服务，经营范围主要集中在海事工程、疏浚吹填、道路桥梁、港口机械、勘察设计等五大核心领域，涉及港口、沿海及内河的船坞与船台、疏浚、路桥、隧道、机场、水利、环保、市政、工民建、港口机械、航标制造安装、勘察设计、工程监理、外经外贸等多项业务，形成了工程建造总承包、设计总承包、成套设备制造安装、项目融资等多种服务模式。中国港湾致力于国际工程承包市场的开拓，在近30个国家和地区设立了分支机构，形成了高效的经营管理网络，业务涉及亚洲、非洲、美洲和欧洲的数十个国家和地区，“CHEC”已经成为国际承包工程业的知名品牌。

二、改革历程

自20世纪70年代末中国开启改革开放的大门以来，中国港湾便跻身于风云变幻的国际工程建筑市场，历经30年的精心培育和辛勤耕耘，走出了一条从小到大、从弱到强的发展道路，在经营规模、生产能力、赢利水平、综合管理和品牌影响力等各方面都取得了突出成就，见证了中国改革开放30年来所发生的翻天覆地的巨大变化。

（一）公司沿革

公司的前身是中国港湾工程公司，于1980年2月15日经国务院批准成立，1981年10月30日在国家工商总局注册。初建阶段与交通部基建局政企合一，1984年公司与部基建局政企分开，成为自主经营、自负盈亏的独立企业。

中国港湾建设总公司（以下简称中港总公司），是在1998年交通部体制改革时，经国家机构编制委员会批准成立的。后与中国港湾工程公司合并，于1991年7月23日进行工商登记注册。交通部将原属部管理的四个航务工程局、三个航道局、四个设计院、三个港机、航标厂划归中港总公司管理。

以中国港湾建设（集团）总公司（以下简称中港集团总公司）为核心企业的中港集团，于1996年10月28日经国家经贸委批准成立。交通部将四个航务工程局、三个航道局、三个港机厂、航标厂的国家资本划归中港集团总公司，从而构筑了以资本为纽带的母子公司体制。中港集团总公司于1997年12月3日在国家工商总局进行了变更登记，成为中港集团的母公司。

1997年4月，经国务院批准，中港集团进入国家120家试点企业集团。

1999年3月，中交水运工程设计咨询中心、水运规划设计院、第一航务工程勘察设计院、第二航务工程勘察设计院、第三航务工程勘察设计院、第四航务工程勘察设计院与交通部脱钩，划归中港集团。中港集团成为国资委直接管理的中央大型骨干企业集团之一。

2005年7月，经国务院批准，中港集团与路桥集团合并重组，成立中国交通建设集团。中国交通建设集团于2005年11月批准成立中国港湾工程有限责任公司，12月8日取得了国家工商管理总局颁发的营业执照，全面继承中港集团的海外业务、驻外机构和相关从业人员。

中国港湾伴随着中国改革开放的步伐而诞生，“走出国门、走向世界”的发展道路始终贯穿于公司的成长历程，为国家“走出去”战略这幅波澜壮阔的历史画卷上增添了浓重的一笔。

（二）发展历程

回顾中国港湾30年来的发展历程，大致可以划分为三个阶段：

1. 初创起步阶段

从20世纪80年代初到90年代中期，经历了大约15年时间，中国港湾从以劳务外派、小型经济合作项目和实施外援项目起步，逐渐建立和扩大海外营销网络，凭借国内劳动力成本低的比较优势，通过价格竞争手段在亟须加强基础设施建设的发展中国家承揽工程施工项目，有效利用对外窗口型企业政策优势，开展以港口装卸机械为主的进出口业务，初步形成了外经、外贸业务齐头并进、稳步开拓的态势，初步建立了企业信誉和知名度。

中国港湾的海外业务是建立在国内业务强大实力的基础上的。新中国成立以来，中国沿海及内河沿线所有大中型港口、大多数大型船厂的船坞、船台、滑道均由中国港湾设计和建造，沿海各港口港池、航道的开挖与维护和吹填造地等工程也全部由中国港湾承担。在“八五”期间中国港湾承建沿海港口泊位283个，其中万吨以上泊位100个，使我国港口新增吞吐能力1.25亿吨。其中集装箱泊位28个，新增集装箱吞吐能力323万标准箱，使我国的集装箱运输业得到快速发展。

2. 稳定提高阶段

从20世纪90年代中后期到2005年，经历了大约10年时间。伴随着国家“大经贸”政策和“走出去”战略的提出与深入实施，中国港湾的海外业务以大力发展具有竞争优势的海事工程、桥梁工程和港口装卸机械为中心，实施品牌战略，不断扩大市场份额，在20多个国家和地区设立了分公司、子公司和分支机构，同时通过兴办当地合资、合作企业，有效提高使用国外资源的力度，并展开与国际同行业间的广泛合作。

这一阶段代表性成就是2004年底完成的具有重要政治意义的我国政府援助巴基斯坦瓜德尔深水港口项目。该项目是根据2001年5月国务院总理朱镕基访问巴基斯坦时中巴两国政府签订的有关协议，由中国政府援助建设的大型港口项目。作为迄今为止我国援助建设最大的港口工程，项目从开始就深受中巴两国政府和领导人高度重视和关注，被誉为中巴两国友谊的里程碑。

3. 跨越发展阶段

中国港湾组建以来，随着我国经济实力、综合国力显著提高，国家继续大力实施“走出去”战略，支持具有优势的企业积极参与到国际市场竞争中去，中国港湾定位为海外水工建筑领域提供一体化服务，以大力发展核心竞争力、充分发挥综合外经企业的优势为中心，实施高端市场战略，以创新为动力，不断提高对综合资源的整合能力，大力转变经营理念，有效利用国内国外两种资源、两个市场，实现海外业务跨越式发展，逐步达到完全跨国经营的目标。

这一阶段代表性成就是马来西亚槟城二桥项目。2007年7月马来西亚槟城二桥项目EPC合同签字仪式和马来西亚槟城二桥项目中国政府优惠买方信贷签字仪式在马来西亚首都吉隆坡隆重举行，标志着中国港湾在策划、承揽特大型融资EPC项目方面获得了里程碑式的进步。

三、发展成就

经过近30年的不懈努力，中国港湾已成为本行业国内外深具影响力的企业。2004年度，中国港湾总资产达331亿元人民币，共完成营业额440亿元人民币，新签合同额495亿元人民币，在国内500强企业排名中位居第60位；在中国交通百强企业排名中名列第3位；在全国外经外贸企业营业额排序中排名第2位；在2004年中国进出口额最大的500家企业排名中名列第109位；在中国出口额最大200家企业中排名第92位；在国际上，中国港湾入选2004年世界最大的200家国际工程设计公司排名榜；自1992年以来中国港湾连续13

年入选美国《工程新闻记录》（ENR）杂志评选的全球最大225家国际工程承包商行列，2004年名列第36位，同时位列当年《工程新闻记录》和《建筑时报》首次联合推出2004年中国承包商及工程设计企业双60强名单中国承包商60强排行榜第5位；2005年《工程新闻记录》排名为第39位。

企业转制以来，中国港湾实现了跨越式发展，新签合同额、营业额和利润均实现大幅增长。

预计2008年新签合同总额将超过32亿美元，营业额将达到14亿美元，利润额将再次翻番，而且将在新的市场领域和业务领域实现历史性突破，超过1亿美元的特大型项目将大幅增加，企业发展势头良好。

（一）具有代表性和影响力的项目

1. 海事工程

（1）巴基斯坦瓜德尔深水港项目。项目东距卡拉奇460公里，西距巴基斯坦—伊朗边境约120公里，位于霍尔木兹海峡湾口处，战略位置十分重要。一期工程由商务部负责商务协调，交通部负责技术协调，中国港湾负责项目的实施与管理。项目总投资2.48亿美元，其中中方投资1.98亿美元。瓜德尔深水港项目一期工程于2002年3月22日开工，2004年12月25日竣工，历时33个月，较原计划工期提前4个月。瓜德尔深水港的保质快速建成，也震动了西方世界，使他们对中国政府、对中国人的建设实力更加敬佩。荷兰一家咨询公司的水工专家对码头的工程质量给出了“瓜德尔港的码头即便是在欧洲也是一流”的评价。2006年11月24日，巴基斯坦瓜德尔港项目一期工程正式移交巴基斯坦。交接仪式在伊斯兰堡举行，商务部部长薄熙来代表中国政府签署交接证书。国家主席胡锦涛、巴基斯坦总统穆沙拉夫出席了交接仪式。

（2）马来西亚槟城二桥项目。槟城是马来西亚的第二大城市和主要工业城市。2006年3月，马来西亚政府宣布将槟城二桥项目列为第九大马计划（2006年~2010年）中的优先发展项目。该项目目前为中国港湾头号项目，同时也是目前中国企业在境外实施的最长的跨海桥梁项目，在中国海外建桥史上将具有里程碑式的意义。这标志着中国港湾在策划、承揽特大型融资EPC项目方面获得了里程碑式的进步。槟城二桥设计全长22.5公里，其中陆上引桥6公里，跨海桥16.5公里，桥面宽28.8米，双向4车道加双向摩托车道，设计时速80公里，总投资10亿美元以上。中国政府通过中国进出口银行向马来西亚政府提供8亿美元的优惠出口买方信贷，这是中方对外提供的单笔金额最大一笔优惠出口买方贷款。项目建设工期从正式开工计算大约需要3年时间完工。

（3）苏丹港集装箱码头项目。苏丹港集装箱码头项目是截至目前中国在苏丹规模最大的港口建设项目，新码头建成后，将成为苏丹港吨位最大的泊位，可用于停靠大型集装箱船舶。全部工程造价达8 000万美元。在项目签约仪式上，苏丹运输、道路和桥梁部长发表讲话时指出，这两个集装箱码头的建设，是苏丹港扩建与发展规划的重要部分，不仅有助于提升进出口贸易量，而且对国民经济的整体发展也具有重要意义。

2. 路桥工程

中国港湾在路桥工程建设方面也已成为行业主力军，取得了斐然业绩，先后承建了黄石、军山、白沙洲、江阴、润扬等长江公路大桥和温州大桥、肇庆公路大桥以及澳门友谊大桥、泰国八世皇大桥等国内外的大型、特大型桥梁80多座。承揽的桥型有刚构桥、悬索桥、斜拉桥、拱桥等，几乎涵盖所有桥型；承建了高等级公路500多公里。近年来，中国港湾作为国家港口航道建设领域的重点骨干企业集团，先后承担了江阴长江大桥、长江口航道综合整治工程、上海国际航运中心洋山集装箱码头、东海跨海大桥和杭州湾跨海大桥基础工程、苏通长江大桥、南京长江三桥、海南三亚项目等一大批国家重点交通、国防项目，为我国经济发展和国防事业做出了新的贡献。

3. 其他工程

2006年11月，中国港湾与香港土木工程拓展署签署管理和运输惰性拆迁物料项目合同，项目合同总金额约1亿美元。中国港湾香港振华公司在香港较早就进入生态环保工程市场，1991年~1994年间处理的固体废物已达到全香港的70%。香港振华公司在船湾填埋场复育后建成的高尔夫球练习场，是资源再利用的成功范例。香港振华公司利用生化处理技术解决了香港城门河的污染问题，成功完成了当时世界最大规模的同类型生化处理工程。这些项目的成功实施，是整合各种资源为我所用、积极实施本土化的结果。管理和运输惰性拆迁物料是节约资源、保护生态的有效途径。惰性拆迁物料包括沙石、砖头和混凝土等，经过回收作为再生资源重新利用。

澳门新八百伴商场/写字楼工程、十六铺码头综合发展项目结构工程（酒店）都是房建大型项目，为澳门回归后中国港湾与当地公司合资后拿到的重要项目，前者合同额为6 708万美元，后者合同额为1.63亿美元。

（二）获得的重大奖项

1. 在工程质量管理和安全管理方面

中国港湾从项目管理入手，强化创优意识和精品意识，不断提高工程质量和安全水平，持续完善施工质量体系。1983年~2004年获得国家优质工程奖银奖15项，1998年~2004年共获鲁班奖21项。2000年第一届~2005年第五届詹天佑奖共评出103个获奖项目，中国港湾历届都有获奖项目，累计获奖项目11个，占获奖项目总数的11%。青岛港前湾港区三期前四个泊位工程获得第五届詹天佑奖，中国港湾参建的烟台港三期工程、武汉军山长江公路大桥获得第四届詹天佑奖，江阴长江公路大桥、广州港新沙港区一期工程6~10号泊位获得第三届詹天佑奖，虎门大桥、澳门机场人工岛场道工程、天津港东突堤码头及堆场工程、上海港外高桥港区二期工程获得第二届詹天佑奖，大连港大窑湾港区一期前四个泊位工程、宁波港北仑港区20万吨级矿石中转码头工程获得第一届詹天佑奖。尤其是中国港湾承建的澳门国际机场工程，曾先后获得交通科学技术进步一等奖、国家科学技术进步二等奖、第二届詹天佑科学技术进步奖、第二届詹天佑土木工程大奖，长江口深水航道治理工程一期工程曾荣获2002年度交通部优秀水运工程咨询成果一等奖、2003年度交通部优秀工程设计一等奖、第十一届优秀工程设计金质奖、第四届詹天佑奖，“大型沉管隧道工程技术研究”项目获2004年国家科技进步二等奖。

2. 环境保护、职业健康安全方面

中国港湾对环境格外关注，不仅在生产经营中严格遵循各国、各地区有关环保的规定，积极参与各项环保设施的建设，而且在努力创新环保生产新方法。中国港湾的子公司香港振华公司在港实施的项目多次分别获得香港环境保护署颁发的“明智减废标志绿色环保证书”、香港劳工处颁发的“建造业安全奖励计划优异奖”、香港特区政府工务局颁发的“公德地盘奖”，2006年又获得香港建造商会的“积极推动安全承建商大奖”、香港职业安全健康局及多家机构联合颁发的“第五届香港职安健大奖”，全面反映出公司对境外项目管理的努力和成绩，印证了在环保与职业健康安全管理方面的卓越表现。

3. 信息化管理方面

中国港湾在全面推行标准化管理的同时，也不断加强信息化管理的建设，建立了自动化办公平台，并荣膺国家信息化测评中心（CECA）2003年度、2004年度“中国企业信息化建设500强企业”的荣誉。

（三）践行社会责任

中国港湾以“感知责任、优质回报、合作共赢”为公司核心价值观，依托技术、设备、人才、管理优势，在国际市场赢得良好声誉，创出“CHEC”品牌。中国港湾在积极拓展业务的同时，亦尽企业公民的责任，捐赠、赞助等社会公益活动涉及社会各个层面。例如，中国港湾对我国云南少数民族地区进行了长达10年的全方位扶贫。在这一活动中不仅增强了公司的社会责任感，同时使当地少数民族同胞深切感受到祖国大家庭的温暖。与此同时，中国港湾本着“取之社会、用之社会”的原则，在海外所在国积极开展公益活动，不仅加强了中外交流，增进了国际友谊，而且树立了企业优质品牌和良好形象。例如，2008年，中国港湾在苏丹出资援助当地学生到中国留学，获得了该国教育主管部门和新闻媒体的高度评价。

四、发展展望

站在新世纪的新起点，中国港湾通过不断实践与积极探索，明确了自身定位和发展战略，制订了《中国港湾三年（2008年～2010年）战略规划》和《中国港湾中长期（至2020年）战略规划》，提出了以下企业理念和战略规划。

公司定位：经营管理型工程公司。

公司使命：为利益相关方创造更多价值。

公司愿景：成为国际海事工程及相关建筑领域一体化服务的卓越组织者和领导者。

公司价值观：感知责任、优质回报、合作共赢。

公司核心竞争力：资源集成整合能力。

企业文化的基本理念：海纳百川、大道当然、卓越致远。

（一）2008年~2020年总体规划（图1）

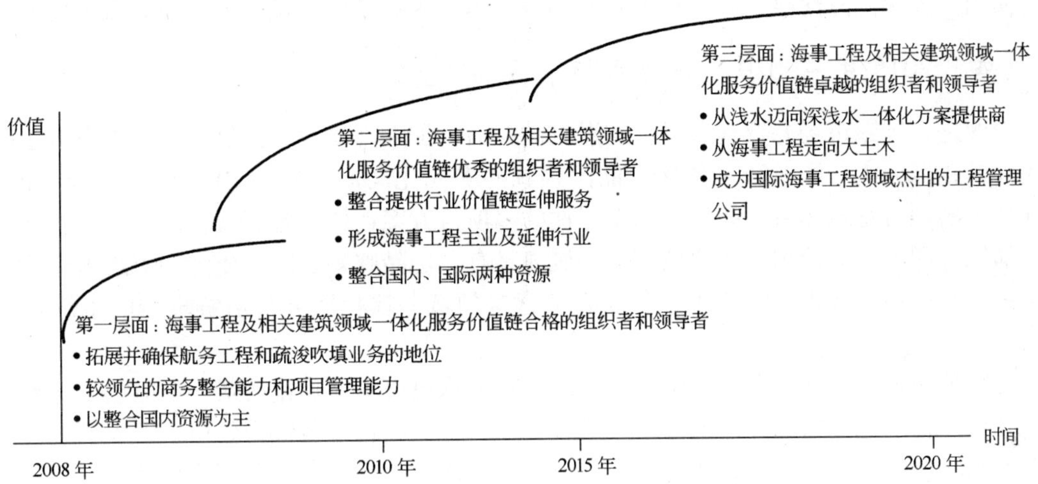

■衡量标准	■合同额 ■投资资本回报	■利润 ■高净现值	■选择项目价值
■关键成功因素	■集中于业绩 ■突出的大型复杂项目的管理能力	■营造项目流程链环境	■组织者／领导者的地位
■员工	■业务维持者	■建立业务组织者地位	■赢家和项目执行者
■能力	■发展自己需要的能力	■建立完事的能力基础	■能力要求具有高度灵活性
■激励理念	■以财务方面为主	■以里程碑为主	■以行为／具体工作为主

图1　中国港湾2008年~2020年总体规划图

（二）2008年~2010年近期目标

以市场营销和商务能力为龙头，通过资源整合打造核心竞争力，建立较强的项目管理能力，塑造“CHEC”在国际海事工程领域内的专业品牌形象。建立适合公司发展的企业管理制度，由“散”到“合”，发挥总部优势。提高经济效益，努力扩大海外市场份额，业务类型以综合类项目与现汇项目并重，向发展高端项目定位。成为国际海事工程及相关建筑领域一体化服务价值链合格的组织者和领导者。

（三）2010年~2015年中期目标

建立集团化运作机制，扩大业务范围，加强市场营销策划和品牌宣传能力，进一步塑造“CHEC”在海事工程领域内的专业品牌形象。经营、实施及运营前后端业务链的总体设计与策划更加娴熟，具有PMC项目策划能力。加强与业主的协调能力和提供项目管理服务能力，有效实施项目风险管理和融资管理，形成完善的技术研发、应用和项目管理机制。扩大综合类项目在公司业务中所占比例，着重发展PMC、BOT等产业链高端项目。加强与国内外企业的合作，或通过兼并、收购等方式掌握海事工程领域核心工艺技术，迅速增强公司的综合实力。成为国际海事工程及相关建筑领域一体化服务价值链优秀的组织者和领导者。

（四）2015年~2020年远期目标

全面进入国际市场并合理布局，进退机制灵活，加大高端业务比例。形成以海事工程及相关建筑领域为主、同时涉足环保与能源领域的多元化局面。进入PMC管理的成熟阶段，形成完善的项目管理体系，能够支撑全球性的多项目方案运作和融资。合同额及主要利润指标位居国际同类企业前列。在全球相关领域内具有一定品牌知名度，成为一家跨国经营的国际工程管理公司。成为国际海事工程及相关建筑领域一体化服务价值链卓越的组织者和领导者。

随着公司不断发展壮大，中国港湾在国际工程承包市场上日益活跃，不但敢于并善于与国际知名工程承包公司展开公平竞争，更敢于并善于与国际知名咨询公司、工程承包公司进行合作和联合经营，在学习赶超国际先进项目管理技术和经验上，在创造精品项目上，在项目管理队伍的打造上，在营销渠道的建设以及资金融筹上，多层次地持续探索国际化经营、本土化管理、实体化发展的道路，积累了丰富的经验，取得了骄人的成绩！

筑 港 摇 篮

中交第一航务工程局有限公司

一、企业介绍

中交第一航务工程局有限公司，是中国交通建设股份有限公司的全资子公司，创建于1945年11月12日，是新中国的第一支筑港队伍，素有“筑港摇篮”之美誉。

中交第一航务工程局有限公司总部位于天津，是一家以港口工程施工为主，多元经营、跨行业、跨地区的国有大型骨干施工企业，现拥有1个工程总承包特级资质、14个工程总承包一级资质和15个专业承包一级资质。公司下设8个全资子公司和1个控股公司——天津一航安装工程有限公司，两个分公司——铁路工程分公司和城市交通工程分公司，两个事业部——总承包工程部和海外事业部，以及1个教育培训中心，分别分布在天津、青岛、大连、秦皇岛等地。

截至2007年底，公司拥有总资产约120亿元人民币；拥有各类工程船舶228艘，施工机械5 690多台；在岗员工9 000多人中，各类专业技术人员达4 400余人，其中中级以上专业技术人员和管理人员1 231人，包括高级工、技师和高级技师在内的高技能人才达到2 105人，同时，公司还拥有国家一级、二级建造师340余人。

60多年来，中交第一航务工程局有限公司在国内外承建了诸多大中型工程，包括港口、航道、修造船厂水工建筑物和高速公路、桥梁、机场、轻轨、大型成套设备安装、工业民用建筑、市政工程以及其他大中型建设项目，同时还参与澳门国际机场、首都国际机场、上海浦东国际机场、天津滨海国际机场、西安阎良机场等多个机场建设；自2006年以来，公司进军铁路和地铁市场，先后参建太中银铁路、哈大客运专线、京沪高速铁路、天津地铁3号线、石武客运专线等，进一步扩大了生产经营领域，为企业的持续科学发展奠定了基础。

在国内业务稳步发展的同时，公司走出国门，为国外基础设施建设做出了积极贡献，经营领域涉及码头、工业及民用建筑、道路、桥梁、水利、成套设备安装等方面的设计施工，先后在毛里塔尼亚、巴基斯坦、阿联酋、沙特阿拉伯、巴布亚新几内亚、印度尼西亚、利比亚、赤道几内亚等多个国家和地区承担了施工任务，并受到当地政府和人民的好评。

二、改革历程

辉煌30载，沧海变桑田。改革开放的30年，正是公司翻天覆地的30年。这支历史悠久的老牌筑港劲旅，自成立时的交通部塘沽新港工程局（国民党政府统治时期），60余年来数次更名，1950年起隶属交通部，1961年更名为交通部第一航务工程局；1997年归属于中国港湾建设（集团）总公司，名为中港第一航务工程局；2006年10月27日，随中国交通建设股份有限公司的成立而整体改制为中交第一航务工程局有限公司。翻开从“六五”到“十一五”改革开放的历史画卷，不仅见证了公司由艰难到辉煌、由弱小到强大的发展进程，更展示了我国筑港事业腾飞发展的光辉历程。

“六五”、“七五”期间，公司一方面投身国家港口建设事业，一方面积极推进改革，实现重点转移，为企业的长期发展奠定了良好的基础。

在国民经济调整过程中，公司艰难挺过国家航务工程建设的短暂徘徊期，并随着经济形势的逐步好转，在“三年改变港口面貌”的建设时期被评为天津市“大庆式企业”。

期间，公司先后参建完成了天津港、秦皇岛港、大连港、青岛港、石臼港、烟台港、营口港、丹东港、锦州港、海口港、黄骅港、唐山港等一大批国家重点港口工程。1978年~1979年，参加抢建北仑港，完成了当时全国最大的矿石专用码头——北仑港10万吨级卸船码头；1976年~1989年，承建了具有世界先进水平的秦皇岛港煤码头一期、二期、三期工程。

同时，公司积极进行内部配套改革。1980年制订了《关于扩大企业经营管理自主权的实施方案》，理顺公司内部关系，并逐步推行承包经济责任制；1983年试行了党委领导下的局长负责制；1982年~1983年，全面进行企业整顿；1984年起，进行经济体制改革，实行分级分权目标责任管理，逐步确立局长、经理在生产经营管理中的中心地位；1990年，企业内部逐步形成以“百元产值含量”为基础，多种承包形式并存的经济责任制体系。

1988年是公司改革搞活、施工生产、经营管理、思想政治工作取得较大成绩的一年。当年，公司被交通部批准为国家二级企业，精神文明建设也进入全国先进行列。

“八五”时期，是公司解放思想、转换机制、在市场经济大潮中求得生存发展的时期。

面对市场经济与计划经济新旧经济体制转换的新形势，公司以邓小平“南巡”讲话为指导，加速经营机制的转换，面向市场、放开经营；发展主业、确保北方；开拓经营、进入南方；努力构筑国内外结合、主副业互补的经营格局。厦门公司、上海分公司分别于1995年、1996年成立。

坚持“质量第一、用户第一、信誉第一”的经营方针，港口建设彰显业绩，境外施工成绩斐然，参建了澳门历史上最大的工程——澳门国际机场人工岛。

公司深化改革，出台了《深化企业内部改革总体方案》、《向所属企业下放经营权，促进经营机制转换的若干措施》、《关于深化改革，加快发展的若干措施》三项重大举措；改进和完善承包经营责任制；变革施工管理体制，推行施工项目管理；进行劳动人事制度、实行岗位技能工资制、企业福利制度三项制度改革；调整两级机关机构。通过一系列大刀阔斧的改革，真正转换了机制，促进了发展。

“九五”时期，公司努力适应市场经济，生产经营保持强劲的发展势头，生产规模进一步扩大。

在市场竞争激烈、经营环境日趋严峻的情况下，公司鲜明地提出进军公路工程领域，构筑多元经营新格局的经营战略目标。包头至东胜高等级公路中标，标志着公司由此开始向公路建设市场的战略转移，随后下属五个工程公司均进入路桥工程领域；同时还组建了天津一航安装工程有限公司和天津一航基础工程有限公司两个专业化公司。

公司开拓船坞、船台、高层、机场领域显现成果，建成了中国企业新纪录工程——山海关15万吨级船坞工程和葫芦岛渤海造船厂10万吨船台工程，山东第三高层建筑——青岛颐中假日大酒店，参建了我国最大的航空港——上海浦东国际机场工程。

1994年，公司首次提出“科技兴局”战略，随后出台《“九五”科技发展规划》、建立“技术开发基金”、召开建局55周年暨局首届科技大会。结合生产应用开发科研成果，注重对带有方向性、有发展前景的新技术、新工艺等储备性项目的研究，完成了4项交通部“九五”国家重点科技攻关课题；1项科技成果获国家三等奖，12项科技成果获交通部奖，16项科技成果获中港奖，1项新技术获国家专利。

作为交通部和建设部建立现代企业制度试点单位，公司勇于在企业改革发展中探索现代企业制度的建立和运行，并摸索了很多成功的经验。《深化企业内部改革总体方案》得到中港集团批准；2000年完成船厂“拆墙”工程，成立天津船舶工程有限公司；完成公司改制，成立多元投资、混合所有制的有限公司，在局属各单位中首次出现职工持股；实行岗薪制和经营者年薪制；2000年，公司完成劳保统筹移交地方。

“十五”时期，公司抢抓机遇，与时俱进，实现全面、健康、持续和快速发展。

在激烈的竞争中，公司驾驭市场经济的能力明显成熟，施工生产能力明显增强，2005年承揽任务、完成施工产值双超百亿，年利润首次突破亿元大关。

北方市场得到进一步巩固，南方市场逐渐形成规模，路桥市场份额进一步扩大。参建了国内第一座超大型跨海大桥——东海大桥工程、世界第一跨海长桥——杭州湾跨海大桥工程、大型城市立交桥——津市解放南路立交桥，在开拓大型桥梁市场方面迈出了重要步伐，并产生很大社会影响。2001年，公司首次进入了中东市场。2002年8月，新资质开始就位，公司及所属7个基层单位全部保留独立法人的资格，单独申报建筑业企业资质。

公司进一步加大科技开发力度，拉动生产经营发展，10项科技成果获国家、省（部）级奖，15项科技成果获中港科技进步奖，3项技术获国家专利。天津港湾工程研究所作为公司技术开发中心，加大投入，重视科研成果转化，共提交成果报告近500篇。2003年，港研所土工室正式挂牌为“中港集团岩土工程重点实验室”，并于2007年被交通部认定为港口岩土工程技术交通行业重点实验室。

公司全面加大船机设备投入，引进“天威”号全回转多功能打桩船，建造93.5米桩架的超大型打桩船——“打桩18号”，建造“长建1号”、“安定1号”、“打设1号”，开发建造和改造多艘专用半潜驳，截至2005年，公司用于沉箱出运的专用船舶总数达到9艘，对提高企业形象和市场竞争力起到了重要作用。同时，专业大型沥青拌和站的引进，也为企业开拓公路工程领域提供了有力的设备保证。

公司基层单位转制、改制向纵深发展。2001年，公司下属的天津港湾工程研究所转制，天津港湾工程设计院改制；全面实施主辅分离、辅业改制，使企业更加精干；全面落实劳动合同制——集体协商、集体合同制度。

公司坚持管理创新，从管理方法、管理体系、管理制度、管理手段以及办公环境等方面全方位向现代化企业迈进。全面实施“二四四工程”（“两个突出”、“四个规范”、“四个提高”）、三年一贯制、开展“效益管理年”活动；“三位一体”认证“满堂红”；公司建成信息网络、建立内外网站、引进视频会议系统、自行开发“海上GPS打桩定位系统”、“多通道温度遥测仪”、“青平一号坐底式基床抛石整平船GPS定位系统”，为公司开展信息化施工技术的应用开了先河。

2002年，公司颁布《企业文化建设纲要》（第一版），企业文化建设走上正轨。同时还被天津市评为“高技能人才评价试点企业”，成立了中国港湾工程学院天津（航务）分院。

“十一五”时期，公司以科学发展观为统领，调整经营结构，加强企业管理，全力打造中交股份第一品牌。

立足当前，放眼长远。公司制订了包括7个子规划在内的《“十一五”发展规划纲要》，明确了总体发展目标和重大举措。提出“四个领先、一个建立”：整体管理水平在国内同行业领先，科技创新能力和技术水平在国内同行业领先，人才资源在国内同行业领先，质量管理和优质服务在国内同行业领先，建立学习型企业。依据企业总体发展目标，实施理念创新、文化创新、体制创新、机制创新，深化落实改革的各项工作。

2006年~2008年，公司全面实施《“十一五”发展规划纲要》。

按照中国交通建设股份有限公司的整体部署，依据《公司法》，建立并不断完善公司法人治理结构。

公司发展势头强劲、结构调整明显。铁路市场规模持续扩大，地铁和大型总承包项目实现“零”的突破，设计院重组完成，资本运作开始起步，海外市场呈“井喷”式态势，企业经营结构正逐步形成布局合理的四大格局。

突出风险防范和精细管理，通过不断完善标后预算、全面预算、风险防范、绩效考核、项目“日出成本”控制、内控制度等体系，正在搭建精细化管理长效机制的基本框架。

公司生产经营规模不断扩大，整体运营平稳，至2008年生产经营已双超200亿元，提前两年实现了“十一五”规划目标，始终保持在中交股份基建板块排头兵的位置。

2008年3月，公司迈出具有历史性意义的一步，公司总部进驻天津滨海新区，落户天津港保税区，为公司今后的长远发展奠定了坚实的基础。

三、发展成就

60载悠悠岁月，几代一航人前赴后继，铸就了今天的辉煌。数十年来，一航人的足迹踏遍了我国几乎所有的海港和一部分内河港。在祖国蔚蓝色的海岸线上，公司承建和参建了北自丹东港、南至三亚港的四十几个港口，为祖国的港口建设事业的发展谱写了壮丽的诗篇。截至2007年底，公司累计建成码头泊位913个，其中万吨级及以上泊位448个，占中国沿海万吨级及以上泊位总数的40%以上；仅“七五”至“十五”20年间，就累计建设深水码头287个，岸线长达69 813米；同时，公司还建成船坞、船台24座，公路桥梁315公里。施工区域涉及中国28个省、市、自治区和香港、澳门2个特别行政区，以及亚洲、非洲、欧洲、大洋洲、南极洲的14个国家和地区。

奉行着“浇注精品、发展企业、奉献社会、造福员工”的企业宗旨，秉承着“干一流的，做最好的”的核心价值观，肩负着“为国内外交通基础设施建设提供一流产品和最优服务”的使命，公司在国内外多项大型工程中创造了一个又一个奇迹。

在我国第一座海上人工岛机场——澳门国际机场工程的建设中，一航人充分发挥自身优势，出色地完成了施工任务。工程规模之大，工期之短，效率之高，质量之好，在我国航务工程界可谓史无前例。

在举世瞩目的长江口深水航道整治二期工程建设过程中，一航人克服外海施工难以想象的困难，依靠顽强拼搏的斗志和作风，不仅提前完成了全部施工任务，更在全国水运工程施工史上创下了单个项目部一年完成10亿元施工产值的奇迹。

在国内第一座真正意义上的跨海大桥——东海大桥桩基工程施工中，一航人发扬敢打硬仗、善打硬仗的作风，分别提前207天和150天完成沉桩和承台浇筑任务，连续刷新了中国企业打桩新纪录。

从2004年6月起，一航人走进了曹妃甸，克服了初期“三角棚，路不通，柴米油盐船运行；电靠发，水靠拉，出门迎面吹风沙”的艰苦处境，先后完成了25万吨级矿石码头、30万吨级原油码头、煤码头起步工程、世界最大的“四线四翻”翻车机房等工程，以新技术、高质量、快速度赢得了胡锦涛总书记“一支能打硬仗的队伍”的称赞。

传奇伴随着一航人用心浇注的每一座精品，一航人还优质高效建成了天津港东突堤码头及堆场工程、大连30万吨级矿石码头和30万吨级原油码头，秦皇岛港二、三、四、五期煤码头、第29届奥运会青岛帆船码头、大连新船重工30万吨级船坞以及大连中远船坞基地等一大批水工工程，在建成当时创下了多项纪录。

在海外，公司承建了毛里塔尼亚友谊港、马耳他30万吨级船坞、阿联酋哈德里湖海墙等一大批工程，其品质和形象获得了当地政府的高度评价，也为公司赢得了良好信誉。2008年，公司先后进入利比亚、巴布亚新几内亚等市场，其中利比亚米苏拉塔市房建项目合同额高达15亿美元，为公司历史上单个项目新签合同额之最，也标志着公司在国际化的道路上走出了坚实的一步。

出色的工程业绩，奠定了公司在我国交通基础设施建设领域的领军地位，也赢得了国家和社会的广泛认可。多年来，公司共获的国家优质工程金奖和银奖14项、鲁班奖8项、詹天佑奖11项、中国市政工程金杯奖4项、部省级优质工程奖59项。

文化是企业的灵魂，是企业发展的深层推动力。自2002年颁布《企业文化建设纲要》（第一版）以来，一航文化建设经过持续的提炼和升华，《企业文化建设纲要》（第二版）于2007年10月正式颁布，进一步完善和扩充了原有的理念，确立了一航核心价值观、一航使命、一航愿景等新的理念，形成了更为完善的文化建设体系，从而将进一步发挥先进文化对企业发展的引领、凝聚和激励作用，大大提升企业的知名度和美誉度。

科学技术是第一生产力。多年来，公司始终坚持科技兴企战略，不断增强设计和科研能力，建成了具有世界先进水平的岩土工程实验室、海岸工程水动力实验室，同时努力拓展技术领域，提升技术服务水平，为我国交通基础设施建设做出了杰出贡献。公司共有60项设计和科技创新成果获得63次国家、部级奖，15项新技术获国家专利，多项自行研制开发的项目分别达到国内领先、国际先进水平。如公司作为主要完成单位完成的"长江口深水航道治理工程成套技术"、参与完成的"东海大桥工程关键技术与应用"、"大直径钢圆筒振动下沉设备及工艺的研究与应用"、"海上GPS打桩定位系统的研制与应用"、"坐底式半潜驳"等一批工艺和专利技术的应用，大大提高了生产效率，促进了企业的快速发展，从而使公司人均劳动生产率由1980年底的5 544元增长到了2007年底的172.6万元。

改革开放以来，公司在奉献祖国交通基础建设事业的过程中也实现了企业的长足发展。企业总产值从1980年的1.14亿元，到1990年达到4.2亿元，2000年企业总承包产值24.7亿元，2005年企业承揽合同额和完成总承包产值双超百亿，2007年，完成合同额和营业额分别达到190亿元和180亿元；2008年，公司正朝着完成合同额和营业额双超200亿元的宏伟目标稳步迈进。同时，通过提高管理水平，依靠科技进步，企业的经济效益也在不断提升，利润额从1978年的721万元增长到了2007年的5.5亿元。随着企业的持续发展，员工收入也实现了稳步增长。近5年来，员工人均收入年均增长达到28.5%。

企业和员工的奉献，受到党和国家领导人的关注和重视，从1952年毛主席视察天津新港以来，先后有邓小平、江泽民、李鹏、朱镕基、胡锦涛、温家宝、吴邦国、贾庆林、曾庆红等多位党和国家领导人视察公司建设的工程，给予了一航人充分肯定和亲切关怀。也正因为奉献的执著，公司得到了业界和社会的高度认可，多年来分别荣获"全国优秀施工企业"、"全国用户满意施工企业"、"全国安全生产优秀施工企业"、"全国质量效益型先进施工企业"称号，并曾先后多次获得"全国思想政治工作优秀企业"、"全国精神文明建设工作先进单位"、"全国模范职工之家"、"全国青年文明号"等荣誉称号。

四、基本经验

30年来，面对变幻莫测的市场风云，面对来自行业内部各种竞争对手的巨大压力，面对企业规模增长而带来的种种运营风险，面对时刻存在的工程工期和安全压力，公司始终积极应对，始终牢牢把握改革发展稳定的大局，取得了非常可喜的成果。30年的改革发展历程中，公司经受了考验，加深了对市场机制的认识，增强了驾驭企业的能力和本领，并取得了一些对公司发展具有指导意义的经验。

1. 坚持把发展作为兴企富民的第一要务

发展是企业一切活动的归宿，是各项工作的出发点和落脚点，是兴企富民的根本保证。发展必须坚持以生产经营为中心，集中各方力量，调动各方面积极性；发展必须坚持抢抓机遇，善抓机遇，并通过工作创造机遇，把握重要战略机遇期；发展必须贯彻科学发展观，做到生产规模和经济效益协调发展，产值、质量和安全生产全面提高，企业管理、科技创新和体制改革全面进步，公司所属各单位整体发展，企业利益和职工利益协调共惠，物质文明和精神文明建设共同提高，实现全面、健康、和谐发展；发展必须保持一定速度，保持快速和持续发展。

2. 坚持把建设具有较强创造力、凝聚力和战斗力的领导班子作为搞好企业的关键

领导班子是一个组织的灵魂，是企业成功的关键，特别是在市场经济错综复杂、建筑业竞争加剧、职工思想和价值观念活跃、企业发展进入提升转型的阶段，领导班子的作用更是至关重要。建设战斗力强、凝聚力高的领导班子，必须把践行“三个代表”重要思想作为根本要求；把选好人、用好人、管好人作为切入点；把提高驾驭宏观经济能力、提高控制力作为核心工程；把个人价值和整体绩效的充分发挥作为工作准则；把真诚待人、善于沟通、清正廉洁、作风民主作为形象体现。

3. 坚持建设优秀的企业文化，使之成为推进企业跨越式发展的深层力量

自2002年起，公司决定全面推进企业文化建设，对多年来进行的企业文化实践和探索进行整合和升华，并于当年7月25日正式颁布《中港一航局企业文化建设纲要》，一航文化建设从此掀开了崭新的一页。

几年来，公司以践行一航文化为主线，积极向企业管理领域和制度层面深化，先后策划和组织了推行企业形象视觉识别系统、“五优形象”建设、“用心浇注您的满意”优质服务活动、项目文化建设以及品牌文化等一系列的践行活动，充分发挥企业文化的导引、规范和提升等作用，使之成为企业跨越式发展的深层推动力。通过企业文化建设，一航形象和企业信誉进一步提升，形成了宝贵的无形资产；“干一流的、做最好的”的核心价值观进一步弘扬，增强了企业内部的凝聚力和竞优意识；职业道德和“用心浇注”的水平进一步提高，显现了一航人的文明素养；项目文化和施工现场管理进一步融合，提升了企业综合管理水平；企业宗旨和经营方针进一步落实，基本实现了企业全面、健康、持续发展的目标。

4. 坚持以人为本，充分依靠广大职工，使之成为企业发展的主要推动力

广大职工是企业财富的创造者，是企业中最重要的资源。企业的持续快速发展，正是广大职工用勤劳、智慧和汗水为之奋斗的结果。充分保护和调动广大职工的积极性，必须树立“以人为本”的理念，把提高职工的生活水平作为各项工作的根本点；把满足不断增长的职工物质和精神需求，创造良好的工作和生活环境作为基本要求；把弘扬优秀的企业文化作为精神动力；把实现人企合一、互惠共赢、和谐发展作为永恒的追求。

5. 坚持深化改革与加强管理并重

改革是管理的创新，管理是改革的规范化。改革开放以来，公司积极推进三项制度改革，形成了适应市场经济的用人、用工和分配制度；加大力度推行施工项目管理，形成以施工项目管理为载体的经济运行机制，拉动了各项管理整体进步，又带动了各项配套改革。改革和管理的持续推进，极大地解放了生产力，适应了公司快速发展的需要。坚持改革与管理并重，必须坚持以先进的理念为先导，用理念和观念的创新带动管理和机制的进步；必须坚持理论联系实际和实事求是的方针，注重解决经济运行中最突出、最重要的问题，扎实推进，分步实施，以点带面，整体提高；必须坚持处理好改革、发展和稳定的关系，确保改革的力度、发展的速度和企业与职工的可承受度协调可控，使企业始终处于安全、稳定、和谐的状态。

6. 坚持科技兴企，以科技创新拉动企业快速发展

科技创新是企业可持续发展的内在动力，是核心竞争力的主要载体。近年来，公司持续加大科技创新力度，科技创新在拉动企业发展中的作用日益突出。实施科技创新，必须紧密结合企业实际，把高新技术对传统产业的改造和新技术、新材料、新工艺、新设备的应用作为提高经济效益、增强竞争能力的重要手段；必须坚持人才兴企战略，充分调动和发挥各方面人员的积极性和创造性，形成尊重人才、尊重知识的良好氛围；必须坚持规模扩张以优良的装备为保障，科学预测市场走势，实现大型船机的改造升级；必须持续加大科技投入，提高科研开发的软硬件水平，突出技术研发与成果转化在生产经营中的支撑作用。

7. 坚持发挥公司总部和下属子公司的两个积极性，形成局部优势与公司整体优势互补

2001 年，建设部对建筑施工企业提出资质重新就位的要求，公司审慎决策，保留了二级子公司的独立法人地位，形成了 6 个一级总承包资质，最大限度地调动了公司所属各单位的积极性和创造性，为公司开拓经营、抢占市场、扩大规模、抵御风险创造了有利条件，最终实现了公司整体利益的提高。实践告诉我们：结构调整必须遵循市场经济规律，以促进生产力发展为前提；必须尊重历史，尊重现状，发挥公司和公司所属各单位两个积极性，这是公司在激烈的市场竞争中赖以生存和发展的巨大动力。

8. 坚持不断加强和改进党的建设，充分发挥党组织的政治核心作用

改革开放以来，公司党委及各级党组织始终以高度的政治责任感充分发挥政治核心作用和战斗堡垒作用，把保证企业改革发展的正确方向、推进企业加快发展、维护和发展职工利益作为全部工作的出发点和落脚点，不断增强党组织的凝聚力和战斗力，不断提高围绕中心、服务大局的能力，为企业适应市场、赢得竞争、跨越发展提供了坚强有力的政治保证、思想保证和组织保证。近年来，公司实现了产值从 2000 年的 30 亿元攀升到 2005 年的 100 亿元，又从 2005 年的 100 亿元攀升到目前的 200 亿元的两次跨越。面对新市场新形势，更需要各级党组织全面贯彻落实科学发展观，加强党组织先进性建设，进一步团结和带领全体职工解放思想，开拓创新，不懈进取，为实现公司科学发展、和谐发展、率先发展，建设现代化一流企业而奋斗，实现党组织的最大作为。

五、发展展望

过去的半个多世纪，波澜壮阔，风雷激荡，华章不断，而今中交第一航务工程局有限公司又站在了新的历史起点上。未来的一段时期内，公司将以党的十七大精神为指导，以科学发展观统领全局，把科学发展作为第一要务，把深化改革作为重要支撑，把依靠科技兴企、增强自主创新能力作为战略基点，把践行“以人为本”作为核心工作，把构建和谐企业、推动物质文明、精神文明、政治文明协调发展作为重要目标，努力实现企业的全面、协调、快速和可持续发展。

“十一五”期间，公司将深入推进精细化管理，推动制度创新，持续调整经营结构，大力推进企业文化建设，努力实现企业的科学发展、和谐发展、率先发展；同时，公司还将继续致力于全面建立现代企业制度，建立完善规范的法人治理结构，立足国内外两个市场，力争成为“行业领先、国内一流、国际知名”的综合性现代化大型建筑企业，以更为出色的业绩为中国乃至世界的交通基础设施建设做出更大的贡献。

水上陆战队

中交第二航务工程局有限公司

一、企业介绍

中交第二航务工程局有限公司（简称二航局）是中国交通建设股份有限公司的全资子公司，创建于1950年，原是交通部直属的航务工程一级施工企业。

二航局下辖9家子公司、9家分公司，具有公路工程施工总承包特级、港口与航道工程施工总承包特级、市政公用工程施工总承包一级资质。公司总资产近90亿元，现有员工7 000余人，其中各类专业技术和管理人员3 700余人。拥有各类大型工程船舶90余艘，大型施工机械设备3 200余台（套），装备的先进性及新度系数处于同行业领先水平。2003年，公司通过了质量、环境和职业安全健康管理体系认证。2006年，二航局获得了代表中国质量管理领域最高荣誉的全国质量奖。2007年，公司桥隧实验室被认定为交通部长大桥梁重点实验室，公司技术中心被认定为省级技术中心。

作为中国港口施工骨干企业，二航局为中国的港口和航道建设事业作出了巨大贡献，20世纪80年代起，二航局抓住改革开放的历史机遇，在交通部属企业中率先主动走向市场，突破施工地域和产品结构限制，高起点进军特大桥施工领域，承建了世界上最大跨径斜拉桥——苏通长江大桥、世界上最长的跨海大桥——杭州湾大桥、世界上最大跨径钢桁架拱桥——重庆朝天门长江大桥等具有世界影响的工程，打造出了中国桥梁界的一块金字招牌。2002年以来，二航局创新管理和盈利模式，铁路、投资和海外三大板块实现了历史性的突破和跨越，经过50多年的发展，二航局已成长为一家融设计、施工、科研、资本运作于一体，以路桥、港航、铁路、市政工程施工为主业，大土木、多元化经营的大型工程建设企业，年经营合同额与施工产值均过100亿元，产品范围遍布全国28个省、市、自治区以及东南亚、南亚、中东地区。

二、改革历程

中交第二航务工程局有限公司是沐浴着改革开放的春风，伴随着改革开放的脚步发展壮大的。改革开放焕发了二航局的生机与活力。正是在改革开放大政方针引导下，二航局走出了一条断脐自立走向市场、变革创新成功转型、追求卓越走向辉煌的发展道路，实现了施工区域的突破、产品结构的扩展和经营模式的转型的历史跨越。

1. 断脐自立走向市场（1984 年～1990 年）

二航局组建于建国之初，但从诞生之日到 20 世纪 80 年代初的 30 多年里，其经营范围一直局限于长江沿线的港口码头，年施工产值不足 3 000 万元。20 世纪 80 年代初，长江航运全面萎缩，长江沿线港口和航道建设进入低谷，二航局陷入了前所未有的困境。

穷则思变。在计划经济桎梏下举步艰难的二航人，果断地把这一历史性的挑战转化为机遇，于 1984 年制订了“立足长江，面向沿海，兼顾国外”的 12 字经营战略，并以初生牛犊不怕虎的勇气和精神，投入到市场经济的大潮中，成功冲破了施工地域的限制，迅速由长江沿线向东南沿海和海外一些国家和地区拓展，先后承建了深圳赤湾港、广州新沙港、广西北海港、温州龙湾港等 30 多个万吨级码头泊位。二航人主动参与市场竞争，有效扩展了企业的生存空间，初步形成了“足跨十余省，兼顾国内外”的施工生产局面，施工年产值很快取得了突破性进展——1985 年完成 7 000 万元，1987 年突破 1 亿元，1990 年将近 2 亿元。施工地域的突破，使二航局实现了第一次跨越式发展。

12 字经营战略的制订与实施，揭开了二航局改革开放的大幕，在二航局改革发展史上具有里程碑意义。

为了适应市场竞争的需要，二航局在主动扩展施工区域的同时，在内部管理上进行了一些重大改革：1984 年，成为交通部首批局长（经理）负责制的试点企业，以“百元产值含量”为基础，推行工程安全、质量、文明施工、效益承包制；1987 年，成为全国首批 18 家推行“鲁布革”工程管理经验试点企业之一，积极推行国际流行的“项目法”施工，进行管理层与劳务层的分离，改过去拖家带口上工地为精兵强将上前线，给企业注入了生机与活力。特别是 1988 年提出的“争科技领先，创管理一流”的企业精神，成为二航局特有的价值观和企业发展的“双轮”驱动器，对二航局的改革发展产生了重大的影响和推动作用。

2. 变革创新成功转型（1991 年～2002 年）

20 世纪 90 年代初，国内水工市场萎缩，而路桥市场却迅猛发展。二航局领导集体审时度势，将原 12 字经营战略修订为“竞占（国内、国外）两个市场，走向多元经营，依靠科技管理，获得最佳效益”新的 24 字经营发展战略。正是在这一经营战略引领下，二航局迅速抓起了以“转换经营机制，拓展经营范围”为特征的新一轮改革发展热潮。

在交通部的支持下，1991 年，二航局主动承建黄石长江大桥 6 个深水主墩的施工任务。在施工中，二航局将水工施工技术成功嫁接于桥梁工程施工中，从而推动了中国桥梁施工技术的全面创新。黄石长江大桥的承建，使二航局实现了产品结构的重大转型，经营领域由过去单一的港口码头施工向公路、桥梁建设市场突破与拓展。随后，二航局相继承建了当时中国公路第一长桥——浙江温州大桥，中国第一、世界第四跨径的悬索桥——江阴长江公路大桥，国内第一、世界第二跨径的双塔双索面预应力混凝土斜拉桥——湖北荆州长江大桥，长江上最宽的特大型桥梁——武汉军山长江大桥及中国第一的特大型悬索桥——润扬长江大桥等一大批高、大、难、新的桥梁工程。二航局在国内桥梁建筑市场的占有率迅速提高，成为了中国桥梁建设领域的一匹“黑马”，新华社称之为“中国桥梁建设的生力军”。二航局的施工产值由 1990 年的近 2 亿元增长到 2001 年的 20 多亿元，进入到中国 500 家最大建筑企业和中国最佳经济效益建筑企业的前列，二航局实现了第二次跨越式发展。

在这一阶段，二航局加大了企业管理模式和机制的变革创新力度。1997年，二航局将局、子公司、施工处三级管理架构改变为局（公司）、项目部二级管理架构，实现了组织机构的扁平化；1998年，进行了三项制度改革，从中层干部到普通员工全部实行了竞争上岗，实现了“干部能上能下，工资能高能低，员工能进能出”；1999年，进行了主辅分离，初步形成人才、劳务、资金、物资、设备等五大“内部模拟市场”，企业员工由近万人减少至6 000余人；2002年，企业由母子公司体系变为总分公司体系，取得公路工程施工总承包特级、港口与航道工程施工总承包一级和市政公用工程总承包一级资质，建立了与国内外著名院校、科研机构和企业组成的“战略联盟”，实行了多领域、多专业、多形式的强强联合。这些重大改革举措，进一步激活和解放了企业的生产力。

3. 超越自我追求卓越（2003年至今）

2003年，为了谋求企业更高水平的发展，二航局高层领导提出了“整体启动，深入推进企业文化建设，以先进文化力提升企业竞争力，推动二航局从优秀走向卓越”的经营思想，制订了包括指导思想、核心理念、理念体系、发展目标等主要内容组成的《二航局企业文化发展大纲》，并在《大纲》精神指导下，制订了“三步走”的企业中长期发展战略。在企业经营战略的引领下，二航局积极进行了产品结构调整。进一步巩固水工市场，承建以长江口深水航道治理二期工程等为代表的国家重点项目，确保公司在航务工程建设领域的主力军地位；打造特大桥品牌，先后承建苏通长江大桥、杭州湾跨海大桥、重庆朝天门长江大桥、贵州坝陵河大桥、南京长江三桥、武汉阳逻长江大桥等具有世界影响的桥梁工程，进一步确立了公司在国内建桥企业中的标杆地位，为我国由桥梁建设大国向世界桥梁建设强国的迈进做出了重大贡献；高起点进军铁路和地下工程领域，承建了哈大铁路客运专线、太中银铁路、合武铁路客运专线、京沪高速铁路、广州地铁六号线2标等一批铁路和地铁工程项目；积极开拓海外市场，最近两年在东南亚、南亚、中东等地区承揽了近7亿美元的工程项目；稳步进入投融资领域，实施了湖南株洲天元大桥、广东云浮新港码头、内蒙古109国道等一批基础设施的BT/BOT项目，提升企业的营销层次，占领建筑业高端市场，优化了企业赢利模式。

新的企业发展战略的实施，使二航局迅速向集施工、设计、科研、资本运作于一体的大土木、多元化经营实体演变，极大地提高了企业竞争力和市场占有率，经营合同额由2002年的30多亿元增加到2007年的160亿元，年均增长39%；施工产值由2002年的20多亿元增加到2007年的112亿元，年均增长32%；公司盈利能力显著增强，5年共实现利润8.2亿元，年均增长73%；企业财务实力快速增长，资产总额由2002年的21.8亿元增至2007年的72亿元，净资产由4.46亿元增加到14.35亿元，主要经济指标位于全国同行业前列。被国内新闻界和同行业称之为中国“交通建筑行业尖兵，路桥施工领域旗舰”，实现了二航局第三次跨越式发展。

《二航局企业文化发展大纲》和“三步走”企业发展战略的制订与实施，成为二航局快速发展、走向卓越的重要推动力。二航人在“诚信共赢，拼搏奉献，持续改进，超越自我”的核心价值观统领下，践行“港航连四海，路桥通五洲”的企业使命，他们以“争科技领先，创管理一流”的精神，努力实现“成为世界一流的工程建设企业，成就基业长青的百年二航伟业”的企业愿景，企业品质得到显著提升。二航局先后获得了“全国精神文明建设工作先进单位”、“全国企业文化建设工作先进单位”、“全国守合同重信用单位”等称号。2006 年，二航局荣获中国质量管理领域的最高荣誉——全国质量奖。

在这一阶段，二航局管理机制的变革与创新向纵深发展。2003 年，二航局作出了打造“一体化”和“信息化”两个基础性的管理平台的工作部署，顺利通过质量管理体系（ISO 9001）、环境管理体系（ISO 14001）、职业安全健康管理体系（OHSAS 18000），并保证体系的有效运行，开发了项目管理软件、财务管理信息化系统以及营销、设备等主要综合业务管理模块；2004 年导入卓越绩效管理模式，以满足顾客为中心，积极营造学习创新、追求卓越的企业环境，建立与顾客和相关方合作共赢的良好关系；2007 年，二航局提出“再造管理体系，回归管理本质”，实施管理流程再造，制订了自己的管理标准《中交第二航务工程局有限公司管理大纲》。机制的不断变革与创新，有效激发了企业的生机与活力，全面提升了企业管控能力、资源配置能力和快速反应能力。2003 年，二航局开始以建立现代企业制度为主线的改革。2006 年，二航局改制胜利完成，成为香港上市公司中国交通建设股份有限公司的全资子公司，企业进入了一个崭新的发展阶段。

三、发展成就

20 世纪 90 年代，二航局高起点进军路桥市场，致力于打造中国建桥企业第一品牌，建造和参与建设了近百座跨江、跨海大桥。在江阴长江大桥、武汉军山长江大桥、鄂黄长江大桥、润扬长江大桥、南京长江三桥、武汉阳逻长江大桥等工程施工中，创造了一项又一项中国建桥纪录，承建世界上最大跨径斜拉桥——苏通长江大桥、世界上最长的跨海大桥——杭州湾大桥、世界上最大跨径钢桁架拱桥——重庆朝天门长江大桥、世界上最大跨径的单跨双铰钢桁加劲梁悬索桥——贵州坝陵河大桥等具有世界影响的工程，充分体现了二航局的技术、管理、人才和设备优势。

在二航人树起的一座座丰碑中，有 10 多项工程先后获得国家优质工程鲁班奖、詹天佑奖、国家优质工程银质奖、中国市政工程金杯奖，获得部、省级优质工程奖 30 多项。

当初二航局一进入特大桥建设市场，就将水工施工技术嫁接到桥梁工程施工中，并不断加以创新，引发了桥梁施工技术的革命，推动了中国桥梁建设整体施工水平和生产力水平的快速提高。利用设备和技术优势，在中国桥梁建设市场演绎了后来居上的神奇故事。施工技术的创新使二航局在桥梁建设市场占据了制高点，管理方式的创新是二航局取得卓越绩效的重要保证。

按传统习惯，长江大桥的开工时间一般都选择在汛期过去以后，以便将桥梁基础施工安排在枯水季节进行。二航局率先采用水上钻孔平台施工技术，使桥墩基础施工不再受水位限制，大桥的开工时间有了更大的选择余地。

根据每个工程项目的不同特点，选用不同的设备和施工方案，钢围堰、钢套箱的安装有时是分节吊装，有时是整体吊装，有时又采用现场分片拼装和钻孔桩施工同步进行，这些施工技术合理的运用，大大提高了工效，缩短了工期。

引进德国的 DOKA 自动液爬模系统，并加以消化、吸收和改进，不仅使大桥主塔的混凝土外观质量大大改善，同时还把主塔的施工工期缩短了将近三分之一。

例如在近期广州猎德大桥项目施工中应用的“空间三维曲面贝壳型塔柱施工技术”、“空间三维自锚式悬索安装施工技术”、“超宽、不等跨、大跨度加劲梁顶推施工技术”，通过了广州建设新技术推广站的成果鉴定并已通过申报，获取广州市建设新技术、新产品、新设备、新材料推广证书。该桥主桥为独塔自锚式悬索桥，跨径组合为47米+167米+219米+47米，全长480米，双向六车道，在已建成的同类型桥梁中居国内第一、世界第二，索塔塔高128米。

这一系列施工技术和施工工艺的创新，产生的最直接的效果就是施工进度大大加快，国内建桥记录不断被刷新。2005年10月，二航局再次创造了新纪录，国内跨度最大的斜拉桥——南京长江三桥只用两年零两个月就建成了。

桥梁建设周期缩短创造的经济效益和社会效益无疑是巨大的，施工企业成本降低了，建设单位的投资提前得到了回报，其中更大的效益来自桥梁建成后对地方和区域经济发展所发挥的积极作用。

在中国公路特大桥市场，二航局的市场占有率已跃居榜首。在跨江跨海特大桥工程施工领域，二航局占据了三分之一的市场份额。

在高等级公路建设市场，二航局参与了沪宁高速公路、京珠高速公路、同三高速公路等国道主干线的建设，修建高等级公路600多公里。

2005年，二航局成功挺进铁路建设市场，已先后承建合武铁路客运专线湖北段、洛湛铁路岑茂段、太中银铁路、哈大铁路客运专线、广昆铁路、京沪铁路等项目共计约160公里。2007年，二航局中标承建广州市轨道交通6号线，正式进入了地铁施工领域。

作为中国港口水工工程骨干施工企业，二航局为中国港口和航道建设事业作出了巨大贡献，修建各类码头200多座。自20世纪70年代至今，已施工水工项目346项，近几年来，公司参与了黄骅港北防波堤、长江口深水航道整治二期等国家重点工程的建设，其中盐田港二期工程获鲁班奖，长江口深水航道整治二期工程获得全国用户满意工程；另外目前施工的洋口港区人工岛工程Ⅰ区LNG石油接收区吹填砂顺利到顶，达到+10米标高，开创了国内无遮掩外海人工岛施工的先河，也刷新了世界上同类型人工岛只有49%成功率的纪录。

在市政、水利、环保工程领域，二航局也取得了十分突出的业绩。广西贵港航运枢纽船闸工程荣获鲁班奖。上海合流污水治理一期工程3.2标，创造了地下顶管直径最大、一次顶进距离最长、三维曲线顶进三项国内第一。

二航局在海外市场取得了重大突破，先后承建了菲律宾渔港码头工程、孟加拉吉达港集装箱码头工程、马来西亚槟城二桥、越南芦耶围海造地项目、巴基斯坦卡拉奇国际集装箱码头及堆场工程、越南胡志明市和记黄埔集装箱码头、沙特扎瓦尔港口工程等项目，中标金额近7.2亿美元。无论从中标项目的数量、总额，还是从项目规模、效益和影响力上，与历史相比较都跃上了一个新台阶，实现了海外市场历史性的跨越。

近两年来，二航局稳步进入投资领域，湖南株洲天元大桥BT项目、株洲红港大桥（湘江五桥）、广东云浮新港BOT项目等已相继开始运作和成功实施。2008年实施投资的海阳市围海造地工程，总投资达70亿左右，首期开发项目总投资5亿元左右（不包括100亩土地开发），该项目采取滚动开发模式，开发周期约为10年。

2007年公司人均劳动生产率超过160万元，产值利润率达2.9%。

中交第二航务工程局有限公司承建的世界之最工程见表1。

中交第二航务工程局有限公司承建的世界之最工程　　表1

序　号	工 程 名 称	居世界之最内容	工 程 进 展
1	苏通长江公路大桥	世界最高主塔：塔高300.4米； 世界最大跨径斜拉桥：1 088米； 世界最大规模群桩基础：主塔基础由131根直径2.5~2.8米的变径钻孔桩组成，桩长117.6米，承台截面114米×48米； 世界最长斜拉索：单根最长索长577米	竣工
2	杭州湾跨海大桥	世界最长跨海大桥：全长36公里，桥长35.7公里	竣工
3	贵州镇胜公路坝陵河大桥	世界单跨最大跨径双铰钢桁加劲梁悬索桥：单跨1 088米	在建
4	重庆朝天门长江大桥	世界最大跨径中承式钢桁连续系杆拱桥：主跨552米	在建

四、基本经验

改革开放30年来，二航局之所以能够走出一条成功的发展道路，主要是二航人充分发挥了自己的主观能动性和劳动创造性，以其聪明才智和辛勤劳动探索了一套具有二航特色的基本经验——以科技进步为先导，以管理创新为基础，以文化塑造为灵魂，形成了企业强大的技术、管理、文化优势和核心竞争力。

1. 积极推行科技创新与进步，形成了企业改革发展的利器

科学技术是生产力，而且是第一生产力。改革开放一开始，二航人就形成了强烈的科技竞争意识，并于1988年确立了“争科技领先，创管理一流”的企业精神。在这一精神推动下，二航局实施了一系列重大科技创新与进步举措。

大力实施人才发展战略，建立了一整套适合企业发展战略需要的人力资源开发与管理体系，造就了一支高素质的技术骨干队伍，形成了一个适应企业发展战略需要的人力资源结构布局。

坚持组织制度体系保障，组建了以公司技术中心、长大桥梁施工技术交通行业重点实验室及中交股份桥隧重点实验室为技术开发平台，以重大工程项目为依托，以企业战略定位为方向，以若干课题专家组为基础的技术创新体系和以《科技发展经费管理办法》、《科技进步奖励办法》、《工程技术管理办法》、《二航局“十一五”科技发展规划》为主要内容的制度保障体系。

积极整合外部优势资源，形成了与同济大学、清华大学、德国DOKA公司、法国地基公司、英国茂盛公司等国内外大专院校、先进企业、科研机构的技术联盟，强强联合，开展了一系列重大技术攻坚活动。

依托重大工程组织技术攻关与开发，不断培育发展自己的核心、高端技术，先后形成了如“超长大直径嵌岩桩技术”、“超高主塔施工技术”、“超深沉井施工技术”、“特大型沉箱技术”等一大批具有国际领先和国际先进水平的施工技术和工艺。其中，“长江口深水航道治理工程成套技术”获得国家科技进步一等奖，“特大跨径桥梁钢塔和深水基础设计施工创新技术研究”获得国家科技进步二等奖。科技优势成为二航局承建杭州湾跨海大桥、苏通长江大桥等一批国家重点工程项目的竞争利器。

2. 不断推动管理变革与创新，焕发了企业改革发展的活力

管理也是生产力。在形成企业强大技术优势与竞争利器的同时，二航局不断地推动企业管理的变革与创新。

建立健全灵活有效的项目管理机制，学习“鲁布革”工程管理经验，推行“项目法”施工，实行精兵强将上前线。建立了以项目部为龙头，快速组织、配置、共享关键资源（人员、信息、资金、技术、装备等）的工程项目运作机制。以重点项目为依托，与一批国内外知名院校、科研机构和企业组成强大的“战略联盟”，极大地提高了工程项目特别是重点项目的施工能力。大力推进三项制度改革，在劳动用工、人才培养上，建立了绩效考核、竞争上岗体系，在薪酬制度上，实施了“宽带薪酬制”，有效地实现了“干部能上能下，工资能高能低，员工能进能出”，解放、激活了企业的生产力。积极优化内部组织结构，进行了企业主辅分离，极大地提升了企业总承包能力。积极导入先进管理模式，全面导入了质量、环境、职业安全健康“一体化”管理体系，精心打造了“一体化”和“信息化”两个基础性管理平台，导入卓越绩效管理模式，实施企业管理流程再造，进一步提升了企业管控能力和快速反应能力。先进管理模式的导入，推动二航局实现了从优秀到卓越的跨越。

3. 大力推进文化建设与发展，塑造了企业改革发展的灵魂

企业的竞争，归根到底是文化的竞争。所谓“企业5年发展靠机遇，10年发展靠管理，20年发展靠文化”，从一个侧面揭示了企业文化对提升企业核心竞争力，确保企业持续健康发展的至关重要性。正是基于这一认识，二航局于1988年就以“争科技领先，创管理一流”企业精神的提出，开始了企业文化建设，并于2003年实施了全面启动和深入推进。

二航人以其勤劳、智慧与责任心，通过企业思想政治工作、企业文明创建和企业文化建设三者的整合与融合，与生产经营、改革管理紧密结合，根据工程施工特点自主创新开展的项目文化建设，以“品牌员工”、“品牌工程”的培养和塑造、“12345”文化落地工程为主要载体，形成了以“四海为家、拼搏奉献”的光荣传统、“拉得出、打得响”的过硬作风、“快速反应、主动出击”的市场意识、“诚信服务、优质回报”的经营理念、“信守承诺、忠于职守”的道德观念、“持续改进、追求卓越”的绩效观念和“公平竞争、和谐共赢”的责任意识，以民营企业的“灵动＋果断”、现代企业的“变革＋创新”和国有企业的“大气＋规范”为主要特征的二航企业文化，有效地铸就了二航局改革发展、走向卓越的灵魂和基因。

五、发展展望

1. 公司总体发展目标

成就世界一流的工程建设企业，成就基业长青的百年二航伟业。

2. 指导思想

根据国家产业政策和国有经济改革方向，认真贯彻落实科学发展观，坚持“做强主业、卓越管理、绩效优先、持续发展”的原则，以市场为导向，以效益为中心，以人才为根本，以技术为先导，不断提升企业竞争力。

3. 公司总战略

立足于“大土木”工程，提升项目管理和资源整合能力，拓展资本运作业务，成为具有全方位服务能力的世界一流的工程建筑企业。

4. 战略实施步骤

(1)短期发展方向（2007年~2010年）：突出“大土木”高端产品主业，进一步扩大优势产品在国内的市场份额，夯实管理基础，巩固行业内的领先地位。

(2)中期发展方向（2010年~2015年）：铁路、市政工程建设处于国内领先地位，技术与管理水平和国际接轨，基建板块、海外板块和投资类项目三分天下；优化业务流程，提升特大型复杂项目总承包能力和企业层面的资源整合能力，实现卓越绩效管理和赢利模式的稳定，增强企业可持续发展的能力。

(3)长期发展方向（2015以后）：立足于“大土木”工程，国内国际市场并举，以资本运作为手段，推动企业产业结构优化升级，成为核心竞争力强、主业突出、具有全方位服务能力的世界一流工程建设企业。

在蓝色的土地上耕耘

中交第三航务工程局有限公司

一、企业介绍

中交第三航务工程局有限公司（前身为交通部第三航务工程局、中港第三航务工程局），是中国交通建设股份有限公司（香港上市）的子公司。

中交第三航务工程局有限公司是国家港口与航道工程施工总承包特级施工企业，在中国特大型施工企业排名中名列前茅。

中交第三航务工程局有限公司建立于1954年，下属子、分公司分别分布在上海、南京、宁波、连云港、厦门等地。中交第三航务工程局有限公司主要从事各类港口与航道工程，公路、铁路、桥梁、隧道工程，市政公用工程，地基与基础工程的建设，混凝土预制构件制作，以及与之相关的设计、科研、咨询等业务，兼营设备安装、金属结构加工、商品混凝土和预制构件销售、船舶运输及租赁、工程物资经营等。

近年来公司已有130多个设计、施工、安装项目分别获鲁班奖（9项）、詹天佑奖（4项）和国家、省、部级优质工程。公司荣获全国鲁班奖（国家优质工程）企业荣誉证书；荣获国家优质工程金质奖1个（长江口深水航道治理工程一期工程）；荣获国家优质工程银质奖5个（上海宝钢原料码头工程、宁波北仑港矿石中转码头工程、上海金山石化总厂海运码头工程、厦门港东渡港区三期工程、上海宝钢马迹山一期码头工程等五个工程项目）；荣获上海市建筑施工企业综合实力排名30强企业第二名和上海市建筑（集团）施工行业企业综合经营规模第四名；被评为全国工程建设企业信用评价AAA等级；公司蝉联“全国优秀施工企业”称号，荣获“全国企业文化建设优秀单位”称号等。

改革开放30年来，中交第三航务工程局有限公司立足华东，面向国内外，以市场为导向，以质量求信誉，在国内外承建了一大批重大建设工程，为加速我国的港口建设、公路建设、铁路建设、市政建设、发展交通运输事业做出了重要贡献。在境外先后承建了新加坡、泰国、缅甸、科威特、菲律宾、柬埔寨、越南、坦桑尼亚、哥伦比亚等国家和地区的机场、码头和土建工程施工项目。

中交第三航务工程局有限公司有11个工程分公司、10个全资子公司。资产总额113.4亿元，注册资本19.699亿元。拥有各类工程船舶153艘，大型机械856台。现有在岗员工6 855人，工程技术人员2 334人，其中高级人员472人，中级人员915人，享受国务院特殊津贴专家2人，上海市领军人才1人，交通部十百千人才工程第一层次人选2人。公司下设设计、科研院所两家。公司获得或申请已获受理的专利共计为37项，已获得的有效专利12项；取得国家级工法3项；主编行业标准6部，参编行业标准10部，主编出版专著《桩基施工手册》1部。

中交第三航务工程局有限公司将以“挑战自我，合作进取”的企业精神，本着“公信、诚信、守信”的企业道德原则，竭诚为国内外客户服务。

二、改革历程

1954年公司成立起就隶属交通部。1978年，经交通部批准，升格为交通部一级企业，受交通部和上海市双重领导。1997年归属于中国港湾建设（集团）总公司，更名为中港第三航务工程局。2006年10月，中国交通建设股份有限公司在香港上市后，公司按照整体上市要求，改制为中交第三航务工程局有限公司。

20世纪70年代末80年代初，上海宝钢上马，为公司的发展提供了机遇；之后宁波北仑港兴建、上海浦东开发，再次让公司的市场做大、实力增强；进入新世纪后，长江口整治工程、上海洋山深水港、东海大桥、杭州湾跨海大桥等一系列特大型海域工程又让三航沐浴着“水工春天”；中国交通建设股份有限公司在香港上市，中交第三航务工程局有限公司完成改制后，参与上海、江苏、浙江、福建、广东、重庆、山东等地高速公路和高等级公路的建设，承接大型水利、软基处理工程的施工，进入哈尔滨至大连铁路客运专线和京沪高速铁路建设领域施工，投资江苏省无锡市、江阴市市政建设项目并承担施工，使公司的施工领域和承包方式由传统的港口水工项目向其他土建项目和总承包方式不断拓展。

20世纪80年代，公司敢于解放思想、勇于改革创新，较早地转换经营机制，从计划经济向市场经济转轨的过程中，公司实现了三个转变，即由水工建筑向水陆并举转变，单一水工向港区总承包转变，单一施工向综合生产转变。其中上海虹桥宾馆打桩、日航龙柏饭店承建土建工程都是“水陆并举”的成功实例。企业通过实施局长负责制，建立内部经营承包体系，实行经理任期目标责任制，推行“百元产值工资含量包干”，学习“鲁布革”工程施工管理经验，试行工程项目承包责任制，同时进行劳动、人事、分配制度等一系列改革，逐步建立了与市场经济相适应的管理机制，为不断深化企业内部改革打下了良好的基础。

20世纪90年代，在邓小平“南巡”讲话精神的指引下，公司在以完善内部承包经济责任制为主要内容的转换经营机制改革的同时，又作出经营战略的重大调整，正式提出“境内主业、境外工程、多种经营”三者并重的“三元结构”经营决策，走上综合经营、开发相关领域、面向两个市场的道路。事实上，“三元结构”更能使公司经受住市场考验，增强了抗风险抗波动能力。

加大力度推进三项制度改革，调整结构促使企业管理适应发展形势，是公司多年来改革的重头戏。首先在用工制度上，以全员合同制替代了固定用工制，端走了“大锅饭”。减员分流，精干了职工队伍。用工制度改革带来了职工观念的变化，给企业带来活力生机。其次在人事制度上的聘任制代替任命制，结束了干部终身制，实行干部竞聘制，初步形成干部能上能下的竞争机制。在分配制度上，结构工资代替等级工资分配，公司制订了《三航局工资总量调控办法》，岗薪制、年薪制、计件工资制等多种分配形式，彻底破除了平均主义。

跨入21世纪，公司的企业改革迈出了更大的步伐。首先，在机构设置方面，公司进行了一系列减少管理层面、推进垂直管理、扁平管理等“瘦身强体”改革措施。在由局——公司——施工处——项目部的四级管理逐步通过“撤处建部”成为由局——公司——项目部的三级管理。由局本部“直管”项目部的两级管理模式于2002年在东海大桥工程中开始推行，而后杭州湾大桥、友联船厂项目、高速铁路建设等大型工程都沿用了这一成功模式。同时实施全面预算管理，提高施工项目管理水平和效益；实行财会主管人员委派制，实现企业管理以财务管理为中心的目标，确保国有资产保值增值。

根据国家经济贸易委员会等八部委国经贸企改［2002］859号《关于国有大中型企业主辅分离辅业改制分流安置富余人员的实施办法》要求，全局开展了主辅分离、改制分流工作。

坚持国有大型企业要适应市场，必须要通过改革、改制，建立现代企业制度和现代产权制度。

坚持建设具有三航特色的企业文化。根据企业宗旨、企业战略目标和企业产业特征，明确企业经营理念：创新为本，诚信筑魂，水陆并举，多元发展。围绕企业经营理念，确立以三航精神、企业道德规范、员工行为规范、不同群体行为准则为基本内容的企业运作精神文化层。

2007年公司共实现经营合同额160亿元，完成产值116.09亿元，利润3.8亿元。公司2008年工作的指导思想和总体要求是：在党的“十七大”精神指导下，深入贯彻落实科学发展观，以财务管理为中心，继续扩大市场占有份额，在“多快好省”地提高施工产值的基础上，努力打造“发展三航”、“安全三航”、“创新三航”、“效益三航”、“文明三航”、“和谐三航”。

三、发展成就

改革开放以来的30年，公司在风云激荡的市场变革中紧紧把握历史的命脉，依靠现代管理和科技创新的“两轮齐飞”，施工能力从几百万年产值腾升到自行完成140多亿元年产值，发展成为当之无愧的国家施工建设的主力军。今天，无论在长江口深水航道治理、洋山港建设和东海大桥、杭州湾大桥等特大型工程，还是在沿海沿江水工建设工程、路桥市政施工和高速铁路建设工程中，公司都以一流的队伍、一流的技术、一流的设备，建设一流的工程，赢得了业主的赞赏。先后九次荣获鲁班奖，四次荣获詹天佑大奖；荣获一个国家优质工程金奖和五个国家优质工程银奖；荣获120多项国家、省、部级优质工程奖。在干好国内工程的同时，公司还在新加坡、泰国、缅甸、菲律宾、越南、柬埔寨、科威特、坦桑尼亚、哥伦比亚等国承建或参建了一批码头、机场、路桥等项目，为开发国际市场迈出了坚实的步伐。

20世纪80年代公司提出了“三航精神”，其精髓是：团结、创业、奉献、开拓、负责。三航人正是靠着这股精神创造了国有企业的辉煌，闯出一片新天地。公司承建宝钢原料码头工程与宝钢成品码头工程，标志着公司的水工工程施工，步入大型化、现代化港工建设的新阶段。公司承建的哥伦比亚圣塔玛尔塔港工程，坚决贯彻“守约、保质、薄利、重义”八字原则，确保25个月完成。此工程提前一个月建成，为公司以后在哥伦比亚各港口工程中标，打下了坚实的基础。公司在与意、哥、墨等国家6个公司角逐中，中标哥伦比亚布埃那文图拉港的8个万吨级泊位修复工程。公司开发的陆上灌注桩新工艺运用于水下工程，在厦门大桥桥墩工程中获得成功，填补了公司施工史上的一项空白。1992年，公司承建的澳门国际机场联络桥工程开工，从8个公司抽调精兵强将，组成近千人的队伍赴澳门施工，承担了人工岛、基础加固和建造两座联络桥，经过两年拼搏于1995年3月提前完工。工程规模之大，工期之短，效率之高，质量之好，在我国航务工程界可谓史无前例。

在举世瞩目的长江口深水航道整治工程建设过程中，公司克服外海施工难以想象的困难，依靠顽强拼搏的斗志和作风，承建了长江口深水航道整治工程一、二期工程，一期工程已经荣获国家优质工程金奖。

进入新世纪，“三航精神”又有了新的内涵，即“挑战自我，合作进取”，以新的精神面貌开创更辉煌的未来。公司率先进入舟山连岛工程，承建一期岑港、响礁门大桥标段施工。振华港机长兴岛基地、横沙岛东滩码头扩建工程快速建成，公司施工速度创奇迹。

在建设举世瞩目的洋山深水港、东海大桥工程中，公司成为建设主力军。建设洋山深水港区是党中央、国务院的重大决策，公司始终保持迎难而上、顽强拼搏的精神状态，依靠科技创新，在确保安全前提下，高标准、高质量、高效率地加快推进洋山深水港区工程建设，并努力把洋山深水港建成国际港口界的精品工程。

公司还承建了杭州湾跨海大桥VI标段工程；承建了深圳友联修船基地工程；承建了上海市苏州河综合整治二期河口水闸土建工程；承建了上海临港新城两港大道一期工程。

国家要求“十一五”期间集中力量加快建设环渤海、长江口和珠江口三大造船基地。公司集中精兵强将承建中海长兴岛修船基地码头（12个修船舶位总长2 848米；三个靠坞码头；重件码头一座长115米；200米工作船浮码头等）、中海江苏造船基地2#船坞（新建550米×116米×11米干船坞一座）、南通中远川崎船舶工程有限公司二期扩建船坞码头工程（船坞500米×80米×13.3米一座）、中船长兴造船基地（1#船坞：520米×76米×11.6米；2#船坞：510米×106米×11.6米；3#船坞：580米×120米×12.6米；4#船坞：365米×826米×14.1米）等。

公司稳步进入投资领域，公司发展投资江苏省无锡市凤翔路、青祁路工程BT项目（城市高架桥、地面道路、隧道）；投资江阴市市政建设BT项目（道路、桥梁共50.134米）并承担施工。

2007年，公司成功挺进铁路建设市场，承建哈大客运专线TJ—III标伊通河特大桥，承建京沪高速铁路建设项目。

2005 年 ~ 2007 年，三航局两次荣获全国优秀施工企业；方彦董事长被评为 2006 年度全国优秀施工企业家；沈炳范总经理被评为 2007 年度全国优秀施工企业家。

四、基本经验

改革开放 30 年来，中交第三航务工程局有限公司发生了巨大变化，取得了丰硕成果。一座座现代化码头、一道道长堤、一个个船坞和一条条公路的建成，公司为祖国的交通运输事业，为国家的经济振兴发展做出了不可磨灭的贡献。公司取得成功的经验如下：

（一）企业管理的提升

学习借鉴国外先进的管理理念，改进创立与企业发展实际相适应的管理模式，建立完善一系列长效的管理制度，这是公司长期以来做好管理这篇大文章的主旨。

“八五”、“九五”期间，公司进入了全面强化管理阶段，主要以“贯标”认证、“切块包干”、成本控制、全面质量管理、计算机网络系统为抓手，使企业管理逐步适应市场激烈的竞争。坚持“精心施工、产品优良、顾客满意、保护环境、健康安全、诚信守法、以人为本、预防为主、追求卓越”的管理方针，于 1998 年通过了 ISO 9002 质量体系认证，2002 年通过了 ISO 9001:2000 质量体系认证，2005 年通过了 ISO 9001:2000、ISO 14001:2004、OHSAS 18001:1999 的质量、环境、职业健康安全管理体系认证。

在机构设置方面，公司进行了一系列减少管理层面，推进垂直管理、扁平管理等“瘦身强体”的改革措施。加大力度推进三项制度改革，调整结构促使企业管理适应发展形势，是公司近 10 年来改革的重头戏。

首先在用工制度上，以全员合同制替代了固定用工制，端走了“大锅饭”。减员分流、精干了职工队伍。用工制度改革带来了职工观念的变化，给企业带来活力生机。其次在人事制度上的聘任制代替任命制，结束了干部终身制，同时引进了干部竞聘制，使全局初步形成干部能上能下的竞争机制。

在分配制度上，结构工资代替等级工资分配，公司制订了《三航局工资总量调控办法》。下属单位根据自身情况，进行了内部分配制度改革的探索，近年来，岗薪制、年薪制、计件工资制等多种分配形式彻底破除了平均主义。

（二）设备优势的支撑

公司从小到大、从弱到强，生产规模逐渐扩大，施工能力日益增强，与发挥设备优势密不可分。

一是“三年大建港”时，随着生产规模扩大公司引进了一批设备仪器。二是承建宝钢工程项目时一下子添置了五六千万美元设备，主要是打桩船等水工船舶。三是 1985 年以后利用日元 10 年免息贷款，添置一批陆上施工机械，有混凝土机械、起重设备，40 辆法国产雷诺车，一批 120 吨至 150 吨吊车，还有土方设备。四是 1992 年的澳门工程施工中，添置一批大拖轮之类的水工船机设备。五是近几年中依托重大工程，加大设备投入。还有近些年各分公司在从事路桥、铁路工程中，购置了一批数量可观的路桥、铁路施工设备。这批设备的加盟使公司占领建筑市场的实力大增。

公司还有一项硬件投入就是扩建预制厂。20世纪70年代原来的几个预制厂规模小、生产能力低下，像三公司预制厂一年的生产能力也就是1万立方米，最多也只能做一两个泊位。而如今经逐年改造扩容，所属9家预制厂年总产量可达到70万立方米，能生产大口径超长度的PHC桩、大管桩、2 000吨以上的大型沉箱，真正成了公司后方的“兵工厂”和支柱。

（三）科技进步的助推

如果说设备和预制能力是使公司施工能力腾飞的一个翅膀的话，另一个翅膀就是科技进步。

打桩测量定位技术提升了工程的科技含量。1974年，公司在陈山码头引桥工程施工中，采用水上打桩激光定位新工艺获得成功，在当时引起轰动。今天GPS卫星定位系统技术已在公司沉桩施工中广泛应用，无论离岸多远、夜有多黑，桩照打不误。特别是在东海大桥施工中，凸现施工优势。

业界有人说“三航局靠打桩吃饭”、“靠两根桩打天下”。的确，公司的许多技术都与“桩”有关。一是两根桩的研发，二是深层桩基施工和软基处理技术，还有DH－800型碟簧桩帽研制成果等，浦东88层金茂大厦、94层环球金融大厦的深层桩基施工与包揽黄浦江上6座大桥的动测试验都表明公司在这一科技领域处于金字塔塔尖地位。

公司坚持“科技兴局”的基本方针。“九五”期间，三航人提出了“以企业为主体，以市场为导向，以创新为灵魂，以工程为依托”的科技发展的指导思想；“十五”期间，又提出了“以国内外市场为导向，以机制创新为灵魂，以工程项目为依托，以成果转化为关键”的科技发展指导思想。为贯彻落实上述指导思想，三航人先后制订了“九五”和“十五”科技发展规划，并将制订“十一五”科技发展规划，具体落实到每年的工作部署中，加大宣传教育，树立和巩固科技创新意识和人才兴企意识。

多年来，公司荣获省市级以上的科技成果、科技进步奖30多项。在东海大桥、洋山港、杭州湾大桥等百年大计工程中，公司开发研制的高性能优质混凝土独领风骚；在长江口二期整治工程中，上海分公司研制的水下整平机大显神威，正是公司日益扩展的施工领域，催生了这些科技成果涌现，而这些科技成果又成为公司发展的助推器。

（四）思想政治的保障

30年来，党建和思想政治工作成为企业持续发展的托举之力、航向指针。各级党组织和广大党员在公司党委领导下，充分发挥党组织的政治核心作用，围绕生产经营和改革发展做好思想政治工作，带领全局职工为两个文明建设不断谱写新篇。

20世纪80年代，公司职工思想政治工作研究会应运而生。1988年初，交通部政治部推介了公司思想政治工作的典型经验，随后局党代会对发挥党组织核心作用作出了若干规定，提出了新形势下加强思想政治工作的措施。公司荣获“全国施工企业思想政治工作先进单位”称号。公司党委出台了加强和改进企业党组织建设、密切联系群众、坚持民主集中制、加强党风廉政建设等意见或决定，以及一系列党建、政工规范。

“九五”期间，公司党委十分重视精神文明建设，为全局思想、行为引导与管理提供有效载体，进一步提升员工的素质，形成了“文明单位、文明机关、文明工地、文明班组”

四个文明体系，开展了“三学”活动、系列文明创建标准，到世纪末全局有9个单位进入省市级文明单位行列。

近年来，公司党委开展了青年人才工作调研，同时以继承创新精神构造企业文化体系，从企业经营管理思想、价值取向、行为规范等作进一步调整，真正使三航文化成为企业管理之魂。加强党员先进性教育，大力弘扬求真务实精神，大兴求真务实之风，以适应公司发展。

五、发展展望

公司的长期发展规划：通过持之以恒的努力，到2020年，成为一个中交股份旗下营业业绩领先、企业资产优质、管理高效有序、竞争能力强大、品牌价值突出、内外环境和谐的核心公司之一；成为业主信赖、员工热爱、社会认可、国际先进、国内一流的中国优秀现代建筑企业之一。

公司在对所处内外部环境进行认真分析研究的基础上制订了《公司2008年~2010年发展战略规划》，科学、全面和系统地阐述了今后三年公司发展的思路。

公司的战略目标体系包括：经济和业务发展目标为年合同额、营业额和利润平均年增长达到15%以上，总资产和净资产平均年增长8%以上，到2010年公司合同额和营业额达到200亿左右的规模，其中国内一般业务、境外业务、融资建设业务的合同额比例为55%、30%、15%；核心能力目标为努力构建包括市场及顾客管理能力、社会资源整合能力、人力资源开发能力、技术创新能力、项目实施能力、资产经营能力、文化整合能力、风险防范能力等八大能力为主的核心竞争能力体系；社会目标为到2010年，公司的合同额、营业额、利润额均保持中交股份交通基础建设板块内前列，成为股份公司下属最重要的公司之一，保持上海建筑企业综合实力排名前列，同时努力承担公司的社会责任，实现员工的全面发展。

公司的发展思路：坚持以市场预测为前提，面向市场、适应变化；坚持以战略规划为主导，以适度扩张为方向，拓展业务、稳健发展；坚持以提升核心竞争力为根本，提升能力、开拓前进。同时努力通过市场营销战略、运营战略、组织及人力资源战略、技术研发战略、财务战略和企业文化战略等六大主要职能战略的实施，来确保总体目标的实现。

四航的骄傲

中交第四航务工程局有限公司

一、企业介绍

中交第四航务工程局有限公司（以下简称四航局）始建于1951年9月，前身为中央人民政府交通部广州区航道工程局；1963年4月更名为中华人民共和国交通部第四航务工程局；1991年1月归属中国港湾建设集团，并更名为中港第四航务工程局；2005年12月，中国港湾建设集团、中国路桥集团强强联合，合并成立了中国交通建设集团，中港第四航务工程局更名为中交第四航务工程局，并于2006年10月改制成立了中交第四航务工程局有限公司。

目前，中交第四航务工程局有限公司是中国交通建设股份有限公司的全资子公司，同时拥有9个全资子公司、12个分公司、2个经营性子公司和4个参股公司等，是一家集勘察、设计、科研、海内外施工和船舶制造于一体，具有港口与航道工程施工总承包特级和公路、桥梁与市政工程等施工总承包一级资质的大型国有建筑施工企业，固定资产原值达到27.8亿元，拥有5 500多名员工，年营业额100亿元以上。

处于改革开放前沿的四航人，在改革开放30年里，在全国交通行业中，率先进入特区施工，点燃了改革开放的第一爆；率先步入建筑市场竞争，在激烈的市场竞争中得到了磨炼；大胆深化企业内部改革，建立与市场经济相适应的运行机制；大力开拓经营生产，使企业不断发展壮大，取得骄人的业绩，近年来荣获了“全国五一劳动奖状”、“全国模范职工之家”和“全国优秀施工企业”等荣誉。

二、改革历程

20世纪80年代，四航局在全国同行中较早地转换经营机制，实施局长负责制，建立内部承包体系，实行经理任期目标责任制，推行“百元产值工资含量包干”，学习“鲁布革”工程施工管理经验，试行工程项目承包责任制，同时进行劳动、人事、分配制度等一系列改革，逐步建立了与市场经济相适应的营运管理机制，为不断深化企业内部改革打下了良好的基础。在参加改革开放第一块试验田——蛇口工业区的开发建设中，四航局不但点燃了改革开放的第一爆，还大胆打破原有国有企业干多干少一个样的分配制度，实行工效奖，此事得到了中央领导的支持，成为全国敢于解放思想、勇于改革创新的先锋和典范。

20世纪90年代，在邓小平“南巡”讲话精神的指引下，四航局按照“三个有利于”的要求，进一步开拓了思路，在以完善内部承包经济责任制为主要内容的转换经营机制改革的同时，优化生产组织结构和资源配置，建立了一公司以路桥和市政工程为主、二公司以水工为主、三公司兼顾水工和路桥的专业化经营生产格局，大力提高市场竞争力和生产能力。同时，深化四航局机关改革，转变机关的管理职能，使四航局机关的管理职能从生产管理职能为主转向经营决策为主，从行政管理为主转向经济管理为主，重新设置和定编的部门也彰显“精简、高效、满负荷工作”的原则。四航局还在全国交通施工企业中率先按照GB/T 19000—ISO 9000标准建立企业质量保证体系，在全国交通系统中首批取得国际多边认可的ISO 9000质量体系证书，大大地推动了四航局管理工作的进步与发展。

步入21世纪，四航局的改革迈出了更大的步伐。首先是撤销固定建制的施工处，按照施工项目管理要求建立项目部，同时实施全面预算管理，提高施工项目管理水平和效益。第二，对连年严重亏损、严重影响企业经济效益的三公司进行改革重组，剥离人员1 294人，剥离固定资产原值7 000多万元，从而使三公司轻装上阵，精兵强将上前线，恢复生机，扭转了发展困境。第三，贯彻落实国家主辅分离、改制分流政策精神，对盛华公司、机电公司、宏华公司等辅业企业进行改制分流，四航局在改制的辅业企业中不占任何股份，实现了完全退出，使四航局能轻装上阵，集中精力进一步做强做大主业。同时按照上级部署做好分离企业办社会工作，将四航局内部的子弟学校等移交地方政府管理，大大减轻了企业的负担。第四，积极推进全面预算管理工作，同时建立相应的预算控制体系，对预算的执行跟踪控制，并及时将预算执行结果反馈给各项预算执行单位，以利于随时纠正预算偏差。第五，设置了总法律顾问和专门法律机构，在行业内率先实行依法治企，构建法治企业。第六，每年组织召开一次企业发展战略研讨会，及时研究和调整企业发展战略，先后制订了《四航局发展战略纲要》、《四航局2006年~2010年发展规划》和《四航局2008年~2010年发展规划》等，实施企业战略管理。通过实施发展战略管理，四航局描绘了发展蓝图，制订了行动纲领，明确了目标，形成了合力，为近年四航局实现跨越式的发展起到了很好的指导、推动作用。第七，深入推进信息化建设。经过近几年来的信息化建设实践，四航局在建立全局内部网络及办公自动化方面，取得了实质性的突破与进展，逐步在全局范围内实现无纸化办公、协同办公、远程办公、信息发布、信息共享、内部电子认证，财务信息系统、合同管理系统、人力资源系统、营销系统和项目管理系统等逐步上线，全局信息化水平有了普遍提高。

2006年10月18日，四航局及下属各单位按中交集团改制上市的要求，改制为有限责任公司，成立了中交第四航务工程局有限公司，建立现代企业制度，开创了企业改革发展新局面。企业改制后，四航局及时制定董事会议事规则、监事会议事规则、总经理工作规则、党委会工作规则等治理规则制度，正逐步按现代企业制度的要求规范运作。同时，及时调整本部部门设置和职能划分，开展流程再造工作，制订了本部新的薪酬体系，建立了相应的计划预算与绩效考核体系，明确并理顺与各子、分公司的关系和定位。

目前，四航局引入国内领先的咨询公司，以四航局发展战略和经营管理的需求为支撑点和导向，针对企业快速发展的现状，制订了一套完整的、可有效实施的运营体系和管理系统，提升管理水平，打造核心竞争力，致力把四航局建成一个智力密集、高门槛、国际化的基础设施工程公司。

三、发展成就

回顾改革开放前夕，四航局业务比较单一，企业实力比较弱，生产规模比较小，员工收入水平比较低，例如1978年完成产值仅0.48亿元，实现利润仅223万元，员工人均年收入仅1 000多元，企业固定资产原值仅1.568亿元。但是，经过30年来的不懈努力和奋斗，企业得到了快速的发展，员工的生活水平不断提高。

在经营生产和经济效益方面，30年来持续稳定增长，特别是近几年来得到快速发展，2003年企业的新签合同额和营业额双双突破了35亿元，实现利润0.38亿元；2006年新签合同额105亿元，完成企业总承包产值65亿元，实现利润总额1.23亿元；2007年新签经营合同额突破120亿，营业额95亿元，实现利润3.23亿元，2008年的新签经营合同额和营业额将突破“双百亿”，分别可望在140亿元和105亿元以上，实现利润在3.8亿元以上，这都比改革开放前夕的经营生产规模和企业效益有极大的发展。

在业务发展方面，从传统的交通设施建设拓展到了地铁、铁路、跨海大桥、过江隧道建设的新领域，从传统的施工承包拓展到了设计施工总承包和BOT高端建设市场，从传统的国内经营拓展到了国际市场。而且，这些业务都取得可喜的成果，成为企业发展新的增长点。近几年来，四航局先后投资40亿元建设经营湖南湘潭莲城大桥、重庆涪陵李渡长江大桥和长达42公里的广明高速公路（西樵至更楼段）等三大项目，其中莲城大桥还成功引入战略合作伙伴，使四航局的资本运营迈出新步伐。2007年承接境外工程合同额达人民币28.97亿元，占公司该年新签合同总额的24.1%。2008年1~9月份，境外中标合同额近10亿美元。

在工程建设方面，公司先后在国内外建设了一大批优质品牌工程，据不完全统计，改革开放30年来，四航局共建成了码头岸线100多公里，道路、桥梁和隧道1 000多公里；有54项工程荣获省、部及以上优质工程奖。广州港新沙港区6~10#泊位、澳门机场人工岛场道工程和盐田港三期工程荣获詹天佑奖；盐田港二期工程、盐田港三期工程、淮安三线船闸工程获鲁班奖；广州港洪圣沙水转水码头、蛇口集装箱码头二期水工及道堆工程、广州内环主线桥梁工程和广东沙角A厂码头工程荣获国家优质工程银奖。广州黄沙过江隧道和汕梅高速莲花山隧道荣获中国市政工程金杯奖。

在人力资源建设方面，近几年来每年向社会招聘人才300多人，现有在岗员工5 500多人，其中管理人员3 000多人，熟练技术工人2 500多人，具有高级职称的300多人，中级职称1 000多人，建造师和一级项目经理400多人。2007年上半年，四航局开始推进人力资源管理体系建设，引入咨询公司，经过职位梳理、建立薪酬分配体系、建立绩效管理体系三个阶段，目前已制订薪酬管理办法、岗位说明书、目标管理卡、服务承诺、职位管理办法、绩效管理办法等制度。通过此次人力资源管理体系建设，全面提升企业解决人力资源管理问题的综合能力，激发了员工的智力与活力。

在技术和设备发展方面，公司拥有外海大型深水码头、海工混凝土施工和长大隧道、高速公路、特大桥、市政公用工程与环保水利工程的先进施工技术，以及拥有交通运输部重点实验室和四个大型混凝土预制构件生产基地等。近3年来四航局投资近10亿元建造或购进了一批具有一流先进水平的大型施工装备，主要有全国一流的2 600吨起重船、800吨起重船，国内最高的93.5米高桩架打桩船和83米高桩架打桩船，5 000吨、4 100吨和3 600吨的大型浮船坞，5 200千瓦和2 200千瓦大功率拖轮，8 000吨特大型方驳和1 000立方米自航开体抛石船等一大批能满足各种施工条件的大型先进设备。这一批先进的大型施工装备，明显地提高了四航局的核心竞争力和施工能力。

在企业文化建设方面，经过多年的精心培育和实践，四航局确立了“争港工第一，创建筑一流”的企业发展目标、“四海为家、开拓为志、信誉为上、团结为本”的企业精神、“为顾客创造精品、为员工创造机会、为企业创造效益、为社会创造财富”的价值观和一批先进文化理念。与此同时，四航局还确立了企业标志、企业歌曲、工装、员工职业道德规范、职工守则，创办了《华南港工报》、《四航》杂志和四航网站等，系统地建立企业文化建设体系和载体，为建设优秀的企业文化打下扎实的基础。荣获全国企业文化建设最高荣誉——“全国企业文化优秀奖”和“中央企业思想政治工作先进单位”、“全国交通行业文明单位”称号，研究院被授予“全国文明单位”称号，一公司和二公司被授予“广东省文明单位”称号。

在党建工作方面，做到哪里有党员哪里就有党的组织，目前，有两级党委6个，党总支11个，党支部110个，党员2 600多名。充分发挥党组织的政治核心作用，凡企业带有根本性、方向性、长远性、全局性的重大问题，都充分发挥党组织参与决策的职能，保证企业重大问题决策符合党和国家的方针政策、有关的法律法规和企业的实际。坚持党管干部、党管人才的原则，为企业的改革发展提供组织和人才保证。各级党组织不负改革开放新时代赋予的使命和任务，按照“引领、结合、创新、推进”的工作方针，团结依靠广大党员和员工，紧紧围绕企业的改革发展目标和各个时期的工作重点，发挥应有的作用。四航局党委富有特色和卓有成效的党建工作，得到了广大群众和上级党组织的充分肯定，在先进性教育测评中群众满意率达到99.2%，被广东省委和国资委党委授予“先进基层党组织”称号，被省直工委授予“党建工作创新奖”，被授予“广东省思想政治工作先进单位”和“中央企业思想政治工作先进单位”称号。

和谐企业建设方面，首先是坚持以人为本，关心员工的工作和生活，力所能及地解决员工困难，特别是近几年来，公司多渠道筹资成立帮扶中心，对困难职工实行生活救助、扶贫助学、就业推荐。把每年一月份作为“心系职工活动月”，把党和企业的关怀送到困难职工的心坎上。筹资为员工购买了20种大病和意外伤害等保险，实行了企业内部补充医疗制度和参加了社保的住院保险，解决员工的后顾之忧。与此同时，四航局还把改革发展的成果惠及员工，逐年提高员工收入水平等，做到以人为本。第二，积极推进民主管理，建立和健全了职工代表大会制度。同时建立了民主评议领导干部制度、平等协商签订集体合同制度和厂务公开制度，开展职工代表巡视等活动，不断推进企业民主管理，努力做到全心全意依靠职工办企业。第三，以“效益四航、文化四航、亲情四航、绿色四航”为主题，开创和谐四航建设新局面。

履行社会责任方面，四航局积极为构建社会主义和谐社会做贡献。公司派员参与广东陆河地区的扶贫工作、广东省“十百千万”干部下基层驻村活动和城乡基层党组织互帮互助活动，帮助当地发展经济，脱贫致富，固本强基。2007年，公司积极组织职工为遭遇百年罕见大洪灾的广东韶关等地区灾民捐款21万元。2008年初，广大党员、员工为华南地区和西北地区东部遭遇冰雪灾害的灾民捐款20万多元。四航局在湖南、重庆两座桥梁还免收过桥通行费，让利100多万元，支持抗灾救灾工作。特别是2008年5月，四川汶川发生了大地震，四航人以最快的速度、最有力的措施、最大的群体全面投入抗震救灾工作，为灾区人民共捐款达176万元，其中上缴“特殊党费”逾78万元。

在员工收入方面，逐年得到提高，2007年全员人均年收入达到7万多元，比2006年增长20.39%，2008年在全面完成年度计划前提下，员工的收入可望增长15%以上。此外，四航局按规定普遍提高了近5 000名离退休职工的待遇和津贴等，提高员工的生活水平。

四、基本经验

必须始终坚持高举中国特色社会主义伟大旗帜，坚持用邓小平理论、“三个代表”重要思想和科学发展观指导企业各项工作，这是企业制胜的法宝。

必须始终坚持解放思想，更新观念，拓宽发展思路，积极探索和建立企业新的经济增长点，这是企业发展的不竭动力。

必须始终坚持发展是第一要务，把大力发展经营生产和提高企业经济效益，作为企业各项工作的重中之重来抓，这是企业发展的基石。

必须始终坚持抓好领导班子建设，努力建设一支政治素质好、经营业绩好、团结协作好、作风形象好，致力于为国有企业建功立业，得到职工群众衷心拥护的企业领导班子，这是企业发展的根本保证。

必须始终坚持加大科技进步，努力开发和应用科技新成果，增大科技在发展中的含量，这是企业发展的第一生产力。

必须始终坚持人力资源是第一资源的观念，大力造就高素质的管理、技术专业人才队伍和雄厚的能工巧匠队伍，开发培训优秀年轻人才，这是企业发展的第一资源。

必须始终坚持站在推进企业稳定、稳健、协调、快速发展的战略高度，建设优秀的企业文化，这是企业发展的精神力量。

必须始终坚持保持党的先进性，充分发挥党组织的政治核心作用、党支部的战斗堡垒作用和共产党员的先锋模范作用，这是企业发展的政治保证。

必须始终坚持以人为本，关心员工的工作、生活和学习，维护员工的合法权益，努力解决员工的困难，构建和谐企业，这是企业发展的出发点和落脚点。

必须始终坚持履行社会职责，当好企业公民，为构建社会主义和谐社会做贡献，这是企业发展的社会使命。

五、发展展望

展望未来，四航局将在以人为本，以市场为导向，以“争港工第一，创建筑一流”为长期目标，以“智力密集、高门槛、国际化、基础设施工程公司”为战略定位，解放思想，开拓经营，创新管理，强化企业核心竞争力，实现公司的中期发展目标。

持续强化施工总承包能力，增强企业竞争力；在立足港口、路桥等主业的基础上，实施相关多元化，提高经济效益；在中交股份发展战略的指导下，整合公司内、外的设计、施工和研发资源，不断提高EPC和PMC的经营能力；充实、完善BOT（BT）的运作管理和进一步拓展能力；加大力度拓展海外市场和国内铁路市场。力争到2010年，实现新签合同额175亿元，营业额150亿元；2008年~2010年三年累计新签合同额480亿元，营业额380亿元，同时，使公司的核心竞争力、综合发展水平上升到一个新的水平，成为一家智力密集、高门槛、国际化的基础设施工程公司。

回顾改革开放30年的光辉岁月，四航局取得了辉煌的成就，同时为未来企业改革发展打下良好的基础。展望未来，四航局任重道远，面临挑战，四航人坚信，在中交股份和上级党政机关的正确领导下，在广大客户和社会各界的大力支持下，四航局必将再创企业发展新辉煌，为实现中华民族的伟大复兴和富强而做出更大的贡献。

跻身高端求卓越

上海港务工程公司

一、企业介绍

上海港务工程公司（以下简称上海港工）成立于1953年2月，前身为上海港务局修建工程队。1980年改名为上海港务局修建工程公司，1985年更名为上海港港务工程公司。1996年与上海港口设计研究院、上海港口建设总公司合并重组为上海港务工程公司。现为上海国际港务（集团）股份有限公司全资子公司。

公司现有员工930名，其中管理和技术人才600余名；拥有港口与航道工程施工总承包一级、房屋建筑工程施工总承包一级、地基与基础工程专业承包一级等14项资质。拥有架高88米、74米、49米打桩船各一艘，500吨、63吨浮吊各一艘，40立方米/小时、100立方米/小时水上混凝土搅拌船各一艘及其他先进水上施工装备，公司混凝土预制构件厂年生产能力超过10万立方米，螺旋钢管制造厂年产量达8万吨，企业固定资产总值达16.7亿元，年施工能力超过20亿元。

改革开放30年来，上海港工紧紧抓住国内港口建设事业蓬勃发展和上海加快国际航运中心建设的历史机遇，自力更生，艰苦奋斗，锐意进取，从一个以码头修补和陆域配套项目建设为主的小型施工企业，逐渐成长为市场触角达及苏、浙、沪、闽、粤、赣、鄂、津、冀、鲁等地，业务范围覆盖港口航道、房建、市政、钢结构、通信、设备安装、公路、桥梁等领域的行业知名企业，综合实力名列国内地方港口施工企业前茅。

二、改革历程

自20世纪80年代以来，上海港工沐浴改革开放的春风，依托上海港，面向长三角，积极参与全国港口建筑市场竞争，成为首家跻身国内高端水工市场的地方港口施工企业，成为改革开放30年以来地方港口施工企业改革创新、逐步做强、不断做大的典范。

上海港工在改革开放30年的发展历程，主要分为以下三个阶段：

（一）艰难转型闯市场（1980年~1995年）

在1953年成立以后近30年时间里，上海港工虽然集聚了一定的港口工程施工技术和经验，但主要靠上海港务局下拨生产任务维持生计，年产值最高不过1 000万元。1980年，上海港工经过艰难抉择，告别统配统包计划经济模式，在上海市建筑企业中首批打破“大锅饭”，实行“百元产值工资含量承包”分配模式，确立“立足海港，走向社会，积极开拓局外工程”的工作方针，“不找局长找市场”，走上一条独立参与大中型港口工程建设的道路。1992年，上海港工推行全员劳动合同制，内部实行承包经营责任制，对基层进行独立核算、自负盈亏，激发出基层和全体职工的生产和经营积极性，1993年企业产值首次突破亿元大关，1994年首次承担国家重点工程罗泾煤码头一期陆域工程建设并获得交通部水运工程质量奖，1995年首次获得上海市建筑工程质量最高奖——“白玉兰”优质工程奖，被国务院发展研究中心、建设部和国家统计局列为全国建筑企业堤坝电站、码头建筑业100家最大经营规模企业36位和最佳经济效益企业第57位。15年间，上海港工先后承建了85项较具影响力的社会工程，企业产值从1978年的1 000万元增加到1995年的2.3亿元，固定资产净值翻了两番。

（二）诚信立企塑品牌（1996年~2001年）

历史的年轮进入1996年，上海浦东新区开发开放进入新的高潮，上海港工迎来前所未有的历史发展机遇。

1996年，由上海港港务工程公司、上海港口建设总公司、上海港口设计研究院合并重组的上海港工，确立“诚信立企”发展方略和“信誉在港工”企业宗旨，掀起第二次创业高潮。6年间，上海港工坚持走“以专制胜”的发展道路，努力打造和提升企业的核心竞争力，引进ISO 9002质量管理体系，深化项目法施工，先后投资1.5亿元建设打桩船、水上混凝土搅拌船等核心装备，在地方港口建筑施工企业中率先获得国家航务工程施工总承包一级资质，形成了参与重大工程竞争的基本保障。

上海港工落实“两级经营”方针，优化“两条腿走路”经营策略，改革和建立一系列从内部管理到外部经营激励机制，以参与上海浦东外高桥新港区建设为基点，立足上海本土，大力拓展江苏、福建、浙江等地水工市场，先后进入航道整治、船坞建造、金属结构、市政道路、装饰装修等施工新领域，企业产值翻了一番，先后获得“全国五一劳动奖状”、“上海市文明单位”、“上海市优秀施工企业”等荣誉，在行业中初步确立上海港工的诚信品牌。

在深化“诚信立企”发展战略、加快提升企业核心竞争力的同时，上海港工体制改革不断深化。着眼于完善项目法施工，对所属4个土建分公司实施主辅分离改革，剥离劳务层，使土建分公司向管理型、智力密集型转变，提高对工程项目的管控能力。将具有上海市高新技术企业的上海宏港电气节能研究所实行民营化转制，撤销集体所有制性质的第五工程分公司，实施内部业务重组，加强扁平化管理，有效提高了企业在市场竞争和工程建设中的灵活性。

（三）跻身高端求跨越（2002年~2008年）

2002年年初，在党中央、国务院的决策下，上海启动了国际航运中心洋山深水港建设。上海港工抓住这一千载难逢的历史机遇，挑战极限，全员实施“洋山战略”，2002年6月成功进入当时国内最高端的水工市场，经5年艰苦奋斗，完成深海地基加固640万平方米，建成万吨级泊位7个、集装箱道路堆场近300万平方米和众多配套项目，与当时的中港集团第三航务工程局、中港集团上海航道局并称洋山深水港港区工程建设三大主力军。

6年来，为适应上海港务局政企分离、上海国际港务集团股份制改革和整体上市要求，上海港工建立质量、环境、职业健康安全整合型管理体系，引入卓越绩效管理模式，推行全面预算管理，努力推进企业信息化建设，积极探索设计施工总承包、EPC等新型施工管理模式，内部管理日趋规范化和精细化。公司坚持深化企业体制改革，与菲律宾美亚钢管有限公司合资组建上海港工美亚钢管制造有限公司，与武汉港务集团合资组建武汉港工建筑工程有限公司，与中交水运规划设计院合资组建上海中交水运设计研究有限公司，形成了集设计、施工、资本运作于一体的企业经营模式。6年时间里，上海港工以《中长期发展战略研究》为指导，强化战略管理，牢固确立“主导港内市场、稳固洋山市场、拓展社会市场”的经营方针，大力实施“一带两翼”经营战略，成功开辟河北、天津、广东、江西、湖北、山东等地水工市场，先后获得全国优秀施工企业、全国用户满意施工企业、全国实施卓越绩效模式先进企业等殊荣，成为国内跻身高端水工市场的地方港口建筑施工企业之一。

三、发展成就

历经30年艰苦奋斗，上海港工从一个局属施工企业，逐渐成长为上海建筑施工行业和国内水工行业中的知名企业，被推选为中国施工企业管理协会理事单位、中国水运建设行业协会理事单位，取得了前所未有的发展。

1. 生产能力和经济效益方面

公司年施工能力从1978年不足1 000万元增加到2007年的20.1亿元，30年间增长了20倍，连续11年列上海市建筑施工企业综合实力前30强。公司净资产增加到近2亿元，是1978年1 600万元的12倍。最近5年，公司产值利润率始终居于国内同行同类企业前列；2008年，公司完成产值和承接合同订单将再次双超20亿元，保持规模化发展的良好态势。

2. 市场开拓方面

30年来，上海港工坚持立足上海，面向全国，积极开拓经营，走出黄浦江，走向长江和海域，在苏、浙、沪、闽、粤、赣、津、冀、鲁、鄂等南北沿海和长江流域水工市场拥有了一定份额。公司还突破了传统的港口航道施工领域，进入房屋建筑、钢结构制作、市政公用、公路、设备安装、通信等施工领域，形成了企业持续健康发展的基本支撑。

3. 工程业绩方面

先后参与了上海国际航运中心洋山深水港、上海外高桥新港区1~6期工程、上海罗泾新港区、上海世博园区、福建罗源湾新港区、广州南沙港区、江苏南京龙潭新港区、江西九江城西港区、湖北武汉阳逻新港区等一大批国家和省部级重点工程建设。近10年累计建成码头岸线近20公里、集装箱道路堆场500多万平方米，51项工程获得国家和省、部级优质工程奖。其中，上海外高桥新港区四期工程获得国家优质工程鲁班奖，上海外高桥新港区二期工程获得詹天佑土木工程（创新）奖和国家优质工程银奖；上海港罗泾煤码头一期工程、上海港外高桥港区二期工程、上海洋山深水港区一期工程获交通部水运工程质量奖；上海洋山深水港区一期工程获交通部优质工程奖；上海外高桥国际物流中心钢结构仓库工程获中国钢结构工程金奖。

4. 科技创新方面

经过多年探索和实践，上海港工在各类大型深水码头、深海地基加固、大型船坞、房屋建筑、电气设备安装、通信工程、市政公用工程等方面积累了较为先进的施工技术。特别是最近5年，上海港工抓住参与国内高端水工市场建设的机会，成立企业技术中心，加大科技攻关和技术创新投入，先后获得交通部科技进步三等奖、上海市科技进步三等奖、中国施工企业科技创新成果一等奖、上海市职工发明成果一等奖等奖项。成功申报国家专利10余项，主编了国内公开发行的《港口科技》月刊。这些技术和创新成果，促进了企业核心竞争力的增强，提升了企业参与市场竞争的底气。

5. 企业文化建设方面

上海港工坚持和不断完善“党建跟着工程走、支部建在项目上”的党建工作模式，大力深化工程党建联建、创党员先锋工程、重大工程立功竞赛、品牌项目部创建和工程廉政承诺等活动，形成了工程建设的动力和保障机制，维护了“工程优质、干部优秀”的良好局面。先后荣获“全国先进基层党组织”、“上海市先进基层党组织”等称号。公司坚持“诚信立企”发展方略，确立“信誉在港工”的企业宗旨，“求和、求新、求实、求发展”的核心价值观，“筑造精品、铸就诚信”的企业精神，形成了全体员工共同的价值取向和行为准则。公司贯彻“以人为本”方针，致力于让员工共建共享企业发展成果，职工年均收入最近15年连续保持两位数以上幅度增长；实施了职工年度健康体检、职工旅游疗休养、职工子女奖学金、青年员工租房补贴和购房贴息等一系列福利政策，建立了社会保险、补充保险、商业保险、内部特殊保障机制“四位一体”的职工福利保障机制。在发展企业、回报员工的同时，公司积极参与和谐社会建设，连续12年组织开展“8.15”爱心募捐活动，累计捐款超过100万元。2008年，公司向四川汶川灾区捐款达30万元，成为上海市建筑施工行业3家履行社会责任试点单位之一，并参与了《上海市建筑施工企业社会责任导则》起草工作。

四、基本经验

回顾1978年改革开放以来的发展历程，上海港工之所以能在市场经济竞争大潮中发展壮大，除了得益于改革开放的基本国策，得益于国家加快港口经济建设的历史机遇，得益于社会各界的支持和帮助，还在于从地方水工施工企业的实际出发，坚持了以下原则：

1. 正确定位，找准核心业务，坚持走“以专制胜”的发展道路

在建筑市场专业分工更加明晰、专业优势愈加突出的行业竞争中，上海港工坚持把打造核心竞争力的目标定位为“提升企业在港口工程市场中的持续优势和比较优势”，努力开拓市场，形成了“核心市场磨炼核心竞争力，核心竞争力巩固核心市场”的良性态势。

2. 适度超前，建设先进装备，为提升核心竞争力提供重要保障

只有在装备上做到“人无我有、人有我新、人新我优”，才能为企业承接深水码头和进军国内水工高端市场奠定基础，进一步提升企业参与港口工程竞争的关键能力，巩固企业在水工建筑市场上的竞争地位。

3. 优化素质，培育人才，优化参与市场竞争的人才结构

市场竞争是人才的竞争。企业应从自身实际和发展需求出发，不断提升专业技术人员、工程管理人员以及施工操作人员的素质，注重形成企业的核心层、中坚层、骨干层队伍，不断优化员工队伍的结构，提高员工素质，形成适应市场竞争、符合企业发展需求的核心人才队伍。

4. 承接历史，弘扬核心价值观，强化企业参与市场竞争的内在动力

企业在发展进程中，坚持承优创新，不断深化企业文化建设，努力构筑员工共同认可的价值理念和行为规范，有效激发员工的历史成就感、现实紧迫感和发展使命感，为企业谋求持续健康发展提供重要动力。

5. 深化改革，优化管理机制，夯实企业参与市场竞争的重要基础

企业要实现持续健康发展，必须着眼市场经济发展需求，构建符合市场经济规律的企业体制和运行机制，才能进一步释放企业在市场竞争中的活力。

6. 大胆创新，打造核心技术，努力增强参与市场竞争的实力

企业积极营造“勇于创新、敢为人先、鼓励竞争、容忍失败”的创新环境，建立对技术人员和技术成果的激励机制，充分体现科技人员劳动价值，激发员工创新积极性，这样才能巩固企业自身在市场竞争中的地位。

五、发展展望

在迎来改革开放30周年之际，上海港工已经走过55年发展历程。

55年风雨，55载跋涉。今天的上海港工，正以党的十七大精神为指引，以科学发展观为统领，着力推动发展方式从关注规模经营向注重规模经营与经济运行质量并举转变；市场拓展从以本土市场为重向内外市场并重转变；着力推动内部管理从传统型、粗放型向现代企业型和精细化转变，以更好地实现建设国内一流的港口建筑施工企业、打造行业知名的诚信港工品牌的奋斗目标！

风物长宜放眼量！上海港工一定承接历史，承载使命，秉承“求和、求实、求新、求发展”的核心价值观，努力谱写企业持续健康发展的新篇章，为国家港口建设事业做出新的更大的贡献！

交通工业企业

引　言

回顾改革开放30年的历程，中国交通工业企业就像一艘巨轮，伴随着中国经济的高速发展，经济体制的改革和深化，企业管理模式的创新与完善，不畏艰难险阻，随时调整着航向，迎风破浪勇往直前，不断取得长足进步。

改革开放使中国从传统的计划经济转向充满活力的市场经济体制，尤其是党的十四大将社会主义市场经济体制确定为中国经济改革的目标，正式确认了中国企业的市场主体地位，扩大了企业的经营自主权，极大调动了企业生产经营的积极性与主动性。交通工业企业深化体制改革，紧紧围绕交通运输市场运行的机制与规律，在实践中不断探索、创新、前进。

交通工业企业在30年的改革中经历了三个重要改革发展过程，即放权让利，促进经济主体自负盈亏、自主经营；明晰产权，多种所有制经济全面发展以及股份制改革的发展过程。交通企业的所有制结构发生了很大变化，形成多种经济成分共同发展的格局；建立起适应市场经济的“产权清晰、权责明确、保护严格、流转顺畅”的新型产权制度；在组织形式上实现了自愿组合，民主管理，互助互利；在管理上做到了政企分开，管理科学；成为适应市场要求、依法自主经营、自负盈亏、自我发展、自我约束的生产者和经营者。目前交通工业企业已形成门类齐全的生产体系和较为完整的产业链，并在科技进步、自主创新、节能环保等方面取得了显著成效。

交通工业企业经过30年的不断改革发展，已基本形成全方位、宽领域、多层次的格局。随着中国加入世贸组织过渡期的结束，我国对外开放进入了新的阶段，面临着新的形势，交通工业企业的发展既有新的机遇，也面临新的挑战。交通工业企业在深化改革中不断扩大开放力度，利用国内外两个市场、两种资源，用世界眼光和战略思维把握企业全局和发展方向。引进新的风险资本、外来资本或者上市融资，盘活存量资产，有效实现资本放大和公司价值提升；与国际接轨，引入国际先进技术和管理方式，并结合企业实际情况不断自主创新，稳步拓展国际市场，参与国际竞争。众多交通工业企业在全面参与全球化进程中不断增强实力，资产总量大幅增长，运行质量不断提高，控制力和影响力显著增强，中国远洋集团、中国海运集团、中国交通建设集团、招商局集团、上海港、青岛港、江西长运、河南万里、北京祥龙、上海港机、河南宇通、中集集团、江苏国强、衡水宝利等企业，先后迈入世界和国内强势和知名企业的行列。同时，数以万计的交通中小企业也呈现出百花齐放的大好形势，有力促进了国民经济的发展。

1993年，党的十四届三中全会首次正式提出并阐述了建立现代企业制度问题。1994年交通部建立现代企业制度工作开始起步。1995年确定了广州海运（集团）公司、中国远洋运输集团、中国长江航运集团、上海海运（集团）公司、营口港务局等企业作为部属及双重领导企业建立现代企业制度试点。各交通工业企业特别是国有企业积极探索建立“产权明晰、权责明确、政企分开、管理科学”现代企业制度的途径，完善企业运行机制，建立企业法人制度、有限责任制度和科学的组织管理制度，按市场经济规律和交通运输发展的客观规律生产经营；加强企业改革、改造、改组，降低资产负债率，更新装备，提高劳动生产率，健全董事会、经理层、工会等制度。交通工业企业还按照现代企业制度的要求，在内部建立科学的治理系统，倡导知识管理，提高技术开发和创新能力；倡导全面质量管理，积极开展ISO 9000认证工作，以过程控制、自主管理为企业质量管理方针，强化细节管理、提高执行力、提升管理深度和水平，以质量促发展，实现高精度与高效率的统一，交通工业产品质量大幅度提高。交通工业企业利润水平不断增长，核心竞争力凸显。

2003年，党的十六届三中全会提出以人为本，全面、协调、可持续的科学发展观。交通部也提出坚持“以人为本、环保节约、科技创新、法制保障”的发展理念。在科学发展观的指引下，交通工业企业开始了一系列重大转变：由重视末端产品转向以人为本的价值取向，企业生产过程中重视人文关怀、重视人才培养，形成良好的聚才、育才、用才氛围。实施人性化管理，实现员工个人利益与企业利益的和谐统一；发展模式由粗放型发展转向集约型发展，由作坊式生产转向规模化生产，走循环经济与资源节约型经济之路；由单纯追求增长速度到数量、质量、结构、效益兼顾的转变，不急功近利，不盲目扩张，不恶性竞争；重视技术创新，夯实科技研发力量，运作理念从市场型向技术型及技术服务综合型转变，实现企业结构调整和产业升级。在科学发展观的指引下，交通工业企业普遍建立了ISO 14000环境管理体系，积极采用清洁生产型工艺，减少“三废”产生，坚持快速发展与可持续发展并重，实现交通工业企业发展与自然生态的和谐统一；交通工业企业十分重视文化建设，不断提炼用户为本、诚信经营的企业精神，营造宽松和谐、催人奋进的文化氛围，精神文明建设硕果累累。

改革开放30年，交通工业企业作为交通行业的重要力量，在变革中成长，为交通运输业乃至中国经济的发展做出了显著贡献。今天，改革开放仍然在进行，交通工业企业必定也会沿着变革的道路不断前进，迈入更高台阶。

占领国际大市场

上海振华港口机械（集团）股份有限公司

一、企业介绍

上海振华港口机械（集团）公司（以下简称ZPMC）于1992年在沪注册成立，为国有控股A、B股上市公司，控股方为世界500强之一的中国交通建设股份有限公司。ZPMC净资产16亿美元，是世界上最大的重型装备制造商。

ZPMC在上海、南通、江阴地区拥有10个生产基地，占地总面积1万亩，总岸线10公里，其中承重码头3.7公里。ZPMC是全国也是世界上最大的重型装备制造厂。拥有28艘6万~10万吨级的整机运输船，可将巨型产品运往全世界。

ZPMC主要产品为岸边集装箱起重机（简称岸桥）、轮胎式集装箱起重机（简称场桥）、散货装卸船机、斗轮堆取料机、翻车机、门座起重机、海上重型装备（浮吊、铺管船、采油气各种平台、动力定位装置、巨型锚绞机等）以及大型钢结构件等。已生产岸桥近1 600台、场桥近3 000台，覆盖世界71个国家和地区的集装箱码头，产品占据本行业世界市场75%以上的份额。近年ZPMC向开采海上油气田的海上重型装备制造业进军，已成功开发开采油气田不可缺的保驾护航设备和各种海上工程船，如全回转浮吊、浅水和深水铺管船和各种钻井采油平台，该市场成为其新的经济增长点。

ZPMC现有47 000多名职工，其中白领职工近5 000名，蓝领职工40 000多名。现有2 000名从事机、电、液设计研发的工程技术人员，是业内最强大的一支设计研发劲旅。ZPMC坚持“自主创新”，曾获国家科技进步一等奖，具有国家级企业技术中心和博士后工作站，获得国家和市级科技成果奖50余项。

二、改革历程

1992年，ZPMC从13个人、100万美元资本金起家。今天已拥有32亿多元股本，是业内公认的排头兵。

公司成立初期举步维艰，缺资金、缺技术、无名牌，参加海外投标时曾屡遭拒绝。公司当年在投标新加坡项目时，连投五次都未中。由于港口机械属于耐用工业品，不是知名品牌就得不到用户对质量和技术的信任。几经波折，在1992年底，ZPMC拿下了第一份海外订单，这是一份来自加拿大温哥华港的订单，尽管这份订单并没有给ZPMC带来太多的利润，但是发达国家港口接受了ZPMC，就为公司日后开拓海外市场创造了先机，也成为ZPMC走向世界的起点。

进入21世纪，ZPMC进入高速增长期。自2002年以来，公司连续四年产值同比增长50%，2005年产值为120亿人民币，2006年产值为170亿人民币，2007年产值为210亿人民币，这一增速让业内同行赞叹不已。2008年计划完成产值280亿人民币，2009年计划完成产值350亿元人民币。

2002年，胡锦涛主席（时为副主席）访美期间途经旧金山，恰逢ZPMC整机运输船运载着四台“钢铁巨人”通过金门大桥。起重机顶端距桥下只有30厘米，为慎重起见，旧金山市临时关闭了金门大桥25分钟，造成旧金山市交通堵塞，都到两岸一睹中国起重机的风采。胡主席的车队也停下来，他因此知道了这件事。美国电视台也向全美报道了此次事件。当晚，旧金山市市长在晚宴上致辞：“感谢胡主席为我们送来中国的集装箱起重机。”胡主席非常高兴，特意嘱咐中国驻美大使打电话向ZPMC表示祝贺。

国家科技部领导2005年秋视察ZPMC长兴基地时，看到一排排高耸入云的“钢铁巨人”整装待发送往世界各地之后颇有感触，即席讲了三点意见，他说：“第一看到你们的产品，深深感到中国人聪明，西方世界能做到的，中国人也能做到；第二感受到中国人的勤奋，一天可以干16小时，而且一年可以干360天；第三是你们的旗举得好，振兴中华口号产生了巨大的力量。”

过去世界集装箱码头（包括中国）上的集装箱起重机都是美国、德国、日本和韩国的产品。而今天在市场竞争中ZPMC后来居上。ZPMC用业绩显示了中国人的聪明智慧和勤奋，令世界重机行业颇有名气的对手，如日本三菱、三井、石川岛、德国克鲁伯、诺尔、韩国三星、现代，在国际竞争性招标中只有招架之功。

当ZPMC装载了四台为德国汉堡生产的起重机的整机运输船行驶在易北河上（易北河如黄浦江，宽只有500米左右）时，游人如潮争睹这一壮观场面，有家游乐场竟奏起了中华人民共和国国歌，全体船员听后非常激动。

如今，ZPMC产品已走进欧美发达国家的集装箱码头，到处都可看到中国的产品充任装卸作业的主角，受到用户欢迎。在世界集装箱机械生产领域，ZPMC已被全世界用户视为质量好、价格公道、最有竞争力、最能准时交货的优质品牌。集装箱机械成为ZPMC在商品市场的开路先锋，世界上最大、最快、最先进的集装箱起重机都在ZPMC制造，国际一些重大港机招标项目大多为ZPMC囊括。

三、发展成就

16年来，在党的改革开放阳光照耀下，ZPMC抓住市场机遇，自强不息，驰骋国际市场，敢于与强争锋。主产品大型集装箱机械，已占有75%以上的世界市场份额，是业内公认的本行业排头兵。若以年产值计，ZPMC已居国内重型装备制造业首位。ZPMC除主市场大型集装箱机械以外，还有散货机械、海上重型装备、大型刚构钢桥、起重机备件等四个市场，其中又以海上重型装备为主攻方向，培植新的经济增长点，到2010年拟在这些新市场站稳脚跟，使年产值跃升到400亿元，利润有较好增长。

ZPMC拥有10个制造基地和4个专业配套厂，拥有车间面积2 110亩，外场面积1 987亩，其中长兴基地重型钢结构制造车间长270米、宽40米、总吊重能力1 600吨、吊高25米，有大型承重码头3.7公里，便于重型桥梁和造船分段、重大件拼装，其中最大的长60米，承重2万吨，是世界上绝无仅有的。ZPMC有7 500名电焊工，钢结构月制造能力为10万吨。拥有10公里水边岸线和临水场地，其中5公里水深达8~10米，可泊巨型海轮。有世界首屈一指的28艘6万~10万吨级整机运输船，每艘可装4~6台调试完好的集装箱岸桥跨海越洋驶向全世界港口。另外，公司还拥有全国最大的8艘浮式起重船，其最大起重量达4 000吨，吊高110米，居全国首位。

ZPMC形成了自己品牌的机电配套件生产系统，质量可与进口名牌媲美，实现了产品的全"中华牌"配套，物美价廉、交货及时，形成强大的市场竞争力，不依靠进口配套，实现了真正的独立自主。

ZPMC在形成规模经济的基础上，建立起"七事一贯制"的高效的生产指挥系统（设计、配套、制造、安装、调试、整机运输、售后服务七个环节由一个司令部指挥）。厉行诚信，准时全面兑现合同，市场信誉度高。ZPMC实施了现代企业制度，成为"自主经营、自负盈亏、自我发展、自我制约"的有强大竞争力的法人治理实体。

ZPMC创立了业内公认的世界知名品牌。"ZPMC"品牌是高质量、高可靠、高技术的同义语。如今，主产品集装箱机械已进入71个国家和地区（包括我国台湾、香港地区）。在发达国家的海运码头上，都可看到以"ZPMC"为标志的集装箱起重机高效、可靠地工作，在世界范围拉开了装备制造业中国世纪的帷幕。

2005年，ZPMC自主研发的"新一代港口集装箱起重机关键技术研发与应用"项目荣获国家科技进步一等奖。在全国科技大会上，胡锦涛总书记亲自把奖状授给公司领奖代表，并亲切地对他说："我知道，你们干得不错！"总书记对振华创新工作的肯定，深深地激励着公司全体员工。2006年6月13日，胡锦涛主席亲临ZPMC长兴基地视察并即席讲话，要我们继续努力，做大做强，为国争光，为中华民族伟大复兴事业作贡献。全体职工受到极大鼓舞。

ZPMC采用先进的国际标准和专利技术，发展有自主知识产权的新产品。16年来，ZPMC认真学习各种国际标准（著名的美国AWS焊接标准和AISC刚构规范均由ZPMC译出，在内部出版），使产品以高起点进入国际市场。ZPMC目前已申请技术专利242项，其中国内发明专利72项，国际发明88项，实用新型75项，外观设计7项，获得授权国内发明专利29项，国际发明专利6项，实用新型专利701项。

在世界市场竞争的实践中，ZPMC锻炼和培育出一批敢于与强争锋、热爱事业、勇于献身、能征善战的高科技人才。公司的信条之一是出产品、出人才。公司将生产中涌现出的积极分子提拔到各级领导岗位并加以培养，让干部们在实践中总结失误的教训，不断提高水平。ZPMC的干部和高科技人才有尊重科学的求实作风和胜不骄败不馁的过硬思想品质，是公司创造辉煌业绩的栋梁。曾有不少海外码头用10~15万美元的高年薪聘请ZPMC的电气调试专家，但无一人为之所动。

四、基本经验

为什么 ZPMC 发展快？首先是因为抓住了一个好的适合企业驰骋的市场，ZPMC 的主业是生产大型集装箱机械，由于全球经济一体化，外贸大发展，促进了船舶大型化和港口航道等相应的大发展，港口为了缩短船舶在港时间，对集装箱机械提出了高效率、高可靠性等一系列的新要求。世界装备制造强手均关注这个市场，“群雄逐鹿”，竞争非常激烈，ZPMC 应运而生。严酷的市场竞争使企业兢兢业业，不敢懈怠，为国争光的信念鼓舞着 ZPMC 战胜了一个又一个对手，终于创造了不辜负祖国和人民的好成绩。

集装箱机械生产是劳动密集型的高技术产业，适合在中国这个既有丰富劳动力，又有现代科学技术的国家生产，可以说是时代造就了我们。加之中国人有谦虚、勤奋、善于总结成败教训等诸多美德，这些美德在市场竞争中发挥了重要作用。ZPMC 拥有自己的整机运输船队，并不断追求自主创新，这是 ZPMC 在市场竞争中求生存，求发展的法宝。

其次是有好的士气，无坚不摧，无攻不克。企业 47 000 多名职工始终朝气蓬勃。16 年前，ZPMC 大胆地提出“世界上凡是有集装箱装卸的港口都应该有中国生产的集装箱机械在作业”的口号。这个口号鼓舞着全体职工自强不息，奋发图强。经过全体职工的不懈努力，这个壮语今天正在逐步实现。

士气来源于三个条件。第一是要有好的、公道的分配制度，能够满足大家不断提高的物质文化需求。公司为蓝领层 40 000 多名职工建立了多劳多得的生产管理制度，并提出每年工资增长 10% 的目标。凡国家规定的劳保福利，ZPMC 应有尽有，另外公司还成立了互助会，用贷款解决大病就医、子女入学、家庭团聚住房三大难题。在白领层，企业落实中央提出的既要效率，又要公平的分配政策，在企业内形成患难与共、风雨同舟的好风气。

第二是领导要身先士卒，知人善任。先天下之忧而忧是中华民族的好传统，是领导干部的美德。公司高管层几乎无节假日，全心扑在工作上。在选拔干部方面，企业提出要年轻化但不以年龄划线；重学历但不以学历划线；要业绩但不以资历划线。老同志只要身体好、有干劲、有本领，公司一律继续聘用，使他们壮志有酬，报企有门。公司选拔干部提出四项要求，即肯操心、能着急、遇事拿得出办法、出手快。

第三是要有人才，要留得住人才。公司成立伊始就将科研开发和设计视为企业的龙头，认真落实邓小平同志的“尊重知识，尊重人才”，“科学技术是生产力，而且是第一生产力”等指示，大量招聘工程技术和管理人员，并将分配政策向他们倾斜。公司现有 2 000 名从事机电液设计的工程技术人员，是世界范围本行业最强大的设计队伍。他们敬业、勤奋、勇于献身，在市场竞争的推动下，贡献自己的聪明才智，使公司得以实现科技领先。

ZPMC 的成功秘诀还离不开技术创新，公司上下均将创新视为企业的灵魂。在激烈的市场竞争中，敢于与强争锋是 ZPMC 技术创新的最好动力。ZPMC 保证每年投入总产值的 2% 用于科技创新研发。在近几年的科研创新颁奖大会，每项大奖给予 100 万元奖励。公司对发展科研、开发新产品的投入一向极为慷慨。公司重科学实验，首先要求各机电配套件生产厂必须设实验台，不断改进产品的质量和提高科技含量。公司在创新中奉行以实验开路的方针，因而使新技术、新材料、新工艺得以迅速在公司开花结果，转化为生产力。

ZPMC 利用全国和上海市强大的科研力量，实现产学研结合。上海市科研实力雄厚，有

60余所高校、80所国家级科研单位、100余所研发中心，还有153位院士。他们经常帮助公司分析化解科技难题，引进国外的新技术。

五、发展展望

这几年，ZPMC在集装箱机械市场站稳脚跟，同时积极策划开辟新市场，培植新的经济增长点。迄今为止，公司共开发了五个市场。其一是赖以“吃饭”的主产品集装箱机械市场。ZPMC已占据世界市场75%以上的份额，由于这个市场世界总量不过30多亿美元，很难靠它做大做强。但现在世界上在用的4 000台岸桥和6 000台场桥，每年有200台岸桥和400台场桥定期更新，还有由于技术进步（特别是自动化）而必须更新的设备，估计今后十年公司可继续保持在此行业的产值和市场份额，但必须开发新的经济增长点。其二是港口散货（煤炭矿石）装卸设备（装卸船机、堆取料机、翻车机等），国内市场基本掌控在ZPMC手中。其三是大型刚构桥梁。由于钢结构已是装备制造业和交通运输等国民经济各个部门的主力军，这个市场很大，竞争激烈。ZPMC承接了世界桥梁界视为畏途的美国西岸旧金山新海湾大桥的抗震钢塔和全部刚构5万吨，难度极高。该桥是西岸的标志性建筑，可与东岸的自由女神媲美，做好它就是中国的荣耀，也能为企业打开世界重型钢桥市场的大门。其四是海上重型工程船市场，即为开采海上油气田提供保驾护航的、具有起重铺管、动力定位等多种功能的重型工程船。由于油价高昂，海上油气开采已成为世界新热点。海上开采油气，不仅要有各型平台，还要有海上工程船，ZPMC已成功建造亚洲第一的4 000吨全旋转浮吊“华天龙”号和世界最大的自航全旋转7 500吨浮吊“蓝鲸”号，惊动了世界同行，新的订单接踵而至。这个市场有300～500亿美元年产值，远期1 000亿美元。其五是港机配件市场，即将公司现有的高质量的起重机专用的国产机电配套件推向全世界。估计，现在世界上至少有200万台起重机均需要配件，这个市场前景极好。

ZPMC经过16年成败得失的锻炼，既出产品，又出人才；既得教训，又长智慧；既有物质实力，又有精神力量。ZPMC将用“发展是硬道理”作武器，为实现自己的抱负——“世界上凡是有集装箱作业的港口，均应有ZPMC生产的集装箱机械作业”继续奋斗。

世界的中集

中国国际海运集装箱（集团）股份有限公司

一、企业介绍

中国国际海运集装箱（集团）股份有限公司（以下简称中集）的前身为“中国国际海运集装箱股份有限公司”，于1980年1月创立于深圳。1994年在深圳证券交易所上市，目前主要股东为招商局集团和中远集团。经过20多年的发展，中集已经成为根植于中国本土的全球交通运输装备制造与服务业的领先企业。截止到2008年6月30日，中集总资产436亿元、净资产161亿元。在中国以及北美、欧洲、亚洲、澳洲等拥有100余家全资及控股子公司，员工超过53 000人，初步形成跨国公司运营格局。

中集是一家为全球市场提供“现代化交通运输装备和服务”的企业集团，主要经营交通运输装备制造和销售业务，目前在全球主要包括五大业务体系。

一是集装箱业务。包括集装箱制造业务、集装箱木地板业务及集装箱服务业务。自1996 年起连续 12 年产销量位居全球第一，市场占有率超过 50%；冷藏箱和罐式集装箱的产销量目前也达到全球第一位。

二是道路运输车辆业务。中集自 2002 年进入该行业，2004 年已成为中国最大的道路运输车辆的生产商，2007 年生产能力和规模位居全球第一；产品畅销美国、欧洲、日本等市场；在车辆业务服务体系建设方面，以 4S 中心店为标志的营销服务体系建设已初见成效。

三是能源、化工、食品装备及服务业务。近几年，在不断巩固原有的标准罐式集装箱业务的基础上，集团通过收购张家港圣达因公司和荷兰博格工业公司（Burg Industries B. V.）、香港上市的安瑞科能源装备控股有限公司，迅速形成了天然气和石油化工气体装备业务基础。其产品覆盖北美、欧洲、亚洲、大洋洲等全球主流市场，成为中国领先的专用能源装备制造商及集成业务解决方案服务商。

四是机场地面设备设计、制造、销售及服务。集团附属子公司深圳中集天达空港设备有限公司，是全球产品技术和质量一流的旅客登机桥供应商，2005 年、2006 年旅客登机桥订单量世界第一，全球市场占有率 35%，国内市场占有率 90%。

五是海洋工程业务。集团位于烟台的核心生产基地具备世界一流的海洋工程建造设施，拥有全球最大的 20 000 吨级龙门起重机。2007 年末已签订出口订单金额高达 25 亿美元，占世界半潜式海洋石油钻井平台市场份额的 25%。

2008 年，中集列福布斯“全球 2000 领先企业”第 1 470 位，中国 500 最具价值品牌第 40 位，中国企业 500 强第 89 位，中国制造企业 500 强第 38 位；2007 年 9 月“CIMC 中集”牌集装箱被国家质量监督检验检疫总局评选为“中国世界名牌”产品称号，“中集”商标被国家工商总局正式认定为中国驰名商标。

中集的发展目标是：到 2012 年，销售额达到 1 000 亿元人民币，净利润 50 亿元人民币，成为所进入行业的世界级企业。

二、改革历程

中集的发展历程，就是一部企业自强不息的奋斗史。从最初投资建厂到濒临破产、裁员至 59 人，到初步成长为一家国际化的大企业，经历了以下几个阶段。

1. 起步求生存

中集的历史可以追溯到 1980 年 1 月由招商局集团和丹麦宝隆洋行在深圳蛇口工业区合资设立的“中国国际海运集装箱股份有限公司”，是中国最早的四家集装箱专业生产厂之一，也是中国改革开放后最早的中外合资企业之一。

中集创立之初，由丹麦宝隆洋行进行经营管理。1982 年 9 月 22 日，公司正式投产，由招商局轮船股份有限公司与丹麦宝隆洋行合资经营，引进丹麦技术生产 20 英尺国际标准集装箱。丹麦宝隆洋行是中国实行对外开放政策后最早进入中国的欧洲资本之一，并把集装箱制造技术引进中国。在管理方面，中集董事会严格按照现代企业制度要求经营管理企业，这为中集后来的发展奠定了良好的制度基础。然而由于国际航运业陷入萧条及公司内部文化的冲突，中集在1982年投产后即连年亏损，至1986年陷入濒临倒闭的困境，董事会决定内部清盘，保留管理和技术骨干，停产集装箱。丹麦宝隆洋行退出公司经营管理，中集转由招商局负责经营管理。公司也由最初的330多人裁至59人，业务暂时转向钢结构加工，四处揽活，艰苦奋斗。1987年，国际集装箱行业复苏，公司恢复集装箱生产。

1987年7月1日，中国远洋运输总公司入股中集，公司资本金增至400万美元，公司重组为三方合资企业，合资后的中集，中远和招商局各占股45%，丹麦宝隆占股10%。中远的参股为中集引进了宝贵的市场资源，使中集重新进入集装箱制造行业，公司以此为契机，完善技术，培养队伍，积累经验，逐步拓展国际市场，大大加快了发展速度。中远的加盟成为中集成长历程上的又一个转折点。

重组后的中集形成了独特的“两股均衡”的法人治理结构，为公司持续健康发展奠定了良好的制度基础。这种“产权清晰、责任分明、利益共存”的科学治理结构，为中集决策的科学性、监督机制的有效性、管理机制的灵活性、分配机制的合理性提供了基本的体制保障。

企业的濒临倒闭和“找米下锅”的痛苦经历，使中集对市场经济有了深刻认识，由此奠定了中集人内心深处永远的忧患意识，也培育了中集人坚定不移的市场理念——以市场为导向，以客户为中心，以市场经济法则管理企业。

到1991年，公司销售总额已超过2亿元人民币，主营业务利润达4 345万元，在华南地区已经具有一席之地，并开始策划沿海布局和兼并战略。

2. 快速兼并之路

1991年，中集年产集装箱14 000标准箱，已在行业中占有一席之地；同时，在原多种经营的基础上，登机桥业务得到了发展。然而，公司也面临着前所未有的巨大挑战，新进入者先进的制造技术、雄厚的资本投入，使得集装箱行业在中国和东南亚进入了投资高峰，造成产能过剩，行业竞争激烈。同时，伴随着“中国制造”的崛起，全球集装箱制造中心向中国转移的趋势日益明显。中集迅速预见了这种趋势，并率先制定了“中国沿海全方位生产格局”的战略方针。

1992年，中集第二十次董事会在蛇口召开，会议任命麦伯良先生为代总经理，全面主持中集工作。以麦伯良为首的中集管理层，开始研究部署沿中国海岸线跨区域经营的发展战略，目标是充分把握行业转移的节拍，全方位布局生产基地，迅速扩张企业规模，使中集成为行业领先企业。

企业发展离不开资本投入。从1992年始，中集开始进行股份制改造工作，首先改组为内部股份制公司，1993年又经深圳市人民政府批准改组为公众股份制公司，公司股票于1994年在深圳证券交易所上市。公司上市开辟了资本市场的融资渠道，为公司发展战略实施提供了必要的资本保障，也进一步优化了公司治理结构，健全了内外部监督机制，推动了公司管理的规范化，为公司的持续健康发展奠定了良好的制度基础。

以资本市场为依托，中集开始实施收购兼并的发展策略，分别于1993年、1994年收购大连、南通的集装箱制造厂，使中集在华南生产基地的基础上，又建立了华北、华东生产基地。中集不失时机地迅速改造生产线，扩充产能，开拓市场。中集的快速布点和集团化经营使自身在激烈的行业竞争中争取了主动，并在生产基地布局方面比韩国对手先行一步。

1995年10月，中集正式以集团化方式开始运作，开始了由单体企业向集团化企业运行模式的转变。1996年，中集集装箱产销量达到199 000标准箱，第一次赶超韩国现代精工和韩国进道，成为全球最大的干货集装箱制造商。

中集在做到了产销量世界第一以后，适时提出了“真正的世界第一”的奋斗目标，要在企业管理、技术开发、装备水平等方面同样做到世界第一。1997年，中集将目光敏锐地瞄准了集装箱高端产品——冷藏箱和特种箱，投资组建上海中集冷藏箱有限公司和南通中集特种运输设备有限公司。其中，上海中集冷箱是世界最大的冷藏箱制造厂之一，现已成为集团重要的赢利来源之一。同时，中集又投入相当多的资源从事冷藏运输设备和特种运输设备技术研发。到2001年，中集已经在这两类产品的国际市场上分别拔得头筹。

同时，中集强化集团化经营优势，优化内部管理，积极实行市场先导、成本领先和技术创新发展策略，不断加强其核心竞争能力。在内部管理上，集团借鉴世界上先进的管理理念，结合集装箱生产实际，在内部管理和制度建设上力求实效，从目标管理到集团化管理、标杆管理、质量统一认证等，管理不断得到优化和提升。

1998年，中集利用集装箱行业内部进行大幅调整的机会，又先后兼并了青岛现代冷藏箱公司、青岛现代集装箱公司、上海远东集装箱公司、天津北洋集装箱公司四家企业。进一步优化了中集的集装箱产业战略布局，使其全球集装箱制造业龙头的地位更加巩固。

1999年7月26日，中集进入集装箱木地板制造领域，这标志着集团主业开始向上游延伸。中集自主研发的再生林材料新型集装箱木地板，不仅为集团主业供应链提供了安全保障，有力地巩固了集团在集装箱行业的领导地位，也针对长期困扰整个行业的热带雨林保护问题提出了解决方案，为全球的环境保护事业做出了贡献。

2001年5月，在确定了集装箱行业领导地位的基础上，中集进一步确立了集团“为现代化交通运输提供装备和服务”的使命。这是中集历史上首次从战略高度全面、系统、清晰地确立了业务竞争领域，使中集对行业的认识在感性的基础上更加理性，在专注的基础上更加专业。

到2002年，中集已经成为全球最大、品种最全的集装箱制造企业，从低端产品干货箱到高端产品冷藏箱、特种箱都确立了竞争优势。在综合实力上，中集已经掌握了集装箱产品发展的技术主导权，从根本上巩固了企业的竞争地位，成为全球集装箱行业最强的企业，做到了真正的世界第一。

3. 迈向世界级企业

2002年3月10日，麦伯良总裁做客CCTV《对话》节目，畅谈中国企业国际竞争力话题。在回答节目主持人提问时，麦伯良第一次提出：“给我15年时间，还你一个世界级企业”。

为实现这样的目标，中集开始组织力量，对发展战略进行深度研究。围绕集团“为现代化交通运输提供装备和服务”的业务发展战略，在继续巩固和强化集装箱业务的同时，中集开始大力拓展道路运输车辆等新业务。2002年4月16日，“中集半挂车/厢式半挂车产品发布会”在深圳蛇口举办，此举标志着中集“为现代化交通运输提供装备和服务”的第二层面业务——道路运输车辆业务正式启动。由此，中集为中国引入世界先进运输理念、推动国内交通运输装备现代化的战略目标实施进入了实质阶段。此后，中集通过收购兼并和投资新建等扩张手段，先后并购了扬州通华、美国Hpa Monon、济南考格尔、驻马店华骏、张家港圣达因、洛阳凌宇、芜湖瑞江等业内知名企业，建立起服务于全球主流市场的20多个生产基地。2006年，中集道路运输车辆产销量实现世界第一。2005年开始，中集在全国范围内建立了20多家车辆销售和服务公司（4S店），通过提供选购、融资、保险、保养、维修、检测、上牌、配件供应等服务，“为客户提供一站式全生命周期”的服务理念在车辆业务领域得以实施。“4S店”概念开创了国内专用车行业全新的营销和服务模式。目前，中集在国内已形成了以上海、北京、广州、天津、深圳等中心城市为主干的具有中集品牌特色的营销服务网络。

为巩固和提升集装箱行业的领导地位，2003年，中集开始进入集装箱服务业务领域，使集装箱业务产业链向下游延伸。遵循“为客户提供一站式全生命周期服务”的理念，集团建立起覆盖大连、天津、青岛、上海、宁波、厦门、广州、深圳等中国沿海重点港口城市的集装箱服务基地，为客户提供集装箱堆存、检测、维修、保养、翻新、改造、拆拼箱、仓储、运输、零配件供应等一站式专业服务。

2005年，中集在美国的车辆业务公司Vanguard National Trailer Corporation各月均实现赢利。美国基地的成功运营标志着中集全球视野下跨国并购以及“中美互动”运营模式的初步成功，为集团进一步实施“中欧互动”，构筑“依托中国优势的全球化营运平台”积累了经验。

2007年6月28日，中集间接收购荷兰博格工业公司80%权益的交易，获得中国、德国和荷兰政府批准；7月30日，中集与安瑞科能源装备控股有限公司达成并购协议。并购博格使集团的罐式产品业务扩大到储罐业务、道路罐式设备等领域，集团第三层面即罐式储运业务范围基本形成。博格的成功收购，也使中集“依托中国优势的全球化营运体系”平台初步搭建完成，面向全球主流市场的跨国公司架构初具雏形。

2008年3月，中集通过收购烟台莱佛士海洋工程有限公司，进入海洋工程领域。通过此次收购，中集将正式进入海洋工程的建造业务领域。这在未来必将成为中集一个新的利润增长点。

三、发展成就

中集在2006年提出的五年战略规划中提出，中集要成为所进入行业的世界级企业。在这个目标下，2007年集团总销售额达到487.61亿元，净利润31.65亿元。

1. 集装箱制造及服务业务方面

集团拥有华南、华东、华北三大区域34家集装箱制造工厂及服务基地，分布在中国沿海主要港口或城市，是全球唯一能够提供干货集装箱、冷藏集装箱、罐式集装箱及其他各类特种箱等全系列集装箱产品、并拥有完全自主知识产权的集装箱制造和服务企业。

2007年，中集集装箱全年产量约210万标准箱（不含托盘箱），创造了行业的新纪录，实现销售收入340.49亿元。其中，标准干货箱业务全年产量为186.6万标准箱，干货箱从单打冠军发展成为覆盖主流市场的全能冠军。干货箱产品营销、采购、生产基地紧密配合，充分发挥集团化营运和基地布局的优势，保持着全球领导地位；标准冷藏箱业务全年产量

7.36 万台，经过几年的扩建及技术改造，冷藏箱生产能力大幅度增加，已经具备 7 万台以上的产能，稳固占据世界第一的地位；特种箱、罐箱、托盘箱业务分别完成产量 5.87 万台、1.09 万台、79 万台，2007 年整体市场份额在 50% 以上。特种箱产品方面，北美内陆箱、折叠箱市场份额不断增加，全球冠军产品地位更加巩固；开顶箱、JR 箱、交换体箱、侧帘箱、运车箱，托盘宽箱系列，滚装车架，罐体箱等成熟拳头产品稳定增长；在"集装化"概念的引领下，中集积极拓展集装箱市场新领域，房屋箱、设备专用箱、油田特种箱、军方箱以及特种冷藏箱等产品技术含量不断提高，质量不断改善，市场规模不断扩大；欧洲、北美、澳洲、日本等特种箱主流区域市场稳健发展，中国内地等潜力市场也取得了较大突破；特种箱产业竞争力进一步提升，在打造一个个冠军产品的同时，已囊括几乎所有市场大宗产品，市场地位不断提升。

集装箱木地板业务方面，2007 年全年完成地板产量 30.5 万立方米，已经成为全球最大的集装箱木地板供应商，同时中集重视对竹地板、竹木复合地板的研究，已经推出包括 10 多个专利在内的具有自主知识产权的竹木复合地板。

根据"服务性业务收入在营运收入中所占比例显著提高"的要求，中集已经拥有了多家集装箱服务企业，堆场面积超过 150 万平方米，堆存能力 500 万标准箱，维修能力 30 万箱。2007 年全年共完成集装箱吞吐量 500 万标准箱、修箱量 29 万标准箱，集装箱服务业务从堆存、维修等基本服务延伸到翻新、改制、租赁、买卖等全系列的装备服务，以及货代、仓储、拆拼箱等延伸物流服务，具备了为全球主要的船公司及租箱公司等客户提供一站式服务的能力。经过 3 年的建设，中集已经成为国内领先的集装箱服务供应商之一。

2. 道路运输车辆业务方面

按照"为全球市场提供一流的陆路运输装备和服务，同时推动中国公路运输装备的现代化"的战略定位，中集目前已经建立起辐射北美、泰国及中国华中、华东、华南、华北、西北、东北等区域的 22 个生产基地和 19 个销售服务公司，形成中美互动、中欧互动、分布合理、互为支持的产业格局，成为全球最大的专用车制造集团，产品畅销美国和日本等主流市场。

车辆产业 2007 全年销量约 11 万台，实现销售收入 97.24 亿元，其中中国生产基地共销售专用车 10.48 万台，美国基地全年销量 6 188 台。集装箱半挂车、栏板半挂车相继实现销量第一，混凝土搅拌车已经成为国内市场第二大供应商。通过技术创新，产品种类不断丰富，环卫车、消防车、混凝土泵车等高附加值产品完成前期准备工作，即将投入市场。

为积极推进车辆营销服务网络的建设，中集致力于建设一站式全生命周期的车辆服务体系。设立了中集车辆融资租赁有限公司，为使用中集车辆的客户提供金融服务。中集车辆 4S 店网络通过提供完善的营销服务，最大限度地满足了客户个性化的产品与服务需求。同时，公司与主机厂、大型经销商、国内供应商展开多样化合作，对提升车辆产业价值链的整合竞争优势进行了有益探索。全新运营模式的快速推进，为车辆业务未来几年的快速发展奠定了基础。

3. 能源、化工及食品装备业务方面

2007 年全年营业收入为 45.36 亿元人民币。其中博格工业公司营业收入为 13.49 亿元，安瑞科能源装备控股有限公司营业收入为3.37亿元人民币。

博格工业公司是欧洲专用静态储罐的领先供应商之一。安瑞科能源装备控股有限公司主要从事压力容器、压缩机等高端燃气装备产品的研发、生产、销售，已经成为中国燃气装备行业具有领先地位的集成业务服务商与关键设备制造商，安瑞科设计、制造及销售专用燃气装备，包括高压气体瓶式压力容器、CNG拖车、CNG加气站系统、液化天然气储罐、LNG拖车及天然气压缩机，已开发的新产品还包括LNG集装箱和液化压缩天然气加气站系统。安瑞科也提供集成业务方案，包括设计及制造燃气装备系统、实地安装，以及员工培训及售后服务，形成了比较完整的燃气储运装备产业链。

4. 海洋工程业务方面

中集通过收购烟台莱佛士船业有限公司29.9%的权益成为该公司的第一大股东。莱佛士的业务主要包括移动式钻井平台及其配套船舶的建造，其核心生产基地占地面积超过42万平方米，具备世界一流的造船设施，包括亚洲第二大干船坞、封闭式干船坞、半潜式15 000吨下水驳船、2 000吨全回转岸吊起重机和全球最大的龙门起重机，起重能力达20 000吨。

5. 空港设备业务方面

中集空港设备业务领域包括旅客登机桥、航空货运站、登船桥、城市立体停车库等产品的制造、销售及服务。中集机场设备企业起步于1990年，目前已经发展成为全球领先的专业公司，产品成功进入北美、欧洲、非洲、东南亚的10多个国家和地区。中集还为法国巴黎戴高乐机场生产了全球最大客机A380的登机桥。2007年，天达空港设备实现销售额4.73亿人民币。

四、基本经验

中集20多年的发展历程积累的很多成功经验，是迈向世界级企业、向更高目标冲击的宝贵财富，需要坚定不移地发扬光大。归纳起来中集经验主要有下面几点。

1. 科学高效的公司治理结构

中集成功的因素之一是拥有制度优势，两股制衡的董事会决策机制和内部有效的职业经理人制度是关键。突出表现在集团各级管理层责权一致、目标明确、决策高效，充分重视集团管理团队对企业运营的核心作用。中集在改制之后拥有三个股东，招商局占45%股份，中国远洋航运集团公司占45%股份，丹麦的宝龙公司占10%的股份。招商局和中远这两个大股东为集团的发展提供战略支持，同时股东之间形成了相对制衡的关系。有了制衡机制就从制度上克服了“一股独大”，从而保证集团专注主业，按照战略规划持续稳健发展和实现股东利益。

2. 永不满足的创新精神

中集人不断寻求突破，不断挑战新目标，敢于打破条条框框，勇于承担风险和责任。首先体现在战略上，战略实施是一个逐步发展的过程，随着市场和企业自身的变化，战略也要不断地调整。1996年以来，中集大体经历了“确立”、“扩张”、“提升”三个阶段，现在又在酝酿第四个新的发展阶段，即向“世界级企业”进军。

其次是技术创新。中集坚持业务发展优先，自主研发与全球合作并举的策略，缩短掌握关键技术和经营诀窍的学习周期，快速占领市场。中集很早就通过并购技术与国外有核心技术资源的同行建立同盟，消化吸收本行业的全球高端技术资源后再创新，培育高附加值的新产品。另外在内部通过3+1工程进行创新源管理，通过311工程发展工程师双职业通道，通过创新大会激励、共享及推广创新成果，通过严谨的创新管理机制保证了集团的创新成果。目前中集平均每年有35%的销售额和利润来自于新产品，年均新产品开发多达200多项。中集以每个工作日申报1项专利的速度取得创新成果，拥有500多项集装箱设计专利和800多项专有技术。

3. 坚持不懈的成本领先战略

成本是制造业竞争力的一个核心要素，中集之所以在行业转移和行业整合中取得主导地位，是因为一直坚持成本领先战略，以成本为核心，优化企业资源管理。低成本不仅来自相对低的劳动力成本，而且是集约化经营和集团化管理的结果。中集紧抓规模经营，通过统一销售、统一采购、统一成本，不仅实现了规模效益，而且防止了不必要的内部竞争。中集把低成本作为自己的核心竞争力，通过加强内涵优化、创造协同效益不断完善和丰富低成本的内涵。围绕这一点，中集在经营管理上花费了很大的力气，并获得了成功，成本始终保持在世界最低的水平线上。

4. 企业家精神的职业经理人团队

中集在以麦伯良总裁为首的职业经理人团队带领下，培育了内部良好的氛围。团队具有乐观、进取、执著的创业精神和职业精神，倡导“国强民富，共同发展”的团队观和业绩观，共同做大事业，共同分享成果。

5. 专注于“为现代化交通运输提供装备和服务”的业务发展战略

坚定不移地推进业务发展战略，不断把产业做专、做大、做强、做宽；在基础产业平台上不断延伸和强化核心能力，适时进入新行业，拓展产业平台。

6. 毫不松懈的坚守责任精神

源远流长的中华文明告诉我们，“责任”和“诚信”是中华民族的深厚文化底蕴。一个负责任的企业，无论在地球的哪个角落，都能得到世界的认同和尊重。在这次汶川抗震救灾中，中集为汶川雁门中心学校提供的“集装化组合校区”成为当地第一座半永久建筑。中集一直在努力做一个负责任的企业，对客户负责、对股东负责，同时也是对人类负责、对国家和社会负责、对员工负责。中集内部积极倡导“真诚做人，用心做事”的价值导向，并以此指导企业的战略选择和经营行为，以严谨和务实的精神发展业务。中集提出了“智能、安全、节能、环保、高效”的产业理念，首批轻量化集装箱已经投入海运；中集积极维护知识产权，积极维护公开、公正、公平的有序竞争秩序，通过技术创新引领全球集装箱行业均衡、协调、健康和持续发展。

7. 企强民富，共同发展的基本人力资源政策

“公司好，员工一定好”（为员工提供通过劳动创造财富的职业机会）；建立和完善“君子爱财，取之有道”机制，使人才与公司共同成长（为认同中集、“愿意做事”的员工提供实现自身价值的事业平台；始终坚持业绩导向，对创造业绩的员工给予认可和激励；对不思进取，不能适应公司发展的员工进行调整和淘汰）。充分发挥各层各类员工的积极性，使员工目标和企业目标协调一致，为员工营造实现价值的事业和职业平台，坚持劳动创造财富的价值分配原则，以业绩论英雄。

8. 快速稳妥的国际化征程

中集股东的外资背景以及初期的外方负责经营管理，为中集的诞生注入了国际化基因。中集在发展壮大过程中，充分把握产业转移机会，大力发展主流产品，打造全球市场的产品冠军。通过不断收购兼并，迅速形成规模优势。中集在做大的同时，通过并购国外公司技术资源的方式做强。有效利用全球资源使本企业取得竞争优势，包括全球采购、国际融资、国际化的技术开发和服务等。以国际化的视野在全球范围建立供应链调配资源，有效地利用、整合全球资源，在制造成本最低的地方制造，在融资成本最低的地方融资，在资源价格最低的地方购买资源。

9. 战略性的商业合作伙伴

中集以市场为导向，以客户为中心，坚持内涵优化，形成“为客户提供更快、更好、更多产品”的战略性价值主张，致力于与商业伙伴建立一种双赢的战略关系。如与住友、三井等国际性商业财团建立长期合作关系；与供应商（新日铁、宝钢等）建立长期的战略合作关系；并被所有中资银行评为AAA级资信优良企业，成为国际知名银行（花旗银行、荷兰银行、中国商业银行等）的优质客户。

五、发展展望

按照“构建依托中国优势的全球化营运体系”的要求，中集进一步明确了未来五年的集团发展战略，提出了“力争在2012年，实现集团销售额1 000亿元人民币，上市公司市值1 000亿元人民币，初步实现世界级企业目标”的总体目标和战略要求。

中集将坚持“依托中国优势，整合全球资源”的发展模式，使企业成为集装箱产业行业领导地位更加稳固、车辆产业主流产品在国际主流市场上主导地位基本形成、罐式储运装备业务加快资源整合、服务性业务收入在营运收入中所占比例显著提高、新产业成为发展重要支柱、运用品牌与资源优势创造更大增加价值、全球化运作框架初具规模的全球化企业集团，成为所进入行业中更受人尊敬、更负责任、对环境更友好、劳动关系更和谐的世界级企业。

中国客车的龙头

郑州宇通集团有限公司

科学发展观一旦与企业的发展实际相结合，就会迸发出无穷的生机与活力。宇通的发展实践证明：只有用科学发展观统领全局，才能始终把握发展的主动权。十余年来，郑州宇通客车股份有限公司（以下简称宇通）借助改革开放这股强劲的东风，在各级党委和政府的领导下，结合企业发展实际，崇尚科学，尊重人才，以科学的理念、创新的行动、澎湃的激情，使宇通从一个名不见经传的小汽车修配厂，发展成为亚洲最大的客车生产基地和国内行业龙头企业，科学发展让宇通在中原崛起的号角声中，走出了一条稳健领跑行业的阳关大道！

一、企业介绍

宇通是1993年在郑州客车厂基础上成立的股份制公司，现有职工3 429人，大中型客车国内市场占有率超过22%，企业综合实力居国内同行业之首，国内、国外市场销售业绩在行业内连续多年位列第一。宇通客车位于郑州宇通工业园，占地面积112万平方米，日产整车能力达到120台以上，目前已发展成为世界规模最大、工艺技术条件最先进的大中型客车生产基地。公司于1997年在上海证券交易所上市（简称“宇通客车”，代码600066），是我国A股市场的一支老牌蓝筹绩优股。

宇通主要经济指标连续十余年快速增长，并连续十年获得中国工商银行AAA级信用等级，是行业内率先同时拥有“中国名牌”和“中国驰名商标”荣誉的企业。2006年8月，宇通被授予“国家汽车整车出口基地企业”称号，并通过国家质量检验检疫总局的专项审查，成为汽车行业第一家获得“进出口商品免验”证书的企业。2007年，宇通荣获世界客车联盟BAAV颁布的“BAAV年度整车制造商营销大奖”，并于2002年、2005年、2006年连获“年度BAAV最佳客车制造商”。2007年，宇通还作为唯一一家入选的客车企业，荣登《福布斯》2007“中国顶尖企业榜”。2008年7月，中国科技部、国务院国资委和中华全国总工会在北京联合公布我国首批“创新型企业”名单，宇通成为首批入选企业之一。

经过多年的发展，宇通企业综合实力居国内同行业之首，并且形成了自身独特的企业文化和先进的管理理念：

(1)以市场为导向，以客户为中心，进行产品研发，拥有行业内首家博士后科研工作站和发改委等五部委联合认定的首家“国家级技术中心”。

(2)强调产品质量，建立全过程的质量控制监督系统。2004年，宇通顺利通过了由德国管理体系认证有限公司（DQS）颁发的ISO/TS 16949：2002版质量管理体系认证。这是国内首家获此认证的客车企业，标志着以宇通为代表的客车行业在质量管理方面已经与国际同步接轨。

(3)充分应用各种信息技术提高企业内部管理水平。宇通从1994年就开始进行管理信息系统的建设，目前已成功引进和实施了SAP管理系统、CRM客户关系管理系统。

二、改革历程

从一个敲敲打打的修理厂起步，郑州宇通集团有限公司总裁、党委书记汤玉祥带领宇通从一个年产只有700辆的小厂，发展成为年销量25 522辆、销售额突破125亿元的客车行业龙头企业，并在不声不响中成就了宇通今天在世界客车产业格局中不可或缺的地位。

回首1991年，此前客车生产由国家指令性计划到逐步减少、到全部取消，“断奶”后的郑州客车厂一时产品滞销，资金紧张，设备落后，工人思想混乱。

时任试制车间主任的汤玉祥，带领车间一班人马以前瞻性的思维开发出行业内第一款卧铺客车，按照市场经济的理论延伸了运输的概念，闯出了一条以改革求生存、求发展的道路，成为当时全国客车业的一个亮点。新品 ZK6980WD 卧铺车一经面市便大受欢迎，使不同层面的消费者能够享受到不同层面的服务。1994 年，全国客车整体销量下降了 11.17%，而宇通客车的销量却上升了 98%，相对于客车行业上升了 109%。

1993 年，郑州客车厂在改革的阵痛中顽强拼杀，抓住国家进行股份制改制试点的机遇，改制为郑州宇通客车股份有限公司，将企业发展和兴衰与员工利益紧密结合起来。

舞台变大了，以汤玉祥为首的宇通领导团队清醒地认识到，要想让宇通在众多国内同行中脱颖而出，必须占领产品开发的制高点，广泛拓展市场空间，以此拉动企业内部的生产经营。市场与企业最直接的联系就是产品，而好产品的出现一方面依赖于开发，另一方面依赖于严格的生产管理。宇通不断加大科技投入，通过开展重大技术合作研究，组织国际、国内技术交流，不断进行工艺工装改进，强化科技含量，在公司内形成运转高效的创新体系，组织强有力的项目攻关组，先后开发出了天俊、优宝、爱琴海、俊朗等一系列新产品，且开发周期大大缩短，每年新产品的产值占当年总产值的 40% 以上。通过增强科技创新实力，宇通在产品经营上已经牢牢占据了主动权，保持了公司产品的科技水平始终走在国内同行业前列，并向世界一流的客车生产企业迈进。

1993 年完成股份制改造后，宇通随后实现了三次跳跃式发展。1997 年，宇通成为国内客车行业首家上市公司，宇通客车 A 股股票在上交所挂牌交易；1998 年，宇通利用上市募集资金建成了亚洲规模最大的客车生产基地；2002 年，宇通与德国 MAN 公司合资成立猛狮客车有限公司，走上了技术与合作开发的路子。宇通开始在吸收欧洲最新技术的同时，自己研制开发适合国情并与欧洲同步发展的自主品牌。

回顾创业历程，十多年来，宇通客车外引内联，一方面科学地研究市场、研究需求、研究技术，另一方面根据研究成果结合其他产业共同发展。作为业绩较好的上市公司，宇通具有募集资本金的良好渠道，这个渠道为宇通的扩张战略提供了坚实的保障，而扩张战略又成为宇通实现快速增长的利器。

以快制快、因时而变、稳健经营是宇通经营战略的核心。自 1999 年以来，宇通根据市场的变化，及时提出了产品结构调整的设想，开始全面进军高档客车市场。同时，为尽快缩短与国外知名大公司的差距，宇通先后斥巨资与美国普华永道公司合作推行先进的 SAP 信息化项目、与美国奥曼克公司合作推行世界先进的质量管理标准 ISO/TS 6949，与国际知名咨询公司罗兰·贝格合作确定了公司的发展战略，与 IBM 合作进行全面的企业转型，企业管理正在全面与国际接轨。

多年来，宇通始终处于良性循环状态，目前已发展成为以客车为核心，以工程机械、房地产为战略业务，兼顾其他投资业务的大型企业集团。

三、发展成就——从自主品牌到国际舞台

通过连续十余年的快速发展，宇通清醒地意识到，没有自主技术，就无法将对客户需求的理解转化为符合满足客户需求的产品。只有拥有了自主知识产权的技术，才能够使企业在国际竞争中立于不败之地。宇通一贯坚持自主知识产权是中国民族客车企业一道真正的防

线，它能够保护民族客车工业在本土市场获得良好的市场地位，并获得参与国际竞争的发言权。

宇通深知自主创新对企业发展的重要性。十几年来，宇通客车驰名全国，并开始挺进世界客车的舞台，但是宇通对新品研发的重视却一点也没有改变。宇通每年把年营业收入的4%投入到研发中，这个数字，在国内汽车行业中也算得上排头兵。尤其是早在2000年，宇通就建成了客车行业首家博士后科研工作站；2004年，宇通技术中心被国家四部委认定为国家级技术中心；2003年，ERP信息平台在技术体系得到了运用，有效连接和传递了公司技术系统的决策层、业务支持层、业务运作层之间的信息。随后，为提升设计手段和效率，又在国内汽车企业中首次采用法国达索飞机公司的CATIA软件对客车新品进行自主设计开发，大大缩短了研发周期，在行业内引起了轰动；2007年9月，宇通与美国铝业正式签署合作协议，双方合作应用世界领先的客车结构设计、材料及制造技术，共同开发新一代节能环保全铝车身城市客车，2008年7月，全铝车身城市客车样车顺利下线；2004年至今，宇通在产品耐用性、产品价值上不断升级，尤其是节油效果明显的发动机热管理技术，更加安全舒适的金刚封闭环、分压平衡座椅和静音技术等，更是成为行业的聚焦点，引导着技术的发展潮流……这些卓越成绩，无不显示出宇通在自主品牌发展建设上的深厚实力和前瞻眼光。

目前，宇通已形成了6米至25米，覆盖公路客运、旅游、公交、团体、专用客车等各个细分市场，普档、中档、高档等产品档次70余种产品的完整产品链，且通过节油、降噪、减振等基础研究，为客户带来了非常可观的收益。

在自主创新取得可喜成绩的同时，宇通也清醒地看到了知识产权对于一个企业、乃至对民族汽车工业发展的重要性，从战略高度开展了自己的知识产权工作，建立了专业的专利工作人员队伍，完善了专利管理制度，设定每开发一种新产品都要至少拥有一项专利的目标，提出开发一种、保护一种的方针，最近五年宇通获得国家发明专利130余项。

传统观点认为，汽车业“技术在欧洲，市场在中国”，但宇通始终坚持发展拥有自主知识产权的技术和自主品牌，紧紧抓住我国出台新《汽车产业发展政策》鼓励民族品牌汽车出口的契机，强调把“中国制造”的价格优势转化为品牌优势，注重技术、产品开发与当地需求的有机结合。在整体策略上宇通则遵循“整车（CBU）输出—散件（CKD）输出—技术输出—品牌输出”这一国际成熟汽车品牌的国际化线路，不断输出拥有自主知识产权的自主品牌汽车，为民族品牌汽车驶出国门带来了全新的启示。

在客车行业，宇通成了紧擎出口大旗的旗手。早在四年前，宇通就对海外市场进行了周密调研，时机成熟后开始有步骤、分重点地走出去。2005年，宇通走出一条以技术换市场的出口之路，400台客车出口古巴，总额高达2.4亿元，首创中国客车出口单批数量最多、价值最高的纪录。此次的出口涉及技术转让、商标使用许可、散装件（CKD）及整车运输、售后服务等多个方面。输出散装件（CKD）在古巴进行装配以实现技术输出，是宇通打进古巴、融入国际市场的有效策略，并且开创了中国客车业技术输出的先河。

2006年，宇通自主研发的车型顺利通过美国DOT认证，并且出口美国市场，成为机场快运巴士，用以接送往返的旅客。DOT认证是美国国家级的质检认证标准，属于强制认证标准，所有销往美国的产品都要通过该标准后才能销售。宇通由此结束了中国客车无缘美国市场的历史。

同年，宇通还摘得国内汽车行业首张“进出口商品免验证书”，中国汽车发展50多年来无缘“出口免验”的惯例由此被打破。国家“出口免验”资格审查以标准严格而闻名，获得“出口免验”认证更是成为国内各行业标杆性企业孜孜以求的目标。自实施以来，“出口免验”证书几乎被家电、服装等有出口优势的行业“包揽”。宇通凭借行业领先技术和长期持续改善的质量管理体系，率先实现中国汽车行业出口商品免验“零的突破”，也为宇通出口海外搭建起一个更有利的平台。

2007年，宇通再次同古巴签订5 348台客车的出口大单，总价值高达3.7亿美元。这也是近十年来国内汽车工业出口金额最大的一宗订单合同，成为中国客车出口一座新的里程碑。宇通还向海外敞开技术大门，首批外籍学员赴中国培训，这是中国客车行业首次开展的海外大规模人力资源培训，开创了行业海外发展的范例，也是宇通以技术换市场模式的延续。

同年，宇通出口客车3 319台，较2006年增长84%，出口金额13.9亿元，较2006年增长92%，产品销往古巴、俄罗斯、埃及等多个国家和地区，增幅远远高于行业和主要竞争对手，出口量继续稳居行业第一。

从产销量看，宇通已成为了全球第二大客车生产商，仅次于德国奔驰。如今的宇通车，每年累积行驶220亿公里，搭载120亿人次，而且这两个惊人的记录还在不断地被刷新。从三年前的产品出口，到形成八大海外战略市场，再到近年来的散装件组装（CKD）与技术、品牌输出，宇通已经成功跨越了国际化的初级阶段；而“先建服务网络，再进入市场”的国际化先进理念，使宇通具有了成为大型跨国客车集团的意志力和决策力；尤其是，宇通在今年4月底的俄罗斯商用车车展和中国交通展上跨国同时发布“价值宣言”，承诺“DRIVE YOUR VALUE”（驱动您的价值），标志着宇通齐驱国内外市场、开始进入品牌输出的新阶段，正以中国客车新的海外产业出口观，缔造着新的中国制造的产品形象。

四、基本经验

1. 自主创新，抢占发展制高点

回顾宇通的发展历程，从1993年的股份制改造开始，到抓住市场发展机遇研发卧铺客车、企业上市、流程再造、海外拓展等，在这些经历中，宇通敏锐地抓住了改革开放带来的发展契机，每一步都渗透着创新的精髓，彰显着“敢为天下先”的胆识和自主创新的精神，也正是自主创新让宇通始终能够抢占发展的制高点。

(1)建立创新机制。宇通十分重视建立科学的创新机制，认为企业发展的根本问题是管理创新，只有通过管理创新来带动技术创新、产品创新、销售创新，才能建立起科学的创新机制，促进企业发展。宇通在管理创新中完成得最为漂亮的是流程再造，一系列的变化显示，流程再造大幅度提高了企业的经营质量。流程再造被分析师认为是宇通现金流增长的关键。在流程再造过程中，信息化平台的更新发挥了重要作用。2003年初，替代原有独立的财务系统、MRPII系统的SAP正式上线，标志着宇通信息化平台升级的开始，业务范围涉及销售系统、技术系统、生产系统、财务系统等十个模块。这种架构建立了一种新的创新机制，管理创新再次带动了技术创新、产品创新和销售创新。

(2)加大创新投入。宇通对创新的投入从来都是不设障碍的，被业内称为“用重金打造的核心竞争力”。比如，宇通拥有目前客车行业唯一的国家级技术中心和博士后科研工作站，每年的研发费用占到了年销售额的4%以上。SAP是目前全球规模最大、应用效果最好、价格最昂贵的信息管理系统平台，仅初始购置费用就高达四五千万元，而且每年还要追加投入一千多万元的后续运维费用。

(3)着力培养人才。人才不仅是自主创新的基础，也是企业经营发展的基础。公司通过在内部推行绩效管理，对日常工作进行量化处理，根据不同岗位的工作特点，确定不同的考核周期，考核覆盖全体员工，收到了良好的效果。在推行过程中，宇通根据持续改善的原则，结合管理中存在的实际问题，坚持对绩效指标进行不间断地修订完善和补充，形成良好的沟通协商氛围。同时，员工的薪酬系统能起到显著的激励作用，公司以业绩为导向，根据业绩的好坏拉大薪酬差距，真正让工作表现好、对公司贡献大的员工受到明确的奖励和赏识。

(4)加强基础建设。高水平的自主创新需要有良好的硬件条件相匹配。比如，为提升设计手段和效率，宇通在国内汽车企业中首次采用法国达索飞机公司的CATIA软件对客车新品进行自主设计开发，设计出了ZK6129H系列产品，大大缩短了研发周期，被业界形象地比喻为“用设计战斗机的软件设计客车”。目前，耗资2亿元占地13 000平方米的客车试验中心已经投入使用，主要承担基础理论研究、专项问题攻关、整车以及零部件性能试验等职能，旨在为整车、零部件、工艺和材料等全方位性能试验提供一个平台，通过开展前瞻性的专项试验研究工作，提升宇通的自主创新能力。

自主创新能力的不断提升，让宇通在市场竞争的角逐中，犹如一个的领跑者，勇往直前。公司每年研发的新产品贡献率高达60%，支撑了企业连续十几年的快速增长。海外市场销售额在短短三年时间里，便从5 000万美元跃升到2亿美元，古巴市场的宇通客车更是占到了99%的市场份额。

2. 精细化管理，助推企业高速发展

过去的这几年，国内客车市场风云变幻，波涛起伏。然而，宇通这艘航船却始终保持较高的速度，劈波斩浪，跨过一个个暗礁险滩，平稳快速地前行。在2006年成为行业内首家销售过百亿元的企业，2007年在行业内率先突破了125亿元。探源寻根，正是宇通在内部管理上不断创新，使宇通实现了管理从人治到法治、从粗放到精细的转变，也为企业的国际化发展夯实了基础。

在宇通规模快速扩张的同时，宇通领导团队没有被成绩冲昏头脑，而是敏锐地感知到随着企业的快速发展，企业管理的水平必须迎头赶上，于是明确提出了“向管理要效益，向管理要成绩”的要求。

自2002年的管理转型开始，宇通便引进SAP信息管理系统，并陆续应用了其中的十几个模块。SAP是目前全球规模最大、效果最好、价格也最昂贵的信息管理系统平台。初始购置费用高达数千万元，令很多企业望而却步。但宇通根据业务发展需要果断采购并应用至今，其经验被国际知名的普华永道会计师事务所作为案例在全球推广。随后宇通建成了覆盖设计、计划、生产、后勤、供应、财务、成本控制、质量管理、销售、售后服务等经营业务领域的ERP系统。

2003年起，国际知名的管理咨询公司罗兰·贝格公司成为宇通管理咨询和发展企业战略的伙伴，从更高层次上开始提升宇通战略管理水平、企业文化和人力资源管理水平，确定了品牌建设的方向，并进一步明确了公司未来发展的方向和管理思路。

2004年，宇通顺利通过ISO/TS 16949体系认证。TS 16949体系是国际汽车行业最先进的质量管理体系，通过该体系的实施可以使宇通产品的质量在保持国内领先的前提下，向世界领先水平看齐。通过建立起来的具有很强约束力的质量管理控制体系，用流程保证结果，使各项工作及影响工作结果的全部因素都处于严格的受控状态，并通过监督，反馈信息，不断改进和提高管理水平。

2006年，宇通启动三大系统工程：人力资源管理系统由国际三大咨询公司之一的埃森哲公司协助建立；客户关系管理系统的第一阶段成果，已于2006年12月28日上线运行；供应链管理系统的建立也已箭在弦上。

宇通投入巨资与目前全球范围内最大的咨询管理服务公司——IBM咨询公司进行供应链管理转型项目合作。在宇通看来，信息化不仅仅是个技术问题，更是一个管理问题，通过不断的管理提升和流程再造，降低了采购、营销成本，优化了库存结构，同时也为拓展销售渠道、提高服务效率提供了可能，宇通积极稳妥地实现了管理初步转型。

2007年至今，宇通投入大量人力，深入全面推进管理转型工作，内部调动了所有的高管和近一半的中层正职人员参与，外部聘请IBM公司作为长期合作伙伴。到目前为止，主要的大项目（CRM项目、SCM项目、配置器和BOM、技术管理转型等）都已经进程过半，并已取得初步成效，预计到2009年，各项转型将全面完成，并取得三个方面的效果，一是对市场需求的把握更加准确、引导更加充分；二是整体计划组织更加合理、更能有效满足客户需求；三是整体运营的效率更高、成本更低。

从创业阶段向管理阶段转型，从流程再造、战略咨询、绩效管理到CRM等项目，从供应链管理演化到业务模式整体转型，这种重大转轨的背后，是宇通对于自身价值和创造能力的自我挑战，更显示出宇通的长远眼光和魄力。

向世界一流企业看齐，谋求稳步持续增长，宇通选择了一批行业领袖作为合作伙伴，制定了能够科学引导企业未来运行方向的发展策略，使企业步入健康良性的发展轨道，这些在当时被视为“挥霍”、“不务正业”的基础管理工作，正在逐步拉大宇通与同行的差距。

在产品销售连续多年排名国内第一的同时，宇通也不断创新营销理念，开始为客运用户提供整体解决方案，为客户创造更多的价值，以更好地实现企业与用户之间的双赢。从单纯的产品推广和销售，到站在客户角度为客户提供内部管理、路线营运规划等全价值链的解决方案，宇通成了一个方案提供商和标准提供商，探索出一片新“蓝海”，也为整个行业提供了富有前瞻性的转型模式 。

3. 企业文化，凝心聚力促和谐

企业因科学的战略而持续发展，因卓越的文化而基业长青。宇通主要经济指标快速增长的同时，也在不断探索和丰富以“价值导向”为核心的文化理念，公司通过建设素质工程、阳光工程、温暖工程、文体工程，激励广大员工为公司生产经营目标的顺利实现而努力工作，在增强企业凝聚力、提升员工队伍素质、深入构建和谐企业，进而促进公司业绩实现等方面发挥了积极作用。

(1)实施“素质工程”，搭建育人平台，提升员工整体素质。宇通搭建“树百带千”、“双向培养”和建设“学习型党支部”三个育人平台，并把基层党组织中绩优党员占绩优员工的比例作为衡量其先锋模范作用的关键指标。有针对性重点强化党员成长为绩优员工的责任意识和自觉意识，引导党员主动查找差距不足，制订改进措施，提升党员工作能力和综合素质。同时，加大了在绩优员工中培养党员的力度，不断优化党员队伍结构，使党员群体在公司各项工作中更具信服力和标杆示范作用。

同时，面向员工开展了技术大比武等活动，不断完善基层人才发现和培养机制，提升员工和基层管理人员的专业技能、综合素质和管理能力。

(2)实施“阳光工程”，加强民主管理监督，营造良好发展环境。完善员工合法权益维护机制。新劳动法实施以来，宇通先后修订了《公司奖惩管理规定》等劳动制度，依法保障了员工的合法权益。

落实民主管理和监督工作。定期收集基层民主管理意见和建议，并对问题逐个进行落实，然后通过办公系统（KOA）进行公示，全年问题解决率达到了96.5%，提高了员工民主决策、民主管理和民主监督的能力，促进了公司管理的提升。

强化廉洁自律主题宣传教育。宇通通过组织开展廉洁自律主题教育系列研讨会等形式，强化员工的廉洁自律意识，收到了良好效果。

(3)实施“凝聚工程”，激发员工的自豪感、归属感和主人翁精神。宇通非常重视做好员工的激励和关爱工作，先后多次组织了“宇通夏令营”等大型文化活动，邀请员工亲属参观宇通工业园，组织丰富多彩的联谊活动，让许多员工有机会通过屏幕表达对亲人的感谢和真情祝福，活动场面温情荡漾，感人至深，很多人都感动得泪水涟涟。家属们纷纷表示，他们会一如既往地支持亲人的工作和宇通的事业。

(4)实施“温暖工程”，解除员工后顾之忧，深入构建和谐企业。落实公司“三个不”（不让员工日子过不去，不让员工或家属看不起病，不让员工孩子上不起学）的要求，每年宇通各级党组织及工会都会及时了解落实职工家庭（含退休职工）困难情况，及时给予援助，并针对不同对象开展各种形式的送温暖活动。仅2007年就资助困难职工1 087人次，金额77.29万元，解除了员工的后顾之忧。

(5)实施“文体工程”，营造快乐工作、快乐生活氛围。宇通利用“三八”、“五四”、“六一”、“中秋节”、“国庆节”、“春节”等节日，针对特定对象开展丰富多彩的主题活动。同时，为丰富在职员工、退休职工及家属的文化生活，给大家搭建一个享受生活乐趣、展现个人风采的广阔平台，宇通组建了“缤纷宇通”综艺协会。目前有学习、公益、歌舞、体育、大家乐俱乐部等五大类别，24个不同主题的分协会。各协会坚持“以员工为中心”，积极创新活动形式和载体，自主策划和组织了一系列丰富多彩的活动和项目，营造快乐工作氛围，提升幸福生活指数，丰富了员工业余文化生活。

(6)实施“反哺工程”，积极承担社会责任。近年来，宇通在取得良好经济效益的同时，始终不忘回报社会。宇通一直在系统、有计划地推行一系列的社会公益活动，用实际行动履行企业对社会的责任，赢得了社会的广泛赞誉。同时，宇通在援助海啸、赞助客属恳亲大会等各项公益事业上已经捐款捐物逾千万元。

四川省汶川县发生强烈地震后，宇通党委高度重视，并在第一时间作出紧急部署，迅速启动大灾处理应急预案，成立了宇通集团抗震救灾领导小组，组织集团全体员工踊跃捐款，在第一时间首批向灾区捐款100万元，党员缴纳特殊党费超过70万元，并迅速成立了宇通救援小组。救援小组一直坚守在抗震救灾一线。全体宇通人紧急行动起来，本着对人民、对社会、对国家高度负责的精神，全力投入到了抗震抢险救灾工作中。

五、发展展望

“十一五”时期，是一个全面改革、全面开放、全面创新的全新历史发展时期。经过科学分析，未来十年我国大中型客车市场仍将快速增长，宇通结合自身实际情况已经规划好了未来发展的宏伟蓝图。

新形势下，宇通提出“为您创造更大价值”的品牌主张，以客户价值为导向，形成产品、服务、品牌层层递进、环环相扣的价值链，为客户提供最佳的赢利解决方案，实现战略合作，共同发展。宇通集团发展目标是：到2009年，形成以大中客车为主的新兴产业集团，实现销售目标超过180亿元，国内大中型客车市场综合占有率达到20%以上，国内外总销量占世界市场份额10%以上。到2012年，宇通集团将成为中国一流的以客车为主业的多元化发展的企业集团，进入世界知名客车品牌前列。

新的起点蕴涵着新的希望，新的目标昭示着新的跨越。在“十一五”这一重要发展时期，站在更高起点上的宇通，必将焕发出巨大的生机与活力，创造更加灿烂的辉煌。

重组开创新天地

中远造船工业公司

一、企业介绍

中远造船工业公司（以下简称中远造船）是中远（集团）总公司直属企业，成立于1993年，注册资金75 191万元。公司依照“一次规划、分步实施、统筹兼顾、滚动发展”的方针，按照“做大造船主业、整合配套资源”的发展思路，计划用5～10年左右时间，初步打造成世界一流的大型船舶重工企业。

中远造船所属的全资、合资企业有南通中远造船船舶工程有限公司、大连中远造船工业有限公司、南通中远船舶钢结构有限公司、上海中远造船重工钢结构有限公司、南通远洋船舶配套有限公司、南京中远航修配件厂。

中远造船投资的南通中远造船船舶工程有限公司造船技术处于国内领先水平，先后承建5 400标准箱、30万吨VLCC、5 000PCC等船舶，2006年生产总量突破100万吨；南通造船二期工程已于2008年3月完工，年生产能力将达到240万载重吨。大连中远造船工业有限公司以大型船舶制造和销售为主业，预计2010年建成投产，年生产能力240万吨。南通中远船舶钢结构有限公司是国内最大的船舶舱盖产品生产基地，具有制造900吨龙门吊的能力。上海中远造船重工钢结构有限公司可承造高层建筑钢结构、各类钢管、铁路公路桥梁以及集装箱桥吊等产品，年生产能力4万吨。南通远洋船舶配套有限公司业务范围包括船舶内舾装工程、铁舾装件、船舶钢结构及建筑钢结构等，是大规模、专业化的船舶配套产业基地，先后成功完成国内首制30万吨油轮（VLCC）、5 250标准箱集装箱船、10 000标准箱集装箱船和中国海军的中型登陆舰的上层建筑内舾装工程。

二、改革历程

中远造船经历了两个发展改革阶段。

1993 年～1999 年是多元化发展阶段，中远造船经过股权划拨、新建、购并，逐步发展成为集修造船、集装箱、涂料、钢结构、能源电力、IT、船舶配套等为一体的多元化投资管理型公司。1994 年 6 月，中远集团将南通船厂（现南通船务）、南通拆船厂（现南通钢结构）、南京中远船舶配件厂等 13 家企业股权划归中远造船。1995 年 2 月，中远集团将其投资的中国国际海运集装箱股份有限公司的股份划转给中远造船，又相应增加了资本金。1995 年 6 月，由中远造船注资的天津北方海事企业有限公司成立。1995 年 9 月，中远集团将其投资的广州迪施有限公司、大连迪施有限公司、南通迪施有限公司、上海国际油漆有限公司、上海远东集装箱有限公司、北洋集装箱有限公司的股份划转给中远造船。1995 年 12 月，中远造船与日本川崎合资筹建南通中远造船船舶工程有限公司。与此同时，中远造船购买天津关西涂料化工有限公司 20% 的股份。1996 年 1 月，北京远洋陆业技术服务有限公司成立。1996 年 3 月，中远造船注册资金由 2.3 亿元增加到 3.16 亿元。1997 年 10 月，上海中远造船钢结构有限公司项目签字，上海关西涂料化工有限公司开业，大连中远船务工程有限公司开业。

自 1999 年起，中远造船从多元化转型走向了专业化发展的道路。1999 年，中远造船进行第一次业务重组——将上海远东箱厂和北洋箱厂股份整体出让给中集集团，培育和确立了中集集团的世界最大集装箱制造企业集团地位。2001 年，中远造船业务再次重组——将南通、大连、广州修船厂及修船配套厂、深圳中集集团等 8 家企业资产拆分出来，组建国内最大修船产业集团——中远船务集团。2003 年，中远造船进行第三次重组——将涂料业务出让给中远国际股份有限公司。

近年来，中远造船根据集团主辅分流要求及公司自身战略调整需要，抓住机遇，做强做大造船主业板块，加快船舶配套基地建设，淡出建筑钢结构产业。南通造船二期扩建项目 2005 年 12 月开工，2008 年 3 月完工，形成了南通造船两坞三泊位生产体系。大连造船项目于 2007 年 3 月 28 日正式启动，预计 2010 年底交付首制船。

十多年来，中远造船经历了从无到有、从小到大、从多元化到专业化的发展过程，形成了鲜明的以造船业为核心的专业化产业格局。

三、发展成就

中远造船是科技含量高、经济效益好、资源消耗低、环境污染少、人力资源得到充分发挥的新型工业化企业。

中远造船与日本川崎株式会社合作，通过十余年的引进、消化、吸收、再创新，自主完成 47KBC 到 49KBC 升级；同英国 HARDLAND WOLFF 联合进行 15 万吨 Suezmax 油轮设计；与日本川崎联合进行 5.5 万吨 BC、17 万吨 BC、20 万吨 BC、30 万吨 VLOC 船舶设计；独立进行各类船型的详细设计和生产工艺设计。先后承建 30 万吨 VLCC、5 000PCC 汽车运输船和 10 000 标准箱等船舶，技术能力、生产效率、生产成本居业界前列，是国内唯一实现分段对接无余量的造船企业。大连造船基地 2010 年建成投产后，年生产能力将达 500 万载重吨。

中远造船创造了"中远造船速度"：建造5.5万吨散货船干坞合拢仅需15个工作日，而日、韩船厂同样的工作量至少需要25个工作日；建造30万吨VLCC大型油轮仅用80万工时，而国内同行超过300万工时。在引进的基础上，通过消化、吸收、再创新，中远造船现在已经具备了散货船、集装箱船和VLCC油轮等船型详细设计和生产工艺设计的自主开发能力，具备了建造各类大型、高精度船舶的生产条件，设计水平实现了由4.7万吨散货船，到5 400标准箱型集装箱船，再到30万吨VLCC以及5 000车位汽车滚装船和万箱集装箱船以及超大型矿砂船的跨越式提升。

十几年来，中远造船全员劳动生产率、人均实现利润、造船生产效率、万美元耗电量、钢材利用率等七项指标，不断刷新国内船舶行业新纪录。专家评价，中远造船用十年时间走完了中国造船企业100年、日本造船企业50年、韩国造船企业30年的路程。

四、基本经验

中远造船之所以发展如此快速，最重要的是得益于制度、技术、管理、文化以及人才培养等方面的创新。

1. 制度创新是中远造船实现跨越式发展的前提

作为国内第一家中外合资造船企业，南通中远造船首开两个先河：一是国内第一家中外合资股份制造船企业；二是中外双方对等持有公司50%的股份，没有绝对控股股东。这种股权结构利益共享、风险共担，从根本上调动了川崎重工在资金、技术、人力资源和管理经验等方面投入的积极性，实现了合资双方的优势互补，保证了投资双方都能够从"中远造船"的成功运作中实现股东回报的最大化。

正是这种股权结构以及相应制度的安排，使得投资双方都能够充分发挥各自的优势，收到了一加一大于二的良好效果。川崎造船在技术、管理上的高起点支持，使中远造船在引进、消化、吸收、再创新道路上阔步前进。而中远造船高效的生产经营、资深的管理团队、先进的企业文化使技术引进、消化、吸收、再创新成为可能。

2. 管理创新是中远造船实现跨越式发展的核心

中远造船从一开始就把不断提高管理水平作为工作的重中之重。通过学习引进日本川崎重工在生产经营、组织管理方面的先进经验，加之中远集团多年形成的优秀企业文化，不断消化，逐步规范，持续创新，形成了具有中远造船特色的先进管理模式。

应用精益管理理念，实施"6S"和"KPS"管理。6S管理（整理、整顿、清理、清扫、素质、修养）和KPS（川崎重工生产管理系统）管理是中远造船生产现场管理的"秘诀"。其理念是在顾客需要的时候，以顾客满意的质量，按照顾客需要的数量生产顾客需要的产品。实际操作中，将生产作业划分为净作业、附加作业和浪费作业，消除生产现场的浪费现象，最大限度地发挥人、物、设备的能力，降低成本，提高效率。

建立以成本控制为核心的管理方法，坚持全方位跟踪和控制成本，实现生产成本的最低化。中远造船通过建立覆盖全公司、各成本点的计算机网络系统，对物资采购、仓储、工时、消耗、部门费用等进行科学测算，实施有效控制和目标管理，实现了依靠创新管理手段达到增效的目的。目前万美元产值能耗仅为国内骨干造船企业的 1/3，钢材使用率为 92% 以上，达到了世界领先水平。

制订严密计划并严格按照计划组织生产是中远造船又一重要特点。中远造船生产管理体系以接单计划为前提，以生产计划为主体。在制订生产计划时，做到两个统一：即生产计划与劳动力计划的统一，生产计划与物资采购计划的统一，实现物料零库存管理。十年来，没有发生过生产节点延误工时的现象。

设计部门与制造部门无缝对接。从各专业的详细设计开始，全方位规范提升设计的各个环节，实现了设计与生产的无缝衔接。生产线上的工时控制、质量跟踪、成本控制、精度控制、协调管理等都在设计范围内，既保证了设计质量，又提高了生产效率。

管理标准化，实施全面质量管理。中远造船在生产经营实践中，把过程控制、自主管理作为企业质量管理的最高方针，注意高精度与高效率的统一，先后通过了 DNV 船级社 ISO 9001 质量管理体系、ISO 14001 环境管理体系、ISO 10012 计量检测体系的标准化认证以及 OHSAS 18001 职业安全卫生体系认证。

3. 人才培养使用模式创新是中远造船实现跨越式发展的动力

中远造船跨越式发展，得益于培养了一支高素质的人才队伍。从创建之初中远集团选派的十几个人，发展到今天的数千人规模，十年间摸索出了一条超常规人才选拔、培养、发展的道路。

创建之初，投资双方就确定和实施了人才培养规划，大规模地选派设计和管理人员到日本川崎造船学习船舶施工、设计、管理经验，开通了人才对口培训渠道。

组建企业的核心人才队伍。建设世界一流船厂、建造世界一流船舶，需要一支过硬的管理队伍和设计队伍。经过十年的培训和岗位锻炼，中远造船设计部暨研发中心已经涵盖了船体、船装、机装、电装、生技船体、生技舾装等六个专业的设计工作，培养了一支平均年龄 29.5 岁近 300 余人的设计研发队伍，在技术上实现了“生产一代、储备一代、研发一代”的目标。

按照管理、技术两个系列设置岗位，学、用、待遇三者挂钩。不当“长”的人即使没有行政职务，也能安排相应岗位，享受相应待遇。这种制度，为各类人才发展提供了广阔的空间，大大调动了员工的生产积极性。

4. 文化创新是中远造船实现跨越式发展的保障

中方领导班子紧紧围绕合资企业发展的需要，充分发挥中远集团思想政治工作的传统优势，吸收借鉴川崎重工先进的管理理念，不断探索和实践，打造了独具特色的企业文化，引领了中远造船的跨越式发展。

在公司文化建设方面，将日方“整理、整顿、清扫、清洁、素质、规范”为主要内容的“6S”管理与中方培养“四有”员工队伍相结合，全面提高企业管理水平和员工综合素质；将日方“开明管理”与中方的“尊重人、理解人、关心人”的管理思想相结合，充分调动员工的积极性；将日方的 KPS 管理思想与中方的合理化建议活动相结合，全面推行质量管理。

在安全文化建设方面，在吸收中远集团和川崎重工安全管理成功经验的基础上，形成了以“创造人与物和谐的运行环境，挑战零事故、零伤害目标”为主线，以及一个模式（自主安全管理模式）；二种体制（垂直安全管理体制和区域安全管理体制）；三个理念（人的安全与健康高于一切，确保安全是确保质量、成本、工期的基础，安全的作业环境创造高质量产品）；四项制度（安全会议制度，安全巡回检查制度，安全部门监督指导制度，班组安全管理制度）；五种做法（管理者努力为作业者创造安全的作业状态，管理者充分考虑人的心理、生理特点来组织生产，事前检证，实施重点管理，对策会议）等为主要内容的公司安全文化体系。

五、发展展望

中远造船主业发展愿景：保持技术领先，创建国内一流造船企业；跻身世界造船前列，打造百年中远造船业。

在未来5～10年中，中远造船将继续坚持引进、消化、吸收、再创新的发展思路，贯彻做强做大造船主业板块，加快船舶配套基地建设的战略构想，通过新建、扩建、兼并、合作的经营策略，预计到2015年将拥有船厂3～5家，年销售额达到150～200亿元，年利润40～50亿元，年建造能力800～1 000万载重吨。

西筑明天更美好

中交西安筑路机械有限公司

一、企业介绍

中交西安筑路机械有限公司（以下简称西筑）是目前中国最早和最大的专业筑养路机械研发制造企业，是“世界500强”企业中国交通建设股份有限公司（简称中交股份）的一级子公司，总资产近8亿元，净资产4亿元，资产负债率47%，现有在岗员工961人，其中各类专业技术人员305人；2007年营业额近5亿元。

西筑始建于1959年，其前身为“交通部西安筑路机械厂”，是交通部的直属骨干企业。成立至今一直致力于公路路面机械产品的研发和制造，我国第一套强制间歇式沥青混合料搅拌设备、第一台沥青混合料摊铺机、第一台稳定土拌和机等都在这里诞生。西筑依靠四大系列产品（沥青搅拌系列、摊铺机系列、养护设备系列、水泥搅拌设备系列）和六个业务版块（沥青搅拌业务、摊铺业务、养护业务、水泥搅拌业务、租赁业务、配件业务）的稳健发展，确立了在筑机行业的龙头地位。具有国际先进水平的H系列环保节能式和J系列集装箱式沥青混合料搅拌设备获得了“2005中国企业新纪录”、“中国公路学会科技进步二等奖”和“中国交通建设集团科技进步一等奖”等荣誉称号，在国内高端搅拌设备市场占有率第一，大型搅拌设备更是遥遥领先。多功能系列摊铺机、系列稀浆封层机、系列沥青路面铣刨机、系列同步碎石封层机和水泥路面传力杆置入机等新型高等级公路大型施工和养护的关键设备在国内也处于领先水平，多次获得国家、交通部和陕西省的奖励。

西筑以“西筑机械　同步世界”为战略方针，以“实现使用者与制造者共同价值”为经营理念，依靠完善的营销网络和专业的营销队伍，西筑产品畅销中国各省区和海外几十个国家和地区，特别是近两年，西筑在不断稳固和扩大国内市场份额的同时，积极开拓国际市场，出口量不断放大，企业的海外市场形象显著提升。西筑组建了国内最专业的一支国内国际市场服务队伍，率先提出了“产品全生命周期跟踪服务”理念，打造西筑模式的品牌服务，产品质量和售后服务在市场中享有良好的声誉，2007 年荣获“全国用户满意的筑养路机械企业”和“全国铁路建设用户满意的工程机械企业”，沥青搅拌设备荣获“用户满意度第一名”，产品通过了 ISO 9001 质量认证和国际 UKAS 认证。

西筑经过近 50 年的建设和发展，积累了丰富的路面机械设计开发和成批制造经验，初步建立了科学的管理体系和完善的检测手段，培养了一大批筑养路机械设计、制造、营销和管理人才；以市场为导向，以科技创新为动力，加快建立企业自主知识产权和核心技术，保持了西筑的品牌优势和技术优势。现有的各系列产品，高度符合了我国目前和未来的市场需要，奠定了良好的市场基础，占据了有利的发展位置，企业连续多年入围“中国机械 500 强”和“中国交通企业 100 强”，排名持续上升，显示了西筑不断发展的强劲势头。西筑已逐步发展为具有较强国际竞争力的专业路面机械研发制造企业，“西筑”品牌已成为行业著名的首选品牌。

西筑正在向高科技、规模化、效益型的企业发展，将继续引领中国筑养路机械行业，不断为中国的公路建设事业提供优质产品和优良服务，开创企业辉煌的未来！

二、改革历程

1. 初出茅庐

翻开我国筑养路机械行业发展史，几乎写满了西筑公司的足迹。20 世纪 50 年代我国筑养路机械行业从仿制开始起步，家底是从旧中国接收来的一批国外半旧设备。1958 年西安筑路机械厂试制出国内第一台手扶式振动压路机，改写了我国不能生产筑养路机械的历史。

此后，国家为了进一步适应公路交通发展的需要，加快了机械化道路施工的步伐，于 1959 年 1 月成立了陕西省筑路机械制造厂，开始以筑路机械制造为主，实行机械制造、配件制造、机械修理和设备出租并举的经营方针；当时，在短短的半年时间里，试制出了震动压路机和碎石摊铺机，新兴的筑路机械事业实现了良好的开端。

2. 走向成熟

1961 年 9 月 1 日，陕西省筑路机械制造厂改名为交通部西安筑路机械厂，直接受交通部领导。

1967 年在交通部科学研究院与西筑的共同努力下，我国第一套沥青混凝土搅拌设备在西筑诞生。此时的西安筑路机械厂是国内筑养路机械最重要的试制、开发基地，其地位无可替代。

1969 年 9 月，我国第一台强制间歇式 LB30 型（30T/h）沥青混合料搅拌设备在西筑厂诞生，该机不仅在国内市场使用，还出口到亚非国家。1976 年又研制成功 LT6 型（铺宽 2.7 ~ 4.5 米）沥青混凝土摊铺机等。

3. 改革开放

1978年，改革开放的春风吹遍祖国大地；国家开始对国有企业进行规范化管理，根据交通部的统一部署，从1982年10月开始，西筑开始了全面整顿工作。在这个时期，西筑制订了较全面的“经济责任制考核办法”，对企业内部的生产工作环境进行了整治。同时，西筑十分重视新产品的技术引进和开发，最重要的是在1985年开始引进英国派克公司的LB 1000型沥青混合料搅拌设备，并于1986年试制成功，成为西筑当时新的利润增长点，并为我国的公路建设做出了突出的贡献。另外，西筑十分重视思想文化建设和职工队伍的培养，形成了“团结、爱厂、求实、创新”的西筑精神。

4. 佳绩初显

我国真正的沥青搅拌设备的发展始于20世纪80年代初期。1983年，当时的交通部西安筑路机械厂承担了国家第一批重大引进技术消化吸收项目，引进了当时国际上较先进的英国Parker公司的LB 1000型强制间歇式沥青搅拌设备，该产品生产能力为每小时80吨，控制系统采用全自动控制，这是国内沥青搅拌设备发展上的第一次飞跃。

至1987年，西筑的主要产品有三大系列，15个品种。其中，主导产品为沥青混凝土摊铺机系列，沥青混凝土搅拌设备系列和WB210型稳定土拌和机。非主导产品有YZ8—10两轮压路机，321型装配式公路钢桥，混凝土预应力张拉设备，桥梁顶推设备，万能杆件和筑路机械配件等。

从20世纪70年代末到90年代初，西筑主要产品的获奖情况如下：

(1)自行设计、制造的LT6型摊铺机1978年荣获全国科技大会奖，1985年荣获全国交通公路工业展览会金杯奖；

(2)LT6A摊铺机1988年获西安市和陕西省优质产品奖，1989年获交通部优质产品奖；

(3)LTU4摊铺机1988年获西安市和陕西省优质产品奖，1989年获交通部优质产品奖；

(4)LB 1000型沥青混凝土搅拌设备1989年获西安市和陕西省优质产品奖，1990年获交通部优质产品奖。

5. 振兴崛起

20世纪90年代是西筑发展的关键时期，这一时期企业认真贯彻党的十四大精神，进一步加快企业改革的步伐，不断深化改革，加强管理。并于1990年2月1日颁布了《企业标准》，共分为《技术标准》、《管理标准》和《工作标准》3大系统、72个子系统，共1 311个标准，这些标准为规范企业管理，提高企业的管理水平发挥了重要作用。

1994年，西筑再次引进消化英国Parker公司的M 3000型强制间歇移动式搅拌设备。该设备研制成功并投放市场后，带动了国内厂家向着产品方便运输、无基础方向发展，使我国沥青搅拌设备技术的发展又有了一次飞跃；第一台M 3000型试制成功后，立即安装在山西太旧（太原—旧关）高速公路工地上，为太旧高速公路的建设立下了汗马功劳。随着国家“一条龙”技术项目引进，公司新产品开发取得重大成果。自行研制开发了LB 500型搅拌设备；LB 2000型搅拌设备在上海通过了测验；改型制造出LT6CA、LT6CB两种新机型等；同时，企业购置了具有20世纪90年代世界先进水平的激光切割机和焊接机器人；还在五个车间试行了“划小核算、模拟市场运行”的管理办法，进一步加强了企业管理。

同年，企业的精神文明建设也取得丰硕成果。企业和谐稳定，职工精神振奋，业余文化生活丰富多彩，并成功举办了首届西筑文化节。当年西筑还积极开展了“双文明”、“十大杰出职工”的评选活动；建立了职工解难帮困基金会，被陕西省总工会评为“模范职工之家”。

同年，西筑厂又与英国 Parker 公司联合推出了 M 2000 型、M 1500 型、M 750 型强制间歇移动式沥青搅拌设备，形成了 M 系列产品。企业还通过了 ISO 9000 质量体系和 UKAS 认证。

1999 年，西筑成功地进行了股份制改造。由原中国路桥（集团）西安筑路机械厂改制为路桥集团国际建设股份有限公司西安筑路机械有限公司，成为一个股份上市公司的控股子公司。应该说现代企业制度给企业带来了无限的生机和活力，改革为企业插上了腾飞的翅膀。从那时起，企业的规模进一步扩大，生产经营得到了进一步的发展，企业上市后，股份公司又给西筑注入了一个亿的资金，企业规模已超过六亿元，产品销售和工业总产值双双超过了三个亿。

到了 2000 年，西筑根据世界沥青搅拌设备发展趋势，与德国 BenninghOven 公司开展技术合作，联合生产出具有当代国际先进水平的环保节能型系列沥青搅拌设备。这次合作使我国由单纯的技术引进提高到合作生产、联合开发，跟上了国际发展的步伐。该产品投放市场后，也推动了国内各沥拌生产厂家产品开发向着大型、绿色、环保、节能方向发展。

6. 自主创新

2001 年西筑又开发出具有自主知识产权、获国家专利并达到国际先进水平的 J 2000 型国际标准集装箱式沥青搅拌设备，在国内同行业中独占鳌头。该设备技术含量非常高，细微之处饱含着人性化设计理念，这种完全采用国际标准集装箱的搅拌设备在中国乃至世界均是首创。

目前，西筑正在根据西安市城市规划的要求和企业自身发展的需要，由中国交通建设股份有限公司投资 7 个亿在西安北郊泾渭工业园区兴建新厂区。多年来，企业不断进行技术引进和开发，曾先后引进英国的派克公司，澳大利亚的阿伦公司，德国的边宁荷夫、戴纳派克、威豹和威力公司的技术并与他们合作。目前，西筑的主要产品已达四大系列 30 多个品种，并远销非洲、东南亚、北欧和国内 30 多个省、市、自治区，2005 年西筑首次入围“中国机械 500 强”，显示了企业蓬勃发展的强劲势头！

近年来西筑获得的主要荣誉有：

1995 年，全国交通系统科技进步先进集体；

2000 年，陕西省质量效益型企业；

2001 年，被全国建设机械设备委员会评为“售后服务满意单位”和省级文明单位；

2003 年，技术改造先进企业和陕西省高新技术企业；

2005 年，首次入围中国机械 500 强；

2006 年，首次入围“中国交通企业 100 强”；

2007 年，H 系列沥青混合料搅拌设备获中国公路学会“科学技术二等奖”，MS9 系列稀浆封层机获“科学技术三等奖”；被行业用户推选为“全国用户满意的筑养路机械企业”，沥青混合料搅拌设备获“全国用户满意度第一名”。

这些荣誉的取得，使企业树立了良好的市场形象，为企业今后的发展奠定了良好的基础，同时，这也是西筑公司的无形资产和宝贵财富。

从 LB 30 到 LB 1000 型，从 M 3000 型再到 J 2000 型、J 3000 型以至现在的 J 5000 型搅拌设备，西筑从一个筑路施工队伍成长为一个引领着沥青搅拌设备行业技术发展的当之无愧的领跑者，这些成就凝聚着西筑几代人的努力，得益于改革开放的强大动力，同时也离不开交通运输部、路建、中交等上级单位的正确领导和大力支持。

三、发展成就

西筑目前主要投放市场的产品有四大系列：沥青混合料搅拌设备系列、摊铺机系列、养护设备系列和水泥搅拌设备系列。这四大系列产品的销售收入构成为：搅拌设备占 85% 左右，摊铺机和养护设备等共占 15% 左右。2007 年上半年，西筑公司前三大系列产品的销售合同额达到了 3.1 亿元，搅拌设备合同额占到了 90%，摊铺机和养护设备只占 10% 左右，所以，搅拌设备是西筑目前最核心的业务。

1. 西筑搅拌设备在行业的竞争地位

西筑的沥青混合料搅拌设备在目前国内路面机械行业的市场地位稳固，品牌形象好，是国产设备高端产品的代表，一直处于领跑者的位置；属于大型高端搅拌设备市场的主流和名牌产品，引领着国内搅拌设备的技术发展趋势，品牌的知名度和美誉度随着市场占有率的不断提高而深入人心。

J 系列集装箱式和 H 系列模块式环保节能型沥青混合料搅拌设备是目前国内最先进和最实用的产品，西筑这两个系列产品的平均市场占有率达 22% 以上，2007 年上半年，搅拌设备系列产品销售总量在国内同行业中排名第一，4000 型在国内市场占有率上升到近 50%，这一国内最大、技术含量最高的单一品种的市场占有率足以说明西筑在搅拌设备领域的优势竞争地位。由于这两个系列产品代表了目前最先进的技术，所以市场上能够生产的企业很少；同时，这两个系列的产品环保节能，符合国际潮流，具有很广阔的市场发展空间，必将成为未来市场的主力，西筑在这一领域将会继续领跑。同时，西筑已开发出了旧沥青路面材料再利用的厂拌热再生设备，并已投放市场，今后要形成系列产品。

2. 西筑摊铺机在行业的竞争地位

西筑生产了国内最早的沥青混合料摊铺机，有近 40 年的摊铺机生产和开发经验，目前主要有两大系列产品：LT 系列轮胎式和 LTU 系列履带式摊铺机。摊铺宽度从 2.5 米到 12 米，规格齐全。

其中 LT6 系列产品在全国销售量已超过 3 000 台，能满足各种等级道路的修筑和养护。

(1)稀浆封层机系列产品在国内市场享有非常高的声誉，已经成为筑养路机械行业的名牌产品，目前是国产设备的领头羊，也是唯一能与“洋”品牌抗衡的产品，市场占有率达到近 60%，在市场上占有绝对优势，目前该系列产品在国内尚处于发展阶段，西筑已夺得先机。西筑在这方面起步较早，拥有 6 项核心专利技术，在技术和品牌上占有优势，同时，西筑又配套开发了一系列摊铺箱、专用压路机等产品，为用户提供完善的施工解决方案和高附加值的延伸服务。

(2)路面铣刨机的市场目前在国内主要被“洋”品牌所垄断，国产设备正处于技术和质量的稳定期，西筑是国内最早生产国产铣刨机的厂家之一，经过多年的不断改进和完善，目前技术已可与进口产品相媲美，产品性能也越来越稳定，与进口产品比有很大的价格优势，在国产铣刨机的市场开始崭露头角。

四、基本经验

1. 技术先进

西筑始终把“科技创新”视为企业的生命线，自从1969年研制中国第一台沥青搅拌设备以来，把目光锁定为中国公路建设的发展需求，平均每年都有几种新产品、新型号研制成为专利或非专利产品，特别是近十年来问世的高品质、高质量的新产品更是达到年平均5~8种之多。

近几年，通过引进、消化、吸收国际顶级搅拌设备技术，综合了目前国内外搅拌设备先进技术之大成，研制生产出具有自主知识产权的J系列集装箱式沥青混合料搅拌设备，更是以其特有的集装箱式结构，实现了运输快捷，无基础安装等功能，同时还具备计量准确，操作简便，性能稳定，环保节能，结构紧凑，占地面积小等特点，在市场上备受青睐，产品订单源源不断，同时荣获国家“实用新型发明专利”。

西筑公司的沥青混合料搅拌设备，多年来以卓越的品质在市场上独占鳌头，市场占有率稳居行业排名之首。

2. 产品质量高

强大的生产加工能力和先进的管理理念，使西筑公司在效率、成本控制、产品质量等方面更胜一筹。西筑通过与德国的边宁荷夫、戴纳派克、英国派克等国际龙头企业长期持续的技术合作，始终坚持与国际筑养护机械的潮流同步。执行5S的现场管理，6S的企业管理，产品在同行业中率先通过ISO 9001认证和国际UKAS认证、环境14000 S认证及环境健康体系认证，是国家“九五”、“十五”重点技术改造的入选企业；建成了西北地区最大的全自动喷涂烤漆生产线，引进了世界最先进的焊接机器人，购置了全自动液压弯管机和大型数控加工中心。先进的加工设备有力地保证了产品的优良品质。

3. 服务质量一流

一流的产品，需要有一流的服务，服务也是西筑的核心竞争力。西筑建立了一支高效专业的售后服务队伍，对用户在售前、售中、售后进行全方位的跟踪服务，并购进了一整套配件供应平台，以迅捷周到的服务排解客户的困难。在国内率先提出了延伸服务理念，售前，公司专业的施工专家为用户提供合理的设计方案和机器选型建议；售中提供安装、调试、技术培训等服务，让用户使用设备无后顾之忧；售后服务有配件供应、技术咨询、故障排除，包括设备搬迁、大修、旧机处理等延伸服务，真正实现“产品全生命周期服务”。

五、发展展望

西筑的四大系列产品，符合我国目前和未来公路建设的需要，目前已确立了稳固的市场基础，今后10~15年，甚至更长的时间里，仍有巨大的市场需求空间。

西筑未来的发展目标是，以“西筑机械　同步世界”为战略方针，以“实现使用者与制造者共同价值”为经营理念，以“四大系列产品”的突出发展为基础，齐头并进“六个业务版块”，通过5～10年的建设和发展，将西筑建成“国际知名　国内领先”的中国最大的专业筑养路机械研发和制造企业，引领中国筑养路机械行业的发展，实现“四个同步”，即在筑养路机械技术研究和产品开发上与全球技术发展保持同步，产品品质与世界一流产品品质同步，企业管理水平与世界先进企业同步，市场服务理念和水平与世界一流企业同步，将“西筑”品牌打造成行业著名的首选品牌。

到2010年，西筑依靠品牌、技术、市场、服务、资金等优势，实现企业规模的扩张；初步确立各系列产品的市场领导地位，六大业务版块齐头并进，共同发展，形成具有核心竞争力的多元化格局，使西筑向高科技、效益型企业的方向发展，企业整体营业额达到10亿元规模。

到2015年，将西筑初步建成国际知名、国内领先、具有较强国际竞争力和较高赢利能力的中国最大的专业筑养路机械研究、制造企业，使沥青搅拌设备在国内行业处于领导地位，其他业务在国内行业处于领先地位，初步树立企业的国际品牌形象，企业整体营业额达到20亿元规模。

中国工程橡胶企业的明星

衡水宝力工程橡胶有限公司

中国经济的大发展，催生了交通事业的大跨越。乘着这股东风，河北衡水宝力工程橡胶有限公司（以下简称宝力公司）历经十五个春秋岁月，如今已经成长为中国工程橡胶行业里一颗夺目的明星，在中国交通事业发展的瑰丽画卷中留下了璀璨的一笔。

一、企业简介

宝力公司地处衡水市高新技术产业开发区，创建于1993年，占地面积29万平方米，现有员工2 300余名，其中中高级专业工程技术人员230名，注册资本11 004万元人民币，目前年产值近25亿元人民币。历经十余年的不懈努力，公司取得了长足的发展，由一个名不见经传的小厂一举发展成为集科研开发、营销、制造、施工、养护、服务于一体的集约化经营、多元化发展的综合型工程橡胶企业，产品销往全国二十几个省、自治区、直辖市，占据了全国同行业近30%的市场份额，是全国工程橡胶行业的龙头企业。

宝力公司自创立以来，始终不渝地遵循“科技创新领先，诚信经营为本”的宗旨，坚持“质量求优、效益求高、工作求实、交友求诚”的理念，追求“带动地方经济发展，推进社会文明进步”的目标，发扬“持续改进，追求卓越”的企业精神。

宝力公司主导产品涉及八大类、3 000余个品种。公司生产装备齐全，除具备常规的硫化设备、密炼设备、机械设备和挤出设备外，还拥有三十余台大型机械加工设备，六台大型锻压设备、三个数控加工中心、两条微波硫化生产线、两条经编生产线、八条硅心管生产线、三条格栅生产线。

近年来，宝力公司的健康、稳定、快速发展，受到了河北省委、省政府和衡水市委、市政府领导的肯定，省领导多次到宝力公司视察指导工作。

二、改革历程

（一）企业发展和历史沿革

宝力公司1993年3月18日正式挂牌营业，初创时企业名称为“衡水市第一工程橡胶厂”。随着企业不断发展壮大，1995年底更名为衡水宝力工程橡胶有限公司。2000年，公司制订了“宝力公司中长远发展规划”，拟定了集约化经营、多元化发展的总体发展战略。

宝力公司发展到今天，经历了创业、发展壮大、再创业三个阶段。1993年初至1995年底是公司的创业阶段，这是公司发展过程中最艰难的阶段，没有厂房、设备简陋、资金缺乏。但是创业者们不畏艰难、勇于进取，在赵宝勤先生的带领下，诚信立企，大胆创新。1994年初，在资金十分紧张的情况下，宝力公司积极争取交通部科技司的自费研究课题——“桥梁伸缩装置国产化生产”，先后投资近300万元，与中交公路规划设计院、北京科技大学合作，在不到两年的时间，就取得了成果。于1995年12月通过了交通部在衡水组织召开的技术评审，近400余名专家学者参加了评审，并给予高度评价。该成果成功通过了试用期的检验，获得了国家科技进步三等奖，从此我国实现了桥梁伸缩装置国产化。此举为宝力公司赢得了社会信任与支持，同时，公司也获得了较为可观的收益，为企业的腾飞奠定了坚实的基础。

1996年初至2002年底，宝力公司进入发展壮大阶段。公司在不断进步的同时，积极总结经验，1995年确立了“质量求优、效益求高、工作求实、交友求诚”的企业发展理念。1996年投资兴建厂区，宝力公司于1997年3月从大庆路租赁地全部迁至占地6.6万平方米的衡水市高新技术开发区。公司第一次拥有了具有自主权的场地，创业者们也更进一步坚定了信心，此时赵宝勤董事长提出了“发扬优良传统、永铸宝力辉煌”的口号，时刻提醒宝力人今天的成绩来之不易，要永远保持和发扬艰苦创业精神和诚信为本的传统理念，积极努力、与时俱进，确保铸就宝力的永久辉煌。宝力公司的创业者们提出了“自我加压、强身健体”的管理思路，自1996年初至1997年底，历时两年的时间，大力强化内部程序化管理，在完善各项规章制度的同时，建立了当时大部分国人还很陌生的ISO 9000国际质量体系，该体系于1998年1月18日通过了国际质量体系认证机构认可，这一举措适应了当时的国家形势，走在了同行业企业的最前端。与此同时，全国土木建设、道路桥梁建设行业大力开展了消除“豆腐渣”工程的工作，并提出未通过国际质量体系认证的产品禁止在国家重点工程上使用的口号。我们因此遇到了良好的机遇，订单和合同额大幅攀升，为公司赢得了更为广阔的市场。1998年~2000年这三年也是宝力公司经济增长最快的阶段，宝力公司在社会上树立了良好形象，同时也跻身于国内同行业前列，这个阶段也是公司经济发展的重要转折点。

在发展历程中，“宝力人”尊崇“科技创新领先，诚信经营为本”的宗旨。先后设计发明拥有自主知识产权的国家专利技术32项，有6项新技术、新产品通过了省部级鉴定。宝力公司参与了橡胶止水带、遇水膨胀橡胶、桥梁伸缩装置、工业胶轴、印染胶轴等国家（行业）技术标准的制订。并先后与铁道部专业设计院完成了“青藏铁路线常用跨度桥梁技术和提高耐久性措施试验研究”项目，与北京交通大学完成了“万向承载拉压支座”研究项目，与铁道部科学研究院共同研制了“高速铁路桥梁调高支座”。

从2003年初开始宝力公司步入了再创业阶段。经过十余年的不懈努力，企业在自身得到发展的同时，也积累了大量资产，宝力公司没有因成就而止步，没有因辉煌而停息，公司领导核心通过进一步调整思路，又重新确立了“集约化经营，多元化发展，向高技术含量、高附加值进军”的新思路，于2003年下半年开始投资兴建占地23.1万平方米的“宝力工业园区”。目前公司已走向了良性发展的快车道，同时为地方经济和国家交通建设事业的发展做出了积极的贡献。

（二）企业改革创新历程

宝力公司经过十几年的不懈努力，实现了跨越发展，通过不断摸索和积累，逐渐找到了一条适合公司发展的长效创新发展机制和运营模式，逐渐形成了一套独具宝力特色的企业文化体系。公司的改革创新历程可以概括为：“六大转变”和“五个统一”。

1. “六大转变”

(1)实现了公司市场运作理念从市场型→技术型→技术服务综合型的转变。宝力公司成立之初，市场运作模式非常简单，工程橡胶行业市场属于卖方市场，用户对产品价格和产品质量并不是很重视，只是看重交货期，只要不影响工期就行。后来，用户将侧重点转移到了产品质量和产品技术上。现在市场已趋于成熟，市场由卖方市场转化成了买方市场，用户更看重的是产品高质量、技术高科技、服务高标准，市场竞争逐渐加剧。

(2)实现了公司生产模式从作坊式生产→规模化生产→多元化生产的转变。公司刚起步时，租厂房、租设备、缺资金、缺人才，生产经营十分困难。宝力公司创业者迎难而上，经过几年的努力，公司资金逐步积累，知名度不断提高，经济效益也稳步增长，实现了从作坊式生产向规模化生产的跨越。现在公司已实现了包括工程橡胶、工程塑料、铁路电气化器材在内，涉及公路建设、铁路建设、水利建设、市政建设以及化工、造纸、电力、通信、海港、航空和轨道机车等领域的多种产品的开发、研制和生产经营。

(3)实现了公司经济效益从劳动密集型→技术密集型→资源集约型的转变。宝力公司发展初期，经济效益主要通过劳动密集型的方式来实现，随着市场竞争的不断加剧，公司认识到：只有通过不断提高产品的高科技含量，才能在激烈的市场竞争中立于不败之地，因此提出了科技创新领先的发展理念，使企业获得了长足发展。近年来，国家提倡发展节约型经济、环保型经济，宝力公司又顺势整合公司资源，在公司内实现了资源共享、互通有无，使公司逐步向资源集约型转变。

(4)公司创始人个人身份实现了由创业者→优秀企业家的转变。通过各级政府的不断栽培和个人的不懈努力，2008年3月，公司董事长赵宝勤先生光荣地当选为第十一届全国人大代表，并递交了关系祖国交通事业发展的三个议案，引起了相关领导和专家的高度关注。

(5)实现了从家庭责任→企业责任→行业责任→社会责任的转变。创业之初，宝力公司创始人考虑最多的是让自己的家庭过上较为富裕的生活，随着企业的不断发展，企业规模逐渐扩大，他们考虑更多的由家庭责任转变为企业责任，宝力公司每年组织员工进行健康体检，发放班中餐补贴，组织员工学习参观、观光旅游，逢年过节发放米、面、油等生活必需品。公司在不断发展壮大的同时，还积极承担社会责任，如修路办电、捐资助教、抗击非典、抗震救灾等。

(6)实现了企业管理从人治→法治→文治的转变。在宝力公司创业初期，管理模式主要是人治管理，即依靠人管人，随着企业规模的不断扩大，仅仅依靠人管人来治理企业已不能适应企业不断发展的需要，宝力公司开始通过建立公司规章制度来管理企业，即实现了从“人治”向“法治”的过渡，通过实行“法治”管理，企业得以快速发展。近年来，随着国际和国内大企业倡导用企业文化来实现企业长期发展，公司及时调整了管理思路，并逐步使企业管理从“法治”管理向“文治”管理转变。

2. “五个统一”

(1)实现了家庭责任、企业责任、行业责任和社会责任的统一。

(2)实现了经济效益、社会效益和环保效益的和谐统一。企业在发展的同时，更加重视社会效益和环保效益，使企业成为经济效益、社会效益和环保效益的有机载体，三者相互促进、相互提高、共同发展，为企业发展和社会进步做出了较为突出的贡献。

(3)实现了企业文化与企业可持续发展战略的有机统一。宝力公司提出了“文化为战略服务，战略靠文化实现”的可持续发展战略，有效地推动了公司企业文化体系建设，促进了企业文化与企业可持续发展战略的融合，为最终实现企业的可持续发展战略奠定了坚实的基础。

(4)实现了人本理念与科技创新理念的完美统一。宝力公司始终坚持以人为本的人才战略，认为人才是生产力中最活跃的因素，是市场竞争中最重要的资源。公司每年都要从大专院校引进一批人才，以不断适应和满足公司持续发展对人才的需求。公司还十分重视对年轻干部的提拔和培养，充分发挥年轻干部作用，形成老、中、青相结合的人才梯队，更好地适应了公司的总体发展战略。

宝力公司始终将科技创新理念作为发展的不竭动力，将科技创新视为企业发展的“发动机”。为了加大科研开发力度，公司于 2003 年成立了专门的研发机构——新产品研发中心，现有专职科研人员 36 人。公司还与河北科技大学、石家庄铁道学院、北京交通大学、中交公路规划设计院等大专院校和科研院所开展合作，促进先进的技术尽快转化成现实的生产力，使公司的核心技术始终处于国内同行业的最前沿，从而大大提高了公司的整体市场竞争力，保持了在国内工程橡胶市场较高的市场份额，使企业始终保持着强劲的发展势头。

(5)实现了传统管理、创新管理与和谐管理的统一。2006 年，宝力公司提出了“建立学习型组织、推行人性化管理、创建和谐健康宝力”的要求，为实现这一要求，公司建立了专门的职工阅览中心、职工培训中心、职工活动中心、职工洗衣坊，定期组织员工进行培训和学习，对职工不断进行充电，从而提高职工的学习力。公司还积极开展各种文体活动，不断丰富职工的业余文化生活，真正实现了工作、学习、休闲一体化。除此之外，公司还经常鼓励职工为公司的发展提出合理化建议，建议被采纳的，公司将给予相应的物质奖励和精神鼓励。通过采取以上措施，公司形成了“全员齐学习、全员创和谐”的良好氛围。

三、发展成就

荣誉凝结着汗水，努力绽放着辉煌。十五年的发展之路见证了宝力人的勤劳与智慧，一串串闪光的足迹铭刻着集团公司勇于争先，奉献祖国的艰苦历程。

1. 公司产品

(1)主要产品：宝力公司的主要产品包括公路、铁路桥梁板式橡胶支座，公路、铁路桥梁盆式橡胶支座，楔形盆式橡胶支座，QZ拉压支座，测力支座，QZ系列球型支座等；公路、铁路桥梁伸缩装置；橡胶止水带；通信光缆防护套管；塑料土工格栅；玻纤土工格栅；电气化铁路接触网金具；轨道减振器材以及工业胶辊等，涉及八大类、3 000余个品种规格。

(2)主要专利产品：ZTP系列自调坡橡胶支座、FFB系列快装支座、TGPZ系列调高支座、防水减振抗拉支座、跨越式伸缩缝、高度可调桥梁伸缩装置、弧线型桥梁伸缩装置、曲面钢支座、铁路扣件、绝缘支座等。其中，ZTP系列自调坡橡胶支座、TGPZ系列调高盆式橡胶支座获得“国家重点新产品”称号，FFB系列快装支座、ZTP系列自调坡橡胶支座、TGPZ系列调高盆式橡胶支座等获得河北省科技成果证书。

2. 主要工程业绩

京津塘高速公路、京沈高速公路、石黄高速公路、国家大剧院、南京长江二桥、缅甸清墩江大桥、芜湖长江大桥、兰州黄河小西湖立交桥、北京地铁四号线、胶济铁路、朔黄铁路、武襄铁路、青藏铁路、宣杭铁路、合武铁路、温福铁路、新广州站工程、南京大胜关长江大桥、王万铁路、奎北铁路、宜万铁路、京津城际轨道交通、秦沈铁路客运专线、郑西高速铁路客运专线、合武高速铁路客运专线、合宁高速铁路客运专线、甬台温高速铁路客运专线、广深港高速铁路客运专线、武广高速铁路客运专线、哈大高速铁路客运专线等300多个国家级重点工程。

3. 获得重大奖项和主要荣誉

重大奖项：国家科学技术进步三等奖、全国守合同重信用企业、河北省高新技术明星企业等。国家级荣誉：国家科学技术进步三等奖、全国橡标委橡胶杂品分会先进委员单位、全国守合同重信用企业、全国橡胶产品质量授信企业、中国交通企业协会公路桥梁配套产品委员会理事长单位等。省部级荣誉：中国交通百强企业河北省优质产品证书、河北省著名商标、河北省守合同重信用企业、河北省发明协会副理事长单位、第二届河北省十大发明创造单位、河北省科技创新明星企业、河北省AAA级劳动关系和谐企业等。

4. 业内影响力

宝力公司经过十几年的不懈努力，取得了长足的发展，公司在业内影响力逐年提升。公司承担着工程橡胶行业多种产品的国家（行业）标准的起草工作，全国橡标委橡胶杂品分技术委员会工程橡胶制品工作组和河北省工程橡胶工程技术研究中心相继落户宝力集团，另外，公司还承担着国家“863计划”中信息技术方面的课题研究任务，在盆式橡胶支座智能化方面取得了较理想的研究成果。

另外，公司董事长赵宝勤先生一直担任着中国交通企业协会路桥配套产品工作委员会理事长及河北衡水工程橡胶产业协会副理事长等职务，充分证明了公司在业内的领军地位。

四、基本经验

十五年的跨越发展，十五年的自我提升，十五年的不断成长，宝力公司逐渐形成了自己的一套系统经验。

1. 抓好企业管理

随着公司规模的逐步扩大，企业管理越来越成为公司发展过程中不可忽视的重要环节，企业管理水平的高低决定了企业发展的程度。

(1)流程管理，提高企业效率的关键是流程。实现流程管理需要改变一些传统管理习惯，一是打破职能管理习惯；二是培养系统思维习惯；三是形成绩效导向的企业文化。

(2)组织管理，组织设计的原则是平衡权利和责任两者之间的关系。因此实现组织管理需要两个条件，即专业化与分权。宝力公司从这两方面入手，调整组织结构，划分职责范围，使各部门之间既相互合作，又相互制约，有效地预防了各种事故的发生。

(3)战略管理，战略管理包括有利于学习和创新的组织管理机制、以团队管理为中心的分权化扁平状网络组织、充满活力的创新激励机制、以市场为导向、以顾客价值追求为中心的企业文化战略。最后，是依赖既开放又相互信任的合作环境。公司以“职工→机制→服务→市场→环境”为主线，发现问题，解决问题，给每个人充分的发展空间，增强职工的主人翁责任感。

(4)文化管理，企业文化既是企业的核心灵魂，也是企业的本质特征。宝力公司提出了“知书明礼、德才兼备、脚踏实地、超越自我”的个人发展理念，以此激励公司的新老职工，为充分实现个人的人生价值而努力，为建设更加卓越的宝力集团而奋斗。公司上下形成了“全员齐学习、全员创和谐”的良好氛围。

(5)计划管理，人们常常把计划管理和计划经济联系在一起，这种偏见带来的直接后果是使管理处于无序状态。计划本身属于管理的一部分，计划管理要解决的是目标和资源之间关系是否匹配的问题。通过实施计划管理，宝力公司实现了内部资源共享、互通有无，实现了公司采购集约化。在做好计划的同时，宝力公司实行了成本管理。在公司树立了全面、全员、全过程的成本意识，将作业成本管理、价值分析的方法运用到成本管理当中，使计划寓于成本之中，成本寓于计划之时。通过加强成本管理，在企业内部不断挖潜，从而使得宝力公司在市场竞争日趋激烈的情况下，增强了抵御市场风险的能力，为企业的持续、健康、快速发展创造了更为有利的条件。

2. 推进技术创新和提高企业竞争力

(1)以科技创新求发展。宝力公司始终将科技创新理念作为公司可持续发展的不竭动力，并采取了一系列创新措施，促进了公司的快速发展，从而大大提高了公司的整体市场竞争能力，持续保持了在国内工程橡胶市场较高的市场份额，并为我国交通事业的发展做出了突出的贡献。自公司成立以来，共获得国家专利达32项，填补了5项国内空白。

(2)以人为本求跨越。公司始终坚持以人为本的人才战略，合理分配人才资源，使其适应公司的总体发展战略，提高了公司的持续竞争力。

(3)以质取胜做龙头。要成为行业龙头，质量是跨越之基，立命之本。宝力公司在行业内较早地实施了系统的质量管理，最早引入了ISO 9000国际质量体系，2007年，又率先加入了“中国产品质量电子监管网”，成为全国同行业首家加入该系统的厂家之一。该系统是利用现代信息技术、网络技术和编码技术，对产品实施电子监管的全国性网络系统，消费者可以通过电话、短信、互联网、信息终端等途径查询产品真伪，行政执法部门可以通过互联网迅速掌握有关假冒产品的信息，并采取相应措施。从而从某种程度上有效地提高了产品在市场中的竞争力。

(4)提高企业社会责任感，不断提升企业形象。宝力公司在不断发展壮大的同时，发挥自身优势，不断扩大社会知名度和影响力。2008年，宝力公司开始申报中国驰名商标，从而在实现自我保护的同时，不断提高产品的市场知名度。积极参与各级政府和行业组织举办的各种推介活动和公益活动。积极承担社会责任，如积极参加修路办电、捐资助教、抗击非典、抗洪救灾、抗击雪灾、抗震救灾等活动。

五、发展展望

随着国家对基础设施建设尤其是对高速铁路客运专线建设力度的不断加大，工程橡胶市场前景十分广阔，但由于原材料价格持续攀升，工程橡胶制造企业的机遇与挑战并存。面对日益复杂的市场环境和社会环境，宝力公司结合实际制定了企业长远发展规划和发展战略。

(1)立足国内工程橡胶市场，向相关行业拓展。宝力公司在不断稳定和发展国内工程橡胶市场的同时，逐步将经营领域向相关行业拓展，从而实现多元化经营、跨领域发展。早在2005年，宝力公司高层领导凭借敏锐的市场洞察力和前瞻性的战略思维，运筹帷幄，组建了衡水宝力路桥养护工程设计开发有限公司，主要从事大型、特大型桥梁和特长隧道以及特殊复杂结构的桥隧构造物的大、中修工程等。公司将进一步拓展路桥养护领域，使之成为公司新的、主要的经济增长点之一。

(2)进一步提高国内市场占有率，在稳定和提高国内市场份额的同时，宝力公司的战略重点将逐渐转向国际市场，从而不断提高公司品牌的国际知名度和国际竞争力，使公司逐步走向全球化。

30年时光荏苒，30年改革变迁。宝力公司将再乘改革开放的东风，奋力拼搏，继往开来，扬帆远航，为民族工业写就骄傲，为中国交通事业更添新的辉煌！

民企也能领风骚

江苏国强镀锌实业有限公司

一、企业介绍

江苏国强镀锌实业有限公司（以下简称国强公司）成立于1998年10月，注册资本12 580万元人民币，拥有员工3 000余人，固定资产5亿元，经营范围为交通安全工程设施制造、施工；绿化工程设计施工；金属表面处理及热处理加工；焊管、金属制品、塑料制品（除医疗器械）制造、销售；自营和代理各类商品及技术的进出口业务（国家限定企业经营或禁止进出口的商品和技术除外）。国强公司位于素有江南明珠、丝府之乡之称的溧阳市，坐落在溧阳西隅之千年古镇——上兴镇，占地1 600余亩，毗邻宁杭高速公路，其高速公路上兴出口离公司1公里，公司距南京禄口机场40公里，104国道傍厂而过，公司内建有十泊位年装卸量200万吨的水运码头，水陆交通便利。

国强公司下属有公路材料制造厂、钢管制造厂、螺旋管制造厂、热电镀锌厂、静电喷塑厂、浸塑厂、纳米加工厂、化工厂等10多个企业和20多个分公司，并在河南、湖南、云南等省内建有分厂和联营企业。公司下设管理、财务、制造、技术和营销五大中心，拥有专业技术人员482人，其中高级职称6人，中级职称45人，初级职称80人，大专以上学历330人。公司现有管、材加工等63条生产线，年生产能力100多万吨。

国强公司专业生产、销售高速公路安全防护设施产品，包括立柱、二波三波护栏板、标志杆、隔离栅以及与之相配套的产品、4分至8寸高频焊接钢管、219~1020规格的螺旋钢管、石油天然气管、厚壁管、氯化锌、氧化锌、硫酸亚铁等化工产品，各种规格的钢管、扁铁、圆钢、角钢，同时还从事铁制大小件的生产和热镀锌电镀锌加工、静电喷塑和纳米涂层加工。2007年企业完成产量82万吨，销售51万吨，销售额26.7亿元，进出口额3.9亿元，纳税2 949万元。

公司所生产的各种钢管产品均达到国家规定的质量要求，其中高速公路产品符合《公路波形梁钢护栏》（JT/T 281—2007）、《公路三波形梁钢护栏》（JT/T 457—2007）以及《高速公路交通工程钢构件防腐技术条件》（GB/T 18226—2000）验收标准，获得交通部颁发的“全面质量管理达标证书”；石油天然气输送用焊接钢管执行《石油天然气工业输送钢管交货技术条件　第1部分》（GB 9711.1—1997）标准，并通过江苏省高新技术产品认定；焊管、镀锌管产品达到《低压流体输送用焊接钢管》（GB/T 3091—2001）标准。2007年，公司顺利通过ISO 9001质量体系认证和ISO 14001环境体系复审，通过国际API认证。

国强公司在全国范围内建立了较为广阔的营销网络，产品销往国内40多个地市，同时，成功销往美洲、欧洲、中东、东南亚等地，与美国、印度、荷兰、澳大利亚、阿联酋、韩国等38个国外客商建立了业务合作关系。

二、改革历程

国强公司前身为常州市兴宏集团有限公司，1998年企业因管理不善濒临倒闭，镇政府面向社会以竞标的方式对该企业进行改制，公司领导凭借自己的胆识和魄力，参与竞标并取得成功，利用自有资金，成立了溧阳市上钢劳动钢管厂，主要以生产焊管和镀锌加工为主要经营项目，改制后的企业是一个无资金、无产品、无市场的烂摊子，由于当时正值国家加快建设高速公路时期，其中蕴藏着极大的商机，2002年4月，江苏国强镀锌实业有限公司注册成立，企业适时地开发了高速公路护栏设施及其配套产品，同时，申请并取得工程资质证书，迅速跻身高速公路材料制造及交通工程施工领域，开启了企业发展的重要里程碑。经过不懈的努力，在1998年~2002年这短短的几年时间里，国强公司产值从2 000万元增长到4亿元，完成了原始资本积累，并使高速公路护栏产品成为企业的主打产品之一。

由于同类产品市场竞争尤其激烈，国强公司本着“你无我有，你有我优”的原则，在不断提高产品质量，推出镀锌、喷塑、浸塑型护栏及其配套产品的同时，于2004年引进日本最新纳米涂层技术，研究开发高速公路安全设施产品自清洁纳米涂层技术，并开发了系列产品，申请了国家专利，制订了纳米产品企业标准。该产品首度在宁杭高速上使用，由于其具备使用寿命长、更环保等显著优势，而赢得专家和用户的广泛赞誉。纳米护栏产品随后迅速在宁常高速、宁杭二期、赣大高速、永武高速、汤屯高速、保龙高速、常吉高速等高等级公路上推广使用。2006年，在交通部公路科学研究院的大力支持下，又与日本新日铁公司联合开发预镀锌技术，在技术领域取得了领先优势。至此，国强公司成为国内高速公路安全设施产品规格最全、品种最多的企业。

随着公司外贸业务的广泛拓展，很多国外客商向国强公司订购高速公路安全设施产品，由于国外采用的是欧标及其他标准，其产品要求与我国有差异，根据这一实际情况，国强公司采取了模具开发等措施，尽量满足国外客户的需求，保证了公司产品逐步走上国际市场。目前，已有瑞典、沙特等国家及地区相继在国强公司订购护栏产品。

近年来，国内同类产品生产企业迅速崛起，企业面临的竞争压力不断增加，为了巩固企业公路产品的领先地位，提升企业规模优势，根据钢铁行业的地域特点，国强公司先后在河南省孟州市及信阳市投资兴建了以生产高速公路产品为主的分支企业——河南纵横交通设施有限公司、河南亚通交通设施有限公司，企业建成后，产品可以最大限度地向我国东北、西北等地区辐射，大大缓解了“南货北调”引起的成本增加的矛盾，护栏产品在全国范围内形成了良好的供应链，公司的综合竞争能力显著提高。

三、发展成就

自2003年以来，国强公司一直位列“全国民营企业五百强”，2005年被中国交通企业管理协会授予“全国交通百强”企业称号，“国强”牌商标被认定为“中国驰名商标”，国强公司先后荣获“中国驰名品牌”、“质量信誉初审AAA级等级证书”、“AAA级信用（合同）等级证书”、“产品质量国家免检”、“江苏名牌产品”等证书。

自2000年投入高速公路材料生产以来，国强公司先后为全国100多条高速公路提供了护栏产品，累计提供高速公路护栏及其配套产品60余万吨，占市场份额的40%以上；2004年公司成立工程队以后，护栏工程中标标的近2亿元人民币。公司成为全国最大的高速公路材料制造商，也是全国高速公路材料规格最全、品种最多、科技含量最高的生产企业。

四、基本经验

公司贯彻“与时俱进，精益求精，脚踏实地，永创辉煌”的企业方针，本着“建设诚信国强，打造国强品牌”的经营理念，围绕“做精做强”的思路，以市场为导向，从实际出发，部署“进入市场—拓展市场—主宰市场”的发展策略，努力实现“第二次跨越”。

1. 企业必须建立现代企业制度，跟上时代步伐

不建立现代企业制度，国强公司的企业规模、销售收入等主要经济指标就不可能在短短

的九年时间里增长几十倍。国强公司曾投入上百万元资金，动员全员职工参与全面质量管理体系教育和 ISO 认证工作，2003 年公司分别通过了 ISO 9000 质量管理体系认证和 ISO 14000 环境管理体系认证；2004 年公司实施 3OA 办公系统，实现了无纸化办工；2005 年公司编制了企业内部五大中心及各部门小组的规章制度，并严格执行；随后公司又投入了数百万元，结合企业实践，开发了 ERP 企业管理系统，实现了生产、销售、财务一体化的高效管理；2006 年引进了其他单位的先进管理理念和方法嫁接到公司管理中去。

2. 经营者必须抓住市场、产品两条生命线，抢占市场商机，才能取得成功

市场是机遇，也是施展才华的舞台。国强公司十分重视营销队伍建设，几年来企业培养了一批市场一线经营人员，实施了与销售业绩挂钩的激励机制。公司为赢得市场，占领市场先机，将一流的营销员派往江浙 20 多个营销门市部，把优秀的管理人员配备到各个分厂。

为了提高产品性能，国强公司与国内知名大学联合成立学研攻关小组，共同研究开发具有自主知识产权的自清洁纳米涂层技术，从而提高了波形护栏板的耐腐蚀性，延长了护栏板的使用寿命。目前这项技术已实施产业化，大大提高了“国强牌”波形护栏板的竞争力，为企业赢得了良好声誉。

国强公司还十分重视获取企业资质证书，2003 年公司取得了公路交通工程安全设施的施工资质，并在国家、省重点工程中获得业界的好评。目前国强公司已取得美国石油协会 API 认证，为企业涉足石油化工行业并走向国际市场开启了方便之门。

3. 节能降耗，企业发展与环境治理相协调

国强公司是一个钢管制造及镀锌加工型企业，主要的污染源是废水、烟尘、噪声。在企业的发展过程中，国强非常重视对污染源的治理，把节能减排作为调整经济结构、转变增长方式的突破口，依靠科技、加大投入，落实责任、强化监管，加强宣传、提高意识，突出重点、强力推进，全员参与，扎实做好节能减排工作，确保实现节能减排约束性指标，推动企业健康发展。

在落实人员方面，国强公司有专门的环保部，人员达 50 余人，有组织、有规划、有任务、有考核。

在烟尘治理方面，国强公司投入 600 多万元，由原来的炉排机改为现在的煤气发生炉，另外，上马 20 吨级锅炉，淘汰小吨级锅炉，减少烟尘排放量。

在生产过程中，国强公司投入数百万元，全面推进清洁生产，上马先进的无烟尘镀锌生产线，淘汰原来落后的手工生产线，节约了能源，降低了能耗，提高了效益，同时又有效地保护了环境。

为了降低生产过程中噪声对周边环境的影响，国强公司投入巨资，对附近村落进行整体拆迁，把噪声对周边的影响降到最低限度。

在处理污水方面，国强公司采取了下列措施：

(1)几年来，累计投入污水治理费用 2 000 余万元，日污水处理量达 1 500 吨。

(2)抓源头控制，从 2008 年 3 月份开始，停止使用原来含高氨氮与化学需氧（COD）的废硫酸以及缓蚀剂，改为其他不含上述物质的原料。

(3)继续采取清洁生产，投入200万元改造车间排水管网，变排水沟为排水管，做到雨、污分流，同时杜绝车间内出现的跑冒滴漏现象。

(4)在车间内，加强对生产工序污水源的检查，严格考核，严禁车间废水超标排放。

4. 牢牢记住以人为本，回报社会的理念

企业的竞争说到底是人才的竞争，如何用好人才、留住人才是每个企业必须面对的问题。由于国强公司地处溧阳西郊农村，要引进人才、留住人才更为困难，国强根据自身企业的地域特点，启动了“百万元育人计划”，尊重人才、爱惜人才，根据员工自身的特点加以培养、教育和使用，以吸引更多的人才加盟到国强公司来。每年国强公司都要招聘大专院校的毕业生，充实公司力量，并采用多项措施，满足他们的需求，尽力吸引业务骨干和技术工人留下来。企业近年来实行人性化管理，近2 000名员工的宿舍都安装了空调，为员工营造温馨的生活空间，每天免费供应早餐、午餐，严格执行中华人民共和国劳动法，对短期停工待料人员发放较高的生活津贴，2004年公司荣获江苏省民营企业就业先进单位光荣称号。

公司在致力于自身发展的同时，积极回报社会，热心公益事业，近年来，共捐赠逾千万元，设立了“袁氏兄弟奖学金”，参与实施“春蕾计划”等社会公益活动。在创建和谐社会、促进地方经济发展的过程中，做出了自己应有的贡献。

五、发展展望

国家公路建设的巨大投入，为各生产企业带来了发展的机遇，国强公司作为全国最大的高速公路产品制造企业，无论是企业规模、生产能力、配套能力、服务水平、质量水平等都是其他同类企业所无法比拟的。特别是近年来，公司注重技术投入，在做大做精做强上下工夫，开发出了自清洁纳米技术和预镀锌技术，为提高产品质量和环保水平做出了积极的努力，也为产品进一步占领市场奠定了坚实的基础。

在未来的几年时间里，公司将完善现有生产格局，力争使高速公路产品的市场占有份额上升到60%～70%，进一步扩大钢管及镀锌产品生产规模，同时涉足房产开发以及其他经营领域，朝着销售百亿、成功上市的目标奋进。

小货柜做出大文章

胜狮货柜企业有限公司

一、企业介绍

胜狮货柜企业有限公司（以下简称胜狮）作为一家全资外资企业，迎着中国改革开放的春风，凭借先进的管理技术、敏锐的视角，以及为发展中国经济添砖加瓦的赤诚之心，始终致力于中国多式联运及其载体的生产、研发和创新，孜孜不倦，历经20年的风雨已逐步形成了适应中国实际情况、适应市场的产品架构和管理模式。

1993年胜狮成功在香港联合交易所有限公司上市，历经15年的磨炼，已发展成为居世界领先地位的集装箱制造商与物流企业之一，并逐步走向集团化、科学化、规模化。

据最新统计显示，胜狮集团2007年营业额已达15.46亿美元，增长率达67.3%，其中集装箱制造业作为胜狮集团的主营业务，2007年营业额逾15亿美元，较2006年增长69.8%，集团干货箱产能突破125万个标准箱。在成绩面前，胜狮人依然秉承不骄不躁、努力钻研、勇于开拓的精神，以集装箱制造与生产为起点，同时关注和进军集装箱堆场、码头业务、中流作业等，而后又形成了贯穿南北的特种箱研发、生产中心，进一步提升了服务品质，扩大了网络化的服务平台。

回顾过去，胜狮集团一路走来可谓历经艰难险阻，但胜狮万名员工始终团结在一起，在以胜狮集团总裁张松声先生为核心的管理队伍的带领下，创造了一次又一次的奇迹、克服了一个又一个困难，造就了今日不断走向成熟、走向世界的集团化公司。

二、改革历程

20世纪90年代初胜狮以其独特的视角，通过母公司——太平船务（以下简称PIL）发现了集装箱制造业的潜在商机，成为首批进驻中国投资、发展集装箱制造工厂的领军人物之一，选址东方明珠——上海，为胜狮起步奠定了扎实基础。历经一年的筹备、组建，胜狮首家集装箱制造企业——上海太平国际货柜有限公司（以下简称上海太平），于1990年正式落户上海嘉定城区，在上海太平身上，实现了胜狮最初的梦想，也奠定了胜狮发展的基石，上海太平从起初月产量不足百台发展至月产量逾万的干货集装箱工厂，今年产量已达10万标准箱。

随着上海太平在干货箱生产领域的一举成功，胜狮“稳中求进”，通过兼并、收购、自建等方式不断扩大经营规模，厦门太平货柜制造有限公司于1998年正式加入胜狮团队，在生产基本干货箱的同时还涉足集装箱维修业务，于此，胜狮初步形成华东、华南集装箱制造板块的基础网络。

而后，随着中国经济的迅猛发展，顺安达太平货柜制造有限公司（以下简称顺安达太平）、天津太平货柜制造有限公司（以下简称天津太平）、上海宝山太平货柜制造有限公司（以下简称宝山太平）分别于1999年9月、2001年11月、2002年8月先后加入胜狮大家庭。各厂干货箱月产能均已逾万，顺安达太平年产能达17万标准箱、天津太平、宝山太平年产能均为15万标准箱左右。

在兼并、收购的同时，胜狮全面考虑企业的合理布局和生产能力、生产水平的升级换代。2003年胜狮在青岛港附近新建青岛太平货柜有限公司，这是一个全新的工厂，设备、工艺、技术等方面均达到了行业一流水平。并实现了当年建设当年投产，在短期内取得了良好效益，成为当时业内一段佳话。2006年，宁波太平货柜有限公司、惠州太平货柜有限公司先后投入生产，其中HPCL倚借珠三角经济区的优势，毗邻香港和深圳的地理优势，与中国海运集团和日本三菱商事株式会社共同合作，迅速发展成为胜狮集团设计产能最大的集装箱工厂，年产能近20万个标准箱，其37万平方米的占地面积、6万平方米的厂房面积更为其锦上添花，使其一跃成为中国南部地区设备最先进、产能最大的制造企业之一。

三、发展成就

截至2006年胜狮干货箱产能已跃居世界第二，达125万个标准箱，并形成了胜狮独具特色的一体化服务模式，在中国大部分港口型沿海城市均有胜狮旗帜迎风飘扬，为来自世界各地的客户提供高品质、高性能、高性价比的产品，同时，胜狮旗下各兄弟企业优越的地理位置及便捷的运输环境也为胜狮聚集了一定的人气和稳健的客户群，成为海内外船公司、租箱公司青睐的合作伙伴和首选制造企业之一。自此，胜狮环中国东北、东南、华南、华北的制造业网络已基本形成，并拉开了胜狮立足中国，走向世界的序幕。

走向世界，靠单一的产品结构是远远不够的。胜狮在大浪淘沙中总结经验教训，走出了有自己特色的发展之路，在管理上，胜狮走上了集团化道路；在产品上，胜狮集团由原先单一的干货箱发展成了全系列集装箱产品，重点发展特种箱产品。

1994年，在胜狮集团的悉心培育下，中国江苏省宜兴市悄然产生了中国首个特种箱生产企业——胜狮货柜工业有限公司。而后，为了一改西方人垄断特种箱、冷藏箱产品领域的局面，切实扩充中国国内运输载体产品的结构，突破进口限制和束缚，1996年胜狮组建了上海胜狮冷冻货柜有限公司，随后首台冷藏箱试制成功，改变了中国冷冻生产零的历史，具有划时代的意义。

目前，胜狮集团特箱体系有华东的SCIC和SRCC；2006年，华北地区QPCL生产线成功转型；SSPC原有生产线向多元化转变；2007年初罐箱生产线顺利投产。纵观南北，胜狮集团的特箱产品已囊括了侧开门箱、散货箱、开顶柜、平台柜、柏油柜、柏油罐箱、柴油罐箱等在内的各类特殊规格的集装箱，同时还兼顾45尺、48尺、53尺等规格集装箱体。胜狮产品领域还拓至以集装箱模块为基础的各种设备箱及功能型箱体，包括房屋箱、箱式医院等具备各种功能的集装箱模块。胜狮不仅可提供基本规格的箱形，还可根据客户要求提供个性化设计和服务；不仅能胜任批量生产，更能提供单一箱形的“一对一”服务。

四、基本经验

能够提供如此周到且细致的服务并非一蹴而就，此乃全体胜狮人心血及汗水的结晶。胜狮集团凭借自身优势借助PIL的协助，一次又一次地进行技术改革，终于“功夫不负有心人”，在业内获得好评。同时，胜狮锻炼、培养出了一支过硬的技术研发、服务队伍，并在2006年正式成立了“技术研发中心”，而后又在上海成立了胜狮货柜技术研发有限公司，用技术的力量武装产品、用技术的智慧保护产品、用技术的精神鼓舞士气……进入21世纪，胜狮更加注重“节能、环保和高效”，将其视为企业循环发展的生命线，不仅在乎眼前产品利益和产品结构的调整，更注重行业的良性发展和中国交通运输业的和谐发展。

胜狮集团的技术研发中心在原材料方面做了大量的技术创新。地板方面，为从根本上解决集装箱地板对热带雨林及原始森林的破坏，胜狮致力于环保材料及替代材料的研发；油漆方面，选用环保材料，旨在降低苯对空气及环境的污染；钢材方面，与国家级钢厂形成研发互动小组，突破进口钢材束缚，共同研发新型替代材料，以降低产品自重，提高运力；此外，胜狮还着力调整生产工艺，降污、降噪、降耗。

胜狮致力于改变制造型企业在国人心目中“三高”的不良形象，使其脱胎换骨，变成推动经济发展且与时俱进的“三低一高”型企业，即低污染、低噪声、低能耗，高效能。

完善的企业其产品应更趋多元化，胜狮集团自成立伊始，便把自己定位成提供优质物流运输载体及服务的综合型企业，胜狮集团在一次又一次蜕变及成长的过程中，进一步扩大了自身产品范围，在特种箱及模块箱生产初具规模的时候，已放眼未来，在青岛技术开发区组建了青岛胜狮工业车有限公司，在集团内部设立了首家集装箱半挂车专业生产企业，利用先进的生产技术及器材来制造挂车，产品覆盖23.5尺、40尺、45尺、53尺和40~45尺可伸长的半挂车，年产量达6 000台以上，并在美洲、欧洲等地设立分公司及办事处，开始探索国际运营模式互动的道路。

与此同时，胜狮集团的服务领域还遍布集装箱堆场/码头，早在1993年、1994年胜狮先后在香港收购了两家集装箱服务公司，而后随着中国国际贸易量的显著增长，以及国内港口设施及基建设备的大幅改进，中国集装箱吞吐量连年上升，胜狮抓住机遇，于1994年起在中国多个主要港口以合营的方式组建了11个集装箱堆场，占地面积由起初的7万平方米增至120万平方米，集装箱存储量由1.5万标准箱提升至14.25万标准箱。集团的堆场及码头从中国北部延伸到香港地区以及泰国，并以此为基础完善集团堆场及码头的综合网络体系建设，力争向客户提供多元化的服务。

中流作业也是胜狮产业中不可或缺的一部分，胜狮集团在集装箱制造业、堆场/码头业务均步入正轨的同时，仍以向客户提供“多元化”服务为己任，于1996年在香港首度经营中流作业业务，主要提供货物、散货的处理及储存，货物装拆处理及物流服务、转装，集装箱保养及维修，公正大磅及冷冻集装箱、危险箱、税货处理及储存等服务。

五、发展展望

胜狮集团一路走来，历经了数次重大转折和变革，并不断走向成熟，其间蕴涵了无数胜狮人的心血和汗水，也映衬了中国改革开放25年来为企业提供的良好机遇。改革开放为外资企业及中国企业提供了良好的交流平台，进而又为成熟型企业提供了走向世界、互动学习的机会。胜狮人凭借永不言败的精神，通过自身不懈努力，攻克了一个又一个技术难关、市场难关及经济难关，一路走来，胜狮由原先的单一集装箱制造商走向以开发陆路运输及其载体为主导的多元化集团公司。

走完近20个春夏秋冬，胜狮更显成熟和稳重，而今胜狮已进入一个全新发展时期，面临更加艰巨的挑战，胜狮将会以更高的综合素质、更完善的管理、更有效的执行力及更团结的心战胜一切困难，铸就新的辉煌。

以产品质量赢得客户

新华昌集团有限公司

一、企业介绍

新华昌集团有限公司（以下简称新华昌集团）是一家集制造、经贸、运输、开发为一体的民营企业集团，其主要产品与服务包括国际标准集装箱、特种集装箱、罐式集装箱、焊接材料、集装箱地板制造和集装箱运输等。新华昌集团在江苏常州、浙江宁波、广东惠州、山东青岛、天津宁河以及浙江嘉善等地均建有多家全资、控股和参股的合资企业。

新华昌集团拥有总资产50多亿元，其中固定资产10.5亿元，员工8 000多人，各类工程技术人员650多人。目前已形成国际标准集装箱60万标准箱、特种集装箱8 000台、焊丝10万吨、集装箱木地板10万立方米的年生产能力，其产品90%以上出口世界40多个国家和地区。

通过多年的努力，新华昌集团凭借其优秀的产品质量和细致周到的服务赢得了众多客户的青睐和信任。新华昌集装箱制造已占全球市场的10%以上，世界90%以上集装箱客户与新华昌建立了良好的合作关系。

二、改革历程

1996年7月15日，江苏新华昌集团有限公司注册成立。

1996年10月18日，由江苏新华昌集团有限公司和25位自然人共同出资组建的武进华通焊丝有限公司正式成立。

1996年12月，集团公司在温哥华设立北美商务代表处。

1997年8月，集团公司在香港设立商务办事处。

1997年11月18日，武进华通焊丝有限公司重组成立中外合资常州华通焊丝有限公司。

1998年4月14日，常州新华昌通过ISO 9002:1994质量保证体系认证，并取得了法国BVQI颁发的质量体系认可证书。

1999年8月18日，新华昌集装箱运输有限公司注册成立。

2001年7月，新华昌顺利完成ISO 9002:1994质量保证体系向ISO 9001:2000质量管理体系的过渡。

2002年5月，宁波新华昌运输设备有限公司在宁波市经济技术开发区注册成立，这是新华昌集团在外省投资的第一家全资生产型企业。

2003年5月，万隆公司取得“国家危险化学品包装物、容器生产企业定点证书”。

2003年12月，万隆公司通过ISO 9001质量体系认证。

2004年3月19日，宁波新华昌正式通过BVQI ISO 9001:2000质量体系认证。

2004年9月15日，新华昌被评为2003年度全国外商投资“双优”企业。

2004年11月，集团注册成立江苏新华昌投资发展有限公司，为对外投资创造了新的主体。

2005年1月10日，惠州新华昌运输设备有限公司在广东省惠州市大亚湾经济技术开发区注册成立。

2005年9月30日，集团公司与SSA公司正式签订ERP合作协议。

2005年12月，万隆公司获江苏省科学技术厅“高新技术企业认定证书”。

2006年3月7日，惠州新华昌正式试投产。

2006年3月25日，集团管理总部乔迁至常州市中心延陵西路嘉业国贸大厦办公。

三、发展成就

1996 年，常州新华昌被常州市人民政府评为出口创汇“十强企业”。

1998 年，常州新华昌被授予“全国外商投资双优企业”称号。

1999 年，常州新华昌被评为全国外商投资“双优”企业。

2000 年，集团公司被评为江苏省“高新技术企业”。

2002 年，集团公司获全国“中国民营企业 500 强”之一，同年，集团公司被评为“中国机械 500 强”企业之一。

2005 年，集团公司以销售收入进入“全国机械工业百强”行列。

四、基本经验

1. 企业是树　文化是根

新华昌集团品牌形象恰如其分地印证了一位现代哲人曾经说过的：企业拥有了文化，就如同有了思想，前进的脚步才能勇往直前。文化作为一种资源，被新华昌集团视为企业的灵魂与核心价值体系，并渗透进企业经营的方方面面，从而建立了富有集团特色的企业文化。如果把新华昌集团比作一棵大树，那么企业文化就是这棵大树的根。只有不断汲取企业文化的丰富养分，新华昌这棵大树才能枝繁叶茂、生机勃勃。

2. 人才储备　孕育不竭动力

企业的竞争，是产品的竞争、科技的竞争，但最终是人才的竞争。新华昌集团十分重视人才的培养与选拔，一直把吸引人才、培育人才、最大限度地发挥人才的作用，作为企业的一项战略任务。在新华昌集团，人力资源被看作是企业的第一资源，是企业发展壮大的决定性因素。在人才的培养过程中，新华昌集团建立了一套完备、系统的培训体系，公司承诺为促进员工在技术和能力上全方位发展提供各种类型的培训，并配套相应的绩效考核制度，为员工奖励、晋升提供客观、可靠的依据。在用人机制上，公司一贯坚持“唯贤是举、量才使用”的用人之道。注重营造宽松、有序的人才环境，让英雄有用武之地。新华昌集团努力为每个人营造人尽其才的便利条件，让员工最大限度地实现其个人价值，让他们在工作过程中获得成就感和满足感。公司实行竞争上岗和末位淘汰制，公平竞争，优胜劣汰，真正做到能者上、平者让、庸者下。目前新华昌拥有的 8 000 多名员工正以饱满的激情在新华昌的舞台上展示自己的活力。

3. 客户至上

客户是企业的衣食父母，同时也是企业最宝贵的财富，是新华昌集团事业的支点。“以客户为中心”是新华昌不变的理念。新华昌通过孜孜不倦的奋斗，为客户提供性能价格比最优的产品和最贴心的服务，逐步从无到有，从小到大。

4. 科技先行　优化资源

(1)数位化办公系统。从支持企业管理、辅助决策出发，以先进的信息技术为手段，利用统一的软件平台，通过建立核心的系统管理功能，将各个分离的办公信息有机集合起来，消除“信息孤岛”，从交流、协调、控制入手，实现公司内部的电子信息交换和现代化办公管理。完善的数位化办公系统可使员工迅速地传递或得到所需要的任何信息，帮助员工在任何时候、任何地点进行必要的交流、协调和控制，最大限度提高员工的办公效率和主观能动性，促进企业内部信息的交流、管理的协调和生产的控制。

(2)现代化信息管理系统。

运用简单、统一、高效但却持续改进的现代化信息管理系统一直是新华昌集团管理的最突出的特点。在经ISO认证的质量体系要求之下，新华昌集团始终坚持做到信息传递迅捷、问题处理及时、正确并让人满意。

充分利用计算机网络技术对企业内部所有的环节进行有效管理，实现企业对产品设计、采购供应、生产制造、质量控制、市场销售、客户服务、财务管理等方面所涉及的人力、资金、物料、信息资源的统一规划、管理、配置和协调，通过整合企业管理业务流程，进一步共享各种信息，提高产品开发能力，缩短制造周期，减少库存，加速资金周转，降低资源配置成本。以信息化促进企业技术创新和管理创新，提高企业的国际竞争力。同时依托于企业资源计划，在计算机网络技术的支持下，及时纠正产品的设计缺陷，预防采购供应的脱节，完善生产制造的工艺，保证为客户提供完美的服务和一流质量的产品。

(3)完美的产品质量管理体系。完美的质量始终是新华昌集团的追求，在线巡查人员以及原材料和成品箱质检人员始终保持质量第一的原则，从原材料的检验、生产过程中的质量控制和质量保证以及成品箱的验收，都始终不渝地确保质量的完美。检验人员坚持严格的质量标准，做到高要求验收、高标准存储、保证只接收符合要求的原材料，并且保证在存储过程中保持原材料的质量。在线巡查人员始终如一地关注每一道工序的质量，做到不让任何质量问题留到下一道工序，保证产品始终保持良好的质量记录。检验人员在客户验收以前，会以比客户更高的标准预先对产品进行验收性检验，并对瑕疵进行必要的修补和完善，确保客户在验收时看到的是最完美的产品。

5. 慈善募捐　体悟厚谊

一个处于成长中的集团企业，可能不足以担当起整个社会的责任，但新华昌集团在自己的领域里对社会贡献微薄之力的同时，积极投身社会慈善公益事业。新华昌多次参与抗灾救灾、济困扶贫、爱心助学等公益事业，多年来累计捐款捐助资金达1 800多万元，为构建和谐社会做出了自己的贡献。

五、发展展望

新华昌集团的近期目标是通过提升管理、吸引人才、提高生产效率、提升以集装箱为主的现有产品的品质和竞争力，赢得客户的信任，持续提升产品所占有的市场份额和地位。

新华昌集团的中远期目标是通过踏踏实实的努力和百折不挠的追求，成为让客户信赖的百年企业。

疏浚企业

引　言

疏浚业在国民经济、社会进步、国土安全和环境保护中占有重要的地位。疏浚业需要船舶设备研究、设计、制造业和勘察设计行业的支持。它为港口、航道、防洪、环保和吹填造陆等服务，对交通运输、工业生产、商业贸易、城镇发展和开展旅游业具有特别重要的意义和作用。我国主要疏浚施工力量分布在交通、水利、海军等部门及民营企业中，形成了以港口航道、水利和地方疏浚条块划分的行业框架。

为适应经济全球化的需要，我国大力发展海洋运输。不仅要组建大型化、专业化、现代化的船队，还要加快建设港口深水码头和深水航道。随着疏浚项目规模越来越大，疏浚工程呈现向专业化、多元化、系统化、综合性发展的趋势，疏浚工程施工区域大、分布广，应急性强，因此各疏浚企业互相交叉，合作承包项目越来越多。

改革开放以来，尤其是近20年来，中国经济一直保持快速、健康、稳定的发展势头，给各行各业都带来了巨大的发展机遇。随着各港口大规模扩建工程，如营口港、天津港、上海洋山港、长江口深水航道治理、广州南沙港以及曹妃甸填海工程、天津滨海新区吹填工程、深圳大铲湾吹填工程等多个大型吹填工程的建设，中国疏浚产业在2004年迎来一个重要拐点——国内疏浚市场开始出现供不应求，当年疏浚产能约为3.3亿立方米，而市场疏浚需求量则达到3.8亿立方米，并且这种供不应求的状况一直持续到现在。

“十一五”期，国家将以长三角、珠三角、环渤海湾、北部湾和东南沿海五大港口群为重点，继续推动全国沿海港口吞吐量以年均9.8%的速度递增。未来的疏浚、填筑市场，已呈现“船舶大型化、港口大型化、航道深水化、吹填规模化”的趋势。

疏浚市场的供不应求刺激了大量资金投入疏浚产业。水利系统的疏浚队伍纷纷扩充船队实力，特别是大量民间资本投入挖泥船的建造，使得中国疏浚的产能得到迅速提升。

在中国疏浚产业的发展进程中，天津航道局、上海航道局、广州航道局始终担当着火车头的角色，引领中国疏浚业向国际先进水平快速迈进。

中国港湾建设（集团）总公司在20世纪80年代，不仅承担了我国绝大部分港航建设任务，还先后开辟了中东、南美、非洲、南亚、东南亚及港澳地区疏浚市场，完成了大量项目，创造了良好的声誉，成为国际疏浚市场上一支重要力量。目前中国疏浚企业在实施国际化战略，中交集团已完成或正承担着巴基斯坦瓜达尔工程、阿根廷工程、乌拉圭工程、尼日利亚大型吹填工程。

建设环渤海、长江三角洲、东南沿海、珠江三角洲和西南沿海5个港口群，主要港口进出港航道要基本适应船舶大型化发展要求。随着船舶大型化，我国的港口建设，由以在原有的老港内扩建为主转变为在无掩护的海岸地区开辟新的港口或港区，需要挖深大、结构坚固、抗风浪性能好、能开挖坚硬土质、装载能力大、排距远、抗风浪性能高的大型挖泥船。

自20世纪90年代以来，随着经济全球化的深入和国际产业转移的加速升级，一些资本技术密集型的重化工业开始陆续向我国转移，并集中分布于沿海地区，重化工业项目的临港布局已成为一种潮流。近年来，从我国沿海北端辽宁省沿海经济带，到南端广西北部湾经济开发区，在中国沿海地区，一个个临港产业带正在迅速崛起。由于新辟港口和临港工业的发展需求，带动了围海造地的建设，对吹填的需求大大增加。在临海工业区与沿海城市建设方面。国家将把临港工业区建成国家级钢铁、石化和造船基地，鼓励钢铁企业在沿海布局。适度加快利用海洋空间资源围海造地，有利于缓解土地供求关系紧张的突出矛盾。

加快发展内河水运，符合中央建设资源节约型、环境友好型社会的总体要求，也是完善我国综合运输体系结构、转变交通运输增长方式、实现内河水运又好又快发展的重要举措。2007年中国内河航道的通航总里程已达13.3万公里，内河航道通航里程位居世界第一，主要分布在长江、珠江和淮河水系。大力发展内河航运就是要充分发挥内河航运的优势，建设以高等级航道为主体的干支直达、通江达海、结构合理的航道体系。内河航道建设要以提高等级为主，建设以千吨级航道为骨架，以300～500吨级航道为基础，加速长江口、珠江口等主要河口航道的整治及建设，内河航道疏浚任重而道远。

我国河流众多，但许多河流水土流失严重，导致我国江河含沙量较高，河湖淤积普遍存在，并主要淤积在各江河的下河段和入海口附近。大量的泥沙淤积，使水库库容（包括防洪库容）丧失。湖泊调蓄减少，江河防洪能力降低，带来了极为严重的防洪问题。水利清淤疏浚是防洪的重要手段。

环保疏浚是近年新兴的产业，面对日益恶化的水环境，如何在疏浚中注意环保问题和如何利用疏浚手段改善水环境成为我国疏浚业今后非常重要的课题。环保疏浚是使用专用的疏浚设备，利用疏浚手段改善水环境，挖除水底中的污染沉积物，并将这些污染物进行安全处理，以改善水域的环境质量。

我国沿海建港中、江河湖库的防洪清淤以及航道整治中将产生大量的疏浚土，为我们提供了一个施展疏浚土有益利用的广阔天地。

我国的港航、水利清淤和环保疏浚等的技术水平和设备能力正以前所未有的势头迅速发展，我国疏浚设备研究、设计和制造水平不断进步，为我国的社会进步、经济发展和环境保护做出了重大贡献。

发展至今，我国有大小疏浚企业上百家，各种疏浚船舶上千艘，形成了较大规模的疏浚能力。随着港口、航道、农田水利及沿海城市建设的发展，这些疏浚企业在国内从事着港口航道疏浚、江河湖泊水库的治理、国防工程建设、环境保护、吹填造地、建材开发、采矿等事业。

我国已经成为疏浚大国，正向疏浚强国迈进！

百年天航　百亿天航

中交天津航道局有限公司

一、企业介绍

中交天津航道局有限公司（以下简称天津航道局）由成立于1897年的海河工程局演变而来。海河工程局是中国第一家专业疏浚机构，是中国近代疏浚业的开山鼻祖。

经过110多年的发展，今天的天津航道局是中国交通建设股份有限公司（以下简称中交股份）的全资子公司，建立了规范的一人有限责任公司法人治理结构。公司总部下设16个职能部门，拥有7家全资子公司、3家分公司、2个事业部和8家参控股公司。

天津航道局以疏浚吹填业务为主，并形成集海洋工程业务、勘察设计业务、河湖环保疏浚业务、投资业务等为一体的多元化相关业务群（海外业务因国内外经营的差异单列，并不限于单一业务环节）。截至2007年12月，公司在册职工2 861人，注册资本金34.89亿元，拥有一支功能齐全的现代化挖泥船队，具备港口与航道施工总承包一级、工程勘察综合类甲级、水运行业（航道）设计甲级、水运行业设计乙级、测绘甲级、工程咨询甲级资质、海域使用论证丙级等资质。

天津航道局的经营范围：港口与航道工程总承包；航道疏浚、水工工程施工、水上辅助服务；航道工程设计、施工；沿海货轮拖带、船机修理、船舶备件加工、出租船机、提供劳动服务、水工与土建勘察设计、通讯导航设备维修、污水处理、钻探、测量、破冰、软基处理回填造地、水下清障、航道技术咨询、船用物料加工、物资储备（危险品除外）、装卸、出租不动产、房屋修建、水暖安装、船用辅助材料供应、供应砂石料；船员培训；船舶设计改造；海域使用论证；工程勘察、工程测量、海洋绘测；水运工程技术、机电设备、建材与土工实验；水利工程（防洪、河道整治）项目管理；水路运输服务、印刷。

经过100多年的风雨历程和几代人的励精图治，天津航道局得到社会各界的广泛认可，屡获“国家优质工程银奖”、“詹天佑土木工程大奖”、“交通部水运工程质量奖”；获得了国家“守合同重信用企业”、“全国用户满意施工企业”、“全国优秀施工企业”等称号；连年被金融机构评定为“信用等级AAA级企业”。

二、改革历程

改革开放以来，天津航道局不断深化改革，逐步由一个“不计成本，不核算经济成果”的事业单位发展成为在国内、国际两个疏浚市场都有着广泛影响力的知名疏浚企业。

（一）实行企业化管理，进行全面企业整顿

改革开放以前，天津航道局一直是交通部直属的事业单位，承担着连云港以北沿海港口、航道的疏浚、测量任务，是中国水运建设的主力军。三年大建港期间，全国建成的40个万吨级以上深水泊位疏浚工程中，有26个是由天津航道局承建的。但由于长期实行差额预算，天津航道局积累了计划经济体制下企业管理的一些弊端。

1980年，交通部决定，天津航道局由过去差额预算的事业单位改为超收分成、歉收不补的部内核算单位，实行事业单位企业化管理。这是天津航道局改革迈出的第一步，虽然还没有完全改为企业，但在财务管理体制上，已由全部拨款改为部分拨款，从经营管理上带有自负盈亏的性质。当年，天津航道局试行财务体制改革，在第一、第二两个主要航道工程处实行内部经济核算，允许他们对外签订一定数额的工程合同，有部分自主经营权。到1981年，基本建立起一套适应内部核算的管理制度。

1982年1月2日，党中央、国务院发布《关于国营工业企业全面整顿的决定》。同年2月，天津航道局即开始了整企的各项准备工作，把企业各项工作纳入企业整顿的轨道。整企工作突出抓了全面计划管理、全面劳动人事管理、全面质量管理和全面经济核算等项工作，并自始至终抓了经济责任制的贯彻和实施，一方面，按照责权利相结合的原则，从处室到船舶班组，从局长到工人建立健全了岗位责任制，管理部门间又建立了联系责任制。另一方面，开始探索实行经济责任承包制。1984年，天津航道局颁发了《天津航道局直属单位经济责任制实施办法》，明确了局属各单位的经济责任。局下属工程处为局内核算单位，实行独立核算，自负盈亏，所得利润按一定比例留成，亏损不补。至1984年12月，经过近三年艰苦细致的工作，天津航道局胜利地完成了企业整顿所规定的内容，不仅建立起一整套管理的规章制度，并且通过积极推行经济责任制，解放了职工的思想，调动了职工的积极性。自1980年实行企业化管理以来，天津航道局在思想上、组织上以及管理机制上作了一系列准备，为此后的顺利改企奠定了坚实的基础。

（二）完成改企目标，全力开拓市场

1986 年是天津航道局历史上具有里程碑意义的一年。交通部于 1986 年 1 月决定，天津航道局正式改为施工企业，成为以国家授权经营的国有资产承担民事责任、独立核算、自负盈亏的法人实体。

改为企业的天津航道局面临着众多挑战，但最为严峻的是市场的挑战。由按照国家指令性计划安排生产转变为参加市场竞争承揽业务，是一个艰难的转变。但天津航道局很快适应了这个转变。面对竞争激烈的疏浚市场，天津航道局提出了“立足北方，面向全国，走向世界”的经营战略，从改为企业的第一天起，就将眼光瞄向了国际国内两个市场。为了打开市场、站稳市场，天津航道局提出了“质量第一、恪守信誉、用户至上”的经营方针，规范全局经营行为。从 1990 年起，进入南方市场，施工足迹遍布厦门、汕头、珠海、深圳、广州、湛江、北海、钦州、防城、海口等地，还在海口被当地媒体誉为天津来的“大庆人”。以 1987 年“津航浚 106”按期在孟加拉吉大港投入施工为标志，天津航道局开启了国际疏浚市场的大门，施工足迹遍布亚非十多个国家和地区。不仅稳固了北方市场，且在市场开拓上取得了显著成效，建立了良好的市场声誉。在拓展疏浚主业市场的同时，天津航道局的多种经营工作在分流、安置人员，调整生产经营结构方面开始显示出应有的地位和作用。

1986～1998 年，天津航道局一方面全力开拓市场，另一方面进一步深化内部改革。随着《厂长工作条例》等三个条例和《企业法》的颁布，1988 年天津航道局实行了局长（经理、厂长）负责制，并开始全面实行干部聘任制；自 1986 年开始，实行全员劳动合同制。国务院于 1988 年发布《全民所有制工业企业承包经营责任制暂行条例》后，天津航道局进一步改进承包经营责任制。直到 1998 年建立起资产经营责任制，承包经营责任制才逐步退出历史舞台。

激烈的市场竞争不仅锻炼了职工队伍，企业的管理也得到进一步加强，企业实力也进一步增强。1997 年，迎来百年华诞的天津航道局疏浚工程量和总产值比改企前的 1985 年分别增长了 81% 和 620%。

（三）加快改革步伐，积极建设现代企业制度

党的十五大以后，天津航道局以建立“产权清晰、权责明确、政企分开、管理科学”的现代企业制度为目标，进一步加快了改革的步伐。1998 年 3 月，天津航道局与交通部脱钩，划归中国港湾建设（集团）总公司管辖，实现了政企分离，并通过改革、改组、改造和加强管理来提升企业的核心竞争力。

1998～2006 年，天津航道局改革的重点在于三项制度改革。在干部人事制度方面，多次修改干部管理办法，在聘任制的基础上，采取了到期解聘、严格考核、公开招聘、竞争上岗等方式，逐步建立起富有生机和活力的选人用人新机制。在劳动用工制度方面，进一步加强了劳动合同的管理，制订并实施了《关于下岗分流、减员增效和实施再就业的若干意见》，并先后出台多项配套制度，进一步加大了精简、分流员工的力度。在工资制度方面，按照“按劳分配、效率优先、兼顾公平”的原则，确立了岗薪制、年薪制等分配方式，并

通过严格考核，进一步强化了二级单位资产经营责任，使收入向岗位技能高、岗位责任重、岗位贡献大的方向倾斜。

在企业改组方面，重点抓了削枝精干、主辅分离。从1999年开始，开展了大规模的削枝精干工作，对局多种经营法人单位进行了清理，全局企业法人单位由1998年的35个精简至2006年的7个，机关管理部门由20个调整为12个，机关管理人员精简近40%，减少了主业生产中的管理层次，业务更加精干，主业竞争力进一步增强。

天津航道局自1983年开始即引进全面质量管理（TQC），90年代中期开始导入质量保证体系标准。经过3年多的体系运行，天津航道局于1999年6月获得中国船级社质量认证公司颁发的符合《质量体系　生产、安装和服务的质量保证模式》（GB/T 19002—1994）idt ISO 9002: 1994质量体系认证证书。2005年，天津航道局在质量保证体系之外，导入《职业健康安全管理体系　规范》（GB/T 28001—2001）和《环境管理体系　规范及使用指南》（GB/T 24001—2004），从而建立起质量、职业健康安全、环境管理三位一体的整合管理体系，并按照体系要求建立健全各种规章制度。

“三改一加强”推进了现代企业制度的建立，更提升了企业的核心竞争力。在员工由4 800人精简至2 900人的情况下，天津航道局2006年的总产值比1998年增长424%，全员劳动生产率比1998年提高794%。

（四）完成公司制改造，开始跨越式发展

2005年底，中国港湾建设集团与中国路桥建设集团实现强强联合，重组为中国交通建设股份有限公司，并开始公司制改造。2006年10月，天津航道局顺利完成公司制改造，更名为中交天津航道局有限公司，成为国有一人有限责任公司，成立了董事会、监事会，聘任了新的经营班子，确定了新的发展理念，开始了跨越发展的新征程。

随着天津滨海新区的开发开放纳入国家发展战略，中交股份在香港成功上市并着手打造全新的疏浚产业，有百年历史的天津航道局迎来了前所未有的发展机遇。2007年5月，新的经营班子经过调研，确立了“把百年天航建成国际先进、国内最具竞争力的疏浚公司，建成不断创新发展的民族企业”的愿景和“百年天航、百亿天航”奋斗目标，提出了“天航的进步让每一个人分享”、“追求领先发展，打造和谐天航”的核心理念，并围绕目标，启动了人才强企战略、装备领先战略、管理提升战略、科技支撑战略、业务拓展战略、品牌经营战略、成本控制战略、信息化建设战略、依法治企战略和安全生产战略，着力打造诚信天航、实力天航、效益天航、平安天航、和谐天航。

围绕新的奋斗目标和发展战略，天津航道局全面梳理管理流程，及时调整管理架构，深入开展管理效益年、规范管理年活动，迅速迈入了一条全新的发展快车道。2007年，天津航道局的生产经营获得历史性突破，产值突破50亿元大关，疏浚工程量达到1.8亿立方米，分别比2006年增加了48%、42%。

三、发展成就

经过30年不断的深化改革和持续的创新发展，天津航道局已经发展成为具有强大设备和技术实力的知名疏浚企业，不仅能够完成各种复杂条件下疏浚、吹填、围埝建造及地基处

理工程，并且施工足迹遍布中国沿海30多个港口以及亚洲、非洲多个国家和地区，其影响力也由国内逐步延伸至国际主要开放而活跃的疏浚市场。

（一）设备能力

30年来，天津航道局的挖泥船队经历了一个大型化、深水化、现代化、国产化的历程。现在的挖泥船船队不仅功能齐全，并且特色鲜明。共有挖泥船及辅助船舶90多艘，总装机功率超过20万千瓦。其中，最突出的是绞吸挖泥船队，绞吸挖泥船18艘，总装机功率13.5万千瓦，实力稳居中国第一、世界前列。这些船可进行中风化硬质岩、软质岩、珊瑚礁以及砾砂、卵石、密实砂等土质的疏浚和吹填造地施工。

1985年建造于日本的“津航浚215”船，总装机功率10 805千瓦，最大挖深达30米，是当时亚洲最大的绞吸挖泥船，曾有“亚洲第一绞”之称。该船备有专门用于挖岩的绞刀，可开挖中风化硬质岩，是中国第一艘具有挖岩能力的绞吸挖泥船。该船在广州港出海航道开挖风化岩，在苏丹港开挖珊瑚礁，并先后在秦皇岛港、大连港成功开挖砂夹卵石、黏土夹碎石等，展示了强大的挖掘能力。该船的成功建造开启了中国绞吸挖泥船大型化、深水化的历史。

1994年建造于荷兰的“通力”轮舱容5 400立方米，最大挖深达32.5米，具有当时国际先进水平。该船与传统自航耙吸挖泥船的最大区别是装配了艏吹装置，这是中国第一艘装有艏吹装置兼有挖抛和挖吹两种功能的自航耙吸挖泥船。通过艏吹装置，可以快捷地将泥舱内的泥沙吹填上岸。该船的成功建造，书写了疏浚土高效利用的新篇章。

1999年建造于荷兰的环保型绞吸挖泥船“浚湖”，是中国第一艘专业环保挖泥船，配有可防止污染淤泥扩散的环保绞刀头、混浊度检测仪，挖掘精度高，超深可以控制在±10cm以内，适用于内河、湖泊的污染底泥清理工程。该船的成功建造为国内江河湖泊污染底泥的处理开辟了新的途径。

在引进建造大型、现代化挖泥船的同时，天津航道局一直在积极探寻大型挖泥船国产化的途径。自20世纪90年代以来，先后自主设计并成功改造了近10条老旧挖泥船，积累了丰富的经验并逐步掌握了大型挖泥船建造的部分核心技术。在此基础上，与国内有关科研单位合作，开始了大型现代化挖泥船自主设计、国内建造的历程。2006年，天津航道局自主开发设计的、生产能力达3 000立方米每小时的大型绞吸挖泥船“天狮”出厂投入生产，其浅水倒桩钢桩台车系统为中国首次设计、制造和实船应用。该船的成功建造，结束了1万千瓦以上的大型现代化绞吸挖泥船皆由国外建造的历史。

2008年出厂的“通旭”轮是大型挖泥船国产化的又一杰作。该船总装机功率20 280千瓦，具有无限航区适航能力，自动化程度高，灵活高效，并且节能环保，舱容13 000立方米，最大挖深45米，航速16.5节，有艏吹装置，适应各种复杂环境下的疏浚、吹填及海滩养护工程，是中国疏浚业参与全球疏浚市场竞争的旗舰之一。

2008年4月28日，中国首艘超大型自航绞吸式挖泥船“天鲸”建造合同在深圳开工建造。该船总装机功率达到19 700千瓦，生产能力雄冠亚洲之首，生产率达4 500立方米/小时，为目前亚洲第一、世界第三大的自航绞吸式挖泥船。“天鲸”轮装备有亚洲最为强大的挖掘系统，绞刀功率达到4 200千瓦，可以开挖耐压为40兆帕的岩石。其装配的3台高效泥泵可任意串联，也可单独运行，强大的吹填造地能力，使其最大排泥距离达6 000米。该船还具有无限航区的航行能力和装驳功能，极大地拓展了其疏浚范围灵活机动，适用于各种海况的大型疏浚工程，堪称中交股份乃至中国疏浚业的旗舰。

（二）技术实力

天津航道局注重将技术进步作为引领企业发展的核心动力，1980年建立了自己的设计研究所。随后逐年加大科技投入，如今拥有了自己的技术中心，获得过10余项国家专利，创造了中国疏浚史上60多个第一，站在中国疏浚技术的最前沿。

首先提出并积极参与的先进疏浚技术与关键装备及产业化项目通过了国家科技进步二等奖评审。掌握当前国际最先进的多波束水深测量技术，能够在完成测量外业任务两个小时之内，通过无线传输的方式，将高精度、全覆盖的水深图传送到挖泥船，指导挖泥船精确施工。自主研发了疏浚智能化监控与计算机辅助疏浚决策系统，能够实时监控各类施工参数，指导工艺优化。该项目荣获了中国航海学会科技进步一等奖。拥有多项精确施工技术专利，先后完成了自航耙吸挖泥船耙头位置监视系统、链斗挖泥船的监视系统、自航耙吸挖泥船装载监测系统、环保绞刀深度显示系统等多项精确施工技术的研制，并在中国疏浚界最早将GPS定位导航技术应用于挖泥船，极大提高了挖泥船的施工精度，使得挖泥船施工的超宽、超深控制到米和分米级，相当于20世纪80年代以前的十分之一。

在环保疏浚工程设计和施工方面作出诸多开创性工作，具有丰富的经验。1997年，设计了中国首例环保疏浚示范工程——昆明滇池草海污染底泥疏挖及处置工程，打开了中国环保疏浚的大门。在杭州西湖污染底泥疏浚二期工程中，“浚湖”环保挖泥船通过七级接力泵站，将污染底泥输送到22.6公里之外，创造了中国管线封闭输泥最长纪录，施工质量达到无欠挖、漏挖、超挖。沉积湖底多年的污染杂物被彻底清理，而湖底原状土却完好无损。自主开发的绞吸挖泥船施工模拟系统，不仅可以进行船员培训，并且可以模拟不同环境的施工场景和工况条件，为优化施工工艺提供重要依据。能够自主设计、建造具有当今国际先进水平的大型绞吸挖泥船。正在建造的“滨海”系列大型绞吸挖泥船，采用单桩、三缆定位方式，为当今世界所独有。在耐磨挖掘机具方面有着深入的研究，其中挖泥机具耐磨材料的研制获得中国发明专利，其性能国内领先。

正是因为拥有雄厚的技术实力和丰富的经验，天津航道局成为中国多部疏浚行业主要规范的主编单位。组织编写的规范主要有《疏浚工程质量检验评定标准》JTJ 324—1996、《疏浚工程技术规范》JTJ 219—1999、《水运工程测量规范》JTJ 203—2001等。

（三）工程业绩

悠久的历史、良好的信誉以及一流的设备和技术，使得天津航道局在各类疏浚工程方面都有着强大的竞争力，疏浚能力快速提升，疏浚市场全面开拓，施工足迹不仅遍布中国沿海各港口，还远涉亚洲、非洲多个国家和地区。

近年来，天津航道局承揽了京唐港7万吨级，秦皇岛港、厦门港10万吨级，防城港15万吨级，湛江港30万吨级深水航道以及天津、广州、深圳、汕头、日照、青岛、烟台、龙口、营口、大连港等多条深水航道疏浚工程。特别是在天津港，天津航道局在淤泥质浅滩上挖出了一条长 44 公里、底宽 315 米、水深 19.5 米的黄金水道，不仅使得 25 万吨级船舶可以进出天津港，并且开创了在淤泥质海滩上建深水大港的先河，天津港也一跃成为世界最大的人工深水港。

天津航道局拥有国内第一、世界前列的绞吸挖泥船队，承揽过大连、青岛、秦皇岛、深圳、天津港和京唐港曹妃甸港区等多项围海造地工程。作为最先开发曹妃甸港区的骨干企业，自 2004 年至今，修筑围堰超过 100 公里，造地面积逾 30 多平方公里。在天津港，累计挖泥超过 8 亿立方米，相当于 4 条万里长城的土石方量，并利用疏浚土吹填造地超过 40 平方公里。天津港和天津滨海新区的诸多黄金宝地均是由疏浚土吹填而成。

港池泊位工程是展示天津航道局实力的主战场。除承建了天津港大多数深水泊位疏浚工程外，在青岛港，公司成功实施了前湾一、二、三期疏浚工程和 20 万吨级矿石码头工程。在前湾一至三期及煤、矿兼用码头工程中，天津航道局累计疏浚吹填 8 600 多万立方米，为青岛港奉献了一个又一个精品工程。特别是三期 1 ~ 4 号泊位工程，获得了中国土木工程最高奖——“詹天佑土木工程大奖”。在秦皇岛港，公司成功实施了一至五期全部煤码头工程和原油码头工程，累计疏浚吹填工程量近亿立方米，使秦皇岛港得以成为中国最大的能源输出港。

自 1987 年开始，天津航道局先后在孟加拉国、巴基斯坦、马来西亚、文莱、尼日利亚等国家以及香港、澳门等地区承担过工程，对外业务涉及亚、非及南美十几个国家。业务范围除疏浚吹填外，还承担了海墙设计和建筑工程。2008 年，天津航道局承建的苏丹港新地集装箱码头疏浚吹填工程获得全国优秀工程项目管理成果一等奖。

与此同时，在码头建造、软基处理、船台建造等多个领域，公司也广泛参与，硕果累累。天津港北港池新建滚装码头、北港池集装箱码头、5 ~ 7 号泊位、天津临港工业区中石油用地等软基加固工程，采用真空预压或真空联合堆载预压法施工，地基处理总面积近 200 万平方米。此外，粤海铁路通道北港护岸工程、浙江省平湖市白沙湾治江围涂一期主堤工程、江苏泰州靖江 5 万吨级化工码头工程、江西江州联合造船有限责任公司 1 号、2 号船台工程、中交博迈科海洋船舶建造基地改造工程的顺利建设，显示了天津航道局在水工市场也有着强大的竞争力。

四、基本经验

30 年的改革历程，天津航道局有过挫折，有过困惑，更有成功的喜悦。30 年里，天津航道局的发展经验主要有：

（一）只有不断地解放思想、更新观念，才能跟上时代进步的洪流

30 年来，天津航道局由一个成本意识、竞争意识比较弱的老牌事业单位，发展成为在国际国内疏浚市场上有着较强竞争力的知名企业，经历了一个不断解放思想的过程。从事业单位企业化管理到改企，从探索建立现代企业制度到成功实行公司制改造，每一步的前提都是思想的解放，观念的改变。在整个改革进程中，天津航道局的干部职工对党中央及国家出台的每一项新的政策，都能主动学习，深入研究，主动调整，主动适应，思想始终紧跟时代进步的洪流。正是因为如此，天津航道局才伴着国家的进步而进步，伴着国家的强大而迅猛

发展。

(二) 只有始终坚持诚实经营、优质服务，才能不断拓展市场空间

30年来，天津航道局坚持“质量第一、恪守信誉、用户至上”的经营方针，始终把“诚信守诺”、“质量第一”、“业主先赢”摆到各项工作的重中之重。特别是高度重视质量管理，20世纪80年代初，就开始引进全面质量管理（TQC），90年代中期开始全面导入以客户为中心的ISO 9000质量保证体系、职业健康安全管理体系和环境管理体系，从而建立起质量、职业健康安全、环境管理三位一体的整合管理体系。30年来，天津航道局实施的数百项事关国计民生的重大工程，工程合格率始终是100%，优良率平均达到80%，并获得多项国家优质工程大奖以及“詹天佑土木工程大奖”，牢固树立了“百年天航，诚信天航”的品牌形象，从而不断拓展了市场空间。

(三) 只有坚持科技优先、创新为魂，企业才能快速持续进步

100多年的厚重历史，让天津航道局对“科技是第一生产力”有着深刻的领悟。早在改革开放初期，就建立起了自己的研究所，以后又建起了自己的技术中心，由公司总经理亲自兼任主任。科技投入走在同行的前列，并按照四个“尊重”的原则，培养了一大批科技专才。30多年来，创新发展始终是天津航道局的主题词，广大技术人员坚持开拓创新，加大科技攻关力度，不断引领行业发展。正因为如此，天津航道局始终站在世界疏浚技术的前沿，才创造了60余项行业之最，才主编了多项国家标准，不仅是中国疏浚行业的先行者，也是佼佼者，为企业的快速发展提供了强大动力。

(四) 只有正确处理好改革、发展和稳定的关系，企业才能健康和谐发展

改革进程从某种程度上讲，是一个利益不断调整的过程。改革中，天津航道局特别注意处理好改革、发展和稳定的关系，各项改革措施的出台前不仅慎重研究，并且广泛征求各方面的意见，保证了措施的顺利执行。1998年，《关于下岗分流、减员增效和实施再就业的若干意见》文件起草过程中，先后召开了11个不同层次的座谈会，时间跨度超过半年。

五、未来展望

(一) 发展规划

疏浚板块作为主营业务之一，在中交股份的发展进程中具有十分重要的地位。中交股份制定了疏浚板块的长远战略目标：建设国际一流疏浚公司，打造国内强势疏浚品牌。根据中交股份的战略部署，天津航道局对企业的发展进行了进一步规划，本着“天航的进步让每一个人分享”的宗旨，积极追求领先发展，努力打造和谐天航，提出了“把百年天航建成国际先进、国内最具竞争力的疏浚公司，建成不断创新发展的民族企业”的中长期发展目标。规划到2020年，企业的资产、设备、生产、经营、人才等综合实力达到国内一流、国际先进；赢利能力达到国际疏浚企业的平均水平；具备较强的持续发展能力；在船舶和施工

等方面具有自主知识产权技术优势的创新能力达到国际水平；国内市场影响力和控制力增强，市场占有率达到30%；国际化经营能力逐步提高，海外业务占全部业务比重达到40%；管理水平科学高效，管理效率达到国际水平；成为国内综合实力最强的疏浚公司，在业界占据主导地位；“百年天航”品牌成为国际有影响力的疏浚品牌之一。

（二）发展战略

2007年，天津航道局确立了“百年天航、百亿天航”的宏伟目标。围绕该目标，天津航道局不仅制订了“以疏浚吹填为基础、以装备为重点、以技术为支撑、以人才为关键、以管理为根本、以品牌为依托，以海外和多元化为助力”的总体战略路径，全力打造诚信天航、平安天航、实力天航、效益天航、和谐天航，还部署了十大子战略：人才强企战略、装备领先战略、管理提升战略、科技支撑战略、业务拓展战略、品牌经营战略、成本控制战略、信息化建设战略、依法治企战略和安全生产战略。另外，在业务定位上，天津航道局确立了“一体两翼”的经营战略，为公司的发展指引方向。

随着天津滨海新区的快速发展，有着深厚历史和文化积淀的百年天航，必将迎着改革的春风，自由翱翔于世界疏浚市场的大舞台。

重质守信　义利并举

中交上海航道局有限公司

一、企业介绍

中交上海航道局有限公司主营港航疏浚、航道整治、围堰吹填以及勘测设计测量、地基处理以及航标制造、船舶修造等业务；具有港口与航道工程施工总承包一级、河湖整治工程专业承包一级、堤防工程专业承包一级企业资质和勘察设计、咨询、测绘甲级资质。1999年以来，中交上海航道局有限公司六次获得“全国优秀施工企业”称号，2006年首获全国水运工程建设“优秀施工企业”称号，并荣获“全国用户满意企业”和“全国和谐劳动关系优秀企业”。

公司2007年末在册员工4 610人；在岗员工4 070人；大专以上学历占在岗人数三分之一强，高中级专业技术职称人员、技师、高级工占在岗人数三分之一强。公司总资产超70亿元，拥有世界先进、国内最大的大型自航耙吸式挖泥船和大型耙吸、绞吸式施工船等各类工程和辅助船舶106艘。年疏浚吹填能力超2亿立方米，耙吸挖泥船总舱容量超15万立方米、绞吸船装机功率超7万千瓦。

二、改革历程

中交上海航道局有限公司前身“浚浦工程总局”，成立于1905年。

中华人民共和国成立后，其隶属关系及名称几经变更，直至1978年定名为交通部上海航道局，直属交通部领导，为事业单位，负责分管华东沿海港口航道管理、建设和维护工作。

1984年改制为企业。

1997年隶属中港集团，更名为上海航道局，对外称上海疏浚公司。

2005年中港集团、路桥集团重组为中国交通建设集团；2006年10月8日，中国交通建设股份有限公司挂牌运作，并于12月15日在香港联合交易所成功上市。根据集团整体上市要求，10月13日，中交上海航道局有限公司正式成立。

三、发展成就

改革开放30年来，中交上海航道局有限公司在企业规模、市场占有率、核心竞争力以及社会贡献力等方面取得跨越式大发展，企业的美誉度和社会、市场影响力大幅提升。

（一）经营生产高速增长

长期以来坚持“一业为主，两头延伸”的市场定位和发展方向，致力调整产业结构，形成“疏浚、填筑两翼齐飞”的主业经营格局，同时，加快主业延伸，积极向新的经营区域拓展，提高主业产品附加值、增强主业科技含量、谋求新的经济增长点，企业持续快速增长。特别是“十五”以来，企业的营业总额平均年增长率接近30%，至2007年底，年营业额达到65亿元，企业总资产从1978年的4.46亿元增长为2007年末的70亿元。

（二）市场地位稳步提高

围绕国家交通发展战略，精心谋划企业的战略经营格局，坚持主业经营一体化战略，强势占有重点市场。明确“长江口”为立局之本、“洋山港”为发展之源；果断进入唐山港曹妃甸港区、黄骅港、天津港等北方市场。坚持拓展海外业务，实施国际化战略；企业经营呈现“三足鼎立”的战略格局，即巩固以长三角、环渤海湾为主的国内市场，大力开拓以“环南大西洋”为主的海外市场，培育北部湾、东南沿海、中东及东南亚等新兴市场；形成以长三角、环渤海湾、环南大西洋为主要支撑，其他区域市场为补充的经营格局。2007年新签合同额达到80亿元。

（三）装备能力大幅提升

坚持更新与改造并举的装备扩张之路，先后投资数十亿元，新增“新海龙”、“新海虎”、“新海凤”、“新海豹”、“新海鹰”、“新海鳄”、“新海燕”等各类工程船舶20多艘，改造“新海鲸”、“新海象”、“新海狮”等工程船舶近10艘，淘汰各类老旧船舶100多艘。耙吸船总舱容跃居世界第4位，年疏浚吹填能力从1978年的2 600万立方米提升到超2亿立方米。

（四）资源有效整合，主业辅业分明

围绕主业优化资源配置，着力增强核心竞争力，成功实施主业单位的专业化整合，形成了以科研设计为龙头，大耙疏浚、小耙疏浚、吹填造陆、堤岸填筑四大专业板块和疏浚、填筑两大专业化组合组成的发展格局。关停并转非主营企业50多家，形成了疏浚测量与自动

控制、船舶通导与修造、码头服务与油品采供三大主业支持体系。

（五）技术创新成果显著

技术创新体系初步形成，研发能力明显增强；前瞻性、关键性技术研发为重大工程实施发挥了先导和支撑作用；“引进、消化、吸收再创新”为重大装备改建提供了条件。一批工程项目和科技进步、技术创新成果获得较高层次的荣誉；取得国家专利21项，科技进步和创新凸现了企业的核心技术和品牌优势。

（六）人力资源配置优化

员工结构不断优化，“核心员工紧密型、普通员工松散型”的用工模式基本形成，员工总量和各层次比例渐趋合理；人均劳动生产率快速增长，至2007年底达到130万元；员工收入逐年同步提高；人才队伍初具规模。

（七）战略管理作用彰显

围绕国家经济和交通发展战略，分析主营市场，了解竞争对手，研究发展方向，注重时效，创新思维，果断决策。“十五”前期，适时提出“疏浚主体股份化、主业经营一体化、管理模式集团化、增长方式集约化”的战略发展思路，“十一五”前期又及时编制“发展规划”和“滚动发展规划”，抓住新一轮发展机遇，成效显著。

（八）企业文化建设取得进展

积极培育以诚信为本的企业文化，“重质守信、义利并举、合作共赢”的企业诚信理念，认真实践“五个一”市场营销战略，赋予“团结、勤奋、严格、开拓”的航道精神新内涵，形成了“风正、气顺、情融、向上”的和谐企业氛围；以振兴民族疏浚产业为己任的价值观念和“产业报国、奋发有为、团结协作、学习创新、追求卓越”的企业精神逐步深入人心；企业凝聚力进一步增强，促进了企业可持续发展。

改革开放30年来，中交上海航道局有限公司以诚信的服务、先进的装备、精湛的技艺、优良的业绩为业主、为社会服务。特别是近10年来，先后承担了长江口深水航道治理一、二、三期工程、上海国际航运中心洋山深水港陆域形成和航道、港池建设、唐山曹妃甸通路路基与钢铁围海造地工程、冀东油田人工端岛工程、天津临港工业区建设、黄骅港深水航道整治以及太仓中远国际城、上海化工园区、浦东国际机场围海大堤筑堤及围堰区吹填工程等一系列国家和地方重点重大工程项目的建设，为促进港口建设、水运事业发展以及我国城市经济发展做出了积极贡献。

在实施长江口深水航道治理工程过程中，倾全局之力，打通了长江口由7米到8.5米、10米的深水航道，并克服重重困难，确保100%的通航率，创造了世界河口航道疏浚维护之“最”。在实施洋山深水港区一期陆域形成、港池航道基建疏浚工程中，用18个月时间，在流急浪大的海域围海填砂2 500万立方米，形成130万平方米的集装箱堆场，创造了国内深水围海造陆规模和吹填方量的历史记录，为洋山深水港区于2005年12月10日正式投产奠定了坚实基础；顺利实施洋山深水港区二期围海造地工程，形成75万平方米陆域，并完成港池航道基建疏浚工程，确保了二期港区于2006年12月10日正式运营。在环渤海湾地区，率先在北方冰融地区引进袋装砂结构建造海堤的崭新工艺，在曹妃甸成功建成18.477公里长的通岛路路基，成功迎来首钢历史性搬迁；顺利完成冀东油田1号、2号、3号人工端岛工程，为新发现的冀东南堡10亿吨大油田实施“海油陆采”；承担黄骅港煤炭出口航道开挖和维护项目，打通了从-6米水深到-13米水深航道，使黄骅港一跃而成亿吨煤炭出口大港。

立足上海、面向全国、放眼世界，中交上海航道局有限公司是中国第一个进入国际疏浚市场的企业。从20世纪80年代初以来，先后在东南亚、中东、南美、非洲等十几个国家和港澳台地区承包工程施工项目，创造了一定业绩，为中国疏浚行业赢得了良好信誉。进入“十一五”期，中交上海航道局有限公司确立了建设国际一流疏浚公司新的战略发展目标。经两年多的努力，国内外生产经营取得重大突破。2007年完成营业额65亿元，新签合同额80亿元，新签海外合同额突破6亿美元；成功建立起在南美乌拉圭、阿根廷、巴西，非洲安哥拉、尼日利亚疏浚、造地市场的“桥头堡”。

在积极实施国家重点港口、航道工程建设和围海造陆、围堰吹填工程的同时，中交上海航道局有限公司获得了国家诚信最高等级“企业合同信用AAA”、“企业信誉AAA”单位等称号，一批工程项目和科技进步、技术创新成果获得较高层次的荣誉。其中，山东石臼港工程、上海外高桥港区二期工程获国家银质奖；太仓中远国际城陆域围堤吹填工程获交通部水运工程质量奖；长江口深水航道治理一期工程获詹天佑土木工程大奖、国家优质工程金质奖；长江口深水航道治理工程成套技术荣获国家科技进步一等奖。

四、基本经验

改革开放30年来，中交上海航道局有限公司在企业经济运行过程中，坚持在实践中创新、创新中提高，形成了有特色的企业经验。

（一）坚持改革创新，保持企业改革发展稳定互为促进、良性循环态势

相继实施了中港股份公司组建、东方公司与一处改革调整、主业支持体系专业化重组、三产全面清理整顿等一系列重大改革举措，企业结构得到全面优化，企业经济总量、资产规模、核心竞争能力不断增强，取得了显著成效。

（二）推进“五个一”市场营销战略，市场地位稳步提高

“做一项工程、树一座丰碑、交一方朋友、拓一片市场、育一批人才”的“五个一”理念成为公司特有的营销理念，在企业生产经营实践中得到成功运作。在实施国家和地区的大型重点工程过程中，中交上海航道局有限公司坚持“用户第一、质量第一”的工程建设宗旨，遵循“重质守信、义利并举、合作共赢”的企业诚信理念，竭诚为海内外客户提供满意的工程和服务，塑造了企业新形象，在重大工程中树立了信誉，从而形成企业的良性循环发展。多年来，公司承担完成的建设工程项目无质量投诉，完成的考核工程项目的合格率达到100%。

（三）走出一条高科技搭台与低成本扩张相结合的装备扩张之路

从国有企业承担着实施国家战略工程、促进国民经济发展的责任出发，从满足港口、航

道建设高速发展的需要出发，从企业自身发展、壮大的需求出发，公司致力于解决市场需求与设备不足的矛盾，走出了一条高科技搭台与低成本扩张相结合的装备扩张之路，企业生产能力得到大幅提升。增强自主创新能力，构建技术创新体系。坚持“自主创新、重点跨越、支撑发展、引领未来”的方针，提高科技进步贡献率、科技成果应用率，重点形成一批具有自主知识产权的核心技术，为企业发展提供强有力的技术支撑。在自主创新、自主知识产权方面取得突破性进展，如“货改耙”获上海市发明专利一等奖，“水下软体排工程船及水下软体排铺设工艺”等21项港航施工的核心技术和应用技术获得国家专利，初步形成了自主的企业知识产权框架，核心竞争力显著增强。

（四）调整队伍结构，造就高素质员工队伍

坚持“以人为本”的人力资源管理开发理念，坚持人力资源管理基本制度和机制，不断优化员工结构，全面提升员工素质，重点造就一批复合型、高层次核心人才，为企业可持续发展提供智力支持和人才保障。

五、发展展望

当今世界正在发生广泛而深刻的变化，当今中国正在发生广泛而深刻的变革。机遇前所未有，挑战前所未有，但是机遇大于挑战。未来几年是中交上海航道局有限公司实现又好又快发展的关键时期。公司已确立了新的战略发展目标——实现“两个率先”建设国际一流疏浚公司，即在集团疏浚板块内，力争总产值率先突破100个亿，海外产值率先突破30个亿，把公司建成市场占有率高、技术创新水平高、人均创效指标高、企业美誉度高和员工满意度高的最具成长潜力、最具可持续发展能力的国际一流疏浚公司。预计到2010年，公司耙吸挖泥船总舱容达到18万立方米，绞吸挖泥船总装机功率达到14万千瓦，年疏浚能力近3亿立方米，营业收入实现100亿元，劳动生产率突破200万元，超过百年历史的中交上航局将再现辉煌。展望“十二五”期，在中交集团领导下，经过全体员工奋力拼搏，公司资产结构将更趋合理，船舶新度系数明显提高，拥有一支以现代化的大型耙吸、绞吸挖泥船为核心装备的船队，企业竞争力将进一步增强，品牌效应不断放大，国际化战略成效显现，员工收入稳定增长，主要经济技术指标保持在中交集团疏浚板块中的领先地位，有特色的企业文化成为企业可持续发展的内在动力。

勇于创新　敢于挑战

中交广州航道局有限公司

一、企业介绍

中交广州航道局有限公司根据中国交通建设集团公司关于广州航道局改制方案的批复精神，于2006年10月经广州市工商行政管理局核准由广州航道局更名改制设立，是中国交通

建设股份有限公司的全资子公司。

中交广州航道局有限公司是一家以疏浚、填海造地、水下工程为主的大型国有施工企业，具有国家港口与航道施工总承包一级企业资质。公司坚持以疏浚为主业，积极拓展与疏浚相关的业务领域。疏浚主业包括维护疏浚、基建疏浚、吹填造地、炸礁、沟槽开挖与回填及测量勘察、软基加固及围堰、砂石采运供应、砂源经营等业务。

中交广州航道局有限公司总资产约35亿元，2007年末在岗职工2 066人，其中专业管理和技术人员1 000多人，拥有万方大型挖泥船“万顷沙”为代表的各类挖泥船及辅助船舶68艘，年疏浚生产能力超亿立方米，是国内举足轻重的大型疏浚企业之一，综合实力居全国疏浚企业前列。多年来，公司的施工区域遍布我国沿海各主要港口以及东南亚和中东地区。

多年来，中交广州航道局有限公司以“打造最受欢迎的中国疏浚公司”的长远目标为指引，秉承“至诚至信，尽职尽责，共创价值”的发展理念，重视维护企业信誉，重视客户的需求，为客户提供优质服务，市场占有率一直保持在较高水平。公司先后获得“国家二级企业”、“省级先进企业”、“全国施工企业管理优秀奖”、“中国建筑施工综合实力百强企业”、“广东省优秀企业”、“交通系统最佳经济效益建筑业企业”、“全国交通行业企业文化实践创新”等荣誉和奖励。

二、改革历程

中交广州航道局有限公司的前身是成立于1954年2月的交通部航务工程总局疏浚公司广州区疏浚队，至1973年以前的20年间，作为一个疏浚单位曾经归属交通部的第一航务工程局、第四航务工程局、广州海运局、广东省航道管理局等单位。

1973年4月1日，交通部广州航道局正式成立，由原广州海运管理局航道处、广东省属打捞队、炸礁工程队等单位的人员、设备和有关场地组成，成立时是国家预算外事业单位。交通部广州航道局从1980年起实行事业单位企业化管理。后经国家计委批准，从1986年1月1日起改为施工企业，这是交通部广州航道局发展的一个重大转折。它标志着交通部广州航道局打破了对国家“大锅饭”的依赖，以企业法人身份出现在社会主义商品经济市场中。

1996年10月28日，国家经贸委正式批准组建中港集团，交通部广州航道局成为中港集团的一家成员企业。按照政企分开的要求，交通部广州航道局于1998年1月正式改名为广州航道局。2005年12月，中港集团与中国路桥集团合并成立中国交通建设集团有限公司，广州航道局作为中港集团的下属单位，隶属中国交通建设集团有限公司。2006年10月16日，经国家工商总局核准，正式更名改制为中交广州航道局有限公司。这是中交广州航道局有限公司发展的又一个重大转折。

交通部广州航道局从1973年组建开始，经历了3年大建港的热潮，扩充人员，增添设备，扩展了生产基地。1978年后，国家基础设施建设投资压缩，交通部广州航道局出现了人员、设备相对过剩的困难。为此，进行了长达6年的整顿，积极转变经营观念，广开门路，增产节约，找米下锅，探索多种经营的路子，努力涉足境外疏浚市场。凭着艰苦奋斗、无私无畏、真抓实干、勇于创新的硬仗精神，交通部广州航道局不但度过了困难期，而且成功地开拓了境外市场。1983 年以广州疏浚公司的名义首次进入香港施工。

自 1985 年开始，交通部广州航道局牢牢抓住改革开放时机，积极参与经济特区建设，进入了一轮快速发展期，全局生产总值从 1984 年的 3 175 万元增长到 1992 年的 48 919 万元，年平均增长率达到 40.75%。1992 年至 1994 年是交通部广州航道局发展的繁荣时期，年生产总值曾一度高达 8 亿元。

1994 年以后，由于决策失误，交通部广州航道局走入了发展的低谷，出现了连年的亏损。对此，广州航道局在 1999 年和 2000 年进行了两次大刀阔斧的改革，精简人员，调整机构，撤并无赢利能力的公司，形成了扁平化的组织架构。自 2001 年开始实现扭亏为盈，市场竞争能力增强，不仅收复了南方失地，而且成功地开拓北方市场并从此站稳脚跟。2003 年～2008 年，中交广州航道局有限公司实施了两个三年战略规划，取得了显著成果，经济指标快速提高，生产总值每年平均增长 42%，规模迅速扩大。

三、发展成就

（一）企业规模迅速扩大

在 1979 年后的 6 年期间，交通部广州航道局年疏浚量徘徊在 800～900 万立方米之间，总产值只有 1.4 亿元。1985 年～1992 年，年平均疏浚量已接近 3 000 万立方米。近几年，中交广州航道局有限公司年疏浚量已经突破了 1.5 亿立方米。全员劳动生产率从 1984 年的每人 5 455 元增加到 1992 年的每人 7 198 元。到了 2004 年，人均劳动生产率 34.3 万元，2007 年达到了 70.2 万元，2007 年与 2004 年相比，实现了人均劳动生产率 204% 的快速增长。五年来，公司新签合同总额近 110 亿元，完成总产值 80 多亿元，年平均增长 42%。2004 年公司新签合同额为 15.33 亿元，到 2007 年，上升至 42.26 亿元；产值从 11.69 亿元，增长到 31.49 亿元。

1979 年～2008 年 7 月，中交广州航道局有限公司共完成工程量 12.8 亿立方米。其中 1979 年～1989 年完成工程量 1.3 亿立方米；1990 年～1999 年完成工程量 3.1 亿立方米；2000 年～2008 年 7 月完成工程量 8.3 亿立方米，是 1979 年到 1999 年 20 年来累计完成工程量的1.9 倍。

中交广州航道局有限公司根据市场的变化情况，“十五”期间建造了 10 000 立方米双耙头自航耙吸式挖泥船“万顷沙”，购买了 18 方抓斗船“金建”，引进了深水吸砂船“捷龙”。公司于 2006 年改制后，争取到中交股份的资金支持，建造了 3 艘 3 000 立方米每小时绞吸船“恒龙”、“远龙”和“力龙”。“恒龙”是中交广州航道局有限公司第一艘引进国外先进主要设备在国内建造的绞吸挖泥船。同年 12 月签订 1 艘 4 400 千瓦拖轮建造合同。目前，中交广州航道局有限公司共拥有包括万方大型挖泥船“万顷沙”为代表的各类挖泥船及辅助船舶 68 艘。此外，还有多艘挖泥船在建或准备建造，包括 8 500 立方米和 18 000 立方米的耙吸式挖泥船，3 000 立方米每小时和 4 500 立方米每小时的绞吸式挖泥船。

（二）市场不断拓展

面对国内疏浚市场十分激烈的竞争环境，中交广州航道局有限公司努力巩固南方传统市场，积极开辟北方市场，保持了在国内疏浚市场20%的市场份额。同时，大胆走向海外市场，取得了可喜的成绩，先后取得越南、马来西亚、新加坡、泰国、沙特、印尼、埃及等工程项目。目前，公司形成了南方、北方、海外三足鼎立的局面，市场布局更加合理。

（三）项目管理水平不断提高

中交广州航道局有限公司不断探索项目管理的新思路、新办法，从1994年珠江口管沟工程开始，将ISO 9000系列运用于工程项目管理，构建工程质量保证体系，并于1997年取得了ISO 9002系列的质量认证，项目管理实现了标准化、规范化和科学化。为有效利用资源，实行标前标后一体化和多项目管理模式，实现了全局生产管理在经济效益、施工质量、工期履约、风险规避等方面的总体最优效果。此外，积极探讨应用“土质置换”、“疏浚土综合利用”等新技术，变废为宝，保护环境。

中交广州航道局有限公司严格项目管理，工程合格率达100%，优良品率达80%，以先进的技术、优良的施工管理和质量获得了各界的高度评价。澳门机场人工岛场道工程获詹天佑土木工程大奖，台山发电厂煤码头港池航道疏浚工程获全国用户满意工程奖，长江口深水航道治理一期工程获国家优质工程金质奖。广州港出海航道疏浚工程荣获2003年度全国用户满意工程奖，长江口深水航道治理工程一期工程获得2005年度国家优质工程奖，广州港南沙港区一期工程西堤后方驳船泊位陆域场地软基处理工程荣获2005年度全国水运工程建设满意工程奖。锦州港进港航道拓宽及浚深工程、广州港出海航道二期预备工程、湛江港25万吨级航道工程I标段、湛江港30万吨级航道预备工程I标段4项工程荣获2006年度全国用户满意工程奖。

（四）主营业务实现多元化

经过50多年的发展，中交广州航道局有限公司的业务不断拓展，实现了主营业务的多元化，主营业务从传统的航道开挖、吹填造地向软基处理、骨料采运、码头水工、环保清淤等业务发展。

（五）科技创新能力得到增强

中交广州航道局有限公司的技术创新、技术改造能力不断增强，为企业的快速发展提供了保障。自行开发的疏浚工程电子图形监控系统和GHC-II型远程水位（潮位）实时监测系统的应用，使船舶能够全天候施工，并且施工更准确、安全，提高了船舶有效利用时间和施工效率。两项发明分别获得国家科学技术委员会科技进步三等奖、交通部科学技术进步二等奖和中国港湾建设（集团）总公司科学技术进步二等奖、全国交通水运系统科技成果先进奖，并被列为国家级新品。自行研发的水深及高程测量计算机成图系统大大提高了出图速度和质量。

在爆破工艺方面，采用毫秒微差爆破及气泡帷幕法，减少冲击波对码头的影响，使距码头最近距离4米处放炮都能很好地控制冲击波对码头的作用力。采用高风压潜孔钻进，大大提高了钻进效率。乳胶炸药代替甘油炸药，导爆管代替电雷管，大大提高了安全系数。2006年1月，公司在广州港二期工程中成功地采用了国内创新工法——凿岩碎石施工法，开挖岩石时，可以减少或避免使用炸礁造成的环境污染，还可以避免因炸礁施工对航道封航造成的经济损失。2007年5月11日，公司的“凿岩棒”施工工法成为中交股份级工法。这些新工艺、工法的研发和应用提高了船舶施工效率和适应能力，有效降低了成本。

（六）年轻化的人才队伍得到锻炼

中交广州航道局有限公司的青年占员工总人数的78%。公司注重培养青年的培养，建立了敢用新人、善用新人的人才培养和管理机制，使各类青年管理人员迅速成长，成为公司管理的骨干力量。目前，年轻人已在公司的主要挖泥船、工程项目经理部和本部发挥着关键的作用。

四、基本经验

（一）解放思想是企业快速发展的先导

中交广州航道局公司地处广东，先得中国改革开放之风，及时抛弃了僵化的思想，摒弃了原来的“官商”作风，转变了经营观念，1980年就涉足境外疏浚市场；较早地实现由事业单位向施工企业的转变，企业的理念在员工心中扎根；较早地适应市场经济体系的要求，组织生产经营，参与市场竞争；大胆引入国外先进的管理思想、方法、技术和经验，培养了一批现代化的优秀管理人才，企业管理水平得到迅速的提高。思想的解放，使决策更科学、更民主，使员工更易接受新生事物，更易理解、支持企业的政策措施，使员工更大胆去创新，去竞争。这些都为公司的发展奠定了思想基础。

（二）抢抓历史机遇和敢于挑战是企业快速发展的根本方法

改革开放以来，中交广州航道局有限公司抓住了党确立的以经济建设为中心的方针、经济特区港口建设以及近几年疏浚市场需求旺盛等重大历史机遇，快速发展壮大。同时，公司敢于挑战，大胆创新，通过承担澳门国际机场工程、珠江口管沟工程等管理、技术难度高的大型综合性工程，在管理理念、管理手段、技术能力、经济实力等方面得到快速的提高，对企业的后续发展产生了里程碑式的影响。

（三）技术进步是推动企业快速发展的助推器

中交广州航道局有限公司坚持技术研发服务于生产的原则，重视技术研发和创新，并将科技成果转换为生产力。如公司在澳门国际机场施工中开发的疏浚工程电子图形监控系统，大大提高了挖泥船的生产效率，带动了企业经济效益的提高。

五、发展展望

中交广州航道局有限公司的目标是：打造成最受欢迎的中国疏浚公司。发展思路是：发挥专业优势，加强疏浚基础地位，开展多元化经营，努力做大做强。

一是大力实施“走出去”战略，开拓海外市场，建立海外根据地，并最终建立全球疏浚业务市场，使海外市场的产值占企业主营业务产值的40%，形成真正意义上的跨国疏浚公司。

二是加大设备更新力度，在“十一五”期间建成一支结构合理的疏浚船队。按照“十一五”疏浚设备投资规划，加快船舶建造的速度，预计“十一五”规划中的船舶全部投产后，自有设备年产能将达到1.8亿立方米。

三是打造一支能适应国际疏浚市场要求的员工队伍。实施“十一五”、“十二五”人才培训计划，培养能适应国际主要疏浚市场需求的员工队伍。

四是形成自主创新能力。完善技术进步机制，加大技术进步投资，增强企业技术创新能力，培育企业核心竞争力，借鉴国际先进经验，凭借自身独特技术优势立足于国际舞台。

长江航道的守护神

交通部长江航道局

一、企业介绍

交通部长江航道局（以下简称长江航道局）隶属中华人民共和国交通运输部，成立于1957年，是具有行政管理职能的国有单位，现辖6个区域航道局、5个工程局、3个科研院校，现有职工10 000余人，其中中高级技术人员千余名。持有建设部颁发的港口与航道工程施工总承包特级、市政公用工程总承包一级施工企业资质证书和国家测绘局颁发的甲级测绘许可证，并通过了质量、环境、职业健康安全（Q/E/OHS）一体化管理体系认证。全局拥有多种类型配套齐全的工作（程）船舶700多艘，陆地施工设备500台套，拥有固定资产约35亿元，总资产约50亿元，具有年水下炸礁200万方、年疏浚9 000万立方米和年水道、陆地测绘7万换算平方公里的能力。

在致力于维护管理长江干线航道的同时，长江航道局积极开展对外工程经营，业务涉及航道维护整治、疏浚吹填、土石方工程、水工工程、公路工程、市政工程、水利工程、救助打捞、沿海港口及内河水道测量、航标设置、码头、港口航道工程勘察设计及教育培训等。多年来，长江航道局凭借着雄厚的技术实力、科学的管理和良好的信誉，承担了许多大型工程设计和施工任务，足迹遍及海内外。其中福州、海口、锦州、深圳、珠海港等港口吹填工程，香港、澳门机场填海造地，上海金山化工区、河北曹妃甸工业区吹填、厦门环岛路吹填造地，长江口深水航道疏浚，三峡库区炸礁，界牌、碾子湾、张南等河段综合治理，武汉市龙王庙水下治理、江滩整治、汉江整治工程以及泰国、缅甸、文莱等国疏浚吹填工程都是长江航道局近年来总承包或参与建设的重大工程。

面对长江航道发展的黄金机遇，根据交通部的统一部署，作为全国文明单位的长江航道局在科学发展观的指引下，坚持“诚信、团结、务实”，致力于打造世界一流的疏浚水工企业。

二、改革历程

改革开放以来，长江航道局走过了 30 年的辉煌历程，经过几代航道职工的艰苦奋斗、无私奉献和辛勤耕耘，取得了辉煌的成就。长江航道局的改革由浅入深，逐步推进，大约经历了三个发展阶段。第一阶段（1978 ~ 1992 年）是以强化经济责任为中心，以推行经济承包责任制和行政首长负责制为主要内容的经济运行方式的改革。第二阶段（1993 ~ 2002 年）是以转机建制为目标，以实施内部疏养分开管理和精简机关机构、人员为主要内容的改革。第三阶段（2002 年至今）是以成本管理为核心，以分类改革为切入点，对航道养护单位实行减站增效和对航道工程单位实行企业化管理改革为主要内容的改革。

（一）第一阶段的改革

十一届三中全会召开后，党的工作重点转移到了以经济建设为中心的轨道上，长江航道人的传统观念由此发生了深刻的变化。1983 年，长江航道局由全额预算转变为差额预算管理，事业经费陡然出现一大缺口，这对原来吃惯了“皇粮”的航道职工无疑是一次重大的考验。在既要弥补经费缺口，又要保证航道畅通的双重压力下，长江航道局通过转变服务理念和工作方针，采取公益性和经济性相结合的路子，实行经济承包责任制和行政首长负责制为主要内容的改革，同时也对开展对外工程经营进行了初步尝试。

实现了四大转变。进入 20 世纪 80 年代，为适应改革开放新局面，长江航道局明确提出了全心全意为航行在长江上所有船舶服务的指导思想和“一业为主、多种经营”的工作方针，实现了四个转变：即由生产管理型到生产经营型的转变；由封闭内向型到开放外向型的转变；由全额预算型到差额预算型的转变；由只为长航一家服务到为多家企业船舶服务的转变。

实行了经济承包责任制。从 1983 年起，长江航道局对多家有创收能力的下属单位开始推行“差额拨款，预算包干，超支不补，节余留成”的经济承包责任制。这些单位将压力变为动力，充分挖掘潜力，利用航道养护闲工季节以及暂闲置的设备和人员开展对外创收活动。这时的对外创收在经营管理上较为粗放，政策上叫“找米下锅”，效益观念也不太强，只图急功近利地弥补经费缺口。

实行了行政首长负责制。1988 年，长江航道局组织实施领导体制改革，在全局范围内推行行政首长负责制，确立了行政领导在航道生产、对外经营、管理工作的中心地位。同时，为了使行政领导的责权利统一，确保任期内工作目标的实现，在各下属单位实行了行政首长任期目标责任制，主要内容是责任目标、实施办法、考核奖惩。这一责任制大大加强了行政领导的责任感。

第一阶段的改革实际是以转变内部运行方式为突破口，以强化经济责任为手段，实现经济效益为目的的改革。改革工作基本停留在转变内部运行机制的层面上，尚未涉及体制上的深层次问题。因此，这个阶段的改革探索性较强，主要的作用是为下一阶段改革做出了铺垫。

（二）第二阶段的改革

这一阶段的起点是邓小平同志1992年南巡讲话。党的十四大、十五大的相继召开，标志着中国改革开放和社会主义建设进入了一个新的发展阶段。在这种历史背景下，交通部做出了对全国水运管理体制实施改革的决定，长江航运管理体制改革受到了交通部的重视，长江航道管理体制改革也相应被列上了议事日程。

进入20世纪90年代，在交通部对原所属各沿海航道局相继实行“疏养分离”改革后，长江航道局实施了符合长江航道实际并区别与沿海疏养分离的长江航道内部“疏养分管”模式改革，即长江航道实行航道养护与航道工程内部分开管理。将原航道管理单位中4 000人及航道养护工程船舶剥离划转到航道工程单位，并对航道养护工程单位采取自收自支的管理方式。通过此项改革，一方面减轻了国家财政负担；另一方面理顺了航道管理和对外经营创收的关系。由于实行的是航道内部分开管理，在管理方式上保证了养护管理与养护工程的相互协调、配合，从而确保了航道的养护及畅通，初步实现了社会效益和经济效益的双赢。

这一阶段的改革重点是航道体制上的变革和机构上的调整与完善，与前一阶段改革的根本区别在于突破了原有的体制框架，改革的广度和深度是不言而喻的。

（三）第三阶段的改革

党的十五大召开以后，随着中国加入WTO，融入经济全球化，西部大开发、中部崛起等战略的相继实施，以及上海国际航运中心建设的加快，长江流域的对外开放步伐进一步加快，流域经济和长江航运持续快速发展。长江航道局主要实施了以下几个方面的改革。

实施了航道管理机构及养护单位的机构精简和干部调整。进入21世纪，为推进航道养护机制改革目标，降低养护工作的资源性成本，长江航道局首先对各航道管理机构及养护单位实施了“瘦身计划”。按照“精简、统一、效能”和“减站增效、减员增效”的原则，对各航道分支局的各航道处、航道站进行精简，将原航道站136个减少到115个。各航道分支局机关也按照要求于2002～2003年完成了机构精简、人员精简，机构精减20%以上，人员精简30%以上。同时，精简的二、三线人员充实到一线。

实施了深化航道工程单位企业化管理改革工作。长江航道实施内部“疏养分管”改革后，为使航道工程单位尽快建立与市场经济相适应的科学管理、运行规范、精干高效的航道工程运转机制，长江航道局相继在各工程单位实施了深化企业化管理改革工作。经过探索与实践，实现了深化企业化管理改革的三大目标。第一是深化了人事用工制度的改革，实现了多种用工方式的有机融合和岗位的良性互动。单位内部逐步形成人员能上能下的用人机制。同时，对新员工一律通过人才、劳务市场引进，并实行人事代理制和合同化管理。第二是顺利实施了分配制度改革，建立了以绩效工资为主、岗位工资为辅的薪酬体系，实现“以岗定薪、岗变薪变”和职工收入能增能减的调节机制。第三是加大了财务管理制度改革，建立了有利于工程单位自身发展的成本管理、资金筹措和营运的财务管理体系。增强了各单位的综合竞争力和抗御市场风险的能力。

这一阶段的改革按照建立与市场经济相适应，实现养护投入与效益相统一的体制机制要求，在航道养护管理体制和运行机制上进行了积极探索，具有加快体制创新、分类实施改革、降低航道养护成本等特点，是在前两个阶段改革基础上的深入和优化。

三、发展成就

50年来，长江航道局共完成工程项目1 000多项，完成整治工程60多项，对外工程创收超过百亿元，并保持了较高的年增长率。在国内港航疏浚界，长江航道局已成为知名品牌，以雄厚的实力、门类齐全的设备、精湛的技术、科学高效的管理、优良的施工质量、团结务实的施工队伍、热忱诚信的服务树立了独特的市场形象，赢得了业内的广泛认同。

（一）市场得到不断开拓

改革开放初期，面对事业拨款由全额预算改为差额预算的转变，长江航道局制定了“一业为主保畅通，多种经营求发展”的工程经营方针，制订了“立足长江、面向沿海”的经营战略，不断实现经营地域和业务种类的突破。

1984年，长江航道局一举夺得福州马尾吹填造地工程，开始进军沿海疏浚市场。全局上下为之振奋，组织了施工队伍开赴福州，奋战马尾。整个工程只用13个月，提前67天完成吹填土方量841万方，造地1.97平方公里。工期短、工效高、质量优、信誉好的马尾工程，受到了国务院特区办公室的表扬。

1988年，长江航道局在深圳成立了办事处，此后南京、武汉两局分别在南方成立了深宁公司和武海公司，作为站稳南方疏浚市场的前沿阵地和信息服务的窗口。先期承接了深圳妈湾疏浚工程，后于1990年承接了茂名水东油港1～3万吨级外航道疏浚工程，凭借精湛的施工工艺、扎实的工作作风和可靠的质量保证，在南方疏浚市场赢得了信誉。

此后，长江航道局工程单位积极为长江航道的安全畅通服务，承建了界牌、碾子湾、张南、东流、三峡库区等一大批长江浅险水道的整治工程和航道炸礁工程，积累了丰富的内河航道整治经验。在此基础上，凭借技术、设备和管理优势，长江航道局工程队伍开始大举进入中国沿海港口疏浚市场，先后承建了锦州港、大连港、天津港、上海港、厦门港、广州港等数百项沿海大型港口的疏浚吹填工程，施工足迹遍及国内15个省、市，43个大中城市和香港、澳门特别行政区，并拓展到东南亚疏浚市场。

长江航道局承担了厦门船舶重工码头、重庆寸滩码头一、二期工程、上海浦东国际机场跑道堆载预压、广州南沙港区软基处理等码头和地基处理工程。长江航道局还积极开拓公路市政工程市场，承建了重庆、泸州滨江公路、内宜高速公路等市政路桥工程。

长江航道局在引领内河航道整治工程施工领域发展的同时，沿海和海外市场则从无到有，市场占有份额不断扩大，逐步向区域化、规模化发展，初步形成以港口与航道工程为主、市政、公路和水利公用工程为辅的市场格局。长江航道局十分注重品牌形象，已形成一片较稳固的港航工程市场，拥有一批合作良好的客户，保证了大型工程的陆续承接。

（二）经营规模和生产能力不断扩大

建局初期，长江航道局仅有8条工作船和17条小机艇，经济实力非常薄弱，改革开放初期，长江航道局有了一定的发展，但经济实力和生产能力仍然薄弱。今天，长江航道局拥有耙吸、绞吸、链斗、抓斗、斗轮等各种功能的挖泥船，以及钻爆、钢耙、铺排、抛枕、救捞等其他工程船700多艘，其中10 000立方米自航耙、3 500立方米绞吸船、50立方米抓斗等大型疏浚挖泥设备在国内居于一流，年疏浚能力达到9 000多万立方米。工程船舶等施工设备从小型迈向大型化，门类日益齐全，数量和质量都有了质的飞越，经济实力明显增强，已成为集航道维护管理、整治疏浚、救助打捞、工程测量、船舶修造、科研设计及教育培训等职能为一体的大型公益性事业单位。

（三）经营管理水平不断提升

经营管理逐步脱离粗放型模式，坚持“质量第一、信誉第一”的原则，先后引入“ISO 9002”质量体系、质量、环境和职业健康安全“三位一体”管理体系，开展全程质量控制，科学管理，确保工程项目质量，进行成本控制。紧跟国际疏浚水工领域科技发展步伐，开展工程施工管理科技工作，利用计算机、DGPS、GIS、水位遥报、电子海图、航迹显示等科技手段，形成了独有的各类施工技术规范，提高了生产效率。长江航道局拥有港口与航道工程总承包特级、市政公用工程总承包一级施工资质和国家甲级测绘许可证。近年来，凭着雄厚的实力、科学的管理和良好的信誉，取得了良好的工程业绩。

（四）打造了一支专业化人才队伍

长江航道局工程经营施工力量源自于长江航道维护及整治建设队伍。通过老一辈工程专家和航道工人的努力，历经从无到有，在摸索中成长，走向成熟，培育了数千人的航道工程施工队伍。近年来，人才队伍建设进一步加强，通过持续的人才引进与培养，经营管理人才队伍、专业人才队伍、高技能工人队伍等已初步形成，人才规模、结构得到了发展与优化。

四、基本经验

（一）实施发展战略是成功的有力保障

长江航道局制订并实施了“科教兴局”战略，充分发挥科技对长江航道建设的先导和支撑作用，在总结分析和系统研究的基础上，制订了《长江干线航道发展规划》，成为长江干线航道治理的重要战略指导文件，荣获了全国工程咨询成果一等奖。坚持自主创新，重视新技术、新材料、新工艺的研究和推广应用，不断提高航道维护工作的科技含量，航道治理和整治建筑物关键技术研究、新型疏浚设备的研制、测绘技术自动化的推广等，填补了国内外航道建设领域的多项空白；三峡库区航标遥测监控系统建成使用，长江下游南浏段数字航道的研发和建设，构建了三峡库区、南浏段数字航道和智能航运的平台。长江航道局高度重视人才的培养、开发和使用，实施了“人才强局”战略，配套实施了“六个一”人才工程和“春雨计划”，打造了一支专业化的人才队伍。

（二）长江航道精神是不断开拓进取的强大动力

经过几代航道人的共同努力，凝练出了“团结、诚信、奉献、卓越”的长江航道精神。长江航道精神是长江航道人在服务经济、奉献社会的实践中不断积累凝练而成的宝贵财富，是悠久的长江文明和独特的航道特色相结合的生动反映。它为长江航道局不断开拓进取，成为国内一流的疏浚水工企业提供了强大的精神动力。

五、发展展望

长江航道局将制订长远发展规划，立足长江保畅通，迈向沿海创市场，跨出国门争一流，实施“服务优质、技术先进、质量可靠、价格合理”的经营策略，优化项目运作，积极开拓水陆两个市场，巩固传统市场，拓展新生市场，继续扩大对外经营成果，实现新跨越，促使各项管理工作上新台阶，倾力打造“诚信、团结、务实”的长江航道品牌，塑造核心竞争力，全面适应市场化竞争要求。

到 2020 年全局疏浚能力力争达到 2.5 亿立方米，树立以人为本的企业文化，完成质量管理体系、信息管理体系、投资与资本运作系统的搭建，建设一流的装备、应用一流的技术、造就一流的人才、实现一流的管理、树立一流的品牌、创造一流的业绩，努力打造世界一流的疏浚水工企业。

潜水打捞企业

引　言

我国的潜水打捞行业起步于新中国成立后的50年代初期，共和国年轻的潜水打捞队伍担负起清理国民党军队在长江沿线设置的“水下封锁线”重任，为医治战争创伤、恢复生产和社会主义经济建设建立了卓越的功勋。国家和交通部重视这支队伍的建设和发展，从1950年起，选派人员前往前苏联、波兰等国，接受潜水、打捞技术及管理的培训，1963年“跃进号”事件之后，经周恩来总理亲自批准，在全国招收培养了300名潜水员，改革开放以后，我国派遣多批近百名潜水及管理人员赴美、英、法、挪威等国学习潜水打捞技术和管理经验，其中大多数人员后来都成为我国优秀的潜水和救助打捞事业骨干。改革开放前，我国潜水打捞行业的力量，主要在交通部所属的救捞系统和海军防救部队。以烟台、上海、广州救捞局为代表的国家专业救捞保障体系初步形成，在救助打捞以及保障海上航运安全等方面发挥了应有的作用。1963年“跃进号”沉船实地调查和1977年~1980年“阿波丸”打捞工程，已被载入中国打捞史册。在50年代初到70年代末的30年间，中国救捞和潜水行业总体上完成了专业救捞力量从无到有的建设过程。

党的十一届三中全会以来，30年的改革开放，不但成就了国家专业潜水打捞力量由弱变强，更全面推进了民营、合资、私企等多种所有制从业力量的蓬勃发展。就从事救助、打捞、潜水作业的从业机构及人员而言，在20世纪70年代末期，国家专业救捞力量和海军防救生部队为主干的单位仅有十多家。而目前我国从事潜水、救助、打捞、海洋工程服务等企事业和其他各种所有制从业单位已发展到近1 000家，从业人员也达到了10万余人，其中各类职业潜水人员1万余人，非职业潜水员3万~5万人。

今天的潜水打捞行业不再是传统意义上的沉船沉物打捞活动，早已延伸并应用于诸如海上人命救助、抢险救灾、打捞清障、海上石油天然气开发、桥梁隧道建设、水下施工、海产品的养殖捕捞、市政建设、科学试验、国防建设等领域。潜水打捞这个古老行业正焕发出新的活力，已成为国民经济建设不可缺少的新兴产业。其服务范围遍及江河湖海，不但广泛服务于发展海洋经济和航运事业，而且也是提供应对水上突发应急事件等公共服务的一支不可替代的重要力量。随着我国海洋经济和航运事业的迅猛发展，社会公共服务需求的日益增长，将发挥越来越重要的作用。

成就

我国潜水打捞行业在支持和保障经济建设和公共服务等方面发挥了重要作用，取得了骄人成就，曾多次受到党和国家领导人的赞扬，得到公众的认知和国外同行们的认同。我国潜水、打捞专业队伍发挥了主力军的作用。自组建以来，战绩辉煌，共计救助遇险船舶3 275艘，其中外籍船舶644艘；救助遇险人员44 727人，其中外籍人员7 536人；打捞沉船1 679艘，其中外籍沉船91艘；获救财产直接价值320亿元，执行抢险救灾任务257次，打捞遇难者遗体372具，完成航天飞船海上应急保障等重大任务数百起。

随着海洋经济迅速发展，这支专业队伍还在海洋工程服务、水下施工等领域，实现了饱和潜水实际应用的历史性突破，占据了空气、混合气潜水大部分市场份额。就潜水技术而言，已由单一的空气潜水，快速发展了混合气潜水、饱和潜水、载人和遥控潜水器等综合潜水技术，并得到广泛应用。2006年12月，在南海103.5米水下采用了饱和潜水技术，经过390小时的饱和过程，圆满地完成了海洋工程服务任务。2007年，在南海文昌油田，六名潜水员再创我国饱和潜水实际应用的水下124米新纪录。宋代古船“南海一号”的打捞，由于工程设计理念、施工工艺的大胆创新和大批潜水员长时间在水下出色的工作，圆满地完成了举世瞩目的整体打捞工程，开创了世界水下考古整体打捞的先河，在国内外产生了巨大影响和良好评价。

技术装备

20世纪70年代中期，我国在国外建造了3 000吨的自航打捞船，1979年又建造了全国最大的2 500吨起重船，引进了包括饱和潜水系统在内的各类潜水装备装具。2007年，打捞装备建设又有新突破，建造了被称之为亚洲第一吊的4 000吨起重船“华天龙”，大大地增强了海洋工程服务和应急抢险打捞的手段及能力。在“十一五”期间，还将建造现代自动定位潜水打捞母船和先进的饱和潜水系统，届时，我国潜水、打捞技术装备的整体水平将向前推进一大步，接近世界一流水平。

专业人才·教育培训

经过多年的培养和实践，潜水打捞行业拥有一支理论扎实、人数众多、年龄结构合理的专家队伍和管理人才队伍。他们熟悉国内外潜水、打捞法律、法规和安全操作规程。在组织潜水打捞作业、海洋工程服务、实施安全操作与潜水医疗保障等方面，具有丰富的实践经验。

我国唯一的全日制中等专业潜水学校——广州潜水学校于1985年成立。20多年来，已为我国培养了4 000多名各类工程潜水技术人才，短期培训了近700名工程潜水员和200多名娱乐潜水星级潜水员。1993年后，全国先后又有5家培训机构取得了潜水培训资质，为全国各地培训了大批专业潜水人才。

1978年4月，交通部海上救捞科学研究院成立。在本世纪初，大专院校和科研机构改革时，该院划归上海交通大学，是专门从事水下工程应用技术开发研究的科研单位，至今已发展成为以潜水技术和水下工程技术为重点的科研、设计、施工一体化综合性科研机构。

行业管理

多年来，交通运输部在潜水、打捞行业管理上做了大量工作，管理水平上了新的台阶。交通部于1999年颁布了《潜水员管理办法》和《打捞单位资质管理规定》，还先后制定了配套的有关潜水、打捞的国家及行业标准等60余部，建立了从业资质、资格认证制度，对于加强潜水、打捞、海洋工程服务行业管理和保障潜水员健康与安全发挥了重要作用。为进一步规范市场秩序和加强行业管理，保障潜水人员的健康和人身安全，交通运输部起草的《中华人民共和国潜水条例》和《中华人民共和国打捞条例》已列入立法计划。

我国潜水、打捞史上第一个全国性行业组织——中国潜水打捞行业协会于2008年6月2日成立，进一步完善了潜水、打捞行业管理体制。

发展前瞻

在经济全球化趋势下，我国海洋经济呈现快速发展的势头，海洋经济将逐步成为国民经济的支柱产业。2007年召开的全国水运工作会议，确定了到2020年水路交通基本实现现代化的宏伟目标，我国正从航运大国向海运强国迈进。适逢海洋经济快速发展，海洋资源开发活动日益活跃和航运船队迅猛扩大，海上保障和服务的需求必然与日俱增，海上及内陆水域的其他水下服务及应急抢险活动更趋频繁，尤其是为海上石油天然气开发工程提供勘测、安装、维修、检测、石油平台拆解等活动的服务需求量巨大，市场前景非常广阔。潜水、打捞作为海洋开发、海上生产活动和航运安全的支持保障行业，其地位和作用必然得到大幅提升，潜水、打捞事业正经历着最好的发展时期，并将迎来新的发展机遇。

海上铁军

交通部上海打捞局

一、企业介绍

交通部上海打捞局的前身是中国人民打捞公司，1951 年 8 月在上海成立，1963 年更名为上海海难救助打捞局，1987 年更名为交通部上海海上救助打捞局，2003 年更名为交通部上海打捞局。上海打捞局是交通运输部直属自收自支的事业单位，实行企业化管理，承担着北起连云港、南至闽粤交界处的沿海清障打捞、环境和财产救助等公益性职责，并肩负国家指令性政治、军事、战备和救灾等任务。上海打捞局是我国应急抢险打捞的专业骨干力量，也是国家海上应急保障体系、海运及海洋经济的重要组成部分。其经营范围覆盖远洋拖航、海洋工程、三用船服务、港作服务、深潜水服务、潜水装具及压力容器制造等领域。

上海打捞局拥有 8 个全资或控股二级单位、3 个驻外机构，在册职工人数 1 533 人，其中，全国交通科技拔尖人才 3 人，教授级高工 2 人，高级职称 54 人，中级职称 290 人，一级建造师 10 人及国内唯一一支饱和潜水作业队伍；拥有各类救捞船舶 41 艘、打捞浮桶 27 只、200 米饱和潜水系统、海上溢油回收系统及 150 马力 ROV 等大型救捞装备，具有我国沉船打捞沿海一级资质和海洋石油工程专业承包一级资质，具备整体打捞 4.5 万吨级沉船的综合能力，以及能对发生大角度倾斜、火烧、搁浅等海难事故的各类船舶（设施）实施有效救助，创造了我国商业饱和潜水“零”的突破，并保持 124 米的深潜水作业国内纪录。截至 2007 年底，上海打捞局拥有资产总值 18.73 亿元，净资产 10.39 亿元，是国家级“守合同、重信用”单位，具有上海市“守合同、重信用”AAA 级资质。是中国潜水打捞行业协会常务理事单位。

党的十一届三中全会后，上海打捞局在上级领导的关怀与支持下，在贯彻“保证救助”方针的前提下，为减轻国家负担，改变平时大批救捞船舶靠码头、单纯靠吃国家补贴的现状，开始变“找上门”为“走出门”，广开门路，多种经营，取得了积极的成效。特别是经过救捞体制改革后，坚决贯彻“加强救助、发展打捞”的工作方针，从不断壮大抢险打捞的实力出发，依托传统技术优势，开展特色经营，形成了以远洋拖航、海洋工程和三用船服务为核心竞争力的三大支柱产业。其中，远洋拖航由局拖轮船队主营，目前已加入了世界顶级承包商的行列，打造了 SVIZER-COESS 国际知名品牌，业务范围涉及超大型 FPSO、SPAR、钻井平台、VLCC、航空母舰、桥吊及多驳船叠装拖航运输等领域；海洋工程由局工程船队主营，目前已覆盖了海上单点安装、隧道及桥梁施工、导管架及模块吊装、海底电缆及管道铺设、油管抢修等高附加值领域。参与完成的宁波常洪隧道工程获得了“詹天佑土木工程大奖”荣誉，在东海大桥施工吊装作业中，被上海市有关部门赞誉为“海上铁军”称号。三用船服务由局华威近海船舶运输有限公司主营，现已发展成具有 17 条三用船，向中外海洋石油作业者及其相关承包商提供安全优质服务，其品牌享誉国内外海工和石油服务市场。

二、改革历程

当党的十一届三中全会吹响中国改革开放进军号时，上海打捞局正在进行着为期四年的世人注目的“阿波丸打捞工程”。在我国改革开放的历史背景下，交通部党组于20世纪80年代初，就救捞系统的工作方针做出了重大调整，将延续多年的“以救为主、救捞并举”的工作方针改为“保证救助、广开门路、多种经营”的方针，事业单位的性质不变，但实行企业化运作，并逐步展开了救捞合一体制下改革发展的探索和实践。

1. 放开手脚，挖掘潜力，推行单项经济承包试点

20世纪70年代末期，上海救捞人有一句口头禅——“干不干，三百万”。当时的生产力相当落后，船舶几乎天天靠码头，守株待兔地等待去执行指令性的救捞任务，靠国家每年很少的三百万元补贴过日子。改革开放的春风吹动着全局上下思改、思变、思进的心。上海打捞局首先选择了对主体职能影响不大的后勤产业和富余产业进行改革，在1984年至1985年先后对当时的汽车队、仓储进行了承包经营，对当时人力富余的潜水服务中心等也实行了差额预算补贴包干，取得了很大的成功。汽车队、仓储由于对社会开放，积极招揽生意，当年就获得了利润；潜水服务中心的潜水员、工程技术队伍走上陆地、攀上空中找业务，安装过人行天桥、高楼广告架等，同样取得了突破。

2. 划小核算单位，组成内部企业，分级分权管理

1985年，国务院出台了搞活大中型企业的若干政策，上海打捞局在前期试点经济承包取得成功的基础上，下决心抓住历史机遇，全面推行新的管理模式和实行以承包经营为核心的经济责任制。1986年初，制订了“划小核算单位，组建内部企业，分级分权管理”的整体改革方案，由此，拉开了全局经济体制改革的帷幕。

1986年，我局先后组建了拖轮船队、工程船队，明确了上海潜水装备厂、芜湖潜水装备厂的定位。1987年组建了港作船队；召开了厦门、福州、温州三个救助站专题会议，明确了救助站的职责；同年底，收购并控股华威公司。1991年曾组建了货轮船队。1987年以后，上海打捞局的管理体制从一级管理改为二级管理，并用2年至3年时间完成了船队半全能化到全能化管理的过渡，对四个船队、华威公司和三个工厂推行了“自主经营、自负盈亏”的全额预算管理模式，对三个救助站实行了“差额预算、补贴包干”的经济责任制，对汽车队、仓储、横沙站、科研所、培训学校等分别采取了承包经营、补贴包干等多种经济责任制。

体制改革根本上冲击了等靠要和大锅饭分配的基础，从而极大地调动了广大职工群众和管理干部的积极性，生产力得到很大解放，至20世纪90年代末，全局自筹收入平均年增幅在25%以上。

3. 转变思想观念，强化“四自”功能，推行产权制度改革

随着“划小核算单位、组建内部企业、分级分权管理”的改革进一步深入，一方面分配与经营结果挂钩调动了各方面的积极性，充分挖掘了资源的潜能，经济快速发展；但另一方面，各二级单位过于强调生产经营和短期经济效益，必要的人力储备和技术投入的积极性不高，特别是船舶设备的更新改造步伐不快，制约了单位的发展后劲。

为认真贯彻党中央关于建立社会主义市场经济体制的精神，进一步强化二级单位的“四自”（自主经营、自负盈亏、自我发展、自我约束）功能，上海打捞局于1994年召开了产权制度改革会议，明确了二级单位和基层单位改革的核心：一是强调企业的资产是全体员工赖以生存的基础；二是制定内部折旧贴补等相关政策鼓励企业增加设备投入；三是实行资产经营责任制，鼓励从传统的生产经营向资本经营转轨；四是积极倡导内部重组和对外合资、合作，提出了优势互补、“靓女先嫁”的战略构想；五是对投入产出差、资金分散的小公司和小三产采取关停并转的整合措施。这一时期，局机关也围绕产权制度改革，先后进行了两次职能转变改革。

4. 深化改革，加快发展，大力实施经营战略调整

20世纪90年代末，上海打捞局改革的重点从产权制度和经营机制调整向经营战略调整转变。随着国民经济的发展和产业结构的调整，全局经济规模扩大，但由于产能的制约和产业的局限，增长速度有所放缓。为此，1997年和1999年上海打捞局先后召开会议，研究确立了经营战略调整和产业延伸的基本思路，明确了发展方向。一是明确了水上水下工程向海洋石油勘探、采油服务业方面转移，紧紧贴近以国内南海、渤海石油工程为主；二是拖航运输向大功率、远距离、超大件方向转变，并积极探索与国外实力超群的大型拖航承包商的合作；三是华威公司在继续保持与南海各石油公司良好合作的基础上，积极寻找与渤海石油公司的合作，争取开辟第二战场；四是树立“有所为、有所不为”的经营思想，加快淘汰传统产业所用的老旧船舶设备。

所有这些富有成效的探索和实践，也为中国特色的救捞体制改革发展奠定了基础。

5. 救捞分开，专业化发展，朝着大型企业集团方向迈进

2003年6月，经交通部等六部委批准实施救助打捞体制改革。原上海海上救助打捞局一分为二，分别组建交通部东海救助局和交通部上海打捞局。这次改革又为上海打捞局的发展带来了重要的历史机遇，特别是救捞系统“加强救助、发展打捞”工作方针的确立和“五个并重”发展思路的提出，以及“管理发展年”和“三个专业化建设”活动的相继开展，增强了发展活力。

(1)适时召开局经济发展务虚会，明确打捞改革与发展的新思路。2003年，面对救捞体制改革的重大历史机遇，上海打捞局召开了经济发展务虚会，全面系统地总结分析了局经济发展的历史沿革和面临的机遇与挑战，提出了“做强水上、收缩陆上、调整结构、资产运作”的经济发展战略，为改制后的上海打捞局指明了改革发展的奋进方向，大大激发了上海打捞人为打造“上海打捞”国际著名品牌而努力奋斗的拼搏精神。

(2)开展第二次创业大讨论，吹响打捞新的改革与发展进军号。2006年，交通部副部长徐祖远在北京召开的救捞系统上，大胆提出至2010年打捞经济总量在2005年的基础上翻两番的发展目标。随即，上海打捞局开展了第二次创业大讨论，并召集了机关、基层单位主要党政领导干部进行研讨，取得了如何翻两番、如何发展核心竞争力产业、如何抓住机遇增加船舶设备的投入、如何整合全局资源、如何以举局体制来实现优先发展等重大问题的共识，为上海打捞新一轮经济腾飞奠定了思想认识基础。

(3)强化战略发展管理，认真制定局经济发展战略等三个五年规划。2006年，我局依据经济发展务虚会确定的发展思路和“打捞经济第二次创业”的号召，经过半年多的起草、广泛征求意见和反复修改，出台了上海打捞局历史上第一个五年（2006年~2010年）经济发展战略规划，并在此基础上，制定了配套的2006年~2010年人才发展规划、科技发展规划，从而进一步明确了发展思路、发展方向、发展目标、发展对策等。

三、发展成就

改革与发展是贯穿中国救捞现代化进程中的两大主题。改革开放30年来，上海打捞局在上级正确领导下，以经济建设为中心，坚持改革开放，解放思想、实事求是、与时俱进、勇于创新，取得了令人瞩目的发展成就。救捞专业装备规模不断扩大，应急抢险救捞（安全保障）能力显著增强，市场竞争实力明显提高，打捞社会影响力大幅提升，有力促进了国家海上综合交通运输体系安全保障的建设。

1. 救捞专业装备规模不断扩大

改革开放初期，上海打捞局的救捞装备非常落后，只有1条多功能打捞支持船、4条2 600马力拖轮、十多条起重能力只有数十吨的小型打捞驳，及一批中小型浮筒。30年来，先后投资建造或购买2 500吨起重船“大力号”、大功率远洋拖轮“德大”、“德洲”和海洋石油三用船“华腾”、“华发”等一批专用船舶。截至2007年底，全局拥有41艘船舶，其中远洋拖轮8艘；近海和港作拖轮4艘；海洋石油三用船17艘；工程船舶7艘；驳船5艘。同时，还建造或购买了1 200吨大型打捞浮筒、200米饱和潜水设备、溢油回收及探测设备等专用装备，改建了专用码头及附属设施等。救捞体制改革后，特别是“十一五”期间，上海打捞局进一步加快了救捞装备专业化建设的进度。随着3 000吨动力定位起重船、自航式深潜水工作母船、9 000千瓦远洋拖轮、4 000千瓦近海拖轮、300米饱和潜水设备等具有现代化水平的救捞、经营装备的相继建成，救捞专业装备的水平跨上了新台阶，从而为形成快速深水整体打捞沉船和深水大容量溢油回收能力、海上大型工程安装和实施多点大深度饱和潜水作业的能力，实现支柱产业专业化、规模化，为达到国内领先水平创造了有利条件。

2. 应急抢险救捞能力显著增强

在改革开放的推动下，“把生的希望送给别人、把死的危险留给自己”的救捞精神得到大力弘扬，应急反应能力显著增强，救助打捞水平不断提升。沉船打捞能力已从改革开放初期的只能依靠驳船抬撬等落后技术打捞1万吨左右的沉船，提高到了现在的依靠浮吊打捞等各种现代技术快速整体打捞4.5万吨左右的大型沉船；救助能力已从过去单一的海上拖带，发展到现在能对各类火烧、搁浅、大面积溢油等事故难船实现一体化综合救助。

改革开放以来，先后圆满完成了“阿波丸”沉船沉物的深水打捞、黄浦江剧毒农药沉物的抢险打捞、宝钢总厂码头引桥的应急抢修、“11·24”海难的“大舜”轮打捞、“华航空难”遗骸打捞、侧翻在厦门港的“运鸿”满载油轮打捞、黄河小浪底的遗体打捞、沙埕港灾后的救援打捞、黄浦江“银锄”轮及长江口“中昌118”轮的应急打捞等一系列重大工程。特别是“阿波丸”和“大舜”轮打捞是我国救捞力量建设和发展史上的重大事件，产生了重要影响。与此同时，上海打捞局在履行国家应急抢险救捞职责的前提下，还积极参与国际商业救助竞争，已成为国内外商业救助的主要力量之一。

30年来，已累计在恶劣气象等复杂条件下成功救助遇险人员19 000余名；清除水（下）上各类污染源18 000余吨；救助各类遇险船舶1 498艘；打捞各类沉船392艘。在海上救助、抢险打捞及抗击自然灾害、重大政治军事应急救援中，较好地履行了职责，为保障海上交通安全、代表政府履行相关国际公约和双边海运协定等方面，充分发挥了国家专业打捞队伍在关键时刻的关键作用，取得了良好的社会效益和社会影响。

3. 市场竞争实力明显提高

改革开放以来，在确保完成海上财产和环境救助，服务好国家应急打捞需要的同时，上海打捞局抓住发展机遇，积极开拓市场，不断提高打捞业务的市场竞争能力。

30年来，坚持市场化的经营方向，在确保应急抢险救助打捞的前提下，制定并实施了做强主业（水上）、收缩辅业（陆上），调整结构、资产运作的经营发展思路。根据产业特点和市场需求，对不具有产业优势的陆上单位进行了收缩和调整，重点发展海洋石油工程、拖航运输、三用船服务三大优势产业。截至2007年底，年收入比1978年增长了54倍，并且三大主营业务收入已占全局收入的88.39%，主营业务得到进一步加强，业务结构调整成效显著。

拖航运输业务成功进入国际市场。为适应主营业务发展的需要，持续加强船舶装备结构的调整，特别是局属拖轮船队的船舶结构调整取得了重大进展，大功率远洋拖轮已占拖轮船队的75%以上，拖航业务从最初的沿海驳运钢坯、圆木等物资，发展到现在能承担集装箱桥吊、大型结构件、海上钻井平台和海上大型浮式储油船等高难度、高附加值的货物运输，船舶航行40多个国家和地区的100多个港口。2007年5月，上海打捞局加入的国际拖航联盟，正式更名为SWITZER COESS国际拖航联盟，打出了上海打捞的拖航品牌（COESS），标志着拖轮船队已进入国际拖航运输市场的顶级承包商之列。

海洋石油三用船业务快速发展。随着中国海洋石油勘探开发市场的发展，下属华威近海船舶运输股份有限公司三用船，从80年代中期的3艘，逐步发展到2007年的17艘。另外，代管训练船舶6艘，外租船舶7艘，经营船舶共计30艘。华威公司坚持“稳定南海，开拓渤海，关注东海，了解海外”的三用船市场服务方针，已成功打造出三用船市场服务的“华威”知名品牌。目前，技术、服务和管理水平处于同行业中的领先地位，在中海油三用船服务的市场占有率约为20%。

海洋石油工程业务成为新的经济增长点。海洋工程作为打捞行业的延伸业务，在工程船队的生产经营中所占总量越来越大，已发展成为主营业务。“大力号”起重船经过改装，成功走向国际海洋石油工程市场。改造后的“沪救捞62”轮，在国内海底铺设电缆等服务的市场份额不断提高。30年来先后完成了埕北油田模块的吊装工程、福建马尾电厂取水口引水管道处的水下炸礁工程、南沙群岛联合国海洋观察站建设工程、缅甸仰光丁茵大桥建设工程、宁波常洪隧道建设安装工程、平湖油气田海底原油管线修复工程、上海芦潮港至浙江嵊泗等海底光缆和电缆的铺设工程、南海单点锚泊安装工程、东海大桥安装工程等重大项目。

2006年，依靠自己的技术和人员修复了200米饱和潜水设备系统，取得了CCS颁发的设备证书，依靠自己的专家编写了培训教材，取得了培训资质并开办了首期饱和潜水培训班。首批30名潜水员取得了饱和潜水员证书。同年10~12月，应用氦氧饱和潜水技术，完成水深达103.5米的南海番禺油田立管更换工程，实现了我国饱和潜水海上施工作业“零”的突破。2007年8月25日，又利用该技术，在新西江和新文昌的饱和潜水作业，创造了海上潜水作业深度124米的国内纪录，初步形成了以饱和潜水作业技术为主的核心竞争力。

4. 精神文明建设成效显著

改革开放30年来，通过大力宏扬救捞职业精神，倡导不畏艰险、无私奉献、优质服务的价值取向，上海打捞局开展了各种各样的精神文明建设活动，在取得社会效益和经济效益双丰收的同时，社会影响力和知名度大幅提升。仅救捞体制改革五年来，全局获得全国、交通部、部救捞系统、上海市、市建设交通系统等各级荣誉称号的先进集体已有60余个、先进个人70余名，如全国文明单位局华威公司、上海文明单位局拖轮公司、工程船队和港作船队等。对外宣传工作成效显著，新华社上海分社、《人民日报》、《解放日报》、香港《大公报》、中央电视台、上海电视台等中央和地方的数十家新闻媒体，共260余次图文并茂、全方位地宣传报道了上海打捞局参与的救助打捞和重大工程建设等，如黄河小浪底抢险打捞、赴泰国海啸灾区的青年志愿者救援行动、参与东海大桥建设、福鼎沙埕港抢险打捞、黄浦江“银锄”轮和吴淞口“中昌118”轮抢险打捞、饱和潜水作业等，新闻报道字数近20万字。同时，新华社、人民网、雅虎、新浪、搜狐、腾讯等全国几十家网站转载、报道上海打捞局的次数也多达数千次。对外宣传有力地提高和扩大了上海打捞局在社会上的知晓度、美誉度和辐射力、影响力，使上海打捞局在应对水上重大突发事件中的公益性作用，以及践行党和政府“以人为本”执政理念的崭新业绩，越来越得到全社会的认可和赞誉。

四、基本经验

上海打捞局的改革发展与我国波澜壮阔的30年改革开放息息相关，最根本的经验就是坚定不移地坚持解放思想，创新发展理念，把握发展规律，转变发展方式，破解发展难题，推动科学发展。30年来，上海打捞局救捞能力的每一次提高、经济实力的每一次跨越、改革创新的每一次深入，无一不是解放思想的结果。思想是行动的先导，没有思想上的大解放，就不可能有20世纪80年代前后管理体制的重大变革；就不可能有90年代中期管理机制上的重大创新；就不可能有救捞分开后产业结构的重大调整，也就不可能取得2007年经济收入比1978年增加54倍、职工生活显著改善、发展活力明显增强的大好局面。

1. 不断改革管理体制，适应生产力发展的需求

上海打捞局30年的改革实践，自始至终从改革生产关系入手，推动生产关系不断适应生产力水平，从而最大限度地促进生产力的解放和提高。

(1)20世纪80年代中期，上海打捞局在探索“划小核算单位，组建内部企业，分级分权管理”的初期，就反复剖析、反复论证原大一统体制的弊端，其根本的问题是管理辐射面太广而力度不够。这是造成人浮于事、良莠不分、积极性不高的关键。为此，在后勤的汽车队、仓库和潜水服务中心先试点，取得成功后再在局里全面推广，从而形成了较完整的改革思路，并组建了几个船队、工厂和救助站等独立核算的内部企业。

(2)在设计推行组建船队的过程中，特别注意船队与船队之间的产业分工，从一开始就明确并坚持了产业相对封闭的定位，避免内部恶性竞争和资源重叠浪费。

(3)20 世纪 90 年代中后期，船队管理的模式产生了新的问题，即船队偏重于短期效益，设备更新、人员技术储备积极性不高。为此，专门制定了一系列对策，鼓励并促进内部企业的积累和发展再生产，并采取了一系列资产重组和关停并转小型三产公司的措施，使生产关系的体制保持了对生产力发展的促进。

2. 不断改革管理机制，促进经济持续稳定发展

上海救捞局在改革与发展中，始终重视机制的作用，适时调整机制，从而保持用机制管人管事，用机制促进事业的不断进步。

(1)20 世纪 80 年代，上海打捞局在推行体制改革的同时，吸取了农村改革的成功经验，划小核算的目的就是首先打破分配大锅饭。根据各单位设备、人员、产业等不同情况，分别采取了全额预算、差额预算、补贴包干、经营承包，明确了每个单位不同比例的增收节资提奖办法，作为局培训学校主要承担教学培训任务的单位，也实行了职工奖金与对外创收挂钩的做法。这样，调动了单位和个人的积极性。

(2)1994 年，上海打捞局在经过了十年左右的快速发展后，原有的靠挖潜提高生产力的余地越来越小，急需加大投入发展再生产，以增强发展的后劲。为此，制订了一整套促进企业发展后劲的措施，还制订了《资产经营责任书》，明确了经营者浮动的年薪标准与单位职工增资的比率，建立了单位职工工资增长与单位资产保值增值挂钩的机制，较好地处理了分配与积累的关系，促进了经济发展的持续性和稳定性。

3. 不断调整产业结构，做强做大核心产业规模

上海救捞局十分重视处理好经济规模和经济质量的统一，不断进行产业结构的调整，积极培育具有核心竞争力的优势产业，努力打造“上海打捞”品牌，始终保持了快速、持续、稳定的发展。

(1)船队成立后的前十来年，上海打捞局主要依靠挖掘船舶装备的潜能，呈现出快速增长的势头，但也存在一些问题，一是经济质量属于较低层次的水平；二是经济效益一般，拖航运输基本以 2 600 匹拖轮为主，配甲板驳载运船体、钢坯、木头等，并以近海日本、韩国、新加坡等为主；三是工程船队的“大力号”、“沪救捞 3”经营业务以打捞和一些吊装为主，经营生产任务也不太饱满。为此，在 90 年代初就开始了结构调整，先后淘汰了几条 2 600 匹的拖轮，购置了几条中等马力的二手拖轮，添置了半潜式自航驳；同时，集中财力添置了一批二手三用船，扩大了华威公司的规模；工程业务也尽可能向海洋工程发展，承揽海洋石油钻井平台的模块吊装等。经过结构调整，经济效益得到了明显提高。

(2)20 世纪 90 年代后期以来，上海打捞局紧紧抓住国家实施海洋石油能源开发战略的历史机遇，加大投入，进行了船舶结构调整，拓展延伸产业，做强做大具有核心竞争力的产业，努力开发具有高技术含量、高附加值的新型产业。

先后淘汰或转移了绝大多数 2 600 匹拖轮（仅保留两条），变卖了船龄过长且性能较差的两条 6 000 匹左右的二手船，弃用并出租了 5 条甲板驳，建造了两条 10 000 匹左右的远洋拖轮；为了适应海工吊装和出租油公司进行国外施工的需要，改装了“大力号”、“沪救捞 62”，淘汰了 30 多年船龄的“沪救捞 3”等；华威公司的 17 条三用船也进行了局部更新调整；近两年利用国家投资和自筹资金加快了船舶设备建造的步伐，在建的有3 000吨自航动力定位起重船、深潜水工作母船、300米饱和潜水设备、海上溢油回收设备、9 000千瓦远洋拖轮、4 000千瓦海工船等。

五、发展展望

在党的十七大精神指引下，上海打捞局将坚持以科学发展观为统领，进一步解放思想和深化改革，推进机制创新和管理创新，继续以国际化的视野、前瞻性的思维和实事求是的科学态度，按照中长期发展战略构想，坚持做强主业（水上）、收缩辅业（陆上）、调整结构、资产运作的总体发展思路，做强、做大海洋石油工程、海洋石油三用船服务、海上拖航运输及延伸领域的业务，打造"上海打捞"和"华威"著名品牌，并成为国内领先、国际知名的集团公司，再创上海打捞新辉煌。

第一，将坚定不移地全面提升"快速打捞"、"大吨位打捞"、"大深度救援打捞"和"海上环境救助"的综合业务能力，积极完成好国家的公益性抢险打捞任务。第二，继续实施拖航业务向国际化、远洋化、大型化发展，实施强强联合，强化国际战略联盟，巩固上海打捞的拖航品牌。第三，海洋石油工程业务将立足国内、面向国际，实施走出去战略，通过调整市场布局，不断扩大国内外市场份额，以设计制造安装一体化为目标，形成以大深度饱和潜水作业技术为优势的核心竞争力。第四，海洋石油服务业务要不断调整和提升船舶档次，发展专业化供应船和深水作业船舶，提高三用船服务的综合实力，依靠技术精湛的员工队伍，提供高效优质的海上油田服务，成为海洋石油服务业中享有盛誉的著名品牌。

坚信通过未来若干年的不懈努力，通过不断地改革、创新与发展，一定能全面开创具有中国特色的打捞事业的新局面，成为国内领先、国际知名的专业打捞力量，具有较强经济实力，享有较高品牌声誉，为国内外客户提供优质、满意和周到的服务。

应急保障立功勋

交通部广州打捞局

一、企业介绍

截至2007年12月，交通部广州打捞局（以下简称广州打捞局）在职职工1 565人，固定资产180 000万元，拥有国内最大功率拖轮和起重能力、为亚洲第一的4 000吨级大型起重工程船，各类船舶60多艘，以及码头、船厂、仓库、打捞基地、深潜水基地和潜水学校等重要基础设施。广州打捞局是自收自支事业单位，事业经费实行自收自支，以经营弥补打捞经费不足，实行以经营养打捞。广州打捞局的主要职责是：贯彻执行国家和交通部有关海上打捞工作的方针、政策、法规；承担国家指定的特殊的政治、军事、救灾等抢险打捞任务；履行有关国际公约；沉船沉物打捞，公共水域和航道、港口清障；负责水上非人命救助的船舶、设施和财产的救助打捞；沉船存油和难船溢油的应急清除，防止海洋环境污染；海上应急拖航驳运和海上特殊交通运输；完成国家交办的其他工作任务等。是中国潜水打捞行业协会常务理事单位。

广州打捞局在保证履行职责的前提下，挖掘自身优势，大力开展经营活动，形成了以海上拖航和重大件运输，海洋工程服务，水工工程和水下隧道建设工程为主业的经营生产格局。

海上拖航和重大件运输业务主要包括钻井平台、大型船舶、浮船坞的拖航，平台模块、导管架、港口机械等重大件运输，以及中小型船舶或工程船组的“船运船”运输。系列大拖轮主机功率从 1 940 ~ 15 294 千瓦，驳船载重能力从 1 000 ~ 16 000 吨，并部分具有半下潜功能。

系列起重工程船起重能力从 100 吨到 4 000 吨，与大拖轮配合使用，从事平台平整就位、模块吊卸装、水下管线维修、水下管线敷设、其他海上设施安装和维护等大型工程服务业务，专业为近海钻井平台提供潜水作业、深海 ROV 作业、水下探伤、勘测、焊接、切割、摄影、生活支持、安全守护等服务，持有“海洋石油工程专业承包一级”资质证书。

公司具备水下隧道工程施工一级、市政公用工程施工总承包一级、港口与航道工程施工总承包一级、港口与海岸工程专业承包一级、堤防工程专业承包一级资质，在桥梁吊装，电站泵房、巨型涵管、沉箱预制安装，污水处理和吸排水管等工程方面具有明显的施工优势和技术力量。在国内大陆首先用“沉管施工技术”建设水下隧道，继而又突破难题，首次在软基土上建成水下沉管隧道，工程技术达到国际先进水平，多次应邀参加国际沉管隧道技术交流会。

二、改革历程

广州打捞局的前身是交通部广州救捞局，事业经费历经从国家预算拨款、财政差额拨款、以经营养救助到自收自支的运行模式。国务院、中央军委《关于成立海上安全指挥部的通知》［国发（1973）187 号］文件要求交通部尽快建立和健全沿海救助打捞组织，充实必要的大马力救助拖轮和快速救生艇。1974 年 5 月，国家计委《关于建立和健全海上救助打捞工作的通知》批复同意交通部建立交通部广州救捞局，明确广州救捞局初期实行预算拨款的运行模式，担负广东（后海南行政区独立为海南省，也就包括了海南省区在内）、广西壮族自治区沿海的海上救助打捞工作。1981 年开始试行财务差额预算包干。1982 年，积极贯彻执行交通部提出的“保证救助，广开门路，多种经营”12 字工作方针，努力开展拖航运输、海洋工程服务、水工建设工程业务，以及后勤支持和物料供应等辅助产业。1988 年，实行局长任期目标责任制。此后，事业费用基本上由多种经营维持。

广州打捞局在 1978 年只有一艘功率较大的适宜远洋的 6 620 千瓦拖轮“穗救 201”，以及 5 艘适宜近海的 1 942 千瓦拖轮。到 1980 年，迅速增加了一艘 15 294 千瓦和两艘 4 412 千瓦远洋大功率拖轮，1 942 千瓦拖轮也相继增加了 3 艘。此后，在 20 世纪 90 年代至“十五”规划期间，增加了以近海人命救助为目的的高速救生船“穗救生一”，还从船舶操纵性能和高效实用目的出发，建造了一批主机功率为 3 280 千瓦、5 920 千瓦和 11 340 千瓦拖轮。后期建造的拖轮，驾驶室宽敞，前后各设有一套操作控制系统并可以随时替换操纵，其多用途及灵活性都比以前船舶更加优良。在“十一五”期间，也自筹添置了近海拖轮“德冠”轮、“德信”轮，以及自航甲板船“华力”轮和集装箱船“广锋1”。

广州打捞局在20世纪70年代，使用的举重工具是土制木巴杆，起重能力只有数十吨，作业受到环境因素的影响。1980年初，利用自身力量，采用由废钢船改造成吊船的办法，造出第一条100吨起重工程船“南海”号，实现起重船零的突破。在此基础上，不久又增改了500吨起重工程船“南洋”号，适时地为救捞工程和华南地区的经济建设发挥重要作用。20世纪90年代，增添了“南天马”、“南天柱”、“南天顺”等300吨以下起重工程船5艘，还建造了900吨回转起重船“南天龙”号，保持力量水平占据华南地区领先地位。2007年3月，自筹资金建造的4 000吨全回转起重打捞工程船“华天龙”号顺利投产，其举重能力居亚洲第一，世界第六，成为应急打捞及海洋开发服务最为出色的装备，发挥出举足轻重的作用。

广州打捞局从20世纪70年代后期开始创建救捞基地，在20世纪80年代、90年代得到扩展和完善。至2002年，华南沿海地区建有5个救助站、广州地区3个救捞基地和1个深潜水培训中心，码头9座。2006年着手筹建新会抢险打捞综合基地。

广州打捞局1985年开办全国唯一一所以培养工程潜水技术人才为目标的全日制中等专业学校——广州潜水学校。学校在2002年与广东省联合办学，增设了旅游潜水专业，该专业兼招男、女学生，以培养旅游公司、潜水俱乐部、水上活动中心、海洋馆等部门的潜水导游人才为目标。

广州打捞局历经从内河、港口、沿海向远海纵深发展的进程，打捞、工程作业的能力越来越强，技术水平越来越先进。1980年以前，手段较单一，主要是采取封补抬撬、开挖航道、布锚绞拖的救捞方法。有了大功率救助拖轮和大型打捞起重工程船后，采用直接拖曳、吊捞的办法成了主要手段，或辅以大型浮筒及其他方法实施综合施工，大幅度地提高了救捞效率和成功率。“德跃”轮于1995年横跨太平洋救助“永顺”轮，达到和实现了全方位不受距离限制的救助水平。4 000吨全回转起重打捞工程船“华天龙”号，满载排水量达8万吨，科技含量、自动化程度高，能在8～300米水深、7级风、－20～45℃环境温度下正常作业。

广州打捞局重大拖航是从对平台、特种特大船舶拖带开始，逐步拓展到对特大、特重、特长物件的驳运，20世纪90年代发展了1万吨以上半潜驳拖运，业务区域从国内航线伸展到了东南亚、澳洲和欧美地区，2007年增加了6 000吨级甲板自航船业务。在水工工程方面，技术能力从1988年以前的单一施工型提升到了具有设计、提供一条龙服务的规模。

广州打捞局在1999年～2000年间自筹维持费33 124万元，其中一部分用以增购或改装救捞生产设备和设施。2000年的固定资产比1990年增加了62 872.28万元。2003年，救捞系统实施体制改革，除剥离以海上人命安全为主要目标的救助工作外，广州打捞局沿袭了交通部广州救捞局所有业务技术和一切债权债务，承担的应急打捞义务进一步加强。广州打捞局以崭新的面貌，挖掘潜力，整合优势，再创隧道品牌，大力发展海洋工程业务，实现隧道、海洋工程双双跨出国门的夙愿，首次打进了国际市场，实施海外工程。生产总值逐年稳步上升，2007年的产值达到7.84亿元，比2004年翻了一番。

三、发展成就

1. 救助打捞业绩卓著

广州打捞局在长期的风浪搏击中，历练了过硬的本领。1978 年 9 月，美国轮船公司所属利比亚籍集装箱船“美狮”（M/V AMERICAN SIUX）在西沙群岛浪花礁触礁搁浅，难船初时拒绝中方救助。在随后的一个多月时间里，菲律宾救捞公司在卸货中损失了 1 艘驳船并死亡 4 人，无法完成作业。无奈之下，菲律宾救捞公司委托广州打捞局来接手。广州打捞局迎难而上，于 1979 年 4 月完成对“美狮”轮的救助，赢得众多外国专家的盛赞。“美狮”轮的救助成功，极大地提高了中国救捞行业的声誉。1980 年 1 月，国家新建造的“南海 3”钻井平台由海洋石油公司从日本拖带回三亚，途经巴士海峡时受到 10 级强风袭击，拖缆突然崩断，平台以每小时 5 海里的速度漂流。石油部焦急万分，交通部指示广州打捞局紧急出动，在浪高 7 ~ 8 米的海况下，“德跃”轮放出救生艇，8 名救捞人员成功登上平台接拖，安全将“南海 3”拖回到三亚，保住了国家重大财产。“德跃”轮于 1980 年在南太平洋海区，为国家自行研制的首枚远程运载火箭实验数据舱回收提供防救保障，获得集体三等功荣誉。“德跃”轮于 1990 年在南沙海域成功救助载有纸张和氯化铵等易燃易爆物品并起火爆炸的“北鹿”轮，救助难度及危险程度罕见。

随着中国改革开放的深入发展，在南海海区石油液化气和成品油运输生产日趋频繁，海上交通安全形势严峻的压力下，广州打捞局知难而上，担负起重任。从 1998 年起，紧急完成打捞“华远”、“雨田 3”、“长威”、“气运 881”等液化气船系列险难任务，特别是 2007 年 5 月打捞“亚平”轮，果断应对和处置气舱泄漏重大问题，出色地完成抢险打捞任务，彰显专业打捞队伍在关键时刻发挥的关键作用。

2007 年，亚洲第一大起重打捞工程船“华天龙”号胜利投产，在进行文昌项目平台模块及导管架安装中，操纵技术与先进设备完美结合，实现了吊装就位、对接“零误差”的高水准，令中海油公司赞叹不已。2007 年实施的“南海一号”古沉船整体打捞，引起了国内外的广泛关注。古沉船进行整体打捞，史无前例，没有任何经验可以借鉴，工程涉及了力学、材料学、航海学、潜水学等多学科，其难度之高、技术之精、工艺之尖前所未有。打捞历程，峰回曲折，1987 年发现“南海一号”虽属偶然，打捞定是必然。时隔 20 年，广州打捞局在力量和打捞技术取得阶段性发展的历史时刻，在交通部的正确领导和支持下，与相关部门合作，大胆创新，采用“集装箱”式整体打捞新工艺，将沉船、船载文物以及沉船周围的泥沙按照原状固定在特制的钢箱内，将分散、易碎的文物一体化、一次性吊浮，移至安全、可控的新人工水域中进行发掘和保护。打捞气势恢弘磅礴，打捞方案完美动人，打捞壮举不仅最大限度地保持了原来珍贵的文物考古信息，同时也对于深化海上丝绸之路研究和推进中国古代航海史、外贸史、造船史等方面的研究，都具有重要的意义。广州打捞职工发扬特别能战斗的优良传统，树立强烈责任感，刻苦攻坚，经过 8 个多月的顽强奋斗，在“华天龙”号巨臂的舒展下，成功将“南海一号”整体吊浮出水，为打捞历史绘下了色彩浓重的一笔。交通部副部长徐祖远在接受中央电视台采访时，对“南海一号”打捞工程的评价是“非常成功，给打满分”。

从 1974 年 ~ 2003 年 6 月，广州打捞局共救助遇险船舶 500 艘（其中外轮 123 艘），救获随船船员或旅客6 722人（其中1 659名外国人），救生海上人员777人（其中239名外国人），打捞沉船241艘（其中外轮18艘）。

2. 海上拖航运输保持国内领先水平

广州打捞局勇于开拓，敢为人先，不负重托率先开展平台拖带作业，为国家到新加坡拖带最早引进的大型钻井平台“南海1”、“渤海8”回国，打破了平台由外国公司承运的垄断局面。1983年，“德跃”轮从日本起拖“本洛德7”号大型钻井平台到新西兰，完成平台跨洋重大拖航，再创新纪录，引起了国内外的强烈反响。

1980年，在交通部、化工部的安排下，承担了由上海至浙江镇海的30万吨合成氨进口设备运输任务，1981年完成日本神户至南京的特重、特长成套进口化工设备运输，迈开了为开放引进积极贡献力量的脚步。1983年开创国内港口机械整体运输新方法，其作用不但在于节省了设备拆分、重安装、重试机的时间和费用，更解决了新建港口、小港口没有起吊安装能力的限制，甚受客户欢迎和推广。从1980年至2007年，广州打捞局开展的重大拖航运输业务超过2 300个航次，航线遍及五大洲。

3. 水下工程施工能力显著增强

1993年，率先采用“沉管法”施工技术修建大陆第一条水下隧道——广州珠江隧道，之后又攻克难关，在软土地基上完成甬江水下隧道的建造，工程技术达到国际先进水平，《甬江沉管隧道的建造》论文在1997年英格兰第二届国际沉管隧道技术交流会上进行了交流。截至2008年，在内地及香港地区已建成的多条过海过江隧道中，其水主要由广州打捞局完成。广州打捞局在国内较早设立海洋工程服务队，为海洋石油开发提供作业或保障服务。凭借过硬的技术本领，在水下管道铺设、潜水作业、海上安装、水下检测等海洋工程中，以优良的服务质量赢得客户的信赖。1990年，广州长洲岛过江水管在江中断裂，广州打捞局技术人员采用水下干式焊接技术完成封补，技术工艺处于华南地区领先水平。广州打捞局的专业技术人员善于总结，勤于思考，不断开拓新方法以解决工程中的实际难题，“底拖法”、“沉放对接法”、“浮锚清除法”等都是在海底铺管或平台服务工程中开创的施工方法，既节省费用，又可靠高效，赢得客户好评。2005年，创下了5 000吨沉箱一次性预制和5 000吨沉箱气囊拉移上船的记录，分列全国第一和世界第一。

4. 科技创新能力大幅提升

广州打捞局积极开展科研工作，为解决工程中迫切需要解决的技术难题，在1978年至1990年间，开展科研课题52项，完成项目48项。其中，“大庆236”油船打捞工程中新技术的应用和水下聚能切割技术，同获国家级科技进步二等奖。通过部级鉴定的有10项，包括水冷式减压舱空调装置、水轮磁耦合式减压舱空调装置、水下遥测斜度仪、抛射救生浮具、水下黏结剂、多炮爆破法、钛盔甲式常压潜水器、遥测报警拖力计、被拖物航行姿态遥测仪等。通过局级鉴定的有5项，包括液压开孔机、NH-903水下切割技术、水下碳棒切割技术、熔化机喷水切割技术、水下钨极切割技术等。

5. 人才培训成绩斐然

广州打捞局潜水学校自1988年~2006年，向外输送了18届工程潜水毕业生，为救捞系统以及长江航务工程局，第一、二、三、四航务工程局和广西、福建、江西、山东省交通厅等单位输送了大批急需潜水人才。在1991年~2006年间，为国家历史博物馆培训水下考古潜水员，为丹东水库、黑龙江航务局、胜利油田、江西航务局、中铁广西柳州工程处、广东北江航道局、广东水产厅建港工程公司、广州港务局等几十个单位培训工程潜水员，为深圳消防局、佛山消防局、香港消防处培训水警人员等，共计近500人。其中的部分学员出色参与完成了“6·22”黄河小浪底沉船重大抢险打捞、烟台“11·24”特大海难救助打捞、大连“5·7”空难和包头“11·21”空难紧急打捞以及“神舟5”号、“神舟6”号载人飞船海上应急救援保障任务，涌现出一批交通系统先进典型。

6. 应急抢险救助能力快速提升

跨入21世纪，广州打捞局按照交通部党组“三精两关键”和“在关键时刻发挥关键作用，能够冲得上去，救得下来，捞得起来”的要求，加强应急机制建设，建立应急小分队管理机制，常年部署打捞力量进行值班待命和保持应急小分队24小时随时出动状态。广州打捞局的应急打捞工作范围更加广泛，已扩大到为地方各级政府以及社会的现实需要和诉求服务，社会请求应急分队从事水下事故应急援助的个案在不断上升，行业的社会知晓度越来越高。2004年7月，佛山顺德宏海货运有限公司散货船“顺宏海98”在容桂水道马宁河段突然倒扣翻沉，失踪4人，当地向广州打捞局求援，局应急小分队迅速赴现场并在倒扣船的舱室内找到1名生存船员，在潜水员的营救下，船员被救出水面，获得生还。从2003年7月~2007年，应急派往广州、佛山、东莞、河源等内陆延伸地区的水下应急搜寻打捞行动有45次。2006年2月，在增城市自来水厂吸水口上游处发生了耙吸式挖沙船沉没事故，广州打捞局连夜紧急出动将沉船油舱封闭，保障了增城市50万居民的饮用水安全。2006年9月，“粤广州工0011”打桩船遭台风“派比安”的袭击，在珠海高栏港油库码头沉没，广州打捞局实施快速打捞，迅速清除港障，为恢复油库码头的正常生产和华南地区的燃油供应发挥了重要作用。2006年6月、8月，分别在珠江口紧急搜寻打捞某导弹护卫舰沉没艏段和打捞福建沙埕港内的海军某舰艇，赢得了交通部及海军方面的高度赞扬。2006年6月，执行深圳大鹏湾液化天然气高桩码头水下安全探摸任务，为确保出席剪彩仪式的国家领导人和外宾的安全做出积极贡献。2007年6月，为保证出席香港回归十周年庆典的党和国家领导人的绝对安全，完成深圳口岸周围水域的水下安全探摸，出色地完成特殊使命。2007年11月，迅速启动应急预案，紧急调遣应急分队和打捞船舶赶赴现场，在事故发生的6个小时内，将广州鹤洞大桥附近沉没的渡轮“穗轮218”打捞出水。2004年8月，满载48 902吨电煤的“鹏洋”轮在香港磨刀门水道不幸触礁进水，被迫冲滩搁沉，广州打捞局启动快速应急机制，调遣7艘打捞船舶到现场作业，不惜代价，组织十多艘自卸驳船抢运电煤，直接输送电厂，创下救捞系统成功整体起浮船舶吨位最大的纪录。2006年大濠水道3万吨级“友顺”轮、2007年伶仃水道“航浚11”号挖泥船和大虎水道“新恒江”轮的清障打捞，行动之迅速和用时之短空前，得到了交通部副部长徐祖远的充分肯定和赞扬。2004年12月，迅速出动，高效应对近年来发生在中国水域的最大油污染事故——珠江口“12·7”碰撞溢油事件。清污行动中，广州打捞局作为现场指挥单位，全力以赴，成功有效地控制了油污的扩散，特别是采取在难船破洞口设置围油栏的做法，使污染源得到了最大限度的控制，生动地体现了专业打捞队伍的过硬本领。

四、基本经验

改革开放30年，广州打捞局取得了令人满意的成绩，也积累了一些较为深切的经验或体会。

1. 坚持以和谐发展为第一要务是全局事业得以持续发展的根本

坚持“以人为本”的科学发展观，始终把履行职责放在首位不动摇。随着时代的进步，党和人民对应急打捞的期望和要求越来越高。不负重托、不辱使命是广州打捞局始终不渝的理念。不论是来自民间的溺水搜寻诉求，还是执行事关国家和人民利益的重大抢险打捞、财产救助，始终义不容辞，义无反顾。同时，坚持发展生产不放松，只有把经济搞好了，职工生活才能逐步改善，队伍才能稳定，发展才可持续，长远目标才能实现。广州打捞局在2003年~2007年期间，实现了年产值和利润翻番，总资产和职工人均收入也有较大增长，公司与职工实现了同步发展，改革发展的成果得到了充分体现。

2. 坚持市场营销在生产经营中的先导地位是全局事业发展的关键

市场营销是生产力，只要紧紧抓住这个关键，始终坚持“以顾客为关注焦点”的思路和互利、双赢的原则，就能争取到更大的市场份额。广州打捞局坚持一把手抓市场营销工作，推动了市场营销工作的有力开展。

3. 坚持安全第一的方针是全局事业发展的保障

广州打捞局坚持不懈地抓好安全工作，避免了分散精力和应对处理安全事故的纷争和困扰，保证了全局生产形势和工作秩序稳定，有力地促进了生产。

4. 加强装备建设和加快基础设施建设是履行好职责及提高打捞技术水平和核心竞争力的前提和保证

广州打捞局4 000吨全回转起重打捞工程船在执行“南海一号”、香港磨刀门水域乌克兰“Neftegaz67”轮打捞及文昌大型海洋工程中，都显现出能力大、进度快、效率高的重大作用。还有“华力”自航船的投产，不仅增强了拖航运输实力，且受到了客户更为广泛的欢迎。

5. 坚持调查研究、发扬民主和紧紧依靠职工是必须坚持的工作方法

依靠群众支持，发扬民主和发挥集体智慧，从实际出发，是正确决策和取得胜利的有力保证。广州打捞局4 000吨工程船项目的推进，进行了多次市场调查，召开了几十次会议，按上级的要求召开了专家论证会，又经过了局党政联席会研究，职工代表大会审议，充分发挥了集体智慧，获得了广泛的信息，使局领导班子最后决策时心中有数，从而作出了正确决策。

6. 紧密围绕生产业务中心抓党建是推动局事业不断进步的保障和关键

坚持发挥领导班子整体优势和集体合力，讲团结、顾大局、敢负责，营造鲜明活泼适宜生产的思想政治氛围，有力保障局各项工作和任务的顺利完成。要履行好职责，要组织好生产，要团结好职工，都离不开局各级党组织的有力领导和各级工会的大力支持。全局的各项工作和任务，最终要靠发挥大家的作用来共同完成。由于党建工作抓得好，工、青、妇工作开展得好，班子团结，中层干部齐心，全局职工思想稳定，政令畅通，使干部职工能心往一处想，劲往一处使，齐心协力。在“南海一号”等重大打捞工程中，局工会不定时深入到现场慰问和了解，及时向上反映现实情况，同时组织各施工单位轰轰烈烈开展“南海一号”打捞创优、比武活动，营造了紧张有序而又生动活泼的工作局面，有效地促进了生产。

五、发展展望

展望未来，广州打捞局将坚持以邓小平理论和“三个代表”重要思想为指导，以科学发展观统领广州打捞工作全局，以保障财产救助、应急打捞为首要任务，以发展打捞经济为中心，努力实现“三精两关键”的工作目标，着力做大做强并全面转入良性循环的发展轨道，实现产值、财务收入和利润总体水平的持续增长，为创建一个和谐稳定、持续发展的广州打捞局不断努力。

广州打捞局总的发展战略是实施航运、工程并重，努力开拓海洋工程，扩大市政建设份额，强化内部管理工作，资源配置向海洋工程、拖航运输和水工隧道工程三大主业倾斜，提高主营业务的规模和收入比重，提高经营收入增长的质量和效益。形成以海洋工程为龙头、资源配置与拖航运输和水工隧道工程具有较好相融性的产业链和设备链，同时兼营好辅业。

广州打捞局今后一个时期的既定目标和任务是在“十一五”期间，争取实现沉船打捞抬举能力不小于1万吨，全面提高职工队伍的整体素质，造就一批具有多学科知识、达到世界先进水平的救捞学科带头人；拥有一批业务精、能力强的高素质的经营管理人才；培养和引进一批船舶驾驶、轮机管理、海洋工程、水工工程、桥梁隧道建造、船舶修造等方面的高级技术人才，充分适应发展打捞的需要，向保障可靠、管理科学、机制有效、人员精简、装备精良、技术精湛、效益良好、文明进步的现代化方向发展

惊涛骇浪显身手

交通部烟台打捞局

一、企业介绍

交通部烟台打捞局（以下简称烟台打捞局）是中国北方唯一一支国家专业打捞队伍，隶属于交通部救助打捞局直接管理，承担着中国北方海域的非人命救助、沉船沉物及遇险航空器打捞、难船溢油清除等国家应急抢险打捞公益性职责。同时，按照“以经营养打捞”的要求，紧密结合自身行业特点，积极拓展生产经营领域渠道，逐步形成了以应急抢险打捞为主业，以海洋工程、大件吊装运输、客滚代理及装卸仓储服务和船舶修造为支柱产业，以海员培训、房地产开发为辅助产业的生产经营格局，已成为中国北方颇具实力的海洋工程和海上运输公司。

烟台打捞局坐落于中国最大的陆连岛——烟台芝罘岛上，现占地面积76万平方米，总资产20多亿元，下设救捞航运处、救捞工程处、港务处、船厂等11个直属基层单位；设立

银河公司、百通公司、中海潜水公司等5个独资或控股公司；在职职工1 574人，其中陆地职工902人，船员672人，大专以上学历职工占职工总数的36%，中高级专业技术职务人员占职工总数的17%。是中国潜水打捞行业协会常务理事单位。

烟台打捞局实行事业单位企业化管理运作方式，为适应市场竞争需要，做大做强企业，积极强化内部各项管理，逐步提升生产经营资质。1989年8月，被批准为国家二级企业。在海洋工程方面，1987年在国内首获CCS颁发的《水下工程服务机构认可证书》。1996年成为救捞系统首家取得ISO 9001：2000《质量体系认证证书》单位。此后又取得了ABS《CERTIFICATE OF SERVICE APPROVAL》、DNV《APPROVAL OF SERVICE SUPPLIERS》、中国海洋石油总公司《海上设备维修资格证书》等资质。在安全生产方面，2000年就获得了CCS颁发的安全管理体系认证符合证明，通过船舶生产安全管理体系认证。在港口经营方面，1994年取得《港口经营和水陆运输服务许可证书》，后又取得《危险货物港口作业许可证书》和《辐射安全许可证书》等资质。在船舶修造方面，2002年获得了CCS颁发的《船舶航修单位认可证书》和《无线电专业检测证书》等资质。在建筑施工、房地产开发方面，取得了房屋建筑工程施工总承包三级资质、房地产开发总承包四级资质及港口与海岸工程、建筑装修装饰工程和建筑防水工程专业承包三级资质。正是由于烟台打捞局注重自身生产经营资质建设，有效提高了市场竞争能力，拓展了事业发展的空间，促进了经济的健康持续快速发展。

二、改革历程

回顾历史，追寻往事，特别是回首救捞事业发展进程中的重大历史事件，可以从中感知救捞事业发展的艰辛与曲折，领悟救捞发展成果的来之不易，珍惜救捞事业千载难逢的发展机遇，勇对救捞事业发展中的困难与挑战，推动救捞事业迈上新的台阶。烟台打捞局自20世纪70年代中期芝罘岛上的一声炮响创基立业开始，伴随国家改革开放的脚步一路前行，期间经历过探索与考验，走过艰辛与困苦，也收获过荣耀与辉煌，最终赢来救捞事业的发展与进步。

烟台打捞局的建立，起因于“波罗的海克列夫”沉船事件。1973年8月，希腊籍货船在台湾海峡厦门港外受台风袭击遇险，向中国政府请求救助，因当时救助船舶简陋、风浪巨大而无法出海救援，形成船毁人亡事件的发生，引起了中央领导的高度重视，进而推动了全国海上救援工作和力量的加强，成为救捞事业发展的一次重大契机。在此背景下，烟台打捞局于1974年9月成立，在荒无人烟的海岛上开始了开山辟地的艰苦创业历程。建局初期，烟台打捞局既无救捞基地，又无救捞码头，但不畏艰难困苦的烟台打捞人在芝罘岛的荒山海滩上，征地23.89公顷，劈山填海818 100立方米，挖泥吹填33 500立方米。烟台打捞局在国家“以救为主，救捞并举”的工作方针指导下，以海难救助作为首要任务，边建设边救助，共实施有效救助打捞52艘次，有效保证了所辖海域内的航道通畅和船舶航行安全。与此同时，本着“增加自筹收入、减少国家补贴”的原则，开始向救助打捞相关的领域拓展业务，利用船舶设备的闲暇空隙，尝试开展了海上拖航和海洋工程服务业务，特别是海上拖航业务逐步由沿海航线延伸到国际航线，走到了国家改革开放的前沿，探索出一条自我发展之路。这是烟台打捞局拓展发展空间的新尝试，展现了烟台打捞人的创新意识，成为烟台打捞事业发展的力量源泉。

改革开放以来，国家实行“对外开放、对内搞活”的方针政策。1980年，国家救捞工作方针由原来的“以救为主，救捞并举”调整为“保证救助，广开门路，多种经营”的十二字方针。1981年，国家又对救捞单位经费的差额预算补助实行包干管理办法。为适应国家政策的调整，烟台打捞局主动变革，适度调整内部组织管理、生产经营结构，巩固已有生产经营渠道，拓展新的生产经营领域，积极寻求自我发展。在保证辖区应急救助打捞的前提下，根据市场需求，积极挖掘内部潜力，开拓多种经营渠道，不仅直接增加了单位收入，弥补了救捞事业经费的不足，而且锻炼了队伍，提升了救捞队伍应急抢险救助打捞的工作能力，有效保证了应急抢险救捞任务的完成。在多种生产经营工作中，拓展了拖轮海上拖航市场，使拖轮运输由近海走向远洋，由国内走向国外，足迹遍布全球各地，成为国内最大的拖轮船队之一，在拖带浮船坞、挖泥船、海上钻井平台、废钢船、潜艇等特殊业务方面积累了丰富的经验，创出了烟台打捞的品牌；开辟了海上大件驳运市场，业务遍及东南亚、东北亚40多个港口和国内几乎所有港口；开展了海洋工程服务业务，开始承包国内外海上石油开发的水上水下工程，提供技术设备和劳动服务；尝试了货轮、集装箱、油轮运输等业务，但未形成规模，整体效益状况不理想；从事了陆域多种经营活动，但没有形成真正影响烟台打捞事业发展的经济增长点。

20世纪80年代末到90年代初，伴随航运市场步入低谷，烟台打捞局的生产经营也遇到了许多困难。面对困难与挑战，烟台打捞局适应市场变化，深化改革，锐意进取，不断调整生产经营组织结构，着力加强生产经营管理，运用市场手段调动广大干部职工的生产积极性，有效推动了应急抢险救助打捞和多种生产经营工作逐步走到良性发展的轨道上来，在完成“一年见成效，三年打翻身仗”的目标后，又向着“一年一个新台阶”的目标迈进，打捞事业发展呈现出蒸蒸日上的良好状态。自20世纪90年代到2003年的救捞体制改革前，在完成应急抢险打捞船舶224艘次的同时，着力开拓多种生产经营，不仅顺利度过了生产经营的困难期，而且开辟了新的发展局面，主要体现在：一是开发了烟台——大连航线客滚运输业务，成为新的经济增长点；二是开发了海洋工程中的三用船服务业务，使海洋工程业务范围进一步延伸，为后来支柱产业的形成奠定了坚实的基础；三是开展了房地产开发业务，成为又一个经济增长点；四是尝试以总承包形式运作完成了赵东项目工程，在生产经营上迈出了新的一步。为保证生产经营的正常运行，不断加强管理，学习“邯钢经验”，推行了生产成本控制，使管理向精细化、规范化方向发展；实行对基层单位的生产经营责任制和年薪制管理办法，调动了基层生产经营管理者的积极性，强化了责任意识和使命感，有效推动了生产经营管理工作的开展，促进了烟台打捞局经济效益的提高。

1999年11月24日，山东烟大汽车轮渡股份有限公司客滚船“大舜”轮在由烟台驶往大连途中起火翻沉。“11·24”特大海难事件暴露了救捞合一体制的弊端，引起了国家的高度重视，开始研究对救捞合一的体制进行改革。2002年5月7日，中国北方航空公司客机在大连海域上空爆炸。烟台打捞局迅速出动，第一时间赶赴现场实施救助打捞。在伸手不见五指的海底，以地毯式的探摸，搜寻和打捞起飞机残骸和黑匣子，圆满完成应急打捞任务，充分展示了国家专业救捞队伍的形象，最终促成了以“加强救助，发展打捞”为主要目的救捞体制改革于2003年6月28日正式实施。

救捞体制改革后，烟台打捞局面临着救捞主业和支柱产业发展与人才缺乏、装备匮乏、技术落后的矛盾，以经营养打捞与沉重的社会负担之间的矛盾，企业化运作与传统经营理念之间的矛盾。为此，烟台打捞局制定了“以认真履行打捞职责为根本立足点，以发展打捞经济为中心，不断壮大支柱产业，适度发展相关产业”的经营方针，坚持“主业立局、有所为有所不为”等原则，积极调整生产经营结构，着力“膨胀海上生产经营规模，压缩非生产单位规模”，逐步形成了以应急抢险救捞为主业，以海洋工程、大件吊装运输、港口服务及船舶修造为支柱产业，以海员培训、房地产开发为辅助产业的生产经营格局。针对干部职工思想观念陈旧落后，素质能力不适应市场竞争要求和救捞事业发展需要的突出矛盾，开展创建学习型组织，加强打捞文化建设，旨在通过文化塑造与引领，形成广大干部职工认同的打捞价值观和行为规范，以文化的力量来规范和约束干部职工的行为，达到文化管理的作用。针对国有事业单位人事制度上的弊端，紧密结合烟台打捞实际，推行了事业单位人事制度改革工作，在内部推行聘用制度和岗位管理制度，建立起一种适合救捞事业发展需要的新的人事组织工作机制，实现了由固定用人向合同用人的转变，由身份管理向岗位管理的转变，调动起干部职工的工作积极性和创造性，激发了职工队伍的整体活力，提高了职工队伍的整体素质，为进一步拓展烟台打捞事业发展空间提供了强有力的人才队伍支持。正是由于这一系列改革发展举措的实施，有效促进了烟台打捞事业的健康持续快速发展。

三、发展成就

烟台打捞局的改革历程，清晰展现了30多年来烟台救捞事业的发展变化，充分体现了烟台打捞人在市场经济大潮中搏风斗浪、不畏艰险、勇往直前、敢于创新的精神品质。正是基于如此，烟台打捞人在认真履行应急抢险救捞职责的同时，积极开拓着打捞经济的发展，创造了救助打捞、经营发展、技术进步等方面的辉煌业绩，赢得了一个又一个令人自豪的荣誉称号。

1. 救助打捞业绩卓著

30多年的风霜雨雪，30多年的惊涛骇浪，历练了烟台打捞这支威武不屈、英勇善战的救捞队伍，谱写了烟台打捞在狂风暴雨中、在风口浪尖上、在伸手不见五指的苍茫海底，实施救助打捞的奉献篇章。烟台打捞局始终坚守国家赋予的神圣职责，将海上应急抢险救助打捞工作作为立局之本，用自身行动谱写了救助打捞的壮丽诗章。30多年里，共完成救助值班待命55 455艘，救助遇险船舶339艘，其中外籍船舶49艘，国内船舶290艘，随船获救人员3 000多名，救助成功率达100%。在保障海上交通安全、代表政府履行国际救助公约和双边海运协定方面，发挥了不可替代的作用，创造出永载史册的不凡业绩。1978年救助烈焰中的“团结”轮和1984年救助火海中的“惠泉”轮，成为烟台打捞人“把生的希望送给别人，把死的危险留给自己”的真实写照。2001年救助冰海中的“BIG BLUE”轮和1999年救助大风浪中的“大舜”轮，也是烟台打捞人浓墨重彩的篇章。

在履行应急救助职责的同时，还出色地完成了辖区内的沉船打捞任务，共打捞大型油轮、大中型货轮和海上钻井平台等89艘。其中“汉阴”轮打捞工程、“渤海2号”钻井平台打捞工程、“大舜轮”打捞工程、“5・7”空难救助打捞工程等获得党中央、国务院和交通部的嘉奖。特别是救捞体制改革5年来，烟台打捞局先后在所辖海域内成功完成了“天利”轮的救助工程、“海鹭 15”轮、“利达州 18”轮、“幸运星”轮、“普瑞吉特”轮、“辽渔 18”轮、“锦集 7”轮、“奋威”船等港口航道和码头沉船的紧急清障工程，完成了胜利油田海底输油管道的抢修、“辽旅渡 7”轮有毒化学品的清除、包头空难黑匣子的搜寻打捞等工程。其中，“奋威”船救捞工程，烟台打捞局仅用 25 个昼夜，成功将侧沉在天津港主航道一侧、总载质量 8 万多吨的世界最大的挖泥船“奋威”船起浮成功，改写了中国救捞半个多世纪以来打捞最大沉船的纪录，创造了“中国第一捞”，向全世界证实了中国打捞的强大实力。据不完全统计，中国北方海域 98% 的打捞工程，特别是急难险重的重大打捞工程，还有民营企业打捞未果的工程，都是这支专业打捞队伍来完成的，做到了关键时刻发挥关键作用，成为名副其实的中国北方海上打捞中坚力量，在业内享有崇高的声誉。这些沉船打捞工程的圆满完成，对于保障海上畅通、清洁海洋环境、恢复海上生产、促进海洋经济发展起到了积极作用，为和谐社会建设，为中国特色社会主义建设做出了重大贡献。

2. 经济发展成绩辉煌

烟台打捞局生产经营持续健康和快速发展，成绩斐然，主要体现在：

（1）资产规模迅速扩大。截至 2007 年底，烟台打捞局的总资产由 2003 年底的 8.24 亿元增加到 14 多亿元，年均增长率近 15%；固定资产原值由 2003 年底的 5.45 亿元增加到 14 多亿元，绝对增加 8 个多亿，年均增长率近 30%。截至 2007 年底，烟台打捞局所有者权益近 8 亿元，比 2003 年增加 3 亿多元，近几年年均国有资产保值增值率高达 100%。经营收入和利润实现了高速增长。2003 年的经营收入不足 2 个亿，2007 年达到近 7 亿元。年生产经营利润和净资产利润率呈现出持续增长的态势。

（2）救捞能力显著提升。烟台打捞局开创了多个第一，刷新了多项纪录。在船舶救助方面，对“幸运星”轮的救助，创造了中国救捞第一次对载有六十多米高的桥吊且高位搁浅的万吨级半潜驳整体起浮成功、第一次对难船在边充气边调载的同时长距离海上拖航成功等多项奇迹。在沉船打捞方面，对“大舜”轮打捞工程中，实现国内首次采用浮吊船对沉船实施水平链锯切割技术，首次运用三艘浮吊船同时对倒扣沉船实施扳正，首次成功进行了气囊和泡沫塑料粒子放入沉船增加内浮力的实际应用，有效提高了沉船的打捞效率。

（3）多元化经营和技术实力取得长足进步，在一些领域保持国内领先优势。在拖航运输方面，首次拖带大型钻井平台第一次公开穿越台湾海峡，改写中国拖轮远洋拖航航线；首次横跨太平洋，从美国西海岸一次拖带三艘废钢船回国；首次以 1 940 千瓦拖轮一次拖带六艘驳船远航新加坡，轰动海运界。在海洋工程方面，赵东工程中的大型平台模块海上整体安装创造了当时我国海上最大和最重平台模块的成功安装，填补了国内在海洋工程领域超特大件运输、安装的空白；“德瀛”船在为南海奋进号大型储油轮进行原油伴生气回收的技术改造中，开创了不停产状态下进行海上大型设备精密安装的先河，受到了业内人士的高度赞誉。在海上大件吊装方面，“德瀛”轮、“烟救起重 1 号”和“烟救起重 2 号”浮吊船共同携手，占据着中国海上超重大件吊装市场的半壁江山。

烟台打捞局自建局以来，作为国家专业救捞队伍在履行国家职责、发展打捞经济方面的壮举得到国家政府和社会各界的广泛认可，各种荣誉称号和奖项不断涌现，累计获得“创建文明行业工作先进单位”、“青年文明号”等国家级荣誉称号 5 项、山东省先进企业等省部级荣誉称号 147 项、“文明单位”等地市级荣誉称号 249 项，另外还有个人获得的“金锚奖”、劳动模范、“富民兴鲁奖章”等荣誉称号181项。这些荣誉称号的获得，充分体现了党和国家对应急抢险救捞工作的关心与支持，也展现着烟台救捞人的辛勤付出与无私奉献，记载着烟台打捞人的自豪与骄傲。

四、基本经验

回顾三十多年的历程，烟台打捞局经改革、历发展，积经验、累智慧，科学合理地处理打捞与经营、管理与发展、改革与稳定、继承与创新的关系，实现了快速发展，作出了突出贡献，取得了显著的成绩，主要有以下几个方面的经验：

一是始终坚持主业立局理念，正确处理打捞与经营的关系。

烟台打捞局无论是在救捞合一的救捞局时期，还是救捞分离的打捞局时期，都是交通部所属事业单位，国家的专业救助打捞队伍。即使在航运市场低迷、生产经营出现困难的时期，烟台打捞局始终将海上救助打捞作为首要任务来抓，从来不讲条件、不计报酬，总是在第一时间赶赴救捞现场，执行应急救援任务。“5·7”空难救助打捞就是一个典型的例证。救捞体制改革后，航运市场处于繁荣期，特别是海洋石油开发与船舶服务市场旺盛，船舶需求量大，能够直接或间接从事海洋工程服务的船舶设备供不应求，烟台打捞局船舶设备满负荷运转，生产工作十分饱满，经济效益可观，但烟台打捞局始终坚守着应急抢险救捞的职责，在安排部署生产经营工作、签订船舶租用合同时，都将因紧急救援临时停租条款列入合同必备内容，以保证能够随时应对辖区内出现的应急救援事件，确保职责的履行到位。2007年3月8日，世界最大挖泥船奋威轮因碰撞经救助搁坐于天津海域，严重影响天津港船舶进出和海洋环境安全，烟台打捞局紧急启动应急预案，撤离多艘作业船舶，迅速赶往现场实施救助打捞，圆满完成了“中国第一捞”的重任，又一次诠释了烟台打捞主业立局的理念。

二是逐步确立产业兴局理念，妥善处理不同产业发展之间的关系。

烟台打捞局坚持发展是第一要务，合理确立多种经济发展之间的关系。20世纪八九十年代，烟台打捞局尝试过多种经营的方式与渠道，从海上拖航运输到水下潜水服务，从货轮经营到船舶油运，从集装箱运输到客滚船运输，从船舶拆解到修理建造，从建筑施工到汽车运输，从船员培训到餐饮服务等，各种产业项目全面开花。但由于这些产业项目距离救捞主业较远，不具备优势，缺乏进一步发展的空间，没有形成规模效应。要做大做强打捞经济，必须抓住主体，大力发展支柱产业，适当发展辅助性产业，将主要资源放在支柱产业发展上，兼顾其他有效益项目的发展。救捞体制改革后，不断调整产业结构，逐步退出非优势产业项目，不断扩大海上生产经营规模，压缩陆域非生产经营规模，集中人力、物力、财力资源壮大优势产业，形成了海洋工程、大件吊装运输、港口服务及船舶修造四大支柱产业，有效支撑了打捞经济的发展，以雄辩的事实佐证了产业兴局理念的合理性，要做就做专业公司选择的正确性。

三是始终坚持渐进式改革理念，正确处理改革、发展、稳定之间的关系。

只有保持稳定前提下的渐进式改革，才能不断推动打捞事业不断发展。改革是发展的动力，稳定是发展的前提。既要不断改革，为发展扫清障碍，又要保持稳定，为发展提供条件，这就决定了改革的渐进性，否则就会形成比较大的震动，引起思想上的混乱，不利于干部和职工队伍的稳定，影响单位生产经营的正常开展。2003 年救捞体制改革过程中，烟台打捞局在遵循救捞分离的总体原则下，对涉及单位岗位及人员进行剥离，非涉及单位及人员保持不动，有效减缓了救捞体制改革对干部职工队伍的冲击，保持了生产经营活动的正常进行，维护了稳定的大局。2007 年救捞系统实施人事制度改革，烟台打捞局紧密结合干部职工思想及工作实际设置过渡方案，界定过渡期，使改革渐进式向前推进，保证了干部职工队伍的稳定，促进了打捞经济的健康发展。

四是引入文化管理理念，正确处理制度规范与文化引领的关系。

烟台打捞局实行事业单位企业化管理，伴随改革的深入和市场经济的发展，管理逐步向精细化与规范化方向发展。但在管理深化的过程中，碰到了干部职工文化认同上的冲突，遇上了干部职工思想观念上的障碍，在一定程度上减弱了制度规范的管理效应。为了增强管理效果，激发广大干部职工的管理认同，塑造普遍认同的价值观念，烟台打捞局适时引入文化管理理念，开展了“创建学习型组织，加强打捞文化建设”活动，塑造“在学习中工作，在工作中学习”的良好氛围，着力提高干部职工的工作素质和能力，促进了干部职工思想观念的转变和文化理念的认同，形成了制度规范与文化引领的互动效果，达到了用制度规范人的行为和用文化管住人的思想的目的，促进了烟台打捞局的健康持续发展。

五是倡导创新理念，正确处理继承与创新的关系。

烟台打捞局的改革发展历程，就是一个继承基础上的创新发展历程。救捞体制改革后提出的主业立局和产业兴局理念，就是对“保证救助、广开门路、多种经营”方针的继承，是对救捞神圣职责的秉承，是救捞精神得以延续的根基，更是救捞工作方针的创新发展，将救捞生产经营中的潜力产业项目做大做强，实现产业化发展，提升到产业兴局的高度。救捞经济发展过程中，无论是船舶拖航运输业务的开辟，还是海洋工程三用船服务的拓展经营；无论是船舶修理拆解，还是船舶建造出口贸易；无论是结构调整中的船舶购置，还是码头场地建设；无论是港口客滚代理业务的开展，还是场地租赁与临港建造；无论是海员培训业务的拓展，还是房地产市场的开发，无一不是创新发展的结果，充分展现了烟台打捞人的创新精神。

五、发展展望

救捞体制改革后，烟台打捞局在面临诸多困难的情况下为谋求新发展，制定了十年发展规划（2004 年～2013 年），确立了“主业立局、可持续发展、大力发展支柱产业、有所为有所不为、依法治局、改革发展稳定和不断创新”的六条基本原则，将规划期划分为结构调整、巩固提高和稳步提升三个阶段，确立了“以应急抢险打捞为主业，以海洋工程、大件吊装运输、客滚港口代理与装卸仓储服务、船舶修造为支柱产业，以房地产开发和海员培训为辅助产业”的经济发展结构，为烟台打捞局的发展指明了方向。2006 年，烟台打捞局又制订了“十一五”经济发展规划，规划到 2010 年船舶拥有量由目前的 27 艘增加到 36 艘，实现总资产由 2005 年的 12 亿元增长到 33 亿元，经营收入由 2005 年的 3 亿元增长到 8 亿元。2008 年，结合生产经营性固定资产投资规划以及生产经营水平的分析测算，对 2008 年～2012 年经济发展目标进行了进一步调整，规划经营收入以年均 9% 左右的速度增长，到 2013 年完成年经营收入10亿元左右。

国家加强应急救援机制建设，加快实施能源发展战略，特别是海上石油开发力度不断加大，烟台打捞局的打捞经济面临着良好的发展机遇，前景一片光明，发展规划将顺利实施。

新突破　新腾飞

浙江蛟龙集团有限公司

一、企业介绍

浙江蛟龙集团有限公司（前身为成立于1995年的舟山昌达蛟龙海上工程有限公司）成立于2007年10月，由浙江晨业船舶制造有限公司、舟山远衡物资有限公司、舟山市舟燃运销有限公司、舟山市东海农业机械有限公司、舟山市定海永存船舶有限公司和舟山海蛟溢油应急救捞服务有限公司组建而成，资产总额2.2亿元。浙江蛟龙集团系交通运输部核定的沿海打捞二级资质单位，浙江省建设厅、交通厅认定的航道港口疏浚三级资质企业，为中国潜水打捞行业协会理事单位，中国航海学会救助打捞专业委员会会员。

浙江蛟龙集团占天时，得地利，谐人和，组建初期主要从事潜水服务和海上救助打捞业，根据市场和发展的需要，逐步向多元化经营方向迈进，形成了集船舶建造、港口航道疏浚、海上救助打捞、渔农业机械和船用柴油机营销、远洋运输以及海上燃油仓储、供应等业务一体的多元化经营模式，实现了海上运输、海上救助打捞、海上服务等一条龙服务。

公司总部现有职工人数168人，其中高级职称5人，中级职称45人，专业潜水员25人。公司内设9个职能科室、4个办事处、2个项目部及打捞救助船队。近3年来，平均年产值实现6 700余万元，实现年均利润1 300余万元。

公司重视"诚信、拼搏、和谐、创新"的企业文化建设，坚持以人为本、精细管理、服务客户、与时俱进、科学发展的经营理念。努力把理念先导力、精神感召力和舆论引导力形成合力，以增强企业的"软实力"，营造良好的发展氛围，提升员工的整体素质，打造服务品牌，为公司健康发展注入活力，逐步实现企业新的腾飞。

二、改革历程

20世纪90年代，随着我国改革开放的逐步深入，地处浙江沿海重要海域的舟山地区，航运事业及海洋经济开发也得到了迅猛的发展，提供海上保障和配套服务市场应运而生，前景看好。舟山昌达蛟龙海上工程有限公司于1995年7月成立，总资产为50万元人民币，以一艘仅有的机帆船起家，专门从事打捞、救助等经营业务。

在初创阶段，虽然市场需求旺盛，但由于公司实力弱小，仍然面临着严峻的生存问题。公司管理层始终抓住内部改革和市场开拓两个重要环节，不断完善管理制度和激励机制，以优质服务赢得客户，以技术能力占有市场份额。曾先后打捞沉没的浙江石浦沿海水域"辽长渔 6066 号”、“鼎航 23 号”轮爆破解体打捞清障打捞沉没的卷钢 1 025 吨，打捞“莲城峰”沉船内 152 件钢材和“浙岱 80246”沉船物 34 件，参与宁波三航四公司 1 000 吨级趸船堵漏打捞。组织指挥镇海附近水域抢捞浙定“39092”轮及船员遗体及石狮信达船务公司“新华南”、长海“261”沉船的爆破清障，“全强 98 号”、“新海舟 15 号”轮紧急抢险。受韩国圣商泰德航运公司委托，对装载 1.6 万吨货物的“新发轮”进行水下切割全船拆解工作。在福建台湾海峡 52 米水下打捞货物及电缆线。受上海天然气公司委托，对平湖油气田水下输气管道沙包回填、管线检查，时间长达一年之久。公司圆满完成了多起救助打捞施工任务，市场信誉得到提升，经济实力得到了增强。

2000 年 10 月，舟山港海通港航工程有限公司（原舟山港务局所属企业）因体制改革和结构调整等原因，计划进行脱钩剥离。舟山昌达蛟龙筹资 1 200 万元收购了这家公司，扩大了经营规模，进一步拓展了市场，还为这家公司清偿了全部债务，解决了原有 63 位职工的就业问题。

舟山昌达蛟龙公司的实力不断增强，施工作业能力、技术装备、服务质量得到了认可。2003 年，由当地海事局牵头，公司组建成立了海事救助分公司—舟山海蛟溢油应急救捞服务有限公司。

2006 年底，舟山昌达蛟龙兼并了浙江晨业船舶制造有限公司，组建了舟山市定海永存船舶有限公司以及两家物流企业，进行了多元化和规模化经营的尝试。目前，已建造交付 5 000吨级货船 2 艘，入级 CR 出口荷兰的 5 000 吨集装箱船 2 艘，正在建造入级 CCS 英国船东的 13 200 吨化工船 1 艘。

2007 年 10 月，浙江蛟龙集团正式成立，下辖有 7 家子公司，集团以海上打捞、抢险救助、船舶建造为主业，实力比较雄厚，服务优良，设备堪称一流。

经过多年的运营和施工实践，我们深刻地感到：公司不断发展和进步，完全得益于我国改革开放政策，正是改革开放为海上安全保障支持力量的建设和发展注入了活力，提供了广阔的市场与商机。我们抓住机遇，坚持改革创新，讲究施工质量、注重安全生产、提高技术和服务水平，不断扩大经营规模并占有一定的市场份额，为国家经济建设和保障海上人命财产的安全做出更大贡献。

三、发展成就

改革开放以来，浙江蛟龙集团实现了快速发展，取得了长足的进步。

1. 经营规模和经济效益迅速增长

1995 年成立之初，公司仅有 50 万元资本，1 艘机帆船。现已拥有救捞拖轮、工程船舶、驳船 15 艘和各类潜水打捞，溢油防污设备，多座 500 吨级以上的浮码头和固定码头，3 万吨级斜坡船台一座，4.8 万吨级滑道船台一座和 3 000 吨斜坡船台以及数台 100 吨龙门吊、1 000吨油压机等现代造船设备，施工、占地 10 万平方米，海岸线 302 米，海上施工、船舶建造技术装备设施现代化程度明显提升。固定资产和利润快速攀升，资产总额扩张了 440 倍，年产值和利润分别增长 14 倍和 15 倍。

2. 救助打捞业绩突出

公司多次圆满完成应急抢险救助和打捞任务。2005 年 8 月，公司顶着 12 级以上的大风浪，将在舟山市马峙锚地的舟山扬帆集团新建3艘尚无动力的集装箱船脱离险情，成功营救出集装箱船上的84位员工，获救资产上亿元。2008年3月，公司制订的救助方案得到采纳，对撞上建金塘大桥的“勤丰128”轮实施了救助，完成了浙江“3·27”船碰在建大桥事故应急抢险救助工作。

四、基本经验

回顾十多年的改革发展历程，浙江蛟龙集团成功的基本经验是：

1. 加强企业文化建设，不断增强软实力

浙江蛟龙集团自成立以来，积极倡导“以人为本、诚实守信、质量至上、争创一流”的企业文化，培育健康向上的企业精神，提升员工整体素质，强化企业凝聚力，为企业发展注入软实力。注重维护企业社会形象，积极参加并支持本地区的民营企业运动会等社会活动；不忘回报社会，积极为灾区群众募捐善款，自成为舟山慈善总会理事单位以来，公司每年捐资资助贫困失学儿童。

2. 重视人才，发挥人才作用

浙江蛟龙集团坚持“待遇留人、事业留人、感情留人”，重视人才的培养和引进，把人才放到关键性岗位上发挥作用，增强企业的可持续发展能力。

3. 优质服务，诚信自律

浙江蛟龙集团坚持以优质服务求发展，以质量求效益，以质量拓展市场，公司的市场不断拓展，信誉度明显提升。激烈的竞争中，公司积极倡导“和谐共存、合作发展”的理念，坚持公平竞争，尊重市场规则，既有合作又有竞争，以实力和服务争创一流的服务。公司始终坚持“以诚实取信于人”的经营理念，牢固树立诚信意识，遵纪守法，是“重合同、守信用”单位。

五、发展展望

浙江蛟龙集团立足地理位置优越的舟山。舟山地处长江入海口，是多条国际航线的连接点与中继站，为蛟龙集团提供了得天独厚的发展优势。公司是中国改革开放的一个缩影，展望未来，坚信只要坚持改革开放，发展前景将更加美好。在世界经济形势存在许多不确定因素的情况下，公司将面对新挑战，追求新作为，未雨绸缪，适时调整发展战略和发展规划，坚持科学发展观，加大对人才、技术装备和提高企业综合素质等方面的管理及投入力度，提高核心竞争力，实现可持续发展。公司正在筹划建造26层蛟龙商务型办公大楼，集聚航运、物流、船舶建造等企业，打造以航运服务为主体的商务中心，寻求新的经济增长点。

浙江蛟龙集团将以“诚信服务第一、安全质量第一”为宗旨，以务实创新精神，立足海洋，服务港口与航运，力求完善现代企业运作和企业规范管理机制，不断开拓进取，凝聚企业员工的团队精神，实现企业新的突破、新的腾飞。在不断追求新的经营目标的同时，更致力于服务社会，奉献社会，使天空更蔚蓝，海洋更洁净，航运更畅通安全，为浙江海洋开发、海上航运安全和海洋环境保护作出应有的贡献。

向海洋进军

江苏蛟龙打捞航务工程公司

一、企业介绍

江苏蛟龙打捞航务工程有限公司是一家民营股份制中型企业，创建于1975年。目前，公司总人数为572人，其中各类专业技术人员400余人，中高级职称100余人，具备职业资格的潜水员41人。现有注册资本2 008万元，固定资产23 000万元。近年来，年产值近3亿元，利润2 500余万元，年上交税金近千万元。

公司下设7个分公司、12个职能科室、10个驻外办事处和若干个项目部。自有各类工程船舶和拖轮100余艘，具有国家内河打捞一级、沿海打捞二级资质，港口与航道工程施工总承包二级资质。公司是中国潜水打捞行业协会副理事长单位，中国航海学会救捞专业委员会委员。

公司经营区域分布在长江中下游及沿海地区，主要从事码头、船坞船台、栈桥、滑道、船闸的建造检修；航道疏浚；陆域吹填；围堤护岸和水下炸礁、清礁、基础、油气管道安装工程以及与其相对应的道路和港区堆场、陆域构筑物、筒仓、土石方工程；海岸维护与近海工程；港口装卸设备和通航建筑设备安装；大件吊装；水上运输；船舶修造；钢结构件制造；沉船沉物打捞、航道清障等工程业务。

公司一贯奉行“管理讲科学，技术攀高新，工程创优质，服务赢满意”的质量方针，建立了一套科学、合理、完善的管理网络，并顺利通过了ISO 9001:2000版质量管理体系认证。多次被上海、江苏等海事部门评为“水上搜救先进单位”，先后被农业部、江苏省乡镇企业管理局评为“全面质量管理达标企业”、“江苏省明星企业”；连续15年评为“企业信用等级AAA”单位；连续8年被江苏省、南京市政府评为“重合同守信用”单位；全国工程质量施工安全企业信誉AAA级优秀企业；建筑业发展最佳企业。

二、改革历程

30多年来，江苏蛟龙打捞航务工程有限公司顺应形势的变化，紧紧跟随着国家改革开放的步伐，坚持和实践科学发展观，抢抓机遇，求真务实，开拓进取，创新创优，实现了公司跨越式的发展。经过30多年的艰苦奋斗，公司从一个名不见经传的村级打捞队，逐步发展成为拥有员工500多人的队伍，经营足迹遍及国内多个港口的省级集团。员工人年均收入达3万多元。公司在增强自身实力的同时，也为家乡经济发展和慈善事业做出了较大的贡献。

(1)白手创业，艰难起步。1975年，当时的盐城县秦南公社泾口大队的领导班子，为了摘掉“倒数第一穷村”的帽子，想方设法筹措了2 000元钱，买了些旧设备，加上几条破旧的小渔船，组织了原在苏南捕鱼下放回家乡务农并有潜水打捞技术基础的十多位渔民，到上海黄浦江创办了秦南打捞队（公司的前身）。创办初期，虽然设备简陋，只能靠土办法打捞沉船和沉没物资，但这在当时既挣得了一点收入，也曾为清理黄浦江航道做出了较大的贡献。1977年，打捞队曾清除了对黄浦江两岸具有爆炸威胁的炸弹一枚，时任上海市委书记彭冲亲自签署文件给予了嘉奖和表彰。

虽然有全体员工奋力拼搏，但由于无力更新和添置设备，经济效益依然平平，到1983年初，经营惨淡、举步维艰，打捞队资不抵债，没有业务更没有市场，发不出基本工资，职工士气低落，人心涣散，再不采取措施，队伍解散将成必然。秦南公社泾口大队决定重整打捞队。打捞队大胆改革，不论出身论能力，以才择岗用能人，及时调整了班子和管理人员，并打破平均主义分配模式，制定按岗位和贡献计算工资报酬的管理机制。为了生存，打捞队领导班子一边做好干部职工思想工作，稳定人心，一边带着业务骨干，整天奔波于长江沿线，苦寻业务、洽谈生意。功夫不负有心人，打捞队从此慢慢有了起色，逐步走出了“工资发不出，吃饭都发愁”的尴尬困境。

(2)抢抓机遇，立足南京。1983年8月，打捞队获悉南京下关码头有1艘千吨水泥趸船沉没，先后已有几家实力较强的国有打捞公司打捞过，却没有一家成功。打捞队知难而上，进行认真研究，最终制订了一套周密的土法打捞方案并得到了长江南京港监局的批准。经过38个日日夜夜的顽强奋战，终于用自己独特的“堵洞、封舱、抽水、让沉船自行起浮”的简易方案将趸船打捞出水。多家新闻单位对此事作了报道，一时间秦南打捞队名声大振。从此，打捞队在南京港有了立足之地，并在整个长江下游开辟了打捞和航务工程的市场，效益也日渐好转。

1987年，根据市场经营和发展的需求，秦南打捞队更名为江苏省盐城市秦南打捞航务工程总公司，业务市场日益扩大，经济效益和公司的实力逐步增强。到20世纪末，公司由原来的资不抵债，发展到拥有近亿元的资产，由原来的单一打捞经营扩大到集打捞、疏浚、航务等多种工程为一体的综合性企业。

(3)大胆改革，创新发展。进入新世纪，原有的产权制度和管理方法已不适应新形势的发展需求。2001年，上级部门要求集体企业实行改制，企业的原有资产由职工个人参股。公司大胆实施改革，全体员工参股，买断原企业产权，成立股份制企业，村集体1 000多万元的净资产全部退出。

进行了规范化的公司制改造，加强了企业管理。公司首先对各项管理制度进行了深入改革，根据国家有关法律、法规并结合公司《章程》，对原来的各项制度进行大量的补充和修改，编制了新的公司《内部管理若干规定》，对干部职工根据责任制结算的工资、奖金及福利待遇的标准都作了明确规定。其次，突出了以注重效益为主导，把任务分解到各单位，落实到各个经营管理人，优化经营组织机构，强化经营业务能力，深化经营管理意识，并实行经营业绩与营销收入相挂钩的管理机制。第三，对安全生产的责任进行了进一步细化，从根本上明确了加强安全生产的奖惩力度。并结合公司实际情况修改《SMS安全体系管理手册》，确保公司安全管理体系持续有效运行。第四，制定了《船机设备登记维护保养制度》，使船机设备的维护管理工作有序规范运行。通过这些制度的有效实施，既提高了员工的工作积极性，促进了公司的管理水平和综合素质，又大大降低了公司的各项成本。经过改制，公司经营活力不断增强，规模越来越大。

(4)开拓市场，多元发展。公司起初在上海、南京一带主要承接打捞沉船沉物的业务。

为了适应竞争日趋激烈的市场和自身发展的需要，公司采取了立足南京、上海向长江中下游及沿海地区全面拓展的发展战略方针，上至武汉，下到黄浦江，贯穿长江沿线十多个大中型港口。同时，在这些港口设立了分公司和办事处，大力开发沿海水下打捞和航务工程市场。另外，公司积极寻求新的经济增长点，实施了“三步走”战略，拓展新业务。第一步以市场为导向，提高市场占有率。第二步以服务为导向，奉行公司的质量管理方针，提高服务质量。第三步以业主为导向，始终以甲方与业主为上帝。自主研发新技术，满足用户个性化需求，凭借高质量、高效率、高信誉的职业道德和实力，赢得业主与甲方的信任。将业务范围从单纯的水下打捞，拓宽到水下钻探、疏浚挖泥、码头安装、爆破拆除、切割焊接等多种项目。公司先后与中交一航、二航、三航、四航所属各公司、上海建工集团、长江航运集团等运输、施工、船厂企业建立了长期的合作关系。

(5)更新装备，增强实力。随着我国水运事业的发展，运输船舶大型化趋势明显，对技术装备的更新和升级提出了新的要求。市场的竞争很大程度上取决为技术装备实力的竞争。公司加快装备更新，不断满足市场发展的需要。1988 年，在国家实施经济宏观调控、紧缩银根的情况下，公司大胆投入一千余万元打造了一艘自动化程度较高的工程船，当时在长江流域堪称一流。特别是在国家出台了加强内河航道整治及加快交通枢纽发展的有关政策后，公司加大投入，力争以一流的技术力量和一流的装备手段占有更大的市场份额。2001 年年底，在沿江开发的热潮中，公司决定再打造一艘大型起重船。图纸刚“出炉”时，又获悉上海将造海上大桥，急需海上机动抛锚艇，公司当机立断决定，立即筹措资金，同时开工建造起重船和抛锚艇，3 艘抛锚艇在短短的 80 天内就投入了使用。另一艘起重能力达 300 吨的工程船在 5 个月内也开始发挥效益，此后，5 艘起重能力达 200 多吨、1 艘 600 吨、1 艘 1 200 吨的工程船先后在南京、上海等地建成投产。另外，公司还对疏浚船舶实施改扩建，并添置了技术先进的大中马力的拖轮，淘汰了一批老设备。近几年，累计技改总投入 15 000 多万元。目前，公司总抬浮力超过了 4 500 吨，标志着公司的整体实力又向前跨越了一大步，真正成为民营打捞企业的主力军。

(6) 注重民生、回报社会。以韩才高、周向东同志为首的全体员工，没有忘记对社会的回报。公司在开展水上救助、抢险打捞活动的同时，始终把协助水上搜救和安全维护作为自己义不容辞的社会责任，为长江、黄浦江等水域的水上搜救和安全维护工作做出了贡献，多次得到了海事部门的好评和表彰。公司安置了 500 多名劳动力就业，带动了村里 15 家同行企业共同发展。公司于 1997 年投资 150 多万元，新建了一座现代化的敬老院。村里的 20 多位“五保”老人，全部住进了敬老院，并由集体供养安度晚年。2001 年，成立了蛟龙慈善会，公司和个人每年捐赠 30 万元左右，重点对“失学儿童、残疾人、孤寡老人、贫困户”等社会弱势群体实施援助。目前，除每年对家乡弱势群体资助近 20 万元外，现该慈善会账面余额还有 60 多万元。今年，全体员工踊跃为“汶川”大地震灾区人民捐款，全体党员自愿缴纳了特殊党费。

三、发展成就

改革开放的 30 年，在经历了无数的艰辛和风雨后，公司的面貌发生了很大的变化，取得了显著的成绩。

1. 生产规模快速扩张

公司资产总额从1975年的2 000元发展到今天的2.3亿元，增加了11.5万倍；年产值和利润从1975年的1万元、1千元分别发展到3亿元、2 500万元，分别增加了2.7万倍、2.5万倍。经营区域从长江下游发展到黄浦江、整个长江，并延伸到沿海地区，经营业务从水下沉船沉物打捞发展到疏浚、航务工程等多元化的水上、水下施工各个领域。

2. 救助打捞业绩突出

公司多次承担急、难、险、重救助打捞任务，累计打捞大小沉船沉物5 000艘（件）。公司独家承担了常熟硫酸船整体打捞、上海黄浦江“广源9号”集装箱船、南通1.5万吨级“柯兰”轮的分解切割、东海2.6万吨级“华凌”轮、“利达1号”和马鞍山“皖顺航1号”等沉船打捞工程，成为民营打捞企业的典范。

(1)常熟浓硫酸货船的打捞工程。1997年5月30日，一艘满载141吨浓硫酸的货船在常熟浒浦段沉没。若该船装载的危险品外溢，船员生命面临严重威胁，下游百万人民的饮水将会受到严重污染。当时正在常熟兴华码头施工的公司施工队立即派遣20多名作业人员赶赴现场，经过10分钟，将4名落水船员全部救出；于次日上午9时将该货轮安全打捞出水，最快速度排除了重大险情。中央及江苏、常熟、南通等多家新闻媒体对工程进行了报导，公司被常熟市政府通电嘉奖。

(2)“广源9号”沉船打捞工程。2001年3月28日，上海黄浦江提篮桥附近水域沉没的“广源9号”货轮，载54个集装箱，其中两个集装箱装载剧毒的“敌敌畏”，黄浦江通航受阻，仅能单向航道行驶。公司接到打捞指令后，连夜探摸打捞了所有散失的集装箱和剧毒物，消除了安全隐患，同时制定了沉船的打捞方案，于4月2日就将沉船拖离主航道并顺利打捞出水。该工程被中央、上海电视台等多家新闻单位播报。

(3)万吨级“柯兰”轮打捞工程。2000年5月3日，装载万吨钢材的柬埔寨籍“柯兰”远洋船因舵机失控与另一艘外轮发生碰撞，“柯兰”轮船体严重破损导致进水沉没。由于该货船自重达到1.5万吨、船龄老、沉没时间长、体积大，且沉没位置的水文地理条件恶劣等因素，须采取水下切割解体方法进行打捞清障。公司自2001年11月开始施工，历时8个月，完成水下切割长度4 000多米，彻底清除了该船残骸，提前恢复了长江南通段的畅通，得到了海事部门的高度评价。

(4)“华凌”轮打捞工程。2005年6月，2.6万吨级的“华凌”轮因碰撞导致船体开裂，沉没海底。该船打捞难度大、工程时间紧（7月份将进入台风季节），且作业地点远离陆地、地理水文条件恶劣。公司施工队伍克服各种不利因素，连续奋战，赶在台风季节来临之前，仅用16天就将该船打捞出水，拖航至近千里外的南京金陵船厂。这一工程大大提高了公司的知名度，创下了民营企业海上打捞之最。

3. 施工工程成绩显著

公司承担和参与了多个国家大型重点工程，如南京长江二桥、三桥、上海东海大桥、浙江杭州湾大桥，以及长江下游港口的码头、船坞、水（电）厂取水口等工程的建设。工程均按期保质竣工。一些工程的施工经常被中央电视台、人民日报、新华日报、《中国水运报》

等20多家新闻媒体报道。

(1)1998年8月的镇江污水管道整体沉放工程。根据设计要求，该过江管道直径为1.4米，长度为1 600米，且整根管道不允许用法兰连接。将分节钢管在水上拼接成长管成为施工过程中最大的难点。公司完成了两根800米长钢管的水上拼接和同时一次性沉放的任务，创下了当时国内最大长度、直径的管道一次性沉放的纪录。

(2)长江江堤湖北黄冈段铰链排沉放工程。2000年10月，公司首次采用混凝土板铰链排方案，在湖北黄冈段江坊大堤成功沉放，为保护江堤起到了较好的作用，受到了长江水利委员会等部门的好评。作业方案迅速得以推广采用。

(3)上海外白渡桥钢沉井工程。2008年8月18日，外白渡桥的钢壳沉井吊装（该沉井长34米、宽14米、高12米，总重为430吨），因吊装的范围比较小（河宽仅约80米，两桥之间 净距离仅63.9米）对施工船舶的要求很高，技术难度比较大。公司精心编制了吊装工程施工方案，仅用了半个小时左右就完成了该钢壳沉井的吊装，为外白渡桥修复工程打下了稳固的基础。

四、基本经验

改革开放的30年，是江苏蛟龙集团从无到有、由弱变强不断改革发展的30年。公司充分发扬了“诚信、敬业、拼搏、争先”的“蛟龙”精神，实现了跨越发展。总结30年来企业发展的经验，有以下几点：

1. 抓住国家改革开放的机遇是企业成功的重要前提

作为村办企业，从农村进城发展，到发达兴旺，离不开30年来国家改革开放的好政策、好机遇。改革激发了活力，竞争促进了发展。在市场经济的大潮中，公司不断迎接大发展、实现新突破，呈现了良好的发展态势。如果没有国家改革开放的好政策，就没有今天的江苏蛟龙集团。

2. 人才是企业发展不竭的动力

公司积极构建以人为本的企业文化，大力引进人才，提高现有人才素质，为人才施展才华提供良好的环境。从20世纪90年代初期开始，公司高薪聘请了4位长期从事水上作业并有丰富实践经验的高级工程师从事工程技术工作，随后又聘请了十多位从事河海打捞和航务工程的高级工程师和经济师担任公司业务骨干和管理骨干。加大培训力度，制订并实施了员工培训规划，提高员工技术等级。还选派优秀骨干赴科研院所、高等院校学习进修。公司潜水、起重、机驾等专业技术人员占公司总人数的80%以上。经过不懈努力，当初清一色庄稼汉的土法上马的打捞队，如今已成为人才济济，规范运作的中型企业。公司任人唯贤，公司老领导韩才高选定了与自己没有任何血缘关系的年轻、懂业务、会管理、能吃苦的周向东同志担任公司总经理。在管理中尊重理解员工，关心呵护员工，做到“两个必访”、“一个活动”。“两个必访”即员工家庭发生特殊情况造成困难必访、员工及亲属婚丧必访，使员工感受到公司时刻在关爱他们；“一个活动”即每年年终举行一次总结评比活动，表彰和激励先进，提高那些吃苦在前并为公司发展作出贡献的员工的积极性。在人才的选拔和使用上，坚持“量才适用、赛场识马”，建立了管理人员、技术人员和工人三个工资晋升、技术晋级序列，为员工自我发展提供了稳定有序的上升空间。与此同时，为切实解决职工的后顾之忧，积极参加国家规定的养老、医疗、人身安全、生育、失业等各种保险，员工参保率达100%，为社会稳定做出贡献。

3. 坚持自主创新是企业生存和发展的关键

公司确立的发展思路是：瞄准同行业前沿水平，集中力量重点突破，加大设备投入，努力实现核心技术的自主创新，拓展更大市场空间。公司建立了员工创新激励机制和自主创新机制，创新能力得到提高。近几年来，已取得科技创新成果6项，为公司直接创造经济效益达420多万元。2007年，“秦航工36号”工程船能源消耗过大，经过员工自发研制，成功实现了由电源来代替燃油的新技术，仅一年就节约成本180多万元。

五、发展展望

“十一五”期间是我国全面建设小康社会、构建“以人为本”的和谐社会、推进社会主义现代化建设的关键时期，也是打捞业、航务工程业发展的黄金时期。沿海港口建设的加快，海上施工及服务市场前景广阔，为企业提供了难得的发展机遇。为适应沿海工程向海洋作业方向发展的新形势，江苏蛟龙集团今后的发展战略是“立足长江、延伸沿海，辐射内陆”。公司将贯彻落实科学发展观，在保持打捞主业领先优势的同时，进一步拓宽经营渠道，充分发挥地域优势、设备优势、技术优势，努力实现市场空间和经营领域的重大突破。充分发扬“蛟龙”精神，满怀信心，坚持走创新创优之路，努力做大、做优、做强，争取把公司打造成为进军海洋，融入经济全球化的跨国企业集团。

十年甘苦铸大业

福建正力海洋工程公司

一、企业介绍

福建正力海洋工程有限公司（以下简称福建正力）成立于1996年9月，注册资本500万元人民币，是一家以海上水下沉船沉物打捞作业及海上救助、码头安装、货物吊卸、拆除海上装置、潜水服务等业务为主的海洋工程施工企业，获得交通运输部沿海打捞三级资质。2008年总资产约人民币8 000万，产值3 000万，利润800万。公司下设4个职能部门和6个工程船队，在上海、厦门、福州各设1个办事机构，现有职工83人，其中高、中、初级技术人员35人，潜水员12人。公司是中国潜水打捞行业协会会员、理事单位，中国航海学会救助打捞专业委员会会员单位。

公司秉持“诚信、安全、高效”的经营理念，连续多年被福建海事部门评为“安全纪录良好单位”；近3年均被福州市政府评为“重合同、守信用企业”。

二、改革历程

福建省平潭县地处祖国大陆东南一隅的一个小岛。福建正力的创始人陈雄良从20世纪

70 年代末参与举世轰动的打捞“阿波丸”沉船潜水工程，并历证了这片海域中各类船舶和渔民的遇险遇难以及为救助人命和财产展开的一幕幕悲壮抢救的场面。福建正力成立之初是为了减少乡亲们的财产损失和保障安全生产，也为了养家糊口。公司初创阶段，施工船是租借的，人员是临时拼凑的。

1997 年，福建正力购买了第一艘起吊能力为 50 吨的工程船，万事开头难，只要是能揽的业务，员工都起早摸黑地去拼搏，老板既当伙夫、潜水员，又穿钢丝绳，样样都亲力亲为。天道酬勤，第一艘工程船半年就回收了成本。

1998 年的“通达 38”轮整体打捞工程，需投入 1 000 吨的起吊力，远超过当时的施工能力。公司当年就购进了 800 吨起浮力的打捞气囊，虽然投入远大于单项工程的利润回报，但实践证明，这一决策为公司今后的施工实力增强奠定了坚实的基础。

经过多年的摸爬滚打，公司工程船数量陆续增加，队伍不断壮大，经营场所从平潭小岛发展到福州、厦门、上海。2007 年初，公司决定制造一艘 700 吨起吊力的自航浮吊，总投资预算 5 500 万，全部由公司和员工筹资建造。目前，公司拥有福建省起吊力最大的浮吊船——“正力 7”轮。

三、发展成就

十余年间，公司多次承担福建沿海抢险救助工作，参与重大工程项目建设，取得了显著的成绩。

1. 生产规模迅速扩大

福建正力由一支普通的施工队伍，从一家需要解决温饱问题的家族小作坊成长为一家年营业额 3 000 多万的企业。公司成立至今资产总额增长 160 倍，年产值和利润分别增长 15 倍和 8 倍。截至 2007 年，公司固定客户已达 200 多家，其中包括福建省海洋与渔业局、福建省东南造船厂、福建省马尾造船厂、上海三航公司、福建省工业设备安装有限公司等单位。

2. 救助打捞业绩斐然

公司参与或承担了“隆伯 6 号”油轮抢险、“星海 138”沉船爆破清航、“大天鹅”（6 000吨级）沉船打捞、“中昌 118”（42 000 吨级）沉船等抢险打捞工程。

（1）“隆伯 6 号”油轮抢险工程。2001 年，“隆伯 6 号”油轮装载 5 360 吨零号柴油在台湾海峡触礁沉没，油船船身有一个巨大的倒三角形裂口，最宽处达 5 米，1 号油舱严重破裂，舱内约 250 吨柴油已全部泄漏；油污溢满海面，油轮沉没地附近就是当地渔民的海产品养殖地，油污一旦扩散或油罐继续破裂，后果将不堪设想。情况万分紧急，购置专业清污设备来不及，公司果断地采用了土办法，发动渔民在渔网内填充稻草，制成简易围油栏，对岸边水域的溢油进行围控，防止溢油扩散；用吸油材料和稻草吸附薄油层，用钩子、叉子或耙子将吸饱油的吸油材料收集起来。同时，向同行借用油拖网，火速定购浮动油囊、围油栏等设备，在公司的有效组织下，油污得以控制，损失降到最低程度。

（2）“MHK128”外轮搁浅拖带工程。2002 年，“MHK128”轮在平潭岛搁浅遇难，当时正值 2002 年第 12、13 号台风，平潭岛处于台风中心，作业难度很大。公司最终在台风正式登陆前的 3 小时，将难船拖至安全地带。此工程为福建省的打捞行业争了光。

(3)“星海138”沉船爆破清航工程。2003年9月初，“星海138”轮装载1 000吨矿石在福建省宁德海域遇风浪沉没。沉船处海域开阔，风浪大、流速快，最快达到3.5节以上，属顺时针方向旋转的回转流，可供潜水员水下作业的漫流时间少，有效工作时间较短，且沉船埋泥深，经方案比较，决定采用水下爆破方式将沉船解体清航打捞。爆破采用条形药包的接触爆破切割和集中药包的爆破撕裂相结合的方式，实施沉船解体。公司安全优质圆满地完成了此项工程，积累了宝贵的水下爆破施工技术经验。

(4)“桑美”台风灾后救援工作。2006年8月，超强台风“桑美”重创福建省福鼎沙埕港，我司在得到抢险救灾指示后，第一时间奔赴现场，在为时3个多月不分昼夜的施工中，共无偿探摸20多艘沉船、打捞起23艘沉船、潜水600多次（最深达46米）、寻找到上百具尸体。福州晚报、新浪网等媒体追踪报道。公司以其高度的责任感、优异的施工质量和安全记录，受到遇难船员家属的一致好评。

公司还参与了中铁大桥集团的福州鼓山大桥、白马河特大桥等多个桥梁建设项目、中交二公司的平潭海峡大桥建设项目、中海工程建设总局可门火电厂取排水工程项目、中远物流公司的重件吊卸工程等工程项目建设，创立了良好的服务品牌。

四、基本经验

总结十多年来企业发展的经验，主要有以下两点：

1. 坚持以人为本增强了企业的战斗力和凝聚力

打捞是一种高强度、高风险工作，每一项工程的性质、背景，处理方式均有差异。福建正力公司以每艘工程船为1个考核单位，对骨干人员采用股权激励机制，这使得公司的每艘工程船的战斗力强，组织纪律性好，工作效率高。同时，公司充分重视普通员工个人和家庭遇到的实际困难，安排专人及时为出海在外的职工解决后顾之忧，体现了“关爱员工，以人为本”的理念，不断增强了企业凝聚力。

2. 坚持合作发展提升了企业的竞争力

福建正力公司与厦门、泉州、连江市等福建沿海区域的打捞力量采用紧密、半紧密等各种合作协作方式，共同推动行业发展，2004年，公司与福建联合海洋工程有限公司合资经营，发挥各自的优势，取长补短，大大提高了市场的占有率。

五、发展展望

按照国家建设海峡西岸经济区的战略部署，福建省大力发展海洋经济和海运业。福建正力又将迎来一个难得的历史机遇。公司将以科学发展观为指导，加快发展，力争做大、做强，成为集救捞、海工、疏浚等服务一体化的全国知名海洋工程企业。基本的发展思路是：加强企业人才队伍建设，引进和培养一批管理、技术复合型人才，为公司快速成长做好储备；根据市场需要，大力发展相配套的施工作业船舶和大型施工设备，以先进的技术装备手段，提高公司的核心竞争力；倡导积极向上、和谐发展的企业文化建设，不断推行更加科学高效的企业管理模式，提高公司整体素质，促进企业可持续发展。

交通勘察设计企业

引　　言

（一）

公路勘察设计是工程建设的灵魂，是创造工程品质的基础，是先行者的事业。

半个多世纪以来，伴随着社会经济和交通基础设施建设的发展，我国的公路勘察设计行业从小到大，由弱到强，走出国门，服务于国民经济建设的主战场，取得了突出的业绩，创造了辉煌的历史。

新中国成立初期，我国没有统一名称的公路测设机构。1951 年后，有的省在公路管理部门或施工单位内设置勘测设计队，实行测设、施工合一管理。有的省交通厅公路局成立了公路勘察设计院（或设计队）。

1954 年 8 月，交通部公路总局在北京成立设计总局，并分别在成都、武汉、上海、沈阳、西安五大区公路设计公司的基础上成立直属的第一、二、三、四、五设计分局。1956 年 9 月，设计总局改称为交通部公路勘察设计院，各设计分局也改称为交通部公路勘察设计院第一、二、三、四、五分院。

我国工程勘察设计行业是全国试行企业化改革起步最早的行业，从 1979 年就开始进行企业化试点，1984 年在全行业推行技术经济责任制，1995 年进行现代企业制度试点，2000 年之后普遍改制为科技型企业。

公路勘察设计行业的发展变化和这一进程是同步的。1984 年，交通部下达《关于公路工程勘察设计单位试行技术经济责任制的通知》，要求设计单位自 1985 年 1 月 1 日起实行企业化管理，财务实行自主经营、独立核算、自负盈亏。交通部和交通厅直属的公路设计院，由全额划拨事业费的事业单位，变为自收自支、企业化管理的事业单位。

1999年，交通部公路规划设计院、交通部第一公路勘察设计院、交通部第二公路勘察设计院均与交通部脱钩，并入中国路桥（集团）总公司，改制为企业单位。2000年初，内蒙古自治区交通设计研究院进行改革，组建内蒙古自治区交通设计研究院有限责任公司，于2001年3月正式挂牌运营。

30年来，全国公路勘察设计单位在市场经济实践中发展壮大，形成了各具特色的技术品牌，占领了公路、桥梁、隧道、交通工程领域设计水平的制高点，形成了自已独特的核心竞争力。

中交公路规划设计院有限公司在深水特大跨径桥梁勘察设计方面具有雄厚的实力。30年间，中交公路规划设计院设计了50余座跨越长江、黄河、珠江及沿海湾的特大型桥梁，著名的虎门大桥、江阴大桥、海沧大桥、南京长江二桥、三桥、杭州湾大桥、苏通大桥、西堠门大桥的建成，标志着我国由桥梁大国迈入桥梁强国。

中交第一公路勘察设计研究院有限公司勘察设计了我国第一条京津唐高速公路，整治改建了著名的川藏公路、青藏公路和新藏公路，他们近半个世纪潜心研究的《多年冻土青藏公路建设和养护技术研究》记载了翔实丰富的科研成果，填补了世界技术领域的空白。同时，也确立了我国在高原多年冻土研究方面的国际领先水平和地位。

中交第二公路勘察设计研究院有限公司勘察设计了京津塘高速公路、京港澳（京珠）高速公路、广深珠高速公路、沪宁高速公路、沪蓉西高速公路等公路工程，航测遥感地质判译、山区高速公路线形设计、景观设计等已经成为该院的核心品牌竞争力。

辽宁省交通勘测设计院先后完成了“神州第一路”——沈大高速公路、京沈高速公路、沈丹高速公路、沈大路改扩建工程等近40余条、5 000余公里的高速公路勘察设计，在平原区高速公路线形设计、高速公路改扩建设计等方面积累了丰富的经验。

交通部公路科学研究院是我国公路交通领域学科最为齐全的科研机构，伴随着我国高速公路的诞生，该院引进、吸收国际高速公路交通工程和沿线设施的实践经验，成为我国高速公路交通工程和沿线设施标准的奠基人。该院实行服务政府与服务社会相结合，构筑起科研、检测、高新企业三大业务板块，形成了研发、检测、工程服务三大业务链。

中国公路工程咨询集团有限公司在路桥设计、交通工程、工程监理三大支柱产业上的市场规模不断扩大，并且拓展了智能交通、项目代建制等新领域的业务。

湖南省交通规划勘察设计院针对膨胀土、软土地基、岩溶区等特殊地质地貌，开展公路修筑技术和相应病害整治实用技术研究，开发了特殊地质条件下的多项成套筑路技术。

云南省交通规划设计研究院在山高谷深、沟壑纵横、不良地质病害多的特殊自然环境下，探索与总结了一套适合云南省山区公路勘察设计的特有技术，以山区公路选线、地质选线、地质灾害预防与处治技术先进而著称。

浙江省交通规划设计研究院的隧道勘察设计起步早、发展快，其设计完成的隧道勘察设计数量与总里程均为全国各省之首。该院成功测设了宁波镇海甬江沉管隧道、同三线大溪岭—湖雾岭隧道等工程，在山岭隧道、沉管隧道和盾构隧道施工工法的勘察设计方面积累了丰富的经验。

新疆公路规划勘察设计研究院致力于沙漠地区公路建设的科研工作，勘察设计了沙漠公路650公里。在沙漠地区公路自然区划、选线及线形参数、路基设计技术、风积沙路用性能、沙漠公路路面结构与材料、公路防风固沙、沙漠高速公路施工、沙漠公路景观环境效益等成套关键技术方面取得多项研究成果。

20世纪80年代以来，伴随我国公路交通事业的跨越式发展，公路勘察设计取得了令世界瞩目的成果。以沈大、沪宁高速公路，苏通、杭州湾、西堠门深水特大跨径桥梁，雁门关、雪峰山长大隧道为标志的我国高速公路、桥梁、隧道勘察设计水平已经达到或引领国际先进水平。这是我们公路勘察设计行业几代人艰苦奋斗的结晶，值得我们为之骄傲和自豪。

目前，全国拥有公路交通系统甲级设计单位120家，乙级设计单位262家。公路建设的迅速发展，特别是一批具有世界先进水平的建设项目的实施，培养和造就了一大批具有世界眼光和丰富理论知识与实践经验的优秀专家，现在，全行业拥有2名院士和13名设计大师，他们是公路勘察设计行业的带头人。一大批中青年技术骨干在工程实践中脱颖而出，具有非常好的发展潜力，成为公路建设的中坚力量。

30年交通事业发展的实践证明，公路勘察设计队伍是一支特别能吃苦、特别能忍耐、特别能打硬仗的队伍，是一支紧跟世界科技进步新潮流、善于学习、勇于创新的队伍，是一支在改革开放中发展壮大、充满生机与活力的队伍。公路建设水平的提高和进步，凝聚着广大勘察设计人员的心血和汗水。

公路的勘察设计水平，决定了未来公路交通的发展水平。公路勘察设计的所有从业人员，将在新的高度上，以对历史、对人民、对未来、对子孙后代负责的精神，认真贯彻和自觉落实勘察设计的新理念，使勘察设计工作再上一个新台阶，创作出更多“环保、安全、舒适、和谐”的精品工程，创造公路勘察设计行业新的辉煌。

（二）

伴随着中国改革开放的风雨历程，我国水运勘察设计企业走过了不平凡的

30年。经历了众多的困难和挑战，同时也不断进行着改革、创新和突破，创造了水运勘察设计企业今日的辉煌。其发展变化是改革开放30年的历史见证。

在改革开放的过程中，交通部直属设计企业与部脱钩，各省厅设计企业与省厅脱钩。几十年一统的国家大中型设计企业在市场竞争中磨炼、成长、壮大，多种所有制形式的水运设计企业如雨后春笋般萌发。

全国现有120余家水运工程设计单位，其中行业甲级资质单位21家，专业甲级资质单位34家；拥有水运设计技术人员近万名。水运工程建设队伍拥有工程院院士3人，国家设计大师5人，勘察大师1人。

各设计企业最初进入市场所面临的挑战与困难是空前的，当时设备配置低，设计周期长，人员不稳定。特别是我国加入WTO后，市场竞争更加激烈。设计企业不改革就难以生存，更不会有发展。只有改革才能促进市场观念、竞争观念、服务观念、自立自强观念的转变，才能促进设计企业由事业单位向建立现代企业制度的科技型企业转变，由计划经济向市场经济运行模式转变。

各设计企业充分认识到改革工作的必要性与紧迫性，不断地转变观念，实施管理创新、技术创新，大胆探索，勇于实践，思想观念发生了根本性的转变，市场意识、服务意识和危机意识明显增强，职工的精神状态与凝聚力明显提高。近些年来，各设计企业进行了三项制度改革，建立和完善了能进能出、多种渠道吸引人才的用人机制，有效激励的分配制度和人尽其才的人事管理制度。加大了对高素质人才的培养工作，保证了技术优势。

随着“改革开放”的不断深入，国民经济和对外贸易快速增长，党中央和国务院把交通运输和港口建设列入国民经济发展的战略重点，使我国水运建设事业得到了空前发展。繁荣的水运建设市场为水运工程设计企业提供了良好的发展机遇，但同时市场竞争也日趋激烈，挑战与机遇并存。

30年来，广大水运工程设计者依托大规模的工程实践，坚持科技创新和技术进步，潜心研究、集中攻关，取得了一系列的重大技术成就和具有国际水平的创新成果。如河口拦门沙及航道治理技术，敞海离岸式码头的建设，淤泥质海岸、粉砂质海岸的建港技术，软基处理技术，新型防波堤及码头结构形式的研究，深水航道对波浪传播影响规律的研究成果，大型泊位装卸工艺技术的研究，航道整治动态设计方法的创新，提高港口水工建筑物使用寿命的研究，高性能混凝土的研究，水运工程CAD技术和计算机管理信息系统的开发与应用等。这些新结构、新材料、新工艺、新装备和新技术对工程建设给予了强大的技术支持，转化为强大的生产力。

为了满足大宗货物运输和运输船舶大型化的要求，我国的港口建设从近岸走上了向外海深水开敞无掩护发展的新阶段，一批无掩护或半掩护、水深30米以上开敞式深水泊位的建设，标志着我国港口工程建设综合技术已经达到了能够适应各种复杂条件的新水平。水运工程建设力量的技术素质和核心竞争力进一步提高，已具备相当高的国际竞争力。

长江口深水航道治理是我国河口治理工程和水运事业的伟大创举，是世界上巨型河口航道治理的成功范例。“长江口深水航道治理工程成套技术”包括长江口深水航道治理二期工程总平面优化研究、护底软体排结构及设计方法、袋装砂堤心斜坡堤结构及设计方法、半圆堤优化设计方法、半圆形潜堤波浪力计算方法、半圆堤波浪力数模分析方法、空心方块斜坡堤结构形式、抗地基土软化的工程措施研究等。在长江口深水航道治理期间，我国水运设计企业研究开发的多个新型结构及设计计算方法，均已达到国际先进水平，长江口深水航道治理工程，标志着我国河口整治的研究和技术水平已进入世界先进行列。

在内河建设中，我国航道整治、航道渠化、运河建设等方面均处于国际先进水平。特别是船闸长度最长达到280米，宽度34米，多级船闸的总水头最大的三峡枢纽五级船闸总水头达到113米。我国的船闸建设规模、标准及建设技术已达到了国际先进水平。

我国水运工程建设技术标准处于国际领先地位，已初步形成了一套符合我国港口建设实际的完整的港口建设技术标准。这些标准采用先进的可靠度设计理论，实行动态管理，实现了与国际接轨。其中《港口工程技术规范》等19册主要的标准和规范已译成英文向国内外公开发行。这些技术标准的编制与发行，对保证水运工程质量，提高水运工程建设技术水平，扩大国际技术交流起到了非常重要的作用，同时也对设计、施工企业进入国际市场发挥着重要作用。

水运建设市场的繁荣，为水运工程设计企业提供了良好的发展机遇，但新技术课题和新情况的不断出现，使得市场竞争日趋激烈，水运建设设计企业面对挑战与机遇并存的局面，将不辱历史使命，牢牢抓住难得的发展机遇，坚持技术进步和科技创新，不断进取，再创新辉煌。

为改革开放架金桥

中交公路规划设计院有限公司

一、企业介绍

中交公路规划设计院有限公司（以下简称公规院）成立于1954年8月23日，前身为交通部公路总局设计局、交通部公路规划设计院，现隶属于中国交通建设股份有限公司。

公规院以公路交通规划及公路、桥梁、交通工程沿线设施勘察、设计、咨询业务为主。

建院至改革开放前期，受交通部委托主要承担编制公路交通规划，编制公路工程技术标准、规范、概预算定额，工程可行性研究及设计文件审核，国边防公路勘察设计等任务。

建院半个多世纪以来，尤其是改革开放以来，公规院主导编制完成重大公路交通发展规划和项目可行性研究报告近200项；主持编制公路工程标准、规范和定额100多项，公路桥涵标准图100余册；受交通部委托审核重点公路工程建设项目310多项；完成1万多公里公路，100余座大桥、特大桥，多座公路收费站、客运站勘察设计任务；自行研制和合作开发了公路桥梁设计计算软件、公路CAD软件、概预算软件和数据库等。

在发展进程中，公规院创造过多项中国公路交通建设史上的“第一”：第一本《公路基本建设概预算定额》，第一代公路桥梁设计、施工和养护技术规范，第一个《公路干线网的规划初步轮廓意见》，首开先河的《公路建设项目可行性研究报告编制办法》、《公路建设项目可行性研究指南》；设计了我国第一座装配式预应力混凝土上部结构试验桥、第一座装配式公路钢桥试制、第一座公路预应力混凝土T形刚构桥；参与了我国最初一批高速公路——沈大高速、京津塘高速的勘察设计；成立了第一个中国公路设计咨询领域的合资公司——中美合营华杰工程咨询有限公司。

近年来，公规院根据市场的发展变化，进一步开拓工程建设专业化管理、工程总承包、桥梁检测和工程监理等业务，并在海外市场上取得了较大的突破。现在，公规院具有公路行业（公路、特大桥梁、特大隧道、交通工程）设计甲级证书，工程勘察综合类甲级证书，市政公用行业（道路、桥梁）设计甲级证书，建筑工程设计乙级证书；工程（公路、水文地质、工程测量、岩土工程）咨询甲级资格证书，工程招标代理机构甲级资格证书、公路桥梁工程施工监理甲级资格证书以及对外经济合作经营资格证书。2001年通过ISO 9001:1994标准质量体系认证，2003年通过ISO 9001:2000标准质量管理体系认证。

截至2007年年底，公规院注册资本2.5亿元，实现合同额8.55亿元，营业额5.68亿元。

公规院作为公司制企业，设置了完备的法人治理结构——董事会、监事会、经营管理层。内设机构有董事会兼总经理办公室等9个职能部门，2个直属机构，10个事业部和3个专业室，12个分公司，现有各类从业人员700余人。员工队伍整体学历高、各类专业技术人员配备齐全，以中青年专业技术人员为主体，各类专业技术人员占全体员工的91%以上，其中正高级职称员工53人，副高级职称员工178人。

公规院在设计、咨询领域荣获多项国家级、省部级以及国际专项奖励。并获得“‘十五’期间科技创新先进企业”、“中国桥梁建设十大英雄团队”等称号。同时，公规院连续多年被授予国家机关、北京市的文明创建先进单位。

二、改革历程

公规院自成立以来，和共和国一道历经风雨，和改革开放时代同步发展，她的每一步成长都折射着国家改革发展的轨迹。

从1954年的交通部公路总局设计局（下属五个分局），到1956年更名为交通部公路勘察设计院（下设五个分院），其后公规院又经历了分院下放地方，公路水运合并、拆分，院名多次更替，直到1975年正式恢复为交通部公路规划设计院。

自党的十一届三中全会吹响改革开放的号角，在国家30年的改革开放历程中，公规院也实现了由事业单位到上市公司的三次大变革。

20 世纪 80 年代，中央提出“要让企业有更多的经营管理自主权”，交通部发布了《关于公路工程勘察设计单位试行技术经济责任制的通知》，公规院积极落实通知精神，推行技术经济责任制，开始了事业单位企业化管理的最初尝试：管理机制由事业拨款逐步转为自负盈亏、自收自支；中层干部由任命制改为聘任制；用工制度逐步从固定工向合同工过渡；分配与贡献挂钩等。

20 世纪 90 年代末期，党的十五届四中全会作出《关于国有企业改革和发展若干重大问题的决定》，国有企业改革不断深入。公规院于 1998 年初，剥离了受交通部委托行使规划、审核的事业职能，取消了事业单位身份，成为交通部直属勘察设计咨询企业。并于 1999 年初与交通部脱钩，并入中国路桥（集团）总公司，成为真正意义上的市场主体，启用中交公路规划设计院名称。

进入 21 世纪，国有企业改革进入产权制度改革、建立现代企业制度的攻坚阶段。公规院也在国有企业上市、重组中发生着更深刻的变革。2005 年，中国路桥（集团）总公司与中国港湾（集团）总公司合并组建中国交通建设集团，公规院成为中交集团成员。之后，中交集团于 2006 年在香港证交所整体上市，公规院随之进行了公司制改造，成为中交公路规划设计院有限公司，并依照《中华人民共和国公司法》的规定，建立了规范的公司制法人治理架构。

三次企业隶属关系及治理结构的大变革，对外表现为公规院名称的更替，对内带来的则是管理体制、生产流程与规章制度的重大变化与创新，是公规院经营理念、思想观念的不断更新与解放。正是不断的思想解放与管理创新，保证了公规院三次变革的顺利实现，使三次变革都有力地促进了企业的进步与发展。

1985 年试行技术经济责任制为公规院顺利转企、适应市场竞争打下了基础；1999 年，公规院按照企业运行规律开展分配、人事、用工三项制度改革，强化了员工的企业意识，保证了转企后的加快发展；2003 年，公规院进行了生产经营要素及流程重组，建立起以顾客为中心、以项目管理为基础的生产经营模式，逐步建立了“整体协调、区域经营、项目辐射”的市场开发体系，从而进一步确立了市场理念，扩大了经营规模，为公司制改造奠定了思想和经济基础；2007 年以来，公规院瞄准建立现代企业制度、向国际化咨询公司发展的目标，引进现代管理理念，开展了又一轮内部管理优化，启动了“组织结构、薪酬及绩效考核体系优化设计项目”。在上海攀成德企业顾问有限公司的协助下，完成了对公司的“管理诊断”、“组织结构优化”、“薪酬体系”和“绩效考核”等四个模块的设计工作，形成了“优化项目”成果，并于 2008 年 1 月 1 日起试行。

在管理制度创新过程中，广大职工思想观念也发生了根本性转变。市场意识、竞争意识、质量意识、诚信意识、服务意识、创新意识不断强化，为公规院又好又快发展奠定了思想和文化基础。

回首改革开放 30 年，公规院随着国家改革开放的步伐一路前行，在学习继承中发展，在改革创新中壮大，形成了以大跨径桥梁勘察设计为核心竞争力，以公路勘察设计、技术咨询服务、区域交通运输规划和标准规范定额编制为优势，其他相关专业不断拓展延伸，开拓国内外两个市场的生产经营格局。公规院人努力为国家建设发展贡献自己的聪明才智和辛勤汗水。

三、发展成就

以1978年京津塘高速公路开始勘测设计为标志，国家进入了交通基础设施快速发展的历史时期。30年来中国公路基础设施建设的辉煌成就，令世界瞩目。尤其是在大跨径桥梁技术领域实现了跨越式发展，不仅跻身于世界桥梁大国，而且已步入了世界桥梁强国之列。

在这项伟大的事业中，几代公规院人做出了骄人的业绩，在中国桥梁史上留下了不可磨灭的印迹。由公规院设计完成的桥梁有百余座，其中跨越长江、黄河、珠江及海湾的特大型桥梁就有50余座，在中国现代桥梁发展史上树立起多个里程碑。

20世纪80年代初期，处在改革开放前沿的珠江三角洲实现了“贷款建桥”的政策性突破，拉开了中国大规模桥梁建设的帷幕。在甘肃兰州黄河大桥、包头黄河大桥、四川泸州长江公路大桥等建设的基础上，公规院承担起了广（州）—珠（海）公路容奇大桥、广东细窖大桥等桥梁的设计建设任务。

1988年，公规院成功设计建设了我国第一座跨径180米的预应力混凝土连续刚构桥——广东洛溪大桥。洛溪大桥以新的桥型突破载入史册，因此荣获第一届詹天佑土木工程大奖和首届“中国十佳桥梁”奖。

十年以后，公规院又设计建成了越珠江出海口的同类型桥梁——虎门大桥辅航道桥。该桥把预应力混凝土连续刚构的跨径延伸到270米，改写了梁式桥梁的世界纪录，树立起了世界预应力梁桥发展的里程碑。虎门大桥全桥工程荣获第九届国家优秀工程设计金奖、第二届詹天佑土木工程大奖、国家科技进步二等奖、交通部科技进步特等奖、交通部优秀设计一等奖。

在厦门高集海峡大桥、珠海大桥等设计建设的基础上，公规院1995年设计建成湖北黄石长江公路大桥。这座五跨一联（联长1 060米）和三孔245米主跨的连续刚构桥梁，当时居“中国第一、世界第二”，也是首座跨越长江中下游的公路大桥，为我国建设深水大跨径桥梁积累了宝贵经验。

20世纪80年代后期，随着桥梁建设跨越大江大河海湾海峡的需求，桥梁跨距要求越来越大，公规院开始了中国特大跨径悬索桥建设的开拓性工作。在政府的支持下，公规院老一代桥梁专家从外国人手中拿回了建设跨越珠江口虎门大桥的自主权。经过12年的艰辛努力，虎门大桥主航道桥设计建成。这座888米跨径的我国第一座六车道高速公路全焊接钢箱梁悬索桥，为特大跨径索桥的建设积累了宝贵的经验，是桥梁建设者在当年抗击外侵的威远炮台旁献给中华民族的一份厚礼！

两年后的1999年，公规院又设计建成了江阴长江公路悬索桥，它以1 385米“一跨过江”的纪录实现了中国桥梁的“千米突破”，成为中华民族桥梁发展史上的里程碑。大桥设计方案充分吸收了国外先进技术，解决了锚、塔、墩和主缆等一系列关键技术问题，取得了多方面技术创新成果。该桥获交通部公路工程优秀设计一等奖、第三届詹天佑土木工程大奖、国家第十一届优秀工程设计金奖，被评为首届“中国十佳桥梁”。时任国家主席的江泽民同志在50年国庆前夕举行的通车仪式上对桥梁建设者们动情地说：“看着这样宏伟的大桥，今天我除了高兴，还是高兴！”

此外，1999年由公规院设计建成的我国第一座三跨连续全漂浮钢箱梁悬索桥——厦门海沧大桥与2007年参与设计建成的武汉阳逻长江公路大桥都以科技含量高、施工难度大著称，充分体现了我国桥梁设计和建设的科技水平。近期成功合龙的世界上首座分离式双箱断面钢箱梁悬索桥——舟山连岛工程西堠门大桥，钢箱梁长2 220.8米，为世界之最，主跨1 650米为“中国第一、世界第二”，西堠门大桥把我国桥梁跨径记录提升到了世界第二位。

20世纪90年代，我国掀起了大跨径斜拉桥建设的高潮。公规院发挥技术优势，于1995年设计建成了首座跨越长江的现代斜拉桥——安徽铜陵长江大桥。这是一座预应力混凝土梁式断面双塔双索斜拉桥，其主跨径432米，居该桥型主跨“中国第一，世界第三”。铜陵长江大桥获全国第九届优秀工程设计铜奖、交通部1999年公路工程优秀设计二等奖。

2001年由公规院设计建成的南京长江二桥，以跨径628米实现了我国钢箱梁斜拉桥600米的突破，荣获第十届优秀工程设计项目金奖、第三届詹天佑土木工程大奖、交通部公路工程优秀设计一等奖、中国公路学会科学技术一等奖、全国优秀工程咨询成果奖、国家优质工程金质奖、国家科技进步二等奖，被评为首届“中国十佳桥梁”。

武汉军山长江钢箱梁斜拉桥、深圳湾的独塔单索面斜拉桥等也都以其一流的工程品质荣获了部级和国家级的奖项，也为我国斜拉桥技术发展积累了经验。

2005年南京长江第三大桥建成，其主跨648米钢箱斜拉桥在同类桥型中属“国内第一，世界第三”，索塔为国内第一座“人”字弧线形钢塔，荣获第七届詹天佑土木工程大奖、2006年度公路交通优秀设计一等奖、国家科学技术进步二等奖和中国公路学会科学技术进步特等奖等。南京三桥仅用了26个月的时间就建设完成，创造了中国大桥建设速度的新纪录。它以“在技术与材料创新、美学价值、环境和谐等方面有着突出贡献的桥梁建造工程”获得2007年度美国国际桥梁会议“古斯塔夫斯—林德恩斯奖”。胡锦涛总书记在视察建成的南京长江第三大桥时，亲切与建设者的代表一一握手，殷切期望建设者抓住机遇，艰苦奋斗，继续开拓进取！

2008年由公规院主持设计的苏通长江公路大桥建成通车，苏通长江大桥全长32.4公里，其主跨跨径1 088米，实现了斜拉桥“千米突破”，树立起世界斜拉桥技术发展史的里程碑。大桥创造了四项世界之最，跨径最大的斜拉桥、世界最高的桥塔（主塔高306米）、世界上最大规模的群桩基础（主桥两个基础墩分别采用131根直径2.5~2.8米、长120多米的群桩）、世界最长的斜拉索（主桥索长577米）。该桥荣获2008年度美国国际桥梁会议“乔治·理查德森奖”。省部技术顾问和专家组高度评价苏通大桥在建设管理、科技创新、工程质量、结构安全方面取得的优异成绩，认为苏通大桥的建成，提升了我国桥梁技术在世界工程领域的地位，代表了当前中国桥梁建设的最高水平。

新世纪，我国桥梁建设走出了江河，公规院又开始了跨海大桥设计建设的新征程。

2008年设计建成的杭州湾跨海大桥全长36公里，是世界上最长的跨海大桥。这座被国外称作“建筑奇观”的跨海长桥由630孔跨组成，由9 000根基础长桩支撑，建造在世界三大强潮海湾之一的杭州湾，科技含量高，施工难度极大。大桥共用240万立方米混凝土和77万吨钢材，是我国有史以来最大规模的桥梁工程。大桥设北、南两个通航孔，北通航孔桥为主跨448米的双塔双索面钢箱梁斜拉桥，南通航孔桥为单塔单索面钢箱梁斜拉桥。省部技术顾问和专家组一致认为，大桥取得了多项自主知识产权的技术创新成果，是我国跨海桥梁建设最新技术成果的标志性工程，达到世界先进水平，提升了我国在国际土木工程领域的地位，是我国海湾桥梁建设的里程碑。

温家宝总理在视察杭州湾跨海大桥时说："这个工程凝聚着我们上万建设者的心血和劳动，工程创造了许多世界第一，设计、施工、规模、技术、安全、管理方面都有一流的经验。我觉得，更重要的就是在大桥的建设中形成了一种精神，这种精神就是中国人民有志气、有能力做前人没有做过的事情，就是科学、求实、创新的精神，就是艰苦奋斗、不怕困难、勇攀高峰的精神。"

在长期的公路桥梁设计实践中，公规院形成了"技术先进、安全可靠、适用耐久、经济合理、美观协调"的设计理念，取得了丰富的创新成果。

以苏通大桥为例，其科技创新成果有：初步提出了千米级斜拉桥设计标准和参数确定的基本原则；完成了桥梁抗风性能研究的理论分析与风洞模型试验；完成了桥梁数值风洞模拟软件和桥梁空间非线性静动力结构分析软件的核心模块；开发了高强度耐久型斜拉索体系产品并形成批量生产；开发了精度为 L/20 000 的斜拉索长度精度控制技术，成功研制了 577 米超长斜拉索。

杭州湾大桥的设计创新成果包括：总体设计与桥梁景观和运营管理有机结合；桥型方案设计与建设环境和施工工艺有机结合；结构设计与结构耐久性设计有机结合。结构和工艺创新包括：索塔钢锚箱创新设计；50 米连续箱梁整孔预制创新设计及梁上运梁工艺；70 米连续箱梁整孔预制吊装创新设计及运架一体化工艺。

30 年来，公规院引领我国公路桥梁技术走过了"学习与追赶"、"提高与紧跟"、"创新与超越"三大阶段。在世界桥梁跨径前十位的工程中，由公规院设计的梁桥、斜拉桥和悬索桥分别占有 2 座、3 座、3 座。建设的业绩证明了公规院已经成为世界一流水平的桥梁工程设计咨询企业。

公规院不仅在大跨径桥梁勘察设计方面具有核心技术能力，在公路基础建设的其他领域也取得了可喜的成绩。

公规院在国家公路交通发展规划可行性研究，公路工程技术标准、规范、标准图制订，公路工程定额、概预算编制，高等级公路、土建工程和公路工程机械设计等领域，完成了多项在全国具有影响力的大型项目：受交通部委托完成了"国家干线公路网（试行方案）"规划；根据交通部"三主一支持"的发展战略，完成了国道主干线公路系统规划，全国公路主枢纽的布局方案；协助交通部完成了"六五"、"七五"、"八五"计划的编制；受交通部委托审核了近 300 多项重点项目；主持编写了《中国交通公路史》；编制完成并由交通部发布 40 多部桥梁、路面设计行业规范标准和定额；参与完成了多条高速公路的勘察设计，主要有京沈高速、沈大高速、浙江上三高速、厦门环岛路、锡宜高速、成南高速、新麻高速、太澳高速、天汕高速、海南绕城、南京绕城路等。完成的土建工程设计的代表作有交通部公路交通试验场、首都机场高速天竺收费站、杭州湾大桥观光平台等。其中，《公路桥涵设计通用规范》获 2006 年度中国公路学会科学技术奖一等奖；南京绕城公路获国家优秀工程咨询成果二等奖；锡宜路获公路交通优秀设计一等奖；成南高速获公路交通优秀设计一等奖、全国优秀工程设计铜奖；《公路钢筋混凝土及预应力混凝土桥涵设计规范》（JTG D62—2004）获集团 2006 年度科技进步一等奖。集汽车工程和交通研究为一体的交通部公路交通试验场，由于大量采用了新技术、新工艺、新材料，荣获国家优质工程银质奖和詹天佑土木工程大奖。

随着中国公路交通事业的发展和世界经济一体化的进程，国际化的竞争战略逐步成为企业持续发展的必然选择。公规院实行“请进来”、“走出去”的战略，以开放的胸怀吸收国外先进技术，加强国际间的交流与合作。

在改革开放之初，公规院组建了交通系统第一家工程咨询类中外合资企业——中美合营华杰工程咨询有限公司。公司由中国公路工程咨询公司（即公规院）与美国路易斯·伯杰集团公司合资，于1985年底组建，主要任务是引进国外先进的土木工程建设、设计、监理和管理技术。华杰公司吸取中美双方母公司的先进技术经验和管理理念，坚持走国际化道路，积极开展国际业务和交流。

20世纪80年代后半期，华杰公司率先引进了国内第一套公路行业的计算机辅助设计CAD系统。通过工程实践，进行消化吸收和再创新的工作，开创了我国公路设计领域使用和普及计算机辅助系统的先河；组织全国力量完成国家“九五”重点科技攻关项目，开发完成了符合中国国情，具有自主知识产权的公路和桥梁辅助设计软件系统，培养了一大批技术人才，引发了我国公路工程设计的革命；与此同时，引进国际先进的FIDIC工程管理模式和国际竞争性招标文件的编制技术，通过世界银行贷款项目的工程实践，逐步在全国推广应用，培训了分布在全国大区的技术骨干队伍。这些工作适时地满足了大规模公路建设的需求，为全国公路工程技术与国际接轨和市场化运作做好了管理、技术和人才的准备。

华杰公司作为我国第一家在亚洲开发银行取得独立投标权的中国咨询公司，是国内第一家按照世界银行和亚洲开发银行贷款指南要求编制公路工程施工国际招标文件的中国咨询公司；华杰公司与国际咨询工程师联合会有广泛和深入的交流，与法国、南非、日本和加拿大的国际工程咨询专家一起，共同起草了《FIDIC施工质量行动指南》，这是第一本由中国咨询工程师参与编写的国际工程咨询业的指导性文件。

经过20多年的发展，华杰公司现持有国家工程咨询、招标代理以及工程勘察设计甲级资质证书，通过了ISO 9000系列质量管理体系认证，拥有运输规划、勘察设计、招标代理、交通安全研究和项目管理等5大生产系列，从事交通发展战略研究、交通和建筑工程项目的规划、可行性研究、国际金融组织贷款技术援助项目研究、勘察设计、招标咨询和招标代理、项目评估、项目管理、交通安全研究以及公路项目市场化运作咨询等工作。今天，华杰公司已成长为在国内外市场上都有相当影响力的设计咨询公司。

继华杰公司后，公规院从开拓国际业务的需要出发，于2005年开始组建国际业务经营开发机构。三年多时间，已相继承担了塔吉克斯坦沙尔隧道、贝宁科托努里立交、尼日尔河二桥、马里巴马科第三大桥、马拉维卡隆加至奇蒂帕公路、巴布亚新几内亚镍矿公路等海外工程设计，编制了安哥拉索约—卡宾达连接线工程的工程可行性研究报告等。

改革开放为共和国开辟了一个波澜壮阔的新时代。改革开放的30年，对于每一个亲历者，都是生命中的华彩乐章。公规院也正是在改革开放的伟业中创造了变革与发展的辉煌。

四、基本经验

公规院历经30年的改革创新发展，在市场竞争中越来越呈现出强劲的活力，这得益于党和国家改革开放政策、国家加速发展的形势，得益于科学发展观的引领，同时，也是公规院几代人拼搏努力的结果，公规院人从实践中总结出如下经验。

1. 坚持改革创新是企业持续发展的不竭动力

(1)体制创新为企业发展不断拓展空间。公规院管理体制的三次大变革，在公规院的发展进程中既是挑战更是机遇。事业转企业使公规院在市场上有了更大的拓展发展空间；公司制改造乃至成为上市公司，给了公规院更大的发展舞台。今天的公规院站在与国际同业同台竞争发展的高度来审视自己，以国际优秀咨询公司为标杆，奋发拼搏，努力攀登。

(2)管理制度创新为企业发展不断增添活力。制度设置是一种政策导向，是对企业价值理念的强化，它的不断完善和提升会极大地调动和激发人的积极性，不断为企业发展注入活力。改革开放以来，公规院从适应市场发展和建立现代企业制度的需要出发，不断创新、完善内部经营管理体制机制，建立健全管理制度。制订公司章程、建立领导班子工作及议事规则，不断进行薪酬、人事、用工三项制度改革，实现全面预算管理，建立完善的质量保证体系，引入市场人才机制，实现全员劳动合同制，进行生产流程再造，优化项目的实施等，公规院的管理创新从未停止过。

(3)科技创新为企业发展不断增强后劲。公规院作为一家科技型企业，最大的关注点和兴奋点就是科技创新。进入21世纪以来，公规院设计的8座世界级大桥都具有含金量很高的独特设计和创新技术，这些创新成果推动了中国桥梁建设的快速发展。

为了进一步提高核心竞争力，公规院加大科技创新投入，组建了桥梁技术中心，科研实力不断增强，现在承担着4个国家科技支撑计划项目，4个国家“863”科研项目，8个交通运输部西部交通建设科技项目，5个中交股份科研项目，还有7项交通运输部的标准规范研究项目等。其中，85%以上的科研课题及创新项目是围绕自身优势——大跨径桥梁勘察设计技术展开的。公规院要为我国成为世界桥梁技术强国继续做出自己应有的贡献。

2. 加强人才队伍建设是企业发展的核心竞争力

科技企业在市场上的竞争，归根结底是人才的竞争。公规院自成立以来，一直致力于建立尊重人才、尊重人才价值、让人才脱颖而出、使其充分施展才干的机制与企业文化，为企业做大做强夯实人才基础。

改革开放以来，公规院进一步完善人才工作机制，深化人事用工制度改革，制订了一系列有关人才队伍建设的规章制度，使人才培养工作有法可依，有章可循。重点打造三支队伍：工程院院士、设计大师领军的，具有国内领先技术，专业、学识、年龄结构更加适宜的生产研发专业技术队伍；适应开拓国内国际市场需要的经营骨干队伍；懂管理、善管理的现代企业管理和项目管理人才队伍。同时，坚持抓骨干队伍建设带动整体员工队伍建设。通过传承、发展、引进、培养，公规院已初步形成一支老中青结合、多专业协调、各类人才荟萃的职工团队：拥有国家级勘察设计大师2人，国家百千万人才工程第一层次人选1人，交通部十百千人才工程第一层次人选2人，中国交通建设“十大桥梁人物”2人，交通青年科技英才2人，茅以升科学技术奖——桥梁大奖青年奖获得者3人，中国公路学会青年科技奖2人、百名优秀工程师8人，享受国务院政府特殊津贴28人等。

多年来，公规院还为国家政府机关、行业主管部门、同行业企事业单位输送了多名专业及经营管理人才、享受政府特贴的专家及技术骨干，包括国际工程咨询机构——菲迪克第一位亚洲区执委。他们在领导、管理、技术等不同的岗位上充分施展着才华，做出了显著成绩。

3. 重视企业文化建设是企业发展的基石

长期以来，公规院提倡和坚持一种负责和诚信的精神：对自己、对单位、对业主负责。尤其成为设计企业以来，公规院重视以市场及国有企业的责任为导向的企业文化再造，以“业主信赖的伙伴，员工奋斗的乐园”为企业建设宗旨。“对用户诚信服务，对产品追求卓越，和员工共谋发展，与社会共创和谐”已经成为公司全体员工的核心价值理念，形成了企业竞争的软实力。

在提升企业软实力的过程中，公规院党组织发挥了积极有效的作用。尤其是在企业深化改革、加快发展时期，公规院各级党组织和广大党员继承该院良好的党建工作传统，以推动发展、服务职工、凝聚人心、促进和谐为己任，始终坚持围绕企业的改革发展发挥政治核心作用。通过开展宣传教育，加强沟通交流，发挥党员的模范作用，促进员工的思想观念转变，为企业改革提供重要的思想保障和舆论环境，为企业持续健康发展保驾护航。

五、发展展望

诞生于半个世纪前的公规院，在改革开放 30 年中，获得了长足的发展，已经成长为一家经济效益显著、社会信用良好、企业文化成熟、优秀人才集中，建立了现代企业管理架构的国内一流、国际上有一定影响的设计咨询公司。

今后，在巩固现有主业、发挥品牌效应的基础上，公规院将进一步拓展新的市场空间和领域，实现可持续发展。在公路、桥梁、隧道勘察设计、交通规划、标准规范等传统领域做大做强的前提下，积极走出国门，与国际知名的工程咨询公司同台竞争。同时，积极探索信息技术与公路桥梁勘察设计的结合，落实科学发展观对交通建设提出的新要求，发展“生态、景观、安全”的新设计技术。

公规院的战略定位是以路桥勘察、设计、咨询、监理、监控检测、项目管理等整个产业链为主体，逐步涉及其他相关工程市场和领域。

公规院的发展思路是以主营业务为基础，以路桥设计为立足之本，发展传统产业，适度扩大规模，增加市场份额，提高赢利水平；以资本市场为引领，参与和主营业务相关的投资和运营，通过资本运作调整资产和经营结构；以技术创新为先导，始终把科技创新和技术应用作为公司的核心竞争力，提高自主创新能力，加强科技成果的自主转化与推广，不断增强公司的技术优势；以人才聚集为关键，创造适宜人才成长发展的环境，吸引优秀人才，注重培养高端人才，尤其是大师级的科技权威以及高素质、懂技术、会管理、通晓国际市场规则的复合型人才。

中交公路规划设计院有限公司正在向着预定目标——确立国内路桥设计咨询行业领先者地位，打造国内路桥设计咨询行业第一品牌，为建成集路桥勘察、设计、咨询、监理和项目管理于一体的国际知名的工程咨询公司而努力奋斗。

横峰绘经纬　侧岭描荒原

中交第一公路勘察设计院有限公司

21世纪，随着国家经济建设的大踏步向前迈进，中国改革与发展的良好态势为世界所瞩目。在科学发展观的指引下，工程科技现代化成为国民经济建设中不可或缺的重要战略组成部分。科学技术推动着生产力的发展并决定着生产力的发展水平，而工程技术的发展在其中起着最重要、最直接的作用。改革开放30年，中交第一公路勘察设计研究院有限公司（以下简称中交一公院）伴随着国家经济建设30年的飞速发展大踏步前进，大胆开拓创新，不断超越自我，走出了一条适应中国国情和企业自身特点的发展之路。

一、企业介绍

中交一公院，坐落于古都西安南郊高新技术开发区，前身为“西北军政委员会交通部设计公司”，成立于1952年。1963年定名为“交通部第一公路勘察设计院”，1999年划归中国路桥（集团）公司，更名为“中交第一公路勘察设计研究院”，于2007年成功上市。

中交一公院是国有独资企业，可承担国内外公路、桥梁、隧道、交通工程及沿线设施、工业与民用建筑、工程地质等领域的勘察、设计、监理、咨询、项目管理及工程总承包等业务。1993年，中交一公院入选“中国勘察设计综合实力百强单位”。1998年通过了ISO 9001国际质量体系认证。

中交一公院下设10个主体分院，10个地方办事处，8个子公司；现有在职员工960人，其中高级职称260人（含教授级高级工程师44人）、中级职称271人、初级职称290人，辅助生产人员139人。具有高、中级职称技术人员占职工总数的55.3%。

改革开放30年，中交一公院业务面已涉及全国的31个省、自治区、直辖市以及肯尼亚、安哥拉、巴基斯坦、阿尔及利亚、委内瑞拉等30余个国家和地区，已完成公路勘察、设计、咨询等项目1 045个，勘察设计里程超过85 000公里。先后荣获省部级科技进步奖、鲁班奖、詹天佑奖、优秀勘察设计奖200多项，取得了优异的经济效益和社会效益。最具代表性的有京津塘高速公路、川藏公路、青藏公路、济青高速公路、连云港至徐州高速公路、丹河特大桥、雁门关隧道、二郎山隧道等国家重点建设工程。

改革开放30年，中交一公院接受交通部委托，审查公路建设项目百余项，主持《公路工程技术标准》、《公路路线设计规范》、《公路路线勘测规程》、《公路桥梁加固技术规范》等50多个标准、规范、指南、手册的编写工作。

30年来，中交一公院年产值、利润、总资产逐年上升。1978年年产值150万元，利润20万元，总资产1 300万元；2007年年产值8.9亿元，利润总额1.3亿元，总资产为12.8亿元，年产值、利润、总资产分别是1978年的590倍、650倍、98倍，年平均增长率分别是24.24%、24.63%、17.15%。

1999年~2002年，中交一公院在西安高新技术产业开发区建设新的办公区，享受当地高新企业利税方面的各种优惠政策，同时也极大地改善了职工的办公条件。

二、改革历程

改革开放初期，特别是党的十一届三中全会以后，国有企业改革逐步启动。中交一公院改变观念、改革体制，在实践中不断探索与尝试，在发展中不断改革与创新。随着改革开放的向前推进、国民经济建设向纵深发展和国家干线公路网建设的全面展开，我国的公路交通事业进入了一个崭新的历史发展时期。

机遇与发展，永远垂青于时刻做好准备的人。改革与开放，为企业的飞速发展提供了最坚实的支撑平台。

科技强国，是中交一公院在改革开放30年中挺进高新技术主流，冲破技术壁垒最具革命性的推动力量。

1. 乘改革东风扬帆万里

改革开放伊始，按交通部要求，国有企业的改革逐步启动。为提高企业在改革中的商品竞争力，保持企业发展与国家经济发展同步前行。中交一公院转换企业经营机制，转变企业经营理念，成立了企业化调研小组，经过认真细致的调查研究，经院职工代表大会批准，提出了“以质量求生存、以管理求效益、以信誉求市场、以创新求发展”的经营理念；制订了测量、设计、勘探、试验等生产劳动试行定额及取费标准；提出了清产核资工作的问题与建议；成立了工程技术干部职称评定委员会，对全院技术人员进行技术职称的套改和复查；制订了《签订和执行合同暂行办法》，开始“在完成交通部下达任务前提下自揽任务、收入按比例留成、经费包干、超支不补”这一经营模式的探索和实践，全方位地调动了职工的积极性，企业效益有了进一步的提高，迈出了管理体制改革的第一步。

逆水行舟，不进则退，要在经济发展的大潮中立于不败之地，人才队伍的储备和科技水平的提高刻不容缓。在1980年4月，中交一公院成立了交通职工中等专业学校，由此开始对院技术力量和技术队伍进行专业结构配置和专业梯队建设，开始了科学技术更新与科技理念更新。对未经专业院校学习的青年职工进行系统的专业知识和技能培训，使得青工知识结构得到全面改善，并以培训班、短训班等多种形式对在职技术人员和辅助生产人员不定期进行新理论、新技术的培训，以“请进来、走出去”的方式，先后录用了国内大专院校的毕业生进入技术部门，先后送出多批技术人员到公路建设发达国家和地区学习，新的技术、新的理念、新的活力、新的血液使得中交一公院的专业人才队伍在改革开放经济发展大潮风起云涌中成了最具有活力的生力军，企业的竞争力、生产能力、产品质量迅速提高，为企业改制和实施科学化管理打下了良好的基础。目前，1985年~1995年毕业的大学生和我院自己培养的青年技术骨干已担任多个项目的负责人、多个测设队的负责人和各分院的领导人，有的成长为省级青年技术专家，有的成长为部级优秀科技人才，并有多人荣获国家、省、市级奖励和劳动模范称号。

进一步建立健全党委领导下的职工代表大会制度，广大职工通过职工代表大会这一形式来实现参与民主决策、民主管理、民主监督的权利，增强职工的主人翁意识。在此基础上，1986年2月，中交一公院成立了思想政治工作研究会，积极研究探索新的历史时期职工思想政治工作的特点、思路和方法。制订了《关于加强社会主义精神文明建设的中长期规划》，开展了争创“文明单位”、争当“文明职工”的双文明创建活动，此活动由此成为中交一公院企业文化的重要组成部分。

质量是企业生存的命脉，重视与加强质量管理，建立完善各项管理制度，是保证企业实现管理制度化、规范化、程序化、系统化发展的必由之路。从1988年开始，中交一公院开始推行全面质量管理，成立质量管理办公室，举办质量管理人员骨干培训班，制订了68项管理办法和管理制度，成立了30个QC小组。在推行全面质量管理活动中，坚持紧密围绕生产工作的原则，在制度建设、职工培训、课题选择等各项管理措施的实施中做到了有目标、有组织、有计划，取得了十分优异的成绩。1989年，中交一公院顺利通过了行业主管部门联合组织的质量管理工作达标验收，全院共有15个QC小组获国家级表彰，有26个QC小组获交通部和陕西省表彰。1998年中交一公院通过了ISO 9001国际质量体系认证。

1987年，中交一公院经交通部批准为国家甲级设计单位；1990年，中交一公院获高等级公路、大型桥梁、隧道建设监理资格和甲级证书；1992年度入选中国勘察设计综合实力百强单位；1994年获国家对外贸易部批准开展国外经济技术合作业务。

2. 凭综合实力稳健前行

1988年4月，交通部批准中交一公院实行院长负责制，企业党政职能划分更加清晰，责任更加明确。中交一公院开始实施领导任期目标责任制、干部聘任制、岗位责任制，增强了各级领导干部的使命感、责任感、危机感，调动了全院干部职工的积极性、主动性、创造性。在原定“五定、两包、一奖励”经济责任制的基础上，实行了“四保”（保产值、保质量、保时间、保经费）、“两包（包经费、包产值）、一挂（产值与经济效益挂钩）”的技术经济承包责任制。

管理是企业发展的永恒主题，是企业效益的根本保证。改革开放30年，中交一公院结合本院转企建制的实际情况，以质量求生存、以管理求效益、以信誉求市场、以创新求发展，在市场竞争中、在改革经济浪潮中取得了可喜的成绩。

中交一公院经过反复调研和论证，在1996年～2001年间，大幅改革生产组织形式，此项改革主要包括两个方面：一是将全院原下属的8个测设队，调整为4个区域主体分院，分别执行华南、华东、华中、西北的生产任务，同时成立桥梁、隧道两个专业分院，专门承担特殊独立大桥和隧道的勘察设计；二是针对市场需求，利用现有人员，根据专业优势，组建了专业各有所长、业务互不冲突、资源可以共享的8家子公司，生产经营网络逐步覆盖全国。

1996年初，中交一公院在《深化改革方案》中提出了“九五”奋斗目标：一年打基础、两年见成效、三年上台阶，2000年产值翻一番，建立现代化企业雏形。确立了“以国家‘九五’计划和2010年发展计划为依据，以提高经济效益、实现企业腾飞为核心”的经营理念。为此，中交一公院在转变经营观念、转变市场观念、转变质量观念的基础上进一步巩固原有市场、开辟新的市场、狠抓勘察设计投标、扩大监理业务，在未来的行业竞争中，培育和储备新的经济增长点。

改革开放30年，从基础管理到企业改制，从体制创新到技术创新，从“市场链”到“星级服务”，中交一公院不断拓展企业发展之路，实现了由量变到质变的历史性飞跃。

实践证明，企业转制和经营战略的转变和调整不仅没有影响主业的发展，反而成为勘察设计主业发展的有力推动力。经过30年拼搏奋进，中交一公院已拥有国内一流的技术设备，建有交通行业重点试验室及行业工程检测中心，配置各类先进设备千余套，在道路工程控制测量、路线勘测、高精度数字地面模型构建、工程地质遥感解译分析等技术方面已步入世界先进行列。已完全具备承担大规模、更为复杂、要求更高的交通工程设计，公路工程咨询监理，大桥、特大桥的施工监理，道路养改，工程咨询设计，旧桥加固工程咨询设计，计算机软件开发等生产任务，从而形成了“一业为主，多元支撑”的企业生产经营格局。

2002 年依据国家继续加大公路基础设施建设力度的宏观形势，中交一公院提出了“一个集中、两个独立、三个统一”原则和“低成本扩张”战略，在重庆、湖南、山西、北京等地成立了地方办事处，同年，中交一公院荣获陕西省文明单位的光荣称号；2003 年 12 月，中交一公院顺利通过 ISO 9001:2000 质量体系换版认定，并荣获全国交通系统创建文明行业先进单位；2004 年度全国勘察设计咨询行业企业收入前 100 名评比中，中交一公院位于第 47 名，年合同额首次突破 10 亿大关；2006 年中交一公院荣获全国科技建设进步先进集体光荣称号；同年，实现“三连冠”奋斗目标，连续三年在中交集团设计企业业绩中位居榜首。

三、发展成就

中交一公院伴随着祖国的发展同步前进，这是苦练内功、厚积薄发的 30 年，是承前启后、继往开来的 30 年。面对大好形势，先后几任党政领导班子居安思危，锐意进取，大力推进“国际化”、“差异化”发展战略：力保和巩固国内市场，进军和占领国际市场；以公路工程为主，同时向市政、铁路、轨道等领域拓展；建立完善的科技研发体系，加大技术进步和科技创新力度，企业科技实力和核心竞争力显著增强。

改革开放 30 年来，中交一公院为祖国交通运输事业做出了突出贡献，涌现出一大批受到国家、交通部和省、市表彰奖励的专家、劳模、先进个人、先进集体，这一切，都将成为中交一公院永远的精神财富和不断前进的强大动力。

建院 50 年来，中交一公院精神文明和物质文明建设成绩斐然，综合实力不断增强，有多个勘察设计项目获国家、省、部等各级奖励，文明单位创建活动喜结硕果。

1. 京津塘高速公路

京津塘高速公路是我国提出筹建最早、论证时间最长、并经国务院批准建设的第一条跨省（市）高速公路，是我国利用世界银行贷款、按国际管理模式组织建设的第一条高速公路，是我国高速公路的开山奠基之作，也是我国公路交通现代化建设历史上的里程碑，被世界银行誉为“十年来在华贷款项目成功建设的典范”。

中交一公院是京津塘高速公路的勘察设计牵头单位，中交一公院副院长、设计大师刘济源作为设计总负责人，在交通部的直接指导下，组织、协调部属多家单位、国内多所知名大专院校对京津塘高速公路进行了勘察设计。

京津塘高速公路勘察设计是在我国既无高速公路技术标准，亦无相关规范可咨询参考的前提下摸索起步的。在勘察设计开始之前的论证阶段，中交一公院就做了大量的技术准备：选派技术骨干前往德国、英国、日本等国家学习高速公路设计技术、计算机应用技术；翻译审校了大量国外技术资料；与兄弟单位合作拟订了《京津塘高速公路测设暂行规定》。这些成果为我国高速公路起步阶段引进、借鉴国外先进设计思路和方法起到了重要的推广和普及作用。在结合中国国情的基础上，创造性、系统性地提出了适应我国社会经济发展水平、经济技术政策和公路交通条件的高速公路建设标准、勘察设计流程和作业规程，为我国高速公路建设奠定了坚实的基础。

京津塘高速公路先后荣获交通部“优秀勘察一等奖”、“优秀设计一等奖”，被交通部命名为“中国十大公路工程”。1994 年获建设部“全国最佳工程设计特奖”、“中国建筑工程鲁班奖”。“京津塘高速公路工程建设成套技术”1996 年获交通部科技进步特等奖、1997 年获国家科技进步一等奖。

2. 青藏公路、川藏公路

1954 年 12 月 25 日，被西藏各族人民称作青藏高原上的“金桥”和“天路”的川藏公路、青藏公路同时建成通车至拉萨，西藏公路交通史由此翻开了新的一页，物质交换靠人背畜驮的旧时代彻底宣告结束。

中交一公院半个多世纪的奋斗史，与西藏公路交通发展史紧密相连、息息相关。从 20 世纪 50 年代开始，中交一公院的工程技术人员就进藏从事公路整治改建工程的勘察设计和科学研究，50 余年从未间断。在高海拔、极寒冷、空气稀薄、气压低的青藏高原上，长达 2 400多公里的川藏公路、青藏公路，绝大多数路段整治改建的勘察设计任务，都是由中交一公院负责完成的。火烤胸前暖，风吹背后寒，中交一公院人克服了通天河的急流险滩、昆仑山的悬崖峭壁、大戈壁的裂壑深沟、羊八井的绝地峡谷、五道梁的死亡挑战，完成了 200 多万组科研数据的收集、整理、分析、汇总、建档工作。

改革开放之后，国家逐年加大了对西藏公路建设的投资力度，青藏公路、川藏公路的整治改建工作一直牵动着党和国家领导人的心。川藏公路沿线被称为“地质病害博物馆”，地形地质条件极为复杂，地质灾害发育广泛且暴发频繁，青藏公路沿线地处高寒，又需穿越 700 多公里的多年冻土地区，青藏公路、川藏公路的整治改建面临着许多亟待解决的技术难题。新中国成立以来，特别是改革开放 30 年来，中交一公院先后派遣百余批次工程技术人员奔赴川藏公路、青藏公路沿线，掌握了大量真实可靠的第一手资料，确保了勘察设计和科学研究的成果质量，而且为交通部宏观决策、西藏交通厅建设规划提供了可资参考的技术依据。

为西藏公路建设奉献智慧和力量，一直是中交一公院的光荣传统。“特别能吃苦、特别能战斗、特别能奉献、特别能忍耐”的老西藏精神，已经成为中交一公院的兴院之宝，代代传承。

3. 高原多年冻土

青藏公路格尔木至拉萨段全长 1 139 公里，由南向北穿越了 700 多公里自然环境极其恶劣、地质条件复杂多变的高原多年冻土带。冻土带路基不均匀沉陷、路表坑槽遍布、桥涵基础破坏、挡墙扭曲变形。

1973 年，为了配合以铺筑沥青路面为主要工程内容的第二次改建，查清冻土分布及危害机理，交通部决定由中交一公院负责牵头，成立了青藏公路多年冻土科研组，武憋民同志担任科研组组长。这项研究一直持续了 34 年，先后分为四个时期，除第一期外，后三期都是在改革开放之后进行的，并最终将四期研究成果集成为“青藏高原多年冻土地区公路建设及养护技术”。

多年冻土科研工作，是在没有任何经验教训可供借鉴的情况下，由中交一公院长期坚持在青藏公路生产一线的科研工作者联合其他单位工程技术人员，从零开始，自主研发的。研究成果不仅为青藏公路的改建整治工程提供了坚实的科学依据，而且填补了该技术领域的世界空白，确立了我国在高原多年冻土研究方面的世界领先地位。

曾几何时，从格尔木驱车到拉萨，需要在路上颠簸行进三五天时间。如今仅需要 13 个小时，就可以实现朝发夕至的目标。因此，人们过去习惯把青藏公路赞美为“大动脉”和“生命线”，现在却将它称作是西藏的“高速公路”。多年冻土科研成果已经转化为实实在在的生产成果为人类造福。目前，青藏高原多年冻土地区公路建设及养护技术已经入围国家科技进步特等奖。

4. 走出国门

从 20 世纪 60 年代起，中交一公院就有过多次跨出国门的经历，曾在越南、巴基斯坦、索马里等国家执行勘察设计任务。改革开放以来，中交一公院积极向国际公路勘察设计市场进军。在我们自身技术能力、适应能力、资金能力尚不足以与国外咨询公司相抗衡的现实情况下，为了能有效占领国际市场，中交一公院大胆改革项目管理体制，针对各个国家在公路建设管理体制、技术标准和规范等方面的不同特点，制订了一系列适应性技术质量管理制度，通过体制创新和制度创新，在国际市场站稳了脚跟，赢得了信任，取得了成效。打破了国际市场多年来一直由欧美发达国家依靠强势的标准、技术、资金所垄断的现状。

改革开放 30 年，中交一公院的海外业务面已覆盖亚、非、拉 30 余个国家和地区，测设里程超过 2 200 公里。特别值得一提的是，2006 年 4 月，中信-中铁建联合体通过投标，击败世界排名靠前的众多欧美大型工程集团，一举中标阿尔及利亚东西高速公路中、西两个标段，中标合同额高达 60 多亿美元。作为中信-中铁建联合体的合作伙伴，中交一公院承担了本项目设计牵头工作及其中 400 公里勘察设计的任务，先后有 600 余人次远赴北非，进行技术咨询服务。在项目执行过程中，测设团队针对国际工程项目特点，克服了标准、规范、语言、文件审批程序、安全等方面的困难和障碍，积极探索、钻研、攻关，面对苛刻的欧美咨询公司，充分展示了中国工程师的技术水平和敬业精神；他们反复优化、精心设计，为承包商提供了强有力的技术支持；他们夜以继日、加班加点，面对承包商巨大的工期压力，完成了西方工程师认为需要 3 ~ 5 年才能完成的设计任务，保障了项目的顺利推进。

中交一公院为开辟国际市场，做了大量认真细致的准备工作，还针对国际市场的特殊要求，调整完善生产经营格局，成立国际项目部、环境景观分院、数字化研究所、桥梁标准化研究所等科研机构；邀请国外专家来院技术交流、派遣中层技术管理干部出国学习考察，引进外语人才翻译出版欧美技术标准、收集国际市场相关信息、跟踪国际项目进展动态、寻求合作单位及途径、参与国际市场投标等。

四、基本经验

30 年的栉风沐雨，30 年的艰辛历程，30 年的拼搏奋进，30 年的不懈追求。作为交通人，行业的工作特点决定了我们要有“捧雪为茶、冻土当床”的精神，需要我们有“横峰绘经纬、侧岭描荒原”的气慨。因此强有力的思想政治工作是中交一公院保持旺盛战斗力和强势竞争力的最大法宝。

与此同时，中交一公院还注重建设一个和谐、有序、安全、高效的保障系统，定期召开职工代表大会，不断增强职工的主人翁意识，引导职工全方位参与企业管理；在职称、住房、工资、奖金等各项涉及职工个人利益的改革中，做到透明、合理、公平、公正、公开；建设和谐大环境，给予一线勘察设计、工程技术人员以极大的支持。

认真落实科学发展观，不断加大科技创新投入。推进科技人才队伍建设，加强对外实质性交流与合作，以海外项目为载体，以国际合作为平台，将研究领域拓展到国外，不断提高科技创新能力。

质量管理是提高企业效益和竞争力的重要途径之一，加强质量管理是企业发展的基石，只有确保管理体系科学、有效，紧盯质量方针、质量目标不放松，注重总体设计把关，提高后续服务质量，才能促进质量管理再上新台阶。

企业文化建设是企业保持可持续发展的重要保障，“至诚至善，和谐共赢”的企业精神，始终贯穿中交一公院“构建和谐一院，打造平安企业”的各项工作。“5·12”汶川大地震后，中交一公院在第一时间派出技术专家和技术队伍，在强烈余震、山体滑坡、泥石流等灾难面前，完成了道路抢通保通、路桥检测加固和恢复重建等工作。全院职工家属积极捐款捐物，为灾区人民送去了我们的一份爱心。

中交一公院30年来所取得的一系列成就，得益于改革开放的好政策、大环境，得益于交通运输部、中国路桥（集团）公司、中国交通建设集团的正确领导和亲切关怀，得益于各省市自治区交通主管部门的高度信任和热情帮助。

五、发展展望

在科学发展观的指引下，我国的国民经济建设已进入快速发展的历史时期，中交一公院人深深懂得：作为交通人，公路、桥梁、隧道不仅仅是点、线、面的描绘，更是勘察设计人员智慧与力量的博弈。未来的企业发展之路，中交一公院将迎来新的机遇、迎接新的挑战，按照国际一流水准，打造高科技型企业，依托企业品牌优势，在继续精进主业的基础上完善生产经营和资本运营能力，进一步拓展自主创新能力，从而全方位地提升企业核心竞争力，使企业多元化发展格局更合理、更具科学性。

在科学发展观的指引下，推进现代管理科学化，为企业发展插上腾飞的翅膀。进一步建立健全现代化企业管理制度，深化体制改革和企业内部机制建设，保持和谐稳定的环境，正确处理好改革、发展、稳定的生产关系。在深化改革中找到新的经济增长点，把握市场脉搏，以市场为导向，及时调整经营战略。

2008年，针对未来的发展态势，中交一公院提出了“一二三四”战略规划，即“一个目标、两个跨越、三个转变、四个推进”，建立由计划经营、科技研发、人才培训三大管理体系为支撑的管理架构。

一个目标：用5～10年时间，将中交一公院打造成为国内领先、国际知名的国际化工程咨询公司。

二个跨越：一是跨国界，在力保国内市场的同时，大力进军国际市场；二是跨行业，在力保公路工程主业不断发展的同时，向市政、铁路、轨道、机场、水运等行业全方位拓展。

三个转变：即转变经营模式，转变经济增长方式，转变人力资源管理模式。

四个推进：全面推进勘察设计、咨询、监理能力和水平的提升；继续推进岩土工程业务全面发展；继续推进桥梁加固、道路养护业务发展；继续推进工程项目管理、工程总承包业务，并加快国际化步伐。

21 世纪，将是科学技术空前繁荣和科学理性充分发展的新世纪，中交一公院将创造超过以往任何一个时代的科学成就和物质财富，为祖国的经济腾飞，为华夏的文明进步，精诚团结，拼搏奋进，创建更加美好的明天。

把目光投向未来

中交第二公路勘察设计院有限公司

一、企业介绍

中交第二公路勘察设计研究院有限公司（以下简称中交二公院）是中国交通建设股份有限公司全资子公司，地处有“九省通衢”、“白云黄鹤之乡”之称的湖北省武汉市，注册资本 4.65 亿元人民币，前身为交通部第二公路勘察设计院。

中交二公院具有工程勘察、工程设计（公路、市政）、工程咨询、工程招投标代理、测绘、水土保持、监理、地质灾害处治等国家甲级资质，具有高速公路、特大桥梁、特长隧道、交通工程、市政工程、铁道工程、建筑工程等项目管理和工程总承包资质，具有年完成 1 000 公里以上高等级公路勘察设计能力，具有研究和编制公路勘察设计行业标准、规范、规程、手册的技术实力，能承担本行业国家级重大科研课题的研究开发。2000 年，通过了 ISO 9001 国际质量体系认证。

中交二公院下属有 18 个子公司、分公司，5 个设计室，5 个研究所。在职员工 776 人，各类专业技术人员 595 人，其中高级工程师以上职称 207 人。现有中国工程勘察设计大师 2 名，国家级中青年专家、享受国务院政府特殊津贴专家 13 名，教授级高级工程师 37 名，各类国家注册工程师 42 名。

中交二公院是我国公路勘察设计行业综合实力最强的企业之一。2004 年，中交二公院荣获国务院国资委授予的“中央企业先进集体”称号，名列 ENR“中国工程设计企业 60 强”第十五位；2007 年，入围 ENR“中国工程设计企业 60 强”并获“最具成长性的工程设计企业”称号；2008 年，中交二公院先后被认定为“武汉市高新技术企业”及“湖北省高新技术企业”。

几十年来，中交二公院在勘察设计实践中勇于探索，大胆创新，完成了国内外超万公里不同等级公路的勘察设计任务，各类工程项目先后获得 54 项国家和省部级奖项，取得了良好的经济效益和社会效益。比较典型的国家重点建设工程有京津塘高速公路、京港澳（京珠）高速公路、广深珠高速公路、沪宁高速公路及改扩建工程、湖北襄樊至十堰高速公路、沪蓉西高速公路、西藏墨脱公路、鄂黄长江公路大桥、厦门翔安海底隧道、湖南雪峰山隧道、福建福宁高速公路赤岭隧道等。

中交二公院长期致力于培育企业的核心竞争力，突出品牌战略，争做全国公路勘察设计技术潮流的引领者。从“六五”到“十五”，中交二公院多次承担国家和交通部科技攻关课题、公路工程技术标准、技术规范和工程专题技术研究，有38项科技成果获省部级以上奖励。其中“京津塘高速公路工程建设成套技术”、“沪宁高速公路（江苏段）工程建设成套技术”获国家科技进步一等奖，“GPS、航测遥感、CAD集成技术开发”、“虎门大桥建设成套技术”获国家科技进步二等奖。

中交二公院始建于1964年，40余年来，几代人薪火相传，奋斗不止，励精图治，锐意创新，走过了一条与祖国公路交通事业齐发展、同进步、共繁荣之路。历史的积累形成了中交二公院人勇于探索、不畏艰难、特别能战斗、特别能出成果的工作作风。30年改革开放带来的思想解放、体制变革和市场经济造就了中交二公院的辉煌。未来的发展需要我们认真总结过去，进一步解放思想，回顾改革开放30年是历史的总结，更是发展的需要。

二、改革历程

从建院到党的十一届三中全会之前，中交二公院的第一代创业者们同全国人民一样，以极大的干劲和热情积极投身新中国社会主义建设事业。在这14年间，中交二公院所承担的公路勘测设计项目主要是交通部下达的国防公路、三线公路、援外公路及少数地方道路。具有代表性的项目有北京至原平公路、攀枝花渡口矿区公路、川藏公路改建工程、天山独库公路、八达岭过境公路、葛洲坝三江公路大桥、光化汉江大桥等。这些项目中八达岭过境公路1983年荣获国家优质工程银奖，天山独库公路1984年荣获国家优秀设计金奖，葛洲坝三江公路大桥荣获国家优秀设计银奖。

拓荒者是不会被忘记的。在中交二公院艰辛的初创时期，第一代创业者们克服了高原缺氧、酷暑严寒、地形险峻、仪器简陋等重重困难，跋山涉水，披荆斩棘，在人迹罕至、荒凉偏僻的地方开天辟地，用智慧和汗水在悬崖绝壁、莽莽丛林中立下一串串火红的路标。

1978年以党的十一届三中全会为标志，中国的社会主义建设进入了改革开放的新阶段。随着国家干线公路网规划工作的启动，公路交通事业进入了新的发展时期。在交通部的领导下，中交二公院积极探索适合自身特点的发展道路，在测设生产、科研、职工教育、管理制度等方面做了大量的探索和实践。

1979年中交二公院从国外引进总价值约180万元的成套航测成图仪、地面摄影经纬仪等，并首次在晋城至光化公路勘测中成功应用地面立体摄影技术，为中交二公院逐步发展成为我国公路航测技术中心创造了条件。中交二公院“六五”期间承担了国家科技攻关课题“航测技术在公路测设中应用研究”，成果处于同期国内领先水平。

1980年根据十一届三中全会精神，公路勘察设计单位开始试行向企业化过渡，中交二公院开始了迈向市场的第一步，到1983年，计划外营业收入达到了225.8万元。

1982年随着恢复高考后首批大学毕业生来院工作，中交二公院的专业人才结构和年龄梯次组成逐渐进入良性循环，朝气蓬勃的年轻人给中交二公院的发展注入了新的活力。

探索之路是非常艰辛、同时也是充满希望的。改革开放的大环境为中交二公院提供了良好的外部环境，全院职工团结、进取的精神为中交二公院在这个时期的努力探索提供了源源不断的强大动力。

三、发展成就

1984 年交通部下达《关于公路工程勘察设计单位试行技术经济责任制的通知》，要求对勘察设计行业进行体制改革，逐步由事业单位改为事业单位企业化管理，实现自主经营、独立核算、自负盈亏。这一机遇，成为中交二公院率先走进市场、开拓市场、熟悉市场，促进观念更新、实现体制转变的有利契机。在压力和机遇面前，中交二公院人深知解放思想的重要性，他们最早南下扎根广东，跨过黄河开拓北方，上高原到海边东西扩展。在改革开放的最前沿，他们的观念不断更新，迎来了一个更为广阔的市场。

1992 年春，邓小平同志“南巡”重要讲话，对抓住机遇、加速发展的问题发表了精辟的见解，深刻回答了长期束缚人们思想的许多重大认识问题。东方风来满眼春，同年，中共十四大正式确定了中国经济体制改革的目标是建立社会主义市场经济体制，使中国的改革开放再次步入了快车道。国内公路建设开始迎来新的春天，1993 年，“五纵七横”国道主干线规划正式发布实施。1998 年，交通部在福州召开全国加快高速公路建设工作会议，确立了 1998 年～2000 年公路建设发展目标。

面对蓬勃发展的公路基础设施建设市场，国有企业过去的一些机制和运营模式的弊端成为企业发展的阻碍。1995 年 3 月 1 日，中交二公院全面实行内部公司制试点工作，成立了第一公路勘察设计公司。内部公司制的实行，适应了勘察设计市场激烈竞争的形势，是中交二公院深化改革、转机建制的重要里程碑。院内部公司采取模拟法人的形式，实行经理负责制，经过一年的试运营，这一新的制度在公司得到了全面实施，赋予了中交二公院新的活力。和着中国高速公路建设的节奏，中交二公院稳步发展，在公路勘察设计市场始终保持领先地位，测设生产硕果累累。

1984 年～1999 年期间，中交二公院完成的勘察设计项目先后有 20 多项分别获国家级或省部级奖项，工程优良品率均保持在 95% 以上，期间完成的多个项目都具有开创性和划时代的意义。

(1)京津塘高速公路开创了我国高速公路勘察设计、招投标、建设、监理、项目管理的新篇章，在我国公路建设史上具有划时代的意义，是中国高速公路建设的先驱。京津塘高速公路勘察设计充分体现了广大设计人员探索、创新、高效的精神，发挥了广大建设者的聪明才智，勘察设计和工程建设质量均达到了国际先进水平，先后荣获全国最佳工程设计特奖、国家优质工程金奖、国家科技进步一等奖等六大奖项，为国家高速公路工程技术标准的制定奠定了基础。

(2)广深高速公路是我国早期利用外资建设的第一条六车道高速公路，也是第一条引入国外（英国）公司进行设计咨询的高速公路。它地处珠江三角洲，沿线水网发达，水文、地质条件复杂，软土地基分布广、厚度大、强度低。勘察设计针对项目桥梁多、地基条件差的特点，采用了大量先进勘察手段，获取了大量的外业资料和地基参数，吸取国内外技术优势进行了积极的探索，取得了丰硕的成果。

(3)沪宁高速公路江苏段是“长三角上的金飘带”，位于水网化地区，1996 年 9 月建成通车，由中交二公院总体负责勘察设计。工程采用 CAD 和全景复合透视设计技术，确保了线路布局合理、平纵配合协调、线形顺适，与周围景观协调，符合环保和节能要求；在软基路段、过湿土地区高速公路建设技术上取得了重大突破；国内首次与道路工程同步建成收费、通信、监控、安全和服务设施，综合服务水平达到国际先进水平。沪宁高速公路江苏段代表了当时国内一流的设计与建设水平，先后获得国家和部委授予的六大奖项，为全国高速公路建设树立了样板。

(4)京珠国道主干线粤境、湘境高速公路有着“中国山区高速公路第一路”的美誉，中交二公院在该项目的勘察设计中，充分体现环境选线、地质选线新理念，为山区高速公路勘察设计积累了宝贵的知识和经验。先后获得国家和部委授予的四个大奖。

(5)除了道路工程，中交二公院还在桥梁、隧道等传统优势项目上积极开拓，先后完成了虎门大桥（南北引桥及连接线）、湖北鄂黄长江公路大桥、广西六景郁江大桥等一批获奖桥梁；完成了第一座三车道断面隧道——广东虎背山隧道，穿越古城墙的南京中山门隧道和浅埋大跨径连拱隧道——广东五龙岭隧道等一批隧道工程，为新世纪中交二公院隧道勘察设计的飞跃奠定了基础。

公路勘察设计行业是技术密集型行业。面对当今世界公路交通科技飞速发展的态势，只有大力促进科技进步与创新，才能抢占制高点，赢得主动权。20世纪80年代、90年代中交二公院先后完成了多项国家科技攻关项目，完成了京津塘、沪宁等高速公路的技术攻关，取得了令人瞩目的成就。在此期间，中交二公院先后承担了国家“七五”攻关课题“航测遥感在公路测设中的使用技术”和国家“九五”重点科技攻关课题“GPS、航测遥感和CAD集成技术开发”的开发工作。该课题专业跨度大、学科门类多、技术复杂，中交二公院科研人员深知这项课题对我国今后公路建设意义重大，同时也感受到了前所未有的挑战和压力。课题组近40人殚精竭虑，艰苦努力，最终取得了辉煌的成就。2004年课题成果荣获国家科技进步二等奖。

2000年初，中交二公院按照交通部现代化企业政企分开的总体要求，从交通部脱钩，归属中国路桥集团总公司，由原事业单位企业化管理彻底转为科技型企业。

转制之初，困难大、难题多，经过近一年的调研、筹备，中交二公院围绕生产经营中心、围绕市场转换机制，在新世纪伊始，吹响了深化改革的第一声号角。2001年1月18日通过了《近期改革工作要点》的报告，新一轮的改革工作拉开序幕。

这一阶段改革工作以“抓住机遇，集中精力求发展”为主题，以调整组织结构和理顺管理关系为重点，以开拓市场、提高生产力、促进技术进步为主线。在机构设置上基于扩大生产力，强化科技进步这个宗旨，设置了审核咨询室、桥梁设计室、专业设计室、试验检测中心、技术发展公司等14个生产部门。同时，针对过去管理机构庞大、管理人员过多、管理职能交叉重复导致权责不分明、管理成本过高的弊端，对机关进行了精简。中交二公院在机构改革的同时还进行了大胆的薪酬制度改革，加大了激励力度，增强了凝聚力。通过解放思想和各项改革，工作线条日益明晰，全院由科技开发支撑勘察设计、勘察设计导引科技开发的综合配套优势越来越突出，越来越符合市场的要求，也越来越被市场认可。

2005年5月26日，院职代会通过了《关于改革调整我院组织管理体系的意见》，意见首次系统提出了中交二公院“立足于公路勘察设计，积极拓展和培育相关业务，提升综合管理能力，以品牌、质量、科技和服务为核心，以资源整合为手段，逐步发展成为具有全方位服务能力和较强国际竞争力、实行集团化运作的工程公司”的总体战略目标。提出了近期建立以总分管理模式为主、以母子管理模式为辅，保留少数专业室的模拟集团化管理模式；中期以母子管理模式为主、以总分管理模式为辅的现代企业管理模式；远期建立完全母子关系的国际型集团化管理模式的发展思路。这是中交二公院改革发展史上的重大事件，是又一次深层次的变革。它是中交二公院贯彻科学发展观、构建和谐二院的重大举措，为企业可持续发展奠定了坚实的基础。

运行管理模式的改变、企业的持续发展、国家高速公路建设的快速推进和招投标制度的实施为中交二公院抓住机遇快速发展提供了历史机遇。中交二公院依托技术领先优势、强烈的品牌意识和创新的公路设计新理念，主动出击，通过投标竞争，承揽了一大批重大工程项目，实现了企业发展的飞跃。

(1)湖北省襄（樊）十（堰）高速公路是湖北省第一条山岭重丘区高速公路，是湖北省第一次采用双联拱技术进行隧道施工，第一次运用抗滑桩、预应力锚索等技术综合治理公路地质灾害，第一次将工程防护与生态防护相结合整体实施环保工程，第一次全线实施彩色诱导、震标警示、声屏降噪的高速公路项目。2003 年底建成通车，2005 年度被评为湖北省勘察设计一等奖，2007 年获詹天佑大奖。

(2)沪宁高速公路（江苏段）改扩建工程是国内首条在不中断交通条件下同时实现改、扩建的高速公路工程。2002 年开始方案研究，2005 年 12 月全线通车。中交二公院作为主体设计单位，在勘察设计中进行了大量的课题研究与技术创新，成功实现了软土地基上路基和各类桥梁的拼接，创新了现有道路勘察、评价方法，全面采用数字化设计技术，提高了工作效率和质量，引领了高速公路扩建工程勘察设计的新方向。截止到 2008 年 6 月，该工程已获得省部级优秀咨询、勘察、设计及科技进步奖七项，尚有若干奖项正在申报中。

(3)湖北沪蓉西高速公路是迄今为止湖北省投资最大、工程最艰巨、地质最复杂的高速公路工程，是我国最具挑战性的山区高速公路项目之一，同时也是交通部典型示范工程。

本项目中的四渡河特大桥（悬索桥，主跨 900 米），为我国已建和在建的最大跨度的桁架加劲梁式悬索桥，它创造了桥面到谷底高差大于 500 米的世界之最，采用了我国在建的最大规模的悬索桥隧道式锚碇，创新采用了可更换式锚碇锚固系统和钢-混凝土组合结构桥面系。借助火箭弹发射先导索过峡谷，也开创了国内乃至世界建桥史上的先河。

本项目中的支井河特大桥为钢管混凝土拱桥，主跨 430 米，居国内同类桥型之首。大桥两岸均为陡峻的悬崖峭壁，桥隧紧密相接，交通运输条件之恶劣、施工场地之狭小，工程难度之艰巨，为国内山区桥梁建设之最。

本项目中的龙潭河特大桥为连续刚构桥，主桥上部构造为（106 米 + 3 × 200 米 + 106 米）五跨预应力混凝土连续刚构箱梁。桥长 1 182 米，主桥墩最高 178 米，居世界梁式桥高墩之最。

本项目中的八字岭隧道全长 3.5 公里，隧道地形、地质情况复杂，同时存在岩溶突水、突泥、煤层瓦斯、采空区、断层破碎带等多种不良地质现象，出口为国内公路隧道中首次采用的分岔隧道形式，分岔段总长约500米。

(4)厦门翔安隧道。厦门东通道是一项规模宏大的跨海工程，其中连接厦门市本岛和翔安区陆地的翔安隧道全长6 050米，跨越海域总长约4 200米，按双向六车道标准设计，是我国大陆第一座大断面的海底隧道。该项目地质条件复杂，隧道穿过多处海底风化囊，地质条件较差，施工风险较大。工程设计中突出“以人为本、安全第一”的总体思路，制订了对付各种突发性灾害的处置预案。整个设计方案在保证工程经济性和适用性的基础上，兼顾了工程结构的安全性和耐久性。该项目的建成将对我国隧道建设技术的进步和发展起到里程碑式的作用，另外，还将缩小我国隧道建设与世界先进水平的差距。

(5)西藏墨脱公路地处喜马拉雅山南麓，雅鲁藏布大峡谷两侧，是我国地形起伏最大、自然坡降最大、降水量最大、地震烈度最高、地质灾害最多、地质条件最复杂的地区，堪称“世界地质灾害博物馆”。在工程测设过程中，中交二公院广泛应用自主创新的——“GPS、航测遥感和公路CAD集成技术开发”、“IKNOS卫星影像在西藏墨脱公路勘察设计中的应用研究”成果，并在项目中首次大规模应用高分辨率空间卫星立体影像技术，极大地丰富了测设成果，为类似项目的开展开创了崭新的途径。

从2000年~2006年，中交二公院在国内公路勘察设计市场中一直保持较高的市场份额。大量的工程实践以及特殊项目的攻关和创新培养了大批的公路建设人才，巩固了中交二公院在行业中（特别是山区高速公路、高速公路改扩建、长大隧道、特殊桥梁领域）的技术领先地位，为国家的高速公路建设做出了杰出的贡献。2004年，中交二公院被人事部、国务院国资委联合授予“中央企业先进集体”光荣称号。

四、基本经验

回顾中交二公院改革开放30年来走过的风雨历程，我们不难从中吸取到一些发展的经验，领悟到些许成功的真谛。

(1)坚持解放思想，积极、稳妥逐步推进企业改革，不断健全和完善企业发展体制和机制，在体制上不断变革，在机制上不断创新。面对瞬息万变的市场形势，企业要生存、要发展，就必须解放思想，更新观念，顺应形势，锐意改革。没有思想解放，不可能有制度创新；没有企业改革，不可能有企业的持续发展。从事业单位到事业单位企业化管理，从企业到完成公司制改造后上市，每一次重大变迁无不由解放思想肇始。可以说，每一次思想解放都是中交二公院改革的强大推动力，每一次改革都困难重重、举步维艰、压力巨大，但这都不能阻挡中交二公院改革的决心和勇气。在锐意改革的同时，中交二公院还注意慎重处理好改革、发展和稳定的关系。改革是动力，发展是目的，稳定是改革、发展必不可少的前提，同时，改革与发展也为稳定提供了坚实的基础。

(2)坚持以生产经营为中心，以市场为导向，实施质量经营战略，走效益型发展道路，这是中交二公院秉持多年的企业经营方针。发展是硬道理，必须抓住一切机遇加快发展。发展要有新思路，从“抓住机遇，集中精力求发展”到逐步建立起集团化的生产经营组织管理体系，中交二公院根据市场形势和要求，不断调整经营模式和发展思路，不断提高企业适应市场的能力。

(3)坚持科技创新，不断提升企业核心竞争力。科学技术是第一生产力，中交二公院是典型的科技型企业，中交二公院40余年发展历程就是技术发展和技术推动的历程，每一次技术创新和技术变革都大幅度提高了生产力。“GPS、航测遥感、公路CAD集成技术”、山区高速公路勘察设计技术、高速公路改扩建勘察设计技术、长大隧道勘察设计技术、特殊桥梁设计技术等已成为中交二公院的核心技术，形成了中交二公院的核心竞争力。中交二公院通过科技创新积累了巨大的无形资产，培养了一大批复合型人才，引领了全国公路勘察设计技术的潮流，提高了企业的声誉，增强了企业的综合实力。

(4)坚持“优质、创新、用户满意——我们永恒的追求”的质量方针，树立公路勘察设计新理念。随着市场经济的发展，质量和质量管理已经成为人们越来越关心的话题，质量水平的高低是一个国家经济、科技和管理水平的综合反映，质量是企业的生命已成为企业的共识。多年来，中交二公院走依靠科技进步的路子，不断提高勘察设计手段和水平，坚持质量第一，避免盲目发展，培育了中交二公院在市场中的信誉常青树。

(5)努力培育符合中交二公院实际的现代企业文化，努力构建和谐企业。一个成功企业背后，必然有其独特的文化轨迹和影响力。中交二公院探索出了一条围绕重点工程项目品牌，以核心竞争力和凝聚力为着力点的企业文化建设模式（ECC)。特别是围绕有“天下第一难”之称的西藏墨脱公路建设，在最艰苦的地方展示着人类挑战极限的勇气，铸就了一种以“不畏艰险的吃苦精神、立足本职的奉献精神、协作友爱的团队精神、与时俱进的创新精神”为内涵的“墨脱精神”。“墨脱精神”集中反映了中交二公院企业文化的鲜明特征，体现了交通人共同的价值追求。通过企业文化建设生产优质产品，提高优质服务，以良好的员工形象、产品形象、经营形象、环境形象给用户及社会留下深刻印象，从而以“有情的服务”在“无情”的市场竞争中取胜。

(6)坚持领导班子建设，打造一支“开拓型、务实型、协作型、廉洁型”的领导团队。中交二公院把领导班子建设作为关系企业兴衰成败的战略性任务来抓，扎实开展“四好班子”创建活动，着力培育好“五种能力”（战略决策能力、市场经营能力、统筹协调能力、组织执行能力和廉洁自律能力)。企业党政领导形成合力，心拧一股绳，劲往一处使，聚精会神搞建设，一心一意谋发展。

五、发展展望

2006年10月8日随着中国交通建设股份有限公司的成立，中交二公院作为其全资子公司开始了现代企业制度下的新旅程。

从普通企业到上市股份公司的子公司，这次变革不同于以往任何一次，不论是企业还是员工，这都是一次彻底的身份转换，是一次本质的转变。经过改制的洗礼，中交二公院站在了新的起跑线上，进入了新的发展阶段。

2007年公司第一届董事会在公司第一届一次职代会提出了公司一段时间的基本思路和发展规划：在未来5年时间内，以勘察设计咨询主业为基础、以海外业务为主营业务的重要补充、以主业延伸业务为拓展，注重发挥优势，培育高端市场和差异化发展，以地域协同为手段，以人才、科技、创新和低成本为支撑，实行紧密型“集团”化经营管理，为实现公司愿景即为发展成为国际型工程公司夯实基础。同时，提出了3~5年内主业延伸业务份额占50%以上的奋斗目标。

中交集团跻身世界500强的喜讯传来，中交二公院人在感到欢欣鼓舞的同时更感到任重道远。追求永无止境，企业的发展就是一个不断战胜自我、超越自我的过程。当辉煌载入史册时，中交二公院人已将深邃的目光投向更为广阔的市场，向有国际竞争力的高新技术企业迈进的步伐已经铿锵迈开。

“国家队”的大作为

交通部公路科学研究院

一、企业介绍

交通部公路科学研究院（以下简称公路院）的历史可追溯至汪伪政权时期，1939年8月，伪华北政务委员会建设总署成立公路局材料试验室，这便是今天公路院的雏形；1956年11月8日，交通部公路科学研究院正式成立。

公路院是目前交通运输部唯一直属的大型科研机构，为自收自支事业单位。同大多数行业一样，为促进科研成果产业化，实行事、企混行的运行机制，全院共有事业部门9个，全资和控股高新技术企业16个，参股企业5个。在事、企并行的机制下，拥有在职职工1 637人，其中事业身份517人，企业身份和外聘职工1 120人，另有离退休职工196人。在职职工中专业技术人员占57%，有工程院院士1人，国务院参事1人，博士生导师6人，硕士以上学历专业技术人员367人。

1978年，全国科学大会召开，小平同志提出“科学技术是生产力”的创新理论，带来我国科技发展的第二次飞跃。不久，交通部发出通知，公路院被正式命名为“交通部科学研究所”，并将其定为部属一级事业单位；2006年年初，全国科学技术大会号召“建设创新型国家”，我国科技发展面临第三个飞跃。在此前夕，交通部将原交通部公路科学研究所更名为交通部公路科学研究院。

经过几十年的发展变迁，公路院已成为我国公路交通领域学科最为齐全的科研机构。改革开放后，在市场大潮的冲击下，公路院逐步走上了服务政府与服务社会相结合的发展道路，构筑起科研、检测、高新企业三大业务板块，形成了研发、检测、工程服务三大业务链。

目前，公路院科研板块主体由9个研究中心和4个交通部重点实验室构成。9个研究中心包括交通公路工程研究中心、桥梁技术研究中心、公路交通安全工程研究中心、汽车运输技术研究中心、公路交通环境工程研究中心、公路交通发展研究中心、交通智能运输系统工程研究中心、交通物流工程研究中心和公路养护管理研究中心。另外，两个国家级中心，即国家公路工程质量监督检验中心和国家交通安全设施质量监督检验中心，连同7个部级检测中心，构成了公路院检测服务体系；同时，院下属的16家高新技术企业，通过多次改革，均已改造成独立法人有限公司，主要从事设计、施工、监理、软硬件产品开发与技术咨询等业务，初步形成了公路院面向市场的产业化体系。

公路院拥有资产3个亿、占地2.4平方公里的公路交通试验场，是我国公路交通行业最大的试验研究基地，建设规模与功能居亚洲第二，场内具有道路工程、桥梁工程、交通工程(智能运输系统工程)、道路安全工程、汽车运用工程、公路环境工程的试验条件。目前已建成总长28.6公里各类试验道路，以及包括“实车碰撞实验室”等9个实验室在内的实验室群。另外，公路院还拥有多个相关的学会、协会等社团组织及博士后工作站，成为整合社会及市场资源、增添科研实力的有效补充。

二、改革历程

20世纪80年代初期，交通部决定将当时的交通部科学研究院已有的水运、公路两所分开，由部直接领导，并在机构和人员等方面予以充实和加强，确定了公路（所）院的组织机构，任命了一批所级和中层干部。公路（所）院体制独立后，开始整合、汇总、凝练前期所开展的一些科研成果，同时派出一批技术干部到发达国家考察和学习，为即将开始的我国高等级公路建设做好技术和人才储备，并积极参加了以国家重点科技攻关计划与技术政策制订为重点的国家级科研计划。

“六五”国家科技攻关像一部发动机，全面启动了我国第一个国家科技计划，公路院参加了“疏港公路关键技术研究”，这标志着公路院作为公路交通科研领域“国家队”的地位重新得到确认。

1985年3月13日，中共中央作出《关于科学技术体制改革的决定》，揭开了国家全面科技体制改革的序幕，通过改革拨款制度、实行技术合同制、开拓技术市场、加强技术成果转化中间环节，引导科研机构创办科技企业，以及实行院（所）长负责制等制度，推动科技界投入到经济建设的主战场。

公路院也在这一轮改革中，由全额拨款的事业单位，变成差额拨款的事业单位，开始实行课题经营核算，试行科研经费管理改革。

1995年，中共中央、国务院再次对科技体制改革和科技政策进行布局，颁布了《关于加速科学技术进步的决定》，通过“稳住一头，放开一片”的机构改革措施，引导开发类与有能力面向市场的科研院所向企业化转制。

公路院在此轮改革中探索了组建公路CAD工程研究中心与公路科研中心等模式，探讨进入企业或转制为企业的可能性，最后经过反复思考，明确地选择了继续留在部内为行业服务的方向，经国家有关部门批准，成为为交通发展提供重大基础性或公共性技术服务、事业性质的科研机构。

2003年，以“破”为切入点的科技体制改革基本结束，以国家启动中长期科技发展规划纲要编制和2006年全国科技大会的召开为标志，我国科技体制改革进入了“立”的阶段。其核心为建立以企业为主体、产学研相结合的技术开发体系，以科研机构、高等院校为主的科学研究体系，以及以中介机构为主的科技服务体系，完善科技与经济相结合的体制机制，使科研成果能够顺利地转换为现实生产力。

公路院以进入行业创新体系和国家创新体系为目标，开始了第三轮科技体制改革。从“破”到“立”，从被动适应到主动应对，公路院对自身发展进行了更为明确的定位：作为行业直属的科研机构，必须要增强其为政府及行业服务的能力，必须要从国家层面加强基础性研究和应用基础性研究，使其具备自主创新与持续创新的能力；必须通过产品、工艺的研发与专利，使其在市场中具有核心竞争能力；力争把检测部门发展成为行业服务的中介机构，为行业发展把好质量关；力争建成院高新技术企业集团，做好科技成果的转化工作。

经过30年的改革变迁，公路院调整结构，整合资源，使聚合效应发挥了最大潜力。长期以来，公路院始终对技术发展趋势给予了极大的关注，对我国公路交通科技发展也有较强的敏感性。1981年，成立标号志室，建立交通工程学科；1988年，在可持续发展的要求下，公路院适时成立环境工程学科；1995年，根据国际智能交通技术的发展形势，较为超前地申请成立ITS学科；2001年，为满足物流技术的发展需要，成立了物流技术中心；2003年，将一部分技术人员从交通工程室剥离，成立交通安全学科；2006年，为适应日益临近的大规模公路养护对先进养护技术的迫切需求，成立了公路养护管理研究中心。

至此，公路院的学科布局形成了以道路桥梁建养、智能安全运营、运输物流技术与汽车节能、环境保护为中心的学科布局，在学科建设方面独领风骚。

随着学科的调整，公路院除建立了围绕新学科的研究室以外，还对原有的材料室进行了整合，将其并入道路室与环保室；将道路室、桥梁室合并组建道桥部；汽运室、汽保室合并组建汽车部；撤销筑机室；把设计和机电研发与施工从交通工程室剥离，交通工程室的研究重心转向交通安全；同时，对院机关通过定岗定编进行精简。

在试验室建设的同时，公路院对设备配置也加大了投入力度。1985年特批进口了沥青与沥青混合料试验设备；20世纪80年代末期，又通过基建购置了直流测功机、土工试验与水工试验装备；20世纪90年代初，利用世界银行贷款引进了路面加速加载设备。通过试验场建设与年度基建计划，添置了如车载假人、高速摄像、2 000吨电液伺服加载设备与反力墙、SHRP试验仪器、排放试验系统等先进的试验设备，从而明显地改善了研究条件，为公路院出成果、出人才提供了坚实的技术保障。

为适应新一轮科技体制改革关于“引导科研机构创办科技企业”的要求，公路院围绕公路交通发展需求与自身优势，将设计院实体化，相继成立了机电与生态工程公司、公路养护与桥梁维护加固公司、检测产品开发公司、监理咨询公司、技术服务公司等。通过资源的整合，使公路院具有了更强的、面对公路建设运输主战场的生存与发展能力。

为了加强公路院为行业服务能力、自主创新能力与技术竞争能力，在交通部的支持下，公路院进行了事企分类管理。首先是通过组织部级的工程研究中心，稳住一支精干的科研力量，成立九大研究中心；其次从事业单位中剥离相关企业，做到法人到位，转变机制，按企业模式运作；第三，对于检测性质的工作，通过整合，向实体过渡，在机制上保证其公正性及非营利性。

俗话说：“一流企业做标准。”经过多年的努力，公路院已在国家与国际标准化工作中确立了一定的地位。中国工程建设标准化协会公路委员会、全国交通工程设施（公路）标准化委员会、全国汽车维修标准技术委员会的秘书处、国际标准化组织智能运输系统技术委员会中国秘书处，均设在公路院。

此外，公路院通过国家与行业重点实验室建设，力争成为国家创新体系的重要组成部分，以及行业创新体系的中坚力量。当前，公路院的ITS工程研究中心、公路噪声环境工程研究中心已是国家级的工程研究中心；道路结构与材料、公路交通安全技术、旧桥检测与加固、智能交通已是行业重点试验室。同时，国家道路及桥梁质量监督检验中心、国家交通安全设施质量监督检验中心也已挂牌运行，国家道路与桥梁检测设备专业计量站正在筹建……

30年的改革历程中，公路院始终把人才培养和队伍建设视为改革的核心任务之一。1981年，公路院仅有职工346名，其中技术干部占62.11%，由于大学招生中断，形成人才断档，绝大多数技术人员的年龄均在35岁以上。为了尽快开展科研工作，公路院一方面招集散落于社会的原交科院的研究人员，一方面培养与调用相关技术人员来院工作。经过近30年的努力，公路院职工几乎翻了5倍，专业技术人员达57%，35岁以下的年轻技术人员占45%，不仅完成了新老交替，而且明显改善了人才的学历结构、职称结构与年龄结构，形成了技术创新梯队。

人才是科技竞争的关键，公路院十分重视人才培养与人才引进，并不断地改善人才培养环境。

首先是岗位培养，从“八五”开始，公路院就要求在国家与交通部的重大科研项目的组织上，要有一名年轻的研究人员担任课题组组长或副组长，为年轻人创造良好的锻炼与发展环境；其次是学历培养，经批准，公路院分别于1983年、2000年、2003年建立了道路、桥梁、交通工程3个硕士点，与东南大学共建交通运输工程一级学科博士点和自建博士后工作站，利用中澳、中日、中英、中加、中荷国际合作，以及国内在职博、硕士培养环境，培养了大量高层次人才；第三是学术培养，2006年起全院建立了院创新基金，开展应用基础性、开放性、储备性技术研究，通过主办和参加国际会议，以及院主办的《公路交通科技》杂志，为研究人员进行学术研究与交流提供条件；第四是关心年轻同志的职称评审与生活住房问题，稳住技术骨干，为他们解决后顾之忧，使近年来公路院出现了一批学术领军人物与技术骨干队伍。

至2008年，公路院已拥有工程院院士1人，博士生导师6人，国家百千万人才3人，交通部十百千人才10人，交通部青年科技英才7人，享受政府特殊津贴16人。

有了人才，还要留住人才。公路院通过事业留人、感情留人、机制留人等举措，吸引大批人才为公路院的发展贡献力量。

在改革过程中，公路院不断健全人才机制，实行了全员聘任制，中层干部竞聘、轮岗及年终考核制，二级机构绩效考核制，领导干部年终考评与述职制，非在编职工的合同与参保制，优秀职工与单位奖励制，下岗人员待岗制，股权激励机制试点等。通过以上制度的实施，规范了人员管理，推进了后备干部选拔工作，体现了奖优罚劣的分配机制，促进了领导干部工作透明化，提高了广大员工的工作积极性，使公路院向和谐发展迈进了一大步。

三、发展成就

公路院历经30年的发展，成就辉煌。20世纪70年代，公路院主持完成了冻土课题，解决了青藏公路修筑中最关键的多年冻土、岛状冻土技术问题，在这一领域的研究取得了突破性进展，获得国家科技进步一等奖。

20世纪80年代，公路院主持完成的《关于车辆购置附加费的建议》被国务院采纳，至此，我国公路建设有了固定的资金渠道，为后来我国高等级公路的大发展起到了巨大的推动作用。

20世纪90年代，公路院主持完成了半刚性基层沥青路面技术、重交通道路沥青技术、乳化沥青稀浆封层技术、沥青路面典型结构研究、水泥混凝土路面滑模施工技术研究、SMA技术研究、路基稳定技术和设备开发、道路通行能力研究和公路养护管理技术、桥梁检测与加固技术等重要课题。其中，公路养管关键技术及系列装备研究、道路通行能力研究获国家科学技术进步二等奖，为我国高等级公路建设成套技术的形成发挥了不可替代的作用。

20世纪90年代以来，在多年交通工程研究、设计、标准化和工程实施的基础上，公路院率先启动了我国公路运营管理技术研究，开发了智能运输系统（ITS）技术，成为我国ITS领域唯一具备一流综合开发和试验能力的国家级研究开发机构，在国际ITS开发和应用中确立了中国应有的地位，为我国收费公路联网收费和电子不停车收费的实施，以及现代交通管理提供了成套技术。

这些成果的取得与科技发展大环境的根本改变，以及通过自主创新占据制高点的发展战略密不可分。

20世纪80年代初，围绕我国公路交通发展，特别是高等级公路的兴建，公路院参加了"六五"国家重点科技攻关项目"疏港公路关键技术研究"，"七五"承担了"公路运输技术开发"，"八五"承担了"高等级公路混凝土路面施工机械及路用材料研究"，"九五"承担了"国道主干线设计集成系统开发研究"，"十五"与"十一五"分别参加了国家重点科技攻关与支撑计划中有关智能交通与物流技术的研究。在早期，还配合企业参加原经贸委的企业技术开发与引进消化吸收一条龙项目；近期，在国家自然科学基金与863计划立项方面实现了重大突破，三年内共获项目分别为7项和9项。

另外，公路院在行业联合科技攻关与西部交通科技项目中也承担了大量研究工作，特别是在西部项目中承担了88个研究课题与多项成套技术项目，约占项目总量的六分之一，成为公路交通行业科技战线的主力军。

事实证明，公路院始终保持着承担国家重大科研项目与应用基础研究项目的能力，是一支公路科技战线上名副其实的国家队。

改革开放30年来，公路院全院提交科研成果915项，其中国家项目87项，占9.5%；共计获国家与省部级科技成果奖293项，其中，全国科学大会奖20项，国家科技奖3项，国家发明三等奖2项，国家科技进步一等奖9项、二等奖16项、三等奖15项、四等奖1项，交通部（包括中国公路学会）科技进步特等奖2项、一等奖17项，二等奖67项、三等奖126项，四等奖5项，省级科技进步一等奖2项、二等奖7项，三等奖1项。

政策上的先导性，技术上的支撑性，推广中的服务性，使公路院成为支撑行业发展的一支重要力量。

30年来，公路院将为部服务、为行业服务的理念贯穿在技术标准的制修订及关键问题的决策引导上。改革开放以来，公路院分别完成国标、行标制修订303项，规划制修订69项，引领着行业的技术进步。

对于敏感的政策性与关键性问题，公路院也为行业做了大量引导性工作。

1983年，一项重大的行业发展政策从公路院酝酿并产生。为解决公路建设资金问题，公路院联手中国人民银行，与其他兄弟单位一起，在参考了国外经验的基础上，根据我国交通发展的特点，提出了征收车辆购置费的建议，并经交通部报送国务院批准，于1985年开征车辆购置附加费。

20世纪80年代初，社会上关于高速公路的争议不绝于耳。为此，公路院投入了由交通部主导的论证工作，从经济发展角度分析了建设高速公路的必要性，从技术政策角度提出交通量达到1万辆修筑高速公路的合理性，为高速公路在我国的顺利起步发挥了积极的推动作用。

到20世纪80年代末，围绕交通部“三主一支持”的发展战略，公路院编制完成了45个公路主枢纽中的17个主枢纽规划，为公路主枢纽的发展奠定了良好的基础。

20世纪90年代末，党中央提出了西部大开发战略，为适应形势发展的需要，公路院率先组队赴新疆、青海、宁夏、甘肃、陕西5省进行调研，并向交通部提交了调研报告，为西部科技项目的启动做了基础性工作。

2007年，节能减排成为经济发展的主旋律，在交通部的主持下，公路院先后完成了客运、货运单车能耗标准，在交通行业的节能减排工作方面发挥了先导作用。

在技术支撑方面，公路院紧紧围绕交通部的中心工作，当好行业发展的智囊团，完成了一系列具有标志意义的民心工程、德政工程。

在安保工程中，编制了“安保工程指南”，以技术支撑单位的身份参与了210国道6省区及109国道北京段的改造工程；在联网收费工程中，提供了收费与分账软件，主持了京沈高速北京、天津、河北的联网收费工程；在气象信息服务中，利用设在公路院的信息平台，坚持向全国发布气象与灾害预警短信；在超限治理中，制订了车辆外廓尺寸与荷载标准，提供了动态称重设备；在桥梁加固工作中，制订了检评标准与加固方法，并参与多座桥梁的检测、维修、加固工作；在抗震救灾中，派遣两批8人赴映秀开展桥梁状况评价工作。

为了使科研成果尽快地转化为现实生产力，在交通部西部干部培训项目的支持下，公路院投入了大量的专家、学者，针对农村公路建设、桥梁检测加固、交通安全保障工程、边坡稳定与生态保护技术、交通信息化等技术以及标准规范进行培训与宣贯。2003年以来，共举办了82期培训班，培训西部地区的管理与技术干部1.68万人次。另外，根据中加两国政府的合作项目协议，在交通部的领导下，公路院作为中方执行单位的技术依托单位，组织了西部13个省区19批次、287人次赴加培训，接待了12名加方专家65次来华到13个省区的技术援助工作，有力地支持了西部地区的公路建设。

改革中，公路院不断地探索产学研相结合的模式，除在研究项目启动时联手大专院校开展基础理论研究、联手生产部门解决施工工艺与装备问题，以及通过交通部的重点成果推广应用项目，扩大成果应用外，还与省交通厅结成战略伙伴关系，以及通过科技示范工程，开展工程项目一揽子技术需求的研究、开发与应用工作，并取得了初步成效，促进了成果的应用与转化。

为了响应国家第一轮科技体制改革中关于院所建企业，解决面向与结合的问题，公路院利用自身的科技储备与科技优势，成立了多个领域的中介机构与科技企业。

经过二十几年的磨炼，公路院逐步形成了代表国家与行业的检测与计量机构，代表行业与部门的材料、设备与工程检测机构，在交通部的支持下，形成了公路工程、交通工程与在用汽车三个领域的行业检测中心，通过努力，又将公路工程与交通工程检测中心的资质由部级提升到国家级，为交通行业工程质量把关、产品评审鉴定提供了技术平台与先进手段。同时，形成了以设计、咨询与工程三个板块为支撑的高新技术集团，其年收入达全院的50%左右，其中交通工程设计与机电工程已成为公路院的支柱产业与品牌产业。

另外，产品类的科技企业，以检测产品为切入点，以工程质量为落脚点，以多年的技术储备为基础，也取得了长足的进步，不但形成了道路桥梁工程检测的系列产品，公路院研发的自动弯沉仪、摩擦系数测定仪还出口国外，刚刚研制成功的路面病害检测车，也受到国际社会的青睐，并将成为公路院新的经济增长点。

高新技术产业的发展，来源于多年的科研成果积淀，来源于技术创新，同时，高新技术产业的发展也增强了公路院的经济实力、竞争实力。1996 年第二轮科技体制改革以来，公路院的年新增合同额从4 200 万元增长到8.8 亿元，年收入从5 700 万元增加到7.3亿元。

在改革开放翻天覆地的巨变中，公路院和无数企业一样，有幸成为改革的见证者和受益者，是改革开放的国策，使公路院走向崛起！

四、基本经验

30 年来，公路院一路踏破荆棘，锐意改革，突出重围，走到今天。

1. 科学规划，明确发展目标与途径

近年来，公路院组织编制了《2004 年~2010 年发展规划纲要》和《公路交通试验场建设规划》，明确提出了“坚持服务于行业的宗旨、坚持技术创新的特色、坚持市场需求的导向、坚持全面发展的方向”的规划原则和发展定位。2005 年，在对各专业发展能力评估的基础上，制订了公路院“十一五”发展规划，通过发展能力评估、规划制订，使全体员工明确改革和发展的目标、任务和途径。

2. 调整组织机构，增强科研实力

尽管在国家第二轮科技体制改革中，公路院暂时留在了部内，但院内上下同样感受到改革带来的新旧观念的碰撞以及来自市场的冲击。为此，公路院进一步深化内部体制改革，以适应行业和市场对科技的需求，提高为政府服务的能力。

2002 年起，公路院着手进行事企分类管理改革。事企分类改革的目的，一是稳住一支基础应用研究的科研力量，提高自主创新能力；二是发挥企业的技术创新主体作用，提高为公路交通建设服务的能力。通过2002 年和2003 年两个年度的策划、宣传、试点和铺开，到2003 年年底，院内事业、企业两大部类基本分开，原来事企混同的状态基本改观，保留并强化了道桥、安全、环保等七个事业部门建制。同时，按照建立现代企业制度的要求，优化院内资源配置，重组了多家科技型企业，逐步搭建起以道路桥梁工程、交通安全、智能运输、环境工程、物流、养护管理、交通发展战略等研究中心为依托，以公路工程、交通工程、环境工程和汽车运用工程四个领域检测机构为载体，以科技型企业为成果专化平台，以公路交通试验场为行业科学实验基地的现代公路院。

3. 优化资源配置，发挥科研综合优势

优化资源配置是提升科技生产力的有效手段。优化资源配置的举措之一是实行课题制，打破承包制。从项目的申报，到科研的组织，以获得最优的研究成果为目标，通过行政和经济手段合理配置资源，形成一套新的科研组织流程。通过临时项目组的形式，与院内单位开展横向合作，在整合小课题组的基础上筹划大学组架构。这些措施，一方面发挥了公路院汇集行业资源的作用，另一方面不同程度地提升了科研项目的研究水平。

同时，实施建设大型综合实验室和专家实验室并举的改革，对现有实验室资源进行评估、整合，结合公路交通试验场规划的制定，以公路交通试验场为基地，建设以公路工程、桥梁工程、交通工程、汽车工程、环境工程、智能运输及物流为主体的实验室群。为顶尖专家配备专家实验室，用以跟踪研究世界前沿技术。

4. 建立激励机制，推进自主创新

公路院在进行事企分类管理改革的同时，进一步深化了分配制度改革。主要措施之一就是制订并试行了绩效考核制度，运用经济手段调整内部资源，逐步形成了投资方、经营方和技术依托方相互依存的管理格局，在一定程度上规范了院内各经济实体的经营行为，调动了上述三方的积极性。

同时，在事企分类管理改革实施后，为鼓励自主创新，激发广大科研人员的积极性和创造力，公路院积极探索股权激励的新路子，根据国家有关产业政策和知识产权管理的有关规定，从 2004 年起，对院内三家规模较小的产品类企业进行了股权多元化试点改革，按照效率优先和自愿原则，在这些公司引入职工持股并制订了一系列防止国有资产流失，维护公司和个人股股东利益的规章制度。这一举措不仅使股改企业的职工增强了凝聚力和主人翁责任感，同时也在院内起到了很好的示范作用。

2004 年，为鼓励自主创新，公路院建立了创新基金，由国家项目、部项目提取 7% 的管理费组成，使国家预算资金全部用于科技开发，重点支持基础应用研究、自主创新项目和企业技术创新项目。

5. 实施人才战略，增强发展后劲

人才是构成科研院所综合实力的重要元素。因此，打造一流院所，增强自主创新能力离不开人才要素的支撑。为此，公路院不断调整和优化人才战略，稳步推进人才工程建设，主要措施有：制订了院人才发展规划，提出了“620 工程”，即到“十一五”末期，培养出 20 名行业顶级专家，20 名行业知名专家，20 名后备干部，20 名优秀项目经理，20 名国家注册工程师，20 名高级技师。

积极拓展国际交流渠道，采取“请进来、送出去”的战略，加强与国外同行的技术交流和信息沟通。从 2004 年起，每年选送一批年轻人到国外进行中长期研修。

大力加强继续教育。从 1989 年起开始自主培养公路工程和交通工程的硕士研究生；1999 年获得与东南大学联合培养博士生资格；2003 年博士后工作站正式启动。

这些人才措施，逐步营造出尊重知识、尊重人才的氛围，为公路院的发展积累了人力资源，为高水平成果的产生做好了人才储备。

6. 开放办科研，加强国际交流与合作

加强国际交流，提高有效利用国际科技资源的能力，是科研院所提高科研能力的有效途径。近年来，公路院逐步改变花费大量资金组织一般性考察的模式，通过扶持各专业寻求国外相应先进的机构合作研究和开发、选派科技人员到国外研究开发机构去工作、参加国际会议、吸收国际人才参与国家和自主开发项目等方式，提高利用国外科技资源的效率。先后与美国、德国、加拿大、澳大利亚、英国、俄罗斯、乌克兰、荷兰、瑞典、芬兰、南非等国家的科研机构签订了双方合作协议，2004 年聘请了荷兰、加拿大两位公路安全和智能运输专家为客座教授，有效地开拓了研究人员的视野和思路，收到了很好的效果。

7. 加强文化建设，构建和谐氛围

机构内在文化与生产力的协调发展，是提高软实力的重要途径。院内上下积极构建“严谨、和谐、奉献、包容”的科学家文化。提倡换位思考，提倡百家争鸣、取长补短；树立科学需要批评，允许失败的风气；改变文人相轻的氛围，包装一切有成果的科学家；鼓励科学家自己动手做实验，树立严谨诚信的风尚。

五、发展展望

经过 30 年改革和发展的公路院，肩负着领跑行业发展的重任。未来，公路院将以品牌建设为核心，以科研为立足之本，以市场为发展之源，践行“三个服务”，提高“三个能力”，即为政府和行业服务能力、科技创新能力、市场竞争能力，走服务政府与服务社会相结合的发展道路；着力构筑科研、检测、高新企业三大业务板块，努力形成研发、检测、院办产业三大业务链，做建设创新型交通行业的主力军；强化“公路院”品牌建设，树品牌、出权威、创精品，建设国际一流科研机构。

为实现这些战略目标，公路院制订了“一个中心、两个理念、三个战略、五个重点”的总体发展思路。一个中心，即始终以“发展”为中心，推进全院各项事业的全面进步，促进全体职工的全面发展。两个理念，即牢固树立科技是第一生产力，人才是第一资源的理念，以科技立院，以人才兴院。三个战略，即品牌战略、人才战略、创新战略。五个重点，一是构筑核心业务，为创建一流科研机构提供实力保障：通过业务单元重组和结构调整，整合现有资源，发挥综合优势，逐步培育和构筑公路院的核心竞争力，不断提高“三个能力”；二是强化人力资源建设，为创建一流科研机构提供人力保障：完善人才规划，优化人力资源结构，培育创新型科技人才，培养高素质管理干部队伍；三是夯实发展基础，为创建一流科研机构提供基础保障：加强院基本建设，改善研发装备条件，强化国家和行业重点实验室建设，强化学科建设，建设一流科研设施和装备；四是完善内部管理，为创建一流科研机构提供制度保障：按照科研、检测、产业三大业务体系的思路，调整内部管理机制，加强和完善制度建设，逐步探索和建立适宜的管理模式；五是营造和谐环境，为创建一流科研机构提供文化保障：推进组织文化建设，树立公路院人共同的价值观和行为准则，凝聚力量，巩固队伍，构建和谐单位。

在改革开放的阳光下发展壮大

中国公路工程咨询集团有限公司

一、企业介绍

中国公路工程咨询集团有限公司（以下简称中咨集团）沐浴着改革开放的阳光，伴随着我国改革开放的历史进程，善抓机遇，敢为人先，拓展新领域，探索新机制，调整新结构，一步一个台阶地走过了艰苦创业、稳步发展、不断壮大的16年发展历程。

中咨集团前期为中国公路工程咨询监理总公司（原交通部直属企业），现为中国交通建设股份有限公司的全资子集团。中咨集团从比较单一的交通工程设计、施工和监理，发展为集公路勘察设计、规划咨询、工程监理、施工和科研等业务于一体的专业公司，经营范围遍布全国各省、市、自治区，连续多年跻身全国勘察设计百强行列，在公路行业勘察设计单位中名列前茅；从白手起家、租房办公到购置20 205平方米的办公楼，注册资本金由450万元发展为目前的19 176万元，总资产由1 000万元发展为10亿元，规模实力显著增强。

中咨集团下设18个子公司和分公司，职工总数近1 400人，其中具有大学本科和硕士以上学历的占89%，高级专业技术职称占37%，拥有几十位不同领域的全国知名专家与教授级高工，多位政府特殊津贴获得者和交通运输部“十百千”人才，200余名国家注册建筑、结构、土木（公路）、咨询、监理、造价、岩土、电气等注册工程师，这些人才凝聚成为经验丰富、技术精湛、奋发向上、勇于开拓进取的优秀团队。

通过多年的积累和发展，中咨集团已成为实力雄厚的一流综合性企业，业务涵跨公路、市政、铁路、建筑、环境工程、测绘、信息化等多个行业和领域。尤其在公路建设行业，更是具备了从规划、可行性研究、勘察设计、设计咨询等前期咨询，到工程施工、工程监理、工程检测、工程养护、项目代建、工程总承包、造价咨询、项目管理等覆盖公路建设行业的一条龙全过程服务能力。中咨集团长期与英国、德国、法国、意大利和日本等许多国家的公司保持多层面的技术合作。多次获得国家和省部级优秀勘察、设计、咨询奖及科学技术进步奖，并荣获全国诚信建设示范单位和中央国家机关文明单位等称号。

中咨集团现持有工程勘察综合甲级、工程设计（公路、交通、特大桥梁、隧道、市政道路）甲级、工程咨询甲级、工程施工（公路路面工程、公路交通工程专业承包通信、收费、监控系统综合资质、公路交通工程专业承包交通安全设施资质）专项、工程监理（公路、特大桥梁、机电工程）甲级、对外经营权等多项专业资格证书，以及建筑行业（建筑工程）、市政公用行业（公共交通、桥隧）、环境工程（生态）等工程设计乙级证书，通过了ISO 9001质量管理体系、ISO 14001环境管理体系、ISO 18001职业健康安全管理体系三位一体认证；取得了商务部颁发的《企业诚信AAA级证书》以及中国工商银行颁发的《财务信用AAA级证书》。

二、改革历程

1992年在邓小平“南巡”讲话精神的鼓舞下，以发展公路桥梁咨询、监理和交通工程设计、施工为使命的中咨人踏上了艰苦的创业之路。1992年6月18日，中国公路工程咨询监理总公司成立，从冰天雪地的北国到阴雨连绵的南方，从繁花似锦的东海之滨到人烟稀少的西部戈壁，白手起家，租房办公，转战南北，攻坚克难，坚实的步伐遍布了全国十多个省、自治区、直辖市。1992年~1995年，随着经营业务的拓展，总公司先后成立了华纬公司、华景公司、泰克所、海南公司、华宏公司、路程公司、检测中心、深华科、路捷等9个子公司，为了加强党的工作，1994年3月成立了中咨总公司党总支部委员会。

中咨总公司率先在国内公路设计行业实行了二级法人经营机制，充分发挥子公司的积极性，弘扬敢为人先、无私奉献的中咨精神，公司上下一致、不计报酬，无论是老领导还是新干部，大家互相鼓励、互相关心、互相帮助，心往一处想，劲往一处使，克服创业之初的重重困难，齐心协力为中咨的创建出力流汗。

1996年~1997年，中咨总公司与子公司全面实现了经济承包责任制，充分调动子公司的积极性，给青年技术骨干压担子，为他们施展才能提供了舞台。1997年4月成立了中咨总公司党委，随后各子公司均成立了党支部，围绕生产经营中心，开展丰富多彩的党建活动。

1998年中央作出加快基础设施建设的重大决策，全国公路建设进入大干快上阶段。1999年中咨总公司新的领导班子成立，在调查研究的基础上，抓住公路发展的大好机遇，在经济技术开发区成立了中咨华路达、中咨华科、中咨正达等公司；在巩固监理咨询和交通工程业务的基础上，拓展公路勘察设计业务领域，承担了山东栖莱、杭州北环线、武汉绕城等高速路勘察设计项目，经营业务迈出了新步伐。

21世纪初，公路建设作为带动国民经济发展的龙头，迎来了发展的契机。中咨总公司抓住机遇，转换机制；适应市场，调整结构；吸引人才，整合资源；开拓思路，多元经营，从而使规模和实力不断增强。2006年中国公路工程咨询总公司更名为中国公路工程咨询集团有限公司。2001年~2007年是公司成立以来的飞跃发展时期。

2001年中咨总公司在全面分析公司的成绩、不足及国内公路基建市场形势的基础上，提出了务实合理的“二巩固，三拓展”经营思路。随后根据公路建设形势的变化，又提出“一探索、二巩固、三拓展”的经营战略，即探索相关行业市场；巩固路桥勘察设计、交通工程和监理支柱产业，做精、做强、做出品牌；拓展新兴业务，如路面养护与施工、智能交通及系统集成、项目代建、项目管理、总承包等业务。中咨集团遵循这一指导方针，从比较单一的经营结构逐步发展为设计、咨询、监理、检测、科研等多元结构、跨领域的一条龙经营服务模式，经济效益不断提高，公司步入快速发展的轨道。

随着经营市场的扩大，中咨集团又成立了武汉中咨、武汉桥隧、中交建北京咨询公司、新疆分公司、浙江分公司、中咨华安、中咨华美、山东中咨、重庆中咨等9个子公司。领导班子精诚团结、与时俱进，干部职工同心同德、敢打硬仗。经过7年的努力，中咨总公司新签合同额从2001年的1.35亿元上升到2007年底的12.5亿元，营业额从1.2亿元发展到10.8亿元，利润总额从687万元提高到1.1亿元，总资产由2.1亿元发展到目前的10亿元。从2001年起，连续六年进入建设部勘察设计百强企业排名前50名，在公路行业中名列前茅。公司经营规模逐步扩大，综合实力不断增强，经济效益显著提高，实现了跨越式发展。

为了适应社会主义市场经济的发展，加快建立现代企业制度的步伐，做大做强企业，中咨集团对所属部分公司进行了重组和股份制改造的探索与实践。一是将业务相近、公司规模较小的两个子公司与实力较强的泰克所重组并进行了股份制改造，成立了中咨泰克交通工程有限公司；二是中咨华科与新疆分公司重组；三是浙江分公司与杭州办事处合并。四是成立了中咨华安、中咨华美等4家相对控股公司。通过强强联合、优势互补，扩大了市场规模；通过对分散的内部资源进行整合，逐步形成主业突出、规模较大、抗风险能力强的品牌企业，既创造了新的利润增长点，又开创了股份制改革的新模式。

近几年，中咨集团建立和完善公司规章制度60多个，编制下发了《规章制度汇编》，完善和升级了《质量管理体系程序文件》，并加大了规章制度的执行力度，把质量认证、资审就位与加强内部管理、文明办公、文明设计、文明监理有机地结合起来，成立了技术专家委员会，强化质量管理手段，组织技术指导和交流，公司管理和文明建设逐步进入了良性循环的轨道，为争创精品工程提供了保证。经过不懈努力，全公司已竣工的项目，工程质量合格率100%，工程优良率90%以上；品牌建设也发生了喜人变化，路桥设计创优活动掀开了新的篇章，许多项目获得了国家和省优、部优工程，荣获了“国家优质工程金奖”、“国家优质工程银奖”、“全国优秀工程设计银奖”、“中国建筑工程鲁班奖”、“国家环境保护百佳工程优良工程奖”、“国家级工法”等奖励；这期间中咨总公司连续三年荣获集团“经营绩效考核优胜奖”，中咨集团的社会形象得到了进一步提升。

在精神文明建设中，中咨集团健全了文明建设领导机构，完善文明创建组织体系，党政工团共同抓好“创建文明单位、文明集体，争当文明职工”活动。制定了《精神文明建设规划》，提出了精神文明建设的指导思想和目标、任务及主要措施。坚持年度生产经营目标与精神文明建设任务同时部署，同时检查，同时总结，同时评比。开展了形式多样的企业文化活动，如举办新设计理念和交通工程技术讲座、员工文明礼仪培训，组织党员职工到西柏坡、井冈山、延安等革命教育基地进行优良传统教育，每年举办迎新春文艺会演和职工联欢、乒乓球和游泳比赛等活动。中咨集团还创办了《中咨通讯》和《交通科技动态》等内部刊物，在党政工团组织的共同努力下，连续四年荣获“中央国家机关文明单位”等荣誉称号，中咨泰克荣获“全国青年文明号”、“中央企业青年文明号”和“全国学习型先进班组”等称号。

三、发展成就

中咨集团面对公路基本建设市场的发展形势，并结合本单位实际情况，提出并实践“做强路桥设计，做精交通工程，做稳工程监理”的指导方针，公司从单一的交通工程施工、工程监理逐步发展为从公路规划、可行性研究等前期咨询和勘察设计、交通工程设计，到工程施工、工程监理、工程检测、工程养护、项目代建、工程总承包、造价咨询、项目管理等覆盖公路建设全行业的一条龙全过程服务的综合性企业，中咨品牌逐渐彰显，社会信誉不断提高。

通过强化质量管理和科技创新，产品质量和设计新理念已在中咨技术人员中生根开花，精品项目不断涌现，荣获全国优秀工程设计银奖3项、铜奖1项，省部级优秀设计奖13项。

如京珠、沪蓉国道主干线武汉绕城公路东北段（红羽村至豹澥段）获全国优秀设计一等奖，国道主干线青银高速公路银川至古窑子扩建工程公路勘察设计获宁夏回族自治区优秀设计一等奖，国道主干线成都至南充高速公路勘察设计获2006年全国优秀工程设计铜奖，南京机场路、原太高速路交通工程获全国第九届优秀工程设计银奖，北京至大同高速路大同段交通工程获全国第十届优秀工程设计银奖，江阴长江公路大桥交通工程设计获交通部公路工程优秀设计一等奖，南京长江第三大桥交通工程及沿线设施获优秀设计一等奖，沪宁高速公路（江苏段）扩建工程交通工程及沿线设施获优秀设计一等奖，乍嘉苏高速公路建设项目交通工程设计获鲁班奖，武汉阳逻长江公路大桥可行性研究报告获湖北省优秀工程咨询成果一等奖，烟威高速公路养护咨询研究报告获全国优秀咨询成果二等奖等，高速公路硅芯管道施工工法被评为国家级工法。随着路桥设计品牌的不断提升，中咨集团开始承担越来越多的设计、咨询、监理、设计文件审查和项目总体负责的任务，其市场主导地位得到了业主和交通主管部门的广泛认可，在建设部“全国勘察设计企业百强”排名榜中，中咨集团近六年在公路勘察设计企业中名列前茅。

中咨集团是国内第一批公路行业甲级监理公司和少数几个同时拥有公路甲级、机电专项、特大桥专项监理资质的公司之一，在独立特大桥梁、高速公路交通工程机电系统监理方面具有较强的技术优势。中咨集团共承担监理项目200多个，公路建设里程3 000多公里，其中高速公路2 400多公里，大桥、特大桥梁40多座，包括杭州湾跨海大桥、佛山平胜自锚式悬索桥、万州长江二桥、厦门海沧大桥、江西吉安至武宁高速公路、江西赣州至定南高速公路、浙江乍嘉苏高速公路机电工程等监理项目。在建监理项目青岛海湾大桥大沽河航道桥、舟山大陆连岛工程金塘大桥、包头至树林召高速黄河特大桥、吉林松花江特大桥等都是具有鲜明特点的特大型桥梁。中咨集团获得国家级大奖4项，省部级奖项10余项，如云南安宁至楚雄高速公路监理获“国家优质工程银质奖”、山西太旧高速公路和昆明至玉溪高速公路监理获得鲁班奖；连云港至徐州高速公路、京珠国道湘（潭）至耒（阳）高速公路获得詹天佑土木工程大奖；京珠国道主干线湖北省南段获交通部公路工程优质工程奖；吐乌大高等级公路项目被新疆评为“科学技术进步一等奖”；国道主干线江苏境高速公路淮阴至江都段项目被交通部评为“三优工程”一等奖等。中咨集团荣获“交通系统先进监理单位”和“交通建设优秀监理企业”光荣称号，先后有7人获得“交通建设优秀监理工程师”称号，3人被评为中国交通建设监理优秀人物。中咨集团5名同志分别担任中国交通建设监理协会副理事长、副秘书长、专业委员会主任等重要职务，积极参与监理协会的组建和管理工作，监理协会的公路工程专业委员会和交通工程专业委员会设在中咨集团。中咨集团见证了中国交通建设监理20年的发展历程，也在交通监理行业树立了“中咨监理”品牌，在全国公路监理行业中处于领先地位。

中咨集团交通工程业务范围遍布全国30个省、自治区、直辖市，十几年来承担了交通工程设计、施工、监理、产品研发、工程检测以及城市交通智能监控等814项，累计建设规模达37 600公里。尤其在高速公路交通工程方案规划、系统设计、机电系统集成等方面具有领先优势，开创了中国交通工程的多项第一，为中国高速公路信息化建设做出了突出的贡献。如1998年率先在国内高速公路通信系统中引进SDH综合业务接入网技术；1999年在国内第一个将数据、语音、图像技术融合到一个通信网中，提出三网合一设计方案——《山东省高速公路信息管理系统总体方案设计》；1999 年率先在国内交通工程设计中提出取消收费所，实现收费站与分中心二级管理模式及网络传输方案。2000 年在国内第一个将车牌自动识别装置引进到昆玉高速公路机电工程中实施，开创了车牌自动识别系统在国内高速公路应用的先河；第一个在福建省多隧道地区推出取消隧道监控站，由监控分中心实施统一监控的技术方案，在国内得到了广泛的推广和应用；在国内首次推出分中心到总中心的视频图像传输采用符合国际标准的 MPEGII 视频压缩和传输技术方案；2001 年在全国第一个完成省级高速公路总中心联网收费设计（河北省），首次应用了先进的 IPSEC、VLAN、入侵检测、漏洞扫描等国际先进技术，成功解决了省域联网收费网络安全的科研难题。2002 年在国内高速公路领域中第一个提出了“紧急电话呼叫中心”和“特服号码”的设计理念，并率先在北京市高速公路监控总中心的设计项目中设置了首例国内高速公路领域的“紧急电话呼叫中心”；2003 年在江苏通启高速公路的设计中，采用了全程监控、收费全线集中管理、全数字化的传输平台、软交换的语音交换方式，被称为“第一条数字化高速公路”，获 2006 年度全国优秀设计三等奖。

中咨集团承建的交通工程项目多次获得国家和省部大奖，如长春至吉林高速公路交通工程获国家质量金奖，参建的宿迁至淮安高速公路交通工程荣获国家优质工程银质奖，完成的国内第一个省域联网收费“江苏省苏北高速公路联网收费技术”获科学技术三等奖，2005 年承建的津蓟高速公路机电项目获国家优质工程银质奖，国道 213 线昆明至玉溪高速公路检测获鲁班奖，同三线宁波市大契至西坞段高速公路交通工程获国家环境保护百佳工程，国道 213 线玉溪至元江高速公路检测获国家优质工程银奖，山西省高速公路网交通工程总体规划获科技进步二等奖，山东高速公路网济南枢纽交通工程规划研究获科技进步二等奖等，省部级以上奖项枚不胜数。

四、基本经验

中咨集团的发展得益于中国改革开放和公路建设大发展的机遇，得益于敢为人先、务实创新的领导班子，得益于适应市场发展的经营理念和与时俱进的经营机制，得益于招贤纳才、整合资源的人才战略。

1. 面向市场的经营理念

中咨集团成立和发展于改革开放的浪潮之中，既恰逢发展社会主义市场经济的机遇，又面临公路基建市场激烈竞争的挑战。中咨人传承“敢为人先，争创一流”的企业文化精神，始终树立以市场经济为导向的经营理念，高度重视公路建设领域多层次开发的市场前景，发扬中咨团队精神，与许多地方的业主建立了诚信和友谊，为扩大中咨集团经营规模和提高综合实力奠定了思想基础。

2. 科学务实的经营战略

“十五”初期，新的领导班子知己知彼、科学决策，提出了“两巩固、三拓展”的经营战略，“十一五”又结合我国公路市场形势的变化，提出了“一探索、二巩固、三拓展”的意义深远的新内涵。经过全公司上下的努力，彻底改变了中咨集团市场业务有限，经济效益徘徊的被动局面，勘察设计业务逐年上升，交通工程、公路铁路监理、咨询、检测、项目代建制、科研等业务相得益彰，中咨集团的经营结构更加优化，战略布局更趋合理。

3. 创新灵活的经营机制

中咨集团的发展得益于一个精诚团结的领导班子和创新有效的经营机制。一是中咨集团在交通设计行业率先实行二级法人管理体制。二是不断探索股份制改革的新思路、新途径，鼓励强强联合，优势互补。三是整合同类资源，将同类业务的小企业与大公司重组，抵御市场风险。在迅速发展的五年中共组建和重组股份制企业 11 家。

4. 引进与培养并举的人才战略

丰富的人力资源是中咨集团快速发展的有力保障。中咨集团在成立和发展的过程中，人才成为公司发展的主要矛盾，中咨集团审时度势多次出台优惠政策吸引和凝聚人才。

(1)精心培养，大胆启用，留住人才。公司的迅速发展为青年人提供了发展的空间，选拔德才兼备的优秀人才担当中层以上干部 60 多人次；选派 30 多名骨干出国技术交流 20 多次；鼓励青年技术、业务人员在岗继续教育，培训干部职工 1 781 人次。

(2)开阔视野，引进优秀人才。近几年来我公司引进各类高级专业人才 90 多名。目前公司人才结构得到了较大改善，交通部“十百千”人才 1 人，教授级高工 9 人，高级职称 220 人，中级职称 357 人，共占从业人员的 81%。

(3)薪酬改革向技术业务骨干人才倾斜，积极解决职工住房补贴等问题，努力为各类人才提供宽松的工作环境和不断发展的空间。

中咨集团在改革开放的浪潮中经历了 16 个春秋，有艰辛、有曲折、有喜悦，也有收获。忆往事心潮澎湃，展未来中咨信心百倍，中咨集团将以新的精神、新的姿态，迎接新的挑战，与时俱进，再铸辉煌。

中咨集团要贯彻落实全面、协调、可持续的科学发展观，按照“把握全局、重点突破，立足现实、着眼未来”的指导方针，深化和落实“一探索、两巩固、三拓展”的经营发展战略，积极推进企业发展的战略性调整，提高中咨员工文明和谐的凝聚力，提升中咨集团的核心竞争力。中咨集团未来发展的总体目标是：三大生产经营指标分别比“十五”末翻一番，完成年度新签合同额 20 亿元、营业收入 15 亿元，利润总额 1. 5 亿元的经营目标。经过多年的努力，把中咨集团发展成为面向国内外工程及资本市场、人才丰富、技术领先、实力雄厚、管理一流的，以交通行业为主线，多元化发展的综合性、创新型国内一流工程咨询集团，大力弘扬中咨特色的企业文化。

以沈大路为起点

辽宁省交通勘测设计院

改革开放以来，辽宁省交通勘测设计院（以下简称辽宁院）在党的改革开放方针政策引领下，经过几代人的不懈努力，艰苦奋斗，无私奉献，创造出改革发展的新业绩，实现了历史性的巨变。30 年来经济效益和社会效益显著提升，企业综合实力不断增强，“九五”末进入全国勘察设计行业“百强单位”之列，企业效益达到行业领先水平，为我国交通基础设施建设事业做出了重要贡献。曾先后被交通运输部、建设部、共青团中央、行业协会等部门授予全国交通系统先进集体、全国工程建设管理先进单位、全国青年文明号、全国工程设计计算机应用先进集体、全国优秀设计院等荣誉称号。

一、企业介绍

辽宁省交通勘测设计院始建于1954年，当时是隶属辽宁省交通厅的事业单位。1984年开始实行事业单位企业化管理，2003年改为国有科技型企业。主要从事公路工程、市政工程、建筑工程领域的技术咨询、勘察、设计、科研、监理、专业化施工等业务。现持有公路工程全行业设计（公路、特大桥梁、交通工程、特长隧道）、工程咨询、工程勘察、工程监理、工程总承包、工程测绘、建筑工程勘察设计、轨道交通、水土保持等十项甲级资质证书，持有建筑工程咨询、市政工程（道路）设计、公路工程试验检测三项乙级资质证书。

辽宁院及其所属专业公司共有在职职工600人，其中各类专业技术人员542人，具有教授级职称52人、高级职称172人、初中级职称269人，各类专业注册工程师85人，交通运输部、建设部评标专家10人，交通运输部科技英才3人，享受政府特殊津贴7人。

在改革开放的30年里，辽宁院共完成40余条高速公路的勘察设计任务，设计里程达5 000余公里，从改革之初人均年产值9 000元发展到“十一五”人均年产值80万元，累计向国家上交利税5.5亿元，总资产达4亿元。

辽宁院技术力量雄厚，技术装备精良，全部实行网络化设计、管理。拥有GPS全球卫星定位仪、大型喷墨绘图机等高精先进仪器和交通规划、道路、桥隧等先进的设计软件，广泛应用CAD技术、航测成图技术、遥感技术、GPS技术。在引进国内外优秀软件的同时，注重技术的自主研发能力，积极将核心技术开发成具有自主知识产权的系列专利技术，其开发的“公路路线计算机辅助设计系统”、“公路桥涵CAD系统”等软件被评为全国工程设计优秀软件，被交通部推荐推广使用。

辽宁院坚持“质量为本，精心设计，持续改进，顾客满意”的质量方针，建立了一套完整科学的企业管理标准和质量保证体系，于2000年5月取得了质量管理体系认证证书，执行ISO 9001:2000国际质量管理体系。近30年来共获得各种奖励260余项，其中国家级奖励30项，部、省级奖励65项。

二、改革发展成就

改革开放以来，尤其是20世纪80年代末以来，高速公路建设得到快速发展，辽宁院不断完善勘察、测绘及设计手段，积极投身高速公路勘察设计工作，围绕交通基础设施建设市场，积极拓展企业新的增长点，向集团化方向发展。先后完成“神州第一路”——沈大高速公路、京沈高速公路、沈丹高速公路、沈大路改扩建工程等近40余条、5 000余公里的高速公路勘察、设计任务，累计完成工程投资额近1 500亿元，为我国交通基础设施建设做出了不可磨灭的贡献。

党的十一届三中全会以后，国有企业的改革逐步启动，辽宁院积极谋划改革，转换企业经营机制，1984年作为改革试点单位，取消了事业费拨款，改为事业单位企业化管理，自负盈亏，实行院长负责制，扩大了经营自主权，调动了职工的积极性，企业效益有了进一步提高，从而迈出了管理体制改革的第一步。

改革开放初期，勘测设计工作整体处于起步阶段。辽宁院克服了勘察设计设备简陋、出行不便等困难，披荆斩棘，风餐露宿，完成了省内大部分公路、桥梁的勘察设计工作。在20世纪80年代初就完成了当时我国跨径最长的斜拉桥——长兴岛斜拉桥的设计工作，获国家计委表扬奖；设计的30米T形梁钢模成就了我国桥梁工艺史上的一次飞跃。

1984年，我国第一条里程最长的沈阳至大连高速公路拉开了建设序幕，辽宁院光荣地承担了规划、技术论证和勘察设计工作任务，为了不辜负党和国家以及全省3 800万人民的殷切期望，广大技术人员全面引进、消化、吸收国外的技术标准和规范，紧密结合实际，积极探索，编译了符合我国国情的高速公路勘察设计指南，克服了在国内没有高速公路建设先例、无可借鉴经验等重重困难，扎实有效地完成了各项技术工作任务。在沈大高速公路建设中，辽宁院的勘察设计水平得到了快速提升，取得了一大批科技成果，成功解决了高速公路建设中一系列关键技术问题，在设计标准和设计参数的选择，软土路基处理技术，沥青路面裂缝预防和预切缝技术，高速公路CAD技术，高速公路通信系统研究和建设等方面均有所创新、有所突破，大部分成果属国内首创。沈大高速公路勘察设计因此被评为国家科技进步一等奖，国家优秀设计金奖。

1990年，沈阳至大连高速公路全线375公里建成通车，这是我国建成的第一条、也是当时最长的高速公路。它的成功修建，一方面解决了我国该不该和怎样建设高速公路的问题，另一方面也为制定我国高速公路的建设标准奠定了基础。从此我国高速公路建设走上了高速发展的轨道，辽宁院广大技术人员也因此被喻为“描绘彩虹的人”。

1992年，十四届三中全会确定要建立社会主义市场经济体制，辽宁院继续深化改革，在做强做大勘察设计主业的同时，积极拓展经营业务面，实行工效挂钩政策，不断完善生产承包责任制，建立激励机制和约束机制，打破分配的平均主义，引导全体员工转变思想观念，充分认识改革的必要性与迫切性，为事业单位改革奠定了坚实的基础，在企业效益、市场份额、市场信誉等方面体现出了大院、强院的水平。

十年间，在中央实施积极财政政策，加大基础设施建设力度的大好形势下，全院职工发扬了团结奋战，顽强拼搏的“沈大精神”，昼夜奋战，先后完成了沈阳至四平、沈阳绕城、沈阳至本溪至丹东以及沈阳至山海关等多条高速公路项目。到2002年年底，提前八年完成了国家“五纵七横”路网规划在辽宁境内的项目，全面形成了我省“一网五射两环”的高速公路格局。

在立足于本省勘察设计市场的同时，辽宁院不断加大省外市场的开发力度，先后承担完成了湖北省宜昌至黄石、浙江省宁波至温州至台州、福建省三明至南平段高速公路的勘察设计任务，通过优秀的产品质量和服务意识，得到了建设单位的认可，赢得了市场信誉；在继续做强做大勘察设计主业的同时，以交通基础设施建设市场为依托，围绕公路工程养护、旧桥检测加固等业务成立了辽宁大通公路工程有限责任公司，围绕工程监理业务成立了辽宁驰通公路工程监理事务所，为企业科学持续发展探寻了新的增长点。辽宁院共获得国家、部、省、厅级各种奖励93项，其中获全国优秀设计金质奖2项，银质奖2项；获全国工程设计优秀计算机软件银奖4项；获省、部级优秀设计奖30项；获省科技进步奖16项；获厅级科技进步奖32项。

勘察设计企业综合技术实力主要体现在人才素质以及所拥有的技术能力、设备资源上。通过工程实践和总结，辽宁院强化了队伍建设、技术进步以及技术设备的引进应用工作。一是建立人才引进、培养、考核等一系列制度，为企业长远发展提供智力支撑；二是自主开发了多套勘察设计计算机应用软件，提高了设计工作效率和质量，在行业内享有较高的声望；三是不断提高勘测设备的装备水平，在生产和管理工作中全面应用计算机网络技术，并建有企业自己的特色网站。无论是 GPS 全球卫星定位系统、全站仪等测绘设备，物探钻探等勘察设备，还是大型出版、复印、扫描等成图设备均居行业领先地位。

丹东至本溪高速公路是东北寒冷地区的第一条生态景观路，辽宁院从中积累了丰富的山区高速公路的勘察设计经验，在设计中第一次采用多项环保绿化技术措施以保护环境，使辽东旅游观光形态从通过型向滞留型转变。该项目荣获交通部优秀工程设计一等奖。

北京至沈阳高速公路绥中至沈阳段是“九五”期间国家重点建设项目，辽宁院于 1993 年承担沈山高速公路的勘察设计工作，克服了当时缺乏四车道以上高速公路设计标准及规范的困难，依据科研课题攻关成果，结合四车道以上高速公路特点，展开精心设计，开展了路基、路面、桥涵、试验检测、机电系统、绿化、环境保护、服务区规划、路文化等 30 余项专题研究；认真总结借鉴国内、省内公路建设的经验教训，对质量通病提出了一套切实可行的解决办法，有效地保证了工程质量，降低了工程造价。2000 年全线按八车道规划、六车道建设的沈山高速公路建成通车，成为当时国内建设标准最高、建设规模最大的高速公路项目，开辟了六车道高速公路建设的新纪元。该项目荣获交通部优秀工程设计一等奖、全国优秀工程设计金奖、中国土木工程詹天佑大奖等。

党的十六大提出了全面建设小康社会的宏伟目标，国家西部大开发及振兴东北老工业基地战略先后出台，对交通基础设施建设的发展提出了更高的要求，高速公路建设前景广阔。2002 年，辽宁院按照国家以及上级有关部门的要求，完成了国有事业单位向国有科技型企业的转变，体制改革又迈上了一个新的台阶。

进入 21 世纪以来，勘察设计行业比拼的是技术实力，辽宁院不断强化科技创新工作：一是积累不同地区、各种地形条件下的高速公路勘察设计工作经验，尤其是改扩建工程的勘察设计工作经验；二是掌握了工程建设中一些关键技术并得到全面应用，如 SBS 改性沥青应用技术，交通机电工程（三大系统）的综合设计技术，改扩建工程的路基加宽、路面加铺、桥梁加宽、大跨度隧道的设计技术等；三是引进国内外先进技术，目前辽宁院拥有多套大型桥梁结构分析、交通规划管理、隧道结构分析、德国 CAD/I 道路设计等软件系统，为适应各种复杂的技术要求提供了技术保障。

近年来，辽宁院以全面服务于交通基础设施建设为中心，通过精心组织、科学管理、技术攻关，先后组织承担完成了省内沈大路改扩建等 15 条高速公路勘察设计工作。截止到 2007 年底，完成省内“十一五”高速公路规划新建设项目 90% 的前期工作，企业经济效益、综合实力、核心竞争力得到全面提升。

与此同时，辽宁院未雨绸缪，积极跟踪省外市场，通过市场投标先后争取到宁波绕城西段、杭州湾大桥接线工程、河南省安阳至林州、山东省滨州至济南、江西景德镇至婺源、宁波象山港大桥接线工程、贵州省遵义至毕节、广西壮族自治区梧州至贵港、黑龙江省绥芬河至牡丹江公路等累计 1 000 余公里高速公路的勘察设计任务，在全国范围内树立了辽宁院的品牌，提高了企业的知名度，为今后的发展打下了良好的市场基础。

辽宁院积极调整经营战略，拉长产业结构链，围绕交通机电工程维护等业务成立了辽宁艾特斯智能交通技术有限责任公司；围绕建筑工程、地铁轻轨、景观设计、绿化工程、市政工程等业务成立了建筑与轨道交通分院，在全国公路勘察设计行业中，辽宁院率先获得了轨道交通设计甲级资质，并全面进入地铁建设市场。经过多年来的经营运作，下属专业公司发展势头良好，每年累计完成生产产值近两亿元，经营业绩不断攀升，成为交通建设市场上科技含量高、专业技术性强的生力军，为实现企业集团化的长远发展目标奠定了坚实的基础。

21世纪初，以沈大路为代表的我国早期建设的高速公路陆续进入改扩建阶段。如何进行改扩建，是我国高速公路建设可持续发展的全新课题。各级领导与部门对沈大高速公路改扩建工程十分重视，多次组织全国知名专家进行高层技术论证，提出了“中国第一、世界一流”的项目建设目标。2002年，辽宁院开始从事沈大高速公路改扩建工程设计工作，仅方案可行性论证就历时两年时间，积极组织工程技术人员针对该项目“路基、路面、桥涵拼接工艺、大跨度隧道建设”开展科技攻关，在交通建设领域率先成功解决了高速公路改扩建工程建设中的一系列技术难题，确保在改扩建技术上的领先地位，使“神州第一路”再放光彩，为辽宁院发展添上了最为浓重的一笔。

沈阳至大连高速公路改扩建工程是全国第一个高速公路大规模改造项目，它的建成通车，标志着中国高速公路发展的历史性跨越，同时也得到了交通部的高度评价——“沈大高速公路改扩建工程，充分运用新技术、新材料、新工艺，实现了技术突破和科技创新，是科学发展观在交通建设舞台的成功实践；探索了经济上升时期高速公路的成长规律，检验了工程技术构想，从一个侧面体现了交通建设可持续发展的内涵，为我国高速公路改扩建工程的实施积累了宝贵经验，提供了重要示范”。该项目先后荣获交通部优秀工程设计一等奖、全国优秀工程设计银奖、全国优秀勘察一等奖、中国土木工程詹天佑大奖等。

三、基本经验

经过改革开放近30年的发展，辽宁院各项工作取得了长足的发展，总结起来主要有五方面的经验。

1. 以改革开放为动力，谋划企业经营发展战略

1978年以来，几代设计院人紧跟时代节拍，把握时代脉搏，积极推动改革步伐，逐步建立了内部各项激励及竞争机制，调动了职工的积极性和创造性，各项工作取得了辉煌成就。实践证明改革开放的思路是正确的，只有坚持改革，才能冲破旧有体制的束缚，真正成为市场竞争的主体，才能团结广大职工同心同德谋取企业长远发展；只有坚持解放思想，转变经营理念，才能寻找到企业发展新的业务增长点，才能适时制定以省内交通基础设施建设市场为主，兼顾外省交通建设行业市场，扩大专业化子公司业务领域范围的企业经营战略。20年来，在这一战略的指引下，辽宁院先后在全国11个省市承担了高速公路项目，下属公司经营业绩稳步攀升，为辽宁院可持续健康发展奠定了良好基础。

2. 以技术创新为手段，提升勘察设计理念

作为科技型企业，辽宁院深知只有不断提高自身的技术水平和设计理念才能被社会所认可。因此，在设计中坚持以符合标准和规范为原则，充分调动设计者主观能动性，将设计视为创作，引导职工因地制宜开展灵活设计，不断提升勘察设计理念；针对项目所处的地理位置、气候特点、地质条件和建设要求，在材料、结构、工艺方面加强基础研究，做好技术储备和技术创新；结合勘察设计开展科研工作，加大新材料、新设备、新工艺的引进和推广应用力度，紧跟行业新技术发展趋势，累计完成90余项科研课题，为高速公路建设提供了重要的技术支撑。

3. 以工程质量为生命，打造勘察设计精品工程

质量是工程的生命，更是企业的生命，辽宁院始终坚持“质量为本，精心设计，持续改进，顾客满意”的质量方针，执行ISO 9001:2000国际质量管理体系，教育职工提高责任意识，关注每一个设计和过程控制的细节，以行业内的典型示范工程为榜样，以工程质量事故为借鉴，建立技术质量责任制，实行质量创优奖励制度。在广泛调查、认真听取用户意见和研究分析的基础上，制订了一系列科学、规范的勘察设计质量管理办法，包括《质量保证手册》、《质量体系程序文件》和《技术管理规定文件》三个层次文件，明确规定各级人员职责、工作内容、程序步骤等，对顾客实行质量承诺，形成了环环相扣、互相制约的良性机制，从而使辽宁院得以向社会奉献以沈大路为代表的设计精品工程。

4. 以人才培养为基础，加强队伍建设

勘察设计行业是知识密集型、技术密集型行业。辽宁院先后制订了《青年技术拔尖人才评选制度》、《专业技术人员能力考核制度》等相关制度，形成了较为完善的教育培训体系；注重青年技术骨干的培养和选拔，制订了人才引进、人才培养、人才使用及激励机制。

队伍建设是各项工作的重中之重。加强领导班子建设，真正做到了班子成员以诚相见、相互尊重、科学分工、合理授权、权责统一，加强以科学发展观和提高执政能力为核心的学习，真正发挥了核心作用；努力打造专业门类齐全、结构比例合适、阵容整齐强大的中层干部队伍，对中层干部、学科带头人和专业技术骨干建立科学有效的选拔机制、激励机制和监督机制，真正发挥了中坚骨干作用；努力培育全体员工为交通基础设施建设事业无私奉献的责任感、使命感，培养吃苦耐劳、奋劲向上的企业精神，将个人的发展方向与企业的长远发展目标相结合，逐渐形成了一只拥有核心技术的人才队伍，为辽宁院可持续健康发展提供了有力的智力保障。

5. 以企业文化建设为保障，营造和谐企业文化氛围

企业文化建设是企业可持续发展的灵魂和构造企业组织的基因。辽宁院积极推进企业制度化管理向文化管理转变。多年来，将员工经常性教育作为一项基础工作来抓，教育全体职工树立“优质服务观念、质量效益观念、市场经济观念、集体荣誉观念”；培育全体员工的危机意识、责任意识、创新意识、发展意识、团队意识，培育奋发向上的企业精神；关心职工生活，在物质生活、文化生活、精神生活方面为全体员工创造一个适合人才发展的良好环境，使我们这个集体成为人才的摇篮、工作的乐园、事业的平台、人生的港湾；积极参与各项公益事业，尤其是汶川地震后，辽宁院职工迅速行动，冒着余震不断、山体滑坡、泥石流等危险，进行道路抢通保通、险桥检测加固和恢复重建规划编制工作，圆满完成了各项援建任务，用高效的工作作风，优秀的工作成绩，为灾区群众送去了设计院人的一份爱心；高度重视精神文明建设，积极创新精神文明建设工作实现形式，始终坚持每年组织一、二次大型活动，如以“同创辉煌明天，共建和谐家园”为主题的大型表彰团拜活动等；平均每年组织院内篮、足、排球比赛近30场。通过有声有色的活动，丰富了职工生活，增强了全院职工队伍的凝聚力和战斗力，营造出一个和谐良好的企业氛围。

四、发展展望

中国改革开放经历了30年的发展历程，国家和社会各项事业进入了快速发展的轨道，党的十七大的胜利召开，预示着2020年之前是我国社会主义建设的重要战略机遇期。辽宁院作为国有科技型企业伴随着国家的发展，综合实力稳步提升，未来十几年，又将迎来新的发展机遇和挑战。

辽宁院以党的路线方针政策及落实科学发展观为指导思想，积极融入基础设施建设的各行业领域，调整企业经营业务结构，深化体制改革和内部机制建设，建立现代企业制度；全面提高企业的技术实力和综合竞争力，在公路、市政、铁路、建筑工程等基础设施建设领域成为以工程技术咨询服务为主业的一流的综合性科技企业集团。

在集团化的长远发展目标指引下，全面完成企业经营业务结构的调整工作，形成四大业务板块：一是公路行业勘察设计咨询板块，包括高速公路、国省干线公路、桥隧规划勘察设计咨询等；二是其他行业勘察设计咨询板块，包括轨道交通、市政路桥、建筑、景观、绿化工程规划设计咨询等；三是工程养护业务板块，包括公路路面、桥梁及隧道检测、评价、专业化施工，高速公路机电工程检测、维护、软硬件升级改造、专业化施工等；四是工程监理业务板块，包括公路、桥隧工程监理，机电工程监理，轨道交通、市政工程监理等。

面对激烈的市场竞争，辽宁院将本着“管理治院、人才强院、科技兴院、争创一流”的指导思想，紧紧围绕“改革、人才技术、质量、创新、管理”这些发展的重大问题，持之以恒地完成历史使命，为振兴东北老工业基地和交通事业跨越式发展做出新的贡献。

吴越大地的“裁剪师”

浙江省交通规划设计研究院

一、企业介绍

浙江省交通规划设计研究院（以下简称浙江院）于1979年初正式建院，是一家沐浴着改革开放春风、与改革开放同成长的勘察设计单位。1979年2月，由浙江省公路勘测设计室和航道勘测设计室合并而成的浙江省交通设计院宣告成立（后更名为浙江省交通规划设计研究院），1985年，经上级部门批准，实行事业单位企业化管理。

经过近30年的奋斗和发展，浙江院已成为集公路和水运规划、勘测、设计、科研、设计施工总承包及建筑、市政和水土保持设计等功能于一体的科技型单位，拥有国内一流的智能化设计、科研大楼和先进的生产、管理设备，建立了以网络为支撑、各专业CAD技术为基础、工程信息管理为核心的现代化信息管理系统，并拥有对外经济合作资格证书和进出口企业资格证书，通过 ISO 9001 质量体系认证及浙江省计量认证资质认定。

全院现有 22 个下属部门，其中公路、水运、交通工程、市政轨道、地质勘察、试验检测等生产部门 11 个，另有总师、经营、科研、信息等部门 11 个。职工 500 多人，各类专业技术人员占 85% 左右。高级以上专业技术人员 150 多人，教授级高级工程师近 30 人，中级专业技术人员 120 多人；拥有交通部“新世纪十百千人才工程第一层次”、浙江省“创世纪 151 人才工程第二、三层次”、浙江交通“283 第一、第二层次”人才约 30 人，各类注册师 90 多人，先后有 10 人享受国务院特殊津贴。

近年来，随着企业经营的不断拓展，浙江院的经营范围和经营领域不断扩大，企业资质不断提升，现已具有公路、水运全行业、工程勘察、咨询、总承包、市政（道路、桥隧）、地质灾害治理 7 个甲级资质，建筑、水土保持、测绘等 5 个乙级资质以及公路、水运等 3 个试验检测乙级资质，并正在继续有重点地促进市政轨道、试验检测等业务资质的提升和扩项，为企业实现新的转型发展提供必要的资质支撑。

二、改革历程

沧桑巨变，风雨兼程，与改革开放共成长的浙江院，转眼间步入了辉煌的而立之年。在近 30 年的发展过程中，浙江院不断探索企业经营模式的改革，通过持续的模式创新，搞活经营机制，使企业由小到大、由弱到强，走过了不平凡的改革历程。

在 1979 年至 1984 年期间，浙江院实行计划型经营管理模式，测设任务由省交通厅下达，事业经费由省财政部门按人员编制数核拨，院按计划执行生产任务，无须“找米下锅”。

1985 年，浙江院告别了“吃皇粮”的日子，以“摸着石头过河”的胆略投身到市场的大潮中摸爬滚打。经上级批准，自 1985 年 1 月起，浙江院实行由事业费拨款及指令性任务转向事业性质企业化管理，省级财政不再核拨事业费。面对从此“断奶”的形势，浙江院出台了《技术经济承包责任制考核和奖励办法》，开始了自收自支的企业化生存及发展的新阶段。

1992 年，浙江院推出以“切块包干，盈亏自理、多劳多得”为主要内容的第二轮“技术经济责任制”，进一步理顺院和部门之间的经济责任关系，形成“千斤重担层层挑，人人身上有指标”的良性管理运行机制。

2003 年以来，随着接轨大上海、构筑长三角区域大交通和宁波舟山港口一体化整合，浙江交通掀起了新的跨越式发展建设的高潮，浙江院以科学发展观为指引，紧紧抓住难得的发展机遇，科学谋划并确立了“多功能、综合性、科技型”和“跨省、跨国，建设国际型工程咨询公司”的发展战略；努力探索经营与生产管理模式，邀请上海天强管理咨询公司对企业进行管理设计，持续改革和完善经营与生产管理模式，形成了以“强化经营激励、优化生产管理”为重点的新的《经营与生产管理办法》。通过管理改革与经营拓展并举，各项工作都取得了显著成绩，这一时期成为浙江院历史上发展速度最快、成效最好的时期。

在此期间，浙江院通过实施跨省跨国战略，业务范围遍及华东、华中、华北、西北、西南、华南地区，并成功敲开了通往海外的大门。2005 年上半年，水运业务初跨国门，对阿根廷一个矿山项目及其配套码头工程进行现场考察，提出咨询意见；2006年，成功中标我国通过“优买贷款”方式援助的柬埔寨王国湄公河大桥、洞里萨河大桥和8号公路项目，并打出品牌、连续扩大战果获得柬埔寨62号、210号、78号等公路项目的勘察设计任务，使国外公路勘察设计达到530多公里，目前正在进一步拓展印尼等国家和地区的勘察设计业务。

目前，根据交通运输部“三个服务”、浙江省“创业富民、创新强省”的“两创”总战略和浙江现代交通“大港口、大路网、大物流”的“三大建设”目标要求，浙江院在进一步做大做强公路水运主业的同时，加大多元拓展和区域拓展的力度，不断培育新的经济增长点，向又好又快的目标稳步迈进。

三、发展成就

近30年来，浙江院主持工程咨询和勘察设计国内高速公路近3 500公里、海外公路530多公里，国、省道等主要公路10 000多公里，市政道桥工程400公里，大型、特大型桥梁500多座，隧道600多座，设计港区、码头500多座，航道4 500多公里，工程项目总投资约5 000亿元，先后获得国家和省部级以上设计、咨询奖100多项，部、省级科学技术奖20多项。企业资产迅猛扩张，经济实力不断增强，从1979年建院到2007年末，企业总资产增长了470多倍，固定资产增长220多倍；与实行事业单位企业化管理模式后的1985年后相比，到2007年末，企业总资产增长35倍，固定资产增长28倍，营业收入增长64倍，利润总额增长50倍，国有净资产增长98倍，实现了国有资产的保值增值，为国家交通事业和经济社会发展做出了重大贡献。

与此同时，浙江院的党建和精神文明建设同步发展，获得了“全国模范职工之家”、“全国交通行业优秀企业文化成果奖”、“浙江省‘党建带工建、工建促党建，三级联创模范职工之家’”、“浙江省企业文化建设先进单位”和“全国‘五一’劳动奖章”、“全国交通行业先进工作者”等几十项全国和省部级等集体及个人荣誉，成为浙江省勘察设计行业“综合实力十强”，中国勘察设计协会优秀勘察设计院和交通部优秀设计单位，首批浙江省诚信设计院，企业实现了跨越式发展。

浙江院近30年的发展成就，得益于党的改革开放政策、得益于历任党政班子带领全院干部职工的努力拼搏，更是得益于在改革创新理念引领下，不断创造出的特色成果，从而打造出浙江院的品牌。

1. 公路隧道工程设计位居全国先进水平

浙江的公路隧道建设起步早、发展快，其数量与总里程均处于全国各省之首。随着近年来浙江省高速公路快速发展，隧道建设技术突飞猛进。近30年来，依托浙江省和华东地区为主发展起来并走向全国的浙江院，拥有了600多座公路隧道的工程勘察设计和工程咨询研究经验：在山岭隧道、水底沉管隧道和土层盾构隧道三种工法方面均积累了丰富的工程经验，隧道设计项目规模居全国之首，多项研究成果处于国际领先水平，创建了国内公路隧道工程设计的优秀品牌。

(1)成功设计了我国第一座位于软土地基、大潮涌、大回淤海口江底采用沉管法施工的单管双车道隧道——宁波镇海甬江隧道。隧道全长1 019米，1995年建成通车。多年来通车运营状况良好，它标志着我国在软土基础上，特别是海口河段上修建水底隧道技术达到了世界先进水平，并为全国沉管法隧道的发展开创了先例。

(2)成功设计了全国当时最长的高速公路山岭隧道——同三线大溪岭—湖雾岭隧道。该隧道长 2×4 116 米，1997 年建成通车，荣获 2002 年度交通部公路工程优秀设计一等奖。

(3)成功咨询设计了世界最大直径盾构隧道——钱江隧道。该隧道长 2×3 949 米，其中圆形盾构隧道段长度 2×3 251 米，隧道结构外径 15.43 米，目前盾构始发工作井——钱江隧道试验井项目正在开工建设。

(4)率先在特长隧道大溪岭—湖雾岭隧道中，开发研究并使用竖井送排式纵向通风技术和节能的"逆光照明技术"。这种通风和节能技术已全面推广应用到国内各种隧道设计中，项目荣获浙江省科学技术进步二等奖。

(5)率先在特长隧道设计中展开防灾管理模式研究，提出了防灾区段新型管理模式。首次在同三线大溪岭—湖雾岭隧道采用，并逐渐推广到同三线大溪岭—猫狸岭隧道和全国的特长隧道之中，该技术提高了隧道运营管理的科学性、安全性和可靠性。

(6)率先在隧道设计中开发研究并使用沥青混凝土路面，大大提高了行车安全性及舒适性。该技术在同三线燕居岭隧道使用后，首先在浙江省全面推广，随后纳入公路隧道设计规范中，并在全国推广使用。营运阶段统计表明，事故率远低于其他水泥混凝土路面隧道。

针对浙江省交通流量大、货车比例高、长大上（下）坡、双向交通几率高、隧道群多等高速公路隧道的营运特点，浙江院依托台缙高速苍岭隧道、诸永高速括苍山隧道群，对特长高速公路隧道火灾安全、排烟疏散、防灾救援等方面展开系列研究，取得了很多令人关注的成果。

2. 跨海跨江公路大桥勘察设计成绩瞩目

浙江水网密布，河口海湾众多、海岸线达 2 000 多公里。改革开放以来，随着浙江经济社会快速发展，公路和桥梁建设突飞猛进，浙江的跨江跨海公路桥梁举世瞩目，使得浙江院在桥梁勘察设计方面积累了丰富的工程经验，并塑造了浙江院品牌。跨江跨海大桥设计是浙江院在新时期的一个新突破，它来源于浙江院多年的创新积累，在跨海大桥设计前的 20 多年时间里，院内桥梁突破性设计已经是可圈可点。

(1)1979 年建成通车的曹娥江清风大桥，主桥为 2 孔 92 米单室箱形拱，创下了当时国内同类桥型最大跨径的记录。曾荣获国家优秀设计奖等多种奖项，并成为与美国等国进行桥梁技术交流的项目之一。

(2)1983 年建成的曹娥江章镇斜拉桥，为国内第一座独塔预应力混凝土公路斜拉桥，桥跨为 72+54 米，建成后被浙江省政府授予优秀科学技术成果奖。

(3)2002 年年底建成的杭州市钱塘江六桥（下沙大桥），主跨 232 米的预应力混凝土刚构连续梁组合体系，是目前全国乃至世界同类型桥梁跨度最大的工程，获得了国家优质工程银质奖和浙江省建设工程钱江杯优秀设计一等奖。

目前建设的舟山连岛工程金塘大桥、重庆绕城公路东段鱼嘴长江特大桥、柬埔寨湄公河波雷达马大桥工程勘察设计，使浙江院真正迈入了国内特大桥梁勘察设计单位的"品牌与实力俱乐部"。

3. 公路设计亮点频现

浙江既有平原水网又有重丘峻岭，地形地质复杂；同时又是经济发达、交通流量大、环境和安全要求高的地区，这些都对勘察设计提出了更高更严的要求。经过几十年的不懈奋斗与艰苦探索，浙江院在实践中磨砺成长，积累了丰富的公路测设经验，创造了一个个新的亮点。

(1)金丽温高速公路——山区公路设计的环保与创新。金丽温高速公路全长234公里，设计提出以“桥隧代路、宁桥不隧、宁隧不挖”和“沿江少占江、沿路不占路、沿山少挖山”的总体设计理念，采用“短隧道群—矮边坡—棚洞—沿江桥”组合，线路随弯就势，首次大规模采用联拱隧道群棚洞来解决傍河鸡爪地形的选线技术，最大限度地保护生态环境，节约了土地。项目荣获2006年度全国优秀工程勘察设计铜质奖，2006年度全国公路优秀设计二等奖和浙江省建设工程钱江杯（优秀勘察设计）一等奖。

目前，依托金丽温等十几条山区高速公路的设计实践，正在编写《浙江省山区高速公路设计要点》等高速公路设计系列丛书，以全方位提升设计理念，并为制定地方标准作技术准备。

浙江院设计的黄山至衢州高速公路、福建浦南高速公路、重庆绕城高速公路（东段）、河南郑州至洛阳高速公路改扩建（洛阳段）、浙江绍兴至诸暨高速公路等交通部典型示范工程所展示的环境友好型、资源节约型设计理念，正在成为浙江院的一个新品牌、一张新名片。

(2)沪杭甬高速公路拓宽——“边拓宽边通车”经验。沪杭甬高速公路是浙江省第一个高速公路拓宽改建项目，也是国内在深厚软土地基路段拼宽的第一条8车道高速公路。面临软土路基拼接、桥梁加宽和不中断交通组织等许多复杂的技术难题。该设计解决了诸多关键技术，荣获2006年浙江省科学技术进步二等奖、浙江省建设工程钱江杯（优秀勘察设计）一等奖。

首次提出了“考虑软土结构性的固结计算理论”、“拓宽路堤作用下软基中初始超静孔隙水压力及有效应力解析解”和“新老路堤差异沉降控制标准”三项设计新理论。

首次求得了拓宽路堤荷载作用下，深厚软基中初始超静孔隙水压力及附加有效应力解析表达式，获得了超静孔压在约两倍路堤宽度的深度处已衰减到0.2倍路堤荷载等规律，为路堤拓宽地基处理设计提供了理论依据。

首次提出了新老路堤差异沉降控制标准，已纳入部颁《公路路基设计规范》。率先提出了改进的空间土拱分析理论，提出了桩承式加筋路堤设计方法。

针对软土较深的桥头路段，在国内首次提出并采用路堤桩处理深厚软基，路堤桩处理软基技术已纳入部颁《公路软土地基路堤设计与施工技术指南》并推广到国内新建和改建高速公路中。

率先将塑料排水板预压法应用于高速公路拓宽工程，考虑了软土的结构性及塑料排水板的通水能力随时间衰减等因素，采用双层地基固结理论分析计算了路堤荷载作用下地基的固结发展过程，与实测比较接近，取得了良好的技术经济效益。

率先提出新老桥梁刚性拼接方法并成功应用到杭甬高速公路拓宽工程中，并通过大面积采用植筋技术，有效解决了新老桥梁结构的拼宽难题。为软土地基新老桥梁的拼接，提供了安全可靠、切实可行的方法。该项技术已在国内高速公路改扩建工程中推广应用。

4. 水运工程设计成就凸现

水运工程设计是浙江院的一个重要组成部分，近30年的奋斗历程，浙江院书写了在水运工程领域规划设计及科研等各方面令人瞩目的成就。特别是近10年来，完成了60多个万吨级以上泊位的项目勘察设计，其中最大吨位达25万吨级；承担了瓯江航道、椒江航道整治的设计以及京杭运河（浙江段）、杭甬运河和湖嘉申线航道为代表的800多公里内河高等级航道的设计；成功设计了一大批港区、航道、船闸等水运重大工程项目，并获得了多个国家、省、部优秀设计和咨询奖。

如在全国首批内河水运典型示范工程之一的湖嘉申线航道设计中，设计人员充分融入全寿命周期成本和以人为本、节约资源、技术创新、生态环保、经济合理等设计理念，得到了交通部领导和专家们的高度评价，项目荣获2007年度全国优秀咨询成果三等奖。在国内规模最大的煤炭中转码头——浙江舟山煤炭中转码头设计中，多项设计亮点达到国际和国内领先水平，项目荣获交通部优秀水运工程咨询成果一等奖、全国优秀工程咨询成果三等奖。

四、基本经验

改革开放30年间，浙江院在党的路线方针政策的正确指引下，以邓小平理论和“三个代表”重要思想为指导，贯彻落实科学发展观，牢牢把握“创新发展”的主题，培养和树立交通部倡导的“六个坚持、六个树立”的勘察设计新理念，不断打造工程精品，把企业引向了可持续发展的辉煌大道，并在企业管理、技术进步、文化建设等方面积累了宝贵的经验。

1. 坚持管理创新，为企业发展提供强有力的机制保障

在企业发展的过程中，浙江院不断探索企业经营模式的改革，通过持续的模式创新，搞活经营机制。

浙江院十分注重经营管理的模式创新，30年来，通过不断的探索，企业经营管理模式由计划型经营管理、技术经济承包责任制管理（从初级到深化阶段）发展到目前以强化经营激励、优化生产管理为重点的新的经营生产管理模式，通过管理改革和经营拓展并举，各项工作取得了显著成绩。

建立和完善灵活的用人和薪酬管理制度。浙江院将以人为本，让每一位员工都能在企业发展的进程中找到自己的坐标并有所作为，作为各项工作的出发点和落脚点。他们创造性地推出了“管理、技术和营销”三个序列的绩效考核和薪酬管理模式，使员工能够找到自己合适的成长道路和奋斗目标，建立了较为灵活的用人制度，有效地避免了“裁剪师”和“缝纫工”职位撞车，又让确有能力的“缝纫工”成长为“裁剪师”，人尽其才、才尽其用，从而充分调动起广大员工的主观能动性和工作积极性。

建立高效的工作协调和处理制度。根据勘察设计项目任务紧、工序多、要求高等方面的特点，为加强工作协调，提高工作效率，形成快速反应机制，浙江院探索建立起高效的工作协调和处理制度，实行“晨会、周会和重大项目内审会”的“三会”制度。晨会部署需要协调和解决的重大问题，周会安排一周的重点难点问题，重大项目内审会对重要技术文件进行严格审查和把关。“三会”制度创新带来了管理的高效，使企业犹如一部高速运转的计算机，协调和可持续地向前发展。

2. 坚持科技创新，推动企业持续发展

遵循“科学技术是第一生产力”的真谛，浙江院倡导并实施“人才和科技强院”战略，使科技创新成为浙江院持续快速发展的强大助推器。广大科技人员从应用需求出发，抓住交通基础设施建设中的关键问题，研发和应用新技术、新材料、新工艺，在许多领域都取得了重大突破。

科学研究和应用方面，浙江院着力于科研新技术的应用，推动工程项目建设。如在公路软土地基方面，针对浙江软土地基特点，攻克了在国内罕见的深厚软土地基上修筑高速公路难题；其中EPS超轻质路堤、泡沫珠混合轻质土、桩承式路堤三项技术填补了国内空白，达到国际或国内领先水平，并得到了推广应用；港航工程方面，开展了内河航道护岸结构优化、沿海港口岸线浅水深用、集装箱生成量预测及流向等多方面的专题研究；隧道与桥梁工程方面，开展了隧道通风照明关键技术应用研究、隧道沥青路面应用研究、预应力混凝土箱连续梁桥裂缝调查分析及防治、新型公路桥梁伸缩缝结构与工艺和沿海混凝土工程安全耐久性研究等；此外还有大量的路线、路基防护、路面、交通工程等方面科研项目和成果，在交通建设中得到广泛的推广应用，取得了可观的经济效益和社会效益。

编制技术规范和标准方面，浙江院主编或参编了国家级和部省级规范近20部、省内规范近10部，内容涉及公路隧道设计、隧道交通工程、隧道通风照明、山区高速公路、高速公路软土处理、高速公路路面设计、高速公路交通安全设施设计和水运港口设计等方面，其中浙江院主编完成的全国第一部《公路隧道设计规范》，对我国公路建设的快速发展起到了极其重要的推动作用。

技术发明方面，浙江院近年也取得了显著的成绩，目前已成功发明了近10项专利，取得了《一种可绿化的生态挡墙》、《带独立排烟装置的隧道通风系统》、《斜拉桥索塔锚固区的牛腿》、《斜拉桥的斜拉索塔端联结的钢锚梁》等多项发明专利。

软件开发和应用方面，浙江院结合科技项目的应用研究，自主开发了“公路隧道通风计算分析系统”、“公路软土地基处理CAD系统开发”等多个应用软件，其中“公路隧道通风计算分析系统”软件，提出并实施了多竖井送排式通风计算方法和出入口段有匝道的公路隧道多竖井通风计算方法，解决了任意一个竖井设置、任意多断面和射流风机配置的算法问题，使长大隧道通风计算可快捷有效地完成。该成果不仅用于浙江省在建隧道的设计中，同时得到国内同行的充分肯定，并得到推广应用，其关键技术正在申请专利。

2004年以来，在“人才和科技强院”战略的引领下，浙江院不断强化政策激励导向，加强人力资源建设，加大科技投入，实行资金、人员、设备、机构设置及相关制度的灵活倾斜，出台了《进一步加强人才队伍建设的若干意见》、《科技研发工作实施细则》等制度，加大人才培养和引进力度，鼓励专业技术人员参加各类注册执业资格的考试，鼓励科研人员对交通基础设施建设和勘察设计技术的重点、难点课题进行攻关，对荣获国家、省部级奖励的科研和发明等项目，给予相关人员1万到10万元的重奖。

科技创新和人才建设激励制度的推出，进一步激发了员工的积极性，也换来了喜人的累累硕果：建院以来浙江院共完成部省级科研项目60多项，其中作为主持单位的科研项目36

项，作为主要参加单位的科研项目25项，20多项获得中国公路学会、中国航海学会和浙江省科学技术进步奖等各种省部级以上奖项；初步建立了人才队伍体系，为企业发展提供了强大的人才支撑和智力支持。

3. 坚持文化创新，使企业拥有长盛不衰的源头活力

文化是企业的灵魂，是企业发展的软实力，而文化创新，则是一个企业长盛不衰的重要依托和源头活力。

近30年来，浙江院不断吸收、挖掘和提炼优秀文化成果，学习融汇古今中外的经验、方法、智慧并加以发展和创新，在“九五”至“十五”期间就陆续提出了“人本”、“创新”及“和谐”等先进的理念，形成了带有自身特色和先进水平的企业文化理念体系。

改革开放初期，浙江院提出了“以苦为荣、以苦为乐、甘当革命老黄牛”和“热爱企业、热爱工作、热爱岗位”的“三热爱”精神；2000年，确定了“营造和谐、尊重人才，注重科技、追求发展”的发展方针和“质量品牌双优、服务信誉至上”的质量方针，充分展示了全体员工的追求、承诺及行为准则。

随着勘察设计市场实行公开招投标，业内竞争日益加剧。面对新形势，2005年浙江院开展了以“忧患意识”、“市场意识”、“品牌意识”、“服务意识”和“团队意识”为内容的“五个意识”教育活动，将其作为企业文化建设和企业核心价值理念的重要内容，由此引起了全院干部职工的三大观念转变：一是长期形成的计划经济时代旧观念开始向市场经济的新观念转变，广大干部职工的竞争意识逐步取代了往日的“铁饭碗”观念。二是设计理念的转变，设计上开始融入生态、环保意识和优化设计、争创品牌，努力降低工程造价的意识。三是经营理念及服务理念的转变，经营业务上从过去的等、靠、要，发展到如今的主动走出去，积极开拓省内外市场；服务上摆正了与客户之间的关系，增强了对设计后续服务工作重要性的认识，不断提高后续服务水平成为越来越多员工的自觉行动。

浙江院的文化创新还体现在以“模范职工之家”为重点，开展丰富多彩的群众体育文化活动，与企业的生存发展紧密结合，使文化建设常抓常新，为干部职工喜闻乐见。浙江院树立建“家”就是建“院”的理念，以党建带工建和团建，以工建团建促党建，开展“职工之家”和“职工小家”建设，营造温馨家园氛围，并以形式多样、内容丰富，具有品牌特色的各种活动，为建“家”工作注入生机和活力。

具有特色的文化创新结出了丰硕的果实，2005年，浙江院分别获得了浙江省“党建带工建、三级联创模范职工之家”和“全国模范职工之家”荣誉称号；2006年，荣获首届全国交通行业企业文化优秀成果奖，当年6月28日，人民日报人民网刊文，专题介绍了浙江院企业文化建设的特色成果，并将该院企业文化建设理论成果编入人民日报出版社的大型理论丛书《创新与发展》和大型纪念文献《和谐中国》；2007年，浙江院又被评为浙江省企业文化建设先进单位。

浙江院近30年的成功实践表明，该院由小到大、由弱到强的成长史，是一部改革奋进、锐意进取的发展史，是一部在实践中创造辉煌的创业创新奋斗史。

未来五年，浙江院要在生产经营方面实现较大突破，产值稳步递增，达到12至15亿元，经营资质达到市政地铁轻轨设计、咨询甲级，争取达到市政排水设计甲级，试验检测专项或综合甲级资质。在人员规模总体稳定的基础上，人才结构更趋科学合理，各专业建立起以学科带头人为骨干、与经营资质相配套的人才梯队。内部管理机制上，建立起产权清晰、权责明确、政企分开、管理科学的现代企业制度，通过经营区域和经营领域的拓展，进一步实现多功能、综合性的发展，初步形成具有国际竞争力的咨询工程公司。

山水之间绘路标

湖南省交通规划勘察设计院

一、企业介绍

湖南省交通规划勘察设计院（以下简称湖南院）成立于1960年4月，原为事业单位，1984年实行企业化管理，自收自支，自负盈亏。2001年12月经湖南省交通厅批准，报湖南省人事厅核销事业编制，改为国有企业。

湖南院技术力量雄厚，现有在职员工597人，离退休人员272人，各类专业技术人员占在职员工的82%，其中，享受国务院政府特殊津贴专家、交通部科技英才、研究员级高级工程师等30余人，博士、硕士70余人，中、高级技术职称达400余人，大学以上员工占84%。湖南院技术装备先进，近年来，引进国内外先进的计算机、绘图仪、全站仪、GPS全球定位系统及试验检测、监理测试等设备2 000多台套，建成了三层千兆以太局域网，实现了网络化数据共享和资源集中管理，达到了无纸办公、协同设计和知识共享的信息化目标。2000年通过了ISO 9001:1994国际质量体系认证；2006年由人事部批准设立博士后科研工作站。

经过改革开放30年风雨历程，湖南院发展成为一个具有公路、桥隧、水运、市政、建筑、测绘、工程总承包、工程监理等甲级资质，年公路勘察设计能力达千公里以上的现代化大型综合勘察设计院。经过全体职工的共同努力，湖南院经济效益显著提高，生产总值年年攀升，跨进全国工程勘察设计百强企业。1978年以来，湖南院共获得国家级、部、省级优秀工程勘察设计、咨询、科技进步奖170余项。多次被湖南省政府授予“重点工程建设先进单位”称号，先后被评为全国工程勘察先进单位、全国优秀设计单位、全国优秀勘察设计企业、全国交通系统先进集体和创建全国交通文明行业先进单位。

历经30年的披荆斩棘，30年的锐意创新，30年的励精图治，在经过市场的洗礼后，湖南院成功地实现了从小到大，从弱到强，从封闭到开放，从湖南到全国乃至国际的重大跨越，已成为我国交通勘察设计行业中一支举足轻重的力量。

二、改革历程

1978年12月，随着改革开放号角的吹响，湖南院开始书写自己的精彩传奇，从计划经济下一个封闭的事业单位逐步转型、发展成为一个已初步建立现代企业制度、综合实力不断增强的科技型企业。

1. 1978年～1986年，保持事业单位性质，初步发展

1978年党的十一届三中全会召开，我国进入新的历史发展时期，湖南院也把工作重心转移到生产上来，承担了大量工程项目的勘测、设计和科研。在改革开放方针的指引下，建立了一整套适应于计划经济体制的工作制度，配合完成国家固定资产投资，院内各项工作逐渐走上正轨。在国内先后承担了11个省区的公路、桥梁、港口航道的勘测、设计，在国外承担了卢旺达、坦桑尼亚、斯里兰卡的设计施工任务。勘察设计手段得到很大提高，改革开放前外业勘察全靠皮尺加花秆和经纬仪，人背马驮；内业采用算盘加计算尺、铅笔加图板等落后测设方法和手段。从1982年开始推广使用了激光、红外线测量仪具和TQ16电子计算机，使交通勘察、设计、科研得以稳步向前推进。

1983年根据国家当时的经济政策，湖南院推行初级形式的技术经济责任制，开始进入技术经济责任制试点阶段。对计划外项目实行技术经济责任合同制，开始对外系统委托的任务收费；试行与技术、经济挂钩的劳动工日定额制；试行与技术、责任挂钩的外勤费包干制。

1986年经省交通厅批准正式实行事业单位企业化管理，省财政厅取消了全部事业费，从此湖南院成为自主经营、自负盈亏的市场主体。通过企业化管理，增强了活力，调动了全院职工的积极性，生产力也得到很大解放，同年湖南院开始使用APOLLO微机进行计算与绘图，产值由1982年的不到200万增长到680万元。

2. 1987年~2001年，实行事业单位企业化管理，快速发展

(1)1987年~1998年，湖南院不断完善技术经济责任制、转换经营机制，塑造市场主体地位。从1987年湖南院由事业单位成为完全的市场主体，从事业单位的“等、靠、要”变成完全在市场中“找米下锅”，自谋发展。职工的思想进一步解放，市场意识不断增强，特别是实行以工效挂钩为主的技术经济责任制后，责权利进一步明确，充分调动了职工的积极性。到1991年，职工540余人，产值935万元，是1982年的4倍。

1992年春，邓小平同志的南巡重要讲话，开启了我国深化改革的新篇章。同年，党的十四大正式确立了建立社会主义市场经济体制的宏伟目标，使中国的改革开放再次进入了快车道。面对蓬勃发展的公路建设，湖南院适应新形势的要求，通过不断深化改革，转换经营机制，苦练内功，强化管理，提高素质，相继采取了一系列改革措施，促进机制转变和勘察设计水平的提高：对技术经济责任制进行较大的修改，制订出《技术经济质量责任承包制》，让管理与技术等无形资产参与分配；积极开展多种经营，采取多种途径创收，对外拓展市场；坚持推行全面质量管理，采取了切实可行的提高质量的措施；实行专业技术职务内聘制度，鼓励专业技术人员努力进取；建立住房公积金，进行住房制度改革，将福利分房改为集资建房；实行医疗经费包干使用，进行医疗制度的改革。提拔年轻技术骨干充实领导层，实现干部队伍的新老交替和年轻化。通过深化改革和转换经营机制，使湖南院从封闭走向开放，由单一功能转向多功能，无论在内部机制上，还是在经营管理上，都在向市场经济迈进。

从1998年开始湖南院积极实施“一业为主、多种经营、两头延伸”的发展战略，寻求新的经济增长点。一方面保持公路、桥隧、水运等主业的技术优势，在内部机构设置上保持主体地位，另一方面对企业下属单位试行股份制的子公司管理模式。1998年湖南院成立第一个控股子公司——湖南省金衢交通咨询监理有限公司，后来又采取院控股、个人出资入股的方式相继成立了一些子公司，经营范围涉及工程监理、工程施工、科技、房地产开发、物业管理等，开辟了湖南院多门类经营的渠道。到1998年在人数基本不变的情况下，通过拓展经营，产值达到4 840万元，是1982年的24倍。

(2)1999年~2001年，湖南院不断深化改革，改企转制，建立科技型现代企业。改企建制是在我国发展和完善社会主义市场经济体制，深化国有大中型企业改革条件下进行的，也是革除国有企业过去的一些机制和运营模式上弊端的根本要求，这对于勘察设计单位来说是一个关系到生存与发展的重大问题。1999年根据国务院《关于工程勘察设计单位体制改革的若干意见》的精神，院领导集体审时度势，勇立潮头，掀起了新一轮改革的热潮，提出了“先机构改革，后体制改革；先改企，后建制”的基本思路。

2000年湖南院进行了建院以来力度最大的机构改革，按照“加强生产一线、强化职能部门、剥离后勤服务、干部实行聘任、员工双向选择、富余人员分离”的原则进行改革。通过改革，职能部门减少56%，机关工作人员减少近一半。2001年12月26日省人事厅编制办核销了湖南院的事业编制，湖南院实现了由事业到企业的根本转变，成为科技型现代企业。

通过多年的改革，湖南院实现了快速发展，机构进一步精简，生产结构进一步优化，人员结构更加合理，专业配置更趋齐全，技术手段得到很大提高，2000年开始使用GPS、全站仪，在各专业工程设计中全部采用计算机进行辅助设计，实现CAD自动成图率100%。到2001年业绩再创新高，产值首次突破了亿元大关。

3. 2002年以来，深化改革，加快现代企业制度建设，实现持续健康科学发展

建立现代企业制度是湖南院的改革方向，也是抓住机遇、加快发展的必然要求。2003年10月召开的党的十六届三中全会提出了科学发展观，湖南院按照科学发展观的要求，不断完善改革，采取多种措施促进了湖南院持续健康科学发展。

湖南院持续进行人力资源的优化和劳动制度的改革，制订了《人力资源结构调整办法》，进行人力资源结构调整，对中层管理人员进行民主考评和调整交流；设置、调整员工岗位，通过内退、分流和待岗等措施对员工结构进行优化；对改企以后引进的员工实行劳动合同制，人事档案转入人才交流中心；对新进员工试用期满后进行严格考核，根据考评结果确定工资福利和合同期限；制订《薪酬制度暂行办法》，将全院职工的工资进行套改和正常晋升，建立员工津贴补贴办法，加强五大社会保险和企业年金的管理，使员工收入结构有了较大的改善，这些措施使湖南院实现了由人事管理到人力资源管理的根本转变。

湖南院不断加大制度创新、技术创新、管理创新的力度，持续打造品牌工程和人才工程。面对全面开放的勘察设计市场，为应对日趋激烈的市场竞争，湖南院采取更加合理的资源配置，全方位地对企业的组织形态、管理流程、激励机制等进行再造，对生产结构进行调整，相继成立了隧道处、港航处、规划室；创造条件取得建筑甲级资质，并开展景观设计；组建了国际工程部，向国际化的工程咨询公司目标迈进。同时实施更加科学有效的市场应对机制和经营管理制度，建立健全技术创新的激励制度，采取多种措施培养高素质人才，持续培育核心竞争力。经过近几年的市场拼搏，湖南院已从行政型事业单位完全转向具有自我再生和扩张能力的经营产业型企业，在资源配置、市场开拓、管理效率、产品质量、技术创新、人才队伍等方面有了质的飞跃。企业竞争能力和综合实力明显增强，两次进入全国勘察设计企业百强，年产值高达4亿元，年上缴税收3 000余万，总资产由改革开放之初的106万元增长到现在的 2.8 亿元，2005 年湖南院拓址新张，为迈向现代科技型企业打下了坚实的基础。

三、发展成就

30 年来湖南院的发展成就令人瞩目。湖南院的业务从省内走到了省外，从国内走到了国外，经济效益和社会效益日益提高。迄今湖南院累计完成公路勘察设计里程 12 000 公里(其中高速公路 3 000 余公里)，独立桥梁 316 座，总长 179 807 米，隧道 110 公里，港口码头 135 处，航道 1 900 公里，船闸 81 处，航电枢纽工程约 4 座，建筑设计 312 万平方米，为实现湖南省“五纵、七横、十八桥”及内河航运的主骨架建设做出了积极的贡献。

作为一家科技密集型企业，湖南院历来注重科技创新，不断提升设计理念，在公路、桥梁、港航等专业领域求新创优，取得了骄人的业绩，在交通勘察设计领域树立了一座又一座的丰碑。据不完全统计，1978 年～1982 年间湖南院科技经费投入仅为 125 万元，“六五”时期科技经费总投入为 370 万元，“十五”时期总投入为 3 326 万元，30 年间增长了近 26 倍，也是出科技成果最多的时期。1978 年以来共获得国家级、省部级优秀勘察设计、科技进步奖等共计 170 余项，其中长沙湘江大桥、常德沅水大桥、长沙湘江北大桥、岳阳洞庭湖大桥、湘潭至耒阳高速公路等项目获 6 个国家勘察设计金奖，广东九江大桥、岳阳洞庭湖大桥等项目获 3 个国家科技进步二等奖，岳阳洞庭湖大桥、湘潭至耒阳高速公路、临湘至长沙高速公路等项目获 3 个詹天佑土木工程大奖，湘潭至耒阳高速公路、临湘至长沙高速公路、常德至张家界高速公路 3 个项目获得国家环境保护百佳工程和国家两届环境友好奖，厂坝共用门机式电站专用屋顶、泄水闸等 5 项获专利技术。

1. 桥梁展雄姿

翻开湖南院桥梁设计的历史，映入眼帘的是一串串沉甸甸的硕果：湖南院先后获得了 5 枚国家级桥梁勘察、设计金质奖。多年来，湖南院紧跟世界桥梁技术发展潮流，致力于科技攻关和技术创新，在桥型上不断推陈出新，在科研上不断挑战高峰，在拱桥、梁桥、斜拉桥、悬索桥等各种桥型技术方面取得一系列重大突破。可以说，湖南院桥梁设计的历史就是一部挑战自我，敢为人先的创新史。

改革开放前湖南院设计的桥梁以拱桥和板桥为主，改革开放后，湖南院大胆创新，在桥梁设计上，大胆引进桥梁新型结构，先后在连续梁、多塔斜拉桥、自锚式悬索桥等新型桥梁结构方面取得重大突破，技术达到国内领先水平，甚至领先于世界。

1980 年承担湖南望城沩水大桥设计时，在施工工艺设计中，首次采用柔性墩拉杆多点顶推法，解决了以吨位千斤顶顶推长桥问题，加快了顶推速度和减少墩台圬工，达到了国际先进水平，1982 在全国科学大会上获国家优秀设计表扬奖。

1986 年建成通车的湖南常德沅水大桥是当时国内最大跨径的预应力混凝土连续梁桥，湖南院在该桥设计中首次试用并完善了大吨位预应力体系和夹片锚具以及轻型悬吊式挂篮，使预应力混凝土结构向大跨度发展成为现实，荣获国家优秀工程勘察和设计两项金质奖。

1987 年广东九江大桥设计，首创了大跨度单塔斜拉桥悬拼新技术、新工艺，获得了国家科技进步二等奖和国家优秀设计铜奖。

1990 年湘江北大桥设计，成功采用了斜拉桥全支点挂蓝全断面整体悬浇与大吨位斜拉索及PE防护等一系列新技术，该桥是当时国内最大跨径的双塔单索面预应力混凝土斜拉桥，获得了国家优秀设计金奖。

在洞庭湖大桥设计中，湖南院大胆创造，积极探索，其主桥三塔斜拉桥为国内首次采用的不等高三塔双斜面索预应力混凝土漂浮体系，技术复杂、科技含量高，采用了大直径高桩承台、预应力混凝土空心索塔漂浮体系、C60高性能混凝土等一系列先进技术。该桥相继荣获国家优秀设计金奖、国家科技进步二等奖和全国十佳桥梁称号。

益阳茅草街大桥成功解决了钢管混凝土结构在超大规模桥梁上运用的设计难题，建立了一整套钢管混凝土结构的构造准则和施工控制理论，技术水平居世界之先。

2003年承担的广东佛山平胜大桥是广东佛山市快速环线上的一座特大型城市桥梁，全长2 247.84m，宽56m，双向十车道。主桥为国内外首座大跨径独塔钢混结合梁自锚式悬索桥，主跨跨径350m。该桥的建设书写了中国桥梁史上多项第一：世界第一座大跨径独塔悬索桥、世界第一座混合梁悬索桥、世界第一大跨度自锚式悬索桥、世界第一座四索面悬索桥、国内首座采用顶推法施工的钢加劲梁桥。

正在兴建的湘西矮寨悬索桥设计中，攻克的主要技术难题有峡谷地区超大跨度桥梁的架设技术和超大跨度衍式加劲梁的设计等，大桥桥面与谷地落差高达330米，主跨1 228米，居国内同类桥梁之最，它的建成将再次刷新我国悬索桥的技术水平。

从拱桥、梁桥、斜拉桥到悬索桥，从独塔斜拉桥到双塔斜拉桥，上升到多塔斜拉桥，这些桥梁技术突破性的进展，都凝聚了湖南院桥梁设计人员创造性的智慧和心血。他们敢想敢为，既吸收前人的先进成果，又不断创新发展，推动了我国桥梁技术的向前发展，在我国桥梁史上多次刻写了成功与第一。

2. 公路添异彩

“三里无平川，十里无坦途”、“车子跳、湖南到”，这是过去湖南交通给人的印象。20世纪90年代以前湖南院主要承担了国道107、320、319等省内众多的二级及以下等级公路的设计工作，1984年湖南院承担勘察设计任务的省内第一条一级公路——荣湾镇至望城坡公路通车，为修建高等级公路积累了经验。1987年107国道临湘巴咀坳至岳阳新塘段全封闭专用二级公路的勘察设计，成为我院由低等级公路向高等级公路测设过渡的转折点，标志着湖南省公路进入了一个高等级公路网建设的新时代。

进入20世纪90年代，高速公路在各种动力的驱动下，开始进入湖南人的视野。1994年湖南省第一条高速公路——长沙至湘潭高速公路开始修建，从此掀起了高速公路建设的高潮。湖南院认清形势，抢抓机遇，充分发挥技术优势，大量引进先进技术和先进设备，全力投入到湖南省高速公路建设中，设计水平迅速跨入国内先进行列。迄今为止，湖南院足迹踏遍广东、四川、山西、湖北等14个省区，实现了湖南高速公路省府与市州的联网，打造了全省4小时经济圈，有力地推动了湖南经济的快速发展。

理念就是设计的灵魂，30年来，湖南院不断提升设计理念，坚持以人为本、尊重自然、保护环境、节约资源，设计出了一条条全国闻名的生态路、环保路，近几年连续有湘潭至耒阳、临湘至长沙、常德至张家界等三条高速公路获得国家环保大奖。

湘潭至耒阳高速公路是湖南省第一个世界银行贷款的高速公路项目，从1990年开始的勘察设计始终接受了世界银行的全程审查，湖南院成功的勘察设计受到世界银行专家的高度赞扬。该项目在投资规模控制、美化绿化设计及红砂岩路基研究等方面取得了显著的成果，相继获得首届全国环境保护百佳工程、第四届詹天佑土木工程奖和第十一届全国优秀设计金奖。湘潭至耒阳高速公路是湖南院历史上公路设计的第一个金奖项目，也是湖南院高速公路设计的里程碑。

临湘至长沙高速公路是京珠高速公路湖南段最北段的部分，经过这里的人们都称赞这是一条流光溢彩的绿色生态通道。湖南院设计了一整套相适用的环境保护措施和景观开发措施，投入环境保护的建设资金约1.8亿元，最大限度地利用了区域内原有林木，同时使用人工栽培办法，在沿线重建了绿色生态环境，使沿线绿色覆盖率接近100%，使之成为一条能产生绿色经济效益的生态路，该项目荣获国家首届环境友好奖、第五届詹天佑土木工程奖、国家优秀设计铜奖。

随着西部大开发的推进，湖南院通过设计实践探索出了一整套山区高速公路设计经验。2005年底通车的湖南省第一条真正意义上的山区旅游高速公路——湖南常德至张家界高速公路，沿线地形、地质条件复杂，穿过多处崇山峻岭、河道峡谷。这条路一头连着“国家园林城市”常德，另一头连着举世闻名的被誉为“中国山水画的原本”的国际旅游风景区——张家界，可谓始于风景，止于名胜。作为设计者，湖南院对公路的设计进行了创造性思考，坚持从实际出发，创作出一条符合地域特色的、尊重本地文化、融入自然风光的美丽景观道路，安全、舒适、绿色、环保的勘察设计新理念在该项目中得到了完美体现，在业内赢得了“山水经典、诗画之源”的美誉，该项目2008年荣获第二届“国家环境友好工程”。

技术创新是设计品质的保证。湖南院在完善高等级公路技术框架体系的基础上，针对膨胀土、软土地基、岩溶区等特殊地质地貌，开展公路修筑技术和相应病害的实用技术防治研究，形成了特殊条件下的多项成套筑路技术。结合湘潭至耒阳高速公路进行的“红砂岩地带路基修筑技术研究”课题，成功地解决了泥质砂岩、砂质泥岩、泥质页岩的路基开挖与路基填筑的稳定性难题，减少工程投资约4.7亿元，少占农田12 638亩，少砍伐森林2 518亩，该课题荣获“中国公路学会科学技术奖三等奖”。结合湘潭至邵阳高速公路和常德至张家界高速公路，湖南院进行了“湖南省膨胀土地区公路路基处治技术研究”，提出并实施了膨胀土路堤工程的土质改良措施、工程地质病害处治措施和膨胀土路基施工工艺和质量控制指标等，使沿线的膨胀土得到了有效利用，创造了显著的经济效益和社会效益，该课题获中国公路学会科学技术一等奖。常德至张家界高速公路和衡阳至枣木铺高速公路所经路段岩溶不良地质多，为解决了岩溶地区公路填筑问题，湖南院进行了积极的研究并取得了重要成果。参与了交通部西部课题“岩溶地区公路修筑成套技术研究”（湖南院承担子课题“岩溶地区公路建筑环境保护”），项目研究成果总体达到国际先进水平。研究成果已在贵州、广西、湖南、云南等省区的12条高速公路、33座大桥、11座隧道建设中得到推广应用，有力地支撑了这些重大工程的建设，有效地保护了沿线自然生态环境，已取得1.5亿元的直接经济效益，2008年荣获中国公路学会科技进步特等奖。雪峰山隧道是邵阳至怀化高速公路的控制性工程，单向全长6.95公里，最大埋深达850米，隧道穿越的地质条件复杂，是当时国内最长的公路隧道，结合“雪峰山特长公路隧道关键技术研究”，主要解决了防灾、通风、照明、消防等设计技术问题，预计通过课题研究将节约隧道建设成本15%左右，产生近亿元的经济效益。四川雅安至泸沽高速公路是国家高速公路网七条首都放射线中北京至昆明的一段，湖南院承担了其中石棉至下鲁坝路段的设计，主线长60.2公里。项目沿线地形地貌复杂，地震活动频繁，地质灾害严重，为IX（九级）地震烈度区域。季节性的积雪冰冻、沿线需要避绕58座水电站及大熊猫、红豆杉等国家级的珍稀动植物保护区，特别是在短短46公里的直线距离内，地面高程需要爬升近2 000米，由此诞生了长达51公里的高速公路连续升坡世界纪录，使得项目的建设难度无愧世界之最。湖南院在该项目的设计过程中，创造性地提出了世界高速公路史上首次采用的双螺旋形隧道展线方案，用两个螺旋形隧道使得汽车经过在近乎原地6公里的跋涉后，轻松爬升了300多米；并通过加宽隧道净内断面的设计方案，解决了隧道视距问题。同时，还通过技术攻关，攻克了超长连续纵坡路段行车安全关键技术、公路隧道穿越高原湿地技术、高地震烈度地区选线及桥隧建设技术等世界性难题，为复杂地区修建高速公路提供了一系列突破性的新思想、新技术。

3. 港航增新貌

十一届三中全会以来，湖南省航道整治、港口建设进入快速发展时期，加大了对湘江干流千吨级航道、澧湘航道的开发性建设。湖南院作为水运建设的排头兵，始终高位谋划，不断探索航道整治水平，积累了丰富的内河航道整治经验，充实了设计理论，走出了一条"以电养航、航电结合、滚动发展"的新路子。30年的中流击水，湖南院已经收获了多项重要国家专利，拥有了5座航电枢纽，79处船闸、131处港口，380多处水力自控翻板门，1 900公里航道的辉煌业绩，为湖南的航道升级、港口开发建设、综合枢纽建设做出了一定的贡献。

湖南院自行研发设计的水力自控翻板闸门实现了闸门无电源、无机械的启闭自动化，经济效果好，获得国家专利，并于1978年获全国科学大会奖。该技术广泛应用到省内外，获得了广泛好评。

总投资20亿元的国家重点建设项目大源渡航电枢纽工程，是省内第一座千吨级船闸。在整个工程设计中，设计人员大胆创新，首次在内河航运工程中应用预应力钢筋混凝土，发明了"航电枢纽坝顶共用门机"等4项国家专利技术，"船闸地下式机房"等码头、船闸建设方面5项专有技术。该工程设计水平、综合技术居国内前列，主体建筑、厂坝布置方式属国内首创，被评为国内航运枢纽的样板工程，获交通部优秀设计一等奖、国家设计铜奖、国家优质工程建设银奖。如今，雄伟壮观的大坝，美观实用的船闸，色彩艳丽的彩虹桥，使大源渡枢纽工程成为湘江上的一颗明珠。

湘江株洲综合枢纽工程是国家"十五"期重点建设项目，湖南院在设计上锐意创新，在重要技术上取得了突破：利用导流墩与导沙坎解决船闸引航道口门区通航水流条件差和泥沙淤积问题，达到国际领先水平；工程计算结合进行了《泥岩地质船闸结构整体受力计算及施工过程计算机仿真分析》的专题研究，保证结构设计先进、安全、合理、经济，经鉴定该成果达到国际先进水平。同时，将株洲航电枢纽工程打造成集航运、发电、旅游及休闲功能于一体、环境优美的生态工程，被交通部列为内河水运建设示范工程，并荣获湖南省优秀工程咨询成果一等奖，国家优秀工程咨询铜奖，国家重点工程建设优秀设计单位。

湘江长沙综合枢纽工程是湘江生态经济带建设的重要项目。在设计中湖南院坚持可持续发展的设计理念，遵循资源综合利用的原则，注重通航、发电、供水、景观、旅游、过江、交通等综合效益的发挥。它的建成对加快长株潭一体化进程、改善长株潭三市的滨水环境、保障长株潭三市及沿江区域枯水期的用水需求，具有重要的意义。

优秀的港口航道设计要靠精湛的技术作支持。多年来湖南院注重打造精品工程，培育核心技术，树立港航专业的品牌优势，每年均承担 2 ~ 3 项科研项目，对工程关键技术进行重点研究。如“航电枢纽整体模型试验分析”、“船闸口门区通航水流条件研究”、“岩溶地基航电枢纽地基勘察与处理”等科研课题不仅解决了工程建设的技术难题，而且降低了施工难度，节约了工程造价，同时也形成了湖南院的核心技术。目前，由湖南院设计的长沙霞凝新港被誉为全国内河第一港，获湖南省优秀工程咨询成果一等奖；衡阳重件码头排全国内河码头重件吊装第二位，获湖南省优秀工程咨询成果二等奖；湖南院在设计广东连江西牛航运枢纽时，被世界银行评为技术经验丰富的设计单位，被广东省评为优秀设计单位。

四、基本经验

纵观湖南院自 1978 年改革开放以来 30 年的发展实践，可以得出以下几点主要经验与启示：

(1)必须要有一个政治坚定、与时俱进、锐意创新的领导班子。湖南院有今天的发展成就，得益于有一个坚强的领导班子。历届领导班子都能坚持党的领导，坚持思想解放，党政团结一心，工青妇密切配合，心往一处想，劲往一处使；都能保持朝气蓬勃和奋发有为的精神状态，立足发展，统揽全局，锐意创新，服务生产经营这一中心工作，为湖南院发展制定明确的战略，为改革发展创造良好的环境，从而促进了湖南院的健康持续发展。

(2)必须始终解放思想、坚定信心，坚持把发展作为第一要务。作为一家对国家政策和投资方向依赖性比较大的勘察设计企业，湖南院在 30 年的发展中也曾遇到了种种困难，但不管形势怎样变化，我们始终牢记使命，把推进湖南省乃至全国交通建设事业的发展作为自己的神圣职责；始终解放思想、坚定信心，争做交通企业改革发展的排头兵；始终开拓创新，坚持打造勘察设计精品方向不动摇；始终迎难而上，不断挑战自我，超越自我。正是这种信念和精神，支撑湖南院在改革开放的大潮中，在日趋激烈的市场竞争中逐步处于有利地位。

(3)必须勇于改革不适合生产力发展的体制和运行机制。湖南院在发展中，始终坚持以解放和发展生产力为目的，不断推进体制、机制和管理创新。逐步建立健全完善的企业治理结构，为企业的规范、健康运行提供了保障；积极探索选人用人机制，形成了优秀人才脱颖而出的良好环境；以劳动、人事和分配三项制度为突破口深化各项改革，激发了内在活力；持续创新管理模式，以信息化为支撑，推进以提升竞争力为核心的三标一体管理体系，实现了管理理念、管理思想和方式方法的根本转变。实践再一次证明，改革就是解放和发展生产力，改革创新是企业发展壮大的不竭动力。

(4)必须坚持科技创新，建立起一支卓越的人才队伍。在勘察设计和科研实践的历程中，湖南院在桥梁、公路、港航、隧道等诸多专业领域，创造过多项全省、全国乃至世界第一的纪录。特别是世纪之交，湖南院加强国内、国际交流，以创新精神不断提升勘察设计作品的科技含量，探索和实践契合时代精神、适应时代要求的勘察设计新理念，通过引进紧缺人才、实行学科带头人制度、成立博士后科研工作站等一系列举措，不断培养人才，加大科研创新力度，提升设计作品品质，使湖南院稳步发展成为国内勘察设计行业的佼佼者。

(5)必须坚持把改革发展稳定有机结合起来，促进和谐发展。面对改革发展的繁重任务，湖南院党委坚持改革发展稳定相结合，坚持企业发展与企业文化建设相结合。在企业改革的每一个阶段，做了大量深入细致的宣传教育和引导工作，广大共产党员和干部职工顾全大局，理解改革、支持改革，做出了宝贵的贡献。同时，湖南院不断加大企业文化建设力度，通过提炼企业精神、企业宗旨、经营理念、倡导共同价值观、导入VI形象识别系统，逐步完善企业文化的理论体系和模式，使其成为员工思想上的一面旗帜，成为推动企业发展的强大精神动力。纵观30年历程，这个阶段是湖南院改革力度最大、发展最快、职工得到实惠最多、企业最稳定的时期。

五、发展展望

经过30年的快速发展，湖南院已成长为具有较强经济实力的综合设计院，特别是完成了市场主体的转型，人才的聚集、资质的提升、累积的业绩为湖南院下一步发展奠定了良好的基础。站在时代发展前沿，面对中部崛起和长株潭两型社会综合配套改革试验区的良好机遇，我们将以开阔的眼界和与时俱进的精神，认真践行科学发展观，按照构建和谐社会的要求，以持续全面协调发展为总体目标，坚持“科技兴院”和“人才强院”的基本方针，全面实施“品牌战略”、“人才战略”和“文化战略”，抓好科技创新、体制创新和机制创新，不断提高核心竞争力、经营赢利能力和科学管理能力，加快培育有利于湖南院发展的各种条件，促进“三个文明”建设协调发展。

今后一段时期，是湖南院总体发展的重要战略机遇期，根据党的十七大提出的远景目标及各级政府发展规划，联系实际，湖南院提出了近期发展规划，即以交通勘察设计为主，立足湖南，服务全国，走出国门。我们将深化改革，建立现代企业制度；建立灵活快速应对市场的机制，强化市场主体地位，把湖南院做强做优，产值力争取得更大突破。努力提高勘察设计质量，多创精品。实行积极的人才战略，实施名人工程，培养出一批国家级技术专家和湖南省知名专家。同时，探索企业管理新模式，建立文化管理架构，提高职工整体素质，提高职工生活质量，建立和谐企业。

30年辛勤耕耘，30年春华秋实。30年，在历史长河中只是沧海一粟，但湖南院却经历了不同寻常的光辉历程。如今的湖南院，处处充满新的生机，时时再现新的辉煌。面对新形势、新任务、新机遇、新挑战，我们满怀必胜的信念，按照省委、省政府提出的富民强省、建设两型社会的总体要求，践行勘察设计新理念，争做交通建设先锋，迎难而上，奋力前行，开创更加美好的未来！

苍茫大漠数风流

新疆公路规划勘察设计研究院

一、企业介绍

新疆公路规划勘察设计研究院（以下简称新疆公路设计研究院）成立于1961年4月，是隶属于新疆维吾尔自治区交通厅的自收自支事业单位，是新疆唯一的公路行业甲级勘察设计研究院。40多年的发展史凝聚了几代公路测设者的艰辛，历经30年改革开放的栉风沐雨，现在的新疆公路设计研究院，已发展为功能齐全、综合实力雄厚的专业大院。

新疆公路设计研究院下设7个职能管理部门，14个生产处室，2个后勤服务单位，7个下属企业。在职职工429人，其中有专业技术人员309名，教授级高级工程师11人，高级职称108人，中级职称95人，初级职称95人。

新疆公路设计研究院持有工程勘察综合类、公路行业（公路、特大桥、隧道）工程设计、工程咨询、公路工程监理、公路行业（交通）工程设计、测绘甲级资质证书，同时还获得了工程造价咨询、市政道路交通设计、建筑工程设计等资质证书。主要开展的业务有公路、桥梁、隧道以及公路沿线路用设施的规划、设计与可行性研究；工程地质勘察、岩土工程、地质灾害评估，水土保持评估、设计与施工，环境影响评估，环保设计；技术咨询、工程评估、公路行业国际和国内招投标文件编制；交通科研；测绘；试验检测、桥梁检测与加固；公路工程施工监理；建筑勘察与设计；交通工程勘察、设计；公路工程造价分析、编制与咨询；市政交通勘察与设计。

新疆公路设计研究院技术力量雄厚，拥有现代化的测设设备，有GPS全球卫星定位仪、面波仪、浅层地震仪、点荷载强度仪、声波检测仪、车辄检测仪、岩土力学性质多功能实验仪、高密度电法测量系统等，勘测、设计全部实现计算机自动化，高等级公路年测设能力达到1 500公里。

新疆公路设计研究院建院以来，共完成各等级公路的勘察设计50 000多公里，其中四车道以上的高速和一级公路2 000多公里，沙漠公路650公里，特大桥、大桥80余座，客运站100多个。获国家、部、自治区级优秀设计奖和科技进步奖80余项（其中国家科技进步二等奖1项、国家铜质奖2项、国家三等奖3项、省部级科技进步特等奖1项、省部级一等奖14项、省部级科技进步一等奖2项）。

新疆公路设计研究院坚持“信守合同、质量第一、热情服务、顾客满意”的质量方针，建立了一套完整科学的质量保证体系，于2002年12月获得了ISO 9001:2000国际质量管理体系认证证书。

二、改革历程

回顾新疆公路设计研究院改革开放30年的发展历程，大致可分为三个阶段：

1. 改革探索期

从1978年至1986年近十年间，作为事业单位的新疆公路设计研究院，财务管理分别实行了全额拨款、预算包干、结余留用和试行事业单位企业化管理，开始探索以承包为主的经济责任制改革，即以合同管理的方式，将产值、质量、效率等与分配挂钩，实行按劳取酬的承包机制。这些改革探索，积累了管理经验，较好地调动了职工的生产积极性。

1979年，成立临时党委会，革命委员会改为院长制，成立质量领导小组，开始实行部分经济责任制。

1980年，改名为新疆公路勘察设计院，院工程技术干部职称评定委员会成立，新疆公路学会下属桥梁与结构工程专业学会成立，挂靠设计院，科研室从设计院分离出去，并入新疆交通科研所。

2. 改革实施期

1987年~2002年的十多年间，新疆公路设计研究院实行自收自支、自主经营、自我发展的管理模式。全面推行技术经济责任制，管理体制上实行事业单位企业化管理。

1993年，开始试行勘察设计技术经济责任制部分费用包干办法，与新疆维吾尔自治区财政厅、国有资产管理局、交通厅签订了技术经济承包责任制合同，承包期为三年，实行“二保、二包、一挂”的形式，即保质量、保进度，包所得税、包国有资产增值，工资总额与完成任务、经济效益和保、包指标挂钩。

1995年，新疆公路设计研究院获国家计划委员会颁发的工程咨询甲级证书和交通部颁发的交通工程监理资格证书，进行产业结构调整，确立“一业为主、两头延伸”的产业格局，开展“转机制、练内功、抓管理、上水平”活动，出台了“技术经济承包责任制实施办法”等管理制度。

1997年，新疆公路设计研究院进行人事制度改革，中层领导的任用由过去的任命制改为聘任制，成立工程监理部（1999年5月更名为新疆北方工程监理部），承担乌鲁木齐—奎屯高速公路的部分监理工作，开始与德国IB&T公司合作，进行CARD/1综合应用技术研究。

3. 快速发展期

2003年至今，新疆公路设计研究院为自收自支事业单位，实行工效挂钩。经济实力快速增强，勘察设计技术快速提高，勘察设计手段快速更新，勘察设计资质快速提升，交通科研工作和对外技术交流合作步伐加快，改革的步子更大，人才资源得到了更好的开发和利用，开拓勘察设计市场取得突破性进展，科学管理水平上升到新的台阶。

为了使各项管理工作制度化、规范化、系统化，新疆公路设计研究院结合行业形势和管理现状，逐步制订和完善了管理工作制度，让管理工作有章可循、有据可查，为科学管理奠定了坚实的基础。全面推行了事业单位人事制度改革，改革用人制度，建立和推行全员聘用制，建立了分配激励机制，搞活内部分配，逐步加大了岗位薪酬占职工总收入的比重。

2003年，新疆公路设计研究院开始实行工效挂钩，为了能获得更多的发展空间，增强科研能力，“新疆公路规划勘察设计院”更名为“新疆公路规划勘察设计研究院”。同时加大了科研投入，制订了科研工作管理办法，大大激发了技术干部的科研积极性。

三、发展成就

改革开放提升了新疆公路设计研究院的综合实力，年收入从1987年的305万元增长到2007年的7 501万元，翻了24.6番，上缴国家税费从1987年的11万元增长到2007年的481万元，翻了43.7番，实现利润从1987年的5万元增长到2007年的167万元，翻了33.4番。国有资产总额从1977年的570 531元增长到2007年的18 781 295元，翻了32.9番。职工人均年收入由1977年的1 179元增加到2007年的54 431元，翻了46.2番。

改革开放30年来，新疆公路设计研究院共完成公路调查5 156公里，公路工程可行性研究10 997公里，公路工程初步设计7 140公里，公路工程施工图设计17 043公里，独立桥梁施工图设计114座。其中四车道以上的高速和一级公路2 000多公里，沙漠公路650公里，特大桥、大桥80余座，客运站100多个。获国家级、省部级优秀设计奖66项。共完成科研项目30余项，获国家级、省部级科技进步奖10项。

1983年10月，在新疆公路学会和土木建筑学会组织的“乌市人民路立交桥设计方案竞赛”评比中，设计院选送的4个方案分别获特等奖、一、二、三等奖，其中一等奖方案被批准为采用方案。

1984年，勘测西北地区第一座城市大型互通式立体交叉桥——乌鲁木齐市人民路立交桥，获1987年度自治区优秀设计一等奖，并获自治区优秀工程金奖。

1991年，开始测设新疆第一条由世界银行贷款修建的高等级公路——吐鲁番—乌鲁木齐—大黄山公路，测设工作历时三年，总里程283公里。

1998年年底，公路设计基本脱离图板，进入计算机辅助设计时代。

1999年，各生产测设队（室）实现了计算机内部联网，购进GPS全球卫星定位系统，应用于外业勘测，大大减轻了外业工作量。

2000年，GPS全球卫星定位系统和CARD/1软件投入使用，大大提高了测设水平，西部大开发战略开始实施，新疆公路路网建设全面启动。

2002年，颁布质量管理体系文件，并通过ISO 9001:2000管理体系认证，中标国道315线若羌—且末段公路改建工程二阶段勘察设计任务两个标段，这是《勘察设计招投标法》实施后新疆公路勘察设计第一个公开实行招投标的项目。

现在，新疆公路设计研究院计算机出图率达到100%，全球卫星定位系统的普及和应用，大大提高了外业测设速度，国内大型先进软件及国外CARD/1软件的引进与应用，大大改进了内业设计的手段；同时加大了对外技术合作与交流的力度，先后与同济大学、武汉理工大学、东南大学、长沙理工大学、长安大学、成都理工大学在道路材料、工程地质、水文地质、桥涵水文、路基稳定、道路病害治理、软基及盐渍土治理、检测等科研领域开展了多项技术合作与交流；为了开拓疆外勘察设计市场，新疆公路设计研究院在深圳成立了分院，并进行了规范管理；2005年开始走出新疆，通过招投标，承揽勘察设计项目，分别在甘肃、广州中标的勘察设计项目正在施工，为进一步开拓勘察设计市场积累了经验。

2004年，新疆公路设计研究院承担的《风积沙在盐渍土地区的研究与应用》获得自治区科技进步一等奖，并通过了交通部跨世纪优秀专业技术人才专项经费资助项目“道路勘察设计一体化应用技术研究”专家鉴定会的鉴定，其成果达到了国内先进水平。

2005年，新疆公路设计研究院承担的“G314线软基方案研究”通过了西部交通建设项目鉴定、验收，成果被评定为达到国内领先水平。同年在甘肃连霍国道主干线（GZ045）宝（鸡）天（水）高速公路的招投标中，中标天水至定西段高速公路第四合同段（70多公里），实现了疆外中标承揽项目零的突破。

(1)沙漠公路。改革开放30年，共完成沙漠公路勘察设计650公里，同时致力于沙漠地区公路建设的科研工作。

在沙漠公路的设计中，参加了交通部西部交通建设科技项目《沙漠地区公路建设成套技术研究》，该课题的研究成果获2007年度交通部科技进步特等奖、2008年度国家级科技进步二等奖。主要研究沙漠地区公路自然区划、选线及线形参数、路基设计技术、风积沙路用性能、沙漠公路路面结构与材料、公路防风固沙、沙漠高速公路施工、沙漠公路景观环境效益等成套关键技术，在8个方面取得40项研究成果，有2项成果填补国际沙漠地区公路空白；7项成果有重大创新；12项技术有重大突破；2项成果已获省部级科技进步一等奖；3项成果获得国家实用新型专利。

项目成果成功地应用在我国西部各等级沙漠公路建设中，总里程达2 300公里，利用项目提供的路线优化技术、路基设计技术、合理路面结构形式、综合防护技术，使这些沙漠公路在建设、运营和养护过程中节约了大量成本，仅三年就获得直接经济效益12亿元。

研究成果使我国沙漠公路建设技术水平达到了新高度，实现了技术上质的飞跃，对国家标准、规范体系修订和特殊地区筑路技术的完善起到了重要指导和参考作用。项目研究通过多学科融合、精炼和创新，不仅对本学科科技进步和发展起到推动作用，而且部分成果和研究思路对相邻学科有重大启示作用，在学术上有重要价值。成果已应用于《公路路基设计规范》（JTGD 30—2004）、《公路路基施工规范》（JTGF 10—2006）、《盐渍土地区公路设计与施工指南》等三项部颁规范和指南中，参加编制了《沙漠公路设计与施工技术指南》，为沙漠公路设计提供了技术指导，为沙漠公路建设、运营、维护提供了有力支持和重要保障。随着经济发展，国内外尚有大量沙漠地区需要修建公路。本项目提供的实用筑路技术，具有重要的指导作用，同时部分研究成果也适用于平原戈壁、草原等地形地貌的公路，具有很高的实用价值和推广前景。

(2)雪害治理。《山区公路雪崩防治研究》、《天山沟7042积雪地区黑色路面修筑》分别获得过全国科学大会表扬奖和交通部科技进步四等奖。新疆冬季漫长，降雪天数多，积雪较厚，行车困难，尤其是山区公路，坡陡弯急，路面积雪、结冰，又由于养护条件有限，不能及时清除冰雪，使得道路安全没有保障，公路部门常常迫不得已封闭交通，给当地交通运输带来极大不便，区域经济发展受到影响。鉴于雪害的严重性、治理雪害的复杂性、现场试验的不可模拟性，以及冬季保障交通的迫切性，雪害治理极具研究价值。雪害治理工程是一个长期的历史过程，一直以来，新疆公路设计研究院始终把雪害治理作为主要研究课题。研究过程中，始终贯彻科学研究为生产实践服务的指导思想，坚持调查研究与总结分析相结合，注重研究成果的实用性。通过研究雪害形成机理，针对雪害产生的地理位置环境，提出了多种工程防护方案，在工程设计中纳入雪害理念，进行雪害工程防治。雪害的工程防护是治理山区道路雪害的一项积极措施，见效快，设计灵活。在国道218线天山段，针对艾肯达板风吹雪严重路段，新疆公路设计研究院进行了大量的调查研究和防治工程试验，创造了自然除雪效果较佳的导风板，并设置了储雪场；针对雪崩严重路段，设置了水平台阶、土丘、土石楔、稳雪墙、溜雪槽等稳、阻、输、导等工程防护措施。在国道217线天山段，针对雪害严重路段，试验性地实施了防雪走廊（防雪棚洞）工程，不仅为保证新疆公路冬季畅通做出了贡献，而且对我国其他北部省区，如黑龙江、内蒙、青海、西藏等道路雪害防治提供了有益的经验。

(3)新藏公路。新疆公路设计研究院肩负着建设边疆、保卫边疆的重任。改革开放以来，共完成边防公路、国防公路、口岸公路勘察设计共计1万多公里。新藏公路的改建和长期维护更是浸透了新疆公路设计研究院科技人员的心血和汗水，他们多次踏上昆仑山，先后完成了1 000多公里的测设任务，并获得了1997年度交通部优秀设计二等奖。国道219线新藏段是一条重要的军事路线，该段的改建对巩固边防、促进沿线及阿里地区经济发展和社会稳定具有重要的政治意义。全线位于昆仑山北麓，海拔2 000～5 000米之间，从工程可行性计划、初步设计到施工图设计，历时四年（1989年～1993年）。全体参与人员始终如一地不畏艰苦、克服了高山缺氧、地形复杂、气候多变、生活条件困难的恶劣条件，新疆公路路线大部分位于高山峡谷，地形崎岖，地质条件复杂，水毁、滑坍，积雪、冻土、岩堆、潜水出露、淤冰等病害并存，新疆公路设计研究院针对不同病害采取了不同的技术处理措施。特别是冰冻土地段采用“宁填勿挖”的原则，在路基路面综合设计时考虑到冻土的最小保护厚度，精心设计，规避地质灾害。

四、基本经验

回顾30年改革发展的历史，新疆设计院的基本经验如下。

1. 人才是根本

来自五湖四海的人们能够安居新疆，热爱公路勘察设计事业，与新疆公路设计研究院高度重视人才密不可分。在知识创新、科技创新、产业创新不断加速的时代条件下，人才资源已成为企业最重要的战略资源，对新疆公路设计研究院来说更是如此，勘察设计单位是技术密集型单位，人才是主要资源，是赖以生存的根本，提升队伍的技术业务素质是增强竞争力的重要途径。新疆公路设计研究院的历届领导班子对此有充分的认识，一直以来，新疆公路设计研究院都把人才建设作为各项工作的重中之重，以战略的眼光高度重视人才问题，聚集人才，用好人才，创造人尽其才、才尽其用的环境，充分调动各类人才的积极性、主动性和创造性。改革开放初期的1981年，新疆公路设计研究院仅有技术人员115人，占全院总人数的比例还不到三分之一，由于新疆地处特殊地域，引进内地人才存在一定的难度，面对技术人员严重缺乏的局面，新疆公路设计研究院不等不靠，主动培养人才，首先提高在职职工的学历层次，从1982年到2001年，通过脱产学习和函授的形式先后与交通部第一勘察设计院、交通干部管理学院、西安公路学院（现长安大学）合办学历教育班，共培养大学本（专）科生152名，大大提高了职工的整体素质。进入21世纪，新疆公路设计研究院把“创建学习型组织、培养高精尖人才”作为人才建设的工作重点，从2002年开始，实施

"人才强院"战略，把在职职工的学历教育由培养大学本科生转为培养在职工程硕士研究生，截至目前，已与武汉理工大学、长沙理工大学、上海海事大学共同培养在职研究生42名，确保了新疆公路设计研究院在交通科技战线的人才优势，逐步缓解了长期以来困扰发展的人员结构不合理、非专业技术人员比例偏大等问题。为激励优秀专业技术人才脱颖而出，新疆公路设计研究院制订下发了《优秀专业技术人才管理办法》，评出了90名优秀专业技术人才，并实行动态管理，极大地调动了全院职工特别是专业技术人员的积极性。在加强学历教育的同时，单位还重视职工的岗位培训，严格落实持证上岗制度，广泛开展岗前培训、在岗培训和轮岗培训，从1998年到2007年，累计培训各类人员596人次，技术人员的业务能力显著增强。通过30年的人才建设，新疆公路设计研究院为新疆的公路交通事业培养了一大批优秀人才。

2. 质量是生命

"质量就是生命、质量就是效益"的理念在新疆公路设计研究院早已深入人心，视质量如生命是新疆公路设计研究院的优良传统，从早期传统的质量管理到TQC三环节管理，再到ISO 9001:2000质量管理体系的实施，逐步形成了规范化、标准化、系统化、科学化的质量管理体系，为提高勘察设计质量和设后服务质量奠定了坚实的基础。坚持质量与经济效益挂钩，强化了员工的质量意识，为提高勘察设计质量提供了有效的激励机制。每年开展一次质量评优活动，对评选出来的优秀勘察设计进行奖励，从而激发了勘察设计人员的创优热情，提高了勘察设计优良率。在奖优的同时，还制订了严厉的处罚措施，对出现问题的勘察设计产品进行经济处罚。

勘察设计中，加强野外勘察、资料获取过程、测设过程的质量控制，严格执行"二校三审"制，院领导和技术审查部在整个测设过程中加强宏观管理工作，充分合理行使正常秩序的方案评审（咨询）、事前指导、中间检查、内部验收（评审）职责，加强过程中质量监控项目的跟踪管理工作。

充分发挥广大专业技术人员的主观能动性，抓大放小，注重培养基层技术和质量管理人才，提高他们独立工作的能力，同时注重制订和完善技术和质量管理制度，从而形成技术和质量的管理网，对技术和质量进行全方位的管理和控制，保证了勘察设计质量。多年来，新疆公路设计研究院没有出现一起勘察设计质量投诉。

3. 创新是动力

追求卓越，不断创新技术和管理，是新疆公路设计研究院永恒的目标，而改革创新也为新疆公路设计研究院的发展注入了源源不竭的动力。

新疆公路设计研究院始终坚持科学发展和可持续发展，注重党的路线、方针、政策的学习、教育，把握精神实质，提高思想认识，尤其对如何适应市场经济形势，在观念上如何跟上全国勘察设计行业体制改革的步伐进行了深入思考和积极探索，通过不断学习和实践，企业思想观念得到更新，牢固树立了以经济工作为中心的指导思想。及时调整产业结构，突出主业，加大投入，依托勘察设计，大力发展相关产业，逐步形成产业多元化的格局。积极寻找新的经济增长点，提高抗风险能力。调整组织机构和队伍结构，以精干队伍为出发点和落脚点，本着"小机关、大服务"的原则，充分调整和利用现有人力资源，拓宽勘察设计市场和经营领域。从建立广纳群贤、人尽其才、充满活力的干部选拔任用新机制的角度出发，深化了人事制度改革。

为增强发展后劲，新疆公路设计研究院从实际出发，以提高自主创新能力为主线，推动科技进步和科技创新，在勘察设计中，注重结合新疆的实际，因地制宜，积极推广新技术、新材料、新工艺，在提高质量的同时，也提高了企业声誉。在新材料的应用上，开发出了就地取材的风积沙，使公路每公里造价降低了24.5万元，产生了巨大的经济效益。《沙漠地区公路建设成套技术研究》有两项成果填补了国际空白，并运用到了多条沙漠公路建设中，已产生直接经济效益6亿多元。

4. 文化是保证

企业文化建设是企业可持续发展的灵魂。多年来，新疆公路设计研究院致力于营造沟通、激励、授权、培训氛围，构建和谐的企业文化。沟通，即采取“门户开放”政策，欢迎职工随时向中层领导或院领导反映情况、交流思想，以情感沟通的方式，着力营造团队和谐亲切的气氛；激励，即重视每一位职工自我价值的实现，重视每一位职工的发明创造，采取有效措施，确保制度到位；授权，即要以完善的制度和流程为依托，大力推行分层次管理模式，努力做到各负其责、层层把关，充分调动广大职工的工作积极性和责任感，激发职工的创造性；培训，即积极致力于学习型组织的建设，在学习中灌输包括企业理念、企业价值观、企业精神、企业文化等多方面的内容。通过大力营造企业文化的氛围，新疆公路设计研究院的职工观念得到了很大转变，理念上达成了共识，逐步树立了“院兴我荣、院衰我耻”、“爱院为荣、以院为家”的思想，构建了和谐的内部人际环境，提高了全院职工的凝聚力和向心力，为新疆公路设计研究院的科学发展和可持续发展提供了强有力的思想和组织保证。

5. 诚信赢市场

恪守承诺，始终以顾客（业主）为关注焦点，是新疆公路设计研究院一直遵循的原则。多年来，新疆的公路勘察设计计费标准，与全国其他省、直辖市、自治区相比，是最低的，但新疆公路设计研究院从不计较勘察设计费用的多少，坚守新疆公路勘察设计阵地，一直信守对顾客（业主）的承诺，用质量和诚信赢得了业主的青睐，赢得了市场。

新疆公路设计研究院承担吐—乌—大高等级公路的勘察设计任务后，上级要求必须在1993年12月31日之前拿出所有中英文的设计文件和招标文件，为争取时间，按期交出文件，确保工程1994年10月开工，新疆公路设计研究院于1993年11月19日发出了“全院总动员，全力以赴苦干加巧干，大干40天，按期完成任务”的动员号召，全院上下开始了夜以继日的艰苦工作。40多天里，两栋办公楼彻夜灯火通明，全院上下不分工种、不分专业、不分单位，哪里有任务就到哪里工作，甚至没有了一线二线、后勤机关之分，全院职工团结成为一个整体，40天时间里演绎出了一幕幕感人的故事。在全院职工的共同努力下，终于在12月29日上午提前一天完成了工程的全部中英文版文件2 912册，受到了上级领导的高度赞扬，也令外国专家惊叹不已：中国人了不起，新疆人了不起。企业在赢得赞扬和赞叹的同时，赢得了业主的信赖，也赢得了市场。

1990年，曾几度征战新藏公路的新疆公路设计研究院，又再次调遣人员承担改修建测设重任。在平均海拔4 500米高寒缺氧的线路上，工作和生活面临严峻考验。但测设队员不畏艰险，以大无畏的英雄气概，用一串串勇往直前的脚印，谱写了测设新藏公路的壮丽诗篇。

为了提高抗风险能力，新疆公路设计研究院不断更新经营理念，拓宽经营领域。在经营观念上，改变过去那种“老爷”思想，勘察设计过程中，积极主动地向业主请示、汇报，经常性地召开项目咨询会和座谈会，诚恳地征求业主的意见和建议，同时，提高设后服务质量，逐步赢得了业主的信任。

五、发展展望

党的十七大在全面建设小康社会中对交通发展提出了新的更高的要求，新疆交通厅党委制订了《新疆公路网中长期发展规划》，至2020年，新疆将建成“两纵三横两环八通道”为骨架的公路网，总规模将达到20万公里以上，新疆交通发展迎来了前所未有的历史机遇。面对新的发展目标和新的历史使命，新疆公路设计研究院将在新疆交通厅的领导下，解放思想，与时俱进，努力做到“四个坚持”：坚持“科技兴院、人才强院、质量助院、诚信建院、统筹兼顾”的指导思想；坚持发展主业，并围绕主业进行部分产业转型；坚持勘察设计、科研、咨询、监理、市政工程、通信及房建设计等共同发展；坚持立足新疆市场、扩展国内市场、走进国际市场的经营方针。坚持科学发展观，改革创新求发展，以振奋的精神状态、饱满的工作热情、顽强的工作作风，力争总产值高速度递增，争创全国交通行业文明单位，把设计院建设成花园式单位，努力推进综合实力再上新台阶，为建设和谐交通做出更大的贡献。

彩云之南绘新图

云南省交通规划设计研究院

改革开放30年来，当代中国发生了广泛而深刻的变革，公路勘察设计行业得到飞速发展。云南省交通规划设计研究院（以下简称云南院）认真贯彻落实党的改革开放方针政策，解放思想，艰苦创业，与时俱进，开拓创新，经过几代人的努力奋斗，规划、勘察和设计水平大幅提高，综合实力不断提升，经济效益显著提高。1995年为云南省勘察设计单位综合实力50强第3名；“九五”末进入全国工程勘察设计“百强单位”行列。1994年以来受到国家和省政府14次表彰，被交通部、人事部、建设部、中华全国总工会、中共云南省委、省人民政府、省军区分别授予“支前模范单位”、“全国交通系统先进单位”、“云南省文明单位”、“全省公路建设先进单位”、“‘十五’全国建筑技术创新先进企业”、“全国优秀设计院”、“全国五一劳动奖状”；2008年1月被中国勘察设计协会评为“全国首批工程勘察诚信单位”，同年9月评为“云南省优秀纳税企业”。

一、企业简介

云南院地处“天天是春天”的云南省昆明市，总资产3.08亿元，前称为云南省公路规划勘察设计院，成立于1956年1月。

云南院持有工程勘察、工程设计、工程测绘、工程咨询、工程监理等国家甲级资质，持有工程建筑设计、市政工程设计、编制开发建设项目水土保持方案等乙级资质，持有商务部颁《经营资格证书》、《中华人民共和国进出口企业资格证书》。主要承担国内外高速公路及各等级公路、桥梁、隧道、交通工程、建筑、机场等项目的规划、勘察、设计、工程监理、工程咨询等业务。具有完成基本建设投资150亿元以上的年设计能力。

云南院现有在职职工404人，离退休职工293人。有专业齐全、配套的各类专业技术人员367人，占在职职工总数的90.84%，其中，高级工程师及高职人员116人；工程师及中职人员165人；享受国务院和省政府特殊津贴的专家8人；纳入交通部专家库专家11人，省科委专家22人。下设有道路、桥梁、隧道、交通工程、建筑、岩土工程、地质勘察、工程监理、桥隧技术研究、地质灾害防治中心等14个生产建制；云南路桥股份有限公司等联办实体；景洪、思茅、德宏、保山分院。拥有交通运输、电子通信、工程勘测、地质勘察、土工试验、计算机系统、打印绘图出版设备等770余台件及航测、工程地质遥感技术（RS）、卫星定位系统（GPS）、地理信息系统（GIS）、数字地面模型（DTM）和计算机辅助设计与绘图系统（CAD）等技术和设备，2000年建成了主干为1 000M的高速以太局域网，实现了管理和生产的信息化，勘察设计手段达到了全国同行业的先进水平。

二、改革历程

1978年，党的十一届三中全会提出改革开放，开辟了社会主义事业发展的新时期，为公路勘察设计单位的改革创造了前所未有的环境和条件。

1. 在改革经营体制中成长

云南院的内部体制改革是从推行技术经济责任制开始的。1984年3月，按照国家计委、财政部、人事劳动部计设［1983］1022号文件的精神，在第三、第五公路测设队进行技术经济承包的试点。1985年1月16日，省交通厅批准推行“以收抵支、自求平衡、亏损自理、节余留成”的内部技术经济承包责任制。

1993年6月18日，省交通厅进一步明确了院技术经济承包责任制的性质，即“在事业单位性质不变的情况下，实行自主经营、自负盈亏、自我发展、自我约束的企业化管理”，从而增强了云南院的生机与活力。

1999年11月26日，国务院办公厅发布了《转发建设部等部门关于工程勘察设计单位体制改革若干意见的通知》。云南院根据国务院、云南省人民政府有关文件要求，加快了转企建制的进度。2001年7月，经云南省交通厅批准，正式由事业单位企业化管理转变为科技型企业，从而完成了体制转换的历史性任务。

2003年10月14日，党的十六届三中全会提出了“建立归属清晰、权责明确、保护严格、流转顺畅的现代产权制度”的要求。为此，2003年8月，在云南院第九次党员代表大会上，云南院提出了“建一流队伍、上一流管理、树一流形象、创一流效益”的企业发展目标，做到“顾客满意、职工满意”，企业与用户、合作伙伴和职工共同发展，最大限度地凝聚内外部力量，调动各方面的积极性，努力向“产权清晰、权责明确、政企分开、管理科学”的现代企业制度过渡。

云南院在进行体制改革的同时，加强了管理机构、用人制度、分配制度的改革，全面推行劳动合同制，执行企业工资制度等，极大地调动了干部职工的积极性。实践证明，云南院在体制改革中逐渐成长，积累了经验，给云南院带来了若干新变化：落实了自主经营权，使之能较好地发挥自身技术、知识密集的优势；提高了企业管理水平，使企业管理走上了制度化、规范化、标准化的轨道；进行了结构调整，增强了应对市场的竞争能力；参加了社会保险统筹制度，减轻了企业负担，保持了社会和企业的稳定，取得了良好的经济效益。20年来，云南院已圆满完成四轮技术经济承包，产值年均以30%的速度增长。2003年，产值首次突破亿元大关，次年起，连续四年保持在2亿元以上。企业资产总值达30 799万元，为1988年资产总值的23.19倍。“十五”期完成利税总计15 261.35万元，2006、2007年两年实现利税总计11 989.91万元，为抗击非典、抗灾救灾、希望工程等累计捐款114.88万元，为经济社会做出了一定的贡献。

2. 在更新设计理念中发展

勘察设计理念是勘察设计人员智慧的凝结、文明的沉淀、时代的精华。它来源于实践，又高于实践，要符合当时国家的政治、经济、技术的发展趋势，是时代的产物，具有鲜明时代特征。改革开放30年中，云南院在漫长的设计理念转变过程中，得到了迅速持续的发展。

20世纪50年代至80年代初期，公路勘察设计的主导思想是“以通为主”，建国时，云南公路里程不足3 000公里。当时，国民经济基础非常薄弱，可谓百废待兴，公路建设资金十分匮乏，公路建设的主题是恢复、续修、改善、保通。这个时期，云南院主要为国防公路和地方道路服务。1956年建院的第一年，就测设公路26项，2 319.8公里，取得了开门红。据统计，在开始全面建设社会主义时期，云南院共测设公路312项，2.31万公里；大、中桥80座，8 449.87米，为建国初期的社会主义建设做出了重要贡献。

1984年~1994年，云南进入以修建经济干线和改造提高公路技术等级为主的新阶段。“七五”期间，云南公路建设完成投资11.7亿元，“八五”期间增至69.5亿元。但是筹措资金还是很困难，且长期处于计划经济体制环境的制约下，公路投资仍显不足。公路建造技术和工艺水平相对落后，公路建设标准多为三、四级公路。这一时期，制约公路设计方案的首要因素是资金，因此，云南院从实际出发，形成了“设计公路应该是经济的”设计理念。勘察设计较多集中于如何最大限度地降低工程造价。为节约投资，设计中尽量以高填深挖等土石方工程代替桥涵、隧道、挡墙等人工构造物，而从人与自然环境的角度考虑较少。从20世纪80年代中期，从测设云南第一条高等级公路——石林至安宁公路起，云南公路建设开始由“经济型公路”向“提高公路的快速性”转变。

1986年4月，云南院按照省委的安排，组织测设全长85.13公里的昆明至石林一、二级公路，实现了云南高等级公路零的突破。这是国家“七五”期间27条重点公路建设项目之一，是云南省公路建设史上一大创举，在云南交通史上具有里程碑的意义。这条公路的测设为云南院培养了一批专业技术和管理人才，更重要的是这条公路的通车，改变了人们的观念，澄清了云南要不要和能不能修高等级公路的认识问题。越来越多的云南人认识到：云南的建设需要更多的石安公路这样的“大路”。这样的“大路”越多，云南就富得越快。1993年8月，云南院又组织测设了昆明至嵩明（44.95公里）第一条高速公路，为今后大规模高速公路测设积累了经验。

1995 年～2000 年，云南进入高等级公路和高速公路建设时期。云南院在挑战中成长，在机遇中发展，加快了设计理念的更新，把设计理念提升到“快速、安全、经济、舒适”的高度。并加大科技投入，从 1995 年开始，先后采购 3 台徕卡 GPSWILD300 型，4 台美国天室双频 GPS5700 等先进设备，并把“3S”技术广泛应用于高速公路勘察设计中。这一时期，云南院最具有代表性的作品是 1998 年开始测设的大理至保山高速公路，这是我国第一条贯穿横断山脉的高速公路。滇西纵谷横亘着 27 条断层，路线主要布设于“V”字形峡谷中，谷深坡陡、地形狭窄、地势险峻，全线最高点为万宝山隧道，海拔 2 650 米，最低点为澜沧江，海拔 1 180 米，高差 1 470 米，给测量带来极大困难。为此，云南院根据沿线的特殊性，首次采用 GPS 卫星定位系统进行控制测量；运用遥感（RS）地质解释技术，结合地调、钻探、电法勘探、地震勘探、测井等多种勘察方法，详细查明不良地质地段的类型、范围、规模及稳定性，在计算机上作多个方案的选线定线，使平纵面设计合理、土石方工程数量计算准确，节省了工程，减少造价，提高了工程效益。获云南省优秀工程勘察、设计一等奖，同年获国家优秀设计铜质奖。

21 世纪至今，云南院进入黄金发展期，设计理念得到进一步更新。2001 年以来，云南每年的公路投资突破 100 亿元，2003 年～2007 年，全省公路建设投资达 1 248 亿元。此时，技术标准与工程造价之间的矛盾日趋淡化，云南高速公路勘察设计从可持续发展的战略高度，逐步树立起全局观念、量体裁衣、生态保护、以人为本、营运安全、景观协调、质量第一、全程服务等八大理念，“安全、耐久、环保、舒适、和谐”成为高速公路勘察设计新理念的核心。2001 年 2 月，云南院在测设全长97. 99公里的思茅至小勐养高速公路中，始终贯彻“以人为本，全面、协调、可持续”的科学发展观和“保护自然、回归自然、融入自然、享受自然”的设计思路，坚持“安全、和谐、服务、创新”的设计原则，使之设计成为我国唯一穿越热带雨林的第一条高速公路，达到了“快速通达与旅游观光并重”的建设目标，带动了沿线经济社会进步，促进了中国—东盟自由贸易区的共同繁荣。云南院本身也取得了建院以来最好的经营业绩。

3. 在努力开拓市场中壮大

2000 年 3 月 9 日，云南院党委在全院开展“以改革为动力，调整结构，开拓市场，搞活流通”为主题的解放思想大讨论中，提出了“立足本省，面向全国，走出国门”的经营方针，主动克服“等、靠、要”的思想，树立自力更生、靠自己摆脱困境的观念和勇气，努力开拓勘察设计市场。从 2002 年开始参与招投标以来，坚持依法经营，讲求诚信，照章纳税，热情服务，市场份额逐年扩大，企业竞争力不断增强。

在省内，云南院占有地利之便，与业主长期合作，联系稳定，关系良好，靠技术、质量、科技和优质服务占有较多的市场份额。

在省外，2003 年 11 月，云南院通过投标，公平竞争，取得甘肃省银武大通道罗汉洞至定西 43. 8 公里高速公路初设与施工图设计任务，投资额 19. 5 亿元，实现了省外中标零的突破。2005 年 5 月，取得广西壮族自治区岑溪至兴亚 125 公里高速公路设计监理，总投资 52 亿元。2005 年 7 月，取得四川省乐山至宜宾 59. 59 公里高速公路勘察设计任务，总投资 19. 75 亿元。2006 年 3 月，取得甘肃敦煌至当今山 65. 7 公里二级公路初设与施工图设计任务，总投资2.8亿元。

在国外，1995年10月，云南院与西山建筑工程公司合作，完成老挝境内乌德至奔怒92.92公里四级公路的测设任务；1998年12月，云南院受云南省陆水联运办公室的委托，与缅甸联邦政府建设部组成中缅联合测设队（中方35人，缅方10人）对中国瑞丽（南畹河桥）至缅甸八莫（83.93公里）、曼锡至新康港（38.65公里）三级公路进行施工图测设。1999年3月完成外业测量，随即转入施工图文件编制工作。这是改革开放以来，云南院对外公路测设第一次有偿服务。

1996年10月，根据《中国云南省政府代表团与越南交通部运输代表团会谈意向书》，与越方共同修建中国河口至越南老街南溪河界河公路大桥。云南院于1997年2月完成桥位勘测，同年7月完成施工图设计。2002年4月，根据三次“三国四方会议”精神和国家外经贸部的委托，云南院组织考察勘测组对“昆明至曼谷公路老挝境内磨丁至楠伦桥段”（二级66.47公里）及南塔公路（三级18.49公里）进行考察勘测工作，2003年12月完成施工图设计。昆曼公路国际大通道建成后，对于加强我国与东南亚国家的联系与交流，繁荣边境贸易，发展旅游经济，促进国际和平与稳定都有着十分重要的作用。

同时，为适应改革开放所形成的国际化进程大趋势，云南院加大了对外交流的力度。当前云南院作为国际农村公路焦点组织（IFG）成员，与印度赛威尔公司、澳大利亚斯麦克公司、丹麦COWI公司、英国INTECH公司、英国交通实验研究院（TRL）、世界公路大会（PIARC）、国际道路联盟（IRU）、亚洲开发银行（ADB）、台湾道路协会等国际、境外的交通专业组织及公司保持技术交流与合作，以提高企业的科技水平，并为设计院“走向世界”创造条件。

三、发展成就

20世纪80年代，云南院开始测设石林至安宁第一条高等级公路，揭开了测设高等级公路的序幕。1995年测设昆明至曲靖第一条高速公路，接着又测设昆玉、玉元、楚大、大保、元磨、曲胜、砚平、嵩待、思小、安楚、保龙、水麻、永仁至元谋、元谋至武定、广南至砚山、高峣至海口、平远街至锁龙寺、昭通至待补、蒙自至新哨、昆明至安宁、小勐养至磨憨、祥云至澜沧、罗村口至富宁等20多条（段）高速公路。据统计，改革开放以来，共勘测公路52 203.51公里/657项；设计公路24 544.82公里/428项。其中，高等级公路9 270.57公里/127项（高速公路4 003.17公里/56项）；特大、大、中桥804 978.04延米/4 399座（单幅）；隧道226 833米/209座（单洞）；公路建筑设计累计完成总建筑面积300万平方米；公路施工监理27条（段），541.36公里等，公路勘察设计工作创造了最辉煌的硕果，为云南现代交通建设做出了贡献。

云南是一个高原山区省份，山区面积占全省面积的94%。区内山高谷深，沟壑纵横、不良地质病害多，工程艰巨、投资巨大。在这种特殊的自然环境下，云南院通过勘察设计理念创新、知识创新和手段创新，形成了自己的专业特点和专长，探索与总结了一套高原山区公路勘察设计的独有技术，以擅长山区公路选线、不良地质路段设计、地质灾害预防与处治而著称。在桥梁方面，具有设计“弯、坡、斜、高”桥的丰富经验。公路隧道也颇有特色，长于特长隧道、地质复杂隧道、连拱隧道、小净隧道、错台隧道的设计，并取得了突破性的成果。

1996 年 11 月，云南院根据玉元高速公路练江隧道的特殊地形，隧道设计中在结构上进行了大胆尝试，设计为双跨连拱曲线隧道，其最大开挖度达 24. 76 米，成为云南第一座双跨连拱大跨度曲线公路隧道。2002 年完成设计的思小高速公路连拱隧道群，结构形式多样，被誉为连拱隧道的“博物馆”，成为交通部示范工程。

2002 年 9 月建成的大保高速公路大箐隧道，堪称总体设计的代表作。该隧道选址经过反复优化，整体布局合理，结构美观大方，各种功能齐全，与当地自然景观融为一体，经济适用，投资控制适度，达到 21 世纪初国内先进水平，2005 年获国家银质奖和云南省优秀设计一等奖。

2004 年 11 月开工、由云南院设计的水富至麻柳弯高速公路老店子 1 号隧道，成功地采用螺旋线展线方式，在狭窄陡峻的地形条件下，克服升坡 800 米的高差，使该隧道成为我国高速公路第一座螺旋式隧道，为山区高速公路建设提供了新的展线思路。

在桥梁设计方面，随着云南公路的快速发展和科技进步，云南院设计了大量结构精巧、造型美观的现代钢筋混凝土梁桥、拱桥、斜拉桥、吊桥、钢箱拱桥、连续梁桥、刚构桥和弯坡斜高桥，如 1990 年以来先后建成的跨怒江的六库大桥（主跨 154 米）、三达地怒江大桥（桥长 416. 44 米）、金沙江松园大桥（主跨 170 米）、桥长 600. 24 米的西双版纳斜拉桥、主桥全长 415 米的预应力混凝土连续刚构桥澜沧江特大桥和主跨 130 米的中承式钢箱提篮拱桥小湾大桥；2008 年建成全长 2 208 米的怒江特大桥等，这一座座里程碑式的大桥的建成，标志着云南院公路桥梁测设水平上升到了一个新高度。

改革开放 30 年来，云南院勘察设计的产品，得到了社会的承认与肯定。1987 年以来完成的工程咨询、工程勘察、工程设计项目，经过严格的质量评定，产品合格率 100%，优良品率平均达 90% 以上。有 97 项获得国家、省部级优秀勘察、优秀设计、优秀咨询、优秀测绘或科技进步奖，其中，获鲁班奖 1 项、国家优秀设计奖 1 项、国家优质工程银质奖 6 项、铜质奖 5 项；获省部级一等奖 18 项，二等奖 22 项，三等奖 14 项，表扬奖 1 项，科技进步奖 29 项。国道 213 线昆明至玉溪高速公路荣获 2002 年度中国建筑工程鲁班奖；全长 113. 91 公里的昆（明）曼（谷）国际大通道重要路段玉溪至元江高速公路获 2003 年国家优质工程银质奖；全长 147. 23 公里、跨越哀牢山、无量山和元江、阿墨江、把边江，高差达 1 580 米，被专家称为“豆腐渣”地质的元江至磨黑高速公路获 2003 年国家优质工程银质奖；全长（1 195 +1 125）米的昆明至石林高速公路小团山隧道设计，荣获云南省 2004 年度优秀工程设计一等奖、2005 年国家优质工程银奖；昆明至石林、安宁至楚雄高速公路获国家优质工程银质奖。这些优秀设计产生了巨大的经济效益和社会效益，促进了云南经济社会的发展。

四、基本经验

改革开放 30 年，云南院最基本的经验是推进内部改革适应市场，最关键的前提是党的领导，最突出的标志是与时俱进，最显著的成就是快速发展。

1. 深化内部改革，推动企业发展

为适应体制改革的需要，云南院同步进行了干部管理制度、劳动人事制度和分配制度的改革，从而形成了企业内部稳定和谐的劳动关系，极大地调动了干部、职工的工作积极性、主动性和创造性。改革成为促进企业可持续发展的强大推动力。“七五”期间完成工作量1 867.07万元；“八五”期间完成工作量8 712万元，“九五”期间完成工作量40 085万元，“十五”期间完成工作量6.94亿元，“十一五”头两年工作量4.02亿元，为“七五”的21.5倍。实践证明，只有不断地深化改革，企业才能实现一次次的历史性跨越。

2. 更新设计理念，提高设计水平

实践告诉我们，设计理念决定着公路勘察设计的性质、方向、品质和成效，没有设计理念的转变，就没有企业的创新。为此，云南院从培养人才做起，1987年以来，累计投入教育经费441.8万元，对人力与智力资源进行开发，提高了职工队伍素质，促进了设计理念的更新。

云南院认真贯彻落实交通部“六个坚持，六个树立”的设计理念，尽力体现生态公路、环保公路、以人为本、可持续发展和节约型公路的设计思想，灵活合理地运用技术指标，大胆采用新技术、新工艺、新材料以提升工程建设质量和社会品质，从而实现了从“公路设计”和“景观设计”到“生态公路设计”的转变。近年来，云南院向社会提供了一批安全、可靠、美观、耐久、舒适、经济、实用、富有创意的设计产品，所完成的思小等20多条（段）高速公路初步设计和施工图设计，受到了业主和社会的普遍好评。

3. 依靠科技进步，提升企业综合实力

世纪之交的经济竞争的焦点在很大程度上是科学技术的竞争。经验表明，一个科技型企业在现代高速公路测设中，必须拥有一流的硬件设施和软件平台，这是企业保持持续发展的前提。为此，“七五”以来，云南院共投入6 424.39万元增添新设备和技术，使其达到了国内先进水平，部分达到国际先进水平，实现了由简单测设手段向现代测设手段的转变，大大提高了设计产品的科技含量，增强了企业的综合实力。

4. 加强质量管理，提高产品质量

质量是企业生存和发展的基石，也是维系企业长盛不衰的生命线。云南院从“八五”开始推行全面质量管理，建立了文件化的质量管理体系，1999年通过ISO 9001标准质量体系认证，全院职工明确了产品质量标准和工作标准，强化了“二校三审”责任制；加强了内部沟通，建立了质量信息与反馈网络；形成了完善的质量管理与改进机制；努力发现和寻找改进的机会，不断增强其全过程的质量控制，持续保持了质量管理体系的适宜性、充分性和有效性。同时，企业将“创优”活动纳入目标管理，结合勘察设计项目的实施，把目标转化为任务，尽力为社会提供更多的优秀设计。实践告诉我们，加强质量管理，必须从细节入手，从制度、技术各个层面防止勘察设计产品缺陷的发生，从而确保了公路勘察设计的产品质量。

5. 搞好设计服务，确保业主满意

勘察设计企业是服务型企业，用心为业主服务，是提升企业整体优势的关键要素。多年来，云南院以“服务工程，奉献社会”为宗旨，站在建设、施工、监理、使用、管理的角度，审视工程技术方案和措施，换位思考，急工程建设之所急，忧施工之所忧，虑营运安全之所虑，为此，强化了设计后期服务管理，完善了设计后期服务机制，组织开展设计交底、设计回访、“优质服务年”活动等，构建起了全面服务体系，随时解决设计遗留的问题和施工中与设计有关的问题。企业还严格遵守工程合同要求，按时提交设计产品，以保证业主开工建设的需要。在认真做好项目前期工作的基础上，积极响应业主“谁设计谁服务”的要求，进一步加强常驻项目建设工地设计代表的力量，保证及时服务，更好地为用户排忧解难，确保业主满意。

6. 加强企业文化建设，营造企业和谐氛围

企业文化是企业的中枢神经，是企业的灵魂，它所支配的是企业全体员工普遍认同的观念、思维与行为方式。经验表明，要想企业有长久的生命力，就必须建立起以物质文明、政治文明、精神文明为主要内容的良好的企业文化。

云南院在实践中不断学习和总结，催生了“团结、务实、创新”的企业宗旨，提出了“科技立院、质量兴院、改革强院”的企业战略，形成了“院兴我荣、院衰我耻、内求团结、外求发展”的企业精神，确定了“立足本省、服务全国、走向世界”的经营发展方向。当前，全院职工正满怀豪情地为推进“建一流队伍、上一流管理、树一流形象、创一流效益”的企业建设目标努力工作。这些具有特色的企业文化，营造出和谐的企业氛围，强化了职工的荣誉感、归宿感，形成了强大的向心力、凝聚力和战斗力，引领着企业稳定持续发展。

五、发展规划与战略

云南院根据现有规模，预测行业发展情况及市场变化趋势，确定了三步走的发展规划。

1. 2008 年 ~ 2010 年（十一五）

2008 年：保持行业综合甲级资质（咨询、道桥、特大桥梁、隧道交通工程），测绘甲级、建筑乙级、环评水环保乙级、检测乙级、城市道路乙级、监理甲级，全面完成任期目标。

2009 年 ~ 2010 年：实现和保持行业综合甲级、测绘甲级、建筑乙级、环评甲级、检测甲级、城市道路甲级、监理甲级，并初步具备中小规模项目总承包、代建（BT）能力，全面完成任期目标，使院的人才队伍素质、技术水平、管理水平、综合实力位居全国同行业先进水平。

2. 2011 年 ~ 2015 年（十二五）

除上述资源所涵盖的业务范围外，全面具备为公路的运营安全及管理提供全方位服务的能力（侧重干道、桥梁、隧道、地质灾害、交通工程、机电设施的健康诊断及咨询服务），并着手向轨道交通领域延伸，使人才队伍素质、技术水平、管理水平、综合实力大幅提升。

3. 2016 年 ~ 2020 年（十三五）

企业实现文化管理，争取建成现代企业制度。

云南院从现在起拟强化四大管理（人力资源、资产财务、技术质量和安全生产管理），实施“五大战略”，即人才培养战略、科技领先战略、市场营销战略、制度创新战略、企业文化建设战略，以推进企业中长期发展规划的实现。

科技创新添活力

中交水运规划设计院有限公司

一、企业介绍

中交水运规划设计院（以下简称水规院）成立于1951年，是新中国组建的第一个水运建设行业设计机构。现为国有全资设计咨询企业，隶属中国交通建设股份有限公司。水规院规划设计了新中国第一个海港——湛江港、第一个内河港——裕溪口煤港、第一个船厂——广州船厂，第一个全集装箱港区——上海外高桥桥港区。近60年来，水规院承担了近3 000项各类交通建设工程的规划、咨询、设计和科研、标准规范制订工作，获得了以国家科技进步特等奖、詹天佑大奖、鲁班奖、国家设计金奖为代表的各类奖项100余项，为水运建设事业的发展做出了重大而独特的贡献，是新中国水运规划、设计事业的奠基者、先行者、开拓者。

水规院人才汇集，为国家输送了大批优秀领导管理干部，现有员工626人，其中博士、硕士、本科以上学历占80%，培养了2名院士、2名国家设计大师，国家“百千万人才”2名，享受政府津贴的国家级专家44名、教授级高工62名、高级工程师279名。

水规院以水运建设工程为主，产业链条纵贯规划、勘察、设计、咨询、监理、工程管理与工程总承包，产业布局涉及水运工程、建筑工程、交通信息化建设、公路、铁路、水利、海洋工程、桥梁、环保、节能、物流等领域，业务涵盖咨询规划、设计、信息化建设、工程管理、岩土勘察和投资业务六大板块。院构建了以北京为中心，以环渤海湾、长江三角洲、珠江三角洲和西南沿海港口群为重点，分布合理、面向全国的经营生产和服务网。

进入21世纪，我国经济社会进入了一个快速与和谐发展的新阶段，交通事业迎来了一个又好又快发展的新机遇。盛世中国，黄金交通，水规院人以特有的胆识抓住机遇，奋力拼搏，连续实现了几大战略突破，实现了质的飞跃与跨越式发展。水规院凭借先进的设计理念、领先的技术优势和强大的开拓能力，在各业务板块均获得了长足的发展，特别是在水运工程设计领域，设计了一大批代表国际领先水平的集装箱码头，进一步占领和巩固了集装箱码头设计的制高点，近十年，沿海建成的大型集装箱码头有40%是水规院设计的。水规院在矿石、煤炭、石化、粮食等液散码头及客运码头、内河航道与枢纽设计方面，不断攻克技术难关、刷新行业记录，获得业界普遍认可。在规划、建筑、信息、岩土工程及工程管理与监理等诸多领域，也取得了骄人的业绩。

水规院人的足迹遍及祖国三江两河和18 000公里海岸线，她成熟自信，充满活力；她业绩丰硕，人才辈出；她朝气蓬勃，充满希望。

二、改革历程

1. 奠基开拓，百折不挠，完成国家行业使命

1951年成立的交通部航道工程总局勘察设计大队是水规院的前身，当时国家一穷二白，

底子很薄，在这种条件下，水规院人艰苦创业，设计了新中国第一批港口、船厂。1964 年正式明确院名为“交通部水运规划设计院”，确定了职责和编制，承担全国港口、船厂、航道规划、设计、科研和审查等工作，成为新中国水运规划设计事业的奠基者和开拓者。

由于当时的历史环境，水规院作为国家直属事业单位，8 次更改院名，7 次变迁院址，业务内容、性质、管理属性、内部组织结构调整数十次。经历了 20 世纪 50 年代创业的艰辛，60 年代的下放，70 年代的恢复性发展，每一次变动都对水规院的命运产生了巨大的影响。但是在改革开放以前，由于没有自主经营权，水规院的发展始终缺乏明确的战略方向和内部动力。

2. 探索企业化经营，初感市场冷暖

进入 20 世纪 80 年代以后，改革的春风吹遍了大江南北，各行各业如雨后春笋，焕发了勃勃生机，这些都为水规院的发展创造了外部环境。1984 年初，交通部下达了《关于航务工程勘察设计单位试行技术经济责任制的通知》，水规院随即实行事业单位企业化经营管理，开始了搏击市场的征程，随后的 1987 年，水规院成为第一批实行厂长（经理）负责制的企业单位。此时的水规院已经初步具备了市场主体的各项要素，开始了自负盈亏、独立经营，直面市场的全新历程，经过不懈的探索和开拓，水规院逐渐获得了自我造血和生存的能力，参与了大批项目的规划和设计，如深圳蛇口等沿海港口码头的建设，为日后的发展奠定了基础。

3. 凤凰涅槃，再创新的辉煌

从 1997 年开始，在短短的两三年里，水规院又经历了“规划与设计分离”和“政企脱钩”两次改革浪潮的冲击，面对改革带来的严峻形势，水规院人表现出不畏艰险，越是困难越向前，越是困难越团结的精神；发扬更有凝聚力、更加励精图治、自立自强的优良传统和英雄气概。

2001 年，恰逢“十五”计划的第一年，水规院产生了新一届院领导班子，面对规划与设计分家、整体与交通部名义脱钩的大转型，院领导班子带领大家制定一系列方针、政策，涉及生产、经营、分配、人事、后勤保障等方面，全院上下的市场意识、忧患意识、竞争意识、变革意识、效益意识、服务意识、自强意识有很大提高，特别是形成了强烈的市场与危机意识。

水规院充分把握 50 多年来的快速发展期，实现了跨越式发展，2002 年合同额突破一个亿，2003 年营业收入突破一个亿，2004 年利润总额突破一千万元。实现了一年一大步的跨越，企业步入了发展的快车道。

2005 年中国港湾建设（集团）总公司重组，并入中国交通建设集团有限公司，改制为有限责任公司，建立了规范的法人治理结构，设立了董事会、监事会和经营层，并按照《公司章程》及相关工作规则规范运行。

2006 年重组中国交通信息中心后，水规院的信息产业板块业务范围从原来的设计、规划、研究、集成，成长为集规划、设计、研究、咨询、软件开发、系统集成、总承包、产品研发销售、信息资源开发利用、交流培训等为一体的信息、自控、通信相关产业链。

2007 年，水规院的工程总承包和海外项目发展迅速，2008 年与母公司中国交通股份有限公司合资成立控股中交铁道勘察设计院，正在向多板块产业格局的战略目标前进。

应该看到，近十年成为水规院建院50多年来最辉煌的历史发展时期，进一步确立了其水运行业规划设计综合实力的领先地位。水规院不仅站稳了脚跟，巩固了原有的设计阵地，而且还新开拓了一些阵地、市场份额不断扩大，职工的工作热情空前高涨，加班加点成为自觉行为，优良的设计成果，超前的服务意识，有效的经营管理，及时的现场服务，更得到了业主和主管部门的好评，企业正向着国际化的一流咨询设计工程工作努力迈进。

4. 大胆改革，科学管理，成长为规范治理的新国企

水规院自从转企以来，就开始探索规范治理结构和管理模式。公司制改造以后，水规院按照《中华人民共和国公司法》和一人有限责任公司的要求，建立了规范的法人治理结构，设立了董事会、监事会和经营层，并按照《公司章程》及相关工作规则规范运行。水规院唯一股东是中国交通建设股份有限公司，注册资本为1.379 5亿元。目前公司董事会成员5人，监事会成员3人，公司高级管理人员9人。水规院已发展成为拥有4个分院、5家全资子公司和6家控股、参股公司，分布合理、面向全国的生产经营和服务网络的国家级大型综合设计院。

水规院具有水运、建筑行业、电子工程、地质灾害治理等行业或专业设计甲级资质；勘察、咨询、消防设施设计、建筑智能设计、工程总承包、水运监理和公路监理、造价等甲级资质；建筑智能化工程专业承包一级、电子工程专业承包二级、计算机信息系统集成二级资质；还拥有广电（通信）、军工（船舶水工）专业设计、招投标代理、工程测绘等50多项业务资质，并在水运设计行业中最早具有独立对外经营权。

同时，水规院已经通过ISO 9000质量管理体系、ISO 14001环境管理体系，OHSMS 18001职业健康安全管理体系认证。另外，水规院和中国交通信息中心均被国家和北京市政府审查批准为高新技术企业，并获得信用等级AAA、质量等级AAA等多项认证。

院领导班子以先进的管理理念引领企业，在改革开放中不断实践与探索，拓宽了视野，转变了理念，创新了思路，构建了体系，赢得了更广阔的发展机遇与空间。

三、发展成就

1. 树立战略观，发挥战略管理的指导作用与集聚效应，并逐步形成高效且系统化的科学管理体系

(1)形成了以“六大原则”和“七个以指导方针”为核心内容的管理思想体系。经过系统思考和深入调研，水规院提出了改革发展遵循的“市场导向原则，效益效率优先原则，合理确定发展规模与速度原则，可持续发展原则，尊重规范竞争原则，改革、发展、稳定协调一致原则”的“六大原则”和“以人为本、以市场为导向、以经济效益为中心、以多元化经营为方向、以改革创新为动力、以建立现代企业制度为手段、以最大限度地满足职工利益为直接目标”的“七个以指导方针”。“六大原则”和“七个以指导方针”成为指导水规院管理的精髓和核心思想成果。

(2)形成了以“四大战略”为主要方向的战略体系。水规院广泛调研国内外优秀企业，并在总结提升的基础上，确立了“人才与实干兴院战略、创新与文化管理强院战略、可持续发展战略、国际化战略”的发展战略，明确了人才与创新为优先战略，并构建了体系化的战略目标。

(3)形成了以企业宗旨与核心价值观为主要内容的文化管理体系。企业宗旨与核心价值观及企业核心理念既是水规院重要的思想理论成果，是管理思想体系中的重要部分，又是文化管理体系的来源。在此基础上，逐步形成了“诚信、责任、专业、自强，求实、创新、高效、卓越”的企业精神，提出了以思想观、生存观、管理观、发展观、改革观、精神观为主要内容的六大价值观，提出了“十大意识”、“六大关注”等重要的思想观念。

(4)初步构建简约高效且系统化的科学管理体系。2008 年，在总结以往的管理经验基础上，水规院提出了系统、简约的管理体系，要求构建战略是纲，目标为经，项目管理为纬的三维现代管理构架。应当说，这是水规院未来管理体系的基本框架，是水规院多年来实施战略化管理的提升。

2. 承担了大批国家级、省部级科研课题的研究和标准规范的编制工作，科技创新成果丰硕

自 2001 年以来，在“四个一”（一个理念：创新是魂；一个态度：只争朝夕谋创新；一个目标：建设创新型水规院；一个战略：落实创新兴院战略）思想的指导下，水规院坚持以企业为主体的多层次全方位技术创新，坚持以应用技术为基础、研究为补充，坚持以集成创新和改良创新为主，坚持以提升核心竞争力为出发点、产学研相结合的创新模式，开展了大量和系统的科技创新工作，并成立了科技处，进一步明确了职责，优化了管理。院的科技创新工作步入了良性发展的轨道，并取得了丰硕的成果。

深水防波堤新型结构形式研究成果，因其结构形式新颖、经济效益显著和环保生态功能良好，在大窑湾深水防波堤工程中得到了应用，并荣获国家科技进步二等奖。上海港外高桥港区“集装箱码头建设集成创新”技术开发，集中展示了全新的设计理念和创新意识，荣获国家科技进步二等奖，这些都成为我国港口建设领域的代表性丰碑。

2007 年，水规院一举获得两项国家“863”科研课题及一项国家科技支撑计划项目，开创了水运设计行业的先河，成为同行设计院的排头兵，展示了水规院的技术积累与雄厚的技术实力及创新能力。

2001 年～2008 年，水规院共荣获科技进步、设计、咨询各类奖 65 项，是获得科技进步奖和设计大奖最多的设计院之一。其中国家科技进步二等奖 2 项，省部级科技进步一、二、三等奖共 8 项，鲁班奖 1 项，詹天佑奖 5 项，国家优质工程奖 3 项，国家级优秀设计金、银、铜奖共 5 项，省部级优秀设计一、二等奖共 14 项。获奖项目之多、范围之广、级别之高，创造了水规院历史之最。

3. 经过持之以恒与长期不懈的建设，基础平台建设构成了完整的体系，并实现了重大进展

以质量、制度、安全、法律、风险等五个领域的管理为核心的院基础平台建设，经过了长期的实践积累、理论指导与不断的总结提升，在规范性、系统性与科学性等方面均得到了显著加强，并实现了重大进展。

(1)经过十多年的学习探索与实践，对照国际管理标准，结合院的实际，建立了简约、高效的“三标一体”管理体系，并取得了质量、环境、职业健康安全管理体系认证证书。在质量、环保和安全健康上初步实现了系统化与规范化，推动了院内各项管理的持续改进和自我完善，充分满足了顾客要求，并履行了相应的社会责任。

(2)以现代管理理念为先导，对比国际国内优秀企业管理理念，紧密结合水规院实际情况，高起点、高视角、高标准地运用多年的管理实践经验和总结提升的成果，采取制度修编专题会、培训讲座、写作知识讲座等多种形式，理清思路、清晰流程、明确要求，从建立制度体系表入手，初步建立了简约、高效而规范的制度体系，向依靠制度治理公司迈出了一大步。

(3)根据国家安全生产法等法律、法规和中交股份安全护照及关于安全生产的有关要求，结合院生产业务与客观实际，先后制订完成了针对性较强的各部门、各板块的安全卡手册与《安全生产管理规定》等系列安全管理制度，紧密结合“三标一体”的管理规范要求，搭建了水规院较为系统严密的安全生产体系，将网络、法律、质量、人身和环境安全等安全体系责任落实到位，使安全管理更严、更实、更全，标志着水规院全面完善安全长效机制，实现企业长治久安的工作取得了重大的进展。

(4)完善与构建全院范围的法律保障体系与管理办法，通过学习、培训、自查与案例分析等方式向员工普及法律知识，使法律的指导、防风险与维权职能进一步得到有效发挥，员工的法制观念进一步加强，从而为解决水规院的长治久安问题提供了组织和制度的保障。

(5)随着经营规模的不断扩大，特别是工程总承包、投资业务和海外业务的不断增长，对我们防范各类政治、法律、决策、财务、汇率、廉政等风险提出了更高的要求。为此，水规院以强化全面风险管理为核心，利用系统培训风险管理知识和不断宣传、灌输风险观等多种方式，充分有效地加强员工的风险意识，抓住核心要素与风险管理各个环节的基本流程，形成了风险管理的基本框架，将风险管理纳入企业经营的全过程，从而为实施全方位、全过程控制和动态监控各类风险，为做好风险与危机管理创造了良好条件。

4. 主要生产指标连创新高，财务绩效评价优秀，实现了跨越式发展

自2001年新一届领导班子上任以来，水规院步入了发展的快车道，生产经营快速发展，经济效益显著提高，多项经营指标连创历史新高，综合实力明显增强，实现了跨越式发展，造就了水规院建院近60年历史最辉煌的时期。截至2007年，新签合同额达到7.67亿元，是2001年的9.80倍，营业收入达到4.23亿元，是2001年的8.67倍，实现利润总额7 587万元，是2001年的57.30倍。

同时，水规院各项财务绩效指标的综合评价为交通行业十大设计院之首，新签合同额增幅和增速均位于前三名，营业收入增速位于前三名，利润总额占营业额的比重和毛利率高，资产的赢利能力好。企业的可持续发展能力、财务的稳健性和成长性，均处于领先地位。

四、基本经验

1. 不断加强企业管理，以科学的管理体系指导企业的发展

面临世界经济全球化、信息化的迅猛变化，面对行业发展的新需求和日益激烈的市场竞争，水规院的领导班子提出，树立战略观，提高战略思维与战略管理能力；以战略为先导，重在落实与执行，将战略作为目标落实的灯塔与航标，要下真功夫实现由任务导向型向战略导向型、文化导向型、客户导向型、价值导向型转变。

近年来，在坚持四大发展战略的基础上，水规院组织制定了《水规院总体发展规划(2008年~2010年)》，成为各级管理者和全院职工共同的奋斗方向。

随着对管理和变革的不断探索，水规院在战略管理、项目管理、目标管理、文化管理、精细管理等多个方面均进行了有效的探索和实践，并逐渐形成了三维现代管理构架。战略管理观、战略思想与战略思维进一步提升，“七个以指导方针”、“六大原则”以及“学习是根，创新是魂，人才与技术是本，质量和诚信是企业的生命”的管理理念逐步深入人心，四大战略得到了逐步实施，经营管理实现了跨越式发展，业务板块发展日趋合理，人力资源和科技实力有了明显提升，内部管理基础平台和数字化水规院建设有序开展。

2. 搭建技术进步平台，以科技创新提升企业的核心竞争力

水规院十分重视科技对生产的促进指导作用，长期致力于技术进步与技术创新、承担多项国家级和省部级科研项目、标准规范、信息化建设等工作，取得了一批成果，并实现了科技开发和生产实践的良性互动。

以上海港外高桥港区集装箱成套技术研究、集装箱码头装卸工艺仿真技术研究、全国集装箱能力核查及《现代集装箱港区规划设计与研究》为代表的科研精品，使水规院持续保持集装箱码头设计技术的优势和领先地位。

以获得国家优秀设计金奖的“青岛前湾港区20万吨级矿石专用码头工程”，获得交通部优秀设计一等奖、国家设计银奖的“大连30万吨级进口原油码头工程”，获得詹天佑大奖的“大连矿石码头工程”为代表的大型开敞式码头的成功建设，标志着水规院大型散货码头的设计理念和设计技术处于国内领先水平。

以获得交通部科技进步一等奖、国家科技进步二等奖的“深水防波堤新型结构形式研究和斜向波与直立式防波堤相互作用研究”为代表的防波堤工程设计创新，以获得国家科技进步特等奖的葛洲坝船闸设计为代表的通航建筑物设计创新，更加集中地体现了水规院的综合技术实力与创新成果。

经过数十年的积累、传承、沉淀与创新，水规院在港口航道、通航建筑物、信息化与智能化等设计领域中处于明显领先地位，核心竞争力得到系统提升，并形成了稳定的人才队伍，在多个重大项目竞标中，呈现出明显的技术优势。

3. 重视人力资源培养，以人为本，打造独特的竞争优势

水规院有近60年悠久的历史，行业内的特殊地位以及实施人才兴院战略造就了其独特的人才优势。

悠久历史成就了丰富的人才资源，历史形成的水规院集规划、设计于一身，代部管理的特殊地位以及地处首都的特殊区位优势，造就了一大批具有广泛行业影响力的专家和管理人才。同时，毗邻国家及行业相关管理部门以及遍布全国的市场、多元化的业务使得院的管理及专业技术人员具有宽阔的视野和丰富的经验。

为了实施人才兴院战略，水规院强调以人为本，形成了“尊重知识、尊重人才”的良好企业文化氛围。同时不断变革、创新管理机制，形成了一套具有水规院特色的管理模式，建立了较为完善的人力资源开发与建设体系，在选、用、育、留各方面形成了自己独特的管理理念与管理方式，激发了员工的潜能与创造力，提升了员工的整体素质与能力，使得核心员工忠诚度高，全员满意度高，企业凝聚力强，形成了水规院独具特色的人才优势。

4. 充分利用品牌、服务、技术等综合优势，全面提升市场竞争能力

水规院深刻认识到现代市场经济环境下，信誉品牌已经成为企业获得竞争优势的关键因素，较早提出了“质量、诚信与品牌是企业的生命”的理念，树名牌意识，建诚信企业，获得了社会和市场的普遍认可，在水运设计领域得到了业主的信任，树立了良好的声誉，品牌的认可度和美誉度不断提高。此外，院的资质等级高、范围广，承接了多项国家重点工程，凭借过硬的质量和诚信经营，获得了多项荣誉，并树立多个业务板块的品牌，形成了品牌体系，打造了品牌队伍、品牌工程系列，成为水运建设领域的名牌。

同时，为客户提供一体化与超值服务的理念、日渐完善的服务体系、敏捷高效的服务反馈系统及独特健全的服务网络构成了水规院个性化的服务优势。

另外，经过多年的建设，水规院利用信息技术搭建了一个以知识管理为核心，信息共享、协调工作的统一的业务和管理环境，能够为各类资源和业务生产管理提供全面支持。

水规院利用管理优势、人力资源优势和技术优势，创造了辉煌的业绩。全院合同额、营业收入和利润连年创历史新高。从近五年市场份额与业绩看，水规院在集装箱、矿石、原油码头设计中占领了制高点，在设计主业中比较优势明显。从市场区域上看，院占有区域从南到北，分布最广。同时，在东北的大连和营口、河北的黄骅与曹妃甸、山东的青岛与日照、上海与宁波、深圳及周边地区为中心的五大核心市场上具有较为明显的比较优势。内河航道与枢纽设计，一直是院的传统优势，继葛洲坝船闸设计之后，院在京杭大运河等项目上相对集中，通过加大经营力度和人才技术储备提升了市场空间。同时，以工程总承包、信息中心、海外业务为代表的市场开拓取得实质性重大突破，铁道分院与南京分院相继成立，标志着院沿着多元化回归专业化的经营方针坚实推进；投资板块业务扎实推进，投资重庆茄子溪码头项目等资本运作的大手笔，标志着水规院优化赢利模式和拓展投资业务的探索取得喜人进展。

五、发展展望

对于未来的发展，水规院总体发展规划已明确提出“一强、三飞跃、三突破”的发展目标。发挥水规院和中国交通信息中心两大优势产业的两个品牌的集成优势，发挥土木工程技术与信息技术互动融合优势，产生更大一体化集成优势与组合效应，铸造具有更强优势的新品牌。实现工程管理及总承包、铁路、岩土业务三块新拓展的业务在规模、市场上的重大飞跃。大力实施国际化与“走出去”战略，统筹运用院的优势资源，尽快提升海外经营的综合实力与业绩，实现海外业务的重大突破。创新赢利模式，优化资产结构布局与传统产业升级，使投资板块在院的业务构成中占有一定比重并有较大的突破。坚定信心，充实力量，以打造特色建筑为核心，以专业化和多元化并举为方向，提升民用建筑业务比重，全力打造在中交与社会上的新品牌、实现该业务新的重大突破。

同时，结合水规院的发展实际和外部动态环境的发展趋势，按照各个业务板块和水规院整体目标和谐统一的要求，提出了具有吸引力与竞争优势的业务拓展策略、核心业务策略、多元化发展回归专业化（横向一体化）策略、一体化（纵向一体化）策略、合作共赢策略五大发展策略，形成了相关多元化、专业化和一体化以及合作共赢战略的有机组合。

展望中长期发展，水规院将继续围绕“发展企业，报效祖国，服务社会，实现自我”的企业核心价值观，将“咨询发展，设计未来，让世界更畅通”作为企业愿景，坚持战略与产业定位，以交通规划设计为龙头、以水运工程为中心、以信息化建设和工程管理为两翼，以岩土勘察、海外市场、铁路工程、建筑节能和资本运作为重要组成部分，形成大鹏展翅的产业格局。产业发展以多元化经营并回归专业化为方向，实现市场固守与拓展（或转移）相结合，国内与国外相结合。高效发挥水规院的整体优势，着力培育主体产业的核心竞争力。把水规院建设成为具有国际竞争力的一流咨询设计工程公司。

企业的生存与发展，需要构建具有生命体组织特征的科学管理体系，需要持续打造组合优势并提升系统能力，更需要创新实践，水规院将在新的实践中攻艰破难，迈出科学发展的新步伐。

突出主业　形成特色

中交第一航务工程勘察设计院有限公司

一、企业介绍

中交第一航务工程勘察设计院有限公司（以下简称一航院）创建于1958年，总资产为7亿元，现隶属于中国交通建设股份有限公司。2008年，一航院在同行业中率先取得了住房和城乡建设部核准的工程设计综合甲级资质，进一步确立了一航院在同行业中的领先地位，进入了国内顶极设计院的行列。一航院同时还具有住房和城乡建设部颁发的工程勘察综合类甲级资质、工程造价咨询甲级资质、地基与基础工程专业施工一级资质；具有国家发改委颁发的工程咨询甲级资质；交通运输部颁发的水运工程监理甲级资质、水运工程结构检测甲级资质；国家测绘局颁发的测绘甲级资质以及中国国家认证认可监督管理委员会颁发的计量认证合格资质证书。一航院同时还是商务部准许的具有对外经营权的企业、天津市高新技术企业和住房与城乡建设部公布的百强设计院。

一航院可承担建设工程全部21个行业的勘察、设计业务，主要承担国内外港口、航道、锚地、海上灯塔、人工岛、通航建筑物、口岸设施、修造船厂、水上交通管制设施、海岸景观、河道整治、工业与民用建筑、铁路、公路、桥梁、仓储、污水处理设施、油气化工项目、核电站、电厂等项目及配套设施的规划、咨询、预可行性研究、工程可行性研究、勘察设计施工监理、施工图审查、桩基检测、软基处理及监测、基础工程和港口工程施工、施工及设备采购招标技术规格书编制、计算机网络系统集成、设备采购安装调试、项目管理和工程项目总承包等项业务。

一航院一直秉承以技术、质量、安全、健康、环保和服务为本的宗旨。1996年，一航院在同行业中率先通过英国劳氏质量认证有限公司的质量管理体系认证，并获得英国认可委员会（UKAS）的标识使用权，此后，一航院又通过了劳氏认证公司的环境、职业健康安全管理体系的认证。

一航院技术力量雄厚，人才济济，有一支由工程院院士、设计大师、勘察大师领衔的专业技术队伍，现有员工700余人。

一航院成立50年以来，承担的勘察设计项目遍布中国大江南北、世界五大洲。国内东起渤海之滨，西至青海湖，南起海南三亚，北至黑龙江的富锦；国外有马耳他、毛里塔尼亚、乌干达、阿尔及利亚、柬埔寨、缅甸、印度尼西亚、马来西亚、菲律宾、斯里兰卡、巴基斯坦、委内瑞拉、西萨摩亚、赤道几内亚、澳大利亚、秘鲁等国家。在这些工程中，一航院采用了大量的新技术，创造了多项国内第一，荣获多项国际、国家级和省部级奖项。

经过几代人的努力奋斗，一航院已发展为专业型、跨领域、多功能、具有工程项目总承包雄厚实力的大型勘察设计企业，有条件、有实力、有优势参与国际、国内两个市场的竞争。一航院承诺，将以良好的信誉、一流的技术、可靠的质量竭诚为国内外客户提供优质的服务。

二、改革历程

一航院组建于建国之初，其组织结构和业务运作适应了当时的社会形态，是典型的计划经济时代的产物。改革开放30年来，一航院在市场化、信息化、全球化改革浪潮的推动下，不断寻求自身的转型和突破，经历了企业化改革、内部分配制度改革、设计手段改革、业务模式改革等一系列变革，取得了卓越的成就。

企业化改革开始于20世纪80年代初。随着市场化进程的深入，当时隶属于交通部的一航院开始实行事业单位企业化管理的运作模式，迈出了企业化改革的第一步。1999年，由于政府推行“政企分开”改革，一航院脱离交通部进入中央企业集团——原中国港湾建设（集团）总公司，并由交通部第一航务工程勘察设计院更名为中交第一航务工程勘察设计院，成为名副其实的企业，迈出了企业化改革的第二步。2005年12月，原中国港湾建设（集团）总公司与原中国路桥建设（集团）总公司重组成立中国交通建设集团有限公司，一航院成为其下属子公司，2006年，一航院按照公司法改制为有限责任公司，更名为中交第一航务工程勘察设计院有限公司，完成了全民所有制企业向公司制企业的转变，迈出了企业化改革的第三步。同年，一航院随同中国交通建设股份有限公司整体在香港联交所成功上市，成为国际化的公众公司。至此，在经过近20年的企业化变革之路以后，一航院已经从一个当初的政府服务机构转变为一个产权清晰、权责明确、政企分开、管理科学的现代化企业。

内部分配制度改革开始于20世纪80年代末，发展至今经历了生产责任制、技术经济责任制以及全面绩效考核三个阶段。当时，随着改革开放的深入，工程建设项目逐渐增多，勘察、设计业务量逐渐加大，在市场化的环境下，如何调动技术人员的工作积极性，完成更多的项目，就成了亟待解决的问题。为此，一航院开始推行以打破大锅饭、激发内部员工积极性为目的分配制度改革，与各设计所、勘察处和院有企业签订了生产责任制，规定了产值、质量、安全等考核内容，考核结果与单位奖金额度挂钩，此项改革极大地调动了职工生产的积极性，有效地提高了生产效率，促进了一航院业务的发展。随着改革的不断深入，一航院的考核分配理念和方法也发生了很大的变化，从最初的以工作量定奖金为主要内容的考核办法，逐步发展为以激励约束机制为核心的绩效考评体系。

公司现行的全面绩效考核体系由两个层面构成，第一层面考核制度的建立是以投资人收益最大化，实现资产保值增值和集团公司下达的企业经营、管理目标，提升企业的竞争能力，促进企业发展为导向，考核对象为下属生产单位和管理者，考核内容包括核心指标、监控指标和评议指标，指标内容涵盖了企业发展所要求的诸多要素。第二层面考核制度的建立是以实现一航院下达的考核目标，创造项目效益，约束项目成本，为顾客提供满意服务为导向，考核对象为下属生产单位的各项目部，考核内容包括：项目预算、成本核算、效益情况、质量安全、顾客满意度等情况。

一航院20年来内部分配制度的变革，始终伴随着我国市场化的发展进程，其结果是，催生了企业内部管理的一系列转变与提升，并逐步演变成为一航院的企业价值观与核心竞争力。

设计手段改革开始于20世纪80年代中期，1985年，一航院利用日元贷款引进了我国水运设计行业第一台中型计算机系统，拉开了设计手段改革的序幕。两年后，一批由我公司技术人员开发的工程计算应用软件投入使用，标志着工程设计进入了电算时代。这一变革带来了巨大的影响：计算效率与精度大幅提高，复杂结构分析与多方案比选计算成为现实，以前用手工计算不可能解决的问题，一夜之间有了答案，设计人员从繁重的计算工作中解脱出来，有更多的精力专注于方案设计，设计水平得到了明显提升。

20世纪80年代末期，一航院又引进了具有图形处理能力的超级小型计算机系统，解决了总体专业方案设计和绘图问题，工程设计进入了CAD时代。到了20世纪90年代中期，随着微型计算机及应用软件的普及使用，一场以“甩掉图板”为目标的运动在一航院展开了，通过对设计人员进行计算机操作培训，并制订计算机出图率指标与收入进行挂钩的制度，几年之后，设计人员终于甩掉了图板，走上了工程设计CAD的道路。

20世纪90年代中期，一航院建设了计算机局域网络系统，标志着工程设计进入了网络化时代。如今，一航院已经建成了覆盖全院的计算机网络，包括高性能服务器近十台，高性能千兆交换机数十台，并配置了防火墙、防毒墙等安全设备。通过部署企业邮件系统、企业网站系统和企业VPN等系统，全面拓展了互联网应用，实现了包括远程用户在内的全面信息资源共享。在网络建设的基础上，公司相继投入使用了办公管理、财务管理、项目管理、图档管理、绘图出版管理等应用系统，实现了网上协同设计和管理信息化。

一航院设计手段的变革是在我国改革开放的不断深入与全球信息化浪潮的大背景下进行的，它带给企业的深刻影响，与其说是变革，不如说是一场革命，它改变了企业和设计人员的思维方式和行为方式，极大地提高了工作效率，为企业快速发展起到了至关重要的推动作用。

业务模式改革开始于20世纪80年代中期，当时正是开放搞活最活跃的时期，国家对企业经济活动的鼓励政策使得一航院可以跳出计划经济的圈子拓展业务范围。很快，一航院拥有的技术人才优势得以显现，在经过认真的分析和市场调研后，一航院选择了一业为主，向两头延伸的业务发展战略，即以传统的勘察设计业务为基础，利用公司技术优势和市场影响在行业内向施工、监理、监测、检测和工程项目总承包方向拓展。在接下来的几年时间里，一航院根据发展要求进行了业务重组和资源配置，先后组建了施工、监理、检测、总承包等业务公司，形成了一业为主，多业并举，相互连接的业务结构。在经历过最初的创业期后，新业务逐渐打开了市场并赢得了市场声誉，业务量稳步上升，目前，这部分业务已占公司业务总量的近50%。

与此同时，在市场的催化作用下，计划经济体制下形成的传统区域、行业市场分割被打破，大江南北，世界各地都变成了一航院的目标市场。为了抓住这一难得的市场变化机遇，加快企业发展的步伐，一航院提出了“巩固北方市场，以点带面拓展南方市场，大力发展海外市场”的经营战略，并先后成立了厦门、深圳、上海、汕头等地的分公司或办事处，卓有成效地开展了业务活动。在改革开放的推动下，不仅国内业务模式发生了巨大的变化，海外业务模式也在迅速向市场化方向发展，一航院是我国水运行业最早从事海外业务的设计院，早在20世纪70年代初，就承担了中国政府援助毛里塔尼亚友谊港、马耳他30万吨级船坞等工程的勘察、设计任务。改革开放后，海外业务也呈现出了多样化的特点，除了中国政府的经援项目外，还有中国企业投资的项目和海外资本投资的项目。为此，一航院除了继续跟踪、承揽中国政府的经援项目外，还采取了“借船出海”的经营策略，即与有实力的国内外大企业集团联合，利用他们在海外市场上的经营网络和投资渠道，共同承接任务。为了拓展海外市场，提高海外业务的竞争能力，一航院专门成立了海外设计所，培养和锻炼技术骨干，目前，一航院已经有一大批精通外语，熟悉国际工程咨询设计要求和技术标准的技术人员承担起海外工程的任务，为一航院海外业务平稳迅速发展奠定了坚实的基础。

三、发展成就

从1978年到2008年这30年间，伴随着中国改革开放的光辉历程，经过一系列的变革之后的一航院迸发出了前所未有的活力，取得了卓越的成就。

(1)改革开放30年来，一航院已经从一个30年前的交通部事业单位发展成为具有现代管理制度和法人治理结构的公司制企业。建立起十大管理体系，即质量管理体系、环境管理体系、职业健康安全管理体系、科技创新管理体系、人才培养管理体系、绩效考核与薪酬管理体系、财务与预算管理体系、资产管理体系、风险控制管理体系、企业文化管理体系，标志着一航院已经走上了企业管理现代化之路。

(2)改革开放30年来，一航院的业务范围不断延伸，已经能够承担水运建设项目各个环节的服务；市场区域逐年扩大，从南方到北方，从国内到国外，都是一航院角逐的市场，从1992至2008年这16年间，累计完成初步设计概算额2 510亿元。如今，一航院经过20多年的业务梳理与资源整合，已经从原先一个以北方市场为主，只从事勘察、设计业务的设计单位发展成为市场遍布海内外，专业型、跨领域、能够为工程建设项目提供咨询、勘察、设计、施工、监理、检测、工程项目管理和总承包全方位服务的大型综合勘察设计企业。

(3)改革开放30年来，一航院营业规模和资产规模迅速扩大，仅从1981年至2007年这26年间，营业收入从366万元上升到7.47亿元，扩大了204倍，资产总额由893万元上升到6.74亿元，扩大了75倍，利润总额由157万元上升到1.42亿元，扩大了90倍，为社会、为股东、为顾客、为员工创造了巨大的价值。

(4)改革开放30年来，一航院本着人才是第一资源的宗旨，注重人才队伍的培养和建设，培养了一大批水运行业知名专家，其中包括1名工程院院士、2名国家设计大师、1名国家勘察大师、4名国家有突出贡献的中青年专家，29名享受政府特殊津贴的专家，7名天津市授衔专家。另外，经过多年的精心培养，一大批学术带头人、技术骨干、技术能手也脱颖而出，成为公司技术力量的中坚。目前，一支由专家领衔，以技术骨干为基础，高、中、低职称人数合理，专业布局合理的技术人才队伍已经形成。其中，一航院的专家团队，更以其学识渊博、技术精湛、谦虚谨慎、求真务实的作风而受到同行、业主、建设管理部门的赞誉和尊敬。

(5)改革开放30年来，一航院在科技创新方面也取得了突破性的进步。一航院重视科技创新工作，将科技创新工作视为企业的核心竞争力，不断加大研发投入，持续地在新技术、新结构、新工艺、新设备、新材料等方面开展研究工作，至今，共获得包括发明专利在内的14项国家专利，荣获包括国家科技进步一等奖在内的技术创新奖项58项，被天津市政府认定为高新技术企业。

半圆形防波堤是取得突破的新型结构并获国家专利的技术。该结构在天津港及长江口深水航道治理一期工程等项目中得到应用，并取得了成功。当时，由一航院高级技术顾问、中国工程院院士、国家工程设计大师谢世楞创立的“直立式防波堤前冲刷的理论及原理”被国际上有关专家称为“谢氏理论和公式”，被美国、澳大利亚和欧洲的一些国家的文献多次引用。他提出的“淹没情况下半圆形防波堤上的波浪力计算公式”已在我国长江口航道整治等工程中应用。

半遮帘式板桩码头这一结构形式是一航院结合唐山港14号、15号泊位改造工程首创的一种新型结构并获国家专利。其特点是利用半遮帘桩有效减小板桩码头前板桩的受力，从而创造了加大板桩码头前沿水深的条件。半遮帘式板桩码头改变了钢筋混凝土板桩结构只适用于建设中小型泊位的历史，开创了建设5万吨级以上深水泊位的新思路和新途径，具有广阔的推广应用前景。

新型消浪块体是一航院自行开发设计的获国家专利的“双柱”型消浪块体，具有在波浪作用下反射率小、结构稳定性高、便于水上和陆上安装、有较好的景观效果等优点。在自然条件适合和有景观需求的情况下，是一种经济合理的结构形式，填补了国内在该领域的空白。

宽肩台防波堤是一航院设计的我国第一座宽肩台防波堤并成功应用于大连北良公司散粮码头工程，可减轻护面块石的重量，并可充分利用开山形成的各种重量等级的石块，从而降低工程造价，便于施工。

空心方块斜坡式防波堤是一种新型结构并获得了国家专利。该结构可大幅度降低堤身自重，达到适应软弱基础的效果，可简化软基处理措施，降低处理费用。在遭遇特大波浪袭击时，抗风险能力强，不会引起灾难性的破坏，且易修复。这一新型结构被长江口深水航道治理工程选用，效果良好，具有较高的实用价值和良好的市场前景。

外海大桥非通航孔桥墩的防撞拦截设施是一航院与沈阳四星橡塑制品有限公司共同研发的获国家专利的技术。该技术可解决非通航孔桥墩防撞设施技术中存在的问题，能对缺少动力的失控船舶的初始能量进行充分的消能缓冲，并在救助拖轮的辅助下将船舶拦截在安全水域内，防止船舶直接撞击桥墩或将船舶碰撞力控制在安全范围内。

(6)改革开放30年来，一航院在推动行业技术进步方面也做出了积极的贡献。目前，一航院已经主编、参编、参与研究行业技术标准、规范80多项，由一航院编写的《海港工程设计手册》，成为海港工程设计人员的必备书籍，由一航院主编的《港工技术》已经成为国内外公开发行的专业性技术期刊，被国家科学技术部确定为“中国科技核心期刊”，连续4次入选“全国中文核心期刊”，为“中国科技期刊精品数据库”500种收录期刊之一。

(7)改革开放30年来，一航院通过不断的技术创新，形成了在集装箱、煤炭、矿石、油品化工、粮食、化肥、水泥等专业化码头工程和船厂、船坞、航道、防波堤、景观护岸、软基加固等水运工程项目中的领先技术优势，打造了数以百计的国优、部优工程，荣获包括国家优秀设计金奖、詹天佑土木工程大奖在内的133项奖项。在这些工程项目中，创造出许许多多的国内或世界第一，26项创新成果入选中国企业纪录和中国企业新纪录。

在集装箱码头工程方面，一航院设计了我国第一座现代化集装箱专用码头——天津港三港池集装箱码头。设计了天津港、烟台港、深圳、南海、营口、青岛、厦门、漳州、汕头、锦州、秦皇岛、唐山等地的集装箱码头工程。

在煤炭码头工程方面，设计了当今世界上最大的煤炭输出港——秦皇岛港一至五期煤炭码头。设计了青岛港、天津港、黄骅港、日照港、唐山港、营口港、曹妃甸港区煤炭码头，以及厦门、漳州、珠海、潮州、锦州、绥中、印度尼西亚等地的煤炭码头工程。

在矿石码头工程方面，设计了天津港10万吨、20万吨级矿石码头、唐山港曹妃甸港区30万吨级矿石码头、营口港20万吨级矿石码头、日照港30万吨级矿石码头以及秘鲁、澳大利亚等地的矿石码头工程。

在油品化工码头工程方面，设计了我国第一座20万吨级开敞式原油出口码头——青岛港黄岛油码头工程，设计了天津港30万吨油码头工程，营口港仙人岛港区30万吨级原油码头工程，珠海高栏岛30万吨油库油码头、天津临港工业区液体化工码头工程，以及大连港、京唐港、锦州港、秦皇岛港、日照港、烟台港、厦门港、福州港、福建石湖油库、葫芦岛、江苏如东、惠州、南海、柬埔寨等地的油品化工码头工程。

在粮食、化肥、水泥码头工程方面，设计了大连北良、天津港、秦皇岛港、营口港、烟台港等地的散装粮食码头工程，秦皇岛港、烟台港西港池、营口港等地的散装化肥码头工程，以及唐山港、秦皇岛港等地的散装水泥码头工程。

在船厂、船坞工程方面，设计了天津新港船厂、山海关船厂、北海船厂、大连中远船坞基地、缅甸蒂落瓦船厂、马耳他30万吨级干船坞等项工程。

在航道治理方面，设计了天津港25万吨级航道工程、黄骅港外航道整治工程，以及长江口深水航道治理一期工程等工程。

此外，一航院在工业建筑、民用建筑、铁路、公路、环保、海岸景观设计以及勘察、岩土、测量、施工、检测、监理、工程总承包等业务方面，也硕果累累，取得了不凡的成绩。

改革开放30年来，一航院创造了无数的优秀产品，培养了一大批知名的优秀人才，创造了著名的一航院品牌，取得了辉煌的成就。但是，一航院人并未因此而停止前进的步伐，我们将以在水运行业率先取得工程设计综合甲级资质为契机，以国际知名的咨询工程公司为目标，不断开拓进取，续写新的篇章。

四、基本经验

改革开放以来，企业的经营环境和管理的各种要素都在发生变化，要抓住机遇、加快发展，必须深化改革、创新管理，只有这样，才能尽快消除影响和制约企业发展的体制机制障碍，适应企业发展的管理运行机制，增强企业生存和发展的能力。

为加快企业发展，一航院以理念创新为先导，提出了“以人为本，唯人兴业”的人才观念；“瞄准市场，以变应变”、“市场需求第一、快速反应”的市场观念；“顾客第一，用户至上”的服务理念；“全员经营，诚实经营，依法经营”的经营理念；“以质量求生存，以质量求发展”的质量理念；观念的创新促进了企业管理的创新。

一是推进组织结构创新。近十年来，一航院以市场为导向，先后四次整合组织机构，注重在拓宽服务领域的同时，突出主业、做精做强、形成特色。第一次是剥离企业不应承担的各种社会职能，撤销原由企业兴办的幼儿园、职工食堂，分流人员，使企业集中精力做强主业。第二次是先后精简了院本部职能处、室，对部分职能部门进行了职能职责的调整。第三次是根据市场形势的变化，优化设计资源配置，撤销了原有的综合设计所和建筑设计所，组建了一航院设计所，促进了设计主业的改革和发展。第四次是根据市场需要，重新组建了综合设计所、海外设计所、滨海设计所，使生产组织模式更能适应国内市场和国外市场的需要。

二是推进人才管理创新。为实现建设一支富有创新能力的优秀专业人才队伍、管理人才队伍和复合型人才队伍的目标，一航院采取一系列有效措施，增强企业核心竞争力。在营造凝聚人才氛围、完善激励机制上动脑筋；在加快培育人才进程、创造成长条件上下工夫；在充分发挥人才作用、促进企业发展上做文章，形成了良好的聚才、育才、用才环境。一是对人才队伍建设现状、面临的形势以及存在的问题进行了认真的分析，草拟了人才队伍建设的规划。二是改变了人才引进的方式，采取用人单位提出申请、用人单位和人力资源部门共同考核，根据需要随时引进的方法，及时补充各类人才。三是加大了员工教育培训工作力度和教育经费的投入，抓紧做好培养和储备人才的基础工作。四是坚持评选青年学术技术带头人、青年学术技术优秀人才、青年技术骨干和青年岗位能手，加强了人才队伍建设。人才的脱颖而出和人才队伍的壮大，使一航院的核心竞争力得到明显增强。

三是推进企业技术管理创新。技术创新和技术流动的全球化，要求企业不断进行技术管理创新，以提高企业的技术创新和技术应用能力，从而推动企业的技术进步。近年来，一航院坚持从提高工程项目的技术含量入手，抢占技术制高点。围绕“集、煤、矿、油”四大货类码头设计及新技术、新工艺、新设备、新材料在港口工程设计中的应用，有计划、有目的地结合工程需要开展技术创新。结合京唐港 14、15 号泊位工程完成的“半遮帘式板桩码头新结构的开发与应用”技术创新项目，特别突出了技术领先这个重点，经交通部组织评审专家的鉴定，被认定为国际首创。这一重大新结构开发创新成果，使公司在技术市场中保持了较强的优势。

五、发展展望

一航院的发展展望是：主业做精、多业并举，保持水运设计行业龙头地位，成为具有强大资源整合能力、业务扩展能力和价值控制能力，国内著名，国际知名的国际咨询工程公司。

打造实力一航院。要继续保持人才、技术优势，造就一支在行业内有影响力和话语权的技术权威队伍。继续保持科技创新优势，以创新开拓市场，以创新引领市场，以创新推动行业技术进步。利用国际建筑市场需求增加和我国“走出去”的外经战略，通过多种渠道，积极开拓海外业务市场。利用获得工程设计综合甲级资质的契机，优化、调整业务、组织和人力资源结构，以主业为基础，积极向相近行业拓展。同时，大力发展以设计为龙头的工程总承包和项目管理业务，实现企业多元化发展。

打造效益一航院。要为国家创造社会效益、为股东创造投资效益、为顾客创造发展效益、为员工创造收入效益，实现一航院与国家、股东、顾客、员工多方的共享共赢。

打造和谐一航院。要以“顾客满意度最大化、投资者回报最大化、企业价值最大化、员工发展空间最大化”的企业价值理念和“融入一航院、展示自身才华；奉献于一航院，实现自我价值”的员工价值理念为基础，实现一航院的和谐发展。

30年改革，大浪淘沙，留存下来的企业，自然都是强者。如果说，过去30年，面对社会政治、经济体制的激烈变革，一航院更多的是寻求“适应性”改革，那么，在未来中国经济平稳高速发展的大背景下，寻求“主动性”的改革之路，则是一航院持续发展，续写辉煌的根本保证。

回顾过去，改革之路饱含着曲折与艰辛，迎难而上，就能分享成功的喜悦；展望明天，发展之路充满着希望与挑战，勇敢面对，就能拥抱绚丽的彩虹。

打造核心竞争力

中交第二航务工程勘察设计院有限公司

一、企业介绍

1958年，伴随着我国第一个五年计划的完成和即将开始的第二个五年计划，诞生了我国又一支国家队的水运建设行业的设计机构——湖北省交通厅航务工程局设计处（二航院前身），至今，中交第二航务工程勘察设计院有限公司（以下简称二航院）已走过整整50年光辉、豪迈的征程，现隶属于中国交通建设股份有限公司，为全资国有企业。

经过50年的发展，二航院现拥有6.29亿元的总资产，员工600余人，其中享受国务院政府津贴专家30余人，教授级高级工程师30余人，高级工程师200余人。拥有一批咨询（投资）、港航、岩土、公用设备、电气、化工、造价、监理等专业的注册工程师和一级注册建筑师、一级注册结构师、一级注册建造师等从业人员。持有国家有关部门（国家发展和改革委员会、住房和城乡建设部、交通运输部、国家测绘局、国家环境保护总局）颁发的工程勘察综合类甲级、测绘甲级、工程咨询甲级、水运行业设计甲级、公路行业设计甲级、海洋行业（沿岸工程）设计甲级、建筑行业建筑工程设计甲级、水利行业（城市防洪）

设计甲级、消防设施专项工程设计甲级、建设项目环境影响评价甲级、水运工程监理甲级、工程造价咨询甲级以及海洋（离岸工程）设计乙级、化工石化医药行业（石油及化工产品储运）设计乙级、商物粮行业（粮食仓储）设计乙级、市政公用行业（给水、排水、环境卫生、城市道路）设计乙级、水利行业（河道整治）设计乙级等多项从业资质。成为在国内外享有较高声誉的国家队综合性勘察设计院，形成了“二航院”品牌。

二航院成立50年来，长期从事港口、航道、修造船厂、公路、桥梁、石油及化工产品储运、商物粮、水利、市政、建筑等工程项目的规划、咨询、环评、勘察、设计以及上述各类工程项目的工程总承包、项目管理、设备采购、工程监理等技术服务工作，工程足迹遍布我国沿海、沿江和内陆省份以及海外部分地区，累计完成各类工程项目达3 000余项。主编和参编了多部国家和部级标准和规范。1998年，按照ISO 9001《质量管理体系—要求》标准建立了质量管理体系，取得了ISO 9001质量体系认证证书，2006年按《环境管理体系规范及使用》（GB/T 24001—2004）和《职业健康安全管理体系—规范》（GB/T 28001—2001）标准的要求，建立了三标一体的管理体系并获得认证证书。连续多年被建设部评为全国勘察设计百强。二航院一直坚持“诚信、求实、创新、健康、安全、环保”的管理方针，竭诚为顾客提供优质产品和优质服务。

二、改革历程

二航院的前身是1958年组建的湖北省航务工程局设计处，1962年6月并入长江航运管理局科研院。1963年1月，交通部第二航务工程局成立，又恢复了设计处的建制。1964年10月，设计处扩建为交通部第二水运工程设计院。“文化大革命”中又改归二航局领导并与其科研所合并。1978年恢复了设计院的独立建制，改称交通部第二航务工程设计院。1981年改为交通部第二航务工程勘察设计院。1984年划归交通部直接领导，隶属交通部直属一级事业单位，对外兼称中国港湾工程公司武汉设计公司，在中国港湾工程公司领导下，进行对外业务。

1995年交通部为理顺设计与施工的关系，更好地发挥设计单位的人才和技术优势，进一步开拓国内市场，走向国际市场，成立了中交水运工程设计咨询中心，将第一、二、三、四航务工程勘察设计院划归该中心领导，划归后该4个院仍具有独立企业法人资格。2000年6月划归中港（集团）总公司领导，单位名称改为中交第二航务工程勘察设计院。2005年12月，中港集团与路桥集团合并，成立中国交通建设（集团）总公司，2006年12月中交集团（整体改制）在香港上市，二航院成为中交集团的子公司，更名为中交第二航务工程勘察设计院有限公司。

历经50年的历史变更和发展，二航院管理体制和经营机制发生了较大的变化，从单一的勘察设计拓展到岩土工程、工程咨询、环境评价、工程监理、工程总承包和工程项目管理等领域，并先后取得工程勘察综合类甲级、测绘甲级、工程咨询甲级、水运行业设计甲级、公路行业设计甲级、海洋行业（沿岸工程）设计甲级、建筑行业建筑工程设计甲级、水利行业（城市防洪）设计甲级、消防设施专项工程设计甲级、建设项目环境影响评价甲级、水运工程监理甲级、工程造价咨询甲级等及多项乙级设计资质。工程业务面从交通部门延伸到石油、化工、钢铁、煤炭、有色金属、建材水泥、电力等部门，目前，二航院正向以设计为龙头，具有工程总承包和项目管理功能的科技型现代企业迈进，这是几代职工艰苦创业、拼搏开拓的结果，是“争先重义”企业精神的硕果。

二航院改革30年来的发展历程，是艰苦创业、稳步发展的历程，是一部自加压力、开拓奋进的历程，也是一部中国水运勘察设计事业的发展史。二航院历届领导面对市场转轨和历史性的发展机遇，本着强烈的历史责任感和危机感，彻底改变“等、靠、要”的依赖思想，调整企业经营战略思路。制定立足长江、面向全国、开拓海外的经营发展战略；建立经营网络机制，开展多种经营，转换经营机制，加强企业管理，建立与完善内部经济责任制；机关实行“三项分流，改革创收”机制；推行劳动人事制度改革；改革工资奖励制度，强化激励机制；加强质量管理，推进科技进步，使经济效益稳步增长。

二航院自1985年实行院长负责制以来，全院整体素质不断提高，综合实力不断增强，生产经营实绩显著，经受住了市场经济的考验，为国民经济发展的战略项目、重点交通运输的基础设施的改造、新建做出了应有的贡献。回顾漫长的历程，主要做法是：

(1)培养造就一支拼搏进取、勇于吃苦、特别能战斗的勘察设计队伍，是企业立于不败之地的根本。二航院地处武汉内地，参与水运建筑市场竞争不占天时地利，广大勘察设计人员不畏困难，奋发进取，不分工程大小、投资多少，位置远近、环境优劣，哪里有任务，就到哪里干。靠艰苦奋斗的精神，热情服务的态度和精湛优良的技术和质量赢得业主，占领市场，培育树立了二航院“争先重义”的企业精神和品牌。

(2)以市场为导向，不失时机地研究调整企业经营战略。二航院实行院长负责制后，由事业单位改为企业化管理，跻身市场，参与竞争。面对国家压缩基建规模，港口建设投资锐减，建筑市场萎缩，长江沿线从事港口设计的院所骤增，市场竞争激烈的严峻现实，二航院领导适时调整企业经营战略，改变困守长江，单一产业，坐地经营，与人无争的状况，提出了“一业为主，两头延伸，科技为本，多业并举，构建科工贸一体化，多种经营、多功能、开放型的经营实体”的发展战略和“坐镇武汉、立足长江、面向全国、服务四方”的经营方针，制定了经营网络化，坚持超前快速；坚持优质优价；坚持信守合同；坚持广交朋友的经营策略，不仅争取到了长江沿线四分之三的港口基本建设项目，而且打入了沿海各地，工程覆盖全国20多个省、市、自治区。

(3)在市场竞争中充满生机和活力，另一个重要原因是，注重按市场经济体制要求，不断转换企业内部经营机制，改革设计行业的管理模式。先后推行了以“三制一化”为主要内容的劳动人事制；以“三包二控一挂”为主要内容的目标责任制；以税利承包为主要内容的技术经济承包制，适度下放权力，开展分块经营核算，坚持责、权、利适应的原则，形成内在自我约束机制，增强企业内部活力。

(4)坚持在生产发展和经济效益增长的前提下，提高职工收入、改善生活福利，是二航院保持强大凝聚力的重要措施。在职工中树立起一种与企业同甘苦、共命运的群体意识，唤起广大职工爱企业、多尽责、爱岗位、多贡献的职业情感，为振兴企业，发展企业争做贡献。

(5)二航院能凝聚起强大的市场竞争力，胜过竞争对手，占领市场，从而获得长久的经济效益，还因为有一个良好的企业形象。良好的企业形象是企业的无形财富和宝贵资源，也是企业生存和发展的基本条件。良好的企业形象是企业素质的综合体现，塑造良好的企业形象的过程，实际上就是整体素质优化的过程。多年来，二航院坚持两个文明建设协调发展的战略原则，坚持不懈地开展文明单位创建活动，以人为本，努力塑造良好的职工形象，产品形象、服务形象、管理形象、技术形象。先后荣获区级、市级、省级、省级最佳文明单位称号，并已连续保持省级最佳文明单位称号16年，从而赢得了社会的信赖和赞赏。

二航院1985年开始引进微机，并引进有关专业计算软件，从而使计算机的应用在设计中发挥了重要作用。1986年5月筹建了电算组，边筹建边生产，到年底已安装调试了PC—1500A型袖珍计算机，并参加了CAD系统技术交流，编写了平面干系结构、电算程序以及空间墩式码头、圆弧滑动稳定、弹性地基梁、空间钢架内力计算、工艺设计通过能力、工艺设计装卸电算程序、安庆石化、芜湖外贸电算程序等，为微机开发迈出了新的起点。

1987年，根据交通部的统一部署，二航院引进了超级小型机MV/8000II，承担了国家“七五”重点科技攻关项目——“大直径预应力混凝土连片式码头CAD技术开发”的课题，提前一年完成，并于1990年10月，通过国家鉴定验收，研制开发的CAD系统填补了国内空白，达到当时国际先进水平，高桩梁板码头CAD技术，属国内先进水平。

二航院和中船总公司联合开发的皮带机CAD系统，1989年经湖北省科委组织鉴定达到20世纪80年代国际先进水平，填补国内空白，并获湖北省科技进步二等奖。院勘察处单独建立微机工作站，开发成功EGDP工程地质数据处理系统，实现勘察试验成果资料计算机化，获交通部科技进步三等奖。

20世纪90年代，随着微机硬件技术的不断发展和微机软件的不断丰富，微机应用成为计算机应用的发展方向。二航院也逐步将计算机的应用重点转向微机应用，批量引进有关的CAD软件，在设计和管理部门推广微机应用、开发及引进有关的CAD软件，开始了CAD应用的普及阶段。设计人员开始用微机从事设计、计算、绘图工作，计算机计算绘图率不断提高，极大地提高了设计质量和生产效率。由于微机网络具有外部设备资源共享、软件和数据资源共享、系统安全保密性好等优势，从而获得了高速发展，微机单机应用环境正逐步被微机网络环境所替代。二航院紧跟计算机发展方向，1997年，建立了采用快速交换以太网技术，由2台服务器，150余个站点组成的院计算机网络，这标志着计算机应用跨上了一个新的台阶。

1993年，经建设部批准，二航院获得工程总承包甲级资格证书，同年开始承接第一项总承包工程，成为整个水运工程建设行业较早开展工程总承包和项目管理的设计单位之一，经过15年的发展，至今累计承接工程总承包项目80余项，累计完成合同额约60亿元。在行业内率先采用BT方式承接码头工程，率先以EPC方式在海外承担码头工程建设，取得了较好的业绩，获得业主及政府主管部门的好评。在全国《二〇〇七年度工程总承包完成合同额排序》中，二航院排名51位。二航院承担的工程项目曾荣获中国勘察设计协会和中国工程咨询协会颁发的“工程总承包银钥匙奖”、“工程总承包优秀奖”和“工程项目管理优秀奖”等多项奖项。

二航院在巩固水运、发展总承包的基础上，不断开拓路桥市场，并取得了骄人的业绩。引进以德国CARD/1道路勘察设计软件为代表的先进工具，先后完成扬州沿江公路、贵州遵义南白镇至楠渡公路、武汉—蔡甸高速公路等一系列大型工程。先后勘察的苏通大桥、厦门集美大桥、厦漳大桥、杭州湾跨海大桥等工程项目享誉海内外。

三、发展成就

改革30年来，二航院从事的港口、航道、修造船厂、公路、桥梁等工程的勘察、咨询、设计、环评、监理、工程总承包和项目管理项目的业务范围涉及祖国北疆南海、西域东滨，在国内北至黑龙江，南抵海南岛，东至上海，西抵兰州，遍及全国各大水系和沿海各港。业务还拓展到斯里兰卡、缅甸、印度、苏丹、巴布亚新几内亚、孟加拉、越南、英国、德国、马来西亚、印尼等国及香港、澳门地区。

改革30年来，二航院累计完成各类勘察、咨询、设计、环评、监理、工程总承包和工程项目管理3 000余项。勘察设计项目主要有：营口鲅鱼圈新港区、大连和尚岛新港区、山东滨州新港区、威海港二期工程、连云港三突堤工程、上海港民生路港区、镇江大港一、二期工程、福州港粮食码头、厦门港排头港区、广州港墩头基新区、广州东莞西大堤新港区、深圳25万吨级油码头、江南小野田水泥出口码头、常熟新华国际集装箱码头、海南洋浦港一、二期工程、三亚港多用途泊位和2万吨级油码头、葫芦岛港二期工程、绥中36-1油田二期开发原油外输码头、烟台救捞局顺岸码头滚装船多用途码头、南京扬子乙烯工程液体码头、贵州镇宁至兴仁高等级公路工程、山东文三线公路改线工程、扬州市西北绕城高速公路工程、湖北恩施公路路网改造工程、四川叙威二级公路工程、重庆寸滩一期、二期港口工程等项目，与此同时，二航院积极向国外市场拓展，承接了马来西亚古晋电厂码头、斯里兰卡高尔港工程、孟加拉吉大港集装箱码头工程、印尼苏门达纳煤炭专用铁路及码头工程、马来西亚沙巴4×85MW电厂码头工程、印尼巴齐丹电厂码头工程、印尼百通（Paiton）1×660MW燃煤电站项目煤码头工程、越南海防一期（2×300MW）火电厂项目码头工程等国际项目。已完成的工程总承包和项目管理项目有扬州港江都港区件杂码头工程、张家港保税区苏润国际贸易有限公司码头工程、张家港长江国际化工仓储码头工程、武汉钢铁（集团）公司工业港1号、2号；3号、4号和8号、9号码头改造工程、蓬莱巨涛海洋工程重工有限公司蓬莱场地码头和滑道工程。正在实施的还有“泰州港高港港区沥青码头改扩建工程”、“武钢港务公司阳逻港区工程”、“威海大宇（三进）船业有限公司1号、2号船台工程”等项目，并在水运行业设计院中首次以EPC方式在海外承担“印度尼西亚百通（PAITON）1×660MW燃煤电厂工程项目煤码头工程”的建设。

二航院在地质勘察手段、设备仪器方面也进行了更新换代，逐步向系列化、智能化、精密化方向发展，具备了承担特大型勘察项目的能力。

钻探方面，二航院目前拥有各类最新型钻探设备30台套。试验设备方面，拥有静力触探仪及十字板仪4台套，工程物探仪2台套，自钻式旁压仪1台套。目前水、陆域均采用全断面取芯回转钻进方法，在苏通长江大桥详勘中，完成了水下180米的超深钻孔，并在水上进行了超深旁压试验。在风浪较大的海域，采用固定平台进行钻探及原位测试，确保勘察质量及勘察进度；在岩土取样方面，采用先进的取土、取砂设备，确保取样质量；在土工试验方面，全部实现了数据自动采集，资料自动整理的方法，提高了数据的准确性及工作效率；在资料整理方面采用自行开发的水运工程地质勘察EGDP数据处理系统进行处理，充分利用网络优势，实现了远程登陆、多人协作、数据共享的处理方式，极大地提高了勘察报告编制质量及速度；在工程测量方面，采用高新测量设备，实现了数据自动采集，在后期处理上能根据需要形成三维地形图。

近年来，二航院先后完成苏通大桥详勘、广西防城港钢铁项目基地详勘、孟加拉吉大港集装箱码头详勘、厦门集美大桥详勘、厦漳大桥详勘、泰州长江大桥详勘、九江长江二桥勘察工作。

改革30年来，二航院一直注重吸收国内外先进技术，并积极将国内外先进科学技术成果应用于工程勘察、设计、施工，建设成功了多类具有现代化水平的港口码头，多项技术为国家首创。近30年来，获全国优秀设计表扬奖、金质奖、银质奖、国家科技进步奖、部省级优秀设计奖、国家“七五”重点科技攻关成果奖100余项。具有代表性的成果有：

黄浦墩头基新港区工程设计，首次采用散粮散糖装卸机械化系统和相应的储存新工艺、新设备，并在码头设计中采用装卸荷板重力式实心方块结构，大大节约了投资。

南京中转油港设计，采用钢管桩新型消能装置，在吹填土地时采用震冲加固方法，该工程设计被评为1980年国家级优秀设计表扬奖。

镇江大港新建工程设计，首次在河港2万吨级码头采用排架间距为12米的高桩板梁式码头结构，件杂货仓库采用袋装沙井加固地基等技术，取得了明显的经济效益。

枝城煤炭专用码头，首次在内河采用了带浮式消能设施的嵌岩独桩的靠船墩结构，节约了投资，为以后的较大水位差码头的嵌岩桩结构设计提供了实践经验。

南京炼油厂万吨级油码头，首次采用了带悬重块的消能设施，保证了码头及设备的安全运转。

营口鲅鱼圈新港工程设计，首次采用2.6万吨级自卸船卸煤工艺和电子计算自动控制管理新技术，结构为靠船墩与防波堤混合式现代化煤码头。堆场高边坡设计获部科技进步三等奖。

大连港和尚岛新建港区工程，采用2.6万吨级自卸船工艺和36吨大型载重汽车疏流新技术，码头结构为墩堤混合式，妥善处理了地基中的石灰岩溶洞，获部优秀勘察奖。

扬子乙烯专用港区工程设计，采用散货装卸效益高的直立式高桩框架码头新工艺，该工程设计评为1985年国家优秀设计奖。

武汉八大家重件码头设计，首次在水位差15米的码头采用钢管桩基梁板码头新型结构，被评为1984年国家优秀设计金质奖。

武钢工业港8、9号码头设计，采用直立墩座悬壁钢梁式起重机直接装卸船的新工艺，码头前沿设置柔性直桩加浮式钢梁的新型系船设施。护岸工程首次采用土工纤维布混凝土压块柔性沉排新工艺、新结构，该设计被评为1987年交通部优秀设计和国家优质工程银质奖。

进入20世纪90年代后，二航院在水运工程勘察设计领域不断创新与突破，取得了骄人的成绩，其具有代表性的成果有：

重庆朝天门客运码头工程1999年被建设部评为全国第八届优秀工程银质奖。

南京港浦口作业区磷矿码头改扩建工程2000年获建设部颁发的国家铜奖，交通部颁发的优秀设计二等奖。

江西亚东水泥厂专用码头工程2001年被湖北省建设厅评为湖北省优秀设计一等奖。

扬子石化—巴斯夫一体化工基地项目可行性研究报告2002年被中国工程咨询协会授予全国优秀工程咨询成果一等奖。

中加合资宜昌磷矿矿肥结合工程可行性研究报告2002年被化工部授予化工行业优秀工程咨询成果一等奖。

万州港务管理局红溪沟港区淹没复建工程地质勘察2003年被湖北省建设厅评为湖北省优秀勘察二等奖。

中新合资常熟港兴华港区二期工程2004年获交通部优秀设计一等奖。

西部开发省际公路通道银武线十堰至漫川关段环境影响报告书2004年被湖北省咨询协会评为湖北省优秀环境影响报告书。

重庆市寸滩港区一期工程可行性研究报告2005年被中国工程咨询协会评为全国优秀工程咨询成果一等奖。

武汉钢铁（集团）公司工业港1号、2号码头改造工程，2006年获勘察设计协会和工程咨询协会授予的国家工程总承包银钥匙奖。

上湄公河中缅边境243号界碑至老挝会晒段航道改善工程2006年获交通部优秀设计二等奖，本项目的技术水平代表了中国山区航道整治工程设计的先进水平，得到了湄公河沿岸国家的肯定，为沿岸国家实施航道整治工程起到了示范作用。

山区河流大水位差港口建设关键技术研究2007年被中国施工企业管理协会评为科学技术进步二等奖。

内河直立式码头建设关键技术研究2007年被中国航海学会授予科学技术进步三等奖。

改革30年来，二航院还承担了内河港口工程技术标准规范编制工作，负责主编了《河港工程设计规范》、《斜坡码头及浮码头建设标准》、《港口工程测量技术规范》、《港口工程地质勘察规范》、《河港装卸工艺设计手册》、《港口装卸机械设计手册》、《港口建设项目环境影响评价规范》、《港口工程环境保护设计规范》、《英汉港口航道工程词典》、《河港工程总体设计规范》、《港口工程环境保护设计规范》、《港口建设项目环境影响评价规范》、《港口工程地质勘察规范》、《石油化工码头装卸工艺设计规范》、《港口工程荷载规范》。

十年来，尤其是近五年来，二航院先后共投入资金2 500多万元，用于购置和完善生产技术装备。

通过全员配置、更新计算机，淘汰了手工计算、绘图的生产方式，建立了现代企业的技术手段基础。目前院拥有台式电脑500余台，笔记本电脑200余台，2007年，为广大设计、管理人员更换了更为环保的液晶显示器，进一步改善了员工的生产设备和工作环境。

2002年~2007年，我公司在软件方面投资约为840万元。先后投资采购了数据库方面的产品、工程管理软件、结构分析及有限元分析设计软件、管道应力分析软件、结构计算软件、筒仓分析软件、操作系统及基本的文字处理软件、基础设计绘图工具及其他实用设计软件。

二航院通过对所拥有的应用软件系统各专业软件的升级换代、补充完善和配套开发，在总体发展目标的指导下，逐步建立了完善的应用软件体系，自主开发了配套的生产管理系统，逐步编制了产品系列企业标准，为公司快速发展以及勘察设计能力的进一步提高打下了坚实的软件系统基础。

二航院采用先进的核心交换机、超级小型机服务器以及刀片式服务器、磁盘阵列和海量磁带机等设备建立的网络办公系统已具备了“技术质量管理”、“行政管理”、“费用管理”、

“设计任务管理”、“固定资产管理” 和 “人力资源管理” 等多项管理功能，使各项管理工作程序化，提高了工作效率，做到了信息交流和资源共享。随着公司信息化手段的进一步整合，二航院将继续开发公司数据资源，再造公司数字化的生产方式，逐步发展成为具有自有创新核心竞争能力的数字化现代企业。

近十年是公司发展最辉煌的时期，二航院抓住了机遇，也经受住了挑战，经济效益得到快速增长，2007 年新签合同额约是 1999 年的 12 倍，2007 年的利润总额约是 1999 年的 40 倍，2007 年职工人均收入约是 1999 年的 7 倍。

四、基本经验

2000 年初，二航院新老班子进行交替，产生了新一届领导班子。面对新时期的机遇和挑战，新领导班子求真务实、解放思想，以提高企业经济效益为核心，以建立现代企业为目标，以战略化经营管理为先导，逐步推进公司现代化企业管理制度的建立与“以人为本”的企业文化建设，从而推进全公司的快速发展，实现了新的跨越。

1. 牢固树立“发展是硬道理”的思想，坚持在发展中不断更新管理理念

企业的发展壮大是企业的根本利益。二航院不断开拓市场、抓经营、促生产，不断提高企业经济效益。在以经济效益为中心的同时，不断更新管理理念，用先进、科学的管理理念指导、管理企业各个方面的工作，更好地促进企业经济效益的提高。

在广泛研究国内外优秀企业发展历史的基础上，结合本公司的实际情况，二航院确立了“改革创新管理理念、坚持人才培养的可持续发展观念、拓展海外经营市场” 的发展战略。根据市场经营形势的变化，巩固长江和沿海市场、做大总承包市场、扩大海外市场、开辟修造船市场，促进企业发展。

2. 建立科学管理体系平台，走管理和技术创新之路

(1)建立各项管理制度，创新科学管理理念。二航院近几年制订了一系列的管理制度，使各项管理工作程序化、制度化，并可追溯和考核。明确了各部门的管理职能和各级人员的岗位职责，做到各尽其责，不断创新科学管理理念。

(2)建立公司科技信息管理平台，提高工作效率和管理水平。二航院逐步整合公司已有的应用软件，建立核心应用数据库和配套的应用软件系统，全面推进产品标准化建设，并推广应用到生产过程中，降低劳动强度，提高工作效率，保证产品质量。

(3)建立有特色的企业文化，为企业长久发展注入活力。二航院已逐步建立了具有本公司特色的团结、诚信、创新、奉献的企业文化，体现以人为本，着力培养企业可持续发展的环境。发挥党员在企业改革和生产经营中的先锋和模范作用，构建和谐企业，发挥先进人物和优秀人才的榜样和激励作用，使企业具有凝聚力和向心力，促进企业持续、健康、稳定发展。

3. 建立技术创新机制，提高核心竞争力

坚持“以水运工程为核心，以水运工程勘察设计、路桥工程勘察设计和工程总承包三大主业为重点，以技术、质量、服务为支撑，以延长产业链为方向，坚持固守与拓展相结合，大力实施‘借船出海’”的经营策略。面对市场竞争主体的多元化，多练内功，盯住市场，抢抓机遇，以业主为关注焦点，开展战略经营，增强市场竞争力，提高经营质量，开创

经营工作的新局面。加大技术开发、技术创新和技术基础工作的投入，建立技术创新机制，形成有自主知识产权的专利和专有技术，以高新技术不断提高核心竞争力。

4. 建立品牌意识，提高服务质量

二航院在改革开放30年的发展历程中，在三大主业方面已逐步树立了“二航院”的品牌，如环评设计在行业中形成特有品牌，在大型桥梁勘察中又形成了勘察品牌，使二航院的实力与影响力逐步扩大，综合实力明显提升。

二航院职工已树立了以“客户”为中心的服务观念；进一步推崇优质服务创造价值的观念；进一步倡导服务创新的文化观念，尽可能地满足业主合理要求。要求全体职工在生产管理和产品实现过程中，树立正确的服务观念，建立和创新“二航院”的品牌意识，全面提升公司的服务水平和服务质量。

面对新的形势和法规要求，二航院全面实施劳动合同法，理顺劳动关系，规避员工自身法律风险和公司劳动风险，建立安全长效机制，强化安全管理，落实安全责任制。

5. 建立长效激励机制，开发人力资源

激烈的市场竞争是人才的竞争，人才是企业生产与发展的第一要素，二航院加大科技人才培养力度，建立吸引人才、留住人才的长效激励机制，广纳人才，开发人力资源，调整结构，整合内部资源。

二航院已建立健全各项人事制度，完善了与现代企业制度相适应的分配制度，参与各类社会保障体系，形成了比较规范的岗位竞聘、人才培养、技能考核、低职高聘的激励机制和管理体系，贯彻实施效益优先兼顾公平的分配原则，以岗位为核心、以效益为依据、以激励为目的，调动员工的积极性，提高劳动生产力，促进公司经济效益增长。

五、发展展望

二航院也清醒地认识到存在的差距，更加自信而坚实地向发展目标奋进，即按工程公司的模式把二航院建成一流的企业，做到经营方式国际化、服务范围多元化、技术装备现代化、项目管理科学化。我们要抓住机遇，采取有效的经营战略，进一步提高二航院的市场竞争力，开创经营工作的新局面。

1. 加大海外市场的开拓力度，将工程总承包和项目管理推向海外

近两年，二航院在海外市场勘察设计以及工程总承包业务有较快发展，二航院将抓紧机遇，充分利用海外目前已拥有的勘察设计及工程总承包项目营销及实施的经验，加大市场营销力度，大力培养熟悉国际市场营销和商务规则及工程技术的人才，锻炼和培育一批胜任海外工程项目管理的高级项目管理队伍，推进海外工程总承包和项目管理的快速发展，为公司创建国际型工程公司创造条件。

2. 加大科技投入，走科技发展之路

根据二航院经济增长方式的转变，生产结构和资源配置的特点，专业发展的需求，瞄准国内国际先进水平，坚持自主创新与技术引进并重，开发和推广应用新的实用技术，促进科技进步与发展，提高公司的技术素质和综合实力。

二航院未来科技发展的总体目标是：围绕公司勘察设计工作中心，坚持水运、公路两业并重，积极开发和引进使用先进适用的成套技术，解决几个设计工作上重点技术课题，力争达到同行业的先进水平。加强计算机软件的引进、开发和应用工作，形成具有“二航院”特点的科技创新体系和先进、实用、完整的技术成果资源，提高生产和管理过程的信息数字化、电子网络化以及生产产品标准化，全面提升公司的CAD程度和产品科技含量，提高生产效率。

3. 加强人才引进和培养工作，培养具有综合素质的高级复合型人才

不断开拓勘察设计及工程总承包业务，提高产品技术和服务水平，尽量缩小与国际型工程公司的差距，关键是要引进和培养一大批高级复合性管理人才。在加大引进人才的同时，要采取多种方式培养公司已有的管理人才，从设计人员队伍中选拔一大批具有较高综合素质的人员进行培养，注意培养设计加经营、设计加管理、设计加施工、专业加外语等各类复合型人才、双专业人才。鼓励深厚的设计功底与丰富的工程管理经验相结合，鼓励优秀设计人员钻研经营之道，成为商务谈判能手和经济专家，成为综合协调能力强、能独当一面的工程建设管理人才；鼓励专业学科之间互相渗透，让管理人才学专业、专业人才学管理。只有正确处理好了设计人员以专业技术水平为本，与不断增长综合设计知识的关系，才能在提高专业设计水平的基础上，提高项目综合设计技术水平。

具体措施为：鼓励工程技术人员参加各类工程技术管理知识的学习，选派优秀工程技术人员参加国际知名的工程技术管理、工程项目管理人员培训；创造条件选派具有一定项目管理基础的人员去国外有实力的工程公司学习培训；加大对具有潜质的优秀人员的使用力度，多压担子，促其快速成才。

随着祖国的崛起，国家强国富民政策给我们这一代人带来了前所未有的机遇和挑战，二航院将坚持科学的发展观，以全面振兴企业为己任，站在新的历史起点上，坚持创新思维，团结奋进，乘势而上，为公司的跨越式发展而奋斗。

人才强企　科技兴院

中交第三航务工程勘察设计院有限公司

一、企业介绍

中交第三航务工程勘察设计院有限公司（以下简称三航院）是中国交通建设股份有限公司的全资子公司，是我国最具实力的水运工程勘察设计单位之一，具有国家颁发的水运、公路、海洋、建筑行业甲级设计证书和工程勘察综合类、总承包、咨询、造价、监理等甲级证书，专业设置齐全，技术力量雄厚，设备配置精良，具备独立承担国家级大型重点工程项目的规划设计、总承包和项目管理、工程勘察与监理、自动控制等业务的强大能力。连续多年被国家授予“中国勘察设计综合实力百强单位”，近年来还先后被评为全国“优秀勘察设计院”和“中国工程设计企业60强”，获得AAA级企业资信等级并荣膺“上海市高新技术企业”称号。

作为担负国家水运工程建设重任的主力军，三航院始终视质量为生命，不断完善管理体系。1998年获得英国劳氏公司质量管理体系认证，2007年再次获得英国劳氏公司“质量、环境、职业健康安全”体系认证，并荣获“全国科技创新、质量管理先进单位”称号。

翻开我国港口建设史，三航院绘就了浓墨重彩，书写了瑰丽篇章，创造了众多“第一”，填补了多项空白。50年来，三航院完成了以上海国际航运中心洋山深水港区工程为代表的一大批国家重大工程的勘察设计，累计达4 000余项。先后荣获“中国建筑工程鲁班奖”、“中国土木工程詹天佑大奖”、国家及省部级优秀设计奖、国家科技进步奖等各类奖项130余项。

实施“科教兴院、人才强企”战略，三航院培育造就了一支高素质的专业技术人才团队。在职员工610人中，专业技术人员占职工总数的83%，其中，教授级高工16人，高级工程师215人，工程师104人，拥有各类注册执业资格证书人员263人，获得“上海市人才工作先进单位”称号。

坚持以人为本，注重企业文化建设，三航院连续多年荣获“上海市文明单位”、“上海市职工最满意企业”和“全国交通行业创建文明行业先进单位”称号。

二、改革历程

50年来，三航院从无到有，由小变大，全面完成了由事业单位向企业单位过渡的转型，直至今天成为国有控股的香港上市二级子公司，其隶属关系也几经改变。

1958年9月，根据交通部实行机构改革的指示，将原来北京水运设计院部分人员调配来沪与上海港务局修建科等单位的部分技术人员组合成立“上海筑港工程局设计室”，这便是今日中交三航院的雏形和起源。

1964年12月，根据交通部的精神，“上海筑港工程局”改名为“交通部第三航务工程局”。同时，“上海筑港工程局设计室”相应改为“交通部第三航务工程局设计处”。

1978年11月，根据交通部关于各航务工程局分别成立设计院和科研所的精神，成立了“交通部第三航务工程局勘察设计院”。

1980年，为调动设计单位多接任务的积极性，以满足港口建设大干快上的需要，经主管局批准，三航院实行企业化试点（1980年以前是纯事业单位，设计任务由交通部指令下达，事业经费也由部划拨），即双轨制管理，交通部仍下达指令性任务，并划拨事业经费，三航院在完成部指令性任务的前提下，可自行承接计划外任务，并对计划外项目实行收费制、合同制，所收设计费全留存，以弥补事业费不足。

1981年6月，“交通部第三航务工程局勘察设计院”更名为“交通部第三航务工程勘察设计院”。

1982年4月，三航院根据中共中央关于对企业全面整顿的文件精神，按照交通部的统一部署开展了企业整顿工作，并把整顿与改革紧密结合起来，调整完善院内组织机构，试行岗位经济技术责任制，试行全面计划管理、全面质量管理、全面经济核算。

1984年1月，“交通部第三航务工程勘察设计院”的行政关系正式从交通部三航局划出，直属交通部领导，为部直属事业单位。从此，三航院正式成为独立的国家甲级勘察设计单位。

1984年，经国家经委批准，三航院全面实行事业单位企业化管理，按国家批准的行业收费标准收取设计费。交通部停止划拨事业费，要求设计单位基本做到自收自支、自主经营、自负盈亏和照章纳税，从而彻底改变了设计单位吃国家“大锅饭”的情况，也充分调动了设计单位的积极性。随着改革的不断深化，三航院走上了健康发展的快车道，工作效率大幅度提高，各项经济技术指标保持良好的增长势头。

1999 年，三航院与交通部脱钩，正式改为企业单位，加入中国港湾建设（集团）总公司，更名为“中交第三航务工程勘察设计院”。

2005 年，根据国务院国资委的部署，中国港湾建设（集团）总公司与中国路桥建设（集团）总公司合并，成立中国交通建设集团有限公司（简称“中交集团”）。三航院进入中交集团，成为集团二级子公司。

2006 年，根据集团整体改制上市要求，三航院经改制更名为“中交第三航务工程勘察设计院有限公司”。同年，经国务院批准，由中交集团整体重组改制并独家发起设立的中国交通建设股份有限公司在香港联合交易所主板挂牌上市。三航院成为中国交通建设股份有限公司的二级子公司。

三、发展成就

改革开放 30 年是国家综合实力快速增长和各行各业大发展的 30 年，在这期间，三航院也实现了飞跃发展，取得了骄人的业绩。

1. 企业规模壮大，业务范围拓宽，生产经营指标呈几何数量级增长

50 年来，三航院从一个只有几十人的筑港工程局设计室发展成为今天拥有 600 多名各类工程技术人员的大型综合甲级设计院，业务范围也由最初单纯的水工码头设计拓宽到港口、海洋、工业民用建筑、路桥、机场和物流园区等工程项目的规划、咨询、勘察、设计、工程监理及工程总承包，市场地域由上海扩大到华东地区，又延伸至广东、广西，再到东南亚、非洲、南极等地球的其他角落，成为一支我国水运建设行业的主力军。

改革开放 30 年以来，三航院逐步走出了计划经济的指挥圈，不断融入市场，积极参与市场竞争，坚持“质量第一，优质服务”的方针，主持和参与了“澳门国际机场人工岛场道工程”、“长江口深水航道整治工程”、“上海国际航运中心洋山深水港区工程”等一批国家重点工程的建设；为上海国际航运中心、宁波—北仑港、南京港、连云港港、苏州港、南通港、厦门港、温州港、深圳港、广西钦州港等以及一大批业主码头、物流园区的建设发展做出了重大的贡献。三航院自身也取得了持续跨越式发展，经营业务量逐年攀升，各项经营指标大幅度超额完成预期目标，特别是近几年，三航院合同、产值、利润逐年攀升，一年一个大的飞跃，合同额年均增长率达到 130%，财务收入年均增长率达到 84%，企业资金实力大大增加。2007 年合同额达到 94 770 万元，营业收入达到 56 930 万元。

2. 紧跟时代发展步伐，技术进步显著，质量管理卓越

长期以来，三航院始终将“科教兴院、技术创新”的理念贯穿到工程咨询和勘察设计的全过程，努力按全面质量管理的理论、手段和方法，加强对勘察、设计、监理以及工程总承包的质量控制和监督，建立健全了“质量、环境和职业健康安全”管理体系。生产中以技术为先导，结合大型重点工程积极推广应用新工艺、新技术、新结构和新材料，掌握和创造了一大批先进技术和工艺，如爆破挤淤、薄壁取土等专利技术，支撑软土地基上高填土作用的大直径斜顶桩新型驳岸结构、袋装砂被筑堤和深层软土塑板加固等新技术，10万吨级散货泊位装卸船设备合一工艺等；收获了包括国家科技进步一、二等奖，中国建筑工程鲁班奖，中国土木工程詹天佑大奖，全国十大建设科技成就奖，国家及省部级优秀设计金、银奖等在内的一大批奖项和荣誉。

此外，三航院还积极组织力量主持和参与国家部委、省（市）委托的《高桩码头设计与施工规范》、《港口工程桩基规范》等规范编制工作。2005年10月，经上海市科委组织评定，三航院被批准为“上海市高新技术企业”。

3. “人才强企”战略初步实现，各支管理、专业技术人才队伍培养健全

长期以来，三航院积极实施“人才强企”战略，紧紧围绕建立“三支队伍”、实施“四个一”人才培养工程，按照立足自身，大力培养，适当引进的原则，基本建立了一支职业素养好，市场意识强，能更好地适应和支撑企业快速健康发展的管理人才队伍；建立健全了一支技术水平高，具有较强的创新能力，能够加快企业科技进步，增强核心竞争力的专业技术人才队伍；大力塑造了一支爱岗敬业、整体素质高，能更好适应市场要求的职工队伍。

通过长期的教育培养，三航院形成了“尊重知识、尊重创新、尊重人才”的优良传统，各支人才队伍的综合素质有了显著提高，人才环境建设得到改善，职工队伍稳定，高层次人才聚集的良好态势已经形成，近年被上海市委、市政府授予“人才工作先进单位”称号。

4. 制度化和信息化工作取得阶段成效，大力推动了企业的全面发展

随着上级集团的整体重组上市，三航院结合企业改制和运营模式的改变，努力按照现代企业制度和上市公司的要求，主动积极地推进制度改革、制度创新，建立了有限公司的一整套管理制度和体系，规范管理，科学管理，严格管理，全面提高了企业的管理水平，促进了经营生产的有序开展。

进入21世纪，尤其是几年前，三航院敏锐地觉察到大力开展信息化建设的重要性和必要性，经过前期的充分调研和科学规划，以及连续数年的大力投入，信息化建设的成果已全面体现：生产管理手段更加先进，生产效率大幅度提高，知识和信息获取更加便捷，员工终身学习意识强化和综合素质进一步提升等。

“两化”（制度化、信息化）建设有效地提高了三航院的软实力和综合竞争力。

5. 企业文化形成特色，文明建设硕果累累

三航院早在20世纪八九十年代就十分重视企业文化建设，通过早期的宣传、研讨，深刻领会企业文化建设的意义和内涵，结合企业自身和员工队伍的实际情况，努力探求企业文化建设的有效途径，不断塑造、提炼企业精神，全面设计、改进企业形象，不断将企业文化建设推向深入。

多年来，三航院形成人人重视、齐抓共管，深入持久开展企业文化建设的可喜局面，做到长有规划，短有（年度）计划，内容越来越丰富、广泛、生动。企业文化建设增强了三航院职工的凝聚力和向心力，营造和形成了“政通人和、宽松和谐、催人奋进”的浓厚文化氛围，提高了员工建成三航院的共识和信心。三航院已连续数年被评为“上海市文明单位”、“上海市职工最满意企业”。

6. 职工收入大幅增长，国家、集体利益显著提高

改革开放以来，三航院以经济建设为中心，大力发展经营生产，正确地处理国家、集体和职工三者之间的利益关系。通过50年的不懈努力和勤奋工作，为祖国水运建设事业的发展做出了重大贡献，推动和促进了国家和地方经济的发展。据不完全统计，三航院仅2000年~2007年就上缴国家利税4亿多元，到2007年年底三航院的资产总额也增加到7亿多元，与此同时，三航院职工的办公和生活条件也得到了极大改善，个人收入大幅提高，在保证企业可持续发展的同时，实现了国家、集体和职工三者利益的共同提高、协调发展。

四、基本经验

三航院成立50年发展到现在，离不开国家改革开放以来经济总体快速发展的影响和带动，更离不开自身的努力和拼搏。

1. 紧紧围绕经济建设为中心，坚持发展是第一要务

发展是硬道理，对国家是这样，对企业更是如此。三航院主要从事水运行业的工程勘察设计等咨询服务，企业生产经营形势与该行业的基建规模和投资力度息息相关、密不可分，要想快速发展，就必须抓住机遇，全力谋求发展，努力做强做大；要全面贯彻落实科学发展观，合理配置、优化经营生产格局，增强企业抵抗市场风险能力，实现可持续发展；坚持以效益为中心，全面提高企业的发展能力和水平。

2. 实施“科教兴院”战略，坚持科技是第一生产力

对三航院这样的技术服务型企业，市场竞争主要是技术的竞争，而技术又是不断更新、不断进步的。要十分重视技术进步、科技创新和质量控制，努力提升企业核心竞争力。三航院长期以来一直注重在工程项目中推动新技术、新材料、新结构、新工艺的运用，以保证工程质量，节省工程投资；注重营造内部学术探讨、技术交流的良好氛围；注重制订和完善鼓励技术创新、质量创优的奖励政策，在资金方面大力投入。

3. 实施“人才强企”战略，视人才资源为第一资源

对设计院来说，人才是最宝贵的财富，也是最重要的资源。三航院定期分析人才队伍的状况并有针对性地制订人才培养规划，注重在企业内部选拔培养人才，适当引进生产管理急需的紧缺人才；落实新员工培养措施，对年轻员工委以重任，并持续跟踪考核，选拔优秀人才到境外锻炼培养；倾全公司之力，为高层次人才创造各种条件和机会，努力把他们打造成本行业各专业的全国领军人才；在全公司营造“助人成才，才尽其用”的良好氛围环境。

4. 与时俱进，坚持创建优秀企业文化

企业文化是企业的软实力，对经营生产起到了重要的推动和促进作用，是企业发展不可缺少的方面。企业文化建设要统筹规划，有系统地开展；要有目的性和针对性，不能停留于浅层次的文体活动；要循序渐进，明确目标，不断深入。

五、发展展望

抓住机遇，加快发展，把企业做强做大，是三航院孜孜不倦的追求。面对目前的市场和形势，三航院既深感压力，又满怀信心。一方面，随着经济增长速度的放缓和基建规模的缩减，市场竞争必将越发激烈，另一方面，三航院经过50年的成长锤炼，又有良好的发展基础，有50年来建立的企业品牌和信誉，有信心化压力为动力，勇敢面对挑战。

三航院将以科学发展观统领工作全局，坚持“一业为主、多元经营”的发展思路，进一步开拓创新，在巩固传统领域勘察设计市场的同时，大力发展设计施工总承包、项目管理和自动控制等业务；通过强强联合等途径，努力开拓境外市场；以增强企业自主创新能力为着力点，大力推进科技创新和设计创优，不断提高企业核心竞争能力；深入实施“科教兴院”、“人才强企”战略，尽快把三航院建成“国内一流、国际知名”的工程咨询公司。

乘风破浪会有时，直挂云帆济沧海。充满热情与真情、极具活力与实力的三航院人，正在以坚实的步伐，朝着“国内一流、国际知名”的工程咨询公司的目标奋勇前进！

立足主业　多元发展

中交第四航务工程勘察设计院有限公司

一、企业介绍

中交第四航务工程勘察设计院有限公司（原交通部第四航务工程勘察设计院，以下简称四航院）创建于1964年，是具有海外工程业务经营资格的国家甲级勘察设计单位，现为中国交通建设股份有限公司全资子公司，主要从事港口、道路、桥梁等工程的勘察、设计、监理以及工程总承包业务。四航院技术力量雄厚，现拥有员工645多人，其中设计大师1人，享受政府特殊津贴国家级专家16人，教授级高工23人，高级工程师219人，专业技术人员占全员人数的83%。在40多年的风雨历程中，四航院不断发展壮大，现已进入快速发展时期，企业综合实力正在不断提升，总资产达2.22亿元，实现了跨越式的发展。四航院产值从2001年的5 700万元提升到2005年的6.5亿元；财务收入从2001年4 100万元提升到2005年的7亿元。2004年度成为全国唯一跻身于全国勘察设计百强的水运行业勘察设计单位，排名第84位，荣登ENR中国顶级设计企业第30位；2008年度入围中国勘察设计协会和工程咨询协会项目管理80强，排名第11；总承包130强中排名第52；企业营业收入前100名中名列第54位，领先于水运行业同行，以高超的技术、先进的设备和优质的服务在行业内树立了良好的形象，先后荣获全国勘察先进单位、全国优秀勘察设计院、全国工程监理先进单位，国家工程设计金奖、国家工程勘察金奖、詹天佑奖等荣誉称号。2007年四航院被广东省总工会授予“广东省十项工程劳动竞赛模范集体”和“广东省五一劳动奖状”，2005年至今，四航院工会连年荣获广东省“模范职工之家”称号。2007年完成营业额10.4亿元，利润9 384万元。

四航院的经营范围主要包括工程咨询、工程勘察、工程设计、工程总承包、工程监理。涉及水运工程、建筑工程、路桥市政工程、岩土工程、物流工业、技术经济六大领域，专业类别多达33个。具有国家颁发的水运工程设计、公路工程设计、建筑工程设计、工程勘察、工程总承包、工程监理、工程咨询、工程造价咨询八大甲级资质证书。其水运工程总承包（EPC）在同行业中处于领先水平。建院以来，在国内外共计完成大中型工程勘察、设计、监理、咨询和总承包项目 1 000 多项，其中包括 30 万吨级油码头，20 万吨级矿石码头、10 万吨级集装箱码头、跨海火车轮渡码头、大型液化石油气（LPG）和液化天然气（LNG）码头及储运站、公路、桥梁和高层建筑商住小区，多项工程获国家金质奖和银质奖。

二、发展历程及体会

四航院创建于 1964 年；1983 年从四航局划出，为交通部一级事业单位；1985 年实行院长负责制，自负盈亏；1997 年归属中港集团；2005 年，根据国资委的要求，原中港集团和路桥总公司重组合并，成立了中国交通建设集团公司，目前四航院隶属中国交通建设股份有限公司。

改革开放 30 年，四航院始终坚持以邓小平理论、“三个代表”重要思想和科学发展观为指导，面向市场求发展，转换经营建机制，强化队伍抓建设，抢抓机遇，锐意改革，开拓创新，在做强主业的同时，大力发展总承包业务和海外业务，不断提升经营业绩和管理水平，增强核心竞争力。四航院在机遇中得到发展，在挑战中走向成熟，不仅锻炼了一支技术和管理队伍，增强了经济实力，也积累了宝贵的经验，为今后工作打下良好的基础。

1. 树立“全局经营”的观念

四航院已形成“经营工作是企业发展的立足点，也是企业工作中心”的共识，并逐步树立“全局经营”的观念，即让经营工作成为各部门从不同角度共同努力的大事。自 1985 年以来，四航院下工夫理顺经营渠道，拓宽经营范围，提高经营资质。全院上下共同努力，抓住机遇，在激烈的市场竞争中抢占份额，取得了较好的成绩。2001 年，四航院加大了在理顺经营关系上的各种投入，院领导、经营处及其他处所有关同志从各个层次一齐努力，不仅加强了与老业主的合作，取得了新业主的信任，而且获得了各级主管部门的支持和帮助。良好的经营关系促使拓展了如电力、石化等行业的经营渠道。

2. 提升资质

资质是进入市场必备的通行证。面对我国目前实施的严格市场准入制度及资质管理制度，四航院于 2001 年制订了资质规划，现已取得国家颁发的水运工程设计，公路工程设计、建筑工程设计、工程勘察、工程总承包、工程监理、工程咨询、工程造价咨询等甲级资质证书。2005 年取得了国家颁发的总承包工程境外营业资质证书，2008 获得国家测绘局行业管理局批准的海洋测绘甲级资质，为进入上述领域参与竞争提供了必备的条件。

3. 加强管理，追求质量

四航院充分意识到单纯的经营必将缺乏持久性，无法适应市场要求，必须不断提高项目质量和进度，才能取得良好的经营效果，因此在质量标准、管理制度、技术进步和技术创优等方面做了大量的工作，从而保证了质量和进度。四航院 1998 年 1 月获北京中设质量认证中心颁发的 ISO 9001 质量体系认证证书，并在 2003 年 9 月顺利通过 2000 版换版工作。为强化质量体系的落实，四航院先后制订了《质量控制违规扣罚条例》、《院总工程师、副总工程师考核办法》、《院质量信息反馈管理制度》、《院工程设计质量评定标准》、《院勘察设计质量检查办法》、《四航院生产管理办法》、《四航院生产部门管理者绩效考核办法》等一系列规章制度，并在工作中严格执行。目前，四航院项目管理做到了计划有序、人员保证、技术支持、质量监控，工程项目质量得到保障，项目管理和技术水平在同行业处于领先水平。2001年率先把全面系统的工程投资风险分析应用于长江口深水航道治理工作，其二、三期工程可行性研究风险分析专题报告荣获中国工程咨询协会全国优秀工程咨询成果一等奖和交通部优秀工程咨询成果一等奖，广州港新沙港区一期工程6～10号泊位工程设计获国家优秀设计银奖和詹天佑大奖，厦门港东渡港区三期工程获国家优秀设计铜奖，码头长度及码头建吨级的系统经济优化软件获国优软件银奖，广州港南沙港区一期工程测量、勘察荣获广东省优秀勘察三等奖等。

4. 广开成才之路，提高整体战斗力

市场竞争就是人才的竞争，四航院在大力培养自有人才的基础上，针对部分专业人才紧缺的状况，积极引进急需的高素质专业人才，充实院的技术力量。四航院现有设计大师1人，享受政府特殊津贴人员16名，成绩优异高级工程师21名，高级技术人员219名，中级技术人员210名，初级技术人员186名，政工系列高级6名，中级2名。目前，四航院具有水运工程、建筑、工程勘察、监理、咨询、工程总承包、路桥等甲级执业资格，是各专业门类齐全的综合设计院。

5. 注重技术进步

技术是企业发展的核心竞争力，企业的生命力也在于技术水平的不断创新。四航院主编了《大圆筒码头设计与施工规范》、《液化天然气码头平面设计及作业标准》、《水运工程施工监理技术标准手册》、《滚装码头设计规范》等著作。创办了自己的学术技术刊物《港湾建设》和《南华监理》。每年举办新产品、新技术、新材料、物流、港口设计、岩土工程、公路设计及项目管理等讲座，提高设计人员的技术水平。坚持开展QC小组活动，每年都召开QC小组成果发布会，每年都有QC小组获“中港集团总公司优秀QC小组奖”和“全国交通系统优秀QC小组奖”，四航院QC小组活动在各单位中一直处于领先地位。重视标准化和应用软件开发工作，针对已有设计软件、标准化图集和数据库等不能满足勘察设计需要，制约工作效率和产品质量的状况，调动院内外一切资源，有重点地选择开发项目。如2002年立项的技术开发项目10项，当年完成7项，2003年组织23个标准化及技术开发研究项目，当年7项标准化成果通过院级鉴定。标准化和应用软件的开发有效降低了设计人员的劳动强度，明显提高了勘察设计成品的水平。

6. 立足主业，纵深发展，拓宽经济增长面

水运勘察设计是四航院主要业务之一，设计范围包括码头、航道、防波堤、船厂、船坞等，专业配备齐全，实力雄厚，软件及设备先进，至今在国内外完成了近千项工程勘察设计。四航院在勘察方面拥有国际先进的勘察设备及软件，500多平方米的设备先进的土工实验室和占地6 000平方米的勘察基地，工程涉及港口、公路桥梁、铁路、机场、市政、水利多个领域，足迹遍及亚洲和非洲等地，熟练掌握国际技术规范，积累了丰富的国际工程勘察经验。改革开放以来先后完成了烟大铁路轮渡码头工程、广州南沙港一、二期水工结构，汕尾和惠来电厂码头工程，蛇口和妈湾集装箱工程、海南炼化30万吨油码头工程、惠州30万吨油码头工程，广西北海涠洲岛30万吨油码头工程等一系列大型项目的勘察设计。在境外，完成了巴基斯坦瓜达尔港口工程、巴拿马集装箱码头（配合香港茂盛公司开展工作）工程，勘察设计苏丹绿地3、4号泊位工程、澳门渔人码头优化设计工程、澳门新葡京基础工程等，四航院出色的技术方案和进度保证，敢打硬仗和善打硬仗的工作精神赢得了业主的一致好评，也赢得了市场，拓展了经营范围和领域。四航院主营业务产值从2001年5 000万元上升到2007年2.8亿元。为适应激烈的市场竞争，四航院意识到不能固守原来的华南市场这一传统领地及水运工程行业，而应该充分利用四航院在土木工程上的资源和能力，继续大力开拓业务范围，多元发展；积极扩展境内外市场，向国际设计咨询公司迈进。在服务行业拓展了路桥勘察设计、总承包、土建监理、咨询评估、岩土工程、各种监测检验等领域。在业务范围上，扩展到宁波、上海、青岛、广西、闽北、新疆等地，在境外市场也保持了良好的发展势头，在完成苏丹、巴拿马、巴基斯坦、斯里兰卡、乌干达等工程后，在伊朗、越南等地都有项目在进行或洽谈。在原有深圳、珠海、海南、厦门等地设立分支机构的基础上，增设了江苏分院、重庆分院、北方分院、中南分院等分支机构。经营范围和领域的拓展，创造了较好的经济效益。2003年院工作要点进一步明确：巩固重点市场，在努力做好水运、建筑行业勘察设计的同时，大力拓展总承包、咨询评估、路桥、岩土工程等业务，向工程公司转型。在院领导班子的带领下，四航院正沿着自己确定的目标稳步推进。

7. 大力拓展总承包业务

四航院工程总承包公司是中央直属综合甲级设计单位中首批获得国家建设部颁发的甲级工程总承包资格的独立法人企业，也是同行业中最早取得ISO 9001:2000（工程总承包）认证证书的公司之一，公司先后在我国东南沿海及国外交通（水运、公路）工程、建筑工程、市政工程等领域承担各类工程项目管理和工程总承包任务20多项，充分发挥了工程总承包设计优、质量好、工期短、造价低的优势，取得了良好的效果。近几年，四航院积极开拓经营，精心组织，总承包业务取得突破性进度。2003年度，总承包公司在短短三个半月内圆满完成了珠海粤裕丰工程EPC总承包项目，树立了良好的信誉，2004年总承包公司再接再厉，经过不懈的努力成功中标海南炼化续建项目EPC总承包项目。海南炼化项目规模包括30万吨原油码头一座，10万吨级原油码头一座，5 000吨级码头3座及885米防波堤。为节省投资，采用108米跨的钢引桥，单跨重450多吨，是国内目前最大跨度的码头钢引桥，EPC总承包的内容包括水工结构和上部设备的采购、安装、中间交接、单机试车等一揽子承包，自2004年6月动工，总工期仅20个月，2006年3月31日顺利中交验收，5月15日，32万吨级的“诺神”号油轮顺利靠泊卸油。海南炼化续建项目是四航院在石化行业中最具代表性的项目，是四航院总承包业务跨越式发展的里程碑，为四航院向工程公司转型打下了坚实的基础，四航院总承包项目管理理念和手段得到业主和同行的赞扬。鉴于海南炼化项目总承包工程的出色工作，四航院又相继以EPC总承包方式承接了惠州马鞭洲广石化30万吨级原油码头，北海围洲岛中石化30万吨级原油码头和广石化小虎岛油码头等工程，2005年四航院总承包也获得国家颁发的境外开展业务的资质。

8. 发挥技术优势

四航院咨询评估公司拥有一批国家级技术权威专家，在工程规划和技术经济咨询评估工作方面有丰富的经验，具有国家颁发的甲级咨询证书。近十年来，先后完成了国内外咨询项目50多项。近几年，先后有《上海国际航运中心洋山港区一期工程投资时机分析》、《深圳港集装箱码头合理吞吐能力专题研究》、《珠江三角洲集装箱码头发展布局规划研究》等获得交通部优秀咨询成果奖，承担了技术难度高、调研工作量大的《盐田港对地区经济贡献度专题研究》、《虎门港开发区前期开发投资效益及社会经济影响分析》等一系列具有创新性的咨询项目。四航院在国内首次运用地区投入产出模型进行港口经济贡献度研究，首次运用码头岸线长度和建设规模化系统经济仿真软件研究码头合理的吞吐能力等。另外，四航院还在施工图审查、市场调研报告、物流规划、港口总体规划、项目建议书及公路交通量预测评估等方面进行了新的尝试，积极拓展了业务范围。

9. 培育“品牌”

四航院南华工程管理有限公司（原南华建设监理所，以下简称南华公司）成立于1988年，是我国最早的甲级监理单位之一。2003年通过了ISO 9001:2000质量体系认证，是中国交通监理协会副理事长单位及水运专业委员会主任单位。主编完成了交通部委托的《港口工程施工招标文件范本》和《水运工程施工监理手册》。定期出版《南华监理》刊物。南华建设监理所一贯注重信誉，坚持“质量第一，热忱服务”的宗旨，发扬“工作严格，作风严谨，服务至上，科学规范”的作风，“十五”期间先后圆满完成了《上海长江口深水航道治理二期工程》、《上海洋山港区一期二期工程》、《深圳盐田港三期工程》、《广州港南沙港区一期、二期工程》、《苏通大桥》、《杭州湾跨海大桥》等20多项大中型项目的监理任务，获得业主的好评。南华公司是广东省机关文明单位，广东省委省政府“文明窗口”单位，多次荣获全国优秀监理单位称号，成为四航院的一个品牌。四航院建筑所、路桥所在“十五”期间，在设计规模、工程地域范围、产品质量和数量、产值收入等方面不但有量的增加，也产生了质的跃进，在各自领域中不断发展壮大。

10. 开拓海外市场

近几年，四航院依托中港集团海外经营规模和领域不断扩大的机遇“借船出海”，获得了一定的海外市场份额，积累了宝贵的海外业务开拓和实施经验，在行业内处于优势地位。原中港公司在海外业务上也有较好的基础，在国际上具一定的知名度，已建立了一张成熟的经营网络，新的中国港湾工程有限公司将集中精力进一步开拓海外市场，四航院的海外业务的前景也将更加充满希望。目前，四航院在做好国内工程项目的同时积极拓展海外市场，不断提高在国内外市场上的份额，经过努力，院已与巴基斯坦、越南、苏丹、安哥拉等十几个国家有了业务往来，取得了较好的经济效益。

三、发展展望

改革开放30年是四航院实现快速发展的30年。在宏观经济向好的前提下，四航院经营、生产、产品质量、收入都取得较大突破，尤其工程总承包业务取得了跨越式发展，不仅在经济上增强了院的实力，更重要的是锻炼培养了一支工程项目管理队伍，积累了宝贵的项目管理经验，为四航院的持续发展打开了更广阔的空间。四航院的发展是全院职工共同努力的结果，离不开四航院领导班子的有力领导。四航院领导班子团结协作、勤于思考、善于思考、勇于探索、善于捕捉时机。党政工团共同围绕院中心工作积极奋进，全院上下共谋发展，达成共识，形成合力，这是促进四航院发展的重要保证。今后四航院在中交集团领导下，将抓住人才、创新、品牌、管理四大关键要素，全面提升向工程公司过渡的各种素质和能力，开拓更大更广阔的市场，再创美好的明天。

直挂云帆济沧海

中交上海航道勘察设计研究院有限公司

中交上海航道勘察设计研究院有限公司（以下简称上海航道院）是中交上海航道局有限公司（以下简称局公司）下属国有企业，是具有水运、水利、海洋工程勘察、设计、研究、检测、总承包、监理等综合能力的甲级设计院。公司注册资金 17 126 万元。截至 2008 年，企业员工共计 221 人；各类专业技术人员 165 人，教授级高工 5 人、高级职称 44 人、中级职称 78 人；研究生及以上学历 52 人、本科学历 110 人、大专学历 37 人。上海航道院经过数十年的励精图治，已由单一航道专业的科研所发展成为具有勘察、设计、研究、施工设计总承包、咨询、质量检测、工程造价咨询等综合能力的甲级设计勘察研究院，业务范围涉及航道工程、港口工程、通航建筑物工程、水上交通管制工程的设计；水利水运工程规划、评估；数学模型和物理模型试验研究，回淤观察研究；城市防洪工程、海洋沿岸工程、工业与民用建筑设计；海洋测绘、工程测量、钻探、物探、浮泥测试及水文测验；港口工程试验、材料检测和疏浚设备、导航设备、勘察仪器设备研制；电算、遥测遥报技术应用；工程总承包和监理等。

上海航道院有限公司成立于 1960 年，原名上海航道局设计研究所，是上海航道局内属机构。1977 年恢复建制。

1984 年，上海航道局设计研究所改制为企业，成为实行自负盈亏、全额留成的上海航道局内部经济独立核算单位。

1991 年 2 月 21 日，经上海航道局批准，上海航道局设计研究所实行独立经济核算，自负盈亏，可向当地工商行政管理局申领企业法人营业执照，同年经企业工商登记成为企业法人。

当时的上海航道局设计研究所设计资质为水运乙级，主营承担大中型航道疏浚，整治工程港口航道规划，可行性研究、勘察设计、沿海及港口航标布设、导航系统的设计，兼营水运工程可行性研究项目及建筑项目勘察设计（丙级），为上海航道局承接航道疏浚，整治工程。

1991 年 5 月 11 日，上海航道局批准同意上海航道局设计研究所更名为上海航道设计研究所。

1993 年，上海航道设计研究所更名为上海航道勘察设计研究院，同年向交通部申报资质升级，经全国工程勘察设计资格审定委员会审定通过，核发了交通（水运）甲级等级证书。

1994 年上海航道勘察设计研究院向国家计委提出工程咨询资格的申请并得到批准，获得《工程咨询资格证书》。

2000年上海航道勘察设计研究院注册资金已增至1 000万元，由单一的航道专业科研所发展成为具有水运、水利、海洋工程勘察、设计、研究、检测、总承包、监理等综合能力的甲级设计院。

2006年10月，按中国交通建设集团有限公司上市改制要求，上海航道勘察设计研究院更名为中交上海航道勘察设计研究院有限公司，注册资金17 126万元。

截至2007年底，上海航道院累计完成各类设计、研究课题千余项，共获国家、交通部、上海市及中国交通建设股份有限公司（以下简称中交公司）优秀成果奖数十项，其中国家优秀成果奖11项，交通部优秀成果奖22项，上海市及中交公司优秀成果奖25项。值得一提的是，2007年度是公司成立以来获部级以上（含）奖励数量最多的一年。仅此一年，上海航道院共获得部级以上（含）优秀成果奖10项，其中《长江口深水航道治理工程成套技术》获2007年度国家科学技术进步一等奖，《上海国际航运中心洋山深水港区一期工程设计》、《长江口深水航道治理二、三期工程工程可行性研究报告》、《上海液化天然气项目一期工程接收站及输气管线项目工程可行性研究》等获交通部优秀成果奖，《长江口深水航道南北港分汊口河段新浏河沙护滩及南沙头通道潜堤工程可行性研究》、《大芦线航道整治一期工程（临港新城段）工程可行性研究报告》、《长江口南岸（五号沟—南汇咀）水域规划线修订研究》等获上海市优秀成果奖。此类奖项的获得，也从一个侧面反映出上海航道院对上海市港口与航运发展所做的贡献。

30多年来，上海航道院悉心开展航道、疏浚、整治、填筑及其配套专业等核心技术的研究、开发和应用，已初步形成了核心技术系列，如航道回淤研究；航道疏浚设计优化技术；港口及岸线规划研究；泥土处理技术；土工织物及袋装砂设计技术（已列入交通部有关设计规范中）；船舶交通管理控制系统技术；吹填筑堤土质研究；沉管法隧道基槽设计研究技术；环保及景观疏浚设计研究技术；潮流、风浪、泥沙测试和双频道测深技术；浮泥观测技术及ADCP、DGPS应用技术；浅地层剖测和浅钻相结合的工程地质勘察技术等。通过充分发挥科技优势，不断创新和持续改进，上海航道院业已形成沿海航道工程设计研究的专业特色，近年来业务水平始终保持在行业领先地位。在知识产权方面，上海航道院已取得了“土工织物袋”、“混凝土联锁块软体排”、“砂肋软体排”等8项实用专利权，另有“浆砌块石立面和钢筋混凝土墙体相组合护岸墙体”、“可多次充灌的大型充填袋”及“联体式管状充填袋”等三项实用专利申请已获国家知识产权局受理，“软土充填袋筑堤反压固化方法”已被国家知识产权局确认公布发明专利申请，并正式进入实质审查程序。

近年来，随着国内市场竞争的日益加剧，上海航道院在局公司的总体经营方针指引下，坚持“抓住重点，发展两线，开拓南北方市场，把握有利时机，创造条件，加强全功能的工程总承包的经营力度，开拓更广阔的市场”的总体经营思路，灵活转变经营策略，不断适应市场。

纵观上海航道院市场经营的历史，2005年前市场格局主要呈现长江口、洋山深水港、南北方市场“三足鼎立”之势，随着2006年内河航道整治市场的开拓，市场格局则调整为以长江口、洋山合为“一足”，北方市场和内河市场各领风骚的“新三足”态势。而2007年，北方的环渤海湾首次超越其他地区成为对合同额贡献最大的市场，一跃成为“新三足”中最大的亮点，仅曹妃甸地区项目新签合同额就占勘察设计总合同额的45%。另外，北方的天津临港工业区围海造地二期工程、黄骅航道及围堤项目等也正在积极跟踪、努力拓展之中。上述区域项目规模均属超大型，此类新增项目已成为公司“十一五”规划中生产经营工作取得突破的重要支撑。

2007年，上海航道院着手加大生产经营力度，拓展海外市场。上海航道院与局公司联手合作的尼日利亚拉格斯海滩围垦工程施工设计总承包项目实现了海外业务零的突破。尼日利亚拉格斯海滩围垦项目为围海造地工程，投资总额达4.43亿美元，勘察、设计合同额为325万美元。尔后承接的安哥拉项目则已开始正式施工，目前进展顺利。这些项目将为上海航道院积累海外项目经验，拓展海外市场打下坚实的基础。

为拓展业务范围，上海航道院在2006年就着手申请下属总承包公司的港口与航道工程施工总承包一级资质。在局公司和中交公司大力支持和帮助下，终于在2007年末获得建设部正式批准。总承包资质的取得，为上海航道院“十一五”拓展总承包市场，争取更大发展，打下了坚实的基础。在局公司和中交公司的支持下，经商务部批准，上海航道院已正式获得对外经营资格，有资格承包境外水运行业、水利行业（城市防洪）、海洋行业（沿岸）工程的勘察、咨询、设计和监理项目以及出口上述境外项目所需的设备、材料和对外派遣实施上述境外项目所需的劳务人员。这张通行证，将为上海航道院进军海外市场，获得企业新一轮的经济增长提供切实的保障。

我国加入WTO，促进了国内相关行业、区域政策的调整和投资环境的改善，中国巨大的潜在市场强烈吸引着国外的企业，上海航道院也因此将面临日渐严峻的市场竞争和挑战。为应对市场开放带来的冲击，上海航道院从2003年开始着手进行企业改革，通过整合内部机构、引进复合型人才等措施，创建国际型工程公司。当然，市场开放后国内企业吸收先进经营理念和高新技术的机会将不断增多，经营、管理、技术研发等企业行为也将与国际竞争者相互融合。上海航道院已做好准备迎接机遇，通过全力打造核心竞争力、加快品牌建设步伐，努力把企业锻造成具有强大可持续发展力的行业精英。

不平凡的创业历程

长江航道规划设计研究院

一、企业介绍

长江航道规划设计研究院（以下简称长航院）成立于1974年，持有国家颁发的水运行业工程设计甲级资质证书、工程咨询甲级资质证书、工程勘察（工程测量）甲级资质证书、测绘甲级资质证书以及ISO 9001:2000标准质量管理体系认证证书。业务范围涵盖航道、港口、水利、建筑等工程的规划、设计、勘察测量、模型试验、检测、监理和工程总承包。拥有博士、硕士，高级工程师、工程师，各类注册工程师等专业技术人员100多人，拥有一批国内领先的设计和检测设备，具有现代化的模型试验大厅和良好的科研办公环境。

建院以来，长航院先后主持完成了各类大中型工程规划、设计、咨询等项目千余项，遍及我国沿海和诸多江河水系，其中包括长江干线航道发展规划、全国内河通航标准论证、长江干线20多个重点浅险水道演变的跟踪分析和整治设计等重要规划项目。长航院自行研发的固化河沙块、防冲墙、新型钢筋混凝土坝体结构、数字航道等科研成果成功试用于长江中下游大型航道整治工程，提高了内河航道整治的技术含量。近几年，长航院业务不断拓展，工程总承包工作从内河走向了沿海，与武汉大学水利水电学院建立了院校战略合作机制，形成了“产、学、研”结合的良好发展态势，与欧盟、俄罗斯、荷兰等多个国家开展了学术交流或合作，先后三次参加世界疏浚大会并进行大会交流。“十五”以来，长航院获得国家专利7项，获得省部级以上科研成果奖22项（其中国家级奖3项），并先后荣获武汉市文明单位和湖北省文明单位荣誉称号。

二、改革历程

伴随着中国改革开放的进程，长航院走过了不平凡的30年。30年中，面对众多的迷茫、徘徊和挑战，长航院勇立改革潮头，不断创新，实现了发展的突破。

长航院成立之初，适应当时社会管理体系的需要进行了架构的组建和业务的运作，是典型的计划经济时代的产物。30年来，长航院在市场化、信息化、全球化的大背景下，不断寻求自身的转型和突破，取得了较好的成绩。期间，经历了企业渐进式改革、总体改革、内部分配制度改革、管理模式改革。

1. 解放思想，深化改革，营造和谐科研环境

30年的改革开放过程也是解放思想的过程，30年改革的重要创新成果都是以解放思想为先导的。2002年7月，长航院树立了“一心一意搞科研，同心同德谋发展”的发展理念，拉开了建院以来力度最大的一次变革。在长江航道系统率先实行了事业单位聘用制，改革了分配制度，科研与服务管理人员比例由原来的3:7转变为9:1，服务管理部门由原来的16个精简压缩为6个，科研生产及技术辅助部门由5个增加到12个，实现了人员结构的合理化，部门机构设置的优势化，极大地调动了职工积极性，营造了一个和谐、团结、进取的科研环境。

2. 规范管理，自主创新，立足质量不动摇

质量是立院之本，也是科研设计灵魂的保证。长航院始终把质量放在首位，严格按照ISO 9000贯标程序开展工作。于2002年成立了技术处，专门负责科研管理工作，并编制了系列技术质量管理文件，着力抓好过程中的重要环节，实行质量记录随图运选择制度、强化设计会签制度，对技术质量、来往资料进行统一管理，使整个设计过程处于受控状态。同时，长航院成立了技术委员会，负责项目的院内审查。近几年，院科研项目一次性通过率达100%。

创新是科研工作的灵魂。长航院深刻认识到加强自主创新能力建设的重要意义和作用，在科研生产过程中，始终贯彻自主创新的理念，通过自主创新不断提高勘测、设计、研究等各种技术产品的科技含量，先后获得国家专利7项；自行研发的固化河沙块、防冲墙、新型钢筋混凝土坝体结构等科研成果目前已成功试用于长江中下游大型航道整治工程，提高了内河航道整治的技术含量；长航院先后提出“节约资源、工程景观、系统整治、服务至上”等设计理念，通过创新设计思路，调整设计措施，减少资源的消耗，使航道整治工程不仅能满足经济社会的需要，也兼顾了生态系统健康与稳定。

3. 转变观念，以人为本，加强人才队伍建设

航研大业，人才为本。长航院紧紧抓住培养、吸引、使用三个环节，采取切实有效措施，在全院营造了一个尊重知识、尊重人才、尊重劳动、尊重创造的良好氛围：试行专业技术职称、岗位评聘分开；制订多项激励措施，有效激励科研技术人员的积极性和创造性；提高进人的门槛和标准，自2005年起，引进人才不低于硕士学历，专业技术队伍整体素质大幅提升。目前，该院有1人入选国家级新世纪百千万人才工程、5人入选首届全国内河航道专家库成员、2人被评为长航局优秀专业技术人才、7名科技骨干入选湖北省交通建设评标专家。

三、发展成就

30年的风风雨雨，30年的奋斗历程，长江航道规划设计研究院由一个仅具乙级资质的研究所发展成为今天持有多项甲级资质的科研机构；由主要从事水运（航道）工程勘测、规划设计及河工模型试验的科研机构发展成为具有航道、港口、水利、建筑等工程的规划、设计、检测、监理及河工模型试验（数模）和工程总承包等多种职能的综合性科研机构，取得了一系列骄人的工作业绩。

1. 科研设计成果

“九五”期，长航院主持长江中游界牌河段综合治理工程设计工作，拉开了长江中下游航道大规模建设的序幕。

“十五”期，在交通部、长航局的大力支持下，长航院按照“深下游、畅中游、延上游”的建设思路，主持完成了长江航道清淤应急工程、长江中游沙市三八滩守护工程、长江下游张家洲南港下浅区航道整治工程、长江中游碾子湾水道航道整治工程、长江下游马当河段沉船打捞工程、长江下游东流水道航道整治工程、长江中游陆溪口水道航道整治工程、长江中游罗湖洲水道航道整治工程等航道整治项目科研设计，总投资约7.4亿元。同时，还根据航路改革和航道维护的实际需要，完成了长江干线芜湖至南京段航路改革配套设施建设工程及长江干线航道航行标志设施建设一期工程调整方案（南京燕子矶至宜宾段）的航道设施项目的设计工作。

“十一五”期，随着长江黄金水道建设的推进，长江航道治理工程得到了国家的高度重视和社会的广泛关注，成为长江黄金水道建设六大工程之首，长江航道正面临一个千载难逢的黄金机遇期和集中建设的快速发展期。“十一五”开局的前两年，长航院先后主持完成了长江中游嘉鱼至燕子窝河段航道整治工程、长江中游武穴水道航道整治工程、长江中游马家咀水道航道整治一期工程、长江中游周天河段航道整治控导工程、长江中游瓦口子水道航道整治控导工程、长江下游太子矶水道中段航道炸礁工程等航道整治项目科研设计，总投资约4.8亿。

根据《长江干线航道规划》以及长江航道局“十一五”规划，规划实施航道整治的水道有：芦家河、枝江、江口、太平口等20多处水道，长航院均参与完成了大量工作，目前，部分水道已进入初步设计阶段。

一分耕耘，一分回报。通过不懈的努力，长航院的科研成果质量得到了上级领导、专家和业主的好评，获得国家设计奖、交通部优秀设计奖、交通部咨询奖、中国测绘科技进步奖、省部级科技进步奖等20多项。

2. 技术创新成果

“十五”期间，长航院研究的新型航道整治建筑物结构形式，提高了航道整治技术水平和科技含量；研制的固化河沙块，兼顾环保与节能，减少了资源消耗；开发研究的数字信息航道技术，实现了二维电子海图向三维立体动态图的飞跃；研制的助航标志遥测遥控技术，实现了航标维护管理“信息立体化，反应快速化，管理规范化”的目标；研究开发的软体排和塑料浮体获得了两项国家专利。

结构设计方面。在张南水道整治中，将迎流顶冲丁坝的作用机理及结构形式研究成果运用于该水道整治工程中，对丁坝坝体结构形式进行了研究和改进，取得了非常好的整治效果；在汉江河口段航道整治工程中，对急弯窄深河段采取填槽新结构，工程实施后，经受了2004年、2005年两次洪水考验，没有发生沙枕填槽坍塌及冲失现象，工程效果十分明显，达到设计要求；在长江中游嘉鱼—燕子窝河段航道整治工程中，选取在水工结构、护岸工程及地基处理等领域应用较为成熟的长螺旋钢筋混凝土桩防冲墙。

带勾头的阶梯形丁坝、填槽及防冲墙技术在内河航道整治工程中的应用都尚属首例，上述成果具有创新性，对提高航道整治的技术水平和科技含量有着重要作用。

新技术应用方面。在芜南段航路改革工程设计工作中，长航院应用航标新材料新技术，采用一体化航标灯，集太阳能发电板、蓄电池、LED光源于一体，满足了实用性、节能性要求。推广运用了PE浮标标体新材料。在汉江河口段航道整治中，航标遥控遥测系统成为该工程中的亮点。岸标设计与城市、环境相适应，高大雄伟、造型多样；浮标广泛采用LED灯、铝塑板、PE等新材料，航标设计已达到“景观化”要求。长江航标的历次大规模升级换代，使航标逐渐向大型化、明亮化、智能化方向发展，大大提升了长江航道建设的科技含量。

模型自动化和试验创新方面。长航院以黑沙洲模型为试点，进一步推进模型自动化进程。目前，该模型自动化仪器设备已安装完成，通过采用量水堰和尾门自动控制系统、流速自动计量系统、加沙自动控制系统、地形自动测量系统、水位自控跟踪系统以及中央控制系统和模型断面雕刻机等设备，实现了模型全自动化作业，各系统在试验中运用效果良好。

经过多年积累与探索，长航院改进了模型砂铺砂方法，在枝城至大布街河段动床模型试验中，通过钻探、钎探等方法，确定河床卵石层面，按块分层铺两种不同性质的模型砂，分别模拟卵石和沙。为坝下冲刷性河床模型试验探索新方法，取得了较好的试验效果。

新材料研制方面。长航院自主创新，深入开发，在大胆引进、借鉴国内外先进技术的基础上，技术人员开始了固化河沙块的研制工作，并将其成功地运用于长江下游东流航道整治工程玉带洲护滩工程及长江中游沙市河段三八滩应急守护工程。长航院研制的固化河沙块，具有河沙就地取材、无需消耗大量水泥、无需大面积标准预制场、无需大量民工的特点，实现了机械化流水线生产，符合循环经济及绿色环保的要求，保护了航道环境，具有良好的经济效益和社会效益，具有大规模的推广价值。

工程检测方面。在泥沙分析中，最重要的装置是泥沙率定装置。过去的泥沙率定是一种靠人工看码表来控制率定时间和通过人工来更换泥沙率定烧杯的一种手动装置。这种装置不仅精确度低，人工因素对率定结果影响较大，而且需要的人多，实验人员的劳动强度也很大。为了提高这一工作的质量和效率，减轻实验人员的劳动强度，使实验设备科学化、现代化，2004年底，长航院研制成功了自动泥沙率定装置。工作效率成倍提高，过去40个率定管需要6个人来完成的率定工作，现在只要1个人用5根率定管就能完成。该装置的成功研制和投入使用，提高了工作效率和率定质量。

长航院检测工作至此从初期的探索步入了稳步发展轨道，水运工程材料、结构检测双乙级资质顺利通过复审，取得计量认证证书。检测范围从最初的泥沙分析扩展到材料、结构两大领域20余个检测类别200余个检测项目。检测业务完成了从单一的泥沙分析拓展到航道整治工程原材料检测，进而拓展到房建、码头、高速公路等各个行业的材料、结构检测的重大跨越，并在嘉鱼—燕窝工地首次开展了桩基低应变检测。

3. 企业文化建设成果

企业文化是企业长盛不衰的动力源泉。长航院始终坚持“以人为本”的工作原则，遵循重在建设的工作思路，创建了具有时代特征和企业特色的和谐企业文化。在不断发展的实践中丰富企业文化的内容，拓宽企业文化的内涵。通过30年的不懈努力，长航院先后荣获“区最佳文明单位”、“市文明单位”、“省企工委文明单位”、“湖北省文明单位”等荣誉称号；涌现出一批先进人物，院长刘怀汉还先后获得全国“五一”劳动奖章、全国劳模称号。

回顾发展历程，展示发展成就，我们充分认识到解放思想、深化改革、规范管理、自主创新、转变观念、以人为本、一业为主、多元发展的重要性。

历经30年的改革探索，长航院取得了一系列的辉煌成绩，未来的竞争将是综合能力的竞争，是自身核心能力的竞争。未来改革的范围和内容必须更加全面、系统和开放。长航院将在贯彻落实科学发展观、转变经济增长方式、构建和谐环境的时代背景下，在长江航道迎来大规模集中发展的黄金机遇时期，积极投身长江中下游长江河段系统治理研究，加快重点实验室建设步伐，力争早日建成全国一流的内河航道科研基础，更好地发挥科研对现代化长江航道建设的引领和支撑作用，更好地肩负起建设现代化长江航道的历史使命！

“一主二辅”全面推进

江苏省交通规划设计院有限公司

一、企业介绍

江苏省交通规划设计院有限公司（以下简称江苏院）是具有公路全行业（公路、特大桥梁、特大隧道、交通工程）设计甲级资质，水运全行业设计甲级资质，建筑行业建筑工程设计甲级资质；工程勘察综合类甲级资质；工程咨询甲级资质；公路工程及电机工程监理甲级资质；公路工程试验检测综合甲级资质；水运工程结构、材料试验检测甲级资质的集规划、勘察、设计与研究等综合性多功能为一体的科技咨询企业。主要从事道路、桥梁、隧道、轨道交通、港口、航道、船闸、工业与民用建筑、环境、景观、交通工程等的规划、勘察、设计、咨询、科研、试验检测、监理和项目管理。2007年获江苏省高新技术企业称号。

江苏院现有总资产共27 595万元。下设5个管理部门，分别为办公室、人力资源处、生产经营处、技术质量处和财务审计处；10个生产部门，分别为道桥一分院、道桥二分院、桥梁分院、轨道与隧道分院、港口航道分院、港口航道二分院、规划研究分院、建筑与环境设计所、交通工程分院、岩土工程分院；还设有两个中心、两个研究所：咨询中心、工程质量检测中心、综合运输研究所、路面技术研究所。江苏院下辖子公司6个，分别为江苏伟信公司、江苏苏通公司、江苏新通公司、江苏华通公司、江苏建材公司、江苏佳信公司；驻外机构5个，分别为昆明分院、北京办事处、连云港办事处、广州办事处、重庆办事处。江苏院现有在职员工千余人（含下辖子公司），与院签约的在职员工中，具有高级技术职称102人（含教授级或研究员级高工17人），中级技术职称116人，中级及以上职称人员占全院员工总数48%；博士3名，硕士126名，本科210名，本科及以上学历人员占全院员工总数76%；共有各类注册人员89名，其中注册咨询工程师34名，注册建筑师8名（一级5名，二级3名），注册结构师6名，注册造价师5名，注册岩土工程师7名，注册土木工程师（港航工程）13名，注册环评工程师5名。

二、改革历程

江苏院的前身为江苏省交通局勘测设计队，成立于1958年7月，由原交通部公路设计第三分院建制下放的部分测设人员组成；1978年5月，经江苏省革委会批准，改名为江苏省交通工程设计院；1981年2月，更名为江苏省交通规划设计院，1984年起，实行事业单位企业化管理；2005年8月整体改制成立江苏省交通规划设计院有限公司。

三、发展成就

江苏院在改革中诞生，在江苏经济、社会和交通事业的发展中不断壮大，为江苏经济社会的发展、特别是为江苏高速公路从零起步到2006年突破3 000公里大关、今年突破3 700公里都做出了巨大的贡献。我们深知：因为江苏运河的整治，江苏院才有了萌芽雏形；因为改革开放，才有了江苏院的诞生；因为江苏高速公路的建设，才有了江苏院的腾飞。

江苏院近10年来承担的各类勘察设计科研项目中，有100余项获得国家和省（部）级科技进步奖、优秀勘察、设计、咨询奖，其中江阴长江公路大桥、润扬长江公路大桥、沿江高速公路常州至太仓段、沪瑞国道主干线宜兴至溧水高速公路等工程获詹天佑土木工程大奖；宁杭高速公路获交通部样板路工程；江阴长江公路大桥、京沪国道主干线（江苏境）新沂—江都段高速公路获国家级优秀设计金奖；苏南运河整治工程和高良涧复线船闸获国家级优秀设计银质奖；宁杭高速公路和南通九圩港船闸获国家级优秀设计铜质奖；沪宁高速公路（常州、丹阳段）获交通部优秀设计一等奖、国家级优秀设计金奖；润扬长江大桥工程获交通部优秀设计一等奖；润扬长江公路大桥和苏通长江公路大桥可行性研究获国家级优秀工程咨询成果一等奖；泰州长江公路大桥可行性研究获省优秀咨询成果一等奖。在CAD软件的应用与开发方面，获得省级以上奖7项，科技创新工作也取得了丰硕的成果，先后共有63个生产和（或）科技项目获得国家级、部（省）级和厅（市）级科技进步奖、优秀QC小组成果奖，其中国家级科技进步奖8个，部级科技进步奖16个，省级科技进步奖23个，厅级科技进步奖7个，市级科技进步奖9个，取得国家发明专利和实用新型专利2项。曾连续6年获全国勘察设计行业“百强”设计院，并被授予交通部优秀设计单位及重点工程建设有功单位、江苏省文明单位等荣誉称号。

江苏院自行研究开发了航道、桥梁下部结构、船闸、互通立交、路线路基、水运工程概预算编制和科技档案管理系统等计算机应用软件，并荣膺原省建委（现省建设厅）CAD应用示范单位和省电子技术应用示范单位。1998年获中设质量体系认证中心颁发的《质量体系认证书》，2003年完成了2000版标准换证工作。现已累计完成高速公路勘察设计3 000余公里；特大型桥梁100余座；已主持或合作参加完成的各类科研项目20多项，目前，在研的科研项目有40项，参加的《千米级斜拉桥技术标准和关键结构及特性研究》课题已经列入国家科技支撑计划，在科技部立项。

四、发展经验

1. 市场战略　谋求发展

江苏院市场经营战略的目标是建立职责明确、流程清晰、激励有效、重点突出的经营工作体系；在确定以省内市场为主的同时，加大对省外市场的开拓力度，并确定省外市场的重点培育基地；增加市场营销人力、物资和资金等投入，谋求建立良好的客户关系。保持优势专业和业务目前的领先地位，并力图有所提高；快速提高新兴专业和业务的市场占有率，力争早日达到领先地位，从而强化设计院整体竞争优势，保证稳定发展。

(1)明确经营管理部门和人员在市场经营工作中的位置和职责，建立有序的经营组织体系；明确市场经营目标，建立有效的考核和激励机制，提高市场经营积极性；建立清晰的经营工作流程和制度。

(2)拓展业务范围、增加专业数量，立足省内市场，根据各专业/业务的发展目标来制定相应的市场经营战略，明确各专业/业务的市场经营工作重点。

(3)明确将省外市场开拓作为市场战略之一，加强江苏院品牌和形象建设，通过兼并、联营等方式提高优势业务在省外市场的占有率，实施有重点、有层次的开拓，加大相应的资源投入，成立广东、福建、重庆办事处和昆明分院等分支机构。

(4)围绕核心业务，扩大业务规模，市场经营思维和方式、经营手段向多元化发展。

2. 人才优势　保证发展

为切实抓好人才梯队建设，江苏院制订了人才梯队“青蓝工程”实施办法，师徒结对，教学相长，鼓励人人成才；为加强人才高地建设，院对列入梯队培养的人才给予政策奖励。

有效的人才培养是增强企业核心竞争力的重要途径。江苏院坚持“科技兴院、人才强院”，创新人才工作机制，为公司跨越式发展提供人才保证。近年共选派约180名技术骨干赴美、加、日、韩和欧洲及香港等地学习；针对性地组织中层干部、新员工岗前培训，开办副总工程师系列、专业发展新课题、新技术等讲座；组织专业人员参加院外技术培训讲座等，年均参加培训在400人次以上，投入费用200万元。

营造成才环境，鼓励岗位成才，树立“终身学习”理念。江苏院专门进行个人发展与需求调研，建立了人力资源管理系统；与高校共建研究生培养基地，选拔人员进行深造；提拔年轻同志担任项目负责人，促使其快速成长；利用参与非洲项目和初次接触法国规范和CCTP的机遇，大力培养人才，技术人员通过边学边干，提高了技能，为承担海外任务积累了经验。

加强人才培养和引进。勘察设计行业发展，从根本上讲，是人才的竞争，拥有人才就拥有了市场。江苏院实施人才培养计划，以解决急需专业领军人才断档问题；建设高素质队伍和专业带头人队伍；创建良好的机制和环境，吸引专高层次人才。

江苏院近年引进专业技术人员300余名（研究生占40%），现有500余人中，中级以上职称人占50%，本科及以上学历人占78%，各类注册人员70余名；为我院的发展提供了有力的人力资源保障。

3. 科技创新　促进发展

江苏院具有坚持科技进步及追求自主创新的传统，近年来不仅对GPS全球定位测量系统、各类桥梁、路面、水运检测仪器仪表等先进设备及相关应用软件投资额不断增加，而且还建立起了一支高素质的技术管理与研究队伍，自主创新能力不断增强，研发体系、激励机制已经基本健全，员工技术创新的积极性不断提高。江苏院已经发展成为规模大、专业设置齐全、在同行中拥有较强综合竞争实力的企业。

江苏院对科技创新工作倾注了大量心血。为构建自主创新氛围，多次召开专门会议，学习落实科学发展观、促进科技创新的文件与政策，研究制订以科技创新促进企业进步与发展的具体步骤与举措。先后制订了一系列激励自主创新、鼓励科技进步的管理办法；根据生产项目及科学发展的需要，及时邀请著名的专家、学者到公司举办专题讲座，进行学术交流，营造出科技创新的环境与氛围；制订鼓励科研、激励创新的内部科研管理及考核办法，明确技术人员对科技创新的职责。各项目组积极参与创新工作，形成了职责分明、层次清晰的科技创新组织管理机构。公司科研管理办法规定，每年投入科研开发的费用不少于产值的5%；对按时通过鉴定评审的项目进行奖励，这一系列的激励措施与手段，极大地提高了全院员工从事科研工作的积极性，并激励员工在设计中采用“四新技术”（新技术、新工艺、新材料和新结构）。既培养了企业持续发展所需要的人才，又为公司依靠科技创新实现科学发展增加了催化剂。在为公司打造核心竞争力的同时，让业主分享到“四新技术”带来的全新建设与管理效益，进而达到促进整个行业科学发展与进步的目的。

4. 质量取胜　实现发展

全院工作始终贯彻“质量第一”方针。江苏院1988年推行全面质量管理，对产品质量起到了良好的控制作用。1998年，获中设质量体系认证中心颁发的《质量体系认证书》；2003年完成了2000版标准换证工作。近十年来，江苏院在规划、勘察、设计、咨询项目的全过程管理中，对质量的各重要环节进行了有效控制，并取得成效。在项目签约、产品实现、服务提供、科技应用等方面，做到“科技创新、质量取胜、信守合同、优质服务”质量方针的要求。全院资源配置满足市场和顾客的要求，并有组织地实施了多项专业技术教育和培训。始终如一地按业主要求，保质、保量、及时做好各项服务工作。

江苏院根据自身特点制订了适用有效的质量方针和质量目标；各部门在院质量目标的基础上，制订了部门质量目标，均具有较强的可操作性和可测量性；并在各部门和全体员工的共同努力下，得到了较好的贯彻和落实。

质量管理体系文件的贯彻和执行，取得了可喜的成绩，同时，江苏院还针对不断扩大的业务范围，实时修改、完善质量管理体系文件。在每年一次的质量管理体系外部监督审核中，外审专家对院质量体系的运行和保持给予了高度赞誉，这表明“质量第一”的设计方针和理念，已深入每位员工的心中，并为江苏院的壮大和发展奠定了坚实的基础。

正是因为有了规范的操作流程和详细的作业文件，江苏院的产品质量长期保持较高水平，高质量的规划、勘察、设计和咨询审查文件等为江苏院赢得更大市场份额奠定了坚实的基础。多年来，江苏院除占领江苏高速公路、特大桥梁等设计市场以外，先后在广东、重庆、青岛、浙江、昆明等地拓展了设计市场，并以高水平的产品赢得了业主的认可，为江苏院开拓更大的设计市场描绘出了美丽的蓝图。

5. 和谐文化　持续发展

为保证企业持续和协调发展，江苏院注意为董事会、行政和党委及全员做好全面服务，同时着力沟通协调好工会、团委及离退休老同志等各方面的工作。后勤服务围绕经营生产工作的重点，全力做好保障工作。着力培养团队合作精神，以提高团队合成作战攻坚、单兵作战及应变处理突发事件的能力。不断提高全员的思想政治素质，严于律己，防微杜渐，高标准，严要求，与公司中心工作保持一致，树立全局、大局观念，增强院兴我荣，与企业共荣辱意识。

五、发展展望

未来五年逐渐形成以道路桥梁设计、港航设计、建筑设计、综合运输规划、检测为核心的业务组合，同时加大环境景观等专业的发展投入，必要时增加新的专业和业务。

未来五年仍以省内市场为主，同时加大省外市场的开拓力度，确定省外重点培育市场，增加人员和资金投入，培育客户关系。保持优势专业和业务目前的领先地位并力图有所提高，快速提高新兴专业和业务的市场占有率，并力争达到领先地位，从而强化设计院整体竞争优势。

未来江苏院主体业务（规划勘察设计咨询检测）产值保持10%以上的年增长率，人员数量在现有基础上进一步扩充，尤其是增加主导专业的技术人员。人员的结构（初、中、高级职称人员比例）进一步优化，同时培养、引进高端技术人才，增强专业品牌效应。

从整体上看，江苏院未来五年仍将以交通行业为主，立足省内发展，但考虑到交通勘察设计整体市场的客观实际，设计院要实行多元化发展战略，增强自身的资本运作能力。

通过未来五年的发展，设计院形成“以全而精的交通规划勘察设计咨询检测业务为主，重点突出的交通相关的多元化业务和卓有成效具有良好收益的资本运作业务为辅”的“一主二辅”业务结构。

汽车维修企业

引　　言

改革开放30年来，我国机动车维修行业发展成效显著。《中华人民共和国道路运输条例》（以下简称《道路运输条例》）颁布前，主要依据1986年由交通部、国家经委、国家工商行政管理局联合发布的《汽车维修行业管理暂行办法》（以下简称《暂行办法》）对汽车维修行业实施管理。《暂行办法》的发布实施，对于建立汽车维修行业"一家管理、多家经营"的管理体制，发展和繁荣我国汽车维修市场起了很大作用。作为《道路运输条例》的重要实施性规章之一，交通部颁布了《机动车维修管理规定》（交通部令2005年第7号，以下简称《管理规定》）。《管理规定》的颁布实施，对维护机动车维修市场秩序，保护机动车维修各方当事人特别是车主的合法权益，促进机动车维修行业的健康发展产生了积极而深远的影响。而《道路运输从业人员管理规定》（交通部令2006年第9号）的发布实施，又将机动车维修技术人员纳入了管理范围，确立了培训、考试、从业资格准入和退出制度。

我国道路运输市场，特别是汽车维修市场随着改革开放的深入而逐步对社会进行开放，出现了各行各业、各部门、各单位都来从事投资少、见效快的汽车维修业的状况。随着我国市场经济体制的建立和完善，汽车制造业与道路运输业的快速发展，机动车维修在交通行业中已经形成了一个相对独立的、社会化的、技术和劳动力密集型的新兴行业。截至2007年底，全国共有机动车维修业户34.7万户，是1978年的70余倍，其中一类企业1万多户，二类企业5.1万多户，三类企业20.2万多户，摩托车维修企业8.1万多户；汽车综合性能检测站1 649个；从业人员238.9万多人，其中152.4万多人获取了道路运输从业资格证；机动车维修网络的完善，满足了层次化的维修需求；交通部发布的《机动车维修企业质量信誉考核办法（试行）》和中国汽车维修行业协会发布的

《全国汽车维修行业行为规范公约》的实施，有力地推进了机动车维修市场诚信体系建设，引导和促进机动车维修企业依法经营、诚实守信、公平竞争、优质服务，注重质量和信誉已经成为行业主流；各地行业主管部门督促维修企业按照《管理规定》的要求，推行了价格公开和公示制度，以及维修工时定额报备制度，确保车主明明白白消费。

外资快速进入机动车维修市场，提升了整体服务能力和服务水平。国家2007年共审批外商（含港、澳、台、侨）投资机动车维修项目44个，其中立项26个。注册资本达到1.38亿美元，其中外方为1.25亿美元，占注册资本的90%。外商投资机动车维修企业的快速增加，说明外商看好我国机动车维修市场的发展前景，以及对市场环境逐步规范的认可。飞速发展的外商投资维修企业促进了机动车维修技术的交流和我国境内维修企业管理理念和模式的改进，对我国机动车维修行业产生了积极的影响。

当前，机动车维修企业正处于一个从传统的“以车为本”的生产型企业向现代的“以人为本”的服务型企业转变过程中，对机动车维修服务提出了更新更高的要求。至2007年末，全国机动车保有量接近1.6亿辆，其中汽车保有量达到5 696万辆。最近5年，我国汽车保有量年均增长率超过GDP年均增长率3个百分点左右。机动车保有量的快速增加，使维修需求增幅明显，2002年全国机动车维修量首次突破1亿辆次，2007年突破2亿辆次；2007年汽车综合性能检测站完成检测量1 779万辆次；机动车快速进入家庭，维修行业与人民群众的关系越来越密切。机动车技术含量不断提高，机动车维修的概念、方式发生了根本的变化。维护和专项修理呈现快速增长态势，大拆大卸的时代已经过去，经验修理方法也已被越来越先进的修理方法所取代。

目前，机动车维修行业呈良性发展态势，机动车维修市场主体多元化、经营多样化、维修专业化日趋明显。品牌经营、连锁经营、专业维修、网络服务、全天候维修等服务方兴未艾；在机动车维修市场中，国有、集体、私营、外资等不同经济成分协调发展；快修、连锁服务等维修经营新形式发展迅猛，特别是汽车工业的集约化发展加快了机动车维修的专业化进程，事故车修理、品牌经营以及汽车免拆清洗、美容等专一车型、专一维修项目和服务内容的专业维修发展迅速。

机动车维修行业要认真学习实践科学发展观，始终坚持“以人为本”的理念，继续以“让车主明白消费，让百姓放心修车”为目标，紧紧抓住“维修质量”和“诚信服务”两个关键环节，推进行业诚信体系和质量保障体系建设，为车主提供最可靠、最高效、最贴心的维修服务，全面提升机动车维修行业的社会认可度。

建百年老店　创行业最强

北京市汽车修理公司

一、企业介绍

北京市汽车修理公司（以下简称北京汽修），是具有国际现代化水平的集汽车销售、汽车修理、旧车经营、配件营销、汽车检测、旧车解体、专项维修、技术咨询、信息服务、金融保险为一体的国有大型汽车服务贸易企业。公司共有员工4 318人（注：2008年8月数据），总资产近28亿元（注：2007年数据）。

北京汽修成立于1952年，是北京市政府建立的第一家国营汽车修理企业。它曾研制了北京市第一辆无轨电车、第一辆公共汽车、第一辆130卡车、第一辆铰接式公共汽车、第一辆400吨重型牵引车，为建国初期首都的交通事业做出了贡献。1980年，与日本丰田汽车公司实行技术合作，建立了北京市丰田汽车修理服务部，创建了北京首家中外合作的汽车服务企业。1999年率先在北京创建了“四位一体”模式的汽车专卖店，开启了汽车品牌专卖店经营模式的先河。

北京汽修在改革开放30年间，取得了令人瞩目的成就。特别是“九五”以来，汽车工业迅猛发展，汽车技术日新月异，市场竞争变化多端。企业新的经营管理团队扬起第三次创业的拼搏之帆，解放思想，深化改革，创新经营，强化服务，塑造品牌，夯实基础。企业遵循“以人为本”的经营理念，坚持在观念、经营、技术、管理、服务多方面创新，各项主要经济指标始终以10%以上的速度增长，从1978年~2007年的30年间，实现了总资产从1978年的3 495万元到2007年的279 598万元，增加了约79倍；年营销收入从1978年的2 579万元到2007年的796 548万元，增加了约308倍；汽车维修量从1978年的4 087辆到2007年的843 470辆，增加了约205倍；汽车销售量从1993年的6辆到2007年的41 689辆；年实现利润从1978年的491万元到2007年的9 463万元，增加了约18倍。北京汽修始终屹立于行业发展的最前沿，连续5年跻身中国企业500强行列，成为首都汽车服务贸易业的领航者，成就了首都汽车服务贸易业的辉煌。

目前公司旗下建有33家汽车品牌专卖店，21个特约服务站，1个高档轿车展示厅，2个钣喷专修厂，1个自动变速箱专修厂，1个旧车解体和1个汽车检测场，呈现出品牌集群、服务链完整的新格局。公司所属厂站全部纳入ISO 9000质量管理体系，以标准的工艺流程、先进的设备和精湛的技艺、良好的声誉居于国内领先水平，先后与德国大众、日本丰田、法国标致、巴斯夫、杜邦等国际著名汽车及用品公司建立了合作伙伴关系。

改革开放30年来，北京汽修喜结硕果。她的成功，源于有高素质的管理团队，源于几代北京汽修人以远大志向和满腔热情，以冲天干劲和精湛技艺投身于企业的建设和发展，源于勤劳的北京汽修人果断抓住发展的新机遇，努力践行“服务于车、用心到人，造福社会、回报家人”的企业价值观。北京汽修是幸运的，它不仅有历史的准备和文化的积淀，还有强有力的领军人物，因此它有能力站在新一轮竞争的起跑线上，以更高的起点、更高的标准、更高的水平，直面挑战。

二、改革历程

党的十一届三中全会，揭开了改革开放和现代化建设的新篇章。面对汽车维修市场风云乍起的竞争挑战，北京汽修认真分析客观形势和自身特点，审时度势，转变观念，锐意改革，开拓经营。在竞争浪潮扑面而来，车源减少，效益下降，人心浮动，人才流失的困境中，全体员工弘扬“团结、奋进、求实、奉献”的企业精神，不断解放思想，转变观念，开辟了北京汽修适应市场竞争的再次创业之路。

为了使企业摆脱困境，北京汽修果断采取了一系列改革措施，对国企改革，尤其是北京交通行业改革的影响均至深至巨，做出了突出贡献。

1. 建立中国第一家中外合作汽车修理企业

北京汽修创办了中国汽车维修行业第一个中外合作企业——北京市丰田汽车修理服务部，从此开辟了北京汽修与众多世界顶级汽车企业联手开拓市场的航程，也引发了全体员工积极学习国外先进企业经营管理经验的热潮。

1979 年 10 月，北京市汽车修理公司和日本丰田汽车贩卖株式会社于日本东京签订协议，在北京建立丰田汽车修理服务部，并于 1980 年 7 月正式开业，这是中国第一家中外合作汽车修理企业。1985 年，北京汽修与丰田汽车合作建立中国第一家丰田汽车技术培训部。1997 年，公司和丰田汽车（中国）有限公司签订丰田特约零件经销商合同，之后备件销售增长迅速，年产值达 3 亿元。2000 年，建造新的集汽车销售、售后服务、培训中心等功能为一体的丰田汽车现代化大楼。经过 30 年的创新发展，原北京市丰田汽车服务中心（现北京市三元桥丰田汽车销售服务中心）已从 1980 年开业初维修保养 700 多辆，发展成为 2007 年汽车销售 3 580 台，汽车维修 10 万台，备件销售 3 亿元，销售收入 11 亿元，利润 1 800 万元的全国旗舰店。三元桥丰田汽车销售服务中心的发展历程是北京汽修依托主机厂的特约维修服务模式，初步实现由生产型向经营型、由传统机械修理向机电一体化高新技术修理转变、由“传统”向“现代”发展的一个缩影。

北京汽修建立中国第一家中外合作汽车修理企业，率先引进了先进的技术，吸收和借鉴了合作方先进的管理经验，促进了企业改革的发展步伐。通过合作，为北京汽修维修员工进行了广泛系统的技术培训，使员工的整体技能水平远高于行业的平均水平。与丰田公司近 30 年的良好合作，为展示公司实力和信誉，开展新的合作项目打下了良好的基础。

2. 公司提出“修制并举、兼搞多种经营”的经营战略

北京汽修冲破计划经济的束缚，迎接市场经济的洗礼。企业由生产型向生产经营型转变；由以修为主向修制并举转变；由等、靠、要向自我发展、自我完善转变；由经验管理、传统管理向现代管理转变。汽车修理由大、中、小修向小、中、大修格局发展，由修国产车向修进口车发展。

当一场经济浪潮于 20 世纪 80 年代末席卷全国的时候，北京市的汽车维修企业从原来的十几家一下发展到了 4 000 多家。北京汽修一厂受到了市场经济的猛烈冲击，过去需要带着

国家统配物资指标来走后门排队修车的那种门庭若市的风光场景已经一去不返。1987年，一个千人大厂的年利润从300万元一下子跌到了10万元，收入锐减，人心涣散，企业滑向崩溃的边缘。

企业遇到了挑战，同时也是探索出路的机会，当时北京正好有一家客车制造厂刚刚倒闭，厂领导班子便根据外部情况及时转变经营机制，抓住当时公路客车生产在北京及华北地区尚属空白这个缺口，利用一厂面积大、技术力量强的优势，确定了一条“修制并举”的发展之路。

公司于1988年成立了北京市交通客车制造厂，当年，第一台“京通”牌大客车试制完成，1990年开始批量生产“京通”牌客车。“京通”牌客车的质量得到了用户的认可，产量逐年提高。为扩大企业生产，提高产品质量，企业进行了“七五”、“八五”、“九五”三期技术改造，先后建成了24 000平方米的客车生产联合厂房及车间，7 600平方米的库房，建成了先进的柔性大中型客车生产流水线，购置了客车生产的关键设备，形成了较为完善的单班年产1 000辆客车的综合生产能力。在此基础上，公司独立开发生产了六大系列30余个品种的大、中型客车产品，销往全国20多个省、市、自治区。

“修制并举”的经营思路最大限度地利用了维修和制造的优势，使得两者均得到了良好的发展。由于拥有深厚的维修技术积累，“京通”客车得到了快速的发展，在短短几年时间中，北京汽修旗下的北京市交通客车制造厂发展成为有一定知名度的客车企业；同时，客车制造方面的发展为企业带来了生机，给汽车维修业务的发展带来了新的机会。客车制造与汽车维修相辅相成发展，为北京汽修日后发展奠定了基础。

制造汽车的成功，并未让北京汽修放弃修理汽车的老本行，“以制养修、修制并举”的宗旨，反而加快了北京汽修崛起的步伐。20世纪80年代末，北京汽修又进行了关于转变经营思路的第二次大讨论。北京汽修人清楚地认识到，以维修大型汽车为主业的经营模式已经不适应改革开放后的市场环境。20世纪80年代末90年代初，北京的机动车以每年10万辆的速度激增，小型车维修的市场空间不断放大，北京汽修开始走品牌化专修之路，一批针对中小型汽车的品牌专修店应运而生。这一变革使得北京汽修的汽车维修量出现了成倍增长的喜人局面。而品牌化专修，也顺应了汽车技术专业化发展趋势和汽车服务市场的特性需求。到“八五”末期，公司已经从困境中走出，初步实现了由生产型向经营型、由传统机械修理向机电一体化高新技术修理的转变，成为行业改革先锋。

创新，一次次在北京汽修的发展中发挥了举足轻重的作用，帮助企业摆脱了难关，走出了困境。

3. 实施集团管理，创新管理模式

进入“九五”之后，企业在高起点上运行，瞄准世界同行业先进水平，引领产业发展趋势。实施集团化经营策略，变二级法人经营为一级法人经营，是北京汽修管理创新的一场革命。

北京汽修吸取某些国企对下属单位监控不力、企业人财物管理混乱，甚至出现管理失控的教训，实施集团化经营策略，变二级法人管理为一级法人管理；借鉴国外知名企业设立财务总监制的成功做法，对各分公司、厂财务管理实行财务负责人派出制，严格资金管理，控制和规范了企业投资行为；公司实行汽车维修物资统一配送制，完成了企业物资管理向现代化大物资管理的重要转变；进行ISO 9000质量管理体系认证工作，使公司质量管理纳入国际质量管理体系。

强化企业管理监控的机制后，北京汽修实现了对企业资金和物资管理的规范化，促进了管理与经营的有效结合，提高了企业经济效益，并且从机制上构建了国有企业领导人反腐倡廉的一道防线。变二级法人经营为一级法人经营利于企业对各种资源的有效利用，加速了企业发展的步伐，增强了企业的集团竞争能力。财务负责人派出制、物资统一配送制、劳动力市场化的原则、创新服务模式等一系列创新的管理模式，为公司统一管理、营造良好形象打下了坚实的基础，也为公司长足进步和发展做好了充分的准备。这项改革堪称是国企改革的典范之作，不但推动了北京汽修的快速发展，也推动了整个行业，乃至北京汽车服务市场的快速、健康发展。

4. 在北京建立第一家汽车服务的“4S”经营模式

通过对全球汽车营销先进理念的研究，北京汽修很早就认识到，服务和营销必须一体化。在营销理念、服务网络建设上，北京汽修走在了整个汽车服务行业的前面。1999年，公司建立第一家“四位一体”汽车专卖店，率先开创首都汽车品牌专卖店经营模式先河；2000年，汽车开始快速进入家庭，汽车维修业也迎来了一个发展高峰。至2008年，北京汽修的4S店发展到了33家，涉及26个汽车品牌。发展过程中，公司适应形势，迅速提出了24小时服务、快速维修等先进的服务标准，收效奇好，客户群达到20万人之众。

5. 对北京市汽车贸易公司实施资产兼并重组

1999年10月25日，北京市市政管委会、北京市交通局批复，同意北京市汽车修理公司兼并北京市汽车贸易公司。

北京汽修在改革、重组中，将解决问题和寻求发展互为依托、同步进行：从竞争制高点起步，确立了以品牌为核心的汽配物流营销模式；重组中，公司对历史遗留问题认真加以解决，对大量呆滞库存进行合法有序核销，历经艰难解决了几千万银行老贷款，千方百计追讨回千万元欠款，积极盘活物业资产创造效益，秉承以人为本的思想和方法关心爱护老干部，顺利解决各种历史遗留的人员问题，从而保持了企业的和谐稳定和持续发展；以ISO 9000国际质量管理标准为切入点、强化了企业内部管理。

此项重组，盘活了交通局所属国有亏损企业的存量资产，达到扭亏为盈的目的，促进了交通局结构调整，为交通局的整体改革奠定了基础。通过兼并北京市汽车贸易公司，北京汽修形成了汽车修理、客车和备件制造、汽车和汽车配件销售的产业链条和综合优势，有利于促进公司的壮大和改革的进一步深入。充分发挥资产整合优势，使企业规模迅速扩大，竞争实力显著增强，为企业后来大规模进军汽车销售领域、打造汽车服务模式奠定了坚实的基础。

北京汽修果断调整经营结构，实施“修制并举、兼搞多种经营”的发展战略，逐步面向市场、适应市场，使企业迅速走出困境；锐意变革，打破“大锅饭”，建立和完善企业经营承包责任制，强化质量管理，加强技术改造，逐步增强市场竞争的活力，为“九五”期间进一步深化改革积累了经验，奠定了良好的基础；大胆培养、使用人才，一批年轻有为的经营管理者在企业改革实践中成长起来，带领员工在关键时期突破艰险，转变颓势；追踪汽车技术发展，分析汽车服务需求，果断变革创新，实施以乘用车为主，依托主机厂的特约维修服务模式，初步实现了由生产型向经营型、由传统机械修理向机电一体化高新技术修理的转变。30年的改革历程证明，北京汽修是行业改革的先锋。

三、发展成就

1978年~2007年是我国实行改革开放政策的重要时期。这30年北京市汽车修理公司坚持在实践中探索，在探索中创新，在创新中领先；坚持在否定自我中超越、在主动扬弃中不断提升，走过了大变革、大进步、大发展的历史进程，在同行业中取得了巨大的成就，已发展成为集汽车销售（新、旧车）、汽车维修、配件营销、机动车检测、报废车拆解以及活塞制造和客车改装为一体的大型汽车服务贸易企业。

1. 汽车维修

1978年，公司的主营业务是汽车维修，主要维修国产解放、黄河、北京130、212等商用车和前苏联产华沙、伏尔加、吉姆等乘用车；维修类型以整车大修为主，一般维修和常规维护为辅，采用“就车修理法”的作业方式，手工作业是主要手段。

随着我国社会主义市场经济的发展和汽车工业的进步，汽车保有量急剧增加（北京市民用汽车保有量从1978年的7.7万辆到2007年的277.8万辆，增加了35倍），公司的维修经营也发生了翻天覆地的变化。

从1980年7月开始，北京市汽车修理公司与日本丰田汽车公司合作，建立了中国第一家中外合作汽车修理企业。到2000年已经陆续建立进口、国产汽车品牌特约维修服务中心49个。

就维修经营而言，公司完成了从传统综合性修理到特约维修、到品牌专营的经营业态上的历史变革，实现了由经营单一维修，到汽车服务贸易全价值链营销的革命性演变。经营国内外36个品牌110多个车型的维修、保养、索赔服务；维修车型改变为以乘用车为主；维修类型发展成为常规维修（维护、索赔、一般维修）、专项维修（如变速器、钣金喷漆、美容装饰）为主，整车大修为辅；维修方式变革为“总成互换法”为主、“就车修理法”为辅的综合性作业方式；计算机、机械设备、现代化专用工具、机械化和电子化专项检验检测手段、环保技术和产品广泛使用于维修作业的各个环节；基于客户信息有效管理基础上的“PDA”电子开单，变革了以往业务受理的模式；双人工位法、干磨工艺、小钣喷流水线和微钣金技术的应用，有效替代传统的手工作业手段，降低了员工的劳动强度，减轻了有害物质危害，大幅度提高了工作效率。

1998年~2007年的10年间，共维修汽车474.3万辆，是1978年~1987年的25.7倍；2007年维修数量达到84.3万辆，创造了历史最高水平。北京汽修已经发展成为现代化的汽车服务大型企业。

2. 汽车销售

北京市汽车修理公司在20世纪90年代后期，开始涉足汽车销售领域。1999年，由北京汽修创办的第一家“4S”营销模式的汽车品牌专卖店诞生了。此后的十年间，公司不断加强与国内外汽车企业的合作，凭借自己强大的技术实力和良好的企业信誉，目前建有涉及

26个汽车品牌的专卖店33家。其中与日本丰田公司建立了北京丰田汽车维修服务中心（三元桥丰田），与丰田通商株式会社合资建立了北京华通丰田汽车销售服务有限公司，与德国大众汽车公司合资建立了大众汽车服务中心（北京）有限公司等。汽车销售数量逐年增加，2007年公司成立55周年，全年销售新车4.17万辆，创历史最高水平。

3. 客车生产

1988年1月，经北京市计委批准成立了北京市交通客车制造厂，当年第一台“京通”牌大客车试制完成，1990年开始批量生产，公司经营进入“修制并举”的历史时期。至2007年的20年间共生产各种型号“京通”牌大客车5 679辆。

4. 配件销售

北京市汽车修理公司在与北京市汽车配件公司兼并重组的基础上，积极开展汽车配件销售业务。目前已有上海大众北京配件分中心、大众汽车进口配件供应中心、纯牌零件特约经销中心等三家汽车配件销售物流企业。2007年公司配件总销售额达67 102.4万元，其中三家汽车配件销售物流企业共销售59 487.7万元，占总销售额的88.7%。

5. 经营规模

至2008年7月，公司已建有26个汽车品牌的33个专卖店，21个特约维修站，5家旧机动车经纪公司，3个汽车品牌零部件配送中心，2个汽车钣金喷漆维修中心，1个汽车自动变速器维修中心，1个机动车检测厂，1个报废汽车拆解厂。

改革开放30年来，北京市汽车修理公司从适应市场发展的实际出发，经营项目扬长避短，优胜劣汰，不断调整，使主营业务有了更大的发展空间，经济效益显著提高。

综观30年间的整体发展，公司总资产增加了约79倍，固定资产增加了约58倍，销售收入增加了约308倍，实现利润增加了约18倍，汽车维修量增加了约205倍。

30年来，北京市汽车修理公司不断发展壮大，已经成为同行业中的龙头企业。企业2001年9月，通过ISO 9000国际质量管理体系认证；2003年~2007年连续5年进入中国企业500强；2005年~2007年连续3年进入中国服务业企业500强。

从1978年~2007年，北京市汽车修理公司获得各类荣誉百余项，先后被上级评为“全国汽车维修文明企业”、“北京市汽车维修行业文明企业”、“全国创建文明行业工作先进集体”、“全国交通系统先进集体”、“北京市先进基层党组织首都文明单位标兵”、“全国交通行业文明示范窗口”、“北京市职业教育先进单位”等，被北京市地方税务局评选为“纳税信用A级企业”，被交通部评选为“国家节约能源二级企业”。

四、基本经验

与时俱进、科学发展、不断创新、诚信经营，这是北京汽修根本的经营理念，也是企业多年积淀的文化品质。在30年的企业改革历程中，北京汽修积累了许多宝贵经验。

1. 坚持机制创新，实现从传统企业向现代企业的转变

纵观国有企业的改革历程，北京汽修认为：国有企业转轨的关键在于机制，要在进行体制改革的探索中，建立适应市场需要、适合企业发展的新机制，焕发企业勃勃的生机与活力。正是在这种全新理念的引导下，北京汽修明确了改革发展的方向。

在经营上，北京汽修走出国门，到美国、德国、日本等国家学习考察，及时调整经营战略，改变了过去维修与销售分离的方式，率先建立起一批维修与销售一体化的“四位一体”专卖店，实现了企业从汽车修理厂到汽车专卖店的转变。

在企业经营机制和管理体制的变革中，公司变分散经营为集团化经营，实现资源整合与统一运作；改变了过去汽车修理厂和车间的传统组织形式，建立了公司、厂、站（维修站）三级管理体制；“九五”期间在交通主管部门的支持下，成功地完成了对北京市汽车贸易公司的兼并重组，充分发挥资产整合优势，使企业规模迅速扩大，竞争实力显著增强，为企业后来大规模进军汽车销售领域、打造汽车服务模式奠定了坚实的基础。

2. 坚持管理创新，为经营发展夯实基础

在管理上，北京汽修借鉴国外先进企业的经验，结合企业实际，形成适合企业的新做法、新经验。改革公司资金和物资等管理制度，强化企业质量管理体系，借鉴国外财务总监制的做法，实施了对分公司财务管理的财务负责人派出制，并专门成立了审计部门，在财务管理中加强预决算制度，从管理上为企业依法经营和防腐倡廉筑起坚固的屏障；实行汽车维修物资统一配送制，完成了企业物资管理向现代化大物资管理的重要转变；公司进行了ISO 9000质量管理体系认证工作，使公司质量管理纳入国际质量管理的体系。

立足企业长远发展，北京汽修在公司建立了择优聘用、培训上岗、管理考核、重奖优秀的一体化激励机制。在“大人才”观念的指导下，每年都有计划地从大中专院校招收毕业生充实力量，开阔视野，择优聘用，改善员工队伍的结构，扩大年轻干部的来源；通过多种渠道去发现和培养人才，为青年员工搭建展示才华的舞台。企业人才发展战略的实施，为企业长远发展注入了新的活力。

坚持劳动力市场化的理念，深化收入分配制度的改革。北京汽修在业内率先提出“劳动力市场化、商品化”的用人理念，果断实施用人和分配机制变革，把用人制度改革与工资制度改革相结合，率先实行经营者年薪制，实行协议工资制，并结合实际，根据岗位的不同责任，确定不同的工资收入。重视对技术人才、业务骨干的激励，对技术尖子给予重奖，对特殊人才设立特定的奖励制度。

3. 坚持技术创新，推动企业又好又快发展

北京汽修狠抓技术创新，使企业的技术水平紧跟汽车技术的发展，加快与国际接轨。公司坚持“科学技术是第一生产力”的方针，集中资金，实施滚动式的技术改造，从技术装备上实现与国际接轨。强化员工技能培训，创建学习型企业。开展大规模的技术练兵活动，有效促进了技术人才的培养和历练。

大环境造就了北京汽修，大交通推进了北京汽修，大服务提升了北京汽修。国家改革开放的战略决策，为国有企业走创新发展之路提供了巨大的舞台和难得的机遇。创新是企业发展的不竭动力，北京汽修以科学发展观为指导，不断创新自己的思维模式。在经营上，从改革初期的大胆变革，到现在实现理性思维，凝心聚力，做到经营谋略的超前与稳健，在实践中形成了自己独特的思路和风格。

五、发展展望

根据北京市汽车修理公司“十一五”规划，公司至2010年将发展成为涵盖三大服务方向的汽车服务贸易企业。以汽车品牌专卖店为龙头，包括新旧汽车销售、维修保养、钣金喷漆、专项维修、旧车整备及技术咨询等业务的汽车销售、汽车维修服务；以汽车品牌零部件供应中心为骨干，具有仓储、分拨、销售及配送等功能的汽车零部件营销物流服务；以汽车销售、汽车维修和汽车零部件营销为依托，包括机动车检测、报废汽车拆解、金融保险、汽车用品及美容装饰等项目的汽车后市场综合性服务。主要经营目标预计达到：汽车销售5万辆、汽车维修105万辆、营销收入87亿元、实现利润1亿元。

如今，北京汽修正以全新的视野开创未来，努力为客户提供更周到的服务，开展多品牌集中展卖、多元化的汽车系列服务，发展汽车金融业务，积极拓展服务渠道，主动承担作为企业应履行的社会责任。面对新的挑战，坚持不断创新，科学发展，不断推进企业从优秀迈向卓越，为践行“建百年老店，创行业最强”的企业愿景而不懈努力，在全体员工的共同努力下，北京汽修必定会以博求瑞，基业长青！

一切为了用户

西安唐都进口汽车修理服务有限公司

一、企业介绍

西安唐都进口汽车修理服务有限公司是经交通部核准成立的一类机动车维修企业。其前身是西安唐都进口汽车修理服务中心，创建于我国改革开放初期的1984年11月18日。2002年12月由国企改制为股份制企业。

公司主营业务包括汽车贸易、汽车维修、配件销售、装潢美容、技术培训等，是陕西交通行业知名品牌汽车销售服务企业。公司资产总额16 000万元，固定资产4 600万元。占地总面积19 980平方米，建筑总面积20 636平方米，各子公司占地总面积21 912平方米，建筑总面积17 600平方米。

公司发展至今，得益于改革开放的大好政策和机遇，目前已拥有西安唐都燕华汽车销售服务有限公司、西安秦川唐都机电汽车配件销售有限公司、陕西唐兴汽车销售服务有限公司3家子公司。公司旗下有上海大众、一汽大众、一汽轿车、东风风行、上海华普、一汽马自达6家4S店，以及重庆长安、南京依维柯、福建东南汽车、湖北三江雷诺、哈飞汽车、武汉神龙汽车、南昌江铃、厦门金龙等8家汽车制造厂的特约售后服务站。

24年来，企业始终坚持“以人为本”的理念，服务于广大汽车用户，为陕西的汽车维修建设和发展做出了积极的贡献。公司自建立以来，以其先进的设备、精湛的技术、可靠的质量、严格的管理、优质的服务享誉省内外。从1986年开始逐年投入巨资从日本、德国、英国、美国、意大利等国引进先进的汽车维修设备。全体员工经过专业理论和专业技术的培训，均获得劳动部门颁发的技术资格等级证书。1999年4月在西北同行业中率先通过ISO 9002质量体系认证和新版质量体系认证，用特有的核心流程和管理模式服务于用户。

公司是西安市汽车维修行业协会副会长单位，是陕西省汽车维修行业协会常务理事单位，是中国汽车维修行业协会常务理事单位，是陕西省政府汽车采购和汽车维修定点单位，是陕西省保险协会快速理赔定点服务中心，是国家环保总局汽车空调制冷剂回收西北培训中心，是西安交通大学、长安大学等大专院校汽车专业教学培训基地，是上海大众汽车西北地区技术培训中心站。

公司自创办以来，采用现代企业经营管理模式，综合国内外先进维修企业的特点，强调以服务质量为核心，依靠销售的优势和科学的管理，让客户切身感受到在唐都处处享有全新的服务、全新的理念。公司476名员工中，高级职称3人，研究生4人，本科生47人，大专生156人，工程师8人，经济师、会计师17人，高级技师5人，技师36人，高级工92人，中级工86人，初级工31人。技校生占技工的80%以上。企业的诚信商誉赢得了社会和广大用户的信任，成为陕西省汽车维修行业的排头兵，被陕西省交通行业树为“最具活力企业”，被陕西省技术质量监督局树为“汽车维修行业的一面旗帜”，是西安市汽车维修行业最高等级评定的“三星级企业”，被交通部授予“文明企业”，被中国汽车维修行业协会授予“全国汽车维修行业诚信企业”称号。1999年5月11日全国人大常委会副委员长邹家华同志在省、市领导的陪同下专程来到公司视察，并为企业题了厂名。

企业的宗旨：“诚信服务，技术领先”；企业的精神：“团结、进取、创新、奉献”；企业的经营理念：“追求卓越，永争第一”；企业的服务理念：“一切为了用户，为了用户的一切”。

二、改革历程

1. 应运而生

20世纪80年代，我国进入改革开放阶段，中国兵器工业面临计划经济向市场经济过渡阶段。全球进入冷战时期，全国军工企业生产不景气，计划军品任务急剧下滑，各企业都面临着生死之路的抉择和如何适应市场经济生存的严重挑战。在这种大环境、大气候下，兵器系统提出“保军转民”战略，公司正是在这样的历史背景下应运而生。筹建之初，当年工厂仅投资18万元资金，派出13人赴广东中山市香港大昌汽车贸易集团进行企业营销管理和进口轿车专业理论知识、专业维修技术的培训，6个月后便挂牌开张营业。1985年修车206台次，产值90万元，利润28万元，上缴税金2.96万元。历经几年的拼搏，一个专修进口轿车维修企业——唐都汽修，像一粒充满生命动力的种子，虽经风浴雨，依然蓬勃着永不停止的激情。经历24载考验与挑战、改革与深化、发展与壮大，已成为陕西车界的“航母”。

2. 二次创业

20世纪80年代，公司周边的幸福路、万寿路雨后春笋般地冒出了大大小小100多家修理厂，而且不少都打着“唐”字号，“唐都”成了“唐僧”，谁都想把“唐”字咬下来。近有散兵游勇抢饭碗，远有强军劲旅整体抗衡。1993年受下海经商浪潮的影响，一年内占职工总数50%的78名职工办理停薪留职离厂而去，企业面临难以维持的困境。面对市场经济凄惨的现实，为尽快扭转被动局面，企业果断采取四项措施，提出二次创业：

一是加大人才外培力度，选送一批管理人才进西安交通大学、西安公路学院、吉林工业大学、同济大学等进行深造，另外选送一批维修技工骨干参加上海大众、中国一汽、一汽大众进行维修技术培训；二是对不同工种人员分别提高3～6个百分点提成比例，全员逐年加薪晋级，鼓励职工上不封顶下不保底，实行多劳多得的分配原则，极大地调动职工的主动性和责任感；三是企业集资建楼98套，凡1994年分配到厂已婚职工分98平方米新房一套，未婚大龄青年分两居室旧房一套；四是背水一战，苦干一年，减人不减产，当年任务超额完成。这些举措大大提升了唐都员工的凝聚力和市场影响力，使企业终于走出低谷。

3. 实现跨越

随着汽车在我国的逐渐普及，汽车维修业也如日中天，成为一个迅速崛起的庞大产业。

走过近20年的唐都汽修正开启新的航程，朝着由国企改股份制目标迈进。2002年改制完成，企业进行了彻底的脱胎换骨，从而获得资金的支持，加快了资本市场的发展。

改革开放30年间，公司在陕西汽修行业取得了令人瞩目的成就，开启了七个第一的先河，即：

第一家成功进行了股份制改革；

第一家年销售轿车突破10 000辆大关；

第一家年销售收入超过10亿元人民币；

第一家年汽车维修量超过10万台次；

第一家荣获交通部“文明企业”称号；

第一家荣获西安汽修“三星级”企业奖牌；

第一家荣获“全国汽修行业诚信企业”称号。

可以说，公司的每一个“第一”都是把“唐都”品牌做大做强的开始，每一个“第一”都承载着陕西汽修行业不断前进的责任和使命。

4. 乘势而上

弹指一挥间，“唐都”成立已经24年了。特别是2002年改制后，公司如鱼得水，如虎添翼，一年一个变化，一年一个奇迹，令陕西车界人士刮目相看。上海大众轿车从2002年销售300台到2007年销售3 000台；一汽大众轿车从2002年销售200台到2007年销售3 200台；一汽马自达轿车从2003年销售100多台到2007年销售1 800台；其他品牌轿车也从零销售增长到1 000多台。数字证明了过去的成绩，但唐都人并没有停止今后取得更大成绩的步伐。

改制6年来，公司紧密围绕陕西汽修行业发展大局，坚持以支持地方经济建设为己任，不断拓宽汽车服务领域，提升用户服务满意度，取得了长足发展，为陕西汽修行业做出了积极贡献。

公司将以打造“最佳汽车运营商”为目标，以责任构筑基业，以创新实现超越，着力为陕西汽修行业又好又快发展做出更大贡献。

唐都的成功之路是荣誉之路。24年来已获得100多项奖项，其中最高荣誉是蝉联交通部“文明企业”和中国汽车维修行业协会“诚信企业”称号。厚积薄发，24年磨一剑！如今的唐都人精神抖擞，气势磅礴，誓将企业建成陕西汽车行业一颗璀璨的明珠！

三、发展成就

1. 企业业绩

公司坚持“用户至上，服务第一”的承诺，从而赢得了越来越多用户的信赖，最大限度保证用户的利益，使用户买车称心，用车安心，修车放心。多年来，公司连续被各级政府评为“重合同、守信誉单位”、“诚信单位”、“最具活力单位”。公司借助上海大众、一汽大众、一汽轿车良好的品牌形象，以优质的服务，稳定的客户群体，连续多年雄踞陕西汽车销售排行榜榜首。子公司西安唐都燕华汽车销售服务有限公司连续多年在省内汽车市场覆盖率达到40%以上，2005年在全国600家经销商中居西北地区首位，荣获上海大众授予的“四星级特许经销商”称号，2006年获全国最佳优秀经销商奖，月销量达300余辆；子公司西安泰川唐都机电汽车配件销售有限公司被一汽大众评为西北地区唯一的销售状元奖，年销售车辆3 500余台。从2002年改制以来，公司汽车销售量、汽车维修台次、销售收入、产值收入、利税收入，每年都以10%～20%的速度递增，各项指标在陕西省同行业中均名列前茅。

2. 市场占有率

(1)汽车销售占有率。西安市每月有4 470～5 000辆新的小轿车注册挂牌，公司汽车销售市场占有率达18%以上。

(2)汽车维修占有率。公司年修车10万余台次，汽车维修市场占有率达30%左右。

(3)各连锁经营市场占有率。公司分别在渭南、榆林、宝鸡、商洛以及西安周边县市开设多家连锁品牌经营店，在当地销量覆盖率达60%以上。

3. 主要产品

公司改制后，公司提出从过去单一依靠维修转向销售与维修并举的发展轨道，制订了“以销售带维修、以维修促销售”的经营战略。每年投资数亿元进行汽车销售。公司在抓好主要产品销售和维修的同时，又投资数千万元新建汽车配件市场、汽车装潢美容店4个，新建6 000平方米的商品车仓储库，对技工学校进行扩建改造。经过几年的努力，如今的唐都已经发展成为年销售车辆10 000余台，营业收入10亿元人民币，维修车辆10万余台次，产值7 000余万元，其他收入1 000余万元，由单一的汽车维修转化为多产品、多元化综合发展的大型企业。

4. 业内影响

(1)为业内输送了大批管理人才。若干年来，西安唐都进口汽车修理服务有限公司不仅发展了自己，还为业内输送了大批管理人才。

(2)回馈社会，弘扬唐都精神。从1996年起，唐都先后免费为延安、榆林、蓝田、淳化等革命老区培养汽车维修人才80余人，支持和发展当地汽车维修事业。2003年又先后为驻陕部队、武警部队共建“军地两用人才”举办培训班4期，为100多名现役军人培训。他们掌握了汽车维修专业技能，复员或转业地方后从事汽车维修工作。

唐都在得到丰厚的经济效益的同时，并没有忘却回报社会的责任。为弘扬唐都精神，从1998年3月起，企业和员工先后向希望工程、特困大学生、扶贫帮困、关心下一代工委、省老年科协、省扶贫办、省民政厅、省慈善会、癌症病人、西藏阿里灾区、南方水灾、陕南水灾、四川地震以及社会公益、两届振兴地方戏“秦之声”累计捐款和赞助达100多万元，受到省慈善协会和各级政府的奖励。

四、基本经验

1. 差异化营销

2006年以来，上海大众、一汽大众、一汽马自达先后推出多款新车型，丰富了中高级轿车市场。不论是最具驾驶乐趣的波罗、宝来、马自达3，还是彰显个性的领驭、迈腾、马自达6，都具有各品牌所赋予的鲜明特点，这使它们与市场普通的大众型产品有着许多差异。对此，公司针对每款产品的特点，分别制定了差异化的营销方案，成功地使每款产品的特点都让消费者了解。与其他品牌竞争对手相比，这不但让人们记住了品牌，更让人们自觉地认识了它的品牌所不同于别人的鲜明特征。

2. 专业化服务

春季送温暖，夏季送清凉，秋季送呵护，冬季送关怀，和许多注重服务的公司一样，企业持续开展着免费的售后服务活动，赢得了客户对厂家、品牌、企业的全方面信任。公司根据销售车型的特点制订了更加具有针对性的服务措施。通过这些细致独到的服务，使唐都的客户满意度得到了大幅提升，有效地实现了二次购买、终身到店维修，车辆返修率不足2%、正常保养平均时间50分钟/台、事故维修平均48小时/台，创造这些高效率、高品质服务的前提是加强了客户到店的预约工作，不但缩短了客户的等待时间，也使自身的工作有了良好的统筹计划，做到了有条不紊。

3. 高品质管理

对于企业来说，客户才是最珍贵的资源。通过认真细致的调研，公司发现拥有中高档轿车的用户大多数属于高素质的白领阶层，而这正是一个有品位、追求高素质生活的人群，他们对生活中的细节非常留意。因此要让他们始终都能坚定地站在企业的一边，就必须使企业的品位和他们处于相当或是更高的位置，而这方面最好的方法就是组织高品质的活动，诸如自驾游平遥古城、王家大院、合川湿地、秦岭漂流、嘉陵探秘以及高尔夫友谊赛等，这些具有较高品位的活动成功地拉近了唐都和客户之间的距离，使他们始终以拥有“唐都”品牌为荣。

从销售结束后，公司就将客户车辆的一切事宜接管过来，从挂牌入户、新车装饰、养路、保险费购买到日后的保险理赔，从车辆救援到代办违章，从车辆年审到提醒服务、预约维修等细微环节都可体现公司无微不至的关怀。每年传统节日举行大型的茶会、座谈招待会、情感联谊会等，还为客户组织大型婚礼车队4场，总计投入车辆68台，使客户在人生重要时刻能够感受到公司献上的真诚祝福。

随着西安经济发展的日益增长，追求个性已成为必然的趋势。今后，更多的具有鲜明特点、彰显个性的产品将展现在人们面前，而公司的服务则值得后来者借鉴。

4. 国际化标准

2008年，公司以独资方式在西安新建了德国大众全球首家标准形象旗舰店——唐都燕华4S店。展厅拥有15个车位，按照德国大众标准进行设计和装饰，配备了先进的局域网络和数字通信系统，维修车间配备德国大众指定的设备及专用维修工具，确保客户能够享受到符合大众标准的服务。目标是建立国际化、现代化、专业化和网络化的大众汽车使用保障体系，创建舒适、高雅的交流环境。正是这样有先见之明的果敢之举，使公司历经车市风雨却始终挺立潮头，牢牢地占据着西安中高档轿车霸主的地位。

5. 创建好团队

改制后，公司办得风风火火，蒸蒸日上。这都得益于有一个敬业向上、精诚团结的领导团队，为企业创造了一个有利于发展的内、外部环境。

近几年来，企业在善用人才方面建立激励机制。在价值体现、福利待遇、企业文化等多方面采取措施，使员工感到同事可亲、价值可观、前途可循、企业可留。同时，企业每年举办文艺晚会、评先树模、员工度假、生日派对、足球联谊、驾车西藏行、港澳出访、出国考察、参与社会公益活动、振兴地方戏、举办“秦腔”大赛等，极大地丰富了员工的精神生活，增强了社会责任感。

五、发展展望

改革无穷尽，服务需创新。汽车行业是未来中国最具发展潜力的朝阳产业，汽车进入普通家庭已是大势所趋，汽车后市场商机无限。随着汽车结构的日臻完善和私人购车市场的蓬勃发展，唐都将先行一步创新机，近、中期规划中，坚持以市场为导向，以客户满意为目标，以4S店为依托，引进更多汽车品牌加盟唐都，引进高级专业人才，学习先进管理经验，扩大省境连锁经营，走综合性的大型维修企业之路；以低成本的绩效考核管理办法，以服务优的满意评先考核办法，以高销售的资产经营责任制，以创新多的项目管理责任制完善企业保障体系，提高唐都品牌企业形象；创新型团队和企业文化建设，发扬党、团员带头和突击作用，弘扬员工敬业精神，提高员工物质、文化生活质量，凝聚员工团队精神，使企业兴旺发达，基业长青。

永不止步的追求

福建通海集团

一、企业介绍

福建通海集团成立于1988年，是交通部批准成立的一类机动车维修集团企业，系福建地区知名汽车销售服务企业。主营汽车贸易、汽配贸易、汽车维修、汽车检测，资产总额25 000万元，企业员工800人。

集团下属12家子公司：通海（石狮）汽车配件有限公司、通海（石狮）汽车修配公司、通海（石狮）汽车综合性能检测站、通海（泉州）汽车销售服务有限公司、通海（泉州）新世纪汽车有限公司、通海（漳州）汽车销售服务有限公司、通海（漳州）汽车城、中海（晋江）汽车销售服务有限公司、鑫海（泉州）汽车销售服务有限公司、运通（福州）丰田汽车服务有限公司、中源（福建）汽车销售有限公司、福建省通海汽车运动俱乐部。目前集团是美国通用、上海通用、丰田汽车、沈阳华晨金杯、河北中兴汽车、湖南猎豹等八大汽车制造厂商的特约销售或售后服务中心。

集团在福建省同行业中率先通过了 ISO 9002 质量体系认证，以 20 余年的汽车经营服务经验，充分发挥自身的品牌优势，在市场竞争中坚持变革，不断创新，形成了独特的经营管理与服务理念，并通过一流的服务资源，纯正的零配件，打造世界级汽车销售服务品牌，为客户提供最优质的售后服务。维修站设有完善的急救设施，配置了专用拖车和 24 小时救急热线，解决了客户的后顾之忧。一个团结奉献的管理团队，一支积极向上的员工队伍，一套灵活的人才机制和科学务实的管理体制，促使通海沿着成功的道路不断前进，不断开创新的辉煌。集团连年来被福建省工商行政管理局评为“重合同、守信用单位”，“通海”被泉州市评为泉州知名商标。2005 年 8 月，“通海汽车”通过福建省著名商标认定委员会认定。2006 年 9 月份，集团荣获“福建省最佳商业信用联盟企业”称号。经过多年的努力，集团建立了十几家快修连锁服务网点，并依托通海汽车运动俱乐部发展汽车联盟服务机构，形成稳定的 8 000 多个会员客户群体，给客户提供方便快捷的服务，“通海汽车”服务品牌深受有车族的喜爱。汽车销售和售后业绩均居福建省同行前列。

集团不仅在销售和售后业绩上取得可喜的成绩，在其他方面也有显著的成就。2005 年 ~ 2007 年，集团先后与泉州农校、漳州财贸学校和福建交通职业技术学院达成共识，优势互补，联合办学，把汽车创新人才、复合型人才和专业技能人才源源不断地输送给社会，为福建省的汽车产业发展做出自己的贡献。2006 年与银行合作，联合推出长城—通海联盟信用卡，开创一个银企合作的成功模式。同时，集团创办《通海车主》会刊，致力于传播汽车文化，不仅建立了企业自身企业文化品牌，也给车主带来丰富的汽车信息和知识。有目共睹的成就让企业获得了更多客户的青睐，但是通海人不骄不躁，把客户的支持与信任作为不断追求完善服务的强大动力。集团将秉承“我们在您身边”的服务理念，致力于让每一位客户享受到最专业、最贴心、最愉悦的汽车销售和售后服务，与广大客户携手共进，走出一条通海的辉煌之路!

二、发展成就

1987 年，凭借敏锐的洞察力和把握时代脉搏的预见性，集团的创始人王清海先生毅然决定将他的汽车修理店扩展成集零件、维修、汽车检测服务于一体的汽车服务中心，福建通海集团的前身——通海汽车公司在石狮正式诞生了。

回首 20 余年的成长历程，集团经历了量的扩张和质的提升发展阶段。

1991 年，集团赖以起家的修理厂已经渐渐不能适应业务发展的需要，随后进行了扩建工程，盖起了一幢五层的修理厂房和一座四层员工宿舍楼。1993 年 ~ 1997 年，集团不惜重金，引进了国际先进技术设备和一流的管理经营模式，1997 年就顺利通过“国家级一类汽车维修企业”验收，在福建省汽车维修行业中处于领先地位，并于 1999 年在福建省同行业中率先通过 ISO 9002 质量体系认证。随后，多家集团子公司的成立，标志着集团在福建省内已经形成了完善的市场营销服务体系，步入集团化管理的时代。

经过 20 多年的发展，先进的设备、过硬的技术奠定了通海的强势基础，通海的维修车间现配置有多个维修班组及专业电工组、喷漆组、钣金组，并拥有多种先进的设备及诊断仪器，如奔驰 Star—2000 原厂仪器、宝马原厂仪器、上海通用 Tech—Il 原厂仪器、D91、X431、两柱举升机、四柱举升机、定位仪、平衡机、大梁校正仪、拆胎机、烤房、示波仪等。凭借这些先进的设备，福建通海集团成为泉州地区知名的进口类轿车维修公司，拥有多年的进口型轿车及通用车型的维修经验，走在了省内汽车维修行业前列。同时，这 20 多年来通海品牌知名度和名誉度不断提升，并迅速发展壮大成为福建省著名的集团公司。连年来，福建通海集团不仅获得了福建省工商行政管理局评选的“重合同、守信用单位”等荣誉称号，而且于 2005 年 8 月通过了福建省著名商标认定委员会的认定，授予“通海”品牌为著名商标，这也是全省第一家通过认定的汽车企业。更可喜的是，在 2006 年，集团还被评为“福建省最佳商业信用联盟企业”。

点滴的积累成就了通海今天的荣耀，但是通海人不骄不躁，勤勤恳恳地努力打拼着，因为通海人坚信，踏踏实实做事就一定会有更大的发展，获得更大的成功！

三、基本经验

集团管理精髓：诚信是我们的态度，服务是我们的根本，创新是我们的目标，团队是我们的动力。

1. 诚信是我们的态度：通海承诺——一言九鼎

通海售后服务承诺：

(1)快捷。您进入通海售后服务中心的第一分钟必会得到服务人员的热情接待。

(2)专业。您的爱车，将有专业维修顾问为其提供维修建议。

(3)透明。您关于维修的所有费用，我们都有专业的结算人员给予详尽的回答，绝不让您因不满意的服务而破费！

2. 服务是我们的根本：通海服务——精益求精

(1)专业的客服人员。集团售后客服中心的每位员工都接受超过 2 000 小时的专业培训，并通过了严格的上岗考核。工作中，他们仔细聆听客户描述，细致地诊断故障，将维修所需要工时、需换配件与总工费用当面估算，并提供常用配件价目表、标准的工时和详细的估价清单，双方认可才实施。

(2)先进的维修设备。宽畅、明亮、通透的维修大厅，拥有先进的环保型电脑烤漆房，标准化零配件储存中心、储备中转库，电脑调漆中心，欧日美先进原厂仪器设备。

(3)纯正的汽车配件。在零件供应方面，所有零件由配件配送中心直接送到服务中心，保证在正确的时间以正确的价格供应正确的配件。充足纯正的零配件，严格的质量检验，充分的交车准备，让每一辆开出售后服务中心的车都能让您满意。

(4)体贴的 VIP 会员服务。温馨从容的 VIP 会员休息区和宽敞舒适的接待服务中心，让顾客享受体贴周到的会员服务。

3. 创新是我们的目标：通海创新——永不止步

近几年，随着集团不断发展和壮大，迫切需要一大批懂技术会管理的汽车专业人才。因此，集团项目开拓部经过多次的考察、评估及协商，于2005年成功地与泉州农业学校签订了联合办学协议。另外，漳州通海汽车销售服务有限公司于2006年7月又顺利地与漳州财贸学校签订了联合办学协议，为集团在漳州的服务网络建设和服务品质的提高奠定了基础。今后，集团的联合办学项目将在省内其他重点城市陆续实施。通过依托省内大中专院校等社会公共教育平台建立起来的汽车专业技能人才的培育体系，必将在福建省内的汽车售后服务行业人才的培养领域产生深远的影响，集团也将成为这一全新领域的领跑者。

集团在市场竞争中不断提高管理水平的同时还积极推进新技术的开发和应用，2004年6月申请实用新型专利“汽车维修车间粉尘过滤抽排装置”，并于2005年12月通过相关认证，此装置安装于汽车维修车间内，用于清除汽车尾气和工件粉尘，具有节省空间、造价低、安装简单、使用方便、改善工作环境、提高产品质量等优点，目前已在企业内部普遍投入使用。

4. 团队是我们的动力：通海团队——锐不可当

在通海的团队中，“相互协作”的思想体现在每个管理者和每个普通员工的日常工作中。

在通海的团队中，管理者不仅仅在工作完成时充当判断好坏的“裁判员”，而且在工作的过程中为员工充当“教练员”和“服务员”。企业的蓬勃发展，需要一支优秀的管理团队。在这个团队中，员工被视为公司的一种宝贵的人力资源，其自身的素质和工作的技能都在公司不断的再培训中得以开发和提高。

员工与员工之间，互教互学共同提高。这种协作所起的作用绝不是简单的相加，而成了公司共赴困难、锐不可当的制胜法宝。

四、发展展望

在未来两三年中，集团将积极引进国内汽车业界的高级专业人才，同时引进国际先进管理模式，在全省九市建立销售及维修连锁服务中心等一体化的汽车售后服务系统，全方位整合服务渠道，以“管家式”的专业化服务和网络化管理为车主提供优质、完善的汽车服务保障体系，从而达到“车”与“人”为一体化服务理念的延续和提升。

面对机遇和挑战，集团将加大连锁经营投入，发展更多的4S服务中心，统一形象、统一管理、统一培训、统一收费标准，资源共享，做大做强汽车服务市场，引进更多汽车品牌加盟通海，以标准促管理，以管理促质量，以质量促发展，为消费者提供高标准、高质量服务。

交通建设监理企业

引　言

我国从20世纪50年代开始直至80年代初，工程建设一直沿用业主自筹、自建、自管和工程指挥部负责的管理模式，建设投资由国家无偿拨给，建设任务行政分配，主要建材按计划供给，这种缺乏专业化、社会化的建设项目管理带来了一些建设项目投资、进度、质量严重失控，引起了我国对计划经济时代所采用的传统工程建设管理体制的反思。党的十一届三中全会以后，随着改革开放的深入发展，外商投资和使用国际金融组织贷款建设工程项目越来越多。这些项目的建设，投资或贷款方基本上都把实行国外惯用的工程监理制作为提供贷款的必要条件之一。因此改革传统的建设项目管理体制，建立一种新型的、适应市场经济发展的建设项目管理体制成为必然趋势。为适应新的建设管理要求，1984年，党中央、国务院高瞻远瞩，高屋建瓴地做出了《关于改革建筑业和基本建设管理体制若干问题的暂行规定》，提出抓住引进世界银行贷款机遇，对基本建设管理体制进行改革，加快基础设施建设步伐。1985年12月，国务院副总理李鹏同志又在全国建设管理体制改革会议上指出："要使建设管理工作走上科学管理的道路，不发展专门从事管理工程建设的行业是不行的"，给即将进入论证的高速公路建设吹来了和煦的春风。交通部决定抓住世行贷款和实行FIDIC条款的机遇，在20世纪80年代中期，由政府部门直接组织，选择了以京津塘高速公路为代表的一批公路水路建设项目，率先进行工程监理制试点。经过试点、稳步发展、全面推行和深化发展四个阶段，至今已风雨兼程走过了20年，基本形成了符合我国国情的交通建设工程监理制度，对提高工程质量、建设管理水平和投资效益等方面发挥了重要作用，为促进交通建设事业又好又快发展做出了重要贡献。

一、试点阶段（1987年~1992年）

交通作为国民经济发展的基础和先导，由于长期投入不足等原因，公路水路基础设施的数量和质量，都与经济社会发展不相适应，成为最大的制约“瓶颈”之一。如何突破“瓶颈”，交通部抓住机遇，率先在公路水运建设工程领域实行工程监理制试点，1986年，交通部第一个世行贷款项目西安—三原一级公路工程通过国际招标，由丹麦金硕咨询公司和我国经过培训上岗的首批公路工程监理工程师组建的工程监理机构，按FIDIC条款实施施工监理。在工程可行性研究、国际竞争性招标文件、商务法律规定和工程量清单等方面实现了与国际规则的接轨，由此揭开了中国交通建设工程监理的序幕。与此同时，交通部又在世界银行贷款的水运工程建设项目天津港新建东突堤工程、大连港大窑湾新港区一期前四个泊位工程、广州港黄埔新沙一期工程、宁波港北仑二期工程和厦门港东渡港区二期工程等项目中，通过国际招标组建了由英国史伟高顾问工程师公司等国际咨询公司的专家和国内长期从事港口工程建设管理的工程技术人员参加的临时监理机构，按照有关规范、标准、设计文件和世行及国内的建设管理程序，对工程建设的质量、费用、进度等实行全过程监理，取得了比较明显的成效。至此，全国公路水运工程施工监理试点拉开帷幕。

在取得试点经验的基础上，1987年，交通部选择世行贷款项目京津塘高速公路进行全面实行工程监理制试点，1987年12月开工的京津塘高速公路，全长142.69公里，1993年9月建成通车，是第一条经国务院批准并部分利用世界银行贷款按国际工程项目管理模式组织建设的跨省市超大型高速公路项目。该项目通过国际招标，由我国和丹麦金硕咨询公司及美国路易斯伯杰国际工程咨询公司联合组建监理机构，以我国监理人员为主，218名中国监理工程师与5名外国监理工程师一起对施工阶段工程的质量、进度、费用进行控制。由此人们认识了菲迪克、认识了监理工程师，传统的管理体系逐渐被先进、科学的管理制度所替代，新的管理理念得到了升华。京津塘高速公路的成功建设，在国内外产生了巨大的轰动效应，实现了“五大目标”，即：建成一条高标准、高质量的现代化高速公路；学习、消化、引进国外先进的工程管理模式，探索适合我国国情的公路工程管理体制；用现代化的筑路设备武装自己；培养、锻炼一批高速公路设计、施工、监理和管理人才；创立一套中国高速公路建设技术规范。实践证明，以京津塘高速公路为代表的首批公路水路建设项目工程监理制试点，为中国交通建设监理制度的创立提供了宝贵的经验，对于中国建设管理体制的改革和创新，具有里程碑的意义。1991年1月29日邹家华国务委员在全国交通工作会议上再次强调：“京津塘高速公路实施监理制度的做法和经验，需要我们在建设工作中进行探索和推广。”世界银行代表称：“京津塘高速公路是世行贷款项目的典范。”

为加强对试点工作的领导和监督管理，1987年在交通部基建局内成立了交通部基本建设质量监督总站，由局长刘济舟同志兼任站长。

在交通部试点两年之后的1988年7月，国务院总理李鹏同志圈阅同意建设部干志坚副部长关于《建立有中国特色的建设监理制度》的报告。8月1日，人民日报头版刊登了《迈向社会主义商品经济新秩序的关键一步——我国将按国际惯例设建设监理制度》文章。根据全国开展工程监理试点的统一安排，北京、天津、上海、沈阳、哈尔滨、南京、宁波、深圳和能源部的水电系统、交通部的公路系统，被列为第一批进行工程建设监理试点的城市和行业。交通部及时总结了交通系统开展工程监理试点经验，为引导和规范工程建设监理行为，在1989年颁布了《国内世行贷款项目公路工程招标文件范本》，特别是《公路工程施工监理暂行办法》的颁布，标志着工程监理制度正式引入到我国公路建设中。为明确工程监理试点项目，1989年6月21日，交通部下发《公路工程施工监理试点工作意见》，确定京津塘、西三、济青、南九、开封—洛阳、沈大、312国道（安徽段）、高集海峡大桥等9个项目为监理试点项目，并于1989年12月将交通部原质监总站组建为独立的交通部工程建设监理总站，熊哲清同志任站长。新成立的工程建设监理总站，负责全国交通建设质量监督工程监理、试验检测管理等工作，为工程监理的试点提供了组织保证。为满足全国蓬勃兴起的工程监理市场对监理人才的需要，从1990年开始，交通部工程建设监理总站开始陆续委托长安大学（西安公路学院）、长沙理工大学（长沙交通学院）、重庆交通大学（重庆交通学院）、东南大学（南京交通专科学院）、武汉理工大学（武汉交通科技大学）、大连理工大学编写培训教材，在各省（区、市）交通厅局质监机构及港航质监站的支持下，全国公路水运工程监理工程师培训全面展开，为即将开展的稳步发展阶段打下了良好的基础。

二、稳步发展阶段（1993年~1995年）

经过近6年的试点，工程监理进入稳步发展阶段。在此期间，全国列入计划的大中型工程项目大多实行了监理制度。据不完全统计，“八五”期间全国公路、水运工程建设受监工程项目有436个，投资额达1 462亿元。

工程监理制在交通建设中的逐步推行，形成了以业主、监理工程师、承包人为主体的建设市场格局。通过建立相互制约、相互协作、相互促进的新的工程项目管理运行机制，提高了工程项目的管理水平，实现了与国际通用管理制度的接轨，改善了投资环境，促进了我国交通建设队伍较好地适应国际惯例与市场机制，吸引了更多的外资投入国内交通建设，增强了参与国际建筑市场竞争的能力。在此阶段主要取得了以下成效：

1. 初步形成了一支专业较齐全、素质较高、经验较丰富、思想作风较好的监理队伍

工程监理已逐步成为建设市场主体之一。监理组织形式也从起步阶段临时组成的中外联合体的项目监理机构，逐步发展成为具有法人资格、独立经营、自负盈亏、自我积累、自我发展的监理公司。到“八五”末，获得部批资质的监理单位已有103家，其中甲级16家；获得部批资格的监理工程师有3 955人、专项监理工程师1 785人。为提高监理人员的业务素质和专业技术水平，交通部先后组织举办了公路、水运、机电设备等专业监理业务培训班207期，有18 300人参加了培训，为监理人员上岗打下了良好的基础。

2. 初步形成了比较规范的监理工作程序

使监理工作能够以国家法规为准绳，以经济合同为依据，以试验检测为基础，以三控（质量、进度、支付）和旁站巡视为手段，规范有序地进行，并逐步向深度和广度发展，监理水平也逐步有所提高。通过由各类专业技术人员组成的监理工程师严格规范的监理，加大了现场监督管理的力度，增强了施工管理的预见性和科学性，保证了20世纪90年代初期虎门大桥、铜陵大桥等一批重点工程项目的顺利实施。

3. 初步建立了交通建设监理法规体系

为规范监理市场行为，交通部先后颁发了《公路工程施工监理办法》、《水运工程施工监理暂行规定》、《公路水运工程监理单位资质管理暂行规定》、《公路水运工程监理工程师资质管理办法》等监理制度和法规。各省区市结合本地的实际情况，也制定了一些地方性的政策，进一步规范市场行为，促进了监理工作的健康发展。

三、全面推行阶段（1996年~2000年）

据了解，到1995年年底，全国基本建设领域实行监理的工程按投资额计算仅占20%左右。交通建设推行监理制的情况虽高于这个平均比例，但覆盖面仍然不高。1996年7月1日，全国交通基本建设质量监督工程监理工作会议在吉林召开。会议认为，经过多年的监理实践，全国各地形成了许多成熟的做法，积累了大量的经验，形成了较为完善的工程监理模式，培训了一支具有较高素质的监理工程师队伍，工程监理正向制度化、规范化、科学化迈进，在全国范围内全面推行监理制度的条件已经成熟。会议要求，从1996年起所有新开工的、列入交通基本建设计划的公路工程、水运工程建设项目必须要实行监理制，没有落实监理单位的项目不批准开工；监理的范围要从以施工质量监理为主，根据实际情况逐步拓展到有关方面，实行施工阶段全方位的监理；监理工程师的责、权应落实到位，充分发挥监理人员的作用。至此，在全国公路水运工程

中全面推行工程监理制度条件已经成熟。其主要特点是:

1. 工程监理覆盖面有所拓展

据不完全统计，所有列入计划的大中型项目和重要的小型工程项目都实施了工程监理，并开始向施工的前期拓展。

2. 市场培育成效初显

按照建立社会主义市场经济体制的要求，积极探索、培育规范的监理市场。一是加强资质管理，凡从事交通基本建设监理的单位必须是经交通行政主管部门资质审批或审查认可，监理单位应按核定的资质等级和监理范围开展监理业务，监理单位应是具有法人地位的经济实体；监理工程师必须持证上岗。二是“政府监督、社会监理、企业自检”三级质量保障体系基本建立，监理企业逐步成为自主经营、自负盈亏、自我发展、自我约束的经济实体。三是工程监理开始实行招标投标管理，通过招标择优确定监理单位的政策环境和条件成熟。四是合同管理加强，通过监理服务合同的签订，进一步明确了监理责权，保证监理工作的正常进行。五是建立定期的检查考核制度，加强对监理项目的考核评价。

3. 监理队伍进一步发展壮大

到“九五”末，经交通部批准资质的全国交通系统监理单位已有224家，监理工程师近12 000名，并有5万多人先后通过由交通部组织举办的600多期监理业务培训班的培训学习，取得了上岗资格；逐步建立起严格监理，监帮结合的监理体系。1997年12月11日，全国公路、水运工程监理经验交流会议在广西北海召开，这是交通部推行监理制十余年来召开的规模最大的一次经验交流会议。23个先进监理单位及97名监理工程师在会上受到表彰。

4. 工程监理法规体系进一步完善

在此期间，交通部先后制订修改并颁布了《公路工程施工监理规范》、《公路工程施工监理合同范本》、《水运工程施工监理暂行规定》、《公路工程施工监理招标和投标管理办法》、《水运工程施工监理招投标管理办法》等法规，有力地促进了工程监理工作制度化、规范化、科学化建设。1997年，全国人大通过的《中华人民共和国公路法》第23条指出，公路建设应当按照国家有关规定实行法人负责制度、招标投标制度和工程监理制度。随后颁布的《中华人民共和国建筑法》也载入了工程监理内容。2000年1月30日，《建设工程质量管理条例》的实施，进一步明确了工程监理单位的质量责任和义务，工程监理在工程建设管理体制中的重要地位也得到了国家法律的保障，工程监理制已成为我国工程建设领域项目管理的“四项基本制度”之一。

四、深化发展阶段（2001年至今）

进入21世纪后，我国交通建设步入快速发展的黄金时代，工程监理制也进入了深化发展阶段。在这一阶段，工程监理已基本覆盖了交通建设所有大中型新建工程项目，并向改扩建工程、养护工程和工程前期延伸。在市场管理方面，注重发挥政府在市场中的引导作用，坚持整顿与培育并重，规范与引导并重，治标与治本并重，近期与长远并重，不断修订和完善行政法规，并注意发挥市场在资源配置中的基础作用。交通部于2002年5月开始，组织开展了交通建设监理单位资质核查工作，经对全国257家公路水运工程监理单位的资质核查，检查合格的有206家，基本合格的有42家，限期整改的有5家，取消资质的有4家。接着，交通部又于7月中旬开始发文对公路水运工程监理市场秩序进行专项综合治理整顿。2004年部根据监理市场现状对《公路水运监理企业资质管理规定》进行了修订并重新颁布，为加强对市场的监管，建立了“有进有出、有升有降”动态资质管理机制，并开始实施公路水运工程监理工程师岗位登记制度。同时积极引导监理企业改革改制，培育监理企业做大做强，做精做专，使其真正成为市场竞争的主体。为规范监理招投标行为，交通部先后出台了一些相应的规章制度和规范性文件。尤其是2007年3月30日国家发展改革委、建设部联合发布《建设工程监理与相关服务收费管理规定》，为监理行业的进一步发展带来了新的活力。现代经济是信用经济，为积极推进诚信体系建设，2007年11月，交通部决定开展公路水运工程监理企业和监理人员信用信息收录工作，逐步建立监理诚信制度，完善行业自律机制，规范监理企业和监理人员的经营执业行为，维护统一开放、竞争有序的市场秩序。

在监理人员资质管理方面，交通部从2003年开始实施“以考代评”改革，在湖南、辽宁、四川、山东四省组织公路水运工程监理工程师执业资格考试试点的基础上，2004年5月，在全国范围内全面铺开，正式进行了公路水运工程监理工程师执业资格考试，取得圆满成功，得到了行业的普遍认可。2005年2月6日，经重新修订后的《公路水运工程监理工程师资质管理办法》颁布实施，为加强监理人员执业资质管理、提高其综合素质，适应监理事业发展需要提供了有效的制度保障。2007年4月9日交通部又根据交通建设发展和监理业务拓展的需要，发布了《关于在公路水运工程建设监理中增加施工安全监理和施工环保监理内容的通知》，并规定用3年时间，对已取得监理执业资格的监理人员进行安全、环保监理业务培训。

在交通建设蓬勃发展的新形势下，2002年4月，中国交通建设监理协会在北京成立，新成立的行业协会始终坚持以服务企业、行业和政府为宗旨，在提供服务、反映诉求、规范行为、行业自律等方面，忠实履行职能，较好地发挥了桥梁纽带作用。通过制订《交通建设监理行业从业自律公约》、制订会员守则，联合发表《倡议书》、组织优秀监理企业和监理工程师等工作，倡导行业文明，建树诚信守法、严格自律、爱岗敬业、锐意进取的良好风尚，较好地促进了行业的发展和市场的规范。

通过20年风雨兼程的发展，交通建设工程监理制度已经基本形成并在不断完善，并具有以下特点：

1. 基本满足了交通基础设施建设持续快速发展的需要

据不完全统计，“十五”期间，我国完成公路、水运基础设施建设投资21 957亿元，超过了建国后前46年公路、水运基础设施建设投资的总和。到2007年底，全国公路通车总里程已达358.37万公里，港口生产用码头泊位已有35 753个，内河通航里程已达12.3万公里。一些重要的公路、桥梁、港口、航道疏浚等工程项目，都是在这一时期完成的。值得一提的是，我国高速公路建设令世人瞩目，总里程已达到5.39万公里，跃居世界第二；以高速公路为主的、总投资9 000亿元计3.5万公里的“五纵七横”国道主干线，已基本贯通。与此同时，我国桥梁建设水平飞速提高，已经建成的江阴长江大桥、润扬长江大桥、南京长江二桥、三桥，杭州湾跨海大桥和苏通长江大桥等一批桥梁，都是排名世界前列、并达到了世界先进水平的重大工程，表明我国已经进入世界桥梁建设先进水平行列，并正在向世界桥梁建设技术强国行列迈进；我国深水筑港、巨型河口航道整治水平也有很大提高，正在建设中的上海洋山港、长江口深水航道整治工程等，科技含量和工程质量都堪称世界先进水平。农村公路建设发展迅速，近5年全国投资6 486亿元，新改造农村公路130万公里，其中沥青(水泥）路88.7万公里，2 512个乡（镇）、8.6万个建制村通公路，5 801个乡(镇)、16.5万个建制村通了沥青和水泥路。交通部推行工程监理制20年的实践证明，工程监理制度在公路水运工程建设中发挥了重要作用，取得了显著成效。多年来，广大交通建设监理企业及监理人员，遵循“严格监理，优质服务，公正科学，廉洁自律”的执业准则，对工程建设项目特别是重点工程项目施工现场实施严格、科学的监督管理，不仅提高了工程建设管理水平，使工程建设处于良好的受控状态，而且通过与工程勘察、设计、施工、业主等单位工作人员一起，团结协作、奋力拼搏，攻克了一道道难关，促进了交通建设持续快速发展，保证了一大批重点工程项目、技术含量高的项目以及通达、通畅等民心工程项目的顺利实施，提高了工程质量和投资综合效益，有效控制了建设工期，可以说是功不可没。

2. 形成了一支交通建设监理专业队伍

随着工程监理制的推行，我国交通建设监理队伍从无到有、从小到大有了很大发展，并逐步形成一支老中青相结合、专业结构基本配套、能基本满足交通建设任务需要、以技术骨干为主的专业队伍。监理组织形式也从起步阶段由中外联合组建的临时监理机构，发展成为具有法人资格、独立经营、自负盈亏、自我发展的咨询监理公司，并逐步向现代企业制度的建立迈进。目前我国具有公路、水运工程监理资质的企业共计770家（其中公路677家、水运93家），获得监理工程师执业资格的人员数量约有5.1万名（其中监理工程师约1.56万名、专业监理工程师约3.54万名），通过监理业务培训取得上岗资格的监理员有10多万名。多年来，这支监理队伍在规模大、任务重、时间紧、要求高的交通基础设施建设中，常年驻守工地，尽职尽责，艰苦奋斗、任劳任怨、开拓进取、默默奉献，受到了锻炼，基本素质逐渐提高，并在工作中涌现出许多表现突出的先进单位及个人，成为这支队伍中的精英和骨干。先后共有46个单位分别被评为“全国交通系统先进监理单位”和“交通建设优秀监理企业”、437名监理人员分别被评为“全国交通系统优秀监理工程师”和“交通建设优秀监理工程师”，10名同志被授予“中国交通建设监理突出贡献人物”，50名同志被授予“中国交通建设监理优秀人物”，受到交通部、中国交通建设监理协会的表彰。

3. 促进了交通建设项目管理体制改革的深入

工程监理制的全面推行，促使传统的自筹自建自管的工程建设组织实施方式向社会化、专业化、现代化的管理模式转变，增强了交通基础设施建设工程质量、安全、投资和进度的监控力度，这是工程建设领域的一项重大体制改革和制度创新。目前，交通建设监理，已经成为整个交通基础设施建设项目管理体系中的一个重要组成部分。

当然，我国的交通建设工程监理仍处于发展阶段，需要根据市场经济的发展和业主的需求，不断地调整和完善，努力做到既能与国际惯例接轨，又符合我国国情和改革发展的实际需要。

20年来，工程监理制的引进和推行过程，正是我国改革开放不断深入、国民经济又好又快发展的时期，也是我国交通基础设施建设规模最大、发展最快的时期。回顾20年来交通建设监理不寻常的发展历程，我们不会忘记：

各级领导和行业主管部门的高度重视，是推行工程监理制和交通建设监理发展的根本保证。工程监理制推行以来，国务院多位领导同志，曾经多次做过重要指示，强调了实施工程监理制的重要性和必要性。交通部历任部长、主管部领导及有关司局，都对交通建设推行工程监理制提出过有关要求，先后颁发了一系列相关制度、法规，不断完善了交通建设监理法规体系，并适时开展了专项治理整顿，规范交通建设监理市场，为在交通建设领域全面推行工程监理制和促进交通建设监理的发展提供了条件和发展空间。各地交通建设主管部门，也制定了相应的制度、法规，并不断采取措施，规范交通建设监理企业和人员的行为，努力促进监理企业的发展。

监理企业遵守职业道德、艰苦创业、开拓进取，是推行工程监理制和交通建设监理发展的关键。交通建设监理企业，在工程监理制的推行和企业自身发展过程中，都把坚守职业道德、遵纪守法、认真履行合同、努力为业主和工程建设服务，作为自身的生存和发展之道，认真贯彻落实党和国家的方针政策，坚持以科学发展观为统领，克服人员、资金不足等困难，艰苦奋斗，不断总结经验，深入进行以提高人员素质、提高企业效益，搞活用人机制、激励机制为主的企业管理体制及机制改革，不断进行理念、技术及管理创新，积极参与交通建设项目管理体制的改革实践，努力促进工程监理制的全面推行和交通建设监理的不断发展。

南中国的名牌监理

广州南华工程管理有限公司

一、企业介绍

广州南华工程管理有限公司（前身为南华建设监理所）成立于1988年8月1日，是我国成立的第一家水运工程监理企业，现已发展成为以水运、路桥、工业及民建工程监理为主导的综合型工程管理服务企业。公司具有交通部水运工程监理甲级、建设部港口与航道工程监理甲级、房屋建筑工程监理甲级和公路工程监理乙级资质。公司先后通过了ISO 9001—2000质量体系认证、GB/T 28001—2001职业健康安全管理体系认证和ISO 14001—2004环境体系认证（三标一体认证）。

2006年10月24日因企业改制，南华建设监理所更名为广州南华工程管理有限公司，并由国有企业变更为有限责任公司（法人独资），注册资金为907万元；2007年年底经审计的总资产为2 218万元；业务范围为码头、港口、工业及民用建筑工程、桥梁、公路、市政工程的监理；公司荣获2008年中国建筑监理100强称号；从2002年开始担任中国交通监理协会副理事长兼水运工程专业委员会主任委员单位。

20年来，公司承担了200多项大中型项目的监理和咨询服务，业务遍及全国各地，得到了各级政府部门、业主的肯定和嘉奖，取得了丰硕的成果。1996年被交通部授予全国“交通系统优秀监理企业”；2004年和2006年被中国交通建设监理协会授予“交通建设优秀监理企业”；1997年、2002年~2004年、2005年~2007年连续荣获广东省“省直机关文明单位”；1999年荣获广东省人民政府颁发的“广东省文明窗口”单位等光荣称号。

公司先后受交通部委托主编完成了《港口工程施工招标文件范本》、《港口工程施工合同范本》、《水运工程施工监理合同范本》和《水运工程施工监理手册》。近年主要获奖工程项目有：深圳盐田港三期工程荣获2006年度交通部水运工程质量奖、2007年度中国建筑工程鲁班奖和第七届中国土木工程詹天佑奖；上海国际航运中心洋山深水港区一期工程荣获2007年度交通部水运工程质量奖；长江口深水航道治理二期工程荣获2007年度交通部水运工程质量奖；广州港南沙港区一期工程荣获2007年度交通部水运工程质量奖；长江口深水航道整治一期工程获得交通部2003年度水运工程质量奖、2005年度国家优质工程金奖和第四届中国土木工程詹天佑奖；粤海铁路通道北港工程获得交通部2003年度优质工程质量奖；上海港外高桥港区三期水工码头工程获得2000年上海市建设工程优质结构奖；山东岚山港液体石油化工码头工程获2001年度山东省建筑工程质量泰山杯（省优质工程）奖；东莞科技大道工程获得广东省市政工程样板工程等项目。

目前，公司拥有员工285人，持有交通部水运工程监理工程师及公路工程监理工程师证书的97人次，持有交通部监理业务培训及检测试验培训证书的75人次，持有其他各种工程类资格证书的83人次。

公司在以施工监理为主的基础上向招标代理、造价咨询、项目评估、施工管理等在内的多元化方向发展，积极拓展业务领域，不断提高服务水平。公司将秉承一贯的诚信作风，与各方朋友精诚合作，竭诚提供优质高效的服务。

二、改革历程

广州南华工程管理有限公司，从20世纪80年代中期成立到21世纪初，已由原来的几个人年产值10多万元逐步发展到职工近300人年产值达3 000多万元，成为水运工程监理行业的龙头企业之一。2006年10月24日因进行改制，企业名称作了变更，由南华建设监理所更改为广州南华工程管理有限公司，并由国有企业变为有限责任公司（法人独资）。

经过了20年的不懈努力，公司的监理足迹深深地留在了中国的港口、路桥及工业与民用建筑工地上，先后转战广州港南沙港区、深圳港、长江口深水航道、上海港外高桥港区及洋山港区、杭州湾跨海大桥、舟山金塘大桥、黄骅港、重庆港等，完成了监理项目200多项，获得了詹天佑奖、鲁班奖、国家金奖、省优、部优等多项荣誉。

20年的发展历程，主要分为三个阶段。

1. 创业阶段（1988年~1996年）

公司的监理业务在华南地区起步。广州南华成立之初，只有一位院领导兼任所长。承接的第一个工程监理来源于当时广州市为了开发二沙岛搞地产工程，进行二沙岛部分回填工程。1990年在惠州市3.5万吨级通用码头项目中进行了全方位的港口工程监理。经过全体人员努力拼搏，使整个工程顺利完成。该工程的投产在惠州市以及海内外引起了强烈反响，一举打破了在惠州港内不能建设大型深水泊位（当时3.5万吨级泊位在国内已是大型码头了）的传言，也对本地区的招商引资和开发建设起到了积极的推动作用，大亚湾经济开发区也是由此工程的推动而开始建立的，这项工程为广州南华推广监理业务奠定了坚实的基础。

1992年，调整业务方向专注监理，走上自主经营、独立核算的发展道路。从此，监理业务翻开了崭新的一页，业务量随之增大。公司逐步规范了管理，充实了人才队伍，掌握了领先的监理技术，树立了良好的社会信誉。交通部为了推进监理业务更加规范化和制度化，在1994年委托广州南华工程管理有限公司主持编写了“水运工程招标范本”等4个文本范本。公司用了两年的时间，经过7次审查，8易其稿，编写出以下4个文件范本：《港口工程施工投标资格预审文件范本》、《港口工程施工招标文件范本》、《港口工程施工合同范本》、《水运工程施工监理合同范本》。4个范本的公布执行，在我国水运工程施工和监理中，具有里程碑的意义：规范了全国水运工程招投标市场行为，水运工程的建筑市场日趋科学化、制度化。方便了标书与合同的编写，不但使招标投标书、施工合同和监理合同的编写有了统一完整的内容，而且对招投标的程序、方法和有关具体事项都作了详细的规定，因而极大地方便了这些文件的编制。明确提出了双方的权利与义务。工程各方反映良好，执行起来也比较顺利。4个范本发布10年来，已成为我国港口工程和水运工程准法规性文件，得到了广泛的认同和应用，除中间对这些范本作了少量修改外，一直使用至今，规范了水运工程建筑市场和建设行为，效果十分显著，人们把《港口工程施工合同范本》誉为“中国的菲迪克条款”。

2. 发展阶段（1997年~2003年）

经历了7年的发展，公司的业务得到了很大的发展，而且取得了非常好的信誉；工作地区从华南到全国，产值从几百万到几千万，人员从数十人发展到数百人。

1997年，公司开始从广东出发，寻找新的监理业务发展方向。在广西北海、钦州、防城、南宁等城市得到了业主、政府等的了解和信任，取得了如钦州港等几个新的港口项目；紧接着又主动与福建泉州三煤业主、漳州新加坡业主接触，相继拿下了这两个项目。经过一年的辛勤劳作，签下了700多万元的合同（当时同行中好一点的只有200多万元），这在当时水运工程市场疲软的环境下是一个很难得的成绩。

上海浦东大开发，也给公司带来了难得的发展机遇。1998年上海长江口深水航道整治工程开工建设，这是一个有世界级影响的项目。经过精心策划、认真准备，公司一举中了最大的一个标，成功进入上海监理市场。公司派出强大的监理阵容，得到了业主、上海市政府等的高度认可。

上海港外高桥三期工程取得了非常好的监理效果，得到业主和上海市港口质监站的高度评价。通过该项目的监理，公司顺利地打开了上海港港口建设监理的大门，为日后的上海港外高桥四期工程、上海港外高桥五期工程任务的承接打下了坚实的基础。举世瞩目的上海洋山港区开工建设，经过激烈竞争，本公司中标，再次成为监理的龙头示范单位。

海南三亚工程建设拉开序幕后，又是经过一番激烈竞争，本公司第一个挤进了这项大工程的监理行列。

在南方，珠海的项目基本被本公司“垄断”。本公司是我国第一条跨海铁路粤海铁路轮渡码头建设监理，获得了交通部2003年度优质工程质量奖。还拿下了深圳港盐田港区三期码头项目，公司派出强大的监理阵容开展监理工作，得到了业主的多次表扬与肯定。

3. 巩固阶段（2003年至今）

这几年，公司的合同额稳定在3 000多万元，各方面工作稳步发展，逐步向国际化管理型公司发展。

自2003年开始，公司继续开拓发展，取得了丰硕的成果。

上海长江口深水航道整治工程获得多个国家级奖项，如交通部2003年度水运工程质量奖、2005年度国家优质工程金奖和第四届中国土木工程詹天佑奖；洋山深水港区一期工程荣获2007年度交通部水运工程质量奖；广州港南沙港区一期工程荣获2007年度交通部水运工程质量奖。深圳港盐田港区三期码头项目还获得了中国建筑工程鲁班奖、国家优质工程、詹天佑奖、2006年度交通部水运工程质量奖等称号。

在承接的厦门港十万吨级航道整治工程中，公司为业主带来了新的管理措施，为厦门市港口工程开创了新的局面，得到了业主的多次表扬与好评。

公司承接了中海油、中石油等多个港口工程项目，不断得到了业主的肯定和好评，并受业主的委托，为业主提供了项目管理。

承接福建LNG站线项目港口工程，本公司对承包商既严格要求、又热情帮助，得到了业主的肯定和省质监站的赞赏。在2006年度该项目的20多个分包商中，本公司被评为唯一的质量管理优秀承包商，2006年福建省在闽企业信誉考核中，被考评为A级信誉。这也为随后承接LNG站线工程建设工程，如浙江LNG接收站项目场地准备、江苏LNG项目人工岛建设工程等打下了坚实基础。

公司对世界最长跨海大桥杭州湾跨海大桥的监理，得到了业主一次又一次的表扬，在现场管理竞赛中，始终站在优胜第一行业队伍中；2007年度浙江省企业信誉考核中，被考评为A级信誉。

本公司还承接了唐山港曹妃甸港区一港池防波堤工程，接着又中标了唐山港曹妃甸工业区加工工业区围海造地西部一期工程。

近年来还开始向国外拓展监理工程项目，承接了中港公司安哥拉洛比托港修复工程以及马来西亚槟城二桥建设工程。

本公司坚持“制度化、标准化、人性化”管理理念，坚持为员工创建发展平台，坚信优秀的人才是铸就优秀品牌的关键，因此，建立培养人才、支持人才发展、保护人才的多项措施。

三、发展成就

经过20年来不懈的努力，取得了丰硕果实。

1. 水运工程监理工作情况

全面参与了国内大型水运工程的监理，如上海长江口深水航道治理一期工程荣获2005年度国家优质工程唯一金质奖。上海长江口深水航道整治一、二期整治建筑物工程及航道疏浚工程、粤海铁路通道北港工程、深圳港盐田港区三期均获得了交通部水运工程质量奖，深圳港盐田港区三期荣获中国建筑工程鲁班奖、国家优质工程、詹天佑奖；上海浦东外高桥三期水工码头工程及四期、五期陆域堆场工程获得上海市水运工程优质结构“申港杯”奖。已完工的工程大型项目有：深圳港盐田港区码头三期、惠来电厂一期工程港口工程、福建LNG站线项目港口工程、宁海电厂卸煤码头和航道工程、太仓港环保有限公司码头工程、华能海口电厂大代小技改工程（2×330MW机组）配套煤码头工程、上海港罗泾港区二期水工码头工程等。目前在建的大型水运工程：上海洋山深水港码头及航道疏浚工程、深圳港盐田港区三期扩建工程、深圳港盐田港西港区工程、浙江国华宁海发电厂二期（2×1 000W）扩建工程2号综合码头工程、广东平海电厂一期工程（2×1 000MW机组）海工工程等。

2. 公路工程监理工作情况

已完工的主要工程东莞科技大道获得广东省市政工程样板工程称号。承担的江苏省苏通大桥咨询，该大桥采用世界上先进的施工技术，为双塔双索面钢箱梁斜拉桥；目前在建工程公路工程监理中，承担的舟山大陆连岛工程金塘大桥工程，为浙江省最大型的公路桥梁工程之一；杭州湾跨海大桥工程施工监理，该大桥是目前世界上最长的大桥，工程技术含量高。

3. 房建工程监理工作情况

主要有广州港南沙港区集中查验区人员查验区和查验办公区、查验平台区和查验场区等工程、广州万丰花园、广州金钥匙学校、湖南省金地华园小区、乐昌碧桂园西片区建设工程、乐昌碧桂园东片区建设工程等。

4. 国外工作情况

近年开始向国外拓展工程项目，承接了中港公司安哥拉洛比托港修复工程以及马来西亚槟城第二跨海大桥建设工程。

20年来，本公司大力推行规范化、标准化管理，建立了一系列管理制度，对本行业也做出了一定的贡献，除受交通部委托，起草编制了4个文件范本外，还作为交通部唯一一家代表水运工程监理单位，积极参加了全国监理收费新标准使用手册编写工作；作为交通部水运工程监理单位代表参加了交通部监理信用体系办法的制订工作；作为监理单位代表单位参加交通部、建设部监理工程师考试阅卷工作等。

四、基本经验

公司成立后，坚持做到以下几点：

1. 领导负责，加大工程投标力度，积极参与工程建设

坚持做到领导管理到位，确保公司经营管理理念的贯彻落实。本着多投标、中好标的宗旨，积极参与全国的水运以及公路等工程建设。成立至今已承担了200多项国家大型水运工程、路桥工程、房建工程的招、评标和设计监理、施工监理任务。

2. 建章立制，严格规范监理项目的管理

(1)积极有效的制度化建设是促进公司和谐发展的保障。广州南华深刻认识到建立健全规章制度，能够立足于竞争日趋激烈的建设市场的不败之地。因此，公司努力建立健全规章，并受交通部的委托，主持编写了“水运工程招标范本”等四个文本范本。为适应新形势下的监理管理市场，公司还在不断地开展健全规章制度探索。

(2)监理项目的规范管理是公司品牌建立的保障。广州南华树立公司职工认真学习贯彻各项行业标准、政策法规，依法规范市场行为的各项监理法规政策的服务意识；坚持政策指导，现场文字数据的科学监理记录，使监理立足于标准化、规范化、科学的保障，为业主提供最可靠的有效依据。建立和完善总监负责制，为业主把好关，保证好监理措施的优质完成。

3. 注重信用建设和人才培养，树立品牌意识

信用是市场经济的基石，只有坚持以信用为本，加强信用建设，才能赢得客户，赢得市场，才能在日益激烈的市场竞争中立于不败之地。广州南华树品牌的动力，监理服务到位、技术领先、工作严格、生活严谨的风格形成。品牌的竞争，同时也是人才的竞争，在一个项目中发现人才，培养人才，成长一批人才；鼓励职工、并为职工提供参加各种资格证的培训、考试、继续教育等便利条件，强化职工的岗位资格、履行岗位能力的培训，建立和完善考评及培养保障体系。广州南华成立20年来，不断涌现出获得中国交通建设监理20年优秀个人、交通部优秀监理工程师、在各工程项目中获得业主表扬及嘉奖的人才、忠诚公司且致力为公司品牌服务的员工，多年来一直默默为公司做贡献的广大员工，是成就公司品牌的重要支持。

20年来的不断开拓，广州南华不仅荣获了交通部首次评选的先进监理企业单位获奖单位之一，并且连续两次荣获交通建设优秀监理企业称号。闪耀的荣誉，使广州南华更加坚定信念，继续努力，把公司发展成为技术领先、服务优质、品牌一流的工程管理公司。

五、发展展望

广州南华工程管理有限公司的战略定位是：立足水运监理，拓展相关领域，做强工程管理。其发展愿景是成为技术领先、服务优质、品牌一流的工程管理公司。技术是立业之本，我们要靠一流的技术为业主出谋划策、提供专业的支持，赢得业主的信赖；服务是强企之路，工程管理企业本质上是技术与管理服务型企业，只有专业、细致的服务，才能为业主塑造精品工程；品牌是制胜之道，没有品牌的公司注定不能做大做强，要打造一流的工程管理品牌，成为行业内有口皆碑的公司！

广州南华工程管理有限公司坚持“以人为本、规范管理、开拓创新、合作共赢”以及“团结进取、敢为人先”的理念，积极做好“制度化、标准化、人性化”管理，努力为员工创建发展平台、为业主提供优质服务、为行业贡献管理智慧。

管理防微杜渐　细节决定成败

北京逸群工程咨询有限公司

老子曰：“治大国若烹小鲜”，讲究无为而治大国。我们却要反其道而行之：“烹小鲜如治大国”，不仅广阔天地应当大有作为，任何条件都可以大有作为。治理公司要像治理国家一样，依法治企，以德治企，与时俱进。

一、十年业绩

北京逸群工程咨询有限公司成立于1999年，是一家以工程咨询和建设监理为主业进行生产经营活动的智力密集型企业。公司地处北京城南的地标性热点区域——高端产业新城：北京亦庄经济技术开发区，自主拥有产业基地。

北京逸群工程咨询有限公司是北京市科委认定批准的高新技术企业，北京市政府确认的项目管理推荐单位和ISO 9001、ISO 14001、OHSAS 18001（质量、环境、职业健康安全）管理体系认证单位。公司现为中国交通建设监理协会、北京市工程咨询协会和北京市公路学会常务理事单位，中国工程咨询协会和中国招标投标协会会员单位，北京市质量管理优秀企业。

公司具有国家发展与改革委员会颁发的工程咨询甲级资格，建设部颁发的招标代理甲级资格，监理甲级资质和造价咨询甲级资质，交通部颁发的建设监理甲级资质（含特殊独立大桥、隧道专项）和公路工程试验检测乙级资质，财政部颁发的政府采购招标代理甲级资格。

公司已获得国家优质工程银奖1项，北京市优质工程奖34项，北京市优秀咨询成果一等奖1项，北京市科学技术一等奖1项。公司先后有10余人获得省部级优秀监理工程师称号。

公司在实践中的不断累积与发展，聚集并培养了一支综合素质优良的员工队伍：公司共有中级以上职称人员200多人，建设部监理工程师42人，交通部监理工程师104人，咨询工程师21人，造价工程师29人，试验检测工程师16人，安全工程师13人，一级建造师10人，评标专家10人。

公司注重技术层面研究，参编了《公路工程施工监理规范》，承编了《公路工程施工监理招标文件（范本）》，自主开发了计量支付管理系统、形象进度管理系统、公路工程资料管理系统、SMA沥青混合料配合比设计系统、试验室业务管理系统和公司综合业务管理系统。

公司完成了大量的项目可行性研究、项目管理咨询、招标代理、建设监理、造价咨询和试验检测项目。公司业务得到了业主、行业和社会的广泛好评，树立了逸群公司业务精通、管理高效、服务主动、成果优良的品牌形象。

二、管理模式和管理思路

北京逸群工程咨询有限公司是社会主义市场经济的产物，与国家和行业的体制改革相伴而生。公司的经营管理骨干大都具有京津塘高速公路等国家首批监理项目的经历。丰富的经验积累给公司的经营与改革带来了深厚的管理和文化底蕴。

近10年来，北京逸群工程咨询有限公司的发展历程，就是公司不断探索和实践改革的过程。1999年，随着国家市场经济发展的步伐，北京逸群工程咨询有限公司作为当时为数不多的民营咨询企业率先成立。公司的主要经营管理人员逐步脱离了国企背景，投入市场经济的怀抱。在公司内部经营管理过程中，公司实行的是阶梯式发展模式。

开始实行的是集中精力、举全公司之力做好一个项目的模式。公司将其全部人员集中到一个项目，各口主要经营管理人员亲自挂帅，深入第一线从事咨询监理工作。通过这种模式，保证了工作质量，打出了市场信誉，锻炼了员工队伍，积累了管理文件，为公司的下一步发展奠定了良好的基础。

公司第二步实施的是主要经营管理人员分工负责的管理模式。有了第一个项目的积累，在接下来的两年中，公司副职以上人员分工负责几个大项目的管理工作。通过几个大项目的实践，扩大了公司的市场影响，锻炼了公司中层以上管理人员，进一步完善了公司和项目各项管理制度，为实现公司的规模发展创造了条件。

公司第三步实行的是扁平式管理模式。通过三年的发展，公司的业务具备了一定的规模。为在保证工作质量的前提下，实现公司的规模发展，光靠公司经营管理班子已经不现实，需要充分调动公司中层管理队伍的积极性和创造性，为此公司推行目标管理模式下的项目部管理模式，制定了项目部目标管理的配套管理办法。项目部制的实施，通过责权利对等下放，经营成果与经营者挂钩，极大地调动了中层管理者的积极性和创造性，中层管理队伍迅速壮大，管理能力得到大幅的提升，为公司的集团化发展奠定了基础。

公司现在实施的是集团化管理模式。随着公司业务的发展，监理业务市场规模不断扩展，业务种类也不断更新。公司招标、造价、项目管理、综合咨询等方面的业务也随之发展，并逐步具备了一定的规模。旧有的扁平式管理模式已经不适应公司的发展。公司适时推出了集团化管理模式。综合考虑业务的专业种类和业务规模，公司开始实践事业部、项目部、分公司和控股子公司并存的管理模式，并根据实践成果，逐步向集团化方向转化，使公司的综合实力逐步有所增强；公司的品牌形象也有了进一步强化。

管理的首位是思路，思路决定出路。公司强调做企业如治理大国一样，大处着眼，小处着手，脚踏实地，精工细做。公司根据政府及行业导向对于企业的定位进行了认真的思考，将公司定位为全方位工程咨询型企业，并分别形成了自己的五年和十年发展规划。公司遵循“遵纪守法、以人为本”的指导思想，沿着“组织系统化、决策科学化、管理规范化、工作程序化、效率标准化”的发展方向，坚持“拓展、提高、盘活、多维”的经营方针，弘扬“诚信、尊重、慎独、求同”的企业精神，初步完成了从单一的监理企业向全方位项目咨询管理公司的转变。

管理必须运筹帷幄，讲求预先控制。事后控制不如事中控制，事中控制不如事前控制。公司把事前控制视为质量控制的根本。公司制定了工作质量管理办法，组建了技术委员会，下设专业委员会，负责各专业标准的制定，业务手册的编制，专项管理文件的起草，业务培训与考试等。通过技术委员会的工作，使公司的业务规范日趋完善，员工技能不断提升。在项目实施前，每个项目部都要根据具体项目的特点，对项目规划、程序和细则进行完善和修订，使其更有针对性。公司设立专门的工作质量管理部门，定期对各个部门的工作质量进行考评，并根据考评结果实施奖惩。公司建立了工作质量奖励基金，并设立了“逸群奖”，专门用于奖励表现优异的部门和个人。通过事前控制，有效避免了各类责任事故的发生。

管理必须注重过程，细节决定成败。公司一贯重视过程的细节管理。在统一管理模式的基础上，科学规划，优化程序，完善标准，规范记录，推动清单化管理，借助信息平台实现动态控制，引导公司业务手段的不断升级与提高。深入开展审好一项申请，做好一次验收，填好一张记录活动。对关键环节，拍摄录像和照片，实行影像管理。注重重点环节的层次控制，增加管理层次，控制管理幅度。对于专业性较强的，推行专业化管理。公司倡导“勿以善小而不为，勿以恶小而为之”，努力做到组织上令行禁止，管理上防微杜渐，工作上兢兢业业，效率上事半功倍。由于注重细节，杜绝了重大突发事件和责任事件的发生。

三、技术开发与应用

公司在高新技术和咨询领域加大投入，积极参与行业标准制定和课题研究工作。公司下设信息技术分公司，先后完成了企业ERP系统平台，建设项目管理系统，资料管理系统，试验管理系统，远程监控系统，养护管理系统等项目的开发与应用工作，引导公司服务手段的不断深入与升级。持续开展沥青路面相关技术研究，注重原材料选择，优化配合比设计，严格生产控制，强化施工工艺管理，持续跟踪指标变化，研究成果的应用取得了良好的经济和社会效益。公司提出并推行清单化管理，借助互联网技术进行动态管理。通过大量现场考察调研，经过长达一年的努力奋战，终于编制了第一本适用北京养护市场的招标代理文件，填补了市场的空白，赢得了专家的一致好评。技术在不断引导公司业务的升级。

四、发展方向

公司将把创新作为未来发展的落脚点。不断完善自身组织建设，实现企业的经营管理规范。做到组织完善，职责明确，流程清晰，责任到位，记录齐全。创建优秀的企业文化，赢得员工的认可与支持。从自身做起，诚信经营，营造良好的市场发展环境，为行业信用评价体系的建立承担起企业应有的责任。

形成人才竞争机制。除政府采取措施调整监理费用外，企业也应尽量加大人员成本的投入，以吸引和培养优秀人才，提供优质的服务，共同营造良好的监理秩序与环境。要积极创造条件，引进和培养企业人才，建立一支核心团队，更好地为企业发展服务。要注重发现、培养和提升带头人。带头人策略的实施，需要充足的人才储备，形成长效的培育机制，企业将投入更多的支持和关注，并将其纳入企业发展的长远战略规划。通过人才塑造，促进行业的健康发展，引导企业做大做强。

塑造服务品牌形象。监理企业品牌的建立需要很长的时间，需要很多相关的业绩积累和信任度、信誉度的积累。监理品牌的载体是监理工程师所提供的服务。企业将通过规划、实施、监督环节保证监理服务的工作质量。把齐全的资质、规范的管理、独特的风格进行有效组合，成就杰出的企业品牌。

北京逸群工程咨询有限公司是一个充满生机和蓬勃发展的企业。今后只要以市场为导向，以创新为动力，以质量求生存，以发展谋壮大，就一定会赢得更美好的明天。

华宁效应

江苏华宁交通工程咨询监理公司

一、企业介绍

江苏华宁交通工程咨询监理公司成立于1993年，现为直属教育部的东南大学的全资国有校办企业。公司具有建设部批准的公路工程、港口与航道工程、房屋建筑工程和市政公用工程监理的甲级资质；交通部批准的公路工程监理甲级资质及水运工程监理乙级资质；交通部特殊独立大桥、特殊独立隧道监理资质；国家计委批准的公路、港口河海工程咨询乙级资质。具有在全国范围内承接一、二、三类交通工程和港航工程以及附属工程的监理资格。同时，作为东南大学的校办企业，公司还可以依托学校院、系相关的学科在专业及科研人员方面的优势，开展工程技术咨询及项目管理方面的服务。

公司现有职工近700人，其中高级职称80多人，中级职称260多人，国家注册监理工程师52人，交通部注册监理工程师160人，注册造价师15人。

目前公司的经营业务涵盖了公路工程、水运工程、市政工程和房建工程，地域已涉及北京、上海、广东、广西、湖南、云南、安徽、福建、浙江、江苏、山东、山西、河北、黑龙江等省、市和自治区。累计完成的工程总造价达500多亿元，目前公司的总资产有1 300多万元。

二、改革历程

在我国建设监理刚刚步入试点阶段初期的1989年，交通部所属的南京交通高等专科学校科技咨询部委派40多名教学和管理技术人员参加了当时世界银行贷款建设的山东济南至青岛高速公路项目的施工监理工作。在前后两年多的时间里，这批同志以教师特有的严谨的工作作风和虚心好学的工作态度，认真学习、不断实践，从开始对建设监理概念的一知半解，逐步锻炼成长为对FIDIC条款和监理工作有了比较深刻的认识，积累了经验，培养了队伍，为公司的成立打下了良好的基础。1993年3月，江苏华宁交通工程咨询监理公司于南京正式成立，成为当时行业内为数不多的实力较强的交通监理企业。15年来，公司前后经历了创建、巩固提高和稳步发展、争创一流监理企业三个阶段。

1. 创建（发展）**阶段**（1993年~1996年）

1993年3月公司创建时从学校分流的基本人员只有38人，而就是这38人，从连云港宋跳互通式立交桥、宁连公路连云港南马段和宁通公路靖江段三个项目开始启动，揭开了华宁公司从事建设监理的光辉一页。在创建阶段，从公司成立伊始，主要在队伍建设、建章立制和业务开拓等方面做了大量工作。首先是人的思想观念要转变，在这方面需要解决三个问题：(1)要丢开铁饭碗，学会自己找饭吃；(2)在企业工作要看贡献，不能干好干坏一个样；(3)要使大家建立起把个人命运与企业发展紧紧联系在一起的思想，企业的前途就是自己的前途。同时，作为企业的领导要注意关心职工，这不仅指关心其工作，由于项目人员身在工地，无法照顾家庭，因此更要注意关心其家庭困难。对职工切身的事情要“想到、心到、做到”，增加企业的凝聚力。其次是要建章立制规范公司的管理行为，以保证较好地完成事业向企业管理的过渡。最后是要注意抓好项目管理，以严格的管理促使监理目标的实现，并以此让业主和社会了解华宁，树立企业良好的信誉和形象，为开拓业务奠定基础。通过这些努力，在三年时间里华宁公司的业务从江苏逐步发展到山西、广西和浙江等地，初步形成了一定的规模，1994年在业内被称为江苏综合实力四强企业，1996年被交通部授予全国交通系统先进监理单位。

2. 巩固提高阶段（1997年~1998年）

公司初具规模以后，提出“提高管理水平，逐步扩大规模，继续提高社会信誉”的经营方针。公司在完善原有规章制度的同时，又在项目管理、项目经营管理及财务报销方面出台了一些新的制度和方法。考虑到监理工作的特点，同时制定了监理人员工程事故责任奖惩办法，监理人员不履行岗位职责的处罚办法，出台了监理人员廉洁自律的管理规定，以此规范监理人员的道德行为，同时举办了几届部批的监理培训，对不合格的监理人员进行了清退，逐步建立起一支以专职人员为主，社会聘用人员为辅的相对稳定的监理队伍。公司注意把加强项目管理作为日常工作的重点，对项目明确提出接一个工程就要做好一个工程的要求，同时组织人员加强了对项目管理与检查的力度。通过这些工作的开展和项目人员的努力，公司承接的监理项目在每次评比中一般均名列前茅，普遍获得业主的好评。在此期间，公司先后被宁波市和南京市授予交通工程建设协作先进单位和南京市先进监理单位。

3. 稳步发展、创建一流监理企业（1999 年至今）

经过巩固提高阶段的努力，公司在内部管理和项目管理等方面取得了显著的成效，同时公司也适度加大了对外的宣传力度，在地方及全国会议上公司多次应邀介绍了内部管理方面的情况，一些兄弟单位和市级协会还组织人员来公司参观学习，进一步扩大了华宁公司在监理行业中的影响。在这种形势下我们针对公司的现状和国家及行业对监理企业的要求，于1999 年初提出“为创建我国一流监理企业而奋斗”的口号。在这一年里公司及各在监项目的工作呈现出一派喜人的景象，其中山东几个项目全部受到业主表彰；江苏项目也被评为全省十佳；公司还顺利地通过了 ISO 9001 的认证。从那时开始至今的近 10 年时间里，不论监理市场的形势如何变化，我们都始终坚持创建一流监理企业的信念不动摇，并在为此奋斗的过程中不断取得新的成就。2000 年公司先后被江苏省建委和中国建设监理协会授予“江苏省先进监理单位”和“全国先进工程建设监理单位”的荣誉称号。2004 年，江苏省建设厅为更好地促进监理行业的发展，在全省建设监理企业中组织开展了建设工程监理示范企业的评选活动，我公司积极响应，并针对活动的要求，对各监理项目部的工作进行了认真的检查指导，使其在原有基础上有了更进一步的提高，从而在活动中得到了建设厅检查组成员的一致好评，以较高的分数成为江苏省首批建设工程监理示范企业，并在其后历年评比中均名列前茅。

2000 年以前，华宁公司的主要业务一直局限在交通及水运工程监理的范围里，市政及房建由于资质低，监理规模相对较小，我们觉得这种状况对创建一流企业是非常不利的。企业要发展、要创优，除了建立良好的信誉外，还要在规模上上一个台阶，专业范围也要扩大。为了实现这个目标，公司结合 2000 年南京交通高等专科学校与东南大学合并的契机，将实力相对较弱的东大原监理公司并入华宁公司，并于 2001 年向建设部成功申报了公路、港航和房屋工程甲级监理资质，在此基础上迅速地发展和扩大了公司房建工程监理业务。此后，经过一年多的继续努力，2003 年通过增项，我们又获得了建设部市政公用工程甲级的监理资质，进一步增加了企业的综合实力，使我们的创优工作步入了一个新的发展阶段。

三、发展成就

在公司发展的 15 年里，我们的经营业务已涉及全国十多个省、市和自治区，先后完成了 100 多项公路工程（其中高速公路近 500 公里）、20 多项水运工程、70 多项市政工程和 140 多项房建工程的施工监理任务，完成的工程总造价累计达 500 多亿元。在这些项目中除有许多新工艺、新材料、新设计被采用外，有一些还填补了工程建设领域当时的空白。其中包括全国第一座水下软基沉管隧道——浙江宁波甬江水底隧道；当时全国最大的公路枢纽工程——山西太旧高速武宿立交枢纽；当时同类结构全国第一的南柳高速红水河磨东大桥；世界上最长的跨海公路大桥——杭州湾跨海大桥；当时全国跨度最大的自锚式悬索桥——江苏苏州市索山大桥；全国最大的公路枢纽——杭州湾跨海大桥北岸连接线海盐枢纽。其中主要奖项有：三项鲁班奖；四项国家优质工程银质奖；一项詹天佑土木工程大奖；六项国家级市政金杯奖以及数十个各地市级的表彰和奖励。这些成果的取得一方面归功于公司领导正确的决策和全体员工团结一致努力工作；另一方面也得益于多年来业内兄弟企业、行业协会、建设单位和主管部门对我们的关心和大力支持。公司于1996年被交通部授予“全国交通系统先进监理单位”；2000年被中国建设监理协会授予“全国先进工程建设监理单位”；2005年被中国交通建设监理协会授予“全国交通建设优秀监理企业”；2007年被中国建设监理协会授予“全国工程建设监理先进单位”。1996年被山西省交通厅授予“弘扬太旧精神，争当太旧功臣的集体一等功臣”；1998年被南京市授予“南京市先进监理单位”；2000年被江苏省建委授予“江苏省先进监理单位”；2000年被山东省交通厅授予“山东省加快公路建设先进单位”；2002年被湖南省交通厅授予“先进单位”。此外我公司还是“江苏省AAA级信誉咨询企业”和“江苏省AAA级工程咨询信誉等级单位”。同时江苏华宁监理公司还分别是中国建设监理协会常务理事单位；中国交通建设监理协会的常务理事和副秘书长单位；江苏省建设监理协会副会长单位；江苏省交通建设监理协会副理事长单位；江苏省科技咨询协会副秘书长单位和南京市建设监理协会常务理事单位。

江苏华宁监理公司在开展工程建设监理工作中还发挥自身优势，结合实际组织开展了对建设监理理论与实务方面的研究和探讨，除作为成员参加中国建设监理协会理论研究委员会的工作外，公司组织人员先后编写出版了《工程建设监理实用手册》、《公路工程施工质量监理手册》和《公路施工质量监理实施细则》。这些出版物除了具有一定的理论水平外在操作性上也具有很好的指导作用，因而受到从事监理工作的同行的好评，有些还进行了改版二次发行。此外公司还参与了统编全国公路工程、水运工程监理培训教材；参与了交通部《公路工程施工监理规范》、《公路工程合同文件范本》的编写与审定；参与了建设部《建设工程监理规范》的编写；参与了江苏省建设厅组织的“建设工程监理热点问题的研究”和“工程项目管理热点问题研究”等课题的研讨和论文编写工作，不断地加强企业在省内乃至全国监理行业中的影响。

四、基本经验

公司经营15年来，经历了我国公路、市政、水运、房建的建设高峰时机，企业不断发展、成熟，取得了可观的成就，究其原因，我们主要做了以下几方面的工作。

1. 打造一支稳定可靠的基本骨干队伍

公司自成立之日起，就把公司定位于高校的科技产业，从学校的技术人员、管理人员中抽调数十名业务骨干，专门从事监理工作。公司成为独立法人后，每年都在应届大学毕业生中招聘员工，在新的劳动合同法实施前，至2007年年底，我公司有固定编制员工近300名，2008年已达500多名。对于招收的大学毕业生，我们采取公司与项目分级培训的方式，提高他们的思想和业务水平。公司从职业道德、工作态度、廉洁自律、工程试验、工程测量等方面进行培训教育，各项目结合当事人的培养目标进行专业技术的培养，选派有丰富经验的监理工程师传帮带年轻同志，并鼓励青年技术人员早日成才，公司为他们提供良好的深造条件和报考资质的便利，要求项目负责人用好脱颖而出的拔尖人才，及时提拔副专业工程师和副驻地工程师的岗位上来，并在报酬上充分体现其价值，造就一支奋发向上的基本骨干队伍。

2. 严格的管理是企业兴旺的保证

公司的健康发展并保持长盛不衰，必须依靠一整套科学的管理制度和项目管理的规程、规定来发挥作用。华宁公司从开始就注重了制度建设，公司建立了一套行之有效的管理制度和办法，如人员管理、设备管理、财务管理、经营管理、廉政建设、继续教育、奖惩制度等。公司还编制了各专业、各工序的施工监理实施细则及各项目的监理规划（指导本），编制了年度考核检查用表及评分办法，并伴随着市场的变化，逐步完善公司的经营管理体制，并针对一些共性问题，及时调整、充实各项管理制度，力求克服人治的随意性给公司带来的不良后果。公司每年都对在监的项目进行全面的检查考核、评比，褒奖先进、鞭策后进，对平时监理工作中出现的问题，及时认真地加以处理，做到正视不足、分析原因、及时处置、防止重演，收到了良好的成效。

3. 量力而行、注重信誉、稳步发展

监理企业的发展，主要是依托技术人员为业主服务，有资质的人力资源是公司生存、发展的必备条件。我公司在15年的发展过程中始终坚持量力而行的经营思路，不盲目扩张，做到稳中求进，逐步发展。即使在我国公司建设的高峰时期，承揽监理项目相对容易时，也进行自我节制，力争做好做精中标项目，树立诚信。公司坚持：所有项目的驻地工程师必须由公司编制人员担任，不使用外聘人员担任项目负责人；原则上公司业务不准挂靠，不出卖资质。由于公司奉行的实事求是、量力而行的发展原则，也为公司赢得了业主和社会的认可，公司承接的项目绝大多数都在同一高速公路、同一地区名列前茅，受到业主和地方主管部门的青睐。结合公司提出的为争创一流监理企业而奋斗的口号，“自信、敬业、团结、进取”已逐渐形成了华宁公司的企业精神。

4. 利用综合优势，多方位为业主、为政府服务，为公司发展发挥潜能作用

华宁公司是高校科技企业，是依托高校雄厚的技术及管理实力成长的公司，公司内有全国著名的专业学者、行业专家，这些学者及专家为我国的监理事业的发展做出了突出的贡献，他们参与了《建设工程监理规范》、《公路工程施工监理规范》的编写工作，还带领公司的专业技术人员编写出版了《工程建设监理实用手册》、《公路工程施工质量监理》、《公路质量监理实施细则》等，扩大了社会影响。对于公司中标的监理项目，只要业务需要公司就会派出相应的专家无偿帮助业主解决技术难题，编写工程管理办法、审查施工图，为解决业主与承包人的合同纠纷提供咨询服务等，受到业主的广泛赞誉。公司还为一些省、市高速公路建设指挥部编写了市政公路施工招标文件、监理招标文件。这些工作大多数情况下是无偿的，但为公司站稳市场、扩大市场发挥了潜能作用。公司在现场的监理机构，对于业主的要求，也尽其所能，热心为业主、为工程多作分外事，帮助力量薄弱的业主提高管理水平。

五、发展展望

一个公司的发展，取决于两大因素。一是外部环境，二是自身因素。当前，华宁公司正处于外部环境的剧变之中，按照国家政策要求，高校校办企业必须实行股份制改革，在这个问题上企业相对是被动时，但我们一定在教育部及学校的安排下及时实行这种改革，并调整好思路，适应这种改革。另外，这些年来，国家实行的经济调控政策，直接波及到监理市场，公司目前实行的单一经营方式——即公司现阶段只有工程监理一个经营手段将会制约公司的发展。因此，公司准备进行经营范围的调整，将项目管理作为公司的另一经营手段，此外，还要逐步加强水运专业监理队伍的建设，并扩大水运工程监理在公司业务的份额。

对于自身因素，公司将结合改制工作，对经营管理模式作适当调整，以适应市场要求和公司优势的发挥。今后，公司还将进一步创建全国先进企业，强化管理、更重信誉，为我国的建设监理事业贡献更大的力量。

港口工程的质量卫士

大连港口建设监理咨询有限公司

一、企业介绍

大连港口建设监理咨询有限公司成立于1993年1月，是大连港集团控股的独立法人企业。公司成立至今，在短短十几年间由一个大连港集团下属的水运工程专业监理单位，一跃发展壮大为集港口水运工程、房屋建筑工程、招投标代理等多项甲级资质于一身的综合性监理咨询企业，在环渤海乃至全国沿海水运建设监理行业中赢得了广大客户的赞誉。

公司现有员工212人，多为专业技术人员。经营范围涵盖港口工程建设监理、房屋建筑工程建设监理、工程技术咨询、建筑工程招投标代理、工程项目管理、市政工程建设监理、设备监理、石油储运工程建设监理、公路工程建设监理等各个专业领域。具有雄厚的技术实力、科学、规范的管理方式，先进的检测手段，丰富的工程监理经验和良好的社会信誉。

公司具备港口与航道工程甲级监理、房屋建筑工程甲级监理资质；工程咨询甲级资质；招投标代理甲级资质；交通部设备专项资质以及市政工程监理丙级、设备监理乙级资质。公司还拥有交通部乙级、辽宁省二级检测试验室和先进的水下检测摄像设备，是中国交通建设监理协会副理事长单位、中国建设监理协会及中国工程咨询协会理事单位、辽宁建设监理协会及辽宁省设备监理协会副理事长单位、大连市建设监理协会副会长单位及大连市市政工程协会理事单位。公司始终保持了快速发展的良好态势：公司现已取得了监理工程项目300多项，监理工程投资总额300多亿元的优异成绩。监理的工程项目曾荣获“国家优质工程奖”、“詹天佑土木工程大奖”、“水运工程质量奖”等国家省部级以上奖项，还先后荣获全国“守合同重信用”单位、全国先进监理单位，交通建设先进监理单位、辽宁省先进监理单位、中国监理行业十佳客户服务满意单位等荣誉称号。

二、改革历程

大连港口建设监理咨询有限公司组建以来，以敢为人先的精神和开拓市场的勇气实现了跨越式发展，使企业走上了正规化、科学化、规范化的监理发展道路。

1993年，刚刚挂牌成立的大连港口建设监理公司，隶属于原大连港建港指挥部。当时，仅有十几名员工从事监理工作，公司没有独立的管理架构，施工监理与工程管理混为一体，工程监理还停留在计划经济体制下的甲方管理模式上。直到1995年，监理公司才从原大连港建港指挥部分立出来，正式成立了大连港口建设监理咨询有限公司。

公司成立之初，各种问题纷至沓来：当时正值大连港大窑湾集装箱一期工程前四个泊位刚刚建成投产，港口建设处于阶段性停息阶段。港内市场日渐萎缩，监理工作量递减，公司已连续几年亏损。社会监理企业纷纷成立，激烈的市场竞争给困境中的监理公司带来了前所未有的竞争压力。面对企业生存的危机，1997年，公司一班人沉下心来，理顺思路、研究市场规则、统一思想，确定了企业要发展必须按照市场经济要求，建立与市场接轨的现代企业制度，在深化内部改革的基础上，向市场获取资源，全面实施“走出去”的战略决策。在新的经营理念下，按照“打造标准化体系，向精细化管理要效益”的目标，迈出了标准化管理的第一步。公司全面推行标准化、规范化的质量管理，编写了监理人员作业指导书、监理安全指导规则等一系列规章制度，并于当年通过了ISO 9000标准质量管理体系认证，成为辽宁省第一家通过ISO 9000认证的监理企业。此外公司还每年投入50多万元加大培训教育力度，提升职工的职业技术，培育职工的市场意识；加大现代化设备设施、电子软件的投入，领先同行在公司内推广应用监理网络计划，使监理工作细化到每一环节。在标准化模式管理下，公司真正实现了工程监理每个环节都有章可循，职工也逐渐树立了按制度和规矩工作的意识，服务水平不断提高，为监理公司走向社会监理市场提供了有力的保障。

1999年，在中海油绥中36-1油田二期开发原油码头工程招投标中，大连港口建设监理咨询有限公司突破港外市场“瓶颈”一举中标，成为公司发展壮大的起点。中海油绥中36-1油田二期开发原油码头工程招标过程中，参与投标的几家监理公司都是国内知名监理公司，公司在知名度上远远不及其他几个投标单位。但在投标项目答辩现场，大连港口建设监理咨询有限公司凭借充足的准备和针对中海油绥中36-1油田二期开发原油码头海洋性气候码头在设计上和码头建成投产后使用上的缺陷提出了至关重要的10多条建设意见，获得了答辩现场评委的一致好评，赢得业主的信任。签订了这项工程的监理合同。合同签订后，公司落实项目总监负责制，想业主之所想，急业主之所急，靠一个“严”字把住了工程的质量命脉。提出多项合理化建议，并协助工程设计部门对设计进行了多次修改。为业主实实在在节省了投资，缩短了工期，增强了码头的实用性。负责中海油绥中36-1油田码头工程项目的业主单位负责人在项目结束后发自肺腑地说：“这两年与大连港监理公司合作，让我们真正体会到了监理对工程质量、进度、造价的作用。”

经过几年市场竞争的历练，公司在监理市场的风雨洗礼中得到了锻炼。成功走向市场的每一步让公司一班人看到了管理的价值。在国家推行 ISO 14000 标准环境管理体系认证和 ISO 18000 标准职业健康安全管理体系认证之时，大连港建设监理咨询有限公司又于 2004 年率先通过这两个体系的国家认证，形成了一套公司独有的、全新的工程监理管理标准体系。在公司全面落实标准化、规范化管理的同时，具有里程碑式意义的重大变革再一次掀开了公司发展历程上具有重要意义的一幕。2004 年，公司作为大连港集团首批改制企业正式注册。在改制的当年，公司确定了“团结、诚信、求是、创新”的企业精神，“监理一个项目，赢得一个业主，结交一方朋友，开拓一方市场”的经营理念，确立了以质量求生存、以品牌促发展的经营发展战略。为进一步转变职工的思想观念，公司相继进行了内部体制改革，设置一室三部，即办公室、工程管理部、经营部、财务部，下设招投标代理部和数十个项目监理部，建立起适应公司发展的新框架；推行监理项目总监负责制，实现扁平化的企业经营管理模式，促进职工的市场意识和活源争揽意识；加强人才队伍建设，分流冗员，引进和招聘高端技术人才；全面实行办公网络化；为了保证监理的科学性和权威性，公司还投资 100 多万元建立和完善了“工程检测实验室”，配备了先进的水下检测设备等等，使公司不断发展壮大。

尤其是在大连港建设东北亚国际航运中心的征程中，公司以高度的主人翁精神和强烈的责任感，抓住施工质量命脉。公司承揽了国内最大的矿石码头的建设监理任务——大连港 30 万吨级矿石码头。该项工程不仅建设规模空前、工艺复杂，而且综合性极强。监理公司在监理的全过程中，利用双代号网络计划技术做到事先控制，确立以水上工程施工为主线，以陆上工程设备安装期限为控制节点的总体思路，加强对目标的预控和动态调整，凭借雄厚的施工技术力量首次采用峒式爆破技术进行山体爆破作业，在码头结构施工中首次采用了椭圆形沉箱这种既增强码头结构的安全性，又能降低工程造价和加快工程进度的新工艺，在整个工程中先后采用了 20 多项新工艺、新方法，使原本计划 36 个月完成的浩大工程提前了整整 14 个月投产，工程实际投资 14 亿元，比概算投资节省 2.4 亿元。该工程在码头泊位吨位上创下目前国内第一，码头工艺在全国乃至世界处于领先水平，大连港矿石码头装车楼、抓斗机等设备均属目前国内最大，却一次试载成功。看似不可能的任务在监理员工的日夜奔忙和拼搏中奇迹般的完成。

在大连港建设东北亚国际航运中心这一历史性机遇中，公司发展实现了质的飞跃，发展了企业，壮大了队伍，扩大了经营领域，在充分利用公司良好的信誉及雄厚的技术力量的基础上，开展了招投标代理、技术咨询、设备监理等业务，并先后承揽了保税区、港口局、大窑湾物流园、中远船坞等部门的招投标代理业务，至 2007 年 6 月底累计完成招标项目约 242 项，累计完成代理额约 44.5 亿元，投诉率为 0，业主满意率 100%。更为可贵的是在这段时期，大连港建设监理咨询有限公司构建和培育了坚实的企业文化。公司在立足港口监理市场，参与市场竞争的过程中，塑造了自己过硬的监理品牌。

在监理大连造船重工 30 万吨船坞工程项目中，交通部、辽宁省质监站领导多次在该船坞的检查中赞扬：“能把船坞工程干到这个程度，了不起!”大连造船厂船坞总指挥高兴地说：“由监理公司提供的监理月报图文并茂，工程情况一目了然，这种细致的工作作风决定了我们的船坞必定是项精品工程!”在业主和施工单位的交口称赞中，青岛北海船厂船坞工程等省外船坞招标邀请接踵而至。截至目前，公司已经先后监理了十几座大型、特大型造船坞工程，积累了丰富的船坞建造经验，成为国内船坞工程监理方面的佼佼者。其中大连造船重工30万吨船坞工程获得2005年交通部十大优秀工程奖，是目前国内船坞工程中唯一获得奖项的工程。几年来，他们先后监理过云南、龙口、青岛等诸多港口水运、土建工程、市政工程、机械安装等工程项目。这些项目的承接不仅使大连港口建设监理咨询有限公司获得了良好的经济效益，也得到了社会的丰厚回报。公司1997年年产值仅为180多万元，而到2007年，公司的年产值已经跃升为近3 000万，曾被行家誉为是“不可思议的奇迹”！

目前，公司根据业务发展需要，不仅已经将业务触角发展到了渤海湾港口及青岛等地，还把市场开拓到了广东湛江。已经成立2年的青岛监理分公司经营业绩突出，在青岛乃至山东地区树立了良好的企业信誉。公司的经营业绩始终位居行业的前列。

三、发展成就

十几年来大连港口建设监理咨询有限公司监理业务成绩斐然，公司1997年年产值仅为180余万元，而到2007年，公司的年产值已经跃升为近3 000万元。公司不仅具有雄厚的技术实力、科学规范的管理方式、先进的检测手段和良好的社会信誉；而且还拥有一支专业技术覆盖水工、装卸工艺、机械安装、港口建筑、工业及民用建筑、结构、给排水、消防、采暖、通风、空调、动力、供电、控制、环境保护、通信、导航、储油工艺、输运工艺、制冷设备、道路、桥梁、堆场等诸多领域经验丰富、工作敬业的监理队伍。

目前公司212名员工中，具有中、高级职称技术人员118人，取得建设部全国注册监理工程师证书的40人，取得交通部全国注册监理工程师证书的75人，取得设备、咨询、造价等国家其他注册类证书的31人。专业技术人员包括了港口工程、工民建、机械设备、石油储运、市政等诸多专业。公司不断加大现代化设备设施、电子软件的投入，领先同行在公司内推广应用监理网络计划，建立了“工程检测实验室”，使工程监理更具有科学性和权威性。确保了工程监理“三控一管”的有效落实，把住施工质量关，安全关，创造了一个又一个精品工程，受到业主广泛赞誉。

工程监理新工艺、新技术得到普遍应用。在公司监理的300多项工程中，工程新工艺、新技术得到普遍应用，监理业务成绩斐然。其中大窑湾港区一期工程后六个泊位凭借“科技创新项目多、精、尖”的优势，一举荣获第六届“中国土木工程詹天佑大奖”。该工程在设计方面采用集消浪、透流、轻型为一体的梳式防波堤，发展了国内外消减波浪力的理论和技术，总体达到了国际领先水平；工作船码头建设采用了带卸荷板的异型空箱结构——空箱前面板上部全开口，开孔率达40%，后面板下部全开口，箱内填料与棱体相连，这种建造模式不仅降低了消浪反射系数，又减小了断面的码头结构；该工程还建设了一套高效快速、安全可靠、开放的网络平台和信息交换平台，对码头生产进行全方位的信息化、电子化、自动化、网络化管理，通过大连EDI中心实现与相关企业和政府部门的电子数据交换，为全球范围的客户提供服务。

在施工方面，该工程采用方驳加挖掘机抛石的工艺；浇混凝土作业方面，项目组自行研发一条海上混凝土拌和船，不仅满足了上部结构混凝土分段浇筑的需要，同时也为后续类似工程提供了宝贵经验。

由公司监理完成的目前国内最大的大连港30万吨级原油和30万吨矿石深水码头工程，更是代表了目前国际先进水平。这两项工程地处外海，水流湍急，水深最深处达30米。监理人员克服了水上施工史上罕见的困难，在工程建设速度、新工艺、新技术、新材料应用上，再一次创造了国内码头建造史上的奇迹。

大连港30万吨矿石码头工程创下了国内同类码头中首次采用装车楼系统；首次采用含矿污水处理回收系统；自主研发了全部装卸工艺的自动控制系统；首次由建设单位独立承担所有工艺设备的采购与集成；首次采用开孔圆沉箱技术；首次利用海水淡化作为码头生产生活水源；高边坡防护首次采用土工格栅；首次对大型设备进行海上整体吊装等新技术、新工艺，使工程在装卸工艺、自动控制、安全、环保、节能等方面均处于国内先进水平。使原本计划36个月完成的浩大工程提前了14个月投产，该工程凭借创新的技术和工艺获中国土木工程界最高奖"詹天佑奖"。

在大连港30万吨级原油码头工程监理过程中，大连港口建设监理咨询有限公司凭借多年积累下来的丰富经验和一流专业人才队伍的智慧与力量，坚持科学决策，标准化管理，严格落实"三控一管"监理措施，确保施工工程质量，创造性地监理建造了这座深水深用、安全可靠、科学、经济的敞开式、大型深水码头。该工程质量现状评价始终为优良，被国家工程建设质量审定委员会授予"2007年国家优质工程银奖"、2007年"国家科技进步二等奖"、辽宁省优质工程奖、全国用户满意工程奖等殊荣。

船坞工程是水运工程的重要组成部分，实施船坞工程监理，大连港口监理咨询有限公司有着丰富的管理经验。在1999年大连造船重工30万吨船坞工程监理项目中，大连港口建设监理咨询有限公司充分发挥了水运工程及配套专业人员密集的特长，充分利用丰富的施工管理经验，精心组织，科学管理，工程突破了以往船坞工程项目不漏不裂的标准，创造了船坞工程不渗、不漏的新标准，过硬的工程质量把关使该项工程获得2005年交通部十大优秀工程奖，是目前国内船坞工程中唯一获得奖项的工程。

此外，公司还成功监理建造了目前国内最大规模的"湿法"施工船坞——大连香炉礁港区新建造船坞工程等一系列船坞建造工程，其中30万吨级以上的船坞工程就有7个之多。

在这些工程监理过程中，众多新技术、新工艺的应用不仅成为国内码头建设史上的宝贵财富，也标志着大连港口建设监理咨询有限公司在船坞工程监理方面已经走在国内前列。

在做精、做强水运工程监理品牌的同时，大连港口建设监理咨询有限公司积极拓展业务领域，利用专业优势与技术经验，逐步将主营业务扩展到土木建筑工程建设监理、工程技术咨询、建筑工程招投标代理、设备监理、石油储运工程建设监理等多项领域。由公司监理的大连港30万吨矿石码头大型港口设备项目中，该码头上3台64吨矿石抓斗机、6台4 500吨斗轮堆取料机、2台4 500吨装车楼设备堪称国内一流，码头工艺在全国乃至世界处于领先水平。此外还在监理大连造船厂300吨门式起重机的设备安装等项目中，为广大客户和业主提供了全过程和全方位的优质服务。业务领域和范围的拓宽，为公司的长远发展奠定了基础。

十几年来，公司以一流的技术水平、科学的工作精神打动了一个个业主，留下了一项项精品工程，树立了自己的"品牌"。目前，公司已经成为东北地区港口工程监理的龙头企业。

四、基本经验

大连港口建设监理咨询有限公司历经14年的发展创业之路，既有过失败的教训，也有过成功的喜悦，这些都是在实践中积累起来的宝贵经验。

1. 先进的文化是做大做强企业的力量源泉

公司所取得的成绩得益于多年来公司始终把企业文化建设作为战略性任务摆在重要位置，始终以文化建设作为引领和凝聚职工队伍的精神力量。使得这种精神在传、帮、带中延续至今。目前公司提出的“监理一个项目，赢得一个业主，结交一方朋友，开拓一方市场”的经营理念，通过有效的制度保证，得到了公司上下的高度认可，公司每一个员工不仅能够铭记在心，而且能够使这种文化转化为每个员工的具体行动，体现在为客户服务的每个工程中，从而把工程监理的过程转变为企业营销的过程，不断地赢得客户的信赖，为企业赢得市场，赢得荣誉。

2. 高素质的人才队伍是企业发展的重要保证

公司领导层始终把人才队伍建设作为企业可持续发展的重要支撑和有力保证。公司每年都要引进技术人才，充实监理人员队伍，提升企业的造血机能；同时，公司还为在职员工提供多渠道学习实践机会，使每一名员工在项目实践中不断成长，掌握一套自己的“绝活”。经过几年的努力，目前公司已经基本形成了专业技术全面、年龄结构合理的员工队伍，能够满足不同工程项目对监理企业人才的需要。

3. 标准化、规范化管理是企业保持可持续发展和赢得市场竞争的重要手段

规范化管理是练好内功、夯实管理的基本要求。公司从1997年以来，先后通过ISO 9000标准质量管理体系认证以及ISO 14000标准环境管理体系认证和ISO 18000标准职业健康安全管理体系认证，一整套标准化管理体系不但使企业的各项工作有章可循，各个岗位责权明确，而且成为公司成功闯入市场的“入场券”和“通行证”，既保证了监理企业管理目标得到有效落实，也保证了现场监理的质量。

五、发展展望

在未来的发展中，公司将紧紧抓住建设东北亚重要的国际航运中心和振兴东北老工业基地的有利契机，立足港口建设市场，拓展环渤海湾的港口建设监理市场份额，同时积极开拓全国范围内的港口建设监理市场，进一步增加公司在建设市场的影响力与竞争力。不断延伸监理服务领域，将业务链条向施工监理的前期延伸，充分利用已有的技术、市场、管理优势等资源优势，积极拓展项目管理等工程管理新业务；开拓设备监理、拓展招投标代理乃至工程承包等新的业务领域，努力形成全过程的监理服务品牌。积极构建与市场接轨、与改革同步、与管理一致的，具有监理企业特色的企业文化。全力创新客户关系，树立协作共赢的市场理念，客户是我们的衣食父母，是在保证客户利益的基础上，实现自身利益的最大化。坚持品牌经营，诚信服务，逐步打造具有自己知识产权的监理品牌，进一步提高监理公司的核心竞争力，力争在“十一五”期间把公司做成一流的具有公信力的综合性的监理咨询企业。

信守工程管理诺言

西安方舟工程咨询有限责任公司

一、企业介绍

西安方舟工程咨询有限责任公司(以下简称方舟公司)成立于1994年，其前身是交通部第一公路勘察设计院监理处，成立之初名称为西安方舟工程咨询监理有限责任公司，2004年6月更名为西安方舟工程咨询有限责任公司。

方舟公司系国有控股的股份制企业，公司机关设综合部、工程部、设计部、咨询部、经营部、财务部等部门；下设重庆分公司、新疆分公司、北方分公司及计算机子公司。

方舟公司现有员工318人，其中教授级高级工程师6人，高级工程师37人，工程师115人，助理工程师103人，辅助生产人员57人。享受政府特殊津贴的专家5人。

方舟公司具有公路工程监理甲级资质、特殊独立大桥、特殊独立隧道两个专项监理资质，以及公路工程咨询乙级资质、公路工程设计乙级资质。可从事公路工程可行性研究、项目建议书编制、招标文件编制、设计审查及咨询，公路工程及特殊独立大桥、特殊独立隧道的监理，软件开发等业务。

方舟公司成立14年以来，工程监理、技术咨询等业务先后拓展至19个省市自治区，近两年积极参与国际市场竞争，先后参加埃塞俄比亚、泰国、阿尔及利亚等国公路工程监理投标活动，于2008年通过国际投标，拿下泰（国）老（挝）边境湄公河大桥监理任务，率先挺进国际市场。

方舟公司成立14年来，合同额、营业收入、总资产逐年上升，1994年合同额268万元，营业收入30万元，总资产100万元；2007年合同额4 440万元，营业收入5 500万元，总资产4 500万元。

二、改革历程

方舟公司是在改革开放大潮席卷神州、公路交通事业飞速发展的大好形势下应运而生的。交通部第一公路勘察设计院（当时名称，下同）作为京津塘高速公路建设项目的设计总抓单位和监理参加单位，在该项目的技术准备、勘察设计、招标文件编制、工程监理过程中，锻炼了一大批“接触洋专家、了解洋规则”的技术人才。而几乎同期进行的安徽铜陵长江大桥工程监理的成功实践，又为交通部第一公路勘察设计院在特大型桥梁工程监理方面锻炼了队伍、培养了人才、积累了经验。方舟公司正是在这样的背景下成立的。

方舟公司在14年的改革发展历程中，经历了一系列探索、调整、优化、提高，对改革发展有重大影响的标志性事件主要有：

1995年，提出“四个一”经营目标，即：承接一项工程，树立一块牌子，开辟一片市场，锻炼一批人才。同时推行岗位负责制，总监、副总监上岗前需与公司签订岗位责任书，明确职责，奖优罚劣，初步建立激励机制。

1996年，进行股份制改造。由交通部第一公路勘察设计院下属分公司，改为具有独立法人资格的国有控股的有限责任公司，这一改革使公司体制更趋完善，员工的积极性、主动性、创造性再次激活，主人翁的责任感和使命感愈发增强。

1997年，制订科技论文发表奖励办法，后又增加管理、学术专著等方面内容，号召并鼓励工程技术人员及时总结工程实践经验和管理心得体会，发表后根据公司评选定级情况，分别予以奖励，以提高员工理论素养，展现企业技术强势。

1998年，成立计算机子公司。选拔抽调数名通晓路桥设计和计算机技术的工程技术人员，专门从事软件开发，为公司提供强有力的科技支撑。之后《桥梁计算机辅助设计系统》、《桥梁上部CAD系统》、《涵洞绘图系统》、《监理项目管理信息系统》、《公路工程项目管理信息系统》等一系列软件逐年开发成功。

2000年，成立专家组，聘请中交第一公路勘察设计研究院及国内其他单位从一线退下来的知名专家，常驻公司，主要负责公路、桥梁、岩土工程的审查咨询业务，同时对年轻工程技术人员实施“传帮带”，为工程监理业务提供强大技术后盾，为实施“高端化”发展战略做好技术储备。

2001年，吸收引进新生力量。在专业院校大学本科毕业生中择优聘用15人，作为新生代重点培养，可能出现的人才断层现象得以修复，技术干部的基础学历显著提高，年龄梯次更趋合理，专业搭配更加协调。

同年，制订人力资源管理办法。针对行业内普遍存在的监理人才招聘易、留住难、流动快、制约难等问题，结合岗位责任制和激励机制，用制度规范人才的日常管理、绩效考核、职务升降、轮岗辞退等。

2002年，积极参与协会事务。公司成为中国交通建设监理协会常务理事单位，总经理李良出任中国交通建设监理协会副秘书长，并承办中国交通建设监理西部片区调研座谈会，之后一直倾尽心力服务大局，为行业协会的发展做出贡献。

同年，改革工资制度。根据中交第一公路勘察设计研究院关于工资制度改革的精神和原则，对结构工资体系和组成进行进一步优化。

2003年，通过ISO 9001质量管理体系认证，发布实施企业标准。公司各项管理制度、程序、方法从此与国际通行规则接轨，公司管理日趋标准化、规范化、程序化，为实施“国际化”战略提前做好战术准备。

同年，成立重庆分公司，开始推行和实施“重点市场、重点培育”的经营策略，并选拔优秀青年技术人才赴重庆交通大学就读工程硕士，为公司培养新一代技术骨干。

2004年，更名为“西安方舟工程咨询有限责任公司”，取消原名称中的“监理”一词。此举意在强调和展布“一业为主、多元支撑、主业做强、新业做大”的发展格局，继续占有和扩大监理市场，积极开拓咨询市场，主动寻找勘察设计合作渠道。

同年，成立新疆分公司，“重点市场、重点培育”的经营战略得到进一步加强。

2005年，出版《斜拉桥施工监理》专著，对斜拉桥施工监理的特点、方法、经验进行了全面而系统的总结，在业界引起较大反响。

同年，强化专家作用。接受中国交通建设监理协会委托，为《中国交通建设监理》杂志主持“专家答疑”栏目，彰显方舟公司在业界内的技术优势。

2007年，对公司网站全面改版。进一步借助信息化手段，提升和宣传公司形象，增设职工论坛，倾听员工心声，营造和谐现代的企业文化氛围。

同年，开发使用《方舟人力资源管理系统》，公司人力资源管理全面实现信息化；参与埃塞俄比亚公路建设项目监理咨询投标，为国际项目投标积累了经验。

2008年，再次改革工资制度，修订员工休假制度。在宣贯《劳动合同法》的基础上，对工资制度、员工休假制度进行调整和完善。

同年，参与阿尔及利亚、泰国等国际项目投标，在泰（国）老（挝）边境湄公河大桥工程监理项目上取得成功，实现了国际市场零的突破，与国内同行相比，又一次在挺进国际市场之路上走在了前列。

方舟公司走过的14年，是风雨兼程、敢为人先的14年，是大步迈进、步履稳健的14年，是锐意改革、开拓创新的14年，是精诚团结、拼搏奋进的14年。

“十年磨一剑”。1994年~2004年这10年是方舟公司的打造品牌阶段。在这10年间，方舟公司着力打造企业品牌，努力培养技术优势，全力做好制度建设，极力稳固已有市场。在这10年间，方舟公司面对竞争日趋激烈的市场环境，坚持有所为有所不为，坚持以优质服务取胜，坚持用业绩积累实力；坚持深挖潜力勤练内功。

通过前10年的不懈努力和追求，方舟公司完成了各项准备，具备了“亮剑”的胆略和实力，2005年之后，方舟公司进入了开拓奋进的新阶段，迈向市场的步伐更加坚定而从容，2006年合同产值首次超亿元，实现了历史性突破。在2005年~2008年这4年间，方舟公司认真研究市场发展的特点和规律，适时调整自身发展的战略和思路，继续强化高速公路、特大型桥梁、特长隧道三大工程领域的监理技术优势，积极参与国内、国际市场竞争，向“服务高端化、市场国际化”的企业发展目标奋力迈进。

三、发展成就

1. “四个一”

回顾方舟公司14年风雨历程，总结方舟公司14年成绩经验，可以这样简单概括：铸造了一个品牌，锻炼了一支队伍，培育了一个优势，发挥了一个特点。

品牌：在14年的改革发展历程中，不管是对监理主业，还是对勘察设计、审查咨询、软件开发等新开辟业务，方舟公司始终尊重市场经济发展规律，恪守诚信，狠抓管理，力争用最优质的服务、最良好的信誉，精心锻造“方舟”品牌。经过14年的细心培育，“方舟”这一品牌已经得到了业界的普遍认可和好评，品牌效应初步显现。面对赞誉和表扬，方舟公司始终坚持用优质服务回报业主、回馈社会。

队伍：在14年的改革发展历程中，方舟公司秉承人才资源是企业发展战略第一要素这一原则，从聘请专家、选拔干部、奖励先进、发展党员、招聘学生、岗位设置、专业搭配、技术培训、业绩考评、合同管理这十个方面着手，认真细致地做好人力资源管理工作，努力锻炼和培养一支“特别能吃苦、特别能战斗、特别能奉献、特别能团结、特别能忍耐”的职工队伍。如今，公司人才总量、结构组成、专业搭配、年龄梯次均较成立初期发生了质的飞跃，年轻人才的迅速成长为企业健康快速发展提供了强大的活力和后劲。

优势：在14年的改革发展历程中，方舟公司认真结合自身的人才布局和技术专长，积极培育独具特色的技术优势。在引进和培养技术骨干、收集和筛选市场信息、参与和争取投标中标等活动初期，就将着眼点、着力点放在高速公路、特大型桥梁、特长隧道这三个方面，力争在这三个工程领域将监理业务做好做强、做出优势，避免成为什么都能做、什么都做不强的“万金油”，力争实现人无我有、人有我强，从而让这个技术优势成为方舟公司在国内国际市场竞争中与高手博弈时的“看家宝”。

特点：在14年的改革发展历程中，方舟公司聘请了10多位从勘察设计、施工、监理、科研一线退下来的国内知名专家，组成专家组常驻公司。这些专职而非顾问的老专家，技术专长涵盖公路交通建设各领域，其中尤以路桥、地质、钢结构等专业见长。实践证明，邀请10多位国内知名的老专家为方舟公司坐镇，是一个超前而理性的选择。正因为有了他们，方舟公司才能为业主和承包商提供超出一般监理层面的咨询服务，从而在“怎样提供服务、服务水平如何”这个问题上做出了特点，做出了效益，做出了口碑。

2. 主要业绩

截至2008年6月底，方舟公司共完成各等级公路工程监理项目45个，里程合计达2 310多公里，其中高速公路工程监理项目31个，里程合计1 670多公里。共完成73座大桥、特大桥工程监理，长度合计61 013延米，其中斜拉桥9座，跨长江7座。共完成10座隧道工程监理，长度合计31 748延米，其中特长隧道2座，长隧道6座。

在桥隧监理诸多业绩中，尤其以以下桥梁、隧道工程最为著名。

(1)浙江温州大桥：全长6 977米。主桥为双塔双索面PC斜拉桥，跨径组成135米+270米+135米。国内最长的高速公路跨江大桥。

(2)湖北荆州长江公路大桥：全长4 177.6米。北汊通航孔桥：双塔双索面PC斜拉桥，全漂浮体系，跨径组成200米+500米+200米；三八洲通航孔桥：预应力混凝土变截面连续梁，跨径组成：100米+6×150米+100米。同类型桥梁中世界第二、亚洲第一。

(3)湖北鄂黄长江公路大桥：全长2 345米。主桥为双塔双索面PC斜拉桥，跨径组成55米+200米+480米+200米+55米。同类型桥梁世界第三、亚洲第二。获国家优质工程银奖。

(4)陕西秦岭终南山公路隧道：全长18 020米，双洞，长度居世界第二、亚洲第一。

(5)广州东二环龙头山隧道：双向八车道，宽度2×18米，世界第一。

而在方舟公司完成的诸多高速公路监理项目中，重庆武隆至水江高速公路BJ1合同段因桥隧密布而最具特色：路线长度24.77公里，桥梁总长度占路线长度的12.98%，隧道总长度占路线长度的83.23%，即：桥隧总长度占路线长度的96.21%。这一比例，在国际国内公路建设史上均属罕见，一方面说明了我们的技术实力，一方面显示出业主的高度信任。

3. 主要荣誉

(1)1996年，被交通部评为交通系统工程监理先进集体。

(2)1997年，总经理李良被陕西省团委、青年实业发展促进会评为优秀青年实业家。

(3)1997 年，被评为成绵高速公路工程监理先进集体。

(4)1998 年，被温州市委、市政府评为大桥建设先进单位、重点工程建设先进集体。

(5)1999 年，获中国公路首批（15 家）名牌企业称号。

(6)2001 年，被交通部评为 1999 年～2001 年度质量年活动先进集体。

(7)2001 年，被中国资信评价中心等评为中国建设系统企业形象 AAA 级单位。

(8)2002 年，总工程师张军被授予荆州大桥建设十大功臣称号。

(9)2002 年，被评为鄂黄长江大桥优秀监理单位。

(10)2003 年，被评为哈尔滨绕城高速公路优秀监理单位。

(11)2004 年，总经理张军被评为全国先进监理工程师。

(12)2004 年，被评为安庆长江大桥建设工程有功单位。

(13)2004 年，总经理助理谢成远被评为安庆市劳动模范。

(14)2004 年，许玲、邢乔山被授予安庆大桥建桥功臣称号。

(15)2005 年，被评为深圳湾大桥建设先进单位。

(16)2005 年，被陕西投资集团公司评为秦岭终南山隧道优胜参建单位。

(17)2006 年，被评为渝遂高速公路监理工作先进单位。

(18)2004 年、2006 年，被中国交通建设监理协会评为交通建设优秀监理企业。

(19)2008 年，总经理李良被评为中国交通建设监理十大突出贡献人物。

(20)2008 年，总工程师张军被评为中国交通建设监理优秀人物。

四、基本经验

方舟公司 14 年改革发展取得了一系列成就，其基本经验主要有以下几点：

(1)坚定改革信念，不断创新突破。改革中出现的问题，必须靠深化改革来解决，企业管理者必须学会并善于解放思想，转变观念，通过体制创新和制度创新，找到顺应市场规律、适合自身特点的发展之路，即通过改革找出路，通过创新谋发展。

(2)准确把握市场，适时调整策略。交通建设监理市场渐趋成熟和理性，但也存在一些不确定、不和谐因素，因此必须及时地收集、分析和研究市场信息，掌握市场动态和变化规律，适时调整经营策略，避免因主观和盲动造成失误。

(3)强化技术优势，提供高端服务。积极培育并不断强化三大工程领域的技术优势，注意依靠并充分发挥老专家的技术专长，在市场竞争中保持一定的技术强势，为客户提供超出一般监理层面的高端服务，并以此赢得信任、扩大市场。

(4)培养引进人才，增强发展后劲。坚持充分信任、大胆使用、传帮带教、严格要求的原则，坚持培养与引进相结合的方针，坚持用工程实践来锻炼提高的方法，尽快使不同专业、不同学历、不同年龄的年轻技术干部迅速成长为技术中坚力量。

(5)业务合理布局，推行一主多元。始终以工程监理为主业，巩固扩大国内市场，积极开辟国际市场，走国际化发展之路，同时努力加大技术咨询、软件开发、勘察设计等业务领域的开发力度，培育更多的经济增长点。

(6)爱惜企业声誉，珍惜方舟品牌。不论产值压力有多大，方舟公司始终坚守品牌价值理念，决不为追求经济效益而租售品牌迷失自我。

五、发展展望

改革的道路还很漫长，发展的道路永无终点。尽管和监理界同行一样面临着市场竞争异常激烈、社会负担迅速加重、人员多收费少、责任大权力小等一系列尖锐复杂的困难和矛盾，然而只要有交通运输部、中国交通建设监理协会的关心指导和中交第一公路勘察设计研究院的帮助扶持，只要公司坚定不移地沿着改革开放的道路勇敢前行，持之以恒地朝着“服务高端化、市场国际化”的目标大步迈进，前方的道路就一定会充满希望。

中华之盾　质量之盾

天津市华盾工程监理咨询有限公司

天津市华盾工程监理咨询有限公司，原名天津市道路桥梁监理公司。1987年3月成立，2001年底完成改制。曾参与京津塘高速公路工程的监理工作，是国内最早注册成立的具有独立法人资格的专业化监理咨询公司。

公司主要承揽高速公路、复杂结构工程、特大桥梁、市政公用工程、房屋建筑工程、地铁、隧道、涵洞、污水处理等工程的监理，具有监理咨询、工程造价、招标代理和项目管理执业资质。总资产2 100万元，注册资本400万元。设有四部二室，现有员工201人，具有大专以上学历占89%，中高级职称83人，占41%，持有监理工程师、咨询工程师、工程造价师等资格证书的137人，先后有6人被评为部级优秀总监和优秀监理工程师。公司拥有交通部、建设部双甲级资质，信用等级为AAA，通过了国际知名的英国劳士公司进行的ISO 9001:2000质量体系认证。曾荣获中国交通建设监理协会优秀企业，天津市工程建设监理名牌企业，天津市守合同重信誉单位。

一、顺应时代需求，率先成立监理公司

20世纪80年代初期，天津市正处于城市基础设施大规模建设初期，市委市政府制定了“三环十四射”为代表的城市建设发展规划。为了确保中环线、外环线等重点工程的施工质量，开始组建质量监理站，主要职责是对工程质量、进度实施控制和监管。随后，我市又承接了国内第一条利用世界银行贷款项目——京津塘高速公路工程，按照“世行”要求，执行国际通用FIDIC条件，必须由公正独立的互不隶属的第三方进行监理，而且要形成独立实体，要由注册的企业法人来完成。为此，在有关部门帮助支持下，1987年3月，以原质量监理站为班底的天津市道路桥梁监理公司应运而生，成为天津市第一家正式注册的监理单位，也是全国首家注册成立的专业化监理公司。

2000年初，随着建设体制改革的深入，按照国家有关规定，为进一步推进和规范公司行为，我公司就企业改制问题进行了探索研究，完成了资产评估和以产权置换为主要内容的产权制度改革，率先实施了多元化投资结构主体改制方案，加大了自主经营和决策的力度。经过多方积极筹划，于2001年底，天津市道路桥梁监理公司正式更名为天津市华盾工程监

理咨询有限公司。

随着投资体制的改革和建设市场的逐步开放，国外先进管理模式逐步被接受和引进，监理企业原有的主要职能已经不能满足建设方对项目管理多样化、专业化的要求，市场上陆续出现了项目策划、设计监理、全过程造价咨询及招标代理等综合性服务。监理企业由施工阶段向两头延伸、拓展业务范围，逐步与国际惯例接轨，是实施跨越式发展的又一次突破。

华盾公司是第一批参加了利用“世行”贷款项目的监理公司，取得了“世行”认可，被列入“世行”咨询服务采购名单。同时完成了一批工程项目的可行性研究、工程施工、监理招标文件编写等前期咨询服务。在此基础上，2003 年承担了天津市快速路和海河桥梁及周边道路改造项目，代替业主部分职能，以项目监理管理处形式，对总投资 100 亿以上、30 多个不同地区人员构成的监理合同，提供前期招投标、施工过程、竣工验收等各阶段的咨询服务和项目管理。这种新型管理模式在本市尚属首创。

项目监理管理处的产生和推广，是公司自寻突破、自求发展，朝着知识密集型、智能管理型方向发展的重要步骤，同时，也得到了合作业主的认可和主管部门的好评。几年来，这一形式逐步被建设市场所青睐和借鉴，在天津滨海新区、河北迁西等项目中，仍然采用了这一独有的管理优势为建设方提供全方位服务。

二、强化基础管理，努力提升竞争实力

公司改制后，董事会和领导班子，严格按照“产权明晰、权责明确、政企分开、管理科学”的现代企业管理模式，义不容辞地担当起了第二次创业的历史重任。不仅较好地解决和完善了改制前后衔接转轨，同时，解放思想、与时俱进，坚持科学发展观，始终以实现公司发展规划和股东利益为大局，以“提升华盾品位、树立华盾品牌，塑造华盾形象、创建一流队伍”为目标，以“做诚信员工、监诚信工程、塑诚信形象、建诚信企业”为宗旨，以“管理科学、程序规范、工作严谨、服务优质”为质量方针，强化基础管理，规范监理程序，全力打造精品工程，使华盾监理作为新体制下诞生的新品牌，逐步走向市场，走向成熟，走向强大，发展成为同行业中有实力、有活力、有信誉的品牌之一。

经股东代表推选出的董事会成员，在全体股东代表大会上郑重承诺：以维护公司信誉、推动公司发展为己任，坚持以人为本、诚信至上，积极拓宽市场开发，构建人才聚集优势，勤奋敬业，清廉从政，严于律己，不辱使命。

公司建立了董事会和领导班子的议事制度、重大问题论证决策制度、定期向股东代表报告制度和成员年终述职制度。党组织围绕以经营工作为中心，以党建带动领导班子建设，积极创建学习型、创新型团队，严格规范领导干部行为。每年初，主要领导与班子成员、部门负责人签订廉洁自律责任书，开展对项目负责人的廉政专题谈话，自觉抵制市场环境诱惑和各种违规操作。积极推进具有监理行业特点的企业文化活动，通过开展一系列的读书、交流、请专家授课等途径，提升企业文化品位和员工文化心理素质，增强凝聚力、向心力和不断进取的创新力。

公司在深化内部管理上，重点抓住了三个层面：第一，健全基础管理规章制度。严格制定各部门岗位职责工作流程，加大对市场经营信息的研究和投标文件会审论证，出台了对所需人才的引进、培养、使用的相关鼓励政策，定期组织经济活动分析和质量安全专题会议，

推出了《监理项目经济承包考核办法》、《员工作业指导书》、《监理人员七不准》等文件。第二，加强对项目管理。强化质量安全意识、敬业诚信意识，全员签订安全质量责任书，定期开展对工程进展的关键部位、重点工序、隐蔽验收等环节的自查自检，结合典型工程，及时开展技术交流，扩大知识面。第三，强化项目总监理工程师的法律地位。注重提高综合管理和协调能力，在分配和待遇上拉开档次，在考核和使用上强化责任，在学习和深造上优先考虑，在奖优和处罚上加大力度。

三、坚持诚信为本，全力打造精品工程

公司自成立以来，承担的已完成和在监的国内大型重点工程项目达200多项，前期咨询服务与项目管理20多项。荣获中国土木工程詹天佑大奖4个，中国建筑工程鲁班奖9个，国家优质工程银质奖14个，部优工程8个，中国市政工程金杯奖22个，天津市政公路工程质量金奖48个，全国用户满意工程奖7个，全国技术攻关成果特等奖2个，天津市科技进步一等奖4个，世界桥梁大奖尤金·菲戈奖1个。

其中，重点工程获奖的项目有：

京津塘高速公路工程，这是公司的代表工程之一。是由交通部主持，与丹麦“金硕”咨询公司联合监理的国内第一条高速公路。全长142公里，跨京津冀三地，我公司承担了其中100.85公里，占总里程的70%以上，1993年竣工通车。该工程被誉为高等级公路实行监理制的典范、交通部改革开放以来“全国十大公路工程”称号，荣获中国土木工程詹天佑大奖、中国建筑工程鲁班奖。中央电视台“焦点访谈”等媒体多次给予报道。

沪宁高速，是江苏省内第一条高速公路，国家“八五”攻关的重点工程，主线全长248公里，我公司承担其中43.6公里。该工程建成通车后，为改善当地经济发展发挥了重要作用。1997年荣获中国土木工程詹天佑大奖。

津晋汉港立交工程，是一座结构多样、功能齐全的全互通大型立交工程。该工程于2002年建成通车后，大大促进了天津滨海新区的投资环境，并获得中国建筑工程鲁班奖。

津蓟高速，是由天津市自主筹建的第一条最长的境内高速公路，是通向蓟县旅游风景区的主要交通要道，被誉为国内第一条充满了人文理念的高速公路，2004年荣获国家优质工程银质奖。

海河大沽桥，设计构思为两个不对称的拱圈构成“日月拱”，预示天津美好的未来与日月同辉。有多项施工工艺为国内首创，该桥获得了世界著名桥梁尤金·菲戈大奖。

咸阳路污水处理厂工程，是我市首次采用污泥干化焚烧技术、日处理45万吨、远期处理63万吨、工程造价12亿元的大型规模水处理工程，为解决污水利用、创建环保城市发挥了重大作用。该工程2003年建成投入使用，荣获国家优质工程银质奖。

快速路津塘立交工程，位于天津市快速环线东南半环，为三层全互通立交，总建筑面积85 597.3平方米。该桥被市领导誉为“快速路第一桥”。2005年荣获国家优质工程银质奖。

在近期监理项目中，特点比较突出的重点工程有：

海河永乐桥，集交通、观光、游览为一体多功能桥梁，实现了独一无二的“轮桥合一”风格。全长603m，尤其是桥上直径110m的摩天轮将成为著名的地标，享有“天津之眼”的美誉。也是目前国内最大的全索结构的摩天轮。2008年7月通车。

海河赤峰桥，是国内唯一一座斜塔双索面弯斜拉桥，塔顶的球形和塔底的大船连接成的特色景观堪称国内一绝。球形质量100吨，倾斜63度、高64.923米。该桥建成通车后，有效缓解了天津站地区的交通压力。

北安桥改造，在各方面通力配合下，顺利完成桥身整体平行抬升1.5米。填补了我国桥梁同步顶升的一项技术空白。

此外，公司承监的京沈高速、唐津高速、津保高速、丹拉高速、京福高速、津沪高速、京津高速、津汕高速等陆续开通，为加强天津和环渤海地区的经济合作发挥了积极作用。

四、发挥自身优势，铸就特色经营战略

公司20年来取得的成就，得益于改革开放政策带动交通公路、城市基础设施建设步入快速发展轨道，为监理行业提供了发展壮大的机遇，得益于上级主管部门的大力帮助和支持，得益于公司历任领导班子和广大员工，兢兢业业、恪尽职守、无私奉献。主要体会有以下几点：

1. 审慎应对、理性决策，是实施经营战略的重要保证

随着建设规模的快速发展，各地区监理企业发展并不平衡，有些人员素质不高，责任心不强，管理混乱，诚信缺失，市场上也存在着不规范行为，外部环境日趋多变和复杂。

公司董事会在充分认识到市场竞争不利因素的基础上，统一思想，理性判断，冷静客观地提出了“适度规模，稳步发展，做实做强，创建品牌”的经营定位，坚持独具特色的发展道路。坚持舍小利、顾大义，不追风、不盲从、不贪大，努力在做专做精做强上下工夫。坚持公平竞争的运作法则，自觉维护行业信誉。在投标中，坚持前瞻性，着眼技术含量较高、工艺领先、结构复杂、有一定影响的工程项目；在组织中，坚持在主要管理岗位和关键工序的安排上，必须是持证的自有员工，减少外聘人员比例，有效地控制了对项目组织的高水准，人员构成的高素质，协调处理的高效率，检查验收的高标准。

2. 以质量求信誉、以信誉塑品牌，是推动健康发展的硬道理

把维护品牌信誉看作赖以生存和参与市场竞争的根本，把确保工程质量零事故、安全零纪录当作每年工作部署的硬指标。把“做诚信员工、监诚信工程、塑诚信形象、建诚信企业”和“监理人员七不准”等警示用语张挂于每个监理项目，为全体监理人员制作了配有公司明显标示的统一服装和工作帽，为总监办配置了学习教育光盘和文化娱乐用具，组织全员每年体检、旅游等，强化廉洁自律的从业意识，充分调动广大员工积极性，确保“工程优质，干部优秀”。

3. 强素质、出人才，是保持勃勃生机的不竭动力

公司始终把人才资源当作是企业发展战略的第一要素。为构建具有“匹次适当、配置合理、能力较强、善于协调、薪酬对等”特点的人才需求框架，公司制定了专业人员定向培养和定期考核计划，注重提高综合素质和现场实际操作能力，在探索人才与市场对接、促使人才成长方面搭平台，出政策：一是加大培训力度，利用冬闲时机组织不同层次人员的考核选拔，推荐有关人员参加国内外组织的业务培训；二是采取低职高就、推优晋职鼓励办法，推选有能力的年轻同志走向前台，担重任、负全责；三是通过组建青年文明号，开展

“五比一创”优质竞赛活动等，锻炼队伍，打造一支“特别能吃苦、特别能奉献、特别能团结、特别能攻坚破难”的监理队伍，为公司稳定发展储备后劲集聚能量。

五、着眼规划愿景，凝心聚力再创辉煌

展望今后20年，正是我国国民经济改革和建设实现大发展的关键时期，公路城市建设是拉动和繁荣国民经济的主要增长点，这必将为交通建设监理行业提供巨大商机和施展的平台。华盾监理通过20年的探索实践，历经了从无到有、从小到大、从弱到强、从立足本市到延伸外埠的磨炼，为瞄准国内一流、积极投身到国际化大都市建设中去，提供了宝贵经验和人力支持。

基于对未来市场发展和投资环境的客观分析，公司确立的发展总体目标是“立足主业、辐射发展”。

(1)在巩固和适度发展现有主业的基础上，完善服务手段、提高技术层次、塑造企业形象，逐步完成人力资源结构调整和管理咨询技术积累，逐步介入项目管理咨询和专业技术咨询市场，使客户逐渐了解公司的品质和能力，完成市场竞争领域的选择。

(2)注重知识经济时代智力资本在现代企业竞争中的巨大作用，通过有计划的人力资源开发与管理活动，把专业配置合理、互补性强的人才组合当作公司重要的资源，大力引进掌握前沿技术、了解国际通用规则、组织协调能力较强的复合型人才，更新技术装备，为优秀人才发展提供空间。

(3)确立总体经营和区域经营功能划分格局，注重资本运作、资质运作、企业文化培训和市场及经营领域的开发。在目前以总监负责制为基础的项目承包模式基础上，逐步发展为二级项目独立经营核算的模式，多触角地开发市场，扩大占有率，增强竞争力，培育总体经济新的增长点。

(4)通过开展对招投标代理、计划项目的咨询以及高新技术开发运用等，完成向项目管理咨询公司的转型，拓展经营业务领域，初步建立起以基础信息与专业技术为纽带的稳定客户群，基本确立公司在行业中的优势地位。

面对新的历史机遇，华盾监理愿与广大同行一道，加强交流与合作，以对社会负责的高度责任感，与时俱进、借势而上，继续为加快国民经济建设和发展做出贡献。

交通企业行业协会

中国公路建设行业协会

中国公路建设行业协会是在交通部领导下，由全国公路建设从业单位自愿组成的非营利的行业组织，经民政部批准，注册登记具有法人资格的社团组织。

协会于2001年4月28日成立。协会现有会员单位434家，66名常务理事，160名理事；现有公路建设专家委员会和筑养路机械分会两个分支机构；秘书处下设综合部、行业事务部、培训部、联络部、信息部五个部门。

协会成立7年以来，正处于公路交通建设紧紧抓住国家加快基础设施建设投入的难得机遇取得前所未有的大发展的历史时期，在交通部、民政部的领导下，在广大会员单位的支持配合下，协会乘行业大建设、大发展的东风，坚持以邓小平理论和“三个代表”重要思想为指导，全面贯彻落实科学发展观，发挥协会“提供服务、反映诉求、规范行为”的作用，按照“两个服务”（为政府和公路交通行业服务、为会员单位服务）和“三个有利于”（有利于行业发展、有利于两个服务、有利于协会自身发展）的工作思路开展工作，协会各项工作稳步推进，呈现出新的局面，为促进公路交通事业发展做出了贡献。

一、做好政府主管部门委托和转移的各项工作

7年多来协会认真完成了行业主管部门转移和委托的各项工作，得到了行业主管部门和业内的充分肯定。一是受交通部公路司委托，做好公路施工企业资信登记工作，共评审公路工程施工企业资信登记609家。二是组织公路施工企业资质的初审工作。部公路司委托公路建设行业协会组织专家进行公路施工企业资质的初审工作，协会严格按规定的工作程序和工作制度组织初审，到2007年底，全国公路施工企业共有总承包特级企业27家、总承包一级企业482家、专业承包一级企业78家、交通工程收费通信监控综合资质72家，总计659家。三是组织好“公路交通优质工程奖”的评选工作。协会深刻认识到优质工程奖评选的重要意义，每年严格按照程序和有关规定组织评选，特别是加强了专家现场核验，以保证评选质量。同时加强了对优质工程奖的宣传力度，旨在提高公路交通优质工程奖的信誉度和影

响力。

二、做好安全生产管理人员考核培训，建造师的考试、考核和日常管理工作以及公路建设法人培训等工作，为政府工作需要和行业管理工作急需服务

做好公路施工企业安全生产管理人员的考核培训工作。从2004年起部质量监督总站委托协会对具有公路施工一级资质的企业安全管理人员（分为三类：A企业负责人、B项目负责人、C专职安全员）培训。历时4年多，共培训30 000多人，发放各类证书29 000多本。协会主要从编写教材、培训班次和培训内容安排、培训过程的监督检查等方面加强质量控制，取得了较好的培训效果。

做好建造师的考试、考核认定和日常管理工作。受部公路司的委托，协会主要做了以下几方面的工作：一是编写了一、二级建造师培训教材考试大纲和复习选集；二是组织专家进行了建造师注册的审查工作，到目前总共审查了11批19 000多名通过考核合格和考试合格的建造师，对18 231名进行了一级建造师的注册；三是把审查过程中发现的问题及时向交通运输部进行汇报；四是对申请注册建造师的基本信息全部进行了分类整理，建立了注册一级建造师的数据库。

办好项目法人培训班。部公路司2005年开始举办公路建设项目法人培训班，由协会承担培训班的具体组织工作。到目前为止共举办6期，培训了700多人。

三、规范行为，严格按《章程》办会

经过两届理事会的努力，形成了以《章程》为核心，涵盖协会各方面工作的管理制度，为协会的健康发展提供了有力的制度保障。协会组建初期共有会员单位283家。两届理事会严格按《章程》规定和工作程序发展会员和处理退会工作，协会现有会员单位434家，其中既有公路专业的会员单位，又有来自其他行业和各条战线参与公路建设的会员单位，已经成为公路建设行业的主力军。据不完全统计，会员单位近几年完成的公路建设产值占公路建设重点工程总量的半数以上。

四、积极主动地开展调查研究

协会成立之初就把研究行业普遍关心的问题，逐步摸清现状进而研究对策，为会员单位反映诉求，为行业主管部门制订政策提供意见和建议，作为协会的一项重要工作安排。协会每年根据实际情况组织的不同类型的调研交流活动，加深了协会对会员单位的了解和联系，从而能真实反映企业的诉求。2003年，协会针对企业改制、项目管理等问题，组织两个组分赴云南等六省市走访会员单位、考察施工现场、广泛听取意见，并及时形成调研报告报送有关部门；2004年协会围绕政府和企业关注的公路工程推行总承包和代建制等八个专题，组织会员单位参与课题研究，充分发挥会员单位的智慧和能力，经过努力较好地完成了调研任务。课题完成后协会组织了成果发布和评选活动，并将课题形成八个专题报告，报送国家和省级行业主管部门及会员单位。很多会员单位重视把研究成果应用到实际工作中去，为加强改进企业管理发挥了积极作用；协会在2007年4月中旬组织了12家有代表性的施工企业召开座谈会，收集了解当前会员单位再度反映强烈的拖欠工程款和农民工工资问题的情况，

会后形成了专题报告，为交通部制定清欠工程款和农民工工资长效机制提供了第一手资料；协会2008年4月组织召开了以“公路建筑材料价格上涨对施工企业的影响”为主题的座谈会，来自东北、华北、华东、西南等地区以及铁路、武警、水电、城建等系统有公路施工资质的12家施工单位参加了座谈会。座谈会所反映的问题在一定程度上代表了原材料价格上涨的现状以及对施工企业生存发展的巨大影响。会后协会向部主管部门提交了专题报告，提出了四条意见和建议，引起了行业主管部门的高度重视。

五、积极倡导公路工程工法管理工作，为公路工程质量提供技术工艺保证

国内建筑业工程工法工作进行了多年，13个建筑行业的进展情况差异很大。近几年来，公路建设每年几千亿的投资，几万个工程项目，创造的许许多多的工程管理经验需要总结。为此协会积极向部领导反映情况，提出建议，得到了主管部门的认可并委托协会制定了《公路工程工法管理办法》，受部委托协会2008年组织了公路交通工程首批160多项工法的评审工作。

六、发挥资源优势，搭建交流平台

协会成立以来，始终把为会员服务放在第一位，充分利用协会的资源优势，每年根据会员单位的需求，有重点地组织技术交流，现场学习考察、专项培训、咨询服务等活动，这些活动选取了当前公路建设从业单位普遍关注的问题作为主题，邀请了国内知名的专家学者和特大型项目的管理者，采取现场交流和典型案例分析的办法，为行业内各有关单位提供了当前急需解决的理念创新、管理创新、技术创新、机制和体制创新的新鲜经验，使参会单位直接接收行业发展的新信息，拓展了视野，受到了启迪。

七、加强信息化工作，提供资讯服务

充分利用协会网站、协会期刊《中国公路建设》、协会“简讯”和“筑养路机械行业动态与信息”等内刊，及时传送政府的政策法规指令要求以及业内各方面需要的大量信息资讯。网站还建立了公路施工企业资质、安全生产管理人员考核、项目法人负责人培训等数据库，初步满足了行业主管部门、会员单位及业内有关单位的信息需求，对扩大协会影响、提升服务能力起到了积极作用。

八、加强党的工作、注重队伍建设、搞好廉政教育

协会领导十分重视发挥党支部的政治核心作用，支部坚持党员的先进性和党风廉政教育，紧紧围绕协会中心任务开展党的工作。在工作中积极创造条件任用和培养年轻干部，2007年，协会从会员单位选取了三名年轻专业技术干部到协会交流挂职，为协会增添了新生力量，同时也实现了会员单位对协会工作的参与和监督。协会严格按章程及财务制度收缴、使用会费，经常性的廉洁自律教育和严格的财务管理制度，保证了协会工作的持续健康发展。

中国公路勘察设计协会

中国公路勘察设计协会（CHINA HIGHWAY SURVEY AND DESIGN ASSOCIATION，缩写为CHSDA）成立于1990年4月，是由全国公路勘察设计、咨询、科研单位以及业内资深人士自愿组成的具有社团法人资格的非营利性社会团体，是经交通部同意、民政部批准成立的公路工程勘察设计咨询行业全国性社会团体。目前共有会员单位186个。

中国公路勘察设计协会的成立是改革开放时代的必然产物。从20世纪80年代后期开始，以沈大高速公路和京津唐高速公路的设计和建设为标志，我国交通基础设施建设进入了快速发展的轨道。因此，成立公路勘察设计协会是公路勘察设计行业改革和发展的需要，是加强行业管理的需要，是加强国际交流的需要，也是广大公路勘察设计单位的愿望和迫切要求。

中国公路勘察设计协会的宗旨是：坚持党的基本路线，遵守宪法、法律和国家政策，遵守社会公德，立足于为政府和会员服务；维护国家、行业和会员单位的合法权益；围绕公路交通行业发展的中心任务，积极发挥政府与会员单位之间的桥梁纽带作用，努力促进公路勘察设计、咨询行业的发展，不断提高我国公路勘察设计、咨询业的技术水平、科学管理水平和职工队伍的整体素质。

作为公路勘察设计的行业协会，以行业服务、行业协调、行业自律、行业代表为其基本职能。主要业务范围包括：对全国公路勘察设计咨询行业的发展与改革、技术进步、科学管理、提高投资效益等进行调研，为政府、会员单位提供建设性意见；受政府部门委托转移，承担行业内企业资质评审和从业人员从业资格管理工作；负责组织交通部公路工程“优秀勘察、优秀设计”奖的评审工作；开展行业内从业人员的继续教育和技术培训工作，举办各种技术业务培训、交流和研讨活动；组织开展技术开发、技术咨询、技术服务、技术转让和技术推广工作；对外合作与交流工作。

近20年来，中国公路勘察设计协会伴随着我国交通事业发展，走过了一条不平凡的成长道路。从设计京津塘高速公路到设计苏通长江公路大桥，标志着我国公路设计行业的飞速发展的历程。

京津塘高速公路的勘察设计，是在我国既无高速公路技术标准又无相关规范可循的基础上起步的。设计人员付出了艰辛劳动。他们不倦探索，在借鉴国外高速公路技术资料的基础上，制定了适合我国国情的京津塘高速公路技术标准和勘察设计规定。京津塘高速公路投入设计人员数量之多，技术投入之雄厚，调查研究之广泛，方案论证之深入，都是前所未有的，为公路勘察设计史谱写了不朽的篇章。

京津塘高速公路的勘察设计和科研成果形成了一套先进、适用、经济、可行的勘察设计技术，既为京津塘高速公路高水平设计提供了可靠的技术保证，也为建立我国高速公路勘察设计理论、方法和标准体系奠定了基础。

在交通建设跨越式发展的新时期，苏通大桥的设计，则充分体现了当今世界现代化桥梁建设的新理念、新技术、新水平。设计力求“技术先进、安全可靠、适用耐久、经济合理、美观协调，富有时代风貌”，结果，苏通大桥建成了一座代表我国21世纪建桥水平的新的人文景观。

在4年多的时间里，苏通大桥的设计师们兢兢业业，他们设计了一个一流项目，培养了一批优秀人才，探索了一套先进方法，创新了一批领先成果。对此，交通部领导给予高度评价：“苏通大桥设计组在完成好设计任务的同时，也培养了一批桥梁建设的青年专家，带出了一支以中青年技术人员为主体、能打硬仗的中国特大型公路桥梁设计队伍，具有非常好的发展潜力。”

目前，全国具有公路行业工程设计甲、乙级资质的单位共有382个。自2000年以来，我国公路交通基础设施建设取得了举世瞩目的成就。截至2007年12月底，全国已设计并建成高速公路5.39万公里，居世界第2位。与此同时，我国桥梁设计和建设水平飞速提高，我国的特大桥梁设计、建造技术已达到国际先进水平，在目前世界斜拉桥前十名排序中，中国有8座大桥入选，在目前世界最大跨径悬索桥前十名排序中，中国有5座大桥入选。

自20世纪90年代以来，我国设计并建成了一批大跨度、高难度的世界级桥梁，如江阴大桥、南京长江二桥、南京长江三桥、润扬大桥、东海大桥、杭州湾大桥、苏通大桥等，创造了多项桥梁建设的世界之最，是国际桥梁技术发展史上具有里程碑意义的工程。应该说，这一批世界级大桥的设计和建设凝聚着中华民族的智慧，是矗立在中华大地上的时代丰碑，值得中国人民自豪。不断完成了新的辉煌跨越的中国桥梁，不仅代表了我国桥梁设计和建设领域日益提高的科技水平和自主创新能力，也成为我国社会经济和谐发展、人与自然和谐相处的见证。

多年来，高速公路的工程勘察设计与科研成果形成了一套先进、适用、经济、可行的工程勘察设计技术，制订出了高速公路技术标准、勘察设计规定、文件编制办法等一整套配套技术。在总体设计、路线设计、路基路面设计、桥梁涵洞设计、互通式立体交叉设计等方面进行了创新，带动了我国公路设计整体水平的提高。目前，我国公路勘察设计行业已经拥有高速、高效、高精度的高技术测量手段。如航测遥感技术、地理信息系统（ITS）、全球卫星定位系统（GPS）形成地面数据采集、数字地面模型、道路CAD构成的一体化生产线。

中国公路勘察设计协会成立近20年来，在各级政府和有关部门的指导下，在广大会员单位的支持下，紧紧围绕促进勘察设计行业发展这个主题，在推进行业和企业的改革、推动技术创新、推行质量管理、推选优秀成果、推广计算机辅助设计技术及信息化和推崇职业道德、建立勘察设计行业专家库及工程咨询平台，在全国范围内为政府投资决策提供服务（包含公路交通发展规划、可行性研究、工程项目管理）等诸多方面，开展了多项有效活动，对促进公路勘察设计行业的管理、改革与发展，发挥了显著的作用。

近年来，协会受交通部公路司委托，为配合建设部《关于开展工程勘察设计市场调研的通知》（建市设函［2005］11号）要求，对于工程勘察设计市场的现状及存在问题，进行了广泛的调研。

根据交通部《关于委托组织公路工程“三优工程”奖评审工作的通知》文件精神，我会参照交通部《关于发布“交通部公路工程优秀勘察奖、优秀设计奖和优质工程奖评审办法”的通知》（交公路发［1997］501号）规定、全国优秀工程设计奖评选管理办法（征求意见稿）和中国公路学会科学技术奖奖励办法，编制了《公路交通优秀勘察奖、优秀设计奖评选管理办法》（暂行）和《关于开展2005年度公路交通优秀勘察设计奖评选活动的通知》（初稿）。

协会的一个重要工作就是开展公路工程设计的学术交流活动。近年来进行的学术交流活动有：

——中国桥梁科技发展的战略思考、桥梁建设中若干问题的商榷、体外预应力混凝土桥梁设计与施工、组合结构桥梁设计与研究、我国公路建设、养护管理、青藏、川藏公路地质灾害的防治等等进行研究；

——就青藏铁路试运营后关联运输方式配套、川藏公路隧道设计关键技术等专题进行研讨和技术交流；

——走自主创新的强国之路，就寒区多年冻土公路修筑技术、高速公路数字化集成设计系统技术作专题报告；

——勘察设计单位党务工作经验交流会，对新时期如何加强党建工作、建设创新型交通行业进行了广泛的交流和深入的探讨，对建设创新交通行业，构建和谐企业，不断创新管理模式，进一步适应社会主义市场经济和国企改革的深入发展等问题进行了交流。

前不久，交通部提出，公路建设落实科学发展观，要全面提升设计理念，做到“六个坚持、六个树立”，即：坚持以人为本，树立安全至上理念；坚持人与自然相互和谐，树立尊重自然、保护环境的理念；坚持可持续发展，树立节约资源的理念；坚持质量第一，树立让公众满意的理念；坚持合理选用技术指标，树立设计创作的理念；坚持系统论的思想，树立全寿命周期成本的理念。

在全面推进交通事业新的跨越式发展的进程中，协会深刻地意识到我们所肩负的历史重任，进一步增强了做好公路勘察设计工作的使命感、紧迫感和责任感。

属于技术密集型公路勘察设计是交通工程建设的灵魂。为贯彻国家有关工程建设的法规，设计者必须尊重客观规律，保证第一手资料的准确，拒绝使用虚假数据，精心勘察，精心设计，提供先进、经济、适用、可靠的勘察设计方案、资料和成果文件。

今后，中国公路设计协会将大力提倡和促进公路设计企业培育具有自主知识产权的专有技术和品牌，重视行业和企业的技术创新、体制创新和管理创新，努力实现勘察设计的现代化。

中国道路运输协会

一、基本情况

中国道路运输协会成立于1991年，由中国道路运输行业及相关行业的企事业单位和团体自愿组成，经交通部批准、民政部注册登记设立、具有独立法人资格的全国性非营利行业协会性质的社会团体，是国际同业组织国际道路运输联盟（IRU）的中国成员，被民政部授予“全国先进民间组织”称号。协会下设旅客运输、货物运输、危险货物运输、汽车驾驶员、道路运输站场、道路运输装备及安全节能、国际道路运输专业工作委员会和出租汽车与汽车租赁分会八个专业工作机构及专家委员会；办有《中国道路运输》杂志；设有中运新凌（北京）道路运输咨询有限公司。

建会以来，在国家民政部、交通部（现为交通运输部）交通运输部的指导和支持下，在近1 000家以一、二等级会员企业为主体的会员普遍参与下，遵照为政府和会员提供“双向服务”的办会宗旨，坚持正确的办会方向，在组织建设、制度建设、队伍建设、践行宗旨等方面，不断自我完善，经历了组织机构从“面广、点多、热烈”到“精简、效能、务实”的转变，人员结构从“借调、驻会、返聘”向“专职、专业、年轻”转变，业务工作由“单纯服务型”向“组织、协调、服务型”转变，国际交流从“广接触、多交流”向“重实质、寻突破”转变。目前，协会以既往努力工作成果为基础，正朝着健康、持续、稳定的方向发展。内部建设方面，形成了工作队伍稳定、专业素质较高、运行机制完善、协会文化浓厚的局面；行业工作方面，打造了行业凝聚力较强、社会公信力较高、工作领域较宽和工作效果显著的全国先进民间组织良好形象。

二、为政府主管部门服务，当好参谋助手

通过10多年来的不断努力，协会在承接政府委托工作项目、拓展工作局面、开发工作领域、形成稳定工作职能等方面取得较好的工作成绩，积极发挥协会参谋助手作用，出色地完成了政府委托的相关重要工作。

1. 培育稳定职能，建立行业公信

在交通部公路司的指导下，负责全国道路运输企业等级评定的组织协调工作，在我国道路运输行业的企业等级制度建立过程中发挥了至关重要的作用，为行业结构调整、企业集约化经营，促进道路运输企业诚信建设等方面做出了贡献。截至2007年底，协会以零投诉的结果圆满完成了政府主管部门委托的全国709家一、二级道路客、货运输企业等级评定及相关结果公示、投诉受理、核查公布等工作；通过精心组织，按照交通部公路司的要求，实施《道路运输企业联系制度》，实时掌握行业发展动态，为制定行业发展政策提供直接高效、相对固定的信息渠道和决策依据，引导道路运输企业走规模化经营、规范化服务之路，并为道路运输行业经济运行分析提供科学数据。

2. 反映会员诉求，参与政策制定

通过对会员企业呼声的收集、汇总、筛选、甄别、提炼、上报，把行业内道路运输企业的意见和建议及时反馈到政府主管部门，并通过不同形式进行调查研究，为政府主管部门制定政策、出台法规提供参考和信息。多年来，协会以认真严谨的态度完成了《道路运输条例》、《全国营运汽车驾驶教练员、从业资格考核员示范培训》、《营运客车类型划分等级评定》、《道路运输危险货物车辆标志》、《机动车驾驶培训机构资格条件》等交通部多项重要政策法规和国家、行业标准制订前的行业调研、制订中意见反馈、制订后宣传贯彻、实施时科学评估的工作，完成部下达的《道路运输若干政策研究》等软科学课题项目达50余项。

3. 结合发展主题，关注行业热点

为配合政府部门在全国治理超限、超载工作，向协会会员和全行业提出倡议，号召大家

积极响应、克服困难，抓住机遇，进行结构调整，做大做强，取得良好效果；配合政府节能减排工作、适应行业科学发展需要成立了道路运输装备及安全节能工作委员会，组织召开了高层次节能研讨会议，向政府部门提出相关建议，向部推荐节能示范项目等，受到部能源办的重视和好评。

4. 坚持宣传方向，发挥导向作用

协会受部委托创办《中国道路运输》杂志，坚持正确行业宣传方向，充分发挥了政策导向、服务管理、指导经营、舆论监督、信息发布和交流平台作用，在运输管理者和经营者中具有广泛影响，是国家双效期刊。

三、为广大会员企业服务，注重工作绩效

在为会员服务工作中，协会紧密结合会员需求，不断开拓服务项目，在倡导行业自律、反映会员呼声、维护企业权益、促进会员企业结构调整、增强会员企业竞争能力等方面做了大量的工作。越来越受到会员单位的认可和普遍的欢迎。会员积极踊跃参与、不断提出新的要求，是对协会服务工作的充分肯定，协会的凝聚力得到了进一步加强。

1. 跟踪行业动向，维护会员权益

协会始终坚持对行业动态和情况进行归纳梳理，利用各种渠道宣传行业发展成就，呼吁关注研究行业焦点、难点问题，敦促解决行业困难。2008年协会反映的会员单位对“交强险”、燃油供应等的意见建议积极维护了会员权益，得到了政府主管部门的重视和会员企业的欢迎。

2. 利用自身优势，扮演代言角色

协会长期以来深入调查研究，倾听会员呼声，积极反映诉求。每年利用专项调研和各项会议活动，搜集分析并提报各类意见和建议给各相关政府部门，为企业代言。

3. 重视行业战略，促进又好又快

行业诚信制度建设是我国道路运输行业发展的战略方向之一，协会为行业先进企业搭建形象信誉平台，已坚持多年推出“中国道路运输诚信企业100强”，迈出了行业协会组织协调与服务国际化的关键一步；同时，组织举办道路运输发展高层论坛，搭建并丰富行业交流平台。

4. 开展国际合作，努力实现突破

协会自建会以来一直致力于国际合作工作，与多国同业组织、多家国际机构和企业保持着良好的工作关系，围绕合作项目，取得了良好的效果。特别是2002年，协会代表中国道路运输行业加入国际道路运输联盟（IRU），制定了进入组织、参与工作、发挥作用、取得话语权四步走方针，积极有效地开展工作。目前，协会国际合作的重中之重是协会承担对以TIR为代表的国际便利运输公约及GMS便利货物与人员跨境运输协定的研究和实施准备工作，就便利运输核心内容发证/担保机构的功能与作用、权利与义务、建设与实施等重要的工作，积极与亚洲发展银行（ADB）、IRU、联合国欧洲经济事务委员会（UNECE）磋商、谈判，并起草了相关法律文件，为早日在我国真正实施国际道路运输便利化而努力。

四、为道路运输未来服务，做出行业协会贡献

从成立至今，协会重视打牢发展基础，强化行业协会功能，着眼长远发展，在配合政府、服务企业工作中始终坚持发挥“第三部门”作用，为我国道路运输行业的未来，做好自身工作。面对来自社会的能够促进发展的外部环境，协会将进一步转变观念，创新整合优势资源，拓展行业协会功能，加强以有效参与国际事务、维护国家权益、保护会员利益、熟悉国际规则、掌握外交原则为主要内容的国际化协会能力建设；提高以了解行业特点、掌握发展规律、预测行业发展方向、解析热点难点问题、评估行业企业技术经济运行、有效维护行业和会员权益为主要内容的成熟化协会能力建设。努力适应自身发展和外部环境的需要，提高对外部环境的反应能力和反应效果，缩短反应时间。加强能力建设，提高服务水平和效果，继续增强组织、制度、功能、人才方面的储备，将是我会当前和今后长期不懈努力的目标。

展望未来，党中央国务院为行业协会提供了广阔的发展天地，协会作为行业协会是改革开放的产物，在纪念改革开放30年的日子里，将抓住机遇，以成为促进道路运输发展的生力军为目标，加强能力建设为主线，强化协会自身建设，着力提高我会的社会公信力，打造行业协会知名品牌，为行业的未来做出更大的贡献。

中国汽车维修行业协会

中国汽车维修行业协会（CHINA AUTOMOTIVE MAINTENANCE AND REPAIR TRADE ASSOCIATION，简称CAMRA）是经中华人民共和国民政部批准并注册登记、由中华人民共和国交通部（现为交通运输部）主管的，是在中国境内从事汽车维修、检测及相关行业的企业、事业单位和团体以及个人在平等、自愿的基础上依法组成的具有法人资格的全国性唯一的汽车维修行业协会，是不受部门、地区和所有制限制的非营利性社会团体。

中国汽车维修行业协会成立于2001年4月，现有团体会员500多家，其中省及地市级汽车维修行业协会67家，具有骨干作用的大型汽车维修企业和汽车综合性能检测站343家，此外还有汽车维修检测诊断设备生产企业、科研院校、经贸企业等100余家。协会下设技术质量工作委员会、汽车维修检测工作委员会、事故汽车修理工作委员会、汽车装饰美容工作委员会和汽车制造企业售后服务工作委员会等五个分支机构。

中国汽车维修行业协会的宗旨是：遵守中华人民共和国宪法、法律、法规和国家政策，遵守社会道德风尚；高举邓小平理论和“三个代表”重要思想的伟大旗帜，贯彻落实科学发展观，遵循党的基本路线，坚持以经济建设为中心；为政府和会员单位服务，发挥桥梁和纽带作用；加强协调和协作，反映会员单位的愿望和要求，保护会员单位的正当利益和合法权益；做好自律性行业管理工作，维护行业整体利益，发挥行业总体优势；深化企业改革、推动技术进步、促进汽车维修和检测事业的发展。

中国汽车维修行业协会的主要工作范围是：执行国家和交通部（现为交通运输部）关于社团工作的方针、政策和法规，围绕汽车维修行业发展的中心任务，发挥政府与会员之间

的桥梁和纽带作用；制订行规行约，规范行业行为，建立行业自律机制，协调行业内部关系，维护行业平等竞争，提高行业整体素质，维护行业和会员的权益；参与汽车维修行业发展战略研究，为政府主管部门制定行业规划、产业政策和立法工作提供建议；组织学术研究和行业标准研究，开展咨询服务及技术推广等工作，参与汽车维修行业的技术、科研成果鉴定工作；收集、整理、分析汽车维修行业的信息资料，为政府主管部门决策提供依据，为会员提供服务；组织汽车维修行业培训工作，开展经济技术交流与合作，加强与国外相关组织的交流与合作。

中国汽车维修行业协会自成立以来，充分发挥桥梁和纽带作用，积极为行业管理部门和会员服务，做了大量卓有成效的工作：

——参与了《机动车维修管理规定》（交通部令2005年第7号）的制订工作。完成了国家标准《机动车维修从业人员从业资格条件》（GT/T 21338—2008）的制订，对机动车维修企业负责人、机动车维修技术负责人、机动车维修质量检验员、机修人员、电器维修人员、钣金（车身修复）人员、涂漆（车身涂装）人员、车辆技术评估人员、机动车维修业务员和价格结算人员十类从业人员提出了从业资格条件；完成了行业标准《机动车维修技术人员从业资格培训技术要求》（JT/T 698—2007）的制订，对职业道德和法律法规培训、技术质量管理培训、维修检验技术培训、机修培训、电器维修培训、车身修复培训、车身涂装培训和车辆技术评估（含检测）培训等提出了技术要求；完成了《中华人民共和国机动车维修技术人员从业资格考试大纲》、《中华人民共和国机动车维修技术人员从业资格考试题库》、《机动车维修技术人员从业资格培训教材》（《职业道德和法律法规》、《技术质量管理》、《维修检验技术》、《发动机与底盘维修技术》（上、下册）、《电器维修技术》、《车身修复》、《车身涂装》和《车辆技术评估》）的拟定与撰写。

——承担了交通部西部交通科技建设开发课题——《汽车故障诊断分析系统的研究》的五个硬件课题和三个软件课题，获得了“2005年度中国公路学会科学技术奖二等奖 ”。

——制定了《全国汽车维修行业行为规范公约》，连续6年于每年的3月份在全国开展“汽车维修质量服务月活动”，得到了部领导的充分肯定，取得了良好的社会效果。

——召开了“2005年度全国汽车维修行业诚信企业表彰大会”，对经过各省、自治区、直辖市考核、推荐的468家诚信企业进行了表彰，颁发了奖牌和证书。

——举办了“2001年‘美丽狮杯’全国汽车美容大赛”和“2004年‘奔腾杯’全国汽车钣金大赛”；承办了“2007全国中等职业学校‘丰田杯’汽车运用与维修技能大赛”、“全国‘奔腾杯’汽车维修钣金、涂漆技能竞赛”和“2008年全国中等职业学校汽车运用与维修技能大赛决赛”。通过各种比赛，传播了汽车维修的新理念、新方法，提高了维修企业技术工人和在校学生的技术水平。

——组织了业内有关人员出访美国、日本、澳大利亚、西欧、北欧。通过出访，开阔了我们的眼界，开拓了我们的思路，在出访中寻找到了与国外对口机构交流与合作的机会。

——理顺了《汽车维护与修理》杂志的关系，使杂志成为交通部（现为交通运输部）主管、中国汽车维修行业协会主办的业内最权威、最具影响力的技术类期刊。

——创建了“汽车维护与修理网”，利用网络媒体优势，开展以行业政策法规、动态信息、维修技术资料传播为主要内容的汽车维修行业专业技术信息平台。

——每年春秋两季与中国汽车保修设备行业协会合作，联合举办“全国汽车保修检测诊断设备展览会”，搭建起了设备生产企业与汽车维修企业的交流平台，从而促进整个汽车维修行业的技术进步。

每年召开“全国中心城市汽车维修行业协会工作研讨会”，不断探讨新形势下协会工作的特点。

每年与中国汽车工程学会联合主办“全国汽车职业教育年会”，深入探讨汽车维修职业教育的指导思想、发展方向和具体实施办法。

每年还举办行业发展论坛、企业经营管理经验交流会、新技术新工艺研讨会等。

胡锦涛总书记在党的十七大报告中明确提出了“规范发展行业协会和市场中介组织 ”等创新发展、科学发展、可持续发展的要求，我们要认真学习、领会十七大报告精神，按照部党组提出的交通行业要“服务国民经济和社会发展全局，服务社会主义新农村建设，服务人民群众安全便捷出行”的指导思想，积极探索在新形势下协会工作的特点，坚持科学发展观，坚持“双向服务”的宗旨，切实发挥协会在促进汽车维修行业又好又快发展中的作用。

中国水运建设行业协会

中国水运建设行业协会，（China Water Transportation Construction AssOciation，缩写CWTCA）。

中国水运建设行业协会成立于2001 年7 月18 日，是由全国水运建设行业的企事业单位自愿组成的非营利性的社会团体，具有社团法人资格。

水运协会日常工作由秘书处承担，秘书处设置综合部、联络部、业务部。水运协会下设7 个分会、专业委员会，即：中国水运建设行业协会内河航道分会、中国水运建设行业协会工程勘察设计及标准化专业委员会、中国水运建设行业协会工程造价专业委员会、中国水运建设行业协会工程施工专业委员会、中国水运建设行业协会港口设施专业委员会、中国水运建设行业协会工程建设及材料设备专业委员会、中国水运建设行业协会信息建设专业委员会，分别在水运建设各专业领域中发挥作用。中国水运建设行业协会目前拥有会员单位300多家，涵盖了水运建设行业建设、设计、施工、科研、院校及材料设备生产厂商等领域。

水运协会是在改革开放的大环境下成立的。水运协会成立7 年来，在交通部（现为交通运输部）和民政部的领导下，在会员单位的支持下，以邓小平理论和“三个代表”重要思想为指导，贯彻落实科学发展观，以为政府和会员单位服务为宗旨，紧紧围绕水运建设行业发展的任务，积极宣传、贯彻党和政府的方针、政策，向政府反映会员的情况、要求和行业呼声；发挥政府与会员之间的桥梁纽带作用。水运协会成立7 年来，主要做了以下几项工作：

一、积极宣传、贯彻党和政府在水运工程建设领域的方针、政策，为会员单位提供水运工程建设相关信息

水运协会出版了《水运建设信息》（内部刊物，月刊），开通了“中国水运建设行业协

会网站”，积极宣传党和政府的相关方针和政策，刊登建设管理、勘察设计、施工安装、科研教学、建材设备等方面的相关信息以及会员单位的体制和机制、市场经营、执业制度、教育培训、项目管理、技术创新、学术信息、先进事迹、创优评优等动态报道，为广大会员单位提供无偿的服务。

二、根据政府职能转变的要求及有关工作部署，接受政府委托承担相应的工作

(1) 受交通运输部水运司委托，承担了水运建设行业设计及施工企业资质初审的具体工作。协助交通运输部水运司建立了交通运输部水运工程设计及施工企业资质审查专家库，对专家库的专家进行了业务培训。制定了《水运工程设计和施工企业资质审查工作细则》。对行业内有关单位的相关人员进行了培训，使企业正确掌握、理解企业资质标准和申报工作的要点。

参与了水运工程施工和设计企业资质就位的初审工作；交通部直属单位的工程咨询单位资格认定的预审工作；行业内工程造价咨询企业资质申报组织工作等。

(2) 受交通运输部水运司委托，承担了部优秀水运工程咨询奖、部水运工程优秀勘察奖和优秀设计奖的初评工作。参与了部优质工程奖申报材料的初审和现场检查工作；负责推荐和组织申报了“全国优秀工程咨询成果奖”、“全国优秀工程勘察设计奖”、“国家优质工程奖”、“鲁班奖” 和“詹天佑奖”；负责推荐和组织申报了“全国优秀企业”、“ 全国优秀企业家”、“ 全国优秀项目经理”、“全国优秀 QC 小组” 等。

(3) 受交通运输部基本建设质量监督总站委托，完成了水运工程安全生产管理人员考核培训和发证工作。组织编写了《交通建设工程安全生产管理人员考核培训教材（水运分册)》、《公路水运工程施工安全生产管理人员考核复习题集》（水运工程部分）和《公路水运工程施工安全生产管理人员继续教育教材》（水运工程部分)，为建立水运工程安全生产管理人员考核制度奠定了基础。

(4) 受交通运输部水运司的委托，协助部水运工程建设专家的审查库的建立工作，承担了专家的培训、测试和发证工作

(5) 为配合国家人事部、建设部出台的《建造师执业资格制度暂行规定》，在交通运输部水运司和科教司的指导和支持下，进行《港口与航道工程专业建造师执业资格体系研究》课题研究。提出了港口与航道工程专业建造师执业资格体系的框架、实施方案和相关建议。组织编写了《一级建造师执业资格考试大纲（港口与航道工程专业)》、《一级建造师执业资格考试用书港口与航道工程管理与实务》、《一级建造师执业资格考试复习题集（港口与航道工程专业)》和《一级注册建造师继续教育教材（港口与航道工程专业)》。承担了注册建造师（港口与航道工程专业）的注册预审工作。

三、加强行业自律管理，积极参与诚信体系建设

为强化全国水运建设行业的自律行为，维护水运建设市场的正常秩序，保护从业企业的合法权益，保障水运建设市场健康发展，制订了《中国水运建设行业协会从业公约》。号召从事水运建设行业的企业在经营活动中，遵守国家有关法律、法规，守法经营，以诚信为

本，重合同，守信誉，树立良好的企业形象，自觉维护水运建设市场的正常秩序。

为贯彻落实交通运输部建立公路、水运建设行业市场诚信体系的要求，在交通运输部水运司、科教司的指导和支持下，组织行业内的有关建设、设计、施工、监理、科研等单位完成了《水运工程建设市场诚信体系建设研究》软课题研究。提出了水运工程建设市场诚信体系建设的整体规划、建立水运工程建设市场诚信体系信息平台的基本框架和诚信体系信息平台的管理体制，编制了《水运工程建设市场诚信行为信息管理办法》和《水运工程建设市场主要责任主体不良行为记录认定标准》，为政府决策提供了参考，为规范水运工程建设市场秩序和建立水运工程建设市场诚信体系奠定了基础。

四、积极参与标准规范的编制工作

作为主编单位承担了交通运输部《疏浚与吹填工程质量检验标准》、《水运工程施工安全防护技术规范》、《港口设施维护技术规范》的编制和修订工作，作为副主编单位参加了《疏浚与吹填工程技术规范》的修订工作。

五、积极开展行业调研活动

在会员单位范围内，进行了市场诚信、市场环境、工程招投标、工程质量管理、安全生产管理等方面的调研，为指导协会的工作提供依据和参考。组织了企业资质标准及相关管理办法的调研，了解掌握现行企业资质标准及相关管理办法存在的问题，提出修改建议。结合规范编制，对行业内水运工程施工安全管理情况进行了调研，为制定《水运工程施工安全防护技术规范》奠定了基础。除此之外，水运协会内河航道分会组织开展了航道法立法调研、长江三峡库区航运资源调研和全国内河航道普查等调研，为国家立法和制定相关政策提供了决策依据。

六、推进水运建设行业的技术进步与创新

为落实科学发展观，进一步推进水运建设行业的技术进步，申请设立了中国水运建设行业协会科学技术奖，以奖励全国水运建设领域在技术进步工作中做出贡献的单位和个人，促进水运建设事业又好又快的发展。

七、积极组织交流考察活动

受交通运输部科教司的委托，承担了国际航运协会（PIANC）的相关工作。主办了国际航运协会在北京召开的“国际航运协会（PIANC）2008 年年会暨国际航运技术研讨会”，会议征集了国内外论文 150 多篇。会上国际航运协会主席等外国专家学者发表了演讲，协会邀请国内水运建设专家作了大会主题发言，向世界水运建设界介绍了蓬勃发展的中国水运建设事业、中国海事工程及相关领域的建设成就与经验、上海国际航运中心洋山深水港区的建设与成效、三峡双线五级船闸关键技术创新、长江航道建设与流域经济发展、现代港口物流科技创新与实践等内容，展示了我国取得的巨大成就。

在会员单位范围内组织了改革、管理和技术等方面的经验交流。召开了“全国水运工程造价交流会议”、“长江干支流联动开发研讨会”、“三峡工程运行与长江中游水道研讨会”

等大型交流会议。

根据会员单位的要求，组织会员单位参加了国外考察活动，学习国外同行的先进技术和管理经验，紧跟世界先进水平。组织会员单位赴香港、日本等地参加了国际技术交流活动。

八、组织开展了各种培训工作

在行业内组织了包括执业资格考试考前培训、规范宣贯培训及相关法律法规培训。

在交通部、民政部等上级单位的指导下，协会的工作虽然取得了一定的成绩，但距政府和会员单位的要求还有很大差距，我们要努力把水运协会建设成与我国水运建设发展水平相适应的，组织管理规范、服务功能到位、发挥作用明显的协会。

中国疏浚协会

经国务院批准，2001年8月7日民政部以民发［2001］208号文正式批准中国疏浚协会筹备成立。2001年11月23日，中国疏浚协会召开了第一届会员代表大会。2002年8月6日，中国疏浚协会代表中国疏浚行业加入世界疏浚协会联合会，成为其东部疏浚协会会员。

中国疏浚协会是由全国疏浚界企事业单位和人士自愿结合的非营利的全国性行业组织。其会员来自疏浚施工、设备制造、科研设计的企事业单位，涵盖了交通、水利水电、环保、船舶制造、国防等系统。目前正式会员百余家。

中国疏浚协会致力于中国疏浚业的全面发展，维护会员单位的合法权益，以促进与疏浚有关领域内知识的交流，促进与世界相关类型组织间的联系，促进中国疏浚业的技术水平和经营管理水平的提高为宗旨。协会的作用和任务，一是为会员服务。维护会员的合法权益，向政府反映会员的合理要求；维护疏浚市场秩序，指导会员建立市场机制，提高企业的市场竞争能力；协调会员关系，为会员提供咨询服务，开展人才和技术培训，做好技术成果交流和推广；组织国内外交流与合作；做好信息服务，为企业走向国际市场提供窗口渠道。二是为政府服务。做好政府的助手工作。推进政府行业宏观调控政策的贯彻落实，协助政府组织行业评优和新技术、新材料、新工艺的推广应用工作；向政府反映国内外疏浚行业发展情况和趋势。开展行业调研，收集、分析行业信息，为政府发展疏浚业，制定政策、发展规划等提供建议。三是为行业服务。开展行业战略研究、制定“行规行约”，明确建立自律机制，推进企业间专业协作，促进行业结构优化，带动行业整体效益的提高，共同促进行业协调发展。

协会在交通运输部、民政部的指导下，在各会员单位的积极配合支持下，坚持为企业、政府和行业三项服务为宗旨，紧紧依靠会员单位，围绕疏浚业所涉及的水运、水利、环境和疏浚设备的工作，尤其配合交通港航建设的工作大局，积极开展了如下工作：

一、参加交通部“疏浚土有益利用”研究课题工作

在“疏浚土有益利用”研究课题工作中承担组织国外资料收集和联系国外考察工作。对欧美等发达国家的疏浚土有益利用工作进行了大量的资料收集，为开展该项研究工作打下

了良好基础。

二、组织编写《国内外疏浚设备技术性能手册》

陆续编写、出版《国内外疏浚设备技术性能手册》丛书。该丛书通过提供最新的国内外挖泥船和相关设备的技术性能资料，为疏浚工程的业主和施工单位开展招投标工作，为设计科研部门开展设计和研究工作提供急需、适用和翔实的信息。

三、《环保疏浚指南系列丛书》的翻译工作

协会组织翻译出版了国外《环保疏浚指南系列丛书》，以供开展环保疏浚工作使用。这套丛书对我国今后编制环保疏浚的规范和标准具有一定的指导作用。

四、出版《疏浚信息》和运作《中国疏浚协会网站》

在协会成立的第二年开通了《中国疏浚协会网站》，2007 年一季度正式发行全行业的《疏浚信息》。这些平台为会员单位提供了实实在在的服务，使会员及时、全面地了解国内外行业发展的动态，了解行业内外的相关政策、法规和重要活动事项，增强了协会的凝聚力。

五、举办了“中国第一、二、三届国际疏浚技术发展会议及展览会”

中国疏浚协会分别于 2003 年 11 月 26 日、2006 年 5 月 23 日和 2008 年 11 月 18 日在上海、广州和天津举办了“中国第一、二、三届国际疏浚技术发展会议及展览会”，促进了国内外疏浚同行之间的沟通和技术交流。

六、组团参加“第十六、十七、十八届世界疏浚大会”

中国疏浚协会分别组团参加了 2001 年 4 月 2 日在马来西亚举行的第十六届世界疏浚大会、2004 年 9 月 27 日在德国举行的第十七届世界疏浚大会和 2007 年 5 月 27 日在美国举行的第十八届世界疏浚大会。通过组团参加历届世界疏浚大会，达到了加强我国疏浚业与国外同行交往的目的，不仅显示我国疏浚的实力，还通过参加学术交流和展览，了解世界各国的疏浚技术和设备状况，学习国际上最先进的疏浚技术。

七、中国即将承办“第十九届世界疏浚大会”

为使中国疏浚业与国际同行交流合作具有稳定、长期的平台和渠道，由中国承办第十九届世界疏浚会议和展览会的时机已成熟，经交通部、国务院批准，中国即将在北京承办 2010 年的第十九届世界疏浚会议与展览会。这是在中国大陆首次举办的世界疏浚大会。

八、修订《中国疏浚业发展战略研究》

中国疏浚协会 2005 年 8 月完成了《中国疏浚业发展战略研究》。该报告深入调查分析了国内外疏浚业的状况，内容全面，信息量大，基本上反映了疏浚业的现状和发展趋势。研究成果有战略高度，目标明确，重点突出，措施具体，具有前瞻性、创新性和可操作性，社

会效益明显，对推动我国疏浚业的发展具有重要作用和指导意义。

该报告受到疏浚界各方面的欢迎，一些企业来信认为报告开拓了他们的眼界，对如何理性地进入蓬勃发展的疏浚市场有了认识，同时也引起一些世界著名咨询公司的关注。《中国疏浚业发展战略研究》不仅为疏浚企业提供了帮助，而且为政府有关部门制定相关发展政策提供了参考。近些年，无论是国际疏浚市场还是国内疏浚市场发展均很迅速，疏浚界面临很大的机遇和挑战，为不断调整我们的思路和观念，补充新的资料，协会正在组织修编《中国疏浚业发展战略研究》2008年版。

中国疏浚协会在行业主管部门的正确指导和有力支持下，经过全体会员的共同努力，协会为行业发展和行业自律，维护行业利益，加强国内疏浚业内各方面之间，以及我国疏浚业与国际同行的技术和经营管理的交流，促进我国疏浚事业的整体发展和进步，做了一些工作，取得了一定成效。

中国交通建设监理协会

中国交通建设监理协会成立于2002年4月，是由交通建设监理企业、试验检测单位及相关单位自愿组成的全国行业性、非营利性的具有法人资格的社会团体。现有会员单位433家。下设公路工程、水运工程、交通工程、机电工程、试验检测5个分支机构。

6年来，在民政部、交通部和部有关司局、质监总站的关怀指导下，在各有关方面和广大会员单位的大力支持下，协会坚持以邓小平理论为指导，认真实践“三个代表”重要思想，贯彻落实科学发展观紧紧围绕交通建设中心任务，密切结合交通建设监理行业特点，以提供服务、反映诉求、规范行为为重点，团结组织全体会员遵纪守法、遵循“严格监理、优质服务、公正科学、廉洁自律”的职业准则，不断加强行业自律，努力做好为企业、行业、政府服务，较好地发挥了桥梁纽带作用。

一、深入调查研究，积极反映行业诉求

协会成立以来，我们始终把反映行业诉求、维护会员单位的合法权益作为协会的工作重点之一，每年都要选择1~2个大家关心的行业重点、热点、难点问题，由协会主要领导带队，进行专题调研，想企业所想，急企业所急，倾听企业呼声，适时向政府反映企业的合理要求，为企业排忧解难。

协会成立之初，为了解交通建设监理行业的现状，特别是监理企业生存和发展环境的情况，我们组织了一次规模较大、时间较长的调研。先在河南、山西两省，通过召开建设、施工、监理单位负责人座谈会，与施工现场监理人员、省质监站负责人座谈、交换意见等方式，进行了重点调研。然后又由协会主要领导同志主持，分别召开了东部沿海地区、西部片区交通建设监理单位负责人座谈会，较全面地了解了交通建设监理行业的现状及监理企业生存、发展中的问题。在此基础上，撰写了《交通建设监理工作调研报告》及《关于交通监理工作有关问题的建议》报交通部领导及有关司局，引起了主管部门对监理企业生存和发展环境问题的高度重视。

监理收费标准偏低，是制约监理事业发展的突出问题。协会成立6年来，一直在为解决这个问题而不懈努力。2003年我们选择了30家监理企业51个公路水运工程项目进行监理费用收支情况测算，提出了调整监理收费标准的建议报交通部。从2004年开始，我会又配合部质监总站及部公路工程定额站，建议交通部在完善公路工程概预算编制办法时，对工程监理费率进行调整，同时参加了由国家发改委和建设部组织的修订监理与相关服务收费标准的座谈讨论和费用测算，代部草拟了交通建设工程监理与相关服务收费标准方案（初稿）及修订说明，经部质监总站及有关司局审查后报发改委和建设部。由于我们的测算工作做得细致，所提出的修订方案比较科学、合理，受到了发改委和建设部有关部门的好评，并要求我们派人作为修订方案工作小组成员，直接参与了拟定国家监理收费方案的相关工作。在有关各方的共同努力下，建设工程监理与相关服务收费管理规定和收费标准，于2007年5月1日正式实行。新标准出台后，协会及时购买了新的收费文件，分发到理事单位，并在相关媒体上积极宣传新标准。新标准实施一年，协会又在广东省珠海市召开的部分总经理座谈会，座谈讨论新标准贯彻落实的情况，共同探讨进一步贯彻实施的具体措施和建议。

为维护会员单位的利益，根据国务院办公厅关于切实解决建设领域拖欠工程款问题的指示精神和部的有关要求，我们于2004年组织了全国交通建设监理企业施工监理费用拖欠情况调研，写出了调研报告上报交通部领导和主管司局。报告针对有关问题，提出了解决拖欠监理企业施工监理服务费的五条意见和建议。

为落实中央关于深化国有企业改革的精神和部关于积极引导监理企业转制的要求，推进交通建设监理企业改革改制工作的逐步开展，我们于2004年深入到华南、华东，走访政府主管部门，并与改制企业座谈。在了解交通系统监理企业改革改制基本情况的基础上，组织召开了交通建设监理企业改革改制经验交流座谈会，讨论、研究了进一步做好监理企业产权制度改革的有关问题，对稳妥地推进监理企业改革改制起到了一定作用。

二、以规范行为、行业自律为重点，促进监理事业发展

加强行业自律，维护公平、公正的交通建设监理市场秩序，既是监理企业生存、发展的需要，也是交通事业又好又快发展的需要。在协会成立当年的第一次调研中，我们了解到，交通建设监理行业存在的问题比较多，其中有客观环境上的问题，也有主观上的问题。监理队伍整体素质不高，自律意识不强，招投标行为不规范等，就是监理行业自身存在的突出问题之一。协会秘书处在调研的基础上草拟了自律公约稿，在反复研究、征求会员单位的意见后，制定了《交通建设监理行业从业自律公约》，经协会一届三次理事会通过，于2004年5月1日起试行。4年来，多数会员单位和监理人员，能以高度的责任感，重视并认真履行这个公约，从践约树信誉，以信誉谋发展。同时，我们还通过制订会员守则，联合发《倡议书》等形式倡导行业文明，建树诚信形象。

另外，我们还以坚持正面引导，表彰行业先进，组织行业自律检查，来加强行业自律。主要是通过以典型带动监理行业树立诚信守法、严格自律、爱岗敬业、锐意进取的良好风尚。我们先后制定了《交通建设优秀监理工程师评选办法》（试行）及《交通建设优秀监理企业评选办法》（试行），从2003年起开展了优秀监理企业及优秀工程师评选活动，并在中

国交通建设监理20年回顾活动中，表彰了对推行工程监理制做出了重要贡献的人员。到目前为止，共评选出交通建设优秀监理企业44家、交通建设监理突出贡献人物10名、交通建设监理优秀人物50名、优秀监理工程师340名，并进行了隆重表彰。同时我们采取向各省（区）市交通厅（局）质监部门、重点项目业主、监理企业印发调查问卷和协会直接派人到部分省市调研的方式，对会员单位的自律情况进行了检查。重点检查了会员单位和监理人员履行自律公约的情况，企业内部管理机制及从业行为是否规范等。通过监理企业自查及我们的检查，进一步增强了监理企业及监理人员的自律意识。

三、以提供信息、培训人才为主要内容，努力为会员服务

为政府、企业和行业服务，是协会的宗旨。协会成立以来，我们一直牢记宗旨，并逐步探索出“以促进交通建设监理事业的发展为主线，以政府、企业的需要为出发点，以信息交流、人才培训、企业发展为主要内容”的为政府、企业和行业服务的工作思路和工作方法。6年来，我们主要抓了以下工作：

建设“一刊一网”信息平台。协会成立后的第三个月，我们即着手创办了《中国交通建设监理协会简讯》月刊，为增加信息的时效性和权威性，2004年6月份开始，与部质监总站联办，改版为半月刊，从2008年元月起，简讯相关内容合并于协会期刊。《中国交通建设监理》杂志于协会成立当年第四季度创刊，在20多家骨干会员单位的协办下，每年都有创新，今年在原有64个版面的基础上扩大到全彩80个版面月刊，现已成为广大监理工作者和相关读者普遍认可的媒体，并得到了各级交通主管部门的肯定和赞许，还被公认为是近年来交通行业中进步较快、办得较好的专业期刊之一。协会网站于2004年4月开通，并于2005年完成了更新改造，网站开通以来，及时发布了大量信息，特别是在全国公路水运监理工程师执业资格考试期间，其咨询、服务作用得到了较好的体现。网站现已与交通运输部、质监总站和53家会员单位建立了链接，实现了资源共享。

组织开展中高级监理人员的业务培训。近几年我们陆续开办了中高级监理人员业务研讨班以及工程建设项目管理高级研修班，通过自办或与清华大学联办等形式，聘请行业内的知名专家和教授讲座，就监理企业发展战略、新版菲迪克条款、如何当好总监以及项目管理、工程代建制和设计施工总承包等专题进行学习研讨，深受学员欢迎。

组织国际业务交流也是培训人才的一种重要方式，为使中高级监理人员能更直接地了解国外交通建设发展情况，学习借鉴国外先进的工程监理技术和管理经验，加强国际同行间的交流合作，协会先后组织了10个考察交流团，分别赴欧洲、美洲、澳洲的一些国家进行交通建设监理和试验检测技术考察交流，使参加考察交流的监理人员开阔了眼界，更新了观念，并学到了一些新的知识及管理经验。今年4月，我们还与韩国建设监理协会签署了合作交流备忘录，从今年起两会将定期组织监理业务、技术合作交流。

着力抓好监理人员的继续教育。开展继续教育，不断更新观念、更新知识，是提高监理人员综合素质和监理企业核心竞争力，适应监理事业发展需要的有效前途。根据部总体安排，从2007年开始，用3年时间对已取得监理执业资格的监理人员进行安全、环保监理业务培训。受部委托，我会先后组织编写、出版了《交通建设工程安全监理》培训教材，编制了安全环保监理教学大纲和教案，组建了安全环保监理培训授课专家库、考试试题库等，

在总结培训试点经验的基础上，完善了培训方案，通过加强师资队伍的培训和实施规范化管理，实现了考试结束后5个工作日公示成绩，仅2007年，有30个省市（含上海港、长航、天津港）举办了35个安全环保监理培训班，参加培训人员4 433名、8 721科次，保证了培训的质量和效果。目前培训工作正紧张有序地进行。

四、开展监理20周年纪念活动，总结经验、促进发展

交通部作为全国推行工程监理制的八市二部试点单位之一，从20世纪80年代中后期开始，在公路、水运工程建设中进行了试点。经过试点、稳步发展、全面推行和深化发展，工程监理制度逐步成熟完善，与项目法人负责制、招标投标制、合同管理制一起，共同构成了我国公路水运工程建设“四项基本制度”，至今已有20年。为使交通建设监理企业和监理人员能更好地适应新时期交通建设又好又快发展的需要，站在新的起点上努力开创交通建设监理工作新局面，在部和广大会员单位的支持、帮助下，我会联合中国交通报社和华杰工程咨询有限公司，精心筹办了中国交通建设监理20周年系列纪念活动，通过评选“中国交通建设监理20年十大新闻”，编撰《风雨兼程》（中国交通建设监理20年志），评选中国交通建设监理突出贡献人物及优秀人物，组织中国交通建设监理行业发展20年系列报道，举办中国交通建设监理20年回顾暨发展论坛，认真总结工程监理20年来的发展经验及教训，以科学发展观为统领，以开展“监理企业树品牌、监理人员讲责任”行业新风建设活动为抓手，努力适应新阶段交通发展要求，不断推进现代工程管理和制度创新，为现代交通业的发展做出新的更大的贡献。

五、认真做好主管部门委托工作，努力为政府服务

我们始终把认真做好主管部门委托的工作，努力为政府服务，作为协会的重要工作任务之一。在协会工作基础还较脆弱、客观条件还较差的情况下，我们紧紧依靠会员单位及有关专家，较好地完成了主管部门交办的各项工作任务。主要有：参与了《公路工程监理规范》、《公路工程竣工验收办法》、《公路水运工程监理企业资质管理规定》、《公路工程施工监理招标投标管理办法》、《交通部水运工程质量评选办法》等行业规范、管理办法的讨论修订和公路水运工程环保监理、安全监理培训教材等的组织编写工作；参与了公路水运工程监理企业资质初审，承担了公路水运监理工程师执业资格考试中有关考试大纲的编辑出版、网上报名咨询服务、考试巡视检查、阅卷组织、成绩登录、考分网上查询等考务工作；完成了部颁监理企业、试验检测单位资质证书和监理工程师资格证书的制作等任务，减轻了主管部门的工作负担。

当前和今后一段时期，仍是我国经济发展的战略机遇期，交通建设将继续保持较快的发展态势。我们将以邓小平理论和“三个代表”重要思想为指导，坚持以科学发展观统领协会发展全局，紧紧围绕全国交通建设的中心任务，加强能力建设，创新管理机制和服务手段，更好地做好为企业、行业、政府的各项服务工作，促进交通建设监理事业健康有序发展。力争到2010年，使协会机构更加完善，制度更加健全，运作更加规范，能力更加突出，作用更加明显，成为部管社团中有广泛影响力、较高社会公信度的协会之一。

中国港口协会

中国港口协会伴随着改革开放的铿锵步伐应运而生，在行业主管部门的正确领导下，肩负起时代进步和行业建设所赋予的责任和使命，为促进港口事业的蓬勃发展而不断奋发进取。

中国港口协会成立于我国改革开放初始阶段的1983年，刚诞生时只有38个团体会员，经过20多年的培育和发展，目前已成为拥有500多家单位会员和13 000多名个人会员的全国规模的港口行业协会，覆盖面遍及大陆沿海和长江、珠江、黑龙江、京杭运河等水系的主要港口。而且还与黑龙江、山东、江苏、浙江、福建、广东、广西和天津、上海、重庆等省（区）、直辖市港口协会以及沿海、沿江城市的地方性港口协会建立了业务指导关系。

随着我国国民经济和对外贸易的快速发展、市场经济的逐步完善、政府职能的转换和港口管理体制改革的不断深化，中国港口协会的作用正日益显现，协会自身建设也取得了长足进步。协会成立以来，一直认真履行协会职能和行业主管部门转移或委托的职责，积极发挥联系政府与港口企业之间的桥梁、纽带作用；秉承服务宗旨，在调查研究、人员培训、对外交流、信息沟通等方面努力开拓进取；在加强行业自律，协调行业关系，保护公平竞争，维护港口行业和会员单位的合法权益上下工夫，为促进行业的改革与发展做出了积极的贡献。

一、坚持调查研究、反映行业诉求

协会成立以来，一直致力于加强与各港口企业的联系和沟通，了解掌握港口企业的意见和呼声，及时向政府主管部门反映本行业发展的实际情况与存在的困难和问题。近几年来，协会针对港口企业普遍关注的港口口岸环境、引航体制改革、征收港口设施保安费等热点问题，通过深入的调查研究，积极向政府主管部门反映并提出协会的意见和建议，以引起政府主管部门的重视。其中关于征收港口设施保安费的请示报告，经交通部与国家发改委研究同意，得到了有效的解决，从而为港口企事业单位适时消化保安成本和减支增效作出了贡献。协会还通过编写“情况通报”，及时向上级主管部门反映行业的热点问题，先后提出为消化燃油涨价对港口轮驳企业成本影响的对策措施；反映有关省市沿海港口客运企业普遍经营亏损，要求调整客运服务收费比例情况等。为切实做好反映行业诉求工作，协会通过实地考察、召开座谈会等途径，对长江下游水上作业平台严重扰乱港口市场秩序、港口拖轮企业市场准入管理、长江中上游港口企业经营困难及邮轮经济发展中的政策限制等问题，及时听取相关港口企业的意见和建议，形成专题报告向行业主管部门汇报。

二、搞好协调自律、维护行业利益

随着改革开放的不断深化和政府管理职能的转换，行业自律、尤其是行业内价格协调自律工作对维护行业利益显得十分重要。为此，协会注重对全行业的价格引导，通过多种方式规范、指导本行业的价格行为。一是通过舆论引导和广泛组织讨论，不断提高业内对开展价格协调自律工作重要性的认识；二是积极提倡和发挥本行业龙头企业的示范带头作用，以推进价格协调自律工作的不断深入；三是定期在《中国港口》杂志上发布月度全国港口分区域的“装卸作业价格调查表”、“装卸作业包干费价格指数”等相关信息，发挥其在全国港口企业自定市场价格中的引导作用；四是根据行业主管部门的要求，相继组织开展了港口外贸进口铁矿石企业和港口集装箱企业执行政府定价情况的互查交流活动，以维护政府定价的严肃性，遏止盲目杀价和以不收、少收规费为手段的不正当竞争行为。协会还根据国家有关部门调整铁路货物运输价格的通知精神，及时向港口铁路企业发送参照执行新的《铁路货物运价率表》的建议；应交通部水运司的要求，就“港口环保服务收费标准制定”工作开展调研并提出了相应建议。协会还十分注重发挥各分支机构在本业经营行为协调自律中的积极作用，推进各分支机构结合各自的专业特点，把本业经营行为协调自律工作提到重要的议事日程上来。

三、开展课题研究、做好咨询服务

组织专项的课题研究，是协会提升为港口企业服务水平的一项重要工作。每年的课题研究都做到贴近行业、企业的发展需求，近几年的课题研究在深度和广度上又有了新的突破。如《我国港口内贸价格研究》课题，通过对港口内贸价格现状的分析，结合当前国家的有关政策以及港口价格市场变化的最新情况，提出了在社会主义市场经济条件下，解决港口内贸价格过度竞争的阶段性方案和长远方案；《中国港口口岸环境研究》课题，通过对存在问题的分析和法律法规的研究，提出了构造和谐口岸的对策建议，引起了国务院有关领导机关的重视。协会还通过课题研究和咨询服务，为委托单位的建设和发展提供客观资料和依据。近年来，协会承接的《宁德港三都澳港区发展规划战略研究》和《关于洋口港在上海国际航运中心中功能、作用的研究》，在推进港口开发和招商引资中，发挥了积极作用。协会还组织编制《港口散货委托作业合同》、《港口集装箱委托作业合同》推荐文本，以利于港口企业规避经营风险，进一步规范合同管理。

四、坚持科技兴港、促进科技进步

协会科学技术委员会是全国港口开展科技交流的一个重要平台。通过定期开展活动，组织各港口企业、设备供应商、科研院校等单位进行科技工作的交流，推广新技术、新设备、新工艺在港口的应用，以促进港口的科技进步。《港口科技》作为协会科技委旗下的刊物，在传递港口科技进步和建设发展信息，反映港口科技最新成果方面，发挥了重要作用。为了推动全行业走科技强港之路，进一步调动广大科技人员的积极性和创造性，经国家科技部批准，协会从2007年起，设立了“中国港口协会科学技术奖”，该奖项是交通运输行业继中国航海协会、中国公路学会之后第三个依托社会力量设立的奖项。首届“中国港口协会科学技术奖”经过评审，共有包括港口工程建设、港口设备工程建设、港口信息化软件、装卸工艺/操作应用技术、港口软科学研究等几大类共64个项目获奖。协会还通过对获奖项目的表彰和宣传，积极倡导科技成果在全行业的推广应用。

五、扩大对外交往、加强交流合作

中国港口协会作为国际港口协会的联系会员，受交通运输部委托，负责组织和协调港口企业与国际港口之间的民间活动和与国际港口组织建立联系的工作。经协会牵头组织并报交通部、外交部同意，我国大陆现有12个港口成为国际港协会员港。协会还受交通部委托，协调组团出席两年一次的世界港口大会、一年一次的东北亚国际港口论坛和中、日、韩三国港口协会会长会议。通过开展交流，既增进了港际之间的了解和友谊，又扩大了我国港口在国际上的影响。协会还通过与有关国家（企业）合作，联合举办国际研讨会，邀请外国专家来华讲学，组织港口专业人员赴国外学习、考察等形式，积极拓展与国际同行业之间的交流和合作。自1987年以来，协会还先后成功举办了十一届中国国际港口航运物流博览会。

六、拓宽培训领域、推进品牌建设

开展教育培训是协会为行业和企业服务的重要职能之一。根据港口建设和发展的需要，协会成立了专门的培训服务机构，在全国有关省市建立了多个培训基地，不断拓宽培训领域，努力提高培训层次。尤其是近几年的培训教育，既有现场生产管理与技术操作等常规培训，也有受行业主管部门委托开展的执业资格培训，并且逐步扩大到法律、法规、硕士生培训等高层次的培训。协会成立以来，先后举办了30多个专业、400多期培训班，直接培训学员17 000多名，受交通部委托，发放港口专业证书20 000多张，为港口的管理和建设、特别是集装箱等新兴港口业务的发展和危险货物运输的安全管理，培养了一批专业人才。近年来，协会积极开展创立“中港培训”品牌建设，使培训教育进一步适应我国港口迅猛发展的大好形势，更贴近和满足港口现代化管理的需要。一是开发集装箱系列培训项目，为集装箱企业提供多种类型的培训服务；二是组织专业人员编写“国际集装箱港口管理实务”、“件杂货港口管理实务”等教材，逐步形成具有中国港口特色的培训教材系列丛书；三是应港口企业和有关单位的要求，组织上门办班，努力为各地港口提供个性化的培训服务。

七、加强行业宣传、做好信息工作

为了加强对港口行业中心工作的舆论宣传和信息交流工作，协会创办了《中国港口》杂志（月刊），二十多年来，《中国港口》杂志紧紧围绕港口中心工作，积极宣传党和政府关于发展港口事业的方针政策，配合协会的重点工作和港口的热点问题，通过组织专访、开展研讨、跟踪报道、经验介绍等多种形式，较好地发挥了舆论导向作用。通过努力提高办刊质量，不断扩大发行范围，使《中国港口》杂志成为业内具有一定知名度的期刊，2008年《中国港口》杂志社被国家新闻出版总署评为“出版形式规范”A类期刊。为填补全国性港口年鉴的空白，从1999年起，协会每年编辑出版《中国港口年鉴》，所收内容翔实，涵盖面较广，具有较强的资料价值。随着互联网的兴起和发展，协会积极创立了门户网站（www. chinaports. org），并根据形势任务的要求，适时进行重新设计改版，开辟了英文网页，并成功召开了首届全国港口网络联盟大会，为把协会门户网站建成综合性的港口专业网站，更好地为港口行业和广大会员单位服务奠定了基础。为了全景式地记录我国港口业界改革发展的前进步伐，扩大我国港口在国内、国际的影响，协会编辑出版了《中国港口概论》、《中国港口大全》、《中国港口改革开放20年》等书刊；自2007年起，每年编制《中国港口行业发展报告》；还与国际港协合作，编辑发行了英文版的《中国港口报告》。

八、适应形势需要、加强自身建设

一是加强组织建设。根据港口走向市场、产业多元化的发展趋势，把在市场经济条件下涌现的中外合资、民营、股份制企业和地方性中小港口及与港口相关的企业吸收到协会组织中来，扩大会员覆盖面，使协会成为真正意义上的行业协会。二是加强分支机构的管理和建设，进一步理顺与各分支机构的工作关系，充分发挥各分支机构在行业管理、专业指导等方面的积极作用。三是加强协会秘书处工作人员队伍建设，及时充实一批年轻、专业化人才，促进协会工作的进一步拓展。四是加强制度建设，进一步推进协会工作的规范管理。

30 年改革开放所取得的巨大成就，举世瞩目；改革开放继续深化的新征程，催人奋进。中国港口协会将在邓小平理论和“三个代表”重要思想指导下，贯彻落实科学发展观，坚持为行业、为企业、为广大会员单位服务的宗旨，努力开拓进取，为我国港口建设事业的持续发展谱写新的篇章。

中国船东协会

1993 年 4 月 18 日，中国船东协会正式成立。

中国船东协会成立伊始，共有会员 160 家，会员拥有商船总吨位 5 000 多万载重吨。至今已发展到 213 家会员，拥有商船总吨位超过 7 000 万载重吨，占中国远洋、沿海商船总载重吨位的 85% 左右。协会下设秘书处，八个专业委员会及两个分会，即：集装箱运输、液化气运输、散货运输、冷藏运输、油轮运输、海员、中日海上运输、中韩客货班轮运输委员会和长江、黑龙江分会。

中国船东协会是由在中华人民共和国注册并从事水上运输的商船所有人、经营人和管理人以及与航运相关的单位和组织自愿组成的行业性组织，不受地区、部门限制，是依法注册的全国性社会团体，是非营利性的社会组织。

中国船东协会的宗旨是：遵守宪法、法律、法规和国家政策，遵守社会道德风尚，维护中国船公司的正当权益，在政府与船公司间发挥桥梁和纽带作用，促进中国水运事业的发展，以适应国家经济发展的需要。

中国船东协会是中国航运业实行改革开放与国际接轨从而适应社会主义市场经济发展的产物，同时它见证了中国航运业改革、开放、发展的历史过程。中国船东协会成立以来，充分发挥中介组织的作用，成为推动我国水运事业健康发展的一支不可或缺的重要力量。

中国船东协会成立 15 年来，在改革开放中与时俱进，在适应市场经济的大潮中调整工作思路，不断增强服务意识，努力提高服务能力，并通过开拓创新打造服务品牌。通过多年的摸索和实践，协会工作取得了一定的成效，具体体现在以下几个方面：

一、依法维护会员的合法权益

以服务会员为宗旨，为会员排忧解难，先后为会员解决了一些实际问题，较好地保护了会员利益，被会员称作“我们的代言人和贴心人”。例如，2003 年会员反映，航行国内航线的船舶到青岛、大连港，边防人员多次上船检查船舶户口簿，造成船舶班期延误、合同滞期、甚至无法履行合同，要求协会出面帮助解决。协会立即向公安部报送了《关于反映边防检查站检查船舶户口簿问题的函》。公安部非常重视，接函后立即组织调查核实，纠正了不当的做法，船东班期恢复了正常，合同得到了履行，受到会员欢迎。针对黑龙江水系封冻时间长、船舶营运时间短的特点，协会就规费征收不合理等问题向海关总署反映情况，引起署长重视，批示同意规费减半征收，减轻了航运企业的负担。

中国船东协会在世界范围内维护中国船东的利益，支持中国航运企业参与国际竞争，近年来配合政府有关部门作了不懈的努力，为我国航运企业在国际大环境中和谐发展提供了保障。多年来，中远、中海、中外运一直被美国列为“受控承运人”，遭受着国际海上运输的不平等待遇，导致船东的经营活动受到美国的多方限制，无法与国外船公司公平竞争，处于不利的地位。经过协会和政府主管部门的共同努力，2004年，美国联邦海事委员会（FMC）举行听证会，一致通过解除对中远、中海、中外运三大船公司“受控承运人”的限制，给予没有期限限制的豁免，取得了与外国船公司平等的经营权，这是一次具有深刻历史意义的重大突破。

二、努力当好政府的参谋和助手

上联政府、下联企业，在贯彻政府的航运政策和反映航运企业诉求方面起到了不可替代的中介作用。例如，为深入贯彻执行交通部2002年2号令《老旧运输船舶管理规定》，协会一方面广泛征求意见，另一方面在会员中大张旗鼓进行宣传贯彻，先后组织了8篇专题调研文章，在行业报纸、杂志上发表，发挥了良好的政策导向作用。协会协调政府与企业的关系，协调会员与会员、会员与非会员、会员与其他行业单位和其他社会组织的关系等等，通过处理好这些关系，使行业在和谐中发展。例如，在船公司收取码头作业费（THC）争议的行业焦点问题上，协会多次与中国货主协会沟通，积极向政府主管部门反映会员的诉求，在政府召开的听证会上客观反映情况，经过两年多的努力，较好地解决了这个问题，使本行业的利益得到保障。

中国船东协会关注行业的热点、难点、焦点问题，经常开展调查研究，为政府建言献策。20世纪90年代初，有关单位提出拟开放“国际集装箱长江国内支线运输”和“国内水路商品车滚装运输”的建议。针对此建议，协会全面征求船东意见，并进行了调研论证，提出了长江暂不宜对外进行开放试点的意见。交通部接到中国船东协会专题报告后，做出了暂不开放长江水运集装箱运输的决定，在政府决策过程中发挥了重要作用。

近年来，燃油价格不断走高，协会认真研究对策，一方面总结航运企业节能降耗的经验，推广降低燃油消耗典型，合理选择加油港，集中采购等减支降耗措施。另一方面积极向政府反映意见，努力为企业争取一些优惠政策，给企业创造了较好的发展环境。此外，协会还先后组织了《关于开展国内航运企业费收负担情况调查的通知》、《中华人民共和国防治船舶污染内河水域环境管理规则（征求意见稿）》、《中华人民共和国车船税暂行条例》等项规定的征求意见工作，并将会员意见及时整理归纳报政府主管部门决策参考，发挥了较好作用。

在我国政府职能转变的改革过程中，交通部水运司将液化气新增运力的初审工作移交给协会，协会认为这是主管部门对协会的信任，也是培育协会成长的具体措施，协会应该积极配合，承担好这项工作。为此，协会按照公开、公平、公正的原则，制订了《液化气运力评审管理办法》和《新增液化气运输船舶评审工作程序》，设立了新增液化气运力评审委员会，每年定期召开专家评审会，提出新增液化气运力的评审意见，报部批准后执行。这项工作已连续实行了8年，通过协会的评审，把握好了市场准入的第一道关口，保持了运输市场需求和供给的基本平衡，避免了运力盲目发展，较好地规范了液化气运输市场发展秩序，得到政府主管部门的充分肯定和行业认可。最近协会根据交通运输部水运司的要求，正在进一步修改完善《液化气运力评审管理办法》及有关制度，力争将这项工作做得更好。

三、努力发挥行业自律作用

针对中日航线恶性竞争问题，协助政府部门规范行业市场，维护公平竞争秩序，制定行业自律公约，较好地解决了中日航线恶性竞争和发展的问题。协会对中韩客货班轮委员会提出加强政策指导，加强自律，协调各部门搞好管理的建设性意见，得到交通部主管机关的肯定和认可，为中韩航线的行业自律打下了良好基础。为了促进渤海湾客滚运输市场的健康发展，加强行业自律，规范经营行为，协会配合交通部召开渤海湾客滚运输市场座谈会和港航企业联席会议，初步建立渤海湾客滚运输运价协调机制，并协商一致同意制定自律公约，引导企业加强自律，促进渤海湾客滚运输的健康发展。为了维护液化气水路运输市场公平竞争的秩序，规范液化气航运企业的价格行为，保护会员的合法权益，协会制定了《液化气水路运输行业自律公约》和《液化气运价协调工作实施细则》，规范价格竞争行为，确保了液化气水路运输市场健康繁荣发展。

四、积极参与国际交流与合作

把参与亚洲船东论坛的活动，作为走向国际化的重要平台，并向世界航运界发出中国船东的声音。中国船东协会在亚洲船东论坛五个委员会之一的海员委员会担任主席职务。2007年，中国船东协会推荐的人选担任了亚洲船东论坛首任秘书长，成为国际航运界的一件大事，大大提升了中国船东的国际声誉和地位，搭建了中国船东与国际交流合作的新平台。目前，中国船东协会与10多个国家和地区的船东和航运组织保持着密切的联系。

中国船东协会积极参与国际公约的制定和修改，努力主导世界航运的走向。协会近几年密切关注联合国起草的《运输法公约》，提出修改意见和对策建议。积极参与《2006国际海事劳工公约》的制定和修改，并代表中国船东参加在日内瓦举行的第94届国际海事劳工大会，投出中国船东的庄严一票。“9·11”事件后，国际保险行业增加过高的、不合理的战争保险费，扩大战争险的区域范围，严重影响了中国船公司的正当利益。协会通过调查研究，寻找充足理由，致函亚洲船东论坛保险委员会，表明了反对不合理的涨价行为，维护中国船东权益的立场和观点。针对以欧美为主体的国际保险人，将马六甲海峡列入高危区域名单，增加船公司的保险费开支，协会代表中国船东向其交涉，为扩大中国船东的国际影响，争取话语权，起到积极的推动作用。

五、努力为会员提供信息和业务培训服务

协会使《中国船东》刊物和网站成为会员获得水运行业信息的重要渠道之一。在报道内容上，抓住中远集团精益管理和中海集团精细管理的经验，进行重点宣传，帮助企业提高管理水平，推动企业管理上层次，增强企业的核心竞争力，进而推动了行业发展。此外，协会还为会员举办有航运特点，有品牌效应的论坛、培训班、法律讲座等各种形式的活动，协会与大连海事大学、上海海事大学合作，仅培训班就举办了数十期，为会员培训业务骨干数千人。针对航运企业缺少中高级业务培训的需求，连续举办了六期《航运法律与实务大讲堂》，邀请国内知名专家教授，专题讲授航运与法律知识实务技巧。扩大了协会的影响力，提高了从业人员业务水平。

中国船东协会在改革开放的进程中较好地发挥了参谋、助手、桥梁、纽带作用，多次受到交通部和民政部的表彰，2004年获得民政部授予的“全国先进民间组织”荣誉称号。

中国集装箱行业协会

中国集装箱行业协会（CHINA CONTAINER INDUSTRY ASSOCIATION，缩写CCIA）是中华人民共和国民政部于1993年批准成立、具有法人资格、跨行业区域的全国性社会团体。

协会的主要业务范围：行业管理，行业自律，展览展示，专业培训，技术交流，标准制定，咨询服务，组织制定行规行约；向政府反映行业意见，为政府制定政策提供依据和建议。

协会采取团体会员制和个人会员制。目前有主要集装箱生产、配套、科研、检验、维修、管理、运输等企业和单位100多家，其中集装箱生产和配套企业占90%以上。

中国集装箱协会成立15年来主要开展了以下几项工作：

一、代表行业维护会员权益，积极向政府反映行业建议和会员意见，为国家制定产业政策提供重要参考依据

协会在交通部的指导下，在有关部门的支持下，按照公平、公正、公开的原则不断求实创新，根据会员和市场的需要开展各项工作。作为企业与政府间的桥梁纽带，协会代表行业和会员的利益积极向政府反映行业建议和会员意见，为国家制定产业政策提供依据。几年以来，协会在钢材最终保障措施、集装箱出口税率调整、取消钢材“以产顶进”、“钢材加工贸易”等重大政策调整过程中，针对实际情况对产生或将要产生的全行业的问题进行了深入了解和研究，并形成一系列专题报告、情况反映和建议，向商务部、发改委、财政部、税务总局、中国钢铁协会等部门积极反映对行业带来的问题和影响。提出“建议国家对集装箱行业实行相应的调整政策”等若干建议。

协会反映的问题和建议得到政府有关部门理解、关注和重视，部分问题获得解决。例如，2003年1月17日，外经贸部发布2003第6号公告，对最终保障措施中首批部分产品不再增加特别关税，其中冷藏集装箱用的部分冷轧不锈钢薄板在公告之列。2003年5月21

日，商务部发布2003年第18号公告，对最终保障措施中的部分产品，在配额到量后不再增加特别关税（其中部分产品用在集装箱产品上）。2003年12月26日，商务部发布第76号公告，决定终止热轧普薄板、冷轧不锈钢板（带）等5类进口钢材的保障措施，不再对该项目下的进口钢铁产品加征关税，解决了会员单位反映的“临保措施”对集装箱用钢的影响。2007年初至2008年上半年，国家发改委多次召集行业会议，研究拟取消“钢材加工贸易政策有关问题”。经了解，如取消免税政策，集装箱所用钢材将增加25%的成本，按2007年进口钢材价格计算，集装箱行业将增加成本约1.5亿美元。对此，协会向国家有关部门报送了《关于集装箱行业进口钢材加工贸易现状的汇报》、《关于报送中国集装箱行业情况和建议的报告》等文件及详细的统计资料，建议国家有关部门根据加工出口企业的实际情况，考虑不要或暂缓或有一个过渡期，再取消钢材进料、来料加工出口免税政策。协会反映的建议得到了发改委等有关部门的重视。目前，钢材进料、来料加工出口免税政策还没有取消，有关政策仍在研究之中。

以上国家政策的作用缓解了我国集装箱行业的生产、经营困境，推动了行业的健康协调发展。

二、配合、协助国家制定行业准入标准、中国名牌申报标准

针对会员企业反映强烈的、我国集装箱行业低水平重复建设严重等问题，协会向有关省、市政府、国务院有关部门反映并报送专题报告，建议制定更为严格的产业政策加以约束。此外，协会积极配合国家有关部委为制定《集装箱行业准入标准》和《外商投资产业指导目录》提供了重要参考依据。

配合中国名牌委员会制定中国名牌“集装箱”产品的申报条件；向国家质量监督检验检疫总局报送了《集装箱产品申报中国名牌产品评价目录材料》；提出《2005年中国名牌产品（集装箱）申报条件》并得到名牌委的认可。

三、积极推进和维护行业健康、协调发展

(1)协会适应会员和市场需要，多次组织召开专业会议，探讨制定了《JH/T E01—2008 集装箱涂料》等行业规范，积极推进了集装箱用木地板和油漆质量的提升，为推进我国集装箱行业的健康、协调发展发挥了积极作用。

(2)协调集装箱生产能力过剩，推进行业自律

针对我国集装箱生产能力严重供过于求的情况，组织召开“中国集装箱工业当前面临的形势和对策研讨会”，并形成公告，在中国国际海运网、交通部等网站、媒体上公布，为中国集装箱制造业的进一步健康协调发展、推进行业自律打下了良好的基础，发挥了重要作用。

四、积极推进行业标准化工作

随着行业的发展和科技水平的提高，协会不断探索和推进行业的标准化工作，积极组织制修订并实施了《集装箱角件》(JH/T C01—2000）等20项行业规范；参与国家标准和国际标准化工作，先后会同科研、企业等有关单位合作起草了《系列1集装箱 技术要求与试

验方法 第1部分：通用集装箱》（GB/T 5338—2002）等国家标准；配合海关总署制定《干货集装箱加工贸易单耗标准》（HDB/002—1999、HDB/JT 002—2004）和《冷藏集装箱加工贸易单耗标准》（HDB/JT—2000）并颁布实施，均填补了国内外空白。

行业规范的制定和实施对规范集装箱产品的生产管理，降低成本，提升产品质量起到了积极的促进作用。

五、为业内外提供有价值的实时信息，权威、详细的专业资料

为做好为会员和业内外的信息服务工作，自2003年起，协会创办了《中国集装箱行业协会通讯》，并随着阅读量的不断增加，协会已将《通讯》由纸质版调整为现在的网络版。2006年协会创建了我国、也是世界唯一的集装箱行业专业性网站（中国集装箱行业协会网站 www. chinaccia. com），网站包含50多个栏目，而且内容不断丰富，所提供的信息内容为国内外首创并独家所有，是集装箱行业信息交流平台。向会员单位、政府有关部门及业内外相关单位提供了大量行业实时信息，获得一致好评。2005协会根据市场需要精心组织编著了100多万字的《中国集装箱大全》，该书在总结我国20多年来的集装箱行业业绩基础上，较全面、详细、深入地介绍了国际、国内集装箱水路、铁路、公路、航空运输，集装箱工业和市场，集装箱各类箱型结构、特点及主要工艺流程等内容，集专业性和实用性于一体，是我国集装箱行业的重要文献资料。编撰《中国集装箱出口分析2003年~2007年》和《中国集装箱工业协会大事记1992年~2007年》等。以上四个项目均填补了国内外空白。

六、协会创新务实的工作赢得了会员的信任、获得了政府的好评，连续被评为全国先进工业行业协会和信用创新单位

中国集装箱行业协会将继续遵循“服务、求实、创新、高效”的宗旨，维护会员的权益，承担起行业管理和自律、国际合作、信息引导和交流、维护行业利益等工作。力争成为真正的会员之家和政府与企业之间的桥梁和纽带。让我们携手并进，坚持科学发展观，为共同建设社会主义和谐社会，为世界经济和集装箱事业的发展繁荣做出新的积极贡献。

中国交通企业管理协会

中国交通企业管理协会成立23年来，大体上经历了组建创业、开拓服务、排除困难、探索发展四个历史阶段。从初创时期的几十个会员单位发展到现在1 000多个会员单位，从一个由单一所有制会员组成到目前形成多种所有制会员单位的团体，是整个交通行业诸多协会中唯一具有综合管理职能的协会。

在23年的历程中，中交企协始终围绕政府主管部门不同时期的中心工作，坚持与时俱进，开展服务活动。20世纪80年代初，为进一步规范企业的经营管理，交通系统开展了企业管理整顿达标工作，从加强基础管理，提高运输质量，工程质量和服务质量，增加技术含量等方面，帮助企业制定整改措施。同时还受部体法司的委托，积极响应国家提倡的“抓管理，上等级、全面提高企业素质”的号召，拟制了《交通行业国家级企业审定办法》和

《交通部质量管理奖评审管理办法》，编印了“交通企业创质量管理奖指南”等政策文件汇编，组织专人自始至终参加了企业创奖升级考评验收工作。80年代末，第二次交通企业开始进行经营承包。当时根据部所属企业运输生产任务不足，经济效益滑坡，处境困难的情况，协会通过深入细致地调研，向主管部门提交了《运输企业几点意见》的专题报告，为政府主管部门制定完善承包经济责任制，给企业争取宽松的外部环境提供可行依据。90年代初，中交企协开展了以企业内部改革，转换经营机制，承包经营为主的服务活动。90年代末，围绕深化企业改革，建立现代企业制度，先后完成了交通部有关司局委托的“交通企业资产经营责任制研究”、“建立和完善交通运输、施工企业质量体系的实施指南”等有价值的调研课题，受到了各方好评。进入21世纪，随着我国市场经济的不断发展，交通运输市场规模的进一步扩大，一方面是交通运输企业内部管理日益复杂化；另一方面市场需求的快速变化和竞争形势的变化又要求企业必须加快管理现代化的速度。如何帮助企业解决这两者间的冲突和矛盾，是中交企协近年来落实科学发展观，不断开拓服务内容，探索企业创新管理模式的核心任务。特别是2004年以来，中交企协在部主管部门的支持和指导下，重点从推进交通企业文化建设入手，不断为提升企业核心竞争力，保证企业可持续发展的动力方面作出了有益的探索。

23年来，协会始终围绕着政府和企业的每个时期的中心工作，开展自身的活动。特别是找准企业突出的重点、难点、疑点，积极探索，以创新的精神，务实的态度，贯彻“服务”宗旨，与时俱进，开拓协会工作，主要体现在以下两个方面：

一、积极发挥协会的优势，配合政府完成各项重点工作

根据交通部提出的坚持长效管理与专项整治相结合的实施目标和推进道路运输安全管理长效机制建设，积极协助企业开展了船舶“防碰撞、防泄漏”、渡口渡船、低质量船舶、危险品运输、道路客运等专项整治。对各省、市地方交通部门主管交通安全的管理人员、企业分管交通安全生产的领导、技术骨干进行了水上交通安全和道路运输安全培训19期、培训人员4 232名。特别是在2006年7月，由中交企协轮渡工作委员会联合南通市人民政府、江苏海事局、江苏省交通厅和安全监督局等部门，举办了“全国首届渡运安全高层论坛”。这次论坛对推进我国渡口、渡船安全管理专项整治活动的深入开展，吸取水上事故教训，探索文明、平安渡运良策，以及加强渡运安全理论研究，提升渡运安全的社会关注度，增强渡运服务经济社会的能力，起到了积极和较好的促进作用。正如交通部副部长徐祖远在论坛会上指出的，作为论坛的举办单位为全社会关注水上渡运工作做了一件大好事。

为了全面贯彻落实交通部关于完成节能减排的任务，协会根据部有关司局的部署，结合公路运输、船舶运输及港口能耗的实际情况，进行了交通节能统计方法的调查和研究，先后制定了公路运输、船舶运输及港口能源消耗统计实施方案，用以指导交通行业规范开展能耗统计调查。完成了交通部体改司交办的《交通行业能源消耗统计报表制度研究》和《交通行业能源消耗状况及节能工作指导意见》两个课题。同时协助交通部完成了“十一五”全国重点推广在用车船节能产品（技术）第一批推选和评审工作。

自2000年以来，协会受部委托，根据交通部专业技术职务任职资格评审工作的要求，结合全国交通行业专业技术人才的实际，编印了《交通部经济系列高级专业技术职务任职

资格评审办法摘编》，并就有关评审政策和实施方法，及时对交通企事业单位主管人事工作负责人进行培训，同时开展全国交通行业高级经济师的评审工作。八年中共接受评审材料近千份，通过评审，全国交通系统共有400多人先后获得了高级经济师的职称。

自1981年至今，协会根据国家六部委关于开展全国质量管理小组活动的要求，在交通部党组、部领导、部机关以及各级交通部门的支持和参与下，目前已在全国连续开展了27年。27年来，全国交通行业同全国其他行业一样，从最初的几十个质量小组发展到今天累计登记注册质量管理小组约20万个。创造直接经济效益超过100亿元。特别是近5年来，平均每年创造的经济效益都超过4亿元人民币。全国交通行业开展全面质量管理小组（QC小组）紧紧围绕交通行业的中心任务，企业存在的问题开展活动、进行创新。根据统计，近5年来，交通系统的质量管理小组成果中，30%是节能、节约资源的；25%是技术创新、设备改造、提高效率的；30%是安全管理减少差错事故率的；15%是提升服务质量、提升客户满意率的。

在开展质量管理活动方面，协会还积极推广宣传了青岛港务集团公司企业全面质量管理的经验和做法，推动青岛港务集团公司在2001年跻身于五家全国质量管理奖获奖企业之列，成为交通行业唯一获此殊荣的企业。

二、把维护企业的合法权益作为一项重要工作内容

首先是为企业与行业主管部门之间牵线搭桥。如为湖南省14家水上轮渡运输企业争取到行政主管部门的相关政策和法律支持。为广西一家运输企业挽回巨额经济损失。这家会员企业2006年被当地政府以公共利益要求和加快城市改造为由，强制收回经营用地，企业赖以生存的物质基础受到了严重威胁。为此，该企业数次上访未取得效果，最后求助于协会法律中心予以法律救援。法律中心对企业进行实地考察，结合国家政策客观做了法律评估，得出当地政府的决定是没有法律依据的结论。同时为企业设计诉法维权的法律工作方案。在得到授权后，依托专业律师，搜集大量证据证明企业是涉诉土地的合法使用者，也证明当地政府实属违法行政，要求人民法院判决其“1号令”无效并予以撤销。该代理意见得到人民法院的支持，为企业避免了近3 000万元的损失。

回顾总结协会23年的工作，概括起来，就是始终围绕政府主管部门不同时期的中心工作，围绕全体会员企业的需求，坚持“服务”的宗旨，发挥三个作用即桥梁作用，纽带作用，服务作用。其中最主要的经验，一是广泛沟通交流，做政府各部门间的桥梁纽带，是协会工作取得进展的钥匙。二是及时掌握和了解会员的需求，坚持务实的工作态度，是协会开展工作的基础。协会在工作实践中有三点比较深切的认识。一是交通运输发展的需要，企业管理、企业改革实践的总结，是协会工作的源泉。二是广大交通企业中蕴藏着巨大的改革与创新的积极性，在建立现代企业制度过程中，既有一大批企业家和管理人才，又有千千万万参与和关注企业生存和发展的普通劳动者，正是这两方面队伍的结合，才使协会的功能得到充分体现。三是交通基础设施的快速发展和交通运输新技术、新领域的重大突破，对协会的作用和发展产生深远影响。正是基于这样的认识，协会才能在实践中不断探索发挥作用的切入点，广泛联系全国交通企业，积极争取各有关部门、有关单位的支持，热心为企业和政府服务，这是20多年来协会能生存、发展的重要原因。

中国潜水打捞行业协会

中国潜水打捞行业协会于2008年6月2日由民政部批准正式成立。它的成立标志着我国潜水打捞、海洋工程服务以及水下施工队伍的管理和建设进入了更加规范，更加符合国际通用规则，更加适应市场化运作的新阶段。

我国改革开放30年来，潜水打捞行业的发展突飞猛进，无论基础设施、技术装备还是从业队伍都发生了根本性的变化，已经成为我国在人命救生、抢险救灾、保障国家大型科学试验、水下施工、海上石油开发、海洋产业、国防建设及海上突发事件应急响应等领域不可缺少的新兴产业。在全面建设小康社会和政府更加关注民生、关注安全、关注环境、关注应急反应体系建设的新形势下，迫切需要建立一个权威性的行业自律组织，在政府领导和监督下，依法实行行业自律性管理。作为桥梁和纽带，凝聚行业力量，积极协助政府主管部门加强行业建设，以适应我国潜水、打捞行业发展和公共服务的要求。我国是国际海事组织A类理事国，需要有一个潜水、打捞行业组织与世界同业组织进行交流与合作，在相关国际规则的制订及其他活动中取得应有的话语权。有必要研究和跟踪国际潜水、打捞技术装备的发展趋势和市场动态，为政府相关立法、制订发展规划提供参考依据，为会员提供有价值的商业信息，协助政府推动与相关国家的资质、资格证书互认工作。总之，无论是从我国潜水、打捞行业发展及行业整体利益的保护，还是加强国际同业交流、合作的需要，中国潜水打捞行业协会的成立，都具有重要的现实意义。

协会现有会员单位115家，主要由国家专业救助局和飞行队、专业打捞局、海军防救部门、海洋石油开发和服务企业、科研院所、合资、民营和私营企业等构成。2008年底本会会员将发展到160余家。

协会的总体思路及工作要点：根据协会以服务为宗旨的五项主要职责，提出了“立足服务，自律管理，创新务实，促进发展”的总体工作思路。具体措施为注重“两个强化”，即强化服务意识，强化服务能力与水平。将服务理念贯穿于行业自律管理之中；实行“两个转变”，即转变思想观念，转变工作作风。提高工作效率，服务为主线，主动作为；加强“两个团队”，即加强常设办事机构建设和专家委员会建设，充分发挥办事机构和专家的作用；做到“五个适应”，即适应履行行业与政府纽带的职能；适应履行行业自律性管理的职能；适应履行维护会员合法权益和法律援助的职能；适应履行咨询服务的职能；适应履行业务主管部门职能转移的工作任务。

在工作思路指导下，协会开展了以下几个方面工作：

一、制订行业标准、规范、规程

潜水、打捞作为一个特殊和高风险的行业，直接关系到潜水人员健康和人身安全。世界沿海国家大多非常重视潜水立法工作，早在20世纪60年代以前就开始潜水立法，其中包括议会、政府、部门、地方等立法类别，且不断进行修改与完善。与此同时，各沿海国家也充分发挥了行业组织的作用，例如美国潜水承包商协会、英国海洋承包商协会等行业组织颁布了若干行业标准、操作规程、技术性规范等，在保障潜水安全，促进潜水行业发展起到了重要作用。

加入世贸组织以后，潜水、打捞行业依法管理已成必然。但目前我国涉及潜水、打捞的行政立法尚未颁布，行业管理还比较滞后，无力有效保护市场及行业权益。因此，在促进行政立法的同时，还要制订完整的行业标准、安全操作规程以及技术规范等，为规范市场秩序、建立行业自律机制和与国际接轨创造条件。同时还需设立准入资质、资格和安全保障条件，以保证从业人员健康及人身安全。

二、推进行业专业化建设

按照人员精干、装备精良、技术精湛，在关键时刻能起关键作用的建设目标，通过大力推进专业化建设，逐步提升潜水、打捞行业整体素质和服务能力。在发展海洋经济和航运事业中，在应对水上人命、环境、财产救助和抢险打捞等水上重特大突发事件中，提供有力支持和保障，履行好社会公益性职责和义务。

三、发挥科技创新的引领作用

针对潜水、打捞行业的特点，瞄准世界前沿科技水平，加强在海洋工程服务、潜水、打捞、人命财产救助、安全保障、信息服务、促进其他水下工程等关键性技术的研发和应用，充分发挥科技创新的引领作用，努力实现我国潜水、打捞技术接近或达到世界先进水平的目标。

四、加强特殊专业人才队伍的管理

针对行业中的各类专业人才特别是从业风险性较高、工作艰苦、待遇偏低的技术骨干短缺和队伍不稳定的现状，逐步建立和完善激励机制和管理体制，积极促进和落实特殊工种的职业保障制度和相关措施。注重培养和保留专业技术、管理骨干，激励和吸引专业技术人才，保持专业人才队伍的稳定，维护他们的合法权益，充分发挥他们在关键领域中的作用，促进行业可持续发展。

五、实现与有关国家的资质资格互认

鉴于目前国外潜水承包商及外籍潜水人员进入我国潜水市场还未设立设置准入门槛，我国海洋工程服务商及潜水人员受到不公平待遇的现状，协会在积极协助政府加大有关立法的同时，还将协助政府部门推动与相关国家建立潜水、打捞、海洋工程服务领域的资质资格互认机制，以适应市场开放、公平竞争、保护市场和保障从业企业及人员的合法权益。

六、注重行业文化和诚信建设

发挥理念先导力、精神感召力和舆论引导力合力作用，营造良好的发展氛围，形成行业的“软实力”。因此，协会应深入挖掘和总结行业的思想理念、道德风范、职业精神，形成有特色的行业文化，从而树立良好的行业形象，提升从业人员的整体素质，为行业健康发展注入活力。

协会还应结合行业的特点，制订和建立行业自律守则，促进行业的诚信建设，提供优质服务，遏制行业内部不良竞争行为，打造树立良好的服务品牌。

建立和保持畅通渠道，及时听取和反映会员和职工的合理诉求，提供有效权益保护和法律援助。及时提供政府政策导向、市场动态及商业信息，协调业务关系，听取意见批评，化解矛盾，促进行业和谐共赢。

七、积极促进国际交流与合作

我国是国际海事组织A类理事国，需要潜水打捞行业协会促进与世界同类组织进行交流与合作，积极组织会员赴发达国家进行学习考察，提高管理和技术水平，研究追踪国际潜水、打捞技术装备的发展趋势和市场动态。同时，中国潜水打捞行业协会要在相关国际规则的制定及其他活动中取得应有的话语权。

八、潜水打捞行业组织的自身建设

根据我国潜水打捞行业的特点与发展需求，参照国外的成功经验，中国潜水打捞行业协会首先要加强自身建设。注重提高服务意识和业务能力，认真履行好行业中介、自律管理、行业服务、行业咨询等主要职能，切实发挥桥梁、自律、维权和服务等重要作用。

在以后的岁月里，在交通运输部、民政部及有关部门的领导、监督下，在广大会员的大力支持下，中国潜水打捞行业协会将办成一个坚强有力的自律性、服务型的行业社团组织。

中国引航协会

2008年1月8日，中国引航协会在北京宣布成立，这是中国引航发展史上的一个里程碑。它标志着我国政府部门加强管理、行业协会严格自律、引航机构专营服务的引航管理体制的建立，受到全国交通主管部门、引航机构和港航单位的欢迎和关注。从此全国引航机构与政府部门之间有了更好的沟通桥梁，加强行业建设有了更好的自律条件，引航行业和职工的诉求有了更直接的渠道，对外交流、参与国际引航事务有了更好的平台。

一、中国引航业发展要求成立全国性的行业协会

改革开放以来，随着我国经济的快速发展和国际贸易的增加，90%以上的外贸进出口货物是通过水运方式完成的，抵港外籍船舶在港口的比重逐渐加大。30年来，在船舶大型化进程快速推进，到港船舶数量仍呈快速递增态势，近年来，我国年引领中外船舶30万艘次以上。我国的引航事业取得了快速发展，引航员队伍不断扩大，整体素质不断提高，引航管理信息化、服务规范化、反映快速化步伐不断加快。我国作为海运大国，引航员已达1 500多名，占世界引航员总数的1/7。我国在超大型船舶靠边离码头操作方面，一直走在世界前列，在引领大型船舶通过复杂航道等方面，也处于国际先进水平。正如徐祖远副部长指出的："在我国大陆港口飞速发展、生产连创新高的过程中，引航作为港口的一项重要服务，发挥着不可替代的作用。我国引航人员凭借良好的引领技术和服务，保证了港口和船舶的生

产作业安全，为我国港航和国民经济的持续快速发展做出了重要贡献。”

引航是一个特殊的服务行业，关系到国家主权，关系到港口的公共安全和公共服务水平。引航专业性强、技术要求高、工作环境复杂、风险大、但是长期以来，由于管理体制的原因，引航机构长期作为港口企业内部的作业队运作，管理分散、封闭，缺乏为各家企业公平服务的机制。我国建设社会主义市场经济和政府转变职能的要求，迫切需要对引航机构进行改革，并建立行业自律组织，作为桥梁和中介，沟通行业信息，协助政府主管部门创新行业管理，加强行业建设。

长期以来，全国引航机构和全体引航职工迫切要求成立全国性的引航协会，并为此做出了积极努力。1997 年和 2001 年两次发起筹备成立引航协会，由于多方面的原因，未能成功。

二、引航体制改革催生中国引航协会

2005 年，交通部根据国办发（2001）91 号文件精神，在充分调查研究的基础上，启动了全国引航管理体制改革工作。4 月，徐祖远副部长受张春贤部长委托，主持召开第八次部务会，专题研究全国引航体制改革问题。为确保改革达到预期效果，会议明确要求做好十项工作。其中一项就是“尽快筹建引航协会”。2005 年 10 月，交通部发出《关于我国港口引航体制改革实施意见的通知》（交水发［2005］483 号），明确引航机构作为公共服务机构，从港口集团企业中脱离出来，成为具有独立法人资格的事业单位。2006 年 2 月，交通部门召开全国引航体制改革会议，进一步明确：“引航是一个特殊行业，根据国外的经验和我国引航事业发展的要求，需要引航中介组织在行业自律中发挥重要作用。”

为落实部领导“尽快筹建引航协会”的指示，部人劳司和水运司多次研究，成立筹备组，积极推进筹备工作。上海港引航站、长江引航中心等 9 家引航机构作为中国引航协会的发起单位，积极开展筹建工作。2007 年 4 月 2 日，中国引航协会筹备会在北京召开，徐祖远副部长亲临会议，接见了全国引航机构的领导，并发表了重要讲话，论述了成立中国引航协会的重要性、必要性和可行性，提出了“围绕服务宗旨，突出行业特色，坚持民主办会，创新运行机制”的办会方针和基本构想，得到会议代表一致赞同。在部有关司局的指导下、中国船舶代理协会的帮助下、全国引航机构的大力支持下，筹备组按规定顺利完成了全部筹备工作，并于2008 年1 月7 日在北京召开中国引航协会第一次会员代表大会。1 月8 日，中国引航协会在北京正式成立。

三、中国引航协会的基本职能和业务范围

根据交通部和民政部的指示，引航协会具有四项基本职能：

(1)中介职能：政府和引航机构的桥梁，向政府及其主管部门反映行业和会员诉求，提出行业发展意见建议，促进行业健康发展。

(2)管理职能。根据政府授权，承接政府转移的职能，加强行业自律。围绕规范行业秩序，建立各项自律性管理制度，制定并组织实施引航职业道德准则，推动诚信建设，建立自律性约束机制，社会评价和监督体系，促进行业服务水平的不断提高。

(3)服务职能：切实代表行业利益，为引航机构和引航员服务。提高会员素质，增强服

务能力；维护会员合法权益，对困难机构和引航职工提供经济和法律援助。

(4)咨询职能：代表行业就港口公共安全管理等重大问题，向政府主管部门和有关单位提供信息和咨询服务，促进引航和港口公共安全建设，同时提高引航机构在港航发展中的话语权。

协会的业务范围包括，宣传、贯彻和执行国家引航行业发展方针、政策，研究引航行业的发展战略和发展规划；参与引航行业相关政策、法律、法规及行业标准和规范起草、制订，并监督实施；组织开展课题研究、学术研讨，为政府管理部门和相关机构决策提供咨询建议；向主管部门反映引航机构及其从业人员的要求，提供法律咨询服务和法律援助；负责行业统计，发布行业信息；制订引航员培训大纲和教材，组织引航员培训；开展引航技术创新及推广应用，组织引航技术攻关、成果评价和展示；组织引航机构间、引航机构与相关部门和行业间的经验交流与学习；指导行业精神文明建设，制定行规行约；接受引航服务有关的投诉；跟踪研究国际引航发展情况，参与相关国际公约的制定和修订；负责与国际引航协会和各国引航组织的联络，开展国际合作与交流；建立中国引航协会网站，组织行业宣传与交流等。

四、新成立的中国引航协会表现出旺盛的生命力

引航协会成立后迅速完成了办公地点的建设和登记注册工作。不等不靠，高点起步，充分发挥协会的中介职能，利用各种资源，围绕服务宗旨，突出行业特色，坚持民主办会、创新运行机制，积极开展工作，受到全体会员单位好评，表现了良好的内部凝聚力和社会影响力。

一是积极建立工作联系机制，保证协会工作有序运转；二是充分发挥中介作用，主动作为，当好引航机构与政府部门及相关部门之间的桥梁；三是积极开展行业宣传和引航文化建设，努力提升引航队伍素质；四是发挥整体优势，开展职工素质培训；五是加强行业发展战略研究，用规划引导行业发展。

五、中国引航协会任重道远

全国水运工作会议确立了到2020年“建设海运强国”的战略目标。要实现海运强国战略目标，必须建设世界一流的引航队伍，作为全国性的引航行业组织，中国引航协会任重道远。

第一要巩固改革成果，帮助引航机构创新理念，正确定位，进一步加快新体制的完善和建设。

第二要加强引航立法和法规建设。积极向政府主管部门提出立法建议，完善引航法律体系，积极参与相关法规的制订和宣传工作。

第三要创新培训机制，加快引航员培训步伐。

第四要按照优先发展原则，推进引航管理现代化建设。

第五要积极推进引航文化建设，打造中国引航品牌。努力使全体引航员成为“水上国门第一形象”，使引航行业成为中国港口最亮丽的服务窗口。

参加《企业卷》审稿工作的有：（按姓氏笔画排列）

丁金焕　马建华　孔维成　王永立　王国峰　王家印　王　祥　王清海
王德润　冯仲武　卢晓钟　叶时湘　艾贻忠　刘士林　刘启闽　刘怀汉
孙万发　孙　云　孙永亮　孙　敏　孙雪飞　庄宝麟　汤玉祥　米文举
许文忠　许坤明　何秋莲　何跃明　吴广杰　吴志强　吴德兴　宋大卫
宋海良　张发春　张　平　张　彤　张喜刚　张遂生　张增好　李世坤
李　伟　李　良　李英平　李晋三　李　聪　杜　柠　杨和平　杨建明
杨俭存　杨智勇　沈　灏　陈广进　陈北先　陈发明　陈瑞喜　陈　黎
单建华　周永才　周　海　周静波　孟黔灵　宗源远　明图章　林少敏
林财龙　郑永恩　郑志龙　姚　莉　施建新　胡永达　胡国武　赵邦涛
赵建华　赵祉胜　赵金欣　郝维斌　唐冠军　夏　箭　袁国强　袁宗喜
高彦明　彭建国　景维民　程　文　程　涛　董树华　韩才高　韩方仁
韩国杰　蔡　敏　潘传荣　霍　明

参加《企业卷》编写工作的有：(按姓氏笔画排列)

丁金焕	丁俊灵	万新华	于政平	于　涛	马洪进	马景春	马　慧
方　飞	方　芳	王小林	王为民	王方雄	王龙华	王志甫	王　建
王家强	王晓明	王　莉	王淑敏	王　蓓	王静琴	代　赟	冯　克
叶志安	叶　涛	叶笑阳	叶　莉	叶深练	司玉东	田　剑	任　军
刘长山	刘正道	刘玉行	刘光焱	刘　军	刘　华	刘学良	刘建武
刘承贤	刘家君	刘　涛	刘　萍	刘　颖	华纲峰	吉战兵	吕　华
孙　丰	孙高升	庄妙魁	朱庆林	朱　利	朱昌宇	朱品卓	米金升
纪秋萍	许永平	何永杰	余学楚	余德容	吴　空	吴继友	吴瑞东
宋　颖	张仕忠	张正予	张　军	张国法	张　明	张金河	张　青
张　峰	张桂莲	张曙光	李汉田	李亚东	李志共	李　杨	李建华
李　怡	李明才	李金炎	李晓玉	李海洋	李爱民	李新华	李　楠
杜永杰	杜玉琳	杨卫东	杨　平	杨向阳	杨国强	杨建党	汪　军
沈夏英	苏　蓉	苏翠萍	言丽虹	邵荔佳	陆洪良	陈　云	陈　军
陈远芳	陈尚和	陈茂云	陈　康	陈　婷	陈　燕	单曲平	周　华
周　帆	周红茂	周　灿	周　敏	周　灏	季林龙	尚喜祖	林　松
林　晓	林翠华	罗伟忠	罗国平	苗　木	范西康	郑伯秦	郑　锵
姚　辉	查长苗	胡晓红	赵　力	赵永国	赵济普	赵浩天	郜　雷
骆　俊	凌九忠	唐二平	唐玉滨	唐咏梅	唐述喜	夏旭东	夏红玲
夏忠和	姬文山	徐云涛	徐玉基	徐建东	徐春飞	栾红状	郭大华
郭伯林	钱嗣泽	高云飞	高玉泉	高立康	高亚森	高　玲	高崇英
崔尽艳	曹立斌	梁译心	阎丽宏	黄文飞	黄绍斌	黄海漪	黄　莹
黄群山	彭夕川	曾国辉	温艳春	董森杰	蒋　文	谢宇汉	韩志勇
雷崇明	廖宏伟	熊卫力	缪玉普	裴俊秀	谭明新	樊　磊	潘士林
震　坤	颜志凯	颜炳福	黎　萍	薛　仑	霍明明	戴镜威	